# 北京奥运会、残奥会
# 赛事交通服务纪实

第29届奥林匹克运动会组织委员会交通部

人民交通出版社

图书在版编目（C I P）数据

北京奥运会、残奥会赛事交通服务纪实／第29届奥林匹克运动会组织委员会交通部编. —北京：人民交通出版社，2009.2
ISBN 978-7-114-07589-6

I.北… II.第… III.①夏季奥运会—交通运输管理—概况—北京市—2008②世界残疾人运动会—交通运输管理—概况—北京市—2008 IV.
G811.211 G811.228 F512.71

中国版本图书馆CIP数据核字(2009)第013316号

该书仅在中国大陆发行

书　　名：北京奥运会、残奥会赛事交通服务纪实
著 作 者：第29届奥林匹克运动会组织委员会交通部
责任编辑：戴慧莉　刘倩　谢仁物
出版发行：人民交通出版社
地　　址：(100011)北京市朝阳区安定门外外馆斜街3号
网　　址：http://www.ccpress.com.cn
销售电话：(010)59757969,59757973
总 经 销：北京中交盛世书刊有限公司
经　　销：各地新华书店
印　　刷：北京画中画印刷有限公司
开　　本：880×1230　1/16
印　　张：38.75
字　　数：1000千
版　　次：2009年1月第1版
印　　次：2009年1月第1次印刷
书　　号：ISBN 978-7-114-07589-6
印　　数：0001-4500册
定　　价：120.00元
（如有印刷、装订质量问题的图书由本社负责调换）

图 01　中共中央、国务院授予赛事交通服务分中心 “北京奥运会、残奥会先进集体”称号

图 02　中共中央政治局委员、北京市委书记、北京奥组委主席刘淇亲切慰问奥运交通服务人员

图 03　北京市委副书记、市长、北京奥组委执行主席郭金龙勉励奥运交通志愿者

图 04　　北京市委副书记王安顺（右二）到交通场站慰问奥运交通服务工作人员

图 05　　北京市委常委、常务副市长吉林(左三)、市委常委吕锡文（左四）、赵凤桐（左五）等与奥运交通服务人员合影

图 06　　北京市委常委、公安局局长马振川（前排中）亲切慰问奥运交通服务人员

图 07　　北京市委常委梁伟（右三）与奥运交通服务人员合影

图 08　　北京市委常委牛有成（前排右一）到主新闻中心检查奥运交通筹备工作

图 09　北京市副市长、北京奥组委执行副主席刘敬民（前排右一）到交通场站慰问工作人员

图 10　北京市副市长程红（右四）、市政协副主席赵文芝（右五）在奥运村检查指导交通运行

图 11　北京奥组委执行副主席李炳华（左二）亲切慰问交通场站建设者

图 12　北京奥组委副秘书长张志伟（前排右二）深入奥运交通服务车队了解交通运行

图 13　北京市交通委员会主任刘小明（左二）到赛事交通服务分中心指导交通测试工作

图 14　共青团北京市委书记、北京奥组委志愿者部部长刘剑（左三）与团市委副书记于庆丰（左一）一起到交通场站慰问奥运交通志愿者

图 15　北京市公安局公安交通管理局局长宋建国（中）到交通场站慰问工作人员

图 16　北京奥组委交通部部长于春全（左一）在奥运会开幕式现场指挥

图 17　北京奥组委交通部副部长张锁成（左二）到奥运服务车辆生产厂调研

图 18　北京奥组委交通部副部长韩宪洲（右一）到课堂指导培训工作

图 19 北京奥组委交通部副部长初世敏（中）检查交通服务人员后勤保障工作

图 20　北京奥组委交通部副部长宋甘澍（中）指导志愿者安装残奥会交通服务设施

图 21　　驾驶员志愿者项目成为奥运会赛会志愿者工作试点项目

图 22　　北京奥运会、残奥会驾驶员志愿者工作会议现场向各驾驶员志愿者总队授旗仪式

图 23　　北京奥运会交通服务志愿者工作会议现场

图 24 北京市运输管理局、北京奥组委交通部与赛会供车企业领导签定任务书

图 25　　北京奥组委召开京外协办城市交通工作会议

图 26　　北京奥运会(残奥会)场馆交通培训工作会现场

图 27　　奥运会注册客户群交通服务专项测试工作部署会现场

图 28　　奥运驾驶员志愿者专业基础培训课堂

图 29　各志愿者来源单位纷纷举办奥运会驾驶员志愿者强化培训班

图 30　　驾驶员志愿者参加专业培训机构组织的驾驶技能测试

图 31　　各交通服务团队分别举办团队核心管理人员培训班

图 32　交通服务团队在赛前集中对驾驶员进行岗前培训

图 33　北京奥组委交通部领导到部队调研驾驶员志愿者培训工作

图 34　北京奥组委交通部对应聘的工作人员进行面试

图 35　北京奥组委交通部领导到铁道部协调赛时铁路运输工作

图 36　北京奥组委交通部领导（右一）在部长接待日接受中外媒体记者采访

图 37　国际奥委会交通专家与奥组委交通部工作人员一起研究工作

图 38　大众公司领导与北京奥组委交通部工作人员研究供车计划

图 39 英国奥组委考察团成员参观赛事交通服务总调度室

图 40　北京奥组委交通部领导与外籍奥运交通专家签订顾问服务合同

图 41　国际奥委会交通专家对赛时交通运行方案进行评估

图 42　英国奥组委交通部官员考察北京奥运会交通场站建设

图 43　　国际奥委会观察员项目成员参观考察北京奥运会赛时交通场站运行

图 44　　服务用车陆续运抵北京奥运会各交通场站

图 45　　国际奥委会官员与五棵松场馆交通团队工作人员合影

图 46　　承诺绿色奥运，北京奥组委交通部领导在清洁能源汽车交车仪式上

图 47　　清洁能源汽车在奥运村内运行

图 48　清晰、规范、美观的奥运交通标识

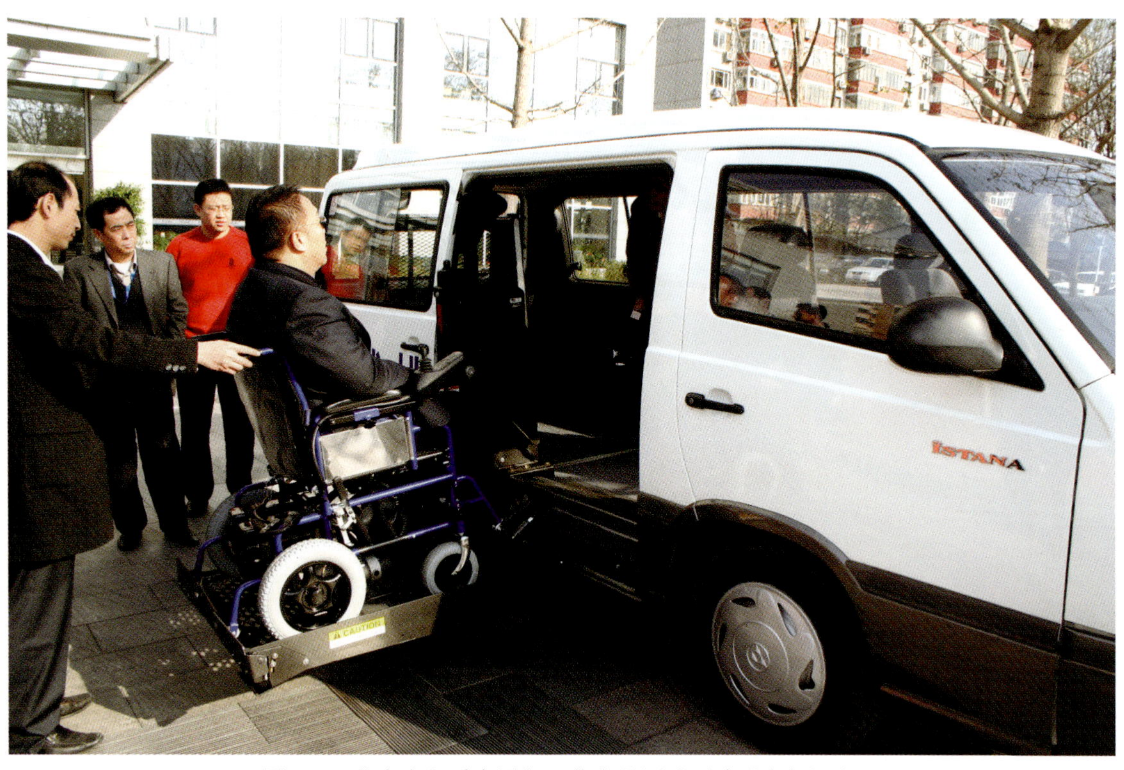


图 49　北京奥组委交通部工作人员测试无障碍车辆运行

图 50　　残奥会开幕式前整装待发的无障碍车辆

图 51　　交通工作人员为残奥会客户提供周到服务

图 52　　抵离交通服务团队工作人员为残疾运动员运送轮椅

图 53　交通服务人员为客人提供周到服务

图 54　　奥运会赛时的班车站牌

图 55　　T3 交通服务团队办公室一角

图 56　　T1/T2 交通服务团队办公室一角

图 57　　工作人员在场站内进行车辆统计

图 58　　交通场站车辆安检现场

图 59　　工作人员清洁车辆

图 60　奥林匹克大家庭饭店交通场站一角

图 61　奥体中心交通场站一角

图 62　　首都机场交通场站一角

图 63　　奥组委交通部前期志愿者参加残奥会倒计时一周年活动

图 64　　等候在奥运会闭幕式现场的服务车辆

图 65　　交通志愿者在奥运会闭幕式现场引导客人

图 66　　北京奥组委交通部编印的客户群交通服务手册

图 67　　北京奥组委交通部编印的部分培训教材

图 68　北京奥组委交通部的足球队参加委内体育活动

图 69　北京奥组委交通部工作人员举办新春联谊会

图 70　　国际奥委会名誉主席萨马兰奇与奥运会交通志愿者合影

图 71　　俄罗斯残奥代表团向车队赠送纪念品

图 72　　澳大利亚体育代表团向交通服务团队赠送锦旗

图 73　　墨西哥体育代表团向交通服务团队赠送锦旗

图 74　中共北京市委、北京市人民政府、北京奥组委授予奥组委交通部“五好团队”称号

图75　北京奥运会残奥会赛事交通服务分中心工作人员合影

# 序

第29届奥林匹克运动会、第13届残疾人运动会已经圆满结束。本届奥运会、残奥会的赛事交通服务工作，以优异的成绩实现了对国际社会作出的“安全、准点、可靠、便利”的承诺，为举办一届“有特色、高水平”的奥运会、残奥会和“两个奥运同样精彩”做出了突出的贡献。

在北京奥运会、残奥会的筹办过程中，赛事交通服务在党中央、国务院、北京市委、市政府和北京奥组委领导下，深入贯彻落实科学发展观，紧密结合中国国情，充分发挥体制优势，依靠政府和社会资源，按照“遵守惯例、标准统一、尊重个性、注重细节”的指导思想，虚心学习赛会规则，客观借鉴历届举办城市经验，围绕赛事交通服务运行组织、政策、人员、车辆、场站、车证、物资等七方面运行要素，践行“绿色奥运、科技奥运、人文奥运”三大理念，全体交通服务人员充分弘扬为国争光的爱国精神、艰苦奋斗的奉献精神、精益求精的敬业精神、勇攀高峰的创新精神、团结协作的团队精神，达到了各注册客户群满意，无一投诉，创造了历届奥运会、残奥会赛事交通服务的最高水平。

本书以纪实的形式，对赛事交通服务从筹办到运行进行全程记录，既是为了感谢所有支持、参与北京奥运会、残奥会赛事交通服务的单位与个人，更是通过对北京奥运会、残奥会赛事交通服务运行组织实践进行科学地总结，探索在中国特色社会主义的条件下，组织特大型活动的成功经验，为建设“人文北京、科技北京、绿色北京”留下宝贵的财富。

**北京奥组委执行副主席：** 李炳华

二〇〇八年十二月

# 前　言

第29届奥运会和第13届残奥会已经圆满结束，两个赛会的交通服务工作实现了“安全、准点、可靠、便利”的目标，为举办一届“有特色、高水平”的奥运会、残奥会，实现“两个奥运同样精彩”做出了贡献。

为翔实记载北京奥运会、残奥会赛事交通服务筹办和赛时组织实施的全部历程，再现全体交通服务工作人员、志愿者、合同商的爱国精神、奉献精神、敬业精神、创新精神、团队精神，北京奥组委交通部与人民交通出版社共同协作，编辑出版了《北京奥运会、残奥会赛事交通服务纪实》。

本书以纪实的形式将赛事交通服务从筹备到赛时运行的主要工作及成功经验进行了归纳和提炼。全书共分26章，第1章概述，对奥组委交通部的职责分工、工作目标、工作经验进行了概括描述，由康冬生、张旗编写；第2章运行组织架构，对赛事交通服务机构沿革、部门职责分工、赛时工作机制进行了描述，由王文斌编写；第3章交通服务标准，对国际奥委会《交通技术手册》、北京《申办报告》、国际奥委会与北京市政府签订的《主办城市合同》中涉及交通服务的相关规定、要求和承诺进行了摘录，对奥运会、残奥会各注册客户群的界定、交通服务标准进行了描述，由张旗、郭庆、马洪滨编写；第4章人员组织管理，对交通服务工作人员招募、培训、岗位配置和组织管理体系进行了描述，由王文斌编写；第5章车辆筹集调配，对交通服务车辆配置标准、需求确定、筹集渠道、调配方案、交接退还和日常运行保障进行了描述，由张旗、李萌、陈国良编写；第6章交通场站，对临时交通场站规划建设、功能定位、赛时运行组织进行了描述，由罗连生、赵克林、曹佳琦、尹丹、陈国良编写；第7章科技应用，对交通服务运行中GPS应用、无线集群通信组网、大客车和小客车调度系统建设应用进行了描述，由张旗、贾晓力、陈祖信编写；第8章服务运行指挥调度，对交通服务指挥调度模式、赛事运行总体情况进行了描述，由张旗、梁建伟、马斌、贺康静编写；第9章记载了运动员和随队官员交通服务运行，由张旗、金砚铭、杨名编写；第10章记载了专用车交通服务运行，由张旗、绳同喜、张成编写；第11章记载了合乘车交通服务运行，由张旗、梁海晨、李涛编写；第12章记载了代表团交通服务运行，由张旗、李强、孙进编写；第13章记载了注册媒体交通服务运行，由张旗、庞鸿生、徐立泉编写；第14章记载了技术官员交通服务运行，由张旗、蔡连齐、粘宝生编写；第15章记载了机场抵离交通服务运行，由张旗、张建辉、刘广成、董媛媛编写；第16章记载了赞助商及收费卡车辆交通服务运行，由张旗、赵建、王仑编写；第17章车辆证件，对交通服务车辆证件规划设计、配备标准、通行及停车权限、发放管理进行了描述，由李国瑞编写；第18章描述了交通指路标识规划、设计，由康冬生、张晓东、李向东、张高强、赫英俭编写；第19章记载了场馆交通通行政策，由康冬生、张晓东、李坤、燕田编写；第20章记载了场馆交通组织运行设计与测试，由张晓东、燕田、王江燕、钱洁编写；第21章描述了竞赛场馆交通运行，由康冬生、张晓东、燕田编写；第22章描述了非竞赛场馆交通运行，由康冬生、张晓东、燕田编写；第23章对交通服务车辆、人员交通安全培训、规范要求、管理机制、违章事故和交通意外处置程序进行了描述，由贾继红、陈国良、张建华、戎国栋编写；第24章对赛事交通服务车辆各项运行保障措施进行了描述，由贾继红、陈国良、苏艳京、宋永进、王震编写；第25章对开、闭幕式各注册客户群交通服务运行组织进行了描述，由康冬生、景冰峰、梁建伟编写；第26章对交通工作人员在服务过程中展现的爱国激情、奉献精神进行了描述，由王文斌、张中原、路靖编写；结束语部分，对通过奥运赛事交通服务留下的奥运遗产进行了描述，由康冬生、张旗编写。

## 《北京奥运会、残奥会赛事交通服务纪实》编委会

**顾　　问：**李炳华

**主　　编：**于春全

**编委会成员**（按姓氏笔画排序）：

于庆丰　马　斌　马洪滨　王文斌　王　仑　王　震
王江燕　尹　丹　刘广成　孙　进　戎国栋　初世敏
宋甘澍　宋永进　李国瑞　李　强　李　萌　李　涛
李向东　李　坤　苏艳京　陈国良　陈祖信　金砚铭
罗连生　张锁成　张　旗　张　成　张中原　张晓东
张建华　张建辉　张高强　杨　名　庞鸿生　赵克林
赵　建　贺康静　贾继红　贾晓力　钱　洁　徐立泉
曹佳琪　康冬生　郭　庆　粘宝生　绳同喜　梁建伟
梁海晨　董媛媛　景冰峰　韩宪洲　路　靖　蔡连齐
赫英俭　燕　田

# 目　录

# 第一章 概 述

举国关注、举世瞩目的北京奥运会、残奥会已经胜利落下帷幕。从8月8日北京奥运会火炬点燃的那一刻，到9月17日北京残奥会火炬熄灭的那一天，我国人民和世界各国人民共同经历了激动人心的历史时光，共同分享了激情澎湃的奥运欢乐，共同书写了奥林匹克运动新的辉煌篇章。

举办一届有特色、高水平的奥运会、残奥会，实现两个奥运同样精彩，这是中国人民对国际社会的郑重承诺。经过7年多不懈努力，我们终于取得北京奥运会、残奥会的巨大成功，广泛弘扬了团结、友谊、和平的奥林匹克精神，大力促进了世界各国人民的相互了解和友谊，让同一个世界、同一个梦想的口号响彻寰球。中国人民以坚忍不拔的执着和努力，实现了中华民族的百年期盼，完成了海内外中华儿女的共同心愿，履行了对国际社会的郑重承诺，赢得了国际社会高度评价，在现代奥林匹克运动史册上深深钤上了彤红的中国印。

——摘自2008年9月29日胡锦涛总书记在北京
奥运会、残奥会总结表彰大会上的讲话

2001年7月13日，国际奥委会投票决定北京成为2008年第29届夏季奥林匹克运动会（以下简称奥运会）、第13届残疾人运动会（以下简称残奥会）举办城市。

历届奥运会、残奥会交通服务运行组织工作，既是赛会成功举办的重要标志，也是世界媒体和国际社会关注的焦点。

按照北京市委、市政府、北京奥组委的要求，奥组委交通部（赛事交通服务分中心）在筹备阶段和赛时运行阶段，负责研究确定各注册客户群交通服务需求，制定交通服务标准，对交通服务工作人员进行专业培训，赛时对各注册客户群交通服务运行实施组织管理。

北京奥运会、残奥会赛事交通服务工作的目标是“安全、准点、可靠、便利”。安全就是交通服务组织运行安全无事故，服务规范周到无投诉；准点就是各客户群交通服务依据标准按时准点运行，意外处置有力得当；可靠就是围绕服务运行的各项技术保障系统稳定可靠，支持有力；便利就是共性需求与个性需求科学统筹，体现交通服务“有特色、高水平”。京外赛区协办城市参照北京主赛区交通服务标准、交通运行政策执行。

回顾北京奥运会、残奥会赛事交通服务筹办和运行组织工作，其突出特点是在历届奥运会、残奥会中，本届奥运会、残奥会是参加国家（地区）最多、聚首国际贵宾最多、客户群体人数最多；场馆分布最广、服务时间最长、服务范围最大、交通环境最为复杂的一届。“有特色、高水平“和“两个奥运同样精彩”的目标和“遵守惯例、标准统一、尊重个性、注重细节“的要求，使得北京奥运会、残奥会赛事交通服务工作面临巨大的挑战和压力。在党中央、国务院的英明决策下，在北京市委、市政府、北京奥组委的正确领导下，在各相关部门的鼎立支持配合下，从2008年7月1日奥运收费卡项目交通服务正式运行，到9月22日残奥会离京送机结束，交通服务时间长达近3个月。在此期间，7000多辆服务于各注册客户群的车辆和2.2万名交通服务人员，为奥运会、残奥会运动员和随队官员，国际奥委会/国际残奥委会、国家（地区）代表团、国际体育单项组织/国际残疾人体育单项组织的官员、技术官员，注册媒体等共计8.3万名注册人员提供了标准化、多样化、个性化的交通服务；为100余位国家元首、政府首脑和王室代表、150位各国体育部长提供了高规格、高标准的国际贵宾交通服务。赛事期间共运送各类注册客户群230余万人次，运输行李18万件，调度安排交通服务用车60多万车次，累计行程1450万公里。采取“一站式”办公形式，为奥运会、残奥会注册客户群办理机动车临时入境牌照46副，临时驾驶证1112

个,答复来访咨询约500人次,电话咨询约2000人次。两个赛会交通服务期间,没有发生重大交通责任事故,没有因交通问题而延误的比赛,没有因工作失误而造成的客户投诉,没有发生服务运行车辆故障事故。国际奥委会执行主任费利先生评价说:“历届奥运会交通都是困扰组织者的最大难题,也是一项艰巨的工作,交通组织非常复杂,不过没有听到(对北京交通的)任何报怨,交通组织运行顺畅”。赛事交通服务向国际社会、向注册客户群兑现了“安全、准点、可靠、便利”的承诺,受到了党中央、国务院的嘉奖,为实现一届“无以伦比”和“最伟大”的奥运会、残奥会增添了光彩。

## 一、达到了历届奥运会、残奥会赛事交通服务的最高水平

奥运交通服务与以往的大型活动截然不同,在服务标准、服务对象、时空分布、服务范围以及交通工具等方面,都具有其自身的特殊性。从需求角度看,它具有大强度和高要求的特点。所谓大强度,是指奥运会、残奥会众多注册客户群的出行和货物运输量都在短时间远超出正常水平,且赛时交通服务是全天候运行的;所谓高要求,是指必须为各注册客户群提供“安全、准点、可靠、便利”的交通服务,保证按既定时间到达指定场馆,其时效性要求最高,同时还要保证为残疾人客户群提供便利的特殊交通服务。从供给角度看,它具有综合性和多层次性的特点。所谓综合性,是既包括城际之间的综合交通,又包括城市道路交通,交通服务方式体现出多样化;所谓层次性,是指从客户群分类看,有国际奥委会/国际残奥委会和各国家(地区)奥委会的运动员及随队官员、国际体育单项组织/国际残疾人体育单项组织官员及技术官员、注册媒体、市场开发合作伙伴、赞助商、国际贵宾、工作人员、志愿者和观众等,每类客户群都有各自的服务标准和交通特殊需求。

奥运交通问题的特殊性已经成为历届组委会所共同面临的世界性课题。根据国际奥委会交通技术手册和北京奥运会申办承诺,奥组委交通部紧密结合北京实际,充分了解掌握并不断细化各客户群共性需求和个性化需求,创造性地制定了北京奥运会交通服务标准,并在奥运史上首次与各客户群达成了一致。在实际运行中把握原则性和灵活性相结合,为各客户群提供了大量个性化交通服务,达到了“让国际社会满意,让各国运动员满意”的要求,创造了历届奥运会、残奥会交通服务的最高水平。

## 二、创建了历届奥运会运行最佳的交通服务组织体系

回顾历届奥运会交通服务组织体系,虽然各有不同,但都是同主办城市自身的特点紧密相关。为了适应赛时运行需要,在北京奥运会、残奥会运行指挥部下设的交通与环境保障组领导下,认真借鉴往届奥运会交通组织模式,充分发挥体制优势,成立了以奥组委交通部为主体的赛事交通服务分中心,确定了赛时交通服务运行组织架构,实现了由筹备阶段向赛时运行阶段的转变。这一创新的组织体系为赛时交通服务周密、高效运行提供了保障。

赛事交通服务分中心运行组织分为指挥层和运行层两级架构,富有创新意义的赛事交通运行组织体系,将交通服务作为一条主线完整地贯穿于整个系统之中,将交通服务运行所涉及到的每一个点串联起来,从而形成了一个严密的网格。将各种赛事目标分层次地分解,各类交通服务人员有效地融合,各类场馆交通组织有效地整合,为实现赛事有序、顺畅地运行发挥了极其重要的作用。

## 三、建立了渠道最广、运行最畅的沟通协调机制

赛事交通服务工作涉及到各个客户群的权益,为了实现“遵守惯例、标准统一、尊重个性、注重细节”的要求,在缺少奥运经验的情况下,为充分了解交通服务需求,奥组委交通部在奥运会筹备阶段,通过在国际奥委会协调委员会全会、工作组会、旁会、交通技术审核会、代表团团长会、世界转播商大会等各类会议上与各相关客户群进行广泛沟通协调,充分了解赛时交通的需求和特点。进入赛时,通过每天召开代表团团长会议、转播商通气会,与各国际体育单项联合会定期召开会议,与媒体召开工作例会,与国际奥委会礼宾部门召开工作例会,了解掌握特殊需求,增进理解,及时解决了问题。从2008年7月20日到9月20日,奥组委交通部同各类客户群共召开交通方面的工作会议120余次。

正是由于主动开展沟通协调，掌握规律特点，才使得历届奥运会开幕后的2～3天内，交通系统基本上处于紊乱无序状态的情况没有在北京重现。实践证明，密切顺畅的沟通协调机制，是化解个性需求矛盾，确保优质高效交通服务的有效途径。

## 四、充分发挥体制优势，使赛前培训最为成功有效扎实

赛事交通服务人员赛前培训是历届奥运会组织机构都需要面对和解决的难题。北京奥运会、残奥会赛事交通服务工作岗位涉及9大类，工作人员、志愿者、合同商人员达2.2万人，其中志愿者多达一半以上，特别是驾驶员志愿者近8000人，人员来自中央、本市以及外省市近2000个单位。按照“赛事一天不开始，培训一天不结束”的要求，赛事交通服务培训工作充分发挥体制优势，把培训任务分解到各个来源单位，由各单位主管领导负责层层成立培训工作机构，明确工作职责和要求。从2006年10月开始，对交通服务人员，特别是驾驶员志愿者开展了通用知识培训、专业培训和岗位培训，各单位克服培训项目多、培训周期长、组织难度大等实际困难，充分发挥了组织动员能力和组织体系优势。每一名交通服务人员都表现出高度的爱国精神和奉献精神，克服自身的困难，在两年多时间中放弃了许多休息时间，确保了培训工作扎实、系统、有效地进行。解决了历届奥运会面临的共性难题，为赛时安全、优质的交通服务提供了强有力的保障。

## 五、实行目标化管理，确保交通筹办和赛时运行工作高效有序运转

奥运交通服务筹办是一项复杂的系统工程。在筹备阶段北京奥组委交通部借鉴了历届奥运会的成功经验，创造性地提出了涉及赛事交通服务运行的“七要素”，即车辆、人员、政策、车证、物资、组织、政策七个运行要素，并且将每个要素按照目标管理，细化为数十个、甚至近百个工作内容，制定了全年、每月、每周工作账单，做到科学统筹、综合监控、系统整合。使各项交通筹备工作均按期、高效地完成，为赛事服务运行奠定了坚实基础。

在赛事服务运行期间，对各项运行工作都采取了节点控制、过程跟踪的方式，使每个岗位、每个人都明确自身的工作任务和工作目标，充分发挥积极性和主观能动性，特别是对赛时出现的突发性、应急性、超出标准、特殊需求等问题，均在最短时间内按照明确的管理工作机制和应急预案给予解决或化解，确保整个服务系统有序、高效运转。

## 六、突出重点，精心组织，确保各项重大活动的交通服务工作最为出色

在奥运会、残奥会期间，各项大型活动举办得十分频繁，从奥运会、残奥会开、闭幕式，到国际奥委会120次全会、党和国家领导人宴请国际贵宾等重点活动，服务对象既有国家元首、政府首脑、王室成员，也有国际奥运会、残奥委会的官员以及运动员、媒体等客户群。交通服务工作不仅要涉及方方面面，而且往往在服务信息不明确的情况下，需要积极与相关部门进行沟通、协调。如奥运会开幕式110多位国际贵宾出席，服务人数和服务规格达历届之最；奥运会闭幕式与赛事活动交织在一起，贵宾、媒体、技术官员要从场馆直接到达国家体育场，交通组织方式十分复杂；残奥会开幕式国际残奥委会成员出席人数信息不确定、轮椅乘客多，交通组织难度很大等。针对每一项重点活动，全体交通服务工作人员本着“国家利益高于一切”的责任感、使命感，对专项工作方案反复研究、细化，提前进行测试、演练，不断完善方案。由于需求明晰、准备充分、注重细节、团结协作，全体交通服务工作人员出色完成了多项重大活动交通服务任务。奥运会、残奥会开幕式结束后仅用45分钟就完成了近4万人的疏散任务，闭幕式结束45分钟后即完成了2万多人的疏散任务，得到了中、外方的一致好评。

## 七、充分应用高新技术，确保交通运行充分体现科技水平

奥运会、残奥会期间，每天都有数十个场馆同时比赛，几千名运动员、裁判员需要准时抵达交通服务赛场，大量的贵宾需要参加各项赛事活动，这对历届奥运会组织机构都是一个艰巨的工作任务。

为此，在赛事筹备期间，通过引进先进的计算机技术和软件技术，在北京奥运会上首次成功建立起了场馆交通运行模型，通过在模拟的交通网络上加载预测的交通负荷，预测不同场馆间的车辆、观众流量，分析出赛前、赛中可能遇到的各种交通情况、交通需求和风险，及时向相关部门提出建议，解决了影响交通的几十个问题。这一重大科技成果得到了国际奥委会的高度赞誉。

在赛事运行阶段，针对交通覆盖范围广、交通需求多样化、交通服务工作人数多及来源广的特点，建立了以大客车调度系统、小客车调度系统、全球卫星定位系统（以下简称 GPS 系统）、通信系统和车辆、驾驶员信息系统为基础的赛事交通服务信息管理平台。通过广泛应用信息化手段，使交通运行组织调度达到了高效、灵敏、顺畅。这一系统成为历届奥运会规模最大的、最先进的赛事交通服务指挥调度系统，实现了“指挥到人、指挥到车”的工作目标。科技成果在赛事交通服务中的广泛应用，不仅践行了“科技奥运”理念，而且在奥运史上留下了宝贵的财富。

## 八、充分发挥体制优势，确保后勤保障能力达到最强

奥运会、残奥会期间，为两万多名工作人员提供工作环境、生活保障，使其以充沛的体力和良好的精神面貌投入到交通服务工作中去，是一项复杂、艰巨而繁重的工作，也是历届奥运会中十分棘手的问题之一。

良好的保障工作来自于科学组织。在奥运筹备期间，北京奥组委交通部充分借鉴悉尼和雅典奥运会交通服务组织运行模式，结合北京实际情况，通过协调北京奥组委相关部门，充分依靠政府相关部门，规划了 7 个临时交通场站，在短短半年时间内完成了总面积为 59.5 万平方米、建筑面积（含临时建筑）为 2.9 万平方米的交通场站建设，同时完成通信设备、物资配备、标识设置及安装等工作，建成了赛事交通服务车辆集中屯放、调度、组织管理和工作人员后勤服务的保障基地。奥运会期间，各个交通场站保障团队为交通服务车辆运行提供保障，为交通服务 100 余万人次提供了就餐等后勤服务，没有发生一起食物中毒、传染病疫情等事故。英国伦敦奥组委、巴西里约热内卢及俄罗斯冬季奥委会等多个国际代表团及官员到交通场站参观学习，对交通场站表示赞叹。

## 九、满足残奥客户群特殊交通需求，确保交通服务达到历届最佳

按照“两个奥运，同样精彩”的要求，在奥运会成功运行的基础上，残奥会期间赛事交通服务分中心为残疾人客户群提供了特殊的交通服务，提供无障碍大客车 692 辆，无障碍旅行车 170 辆，无障碍电瓶车近百辆，均为历届残奥会之最。此外，在大客车班车上专门配设了助残交通服务志愿者；在班车站设置了无障碍站台 408 个、低位班车站牌 144 块、盲人专用班车站牌 85 块；提供盲人运动员交通指南 1000 本、多语种语音解说器 1000 台；为方便残疾运动员参加比赛，给部分集体项目专门配备行李车，装运轮椅等比赛器材；在残奥村设置 13 条免费旅游、购物班车线路等。这些特殊需求的交通服务得到了国际残奥委会官员、各类注册客户群的充分肯定，纷纷表示这是他们感受交通服务最周到的一届残奥会。

## 十、强化交通安全意识和责任，确保实现平安奥运工作目标

奥运会期间，奥组委交通部（赛事交通服务分中心）直接指挥调度管理的交通服务车辆约 5000 辆、驾驶员达 1.2 万人。车辆来自不同的单位，人员来自四面八方，交通安全形势不容乐观。

为实现奥运交通安全，圆满完成服务任务，奥组委交通部将交通安全工作作为第一要务，贯穿交通服务筹备运行始终。在奥运筹备期间，奥组委交通部制定了驾驶员志愿者招募资质审核标准，公安交通管理部门对驾驶员志愿者进行了实际道路驾驶技能考核；对最终确定的驾驶员志愿者，由奥组委交通部、志愿者来源单位、交通服务团队、驾驶员层层签订交通安全责任书。在赛事运行阶段，成立奥运交通安全管理办公室，为服务团队配备交通安全副主任，在车队设置安全员，层层建立起交通安全管理机构。每个运行团队都建立了车辆、驾驶员交通安全档案，做到“赛事一天不结束，交通安全一天不放松”。

为确保奥运交通服务车辆安全运行，奥组委交通部协调赞助商、合同商、保险公司等单位，抽调各种品牌车辆技师，成立了专门的车辆救援保障队伍，负责赛时车辆保养和故障车维护工作。赛时共完成车辆强制安全检查3.6万辆次、日常安全维护检修2.7万辆次，没有发生机械事故和中途坏车事故，实现了车辆服务中途零故障、零抛锚的工作目标，为“平安奥运”做出了贡献。

## 十一、加强团队建设，保持最强凝聚力和战斗力

奥运会2.2万名交通服务工作人员来源分散、组织难度大、运行管理复杂，如何能够在赛时短时间内凝聚成一个团结的、充满战斗力的集体，是赛事交通服务成功与否的关键所在。为加强团队建设，不断增强团队凝聚力和战斗力，两个赛会期间，赛事交通服务分中心及其所属交通服务团队共成立临时党团组织329个，上到领导，下到每一个驾驶员，都做到了岗位职责明确，工作要求清晰，形成了一个团结战斗的集体，实现了临时机构正规化管理，为优质完成赛事交通服务工作目标提供了组织保障。

交通文明志愿者队伍建设是团队建设中一个不可或缺的部分。北京奥运会交通服务志愿者总数近1.2万人，他们当中既有工程师、外企白领、教授、局级领导干部，也有工人、高校学生，年龄跨度从19岁到55岁。为了彰显驾驶员志愿者队伍的特色，激发服务热情，交通服务志愿者团队在其内部开展了打造个性化团队的活动，专题命名的志愿者团队有600多个，此外还开展了“五好团队”的创建评比活动。正是得益于具有中国特色的团队建设和广大交通工作人员的无私奉献，交通服务志愿者团队建设赢得了国际奥委会和各国代表团的高度赞誉，共收到国际奥委会/国际残奥委会、各国家（地区）奥委会、代表团、各国际体育单项组织/国际残疾人体育单项组织等客户群致信致电表扬约1500件（次）。相对于历届奥运会驾驶员志愿者高流失率，本届奥运会实现了驾驶员志愿者零流失率的历史奇迹。

北京奥运会、残奥会赛事交通服务运行组织工作的成功，得益于市委、市政府、北京奥组委领导高度重视和各级党政领导的悉心指导；得益于各系统、区县、军队、高校等来源单位充分发挥体制优势，通力合作与配合；得益于各有关合作单位特别是团市委、市交通委、市交管局、北京奥组委相关部门的大力支持；更是离不开广大交通服务志愿者们的热情参与、无私奉献和辛勤付出。北京奥运会、残奥会赛事交通服务运行组织工作为首都增添了光彩，为祖国赢得了荣誉，为建设人文北京、科技北京、绿色北京留下了宝贵的财富。

# 第二章　交通服务运行组织架构

2006 年 6 月，北京市政府批准成立北京奥运会交通工作协调小组，明确了奥组委和政府相关部门关于奥运交通筹办工作的职责分工，即由奥组委研究确定奥运会各注册客户群交通服务需求，在赛时对各客户群的交通服务进行组织与管理；由政府相关部门积极利用社会资源，筹集交通服务车辆，选调招募交通服务人员，调整完善公共交通系统，规划设置奥林匹克专用车道和城市道路专用指示标志，加强交通基础设施建设，制定相关政策法规，满足奥运交通需求。

2006 年 7 月，北京奥组委批准成立交通部。其工作职责是：负责制定奥运会交通服务总体计划、战略计划和运行计划，制定奥运会交通服务标准，提出奥运会交通服务相关需求，对交通服务工作人员进行专业培训，负责奥运会期间奥林匹克大家庭成员等注册客户群交通服务运行组织管理。由奥组委国际联络部、媒体运行部、市场开发部、体育部协助确定各注册客户群交通服务需求和交通服务标准；场馆管理部、文化活动部协助规划设置场馆安保封闭区内交通专用指路标识；安保部协助规划确定场馆交通通行政策；工程和环境部协助规划建设场馆、服务场所交通运行临建设施。

2007 年 11 月，北京奥组委第 9 次主席专题会批准，成立北京奥运交通运行中心赛事交通服务分中心。赛事交通服务分中心以奥组委交通部为主体，其工作职责是：本着以运动员为中心，以安全为根本，以国际奥委会规定为依据，以团队为基础的原则，负责赛事期间各注册客户群的交通服务工作。

2008 年 6 月，成立北京奥运会残奥会运行指挥部，下设交通与环境保障组，交通与环境保障组下设交通运行中心等 7 个职能办事机构，按照赛时运行体制，奥组委交通部转变为赛事交通服务分中心，在北京奥运会、残奥会运行指挥部交通与环境保障组、机场协调组统一领导下，工作职责不变，与交通组织安全保障、城市交通设施保障、城市运输服务保障三个分中心分别履行奥运会、残奥会城市交通与赛事交通运行组织与管理。

## 第一节　奥运交通服务筹备阶段工作机构沿革

奥组委交通部成立于 2006 年 7 月，之前经历了运动会服务部安保交通制证处、运动会服务部交通处、交通部筹备组三个阶段。

### 一、奥组委运动会服务部安保交通制证处阶段

(1)时间：2002 年 10 月 ~ 2003 年 4 月。

(2)人员情况：1 人。

(3)工作地点：新侨饭店。

(4)主要工作完成情况：这是奥运交通筹备最初阶段，此阶段主要工作是根据国际奥委会及北京奥组委的要求，学习了解往届奥运会交通经验，制定了北京奥运会交通预算等初步方案。

### 二、奥组委运动会服务部交通处阶段

(1)时间：2003 年 4 月 ~ 2005 年 11 月。

(2)人员情况：4 ~ 16 人。

(3)工作地点：东四十条青蓝大厦 15 层。

(4)主要工作完成情况：2003 年 7 月 ~ 2004 年 4 月期间，主要完成了国际奥委会协调委员会第二次全会和相关旁会的交通陈述和接待任务；接待了相关国家(地区)奥委会、外国媒体机构等相关机构的

来访；完成了向雅典奥运会派出实习生准备工作；协助北京奥组委工程部门，协调北京市政府相关部门，完成了北京奥运会全部比赛场馆和部分训练场馆设计方案和改扩建方案的交通设计审查工作；根据国际奥委会总体工作计划的要求，编制完成北京奥运会交通工作总体计划。

2004 年 5 月 ~2005 年 3 月期间，组织编制完成了《北京奥运会交通运行纲要》；完成同北京市政府相关交通部门的沟通和协调工作；接待相关国家（地区）奥委会、外国媒体机构等相关机构的来访；完成北京奥运会交通预算第二版。雅典奥运会期间，派出观察员和实习生到雅典奥运会进行了考察和实习，为北京奥运会交通筹备积累了经验。2005 年 4 月 ~2005 年 10 月，这一阶段筹备工作全面展开，成果颇丰。进一步完善了《北京奥运会、残奥会交通运行纲要》、先后完成了编制了《北京 2008 奥运会与残奥会交通指路标识运行计划》、《北京奥运会交通人力资源方案》、《北京 2008 奥运会与残奥会交通赛时培训运行纲要》等工作方案。

## 三、奥组委交通部筹备组阶段

（1）时间：2005 年 11 月 ~2006 年 6 月。

（2）机构及人员情况：成立 4 个组，人员扩充到 21 人。

2005 年 11 月 14 日，经第 16 次奥组委主席碰头会研究同意，成立交通部筹备组，内设综合计划、交通服务、场馆管理、运行保障四个工作小组，于春全同志任交通部筹备组组长。

（3）工作地点：2006 年底，交通部筹备组随奥组委总部由青蓝大厦迁至海淀区北四环中路 267 号北京奥运大厦。

（4）主要工作完成情况。

①综合计划组对成立交通部进行了积极筹备，制定了详细工作账单并对各项任务加以分解，进度细化到月，责任落实到人；同时制定完善了内部规章制度，加强了部内工作人员培训及管理工作；进一步细化完善了部门预算；协调政府部门对赛时交通任务进行了职责分工。

②交通服务组围绕客户群需求开展调研，进一步细化交通运行计划，研究技术方案并召开专家会进行评审；根据北京奥组委各部门汇总的客户需求对交通服务进行了两次调整；完成了各客户群交通运行方案第一稿；着手组织相关单位开发大、小客车计算机管理系统。

③运行保障组负责完成了奥运交通场站的初步设计；配合场馆交通团队起草了场馆后勤保障方案；完成了残奥会无障碍设施计划初稿；起草了大、小客车车辆及驾驶员来源方案；制定了奥运会赛时车辆供油、交通工作人员通信、场馆电瓶车需求、奥运交通指路标识等一系列方案，并制定了交通收费卡项目的相关政策及程序。

④场馆管理组负责制定了车辆证件初步方案；研究确定了竞赛、训练及非竞赛场馆交通运行方案总体思路及基本框架；从客户群抵离、奥林匹克专用道、示范场馆、公路自行车赛事、开闭幕式、场馆观众交通流线等方面着手开展调研，并制定了初步方案。

## 四、奥组委交通部阶段

（1）时间：2006 年 6 月 ~2008 年 4 月。

（2）机构及人员情况：成立 5 个处共 113 人。

2006 年 6 月，奥组委交通部成立，其职责是：负责制定北京奥运会交通总体计划、战略规划和运行计划；负责制定北京奥运会交通服务标准；负责奥运会期间的奥林匹克大家庭成员交通服务和交通运行组织管理工作。

于春全同志任交通部部长，张锁成、韩宪洲、初世敏、宋甘澍同志先后调入任副部长。

奥组委交通部下设五个处，如图 2-1 所示。

图 2-1　奥组委交通部组织结构图

①综合计划处：负责本部门与奥组委各部

及本部门内各处室的综合协调工作；负责本部门人事、党务和工资福利管理，会议管理、文件管理、制度管理、档案管理、印鉴管理、财务管理、固定资产管理；负责本部门外事、宣传、信息、大事记、保密和信访等工作；负责本部门总体工作计划、总结、汇报及年度、季度、月度工作计划的编制和项目管理工作；负责本部门决策事项的督查落实工作；负责本部门安全、保卫工作；协助党支部、工会、妇联等组织开展工作；负责协调京外赛区交通服务工作。康冬生为该处负责人。

②交通服务处：负责制定奥运会（以下均含残奥会）交通服务标准；负责制定奥运会交通服务运行计划并组织实施；负责奥运会所需车辆筹集及管理；负责编制各客户群交通服务手册；负责奥运交通运行中心组建、运行和管理；负责制定奥运交通信息服务工作方案并组织实施；负责制定交通服务技术保障方案，组织和协调有关部门实施；负责对交通服务岗位工作人员及志愿者进行专业培训。梁建伟为该处负责人。

③场馆交通管理处：负责制定奥运会（以下均含残奥会）场馆交通运行计划和方案并组织实施；负责对场馆内车流、物流和人流统筹规划设计；负责制定奥运会大型活动现场交通管理计划和方案并组织实施；负责制定奥运交通警车带道方案并组织实施；负责制定奥运交通专用路线实施方案；负责制定奥运车辆专用证件工作方案；负责对交通管理岗位工作人员及志愿者进行专业培训。张晓东为该处负责人。

④交通运行保障处：负责制定奥运交通运行所需装备、物资需求和管理方案并组织实施；负责制定奥运交通场站需求方案，并协调有关部门进行规划、设计和建设，实施赛时运行管理；负责制定交通工作人员赛时后勤保障工作方案并组织实施；负责制定奥运交通指路及相关临时交通设施规划设计方案并组织实施；负责研究提出奥运交通立法需求；负责协助政府部门对奥运交通服务车辆及驾驶员进行安全把关。负责协调委内有关部门落实奥运车辆保险等工作，协助政府部门对奥运交通服务车辆、驾驶员相关交通事故、交通违章处理工作。罗连生、贾继红先后负责该处工作。

⑤车辆证件管理处：负责奥运车辆证件工作的调研，制定工作规划和实施方案；负责研究奥运车辆证件的种类、数量，确定制作方案、版面设计和防伪技术；负责组织奥运车辆证件的制作和证件发放、证件管理工作；负责制定奥运车辆证件使用管理规定和管理办法；负责协调北京奥组委相关部门和政府相关单位，共同落实奥运车辆证件管理工作。李新平、王长利、李国瑞同志先后负责该处工作。

（3）工作地点：海淀区北四环中路267号，1508和1403。

（4）主要工作完成情况。

根据北京市委、市政府、北京奥组委统一部署和要求，按照2008年4月底实现全面就绪阶段目标要求，交通筹办工作依据赛会规则和国际惯例，积极依靠和发挥体制优势，充分利用政府资源和体现融合，在国际奥委会、北京市政府和奥组委相关部门的大力支持下，全体工作人员发扬筹办奥运的五种精神，围绕奥运交通涉及的组织机构、运行政策、人员招募、车辆筹集、场站筹建、证件设计、物资配置七个方面，确定了近百项重点工作任务，逐一明确了责任部门、责任人和完成时限，加强日常督办协调，同时完成了好运北京体育赛事交通服务保障和综合测试演练，在国际奥委会、世界媒体大会、国际赞助商大会、国家奥委会协会等一系列国际会议上进行了交通专题陈述，确保交通筹办工作在2008年4月底前基本达到了全面就绪的目标要求。这一阶段主要完成了以下工作。

①确定了赛时交通服务组织运行工作机制，为交通服务由筹办阶段向赛时运行阶段转换奠定了基础。为贯彻落实奥运筹办阶段向赛时运行阶段体制转换部署要求，经2007年11月16日奥组委第9次主席专题会审议批准，成立北京奥运交通运行中心赛事交通服务分中心。在奥运交通运行中心统一领导下，负责赛事期间各注册客户群的交通服务工作。本着“精干高效，减少层级，充分发挥体制优势，实现赛时以场馆化、专项团队化运行为主”的原则，构建了交通服务运行指挥和专项运行团队两级架构，为2008年5月向赛时运行阶段体制转换奠定了基础。

②确定了交通服务标准、交通运行通用政策，编制完成了运行计划，为交通工作人员开展专业和岗位培训提供了教材。依据国际奥委会交通技术手册，经国际奥委会交通官员和专家指导审核，编制完成

了奥运会、残奥会各类客户群交通服务标准,按客户群分类编制了交通服务运行计划,完成了交通手册(指南)初稿;制定了奥运会、残奥会比赛场馆、训练场馆赛时交通运行通用政策,完成了23个比赛场馆(群)、22个训练场馆(群)、9个主要非竞赛场馆交通运行详细设计和运行计划编制。在此基础上,形成了交通工作人员培训教材,为开展专业和岗位培训提供了保障。

③完成了交通工作人员选调招募和赛时人岗对接,为实现标准化、多样化、个性化的交通服务提供了人力资源保障。按照充分发挥体制优势,充分调动各界积极性,充分整合各方面优势资源的总思路,截至2008年4月底,通过各系统、各区县、各专业运输企业、各高等院校等多种渠道,以抽调、借用、招聘、招募等形式,确定了交通工作人员总人数20000余人,完成了对交通工作人员通用知识培训和交通专业基础知识培训,并着手开展专业岗位和实操培训。

④充分发挥体制优势,完成了交通服务和竞赛用车筹集工作。依据国际奥委会相关规定,参照往届奥运会惯例做法,结合北京实际和奥运会交通服务标准,在北京奥运会交通工作协调小组办公室统筹下,截至2008年4月底,通过赞助商、合同商、捐赠商等渠道,筹集奥运会交通服务用车7559辆(其中服务运行用车4973辆,赞助商用车1054辆,收费卡用车1532辆);竞赛用车112辆;场馆运行电瓶车417辆。残奥会交通服务运行用车2423辆,竞赛用车20辆,赞助商用车4辆。各类用车均确定了进车日期、安全性能检验和交接车程序。

⑤依托政府和业主单位,确保交通场站筹建工作进展顺利。为确保7个交通场站筹建进度并按期投入运行,通过积极依靠政府体制优势和企业资源优势,分别组建了以区政府主管部门和业主(企业)单位负责人牵头的7个交通场站运行团队。明确了职责分工,有力地推动了交通场站筹建工程进度,确定了交通场站运行服务标准,编制了交通场站详细运行设计和运行计划,开展了交通服务运行团队与场站运行团队工作对接,为完成交通场站工程建设并正式移交运行团队、开展运行测试工作奠定了基础。

⑥与政府主管部门配合,完成了车辆证件设计,明确了审批发放程序。根据国际奥委会相关规定,参照雅典、悉尼奥运会车辆证件实践经验,结合中国国情,充分考虑奥运会车辆证件工作的政策性、敏感性和复杂性,在奥组委和奥运安保协调小组统一领导下,会同奥运安保指挥中心,经过反复研究论证,确定了奥运会车辆证件设计方案和管理办法,明确了车辆证件种类、通行权限、审批发放程序和职责分工。编制完成了奥运会车辆证件手册和残奥会车辆证件设计方案。完成了北京奥组委部门车辆证件需求征集工作,为2008年5月分批进行车证印刷及发放工作奠定了基础。

⑦本着节俭办奥运和满足赛时运行需求的原则,完成了交通专用物资配备工作。根据奥组委物资管理办法,本着节俭办奥运、满足赛时交通运行需求、科学合理配置的原则,确定了交通运行通用和专用物资配备需求,分别制定了交通场站、竞赛场馆、非竞赛场馆、训练场馆交通物资配备方案,会同中石化编制了交通服务车辆油料供应方案,编制了交通专用物资管理办法。确定了场馆内交通指挥监控室、执勤民警备勤室、车辆调度室、驾驶员休息室、交通专用设施存放间等功能用房需求。场馆内交通工作人员配备的专用物资包括:岗伞、雨伞、雨衣、雨靴、反光手套、反光背心、手电筒。场馆内配备的交通专用物资包括:交通标识、标线、护栏、锥筒、警戒带。确定了车辆调度管理系统无线集群电台4463部,移动电话2371部,SIM卡2371张,固定电话395部,电脑241台,打印机95台,传真机183台,电视110台。

⑧圆满完成了好运北京体育赛事交通服务组织运行工作。根据奥组委和好运北京体育赛事组委会的统一部署,2008年4月底之前,共完成了39项好运北京体育赛事交通服务组织运行工作。每一项赛事都参照奥运会标准,制订专项工作方案,明确各级职责分工和任务要求,奥组委交通部的领导深入现场办公解决实际困难,满足各项赛事计划外服务需求,通过实战运行对交通业务口进行测试评估,实现了交通安全无事故、交通服务零投诉的目标要求,为奥运会赛时运行积累了经验。

⑨与国际奥委会加强合作沟通,圆满完成了各项交通陈述工作。按照国际奥委会和奥组委的部署安排,圆满完成了协调委员会全会和工作组会、代表团团长会、媒体大会、赞助商大会等历次会议交通陈述工作。通过与国际奥委会召开交通技术审核会、电话沟通会、聘请外籍顾问专题讲座、电子邮件等形式,及时与国际奥委会加强联系沟通,积极争取指导和支持,充分了解各客户群交通需求,完善了服务标

准和运行政策。同时加强了京外赛区城市交通筹办工作协调交流，采取多种形式，在了解赛时交通需求、开展场馆交通运行详细设计、编制场馆交通运行计划等方面进行具体指导帮助，保证了筹办工作标准统一、进度一致。

⑩加强交通团队建设，凝聚力、战斗力进一步增强。按照北京市委、市政府、奥组委统一部署，面临日益艰巨繁重的交通筹办任务，奥组委交通部党团支部和各级领导骨干注重加强团队建设，大力弘扬奥运筹办“五种精神”，始终强调增强筹办工作的使命感、责任感和紧迫感，提倡敢于管理和善于融合，互相协调合作，维护团队荣誉，不断增强团队凝聚力和战斗力，为完成全面就绪阶段目标提供了有力保障。

## 第二节　奥运交通服务赛时工作机构

为贯彻落实北京市委、市政府、奥组委关于奥运筹办阶段向赛时运行阶段体制转换部署要求，2007年11月16日，经奥组委第9次主席专题会审议批准，成立北京奥运交通运行中心赛事交通服务分中心。赛事交通服务分中心工作职责是：在奥运会赛时运行指挥部交通与环境保障组、机场协调组统一领导下，本着以运动员为中心，以安全为根本，以国际奥委会规定为依据，以团队为基础的原则，负责赛事期间各注册客户群的交通服务工作。

2008年6月，经中央批准，成立北京奥运会残奥会运行指挥部交通与环境保障组，下设交通运行中心等7个职能办事机构，按照赛时运行体制，奥组委交通部转变为赛事交通服务分中心，在北京奥运会、残奥会运行指挥部交通与环境保障组、机场协调组统一领导下，工作职责不变，与交通组织安全保障、城市交通设施保障、城市运输服务保障三个分中心共同隶属于交通运行中心领导，履行赛时交通运行组织协调职能。

回顾以往历届奥运会的交通组织体系，虽然各有不同，但都是同主办城市自身的特点紧密相关。如何探索出一个真正符合北京奥运交通服务工作的组织体系，是北京奥运交通组织工作更大意义之所在。为了适应赛时运行的需要，在认真借鉴往届奥运交通组织模式的基础上，结合中国国情，充分发挥体制优势，本着“精干高效，减少层级，充分发挥体制优势，实现赛时以场馆化、专项团队化运行为主”的原则，赛时组建交通服务运行指挥和专项运行团队两级架构，最终确定了以“115-478”为模式的赛时交通运行组织架构，实现了由筹备阶段的交通部向赛时运行阶段的赛事交通服务分中心的转变。

### 一、时间

2008年4月~2008年9月。

### 二、机构及人员

北京奥运会交通运行中心赛事交通服务分中心组织结构，如图2-2所示。

交通服务指挥层为“115”架构，由奥组委交通部、政府相关部门、专业客运企业人员组成；交通服务专项团队运行层为“478”架构，由奥组委交通部、交通运行团队、志愿者、企业专业人员组成。

**1. 指挥层(115)**

赛事交通服务分中心赛时运行实行主任负责制。

主任：于春全，负责赛事交通服务分中心全面工作。

副主任：张锁成，负责场馆运行组、运行保障组；

韩宪洲，负责分中心办公室工作；

初世敏，负责场站运行组工作；

宋甘澍，负责总调度室、宣传协调组工作；

于庆丰，负责分中心办公室人力资源和交通志愿者组织协调管理。

指挥层包括1个分中心办公室、1个交通服务总调度室、4个职能组(场馆运行、场站运行、宣传协调、运行保障)和一个车辆证件管理处。

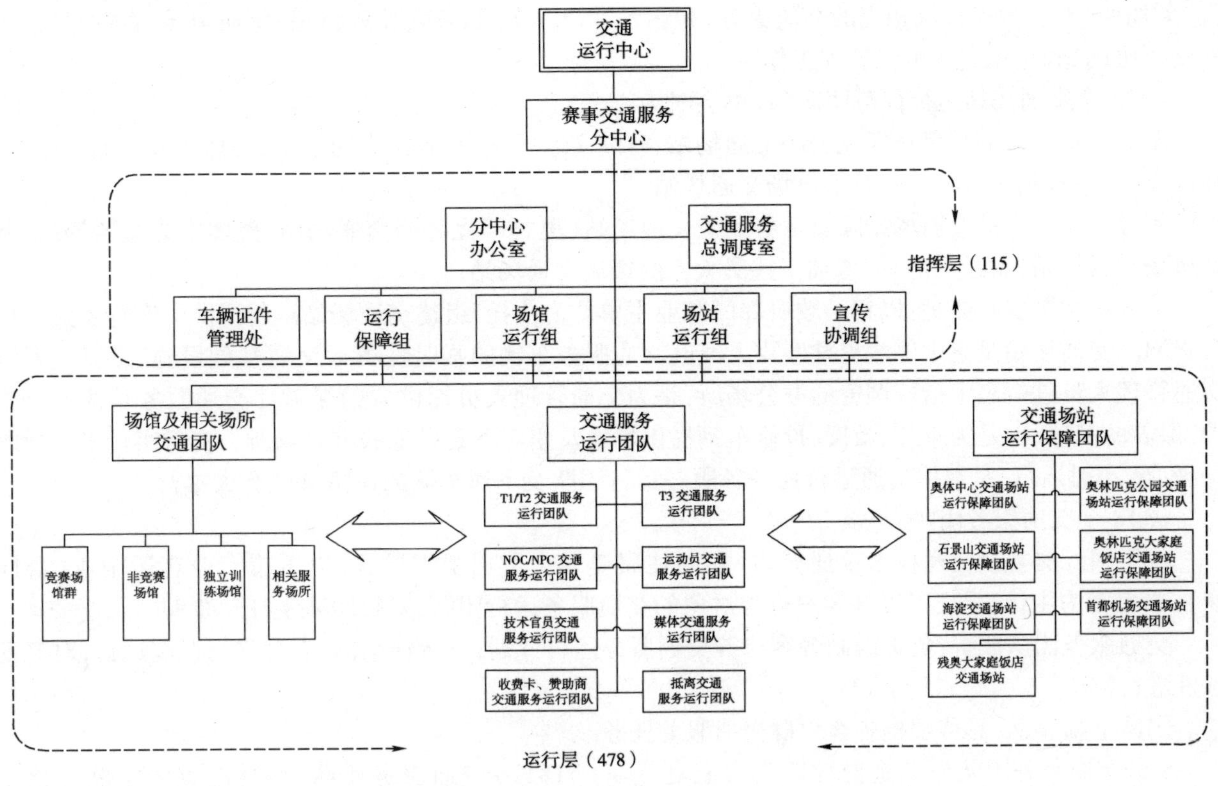


图 2-2　赛事交通服务分中心组织结构图

(1)分中心办公室:接受交通运行中心指令并向运行中心汇报,负责情况信息上传下达,为指挥决策提供信息支持,协调京外赛区交通服务,组织指导交通工作人员注册、岗位调配、赛前培训、赛时考核管理等工作。团市委和交通运行中心派相关人员参加。康冬生为主任。

(2)交通服务总调度室(含客户服务及 T3 预订中心):赛时是交通服务运行调度中枢,负责交通服务综合运力平衡调配,应急指挥调度,接受服务车辆预约,受理客户投诉,技术系统管理维护等工作,对赛事交通服务工作总体协调督办。梁建伟为总调度。

(3)4 个职能组:

①场馆运行组:负责组织协调和指导竞赛场馆、主要非竞赛场馆、独立训练场馆、服务场所的交通团队开展场馆交通组织运行工作。张晓东为组长。

②场站运行组:负责协调指导 6 个交通场站运行团队开展赛时运行保障工作。罗连生为组长。

③宣传协调组:负责与各注册客户群沟通、联系,了解各客户群交通服务需求和需要及时解决的问题。郭庆为组长。

④运行保障组:负责指导和管理赛事交通服务运行保障工作。贾继红为组长。

(4)车辆证件管理处:负责赛时车辆证件印制、发放和管理。李国瑞为处长。

**2. 运行层(478)**

(1)4 类场馆交通团队。

①竞赛场馆(群)交通团队共 24 个;

②非竞赛场馆交通团队共 16 个;

③独立训练场馆(群)交通团队共 23 个;

④相关签约饭店(主要为服务场所,包括 29 个 IF 驻地、40 余个注册媒体酒店、10 余个 NOC 饭店以及国际贵宾驻地等)、服务场所交通团队。

上述 4 类场馆交通团队实行团队经理负责制,主要职责是:接受奥运交通运行中心下设分中心和本场馆（服务场所）运行团队双重领导，按照交通组织服务运行计划以及奥运相关政策、标准，在本场馆（服务场所）对客户群提供相应的交通服务（包括各客户群车辆到达、驶离组织，交通引导、咨询，场馆内外交通协调）和场馆交通组织管理工作。

（2）7 个交通场站运行保障团队（残奥会时为 4 个）。

服务于奥运会的是奥林匹克公园交通场站、海淀交通场站、石景山交通场站、奥体中心交通场站、奥林匹克大家庭饭店交通场站、首都机场交通场站。

服务于残奥会的交通场站除奥运会三个交通场站（奥林匹克公园交通场站、奥体中心交通场站、首都机场交通场站）继续服务外，增加了残奥大家庭饭店交通场站。

交通场站主要功能是：以相关政府部门和业主单位为依托，组建交通场站运行团队。实行团队主任负责制。交通场站是集中停放奥林匹克大家庭交通服务车辆的临时性奥运交通基础设施，是奥运赛时交通管理人员进行集中指挥调度的办公场所，是为交通管理人员提供后勤保障和交通服务车辆安全维护、保养的基地，也是为应急、救援、抢修车辆提供场地及相应配套设施的重要场所。赛时实行安保封闭管理，24 小时运行，是承担交通运行任务各服务运行团队及下属车队的保障基地和大本营。

（3）8 个交通服务团队。

按照国际奥委会交通技术手册要求，参照往届奥运会交通组织模式，以本市专业客运企业（合同商）、志愿者为主体，建立了以各客户群为对象的交通服务运行团队，实行团队主任负责制。

交通服务团队职责：负责编制各客户群交通服务运行计划；对所辖车辆、人员进行调配运行；对突发事件进行响应。

团队下辖车队，具体承担各客户群交通服务任务。

8 个交通服务团队分别是奥林匹克大家庭专车（T1/T2）交通服务团队、奥林匹克大家庭合乘车（T3）交通服务团队、国家（地区）奥委会/残奥委会（NOC/NPC）交通服务团队、运动员及随队官员（TA）交通服务团队、国际体育单项组织（IF）交通服务团队、注册媒体（TM）交通团队、抵离交通服务运行团队、赞助商和收费卡交通服务运行团队。

赛时交通工作人员数量统计见表 2-1。

**赛时交通工作人员统计表**（单位：人） 表 2-1

| 赛会 | 付薪人员 | 志愿者 | 合同商 | 合计 |
|---|---|---|---|---|
| 奥运会 | 188 | 11741 | 13864 | 25793 |
| 残奥会 | 184 | 6738 | 8587 | 15509 |

富有创新意义的赛事交通运行组织体系，将交通服务作为一条主线完整地贯穿了整个系统之中，将交通服务运行所涉及的每一个点串联起来，从而形成了一个严密的网格，将各种赛事目标分层次地分解，各类交通服务人员有效地融合，各类场馆交通组织有效地整合。前方运行、后方保障的交通组织体制在赛时发挥了极其重要的作用。

## 三、工作地点

指挥层位于奥组委总部（海淀区北四环中路 267 号，赛事交通服务分中心办公室设在 308 室，总调度室设在 1508 室 ）。8 个交通服务运行团队分别进驻各交通场站。

# 第三章　北京奥运会、残奥会交通服务标准

根据历届奥运会惯例和北京市《申办报告》，以及北京市与国际奥委会签署的《主办城市合同》相关内容，北京奥组委将负责为参加北京奥运会和残奥会的各类注册人员，包括奥林匹克大家庭成员、运动员和随队官员、技术官员、注册媒体和赞助商及其客人提供安全、准点、可靠、便利的交通服务。为此，自2003年开始，北京奥组委交通部组织有关人员，通过广泛了解相关各客户群的交通服务需求，不断汲取悉尼、雅典奥组委的成功经验，与国际奥委会通过几十次的工作组会、专业性旁会以及电视电话会等形式深入沟通交流，历时5年的不断推进，最终同国际奥委会、国际残奥会各客户群代表达成共识，完成了北京奥运会、残奥会注册客户群交通服务标准（以下简称“服务标准”）的编制工作，在服务标准中明确了北京奥运会、残奥会为各类注册客户提供的交通服务的基本原则、政策和程序，包括服务的时间、范围、服务的主要内容等相关的内容，为奥运会残奥会各类注册客户群的交通服务运行组织工作提供了标准性、规范性文件，为赛时交通运行组织奠定了基础。

## 第一节　交通服务标准制订的依据

在北京市《申办报告》、《主办城市合同》及其相关附件中，向国际社会做出的关于交通方面的承诺，即是交通服务标准的依据，具体包括以下内容。

奥运会组委会应向奥林匹克大家庭提供可靠的交通系统，免费为注册的参赛者、随队官员、技术官员、媒体人员和奥运会上国际奥委会执行委员会指定的其他注册人员在该城市机场与奥林匹克村和其他注册人员的住地之间提供交通车辆；为他们来往于上述住宿地点和主办城市和主办国之内与奥运会有关的所有场馆（包括训练场馆）提供交通。

城市与奥运会组委会应采取必要措施，以使公众在奥运会期间得益于奥运会各场馆之间的可靠、安全而高效的交通系统。

城市及奥运会组委会应负责在市内及其外围地区，包括为该城市服务的机场与奥运村之间以及由该城市选定的主办国境内的比赛场地（包括训练场地）之间，为奥运会期间参赛运动员训练与比赛所需的物资和设备提供必要的运输服务，费用由组委会负担。

奥运会组委会提供的交通系统应包括供奥林匹克大家庭成员以及由国际奥委会指定的奥运会其他注册人员使用的共用车辆。

奥运会组委会应为以下人员分别提供配备驾驶员的个人专车（小轿车、面包车和客车），费用由奥运会组委会承担：国际奥委会委员（包括荣誉委员和名誉委员）、总干事、秘书长、奥委会各部门主任、国际奥委会其他高级工作人员、国际奥委会新闻委员会委员、以及国际奥委会总干事和秘书长指定的其他人员。

奥运会组委会应为列入奥运会比赛项目的国际单项联合会的主席和秘书长分别提供配备驾驶员的个人专车，费用由组委会承担。

奥运会组委会应为各国奥委会的下列人员提供配备驾驶员的专车，费用由组委会负担：为率团参加奥运会的各国奥林匹克委员会主席和秘书长两人至少配一辆车和驾驶员。如一个国家奥林匹克委员会的代表团包括50名以上的参赛运动员，奥运会组委会应向该国家奥林匹克委员会的主席及秘书长分别提供一辆配备驾驶员的个人专车。

奥运会组委会应确保驾驶员受过适当的训练，熟悉当地的地理和用车人员的语言。如专车使用时间延长，奥运会组委会应考虑每车配备轮班驾驶员。

提供住宿服务的同时,奥运会组委会也将建立奥林匹克媒体交通服务体系。奥运会组委会必须考虑奥林匹克广播组织的特殊交通需要,提供从其住地到场馆的直接的专用的交通。所用车辆需考虑所运载媒体的特征。为落客方便,属于奥林匹克媒体交通服务体系的车辆将可以驶入预留给收费卡类注册人员的入口尽可能近的地方。

场馆将预留给转播权持有者专用停车处。经由奥林匹克广播组织,他们将免费获得一张可在所有场馆停车的标签。奥运会组委会和国际奥委会,通过奥林匹克广播组织,将努力把这一特权严格限制在最小范围内,使来往于各奥运场馆的交通车辆不至于饱和。

奥运会组委会应在奥运会开始前一年将媒体交通系统的网络、路线图和服务班次等提交国际奥委会(IOC)审批。这些内容将印入《交通指南》并在媒体人员抵达主办城市时发放。

在IOC认可的所有主要入境口(机场、铁路或公交车站),奥运会组委会都应提供交通服务以保证媒体人员到达住地,或者如有必要,到达最近的注册中心。

奥运会组委会应根据抵达时间安排班车服务班次,还应提供出租车队。奥运会组委会只为包括在奥运会媒体交通系统之内的住地提供此类服务。

奥运会结束后,组委会应提供同样的交通服务,保证媒体离开主办国。组委会职责一直持续到奥运会结束后48小时。

奥运会媒体交通服务的时间表应该适应媒体工作时间。此服务应24小时开通。夜间班次可减少,但必须一直考虑竞赛日程表和媒体工作时间。奥运会媒体交通服务连接媒体旅馆/媒体村和主新闻中心/国际广播中心(MPC/IBC)。应优先安排往来MPC/IBC的服务并将此地作为交通系统的枢纽。如有可能,对一些上午很早开始的比赛项目,如果场馆距住地比距MPC/IBC更近,则班车应从住地区域发车。竞赛场馆之间的媒体交通服务也应作适当安排。

夏季奥运会媒体交通服务应于开幕式前2周开始,此时的服务应充分顾及媒体记者抵达的状况及他们从住地去往MPC/IBC及各训练场馆的需求。通往场馆的媒体交通服务在比赛开始的第一天全线开通,并且密切配合每日的竞赛日程。

媒体交通时间表的安排应保证媒体人员能在开赛前很早就到达场馆,而比赛结束后还能在场馆工作相当长时间。

应制定应急预案,以保证媒体交通服务的灵活性。针对可能出现的竞赛日程变更或高峰时段需求增加的状况,应预备机动班车。

在行经管制路线时,应为所有由组委会管辖并作为奥运会媒体交通系统组成部分的车辆提供一切必要的机动车通行许可证(安全、通行和停车)。必要的通行证件应该固定张贴在所有车辆上,使记者和负责交通管制的安保人员能够迅速辨认。

媒体车辆通行证应是长期性的,在所有区域有效而不受限。

所有机动车驾驶员需要事先接受培训,以熟悉奥运会交通网络。为完成本职工作,他们也需要进行注册,并获得标有通行区域的必要注册卡。

应精心选择在媒体交通车队服役的车辆,保证它们的型号和大小能最好地满足媒体需求。交通组织者在甄选车辆座椅大小时应该考虑,很多媒体人员需要携带大量设备,尤其是摄影记者和电子新闻采集人员(ENG)。要求将组委会交通部、新闻运行部和奥林匹克转播公司三方联合提供的信息进行整合,并编制一份内容全面翔实的交通指南。除了媒体奥林匹克交通图,指南还应包括可供所有注册媒体免费利用的主办城市公交系统的详细信息。

奥运会组委会应提供专门的共用车辆,使国际奥委会医学委员会委员能正常履行他们在奥运会的职能。

奥运会组委会应提供专门车辆,包括配有驾驶员的个人用车,以便比赛仲裁法庭在奥运会期间能正当地行使其职能。

奥运会组委会应免费提供一个专门车队,包括配有驾驶员的个人用车,以便世界反兴奋剂组织在奥运会期间能正当地行使其职能。

## 第二节　交通服务标准的主要内容

### 一、交通服务的对象

北京奥组委将为：国际奥委会（IOC）主席、国际残奥委会（IPC）主席、秘书长及官员，国际贵宾（国家元首、政府首脑、王室代表）、各国体育部长，国家（地区）奥委会（NOC）、国家（地区）残奥委会（NPC）主席、秘书长及官员，各国际单项体育组织主席、秘书长及工作人员，运动员、随队官员，技术官员，注册媒体等提供交通服务。奥运会注册人员5.5万人，残奥会注册人员2.8万人。除上述注册人员外，奥运会、残奥会期间还将为工作人员、合同商、志愿者及持票观众提供相应的交通服务。

### 二、交通服务的基本原则

**1. 符合相关规定和要求**

交通服务标准和内容须遵守国际奥委会相关规定，符合《主办城市合同》、《北京申办报告》和各客户群体技术手册对交通服务的规定要求。

**2. 保障交通安全、准点、可靠、便利**

交通服务须保证与会人员交通安全，并为奥运会各项活动提供可靠、准点、便利的交通服务。

**3. 高水平运转**

通过严谨、周密的交通运行方案，统一、畅通的指挥运行系统，精干、高效的交通服务队伍，确保奥运会交通高水平运转。

**4. 体现北京特色**

以"绿色奥运、科技奥运、人文奥运"为理念，展现北京和谐、有序的交通环境和交通服务人员热情、周到的精神风貌。

### 三、交通服务的时间

根据国际奥委会交通技术手册的规定和以往奥运会实际运行的惯例，北京奥运会交通服务时间应自奥运会开幕式前14天开始至奥运会闭幕式后3天结束，即2008年7月25日～8月27日，共计34天。残奥会从2008年8月28日～2008年9月20日，为期24天。考虑到各类注册客人的特点和实际要求，为每一类注册客人服务的时间具有一定的灵活性。

### 四、交通服务的类别

**1. 奥林匹克大家庭、残奥大家庭专车（T1）交通服务**

T1交通服务是指对持有T1类别身份注册卡的每一位客人提供配有专职驾驶员的小客车服务。

**2. 奥林匹克大家庭、残奥大家庭专用合乘车（T2）交通服务**

T2交通服务是指对持有T2类别身份注册卡的客人提供配有驾驶员的专用合乘小客车服务。

**3. 奥林匹克大家庭、残奥大家庭合乘车（T3）交通服务**

T3交通服务指对持有T3类别身份注册卡的客户提供的配有驾驶员的合用车辆，类似于免费出租车服务，有预约和即时2种服务方式。

**4. 运动员和随队官员（TA）、技术官员（TF）及注册媒体（TM）交通服务**

TA/TF/TM交通服务是指为运动员和随队官员、技术官员及注册媒体提供的专用班车服务，班车依据事先制订好的班车运行时刻表运行。

**5. 专用分配车辆服务**

按国际奥委会有关规定，北京奥组委根据客户的需求，为各国家（地区）代表团等提供专用车辆和驾驶员的交通服务。

**6. 收费卡车辆服务**

北京奥组委为各类注册客户群提供通过奥运收费卡项目租赁车辆服务，类似于汽车租赁服务。注册人员在规定的时间之前提出预定车辆需求，赛时按照规定的收费价格缴纳费用后，自行驾驶所租赁的车辆。北京奥组委提供免费的车辆通行证及相应的运行保障服务。

**7. 公共交通服务**

公共交通服务是为所有持奥运会身份注册卡的人员以及持当日比赛门票观众提供的免费公共交通服务。

**8. 出租车服务**

在奥运村/残奥村、MPC/IBC、媒体村、比赛场馆、各签约饭店及其他奥运重要设施周边设置出租车站，提供出租车服务。

## 五、交通权限及通行优先级别

**1. 持交通类别注册卡可享受的交通权限**

奥运会、残奥会交通类别注册卡可享受的交通权限见表 3-1。

**奥运会、残奥会交通类别注册卡可享受的交通权限一览表** 表 3-1

| 交通类别 | 交 通 服 务 | 交 通 权 限 |
|---|---|---|
| T1 | 固定车辆、驾驶员的专用车服务，1 人 1 车 | • T1 交通服务<br>• T3 交通服务<br>• 免费公共交通 |
| T2 | 固定车辆、驾驶员的合乘车服务，2 人或多人合用 1 辆车 | • T2 交通服务<br>• T3 交通服务<br>• 免费公共交通 |
| T3 | 通用合乘车服务，分为即时和预定两种服务方式 | • T3 交通服<br>• 免费公共交通 |
| TA | 运动员及随队官员专用班车 | • TA 班车系统<br>• 免费公共交通 |
| TF | 技术官员及国际单项体育联合会专用班车 | • TF 班车系统<br>• 免费公共交通 |
| TM | 媒体专用班车 | • TM 班车系统<br>• 免费公共交通 |
| TP | 公共交通 | • 免费公共交通 |

**2. 通行优先等级**

为保证赛事的顺利进行，按照国际奥委会《交通技术手册》的相关规定，为不同客户群的交通服务确定了不同的交通优先级，各类客户群交通服务优先级见图 3-1。

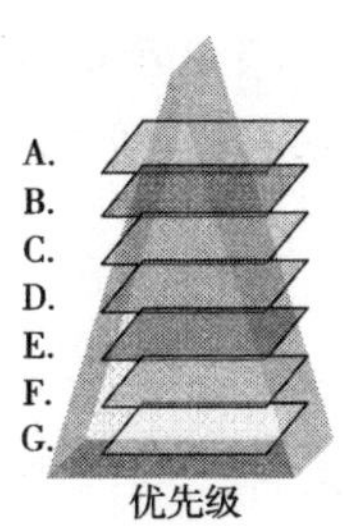


图 3-1 各类客户群交通服务优先级

## 第三节 奥林匹克大家庭、残奥大家庭交通服务

根据国际奥委会注册指南，不同注册类别的奥林匹克大家庭成员享有不同的交通权限，主要交通服务方式为 T1、T2、T3 交通服务。

### 一、奥林匹克大家庭、残奥大家庭主要成员构成

奥林匹克大家庭主要成员有：IOC 主席、委员、荣誉委员、名誉委员，国家（地区）奥委会主席、秘书长，国际单项体育联合会主席、秘书长，代表团团长，国际贵宾，TOP 赞助商的全球总裁和 CEO；国际单项体育联合会的技术代表、国际奥委会医疗委员会、世界反兴奋剂组织；国际奥委会、国际单项体育联合会和国家（地区）奥委会等客人和国际奥委会指定的人员等。

残奥大家庭主要成员有：IPC 主席、副主席、国际残奥委会首席执行官、国际残奥委会执委会成员；国际残奥会体育联合会主席、副主席、秘书长，国际单项残疾人体育组织主席、秘书长，世界反兴奋剂组织及其客人、体育仲裁法庭有关人员；国际残奥委会名誉委员会成员，T1/T2 客户群的陪同和随员，国际残奥委会的客人，国际残奥委会各专业委员会的负责人，国际残奥委会工作人员、顾问，国际残奥委会医疗委员会，国际残奥会体育联合会工作人员、技术代表助理、首席国际分级师，未来残奥会组委会的官员等。

### 二、T1 交通服务

**1. 享受 T1 交通服务的主要人员**

国际奥委会主席、国际奥委会名誉主席、国际奥委会委员、国际奥委会荣誉委员、国际奥委会名誉委员、国际奥委会总干事、国际奥委会执行干事、国际奥委会各部部长、国际单项体育联合会的主席、秘书长、国家（地区）奥委会的主席、秘书长（参赛运动员人数大于 51 人）、北京奥组委主席等。

国际残奥委会主席、副主席、国际残奥委会委员、国际残奥委会首席执行官、国际残奥委会名誉委会委委员、国际残奥委会部门主任及国际奥委会主席、国际残疾人体育单项组织技术代表等。

**2. 交通服务特点**

T1 交通服务是指对持有 T1 类别身份注册卡的每一位客人提供配有专职驾驶员的小客车服务。他们的行为模式和交通服务需求特点如下：抵离京和出行随意性都很强；他们最多在比赛前一小时到达场馆，但也会因比赛项目不同而异；比赛结束后他们会在一小时内驶离场馆；配有驾驶员的专用车和两人合用车；往返于机场、饭店、场馆和各种市内的地点；要快速、安全、方便的从指定的入口通过专用通道进出场馆；在各场馆要预留停车位；要有信息服务台或者有交通工作人员提供帮助；进出设施须是无障碍，便于残疾人进出。

**3. 交通服务范围**

T1 交通服务将从客户抵达北京后开始提供，每天服务时间原则上为 7:00 ~ 24:00（根据赛事活动需要可适当延长服务时间），其他时间使用 T3 类别车辆提供交通服务；服务范围包括北京六环路以内

的任何地点和六环路以外的场馆，包括顺义奥林匹克水上公园比赛场馆、铁人三项赛场、公路自行车终点（居庸关）；顺义宾馆、怡生园国际会议中心、军都旅游度假村；昌平区体育活动中心（田径场），昌平区体育活动中心（游泳馆）。

**4. 交通服务方式**

为享受T1交通权限的客人，每人提供一辆专用分配车辆，每辆专车配备移动电话、中英文地图、场馆指南等。每车按1.5人配备专门的驾驶员，工作时间根据客人的需求灵活确定。

## 三、T2交通服务

**1. 享受T2交通服务的主要人员**

国际奥委会医疗委员会、体育仲裁法庭、世界反兴奋剂组织、国家（地区）奥委会的主席、秘书长（参赛运动员人数≤50人）、国际奥委会行政部门、国际奥委会市场部等。

国际残疾人单项体育联合会（IPSF）主席、副主席及秘书长或者其他职位相当的人提供T2合用车服务。

**2. 交通服务特点**

T2交通服务是指对持有T2类别身份注册卡的客人提供配有驾驶员的专用合乘小客车服务。他们的行为模式和交通服务需求特点与T1基本一致，唯一区别就是车辆两人合用。

**3. 交通服务范围**

T2交通服务将从客户抵达北京后开始提供，每天服务时间原则上为7:00~24:00（根据赛事活动需要可适当延长服务时间），其他时间使用T3类别车辆提供交通服务；服务范围包括北京六环路以内的任何地点和六环路以外的场馆，包括顺义奥林匹克水上公园比赛场馆、铁人三项赛场、公路自行车终点（居庸关）；顺义宾馆、怡生园国际会议中心、军都旅游度假村；昌平区体育活动中心（田径场），昌平区体育活动中心（游泳馆）。

**4. 交通服务方式**

为享受T2交通权限的客人提供专用合用车辆，每辆专车配备移动电话、中英文地图、场馆指南等。每车按1.5人配备专门的驾驶员，工作时间根据客人的需求灵活确定。

## 四、T3交通服务

**1. 享受T3交通服务的人员**

除T1、T2客人可以乘坐T3车辆外，享受T3交通服务的还有：国际奥委会主席、委员等的客人、国际奥委会的贵客及其陪同客人、国际奥委会高级官员及其陪同客人、国际奥委会持“B”卡的高级官员的随员、国际奥委会贵宾、国际奥委会认可的国际体育单项联合会的主席、国际奥委会运动员委员会、国际奥委会的工作人员、国际奥委会官方摄影师和国际奥委会官方摄像工作人员、国际奥委会的顾问、国际残奥委会的工作人员、国际奥委会指定的合同商工作人员、国际体育单项联合会的主席和秘书长的客人、其他奥运会国际体育单项联合会的主席和秘书长及其客人、国际体育单项联合会的执委会委员及其客人、国际体育单项联合会的全职高级工作人员、夏季奥运会单项体育联合会总会秘书长及其工作人员、国际体育单项联合会医务官员、国家（地区）奥委会的主席、秘书长的客人、国家（地区）奥委会总会执行委员、各大洲奥协以及国家（地区）奥委会、官方申办城市的执行委员、北京奥组委主席的客人、主办城市的市长及其客人、国内贵宾、北京2008市场开发合作伙伴的高级执委及其客人、北京2008合作伙伴奥运项目负责人、上届或者未来奥运会组委会的主席及其客人、下届奥运会主办城市的市场及其客人、未来奥运会组委会执委、TOP市场开发合作伙伴的总裁和CEO、北京2008合作伙伴主席和CEO、TOP合作伙伴的总裁及其CEO的客人、TOP合作伙伴的奥运项目负责人、TOP合作伙伴的执行人员、持权转播商高级执行人员及其客人等。

根据国际奥委会的最新意见，TOP市场开发合作伙伴CEO和主席享受T3交通服务的权限。北京奥组委将为每一个TOP市场开发合作伙伴提供2辆T1专用车辆。

残奥会时，为国际残奥委会主席、副主席、国际残奥委会委员、首席执行官、名誉委员会委员、国际奥委会主席等的陪同和随员，地区组织主席、秘书长及陪同客人，国际残奥委会的客人，国际残奥委会各理事会主席、委员，常设委员会主席、委员，国际残奥委会医学官员，国际奥委会委员及陪同客人，国际奥委会部门主任及工作人员，国际残奥委会官方摄影师、摄像师，国际残奥委会工作人员、顾问，过去和未来残奥会组委会主席、秘书长等提供T3合乘车交通服务。T3车辆适当配备无障碍车辆，按3:1提供，即每3名有需求残疾人(乘坐轮椅人员)配备1辆无障碍车辆。为国际残疾人单项体育联合会(IPSF)主席、副主席及秘书长或者其他职位相当的人的客人、国际残疾人单项体育联合会委员及客人、技术代表助理、首席分级师及助理提供T3合用车服务。

**2. 交通服务特点**

T3交通服务指对持有T3类别身份注册卡的客户提供的配有驾驶员的合用车辆，每天的交通服务时间为24小时。主要特点：抵离京时间不定；他们最多在比赛前一小时到达场馆，但也会因比赛项目不同而异；比赛结束后他们会在一小时内驶离场馆；配有驾驶员的多人合用车；往返于机场、饭店、场馆和与奥运会相关的场所；要快速、安全、方便的从指定的入口通过专用通道进出场馆；尽可能短的时间预约到车辆；要有信息服务台或者有交通工作人员提供帮助；进出设施须是无障碍，便于残疾人进出。

**3. 交通服务方式**

T3交通服务类似于出租车的服务，有即时和预约2种服务方式。

(1)根据确定的提供T3即时服务的地点，客人可以在T3即时服务的地点按照规定的时间范围得到T3交通服务。

(2)T3预约服务是指T3客人如在规定的T3预约服务地点申请车辆服务时，需要提前6个小时，通过北京奥组委交通部设立的T3交通服务中心、官方驻地交通服务台、场馆交通服务台提前进行预定。如果客人预定服务的时间少于6小时，客人也可以进行预订，但需视T3车辆资源情况确定能否满足需求。

**4. 交通服务范围**

T3交通服务的服务范围涵盖：所有的比赛场馆、机场、奥林匹克大家庭、残奥大家庭总部饭店、奥运村/残奥村、媒体村、MPC/IBC、训练场馆、IOC/IPC和北京奥组委确认的其他官方驻地(国际贵宾饭店)、官方接待设施等。

对于部分T3地点提供即时的T3服务；对于部分地点提供预约的T3服务。具体的服务点相关信息见表3-2。

**T3交通服务地点一览表** 表3-2

●：提供，×：不提供

| 类别 | 序号 | 地点 | 即时服务 | 预订服务 |
|---|---|---|---|---|
| 竞赛场馆32处(提供从比赛开始前1小时到当日比赛结束后1小时的即时服务，其他时间提供预订服务) | 1 | 北京航空航天大学体育馆 | ● | × |
| | 2 | 北京射击场(飞碟靶场) | ● | × |
| | 3 | 北京射击馆 | ● | × |
| | 4 | 北京工业大学体育馆 | ● | × |
| | 5 | 中国农业大学体育馆 | ● | × |
| | 6 | 首都体育馆 | ● | × |
| | 7 | 朝阳公园沙滩排球场 | ● | × |
| | 8 | 公路自行车赛场 | ● | × |
| | 9 | 国家会议中心击剑馆 | ● | × |
| | 10 | 丰台体育中心垒球场 | ● | × |
| | 11 | 老山山地自行车赛场 | ● | × |

续上表

| 类　别 | 序号 | 地　点 | 即时服务 | 预订服务 |
|---|---|---|---|---|
| 竞赛场馆32处（提供从比赛开始前1小时到当日比赛结束后1小时的即时服务，其他时间提供预订服务） | 12 | 老山自行车馆 | ● | × |
| | 13 | 老山小轮车赛场 | ● | × |
| | 14 | 国家游泳中心 | ● | × |
| | 15 | 国家体育馆 | ● | × |
| | 16 | 国家体育场 | ● | × |
| | 17 | 北京奥林匹克公园射箭场 | ● | × |
| | 18 | 北京奥林匹克公园曲棍球场 | ● | × |
| | 19 | 北京奥林匹克公园网球中心 | ● | × |
| | 20 | 奥体中心体育馆 | ● | × |
| | 21 | 奥体中心体育场 | ● | × |
| | 22 | 奥体中心英东游泳馆 | ● | × |
| | 23 | 北京大学体育馆 | ● | × |
| | 24 | 顺义奥林匹克水上公园 | ● | × |
| | 25 | 北京科技大学体育馆 | ● | × |
| | 26 | 北京理工大学体育馆 | ● | × |
| | 27 | 铁人三项赛场 | ● | × |
| | 28 | 工人体育馆 | ● | × |
| | 29 | 北京奥林匹克篮球馆（五棵松） | ● | × |
| | 30 | 北京五棵松体育中心棒球场 | ● | × |
| | 31 | 工人体育场 | ● | × |
| | 32 | 马拉松赛起终点 | ● | × |
| 机场（24小时即时服务，同时提供离京的预订服务） | 33 | 首都国际机场 | ● | × |
| 奥林匹克大家庭酒店（24小时不间断即时服务） | 34 | 北京饭店 | ● | × |
| | 35 | 北京饭店莱佛士 | ● | × |
| | 36 | 北京贵宾楼饭店 | ● | × |
| | 37 | 北方佳苑饭店 | ● | × |
| | 38 | 北京丽亭酒店 | ● | × |
| 媒体中心（8:00～24:00为即时服务，其他时间为预订服务） | 39 | 国际广播中心IBC | ●× | × |
| | 40 | 主新闻中心MPC | ●× | × |
| 奥林匹克接待中心（10:30～次日凌晨1:00提供即时服务，其他时间提供预订服务） | 41 | 奥林匹克接待中心（IOC俱乐部、赞助商接待中心） | ●× | × |
| 奥运村（08:30～21:30即时交通服务，21:31～08:29预订服务） | 42 | 奥运村（即时服务上下车点在1号门内访客中心门前，预订服务上下车点在2号门门口） | ●× | ●× |

续上表

| 类　别 | 序号 | 地　　点 | 即时服务 | 预订服务 |
|---|---|---|---|---|
| 训练场馆68处,其中独立的47处,附属的21处(24小时预订服务) | 43 | 北京航空航天大学训练馆 | × | ● |
| | 44 | 北京语言大学体育馆 | × | ● |
| | 45 | 北京师范大学附属实验中学体育馆 | × | ● |
| | 46 | 北京联合大学训练场 | × | ● |
| | 47 | 朝阳公园沙滩排球场训练场地 | × | ● |
| | 48 | 昌平区体育活动中心(田径场) | × | ● |
| | 49 | 昌平区体育活动中心(游泳场) | × | ● |
| | 50 | 二十一世纪游泳馆 | × | ● |
| | 51 | 朝阳体育中心投掷训练场 | × | ● |
| | 52 | 朝阳体育馆 | × | ● |
| | 53 | 朝阳体育中心主体育场 | × | ● |
| | 54 | 朝阳体育中心 | × | ● |
| | 55 | 朝阳体育中心准备活动场 | × | ● |
| | 56 | 地坛体育馆 | × | ● |
| | 57 | 北京广安体育馆 | × | ● |
| | 58 | 光彩体育馆 | × | ● |
| | 59 | 海淀体育场 | × | ● |
| | 60 | 海淀体育馆1号馆 | × | ● |
| | 61 | 海淀体育馆2号馆 | × | ● |
| | 62 | 奥体中心曲棍球1号训练场 | × | ● |
| | 63 | 奥体中心曲棍球2号训练场 | × | ● |
| | 64 | 北京交通大学体育馆 | × | ● |
| | 65 | 木樨园游泳馆跳水池 | × | ● |
| | 66 | 北京八中体育馆 | × | ● |
| | 67 | 北京八中游泳馆 | × | ● |
| | 68 | 木樨园游泳馆花样游泳池 | × | ● |
| | 69 | 北京木樨园体育运动技校综合训练馆 | × | ● |
| | 70 | 木樨园游泳馆游泳池 | × | ● |
| | 71 | 十三陵水库周边公路 | × | ● |
| | 72 | 国家体育场热身场 | × | ● |
| | 73 | 国家体育场1号热身场 | × | ● |
| | 74 | 国家体育场2号热身场 | × | ● |
| | 75 | 首都师范大学体育馆 | × | ● |
| | 76 | 奥林匹克公园曲棍球A场 | × | ● |
| | 77 | 奥林匹克公园曲棍球B场 | × | ● |
| | 78 | 奥体中心曲棍球场 | × | ● |
| | 79 | 奥体中心体育馆1号附馆 | × | ● |
| | 80 | 奥体中心体育馆2号附馆 | × | ● |
| | 81 | 奥体中心体育馆3号附馆 | × | ● |
| | 82 | 奥体中心体育场训练场 | × | ● |

续上表

| 类　别 | 序号 | 地　　点 | 即时服务 | 预订服务 |
|---|---|---|---|---|
| 训练场馆68处,其中独立的47处,附属的21处(24小时预订服务) | 83 | 奥林匹克公园网球中心练习场 | × | ● |
| | 84 | 首都体育学院训练馆A | × | ● |
| | 85 | 首都体育学院训练馆B | × | ● |
| | 86 | 首都体育学院训练场 | × | ● |
| | 87 | 首都体育学院田径馆 | × | ● |
| | 88 | 首都体育学院游泳馆 | × | ● |
| | 89 | 中国人民大学世纪馆 | × | ● |
| | 90 | 中国人民大学游泳馆 | × | ● |
| | 91 | 首钢篮球中心体育馆 | × | ● |
| | 92 | 石景山体育馆 | × | ● |
| | 93 | 北京体育大学训练馆A | × | ● |
| | 94 | 北京体育大学训练馆B | × | ● |
| | 95 | 中国现代五项协会马术基地 | × | ● |
| | 96 | 北京体育大学足球训练场 | × | ● |
| | 97 | 北京体育大学大鹏馆 | × | ● |
| | 98 | 北京体育大学综合馆 | × | ● |
| | 99 | 北京体育大学游泳馆 | × | ● |
| | 100 | 北京体育大学田径场 | × | ● |
| | 101 | 丰台垒球场1号热身场地 | × | ● |
| | 102 | 丰台垒球场2号热身场地 | × | ● |
| | 103 | 清华游泳跳水馆跳水池 | × | ● |
| | 104 | 清华大学体育馆 | × | ● |
| | 105 | 清华游泳跳水馆游泳池 | × | ● |
| | 106 | 五棵松1号棒球场 | × | ● |
| | 107 | 五棵松2号棒球场 | × | ● |
| | 108 | 工人体育场训练场 | × | ● |
| | 109 | 月坛综合体育馆 | × | ● |
| | 110 | 月坛体育馆 | × | ● |
| 国际体育单项联合会饭店29家(24小时预订服务) | 111 | 亮马河大厦 | × | ● |
| | 112 | 紫光国际交流中心 | × | ● |
| | 113 | 丽亭华苑饭店 | × | ● |
| | 114 | 北京鸿翔大厦 | × | ● |
| | 115 | 北京市圆山大酒店 | × | ● |
| | 116 | 北京西郊宾馆 | × | ● |
| | 117 | 凯迪克格兰云天大酒店 | × | ● |
| | 118 | 大唐科苑宾馆 | × | ● |
| | 119 | 北京喜来登长城饭店 | × | ● |
| | 120 | 北京长峰假日酒店 | × | ● |
| | 121 | 军都旅游度假村 | × | ● |
| | 122 | 北京燕山大酒店 | × | ● |

续上表

| 类　别 | 序号 | 地　　点 | 即时服务 | 预订服务 |
|---|---|---|---|---|
| 国际体育单项联合会饭店29家(24小时预订服务) | 123 | 北京苏源锦江大厦 | × | ● |
| | 124 | 北京首体宾馆 | × | ● |
| | 125 | 北京新世纪日航饭店 | × | ● |
| | 126 | 中苑宾馆 | × | ● |
| | 127 | 京都信苑饭店 | × | ● |
| | 128 | 北京万商美居酒店 | × | ● |
| | 129 | 射击宾馆 | × | ● |
| | 130 | 北京顺义宾馆 | × | ● |
| | 131 | 北京怡生园国际会议中心 | × | ● |
| | 132 | 北京亚洲大酒店 | × | ● |
| | 133 | 丽晶国际酒店 | × | ● |
| | 134 | 北京河南大厦 | × | ● |
| | 135 | 金融街威斯汀酒店 | × | ● |
| | 136 | 北京市民族饭店 | × | ● |
| | 137 | 京瑞大厦 | × | ● |
| | 138 | 二十一世纪饭店 | × | ● |
| | 139 | 北京东方君悦大酒店 | × | ● |
| 赞助商饭店15家(24小时预订服务) | 140 | 北京香格里拉饭店 | × | ● |
| | 141 | 北京昆泰大酒店 | × | ● |
| | 142 | 王府半岛酒店 | × | ● |
| | 143 | 北京国航万丽酒店 | × | ● |
| | 144 | 香格里拉北京嘉里中心大酒店 | × | ● |
| | 145 | 北京国贸饭店 | × | ● |
| | 146 | 天伦王朝饭店 | × | ● |
| | 147 | 北京昆仑饭店 | × | ● |
| | 148 | 北京世纪金源大饭店 | × | ● |
| | 149 | 长安戴斯大饭店 | × | ● |
| | 150 | 北京新世界酒店 | × | ● |
| | 151 | 钓鱼台大酒店 | × | ● |
| | 152 | 中国职工之家酒店 | × | ● |
| | 153 | 北京市京伦饭店 | × | ● |
| | 154 | 北京广州大厦 | × | ● |
| 媒体村(24小时预订服务) | 155 | 北辰绿色家园媒体村 | × | ● |
| | 156 | 汇园公寓媒体村 | × | ● |
| 其他官方驻地2家贵宾酒店2家超编官员酒店(24小时预订服务) | 157 | 中国大饭店 | × | ● |
| | 158 | 励骏酒店 | × | ● |
| | 159 | 北京市塔里木石油宾馆 | × | ● |
| | 160 | 北京胜利饭店 | × | ● |
| 北京奥组委总部(24小时预订服务) | 161 | 北京奥运大厦 | × | ● |

残奥会时T3服务场所共有69处，见表3-3。

**残奥会T3交通服务场所** 表3-3

| | |
|---|---|
| 竞赛场馆（18个）当日第一场比赛开赛前1小时到最后一场比赛结束后1小时提供即时服务，其他时间为预订服务 | 顺义奥林匹克水上公园 |
| | 北京工人体育馆 |
| | 国家体育场 |
| | 国家会议中心击剑馆 |
| | 国家游泳中心 |
| | 国家体育馆 |
| | 昌平铁人三项赛场 |
| | 奥林匹克公园曲棍球A场 |
| | 奥林匹克公园曲棍球B场 |
| | 奥林匹克公园射箭场 |
| | 奥林匹克公园网球中心 |
| | 北京大学体育馆 |
| | 中国农业大学体育馆 |
| | 北京航空航天大学体育馆 |
| | 北京科技大学体育馆 |
| | 老山自行车馆 |
| | 北京理工大学体育馆 |
| | 北京射击馆 |
| 训练场馆（21个）仅提供24小时预订服务 | 朝阳体育中心主体育场 |
| | 朝阳体育中心准备活动场 |
| | 朝阳体育中心投掷训练场 |
| | 朝阳体育中心 |
| | 国家体育场1#练习场 |
| | 国家体育场2#练习场 |
| | 奥体中心体育馆1号附馆 |
| | 奥体中心体育馆2号附馆 |
| | 奥体中心体育馆3号附馆 |
| | 奥体中心体育馆 |
| | 英东游泳馆 |
| | 奥体中心曲棍球1号训练场 |
| | 奥体中心曲棍球2号训练场 |
| | 首都体育学院训练馆 |
| | 北京语言文化大学体育馆 |
| | 奥林匹克公园网球中心练习场 |
| | 北航体育馆附馆 |
| | 海淀体育馆1号馆 |
| | 海淀体育馆2号馆 |
| | 北体大综合馆 |
| | 清华体育馆 |
| 残奥总部饭店（24小时即时服务） | 港澳中心瑞士酒店 |

续上表

| | |
|---|---|
| 机场（24 小时即时服务） | 首都国际机场 |
| 残奥村<br>（8:30～21:30 提供即时服务，其他时间为预订服务） | 残奥村 |
| IPC 接待中心<br>（9:30～次日凌晨 1:00 为即时服务，其他时间为预订服务） | IPC 接待中心（MPC 楼上） |
| 媒体中心<br>（8:00～24:00 为即时服务，其他时间为预订服务） | 国际广播中心 |
| | 主新闻中心 |
| IPC 委员住地<br>（6:30～21:00 为即时服务，其他时间为预订服务） | 北京会议中心 9#楼 |
| 北京奥组委<br>仅提供 24 小时预订服务 | 奥运大厦 |
| 官方住地（23 个）<br>仅提供 24 小时预订服务 | 长城喜来登饭店 |
| | 昆仑饭店 |
| | 西单大悦成饭店 |
| | 王府半岛酒店 |
| | 希尔顿酒店 |
| | 人济万怡酒店 |
| | 保利大厦 |
| | 北京皇家大饭店 |
| | 凯宾斯基饭店 |
| | 中国大饭店 |
| | 好苑建国饭店 |
| | 北京怡生园国际会议中心 |
| | 亚运村宾馆 |
| | 北京五洲皇冠假日酒店 |
| | 北京五洲大酒店 |
| | 元辰鑫国际酒店 |
| | 名人国际酒店 |
| | 北辰洲际酒店 |
| | 北京国家会议中心酒店 |
| | 西藏大厦 |
| | 凯迪克格蓝云天大酒店 |
| | 胜利饭店 |
| | 海特酒店 |

T3 服务的场所奥运会时规定为 161 处，残奥会时规定为 69 处。

## 五、残奥会 T1、T2、T3 无障碍车辆

为乘坐轮椅的 T1、T2、T3 残疾人客户群提供无障碍的客车服务。无障碍车辆为旅行车，其标准是：

(1)后车门为乘坐轮椅人员上下车门；

(2)后车门处设置电动升降平台和扶手，并设有应急手动装置；

(3)在升降平台和车厢地板放置轮椅处，设置固定轮椅的装置和安全保险带；

(4)后车门和车厢内设置呼叫按钮；

(5)车厢内设置相应的陪同座椅；

(6)后车门门楣处，设置明显的安全提示标志；

(7)后车门宽度应不小于1000毫米；

(8)车内空调和音响设施良好；

(9)车辆安全、技术和环保标准符合国家及北京市有关规定。

## 第四节　运动员和国家地区奥委会、残奥委会交通服务

国家（地区）奥委会（NOC）、残奥委会（NPC）这一客户群体是奥运会、残奥会赛事的主体，是最为重要的客户群体，其人员构成十分复杂，因而也决定了这一客户群体交通服务方式的多样性。

### 一、国家（地区）奥委会、残奥委会的人员构成及交通方式

#### 1. 人员构成

NOC/NPC是以运动员和随队官员为主体，除参赛运动员、代表团团长及副团长、奥林匹克专员、教练员、医疗人员、技术人员、行政管理人员、超编官员、新闻专员等，还有各NOC/NPC邀请的所在国家的君主、元首和政府首脑、王室成员等国际贵宾及其陪客，NOC/NPC的主席和秘书长及其陪客，有各国家（地区）的体育部长及其陪客，奥运会正式申办城市或候选城市的执行官员、奥运会正式申办城市或候选城市的观察员、国家（地区）奥委会协会（ANOC）的执委会成员、未在其他类别注册的各大洲国家（地区）奥委会协会的执委会成员、国家（地区）奥委会协会（ANOC）的职员等。

#### 2. 交通服务类型

在该客户群中有享受T1、T2、T3交通服务的客人。其中，国际贵宾交通服务级别为T3，但享受等同T1的交通服务，运动员和随队官员交通服务方式以大客车班车为主。另外根据各国家（地区）参赛运动员人员的不同，由北京奥组委提供数量不等专用分配车，由各代表团自行支配使用。

### 二、运动员和随队官员交通服务

#### 1. 交通服务特点

为保证赛事的顺利进行，北京奥组委为运动员及随队官员提供了专用的运动员班车系统，以保证运动员安全、准点地到达目的地。其交通服务需求特点是：在奥运会开幕前两周和他们所参加的比赛项目开始前三天这个时间范围内逐渐抵达北京；运动员和随队官员在比赛前至少一小时到达场馆，有些运动员去场馆时还要带自己的运动器材；运动员结束比赛后，会在一小时内离开场馆区。如果遇到新闻发布会和决赛后的兴奋剂检测时，一般整个队都会等他们的队员一起离开；往返于机场、注册中心、奥运村和比赛/训练场馆之间的交通；严格遵守竞赛日程安排的比赛/训练班车；为方便各类残疾客户人群，在残奥会竞赛场馆、非竞赛场馆和相关残奥指定场所，设立无障碍交通设施及标识、标志，并提供相应服务，以满足残疾人需求。奥运村/残奥村内的交通系统；快速、安全、方便地从后场指定通道进出场馆；要有信息服务台或者有交通工作人员提供帮助；观看比赛的班车和奥组委指定旅游路线的交通；需要协助解决有偿出租车服务；交通设施须是无障碍，便于残疾人使用。

#### 2. 交通服务的方式

北京奥组委为个人项目运动员及随队官员提供了专用的运动员班车系统（TA），以保证运动员安全、准点地到达目的地。为每支集体项目的运动队提供一辆专用大客车，以便于运动员及随队官员比赛、训练及参加国际单项和残疾人单项体育联合会会议等其他官方活动。还为超编官员提供往返于奥运村与超编官员驻地的班车服务。

上述交通服务驾驶员均为专业驾驶员，每位驾驶员均配备通信工具。上述交通服务均随车配备语

言支持志愿者,以协助客人解决行程中的语言问题。

**3. 运动员和随队官员班车服务**

为运动员和随队官员提供往返于奥运村与机场或其他抵离地点之间的抵离班车服务;往返于奥运村与比赛场馆之间的比赛班车服务;往返于奥运村与官方指定训练场馆之间的训练班车服务;往返于奥运村与比赛场馆之间的观赛班车服务;开闭幕式交通服务。同时提供运动员随身行李及器材的运输服务。

上述班车均从奥运村运动员班车站发车并返回运动员班车站落客。奥运会期间运动员班车系统应于2008年7月27日~8月27日间运行;残奥会期间运动员班车系统应于2008年8月28日~9月20日间运行。

(1)训练班车。

从2008年7月27日(奥运村开村)至训练场馆封闭期间提供。

对于需要进行训练预定的项目,将根据确认的预定信息编制训练班车时刻表;对于不需要提前进行预定的项目,将根据训练单元按照一定频率编制训练班车时刻表。根据训练班车时刻表,提供往返于奥运村运动员班车站与训练场馆之间的训练班车,并负责运动员随身行李及器材的运输。运动员在奥运村运动员班车站搭乘训练班车前往场馆。

(2)比赛班车。

2008年8月9日至比赛项目结束期间提供。

根据竞赛部门提供的竞赛日程及变更信息编制比赛班车时刻表,按照班车时刻表提供往返于奥运村班车站与比赛场馆之间的比赛班车,并负责运动员随身行李及器材的运输。

比赛班车原则上于相应赛事开始前3小时至结束后3小时内提供(根据不同比赛项目要求进行调整)。运动员在奥运村运动员班车站搭乘比赛班车前往场馆。

运动员因赛后兴奋剂检测、新闻发布会或者其他特殊原因较晚离开场馆时,由场馆竞赛部门指定联络人将人员数量和离开时间提前告知场馆交通部门,交通部门根据情况安排车辆,确保其返回奥运村的交通服务。

运动员如前往IBC参加新闻发布会,可使用为代表团专用车辆。

现代五项比赛将在会议中心击剑馆、奥体中心体育场、奥体中心体育馆三个场馆内进行,赛时将会提供场馆间的比赛班车。

(3)观赛班车。

2008年8月9日至比赛项目结束期间提供。

对于观看非本项目比赛的运动员提供奥运村运动员班车站与各比赛场馆之间的观赛班车。观赛班车在场馆封闭区外观赛运动员专用上下车区落客,运动员持观赛门票进入场馆。

对于观看本项目比赛的运动员允许搭乘运动员比赛班车前往比赛场馆。在乘车时比赛人员优先。集体项目运动队可以使用集体项目专用大客车前往本项目场馆进行观赛。

(4)参加开幕式、闭幕式。

北京奥组委在开幕式、闭幕式时为运动员和随队官员提供往返奥运村残奥村班车站至国家体育场的大客车服务。在闭幕式当天下午,为比赛结束晚的运动员提供直接前往主会场的交通服务。

(5)集体项目专用大客车。

为每支集体项目的代表队提供一辆专用大客车,用于比赛和训练以及参加国际单项体育组织官方会议。集体项目专用大客车将根据竞赛部门提供的各运动队训练计划、竞赛日程及官方活动日程提供,在使用集体项目专用大客车前一天代表队需要通过奥运村体育信息中心交通服务台进行确认。

(6)残奥会特殊服务。

为参加集体项目的代表队每队提供1辆专用大客车,用于比赛、训练以及参加国际残疾人单项体育联合会官方会议。对于特殊项目的运动队(例如轮椅篮球和轮椅橄榄球)使用大客车时,需要提前预订,根据实际需求配备车辆。

根据实际交通需求,为运动员随身比赛器材较多的体育项目,包括轮椅篮球、公路自行车以及马拉松等特殊项目适时提供随身运输车辆。运输随身比赛器材过程中应严格遵照装卸、运输等环节的技术规范。

## 三、代表团专用分配车辆交通服务

按国际奥委会有关规定,北京奥组委为各国家(地区)代表团、国际奥委会行政部门、奥林匹克博物馆、国际摄影车队、国内摄影车队等提供专用车辆和驾驶员,根据客户的需求提供交通服务。

### 1. 代表团专用车辆的分配及启用

代表团专用车辆将根据各代表团规模进行分配,代表团规模是指代表团中参赛运动员与主要随队官员的数量总和。奥运会、残奥会车辆分配原则见表3-4、表3-5。

**奥运会代表团分配车辆原则** 表3-4

| 代表团规模(人) | 5座轿车(辆) | 7座旅行车(辆) | 合 计(辆) |
|---|---|---|---|
| 1~10 | 1 | 1 | 2 |
| 11~50 | 1 | 2 | 3 |
| 51~100 | 2 | 3 | 5 |
| 101~200 | 3 | 4 | 7 |
| 201~300 | 3 | 5 | 8 |
| 301~400 | 3 | 6 | 9 |
| 401~500 | 4 | 7 | 11 |
| 501以上 | 5 | 8 | 13 |

**残奥会代表团车辆分配原则** 表3-5

| 代表团规模(人) | 无障碍车辆(辆) | 代表团车辆总计(辆) |
|---|---|---|
| 1~10 | 0 | 2 |
| 11~50 | 1 | 3 |
| 51~100 | 1 | 5 |
| 101~200 | 2 | 7 |
| 201~300 | 2 | 8 |
| 301~400 | 2 | 9 |
| 401以上 | 3 | 11 |

代表团完成代表团注册会议以后,代表团团长或指定工作人员可前往奥运村NOC服务中心交通服务台签署车辆使用协议。该协议将明确车辆的使用期限、服务时间、行驶范围、责任和义务等。签署车辆使用协议后,代表团即获得专用车辆的使用权,奥组委交通部将为代表团提供详细的车辆信息、停车位置、驾驶员及车队联络人员的联系方式等,以便于代表团的使用。

### 2. 专用车辆的服务时间及方式

代表团专用车辆的服务奥运会期限为2008年7月27日~8月27日;残奥会期限为2008年8月28~9月20日。

车辆分配给代表团后,由代表团自行支配使用,车辆均配备中、英文北京市道路以及奥运场馆地图,随车配备有移动电话。每辆代表团专用车辆均配备2名驾驶员。代表团专用车辆只允许组委会提供的驾驶员驾驶,不允许代表团成员和代表团助理驾驶代表团专用车辆。

代表团的专用车辆的工作时间为每天6:00~24:00,代表团使用车辆应在驾驶员工作时间内完成行程,因工作需要提前和错后的用车需求应提前通知驾驶员。每天0:00~6:00提供代表团专用车小车队服务,代表团可提前15分钟进行预定。代表团分配车辆在奥运村东、西设有2个专用停车场。

### 3. 专用车辆服务范围

所分配的车辆服务范围包括北京六环路以内的任何地点和六环路以外的场馆,包括顺义奥林匹克水上公园比赛场馆、铁人三项赛场、公路自行车终点(居庸关);顺义宾馆、怡生园国际会议中心、军都旅游度假村;昌平区体育活动中心(田径场),昌平区体育活动中心(游泳馆)。

### 4. 预开村期间交通服务

预开村期间(奥运会为2008年7月20日~7月26日;残奥会为2008年8月28日),根据抵离部门提供的抵离信息,为各代表团提前抵达的先遣团队人员提供从机场至奥运村的抵离交通服务。代表团成员抵达机场后，由机场交通服务台为客人安排车辆。客人在机场内指定的上下车区乘车前往奥运村。

抵达奥运村后，将为每一个代表团先遣团队提供1辆工作用车，工作用车将计入正式开村后为每一个代表团分配的专用车辆。

### 四、国际贵宾交通服务

国际贵宾交通服务由北京奥运国际贵宾接待中心统一组织，其特点是规格高，服务期限短。北京奥组委交通部负责提供所需的服务车辆并配备专业驾驶员，运行服务服从该中心的指挥调度。

### 五、其他交通服务方式

**1. 超编官员交通服务**

为首次抵达奥运村进行注册的超编官员提供奥运村欢迎中心至超编官员驻地的班车。

2008年7月27日～8月27日，为超编官员提供往返于奥运村运动员班车站与官方指定超编官员驻地之间的超编官员班车。北京奥运会期间，有两家签约酒店作为超编官员驻地，见表3-6。

**超编官员驻地**　　表3-6

| 超编官员酒店 | 超编官员人数 | 距奥运村距离 |
|---|---|---|
| 北京胜利饭店 | 430 | 800米 |
| 塔里木石油宾馆 | 400 | 800米 |

**2. 代表团收费卡交通服务**

代表团可通过收费卡项目租用车辆及购买车辆证件。

**3. 代表团大客车租赁服务**

根据代表团工作及接待需求，将为代表团提供大客车租赁服务。代表团租赁大客车需提前48小时前往奥运村NOC服务中心进行预定。

**4. 奥运村、残奥村（下统称运动员村）内循环班车**

运动员村开村至运动员村闭村期间，为运动员村内的所有持证人员及客人提供村内循环班车服务。

**5. 与市中心的交通**

运动员村内设有的通往市中心的无障碍交通班车。

在运动员村外围设置通往市中心的24小时运行的公共交通，持注册卡的运动员、随队官员可免费乘坐。

在残奥村外围设置出租汽车站，提供有偿交通服务。

**6. 旅游景点交通服务**

为运动员和随队官员提供由运动员村到指定旅游景点的无障碍专线班车服务。

## 第五节　注册媒体交通服务

### 一、交通服务对象及其特点

注册媒体交通服务的服务对象包括：注册的文字媒体工作人员、摄影记者、国际摄影队和国家摄影队（IOPP/NOPP）、主转播商（北京奥林匹克转播公司，BOB）和持权转播商（RHB）。

注册媒体作为奥运会、残奥会注册人员最多的客户群之一，他们对几乎所有的竞赛及非竞赛场馆进行采访、报道，转播各类比赛及赛前赛后令人关注的事件，由于其工作、生活的突出特点，其交通服务也与其他客户群有明显的区别，主要特点是：注册媒体通常都参加过多次国际上的大型活动，因此对交通服务要求标准高，时效性高；由于每日的长时间、高强度的工作，媒体交通系统需要尽量简单易行；由于直播和截稿时间的缘故，工作体现出不同时区的特点，使得其采用24小时换班制，所以昼夜均有出行需求，且出行机动灵活；电视转播人员一般会固定于某一个或几个竞赛场馆工作，而文字/摄影记者则会流动于多个场馆间进行采访；由于电子信息采集人员（ENG）通常携带大量设备，其上/落客点须尽量靠近媒体入口；通常，转播商需要提前2～3小时抵达场馆，而文字/摄影媒体则一般提前0.5～1小时前往。注册媒体抵达场馆时间见表3-7。

**注册媒体抵达场馆时间表** 表3-7

| 客户类别 | 客户群 | 抵达时间 |
|---|---|---|
| 主转播商/持权转播商 | 技术支持 | 提前3～2小时 |
| | 工程人员 | |
| | 编播制作人员 | 提前1.5～1小时 |
| | 评论员 | |
| | ENG | 提前0.5～1小时 |
| | 记者 | |
| 文字/摄影媒体 | 文字媒体 | 提前0.5～1小时 |
| | 摄影记者 | |

## 二、注册媒体交通服务内容及时间

北京奥组委向注册媒体提供媒体住地到主新闻中心（MPC）、国际广番中心（IBC），MPC/IBC到场馆的点对点的大客车班车服务，见表3-8、表3-9。

**奥运会媒体中心到场馆的大客车班车表** 表3-8

| 班车路线 | | 服务日期 |
|---|---|---|
| 注册媒体班车系统 | | 2008年07月07日～2008年08月29日 |
| 提前服务 | 首都机场—指定的媒体酒店 | 2008年07月07日～2008年07月24日 |
| | 指定的媒体酒店—MPC/IBC | 2008年07月08日～2008年07月24日 |
| 抵离服务 | | 2008年07月25日～2008年08月27日 |
| 核心服务期 | 注册媒体住地—MPC/IBC | 2008年07月25日～2008年08月27日 |
| | MPC/IBC—竞赛场馆 | 该场馆首场比赛前5天～该场馆最后一场比赛结束 |
| | 指定媒体住地—就近比赛场馆 | 根据相关赛程 |
| | 赛程相关的相邻竞赛场馆之间 | 根据相关赛程 |
| | 奥林匹克公园中心区 | 根据各环线内场馆赛程 |
| | MPC/IBC—奥运村 | 2008年07月27日～2008年08月27日 |
| 延长服务 | 媒体村—首都机场 | 2008年08月28日～2008年08月29日 |
| 分配车服务 | | 根据相关协议 |
| 交通服务台 | | 与所在场馆的开放时间保持一致 |

**残奥会媒体班车的运行线路和服务时间** 表3-9

| 运行线路 | 日期 | 每天服务时间 |
|---|---|---|
| 首都机场→媒体酒店/MPC/IBC | 2008年8月30日～9月17日 | 24小时 |
| MPC/IBC→首都机场 | 2008年8月30日～9月17日 | 24小时 |
| 媒体酒店/MPC/IBC↔残奥村 | 2008年8月30日～9月1日 | 8:30～21:30 |
| MPC/IBC↔残奥村 | 2008年9月2日～20日（开、闭幕式当日班车不去残奥村） | |

续上表

| 运行线路 | 日　　期 | 每天服务时间 |
|---|---|---|
| 媒体酒店↔MPC/IBC | 2008 年 9 月 2 日 ~20 日 | 24 小时 |
| MPC/IBC↔竞赛场馆 | 从每个场馆首个竞赛日前 3 天至该场馆最后一个竞赛日 | 每个场馆首个竞赛日前 3 天和非竞赛日：班车抵达场馆的时间为每天 8:00 – 19:00，从场馆返回时间为 9:00 – 21:00。竞赛日：从每个场馆首场竞赛前 2 个小时抵达场馆至当日该场馆最后一场竞赛后 3 小时从场馆返回 |
| MPC/IBC↔附属训练场馆 | 2008 年 9 月 2 日 ~16 日 | 根据对媒体开放的训练时间和班车预订情况 |
| 赛程相近的相邻竞赛场馆之间 | 相邻竞赛场馆都有竞赛日 | 根据赛程 |
| MPC/IBC↔官方会议活动地点 | 根据相关安排 | 会议/活动开始前 2 小时至会议/活动结束后 2 小时 |
| 媒体酒店/MPC/IBC→首都机场 | 2008 年 9 月 18 日 ~20 日 | 24 小时 |

## 三、注册媒体班车系统类型

### 1. 注册媒体班车系统设置的原则

(1)以 MPC/IBC 为交通枢纽，呈放射型分布；

(2)连接各比赛场馆、各媒体签约饭店和媒体村，同时为便于媒体采访，提供部分场馆间、部分媒体酒店与邻近比赛场馆、BOB 住地与指定比赛场馆等的早晚各一班的定时班车；

(3)准点运行，坐满即走，即班车严格按照时刻表运行。但在高峰时段，班车进站后，一旦坐满，即便尚未到达预定发车时间，也将立即发车。原定班次通过备用车补齐；在具备条件的场馆/住地，将根据需要与实地条件有选择地实行高峰时段同班次多车同发。

(4)“封闭区—封闭区”，即为保证媒体班车运行的便捷、高效，在北京奥运期间媒体班车自一个安保封闭区进入另一封闭区时，如场馆与 MPC/IBC、场馆与场馆之间，将免检进入安保线。而自住地上车前往场馆或 MPC/IBC 的注册媒体需在上车前接受安检，车辆免检进入场馆或 MPC/IBC，注册媒体须自行预留出乘车前进行安检的时间。

(5)抵离班车，往返天津和秦皇岛京外场馆的媒体班车的上下车点将设于安保封闭线外。

### 2. 注册媒体交通服务路线

(1)奥运会、残奥运抵离服务路线见表 3-10、表 3-11。

**奥运会抵离服务路线**　　表 3-10

| 服务线路 | | 日　期 | 服务时长 | 时段 |
|---|---|---|---|---|
| 提前服务 | 首都机场→指定酒店[①] | 08 年 7 月 7 日 ~7 月 24 日 | 根据需要 | |
| 核心服务期 | 首都机场→各指定媒体住地与 MPC/IBC | 08 年 7 月 25 日 ~8 月 8 日 | 24 小时 | 06:00 ~24:00 |
| | | | | 24:00 ~06:00 |
| | MPC/IBC→首都机场 | 08 年 7 月 25 日 ~8 月 8 日 | 24 小时 | 24 小时 |
| | 首都机场↔MPC/IBC | 08 年 8 月 9 日 ~8 月 23 日 | 24 小时 | 24 小时 |
| | 各指定媒体住地→首都机场 | 08 年 8 月 24 日 ~8 月 27 日 | 24 小时 | 06:00 ~20:00 |
| | | | | 20:00 ~06:00 |
| 延长服务期 | 媒体村→首都机场 | 08 年 8 月 28 日 ~8 月 29 日 | 根据需要 | |

注：①指定酒店为：北京土哈石油宾馆、西藏大厦、龙强大酒店和京民大厦。

残奥会抵离服务路线

表3-11

| 日　　期 | 服务线路 | 服务时长 | 时　　段 | 发车间隔 |
|---|---|---|---|---|
| 2008年8月30日~9月6日 | 首都机场→媒体酒店/MPC/IBC | 24小时 | 6:00~24:00 | 30分钟 |
| | | | 24:00~6:00 | 60分钟 |
| 2008年9月7日~17日 | | | 24小时 | 60分钟 |
| 2008年8月30日~9月17日 | MPC/IBC→首都机场 | 24小时 | 24小时 | 60分钟 |
| 2008年9月18日~20日（9月20日的服务时间将根据需求而定） | 媒体酒店/MPC/IBC→首都机场 | 24小时 | 6:00~20:00 | 30分钟 |
| | | | 20:00~6:00 | 60分钟 |

（2）奥运会、残奥会指定媒体住地－MPC/IBC间的班车路线，见表3-12、表3-13。

奥运会指定媒体住地—MPC/IBC间的班车路线

表3-12

| 日　　期 | | 服务时长 | 自媒体住地出发 | 发车间隔 | 自IBC/MPC出发 |
|---|---|---|---|---|---|
| 提前服务 | 2008年07月08日~07月24日① | 16小时 | 07:30~23:30 | 60分钟 | 08:00~24:00 |
| 核心服务期 | 2008年07月25日~07月31日 | 24小时 | 24小时 | 60分钟 | 24小时 |
| | 2008年08月01日~08月05日 | 24小时 | 06:00~10:00 | 30分钟 | 18:00~23:00 |
| | | | 10:00~（次日）06:00 | 60分钟 | 23:00~（次日）18:00 |
| | 2008年08月06日~08月25日 | 24小时 | 06:00~10:00 | 20分钟② | 07:00~20:00 |
| | | | 10:00~02:00 | 30分钟 | 20:00~02:00 |
| | | | 02:00~06:00 | 60分钟 | 02:00~07:00 |
| | 2008年08月26日~08月27日 | 24小时 | 24小时 | 60分钟 | 24小时 |

注：①仅为指定酒店：北京吐哈石油宾馆、西藏大厦、龙强大酒店和京民大厦；

②同班点将设多次发车。

残奥会指定媒体住地－MPC/IBC间的班车路线

表3-13

| 日　　期 | 服务时间 | 从媒体酒店发车时间 | 发车间隔 | 从MPC/IBC发车时间 | 发车间隔 |
|---|---|---|---|---|---|
| 2008年9月2日~3日 | 24小时 | 2:00~6:00 | 60分钟 | 7:00~18:00 | 60分钟 |
| | | 6:00~10:00 | 30分钟 | 18:00~23:00 | 30分钟 |
| | | 10:00~（次日）2:00 | 60分钟 | 23:00~7:00 | 60分钟 |
| *2008年9月4日~17日 | 24小时 | 2:00~6:00 | 60分钟 | 2:00~7:00 | 60分钟 |
| | | 6:00~10:00 | 20分钟 | 7:00~21:00 | 30分钟 |
| | | 10:00~（次日）2:00 | 30分钟 | 21:00~2:00 | 20分钟 |
| 2008年9月18日~9月19日 | 24小时 | 24小时 | 60分钟 | 24小时 | 60分钟 |

（3）奥运会、残奥会MPC/IBC与竞赛场馆之间的班车路线，见表3-14、表3-15。

奥运会MPC/IBC与竞赛场馆之间的班车路线

表3-14

| 日期 | 抵达竞赛场馆时间 | 发车间隔 | 由竞赛场馆返回 |
|---|---|---|---|
| 赛前5天 | 08:00~20:00 | 60分钟 | 09:00~20:00 |
| 比赛日当天 | 首场比赛①前三小时~首场比赛①开赛 | 20分钟 | 该场馆首场比赛①开赛后0.5小时~该场馆最后一场①比赛结束 |
| | 比赛期间 | 30分钟 | ~该场馆最后一场比赛①结束~该场馆最后一场比赛①结束后3小时 * |

注：①首/末场比赛指该场馆当日的第一场/最后一场比赛。

**残奥会 MPC/IBC 与竞赛场馆之间的班车路线** 表 3-15

<table>
<tr><th>日 期</th><th>到达场馆时间</th><th>发车间隔</th><th>从竞赛场馆返回时间</th><th>发车间隔</th></tr>
<tr><td>场馆首个竞赛日前3天和休赛日</td><td>8:00~19:00</td><td>60分钟</td><td>9:00~21:00</td><td>60分钟</td></tr>
<tr><td rowspan="3">竞赛日</td><td>首场竞赛前2小时至开赛</td><td>20分钟</td><td>场馆首场竞赛开赛后0.5小时至最后一场竞赛结束</td><td>30分钟</td></tr>
<tr><td rowspan="2">竞赛时间</td><td rowspan="2">30分钟</td><td>场馆最后一场竞赛结束后2小时内</td><td>20分钟</td></tr>
<tr><td colspan="2">场馆最后一场竞赛结束后3小时发最后一班车。如果发车时间需要超过竞赛结束后3小时，场馆媒体服务经理要与媒体交通运行团队值班室联系，商定具体发车时间。</td></tr>
</table>

(4)奥林匹克中心区环线班车。

2008年8月4日~8月24日期间，为注册媒体提供奥林匹克公园环线班车。奥林匹克中心区共10个竞赛场馆和MPC/IBC；设北区、中区和南区三条环线，起点、终点均为MPC/IBC，见表3-16。

**奥林匹克中心区环线班车** 表 3-16

<table>
<tr><th>日 期</th><th>服 务 路 线</th><th>服 务 时 段</th></tr>
<tr><td>08年8月4日~8月7日</td><td>北区、中区、南区环线</td><td>08:00~20:00</td></tr>
<tr><td rowspan="3">08年8月9日~8月23日</td><td>北区环线</td><td rowspan="3">环线区域内首场比赛前三小时~环线区域内最后一场比赛结束后三小时①</td></tr>
<tr><td>中区环线</td></tr>
<tr><td>南区环线</td></tr>
</table>

注：①指该环线区域内所有场馆的首/末场比赛，当某一场馆媒体中心关闭时，环线班车将不前往该场馆落客点停车。

(5)奥运会、残奥会 MPC/IBC 与奥运村之间的班车，见表3-17、表3-18、表3-19。

**奥运会 MPC/IBC 与奥运村之间的班车** 表 3-17

| 日 期 | 班车服务时段 |
|---|---|
| 2008年07月27日~08月03日* | 08:30~21:30 |
| 2008年08月04日~08月07日 | 08:30~21:30 |
| 2008年08月09日~08月23日 | 08:30~21:30(08:30~20:00为北区环线经停奥运村) |
| 2008年08月25日~08月27日 | 08:30~21:30 |

**残奥会 MPC/IBC 与奥运村之间的班车** 表 3-18

<table>
<tr><th>日 期</th><th>序号</th><th>班 车 线 路</th></tr>
<tr><td rowspan="4">2008年8月30日~9月1日</td><td>1</td><td>MPC/IBC(国家会议中心大酒店、北辰洲际酒店)—残奥村</td></tr>
<tr><td>2</td><td>西藏大厦—残奥村</td></tr>
<tr><td>3</td><td>名人国际大酒店(包括亚运村宾馆)—残奥村</td></tr>
<tr><td>4</td><td>凯迪克格蓝云天大酒店—残奥村</td></tr>
</table>

9月2日~20日，媒体班车只从MPC/IBC往返残奥村。

**残奥会 MPC/IBC 与奥运村之间的班车** 表 3-19

<table>
<tr><th>日 期</th><th>发车时间</th><th>从残奥村返回时间</th><th>发车间隔</th></tr>
<tr><td>2008年8月30日~9月1日</td><td>从媒体酒店/MPC/IBC发车时间<br>08:00~21:00</td><td rowspan="2">8:30~21:30</td><td rowspan="2">60分钟</td></tr>
<tr><td>2008年9月2日~20日</td><td>从MPC/IBC发车时间<br>08:00~21:00</td></tr>
</table>

(6)前往公路赛事的班车服务。

前往公路赛事(马拉松、公路自行车)的注册媒体班车服务将在公路赛事举行的当天提供。

(7)指定媒体住地与竞赛场馆之间的班车服务。

为解决媒体住地与 MPC/IBC 距离远的问题,直接开通住地与就近比赛场馆的线路。如:提供从梅地亚中心到五棵松棒球场、北京奥林匹克篮球馆,北京顺义宾馆到顺义奥林匹克水上公园,北京怡生园国际会议中心到顺义奥林匹克水上公园的班车服务。

(8)就近竞赛场馆之间的班车服务。

为方便媒体采访,提供从北京理工大学体育馆到首都体育馆,丰台垒球中心到北京奥林匹克篮球馆、五棵松棒球场,北京射击场(飞碟靶场)、北京射击馆到老山山地自行车厂、老山自行车馆、老山小轮车赛场,工人体育馆到潮阳公园沙滩排球场到北京工业大学体育馆,击剑馆到英东游泳馆到奥体中心体育场的班车服务。

(9)往返训练场馆的班车服务。

媒体人员如有采访训练的要求,可根据对注册媒体开放的训练时间表,在申请服务前一天 17:00 之前向主新闻中心或国际广播中心的交通服务台预订。采访训练的班车服务向非独立训练场馆提供,乘车点均在 MPC/IBC 交通换乘中心。

(10)前往会议和活动的班车服务。

前往国际奥委会全会会议、协调委员会会议以及其他官方会议、活动地点(如奥林匹克大家庭饭店)的班车将根据会议日程进行提供。

(11)开幕式、闭幕式当日的班车服务。

开/闭幕式当日,MPC/IBC 照常向注册媒体开放,为注册媒体提供从指定媒体住地—MPC/IBC,以及从 MPC/IBC—国家体育场的班车服务。闭幕式当日的媒体交通服务也将根据相应政策及比赛时间采取相应变更。

(12)前往天津和秦皇岛足球赛区班车路线。

在比赛当日,将向注册媒体提供一次由 MPC/IBC 往返天津或秦皇岛的班车服务。班车将提前三小时抵达竞赛场馆,赛后 2 小时自竞赛场馆发出,返回北京。

注册媒体需此项服务必须在前一天下午 17:00 之前在主新闻中心或国际广播中心的交通服务台,或通过传真预定。班车乘车地点将为 MPC/IBC 交通换乘站。

**3. 北京奥林匹克广播公司(BOB)专线班车(DDS)**

根据 BOB 与北京奥组委协议,专门开通 BOB 住地到比赛场馆的直达专线(DDS),每天早晚各一班,由 BOB 优先使用。

## 四、注册媒体其他服务形式

**1. 专用分配车辆服务**

根据《主办城市合同》的要求,北京奥组委将分别为中国国家摄影队(NOPP)和国际奥委会指定的国际奥林匹克摄影队 IOPP 成员(法新社、美联社、路透社、盖蒂图片社)各提供 2 辆专用车辆,总计 10 辆。按每部车 1.5 名驾驶员的比例分配驾驶员,驾驶员的工作时间为 7:00 ~ 24:00。驾驶员的交班地点在 MPC 或事先商定的媒体工作场馆。对于国际摄影队,将在其抵达北京后 24 小时以内在其住地为其提供专用车辆,并签署车辆使用协议。

服务时间将为每天 7:00 ~ 24:00。驾驶员将于主新闻中心或事先约定的场馆交接班。国际摄影队将在抵达其住地 24 小时内启用专用分配车辆,同时与北京奥组委签署专用分配车辆使用协议。

**2. MPC/IBC 的交通服务**

MPC/IBC 将设有注册媒体交通中心,作为奥运会期间主要的注册媒体班车换乘枢纽。媒体将可按照站牌进站乘车/换乘前往各个注册媒体住地、场馆、奥运村等。BOB/RHB 停车场、T3 停车位、文字摄影媒体收费卡停车场则均设置于 MPC/IBC 北部。主新闻中心和国际广播中心将设交通服务台,负责提供注册媒体交通系统信息,交通信息咨询以及京外赛区相关交通服务的预定。

**3. 媒体村的交通服务**

媒体村的服务时间为2008年7月25日~8月29日为注册媒体提供村内班车、媒体班车、交通信息等服务。注册媒体人员可乘坐村内班车抵达各生活区。媒体村周边将分别设置注册媒体自备车、访客车辆和出租车上下车点。同时绿色家园媒体村提供从媒体村前往顺义奥林匹克水上公园和铁人三项赛场的班车服务。

**4. 收费卡租赁服务车辆**

除北京奥运注册媒体交通系统外,注册媒体人员可以通过收费卡项目租用车辆和购买车证。收费卡租车服务与收费卡车证购买为相互独立的两个项目。

所有收费卡车辆的标准租赁期从2008年7月25日~8月25日(32天)。

## 第六节 国际体育单项组织(IF)、国际残疾人体育单项组织(IPSF)交通

IF/IPSF是非常重要的客户群体。奥运会的比赛项目分为28个大项、302个小项,残奥会比赛项目分为20个大项、472各小项。每一个大项都有一个IF或IPSF负责管理,制订各单项体育比赛的规则、评测竞赛场地,并在赛时担任执法监督,有权利决定比赛暂停、延时和改期,他们直接决定着奥运会、残奥会比赛秩序。因此为他们提供"安全、准点、可靠、便利"的交通服务重要性显得尤为重要。由于各单项体育组织交通需求的不同,须有针对性地分别签署交通服务协议。

### 一、交通服务对象

IF/IPSF成员包括:各IF/IPSF主席、秘书长、技术代表、执行委员会委员、工作人员;技术官员包括国际技术官员、国内技术官员。其中:IF主席、秘书长享受T1交通服务;IPSF主席、秘书长享受T2交通服务。IF/IPSF执委享受T3交通服务、IF技术代表享受T2交通服务,IPSF技术代表享受T1交通服务。IF/IPSF中国际技术官员、国内技术官员和工作人员注册类别为TF。

残奥会时TF交通服务还包括分级师。

### 二、交通服务方式

交通服务方式分两种,一是为国际技术官员、国内技术官员和工作人员提供住地到相应比赛场馆的大客车班车服务;二是为每个IF提供2辆分配车辆,为每个IPSF提供1辆分配车辆,分配车辆由各体育组织自行安排,服务范围同T1、T2服务范围一致。

### 三、交通服务特点

IF/IPSF客户群在比赛项目开始前三到五天抵达北京;在比赛总结会后大概两天离开北京。技术官员和工作人员一般在比赛前一个半小时到达场馆;比赛结束后一小时内离开场馆区(如果遇到发生技术、竞赛等争议问题,需召开仲裁等会议并在会议结束后离开场馆);北京奥组委提供往返于机场、注册中心、技术官员饭店和竞赛场馆之间的交通服务;严格遵守竞赛日程和班车时刻表;该客户群由后场进出场馆;有信息服务台或者有交通工作人员为其提供帮助;提供有偿出租车服务;为便于残疾人进出,设置无障碍交通设施。

### 四、交通服务主要内容

**1. 比赛/训练交通服务**

奥运会期间,将根据最终的竞赛日程为技术官员提供从技术官员签约酒店至比赛场馆的专线往返班车交通服务。为起点和终点不一致的项目(如马拉松,公路自行车)、现代五项(多场地)、铁人三项提

供班车服务。

如竞赛日程有所变更,将根据比赛项目的特殊需求调整发车时间。

根据部分比赛项目的需求,为技术官员提供驻地前往训练场馆的班车服务。

**2. 抵离交通服务**

为技术官员及其随身行李提供从首都国际机场至技术官员签约酒店之间的往返交通服务。技术官员按照机场内设置的指示标识自行前往技术官员专用的大客车前往驻地。客人的随身行李,随同客人一同运往驻地。

离京时,技术官员可由各驻地乘坐大客车/商务车前往北京首都国际机场。

**3. 开幕式、闭幕式交通服务**

为参加开幕、闭幕的技术官员提供从签约酒店前往集结地点,经安检后由集结地点发往开幕、闭幕会场(国家体育场)的大客车交通服务。

**4. 称重交通服务**

为参加称重的技术官员提供从技术官员签约酒店至称重地点间的往返交通服务。技术官员按照预先编制的班车时刻表前往称重场地。若称重时间发生变动,竞赛团队技术官员联络人将变更后的交通需求反馈给场馆/技术官员驻地交通服务台。

**5. 制服更换和证件发放交通服务**

为技术官员提供从签约酒店前往比赛场馆领取制服的交通服务。若需要前往制服证件中心更换制服或领取证件,由竞赛团队技术官员联络人将交通需求反馈给场馆/技术官员驻地交通服务台。

**6. 官方会议交通服务**

若技术官员有参加技术会议的需求,将为技术官员提供从技术官员签约酒店至会场的大客车服务。技术官员按照预先编制的班车时刻表前往会场。若会议时间发生变动,竞赛团队技术官员联络人将变更后的交通需求反馈给场馆/技术官员驻地交通服务台。

**7. 附加交通服务**

为比赛结束后需要留在场馆参加比赛总结会、评判团会议的技术官员提供场馆返回驻地的 TF 附加班车服务。

**8. 前往市中心交通服务**

技术官员可乘坐免费公共交通或付费出租车前往市中心。

**9. 京外赛区交通服务**

为前往京外赛区的技术官员提供前往北京首都国际机场/北京火车站或专线大客车的交通服务;

为技术官员提供京外赛区当地的往返于技术官员驻地及比赛场馆/训练场馆的大客车交通服务。

## 第七节　市场开发合作伙伴交通服务

北京奥组委为市场开发合作伙伴的交通服务包括:赞助商专用车辆和赞助商租赁大客车。

### 一、赞助商专用车辆

根据《市场开发计划协议》、《市场开发接待指南和基本操作标准》、《国际奥委会接待技术手册》以及组委会签署《赞助协议》各项规定,为奥林匹克合作伙伴(TOP 赞助商)和北京奥运会市场开发合作伙伴分别提供 2 辆 T1 专用车辆,以及为赞助商中享有 T3 交通权限的人员提供即时和预订交通服务。

### 二、赞助商租赁大客车

根据赞助商提出的交通需求,为其提供收费的大客车服务或协助赞助商租用大客车。

## 第八节　京外赛区交通服务

### 一、奥林匹克大家庭成员城际间交通服务

**1. 前往京外赛区奥林匹克大家庭成员限定**

(1)在青岛、上海、沈阳、天津、秦皇岛奥林匹克大家庭成员交通服务对象为：在相关城市有参赛运动员的国家(地区)奥委会主席和秘书长、相关国际单项体育联合会主席和秘书长、国际奥委会委员及行政部门主任。

(2)在香港赛区奥林匹克大家庭成员交通服务对象为：参加北京奥运会的所有国家(地区)奥委会主席和秘书长、国际单项体育联合会、国际奥委会委员及行政部门主任。

**2. 交通方式**

奥林匹克大家庭成员往返于北京与天津、北京与秦皇岛之间的交通方式以公路为主、铁路为辅。在奥林匹克大家庭饭店将设立班车站点，提供北京到天津、北京到秦皇岛的班车服务(每比赛日一班)。前往天津的班车于当日比赛结束半小时后返回北京；前往秦皇岛的班车于次日上午返回。

国际足联主席、秘书长可乘坐 T1 分配车辆前往秦皇岛、天津。

### 二、足球项目运动员城际间交通方式

足球项目运动员及随队官员往返于北京与天津、北京与秦皇岛、天津与秦皇岛、沈阳与秦皇岛之间采取铁路或公路交通方式；往返于其他足球赛区城市之间以航空为主要交通方式，以铁路为备用交通方式。

### 三、京外赛区当地交通服务

**1. 足球赛区当地交通服务**

为足球项目运动员和随队官员提供往返于机场、火车站、官方指定驻地、场馆之间的交通服务。

**2. 帆船赛区当地交通服务**

为帆船项目运动员和随队官员提供往返于机场、火车站、官方指定驻地、场馆之间的交通服务。

**3. 马术赛区当地交通服务**

为马术项目运动员和随队官员提供往返于机场、火车站、官方指定驻地、场馆之间的交通服务。

**4. 京外赛区服务车辆配置**

为赛区各代表队代表队提供小客车车队交通服务，以大众系列小客车作为工作用车。为代表队规模为 1 至 10 人的配备 1 辆小客车；11 人以上的配备 2 辆小客车。

京外每个足球赛区为 20 辆小客车；青岛赛区小客车车队车辆数为 60 辆；香港赛区小客车车队车辆数为 80 辆。

## 第九节　临时入境机动车和境外人员申请临时机动车驾驶许可的管理

根据历届奥运会、残奥会的惯例，境外注册人员可在奥运会、残奥会举办城市临时入境所需机动车，并允许驾驶机动车。为了方便北京奥运会及其筹备期间境外机动车临时入境行驶和境外人员申领临时机动车驾驶许可，根据《中华人民共和国道路交通安全法》及其实施条例，国家公安部专门下发了《公安部关于北京奥运会及其筹备期间临时入境机动车和驾驶人管理的通告》，对办理两项许可作出了相关规定。

## 一、境外机动车临时入境行驶和境外人员申领临时机动车驾驶许可的规定

(1)适用于获得参加第29届奥林匹克运动会、第13届残疾人奥林匹克运动会、"好运北京"系列测试赛、北京奥运会火炬接力,以及其他北京奥运会相关文化活动和官方活动(以下简称北京奥运会及其相关活动)注册资格的境外机构直接用于上述活动、并在赛后出境的机动车和需要临时在中国境内驾驶机动车的境外机动车驾驶人。

(2)境外机动车因参与北京奥运会及其相关活动需要临时入境的,应当向第29届奥林匹克运动会组织委员会(以下简称北京奥组委)提出申请,填写并提交《临时入境机动车申请表》。临时入境机动车由境外机动车驾驶人驾驶的,应当同时填写并提交《临时机动车驾驶许可申请表》。

北京奥组委审核确认符合规定的,在《临时入境机动车申请表》中填写确认意见。有关部门凭北京奥组委确认的《临时入境机动车申请表》办理机动车临时入境手续。

(3)临时入境机动车的范围包括9座以下载客汽车和直接用于北京奥运会及其相关活动的专项作业车。

临时入境机动车应当为左置转向盘,但直接用于北京奥运会及其相关活动的专项作业车除外。

(4)获准临时入境的机动车入境后,应当向入境地或者始发地所在的直辖市或者设区的市公安机关交通管理部门申领临时入境机动车号牌和行驶证。

临时入境机动车入境后,可以凭海关出具的入境凭证行驶至临时入境机动车号牌和行驶证的办理地点,并于入境之日起的二日内申请临时入境机动车号牌和行驶证。

(5)申请临时入境机动车号牌和行驶证的,应当交验机动车,并提交以下证明、凭证:

①境外主管部门核发的机动车登记证明,属于非中文文本的,应当同时出具中文翻译文本;

②中国海关出具的准许机动车入境的凭证;

③北京奥组委确认的《临时入境机动车申请表》;

④机动车安全技术检验合格证明,属于非中文文本的,应当同时出具中文翻译文本;

⑤不少于临时入境期限的中国机动车交通事故责任强制保险凭证。

公安机关交通管理部门应当在收到申请材料之日起三日内审查提交的证明、凭证,查验机动车。符合规定的,核发临时入境机动车号牌和行驶证。

(6)临时入境机动车号牌和行驶证有效期应当与入境批准文件上签注的期限一致,但最长不得超过三个月。确需延期的,应当在临时入境机动车号牌和行驶证有效期期满之日前的七日内向北京奥组委提出延期申请,填写并提交《临时入境机动车申请表》。

北京奥组委同意延期的,申请人可以按照本通告第五条的规定办理临时入境机动车号牌和行驶证延期手续,但延期期限最长不超过2009年3月31日。

(7)参与北京奥运会及其相关活动的境外机动车驾驶人,可以驾驶其自带的临时入境的机动车、租赁的中国机动车或者其境外机构在中国常驻机构或者派出机构的中国机动车。

(8)境外机动车驾驶人需要临时在中国道路上驾驶机动车的,应当向北京奥组委提出申请,填写并提交《临时机动车驾驶许可申请表》。

北京奥组委审核确认符合规定的,在《临时机动车驾驶许可申请表》中填写确认意见。

(9)境外机动车驾驶人应当向入境地或者始发地所在的直辖市或者设区的市公安机关交通管理部门申领临时机动车驾驶许可。

驾驶自带机动车的境外机动车驾驶人的临时驾驶许可应当与其自带机动车的临时入境机动车号牌和行驶证一并办理。

驾驶自带机动车的境外机动车驾驶人可以凭所持境外机动车驾驶证和入境凭证,驾驶自带机动车行驶至入境地或者始发地所在的直辖市或者设区的市公安机关交通管理部门,并于入境后二日内申请临时机动车驾驶许可。

(10)申请临时机动车驾驶许可的,应当提交以下证明、凭证:

①入出境身份证件;

②境外机动车驾驶证,属于非中文文本的,应当同时出具中文翻译文本;

③两张一寸彩色照片(近期半身免冠正面白底);

④北京奥组委确认的《临时机动车驾驶许可申请表》。

临时机动车驾驶许可申请人的年龄应当符合《机动车驾驶证申领和使用规定》(公安部第91号令)的驾驶许可条件。

公安机关交通管理部门应当在收到申领材料之日起三日内进行审查,符合规定的,向申请人介绍道路交通安全法律、法规和相关知识,并核发临时机动车驾驶许可。

(11)临时机动车驾驶许可有效期的截至日期应当与机动车驾驶人入出境身份证件上签注的准许入境期限的截至日期一致,但有效期限最长不得超过三个月。确需延期的,应当在临时机动车驾驶许可有效期期满之日前的七日内向北京奥组委提出延期申请,填写并提交《临时机动车驾驶许可申请表》。

北京奥组委同意延期的,申请人可以按照本通告第十条的规定办理临时机动车驾驶许可延期手续,但延期期限最长不超过2009年3月31日。

(12)临时机动车驾驶许可的准驾车型应当符合申请人所持境外机动车驾驶证的准驾车型。驾驶自带临时入境机动车的,临时机动车驾驶许可的准驾车型应当与其自带机动车车型一致。境外机动车驾驶人驾驶租赁或者境外机构在中国常驻机构或者派出机构的中国机动车的,临时机动车驾驶许可的准驾车型为小型汽车或者小型自动挡汽车。

(13)未规定的事项,按照《临时入境机动车和驾驶人管理规定》(公安部第90号令)执行。

(14)自2007年6月10日起施行,2009年3月31日废止。依照规定申请办理临时入境机动车号牌和行驶证、临时机动车驾驶许可的时间截至2008年10月17日。

《临时入境机动车申请表》、《临时机动车驾驶许可申请表》见表3-20、表3-21。

为给奥运会、残奥会注册媒体和奥林匹克大家庭成员申请办理车辆入境临时号牌、临时驾驶证手续的审批提供便利条件,2007年7月由北京奥组委协调北京市和中央政府17个相关主管部门创建了“一站式”服务办公室。奥组委交通部抽调一名人员负责注册媒体及奥运大家庭成员的车辆入境临时号牌、临时驾驶证手续审批工作及有关业务咨询。

## 二、申请临时入境机动车号牌和临时驾驶许可的程序

### 1. 申请临时入境机动车号牌的程序

(1)申请人应当首先向北京奥组委注册中心申请办理身份注册卡,在注册中心未开始注册或注册卡未被激活前,申请人可向北京奥组委负责各客户群的相关职能部门提出申请,奥组委各相关职能部门为其出具身份确认函,填写《临时入境机动车申请表》。临时入境机动车由境外机动车驾驶人驾驶的,应同时填写《临时机动车驾驶许可申请表》。

北京奥组委交通部驻奥运会“一站式”服务办公室窗口凭申请人的身份注册卡或北京奥组委负责各客户群的相关职能部门的身份确认函在《临时入境机动车申请表》中填写确认意见。有关部门凭北京奥组委确认的《临时入境机动车申请表》办理机动车临时入境手续。

(2)临时入境机动车入境后,于入境之日起二日内申请临时入境机动车号牌和行驶证。

(3)临时入境的机动车入境后,可以凭中国海关出具的入境凭证行驶至北京交安北苑车检中心检验车辆,检验车辆时应提交以下手续:

①北京奥组委确认并盖章的《临时入境机动车申请表》;

②境外主管部门核发的机动车登记证明,属于非中文表述的,还应审查中文翻译文本;

③境外主管部门核发的机动车安全技术检验合格证明,属于非中文表述的,还应审查中文翻译文本。对于无法提供境外主管部门核发的机动车安全技术检验合格证明的,应当进行机动车安全技术

检验。

**临时入境机动车申请表** 表 3-20

| | | | | |
|---|---|---|---|---|
| 以下内容由申请人入境前填写 | | | | |
| 机动车信息 | 机动车所有人 | | | |
| | 国家/地区 | | 境外号牌号码 | |
| | 车辆类型 | | 车身颜色 | |
| | 车辆品牌型号 | | 转向位置 | □左 □右 |
| | 出厂年份 | 年 月 | 核定载客数/载质量 | |
| | 车辆识别代号/车架号 | | 发动机号码 | |
| 申请内容 | 申请事由 | □奥运会 □残奥会 □测试赛 □火炬传递 □文化活动 | | |
| | 车辆用途 | □体育比赛服务 □转播和报道 □代步工具 □其他 | | |
| | 行驶区域 | | 行驶时间 | |
| 申请机构信息 | 车辆/车辆所有人所属机构 | | 机构地址 | |
| | 联系人姓名 | | 电话 | |
| | 传真 | | E-mail | |
| 以下内容由北京奥组委填写 | | | | |
| 确认意见 | 活动名称 | | | 北京奥组委盖章<br>年 月 日 |
| | 确认意见 | | | |
| | 联系人 | | 联系电话 | |
| | 批准部门 | | 批准文件编号 | |
| 以下内容由申请人在车辆入境后填写 | | | | |
| 车辆入境相关信息 | 入境口岸 | | 入境日期 | 年 月 日 |
| | 批准车辆入境的海关 | | 批准文件编号 | |
| | 批准入境的期限和区域 | | | |
| 保险 | 是否办理我国机动车交通事故责任强制保险 | | 机动车交通事故责任强制保险有效期 | |
| 以下内容由公安机关交通管理部门填写 | | | | |
| 审批意见 | 临时入境机动车号牌 | | | |
| | 行驶区域 | 自 途经 至<br>限定在 区域内行驶 | | |
| | 有效期 | 年 月 日至 年 月 日 | | |
| | 查验人员意见：<br>年 月 日 | | 审核人意见：<br>（发证机关盖章）<br>年 月 日 | |

**临时机动车驾驶许可申请表** 表3-21

| 以下内容由申请人填写 | | | | | | | | |
|---|---|---|---|---|---|---|---|---|
| 申请人信息 | 姓名 | | 性别 | | 出生日期 | | 国籍 | |
| | 所属机构 | | 机构地址 | | | | | |
| | 身份证件名称 | | 号码 | | | | | |
| | 联系地址 | | 联系电话 | | | | | |
| | E-mail | | 传真 | | | | | |
| | 入境地 | | | | | | 照片 | |
| | 入出境身份证明的有效期限 | | | | | | | |
| | 所持境外机动车驾驶证信息 | 发证国/地区 | | | 准驾车型 | | | |
| | | 证件号码 | | | | | | |
| 申请内容 | 申请事由 | □奥运会 □残奥会 □测试赛 □火炬传递 □文化活动 | | | | | | |
| | 驾驶车辆类型 | □自带机动车 □租赁的中国机动车 □在中国常驻机构或派出机构的机动车 | | | | | | |
| | 申请准驾车型 | | | | | | | |
| | 申请驾驶期限 | | | | | | | |
| | 申请人签字 | | | | | 年 月 日 | | |
| 以下内容由北京奥组委填写 | | | | | | | | |
| 确认意见 | 活动名称 | | | | 北京奥组委盖章<br>年 月 日 | | | |
| | 确认意见 | | | | | | | |
| | 联系人 | | 联系电话 | | | | | |
| | 批准部门 | | | 批准文件编号 | | | | |
| 以下内容由公安机关交通管理部门填写 | | | | | | | | |
| 审批意见 | 临时机动车驾驶许可证号 | | | 准驾车型 | | | | |
| | 有效期 | 年 月 日至 年 月 日 | | | | | | |
| | 经办人意见：<br>年 月 日 | | | 审核人意见：<br>（发证机关盖章）<br>年 月 日 | | | | |

(4)申请人在车辆检验合格后，应当向北京奥组委“一站式”服务办公室申领临时入境机动车号牌和行驶证。

(5)申请临时入境机动车号牌和行驶证应提交以下证明、凭证：

①境外主管部门核发的机动车登记证明原件和复印件，属于非中文文本的，应当同时出具中文翻译文本；

②中国海关出具的准许机动车入境的凭证原件和复印件；

③北京奥组委确认的《临时入境机动车申请表》；

④机动车安全技术检验合格证明，属于境外主管部门核发的，还应当出具中文翻译文本；

⑤不少于临时入境期限的中国机动车交通事故责任强制保险凭证；

⑥委托办理的需同时提交代理人的身份证件原件、复印件。

(6)临时入境机动车号牌和行驶证有效期应当与入境批准文件上签注的期限一致，但最长不得超过三个月。确需延期的，应当在临时入境机动车号牌和行驶证有效期满之日前的七日内向北京奥组委交通部驻奥组委“一站式”服务办公室窗口提出延期申请，填写并提交《临时入境机动车申请表》。北京奥组委同意延期的，申请人可以按照本章第5条的规定办理临时入境机动车号牌和行驶证延期手续，但延期期限最长不超过2009年3月31日。

**2. 申请临时机动车驾驶许可的程序**

(1)境外机动车驾驶人需要临时在中国道路上驾驶机动车的，应当首先向北京奥组委注册中心申请办理身份注册卡(在注册中心未开始注册或注册卡未被激活前可向北京奥组委负责各客户群的相关职能部门提出申请，奥组委各相关职能部门出具身份确认函)，填写《临时机动车驾驶许可申请表》；北京奥组委交通部驻奥运会“一站式”服务办公室窗口凭申请人的身份注册卡或北京奥组委负责各客户群的相关职能部门的确认函，在《临时机动车驾驶许可申请表》中填写确认意见。

(2)境外机动车驾驶人，于入境后二日内申请临时机动车驾驶许可。

(3)境外机动车驾驶人应当向北京奥组委“一站式”办公室申领临时机动车驾驶许可。

驾驶自带机动车的境外机动车驾驶人的临时驾驶许可应当与其自带机动车的临时入境机动车号牌和行驶证一并办理。

(4)申请临时机动车驾驶许可的，应当提交以下证明、凭证：

①入出境身份证明原件和复印件；

②境外机动车驾驶证原件和复印件，属于非中文文本的，应当同时出具中文翻译文本；

③两张一寸彩色照片(近期半身免冠正面白底)；

④北京奥组委确认的《临时机动车驾驶许可申请表》；

⑤委托办理的需同时提交代理人的身份证件原件、复印件。

(5)临时机动车驾驶许可有效期的截至日期应当与机动车驾驶人入出境身份证件签注的准许入境期限的截至日期一致，但有效期限最长不得超过三个月。确需延期的，应当在临时机动车驾驶许可有效期满之日前七日内向北京奥组委交通部驻奥组委“一站式”服务办公室窗口提出延期申请，填写并提交《临时机动车驾驶许可申请表》。北京奥组委同意延期的，申请人可以按照本章第4条的规定办理临时机动车驾驶许可延期手续，但延期期限最长不超过2009年3月31日。

(6)临时机动车驾驶许可申请人的年龄应当符合《机动车驾驶证申领和使用规定》(公安部第91号令)。临时机动车驾驶许可的准驾车型应当符合申请人所持境外机动车驾驶证的准驾车型。驾驶自带临时入境机动车的，临时机动车驾驶许可的准驾车型应当与其自带机动车车型一致。境外机动车驾驶人驾驶租赁或者境外机构在中国常驻机构或者派出机构的中国机动车的，临时机动车驾驶许可的准驾车型为小型汽车或者小型自动挡汽车。

(7)相关事项。

①《临时机动车驾驶许可申请表》必须用中文填写，本人或可委托代理人填写。

②境外机动车驾驶证须为当地国驾驶证，国际驾驶证无效。

③境外机动车驾驶证翻译可由本人或委托代理人翻译，翻译人须签字。

④《临时入境机动车申请表》和《临时机动车驾驶许可申请表》可以在“一站式”办公窗口领取或通过奥组委官方网站下载。

(8)北京奥组委“一站式”服务办公室。

地址：北京市东城区朝阳门内大街55号

电话：0086-10-64081186

传真：0086-10-64081066

(9)北京交安北苑车检中心见图3-2。

地址：北京市朝阳区来广营西路90号

电话：84531553

图 3-2　北京交安北苑车检中心方位图

## 第十节　公共交通服务

公共交通服务是为所有持奥运会身份注册卡的人员以及持当日比赛门票观众提供的免费公共交通服务。

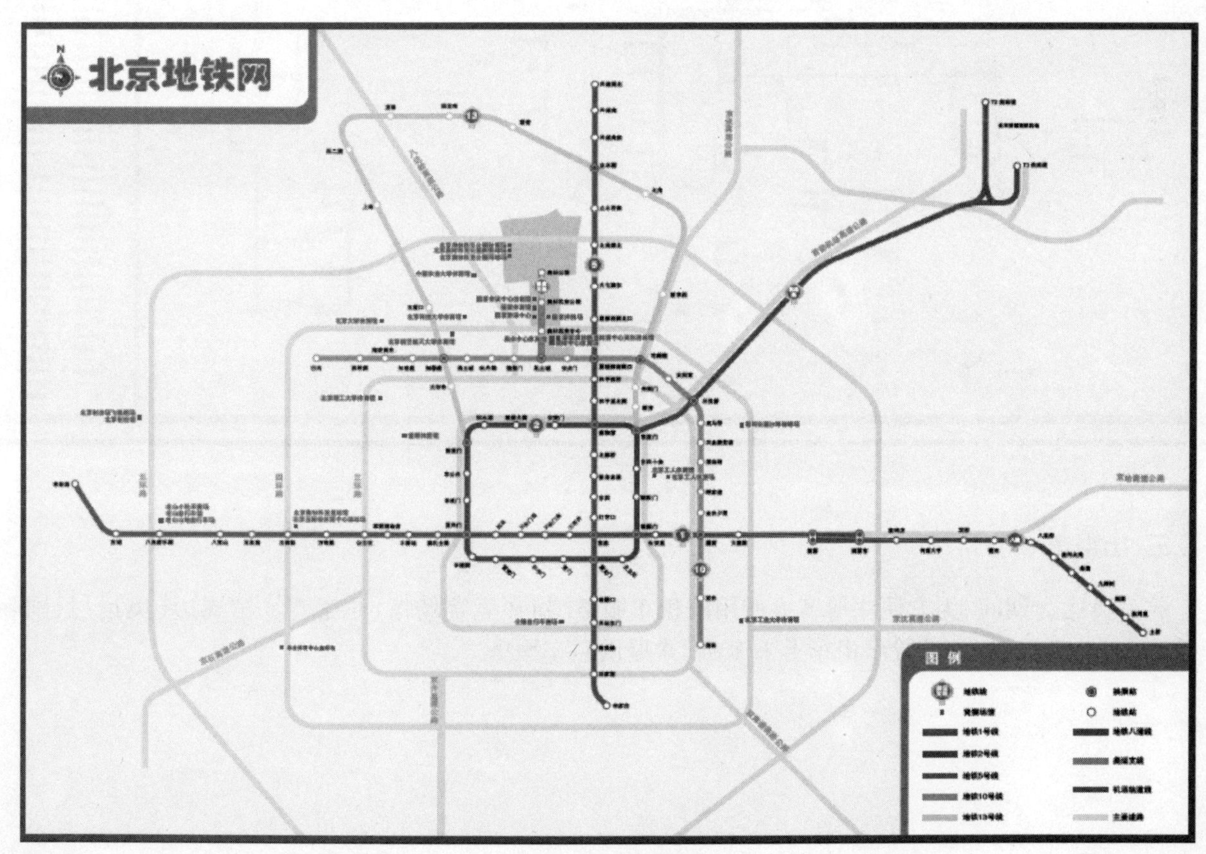


图 3-3　轨道交通图

从2008年7月20日~9月20日,注册客户群凭借奥运会身份注册卡免费使用奥林匹克公共交通系统,该公共交通系统包括北京市域内公共电汽车运营线路、轨道线路以及奥林匹克公交专线。

## 一、轨道交通

轨道交通包括北京地铁1号线、2号线、5号线、奥运直线、10号线、13号线、八通线、机场快轨线,见图3-3。

## 二、奥林匹克公交专线(OBL)

在奥运会期间,一共有34条奥林匹克公交专线,其中有24条快线、10条普通线。在34条奥林匹克公交专线当中有7条线路是24小时运行,见图3-4。

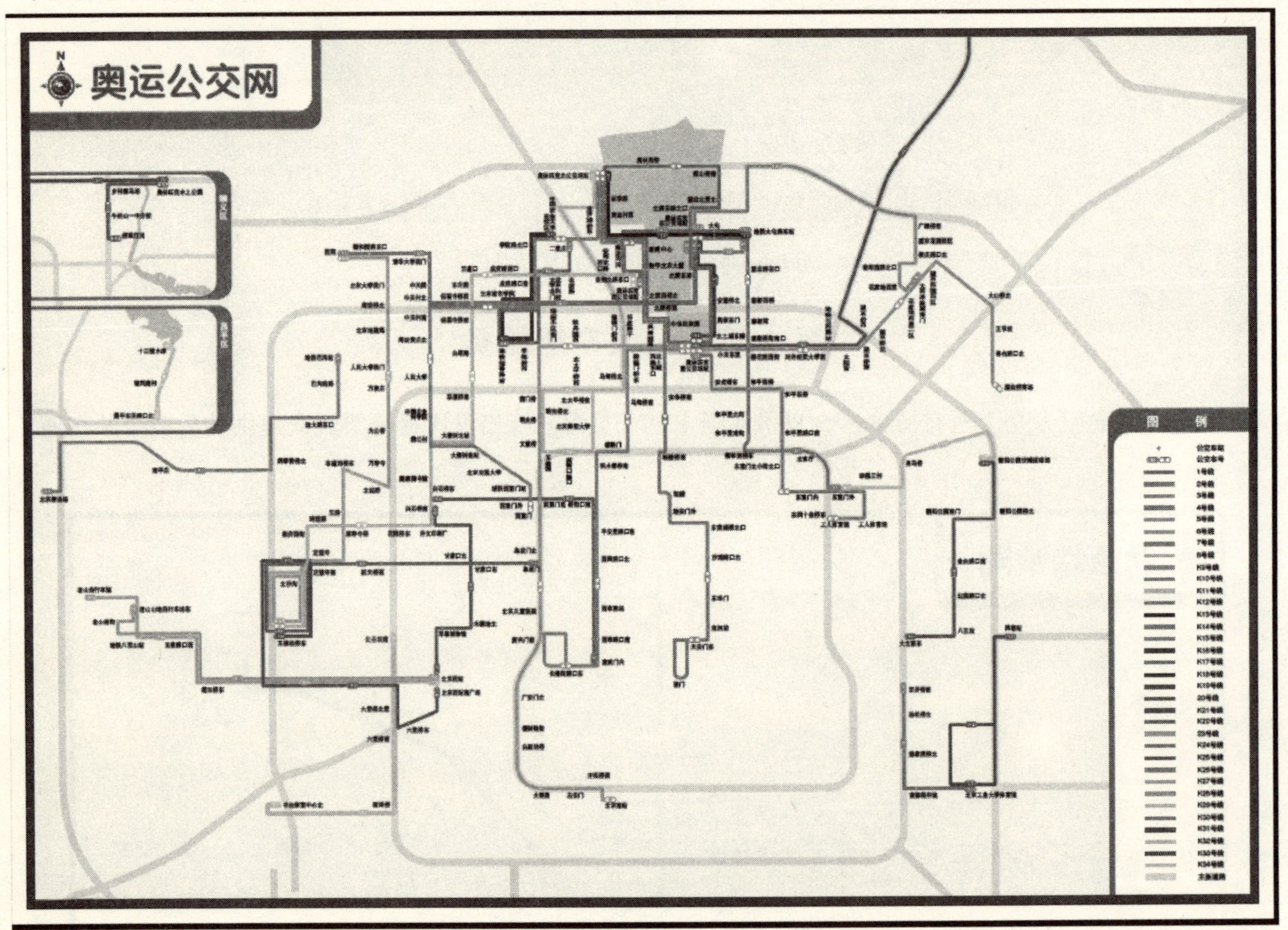


图3-4 奥运公交专线

## 三、出租车

北京奥运会期间,为方便注册客人使用出租车服务,将在竞赛场馆、非竞赛场馆周边(奥运村、国际广播中心、主新闻中心)设置出租车上下车点,并提供叫车服务。

# 第四章　交通服务人员招募、培训、组织和管理

在历届奥运会中，交通服务人员的招募、培训、组织和管理都是一个难题。据了解，雅典奥运会赛前驾驶员志愿者流失率近40%，悉尼为18%。人员流失造成了赛时新补充人员培训工作不到位，驾驶员不了解服务规则、不熟悉道路耽误比赛等现象时有发生。

北京奥运会、残奥会吸取了往届奥运会、残奥会的经验教训，在交通服务人员队伍组建工作中，充分发挥体制优势，合理规划人才结构，注重专业骨干队伍的建设。工作人员以借用为主，辅之以社会招聘的外语人才（不足10人）；志愿者全部有组织地进行定向招募；合同商人员主要来自于本市专业客运企业。对志愿者和合同商人员的组织管理，充分发挥来源单位组织管理优势，强化交通服务专业知识和技能培训，强化服务意识培养，强化奥运知识普及，强化单位责任意识。

通过发挥体制优势，动员和整合社会资源，在人员招募、培训、组织管理中创造性地开展工作，建设了一支管理科学、组织严密、责任明确、精干高效、安全第一、优质服务、乐于奉献的奥运交通团队，为各客户群提供了安全、准时、可靠、便利的交通服务，成功破解了困绕历届奥运会交通组织者的难题。

## 第一节　概　　述

### 一、奥运会交通工作人员分类

交通工作人员共分付薪人员、志愿者和合同商三大类。

**1. 付薪人员（P类）**

（1）正式聘用人员，是指与组委会存在聘用合同关系的工作人员，人事关系隶属组委会，包括社会招聘及选调人员。

（2）借用人员，指因工作需要不转入人事关系和工资关系，在奥组委各职能部门核定岗位并履行岗位职责的工作人员。

**2. 志愿者（V类）**

志愿者是指由奥组委直接或者委托招募的，接受北京奥组委管理，承担相应岗位职责，义务为北京奥运会和残奥会服务的工作人员。奥组委交通部的志愿者分前期志愿者和赛时志愿者。

**3. 合同商（C类）**

由合同商或赞助商提供并支付薪酬的工作人员，其人事关系属合同商或赞助商，待遇由合同商公司统一负责，赛时接受赛事交通服务分中心及所属团队的统一管理。

### 二、赛时人员构成

奥运会赛时交通服务人员共计25793人，其中付薪人员188人，志愿者13864人，合同商25793人；残奥会赛时交通服务人员共计15509人，其中付薪人员184人，志愿者6738人，合同商8587人。人员分布见表4-1、表4-2。

### 三、奥运会交通工作人员培训工作

在2005年奥组委交通部组建之前的运动服务部交通处阶段，就着手制订《北京2008奥运会与残奥会交通赛时培训运行纲要》（以下简称《纲要》）。在《纲要》中明确提出对全体交通工作人员进行有针对性的、系统的、专业化的培训是实现奥运会交通工作“有特色、高水平”目标的关键。根据不同客户群

的交通需求,《纲要》提出通过组织和实施不同种类的培训,使受训者了解和掌握完成岗位职责所必须的政策、知识和技能,并将其运用到赛时交通服务和管理之中。

**奥运会交通工作人员统计表**(单位:人)　　表 4-1

| | 工作人员(P类) | 志愿者(V类) | 合同商(C类) | 合计 |
|---|---|---|---|---|
| 分中心指挥层 | 84 | 7 | 14 | 105 |
| T3 交通服呼叫台 | | 60 | | 60 |
| 奥林匹克大家庭专车(T1/T2)交通服务团队 | 10 | 1526 | 1265 | 2801 |
| 奥林匹克大家庭合乘车(T3)交通服务团队 | 23 | 3664 | 385 | 4072 |
| 国家(地区)奥委会(NOC)交通服务团队 | 14 | 2693 | 108 | 2815 |
| 运动员及随队官员(TA)交通服务团队 | 6 | 1214 | 1751 | 2971 |
| 国际体育单项组织(IF)交通服务团队 | 9 | 502 | 525 | 1036 |
| 注册媒体(TM)交通团队 | 8 | 1815 | 2997 | 4820 |
| 抵离交通服务团队 | 4 | 30 | 735 | 769 |
| 赞助商/收费卡交通服务团队 | 4 | 50 | 1638 | 1692 |
| 大家庭饭店交通场站运行团队 | 5 | | 499 | 504 |
| 奥林匹克公园交通场站运行团队 | 6 | 84 | 507 | 597 |
| 奥体中心交通场站运行团队 | 4 | 53 | 271 | 328 |
| 首都机场交通场站运行团队 | 3 | | 244 | 247 |
| 海淀交通场站运行团队 | 4 | | 155 | 159 |
| 石景山交通场站运行团队 | 4 | 43 | 217 | 264 |
| 车辆救援人员 | | | 806 | 806 |
| 场馆调度 | | | 890 | 890 |
| 场馆电瓶车驾驶人员 | | | 857 | 857 |
| 合计 | 188 | 11741 | 13864 | 25793 |

**残奥会交通工作人员统计表**(单位:人)　　表 4-2

| | 工作人员(P类) | 志愿者(V类) | 合同商(C类) | 合计 |
|---|---|---|---|---|
| 分中心指挥层 | 84 | 7 | 14 | 105 |
| T3 交通服呼叫台 | | 50 | | 50 |
| 奥林匹克大家庭专车(T1/T2)交通服务团队 | 11 | 898 | 689 | 1598 |
| 奥林匹克大家庭合乘车(T3)交通服务团队 | 17 | 1318 | 276 | 1611 |
| 国家(地区)奥委会(NPC)交通服务团队 | 8 | 1279 | 347 | 1634 |
| 运动员及随队官员(TA)交通服务团队 | 13 | 1811 | 1593 | 3417 |
| 国际体育单项组织(IF)交通服务团队 | 9 | 232 | 189 | 430 |
| 注册媒体(TM)交通团队 | 11 | 983 | 1062 | 2056 |
| 抵离交通服务团队 | 4 | 30 | 735 | 769 |
| 赞助商/收费卡交通服务团队 | 4 | 10 | 244 | 258 |
| 残奥大家庭饭店交通场站运行团队 | 6 | 30 | 174 | 210 |
| 奥林匹克公园交通场站运行团队 | 7 | 60 | 506 | 573 |
| 奥体中心交通场站运行团队 | 7 | 30 | 437 | 474 |
| 首都机场交通场站运行团队 | 3 | | 128 | 131 |
| 车辆救援人员 | | | 743 | 743 |
| 场馆调度 | | | 585 | 585 |
| 场馆电瓶车驾驶人员 | | | 865 | 865 |
| 合计 | 184 | 6738 | 8587 | 15509 |

《纲要》提出了交通工作人员培训工作的总体思路：一是根据奥组委交通部门自身工作任务，研究确定培训对象的种类、数量及培训需求，确定培训目标；二是根据培训运行纲要，按不同岗位分别制订具有针对性、实用性和可操作性的培训计划；三是根据培训对象在赛时的岗位及职责，设计培训课程，组织编写交通专业培训教材；四是按照培训计划，分阶段、分层次、分步骤地组织实施各类培训，并按职责划分指导相关部门完成培训任务。

《纲要》按培训对象的不同设计了四类十八个培训项目。各培训项目都在培训对象、时间、方式、责任部门、培训教材及经费保障等几方面进行了详细的规划。

第一类：通用知识培训（3 项），即通用知识培训、赛事团队领导力培训、培训师资培训；

第二类：场馆培训（1 项），即场馆运行培训；

第三类：专项业务培训（4 项），即奥运交通运行专项业务培训、奥运交通服务专项业务培训、奥运交通管理专项业务培训、奥运会交通志愿者专项业务培训。

第四类：岗位细则培训（10 项），即车辆运行管理岗位工作细则培训、车辆调度岗位工作细则培训、大客车驾驶员岗位工作细则培训、小客车驾驶员岗位工作细则培训、行李货运岗位工作细则培训、交通信息咨询服务岗位工作细则培训、场馆交通秩序维护与引导岗位工作细则培训、场馆交通指挥岗位工作细则培训、场馆交通管理岗位工作细则培训、警车带道岗位工作细则培训。

2005 年 12 月，在奥组委人事部组织召开的专题培训工作会上，将该《纲要》作为试点项目向全委各部门进行了经验介绍。这一纲要，成为赛时培训工作的指导性文件。

2008 年初，奥组委交通部制订了《关于北京奥运会、残奥会交通工作人员临赛前培训工作的意见》（以下简称《意见》）。《意见》以胡锦涛总书记提出的“遵守惯例、标准统一、尊重个性、注重细节”的工作要求为指针，进一步明确了培训工作任务，提出要通过对全体交通工作人员进行有针对性的、系统的、专业化的培训，使受训者了解和掌握奥运会及残奥会交通组织及服务的惯例；了解和掌握各客户群交通服务标准；了解和掌握各客户群交通服务需求的特殊性；了解和掌握交通服务的工作流程及具体环节，同时把提高培训质量作为第一目标，严格贯彻奥组委“持证上岗”工作的要求，努力造就一支管理科学、组织严密、责任明确、精干高效、服务一流、乐于奉献的奥运交通团队，确保赛事交通系统高效运转，为所有交通客户提供安全、准点、可靠、便利的交通服务。

2008 年 7 月，奥组委交通部编制完成了《北京奥运会、残奥会交通服务工作人员手册》，该手册系统地介绍了奥运会竞赛日程，交通服务对象、等级、类别，各类场馆运行通用政策、交通场站运行标准，驾驶员安全管理工作方案，赛时交通运行体系各部门、各岗位工作职责和工作流程，进一步规范了赛前培训内容，对赛前强化工作人员培训工作发挥了重要作用。

除少数奥组委交通工作人员外（不足 200 人），两万余名志愿者、合同商等交通服务人员来源于 2000 多个单位，除 3700 名为各高校学生外，其余均为在职人员，大量的交通服务人员不可能提前很长时间进行集中培训。为此，奥组委交通部依靠体制优势，动员并整合社会资源，充分调动各单位、各系统的积极性，将培训工作作为主责任务赋予各单位、各系统进行组织实施。同时，交通部各职能处充分发挥业务指导作用，制订培训方案，规范培训内容，制订考核标准，编制培训教材，选派业务骨干深入各团队开展业务培训。卓有成效的培训工作，为赛时交通顺利运行奠定了扎实的基础。

## 四、岗位配置

### 1. 按管理层级划分

（1）指挥层。

奥组委交通部设正副部长，下属各处设正副处长（三、四级项目专家）、项目主管（五级项目策划）、项目助理（六级项目策划）、项目员、特聘专家、外藉专家等。

赛事交通服务分中心设主任、副主任，下属职能组设组长。

（2）运行层。

①交通服务运行团队设：主任、协调副主任、交通安全副主任、运行副主任、团队及车队调度、车队长、驾驶员、交通服务助理、随车服务助理、行李货运人员。

②交通场站设：主任、主任助理、副主任、协调主管、内保主管、设施主管、服务主管、属地主管、志愿者主管、交通管理助理、服务人员、车辆救援人员等。

③场馆交通团队设：交通经理、现场指挥（交通管理副经理）、交通服务副经理、公交协调副经理、交通调度、交通服务助理、交通管理助理、场馆电瓶车驾驶人员。

**2. 按人员类型划分**

（1）付薪工作人员：筹备阶段主要在各处室担任领导及工作人员，赛时为赛事交通服务分中心工作人员及各团队主任、副主任。

（2）志愿者：奥组委交通部前期志愿者大多为行政助理、翻译等岗位，赛时志愿者有小客车驾驶员、随车服务助理、场馆内交通调度助理、交通服务团队的调度助理，交通服务预定台服务人员。

（3）合同商：主要岗位为车队管理人员（含车队长）、大、小客车驾驶员、交通调度、行李车驾驶员、行李员等岗位。

## 第二节 付薪人员

### 一、来源渠道

付薪人员的来源主要有以下几个渠道：

（1）由政府部门选调，奥组委交通部此类人员仅有10人，从2005年初开始进入奥组委交通部门。

（2）通过人事部组织进行社会招聘，一般为年轻的外语或计算机等专业人才，此类人员也仅10人，从2004年4月开始陆续进入奥组委交通部门。

（3）由政府相关部门或企业借用人员，160人左右，大约100人为2008年4月以后进入相关交通服务团队或交通场站运行团队参加赛时交通运行工作。

（4）挂职干部，由北京市委组织部于2007年8月和2008年1月先后分两批派到奥组委交通部挂职，共13人，其中3名同志挂任副部长。

### 二、进人进度

2003年4月，在运动会服务部成立交通处，到2004年5月的一年多时间里，有3名同志先后调入交通处参加筹备工作。

2005年初，交通工作人员队伍逐渐扩大，奥运交通筹备工作全面启动，到10月底时，运动会服务部交通处人员达到了16人。

2005年11月～2006年6月，奥组委交通部筹备组阶段，工作人员数量达到了21人。

2006年6月奥组委交通部成立后，开始按年度制订并实施进人计划。从2006年年中至年底，奥组委交通部按五个处的建制迅速扩充，在岗工作人员达到46人，增加了1倍多。在这一时期，人员培训工作、场馆交通规划、车辆证件工作随着人员的增加进一步加强，同时聘用人员大多具备外语交流能力，与各客户的联系也进一步加强。

2007年，根据对外语及交通专业人员需求的实际，有5人作为招聘人员进入奥组委交通部工作；并借调了17名同志进入奥组委交通部。到2007年年底，奥组委交通部人员达到78人。随着工作人员队伍的壮大，与客户群联络、车辆筹集、交通标识、车辆调度系及交通通信系统开发、好运北京体育赛事组织等工作进展顺利，并取得了较大成绩。

2008年3～4月，交通服务团队及交通场站运行团队陆续组建。在北京市东城区人民政府的支持下，8个交通服务团队集中进驻东城区雍和宫大街北新桥三条前永康胡同11号院工作。各交通场站也紧锣密鼓地进行硬件建设，为交通服务团队进驻做准备。由于办公条件有限，场站运行组迁至数字北京大厦6层办公，车辆证件处迁往奥体中心交通场站对外办公。到2008年5月底，奥组委交通部及服务团队付薪人员共188人全部到位。

奥运会及残奥会赛时，奥组委交通部还聘请澳大利亚藉交通专家艾伦·法罗女士担任客户联络代表，并根据奥组委人事部统一安排接收了3名英国伦敦奥组委的实习生和1名广州亚运会组委会的实习生，分别在媒体交通服务团队、总部饭店、奥运村等交通业务口及场馆交通管理处实习。

残奥会赛时，部分奥运会志愿者副主任完成任务回原单位工作，奥组委交通部又补充注册了14名付薪工作人员，作为新参加残奥会志愿者的管理人员。这样，残奥会注册的付薪工作人员共184人。

## 三、人员培训

奥组委交通部非常重视工作人员培训工作，建立了培训工作制度。部长为培训工作第一责任人，并在综合计划处设培训工作协调员。通过对工作人员开展多种形式的培训，力求让新上岗同志尽快适应岗位对知识与能力的要求。工作人员进入奥组委交通部后，首先要参加人事部统一组织的岗前培训，培训安排以人事部通用培训第15期培训班为例做说明，见表4-3。

**第15期上岗培训班日程安排**　　表4-3

| 日期和时间 | | 培训安排 | 主讲人 |
|---|---|---|---|
| 8月1日 | 8:50 | 签到，领取资料 | |
| | 9:10～9:30 | 开班动员 | 奥组委执行副主席李炳华 |
| | 9:40～11:00 | 奥林匹克知识及北京奥运会基本知识 | 北京体育大学孙葆丽教授 |
| | 11:10～12:00 | 残奥会筹备工作情况介绍 | 残奥会部张秋平部长 |
| | 13:45～17:30 | 高效团队认知 | 北京外企新感觉培训服务公司 |
| 8月2日 | 9:00～10:30 | 北京奥组委总体情况及筹办进展介绍 | 总体策划部张坚部长 |
| | 10:40～11:40 | “绿色奥运”理念 | 工程和环境部余小萱副部长 |
| | 13:50～16:20 | 公务及外事礼仪 | 北京礼仪专修学院李柠院长 |
| | 16:30～17:30 | 奥林匹克法律事务 | 法律事务部刘岩副部长 |
| 8月3日 | 9:00～11:00 | 公文处理及行政管理 | 秘书行政部林向义副部长 |
| | 11:10～12:00 | 廉洁奥运 | 监察审计部古越仁部长 |
| | 13:50～14:50 | 场馆运行概况介绍 | 场馆管理部刘行苍副部长 |
| | 15:00～15:40 | 奥组委人员管理及工资福利政策 | 人事部金华省副部长 |
| | 15:50～16:20 | 结业测试 | 人事部安排 |
| | 16:30～17:20 | 新老学员交流发言暨结业典礼（合影） | 奥组委副秘书长、人事部张志伟部长 |

工作人员上岗后，奥组委交通部还要对其进行专业及岗位培训，具体见表4-4。

**奥组委交通部工作人员岗前培训课程表**　　表4-4

| 培训时间 | 培训内容 | 培训方式 | 授课人员（辅导人） | 培训资料 |
|---|---|---|---|---|
| 第一天上午 | 奥运交通概述 | 面授 | 于春全 | PPT文件 |
| 第一天下午 | 奥组委交通部及下设机构工作职责 | 自学及辅导结合 | 康冬生 | 文件 |
| | 奥组委交通部日常工作规章制度 | 自学及辅导结合 | | 制度汇编 |
| 第二天上午 | 奥运交通服务标准及《主办城市合同》及附件中有关交通的内容摘要 | 自学及辅导结合 | 梁建伟 | 教材资料 |
| 第二天下午 | 奥运会及残奥会交通运行纲要 | 自学及辅导结合 | | 教材资料 |
| 第三天上午 | 都灵冬奥会交通考察报告<br>雅典奥运会交通实习报告 | 自学 | 郭庆 | 教材资料 |
| 第三天下午 | 培训总结 | 辅导及答疑 | 王文斌 | 资料 |

奥组委交通部统一制作了《新录用人员交通业务学习资料包》(电子版),作为新录用人员的业务学习教材。培训资料以新员工个人自学为主,处室负责人和培训工作协调员对其进行必要辅导。新录用人员在交通业务知识培训工作完成后,还要完成1篇1500字左右的学习收获和体会。

在工作之中,培训工作协调员还会定期下发培训课件,内容包括办公软件操作、礼仪、时间管理等方面的内容,并组织工作人员参加奥组委组织的英语口语、计算机网络、培训师等项目的培训,使其尽快适应新情况。

### 四、组织管理

为加强奥组委交通部团队建设,积极营造良好的办公环境,建立规范有序的工作秩序,提高办公效率和整体形象,奥组委交通部依据奥组委的规章制度,制订了部门工作规范。这些规范包括工作会议制度、部务会工作规则、公文管理制度、大事记编报工作规定、档案管理办法、印章使用管理办法、群众来信处理办法、信息发布规定、接受新闻采访规定、财务管理制度、人事工作管理办法、考勤管理办法、保密工作管理办法、工作证件领取管理办法、纪念品使用管理办法、办公家具使用管理办法、公务车使用管理规定、用餐管理办法、医药费报销管理办法、专用设备使用管理办法、办公设备借用管理办法、电话机安装使用管理办法、低值易耗办公用品管理规定等20余项,涉及部门工作中的方方面面。奥组委交通部主要领导还在“廉洁办奥运”、“奥运保密工作”和“交通安全管理”等方面及时与各处、各团队负责人签订责任书,做到全部工作制度化。

## 第三节　交通志愿者

交通志愿者分为赛会志愿者和前期志愿者。赛会交通志愿者与赛会其他志愿者相比,有着明显的特点:

第一,来源单位最广。奥运会、残奥会交通服务志愿者多达1.9万人,涉及从中央单位到本市各区县局处级单位1700余个;

第二,关联环节最复杂。交通服务志愿者项目是一个系统工程,涉及招募、测试、培训、录用确认、宣传、管理、激励、保障、考核、表彰等环节;

第三,招募及组织管理协调层次最多。纵向从中央单位到市级单位、区县级单位,横向从部队到地方,跨领域、跨系统、跨部门;

第四,服务时间跨度最长。从第一批驾驶员志愿者招募开始,历时两年零四个月;服务期为2008年7月1日~2008年9月25日,历时80余天;

第五,服务岗位最繁杂。赛时岗位遍布全市各个涉奥场所。

第六,责任最重,风险最高。特别是驾驶员志愿者事关服务对象的交通安全,对客户提供直接的服务,一举一动代表着国家的形象,承担着交通安全的重大责任,体现着奥运志愿者的服务水平。

北京奥运会、残奥会交通服务志愿者岗位包括驾驶员、交通服务助理、随车服务助理、助残、随车语言助理等。其中,驾驶员志愿者来自中直机关、中央国家机关、中央企业、市直机关、市国资委、教育系统、外资企业七个系统,东城、西城、崇文、宣武、朝阳、海淀、丰台、石景山、门头沟、房山、通州、顺义、昌平、大兴、怀柔、平谷、密云、延庆十八区县,社会、车友会及部队等26个总队,驾驶员志愿者来源于各行各业的从业人员,奥运会组织近8000人,残奥会组织3000余人;交通服务助理、随车服务助理、助残志愿者、随车语言志愿者均由高校大学生构成,来自北京师范大学、北京科技大学、北京航空航天大学、北京交通大学、中央民族大学、对外经济贸易大学、北京语言大学、外交学院、北京中医药大学、华北电力大学、中国矿业大学(北京)、北京电子科技学院、首都师范大学、北方工业大学、北京服装学院、北京物资学院、首都经济贸易大学、北京建筑工程学院、中国劳动关系学院、首钢工学院、北京城市学院、北京培黎职业学院、北京联合大学、北京工业大学、地质大学25所高校,参加奥运会服务的高校志愿者有3700余名，参加残奥会交通服务的高校志愿者有3300余名。另外，还有近1300余名军队交通志愿者参加了场馆及交通场站交通管理工作。交通志愿者年龄在18岁~55岁之间。

在两个奥运赛时服务期间，交通服务志愿者累计上岗35万人次，累计服务客户群150万人次，累计行车1000万公里。据不完全统计，奥运会共收到150多个国家地区奥委会、代表团，致信致电表扬2300余次。

交通服务志愿者工作不但高水平地完成了各项任务，更是积累了丰富经验，留下了宝贵的奥运遗产，主要体现在以下几个方面。

## 一、招募及培训

在交通志愿者中，驾驶员志愿者是一个非常重要的群体，具有以下几个特点：一是服务对象层次高，直接为国际奥委会和各国代表团的贵宾提供服务；二是服务涉及领域广，驾驶服务涉及接待、参赛、会议、旅游、会见、活动等多个环节和领域；三是驾驶技术要求精，确保行车的安全和乘车舒适；四是交通路线要求熟，了解驻地、场馆的道路状况，准确、及时地接送服务对象；五是综合素质要求全面，驾驶员志愿者不仅要有精湛的驾驶技术、而且还要有较高的政治素质、良好的精神面貌、一定的外语交流能力和比较全面的知识背景。因此，选拔标准高、工作要求高、劳动强度大、工作条件艰苦、服务时间和周期长等现实情况，为招募选拔志愿者带来巨大的困难。同时，为了确保乘客安全，较为妥当处理与客户的关系，必须选拔具有一定社会经验和驾驶资历驾驶员作为赛会志愿者。这一群体的驾驶技术、服务水平的高低，直接关系到北京奥运会的交通服务质量。

为此，2006年5月，奥组委组建了驾驶员志愿者工作组，由交通部、志愿者部、共青团北京市委等相关部门牵头，吸收来源单位负责同志参加，全面负责驾驶员志愿者招募、培训及管理等相关工作。驾驶员志愿者工作组成立后，高度重视并发挥来源单位的力量和调动志愿者的参与热情，科学分工，明确职责和任务，充分发挥工作组、各来源单位、各相关职能部门、各合作单位的职能和优势，形成合力确保各项工作落到实处。其他交通服务志愿者则采取馆校对接的形式招募。为协助做好场馆交通管理工作，交通部还协调相关部门从军队定向招募了1300余名交通管理志愿者。

驾驶员志愿者是第一个启动的定向招募项目，也是专业志愿者项目中涉及单位和管理层级最多、协调难度最大的一个项目。该项目的率先实施具有探索工作模式、构建工作机制、积累工作经验的特殊意义。为此，驾驶员志愿者工作组深入挖掘资源，有针对性地确定招募渠道，以最广泛的动员机制，确保了志愿者的数量，满足了赛会对驾驶员志愿者岗位的需求配置。

**1. 志愿者高涨的参与意识、无私的奉献精神和爱国热情成为志愿服务的思想基础**

中华民族对奥运的热情企盼，使中华儿女持久涌动着参与奥运、奉献奥运的激情。奥运会、残奥会共接收申请人19000余名，经过基础资质初审、交通资质审核、政治和综合素质审核合格、体检合格、奥运通用知识测试、英语交流水平测试、驾驶技能测试、实际操作考核、道路驾驶考核、背景审查的确认录用驾驶员志愿者及管理人员（V类）近8000名，经过面试和培训考核的交通服务助理、随车服务助理3700余名。很多因不符合招募条件而不能被录用的志愿者，都表示非常遗憾，有人多次致电咨询或是通过来源单位询问是否可以参与服务。志愿者们带着为国效力、为国争光和“一人服务，全家光荣”的信念参与奥运服务。

**2. 快捷高效、强有力动员机制的建立，为储备充足的人力资源提供了坚实保障**

随着赛会筹办工作的深入，岗位需求的逐步清晰和具体，志愿者需求也发生了动态调整，特别是人员数量需求的不断增长，为招募工作提出了更高、更艰巨的要求。为了确保为客户群提供优质服务，按照市委、市政府和北京奥组委领导的指示精神，大量启用驾驶员志愿者提供交通服务。为了确保充足的数量，驾驶员志愿者工作组反复研究招募资源和招募渠道，建立了全方位、快捷高效的社会动员机制，以适应并满足交通服务志愿者需求不断变化的要求。在每次招募中，也充分考虑不同系统、区县的实际情况，实事求是、动态调整、分梯次完成招募任务。交通服务志愿者经历了四次需求变化，七次招募。

（1）第一次招募（2006 年 5 月）。根据奥组委交通部提出的赛会驾驶员志愿者初步需求，奥运会期间拟需志愿者 3300 人，残奥会拟需志愿者 1100 人，共 4400 人，按照这一需求，驾驶员志愿者工作组面向中直等七个系统完成第一批 5200 余名志愿者招募任务。

（2）第二次招募（2007 年 2 月）。为降低各方面因素带来的流失风险，工作组研究制订了《驾驶员志愿者动态补充办法》，并补充招募了第二批志愿者 375 名，志愿者人数达到 5500 余人，既满足了数量需求，又有较为充足的储备。

（3）第三次招募（2007 年 6 月）。随着赛会驾驶员志愿者岗位人员结构的调整和对需求的进一步细化，志愿者需求数量发生了重大变化，志愿者数量需求由 4400 名增加至 8000 余人。经过研究，面向十一区县招募了第三批 2700 多名驾驶员志愿者，志愿者总数达到了 8200 人。

（4）第四次招募（2008 年 1 月）。为确保驾驶安全，经专业机构建议，并报有关领导批示，对驾驶技能测试成绩为 C、D 级人员在强化培训考核后成绩不能晋升为 A、B 级的 960 余名人员不予使用，同时，由于企业改制、公务外派、关键岗位难以离开、奥运有关部门抽调、政治和综合素质审核不合格、体检不合格等原因，自然减员 600 余人，总体入库志愿者人数为 7640 人。在深入分析驾驶员志愿者综合情况的基础上，加强驾驶员志愿者储备，驾驶员志愿者工作组又面向七个远郊区县招募了 563 名志愿者。

（5）第五次招募（2008 年 5 月）。根据奥组委交通部需求，确定招募交通服务助理、随车服务助理 3702 名。经团市委企业部与大学部、八个交通服务运行团队研究，确定了 22 所高校承担此项任务。各单位克服了时间紧、任务重等困难，在两个星期完成了动员招募和配岗工作。

（6）第六次招募（2008 年 5 月）。根据残奥会交通服务志愿者需求，完成残奥会 2752 名驾驶员志愿者、120 名驾驶员志愿者管理人员、299 名交通服务助理、1690 名随车服务助理，共计 4861 名志愿者的招募工作。

（7）第七次招募（2008 年 8 月）。由于残奥会服务客户群的特殊性，为确保服务质量，根据客户群提出的新需求，增加了招聘 1550 名交通服务志愿者的任务。其中，驾驶员志愿者及管理人员 225 名，随车服务助理、助残人员、随车语言助理 1325 人。在残奥会志愿者需求确定后，保留下来的志愿者不能满足赛会需求，各来源高校积极动员，从服务奥运会其他岗位上的志愿者中招募了一批志愿者。考虑到助残志愿者岗位的特殊性，重点招募男性志愿者。

**3. 完善的招募机制和招募政策，入口关前置，为保证优质服务提供人力资源保障**

驾驶员志愿者工作组与有关部门主动协调，积极沟通，认真研究，反复磋商，最终形成了《北京奥运会驾驶员志愿者定向招募工作方案》，并制订了《关于驾驶员志愿者的政策说明》，对志愿者的招募方式、资格条件、政审、培训、保障、管理、岗位以及招募工作宣传等方面制订了政策说明，为各成员单位开展工作提供了政策依据。几次招募过程中，都充分分析和论证驾驶员志愿者人力资源特点，发挥体制优势，七个系统和高校志愿者采取定向招募方式，十八区县志愿者实施选调驾驶员志愿者方式。每次招募工作都得到了市委、市政府、奥组委领导的重视和支持。七条招募条件的制订、四类资质审核、三项测试评估为选拔合格志愿者、为满足客户群共性需求和个性化需求提供了人力资源保障。

（1）层层做好志愿者各类资质审核把关工作，确保交通安全、政治安全、身心安全万无一失。

为确保安全，根据驾驶员志愿者选拔程序和要求，需对驾驶员志愿者申请人进行基础资质、政治和综合素质、交通资质和安全背景审核四个方面的审核工作。各有关单位协作配合，各负其责，认真落实具体工作，为顺利开展后续工作奠定了基础。

①基础资质审核。驾驶员志愿者的年龄、驾龄、学历、外语基础、健康状况等情况由志愿者来源单位负责审核。

②交通资质审核。驾驶员志愿者的驾驶资质、交通违法情况由北京市交通管理部门审核。市交管局建立了数据库，实现对驾驶员志愿者的动态监控，发现满 12 分记录及重大违法事故等情况，及时反馈驾驶员志愿者工作组办公室，工作组办公室反馈志愿者来源单位，通知志愿者本人，并做好思想工作。

③政治和综合素质审核。由志愿者来源单位对志愿者的政治背景、心理素质、身体情况和单位表

现、综合素质全面了解、审定，为确认志愿者提供依据。

④安全背景审核。根据招募工作总体安排，奥运会安保指挥中心背景审查部对驾驶员志愿者、交通服务助理、随车服务助理、语言助理、助残志愿者进行了背景审核。

(2)严格测试评估，做好志愿者技能把关工作，为优化岗位配置提供依据。

为了全面掌握驾驶员志愿者申请人的驾驶技术、英语交流水平和奥运通用知识现状，为有针对性地开展培训和使用志愿者提供科学依据，驾驶员志愿者工作组对驾驶员志愿者申请人进行了驾驶技能、英语交流水平和奥运通用知识三个项目的测试评估。在组织的五次测试中，各系统、各区县和测试单位给予大力支持和配合，精心组织，保证了测试评估工作的顺利进行。通过测试，有效地了解每名志愿者基本技能情况。测试结果为志愿者岗位对接、配置提供了重要依据，为实现优化配置提供了标准。2008年6月下旬，北京市交管局对驾驶员志愿者进行了全员实际道路考核，因此每名驾驶员志愿者都至少经历四次由驾驶员志愿者工作组统一组织的测试。

①研究制订极具操作性和指导性的测试评估方案、统一规范的测评标准和科学严谨的测试过程。在工作程序设计上，突出了流程科学和"人性化"的特点，一是分时段、分批次安排驾驶员志愿者参加测试，避免"扎堆儿"现象出现；二是设计了奥运通用知识、外语交流水平、驾驶技能"一条龙"的测试程序，减小了驾驶员来到测试现场的生疏感；三是工作组及各方面牢固树立"一盘棋"意识，形成工作合力，与志愿者一起战严寒、胜酷暑，顺利完成测试工作。

②确保测试评估工作的科学性和权威性，驾驶技能测试选择市劳动和社会保障局认定的四家驾驶员职业技能鉴定机构，即北京市劳动技能鉴定第26、29、38、85所。委托北京外国语大学组织实施英语交流水平测试。驾驶员志愿者申请人按照规定现场完成驾驶技能项目测试后，由专业测试员依据测试标准进行打分，划分出A、B、C、D四个级别。英语交流能力测试采取现场面试的方式进行，驾驶员志愿者申请人进入测试现场后，由测试员进行提问，根据志愿者申请人回答问题情况进行打分，划分出4、3、2、1、0五个级别。科学严谨、统一规范的测评标准以及认真负责的专业测试人员，保证了测试结果的客观公正。

③积极依托各系统、各单位，确保测试评估工作顺利开展。测试评估工作是对依托现有组织体制建立起来的管理体系的一次检验，也是对各系统、志愿者来源单位组织动员能力和效果的一次考验。在时间紧、任务重的情况下，各成员单位高度重视，把测试评估组织工作当作一项政治任务，给予人、财、物等方面的大力支持，保证测试评估工作得以顺利进行。

④英语交流水平测试采取"志愿者测试志愿者"的方式，由北京外国语大学在校师生以志愿者身份作为测试工作人员，不但节省测试成本，同时探索志愿者群体之间优势互补、志愿服务资源与需求对接的工作模式，为实现志愿者自我教育和自我服务积累了经验。

(3)人员结构合理，确保满足共性和个性化的配置要求。

经过充分调研和科学论证，驾驶员志愿者工作组全面了解和分析了驾驶员志愿者的赛会需求数量、岗位服务要求和资源状况，科学制订招募方案，保证了驾驶员志愿者总体结构合理，志愿者在年龄特征、综合素质和技能结构等方面基本上能满足赛时驾驶员志愿者岗位的特殊需求、个性化服务和优化配置的要求。

①从年龄结构来看，驾驶员志愿者中78%为30~49岁的中青年，比较符合驾驶员岗位对身体素质、驾驶经验、人生阅历等方面的要求。具体年龄分布情况见表4-5。

**驾驶员志愿者年龄结构表**　　表4-5

| 年龄分布 | 30岁以下 | 30~34岁 | 35~39岁 | 40~44岁 | 45~49岁 | 50~55岁 | 合计 |
|---|---|---|---|---|---|---|---|
| 人数 | 623 | 1195 | 1464 | 1168 | 1127 | 788 | 6365 |
| 比例 | 10% | 19% | 23% | 18% | 18% | 12% | 100% |

②从职业结构来看，驾驶员志愿者中专业驾驶员有1762人，占总人数的28%；非专业驾驶员有4603人，占总人数的72%。

③从政治面貌来看，驾驶员志愿者中中共党员有3199人，占总人数的50%；共青团员有308人，占总人数的5%；在人员选拔和对接岗位安排时，可优先考虑党团员。

④从学历结构来看，驾驶员志愿者中有博士、博士后59人，占总人数的0.01%；硕士463人，占总人数的7%；大学学历2431人，占总人数的38%；大专学历1732人，占总人数的27%；高中学历1309人，占总人数的21%；初中学历370人，占总人数的1%。

⑤从性别结构来看，男性驾驶员5593人，占总人数的88%，女性驾驶员799人，占总人数的12%，男女驾驶员比例差距较大。同时，为满足女性贵宾要求提供女性驾驶员驾驶服务等个性化服务需求提供人力资源基础。

⑥从志愿者来源单位和工作领域上看，涵盖了中央、市属、区属党政机关、企事业单位，还包括了外企和学校。志愿者中有企业总经理、高级工程师、教授、国家公务员、公司职员、专职驾驶员、军人等，充分体现了广泛参与性。同时，驾驶员志愿者都是有本职工作的在职人员，大多数志愿者是在定向招募中自愿报名参加，在更多方面体现了志愿服务的意义。

⑦交通服务助理、随车服务助理志愿者从25所高校大一、大二、大三学生和部分研究生中招募，男性占43%，女性占57%；党团员占97%。

**4. 按照“不培训不上岗，培训不合格不上岗”的要求，科学规划和统筹推进培训工作，系统地培训人员服务能力和技能为满足岗位服务需求奠定了基础。**

驾驶员志愿者工作组克服了培训项目繁多、培训周期长、组织难度大等实际困难，充分发挥组织动员能力和管理体系作用，确保培训工作的落实。注重针对不同系统驾驶员志愿者的特点制订差异化培训计划；注重发挥各成员单位的系统资源优势，成体系、有特色地开展培训工作；注重对驾驶技术精良、外语流利、素质全面的复合型志愿者骨干人才的筛选和培养。合理设置培训的方式、内容、学时和评价手段，采取面授、自学、实践等多种培训形式，打造了一支数量充足、技术娴熟、素质优良的驾驶员志愿者队伍。

(1)在组织模式上，建立了健全的组织机构，确保各项培训工作落实。充分考虑驾驶员志愿者七个系统和十八区县的工作性质，合理规划和安排培训时间，七个系统集中在双休日进行，十八区县在工作日进行，确保出勤率和培训效果。建立立体培训模式，注重团队建设是一大特色；依托驾驶员志愿者组织管理体系，实现培训管理重心下移是一项工作创举；严格考勤，循环补课，是保证培训效果的重要手段。通用培训主要依托志愿者来源单位集中组织实施；专业基础知识和路线踏勘培训由驾驶员志愿者工作组统一组织安排；专业培训、岗位培训由八个交通服务运行团队负责组织实施。

(2)在培训内容上，由于交通服务是直接为服务客户群贴身服务，涉及内容最为复杂，因此对专业技能要求很高。按照北京奥运会志愿者培训工作小组要求，除全面开展了通用培训、专业培训、岗位培训以外，还增加了专业基础知识培训、路线踏勘培训、实操培训、日常培训、实践培训等，培训工作成为一个系统工程。在残奥会前，陆续开展残奥会知识和技能的培训。每名驾驶员志愿者至少接受统一组织的7天以上的集中面授和来源单位组织的每周1~2次日常培训和实践培训活动。交通服务助理、随车服务助理平均至少接受一天的集中培训(图4-1)。

(3)在培训方式上，采取集中面授、集中自学、分散交流、实践活动等多种培训形式。通用培训一是集中举办“通用知识培训大课堂”，由各系统、各区县直接举办49场讲座，每场人数在150~1500人之间，4万余人次参加了培训；二是集中组织观看通用知识精品课程课件光盘；三是志愿者团队和个人进行自学；四是多种形式开展英语培训。专业基础知识培训依托北京市职业技能培训中心等专业培训机构，采取“2+1”的方式，即每次

图4-1　驾驶员志愿者通用知识培训大讲座

培训为期三天，两天集中面授，一天路线实地踏勘。同时对驾驶技能测试成绩为C、D级的志愿者进行强化培训和考核，并进行交通英语使用培训。专业培训、岗位培训、实操培训由八个交通服务运行团队负责组织实施，各来源单位始终担负着人员组织的压力，发挥了重要作用。

(4)在师资和教材上，通用培训师资队伍依托北京奥运培训工作协调小组聘任的顾问、专家和培训师，保证通用培训的统一、规范；专业培训师资队伍从奥组委交通部、北京市交通委、北京市公安局公安交通管理局、驾驶员专业培训机构（合作机构）、外语培训机构等单位聘请的专业人员，统一授课标准，确保培训质量；共编印了各类奥运会、残奥会培训教材60余册，形成一整套培训教材，见图4-2。

(5)在测试考核上，一是对参加测试培训的志愿者申请人，以《北京奥运会志愿者读本》为内容，以问卷形式开展了测评考核，根据通用知识掌握要求，选择了40道奥运通用知识测试题，均为单选题，按照优、良、一般三个等级统计成绩，优良占78%，一般的占22%；二是驾驶志愿者工作组以专业培训教材为主要内容，编制了专业知识考核问卷，在专业基础知识培训后，以问卷形式集中进行进行考核；三是加强对各系统、各组织单位的评估考核，要求各单位建立培训考核档案，记录考勤。

(6)在培训评估上，为保证培训工作的实效性，驾驶员志愿者工作组重点结合专业培训，采取抽样方式，参加培训的驾驶员志愿者发放了《北京奥运会、残奥会驾驶员志愿者培训效果调查表》860份，在培训总体评价、培训课程总体评价、授课教师评价三大方面，设置17个评价项目，对培训总体安排、课程设计和主课教师进行了评估，并请志愿者申请人填写意见和建议。评估设立"好"、"较好"、"一般"、"差"、"较差"五个级别。统计结果显示，对培训组织、课程安排和教师的评价，"好"占79%，"较好"占18%，"一般"占2.7%，"差"为0。通过调查，也及时了解了学员对面授学习的需求和感受，调整安排，提高培训的针对性和实效性(图4-3)。

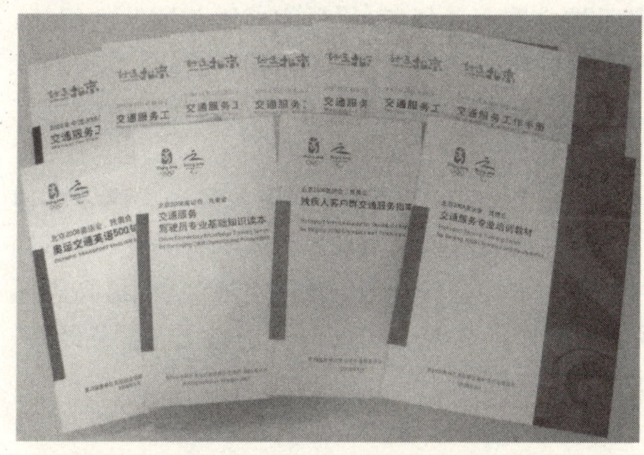

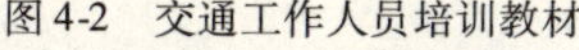

图4-2　交通工作人员培训教材

图4-3　驾驶者志愿者进行驾驶技能培训

**5. 按照"测试运行体系、磨合工作机制，着眼实战练兵、培养骨干，提高培训效果、优质完成服务"的目标，完成好运北京体育赛事交通服务任务。**

来自七个系统、十一个区县的960余名驾驶员志愿者完成了2007年10月~12月的23项，2008年1月~5月的16项测试赛交通服务任务，得到了广泛好评，达到了测试和练兵的目标。由于测试赛驾驶员志愿者场馆化运行模式与赛会交通服务团队运行模式不一样，服务人数和车辆达不到测试运行的数量，在重点分析了测试赛交通服务特点后，将测试重点放在如何发挥体制优势、组织管理体系作用（特别是发挥小队长作用）、加强志愿者团队文化建设、建立信息沟通反馈机制和保障机制等方面，为奥运会运行总结探索出值得借鉴的经验和做法。

(1)抓骨干，测试组织管理体系。各系统积极发挥组织优势，在组织志愿者按时参加专业培训、场馆培训、岗位培训和实操培训中，做了大量联系、协调和沟通工作，保证每名志愿者参加培训，持证上岗。工作组和来源单位在赛时积极慰问志愿者，注重倾听志愿者心声，及时反映工作动态，为驾驶员志愿服务工作的顺利完成提供了坚强的组织保障和外围保障。各赛事项目志愿者小队长发挥了协调联系作用，实现了志愿者团队融入交通服务团队的运行磨合。在测试赛中发现和树立了许多典型，如北京大学

“冯燕”驾驶员志愿者小队、外企集团“Festar”驾驶员志愿者团队等志愿者团队，坚定了发挥体系作用的思路。

（2）抓培训，测试培训模式和内容，为整体培训工作提供借鉴。为了做好培训工作，工作组制订了《2007年“好运北京”体育赛事驾驶员志愿者培训方案》，并完成了《“好运北京”体育赛事交通服务人员培训手册》，针对23项测试赛项目分别编纂并印制了《“好运北京”体育赛事交通服务工作手册》等实用培训教材。在北京市公安局公安交通管理局、北京市交通运输管理局和奥组委相关部门大力支持下，认真贯彻落实培训考核制度，深入开展专业培训和实操培训，指导各场馆交通服务团队开展岗位培训和场馆培训，保证志愿者的服务质量（见图4-4）。

图4-4　驾驶员志愿者专业基础培训课

（3）抓政策制订，指导测试保障工作。在测试赛前，以北京奥运会志愿者工作协调小组办公室、北京奥运会交通工作协调小组办公室名义起草下发了《关于共同做好“好运北京”体育赛事驾驶员志愿者有关工作的函》，明确了各单位和部门在保证培训、志愿者上岗时间等方面的工作任务和职责，为落实好测试赛各项工作提供了依据。

（4）抓管理，测试服务质量和关联环节。根据各系统人力资源情况合理对接测试赛项目，制订了《“好运北京”体育赛事项目与系统对接表》，提早明确各系统志愿服务任务，尽早完成服务团队的组建；向各场馆交通团队下发了《关于加强“好运北京”体育赛事驾驶员志愿者管理工作的通知》，规范管理工作程序，为做好志愿者工作提供了指导；召开了座谈会，及时倾听志愿者及来源单位对志愿服务的意见和建议。

（5）抓服务，测试服务意识和技能方面的欠缺。通过“好运北京”体育赛事，工作人员和志愿者在遵守国际惯例、提高外语交流能力、增加竞赛项目知识以及增强应急处理能力等方面还亟待强化，残奥知识和技能的培训还需进一步展开。因此，在赛会培训中应进一步加强针对性，强化实战演练，提高志愿者的实战能力。工作组办公室通过深入场馆、电话联系和召开座谈会等方式加强与场馆交通服务经理、志愿者队长和志愿者的沟通，及时了解工作情况，汇总问题，解决问题。

## 二、组织和管理

来自高校的交通服务助理和来自军队的交通管理助理志愿者全部整建制参加，来源单位派出管理干部，相对驾驶员志愿者来讲，管理起来相对容易一些。驾驶员志愿者管理工作则是赛时交通服务人员队伍管理的重中之重。

驾驶员志愿者工作组始终立足全局，统筹规划，有序推进各项工作开展，研究制订了《北京奥运会、残奥会驾驶员志愿者工作进度安排表》，总体把握工作重点和节奏，为各单位做好工作规划和排布工作力量提供了依据。在工作的推进中，注重加强工作整体性研究，做到提前运筹、提前部署，保证每个环节衔接顺畅，各项方案制订也力求具有较强指导性和操作性。以赛时管理模式为核心，明确各层级职责定位，切实做到一线运行体系与外围保障体系的充分融合，形成左右配合、上下联动的保障机制。精心周密的组织，行之有效的措施，创造性地攻克了历届奥运会驾驶员志愿者在招募、信息录入、激励保留、上岗、用餐等方面的几大难题。

**1. 立足赛时运行，全面建立三级组织管理体系，实现组织管理的全员覆盖和重心下移，攻克了驾驶员志愿者组织管理的难题**

从招募工作之初，驾驶员志愿者工作组就立足于与管理、培训、宣传、激励等各项任务的全面衔接，合理构建组织管理体系，抓核心团队为主线，促管理顺畅运行，为驾驶员志愿者队伍的培训、动态管理、开展活动以及赛会运行时人员调配、管理考核等打下良好的组织基础。在此基础上，根据驾驶员志愿者赛时业务运行特点和驾驶员志愿者现有组织管理体系特点，驾驶员志愿者工作组研究制订了《北京奥运会、残奥会驾驶员志愿者组织管理体系建设方案》，明确了组织管理体系的构成和职责任务分工，强化了体制的主导作用和组织的重要地位，建立以总队、大队和小队为建制的志愿者团队，与赛时的交通服务运行团队、车队（分队）、队长助理（主管）镶嵌对应，实现了驾驶员志愿者赛前筹办工作与赛时运行的有效衔接和转换，为赛时交通服务的顺畅运行提供重要保障。

（1）为进一步发挥体制优势，全面加强对奥运会、残奥会驾驶员志愿者的管理，实现赛前管理运行向赛时管理运行的有效衔接和转换，驾驶员志愿者工作组制订了《北京奥运会、残奥会驾驶员志愿者组织管理体系建设方案》，明确驾驶员志愿者来源单位管理责任，实现组织前置，管理前移，进入赛事管理体制，依托驾驶员志愿者来源单位的组织体系，建立志愿者总队、大队、小队三级管理体系，提前磨合和建立了奥运体系内业务运行团队与外围保障团队无缝隙的对接机制，实现对接工作任务具体，流程清晰，责任明确，指令畅通，也是加强团队建设的重要组织依托。按照《北京奥运会、残奥会驾驶员志愿者组织管理体系建设方案》的工作要求，七个系统和十八区县和来源高校共建立了 48 个总队、167 个大队、1000 个小队，完成了志愿者团队组建工作，建立了三级管理团队体系，管理人员确定到人头。

（2）各系统、各区县高度重视组建工作，总队长均由各系统、各区县主管领导担任，副总队长均由处级干部担任，同时按照“选准、配强”的工作要求，选派了专人担任大队长，选择组织管理能力强的驾驶员志愿者担任小队长。按照以驾驶技能为核心，外语成绩为标准的排列方式组建小队，为岗位对接提供了依据。按照驾驶员志愿者的组织管理体系，在 2008 年 5 月交通服务志愿者招募的同时，按照团队和高校相结合的方式，组建了各团队交通服务志愿者总队、大队和小队三级管理体系，确保了组织体系全方位的覆盖。

（3）发挥驾驶员志愿者组织管理体系作用，实现管理重心下移，全面推进专业培训、通用培训、实践教育活动和日常培训工作的有序开展。在培训班中专门安排时间进行大队和小队现场分组归队，并从现场签到、培训座位排列到中午用餐、踏勘路线乘车安排等各个环节的组织都充分依托大队长和小队长，协助做好志愿者的组织管理工作，取得了很好的效果。

（4）在测试赛工作中，小队长充分发挥联系沟通、带动凝聚的作用，成为驾驶员志愿者工作组办公室、来源单位、场馆交通服务团队与驾驶员志愿者之间情况反馈的核心渠道。依托组织管理体系，强化团队建设，以小队为核心，深入开展日常培训和实践教育活动。

（5）在赛时充分发挥组织管理作用。在赛前组织体系较为充分地进行了磨合和调整的基础上，赛时组织管理体系非常顺利地发挥了应有作用，总队在外围发挥保障作用，特别是自 2008 年 3 月以来，从驾驶员志愿者各来源单位和主要来源高校抽调 51 名管理协调能力强、综合素质高的同志到 8 个交通服务团队担任团队志愿者副主任，在团队内发挥着重要作用，协调、联络、全面负责开展志愿者排班、保障、激励等相关工作，为赛事交通顺利完成服务任务提供了坚实的基础，实现了团队各相关来源单位的关系理顺、任务结合、人员融合、机制整合，形成了一个充满凝聚力和战斗力的工作团队。

**2. 开发建立了驾驶员志愿者信息化管理平台，高效完成注册，实现驾驶员志愿者的逐一确定，攻克了驾驶员志愿者信息录入的难题**

根据测试赛志愿者信息录用程序繁杂、信息核准困难、返工周期长等情况，为有效解决驾驶员志愿者注册信息填报和日常管理等工作，驾驶员志愿者工作组建立了具有注册信息导入、工作部署、信息发布及反馈、统计分析、遗产转化等功能的驾驶员志愿者信息化管理系统，拓展工作手臂，协助开展管理工作。第一，实现了与奥组委源讯技术系统、注册照片提交的有效导入和对接，极大地降低了工作成本，为提前完成配岗任务提供了保障；第二，较全面地掌握驾驶员志愿者的综合信息，能够随时提取有针对性的信息进行分析，为工作推进提供依据；第三，通过信息录用工作，对每一名志愿者进行了重新核对确认；第四，促进了驾驶员志愿者组织管理体系的建设，按照总队、大队、小队的录入体系，强化了人员结构，掌握志愿者驾驶和英语交流水平情况，为提前做好驾驶员志愿者确认、配岗、注册工作奠定了坚实基础。

为做好信息录入工作，保证基础信息准确，驾驶员志愿者工作组制订下发了《驾驶员志愿者信息化管理系统建立实施方案》和《驾驶员志愿者信息录入工作流程说明》，增强了工作的指导性和操作性。各来源单位根据驾驶员志愿者信息录入要求和流程录入信息和采集照片。在信息录入工作中，严格按照组织管理体系建设要求，每一名录入信息化管理平台的志愿者都经过了单位的政治和综合素质审核，每名志愿者本人都对录入信息进行了核对，并签字确认，实现了志愿者的逐一确认。驾驶员志愿者管理体系建立、信息录入等工作滚动式推进，促进了驾驶员志愿者管理的一体化和规范化。

**3. 根据需求，科学配置，合理对接志愿者岗位，攻克了排班的难题**

根据北京奥运会交通服务标准中人车配比比率和各客户群对驾驶技能、外语水平等方面的具体要求，驾驶员志愿者工作组研究制订了《北京奥运会赛时驾驶员志愿者岗位对接方案》，奥林匹克大家庭专用车（T1/T2）、合成车（T3）以及各国家（地区）代表团（NOC）、各国际单项体育组织（IF）四个交通服务运行团队提供小客车驾驶员服务。交通服务助理服务于8个团队，随车服务助理主要服务于运动员、媒体、技术官员、T3团队。驾驶员志愿者工作以满足不同客户群提供出的具体要求为前提，以志愿者驾驶技能和英语交流水平测试成绩为依据，按照人车配比和“整建制、就近就便”等原则，对接到交通服务团队、车队（分队）、驻扎场站、服务车辆和具体服务岗位，完成了51个来源系统、区县和高校志愿者在7个交通场站、15个岗位的人岗对接工作。按照交通服务标准，八个团队服务时间大部分应从7:00～24:00，提供17个小时的服务，按照两班次排班；部分车队提供24小时服务，按照3班次排班。前期，在满足特殊需求的前提下，尽量按照整建制原则将来源单位志愿者对接到团队和车队，便于管理，具有一定的灵活性。但是，由于驾驶员志愿者服务的客户群经常出现延长服务的情况，使志愿者无法按照规定时间进行交接班，很多志愿者连续工作15小时以上。交通服务助理和随车服务助理，在配置时按照1:2的比例配备，对于24小时的服务的车队，需要延长服务时间保证运行，而且接到的任务大多处于动态状态，也使部分志愿者无法正常交接班。为了保证志愿者能够得到休息，撤销了一些不影响运行服务车辆的志愿者任务，降低志愿者服务强度。

**4. 严格程序和标准，规范操作流程，做好志愿者确认录用工作**

赛会志愿者的确认录用工作，是招募工作最为关键的环节之一，涉及每一名志愿者的切身利益以及志愿者工作的总体形象，在此阶段工作中暴露出许多现实情况。尤其是驾驶员志愿者不仅涉及四类资质审核，同时还要反复核对志愿者实际操作考核、道路驾驶考核等成绩，确保上岗志愿者符合条件。驾驶员志愿者工作组理顺了发放的流程、核准每一名志愿者，做到了发放及时，不错发、不重复、不遗漏，确保每一名赛会志愿者都能接到录用通知，收回服务承诺书。

驾驶员志愿者录用通知工作作为试点，率先开展此项工作。驾驶员志愿者工作组研究制订了《北京奥运会驾驶员志愿者录用通知工作方案》，明确录用通知工作的职责、工作流程及要求，并在北京奥运会、残奥会赛会志愿者录用通知试点工作部署会上进行了部署。各团队、各来源单位和志愿者克服了发放时间紧迫、程序规范、要求严格等操作困难，充分发挥体制优势，明确工作流程和职责分工，加强沟通协调，按期、有序、高效、全面完成了确认录用工作。尽管残奥会新增志愿者工作紧迫，但依照规范程序，向志愿者发放了录用通知书，回收了承诺书。在这一过程中，各单位要把录用通知工作与志愿者的思想教育结合起来，并与加强志愿者管理、志愿者培训相结合，以通过录用通知工作为契机，进一步激发志愿者的光荣感和责任感。

**5. 签订《北京奥运会、残奥会驾驶员志愿者任务书》，确保赛前、赛时、赛后交通服务志愿者工作的落实**

为了确保交通服务志愿者工作万无一失，驾驶员志愿者工作组在深入分析研究的基础上，紧抓工作难点和关键环节，制订了《北京奥运会、残奥会驾驶员志愿者任务书》（以下简称任务书）和《北京奥运会驾驶员志愿者工作重点工作说明及安排》，将具体任务按照时间节点对接到组织（来源单位）、对接到责任人。2008年5月,以北京奥运会交通工作协调小组名义与驾驶员志愿者来源单位签订了《任务书》,各来源单位按照六个100%,即:确保政治审核和综合素质审定合格率100%、确保交通安全法律法规培训测试和责任书签订100%、确保参训率和培训合格率100%、确保赛时上岗服务率100%、确保外围保障任务率100%、确保志愿者激励率100%的要求,结合实际情况,制订政策,采取措施,在通用保障政策之外,对志愿者误餐、加班住宿、交通等方面提供强有力的保障,发挥了来源单位外围保障的大后方作用。

在来源单位的大力保障下,攻克了驾驶员志愿者上岗难的问题,各来源单位也积极配合交通服务团队做好志愿者的思想政治工作,答疑解惑、疏导情绪,保持队伍的平稳。北京奥运会、残奥会交通服务志愿者实现了100%确认上岗率和赛时零流失率的奇迹!在服务期间,驾驶员志愿者未出现任何政治问题、安全问题,做到了安全驾驶无事故。

**6. 着眼提升志愿者综合素质和服务技能,大力开展主题实践教育活动**

驾驶员志愿者工作组把实践教育活动作为重要的培训方式之一,以提高文明素质为主线,以文明交通为切入点,以"微笑北京使者,文明交通表率"为主题,设计了活动标识、活动誓词,开展了形式多样的实践教育活动。在奥运会结束后,将对实践活动主题、活动标识和活动誓词进行适当修改和完善,继续应用于北京奥运会志愿者驾驶员志愿者协会。

(1)2006年11月中非论坛期间,以北京奥运会驾驶员志愿者申请人的名义在北京青年报、北京晚报发出了"在中非论坛期间尽量减少车辆出行的倡议",各大媒体对志愿者申请人进行了追踪报道,树立了驾驶员志愿者参与首都交通建设的良好形象,增强了志愿者参与和谐社会建设的意识。

(2)在每场"通用知识培训大课堂"中举行文明交通承诺宣誓活动,提高了驾驶员志愿者的责任意识和社会约束力。在驾驶员志愿者测试评估中开展了文明交通承诺签名活动,每名参加测试评估的志愿者都在签名版上庄严地签上自己的姓名,在"2008听我的……"奥运寄语征集活动中,志愿者积极为奥运献言献策,充分表现了参与奥运、服务奥运的热情。

(3)举行了"北京奥运会、残奥会驾驶员志愿者实践教育暨'城市观察员'志愿服务活动启动仪式",扩大了驾驶员志愿者工作的影响力,把实践教育活动推向了高潮。为深化"迎奥运、讲文明、树新风"活动,团市委、奥组委志愿者部、市公安局公安交通管理局、中央人民广播电台联合开展"城市观察员"志愿服务活动。"城市观察员"志愿服务内容是通过短信或电话及时准确地提供城市道路交通信息;将所遇到的城市突发事件、社会热点新闻事件及时向中央人民广播电台都市之声FM101.8提供;自觉遵守道路交通规则,发挥模范作用。

(4)重点围绕驾驶员志愿者人文素质的提高,配合专业培训开展熟练驾驶,熟悉北京地理和场馆路线等活动。同时,志愿者们以小队为主体,积极开展人文地理知识的学习和实践踏勘,一系列的教育实践活动增强了志愿者申请人的荣誉感和责任感,提高了服务意识和技能。

主题实践教育活动,不但是践行"人文奥运"理念,保持志愿者参与奥运服务的热情,凝聚志愿者队伍,提高志愿者服务意识和服务技能,增强服务奥运能力的主要途径;也是带领广大志愿者贡献和谐社会构建、引领社会文明的重要手段;更是着眼奥运遗产转化,探索长效机制及社会化组织动员方式,使专业志愿者队伍在后奥运时期能够持续服务社会的有益尝试。

**7. 建立完备的信息沟通机制,动态掌握综合情况,保证赛时信息畅通,为及时解决问题提供了依据**

在交通服务志愿者工作中,特别注重加强信息沟通,加强沟通协调和过程指导。一方面通过召开工作会议、专题会议,电话沟通、走访调研等方式,沟通情况,了解工作进度,汇总信息,及时查找问题,为研究措施和对策提供依据;另一方面通过编印《驾驶员志愿者工作专报》,及时反映工作情况,为各单位开展工作交流,共报出专报56期。同时,建立了赛时信息报送机制,为迅速了解各团队志愿者运行情况,迅速解决相关问题,保障赛时运行发挥了重要作用。

(1)在报送体系上,按照赛时交通服务运行体系要求,建立了小队——车队(分队)——交通服务团队三级报送体系,明确了信息报送的责任人。在2008年6月28日举行的交通服务综合大演练中,驾驶员志愿者工作组按照赛时要求进行了信息报送体系和机制的全面测试，志愿者综合情况是最快汇总上来的。

(2)在报送内容上，主要包括四类情况：一是志愿者确认信息，主要报送志愿者各班次上岗情况；二是志愿者服务情况，如：志愿者上岗期间完成任务、交接班、与其他工作人员衔接、车辆接收、受投诉、受表扬等相关情况；三是志愿者保障情况，包括志愿者的餐饮、住宿、交通、服装、医疗等相关保障情况；四是志愿者应急情况，主要为志愿者缺失的应急情况和志愿者发生重大、紧急事件原因及处置情况。

(3)报送方式上，采取了三种方式：一是日报，通过报送《交通服务志愿者及管理人员上岗情况确认单》和《交通服务志愿者工作情况日报表》，及时全面了解志愿者赛时服务信息；二是快报，《交通服务志愿者工作快报》主要用于团队全面反映交通服务志愿者赛时服务情况。交通服务运行团队需反映和解决的各类问题，总结的工作经验和做法等内容均可作为《快报》内容报送赛事交通服务分中心办公室；三是专报，《交通服务志愿者工作专报》由驾驶员志愿者工作组负责编写，主要用于收集、汇总、分析、宣传各团队、来源单位志愿者工作，向有关领导和部门汇报相关情况。

**8. 强化团队建设，充分发挥党团组织战斗堡垒作用，保持志愿者服务热情**

最大限度地调动志愿者参与奥运的热情，是志愿者完成交通服务任务的最重要基础。加强团队建设，特别是充分发挥党团组织的凝聚作用和党团员的先锋模范作用是重要的工作方法。以团队建设为依托，打造高素质和高水平的志愿者队伍，确保团队在承担职能时能够指挥有力、信息畅通、行动迅速、执行有力。以车队和小队志愿者团队为主体，充分发挥骨干志愿者(小队长)的作用，加强志愿者的自我管理，增强团队向心力。

(1)建立联系沟通机制，培养驾驶员志愿者的组织意识和归属感，通过制作通信录、MSN、QQ 群、博客、网页等形式，建立顺畅便捷的联系沟通渠道，充分发挥大队长、小队长的桥梁纽带作用，实现管理重心下移，使驾驶员志愿者能及时、全面地获取信息，确保培训和实践教育活动的组织和落实。

(2)发挥党团组织优势，各级交通服务志愿者团队了解本团队内党、团员人数，以车队、小队志愿者团队为基础单元，奥运会时成立了 167 个临时党、团组织，残奥会成立了 130 个临时党团组织，充分发挥党团组织的战斗堡垒作用和党团员的先锋模范作用，增强驾驶员志愿者队伍的凝聚和感召力。赛时共有 376 名志愿者递交入党申请书，83 人火线入党。

(3)加强团队文化建设。各大队以志愿者小队为主体，着力开展团队文化建设。在交通服务志愿者团队内开展征集志愿者团队名称、团队口号、团队标识、团队歌曲等团队文化要素，打造各具特色的志愿者团队，专题命名的志愿者团队有 600 余个。

(4)坚持以人为本，加大对志愿者的宣传激励。各志愿者总队，交通服务运行团队举行了志愿者誓师动员大会；在志愿者驻扎的场站，建立宣传栏、板报，以多种方式展示志愿者风采；在各车队建立“志愿者之家”，开通心里话邮箱；在服务期间，为 527 名志愿者集体过了生日；日常开展“每日十星”评选、发送提示和激励短信等活动激励志愿者保持服务热情。大力营造志愿服务光荣的氛围，为志愿者创造一个良好的环境，同时也影响和带动更多的人了解志愿服务、理解志愿者、参与志愿服务。

(5)注重制度建设，实现临时机构规范化管理。交通服务志愿者，从开始招募到服务结束后的表彰，过程复杂。为推进这项工作，实行规范化管理，出台了一系列科学的指导性工作文件。如在招募工作方面，出台了《北京奥运会驾驶员志愿者定向招募工作方案》、《北京奥运会驾驶员志愿者招募政策说明》、《北京奥运会驾驶员志愿者申请人动态补充办法》、《北京奥运会、残奥会驾驶员志愿者申请人测试评估工作组织实施方案》、《驾驶员志愿者信息录用工作流程》、《北京奥运会驾驶员志愿者录用通知工作方案》等一系列文件；在培训工作方面，出台了《北京奥运会、残奥会驾驶员志愿者通用培训方案》、《北京奥运会、残奥会专业基础知识培训计划》、《北京奥运会、残奥会驾驶员志愿者赛前培训工作计划》、《关于进一步加强驾驶员志愿者培训组织管理工作的通知》、《北京奥运会、残奥会驾驶员志愿者日常培训方案》、《北京奥运会、残奥会驾驶员志愿者实践培训活动方案》等；在组织管理方面，出台了《北京奥运会、残奥会驾驶员志愿者组织管理体系建设方案》、《北京奥运会、残奥会驾驶员志愿者任务书》、

《北京奥运会驾驶员志愿者工作重点工作说明及安排》、《关于奥运会、残奥会驾驶员志愿者相关保障政策的意见》、《志愿者副主任例会制度》、《北京奥运会、残奥会交通服务志愿者赛时信息报送工作方案》、《北京奥运会交通服务志愿者医疗保险工作方案》、《关于进一步做好驾驶员志愿者交通安全工作的通知》、《做好转换期总结表彰工作的通知》等。这些文件的制订，为交通志愿者工作的开展提供了强有力的保障。

## 三、激励与保障

**1. 深入研究、细化落实，全面做好交通服务志愿者通用保障工作**

赛事交通服务分中心及各交通团队全面了解和掌握赛会志愿者各项通用保障和激励政策，积极通过多种方式向来源单位和志愿者做好政策宣传工作。同时，抓住关键环节，认真研究、制订和落实方案，做好对于餐饮、交通、服装、医疗、保险、激励物资等方面的保障工作。

(1)攻克了交通服务志愿者就餐和上岗难的问题。交通服务志愿者属于流动团队，尽管每天70%的志愿者能在所驻扎的场站解决用餐，但仍有30%的志愿者，即每天3000余人受服务对象和标准的影响，不能返回场站就餐。交通志愿者餐饮问题上存在了两个变量，即时间和地点都不固定的情况。针对这一特点，驾驶员志愿者工作组逐一走访团队和场站了解情况并提出解决方案，制订了《餐饮票发放确认流程》，由志愿者副主任专人负责发放和协调工作，对于不能按时返场吃饭的志愿者，采取了预先领取餐包和在就近场馆凭餐票就餐等措施。同时，经过各方的共同努力，保证了让早上岗志愿者吃上早点，让晚下岗志愿者能吃上夜宵。根据大保障要求，驾驶员志愿者工作与各团队志愿者副主任研究运行排班，确定了22所来源高校7000名志愿者通勤班车的服务时间、车辆数及负责人，确保科学合理安排志愿者按时上下岗，且无资源的浪费。

(2)做好赛会服装及激励物资的发放工作。由于交通服务志愿者有1万余人，基数较大，累计发放服装及装备36万余件，发放物资近10万余件。服装及装备发放成为一项操作性强、工作强度大的工作，同时，根据制服发放中心的要求，需要合并团队、指定地点分送，不能采取一一对接每个团队。驾驶员志愿者工作组充分分析交通服务志愿者8个团队和驻扎场站的综合情况，制订了发放批次方案。由于服装尺码配比与志愿者所报尺码差距较大，给服装发放工作带来了巨大的困难，不仅要根据制服中心下发的发放尺码单重新制订分配方案，同时还要不厌其烦地做好解释和说明工作。为了保证能以最快的时间将服装发到志愿者手中，各团队志愿者负责同志冒着酷暑搬运服装和清点件数，按来源单位分堆发放，同时为了保证服装的安全，还要整夜看守，保证按时无误地将奥运会6种激励物资和残奥会3种激励物资发到每名志愿者。

(3)将医疗保险和激励物资落实在具体操作上。驾驶员志愿者工作组依《赛时志愿者保险指南》，结合交通服务志愿者实际情况，经与奥组委财务部协商，特制订《赛时交通服务志愿者医疗保险及就医工作执行方案》。按照"以救人为第一要务，严格按出险程序办事，就医以定点医院为主"三个原则，建立起志愿者治疗保险工作体系和直报工作机制，确保志愿者就医及时，程序合理。同时，加强对志愿者医疗卫生常识和对志愿者就医、索赔流程的培训，使每一位志愿者都熟练掌握，切实维护志愿者权益。另一方面，合理安排激励费用，将2/3的费用拨付来源单位，发挥外围保障激励作用，1/3的费用用于大激励保障，制作纪念画册及开展表彰。

**2. 各来源单位以高度的政治责任感和使命感，充分调动各方力量，圆满完成了交通服务志愿者保障的主体工作**

在志愿者培训及相关工作中，各总队及其下属各级志愿者组织，妥善处理好志愿者参加培训与做好本职工作的关系，确保每名志愿者都能按照要求全勤培训。在赛时管理中体制优势得到了充分的印证。各来源单位划拨专项资金和物资，配合交通运行团队做好志愿者在岗位服务期间以外的交通、住宿、餐饮等后勤保障。据不完全统计，各来源单位投入人员15000余名，投入资金约6800余万元，自行筹集投入办公用房两套、家具20余套；车辆50余辆；电脑、电视、冰箱、空调、摄像机等设备200余台。在服务过程中，各总队、来源单位主要领导到场站多次看望并慰问志愿者，不断加大对志愿者的宣传教育和激励工作力度，最大限度地激发和保持了志愿者参与奥运、服务奥运、奉献奥运的激情和热情，确保了全体志愿者无后顾之忧，全力以赴投入赛时运行，高效优质地完成了赛事服务任务。

**3. 驾驶员志愿者工作组积极整合各方资源，完善相关保障政策和措施，实现了交通服务志愿者保障工作的有效补充**

在大保障的基础上，做好补充和堵漏、宣传激励等工作；统筹规划和推进交通服务志愿者的赛前培训、赛时运行管理和保障激励等工作，明确相关政策和工作要求；重点指导各交通运行团队、各志愿者总队、各交通场站、各场馆交通团队做好相互之间的工作衔接与配合，与志愿者部一起，按照赛会志愿者保障和激励的通用政策，落实好交通服务志愿者的保障和激励工作；充分发挥体制优势，做实交通服务志愿者交通、住宿、医疗等后勤保障工作，使志愿者安心、放心地参与奥运交通服务工作。交通服务志愿者由于服务任务特殊、服务时间长，工作强度大，服务场所分散，安全责任大，场站条件艰苦等特点，各来源单位和驾驶员志愿者工作组充分发挥体制优势，各单位主要领导分别到场站看望和慰问志愿者，帮助志愿者解决实际困难。驾驶员志愿者工作组还积极整合社会资源，募集 10 万份茶叶、防晒物资以及 20 万资金，进一步激励志愿者。同时，积极协调相关职能部门，解决了志愿者餐饮、远郊区县集中住宿、乘坐奥运支线、开通公交摆渡车等上下班交通不便问题。

## 四、前期志愿者

**1. 招募及来源渠道**

奥组委前期志愿者是指由奥组委从筹备工作实际需要出发进行招募的、义务参与前期筹办工作的志愿者。奥组委志愿者部汇总奥组委内各部门实际需求，报到北京志愿者协会，由北京志愿者协会分批次向社会公开招募符合要求的前期志愿者，奥组委交通部负责对招募对象进行面试考核。前期志愿者的工作分为坐班和不坐班两类，奥组委交通部的前期志愿者大多为坐班工作，服务期间由奥组委提供保险、免费工作餐等基本保障。

奥组委交通部前期志愿者以大学生为主，分别来自北京外国语大学、北京语言大学、北京师范大学、中国政法大学、外交学院、中国农业大学、中国青年政治学院、首都经济贸易大学、中国地质大学等高校（见图 4-5）。

图 4-5　奥组委交通部领导与前期志愿者

奥组委交通部门从 2005 年底开始启用前期志愿者，到 2008 年 6 月底，先后有 9 期共 28 名前期志愿者到奥组委交通部提供志愿服务，服务时间累积达到 15000 余小时。其中 7 名前期志愿者到赛时转为赛会志愿者。

**2. 培训工作**

奥组委交通部前期志愿者主要从事资料翻译、日常行政助理等工作。这些前期志愿者的培训分为通用培训和岗位培训。前者主要由志愿者部负责，通过集中办培训班的形式帮助志愿者熟悉奥运会基本情况和奥组委内部情况及工作方面的要求；后者是奥组委交通部针对具体岗位进行的专业性培训，以使志愿者能够尽快适应工作环境，满足岗位要求，发挥应有作用。

为使前期志愿者尽快进入角色，在志愿者上岗前，奥组委交通部都要专门组织前期志愿者岗位知识培训。在培训中，前期志愿者联络员向志愿者介绍了奥组委交通部及下属处室的职责任务、组织结构；部门领导分工、规章制度、办公流程、岗位纪律等内容，并重点强调了保密制度和志愿者证件管理使用规定内容。同时，根据工作特点，就电脑、复印机、传真机、打印机等办公设备的使用进行现场操作培训。

**3. 组织管理**

奥组委交通部设一名前期志愿者联络员，从研究提出岗位需求、招募面试培训、日常组织管理、宣传激励保障等方面开展工作，坚持使用与培养相结合。除上岗前进行培训指导外，在服务期间，联络员经常与他们进行沟通，尽最大努力为他们提供必要的工作条件，并给予必要的工作指导；结束服务后，及时对他们的工作给予肯定。同时，加强对他们的考勤管理、保密知识教育和证件管理工作，确保他们在奥组委服务期间身体健康、心情愉快，并在个人能力与素质方面有所提高。前期志愿者到岗报到和结束服务时，奥组委交通部领导都要抽出时间与他们座谈，感谢他们的服务并征求他们的意见，还向他们赠送纪念品并合影留念，使志愿者深受鼓舞。

通过卓有成效的组织管理工作，28 名前期志愿者中，有 11 人被评为北京奥运会、残奥会志愿者先进个人；8 人被评为前期志愿者之星；5 人在志愿者部举办的征文比赛中获二等奖或三等奖；1 人经推荐参加奥组委招聘考试被录用为正式工作人员。前期志愿者成为交通筹备阶段及赛时运行中的重要人力资源补充。

## 第四节　合　同　商

### 一、招募及来源渠道

合同商人员主要通过奥运会交通工作协调小组办公室（北京市交通委员会）、北京市运输管理局等政府部门协助进行招募，还有一部分由奥组委交通部通过招投标或企业捐赠方式进行招募，并以签订合同方式提供服务。

赛时合同商人员主要分布在以下岗位：

（1）交通管理调度人员；

（2）车辆驾驶员（包括大、小客车）；

（3）场馆内电瓶车驾驶及维修人员；

（4）车辆救援维修人员；

（5）交通场站服务保障人员；

（6）行李车驾驶员及行李员，等等。

奥运会及残奥会交通部使用的合同商单位名录见表 4-6。

奥运会及残奥会交通部使用的合同商单位名录　　表 4-6

| 序号 | 合同商单位名称 | 提供的服务及岗位 |
|---|---|---|
| 1 | 北京公共交通（控股）集团有限公司 | 交通调度管理人员、驾驶员 |
| 2 | 北京首汽（集团）股份有限公司 | 交通调度管理人员、驾驶员 |
| 3 | 北京北汽出租汽车集团有限责任公司 | 交通调度管理人员、驾驶员 |
| 4 | 北京巴士股份有限公司 | 交通调度管理人员、驾驶员 |
| 5 | 新月联合汽车有限公司 | 交通调度管理人员 |
| 6 | 首汽租赁有限公司 | 交通调度管理人员 |
| 7 | 北京北汽九龙出租汽车股份有限公司 | 交通调度管理人员 |
| 8 | 北京市通利达汽车租赁有限责任公司 | 交通调度管理人员 |
| 9 | 北京市利达德汽车租赁有限责任公司 | 交通调度管理人员 |
| 10 | 北京北辰汽车租赁有限公司 | 交通调度管理人员 |
| 11 | 北方平安租赁有限公司 | 交通调度管理人员 |
| 12 | 祥龙汽车租赁有限公司 | 交通调度管理人员、驾驶员 |
| 13 | 安吉汽车租赁有限公司北京分公司 | 交通调度管理人员 |
| 14 | 北京华磊邦得汽车交易有限责任公司 | 交通调度管理人员 |

续上表

| 序号 | 合同商单位名称 | 提供的服务及岗位 |
|---|---|---|
| 15 | 北京银建出租汽车公司 | 交通调度管理人员、驾驶员 |
| 16 | 锦湖汽车租赁(北京)有限公司 | 交通调度管理人员 |
| 17 | 联通租赁集团 | 交通调度管理人员 |
| 18 | 北京中远汽车租赁有限责任公司 | 交通调度管理人员 |
| 19 | 中进汽贸服务有限公司 | 交通调度管理人员 |
| 20 | 新月租赁公司 | 交通调度管理人员 |
| 21 | 北京巴士汽车租赁有限责任公司 | 交通调度管理人员 |
| 22 | 中国卫星通信集团公司 | 信息系统技术人员 |
| 23 | 北京市市政工程设计研究总院 | 场馆交通设计 |
| 24 | 北京奇志通数据科技有限公司 | 地图制作 |
| 25 | 柏诚工程技术(北京)有限公司 | 技术支持 |
| 26 | 公安部第一研究所 | 车证技术 |
| 27 | 交通部公路科学研究院 | 指路标识、站牌设计 |
| 28 | 中通客车控股股份有限公司 | 电动环保汽车 |
| 29 | 北京市宏伟工贸集团 | 调度、救援人员 |
| 30 | 东风电动车辆股份有限公司 | 电瓶车驾驶 |
| 31 | 江苏新日电动车股份有限公司 | 电瓶车驾驶 |
| 32 | 中山市翔通实业发展有限公司 | 电瓶车驾驶 |
| 33 | 北京月福汽车装饰有限公司 | 洗车服务 |
| 34 | 北京邮政物流局 | 行李车及行李员 |
| 35 | 北京祥龙资产经营有限责任公司 | 汽车救援 |
| 36 | 中国石油天然气北京公司 | 车用天燃气 |
| 37 | 中国石油化工股份有限公司北京分公司 | 油料供应 |

## 二、培训工作

《第29届奥林匹克运动会组织委员会关于培训工作的意见》(奥组委[2005]30号)规定:合同商工作人员的培训由北京奥组委提出要求、推荐教材,合同单位自行负责培训工作并支付相关费用。根据这一规定,奥组委交通部在赛时培训计划中提出:合同商人员培训全部由合同商单位负责组织实施。奥组委交通部合同商人员使用主责部门负责按合同商单位需要提供培训内容并参与培训考核工作。在实际工作中,奥组委交通部及时向合同商来源单位提供了相关的培训内容和标准,并协助进行了师资培训,还派出部内业务骨干参与了合同商人员的培训工作。

北京市运输管理局为此制订了《北京奥运会、残奥会专业驾驶员培训工作方案》(京运管人字[2008]122号),对培训的对象、内容、课时等提出了明确的要求,并对各运输企业的培训工作进行了指导和组织。

(1)建立机构,落实责任。北京市运输管理局与奥组委交通部和各合同商企业专门成立了奥运会、残奥会专业驾驶员奥运培训工作领导小组。同时各合同商企业也成立了从主管领导、部门负责人到具体工作人员的三级培训机构，切实担负起培训责任，分层级将责任落实到人。

(2)确定人员，制订计划。各合同商企业按照奥组委要求，逐一落实上会专业驾驶员、各合同商专业驾驶员共计6820人，其中公交集团4332人，首汽集团956人，北汽集团1013人，巴士旅游407人，新月公司112人。各企业根据北京市运输管理局工作方案的精神，结合本企业实际制订了培训计划。

(3)精心组织，狠抓落实。为保证培训工作顺利进行，北京市运输管理局与奥组委交通部多次联系、协调，为各合同商企业落实《交通服务驾驶员专业基础知识读本》和《奥运交通英语500句》等教材，发放给全体上会驾驶员人手一册。北京市运输管理局还从奥组委指定的北京体育大学出版社购买了《走进赛场——第29届奥林匹克运动会竞赛项目》及《助残理念与技巧》教学光盘，发放给各合同商单位作为培训的辅助教材。2008年4月~6月，5家合同商企业的6820名上会驾驶员全部完成了不少于40课时的通用知识和专业知识培训以及2课时的自救互救知识培训。培训结束后，各企业都按要求对驾驶员进行了考试，考试合格率为100%。

在奥运会交通工作协调小组办公室和北京市运输管理局的组织下，各专业运输企业也对合同商开展了形式多样的培训工作。各人员来源单位也开展了丰富多彩的培训活动。如承担贵宾交通服务任务的北京首汽(集团)股份有限公司、北京北汽出租汽车集团有限责任公司，从2007年初就启动了全员奥运培训工作，内容包括奥运英语、涉外礼仪、奥运交通、急救知识等相关内容，并通过开展竞赛活动检验培训效果，在普训的基础上择优选拔直接服务奥运会的人员。

奥运交通场站运行是一项全新的工作，特别是对以属地政府和业主单位为主组建的交通场站运行团队，对各类人员而言培训工作更为重要。为了保障赛时运行的顺利进行，各交通场站按奥组委交通部统一部署，分层次、分步骤地开展了不同形式的培训。培训内容主要包括工作人员报销班管理、人员出入口管理、车辆出入口管理、停车场管理、道路管理、照明管理、消防管理、标志标识管理、安保监控管理、洗浴管理、洗衣管理、卫生间管理、住宿管理、餐饮管理、网络和通信管理、配电管理、文件管理、物资管理、急救及职业健康管理、保洁及清废管理、设施维修管理、危险物品管理、危险/事故报告、风险管理、环境保护管理、值班管理的规范、流程，涉及场站运行的方方面面。内容详实、重点突出、易于操作的培训收到了较好效果，为赛时交通场站顺畅运行奠定了良好基础。

## 三、组织管理

合同商工作人员按照奥组委交通部的统一部署，整建制为奥运会、残奥会提供交通服务，来源单位派出人员担当管理工作。赛时合同商驾驶员及调度人员大部分根据服务对象的不同编入不同的车队，统一管理。交通场站及场馆内的合同商人员则纳入本团队进行管理。

奥运会期间，交通服务工作人员来源分散，组织难度大，运行管理复杂。在赛事交通服务分中心的领导下，各交通团队把合同商统一纳入团队，加强团队建设，提倡敢于管理和善于融合。合同商单位各级领导和骨干充分发挥了交通服务主力军作用，在团队领导下互相协调合作，维护团队荣誉，大力弘扬五种精神。

为了在合作中寻找相互融合的切入点，T1/T2交通服务团队针对专业合同商驾驶员特点，要求各车队通过开展美化办公环境活动，调动来自不同来源单位的团队成员齐动手、讲配合，实现了车队管理层的融合。为了创建和谐的团队氛围，T3交通服务团队以“合”为核心开展团队建设，将“合则共赢，合则愉悦，合则成事”作为工作信条开展工作。为了应对运动员服务时间不定、人数变化大的特点，运动员交通服务团队在合同商人员中成立党(团)员突击队，倡导工作指标不降，手头工作不拖，出现问题不推，反复核查不烦的“四大工作作风”，开展了“每日十星”评选活动。为了提升团队的服务形象，提高注册媒体的服务质量，媒体交通服务团队在合同商人员组成的车队中打出了“在外宾面前我代表中国”的口号。为了提供更加优质、个性化的交通服务，代表团交通服务团队积极组织合同商驾驶员及调度人员通过各种方式了解服务国家的礼仪知识、风俗习惯，了解代表团出行需求和基本习惯，以优质的交通服务满足各代表团的需求。为了进一步加强团队成员之间的沟通了解，机场抵离团队建立了名为“飞机

·板房·CAD”的论坛，成为合同商人员与志愿者共同的交流沟通、联络感情、倾诉心声、解决矛盾的平台。为了倡导“以人为本，追求卓越”为核心的团队价值观，技术官员交通服务团队利用运行简报、好人好事宣传栏等形式，推动团队文化建设。为了加强团队管理，赞助商和收费卡交通服务团队创建了“一名领导、一套人马、一方面工作”的合同商管理工作机制，分级负责、分层落实。为展示交通服务工作人员的风采，激励各交通服务运行团队成员决胜奥运会、残奥会，各交通场站还设立了宣传栏和板报，在团队间组织开展了“五好团队”的创建评比活动，充分发挥党团组织的战斗堡垒作用和党团员的先锋模范作用，增强了团队的凝聚力和感召力。

正是得益于以上这些行之有效的团队建设，北京奥运会及残奥会交通组织工作取得了骄人的成绩。

# 第五章　交通服务车辆筹集及运行保障

交通服务车辆是奥运会残奥会交通服务运行的基本条件。根据国际奥委会的规定和北京奥组委的相关要求，北京奥运会、残奥会官方用车（即为各类注册客户群免费提供）或通过收费卡项目提供服务的车辆（以下简称交通服务车辆），在选择上有着严格的程序和规范，也有着特殊的限定，主要表现在：一是必须使用奥运会车辆赞助商提供或其认可的交通服务车辆；二是所有交通服务车辆都必须达到环保要求；三是必须提供不同档次（比如专用车辆与合乘车和分配车辆不同车型）、不同功能（比如赛事用车、场馆用车）以及必要的无障碍车辆。为此，北京奥运会、残奥会车辆筹集主要围绕2条主线展开，一是符合北京奥运会车辆赞助商认可的车辆品牌及车型。北京奥运会交通服务小客车（车身长8米以下）的赞助商是德国大众汽车公司，因此交通服务的小客车必须选择大众汽车品牌或是由大众公司认可的车辆品牌；二是按交通服务标准或竞赛需求满足各类注册客户群交通服务和比赛项目所需车辆类型和数量。

## 第一节　交通服务车辆筹集

### 一、北京奥运会（残奥会）交通服务车辆标准及车型选择

根据“绿色奥运”的承诺，以及“平安奥运”的要求，借鉴历届奥运会惯例，确定了2008年北京奥运会交通服务车辆基本标准。

小客车车辆标准为：符合2008年国家及北京市安全、技术和环保标准；具备上路行驶资格；车辆年限应为2008年投入使用的车辆；安装符合奥组委关于全球卫星定位系统（GPS）接入标准的CPS终端设备；对于收费卡项目的车辆，车辆年限应为2006年以后投入使用的车辆，且行驶总里程少于2万公里。

大客车车辆标准为：符合2008年国家及北京市安全、技术和环保的各项标准和要求；空调系状况及密闭性好、噪声低，乘坐舒适；音响系统良好，并配麦克风；车辆年限应为2005年以后投入使用（或行驶10万公里以内），特殊高档车辆可适当放宽使用年限，但需符合国家尾气排放标准；核准载客量为33座以上的单机大客车，其中包括33座大客车，41座大客车；为运动员和随队官员服务的大客车需配备行李车舱、靠背可调节，其中部分车辆需配备卫生间和冰箱；在奥运村、媒体村和中心区北部使用的车辆应为低地板电动大客车；安装符合组委会GPS终端接入标准的GPS终端设备；低地板大客车带有电动踏板（有应急手动系统），并配备固定椅的装置和呼叫按钮，踏板区使用黄色等醒目的颜色，车门宽度要满足比赛轮椅和生活轮椅的上下，车内通道的空间要满足轮椅通行的角度，这部分车辆可直接转入残奥会期间使用。

由于德国大众汽车是北京奥运会的车辆赞助商，因此在交通服务车辆的车型选择上须征得德国大众公司的认可。经过北京奥组委与德国大众汽车公司多轮谈判，最后确认小客车必须使用奥迪和大众品牌的车辆，大客车则由北京奥组委自行选定，不受品牌限制。

小客车车型共有7种车型，分别为奥迪A6L、大众迈腾、帕萨特领驭、大众速腾、斯柯达明锐、大众途安（7座）和伊思坦纳（10~15座旅行车）。伊思坦纳需要考虑残奥会用车需求，改装为无障碍车辆（可容纳2辆轮椅车），部分车型见图5-1。

经北京奥运会交通工作协调小组研究，大客车车型的选择以北京市客运企业现有车型为主，使用旅游大客车和新型公交车。考虑残奥会轮椅人员的乘车需求，在奥运会大客车标准的基础上，使用低地板大客车，带有电动踏板（有应急手动系统），配备固定轮椅装置和呼叫按钮，车门宽度满足比赛轮椅和生

奥迪A6L

帕萨特领驭

伊斯坦纳

图 5-1　部分小客车车型

活轮椅的上下，可同时容纳 8 个轮椅车，见图 5-2。

图 5-2　大客车车型

## 二、车辆需求分析及数量

根据北京奥运会、残奥会交通服务标准和交通运行方案，2008 年奥运会期间，北京奥组委交通部门将为奥林匹克大家庭成员和持证媒体（预计近 5 万人）提供安全、准点、可靠、便利的交通服务。由于上述客户群体数量庞大，奥运会期间产生的交通需求之密集，以及出行方式和交通模式的多样化，使奥运会车辆种类和数量大大超过其他大型活动。残奥会期间，大量残疾注册人员参加赛事活动，需配备大量无障碍车辆。为了确保北京奥运会交通服务"有特色、高水平"，针对北京城市环境的特点，确定了北京奥运会交通服务车辆资源需求方案。经测算，北京奥运会期间，由奥组委交通部直接提供交通服务的各种车辆5045辆。其中,大客车1690辆,小客车3275辆,货车80辆。

**1. 满足北京奥运会交通服务标准用车需求**

北京奥运会、残奥会期间,北京奥组委交通部将为来自各个国家(地区)的运动员和随队官员、技术官员、国际奥委会、国际残奥委会、国家(地区)奥委会、残奥委会的官员、国际体育单项组织、国际残疾人体育单项组织的官员及其客人、国际贵宾和赞助商、注册媒体等客户群体提供不同等级和类型的交通服务。上述注册人员奥运会为5.5万人,残奥会为2.8万人见表5-1。

**北京奥运会客户群体与悉尼、雅典分类对比表**　　表5-1

| 客　户　群 | 悉尼奥运会人数 | 雅典奥运会人数 | 北京奥运会预测人数 |
|---|---|---|---|
| 国际奥委会的官员、国家(地区)奥委会的官员、国际体育单项组织的官员及其客人、国际贵宾、赞助商等 | 4620 | 4811 | 4968 |
| 运动员和随队官员 | 17600 | 16500 | 18000 |
| 技术官员 | 2500 | 2500 | 2500 |
| BOB转播商,持权转播商,注册文字媒体 | 00000 | 00000 | 00000 |

(1)车辆配备的标准,见表5-2。

**各类客户群交通服务等级统计表**　　表5-2

| 交通服务等级 | 客　户　群 | 服务方式 |
|---|---|---|
| T1 | 国际奥委会主席、委员及其客人 | 一个人使用的专车和专用驾驶员 |
| | 国际体育单项组织主席、秘书长及其客人 | |
| | 国家(地区)奥委会主席和秘书长(代表团人数大于50〈不含〉) | |
| | 国际贵宾(国家元首、政要和王室成员) | |
| | 赞助商贵宾 | |
| T2 | 国际奥委会医疗委员会官员 | 二个人使用的专车和专用驾驶员 |
| | 世界反兴奋剂组织官员 | |
| | 国际体育单项组织技术代表 | |
| | 体育仲裁法庭官员 | |
| | 国家(地区)奥委会官员(代表团人数小于50〈含〉) | |
| T3 | 国际奥委会、相关组织官员及其客人 | 普通的合用车 |
| TA/TF/TM | 运动员及随队官员 | 专用的班车或临时指定的车辆 |
| | 技术官员 | |
| | 持证媒体 | |
| | 国家(地区)代表团、国际奥委会相关组织和机构、技术官员 | 指定用车 |

(2)为国际奥委会、有关组织及其客人,国际贵宾、赞助商贵宾提供小客车。

①国际奥委会的主席、委员及其客人,28个国际体育单项组织主席、秘书长,各国家(地区)奥委会的主席和秘书长(代表团人数在51人以上的),国际奥委会和北京奥组委赞助商贵宾,以及国际贵宾等享有T1交通服务等级的1072名人员,按照一人配备一辆专车的标准,共需配备1072辆小客车。

②国际奥委会医疗委员会官员、世界反兴奋剂组织官员、国际体育单项组织技术代表、体育仲裁法庭官员、国家(地区)奥委会的主席和秘书长(代表团人数50人以下(含))等享有T2交通服务等级的人员。按照每两个人一辆车的标准,共需配备198辆小客车。

③国际奥委会相关组织、机构的官员及其客人,约3700人享有T3交通服务等级,不包含T1、T2人员。这部分人员和车辆配备比例按4∶1设置,需要配备930辆小客车。

④根据国际奥委会确定的奥运会期间代表团用车配备标准,结合北京的实际情况,比照悉尼奥运会

车辆分配数量(此标准比雅典配车标准低),具体的分配数量见表5-3。

北京奥运会代表团用车分配比例表 表5-3

| 国家(地区)奥委会代表团规模 | 分配车辆数 | 国家(地区)奥委会代表团规模 | 分配车辆数 |
|---|---|---|---|
| 1~10人 | 2 | 201~300人 | 8 |
| 11~50人 | 3 | 301~400人 | 9 |
| 51~100人 | 5 | 401~500人 | 11 |
| 101~200人 | 7 | 501人以上 | 13 |

具体分配车辆数量按204个代表团测算,1~10人的代表团为46个;11~50人的代表团为86个;51~100人的代表团为27个;101~200人的代表团为23个;201~300人的代表团为7个;301~400人的代表团5个;401~500人的代表团为5个;500人以上的代表团为15个。预计北京奥运会期间,为各国家(地区)代表团需要提供小客车890辆。

⑤根据国际奥委会相关文件要求,北京奥组委还应向国际奥委会奥林匹克博物馆提供2辆工作用车;向奥运会期间召开的IOC大会上新当选的奥委会运动员委员提供15辆小客车;向国际奥委会提供15辆行政用车,共需要提供32辆小客车。根据国际奥委会《摄影和文字媒体指南》的要求,还需要为国际摄影车队提供10辆车,作为奥运会期间的赛时用车等。

上述需求共需小客车3275辆。

(3)为运动员和随队官员、技术官员和注册媒体提供大客车班车服务。

根据竞赛日程和相关信息,确定奥运会期间为运动员比赛(不含训练)设置从奥运村至比赛场馆的班车路线;为技术官员设置从国际单项体育组织饭店至相应的比赛场馆班车路线、训练场馆班车路线;为注册媒体设置从签约酒店至IBC/MPC、IBC/MPC至场馆、场馆之间、签约酒店至场馆的班车路线,以及为BOB提供场馆和驻地之间的专线班车路线,共计163条定时或定线班车线路,并制订相应的班车服务运行方案。维持上述班车运行需要大客车1690辆。

(4)为了满足奥运会期间各类注册人员运送随身行李的交通需求,规划为注册人员抵达和离开时配备80辆货车运送行李。

**2. 北京奥运会用车需求与雅典奥运会用车需求的比较分析**

据了解,雅典奥运会交通服务使用了3549辆(不含货车),其中小客车2204辆,大客车1345辆。北京奥运会交通服务车辆数在总体规模上有所增加,预计为5045辆。其中,小客车3275辆,大客车1690辆,货车80辆。北京小客车数量比雅典增加了48.5%(1071辆),大客车比雅典增加了25.7%(345辆)。北京奥运会交通服务车辆比雅典增加的原因主要有以下几个方面。

(1)小客车T3交通服务车辆增加的原因。

一是享受T3交通服务人员存在软性升级的问题。为T3人员服务的车辆,是预约和即时两种方式,而这两种方式与T1和T2服务的最大不同的是,服务的客户群体庞大(约5000人)。据了解:雅典奥运会期间,雅典奥组委交通部门为持有T3证件的人员配备车辆的比例为4.5:1。但是在实际运行过程中,由于T3人员经常会出现1或2人使用一辆车的现象,即占用车辆资源的情况较为严重,形成软性升级。因此,在奥运会一开始的时候,T3系统的车辆资源十分紧张,几乎造成了整个系统的崩溃。据了解,雅典奥组委交通部在不得已的情况下,只能将分配给国际贵宾的一部分车辆收回,来补充车源,结果导致有部分国家对此提出异议。

二是北京的城市面积大大超过雅典。据有关资料:北京市市区面积1000多平方公里,是雅典的2.5倍,城市区域范围的扩大、场馆分散,必然会使车辆在运行过程中行驶距离增加,延长出行时间,据了解,悉尼奥运会期间(因没有雅典的相关数据),小客车平均每天出行10次,每次约10公里。考虑到北京城市面积较大,各类客户群出行的特点和出行规律不确定等因素,假设T3交通服务的客户群,按每天出行6次,每次出行20公里计算,将会使T3服务的车辆增加20%。

三是场馆数量有所增加，比赛和训练场馆相对分散。按照北京奥运赛时需求，交通服务场所将涉及31个比赛场馆，40余个独立训练场馆，9个非竞赛场馆（奥运村、2个媒体村、奥林匹克大家庭饭店、IBC、MPC、首都国际机场、赞助商接待中心、奥林匹克青年营），29家国际单项体育组织饭店，近80家奥林匹克大家庭、注册媒体签约酒店及6个交通场站。服务场所遍布全市。据了解，雅典比赛场馆分为阿瓦卡奥林匹克中心区、海兰尼克、法里罗和雅典市中心区四个相对集中的赛场群，赛场群之间的距离较近，因此，节约了车辆的资源。

由于北京场馆分散必然会导致小客车的合乘车的概率降低，从而使T3车辆增加。为了避免北京出现类似问题，体现"北京奥运会服务标准不低于雅典"，同时考虑到车辆会有空驶时间等因素，经测算将北京奥运会期间享受T3交通服务的人员和车辆比例定在4:1，即北京奥运会提供T3服务的车辆为930辆，比雅典增加了13.4%（110辆）。

（2）大客车数量比雅典奥运会增加的原因。

①北京奥运会运动员的比赛和训练场馆多，且分散，导致班车线路增加。

北京预计将设置运动员班车629辆，雅典为400辆，北京比雅典多229辆，增加了57.25%。据了解，雅典共有45个训练场地，仅在戴克利亚训练综合区就集中了15处训练场地，且紧邻奥运村（约1公里左右），与雅典场馆的位置相比北京的训练场馆较为分散，只是在奥林匹克中心区设置了8个训练场地，占训练场馆13.6%。因此，北京奥运会运动员训练班车数量比雅典增加较多；为便于运动员比赛，雅典奥运会设计了四个场馆群，共计21个比赛场馆，占场馆总数的57%。北京除奥林匹克中心区集中了10个比赛场馆外（占场馆总数的31.3%），其他比赛场馆都比较分散。这样的场馆布局与雅典相比较，显然是增加了交通组织和运行的难度，导致了班车线路的增多。

②媒体班车设置的线路增多，车辆的行驶距离长。

北京奥运会媒体班车的数量为909辆，雅典为800辆，北京比雅典媒体班车多了109辆，增加了13.6%。媒体班车增多的主要原因有以下两个方面。

第一，饭店相对分散，相互间距离较远，不便于采用串联方式设计班车线路，这是造成车辆比雅典增加的原因之一。根据初步确定的42家媒体饭店的位置和相互间的距离，按30条路线进行了设计，一般是从IBC和MPC至饭店采取点对点的方式往返发班车，而不能完全采取串联的方式发班车。北京的饭店班车设计之所以不采用串联形式发班车，一方面是由于对媒体的乘车人数难于掌握，另一方面是避免车辆的行驶距离和时间较长。例如，位于东三环路附近的中旅大厦、渔阳饭店和亮马河大厦三个饭店，相距约2~3公里，如果班车走一条串联路线，必然导致班车从起点饭店到IBC的时间大大超过30分钟，从而降低了服务的标准。

据了解，雅典虽然有102家媒体饭店，但是许多饭店相距较近，媒体的乘车人员通常可以步行3~5分钟就到达上车地点。因此，雅典对102家媒体酒店分了10个饭店群，并设置了10条路线连接IBC和MPC，比北京少了17条路线。而悉尼奥运会是用1个媒体村就满足了15000名持证媒体的住宿问题，减少了媒体交通系统所需车辆。

第二，媒体住地和场馆位置的分散必然导致运行里程增加和车辆的增加。北京媒体运行系统总的运行路线较雅典的路线长。根据雅典市内所有媒体班车的行驶里程，按照每小时50公里测算，总行驶距离为980公里。而北京市内媒体运行系统运行总距离为1786.5公里，与雅典相比增加了806.5公里，增幅达82.3%，因此，必然造成车辆的增加。

## 三、各类客户群官方服务车辆的分配

### 1. 官方服务车辆配置

奥运会、残奥会各类注册客户群官方服务车辆分配情况见表5-4、表5-5。

### 2. 奥运会大客车班车系统的车辆配置

根据北京奥运会（残奥会）交通服务标准，将为运动员及随队官员、技术官员和注册媒体3大客户群分别开通大客车班车系统，依据各客户群交通行为特点及场馆、住地分布实际情况，奥组委交通部对每条线路的开通和车辆配置进行了精细的测算，确定了3大班车系统的车辆配置数量。

(1)为运动员和随队官员比赛、训练和奥运村内班车，提供大客车629辆。

北京奥运会期间，除为参加比赛的运动员、随队官员提供专用车和班车服务，满足其比赛和训练需要的同时，还为运动员和随队官员提供观赛、旅游及购物班车服务。

**奥运会各类注册客户群官方服务车辆分配一览表** 表5-4

| 客户群用车类别 | 小车数 | 大客车数 | 大货车数 |
|---|---|---|---|
| T1用车 | 1072 | | |
| T2用车 | 198 | | |
| T3用车 | 930 | 30 | |
| 代表团用车 | 890 | | |
| 技术官员用车(含T2) | 155 | | |
| 运动员和随队官员用车 | | 629 | |
| 技术官员用车 | | 150 | |
| 媒体用车 | 30(T3) | 881 | |
| 行李车 | 3275 | 1690 | 80 |
| 总计 | 5045 | | 80 |

**残奥会各类注册客户群官方服务车辆分配一览表** 表5-5

| 客户群用车类别 | 小车数 | 大客车数 | 大货车数 |
|---|---|---|---|
| T1/T2用车 | 516 | | |
| T3用车 | 402 | 15 | |
| 代表团用车 | 537 | | |
| 技术官员用车(含T2) | 45 | | |
| 运动员和随队官员用车 | | 552 | |
| 技术官员用车 | | 50 | |
| 媒体用车 | 30(T3) | 257 | |
| 行李车 | 1530 | 874 | 80 |
| 总计 | 2484 | | 80 |

①为集体项目参赛队的比赛和训练用车配置142辆。

参加奥运会集体项目篮球、排球、足球、水球、手球、棒球、垒球和曲棍球比赛的共有142支男女运动队。考虑到参赛队不会同时进行比赛和训练的特点，按照一个参赛队配备一辆大客车进行配置，以满足其比赛和训练的交通需求，车辆配置见表5-6。

**集体项目比赛参赛队用车需求一览表** 表5-6

| 序号 | 项 目 | 参赛队伍数量(男、女) | 用 车 数 量 |
|---|---|---|---|
| 1 | 曲棍球 | 15 | 24 |
| 2 | 足球 | 20 | 10(在京) |
| 3 | 棒球 | 8 | 8 |
| 4 | 垒球 | 8 | 8 |
| 5 | 篮球 | 18 | 24 |
| 6 | 排球 | 17 | 24 |
| 7 | 水球 | 13 | 20 |
| 8 | 手球 | 19 | 24 |
| 合计 | | 118 | 142 |

②运动员比赛训练班车。

北京有31个比赛场馆(群)、44个独立训练场馆。根据北京奥运会比赛场馆分布位置、与奥运村之间的行车距离、行驶时间等因素，参照雅典运动员比赛和训练班车时刻表，规划设计了比赛、训练64条班车路线，为运动员和随队官员提供比赛、训练交通服务。

③观赛班车。

考虑到奥运会期间，各国(地区)的运动员和随队官员将有观看比赛的实际需求，为运动员和随队官员开通22条观赛班车。

另外，奥运会期间，为青年营提供25辆班车；每天安排旅游、购物、访客路线10辆班车；为给运动员和随队官员在奥运村内出行提供便利，规划在村内开设循环班车，力争使用10辆尾气为零排放或低排放的大客车，以体现科技奥运和绿色奥运理念；为运动员和随队官员提供机场的接送服务，接送服务的用车将从比赛和训练班车中抽调。

（2）为技术官员提供305辆车，其中，大客车150辆、小客车155辆。

为技术官员提供的交通服务主要内容包括称重、制装、比赛和训练用班车等。为技术官员提供交通服务的车辆类型以大客车为主，同时为技术代表和单项体育组织配备相应小客车。参考雅典运动员比赛班车时刻表和北京奥运会比赛日程表，通过对29处技术官员居住的饭店和31个比赛场馆的分布位置进行分析，规划设计了60条班车线路，配置150辆大客车和155辆小客车。

奥运会期间还为技术官员提供往返于机场和住宿酒店的接送服务。接送服务的用车从技术官员班车中抽调，没有额外增加车辆。

（3）为持证媒体提供881辆大客车。

奥运会期间，为持证媒体人员提供从媒体村往返IBC和MPC的班车服务；从IBC和MPC往返比赛场馆的班车服务；从媒体饭店往返IBC和MPC的班车服务；从IBC和MPC往返奥运村的班车服务；从媒体饭店到就近比赛场馆及就近比赛场馆间的班车服务；媒体村内的班车服务；以及从机场往返媒体人员居住地的班车服务。同时，北京奥组委交通部门为北京奥林匹克转播有限公司（BOB）专门提供专用的大客车交通服务。

①二个媒体村往返IBC和MPC班车，采用直线往返形式，开通2条从2个媒体村（北辰绿色家园、汇园公寓）向IBC和MPC班车路线，满足媒体工作人员在不同时段的出行要求。

②IBC和MPC往返比赛场馆班车，采用串线和直线相结合的形式，开通从IBC和MPC往返比赛场馆的班车23条路线，其中包括从IBC和MPC往返天津、秦皇岛足球比赛场的路线。

③媒体饭店往返IBC和MPC班车，按地域分布优化将42家媒体饭店组合为30个饭店群，相应设置30条由饭店群往返IBC和MPC的班车路线。媒体饭店的车数配备是按照该饭店群总人数的80%计算。

④媒体饭店到就近场馆及场馆间班车。根据国际奥委会媒体指南要求，考虑到某项比赛开始时间较早，一些住地到该场馆距离小于到IBC和MPC的距离，则开设了从媒体饭店直接发往场馆的班车。综合分析饭店同附近场馆的位置关系，设计了5条班车路线，按照线路配备辆车。同时，考虑到有的场馆与场馆之间距离较近，另外开设了5条场馆之间的班车，按照线路配备辆车。

⑤IBC和MPC往返奥运村班车，从IBC和MPC往返市中心一条班车路线，每间隔30～60分钟发一班。

⑥为北京奥林匹克转播公司工作人员提供从其住地到比赛场馆专线大客车。根据北京奥组委与北京奥林匹克转播公司（BOB）有关协议，为BOB工作人员开通了北京奥林匹克转播公司人员相关住地到比赛场馆的班车线路38条，并按线路配备车辆。

⑦北辰绿色家园媒体村内班车。为方便媒体在北辰绿色家园媒体村内的出行，在村内开设循环班车，配备10辆尾气为零排放或低排放的大客车。

⑧机场接送班车。奥运会期间需要为媒体提供往返于机场与住宿酒店以及注册中心、IBC、MPC的接送服务。接送服务的车辆从媒体班车中抽调，没有额外增加车辆。

## 四、交通服务车辆的筹集与来源

在奥运服务车辆大体数量和车型基本明确的前提下，北京奥组委交通部在北京奥运会交通工作协调小组的统筹和相关部门的支持下，在全市范围内开始了服务车辆（官方用车）的来源摸底和筹集工作，通过市场调研发现，北京市汽车租赁市场上奥迪、帕萨特、途安、速腾、明锐和迈腾车型的资源十分有限，难以满足奥运会交通服务的需要。在北京奥运会交通工作协调小组的统筹安排、协调下，经与北京奥组委市场开发部、财务部和大众汽车集团多次研究，确定了大、小客车的分担原则，即小客车中大部分的奥迪、迈腾、帕萨特、速腾、明锐、途安和伊斯坦纳等车型以VIK（即以实物冲抵赞助金额的形式）和现金支付的形式向大众汽车集团租赁，总计2904辆，占到小客车总量的89%，其余371辆奥迪、迈腾、帕萨特、途安和伊斯坦纳等车型由北京奥运会交通工作协调小组办公室组织，通过北京市17家租赁企业筹集解决；大客车则由北京奥运会交通工作协调小组统筹组织，以国有企业为主，采取企业资质认证的方式，选择国有一级企业：首汽集团、北汽集团、公交集团、巴士公司和民营一级企业新月集团公司5家客运汽车企业，由这5家企业共同承担提供1690辆大客车的任务。

北京奥运会交通工作协调小组十分重视大客车的筹集工作，按照不同服务群体对车辆的需求，分2次组织对公交集团和旅游企业提供的大客车车型进行审定。经北京奥运会交通工作协调小组研究，确定以公交车辆为主，旅游车辆为辅的筹集原则，采取依据不同车辆的生产周期和使用时间，分期、分批、分块实施工作方案。由奥组委交通部提出奥运会用车的标准，由北京市运输管理局督促入围的企业进行车辆生产和改造进程，确保按时完成奥运会交通服务大客车资源筹备工作。

2007年11月，奥组委交通部、北京市运输管理局与公交集团及入围旅游企业3方签订奥运会期间租用大客车的意向书。北京市运输管理局根据意向书监督公交集团和入围旅游企业抓紧奥运会大客车的筹集，根据2007年倒排期工程进度表，每季度对公交集团和执行奥运任务的旅游企业车辆更新的进展情况进行督促、检查；公交集团和执行奥运任务的旅游企业根据意向书进行车辆生产、更新和改造。2008年5月底前，奥运会交通服务大客车全部准备就绪。

除为各注册客户群提供交通服务的车辆外，还需要满足收费卡项目车辆租赁服务、赞助商大客车租赁服务以及体育竞赛用车等需求，在北京奥运会交通工作协调小组统筹组织下，最终选定各类车辆7630多辆，其中包括：官方用车5045辆（小客车3275辆、大客车1690辆）、收费卡项目车辆1531辆、赞助商大客车1054辆。

**1. 官方用车来源**

（1）小客车来源见表5-7。

**小客车来源一览表**

表5-7

| 序号 | 车辆来源 | 车数 | 车型 | 奥运车数 | 残奥车数 |
|---|---|---|---|---|---|
| 1 | 首汽租赁有限责任公司 | 25 | 奥迪A6 | 5 | 5 |
| | | | 帕萨特 | 20 | 15 |
| 2 | 北京北汽九龙出租汽车股份有限公司 | 10 | 奥迪A6 | 5 | 5 |
| | | | 帕萨特 | 5 | |
| 3 | 北京银建汽车租赁有限公司 | 20 | 奥迪A6 | 10 | 10 |
| | | | 迈腾 | 10 | |
| 4 | 北京北辰汽车租赁公司 | 5 | 奥迪A6 | 5 | 5 |
| 5 | 北京市利达德汽车租赁有限责任公司 | 15 | 帕萨特 | 15 | 10 |
| 6 | 北京通利达汽车租赁有限责任公司 | 20 | 速腾 | 20 | 20 |
| 7 | 北京世纪平安汽车租赁有限公司 | 10 | 奥迪A6 | 10 | 10 |
| 8 | 安吉汽车租赁有限公司北京分公司 | 85 | 奥迪A6 | 5 | 5 |
| | | | 帕萨特 | 20 | 15 |
| | | | 明锐 | 60 | 60 |
| 9 | 北京中远大昌汽车服务有限公司 | 16 | 奥迪A6 | 3 | 3 |
| | | | 帕萨特 | 10 | 10 |
| | | | 明锐 | 3 | 3 |
| 10 | 巴士汽车租赁公司 | 15 | 奥迪A6 | 5 | 5 |
| | | | 速腾 | 10 | 10 |

续上表

| 序号 | 车辆来源 | 车数 | 车型 | 奥运车数 | 残奥车数 |
|---|---|---|---|---|---|
| 11 | 北京安吉第一站汽车租赁有限责任公司 | 5 | 帕萨特 | 5 | |
| 12 | 中进汽贸服务有限公司 | 8 | 奥迪 A6 | 3 | 3 |
| | | | 帕萨特 | 5 | |
| 13 | 锦湖汽车租赁(北京)有限责任公司 | 30 | 奥迪 A6 | 10 | 10 |
| | | | 伊斯坦纳 | 15 | 15 |
| | | | 明锐 | 5 | 5 |
| 14 | 北京新月联合汽车有限公司 | 50 | 奥迪 A6 | 50 | 50 |
| 15 | 北京神州汽车租赁有限公司 | 40 | 帕萨特 | 40 | 20 |
| 16 | 中宇物资贸易进出口公司 | 7 | 迈腾 | 4 | |
| | | | 帕萨特 | 3 | |
| 17 | 北京时代创捷汽车租赁有限公司 | 10 | 速腾 | 10 | 10 |
| | 小计 | 371 | | 371 | 304 |
| 18 | 大众 | 2872 | 奥迪 A6 | 673 | 55 |
| | | | 迈腾 1.8 | 16 | |
| | | | 伊斯坦纳 | 238 | 77 |
| | | | 无障碍伊斯坦纳 | 10 | 172 |
| | | | 速腾 1.6 | 633 | 520 |
| | | | 途安 | 742 | 240 |
| | | | 明锐 1.6 | 505 | 132 |
| | | | 帕萨特领驭 | 57 | |
| | | | 清洁能源车 | 30 | 30 |
| | 小计 | 2872 | | 2904 | 1226 |
| | 总计 | 3243 | | 3275 | 1530 |

(2)大客车来源见表 5-8。

**大客车来源一览表**　　表 5-8

| 企　业 | 车型 | 奥运车数 | 残奥车数 |
|---|---|---|---|
| 北京首汽(集团)股份有限公司 | 旅游车 | 106 | 40 |
| 北京北汽出租汽车集团有限责任公司 | 旅游车 | 140 | 90 |
| 北京巴士传媒股份有限公司 | 旅游车 | 114 | 40 |
| 北京渔阳联合出租汽车集团有限公司 | 旅游车 | 15 | |
| 北京公共交通控股(集团)有限公司 | 公交车 | 1265 | 40 |
| | 公交车(电动) | 50 | 50 |
| | 低地板无障碍 | 0 | 614 |
| 合计 | | 1690 | 874 |

**2. 赞助商大客车来源**(表 5-9)

**赞助商租赁大客车来源一览表**　　表 5-9

| 序号 | 赞助商名称 | 车数 | 服 务 企 业 |
|---|---|---|---|
| 1 | 源讯 | 2 | 中青旅控股股份有限公司 |
| 2 | 可口可乐 | 107 | 北京首汽(集团)股份有限公司 |
| 3 | GE | 8 | 北京巴士传媒股份有限公司 |

续上表

| 序号 | 赞助商名称 | 车数 | 服务企业 |
|---|---|---|---|
| 4 | GE(单独2辆订单) | 2 | 北京巴士传媒股份有限公司 |
| 5 | 三星 | 27 | 北京天马旅游汽车有限公司 |
| 6 | 柯达(国际) | 9 | 北京巴士传媒股份有限公司 |
| 7 | 柯达(国内) | 3 | 北京巴士传媒股份有限公司 |
| 8 | 麦当劳 | 18 | 北京银建实业股份有限公司 |
| 9 | 强生 | 14 | 北京北汽出租汽车集团有限责任公司 |
| 10 | Manulife | 20 | 北京巴士传媒股份有限公司 |
| 11 | 松下 | 30 | 北京巴士传媒股份有限公司 |
| 12 | 联想 | 40 | 北京北汽出租汽车集团有限责任公司 |
| 13 | 威士(国际) | 36 | 北京北汽出租汽车集团有限责任公司 |
| 14 | 威士(亚太) | 40 | 北京北汽出租汽车集团有限责任公司 |
| 15 | 欧米茄 | 11 | 北京新月联合汽车有限公司 |
| 16 | 国家电网 | 30 | 北京首汽(集团)股份有限公司 |
| 17 | 大众 | 22 | 北京北汽出租汽车集团有限责任公司 |
| 18 | 阿迪达斯 | 20 | 北京巴士传媒股份有限公司 |
| 19 | 中国银行 | 34 | 北京北汽出租汽车集团有限责任公司 |
| 20 | 中国国航 | 12 | 北京巴士传媒股份有限公司 |
| 21 | 中国网通 | 18 | 北京巴士传媒股份有限公司 |
| 22 | 中国石化 | 20 | 北京巴士传媒股份有限公司 |
| 23 | 中国移动 | 49 | 北京北汽出租汽车集团有限责任公司 |
| 24 | 中国石油(首汽) | 23 | 北京首汽(集团)股份有限公司 |
| 25 | 中国石油(巴士) | 15 | 北京巴士传媒股份有限公司 |
| 26 | 中国人保 | 35 | 北京巴士传媒股份有限公司 |
| 27 | 海尔 | 75 | 北京新月联合汽车有限公司 |
| 28 | 燕京啤酒 | 75 | 北京银建实业股份有限公司 |
| 29 | UPS | 10 | 北京新月联合汽车有限公司 |
| 30 | 必和必拓 | 7 | 北京巴士传媒股份有限公司 |
| 31 | 百威啤酒 | 3 | 中青旅控股股份有限公司 |
| 32 | 青岛啤酒 | 7 | 北京北汽出租汽车集团有限责任公司 |
| 33 | 搜狐 | 22 | 北京银建实业股份有限公司 |
| 34 | 恒源祥(中青旅) | 9 | 中青旅控股股份有限公司 |
| 35 | 恒源祥(巴士) | 2 | 北京巴士传媒股份有限公司 |
| 36 | 伊利 | 10 | 北京天马旅游汽车有限公司 |
| 37 | 统一方便面 | 1 | 中青旅控股股份有限公司 |
| 38 | 玛氏食品 | 20 | 中青旅控股股份有限公司 |
| 39 | 中粮酒业 | 3 | 中青旅控股股份有限公司 |
| 40 | SCHENKER | 8 | 北京天马旅游汽车有限公司 |
| 41 | 梦娜 | 1 | 北京天马旅游汽车有限公司 |
| 42 | 泰诺健 | 2 | 北京天马旅游汽车有限公司 |
| 43 | 华帝 | 2 | 北京巴士传媒股份有限公司 |

续上表

| 序号 | 赞助商名称 | 车数 | 服务企业 |
|---|---|---|---|
| 44 | Jet Set(含体育画报) | 100 | 北京首汽(集团)股份有限公司 |
| 45 | AGGREKO | 2 | 北京巴士传媒股份有限公司 |
| 46 | 金龙鱼 | 4 | 北京巴士传媒股份有限公司 |
| 47 | 思念 | 1 | 北京新月联合汽车有限公司 |
| 48 | 爱国者 | 5 | 北京新月联合汽车有限公司 |
| 49 | 盟多 | 1 | 北京巴士传媒股份有限公司 |
| 50 | 微软 | 6 | 北京天马旅游汽车有限公司 |
| 51 | 奥康 | 1 | 北京天马旅游汽车有限公司 |
| 52 | 英孚 | 1 | 北京天马旅游汽车有限公司 |
| 53 | 国誉 | 6 | 北京首汽(集团)股份有限公司 |
| 54 | 大运 | 1 | 北京天马旅游汽车有限公司 |
| 55 | 普华永道 | 3 | 北京新月联合汽车有限公司 |
| 56 | NBC | 21 | 北京北汽出租汽车集团有限责任公司 |
| 合计 | | 1054 | |

### 3. 收费卡项目车辆来源(表5-10)

**收费卡项目租赁车辆来源一览表** 表5-10

| 车辆来源 | 车型 | 车数 |
|---|---|---|
| 首汽股份 | 捷达手动 | |
| | 桑3000手动 | 129 |
| | 帕2.0 | 23 |
| | 奥迪A6 | 41 |
| | 小计 | 193 |
| 首汽股份(租赁) | 捷达手动 | 57 |
| | 桑3000手动 | 20 |
| | 桑3000自动 | 1 |
| | 帕2.0 | 21 |
| | 小计 | 99 |
| 北汽福斯特 | 捷达手动 | 10 |
| | 桑3000手动 | 15 |
| | 小计 | 25 |
| 银建租赁 | 捷达手动 | 10 |
| | 捷达自动 | 10 |
| | 桑3000手动 | 23 |
| | 桑3000自动 | 1 |
| | 帕1.8T | 6 |
| | 帕2.0 | 1 |
| | 奥迪A6 | 8 |
| | 小计 | 59 |
| 北辰 | 捷达手动 | 3 |
| | 捷达自动 | 1 |
| | 帕2.0 | 3 |

续上表

| 车辆来源 | 车型 | 车数 |
|---|---|---|
| | 小计 | 7 |
| 利达德 | 桑3000手动 | 10 |
| | 小计 | 10 |
| 安吉 | 捷达手动 | 3 |
| | 帕1.8T | 2 |
| | 帕2.0 | 5 |
| | 奥迪A6 | 2 |
| | 小计 | 12 |
| 中远大昌 | 桑3000自动 | 4 |
| | 奥迪A6 | 1 |
| | 小计 | 5 |
| 巴士 | 桑3000手动 | 1 |
| | 桑3000自动 | 8 |
| | 奥迪A6 | 5 |
| | 小计 | 14 |
| 中进汽贸 | 捷达手动 | 10 |
| | 帕1.8T | 2 |
| | T5(舒适) | 5 |
| | T5(高配) | 4 |
| | 小计 | 21 |
| 中宇物贸 | 帕2.0 | 3 |
| | 小计 | 3 |
| 安吉一站 | 桑3000自动 | 3 |
| | 小计 | 3 |
| 宏伟速马 | 帕1.8T | 12 |
| | 奥迪A6 | 77 |
| | 小计 | 89 |
| 新月联合 | 帕2.0 | 23 |
| | 奥迪A6 | 42 |
| | 小计 | 65 |
| 银建实业 | 帕2.0 | 23 |
| | 奥迪A6 | 40 |
| | 小计 | 63 |
| 大众 | 伊斯坦纳 | 256 |
| | 途安 | 607 |
| | 小计 | 863 |
| | 合计 | 1531 |

**4. 特殊体育竞赛用车的筹集**

(1)由于山地自行车赛赛道的特殊性(急弯多、起伏大、路面狭窄),根据国际自行车体育联合会(UCI)的要求,为保护赛道和保证奥运会赛事的顺利进行,用于在山地赛道内为自行车运动员领骑和收尾的摩托车,必须使用排量在250CC以上的专业攀爬摩托车。为此,2007年10月,奥组委体育部提出需为石景山山地自行车赛场竞赛团队提供4辆专业攀爬摩托车,并配备专业驾驶员。

这种专业攀爬摩托车在我国没有生产厂家,只有部分摩托车“发烧友”从国外少量购置过,要找到能同时提供4辆赛车并提供专业驾驶员的单位非常困难。奥组委交通部经过千方百计努力搜寻,最终从河南平顶山雄鹰摩托车赛车俱乐部找到西班牙制造的GAS 280CC一辆、SHERCO 250CC一辆;意大利制造的BETA 270CC两辆,共4辆专业攀爬摩托车、4套摩托车护具和4名专业驾驶员。在2008年5月的全国山地自行车锦标赛上,山地自行车竞赛团队对这些车辆和驾驶员进行了测试,结果完全符合赛事要求,最终确定了专用摩托车和驾驶员为赛事提供服务。

(2)根据赛事的要求,顺义奥林匹克水上公园竞赛团队需要3辆在赛场内拖拽赛艇的吉普车。根据国际奥委会的有关规则,必须首先与奥运会汽车合作伙伴大众(中国)有限公司联系,大众(中国)有限公司因不生产符合赛事要求的吉普车,同意奥组委使用其他品牌的车辆。最终由北京祥龙资产经营有限公司提供了3辆雪佛兰吉普拖车,并配备3名专业驾驶员。

(3)根据奥运会足球比赛的需要,按照国际足联的要求,工人体育场竞赛团队提出配备2辆电动救伤车,要求能够同时搭乘3人和一副担架,主要用于足球赛场内运动员负伤后的救援。由于国内生产此类车辆的厂家非常少,经积极寻找,在成都晨明电动车辆制造有限公司购置了2辆,满足了赛事的需要。这2辆电动救伤车后又被用于国家体育场的足球决赛中,取得了非常好的服务效果。

(4)根据奥运会马拉松赛事的需要,需筹集1辆安装记时记分牌的带行李架的旅行小轿车、2辆用于赛前设备安装的配备驾驶员的小轿车和6辆厢式货车。最终分别从奥运会官方用车中调用2辆小客车、大众公司提供1辆带车顶架的途安小客车、北京祥龙资产经营有限公司租赁6辆厢式货车为赛事提供服务。

(5)国家体育场竞赛团队提出需要用于拖移承载跨栏架的10辆电动拖板车,要求电动拖车的拖沟必须与后面的拖板相配套,电动拖车的宽度要求小于1.2米。经与江苏新日电动车有限公司接洽,该公司同意无偿提供10辆电动拖车,并在2008年5月的“好运北京”体育赛事中进行了测试,测试结果符合赛事的要求,国家体育场竞赛团队同意使用。

(6)根据国际自行车体育联合会的要求,需要87辆竞赛用汽车和14辆摩托车。其中带车顶架的旅行小轿车51辆,作为队车分配给参赛国家(地区)代表队(要求安装车顶架);给裁判、技术代表使用的带天窗的小轿车10辆;给媒体记者和竞赛使用的10辆小轿车、10辆面包车;医疗救护的敞篷小轿车1辆;承担收容和供水任务的中巴车2辆和4辆大巴车;裁判、媒体、救护用摩托车14辆。

公路自行车赛竞赛用车的确定过程是所有奥运会竞赛用车中筹集难度最大的,它不仅涉及的车型最多,而且国际自行车体育联合会对车辆的性能、排量和颜色等要求最严,难点出现在51辆带车顶架的旅行车上。由于国际自行车体育联合会选定的车型是产自捷克,国内没有生产厂家,大众(中国)有限公司只能从捷克进口该批车辆。在车辆进口过程中,该车型属首次进口中国,必须进行车辆3C认证和海关商检等多项政府审批手续,审批时间按常规长达半年之久,而最终确定使用此类型车的时间已距比一个多月。另外与车辆进口有关的还有车顶架的问题。由于国内没有能生产符合竞赛团队要求的车顶架生产厂家,公路自行车竞赛团队根据国际自行车联合会的建议,选订了一家法国厂家生产的车顶架,奥组委委托一家中国进口代理商与该生产厂家谈判,在赛事临近阶段才与其达成协议。在各政府部门的大力支持下,经过不懈努力,奥组委交通部准时将51辆车交付给了公路自行车竞赛团队,大众公司提供了其他30辆小客车和面包车,北京翔龙公司提供了6辆大、中型客车,从而确保了赛事的顺利运行。

14辆大排量摩托车的寻找过程也是颇费周折。国内这种大排量摩托车车主几乎都是个人,有的车辆可能还没有正式牌照,因此,很难凑齐14辆同一型号的摩托车。最终,经北京市财政局批准,由北京市公安局公安交通管理局购置 14 辆本田 1500CC 大排量摩托车，供奥运会赛事使用。

## 第二节　交通服务车辆的交接和回收

### 一、车辆交接、回收工作概况

**1. 车辆交接、回收工作任务**

根据赛时交通服务车辆和收费卡车辆、竞赛用车等需求计划，2008 北京奥运会、残奥会赛时，共需要各类机动车 7047 辆。其中：大众（中国）公司（以下简称“大众公司”）共提供小客车 3995 辆，见图5-3、图 5-4；

图 5-3　大众公司为北京奥运会提供的途安小客车

图 5-4　大众公司为北京奥运会提供的奥迪小客车

各合同商企业提供的小客车 1100 辆、大客车 1730 辆、其他车辆 222 辆（其中：行李货运车 120 辆；大排量摩托车 14 辆；摩托车 5 辆；救援拖车 83 辆），见图 5-5。

上述车辆均要在正式投入使用前，由车辆供应商（企业）提供给奥组委交通部，并会同北京市公安局公安交通管理局（以下简称“市交管局”）、中国人保北京分公司（以下简称“人保公司”）对车辆进行接收、检验之后，分发给相应的交通服务团队或场馆团队。赛后，奥组委交通部要从各交通服务团队、场馆团队将车辆收回，经人保公司检验后，退还车辆供应商（企业）。

**2. 车辆交接、回收工作的特点**

奥运车辆的交接、回收工作是奥运交通运行保障工作中最大的一项基础保障工作，这项工作有以下主要特点。

图 5-5　合同商为北京奥运会提供的大客车

(1)任务量大。奥运车辆接收从 2008 年 6 月 24 日开始至 9 月 28 日全部车辆退还,历时近百日。期间完成了 7042 辆车的检验接收。其中,按照市交管局的相关规定,3900 余辆新车需在车辆检测场上线验车;配合市交管局安装车辆牌照 3900 余付;逐车办理车辆保险;办理加油卡 4658 张;随车配发洗车卡、灭火器、车辆保洁用品等相关配套设备。接车手续完成后,还需给各用车单位逐一办理调拨手续。

在奥运会进行的过程中、奥运会闭幕与残奥会转换期、残奥会闭幕后,对完成赛事任务的车辆,要完成同等数量的从各交通服务团队的回收、检验,对车辆存在损坏的,要会同人保公司进行理赔、维修。之后,退还车辆供应商(企业)。

(2)标准要求高。为确保奥运会交通服务车辆的安全、可靠,必须保证接收的每辆车的技术状况完全合格,符合赛会要求。为了保证工作规范且不留后遗症,所有的手续必须齐全,并按照赛会进程及时发放到各交通服务运行团队。因此,奥运车辆交接、回收工作按照"有特色,高水平"和赛事交通服务总体要求,标准要求高。

(3)时间紧迫。一是由于奥运车辆供应商(企业)提供的奥运车辆,全部由奥组委或注册客户群(收费卡车辆)按照合同相关规定有偿使用,车辆一旦正式交付奥组委,即核销费用。本着"节俭办奥运"的精神,必须尽量压缩接收车辆的时间,最大限度地节省费用。二是"后门已经关死",根据奥运会、残奥会赛事进程安排,奥运车辆的启用时间已确定,不可能顺延更改。从车辆正式接收,到交给交通服务团队,仅有两三天时间。三是在短短的接车时间中,必须保证接收的车辆技术状况合格,手续齐全,万无一失。车辆需经过加油、上线检测、办理行车执照、安装车辆牌照、办理车辆保险、进行车辆清洁消毒、配置随车清洁用具,办理交接备案手续等程序,因此时间十分紧迫。

(4)涉及单位多。奥运车辆交接收、回收工作的环节复杂,除涉及赞助商大众公司麾下的一汽大众、上海大众、上海汇众等公司,合同商企业涉及首汽集团、北汽集团、公交总公司、巴士公司、中国邮政北京公司及 20 余家汽车租赁公司;参与车辆交接的有市交管局车管所、各车辆检测场、中国人保北京分公司、宏伟工贸集团、中石化北京公司(各加油站)、公安公交总队、各交通场站、解放军部队等诸多单位;同时程序多,环节复杂,需要在筹备阶段制订严密、细致的工作方案和运行计划。

(5)协调难度大。除本市供车企业外,大众公司的数千辆车要在短时间内从京外集中运进北京,期间正值奥运会前进京车辆严格控制,沿路不时发生"梗阻",为保证奥运服务及物流车辆顺利进京,需要与公安部、交通运输部及外省市相关部门进行协调;各奥运交通场站是车辆交接的场地,由于 2008 年 6 月下旬各场站正在测试、验收,大规模的车辆交接要与场站进行协调;车辆上线检验、装拆车牌、车辆保险等既涉及相关部门,也涉及车辆供应商(企业),还有参与交接车服务的交通服务团队的驾驶员等都要进行协调。要把上述几十家单位、诸多的交接环节协调好,同步运行好,才能保障车辆交接的顺利进行。哪个细小环节稍有梗阻,都会影响整个交接车的顺利进行,难度之大,远远超出预想。大众公司奥运专用车辆交接见图 5-6 ~ 图 5-8。

图 5-6　大众公司的奥运专用车辆正在源源运往各奥运交通场站

(6)工作环境艰苦。车辆交接、回收工作时间都是在北京最炎热的七、八月份，骄阳似火、闷热异常，全部在露天工作，且时间紧、任务重，是一场切切实实的攻坚战。

为顺利完成这项艰巨的任务，奥组委交通部积极与各方协调，反复分析研究各环节的重点和难点，先期制订了《奥运会、残奥会交通服务车辆交接方案》、《奥运会、残奥会交通服务车辆运输保障方案》、《北京奥运会与会车辆检验工作方案》、《北京奥运会与会车辆新车注册工作方案》等实施方案，详尽规范了各项程序的实施细节，为圆满完成这一任务打下了坚实的基础。

图 5-7　大众公司向北京奥组委交接车辆仪式

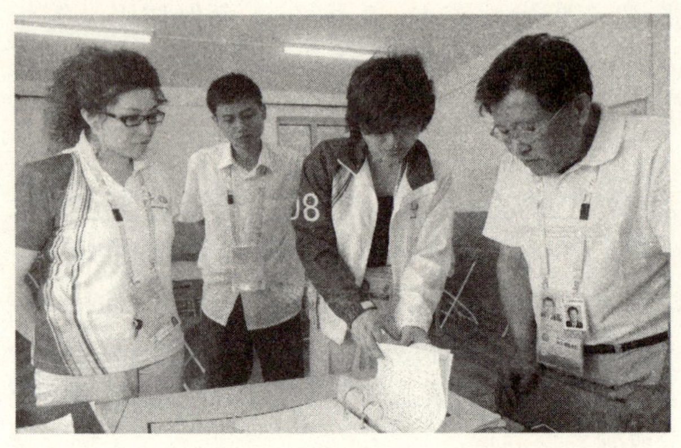

图 5-8　大众公司与北京奥组委办理交接车辆手续

## 二、车辆的接收、分发

### 1. 设立车辆交接、回收工作机构

为保证车辆交接、回收工作的顺利完成，在赛事交通服务分中心运行保障组下成立车辆交接工作组。以具备接收、停放、周转车辆条件的5个交通场站为单位分为5个小组，各小组成员由奥运会赛事交通服务分中心运行保障组(9人)、市交管局车辆管理所(10人)、大众公司(18人)、宏伟工贸公司(28人)和中国人保北京分公司(32人)人员混合编组见图5-9。

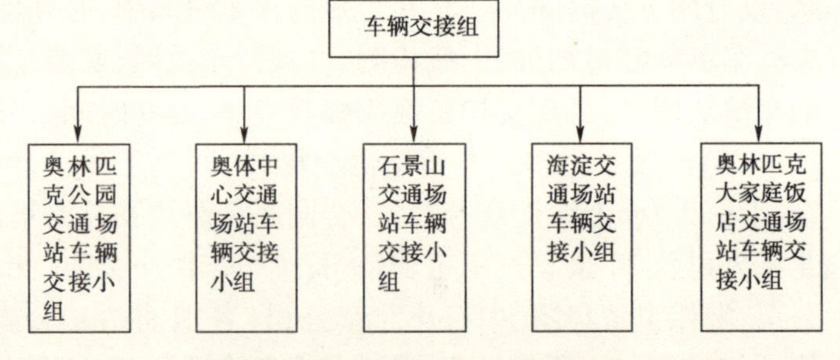


图 5-9　车辆交接、回收工作机构图

车辆交接组负责赞助商、合同商在奥运会、残奥会期间提供交通服务车辆进入服务前和退出服务后的车辆牌照的获取、收回，及车辆交接工作，同时负责与交通运行服务团队车辆的交接工作，协助保险公司完成对赞助商、合同商提供的交通服务车辆的承保、退保和定损、理赔服务工作。

### 2. 各场站车辆交接组任务分工

(1)交接车组与赞助商大众公司、合同商供车企业的车辆接收工作。

①奥林匹克公园交通场站车辆交接组：该交通场站位于朝阳区北五环北辅路以北，北辰西路以西，白庙村路以东，主要交接赞助商上海—大众公司提供的小客车(包括：帕萨特、途安、斯柯达明锐、伊斯坦纳)、合同商企业提供的运动员班车、媒体班车、T3车辆、技术官员班车。

②奥体中心交通场站车辆交接组：该交通场站位于朝阳区奥体中心南侧原北京四清集团厂内，东至临建路，南至小关西街，西至北辰路，北至奥体中路，主要交接赞助商一汽—大众公司提供的小客车(包括：迈腾、速腾、奥迪)、合同商企业提供的T3车辆、技术官员班车、媒体班车。

③海淀交通场站车辆交接组：该交通场站位于海淀区北四环南坞桥西郊机场院内，主要交接合同商提供的T3车辆、技术官员班车、媒体班车。

④石景山交通场站车辆交接组：该交通场站位于石景山区国际雕塑公园嘉年华表演广场，主要交接

收费卡项目车辆、T3 车辆、技术官员班车、媒体班车。

⑤奥林匹克大家庭饭店交通场站车辆交接组：该交通场站位于东城区北京饭店北侧，分南、北两区。南区停车场位于大纱帽胡同南侧，北京饭店二期工程地下停车楼；北区停车场位于大甜水井胡同北侧，王府井百货大楼南，主要交接合同商企业提供的小客车。

（2）交接车组与各交通运行服务团队的车辆移交工作。

①奥林匹克公园、奥体中心交通场站车辆交接组：负责赞助商大众公司车辆与各交通服务运行团队的移交工作。

②奥林匹克公园、海淀、石景山、奥林匹克大家庭饭店、奥体中心交通场站车辆交接组：负责合同商供车企业大、小客车与各交通服务运行团队的车辆移交工作。

③石景山交通场站车辆交接组：负责收费卡小客车与收费卡交通服务运行团队的车辆移交工作。

**3. 车辆交接组岗位设置及职责**

车辆交接组岗位设置见图 5-10。

（1）人员来源。车辆交接组人员由赛事交通服务分中心运行保障组负责人、大众汽车公司技术人员、宏伟工贸集团维修、救援人员、人保财险公司承保、理赔人员、市车管所新车上牌人员（只在奥体中心、石景山、奥林匹克公园交通场站）、军队驾驶员志愿者加油、验车人员组成。

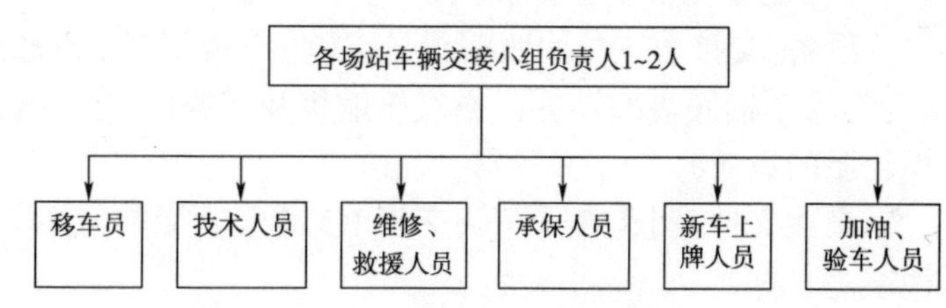


图 5-10　车辆交接组岗位设置

（2）工作人员数量。各场站车辆交接组设负责人 1 ~ 2 名；保险承保、理赔员，技术支持员，移车员等人员依据各场站交接车辆数量略有不同。

（3）工作岗位职责。

①各场站车辆交接组负责人：全面负责本场站车辆交接的管理服务工作和交接车辆手续的签字确认，协调解决内部资源和工作任务的分配，向上级主管领导请示汇报工作，完成上级交办的工作，负责本辖区车辆交接的管理服务工作，安排和协调交接组工作人员的排班及岗位，负责实施车辆交接，包括核对车辆、填写资料、摆放编组和收存物品，负责归整、录入车辆资料信息、建立车辆档案及日常的档案核销等工作。

②宏伟工贸集团维修、救援人员：为在车辆交接过程中出现的机械故障提供维修、救援保障，协助车辆交接小组负责人实施车辆交接，包括：核对车辆、摆放编组、填写资料、收存随车物品、归整、录入车辆资料信息、建立车辆档案及日常的档案核销等工作。

③大众公司技术支持员：为在车辆交接过程中出现的机件故障，提供技术支持和保障，协助车辆交接小组负责人实施车辆交接，包括核对车辆、填写资料、摆放编组、收存随车物品，负责归整、录入车辆资料信息、建立车辆档案及日常的档案核销等工作。

④人保公司保险承保员：负责在车辆交接过程中，录入车辆信息，打印保单、保险卡，车辆启动保险等与保险有关的各项事宜。

⑤市交管局车辆管理所工作人员（只在奥体中心、石景山、奥林匹克公园交通场站工作）：负责为大众公司新车现场验车、发放临时号牌，组织上线检测及上牌工作。

⑥军队驾驶员志愿者：负责场站车辆交接小组接车后，驾车去加油站加油、到检测场上线验车及在交通场站的车辆摆放工作。

奥组委交通部选派专业人员，于 2008 年 6 月底前，对参加交接车的各类工作人员进行了相关通用知识和交接车岗位业务的培训。

**4. 车辆交接计划**

根据奥运会、残奥会交通服务运行计划对赛事服务车辆需求的时间要求，制订了周密的车辆交接计划，协调赞助商大众公司和各个合同商企业严格执行计划，严密安排好车辆的生产、运输，准时提交足量合格的车辆，顺利保证了各交通服务运行团队赛事服务车辆的适时提供。

(1)小客车交接计划。

①大众公司提供各类型小客车3944辆，从2008年6月24日~7月17日交付完毕。

②各合同商企业提供各类型小客车1070辆，从2008年7月8日~24日交付完毕。

(2)大客车交接计划。由各合同商企业提供1730辆，从2008年7月5日~8月3日交付完毕。

(3)体育竞赛用小客车交接计划。

大众公司提供51辆，各合同商企业提供30辆，根据各相关竞赛项目要求的时间适时提供。

(4)行李车、救援车、摩托车等其他车辆222辆，分别由各合同商企业提供，根据各工作项目展开的时间适时提供。

**5. 车辆交接工作的设备物资和文件的筹备**

(1)北京奥组委负责事项。

设备：交接车工位的照明设施；工位电源设置；场地用车辆灭火器；车辆档案文件柜；双柱举升机(为检验车辆底盘的设备)、空气压缩机及气源(为车辆轮胎亏气补气的设备)和轮胎拆装机(为更换破损轮胎的设备)。

交接文件：钥匙牌、《车辆交接单》、《车辆交接清单》、《车辆信息表》、车辆资料袋和建立车辆管理档案。

为大众公司提供的车辆配置灭火器、车辆清洁用具等，赛后回收。

(2)大众公司负责事项。

设备：故障诊断仪、上海汇众专用电脑诊断仪、汽车专用工具和充电机(均为车辆检验的专用设备)。

交接文件：《出厂合格证》、《车辆使用说明书》并随车放置；提供《授权人委托书》

(3)合同商负责事项。

提供交通服务车辆安全检验合格后的证件、行驶证及清单；提供《授权人委托书》。

(4)人保公司负责事项。

提供保险单及保险卡等凭证。

(5)市交管局车辆管理所负责事项。

提供为大众公司新车配置临时号段的车辆牌照、行车执照及相关手续的文件表格。

车辆交接工作各类程序表格见表5-11~表5-16。

**6. 车辆保险**

赛时奥运车辆所有保险均由北京奥组委负责承担，由中国人保北京分公司承保。保险项目共三类(7种)，即：机动车交通事故责任强制保险、车辆损失保险(含：车损、划痕、玻璃、盗抢)、机动车责任类保险(含：第三者险、车上人员险)。在所有车辆交接时，均须由中国人保北京分公司所派的承保工作人员参与查验车辆，在交接表上签字，确认车辆信息，在场站内交接时完成所有承保手续工作，即：

(1)所有车辆在正式移交给北京奥组委之前，车辆在运输和存储过程中的保险费用由车主负责；

(2)交接车辆从北京奥组委进行完接车手续开始，到北京奥组委进行完交车手续为止，此期间车辆保险责任由北京奥组委负责；

(3)中国人保北京分公司核发保险单及凭证后，保险责任即时生效。

**7. 车辆交接工作流程**

(1)赞助商大众公司车辆交接工作流程。

根据赛时用车计划，北京奥组委赛事交通服务分中心运行保障组在2008年3月10日前向大众公司提交《用车清单》，内容包括具体交车时间、地点、相关手续要求等。大众公司根据北京奥组委《用车清单》，在每批次交车规定日期前60日内，以传真形式向北京奥组委交通部发送《VIK赛时用车发运单》(注:VIK 为大众公司赞助奥运会车辆专项项目),见表 5-17。北京奥组委在一周内,以传真形式回执确认,并加盖公章。大众公司根据《VIK 赛时用车发运单》进行车辆发运安排,发运时将给奥组委提供《VIK 赛时用车发运清单》,见表 5-18。根据《VIK 赛时用车发运清单》,北京奥组委负责协调办理车辆运输进京手续,以及进场站的相关路线安排。

**北京奥组委车辆接收单**　　表 5-11

| 1. VIN 码: | | 2. 车辆号牌: | | | | |
|---|---|---|---|---|---|---|
| 编号: | | 3. 车型: | | | | |
| 4. 交接日期: | | | | | | |
| 5. 检查内容: | | | | | | |
| 检验项目 | | 是否正常 | | | 是否正常 | |
| | | 是 | 否 | | 是 | 否 |
| | 车身油漆 | | | 空调 | | |
| | 发动机运转 | | | 全车灯光 | | |
| | 车锁 | | | 点烟器、烟灰缸 | | |
| | 全车玻璃 | | | 底盘 | | |
| | 摇窗机 | | | 轮胎及气压 | | |
| | 后视镜 | | | 洗窗机 | | |
| | 喇叭 | | | 收录机(CD 机) | | |
| 通用附件 | 随车配置 | 是否齐全 | | 随车文件 | 是否齐全 | |
| | | 是 | 否 | | 是 | 否 |
| | 工具包 | | | 合格证 | | |
| | 备胎 | | | 使用说明书 | | |
| | 轮毂盖 | | | 新车免检证明 | | |
| | 钥匙 | | | 行驶证 | | |
| | 天线 | | | 安全检测报告单 | | |
| | 千斤顶 | | | | | |
| | 警告牌 | | | | | |
| 奥组委(签名): | | 合同商、赞助商公司(签名): | | | 保险公司(签名): | |

北京奥组委车辆回收单 表5-12

| 1. VIN码： | | | 2. 车辆号牌： | | |
|---|---|---|---|---|---|
| 编号： | | | 3. 车型： | | |
| 4. 回收日期： | | | | | |
| 5. 检查内容： | | | | | |

| | | 是否正常 | | | 是否正常 | |
|---|---|---|---|---|---|---|
| | | 是 | 否 | | 是 | 否 |
| 检验项目 | 车身油漆 | | | 空调 | | |
| | 发动机运转 | | | 全车灯光 | | |
| | 车锁 | | | 点烟器、烟灰缸 | | |
| | 全车玻璃 | | | 底盘 | | |
| | 摇窗机 | | | 轮胎及气压 | | |
| | 后视镜 | | | 洗窗机 | | |
| | 喇叭 | | | 收录机(CD机) | | |
| 通用附件 | 随车配置 | 是否齐全 | | 随车文件 | 是否齐全 | |
| | | 是 | 否 | | 是 | 否 |
| | 工具包 | | | 合格证 | | |
| | 备胎 | | | 使用说明书 | | |
| | 轮毂盖 | | | 新车免检证明 | | |
| | 钥匙 | | | 行驶证 | | |
| | 天线 | | | 安全检测报告单 | | |
| | 千斤顶 | | | | | |
| | 警告牌 | | | | | |

| 奥组委(签名)： | 合同商、赞助商公司(签名)： | 保险公司(签名)： |
|---|---|---|
| | | |

**车辆接收清单**

表 5-13

| 交车地点： | | | | 交接日期： |
|---|---|---|---|---|
| 编号 | 车型 | 颜色 | 车架号 | 备注信息 |
| 1 | | | | |
| 2 | | | | |
| 3 | | | | |
| 4 | | | | |
| 5 | | | | |
| 6 | | | | |
| 7 | | | | |
| 8 | | | | |
| 9 | | | | |
| 10 | | | | |
| 11 | | | | |
| 12 | | | | |
| 13 | | | | |
| 14 | | | | |
| 15 | | | | |
| 16 | | | | |
| 17 | | | | |
| 18 | | | | |
| 19 | | | | |
| 20 | | | | |
| 21 | | | | |
| 22 | | | | |
| 23 | | | | |
| 24 | | | | |
| 25 | | | | |
| 26 | | | | |
| 27 | | | | |
| 28 | | | | |
| 29 | | | | |
| 30 | | | | |

（盖章）第 29 届奥林匹克运动会组织委员会　　　　（盖章）

交接授权人签字：　　　　交接授权人签字：

**车辆回收清单**

表 5-14

| 交车地点： | | | | 交接日期： | |
|---|---|---|---|---|---|
| 编号 | 车型 | 颜色 | 车架号 | 备注信息 | |
| 1 | | | | | |
| 2 | | | | | |
| 3 | | | | | |
| 4 | | | | | |
| 5 | | | | | |
| 6 | | | | | |
| 7 | | | | | |
| 8 | | | | | |
| 9 | | | | | |
| 10 | | | | | |
| 11 | | | | | |
| 12 | | | | | |
| 13 | | | | | |
| 14 | | | | | |
| 15 | | | | | |
| 16 | | | | | |
| 17 | | | | | |
| 18 | | | | | |
| 19 | | | | | |
| 20 | | | | | |
| 21 | | | | | |
| 22 | | | | | |
| 23 | | | | | |
| 24 | | | | | |
| 25 | | | | | |
| 26 | | | | | |
| 27 | | | | | |
| 28 | | | | | |
| 29 | | | | | |
| 30 | | | | | |

（盖章）第 29 届奥林匹克运动会组织委员会　　　　（盖章）

交接授权人签字：　　　　交接授权人签字：

**北京奥组委交接车人员备案信息表**

表 5-15

| | | |
|---|---|---|
| | 姓名： | 年龄： |
| | 性别： | 籍贯： |
| | 政治面目： | 民族： |
| | 身份证件类别： | 有效期： |
| | 身份证号： | |
| | 登记住址： | |
| | 现住址： | |
| | 联系方式： | |
| | 姓名： | 年龄： |
| | 性别： | 籍贯： |
| | 政治面目： | 民族： |
| | 身份证件类别： | 有效期： |
| | 身份证号： | |
| | 登记住址： | |
| | 现住址： | |
| | 联系方式： | |
| | 姓名： | 年龄： |
| | 性别： | 籍贯： |
| | 政治面目： | 民族： |
| | 身份证件类别： | 有效期： |
| | 身份证号： | |
| | 登记住址： | |
| | 现住址： | |
| | 联系方式： | |
| | 姓名： | 年龄： |
| | 性别： | 籍贯： |
| | 政治面目： | 民族： |
| | 身份证件类别： | 有效期： |
| | 身份证号： | |
| | 登记住址： | |
| | 现住址： | |
| | 联系方式： | |

奥组委交通部（盖章）

**赞助商、合同商交接车人员备案信息表** 表5-16

| | | |
|---|---|---|
| | 姓名： | 年龄： |
| | 性别： | 籍贯： |
| | 政治面目： | 民族： |
| | 身份证件类别： | 有效期： |
| | 身份证号： | |
| | 登记住址： | |
| | 现住址： | |
| | 备注： | |
| | 姓名： | 年龄： |
| | 性别： | 籍贯： |
| | 政治面目： | 民族： |
| | 身份证件类别： | 有效期： |
| | 身份证号： | |
| | 登记住址： | |
| | 现住址： | |
| | 备注： | |
| | 姓名： | 年龄： |
| | 性别： | 籍贯： |
| | 政治面目： | 民族： |
| | 身份证件类别： | 有效期： |
| | 身份证号： | |
| | 登记住址： | |
| | 现住址： | |
| | 备注： | |
| | 姓名： | 年龄： |
| | 性别： | 籍贯： |
| | 政治面目： | 民族： |
| | 身份证件类别： | 有效期： |
| | 身份证号： | |
| | 登记住址： | |
| | 现住址： | |
| | 备注： | |
| | | |

（盖章）

**VIK 赛时用车发运单**

表 5-17

| 发运单编号： | | | | 发运日期： | |
|---|---|---|---|---|---|
| 企业名称： | | | | 发运受理方： | |
| 送货地点： | | | | 收货联系人： | |
| 发运清单： | | | | | |
| 序号 | 产品名称 | 产品型号 | 颜色 | 数量 | 备注信息 |
| | | | | | |
| | | | | | |
| | | | | | |
| | | | | | |
| | | | | | |
| | | | | | |
| 大众章 | | | 北京奥组委交通部章 | | |
| 联系人： | | | 联系人： | | |
| 联系电话： | | | 联系电话： | | |

**VIK 赛时用车发运清单**

表 5-18

| 发运单编号： | | | 预计发运日期： | |
|---|---|---|---|---|
| 运输商： | | | 运输车号： | |
| 运输驾驶员： | | | 运输驾驶员联系方式： | |
| 送货地点： | | | 收货联系人及电话： | |
| 编号 | 车型 | 车型描述 | VIN 码 | 备注信息 |
| 1 | | | | |
| 2 | | | | |
| 3 | | | | |
| 4 | | | | |
| 5 | | | | |

大众公司提前整理《赛时用车投保信息表》提供给奥组委，奥组委汇总后将数据包发给人保公司，人保公司将数据录入车险数据库，便于接车后及时起保。

奥组委委派专人接收车辆，奥组委备案指定的接车人员向大众备案指定的交车人员提供相关提车文件。经核对后，大众交车人员按照提车文件指定的车型、数量，交付给奥组委接车人员。

车辆在规定时间运抵北京奥组委指定的交通场站，大众公司指派运输商将车卸载在指定区域（大众公司囤车区）。

车辆在交给奥组委前，由大众公司专业技师实施 PDI 检查，并填写《PDI 检查表》（表 5-19），由初验人员和终验人员签字。

**PDI 检查表** 表 5-19

| 底盘号: | 签名/日期 | | |
|---|---|---|---|
| 检查项目 | 检测结果 | | |
| | 正常 | 不正常 | 已排除 |
| 蓄电池管理器:关闭运输模式 | □ | □ | □ |
| 组合仪表:调整语种 | □ | □ | □ |
| 调整时钟 | □ | □ | □ |
| 保养指示器:复位 | □ | □ | □ |
| 数据存储器:读取 | □ | □ | □ |
| 副驾驶员安全气囊:检查钥匙开关“On / Off”(打开 / 关闭)位置:必须置于(On)(见使用说明书) | □ | □ | □ |
| 冷却系统:液位加至最高 | □ | □ | □ |
| 车窗玻璃清洗 / 前照灯清洗装置:液位加至最高 | □ | □ | □ |
| 制动液储液罐:液位加至最高 | □ | □ | □ |
| 液压系统:检查油位 | □ | □ | □ |
| 发动机:检查机油油位,必要时加注 | □ | □ | □ |
| 两个前轮上的轮胎充气压力:检查 ____bar | □ | □ | □ |
| 两个后车轮上的轮胎充气压力:检查 ____bar | □ | □ | □ |
| 将轮胎充气压力值存储在 MMI 中(见 MMI 使用说明书关于“存储轮胎压力”的内容) | □ | □ | □ |
| 汽车(从下面):目检损坏情况 | □ | □ | □ |
| 车轮固定螺栓:以规定的扭矩拧紧 | □ | □ | □ |
| 盖板 / 车轮螺栓封盖:安装(零件在行李箱内),拆卸钩或塑料夹在随车工具中 | □ | □ | □ |
| 收音机 / 收音机导航系统:在存台键上存储当地电台 | □ | □ | □ |
| 空调器:检查功能,将温度调到 22℃ | □ | □ | □ |
| 燃油箱:添加燃油添加剂 G17 | □ | □ | □ |
| 用于钥匙密码和识别号的标签:检查钥匙标牌是否完整和清晰可读 | □ | □ | □ |
| 检查汽车钥匙的功能,务必遵守保养手册! 记录检验过的交给顾客的汽车钥匙的数量 | □ | □ | □ |
| 座椅保护套、地毯保护膜:去除 | □ | □ | □ |
| 检查汽车内部的清洁情况:前排和后排座椅、内饰、地毯 / 脚垫、车窗玻璃 | □ | □ | □ |
| 脚垫:安装 | □ | □ | □ |
| 运输固定装置:取下车门上的嵌条 | □ | □ | □ |
| 检查汽车外部的清洁情况:油漆、装饰件、车窗玻璃、刮水片 | □ | □ | □ |
| 电话:将带有系列号的标签粘贴在电话使用说明书内 | □ | □ | □ |
| 保养手册:从备用车轮槽或者行李箱地板中取出汽车数据牌并粘贴在保养手册内(保修证明);填写交车保养 | □ | □ | □ |
| 检查随车资料和随车工具(千斤顶、天线、警告牌等)是否完整 | □ | □ | □ |
| 试车:执行驾驶员信息系统复位 | □ | □ | □ |

奥组委接车人员根据交车单到车辆交接区进行交车检查,同时大众交车人员向奥组委接车人员提供合格证、钥匙包等。

人保公司承保人员在各场站对车辆进行验车、登记、确认的同时进行现场协助，并按照接车信息出具保险凭证并装入整套车辆资料袋，登记凭证号及车辆信息，及时将车辆信息入库。

接车完结后，交接车人员将资料等物品装袋交内勤人员编组、登记和存档。

(2)合同商车辆交接工作流程。

合同商车辆驶到指定交通场站后，奥组委交接车人员根据用车单进行交接车检查，双方共同确认完成，合同商车辆在入场前应完成安全技术检测，覆盖或消除车体内外任何宣传、标识或商业信息及企业名称、企业标识、电话号码。

奥组委接车人员根据交车单到车辆交接区进行交车检查，同时合同商交车人员向奥组委接车人员提供安全技术检测文件、行驶证，钥匙包等。

中国人保北京分公司承保人员在各场站对车辆进行验车、登记、确认的同时进行现场协助，并按照接车信息出具保险凭证并装入整套车辆资料袋，登记凭证号及车辆信息，及时将车辆信息入库。

接车完结后，交接车人员将资料等物品装袋交内勤人员编组、登记和存档。

(3)收费卡车辆交接工作流程。

收费卡车辆由赞助商大众公司和各合同商企业提供，交车工作流程与上述(1)、(2)相同，见图5-11。

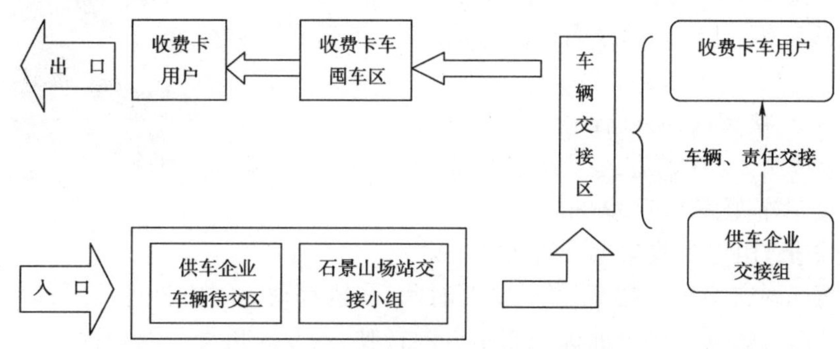


图5-11　收费卡车辆交接工作流程图

(4)交通服务运行团队接车工作流程，见图5-12。

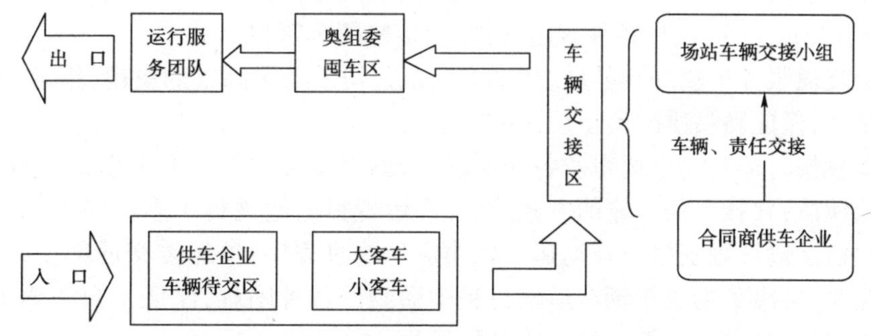


图5-12　交通服务运行团队接车工作流程图

(5)交接车辆工作步骤。

①大众公司、合同商公司提前整理《赛时用车投保信息表》提供给奥组委，奥组委汇总后将数据包发给人保公司，人保公司将数据录入车险数据库，便于接车后及时起保。

②奥组委交通服务车辆交接组负责车辆交接工作。交接组人员向大众公司、合同商公司交车人员提供相关的提车文件，经核对后，大众公司、合同商公司交车人员按照提车文件指定的车辆，交付给交接组的接车人员。

③接车人员到车辆交接区，对大众车辆、合同商车辆根据《北京奥组委车辆交接单》进行交车检查，对拟接车辆由指定驾驶员驾驶到加油站加油，并经到车辆检测场上线技术检验合格后(合同商交付的车辆应提交由北京公安交通管理局车辆管理所出具的《车辆检验合格证》，不再上线检测)，对交付合格

的车辆进行编组，每组车辆填写《交接车辆清单》，奥组委指定的工作人员签字、盖章，大众公司和合同商公司留有交接清单备份。

④奥组委指定的工作人员与大众公司对《交接车辆清单》内容确认签字、盖章后，大众公司须提供交付车辆的合格证正本。

⑤中国人保北京分公司承保人员在各场站对车辆进行验车、登记、确认的同时进行现场协助，并按照接车信息出具保险凭证、登记凭证号及车辆信息，及时将车辆信息入库。

⑥场站内的交接人员经奥组委与大众公司、合同商公司双方确定专人交接车辆，并向对方提供备案信息。交、接车人员的备案包括姓名、性别、照片和联系方式等。

⑦交接手续完成后，车辆由交接组指定的驾驶员开到指定停放区（奥组委囤车区）。

⑧车辆交接组持大众公司提供交付车辆的合格证正本、保险单到北京公安交通管理局车辆管理所办理车辆临时牌照和车辆行驶执照。车辆临时牌照由车辆管理所的工作人员负责安装，见图5-13。

**8. 车辆交接工作的关键节点**

（1）赞助商大众公司车辆交车前应安装好GPS，并粘贴好车身景观标识，车辆清洁，除异味消毒等。

（2）合同商车辆交车前，应按奥组委规定，对大、小客车车体内外存在的广告或宣传、任何标识或商业信息均清除，车辆清洁，除异味消毒等。

（3）合同商车辆交、接车前，必须保证油箱加满油。

（4）车辆囤车应按照2×N的方式摆放，左右相邻两车之间的距离大于80cm，前后车距离大于30cm。

图5-13　车辆管理工作人员为新车安装车牌

（5）车辆钥匙（2把）由专人收集编号管理。

（6）严格按时间计划交接车。卸车时间、交车时间、车辆移动时间应该有间隔，以免造成混乱。

（7）车辆在场站内行驶须按照地面标识指示方向行驶，由专人负责交通指挥。

（8）交接人员由指定的固定备案人员担任，并经过严格的车辆交接岗位职责培训，上岗人员须佩戴工作证胸卡。

（9）双方应履行交接手续，填写各种规定文件，交接好随车资料。

为保证奥运会交通服务车辆的高品质，赞助商大众公司给予了高度的重视，指定了专门的质量保障团队严把生产质量关，保证高品质的奥运用车准时下线。

为保证奥运车辆按时运交北京奥组委各交通场站，奥组委交通部协调大众公司各企业建立专人负责的奥运用车物流团队，并就车辆运输的方式、路线和运抵目的地进行了多次详细的讨论和沟通，制订出了详尽精密的物流运输计划安排。在奥运车辆物流运输过程中，奥组委交通部全程监控，鼎力支持，疏通了各方面的关系，解决了物流车辆在运输过程中遇到的各种困难，保证了数千辆奥运车辆安全、如期运抵各中转库和奥运交通场站，无一例车损事件发生。

为保证车辆顺利交接，奥组委交通部要求大众公司各品牌企业的交接团队人员，必须全部由接受过相关专业技术和交接车辆培训的优秀技师组成，制订了详细的车辆交接程序，细致到对每辆车都做了自编序号，车辆交接每车一单制。在车辆交接前对每辆车都由专业技师实施售前检验（PDI检验），即：对车辆落地后、交接前，进行全面的技术性能、状况的检验、检测，对检查出的小故障，现场技师及时排除，对现场不能排除的问题，由大众公司指定的4S店在第一时间排除故障，直接保障对车辆交接的技术支持，保证了每辆车高品质。

对参与交接的工作人员进行了认真的动员、培训，提出了要求，充分调动每个人克服困难、迎接挑战的积极性，全力投入并完成好交接车任务。

车辆接收时，依靠车辆检测场、宏伟工贸集团等相关单位专业技术人员严把检验关，严扣细检，一丝不苟。每天抽调70名驾驶员配合接车组工作人员，驾车加油、上线检测、摆放车辆，往返十余公里。接车组工作人员全身心地扑在了交通场站，发扬连续作战的精神，每天工作十几个小时，放弃了休息和节假日，保证了每批奥运车辆都在最短的时间内完成所有的检验、交接手续，及时发放到各交通服务团队，保证了奥运会、残奥会交通服务工作的顺畅进行。

### 三、车辆的回收、退还

#### 1. 接退车辆的职责分工

赛事交通服务分中心成立车辆接退工作组，组长由交通部副部长担任，副组长由运行保障组组长担任，工作组成员由赛事交通服务分中心运行保障组、交通场站运行组、大众公司和中国人保北京分公司人员组成。

(1)设置相关交通场站接退车辆工作小组。

承担接退车辆任务的交通场站有：奥林匹克大家庭饭店交通场站；奥林匹克公园、奥体中心交通场站；石景山交通场站。

各交通场站成立接退车辆工作小组，根据交接车情况采取分工负责、集中调配的原则进行接退车辆工作。

(2)职责分工及岗位描述。

①各场站车辆接退工作小组负责人全面负责本场站车辆接退的管理服务工作和接退车辆手续的签字确认，协调和解决内部资源和工作任务的分配，安排和协调接退组工作人员的排班及岗位，负责实施车辆接退，包括核对车辆、填写资料、摆放编组和收存物品，负责归整、录入车辆资料信息、建立车辆档案及日常的档案核销等工作；负责赞助商、合同商在奥运会、残奥会期间提供交通服务车辆退出服务后的车辆牌照的收回及车辆退还工作；同时负责与运行服务团队车辆的交接工作，并对大众公司提供的车辆回收灭火器、清洁用具，且协助保险公司完成对赞助商、合同商交通服务车辆在退还过程中停保和定损、理赔工作。

②场站运行组负责人负责各场站安保协调，接退车辆相关人员和退还车辆的进出场站及车辆停放等，餐饮、功能用房、办公用具等场站后勤保障工作。

③各交通服务团队退车负责人负责在本团队车辆接退过程中提前制作退还车辆清单，带领本团队退还车辆按照流程办理退车验收和手续，将车证、油卡、洗车卡、保险卡交还车辆接退小组。各团队负责人带领本团队使用车辆在指定的交通场站与赞助商大众及合同商供车企业完成车辆验收和办理车辆接退手续。

④赞助商大众公司和合同商供车企业回收车辆负责人负责在本单位车辆回收过程中严格按照接退日期及回收计划完成车辆验收、回收、物流运输等相关工作。

⑤中国人保北京分公司负责人负责在车辆接退过程中录入车辆信息、收回保险卡、车辆启动保险理赔等与保险有关的各项事宜。

⑥交管局车管所人员负责为大众公司提供车辆进行现场拆除号牌和回收车辆行驶执照工作。

⑦油卡回收人员、物资回收人员负责在接退车辆前进行回收工作。

⑧GPS 拆除人员负责在车辆接退赞助商大众公司后进行 GPS 拆除工作。

(3)接退车辆的文件。

①奥组委负责接退车辆文件有《车辆回收单》、《车辆回收日清单》、《车辆信息表》、车辆出厂合格证(大众车辆)。

②人保公司负责回收保险卡及为企业的续用车辆提供《延期保险证明》。

③赞助商大众公司、合同商供车企业负责回收车辆证明书，回收车辆授权书和被授权人身份证复印件。

(4)车辆保险的退保。

所有车辆接退时，由中国人保北京分公司承保、理赔工作人员参与查验车辆，在接退表上签字，确认车辆信息，在场站内接退时完成停保工作。

中国人保北京分公司收回保险凭证后，保险责任失效。

**2. 车辆接退流程及地点**

车辆接退工作流程见图5-14、图5-15。

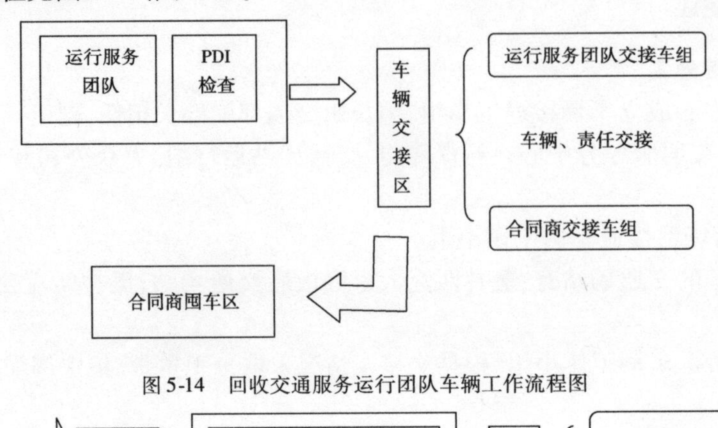


图5-14　回收交通服务运行团队车辆工作流程图

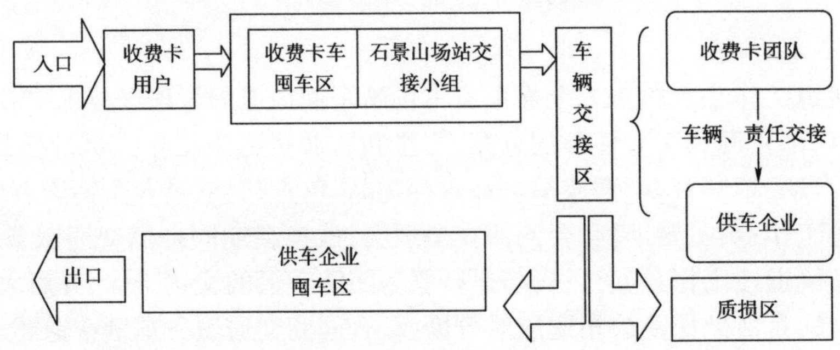


图5-15　退还收费卡车辆工作流程图

(1)各交通服务运行团队委派专人负责同车辆接退工作组办理车辆接退工作。交通服务运行团队接退人员事先将接退车辆信息制表，到车辆接退区进行还车检查，每辆车填写《车辆回收单》，并由指定的工作人员签字，各交通服务运行团队同车辆接退工作组各留有回收清单，并与赞助商大众公司、合同商供车企业办理接退手续，奥组委返还大众公司车辆合格证书。

(2)车辆接退之前，车辆驾驶员要将车辆进行清洁。

(3)大众公司提供车辆在交车前应保证油箱不超过20公升。

(4)合同商车辆在交车前应保证油箱满油。

(5)各交通服务运行团队按照还车的规定日期、时间，由驾驶员将车辆送至指定地点。团队车辆接退人员将同车辆接退工作组人员、大众公司、供车企业进行还车的检查。经确认检查合格后，将车辆、钥匙等资料移交大众公司、供车企业，同时服务团队同接退工作组办理手续。

(6)大众车辆在交通服务团队将车辆交付大众公司后，由车管所负责将车辆牌照拆除。

(7)大众公司、合同商公司接车人员向车辆接退工作组的人员提供相关的提车文件，经核对后，车辆接退工作组按照提车文件指定的车辆，交付大众公司、合同商公司的接车人员。

(8)如在检查过程中，车辆没有问题，车辆停放到无问题停车区；如在检查过程中，发现车辆有小故障，现场及时排除，如现场不能及时排除故障的车辆，停放到质损区，填写报修单，及时返到特约维修站维修。

(9)如在检查过程中，因交通事故造成划痕的、碰撞影响外观的、挡风玻璃损坏的、零部件及备用物品缺少的等，都将停放在质损区，车辆接退工作组工作人员会同保险理赔人员、大众公司、合同商公司工作人员共同对车辆受损情况进行确认并现场定损，共同填写《质损单》并进入保险理赔程序，按照保险理赔的程序进入修复。大众公司车辆送至指定的4S店；合同商车辆由合同商安排驾驶员送至指定4S店、修理厂进行维修，保险公司将依据定损单与修理企业统一结算。

(10)还车当日,人保公司工作人员收回保险凭证,保险公司人员据此登记车辆信息,及时将车辆信息入库,保险终止。

(11)车辆进修理厂进行修理,办理接退手续,视为接退手续完成,供车企业及大众公司到修理厂接车。

**3. 各交通场站接退车辆范围及时间**

(1)奥林匹克公园交通场站负责接退合同商企业的大客车(运动员班车、媒体班车、技术官员班车),见表5-20。

①大客车停放在奥林匹克公园场站的在场站内办理验车、接退手续;

②大客车停放在其他场站的在原停放场站内办理验车,在奥林匹克公园场站办理接退手续;

③办理接退手续时,交还车证、油卡、洗车卡、保险卡。

**奥林匹克公园交通场站交通服务车辆接退时间表**　　表5-20

| 日　期 | 车　型 | 退　车　数　量 |
|---|---|---|
| 8月25日 | 大客车 | 248辆 |
| 8月27日 | 大客车 | 100辆 |
| 8月28日 | 大客车 | 417辆 |
| 合计 | | 765辆 |

(2)石景山交通场站负责接退收费卡项目车辆:赞助商上海大众的车辆(包括途安、伊斯坦纳)、合同商企业小客车、T1\T2、T3、IF的伊斯坦纳车辆,见表5-21。

①伊斯坦纳车辆由各团队送至石景山交通场站办理接退;

②办理接退手续时,交还车证、油卡、洗车卡、保险卡,大众车辆除以上物品外还需交还灭火器、洗车用具、行驶证、拆除车牌。

**石景山交通场站交通服务车辆接退时间表**　　表5-21

收费卡小客车:

| 日期 | 退车数量(辆) |
|---|---|
| 8月16日 | 1 |
| 8月22日 | 2 |
| 8月24日 | 26 |
| 8月25日 | 1043 |
| 8月26日 | 154 |
| 8月27日 | 154 |
| 8月28日 | 115 |
| 8月29日 | 2 |
| 8月30日 | 6 |
| 8月31日 | 13 |
| 9月1日 | 55 |
| 合计 | 1510 |

(3)奥林匹克大家庭饭店交通场站负责接退赞助商一汽—大众车辆(包括迈腾、速腾、奥迪)及合同商企业车辆(包括领驭、迈腾),见表5-22。

一汽—大众车辆由T1\T2团队送至一汽—大众八五四仓库办理接退,接退工作小组负责拆除车辆号牌,回收行驶执照、车证、保险卡;交还灭火器、洗车用具等。

合同商企业车辆在奥林匹克大家庭饭店交通场站办理接退。办理接退手续时,交还车证、油卡、洗车卡、保险卡。

**奥林匹克大家庭饭店交通场站交通服务车辆接退时间表** 表5-22

| 日　期 | 车　型 | 退　车　数　量(辆) |
|---|---|---|
| 8月21日 | 奥迪 | 70 |
| 8月21日 | 伊斯坦纳 | 70 |
| 8月26日 | 领驭(企业供车) | 48 |
| 8月26日 | 迈腾(企业供车) | 14 |
| 8月27日 | 奥迪 | 548 |
| 8月27日 | 迈腾 | 16 |
| 8月27日 | 速腾 | 113 |
| 合计 | | 879 |

(4)奥体中心交通场站负责接退赞助商上海大众车辆(包括帕萨特、途安、斯柯达明锐)、合同商企业小客车,见表5-23。

**奥体中心交通场站交通服务车辆接退时间表** 表5-23

| 日期 | 车型 | 退车数量(辆) |
|---|---|---|
| 8月27日 | 途安 | 502 |
| | 明锐 | 373 |
| | 领驭 | 57 |
| 合计 | | 932 |

上海大众车辆由各团队送至奥体中心交通场站办理接退。办理接退手续时,交还车证、油卡、洗车卡、保险卡,大众车辆除以上物品外还需交还灭火器、洗车用具、行驶证、拆除车牌。

**4. 接退车辆工作步骤**

(1)大众车辆在运行团队交付车辆交接组之后车辆交接组人员在指定停放区(奥组委囤车区),将车辆临时牌照拆除。

(2)大众公司、合同商公司接车人员到车辆交接区根据《北京奥组委和大众公司车辆交接单》和《北京奥组委和合同商公司车辆交接单》进行交车检查,大众公司、合同商公司指定的人员签字、盖章,大众公司、合同商公司留有交接清单备份。

(3)大众公司、合同商公司接车人员向车辆交接组的交车人员提供相关的提车文件,经核对后,车辆交接组指定交车人员,双方填写《回收交接单》按照提车文件指定的车辆,交付大众公司、合同商公司的接车人员。

(4)经检验后,车辆没有问题,车辆停放到无问题停车区;如发现车辆有小故障,现场及时排除,现场不能及时排除故障的车辆,停放到质损区,填写报修单,及时返到特约维修站维修。车辆在修复后,停放到无问题停车区。

(5)如经检验发现因交通事故造成划痕的、碰撞影响外观的、风挡损坏的、零部件及备用物品缺少的等,都将停放在质损区,车辆交接组工作人员会同保险理赔人员、大众公司、合同商公司工作人员共同将对车辆受损情况进行确认,共同填写《质损单》现场进行车辆定损并进入保险理赔程序,按照保险理赔的程序进入修复。大众公司车辆由车辆交接组安排驾驶员将车送至指定的4S店;合同商车辆由合同商安排驾驶员送至指定4S店、修理厂进行维修,保险公司将依据定损单与修理企业统一结算。

(6)还车当日,交接组向人保公司工作人员归还保险凭证,保险公司人员据此登记车辆信息,及时将车辆信息入库,保险终止。

(7)车辆进修理厂进行修理,办理交接手续,视为交接手续完成,供车企业及大众公司到修理厂接车。

上述问题解决后,交接工作结束。北京奥组委在3个工作日内返还大众公司车辆合格证书。

在奥运会、残奥会整个车辆接收、发放、回收、退还过程中，车辆往返流转量逾30000辆次。经过车辆交接组全体同志和各相关单位的积极配合、艰苦细致的努力和连续的奋战，牢牢把住了赛会服务车辆安全可靠和如期运达交付这两项至关重要的关口。经北京奥组委交通部接收的奥运会、残奥会所有交通服务和体育竞赛用车辆全部运转正常，创造了赛会期间无一辆车因质量问题中途发生故障、因技术问题中途抛锚的记录，保证了赛会交通服务工作的顺利进行，受到各交通服务运行团队和各级领导的一致好评，从车辆进口的基础保障关口上实现了万无一失，圆满地完成了车辆交接工作，为一届"无与伦比的"和"有史以来最好的"奥运会、残奥会的交通服务提供了坚实的基础保证。

# 第六章　交通场站规划建设及组织运行

## 第一节　交通场站概述

为满足北京奥运会、残奥会赛时交通服务运行保障和管理需要，根据国际奥委会交通技术手册要求，借鉴其他奥运会举办城市经验，结合北京实际情况及交通服务运行模式，北京奥组委高水平地建设了7个交通场站并在赛时成功地组织了运行。

### 一、交通场站的功能

(1)为赛事各交通服务团队、车队指挥调度、驾驶员和其他交通服务人员进行有效管理提供场所。

(2)为共计7000余辆交通服务专用车辆的交接、回收、集中停放和安全检查提供场地。

(3)为赛时交通服务车辆进行日常维护检查、车辆应急和车辆救援，提供配套的安全保障场所。

(4)为共计2万多名交通服务人员(各车队、驾驶员、志愿者等)提供餐饮、临时休息、洗浴及夜班住宿等交通保障基地。

(5)为注册人员租赁车辆提供场地及相应配套设施，为车辆赞助商和合同商提供日常工作场地。

### 二、交通场站的工作目标

为“有特色、高水平”的交通服务提供完备的保障和服务。

### 三、交通场站运行模式

北京奥组委交通部是交通场站的主责部门，负责协调奥组委内外相关部门和交通场站所属区政府及业主单位，完成交通场站的规划、建设、测试。赛时由交通场站所属区政府或业主单位组成交通场站运行团队，在赛事交通服务分中心领导下，全面负责场站的运行、维护与管理。

### 四、交通场站规模

奥运会交通场站共计6个，残奥会交通场站共4个，总占地面积59.5万平方米，临时搭建或租用功能用房2.9万平方米。其中，奥运会期间投入使用的6个交通场站，分别为奥林匹克大家庭饭店交通场站(FHD)、奥林匹克公园交通场站(OGD)、奥体中心交通场站(OSD)、首都机场交通场站(CAD)、石景山交通场站(SHD)和海淀交通场站(HDD)；残奥会期间投入使用的4个交通场站，分别为奥林匹克公园交通场站(OGD)、奥体中心交通场站(OSD)、首都机场交通场站(CAD)和残奥大家庭交通场站(PHD)。

作为一个临时项目工程，如此大规模的交通场站，无论从规划建设，还是赛时运行管理都是史无前例的。

## 第二节　交通场站的规划、建设

交通场站作为赛事期间整个交通服务运行系统的重要支撑，也是国际奥委会的全程监控项目。从

2005年开始，奥组委交通部就着手开展交通场站规划建设工作。

## 一、交通场站规划的原则

**1.“安全第一”的原则**

赛事期间，为了保证车辆的安全和指挥调度的高效协调，必须实现封闭式集中停放，对人员进行统一的管理。

**2.“就近服务对象”的原则**

在注册人员住地和比赛场馆集中的区域就近设置交通场站，可以确保为客户群提供方便和快捷的交通服务。

**3.“高效运输”的原则**

交通场站的设置应当保证交通服务的可靠、及时、高效，尽量减少空驶和无效交通。

**4.“以人为本，优质服务”的原则**

交通场站是交通服务运行工作的后勤保障基地，要“以人为本”，提供优质服务，从而确保交通系统的正常运行。

**5.“节俭办奥运”的原则**

交通场站的规划建设要充分发挥体制优势，利用现有资源，确保实现“节俭办奥运”的工作目标，为有特色、高水平的奥运交通服务提供强有力保障。

## 二、交通场站规划的依据

在2005年编制北京奥运交通战略规划阶段，即着手北京奥运会、残奥会交通场站的规划工作。规划是在对悉尼和雅典奥运会交通场站的经验和做法进行了充分研究的基础上进行的。

**1. 悉尼奥运会交通场站的规划**

悉尼奥运会在交通场站的规划上体现了集中和“就近服务对象”的特点。悉尼奥运会共设置5个交通场站。其中，为运动员、技术官员和媒体人员提供交通服务的大客车场站只设置了1个；为奥林匹克大家庭的T1、T2和T3人员设置了4个小客车交通场站。

在小客车交通场站的设置上，悉尼奥运会体现了“就近服务对象和场馆的原则”。4个小客车交通场站分别服务于奥林匹克中心区、核心商务区（包括总部饭店以及其他官方饭店设施）、北莱德场馆区（射击、马术、自行车、运动员村等场馆）以及机场4个不同区域的客户群。就近设置交通场站，可以确保为客户群提供方便和快捷的交通服务。

在大客车交通场站的规划上仅设置了1处。由于运动员、技术官员和媒体的大客车调度系统之间没有严格区分，系统之间相互交叉，且过于集中，导致赛时运行中调度系统曾出现混乱的现象。

**2. 雅典奥运会交通场站的规划**

雅典奥组委交通部在悉尼奥运会筹备阶段，派出工作人员进行实习，并组织专家和人员对悉尼奥运会交通运行情况写出了评估报告。雅典奥组委交通部根据客户群的交通运行服务需要，共设置了6个交通场站，即3个大客车交通场站和3个小客车交通场站。这个规划充分体现了“就近为客户群体服务”的原则。

雅典为运动员、技术官员和媒体设置了3个交通场站。例如他们在距离运动员村仅有5分钟车程的戴克利亚空军基地，设置了为运动员服务的交通场站。一方面利用现有设施可以节约建设费用；另一方面，便于对驾驶员和工作人员的管理，从而确保了运动员班车系统的快捷、高效运行。

在小客车交通场站的设置上，与悉尼奥运会相类似，主要是依据就近服务客户群体的住地和场馆来设置。以古迪场站为例，距离国际奥委会总部饭店仅2公里，10分钟之内小客车就可以从交通场站调往总部饭店为客人提供服务。其他2个小客车交通场站距离海边的场馆群和运动员村都非常近，能够满足场馆即时的小客车服务需求。

雅典奥运会交通场站，只是提供了基本的车辆停放和管理人员办公用房，其交通服务人力资源紧张，后勤保障设施不足。

**3. 北京奥运会交通场站的规划依据**

借鉴悉尼、雅典奥运会交通场站规划运行的经验和特点，结合北京奥运会交通服务运行模式及交通场站规划原则，以及北京奥运会竞赛和非竞赛场馆分布情况，提出了北京奥运会临时交通场站规划的依据。

(1)从运行安全的角度考虑，如交通场站设置过少，车辆和人员过于庞大和集中，会给运行工作带来一定程度的安全风险，一旦发生突发性事件，将直接给赛时交通服务和运行工作造成损失。按照区域和服务对象的要求，分散设置交通场站，可以有效规避风险，提高系统运行的安全系数。

(2)从北京城市规划的现况看，尚没有一个地点可以满足如此众多的车辆集中停放和人员集中管理的场地。因此，车辆必须根据场馆和注册人员住地的分布情况，从战略层面考虑交通场站的布局，适当分布规划建设，这将有利于奥运交通系统组织、运行和管理。

(3)考虑到北京市的范围比悉尼和雅典都大，加上奥运竞赛和非竞赛设施比悉尼和雅典奥运会分散，如果在奥运会期间，只建立一到两个交通场站，其覆盖的区域有限，势必会形成车辆的过于集中，在奥运会相关设施和场站之间导致车辆的空驶率提高，车辆调配的灵活性不足，运行效率低，同时，也将会大大增加成本。

(4)从后勤保障来看，赛时交通场站还将承担5000多辆大小客车的加油、维护、清洗等工作，同时，为近2万名交通服人员提供后勤保障。如果在一、两个交通场站内完成如此繁杂的工作势必会给交通场站、周边道路和交通网络带来巨大的压力，同时给驾驶员和管理人员带来不便。分区域设置交通场站，一方面可以减少车辆过分集中带来的加油、清洗和维护的困难，减少车辆进出场站给周边道路带来的压力；另一方面有利于交通工作人员，特别是志愿者根据其工作职责，前往相应的交通场站，另外也有利于工作人员在交通场站内就餐、休息等后勤保障工作。

(5)根据国际奥委会交通技术手册的要求，各客户群体的交通系统应当分开设置，相对独立运行。因此，在交通场站的位置选择上应体现就近服务客户群体的原则。

(6)交通场站设置不宜太多，太分散，否则将导致整个交通工作人员比例中交通场站管理人员偏多，交通场站运行费用增加，运行管理统一指挥调度难度加大。

## 三、交通场站选址

根据上述规划依据，北京奥运会交通场站规划本着“要体现有集中、有分散、分级管理、区别功能，同时要考虑充分利用现有资源”的原则，经反复勘察论证，最终规划确定设置7个交通场站：一是在邻近奥林匹克中心区北五环路以北的奥林匹克公园内设置奥林匹克公园交通场站；二是在奥体中心南侧北京市原清洁四厂拆迁地设置奥体中心交通场站；三是在北京饭店北侧新建的北京宫和其北侧东城区建设拆迁用地设置奥林匹克大家庭饭店交通场站；四是在石景山嘉年华表演广场设置石景山交通场站；五是在西郊机场废弃的飞机停机坪设置海淀交通场站；六是在北京首都机场规划建设的大型停车场设置首都机场交通场站；七是利用残奥会期间工人体育场无比赛项目、利用其场内道路设置残奥大家庭交通场站，如图6-1所示。

## 四、交通场站可行性分析

根据交通场站的规划依据，对各交通场站的现状进行了可行性分析。

奥林匹克大家庭饭店交通场站主要承担为居住在贵宾楼、北京饭店的国际奥委会贵宾，以及居住在王府井饭店、台湾饭店、皇家大饭店等宾馆的贵宾提供专车和合用小客车的服务。该交通场站规划设置在北京饭店北侧的北京宫，经与业主单位进行协商，同意赛时将建设中的停车楼首层及地下一、二层提供给奥组委交通部使用(规划停车位约1300个)。由于该工程进展顺利，改变了原建设计划，赛前要完成主体工程，导致无法满足赛时交通服务车辆的停车需求。经多方协商利用北京饭店北侧大阮府胡同建设拆迁用地作为奥林匹克大家庭饭店北区交通场站。

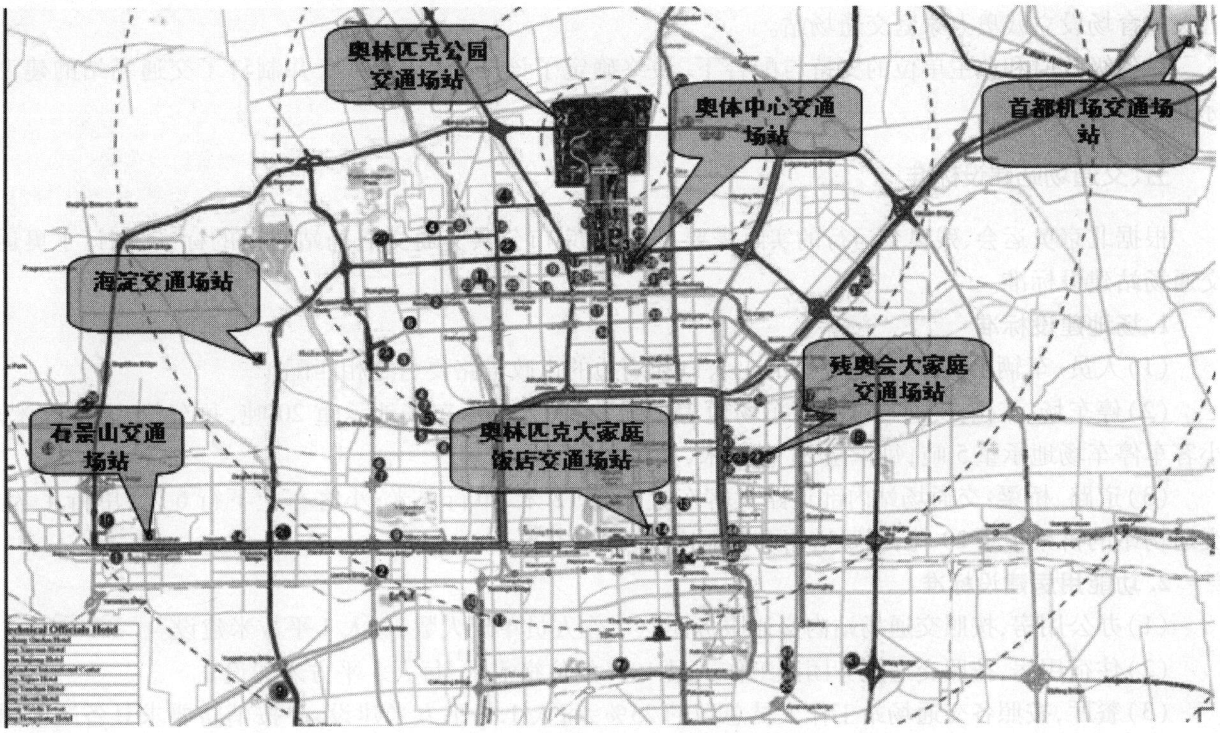

图6-1 交通场站规划分布示意图

奥林匹克公园交通场站，作为奥运会期间最大的交通场站，将承担着为奥林匹克中心区、运动员村、媒体村及周边比赛场馆的交通服务工作，是各国家（地区）代表团专车、运动员村运动员班车、3个媒体村和主新闻中心、国际广播中心的媒体班车、租赁用车、备用车的主要集结停放地。该交通场站位于北五环路以北，为规划的奥林匹克公园绿化用地，在朝阳区政府的大力支持下，利用奥林匹克公园内拆迁后尚未进行绿化的用地建设临时交通场站。停车场地无偿使用，场地工程建设由奥组委承担。业主单位考虑到赛时交通场站功能用房需求，将现有的房屋以租赁方式提供奥组委使用，作为工作人员集中指挥调度、管理、后勤保障功能用房。

奥体中心交通场站主要承担为居住在皇家大酒店、凯迪克酒店、西郊宾馆、圆山大酒店等10多家饭店的贵宾、媒体、技术官员分别提供小客车和班车服务。奥体中心交通场站，原址为北京市第四清洁车辆厂，按照北京市整体规划，该厂已列入北京市2008工程指挥部拆迁范围，奥运会前期需整体迁址。经与业主单位协商，同意赛事期间在此场地设立交通场站，满足了各交通服务团队、奥运警车带道队及赞助商大众公司、保险公司停车场地和办公需求。

石景山交通场站为保证北京西南地区周边竞赛场馆及非竞赛场馆、注册媒体、技术官员等住地用车的需求，考虑到在奥运赛事期间，石景山区嘉年华表演广场（园林局停车场）不举办大型活动，经组委会与业主单位协商，采取低于工程建设费用的租赁形式使用此场地，设立临时交通场站，为赛事期间停放注册媒体、T3、技术官员、收费卡交接车使用。

海淀交通场站考虑到北京的大学区、竞赛及非竞赛场馆的分布，利用西郊机场内废弃的飞机停机坪，建立临时的交通场站，使用机场内部新兵连宿舍作为服务团队的集中管理、调度、休息室、宿舍等功能用房。功能用房采取租赁形式，停车场无偿使用，功能用房不足的采取临建解决。

首都机场交通场站作为各注册客户群抵离交通服务车辆集中囤放、调度的场所，经与民航华北管理局和机场有关部门协商，同意使用新建的T3航站楼附近出租车停车场地解决机场交通场站需求，为接送机服务的驾驶员和志愿者提供了生活和办公保障。

残奥会大家庭交通场站，需紧邻残奥会总部饭店（北京港澳中心）设置，以满足残奥委大家庭成员交通服务需要。经了解，在残奥会期间北京港澳中心附近的工人体育场无比赛项目，因此残奥会期间在工人体育场设立残奥大家庭交通场站。

在各级政府和业主单位的支持与配合下，最终确定了该7个交通场站，并制订了交通场站的建设标准。

## 五、交通场站建设标准

根据北京奥运会、残奥会运行的实际需要，参照北京市公共交通交通场站建设的标准，制订了奥运交通场站建设标准。

**1. 场地建设标准**

（1）人员、车辆出入口：交通场站的出入口和周边的市政道路要与之相匹配。

（2）停车场、车位：交通场站的停车场地为硬铺装，大客车停车场地承重20吨，每车位65平方米；小客车停车场地承重5吨，每车位25平方米，并具有排雨水功能。

（3）道路、桥梁：交通场站内部道路大客车上下行12米，单行6米；小客车上下行6米，单行4米。交通场站的桥梁承重20吨，主要道路及涵洞净高4米。

**2. 功能用房建设标准**

（1）办公用房，按照交通场站内交通服务团队工作人员单班人数，每人4平方米建设。

（2）住宿用房，按照交通服务团队工作人员10%的住宿需求，每人3平方米建设。

（3）餐厅，按照各交通场站工作人员总数的25%，每人1.6平方米建设，并按消防要求具备疏散通道，同时保证就餐区和分餐区的相对空间。

（4）车辆维修设施存放间按50平方米建设。

（5）场站内临时卫生间按300人一个单元，每单元2个坑位。在垃圾存放区按照垃圾分类管理的相关规定，在交通场站的生活区、办公区分别设置垃圾存放场地并保障垃圾清运车作业时道路畅通。

**3. 安保、消防设施建设标准**

（1）按照奥运安保设计大纲，交通场站为全封闭管理，外围由统一的2.5米高硬质隔离设施（护栏、护网）围合。交通场站内安保封闭区（即"干净区"）也须单独设置高硬质隔离设施围合，交通场站人员安检设备用房为10米长、6米宽、3米高，车辆安检设备用房为18米长、15米宽、4米高。交通场站"干净区"外设置临时防爆处置区。

（2）按照国家和北京市消防有关规定，设置临时消防设施。

**4. 配套设施建设标准**

（1）洗浴采用电加热器和太阳能相结合的供水方式，按照交通场站单班备班人数的15%，每20人为一个淋浴头进行设计和建设。

（2）小客车清洗设施按占地400平方米设计，大客车清洗设施按占地700平方米设计。停车场每1000平方米设立一个临时的供水设施。

（3）在交通场站内安装临时的交通标识和相关设施，施画停车位和导线标线。

（4）所有功能用房均配备空调和照明设施，对有特殊需求的功能用房，配备上下水及防盗设施。

（5）交通场站尽可能提供双路供电，如不具备条件的单路供电应备有发电机，为其提供应急电力和照明用电。

（6）停车场照明要采用高杆照明，照明亮度参照国家停车场照明建设标准。

根据以上标准，2007年6月，奥组委交通部完成了交通场站初步设计方案。经征求各客户群交通服务团队意见和国际奥委会交通专家的审核，2007年9月完成了详细的交通场站设计方案。

## 六、交通场站设计方案

### 1. 奥林匹克公园交通场站详细设计方案

奥林匹克公园交通场站位于朝阳区奥林匹克森林公园园内，规划用地面积(N6 + N1)27.5 万平方米，租用功能用房 7400 平方米；停放运动员班车及媒体班车 832 辆、技术官员班车 200 辆、T3 小客车 100 辆。如图 6-2、图 6-3 所示。

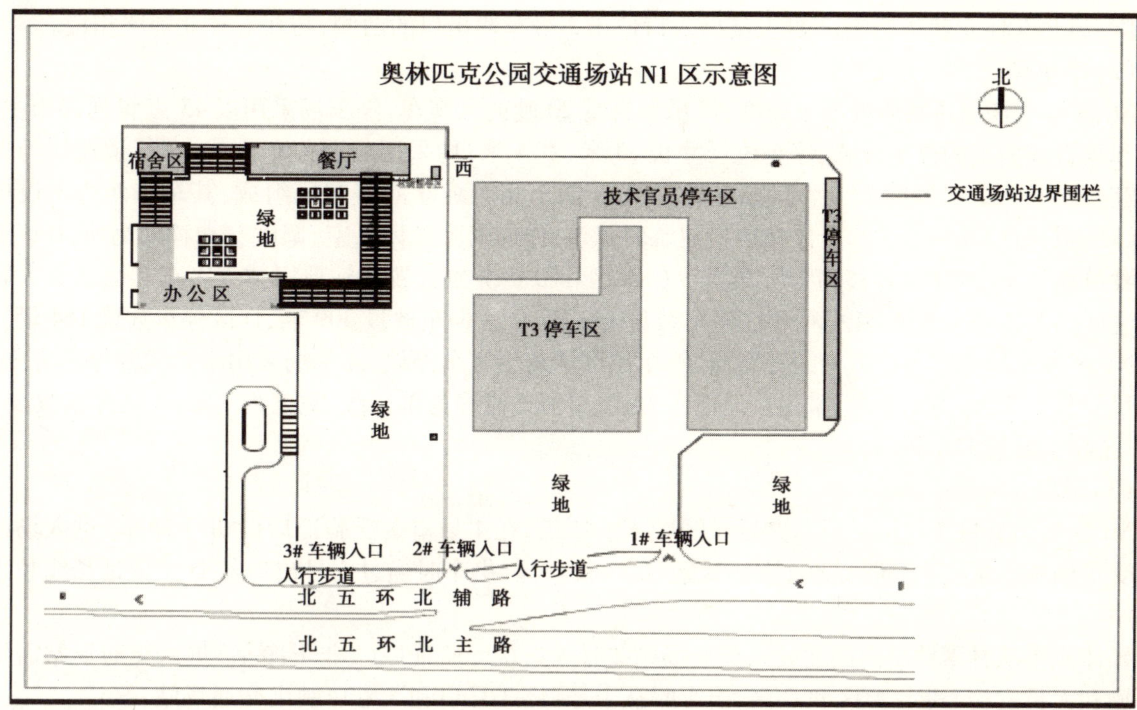


图 6-2　奥林匹克公园交通场站 N1 区示意图

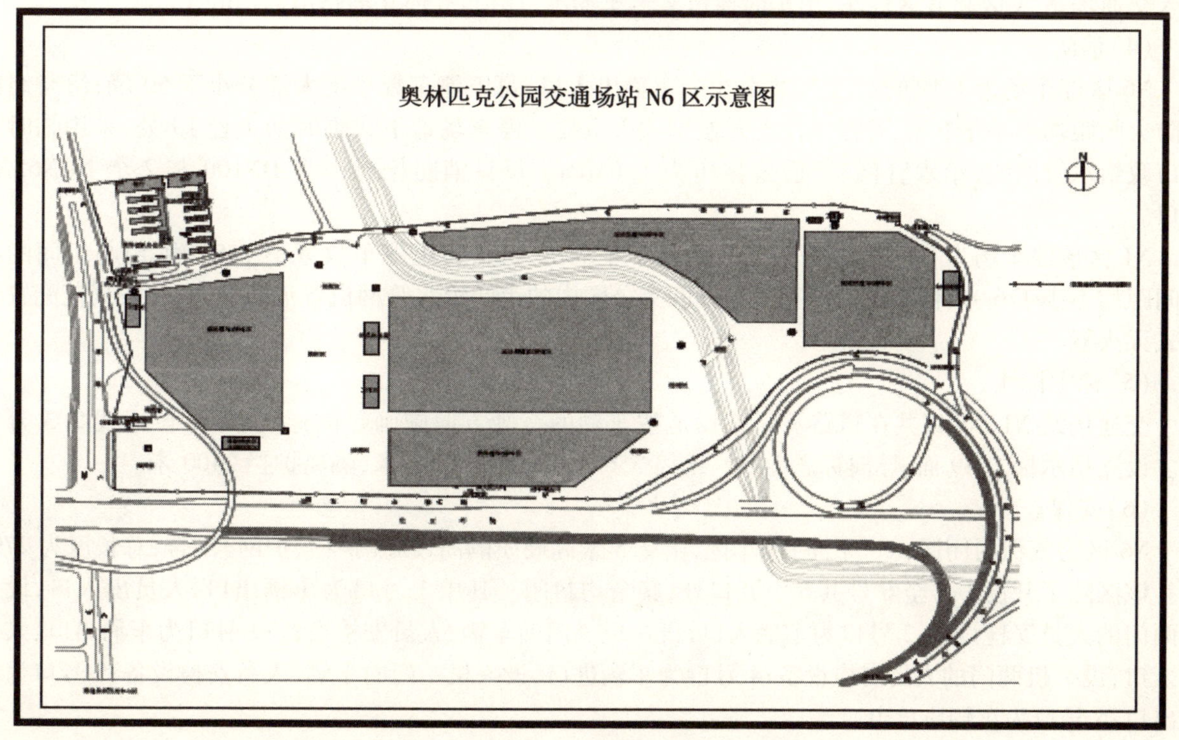


图 6-3　奥林匹克公园交通场站 N6 区示意图

(1)人员、车辆出入口。

N6区1号人员出入口、车辆出口位于交通场站西北角,西临近林翠路;2号人员出入口、车辆入口位于西南角,临近林翠路;3号人员出入口、车辆出口位于交通场站南侧,与北五环北辅路相接;4号车辆入口位于交通场站东北角,与林翠立交桥L匝道相连接;5号车辆出口位于交通场站东南角,与林翠立交桥D匝道相连接;6号车辆应急出口位于交通场站南侧,与北五环北辅路相接。

N1区1号车辆入口位于交通场站东南侧,与北五环北辅路相接;2号车辆出口位于1号车辆入口的西侧,与北五环北辅路相接;3号人员出入口位于2号车辆出口的西侧,与北五环北辅路相接。

(2)停车场。

N6区停车场采用硬质混凝土路面,可承载自重20吨的大客车,停车场采用以45度斜列式为主,平行式和垂直式为辅的停车方式,停车位尺寸长13米、宽4米,均采用后退停车方式,车行道流线为单行线,宽度分别为12米和8米。停车场由A、B、C、D四个相对独立的停车区组成,其车道两边不设停车位,保障运行时的通畅。在每个停车区搭建临时建筑,作为驾驶员休息室、调度室和移动厕所,B区和D区驾驶员休息室、调度室和移动厕所共用。在A区和D区分别设置为注册媒体大客车和运动员大客车的清洗区。A区停车数量249辆,B区停车数量133辆,C区停车数量309辆,D区停车数量164辆。

N1区停车场内的车行道为沥青路面,停车位可承载小客车停放,停车场采用垂直式的停车方式,停车位尺寸长5.5米、宽2.5米,采用后退停车方式,车行道流线为单行线,宽度为7米,A区停车数量200辆,B区停车数量118辆。

(3)道路。

N6区运动员班车均从北辰西路延长线驶入L匝道,在4号口接受验证后("非干净车"进入场站需要接受车辆和人员安检)进入交通场站B区、C区和D区,出车时通过5号出口从D匝道延长线驶出交通场站。

媒体班车从林翠路由南向北驶入交通场站2号入口接受验证后("非干净车"进入交通场站需要接受车辆和人员安检)进入A区和C区,出车时从1号口 、3号口和5号口驶出交通场站。

N1区技术官员班车(小客车)和T3小客车从北五环北辅路由东向西在1号车辆入口,接受验证后进入交通场站A区和B区停车,出车时通过2号车辆出口沿北五环北辅路由向西驶出。

(4)消防。

N6区停车场为I类防火,全区共设6个车辆出入口,每组停车数量绝大部分小于50辆,组与组间的防火间距均不小于6米,并按规范配置便携式灭火器。停车场地下式临时消火栓19处,采用临时沟通市政给水管网线,给水管网、管道公称压力1.0MPa。每只消防栓有一个DN100和2个NDN65出水口。

N1区该停车场为I类防火,停车区共设两个车辆出入口,每组停车数量小于50辆,组与组间的防火间距均不小于6米,停车场消防利用奥林匹克公园内的市政给水管网设置消防栓井,并按规范配置便携式灭火器。

(5)标志标线。

交通场站N1、N6区共在道路及停车场地按车辆的行驶方向施画导向标线、停车位标线2.3万延米。设立指示标志49面、导向标志24处、锥筒350个、警戒带5000米、隔离护拦2400米。

(6)安保。

N6区为安保封闭区,即"干净"停车区,由2.5米高硬质隔离设施(护栏、护网)围合,总长度为2796米。该区除了开设1号至6号共6个开口外,其余均封闭。其中1号口为车辆出口、人员出入口,设一机两门的人员安检设备;2号口为车辆入口,设一机一门的车辆、人员安检设备;3号口为车辆出口、人员出入口,设一机两门的人员安检设备;4号口为车辆进口,设一机一门的车辆、人员安检设备;5号口为车辆出口;6号口为车辆应急出口。

N1区为非安保封闭区,即"非干净"停车区,该区由2.5米高硬质隔离设施(护栏、护网)围合,护栏总长度为 913 米,除了开设 1 号至 3 号共 3 个开口外,其余均封闭。1 号口为车辆入口;2 号口为车辆出口;3 号口为人员出入口。

(7)功能用房。

全区配套功能用房区 7400 平方米,包括交通服务办公用房、后勤保障服务用房、工作人员住宿用房、餐厅、洗衣、洗浴、卫生间、医务室等。停车场地临建休息室、移动卫生间和固定卫生设施。

(8)车辆清洗设施。

在交通场站 A 区、D 区,分别设立大客车自动清洗机各一台。

(9)车辆维修。

在交通场站 A 功能区内设置面积 80 平方米的车辆维修间。

**2. 奥林匹克大家庭饭店交通场站详细设计方案**

该交通场站位于北京饭店以北,分为二个停车区:南区位于北京饭店二期工程北京宫停车楼内、北区位于甜水井胡同以北,大阮府胡同以南建设拆迁用地。

南区占用停车楼首层、地下一层和地下二层,在 E5 和 E3 区临建功能用房 1800 平方米,停放 T1 小客车 550 辆,T2 小客车 300 辆,T3 小客车 110 辆。南区停车楼首层面积 5. 3 万平方米,地下一层 7500 平方米、地下二层 1. 1 万平方米。

北区停车场占地 23,000 平方米,租用附近校舍永久建筑 500 平方米,搭建临时功能用房 1200 平方米;停放 T3 小客车 400 辆,大客车 30 辆,如图 6-4、图 6-5 所示。

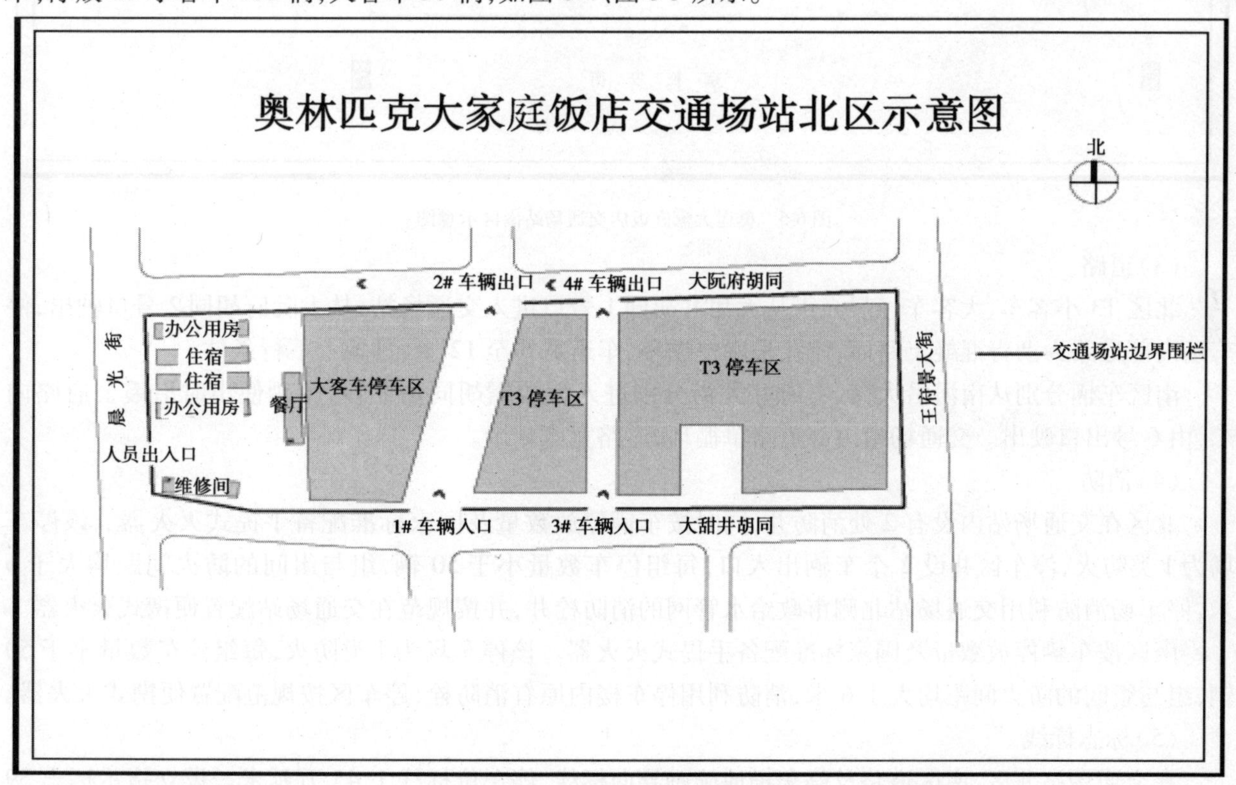


图 6-4　奥运大家庭饭店交通场站北区示意图

(1)人员、车辆出入口。

北区人员车辆入口位于大甜井胡同,出口位于大阮井胡同,出入口宽度为 12 米,南区出入口临近王府井大街,出入口宽度为本 12 米。

南区人员出入口位于南河沿大街西侧交通场站 5 号门。

(2)停车场。

北区临时停车场采用沥青混凝土路面,可承载自重 20 吨的大客车,大客车采用 45 度斜列式的停车方式，T3 小客车采用垂直式的停车方式，大客车停车位尺寸长 13 米，宽 4 米，小客车停车位尺寸长 5.5 米，宽 2.5 米，均采用后退停车方式.

南区利用现有停车场采用垂直式的停车方式，尺寸长 5.5 米，宽 2.5 米，均采用后退停车方式。

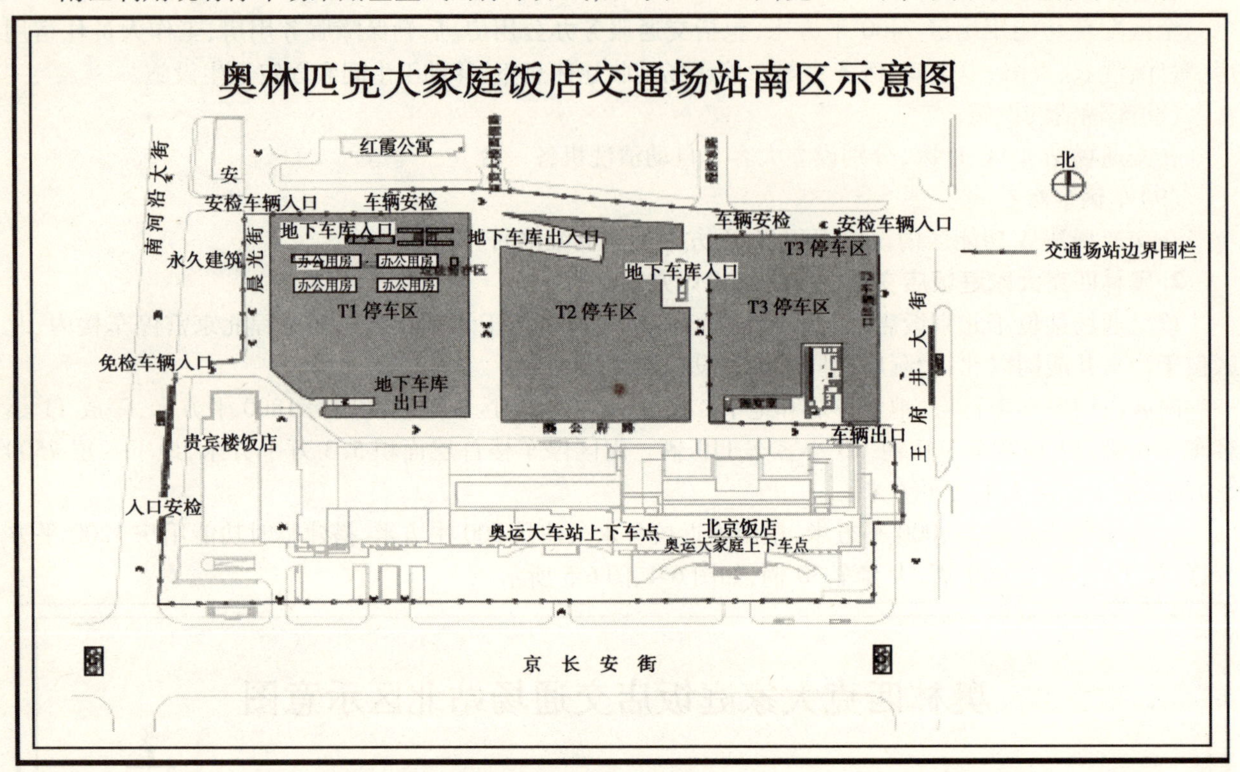


图 6-5　奥运大家庭饭店交通场站南区示意图

(3)道路。

北区 T3 小客车、大客车经晨光街从大甜井胡同 1 号口进入交通场站，从大阮府胡同 2 号口驶出，停车场内部道路为沥青混凝土路面，流线采取单循环，车道宽 6 至 12 米，具备上下行条件。

南区车辆分别从南河沿大街、王府井大街分别进入大沙帽胡同南北口，车辆使出时沿霞公府路向东，由 6 号出口驶出。交通场站内部道路单循环，道路宽度 6 米。

(4)消防。

北区在交通场站内设有 2 处消防井，同时按车辆停放数量及国家标准配备手提式灭火器。该停车场为 I 类防火，停车区共设 2 个车辆出入口，每组停车数量小于 50 辆，组与组间的防火间距均大于 6 米，停车场消防利用交通场站北侧市政给水管网的消防栓井，并按规范在交通场站配置便携式灭火器。

南区按车辆停放数量及国家标准配备手提式灭火器。该停车场为 I 类防火，每组停车数量小于 50 辆，组与组间的防火间距均大于 6 米，消防利用停车楼内原有消防栓，停车区按规范配置便携式灭火器。

(5)标志标线。

在交通场站北区、南区道路及停车场地施画导向标线、停车位标线 1.45 万延米。设立指示标志 39 面、导向标志 51 处、锥筒 350 个、警戒带 5000 米。

(6)安保。

交通场站停车场按安保部门标准统一的 2.5 米高硬质隔离设施(护栏、护网)围合，护栏总长度约 621 米。南区 E4 和 E5 为干净区，北区为非干净区。车辆通行安保政策按安保部统一规定政策执行。

(7)功能用房。

南北两区配套功能用房 3500 平方米，包括交通服务办公用房、后勤保障服务用房、工作人员住宿用房、餐厅、洗衣、洗浴、卫生间、医务室等。停车场地临建休息室、移动卫生间。

**3. 奥体中心交通场站详细设计方案**

该场站位于朝阳区奥体中心南侧，规划用地面积7.5万平方米，利用现有功能用房6500平方米；计划停放媒体班车100辆、技术官员班车67辆、T3小客车243辆、带道警车153辆、警用摩托车50辆；服务对象为媒体、技术官员、T3客户群和警车带道队车辆及驾驶员、随车服务志愿者、调度和管理人员、警车带道队交通管理人员。如图6-6所示。

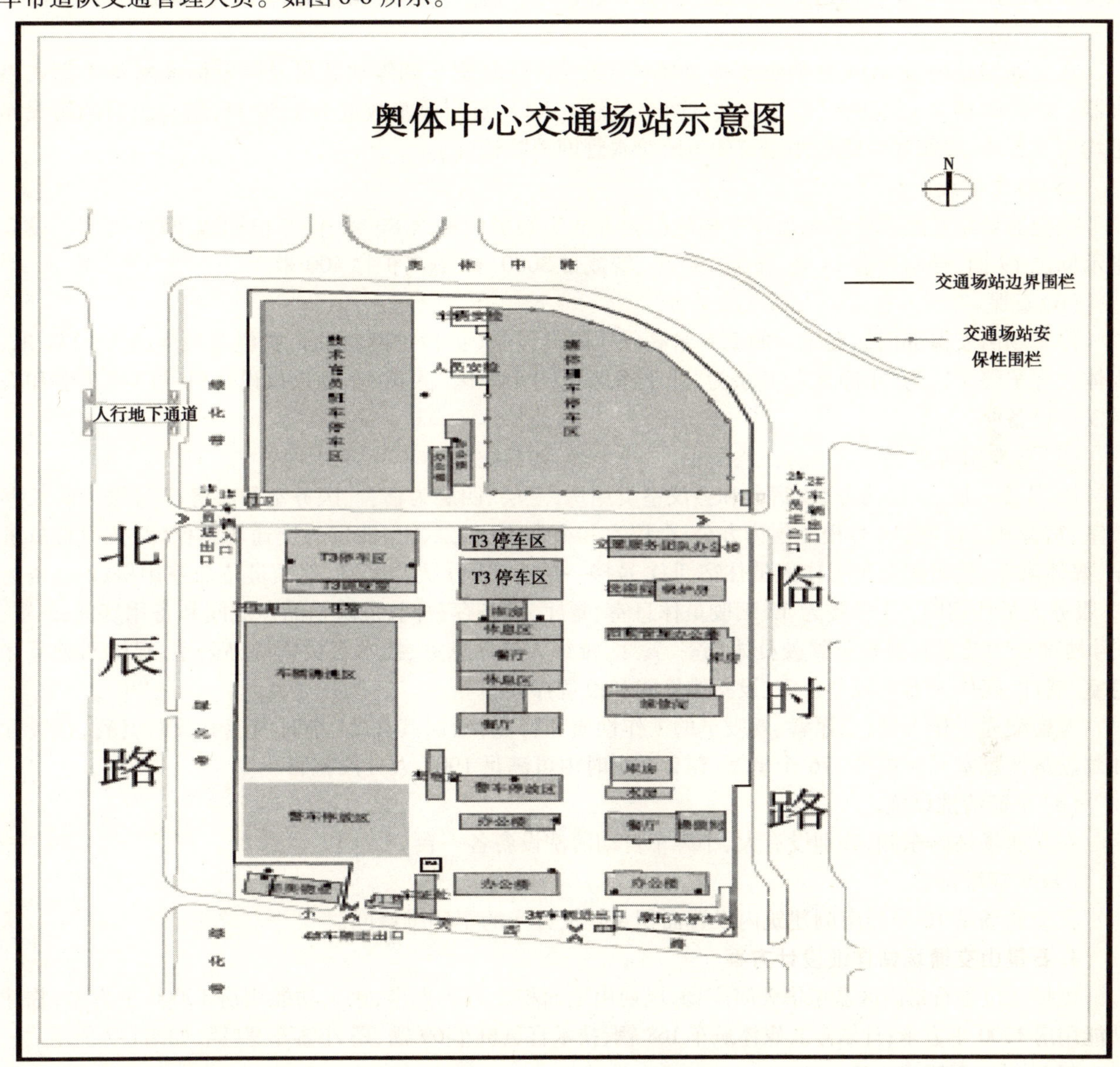


图6-6　奥体中心交通场站示意图

(1)人员、车辆出入口。

1号车辆人员出入口位于交通场站西侧，临近北辰路，出入口宽度为12米；2号车辆人员出口位于交通场站东侧，出口宽度为9.8米，临近临建路；3号车辆出入口位于交通场站东南侧，出口宽度为9.5米临近小关西街；4号车辆出入口位于交通场站南侧，出入口宽度为6米，临近小关西街，交通场站共设4个出入口。

(2)停车场。

停车场采用硬质混凝土路面，可承载自重20吨的大客车，停车场采用垂直式的停车方式，停车位尺寸为长3米，宽4米，车辆均采用后退停车方式，大客车行车路线为单行线，宽度最小处为13米。小客车行车路线为双行线，宽度最小处为6米，并设置交通指示标志。

(3)道路。

T3 小客车、技术官员大客车和媒体大客车由北辰路向东直接驶入,在通过验证后由交通场站 1 号口进入停车区。技术官员大客车和 T3 小客车分别停放在 A 区和 B 区,媒体大客车在 1 号口安检后停放在 C 区。T3 小客车、技术官员大客车和媒体大客车通过场站 2 号口驶出交通场站。警车带道队车辆从 4 号口进出,停车场内部道路为混凝土路面,流线采取单循环,车道宽 6 至 12 米,具备上下行条件。

(4)消防。

在交通场站内设有 14 处消防井、8 处临时消防站,同时按车辆停放数量及国家标准配备手提式灭火器。该停车场为 I 类防火,停车区共设两个车辆出入口,每组停车数量小于 50 辆,组与组间的防火间距均大于 6 米,停车场消防利用原有的市政给水管网消防栓井。

(5)标志标线。

在交通场站道路及停车场地按车辆的行驶方向实划导向标线 80 米、停车位标线 7000 延米。设立指示标志 19 面、导向标志 24 处、锥筒 100 个、警戒带 3000 米、隔离护拦 400 米。

(6)安保。

停车场由安保部门标准统一的 2.5 米高硬质隔离设施(护栏护网)围合,护栏总长度约为 1274 米。媒体大客车停车区为“干净区”,其余为“非干净区”。“干净区”人员、车辆入口设一机一门的车辆和人员安检设备。

(7)功能用房。

10 号楼一层、二层为办公、宿舍和会议室类用房,三层、四层为宿舍、医务室和库房;7 号楼为队长办公室、宿舍和会议室;18 号楼一层为办公、会议室和宿舍用房,二、三、四层为交通场站保障、技术官员班车、媒体班车、代表团专车工作人员住宿间;1 号楼一层为 T3 分队调度室、驾驶员待命室用房;2 号楼为 T3 服务人员住宿间。4 号楼为 T3 驾驶员休息室、餐厅、设备存放间、危险物品存放间和备用房间;3 号、4 号楼部分为技术官员班车驾驶员休息室、餐厅、维修人员休息室、技术官员资源办公室、媒体驾驶员休息室、餐厅、媒体人力资源办公室、设备维修间和设备存放间等。

考虑交通工作人员、志愿者、驾驶员的工作性质和特点,确保其在 24 小时内能够及时就餐,在餐厅和驾驶员休息室同时提供 476 个坐席,在 2 个小时内可满足 1904 人分段就餐。

(8)车辆清洗设施。

在交通场站内东侧,分别设有大、小客车自动清洗设备各一台。

(9)车辆维修。

在交通场站 16 号楼南侧建筑内设置面积 480 平方米的车辆维修间。

**4. 石景山交通场站详细设计方案**

该场站位于石景山区嘉年华表演广场,规划用地面积 5 万平方米,永久功能用房 1,000 平方米,临建功能用房 1200 平方米;计划停放媒体班车 168 辆,技术官员班车 69 辆、T3 小客车 90 辆,如图 6-7 所示。

(1)人员、车辆出入口。

1 号人员出入口位于交通场站南侧,临近石景山大街,出入口宽度为 6 米;2 号车辆出入口位于交通场站东南侧,临近上庄大街,出入口宽度为 8 米;3 号车辆出入口位于交通场站东北侧,临近上庄大街,出入口宽度为 12 米;4 号车辆出入口位于交通场站西北角,通过公园外北侧环路与上庄大街衔接,出入口宽度为 6 米。

(2)停车场。

停车场采用硬质混凝土路面,可承载自重 20 吨的大客车。技术官员大客车和媒体大客车采用以 45 度斜列式的停车方式,T3 小客车采用垂直式的停车方式。大客车停车位尺寸长 13 米、宽 4 米,小客车停车位尺寸长 5.5 米、宽 2.5 米,均采用后退停车方式。大客车车行道流线为单行线,宽度为 12 米,小客车为两边停车,宽度为 6 米,车行道设置交通指示标志。停车场将分为 A 区停放媒体班车 168 辆,B 区停放技术官员班车 69 辆,C 区停放 T3 小客车 90 辆,D 区停放费率卡备份车辆 80 辆;预留车辆缓冲

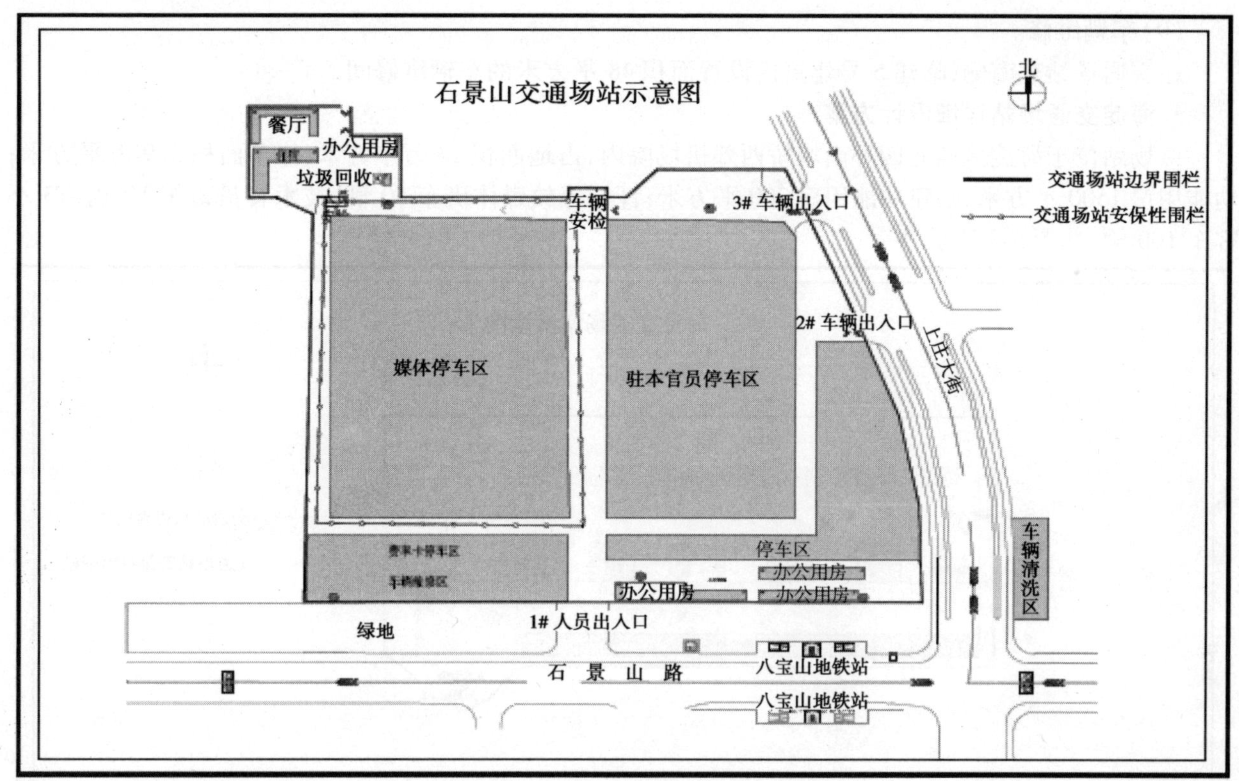


图 6-7 石景山交通场站示意图

950 平方米。

(3)道路。

T3 小客车、技术官员大客车和媒体大客车从石景山路经由上庄大街南向北驶入，在通过验证后分别由场站 2 号口和场站 3 号口进入交通场站停车区，技术官员大客车和 T3 小客车分别停放在 B 区和 C 区，媒体大客车在安检区 1 号口安检后停放在 A 区。T3 小客车通过场站 2 号口驶出，技术官员大客车和媒体大客车通过场站 2 号口和 3 号口驶出。

(4)消防。

在交通场站内设有 8 处永久消防栓，同时按车辆停放数量及国家标准配备手提式灭火器。该停车场为 I 类防火，停车区共设 2 个车辆出入口，每组停车数量小于 50 辆，组与组间的防火间距均大于 6 米。

(5)标志标线。

在交通场站内道路及停车场地按车辆的行驶方向施画导向标线、停车位标线 8000 延米。设立指示标志 19 面、导向标志 17 处、锥筒 200 个、警戒带 3000 米、隔离护拦 400 米。

(6)安保。

交通场站按安保部门标准统一的 2.5 米高硬质隔离设施(护栏、护网)围合，护栏总长度约为 1274 米。安保 A 区为媒体班车安检后停车区，其余为非安保区。场站 1 号口为人员出入口，场站 2 号口为车辆出入口，场站 3 号口为车辆出入口。安保 A 区 1 号口为媒体班车出入口，设一机一门的车辆和人员安检设施，安保 A 区 3 号口为媒体班车工作人员进入设一机一门人员安检设施。

(7)功能用房。

1 号楼一层为办公类用房，二层为宿舍和会议室，2 号楼为宿舍和食堂，3 号楼为费率卡交接及工作人员和驾驶员的餐厅用房(兼休息室)，4 号楼为工作人员办公类用房以及卫生间、淋浴房、洗衣房等辅助用房，5 号楼一层为办公类用房。

(8)车辆清洗设施。

在交通场站外，上庄大街大街东侧社会停车场内，设立小客车、大客车自动清洗设备各一台。

(9)车辆维修。

在交通场站东南侧,临建5号建筑内设置面积48平方米的车辆维修间。

**5. 海淀交通场站详细设计方案**

该场站位于海淀区西北四环南坞桥西郊机场院内,占地面积13万平方米,停车面积3.9万平方米;功能用房1500平方米,临建功能用房300平方米;计划停放媒体班车50辆,技术官员班车50辆,T3小客车100辆,如图6-8所示。

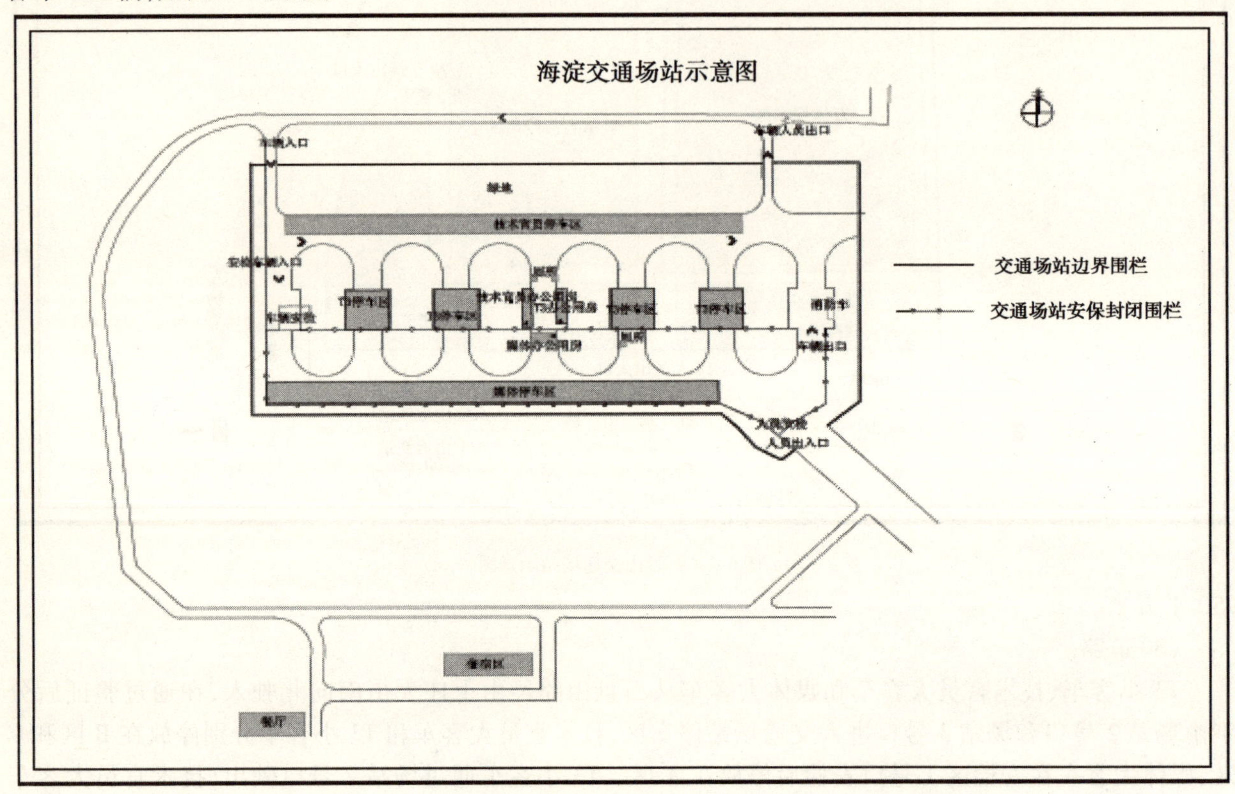


图6-8　海淀交通场站示意图

(1)人员、车辆出入口。

1号车辆进口和人员出入口位于机场北面,临近闵航路宽度6米;2号车辆出口位于机场北面、1号车辆进口和人员出入口东侧,临近闵航路宽度8米;3号车辆出口和人员出入口位于交通场站东北面,临近机场内环路宽度6米;4号车辆进口位于场站西北面,临近机场内环路宽度6米。

(2)停车场。

停车场为硬质混凝土路面,可承载自重20吨的大客车。技术官员班车和媒体班车采用以45度斜列式的停车方式,T3小客车采用垂直式的停车方式;大客车停车位尺寸为长13米、宽4米,小客车停车位尺寸为长5.5米、宽2.5米,均采用后退停车方式;大客车车行道流线为单行线,车道宽度为7米,小客车为两边停车,车道宽度为14米,车行道设置交通指示标志。

停车场共分为三个停车区,A区停放技术官员班车50辆,B区停放T3小客车80辆,C区停放媒体班车50辆,在停车场内设调度室、驾驶员休息室和移动卫生间,可基本满足运行需求。

(3)道路。

T3小客车、技术官员班车和媒体班车从北四环辅路由东向西驶入,经闵庄路和闵航路,在1号车辆进口和人员出入口接受验证后进入机场交通场站停车区,媒体班车如需安检可通过安检进入停C区停放,其余车辆不需安检,出车时由3号车辆出口沿机场内环路经2号车辆出口进入闵航路。机场内环路宽8米。

(4)场地照明。

在场站内停车场投光灯 10 座 250 瓦，照明亮度参照国家停车场照明建设标准。

(5)消防。

该停车场为 I 类防火，停车区共设 2 个车辆出入口，每组停车数量小于 50 辆，组与组间的防火间距均不小于 6 米，停车场消防利用西郊机场的消防设施，在指定位置配有消防专用车辆，并按规范配置便携式灭火器。

(6)标志标线。

在交通场站道路及停车场地按车辆的行驶方向施画导向标线、停车位标线 3000 延米。设立指示标志 12 面、导向标志 19 处、锥筒 140 个、警戒带 2000 米、隔离护拦 100 米。

(7)安保。

交通场站按安保部门标准统一的 2.5 米高硬质隔离设施(护栏、护网)围合，护栏总长度约为 970 米，媒体大客车停车区为干净区，人员出入口设一机两门的人员安检设备，车辆入口设一机一门的车辆和人员安检设备。

(8)功能用房。

1 号楼一层为办公室，二层为宿舍；2 号楼二层为食堂；3 号、4 号、5 号楼分别为媒体班车、技术官员班车、T3 车队的调度室、驾驶员休息室；6 号楼设有男女洗浴间；停车场设置 4 组移动卫生间。

(9)车辆维修。

在场站办公区 5 号建筑内设立 48 平方米的车辆维修间。

**6. 首都机场交通场站详细设计方案**

该场站位于 T3 航站楼东侧规划停车场内，规划用地面积 2.3 万平方米，临建功能用房 1200 平方米；计划停放行李车 80 辆，大客车 50 辆，小客车 180 辆；服务对象为为抵离提供服务的行李车、媒体班车、运动员班车、技术官员班车和 T1、T2、T3 的客户群车辆及驾驶员、行李员、随车服务志愿者、调度和管理人员，如图 6-9 所示。

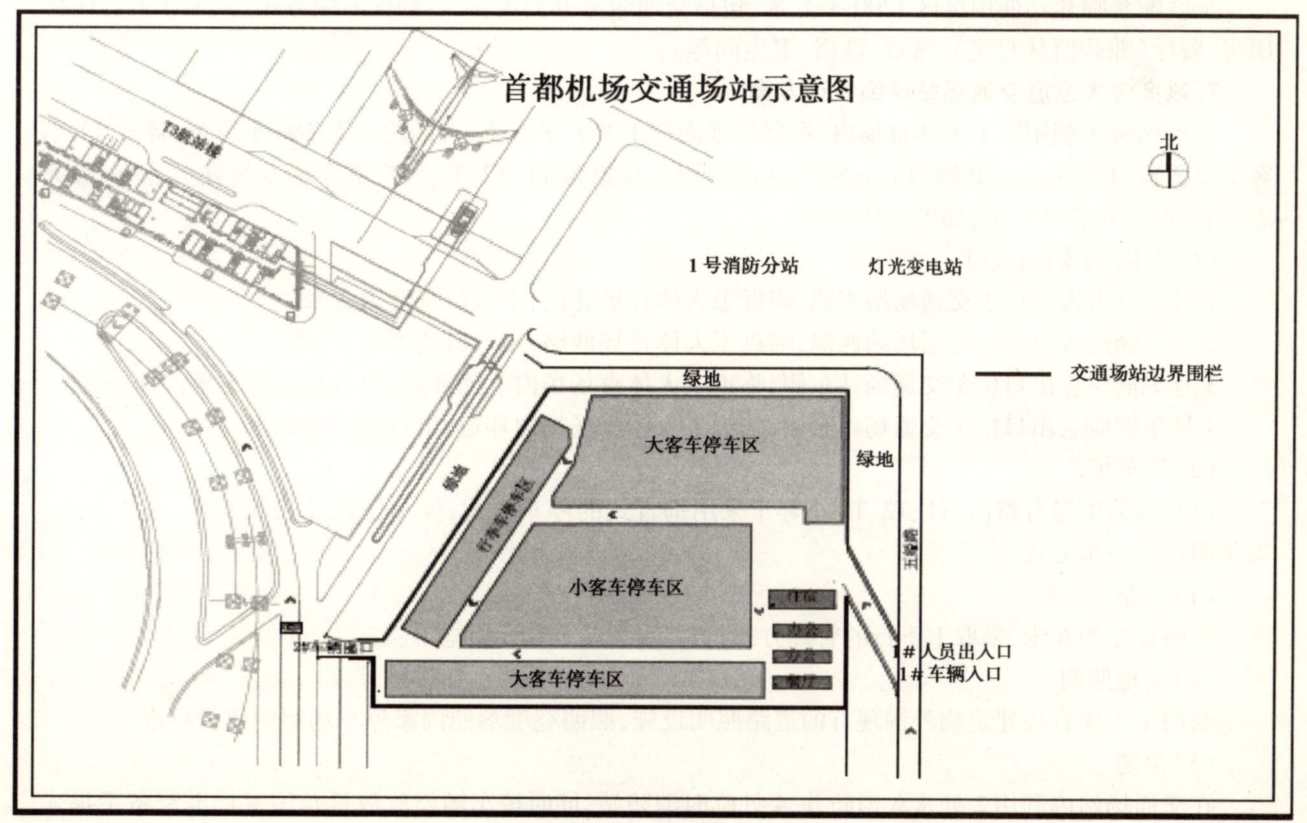


图 6-9　首都机场交通场站示意图

(1)人员、车辆出入口。

1号车辆人员入口位于交通场站东侧,临近五经路,进口宽度为9米;2号车辆人员出口位于交通场站西侧,出口宽度为9米。通往T3航站楼。

(2)停车场。

停车场采用硬质沥青路面,可承载自重20吨的大客车。停车场采用垂直式的停车方式,大客车停车位尺寸为长13米、宽4米,车辆均采用后退停车方式。大客车行车路线为单行线,宽度最小处为11米。小客车停车位尺寸为长5.5米、宽2.5米,均采用后退停车方式。小客车行车路线为双行线,宽度最小处为6米。

(3)道路。

奥运大家庭(T1、T2、T3)小客车、技术官员班车、注册媒体班车、运动员班车、行李车及保障车辆均从五经路由南向北方向行驶,从交通场站1号口在接受验证后进入,车辆按规定分别进入A区,B区、C区和D区,出车时从交通场站2号口驶出。

(4)消防。

该停车场为I类防火,全区共设2个车辆出入口,每组停车数量均小于50辆,组与组间的防火间距均不小于6米,利用原有4处消防栓,并按规范配置便携式灭火器。

(5)标志标线。

在交通场站道路及停车场地按车辆的行驶方向施画导向标线、停车位标线3200延米。设立指示标志17面、导向标志11处、锥筒100个、警戒带2000米、隔离护拦50米。

(6)安保。

交通场站停车区由安保部门统一标准的2.5米高硬质隔离设施(护栏、护网)围合,护栏总长度约为630米。场站为非干净区,场站出入口设车辆、人员验证点。

(7)功能用房。

全区配套临建功能用房区1200平方米,包括交通服务办公用房、后勤保障服务用房、工作人员住宿用房、餐厅(兼临时休息室)、洗衣、洗浴、卫生间等。

**7.残奥会大家庭交通场站详细设计方案**

该场站位于朝阳区工人体育场内,规划用地面积1.9万平方米,功能用房5,260平方米;停放T1小客车202辆、T2小客车80辆、T3小客车240辆;服务对象为T1、T2、T3客户群车辆及驾驶员、随车服务志愿者、调度和管理人员,如图6-10所示。

(1)人员、车辆出入口。

1号人员出入口位于交通场站南侧,临近工人体育场北门,出入口宽度为3米。

2号车辆出入口位于交通场站西侧,临近工人体育场西路,出入口宽度为10米。

3号车辆应急出口位于交通场站东侧,临近工人体育场场内北侧环道,出口宽度为5米。

4号车辆应急出口位于交通场站东侧,临近工人体育场场内环道,出口宽度为5米。

(2)停车场。

停车场采用沥青路面,T1、T2、T3小客车采用垂直式的停车方式,停车位尺寸长5.5米、宽2.5米,均采用后退停车方式。

(3)道路。

道路宽度为6米,采取上下行的管理方式,道路设置交通指示标志。

(4)场地照明。

利用工人体育场建筑物外围现有的道路照明设施,照明亮度参照国家停车场照明建设标准。

(5)消防。

在交通场站内利用2处永久消防井,4处临时消防站,同时按车辆停放数量及国家标准配备手提式灭火器。该停车场为I类防火,停车区共设两个车辆出入口,每组停车数量小于50辆,组与组间的防火间距均大于6米。

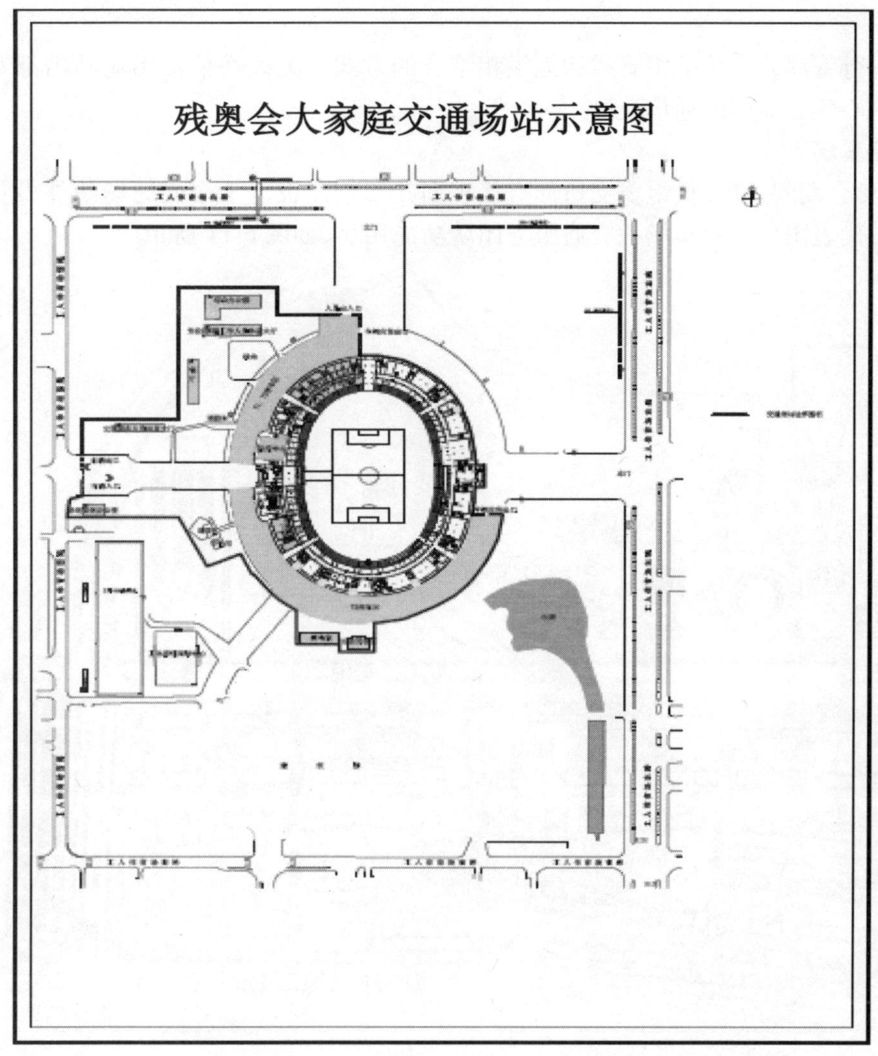


图6-10　残奥会大家庭饭店交通场站示意图

(6)标志标线。

利用原停车场标志标线。

(7)监控。

利用原停车场7处视频监控头，对交通场站范围实施24小时监控。

(8)安保。

停车场按安保部门统一标准的2.5米高硬质隔离设施(护栏、护网)围合，护栏总长度约为1263米。该停车场站为非干净区，不设立人员及车辆安检设施。人员及车辆进出交通场站时，安保工作人员只对证件进行识别。

(9)功能用房。

1号楼为后勤保障综合办公楼；2号楼为交通服务工作人员综合服务区；3号楼为餐厅；4号楼为工作人员住宿用房以及卫生间、淋浴房、洗衣房等辅助用房；5号楼安保人员备勤室，交通服务办公用房利用体育场一层永久建筑。

除以上各类基础设施外，各交通场站的场地照明均采用高杆灯与投光灯相结合的方式(除海淀交通场站外)，照明亮度参照国家停车场照明建设标准。

除海淀交通场站、残奥大家庭交通场站利用原有监控设施外，其他交通场站共安装99处视频监控系统，通过24小时电视监控、实时掌握场站安保线周边、场站内部以及进出场站车辆情况，为赛时车辆调度和场站交通安全管理提供直接、有效的信息服务。在场站中控室安装等离子显示器、服务器、存储等设备。

赛时场站运行管理的通信采用有线和无线相结合的方式。无线通信使用场站内部专用通信波段，与交通运行分中心建立专用的通信波段。

**8. 代表团停车场**

奥运会、残奥会期间，除由奥组委交通部直接规划并参与建设了7个交通场站外，还利用奥运村规划停车场设立了代表团专用停车场和交通服务团队功能用房，如图6-11所示。

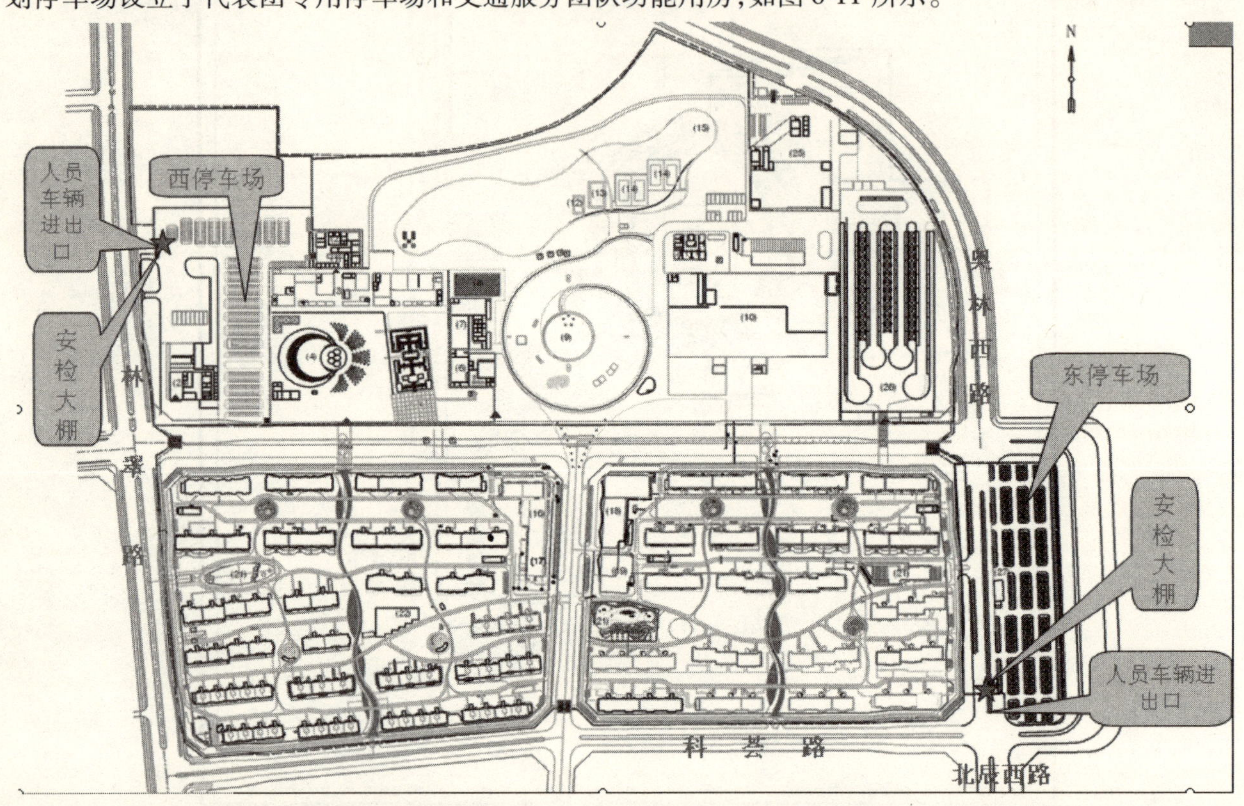


图6-11 代表团停车场示意图

(1)停车场。

代表团专用停车场分别设置在运动员村东、西两侧。西侧停车场1万平方米，停车位300个；东侧停车场3万平方米，停车位720个。停车采用垂直式方式，停车位尺寸长5.5米、宽2.5米。车辆需经林翠路进出西停车场，东停车场进出的车辆需经北辰西路。

(2)功能用房。

西侧停车场2间车队功能用房，分别为150平方米和120平方米。东侧停车场7间车队功能用房，每间120平米；7间车队办公室，每间12平米；1间库房，15平米；1间会议室，15平米。

(3)运行。

该场站运行由NOC交通服务团队自行管理组织，工作人员就餐由奥林匹克公园交通场站提供，洗浴、住宿由奥体中心交通场站负责保障，安保工作由赛时奥运安保指挥中心统一负责。车辆进入东、西停车场需进行安检，同时在运动员村的各人员出入口及停车场内分别设立了上下车区，方便了代表团人员的乘车。

## 七、交通场站配备物资

**1. 家具、白电**

家具、白电包括带屉办公桌、小型折叠条桌、中型折叠条桌、非软垫折叠椅、软垫折叠椅、双门衣柜、壁柜、双门铁文件柜、上下铺床、单人床、长条凳、壁挂空调、柜式空调、冰箱、饮水机、电视、洗衣机、电热水机、电沐浴器、白板、挂钟、保险柜。

**2. 车辆维修设备**

空气压缩机及气源、轮胎拆装机、车辆动平衡机、电源、十字改锥、一字改锥、扭力板手、内六角、尖嘴钳、万用钳、环形开口组合扳手、撬棒、火花塞高压线拨钳、数字万用表、电气测试笔、维修档布、点火线圈拉具、手电、故障诊断仪、卧式千斤顶(5 吨)、铁马、举升机。

**3. 通信设施**

奥运会、残奥会期间,7 个交通场站共配备手台 217 部、基地台 7 部、固定电话 38 部。

**4. 自动化办公设备**

奥运会、残奥会期间,7 个交通场站共配备 PC 机 31 台、多功能一体机 15 台。

## 八、交通场站施工建设

按照各交通场站详细运行设计方案,奥组委工程和环境部完成了交通场站运行设计单位及施工单位的招标工作,北京城市开发设计院负责交通场站运行设计工作,中国标准设计院负责交通场站建设设计方案,中建二局负责交通场站施工建设。

**1. 确定交通场站建设工期**

根据奥组委总体计划要求,交通场站于 2008 年 6 月底前交付使用,奥组委工程和环境部制订了详细的场站建设进度,如表 6-1 所示。

交通场站建设进度表　　表 6-1

| 日期<br>项目 | 2007 年<br>11 月 | 2007 年<br>12 月 | 2008 年<br>1 月 | 2008 年<br>2 月 | 2008 年<br>3 月 | 2008 年<br>4 月 | 2008 年<br>5 月 | 2008 年<br>6 月 |
|---|---|---|---|---|---|---|---|---|
| 石景山交通场站 | 增开路口 | 场地硬化 | 地下管线施工 | | 临设施工 | 安保设施施工 | 完成建设 | 测试验收 |
| 奥林匹克公园交通场站 | | 土方工程施工 | 地下管线施工场地硬化 | | 临设施工 | 安保设施施工 | 完成建设 | 测试验收 |
| 海淀交通场站 | | | 地下管线施工 | | 临设施工 | 安保设施施工 | 完成建设 | 测试验收 |
| 奥体中心交通场站 | | | | 强弱电布线空调安装 | 临设施工 | 安保设施施工 | 完成建设 | 测试验收 |
| 首都机场交通场站 | | | | | 临设施工 | | 完成建设 | 测试验收 |
| 奥林匹克大家庭饭店交通场站 | | | 南区、北区辅设临时强弱电 | | | 南区道路改扩建 | 北区临建设施及地面硬化施工 | 测试验收 |
| 残奥会大家庭交通场站 | 8 月 24 日对现有的设施进行改造,对场地内的停车位、导向标线进行重新施划,9 月 3 日交付使用 | | | | | | | |

**2. 交通场站工程建设**

2008 年 4 月,各交通场站陆续开始施工建设。奥林匹克大家庭饭店交通场站北区,由于建设拆迁协调工作难度大,使交通场站工程建设工作延迟。为了能够使交通场站按时投入使用,各级政府领导多次现场协调、办公,确保了交通场站按期投入运行。

奥林匹克公园交通场站在建设初期,遇到了树木伐移的困难,由于受相关手续和天气的影响,使工程建设搁浅。国际奥委会交通专家来京勘察,曾多次提出加快建设的建议。为了保障赛事期间最大交通场站按时投入运行，奥组委领导与朝阳区政府及相关部门组织协调，在朝阳区政府投入大量的人力、物力下及时解决了树木移出、消防用水引入、餐饮用电的问题，并同时投入200多万元购置了厨房设施，满足了赛时供餐需求。

奥体中心交通场站功能用房很多建于20世纪70年代初，房屋年久失修、设备老化，没有良好的排雨水系统。为了配合交通场站建设，作为交通场站赛时运行保障团队的新奥公司，提出了“服务奥运、全力保障”的口号。在奥运会、残奥会赛事期间，奥体中心交通场站在服务对象多、工作任务重的情况下，勇往直前、尽职尽责，团队全体工作人员兢兢业业，胜利、圆满地完成了任务。

首都机场交通场站是租用T3航站楼部分出租车停车场地，因T3航站楼的相关停车配套设施施工滞后，出租车无法按计划迁入，致使该场站的基础建设工程无法按原计划进行。为此北京市政府相关领导积极协调首都机场股份公司，并通过现场会的形式要求各相关单位要积极配合，使交通场站建设在6月20日按期完成施工，交付使用。

在交通场站规划建设的过程中，市委、市政府的领导及有关各区县政府、业主单位给予了大力支持和帮助，充分发挥体制优势，全力保障工程建设顺利进行。至2008年6月底，全面完成了奥运会6个交通场站的工程建设和测试，为赛时运行提供了保障。

同时残奥大家庭交通场站在北京市总工会，朝阳区政府大力协助、场馆团队积极参与和相关部门的努力下，8月底转换期顺利交付交通场站运行团队使用。

## 九、交通场站运行团队的组建

**1. 交通场站团队运行原则**

交通场站运行实行属地化管理及交通场站主任负责制的工作原则，充分发挥体制优势，整合政府和相关部门、企业资源，发挥各单位在大型活动中后勤保障的经验与优势。

**2. 交通场站团队工作职责**

(1)场站内安全保卫。

场站出入安全检查：负责场站出入口安全警戒，对进入场站的人员、车辆证件进行识别放行，对出场站车辆验单放行；

场站安全巡视引导：负责场站24小时不间断巡回检查，对场站进行安全巡视，按要求引导车辆停放，维护场站内行车和停车秩序，确保场站安全；

场站视频监控：负责场站安全、设施监控管理，采取24小时不间断视频监控，负责视频监控信息收集、上报；

消防安全检查：负责场站消防设备配置和日常检查维护，负责防火巡查，协助完成发生火情后的报警、人员疏散、组织扑救、现场保护；

(2)后勤服务保障。

室内、场地保洁：负责场站各功能用房、停车场、道路、设施保洁清废工作；

垃圾清运：负责场站内垃圾清除及运输；

餐饮服务：负责赛时场站内工作人员四餐的提供、分发和临时热餐服务，以及场站内餐厅设施、设备的日常管理；

住宿、洗浴、洗衣服务：负责场站内住宿、洗浴服务以及洗衣设施、设备的日常管理；

卫生防疫：负责场站内卫生检查、疾病防疫，一般疾病及创伤的处置，突发疾病的紧急救护；监督食品卫生安全情况。

(3)基础设施维护。

水电维护：负责协调供电部门对场站内供电设施、设备的日常维修管理，查防事故隐患，确保用电安全，保证在一路电源断电后立即启动备用电源供；负责场站内生活用水、清洁用水、消防用水、污水排放设施、设备的日常维护管理；

其他设施维护：负责场站道路、停车场及场站护栏、标志牌、锥筒交通设施的维护工作。

(4)场站外围协调。

做好赛时交通场站外围交通和环境保障的协调工作。

**3. 场站运行团队的组建**

坚强有力的领导班子是完成交通场站赛时运行任务的决定因素。由属地区政府或业主单位抽调的领导干部作为交通场站主要负责人，依靠属地政府和业主单位组建交通场站运行团队，是完成赛时任务的根本保障，在明确交通场站主任、副主任作为奥运会工作人员的身份和职责基础上，合理搭建交通场站人力资源管理结构，迅速抽调精干人员组建交通场站运行团队，全面开展人员上岗培训工作，同时建立了交通场站临时党团组织，组建强有力的领导班子，卓有成效地开展工作。各交通场站运行团队共计2358人。其中领导班子24人，业务主管45人。

(1)组织结构。

交通场站实行主任负责制。场站主任和副主任由奥组委任命。赛时，交通场站主任作为交通场站运行的第一责任人，全面负责场站的安保、后勤、设施维护及周边协调工作，同时负责交通场站运行团队与交通服务运行团队的沟通协调，如图6-12所示。

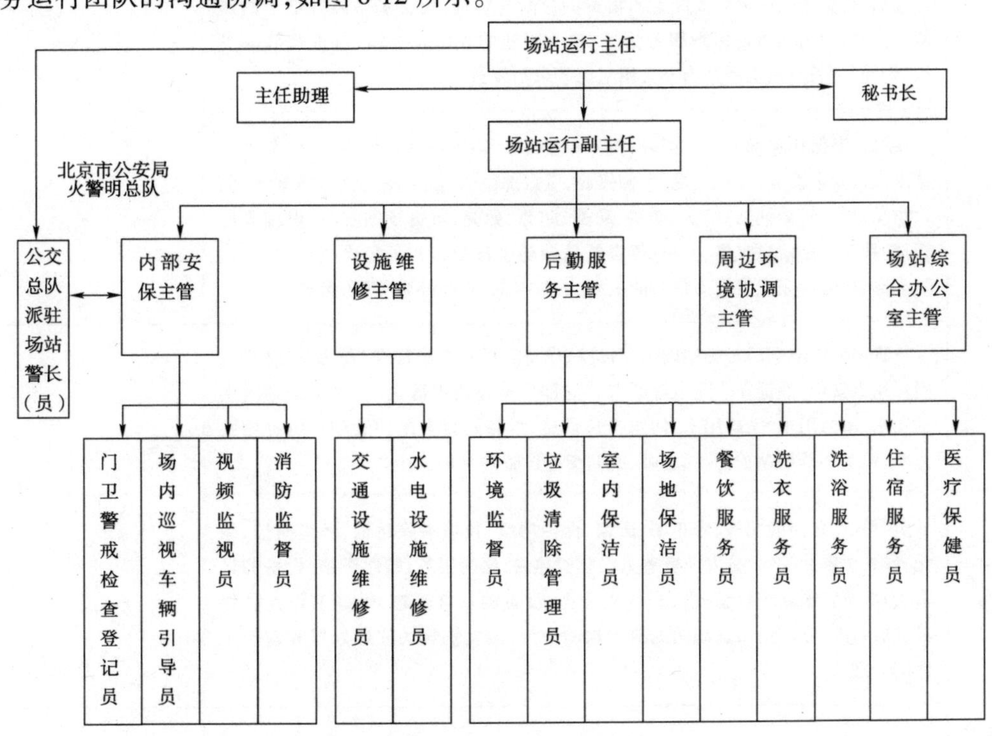


图6-12　交通场站组织结构图

(2)资源配置/岗位描述，见表6-2。

资源配置/岗位描述　　表6-2

| 职位 | 岗位任务 | 备注 |
|---|---|---|
| 交通场站负责人 | | |
| 场站运行主任 | 全面负责场站内的管理与协调；向上级业务主管领导请示汇报；参与场站的规划和交通运行方案的设计；负责场站保障运行方案的组织实施、落实和检查；识别各类问题的性质并根据既定的政策和程序进行处理；安排和协调场站服务人员的工作岗位；协调和解决场站内部资源及工作任务的分配；完成上级交办的其他工作 | |
| 主任助理 | 协助场站主任完成工作 | |

续上表

| 职位 | 岗 位 任 务 | 备注 |
| --- | --- | --- |
| 秘书长 | 在场站运行保障团队主任的直接领导下，协助落实场站内后勤保障服务需求，参与场站后勤保障服务方案的设计；协助场站主任做好场站规划建设和后勤服务设施的配置；配合场站主任解决场站后勤保障过程中的相关问。 | |
| 场站运行副主任 | 协助场站主任制订安全、保卫工作方案，抓好场站安全、保卫工作的组织实施，确保场站安全、保卫工作万无一失；负责向场站主任汇报后勤保障管理组织运行、安全、保卫管理组织运行的状况，执行场站主任的指示；负责管理安保团队；负责突发事件处置；负责场站安保技防设施的日常管理、维修，协助场站主任制订、落实场站后勤保障工作方案；负责管理后勤保障团队；协助场站经理处置突发事件；协调场站后勤保障与其他部门的关系 | |
| | 职能部门主管 | |
| 场站综合办公室主管 | 重点负责场站内外的日常工作；负责场站人事工作，包括场站后勤保障工作人员的注册，证件的办理；负责场站安检工作人员与场站安保工作人员的协调与沟通；负责场站内奥组委配置的物资的分配与管理；负责场站内各部门的协调工作；负责场站后勤保障服务信息、重大问题的收集及上报；负责文件的发放、传递与保管；负责场站内办公用品的领取与发放 | |
| 内部安保主管 | 在奥运安保相关部门统一指挥、指导和监督下，协助场站运行副主任，负责场站出入口安全警戒，安全巡视，车辆停放，重点部位的（配电室、机房、档案室、危险物品存放间、加油站）防火、防盗、防爆、防恐、处突；负责场站安全、设施监控管理，视频监控信息收集、上报；负责场站消防设备配置和日常检查维护，负责防火巡查，协助完成发生火情后的报警、人员疏散、组织扑救、现场保护 | |
| 设施维修主管 | 负责协调供电部门对场站内供电设施、设备的日常维修管理，查防事故隐患，确保用电安全，保证在一路电源断电后立即启动备用电源供电；负责场站内生活用水、清洁用水、消防用水、污水排放设施、设备的日常维护管理。负责场站道路、停车场及场站护栏、标志牌、锥筒交通设施等维护工作 | |
| 后勤服务主管 | 负责场站各功能用房、停车场、道路、保洁清废、垃圾清除运输，环境监控、绿化养护，供餐的配给、分发及就餐人员临时热餐、误餐服务，餐厅设施、设备的日常管理；负责场站内住宿、洗浴、洗衣设施、设备的日常管理，做好工作人员住宿、洗浴、洗衣服务；负责场站内卫生检验防疫，突发伤病的先期处置和救护工作的管理 | |
| 周边环境协调主管 | 做好赛时交通场站周边交通和环境保障的协调工作 | |
| 公交总队派驻场站警长（员） | 对场站的安保、安检工作进行指导 | |
| | 工 作 人 员 | |
| 门卫警戒检查登记员 | 负责场站出入口安全警戒，证件识别，对进入场站的人员、车辆检查登记 | 按场站人员、车辆出入口的数量计算，每口1班2人 |
| 场内巡视车辆引导员 | 负责场站停车场，道路24小时不间断安全巡视检查，维护停车场交通秩序，确保场站安全，协助处置突发事件 | 按场站停车场面积（平方米）计算，每2000平方米1人 |
| 视频监控员 | 负责场站安全、设施监控管理，采取24小时不间断视频监控，负责视频监控信息收集、上报，协助处置突发事件 | 本场站1个监控室 |

续上表

| 职位 | 岗 位 任 务 | 备注 |
|---|---|---|
| 消防监督员 | 负责场站消防设备配置和日常检查维护工作，负责防火巡查，协助完成发生火情后的报警、人员疏散、组织扑救、现场保护，协助处置突发事件 | 按场站停车场面积(平方米)计算，每1万平方米1人 |
| 交通设施维修员 | 负责场站道路、停车场及场站护栏、标志牌、锥筒交通设施等巡检及日常维护工作 | |
| 水电设施维修员 | 负责对场站内供电设施、设备的日常维修管理，查防事故隐患，确保用电安全，保证在一路电源断电后立即启动备用电源供电；负责场站内生活用水、清洁用水、消防用水、污水排放设施、设备的巡检及日常维护管理 | |
| 环境监控员 | 负责场站内环境监控、绿化养护工作 | |
| 垃圾清除管理员 | 负责场站内保洁清废设施、垃圾分类，清除运输工作 | |
| 室内保洁员 | 负责场站各功能用房内保洁清废工作 | 按场站功能用房面积(平方米)计算，每1000平方米1人 |
| 场地保洁员 | 负责场站停车场、道路、设施保洁清废工作 | 按场站停车场面积(平方米)计算，每1万平方米1人 |
| 餐饮服务员 | 负责场站内餐厅设施、设备的日常管理，做好工作人员就餐服务工作 | 按场站就餐人员计算，每100配1名管理员 |
| 洗衣服务员 | 负责场站内洗衣设施、设备的日常管理，做好工作人员洗衣服务工作 | |
| 洗浴服务员 | 负责场站内洗浴设施、设备的日常管理，做好工作人员洗浴服务工作 | |
| 住宿服务员 | 负责场站内住宿设施、设备的日常管理，做好工作人员住宿服务工作 | 按场站床位数计算，每50床位配1名管理员 |
| 医疗保健员 | 负责场站内卫生检查、疾病防疫，工作人员一般疾病及创伤的处置，突发疾病的紧急救护，医疗保健工作；监督食品卫生安全情况 | |

(3)人员组成按照“属地为主”的原则，满足赛时交通场站运行工作任务的要求。

各交通场站团队充分发挥属地政府体制、区域优势，从区委、区政府及各企、事业单位选调优秀干部，组成场站运行保障团队，制订运行计划，全力服务奥运。

奥林匹克公园交通场站接受任务后从朝阳区区委、区政府迅速抽调人员，组建运行团队。区委书记亲自协调区委组织部委派一名区委常委担任运行团队主任，三名区处级干部担任运行团队副主任，区人事局从全区20多个单位抽调业务骨干441人，短期内完成了运行团队组建工作。

奥体中心交通场站以北京市新奥物业管理有限公司商贸分公司33名员工为主体，聘用北京市振远保安公司安保人员83人，北京市大兴区第一职业高中实习学员68人，招聘社会技术人员42人。组成了共226名工作人员的场站运行团队。

海淀交通场站按照奥组委交通部的统一标准，参与保障的军地双方建立和完善了组织领导机构。以团级、副团级、营级干部为交通场站主任、副主任，加强组织领导，成立了临时党支部，设立了7人支委，并对161名保障人员进行明确分工。

残奥会大家庭交通场站由于前身是工人体育场运行团队，转场时间仅有3天，前期做了一定的准备。在原有运行团队的基础上，保留了部分管理人员，同时补充了大量的后勤服务保障人员，以确保完成交通场站服务任务。

石景山交通场站、奥林匹克大家庭交通场站、首都机场交通场站分别从区委、区政府，企、事业单位选调优秀干部，组成了强有力的场站运行团队，为交通场站运行工作奠定了坚实的基础。

**4. 完善场站硬件设施**

在交通场站规划、筹建过程中，面对时间紧、基础设施不完善及各种各样的困难，各交通场站运行团队不等不靠、自己动手，充分发挥体制优势和主观能动性，"没有条件创造条件"解决水、电、气、管道等难题，解决工程遗留问题，不断完善交通场站的硬件设施。

**5. 加强安全保卫工作**

奥运交通场站安保工作由北京市公安局公共交通总队（以下简称公交总队）牵头，各属地政府和业主单位具体承担。面对奥运安保工作要求高，又无可借鉴的运行模式，为确保奥运交通场站安保工作万无一失，各有关单位和部门在公交总队的统一部署下，明确任务标准、整合安保力量、完善指挥体系、细化工作预案、强化培训指导、反复拉动演练，为顺利完成交通场站各项安保任务打下了坚实的基础。

（1）按照交通场站奥运安保运行标准，6 月 10 日公交总队抽调公安民警 67 名，专门负责奥运交通场站安保工作，实行警长负责制。

（2）交通场站属地公安分局、消防支队、交警支队共同参与交通场站安保工作，相关部门各司其职、有效连接，形成立体化交通场站安保体系。

（3）细化工作方案，针对交通场站可能面临的涉爆、涉毒、反恐防爆以及突发事件、火灾、车辆刮蹭、纠纷等治安、刑事案件等隐患，多方面设想，共制订了交通场站安保工作总体方案、应急处突预案、开（闭）幕式安保工作方案等各类总体方案 11 个，同时还制订了各交通场站分方案 7 个。

（4）讲理论、重实战，加强培训。共开展各类培训 8 次，培训监控岗位 54 人次，安检岗位 250 人次，安保岗位 850 人次。在此基础上，组织团队安保人员采取集中授课、看教育片、讨论等方式进行业务培训，进一步提高交通场站民警和安保人员的综合处置能力。

（5）强化实战演练。除参与全市开展的"6.28"、"7.23"两次拉动演练外，交通场站团队民警共开展各类处突演练 6 次，演练科目 5 个，组织交通场站安保人员进行消防处突演练 7 次，民警和保安参训率达到了 100%。通过演练提高了全体人员对第一现场、第一时间的处置和整体快速反应能力，

（6）认真完成赛前搜爆检查。7 月 26 日，协调防爆安检部门，组织近百名警力，完成各交通场站赛前防暴安全检查工作。

**6. 落实交通服务人员赛时餐饮保障**

交通场站作为一个特殊的交通运行团队人员管理基地，赛时需要按照奥组委统一标准为 1.2 万名志愿者及付薪人员提供餐饮；1.2 万合同商、赞助商工作人员，由本单位负责解决餐饮问题。但鉴于安全保卫工作的需求，上万名合同商、赞助商工作人员进住交通场站后也实行封闭管理，不可能由各部门、各单位分别送餐，因此 2 万多名交通服务人员均由交通场站提供餐饮服务，因此工作难度极高及工作量巨大，为了保障赛时交通服务运行的正常工作，各交通场站创造性地开展了餐饮保障工作。

（1）落实供餐商和供餐形式。根据奥组委餐饮政策和供餐原则，结合各交通服务团队的运行特点，各交通场站以多种方式确定交通场站的供餐商和供餐形式。海淀交通场站由现部队食堂现场制作方式供餐；首都机场交通场站由 T3 航站楼内指定供餐商供餐；奥林匹克森林公园场站自建食堂供餐；奥林匹克大家庭交通场站、奥体中心交通场站由有资质、有实力、有经验的供餐企业提供快餐，及时有力地保证了赛时交通服务团队餐饮服务。

（2）加强食品安全监管，按照奥组委统一部署，交通场站供餐企业和食品原材料供应渠道均由奥组委运动会服务部进行备案管理，并由奥运食品安全办统一进行监控，确保赛时交通服务人员食品卫生安全。

（3）建立餐饮工作管理组织和运行机制。为了确保赛时期间所有交通服务人员能够吃上安全、可口、便捷的饭菜，由奥组委交通部牵头专门成立交通场站餐饮管理小组。一是按照收支两条线的原则进行了餐饮运行组织管理分工，由餐饮管理小组负责交通场站餐饮总体协调。餐饮预算、财务结算及合同

管理和餐券、水券的印发，由各交通服务团队负责本团队的餐券领取、发放和订餐管理；由交通场站运行团队负责餐饮的供应和管理工作；二是统一印制了奥组委付薪人员和志愿者的订餐单，一式三联，分别为订餐联、任务联、结算联。订餐联交回订餐团队，作为服务团队次日订餐凭证；任务联作为场站派单任务留存；结算联作为场站供餐结算的原始单据，加盖交通场站公章后，报奥组委交通部和财务部。订餐时交通场站和运行服务团队双方须在订餐单上签字确认；三是在餐券设计上，用颜色区分餐类（早、午、晚、夜）；同时，餐券在订餐时需加盖交通场站餐饮专用章才能生效，实现对现场的控制，确保人人能够吃上饭；四是建立了一系列的管理台账制度，如餐券水券发放台账、交通场站订餐和餐券回收管理台账、交通场站饮料发放管理台账、服务团队发放餐券台账等。确保赛事交通服务人员餐饮安全、优质、有序。

**7. 完成岗前培训工作**

奥运交通场站运行是一项全新的工作，特别是对以属地政府和业主单位为主组建的交通场站运行团队，对各类岗位上的全体工作人员而言更是一项挑战性的工作。为了保障赛时运行的顺利进行，岗前培训十分重要，为此按照奥组委的统一部署，分层次、分步骤地开展了不同形式的培训，如图 6-13 所示。

图 6-13　培训现场

**8. 交通场站团队与交通服务团队的对接**

交通服务运行团队是交通场站服务的主体，作好赛时交通服务保障，关键是要了解、把握交通服务团队的运行的规律、特点，建立高效的工作机制，为此在赛前由奥组委交通部牵头，各交通场站运行团队与各交通服务团队、公交总队负责人及联络人员召开对接会，交流信息，建立交通场站团队和服务团队之间的联系机制。虽然交通服务运行团队与交通场站运行团队是两个不同的工作模式，但它们之间的管理体系是平行的。团队之间相互沟通、协调，创造了和谐的工作氛围，使工作形成合力。为交通场站正式运行做好准备。

## 第三节　交通场站运行测试

### 一、测试目的和意义

根据北京市委、市政府、奥组委的总体部署和国际奥委会的要求，为适应交通服务运行筹办工作的实际需要，本着以测试锻炼队伍、完善交通运行计划、磨合与各方面沟通配合的工作机制、整合交通服务流程、促进各交通团队融合的原则，在对奥运交通服务运行进行专项测试的同时，同步开展交通场站运行测试。

### 二、测试时间和规模

测试时间为 2008 年 6 月 28 日全天，6 月 29 日进行评估和测试总结。

测试共租用大客车 310 辆、小客车 600 辆。交通服务运行团队、交通场站运行团队、场馆交通团队共组织专业驾驶员、志愿者驾驶员、专业调度、交通服务志愿者、交通管理志愿者等约5000多人,并配备了相应的通信等技术装备。

## 三、测试安排

2008年6月28日,早晨8:00以前,参加测试的910辆交通服务专用车辆分别在奥林匹克大家庭饭店交通场站(T1/T2团队100辆小客车,T3团队230辆小客车、10辆大客车)、奥林匹克公园交通场站(运动员团队100辆大客车,注册媒体团队120辆大客车)、奥体中心交通场站(技术官员团队80辆大客车)、东NOC停车场(NOC团队100辆小客车)、石景山交通场站(T3团队90辆小客车、收费卡团队50辆大众公司到场站的新车)、海淀交通场站(T3团队80辆小客车)集结完毕。交通运行分中心分别在8:00和13:30对交通场站下达测试命令和信息反馈收集。

## 四、测试内容

交通场站主任、副主任及专职人员到岗测试;保障物资到位情况测试;交通场站车辆出入口的饱和流量、车辆流线、服务设施准备情况测试;交通服务团队与交通场站运行团队的工作衔接测试;后勤保障能力测试。

各交通场站要指派专人记录测试数据,并对测试的结果总结上报交通运行分中心。

## 五、测试结果

**1. 人员、车辆出入口饱和流量测试**

奥体中心交通场站进口高峰时段11:00~11:30进车300辆(T1、T2、T3),出口高峰时段13:25~13:35出车100辆、14:00~14:05出车56辆,平均每分钟进出10辆车,运行顺畅。

奥林匹克公园交通场站A区1号口高峰时段13:30~14:30出车138辆(其中大客车78辆),D区5号口高峰时段12:30~13:30出车90辆,A区2号口高峰时段6:30~7:30进车140辆(其中大客车102辆),平均每分钟进出12辆车,运行顺畅。

石景山交通场站交接车测试顺利,高峰时段16:00~16:30出车70辆,平均每分钟进出12辆车,运行顺畅。

大家庭饭店北区交通场站、海淀交通场站、首都机场交通场站全部运行顺畅,保证了测试的正常运行。

**2. 后勤保障能力测试**

本次主要测试供餐能力,在奥体中心交通场站(送餐形式)和奥林匹克公园交通场站(现场制作形式)进行测试。

奥体中心交通场站:送餐时间10:10,到达场站时间11:00,开始就餐时间11:10,结束时间12:40,整个过程持续2.5小时,供应1543人分4批就餐。

奥林匹克公园交通场站:设有两个餐厅,N6-A区餐厅分三批就餐,起止时间11:15~15:30,共1450人,人均用餐时间5~6分钟;N6-B区餐厅分批就餐,起止时间11:10~15:10,共1877人,人均用餐时间5~6分钟。

由于奥林匹克公园交通场站是现场制作,并且测试车辆回场时间集中,人员较多,出现排长队现象,拟设立应急就餐台,以满足有紧急任务人员带餐出车。

**3. 车辆流线测试**

奥林匹克公园等5个交通场站流线测试顺利。大家庭饭店南区停车场车位及流线未划线,本次未进行测试。

**4. 交通服务运行团队和场站运行保障团队的配合**

交通服务运行团队和场站运行保障团队把服务奥运作为共同目标。场站团队坚持服务第一的思想,积极创造条件，加强与各团队的沟通，主动征求意见，能够解决的问题，在第一时间解决，暂时不能解决的，说明原因，争取他们的理解和支持，共同创造了快乐、和谐的工作氛围，使工作形成合力，有效推进工作。

除了上述情况之外，由于前期交通场站移动卫生间配置是按国家标准设计的，在本次测试中发现奥林匹克公园交通场站、奥运大家庭交通场站、东NOC停车场、运动员班车站、IBC/MPC媒体班车站移动厕所远远满足不了工作人员的使用需求，市政府相关领导协调相关部门现场制订配备计划，并要求各部门协调一周之内全部解决奥林匹克公园交通场站、奥运大家庭交通场站、东NOC停车场、运动员班车站、IBC/MPC媒体班车站移动卫生间严重短缺的问题。在多方努力下，7月2日为以上地点共增设了42个移动卫生间，解决了奥运会、残奥会赛时交通服务工作人员用厕难的问题。

奥林匹克公园交通场站主动协调市自来水公司，新铺设自来水管线4000米，解决了生活用水和消防用水问题；面临餐厅现场制作的电负荷不足问题，场站投资60余万元在朝阳供电局的帮助下对场站的电力设施进行改造。协调区环卫中心，解决了污水清运及场地打扫问题；协调市交通委员会，设立上下班车公交专线，解决了工作人员坐车难问题；安装移动厕所3部共计30个厕位，缓解了场地大、上厕所不方便的问题。

## 第四节　交通场站赛时运行

2008年6月15日警车带道队进驻奥体中心交通场站，6月20日交通服务收费卡团队进驻石景山交通场站，标志着奥运交通场站正式开始运行。

北京残奥会结束后，最后一辆服务车辆于9月24日驶离交通场站，历时102天的交通场站运行圆满结束。通过各交通场站运行团队的精心服务、严格管理，确保了交通场站赛时运行安全、畅通，高水平地为交通服务团队和交通场站运行团队提供了优质服务。

### 一、交通场站工作机制

交流和沟通的目的是为了解需求变化和交流工作经验，这项工作在以下几个方面展开。

(1)由奥组委交通部牵头，每周定期召开场站主任工作会，交流推广交通场站运行经验，加强信息沟通，研究解决存在的问题；

(2)各交通场站运行团队与驻场站的交通服务团队的充分交流和沟通，以更好地为交通服务团队提供优质的服务；

(3)认真落实赛前制订的交通场站管理的一系列规章制度，如主任办公会制度、工作交接班制度、应急演练及隐患排查制度、住交通场站团队联席会议制度等，确保场站工作规范；

(4)形成通畅的信息交流渠道。奥组委交通部共刊发交通场站专报22期；各交通场站纷纷以场站周刊、场站简报、场站工作动态等方式定期发布交通场站信息，及时向各级领导和住场站服务团队报告场站运行情况。交通场站工作交流见图6-14。

图6-14　交通场站工作交流

### 二、交通场站安保工作

在奥运安保工作中，北京市公安局公交总队派驻交通场站全体干警，在总队党委和交通场站主任的领导下，依靠团结务实的领导集体，锐意进取，勇于创新，紧密围绕“平安奥运”的总体目标，以最高的标准、最严的要求、最细的措施，全面落实了各项安保工作，实现了“指挥灵敏高效、队伍和谐稳定、场站秩序良好”的工作目标。每次主任工作会都部署及强调安保工作，确保了奥运会、残奥会交通场站的安全，出色地完成了奥运安全安保任务。

交通场站的安保工作有3种工作形式：

(1)全封闭全部安检：如奥林匹克大家庭南区交通场站、奥林匹克公园N6区交通场站，按安保政策，进入场站的人员、车辆都需要安检(从“干净区”来的车辆除外)见图6-15；

场站全封闭由2.5米高硬质隔离护网围合，“干净区”要经过安保部门使用警犬搜爆。

图6-15　全封闭安检

(2)全封闭部分安检：如奥体中心交通场站、石景山交通场站、海淀交通场站，按安保政策采取人员及车辆验证、放行的安保措施，如需要进入场站内“干净区”的人员及车辆，需经过严格安检后进入；

(3)全封闭不安检：如奥林匹克公园N1区交通场站、奥林匹克大家庭北区交通场站、首都机场交通场站、残奥大家庭交通场站，按奥运安保政策采取人员及车辆验证、放行安保措施。

**1. 人员、车辆出入口**

为加强交通场站安保工作，消除安全隐患，保证场站正常运行，各交通场站在人员、车辆出入口配有保安人员，对人员、车辆的出入采取“把口、验证、查车、登记”的工作方法。凡进入交通场站的车辆、人员均须通过严格验证才能进入。忘记带证件的工作人员，由安检人员通知交通场站安保主管，安保主管对其身份进行确认，确认通过后进入交通场站，见图6-16。

车辆进入交通场站严禁鸣笛，车速不得超过5公里，夜间进入的车辆只许使用小灯。为保证道路畅通各出入口、院内通道严禁停车，确保赛时交通场站安全有序。

图6-16　人员、车辆出入口安检

**2. 安检工作**

按奥运安保政策，需要进入场站内“干净区”的人员及车辆，必须经过严格安检后进入。安检工作实行一机一门安检。人员安检单班由一名民警及5名经过培训的部队志愿者、车辆安检单班由一名民警及9名经过培训的部队志愿者采用4班3运转的工作形式，车辆和人员安检结束后，安检人员负责对抵离的人员和车辆进行记录。奥运会、残奥会安检设备见表6-3。

奥运会、残奥会期间安检设备清单　表6-3

| 序号 | 设备名称 | 品牌/型号/规格 | 制造商名称/国别 |
|---|---|---|---|
| 1 | 中型X射线机 | THSCAN CX6550B | 同方威视中国 |
| 2 | 常规安检门 | PD6500i(板式) | Garrett 美国 |
| 3 | 手持金属探测器 | Super Scanner | Garrett 美国 |
| 4 | 自动车底检查系统 | BL-2003 | 龙汇达中国 |
| 5 | 手动车底检查镜(光学显示) | JW1020 | 京金吾中国 |
| 6 | 固定式防爆罐 | JW201F | 京金吾中国 |
| 7 | 防爆毯 | ALFBT-2 | 安龙中国 |

交通场站的安检人员并非专业安检员，且前期安检培训周期短，安检人员对工作不熟悉，公交总队派出民警在重点时间段驻守安检岗位，监督、指导、安检员对人员、车辆进行安检，处理各类问题。在检查安检工作过程中发现安检大棚地势低洼，雨天易积水，安检设备无法正常运行，住站民警一方面协调交通场站运行团队将地面垫高，另一方面安排专人负责雨天监控，采取临时措施增设排水工具，保证雨天车辆安检仪器的正常使用。

奥运会、残奥会期间7个交通场站共安检进入"干净区"车辆2.3万车次，安检进场人员30万人次，检查处理了各类物品21万件，查获禁、限带物品438件，整个赛事期间，交通场站内未发生一起治安、刑事案件，确保赛时交通场站安保万无一失，见图6-17。

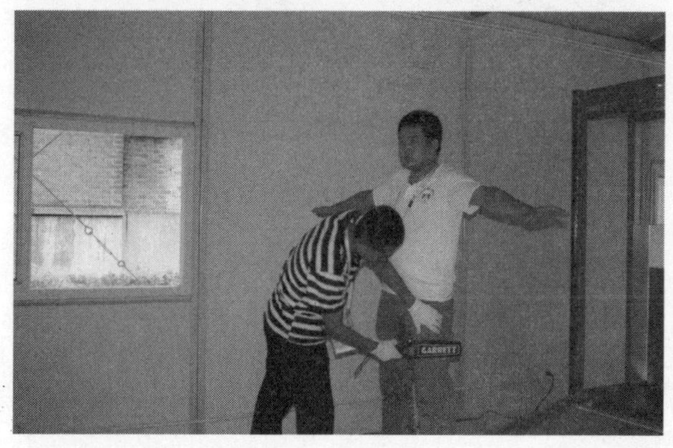

图6-17　安检现场

**3. 场站内安全巡视**

为确保交通场站在赛时期间的绝对安全，公交总队在对各场站重点部位进行重新梳理，在细化安保工作措施的基础上，会同交通场站团队相关部门，采取日常检查与重点检查、抽查相结合的方式，对交通场站进行了全面的安全检查，堵塞安全漏洞。奥运会、残奥会期间公交总队对交通场站进行检查1472次，发现安全隐患47处，并进行了现场整改。

交通场站内按区域进行划分，在不同的区域安排不同的检查人员，24小时对本区域的停车场、道路、照明设施、地面预埋管线、电线杆、标志标识、消防设施等进行检查，停车场管理人员夜间要着反光背心，督促驾驶员停车后关好门窗锁好车门，严禁在停车场内吸烟、修车，并对车身下方进行观察，发现情况及时上报，并造册登记。8月16日在奥林匹克公园交通场站内发现媒体交通服务团队有4辆车的轮胎在几天的时间内先后被扎破。针对此情况，团队迅速组织人员进行调查工作，最后查出是在竞赛场馆封闭线内，停放媒体车辆的场地出口处的减速阻截带出现问题，致使道钉扎入车辆轮胎，为确保媒体班车的行车安全，杜绝交通安全隐患，交通场站团队迅速向相关部门予以通报，及时消除可能影响奥运会顺利进行的安全隐患。

首都机场交通场站由于未设置安检设施，交通场站为非"干净"区，进出车辆频繁，人员构成复杂，针对此情况交通场站制订了《交通场站安全管理规定》,采用定点值守、步巡、车巡等方式对交通场站内停车区、办公区、生活区等重点部位进行检查,并对不符合要求的设备及时进行更换,确保各项安全检查工作不留死角。同时利用以往重大活动保障经验,担负起场站防盗、防漏电、防触电、防雷击等工作,有效地维护了场站的安全秩序。在奥运会、残奥会保障期间,交通场站共排查并解决各类安全隐患741起,其中违章吸烟294起,违章用电47起,违章动火4起;清除消防隐患106起;排除各类安防隐患231起;成功处理车辆漏油事故80起;漏电风险8处;实施消防灭火实地演练11次;累计检查灭火器材21150具,更换故障灭火器20具;圆满完成近三万余部涉奥车辆的监督检查保障任务。

**4. 监控**

为了全面掌握和严密监视交通场站安全状况,各交通场站设立监控室,实行24小时监控值班。上下班要严格交接手续,做好交接班登记和汇报,发现可疑情况定点录像,记录备案,并通知有关岗位上的安保人员,进行注意或询问盘查,同时向安保部门报告。发现火灾自动报警装置报警,立即通知使用人(保卫部门)和安保巡视员,迅速赶赴报警现场,查明情况。如是误报,应在设备上消除报警信号。系统对场站内所有视频通过存储阵列的方式进行存储,视频图像为D1格式,至少保存70天,并且具有能够在本地或远程具备查看、下载历史图像的功能,见图6-18。

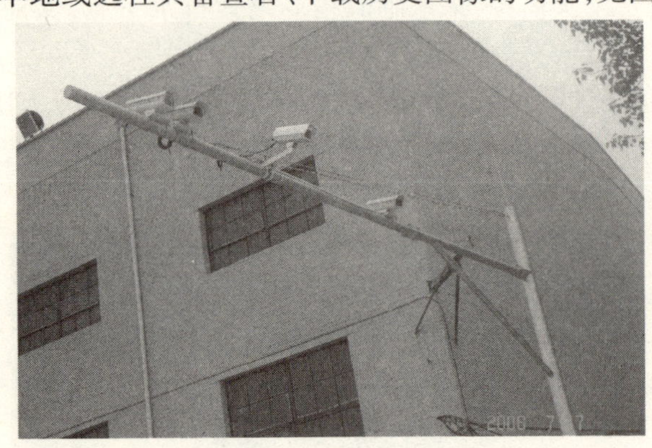

图6-18 监控系统

**5. 消防**

针对奥运会、残奥会期间正值雨季的情况,各交通场站根据自己的场地状况分别组建临时消防团队,制订了防汛预案,购置防汛物资,进行消防演练、宣传教育,保持与公安消防部门的联系,相互配合,搞好消防工作,见图6-19. 本着以预防为主的原则,消防监督员每天对停车场、建筑物和防火设施进行检查,加强对消防设备的维修与保养,并做好记录。一旦发现火情,现场人员应根据火情性质立即采取相应措施,同时迅速报告场站主任,根据火情事态,报119火警。报警时要讲清起火具体地点、燃烧何物、火势大小、报警人的姓名,如有可能应先灭火,并保护现场。根据火情,各部门应采取相应的行动,各岗位工作人员要积极维护秩序,组织停放车辆有序撤出,同时迅速准备好急救物资及时抢救伤员并与急救中心取得联系。消防工作结束后,清理事故现场,迅速恢复场站运行,并分析情况,做好记录。

奥林匹克公园交通场站对消防工作高度重视并制订了《消防应急预案》,朝阳区消防支队派驻交通场站三名专职消防战士全面负责消防安全工作。针对本交通场站占地面积大、地势复杂、消防基础相对薄弱的问题,朝阳区消防支队支援消防应急摩托车两部,交通场站自购消防水罐车、消防摩托车各两辆,交通场站共配置灭火器800个,推拉式灭火器10个,消防水带30盘,定期对停车场、办公区、休息区等场所的消防安全进行随机抽查,本着预防第一的原则,交通场站将N6和N1共划分5个安全责任区,成立2个由安保人员组成的消防应急分队;8支由部队志愿者组成的安全巡逻小分队,采取不同方式,分组、分班次实行24小时安全巡视,做到定人、定位、定岗、定职责,确保发生火情后快速、有效处置,使损失降到最低。

奥体中心交通场站在场站道路两侧、停车场及楼区共配置消防栓22处,手推车灭火器5台,干粉灭火器200具;场站成立了18人应急小分队,队员每天坚持消防巡查,保证了场站内的消防安全,确保赛时期间交通场站的消防工作落到实处。

图 6-19　消防物资及消防演练

## 三、交通场站餐饮服务工作

在交通场站运行期间，餐饮工作坚持“以服务为中心，尊重个性，注重细节”的理念，不断创新，以三种供餐形式完成了交通场站餐饮保障服务。一是采用现场制作的形式：如奥林匹克公园交通场站、海淀交通场站；二是采用送餐形式：如奥运大家庭交通场站、奥体中心交通场站、石景山交通场站、残奥会大家庭交通场站；三是指定供餐地点形式：如首都机场交通场站。

**1. 现场制作形式**

奥林匹克公园交通场站由朝阳区政府机关后勤服务中心承担供餐工作，采取现场制作、自助餐方式供餐。两个场站共开设三个餐厅，使用面积约 1678 平方米，共设餐位 1006 个。6 月初保障团队进驻场站后，经过实地观察发现，三个餐厅内除了 90 多张餐桌和 700 多张餐椅外，其他的厨房设备、设施均为零，甚至连基本的日常供电都无法保障。面对困难，确立了“不等不靠、主动协调、创造条件、确保运行”的工作目标，积极协调机关后勤餐饮中心，自筹款项购买、安装所需设备、设施。挖掘人力资源，并主动联系区供电局及世奥公司，以特事特办的效率，分别引入安装了 350 千伏安和 150 千伏安的变压器，解决了餐厅设备电容量不足的问题。联系餐饮中心将餐厅的厨房设备、设施、物品、洗碗设备安装到位，实现了 6 月 24 日场站供餐工作的如期启动。

现场制作、自助式供餐方式对食品卫生及食品安全要求极高，如果食品卫生得不到保障，供餐任务就等同于零。为了确保食品卫生安全，严防食品污染和食物中毒事故，朝阳区食品卫生监督所调派 3 名专职食品卫生监督员进驻场站，对制作过程进行全程监督，并配了“表面温度计”、“中心温度计”、“ATP 检测仪”、“亚硝酸盐快速检测药剂”、“农药残留快速检测试纸”、“甲醛快速检测试剂”等一系列的食品检验设备、药剂，严格程序，严把入口关，认真对每样食品进行“表面温度测量”，“中心温度测量”，“ATP 细菌总数”、“亚硝酸盐”、“农药残留”、“甲醛”等多项快速检测，并实行所有食品 48 小时留样，为场站安全供餐提供了技术支持，起到了保驾护航的作用。

场站推行了“日沟通制度”，由专职人员每日与进驻团队后勤保障工作负责人进行沟通，了解需求及对供餐工作的意见、建议，根据需求及时调整及细化供餐安排，增加服务内容。如：在奥组委规定用餐时间外，提前早餐时间、延长午餐时间、提供方便快餐、增设应急快餐、设置回民餐桌。为了确保食品卫生及菜品质量，缓解场站餐厅操作间面积不足，朝阳区机关后勤服务中心抽派 7 辆食品运输车和专职工作人员每日往返从区政府配送半成品至场站，每日运输食物约 14 吨。为了确保 8 月 8 日开幕式当日的餐饮供应，重点采取了如下应对措施：一是工作人员全部参与服务；二是增加方便快餐的准备及供应；三是不限时、按需求延长供餐时间，直到最后一位用餐者。仅 8 月 8 日当天，场站就餐人数就达 1.4 万人次，提供方便快餐 2500 余份，餐厅几乎成了全天候服务，见图 6-20。

在各交通场站运行团队和餐饮供应商的共同努力下，奥运会、残奥会赛时期间场站共完成供餐任务 60 余万人次，提供方便快餐 6 万余份，高峰时段日平均就餐人数达 1.4 万人次。为志愿者发放饮料和矿泉水共计 100 多万瓶。

图6-20　食品制作现场

**2. 送餐形式**

奥林匹克大家庭交通场站共设立4个就餐区:场站内设2个就餐区(含一个清真餐厅)提供600个就餐席位、北京市财经学校(住宿区)设2个就餐区,提供310个就餐席位。共设立8个分餐点,在2个小时内满足2000多人分段就餐。每个分餐点有5位服务人员负责搬运、发餐、餐券回收及用餐物品清理。在北场区餐厅外及南场区配备电茶炉6台,配备电冰箱3台,微波炉2台。

为了尊重少数民族同胞的饮食习惯,场站克服困难创造条件,专门设立一间清真餐厅。清真餐厅有专门的回族工作人员为就餐人员提供服务。场站提供的早餐及夜宵为方便食品,而清真方便食品很少,为采购带有清真标识的方便食品,场站积极想办法,多方联系咨询,在东城区民族宗教侨务办公室的帮助下,终于找到了出售清真食品的超市,在确保符合条件的情况下,安排场站餐饮保障组的工作人员前去采购。清真早餐和夜宵单独存放在指定的房间,有专人管理和发放,见图6-21。

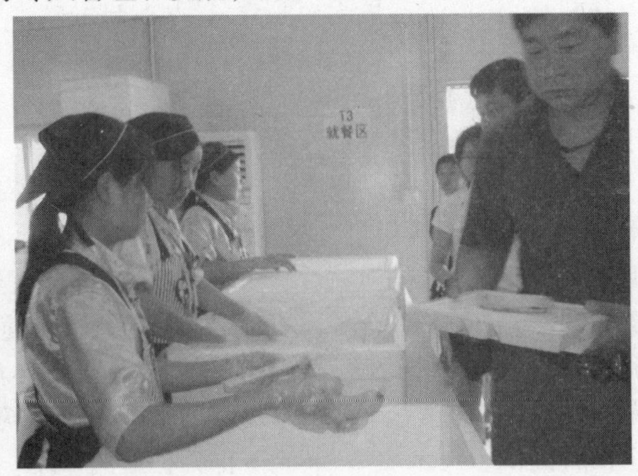


图6-21　食品安全把关和发放

在场站运行中,一些问题逐步显现出来。一部分驾驶员和志愿者因工作时间延长,不能按时回场站就餐。场站餐饮保障组为超时误餐人员提供了营养丰富、花色繁多的餐包,如加热的汉堡包和方便面等快餐,保证运行团队人员的用餐。

特别是8月8日奥运会开幕式当天,场站肩负了繁重的交通保障任务。由于场站内各个团队的发车时间各有不同,使餐饮供应面临较大的问题,为使当天需要到场馆服务的驾驶员和志愿者吃上热菜热饭,调整了供餐时间,晚餐按照各个团队需求开餐,并为有开幕式服务保障任务的运行团队及夜间坚守在岗位的驾驶员和志愿者延长了夜宵的服务时间,提升宵夜品质,使凌晨四点回到场站的驾驶员和志愿者都吃到了可口的宵夜。

**3. 指定就餐形式**

首都机场交通场站借助首都机场集团公司的内部资源,协调航站楼内的肯德基、麦当劳、汉堡王、面爱面、吉野家、星阳舫等6家对外营业餐厅作为指定的就餐地点，按照餐券的面值进行自选后在餐厅就餐，虽然增加了工作量，但方便了交通服务人员的就餐，调剂了口味。

在奥运会、残奥会赛时期间，7个交通场站总计供餐近130余万人次(包括早餐、中餐、晚餐、夜宵)，平均每日供餐约2万人次，最高日供餐峰值达2.46万人次，没有发生一起食物中毒或食品安全事件，实现了交通服务食品安全零事故。

## 四、住宿和洗浴工作

赛时每天有约1500多名交通服务人员在交通场站内备班、休息，为保障工作人员，特别是驾驶员有一个良好的精神状态和精神风貌，在各交通场站办公区内及交通场站外设立临时住房、浴室、卫生间、洗衣间等功能用房，并配备洗浴用品、洗衣机。按着交通场站相关标准，每天对卫生进行2次打扫，定期对床上用品洗涤、更换(周期3天)。洗衣采取自助形式，洗完衣物要放在指定位置进行晾晒，并有专人看护。为工作人员创造良好的生活保障条件。

**1. 场站外住宿、洗浴**

奥运大家庭交通场站在北京市财经学校设立生活住宿区，为备班驾驶员、志愿者、早班驾驶员提供休息 房间共40间，配备洗衣机4台，制订了详细的住宿、洗浴管理规定，并抽调8名有工作经验的保洁员每日负责换洗床上用品，在奥运会期间共接待志愿者驾驶员住宿1800人次，整理床褥2000余床。

**2. 场站内住宿、洗浴**

奥体中心交通场站提出了“让在场站像在家一样方便，让场站服务像宾馆一样周到”的服务理念，本着以人为本的原则，尽力给各交通服务团队创造良好的办公条件和生活保障条件。场站共为各团队安装上下床铺671张(其中包括NOC团队128人)，及时配发了床上用品并定期洗涤；因洗手间是在20世纪70年代建设的，场站及时为卫生间安装排风扇9台，并配置专职卫生员，及时冲洗厕坑，每三小时用84消毒液对厕坑、小便池消毒一次。采取喷洒空气清新剂、点燃卫生香及施放新鲜柠檬等措施消除异味。为保证驻场站交通服务运行团队洗浴热水供应，在原有太阳能洗浴供水的基础上，又聘请了锅炉技工，24小时启动锅炉补充热水供应，使每个奥运服务人员和志愿者随时都能洗上热水澡，见图6-22。

奥运会、残奥会期间，共为7个交通场站提供床位2600张(其中包括NOC团队128人)，共整理床褥5万余次。

图6-22　住宿和洗浴

## 五、卫生防疫

为了使交通场站卫生防疫工作落到实处，各交通场站分别建立了医务室和相关工作制度，如《突发公共卫生事件应急预案及工作流程》、《中暑的急救流程及应急预案》、《食物中毒的急救流程及应急预案》等，并结合场站工作性质及服务人群特点，有针对性地开展了中暑紧急处置、食物中毒的诊断及鉴别等知识培训及实际演练。对可能出现的伤病做到提前预防，对突发事件做到先期处理。指派专人对场站内的宿舍区、办公区、休息区、厕所等辖区内每天2次进行清扫，喷药、灭杀蚊蝇，做好场站内消毒、清洁工作，确保场站内环境干净整洁。

**1. 场站内建立医务室**

奥林匹克森林公园交通场站在朝阳区卫生局的支持下坚持以奥运大局为重，派驻13位医护人员组建场站医务室，并无偿支援场站心电除颤仪、血糖仪、便携式心电图机、制氧机、紫外线消毒车及电脑、打印机等一批医疗、办公设备及80余种常用药品。考虑到场站人员较多及特殊的地理环境，场站主动与朝阳区红十字会取得联系，借调救护车1部。场站共设两个医务室，每4人一组3班倒，24小时均有医务人员在岗，每组1名医生3名护士，每组指定1名负责人具体安排组内的工作。医务室内设立专用电话，每班指定专人负责，保证24小时电话通畅，确保医疗救护及时有效。并针对不同人群和不同需求，开展防病保健知识宣传，提供健康咨询服务。奥林匹克大家庭交通场站建立了临时医务室，医护人员由北京市隆福医院选送，医疗服务保障组人员共4人，分两组实行12小时轮流值班制，场站配备简单的医疗设备和专用药品，主要负责简单的医疗处置。场站充分利用周边的医疗资源，积极协调东华门社区医院、北京市协和医院。如有危重病人及时与急救中心联系救治并转诊定点医院。在场站运行过程中，针对夏季天气炎热，中暑、感冒人员增多的情况，为保证大家的身体健康，减少疾患，下发《关于加强环境卫生、预防交叉感染的建议》。在个人自愿的情况下为各运行团队230人注射了进口的甲、乙肝联合疫苗。自费为医务室配备了防暑、防蚊药、创可贴、仁丹等药品。对每天就诊的病人都有详细的记录，服务热情周到，见图6-23。

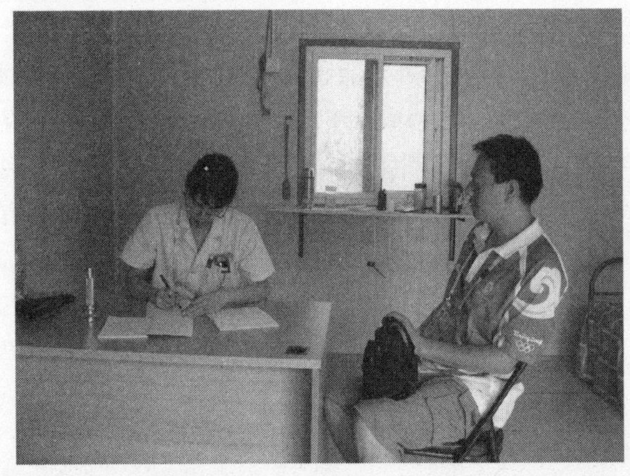

图6-23 卫生防疫

其他交通场站也根据自己的运行情况分别设立了医务室和配备了救护车。奥运会、残奥会期间7个交通场站共接待有医疗需求及健康咨询人数共计1800余人次，未发生一起医疗安全差错和责任事故。

## 六、交通场站基础设施维护工作

各交通场站在运行期间始终高度重视场站内部基础设施的维护工作，在交通场站运行期间，各交通场站指派专人对供水供电设施进行故障排查，建立排查日志。工作人员要熟悉掌握场站内各类房间、停车场道路的分布状况及内外结构、附属设施、水、电、消防系统的管线走向分布及管线主控位置以及设施的性能和使用状况。要保证场站内的上下水、排污管、化粪池不外溢。落实防火、防盗、防水、防触电措施。工作人员每间隔一小时对分管的设备巡视一次，保证处于良好运行状态，发现有损坏、隐患或其他不正常的情况，及时组织人员抢修，做到急修不过夜，小修小补应立即完成，以确保设施完好、设备正常运转，见图6-24。

特别是奥体中心交通场站、奥林匹克森林公园交通场站、石景山交通场站、奥林匹克大家庭交通场站北区，在不具备双路供电的条件下，自筹资金购置了临时发电设施，每天对电力负载进行登记，以确保交通服务运调系统正常供电为第一目标。奥林匹克森林公园交通场站原有供水方式为

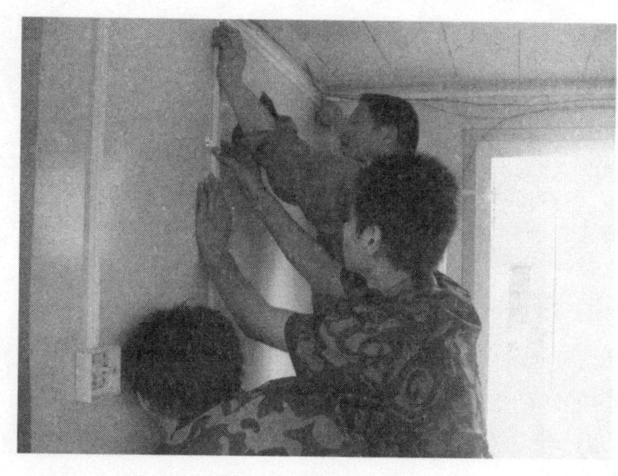

图 6-24　基础设施维护

机井供水，为使赛时供水得以保障，该交通场站自筹资金，将交通场站外 4000 米的市政供水管线引入交通场站内，满足了赛时的用水需求。确保赛时期间，供水、供电设施未发生故障，使交通场站设施管理工作落到实处。

奥运大家庭交通场站北区，安排专业电工和水暖工及制冷维修工 13 人，在进驻前期共安装窗纱 4 樘 10 平米，检修 190 中学各处照明设施共更换灯管（灯泡）35 个，190 中学卫生间加装门锁 10 处。在场站运行期间共检修感应式水嘴 3 个、其他水嘴 9 个，更换灯管（灯泡）86 个，各处窗户贴膜 80 平米，维修空调 6 台，疏通下水 15 次，维修课桌椅 50 套，安装、拆卸床铺 900 余张，完成了场站的工程保障工作。

特别在开幕式当天，先后召开两次动员大会，重点加强当班人员的安全责任意识教育，设备保障组对全场站的设备设施进行仔细排查，确保所有设备正常运行。

奥体中心交通场站年久失修、供电线路严重老化，场站及时更换主电缆 500 米。维修组在巡查中发现 1 号楼 T3 团队停车厂房铁托拉撑断裂，经过两个小时的修理，把铁托拉撑焊接好，快速地排除了安全隐患。

## 七、交通场站周边协调工作

奥林匹克大家庭饭店交通场站位于东城区王府井商业区中心地带，人流密集，交通环境复杂，周边有 20 条公交线路。为保障运行车辆进出场站安全顺畅，经与有关单位协调，在奥运会期间采取以下措施：

（1）取消王府井百货大楼南侧自行车存车处及机动车停车场，并对大甜水井胡同进行交通管制。

（2）7 月 31 日对场站周边进行搜爆工作。

（3）与属地东华门街道办事处、派出所、王府井建管办配合，做好场站外围安保、交通环境、防汛、综合治理、社会面控制等工作。

（4）积极与关系单位租借 10 台电视机，提供给驾驶员、志愿者，与歌华有限公司协调解决场站南场电视信号输送问题。

（5）因奥组委配备给场站的桌椅板凳数量有限，场站从各方租借 900 多张桌椅配备在餐厅，方便用餐者使用。

奥体中心交通场站始建于 20 世纪 70 年代，围墙墙体老化，场站南部是北土城地铁站和奥运会售票点，特别是在奥运会门票销售高峰期，场站南侧每天都是人山人海，购票人员每天都有几万人，情况十分复杂。场站内停放着 140 辆带路警车和 500 辆奥运专车，与购票人群只有一墙之隔，给场站安保工作带来很大影响。场站及时采取加岗和警戒措施，疏导靠近围墙人群，避免了挤塌围墙人群涌入的危险，确保了场站安全。

奥林匹克森林公园交通场站前期场地为森林公园尚未开发的北区园址，无自来水及通信条件、电容量严重不足，生活设施匮乏，困难程度不可想象。面临基础建设工程启动晚、基础设施薄弱、设备设施不

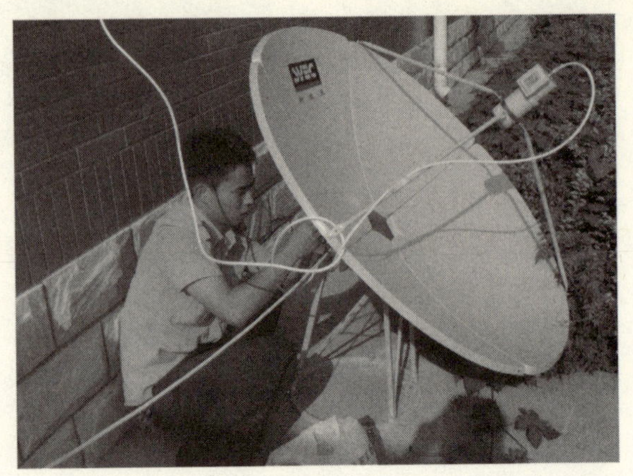
图6-25　安装通信设备

完善、排污系统不健全等困难，在奥组委交通部、工程和环境部的大力支持下，发挥主观能动性，不等不靠，群策群力，多方协调，挖掘自身潜力，主动开展工作。建站初期，通过协调市、区绿化部门，在短短的1个月时间内，完成了1000多株树木移伐问题。在提供办公用房等方面得到了运动员村地区办事处、世奥公司等部门的全力配合与支持。协调世奥公司、奥组委技术部，解决了场站通信设备的安装问题，见图6-25。协调区环卫中心，解决了污水清运及场地清扫问题；安装移动厕所3部共计30个厕位，缓解了场地大，上厕所不方便的问题；为保障用电不间断，场站协调解决了两辆应急发电车，确保在突然断电的情况下能够正常运转。

## 八、交通场站人文关怀

交通场站团队始终把维护广大交通服务工作人员利益作为日常工作的一项重要任务，立足本职，通过点滴小事，做到“想工作人员之所想、急工作人员之所急”。在赛事期间奥林匹克森林公园交通场站由于进驻团队多，办公用房紧张，为了解决驾驶员、志愿者临时休息问题，场站积极协调，解决野战帐篷12顶，上百套沙滩桌椅，搭建了“志愿者之家”及“驾驶员休息室”，并购买了电视机10台，订阅了奥运专刊30份，摆放饮水机，为驻场站团队、志愿者及驾驶员创造了舒适的临时休息场所。闲暇时间大家围坐在一起，观看电视转播，共同为摘金夺银的体育健儿呐喊助威，“志愿者之家”中不时传出一声声欢呼、一阵阵掌声，大家其乐融融，那一顶顶军绿色的迷彩帐逢也成为了场站一道标志性的靓丽风景。

奥林匹克大家庭饭店交通场站在筹建及运行过程中，考虑到场站在赛时运行阶段中用电量超负荷，无法满足场站正常运行，多次与电力公司交涉，在场站内建一个临时箱变，以解决用电紧张状况。为方便工作人员的出行，在场站有限的地方搭建存放自行车的车棚二处，从点点滴滴中体现为运行团队服务的热情。场站在运行期间先后有北京市领导、奥组委的领导、属地政府领导、前来场站慰问、指导工作，并送来慰问品；场站领导亲自到T3运行团队慰问，感谢在奥运期间的相互理解与配合并送去西瓜表示慰问。感谢为场站服务的物业公司、保安公司、餐饮公司，对他们参与奥运大家庭饭店交通场站后勤保障服务所做的贡献表示感谢，并送去感谢信、锦旗及慰问品，并为一部分优秀人员发放纪念品以示激励，见图6-26。

图6-26　人文关怀

首都机场交通场站为丰富运行团队、服务团队、志愿者们的业余文化生活，缓解工作压力，提高健康指数、快乐指数，特设定“志愿者之角”活动区，并开展“超级志愿者”文化节活动，首都机场股份公司党委副书记和抵离团队主任共同张贴了第一张“超级志愿者”招募海报，为场站志愿者搭建了一个沟通与交流的平台，让更多的人参加到志愿者的行列中来。

在“志愿者之角”活动区增设电视机2台，DVD、音响1套，无线麦克风1套，灭蝇灯4台，休息椅70把，奥运歌曲1套，与大家共享奥运信息，与运动健儿们零距离接触，感受比赛现场激情赛事。

2008年8月8日第29届奥运会、9月6日第13届残奥会顺利开幕，首都机场交通场站为了让承担待接任务的志愿者、驾驶员、场站工作人员、服务保障人员有机会欣赏开幕式盛况，提前为大家准备了可乐、果汁、干果等小食品，感受到家的温馨，并现场发放助威、喝彩小国旗、小奥运五环旗为强盛的伟大祖国欢呼加油、摇旗呐喊！

“八一”建军节前，海淀交通场站团队慰问了参加保障的驻场官兵，共同举行了“庆八一、迎奥运、保安全”军地联谊会，大家齐聚一堂，表演了丰富多彩的文艺节目，见图6-27。

中秋佳节联欢，彰显人文关爱，9月14日是中华民族的传统节日中秋节，根据奥组委交通部的部署，各交通场站积极联系餐饮公司为中秋佳节坚守岗位的志愿者、工作人员采购、准备月饼、水果、饮料等物品，同时准备了花生、瓜子等小食品，组织中秋茶话晚会，茶话会上领导们一句句暖心、祝福、激励的话语赢得了在场全体人员的阵阵掌声，让大家度过了一个美好难忘的节日。使大家感受到团队带给的温暖与幸福。

图6-27 军地联欢

# 第七章 交通服务科技应用

为深入贯彻“科技奥运”理念,自筹办工作开始,奥组委交通部就始终坚持使用先进的计算机、网络、通信、软件集成等科技手段为赛事交通服务运行提供技术支持。通过构建奥运交通服务指挥调度综合信息化管理平台(简称“综合管理平台”)和交通专用的通信系统,将指挥调度所需的各个关键要素进行整合、集约,最终形成了一个完整的交通服务运行管理体系。

赛事交通服务指挥调度技术系统(简称“技术系统”)由综合管理平台和通信系统两部分组成。综合管理平台整合了大客车调度系统、小客车调度系统和奥运会交通服务车辆全球卫星定位监控系统(简称“GPS 系统”)三个系统,实现了对奥运交通服务运行的计算机组织调度,并实时提供各类交通运行信息。其中,大客车调度系统通过北京奥组委管理网络(ADMIN 网络)运行,用于组织调度所有的奥运交通服务专用大客车;小客车调度系统通过北京奥组委竞赛网络(GMS 网络)上运行,为 T3 交通服务类别的奥林匹克大家庭成员提供合乘车辆预定服务;GPS 系统通过北京奥组委管理网络(ADMIN 网络)实现运行,用于对所有的奥运交通服务专用车辆的定位监控。通信系统以无线数字集群设备或手机作为通信工具,应用于所有车辆驾驶员及调度人员,实现了车辆调度管理人员之间的快捷、便利通信服务。技术系统应用的范围如表 7-1 所示。

**技术系统应用范围** 表 7-1

| 序号 | 交通服务团队 | 奥运交通服务指挥调度综合信息化管理平台 | | | 通信系统 |
|---|---|---|---|---|---|
| | | 大客车调度系统 | 小客车调度系统 | GPS 系统 | |
| 1 | TA 团队 | 使用 | | 使用 | 使用 |
| 2 | TF 团队 | 使用 | | 使用 | 使用 |
| 3 | TM 团队 | 使用 | | 使用 | 使用 |
| 4 | T3 团队 | | 使用 | 使用 | 使用 |
| 5 | T1\T2 团队 | | | 使用 | 使用 |
| 6 | NOC 团队 | | | 使用 | 使用 |
| 7 | 收费卡团队 | | | | 使用 |
| 8 | 抵离团队 | | | | 使用 |

在以往的大型活动中,交通服务往往由一、两家客运企业承担运输任务,而本次奥运会由于使用的车辆多、运行的范围广、交通服务任务十分繁重,形成了在奥组委交通部统一组织下,由本市多家客运企业和赞助商派出车辆,由客运企业专业人员和志愿者共同组成交通服务团队,以交通服务团队为单位进行调度管理的工作模式。这种工作模式,使技术系统的作用显得极为重要。技术系统对车辆、驾驶员、调度管理人员以及整个工作机制和各个环节进行了有效地整合,从而使赛事交通服务形成了一个有机整体。各交通服务团队技术系统运行工作模式如图 7-1、图 7-2、图 7-3 所示。

通过奥运会、残奥会的实战检验,四个系统均达到了设计目的。四个系统形成的智能交通运输管理设计理念和技术,为高效有序的交通服务和车辆组织调度系统提供了有力支持。本次交通服务技术系统的建设应用是当今世界包括奥运会在内的大型活动应用智能交通系统的一个成功的案例。

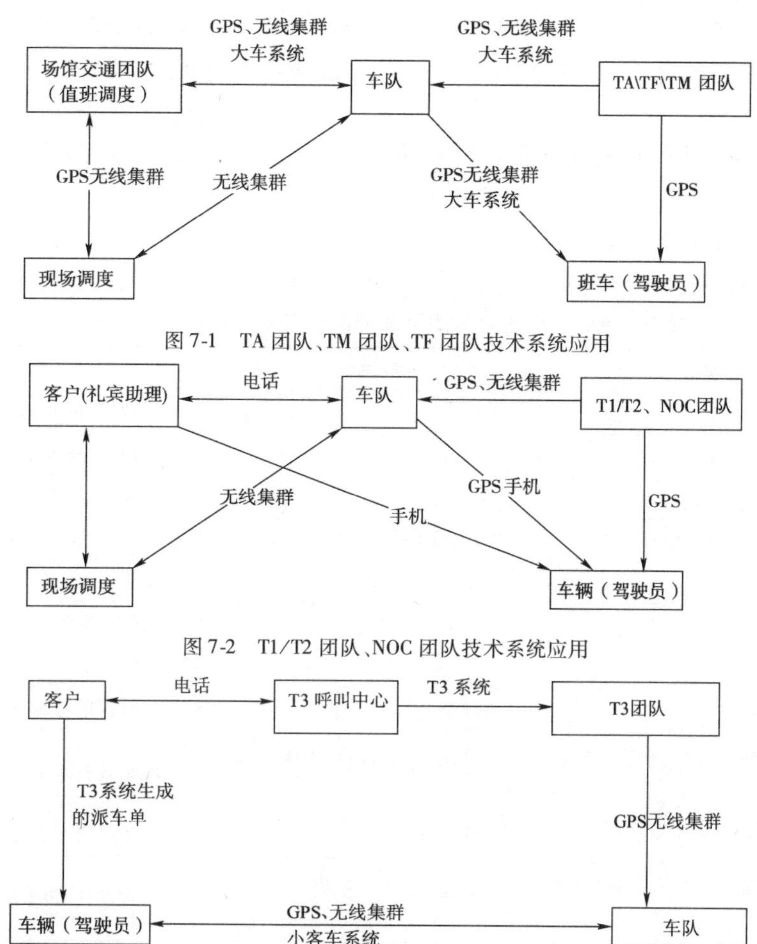


图 7-1　TA 团队、TM 团队、TF 团队技术系统应用

图 7-2　T1/T2 团队、NOC 团队技术系统应用

图 7-3　T3 团队技术系统应用

## 第一节　奥运交通服务指挥调度综合信息化管理平台

综合管理平台实现了三个奥运会交通服务专用计算机信息管理系统（大客车调度系统、小客车调度系统、GPS 系统）的有机整合，构建了三级奥运交通指挥调度技术体系，为赛时指挥调度的顺畅和交通服务运行管理奠定了坚实的基础，是奥运交通服务科技系统应用的一个亮点。

综合管理平台是在 GPS 系统基础上进行拓展延伸开发建设的，通过整合车辆、人员等基础管理信息，最终实现了与大客车调度系统、小客车调度系统的融合，形成了统一的信息化平台。赛事交通服务分中心及其各交通服务团队、场馆交通团队通过可获得相关的奥运交通信息，包括基础信息（车辆资源信息、驾驶员信息、各级调度人员信息等）、运行信息（车辆位置信息、班车配车信息、人员排班信息、车辆运行信息）和统计汇总信息（每日运行车次，每日载客人数，每日行驶里程数等）。

### 一、大客车调度系统

大客车调度系统由北京奥组委交通部组织建设、中国卫星通信集团公司负责承建。奥运赛时，北京奥组委组织 1660 辆大客车为参赛运动员和随队官员、技术官员、注册媒体等不同客户群提供交通服务。大客车主要以定时班车模式运行，服务范围覆盖机场、奥运村、残奥村、国际广播中心/主新闻中心（IBC/MPC）、各竞赛场馆、训练场馆、宾馆饭店和指定旅游景点等。为满足奥运会赛时不同客户群体交通服务需求，保证奥运大客车系统高效、顺利运行，大客车调度系统，需建立完善的大客车运行时刻表、人员配班计划、应急调度计划等，并组织计划实施和运行监控，及时处理可能出现的各种异常情况，其系统开发的重要性不言而喻。自 2006 年 10 月启动，到 2008 年 9 月残奥会闭幕，共历时 24 个月，经历了系统开发、“好运北京”测试赛试用、赛前系统部署、奥运会赛时实战共四个阶段，基本达到了预期目标。

**1. 系统功能**

大客车调度系统按照不同的使用对象设计相应的系统功能。主要的使用对象有赛事交通服务分中心、交通服务团队和相应的班车车队、专车车队等。

(1)赛事交通服务分中心及交通服务团队。

服务分中心及交通服务团队业务需求与系统菜单对应关系如表 7-2 所示。

**服务分中心及交通服务团队业务需求与系统菜单对应关系** 表 7-2

| 编号 | 业务 | | 对应菜单项 | 对应子菜单项 |
|---|---|---|---|---|
| 1 | 综合查询 | 车辆预订信息 | 综合查询—查询主页 | 运动员/技术官员/媒体订单查询 |
| | | 班车配车(非集体项目) | | 运动员/技术官员/媒体班车配车查询 |
| | | 专车配车(集体项目) | | 运动员/技术官员/媒体配车查询 |
| | | 班车时刻表查询(非集体项目) | | 运动员/技术官员/媒体时刻表查询 |
| | | 线路查询 | | 线路查询 |
| | | 驾驶员信息 | | 驾驶员查询 |
| | | 车辆信息 | | 车辆查询 |
| 2 | 修改订单所属车队 | | 基础信息 | 修改订单所属车队 |
| 3 | 班车时刻表管理：修改、新建班车时刻表 | | 运动员/技术官员/媒体交通服务团队 | 时刻表管理 |
| 4 | 集体项目和车队绑定关系设定 | | 基础信息 | 集体项目车队 |
| 5 | 专车/班车业务统计(行驶公里、油耗等) | | 业务统计 | 专车统计/班车统计 |

该系统主要功能有：查询功能，包括班车时刻表查询、班车配车查询；修改订单所属车队；班车时刻表管理；集体项目与车队绑定关系设定；业务统计，包括专车统计、班车统计等。

(2)运动员集体项目、技术官员专车车队。

运动员集体项目、技术官员专车车队业务需求与系统菜单对应关系如表 7-3 所示。

**专车车队调度业务需求与系统菜单对应关系表** 表 7-3

| 编号 | 业务 | | 对应菜单项 | 对应子菜单项 |
|---|---|---|---|---|
| 1 | 综合查询 | 订单配车查询 | 综合查询 | 运动员/技术官员/媒体配车查询 |
| | | 驾驶员信息 | | 驾驶员查询 |
| | | 车辆信息 | | 车辆查询 |
| 2 | * 专车配车(为订单配车)、打印路单 | | 运动员/技术官员交通服务团队 | 订单配车 |
| 3 | * 配车查询 | | | 配车查询 |
| 4 | * 专车销班 | | | 销班 |
| 5 | 专车业务统计(行驶公里、油耗等) | | 业务统计 | 专车统计 |
| 6 | 驾驶员配车(绑定驾驶员和车队关系) | | 基础信息 | 驾驶员配车 |
| 7 | 修改驾驶员配车(修改驾驶员和车的绑定关系) | | | 修改驾驶员配车 |

该系统主要功能：综合查询；专车配车(为订单配车)、打印路单；配车查询；销班；业务统计；驾驶员配车(绑定驾驶员和车队的对应关系)；修改驾驶员配车(修改驾驶员和车队的绑定关系)等。

(3)运动员村交通服务台。

运动员村交通服务台接受代表队专车车辆预定业务需求与系统菜单对应关系如表 7-4 所示。

专车车队客服业务需求与系统菜单对应关系表　　表 7-4

| 编号 | 业务 | 对应菜单项 | 对应子菜单项 |
|---|---|---|---|
| 1 | 生成订单 | 客服 | 生成订单 |
| 2 | 订单查询 | 客服 | 订单查询 |

主要功能:生成订单;订单查询。

(4)班车车队。

班车车队业务需求与系统菜单对应关系如表 7-5 所示。

班车车队调度业务需求与系统菜单对应关系表　　表 7-5

<table>
<tr><th>编号</th><th colspan="2">业　务</th><th>对应菜单项</th><th>对应子菜单项</th></tr>
<tr><td rowspan="4">1</td><td rowspan="4">综合查询</td><td>班车时刻表(非集体项目)</td><td rowspan="4">综合查询</td><td>运动员(/技术官员/媒体)时刻表查询</td></tr>
<tr><td>线路信息</td><td>线路查询</td></tr>
<tr><td>驾驶员信息</td><td>驾驶员查询</td></tr>
<tr><td>车辆信息</td><td>车辆查询</td></tr>
<tr><td>2</td><td colspan="2">*班车配车(对应时刻表配车)</td><td rowspan="4">运动员/技术官员/媒体分中心</td><td>班车配车</td></tr>
<tr><td>3</td><td colspan="2">*班车配车、打印路单</td><td>配车查询</td></tr>
<tr><td>4</td><td colspan="2">*班车销班</td><td>班车销班</td></tr>
<tr><td>5</td><td colspan="2">*加车销班</td><td>加车销班</td></tr>
<tr><td>6</td><td colspan="2">班车业务统计(行驶公里、油耗等)</td><td>业务统计</td><td>班车统计</td></tr>
<tr><td>7</td><td colspan="2">驾驶员配车(绑定驾驶员和车队关系)</td><td rowspan="2">基础信息</td><td>驾驶员配车</td></tr>
<tr><td>8</td><td colspan="2">修改驾驶员配车(修改驾驶员和车的绑定关系)</td><td>修改驾驶员配车</td></tr>
</table>

主要功能:综合查询;班车时刻表查询;班车配车查询、路单打印;班车销班;加车销班;业务统计;驾驶员配车(绑定驾驶员和车队的对应关系);修改驾驶员配车(修改驾驶员和车队的绑定关系)等。

(5)场馆交通团队。

场馆交通团队包括竞赛场馆、非竞赛场馆交通团队和交通服务场所的调度人员。其业务需求与系统菜单对应关系如表 7-6 所示。

场馆交通团队业务需求与系统菜单对应关系　　表 7-6

| 编号 | 业务 | 对应菜单项 | 对应子菜单项 |
|---|---|---|---|
| 1 | 查阅场馆车辆到/发信息 | 比赛场馆 | 车辆抵离时刻 |

主要功能:查阅场馆车辆到/发信息。

**2. 业务流程设计**

大客车调度系统处理的业务分为两类:专车调度业务(集体项目)和班车调度业务(非集体项目)。集体项目由专车预订方式进行车辆调度运营,非集体项目则以班车发车时刻表和"到点即发、人满即发"的原则运行,在非集体项目高峰时间段发车计划不能满足时,车队则采用备用车辆进行加车,确保非集体项目的班车现场用车需求。

(1)运动员专车(集体项目)调度流程。

根据运动员专车(集体项目)赛事运行特点,确定的运行组织架构,如图 7-4。根据该运行组织架构,运动员专车调度流程有以下几个步骤。

第一步接收任务。运动员村交通服务台负责接受集体项目各参赛队的车辆预订业务,并将预订信息录入到系统中,发送给车队调度室,并电话或电台通知车队调度室,同时预订信息可供出发和到达的调度室查询。

第二步分派任务。车队调度室通过系统接收信息后,组织车辆,向驾驶员下达调派指令,下发车辆派车单。同时,配车信息可供团队调度室、运动员村交通服务台、奥运村班车站调度室及场馆调度室查询。

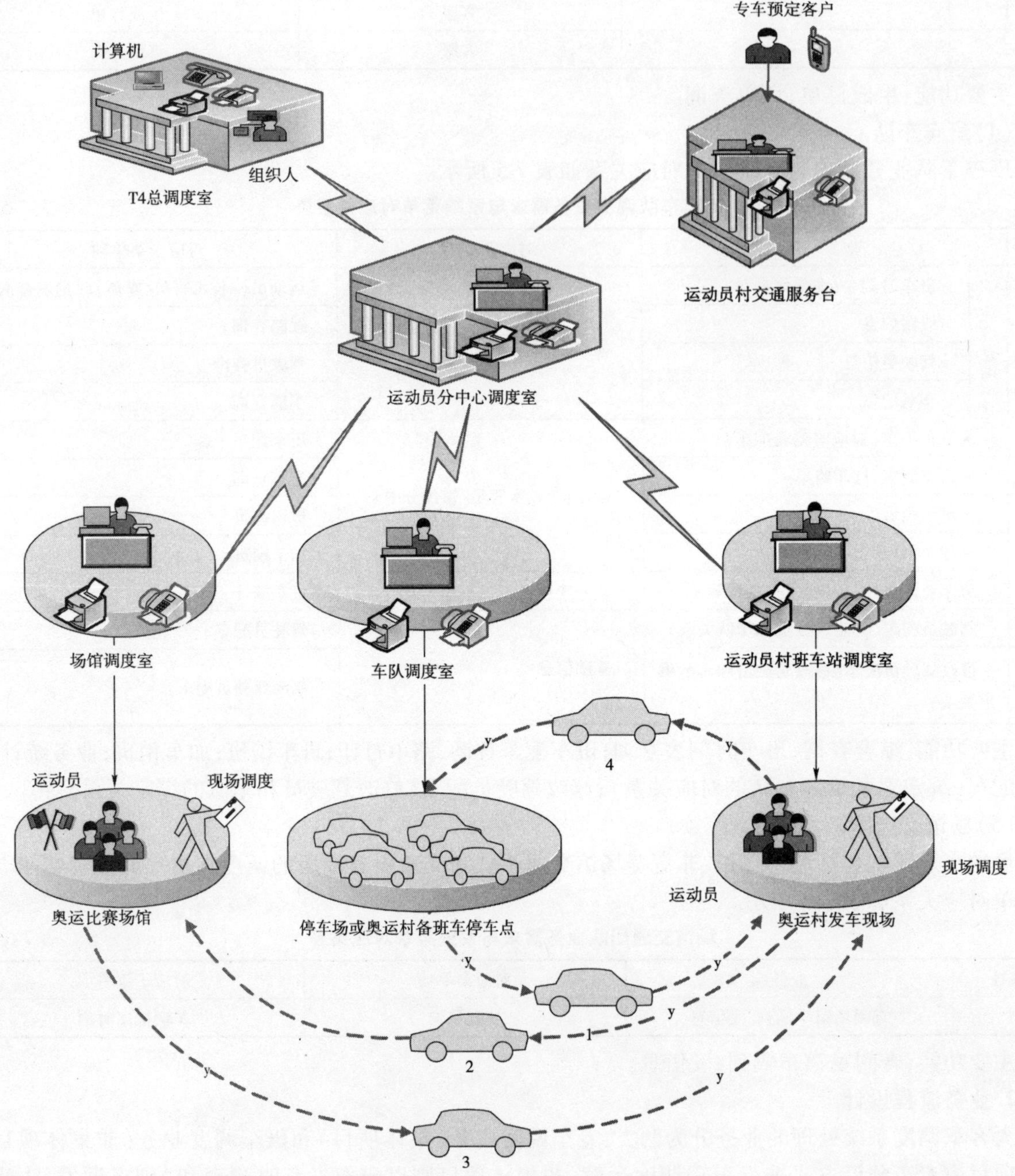


图7-4　运动员专车(集体项目)组织架构

第三步反馈任务。运动员村交通服务台及时将业务配车信息反馈给客户,奥运村班车站和场馆调度室可通过系统查询配车信息。

第四步执行任务。"奥运村班车站调度室"和"场馆调度室"根据"到发车辆查询信息",按所辖线路通知现场调度人员,现场调度人员据此在发车现场组织车辆,并在驾驶员路单上签字确认发车,运动员比赛和训练专车到达场馆后,由场馆调度人员在驾驶员调派单上进行签到确认;场馆调度人员负责返回班车的发车工作,并在返回班车路单签字。

第五步结束任务。专车驾驶员结束任务后,及时与本车队调度室销班,等候再次调度任务。

上述调度流程如图 7-5 所示。

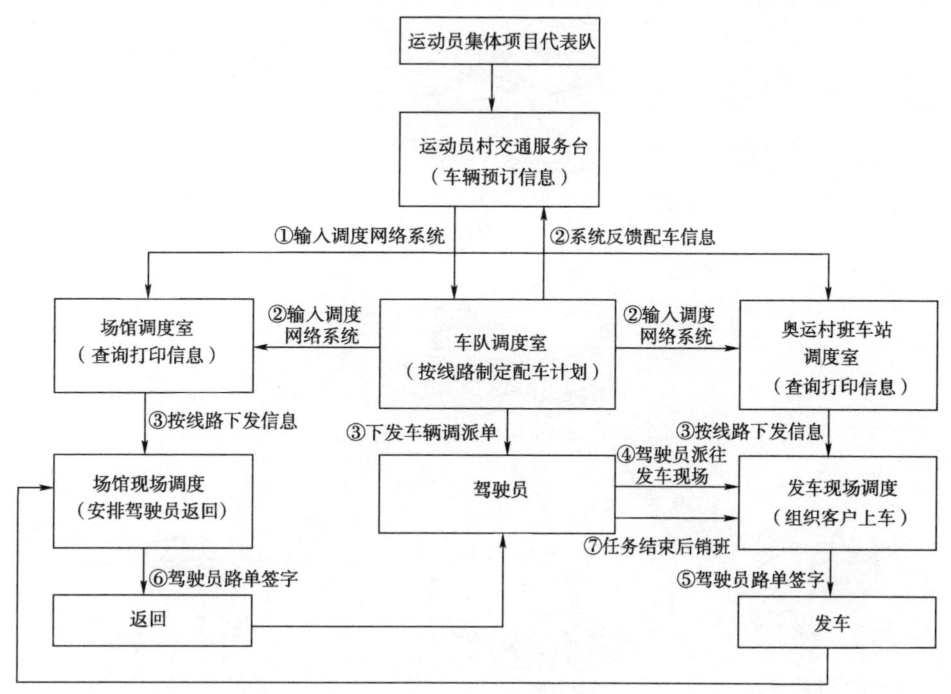


图 7-5　运动员专车调度流程

（2）运动员班车（非集体项目）、媒体班车调度流程。

运动员班车（非集体项目）、媒体班车调度业务包括正常班车调度业务和班车加车调度业务，这两种业务流程基本相同。其组织架构如图 7-6 所示。

①运动员班车（非集体项目）媒体班车调度流程，如图 7-7 所示。

第一步制订任务。运动员、媒体交通服务团队调度室，依据事先制订班车发车时刻表，通过调度系统分发给所辖车队调度室以及奥运村、IBC/MPC 班车站调度室及各场馆调度室（注：已下达到车队的班车时刻表因特殊情况不能正常执行时，团队调度室将及时调整计划发车时刻表并通过调度网络系统或电话、电台通知车队调度室以及出发和到达的现场调度室）。

第二步分派任务。车队调度室根据、下达的班车计划时刻表，以及车队的车辆和驾驶员资源制定"班车配车计划"，向驾驶员下达调派指令，下发派车单，驾驶员则根据车辆派车单出车，同时配车信息可通过系统供"奥运村、IBC/MPC 班车站调度室"和"场馆调度室"查询。

第三步执行任务。"奥运村、IBC/MPC 班车站调度室"和"场馆调度室"根据"到发车辆查询信息"，按所辖线路通知现场调度人员，现场调度人员据此在发车现场组织车辆，并在驾驶员路单上签字确认发车，班车到达场馆后，由场馆调度人员在驾驶员调派单上进行签到确认；场馆调度人员负责返回班车的发车工作，并在返回班车路单签字。

第四步结束任务。当天完成任务后、驾驶员将含有现场调度签字的派车单提交到车队调度室，调度人员根据调派单上的车辆运行情况，将数据录入到系统中进行销班。

②运动员、媒体班车（加车）调度流程，如图 7-8 所示。

奥运村、IBC/MPC 班车站设有备班车囤车点，车队每日按备班车计划将备班车派往囤车点。

当奥运村、IBC/MPC 班车站或场馆需要临时加车时，现场调度人员将用电话或电台通知调度室，现场调度室通过电话或电台与备班车囤车点调度人员联系，加派车辆（注：备班车囤车点的车辆依然不能满足需求时，则上报交通服务团队调度室，由调度室对所辖车队内的车辆进行统筹调配）。临时加车由调度员或驾驶员手工填写加车路单，由出发和到达的现场调度人员及客户签字确认，业务结束后将路单提交到车队调度室，对临时加车业务进行销班，并将信息录入到系统中。

（3）技术官员班车调度流程。

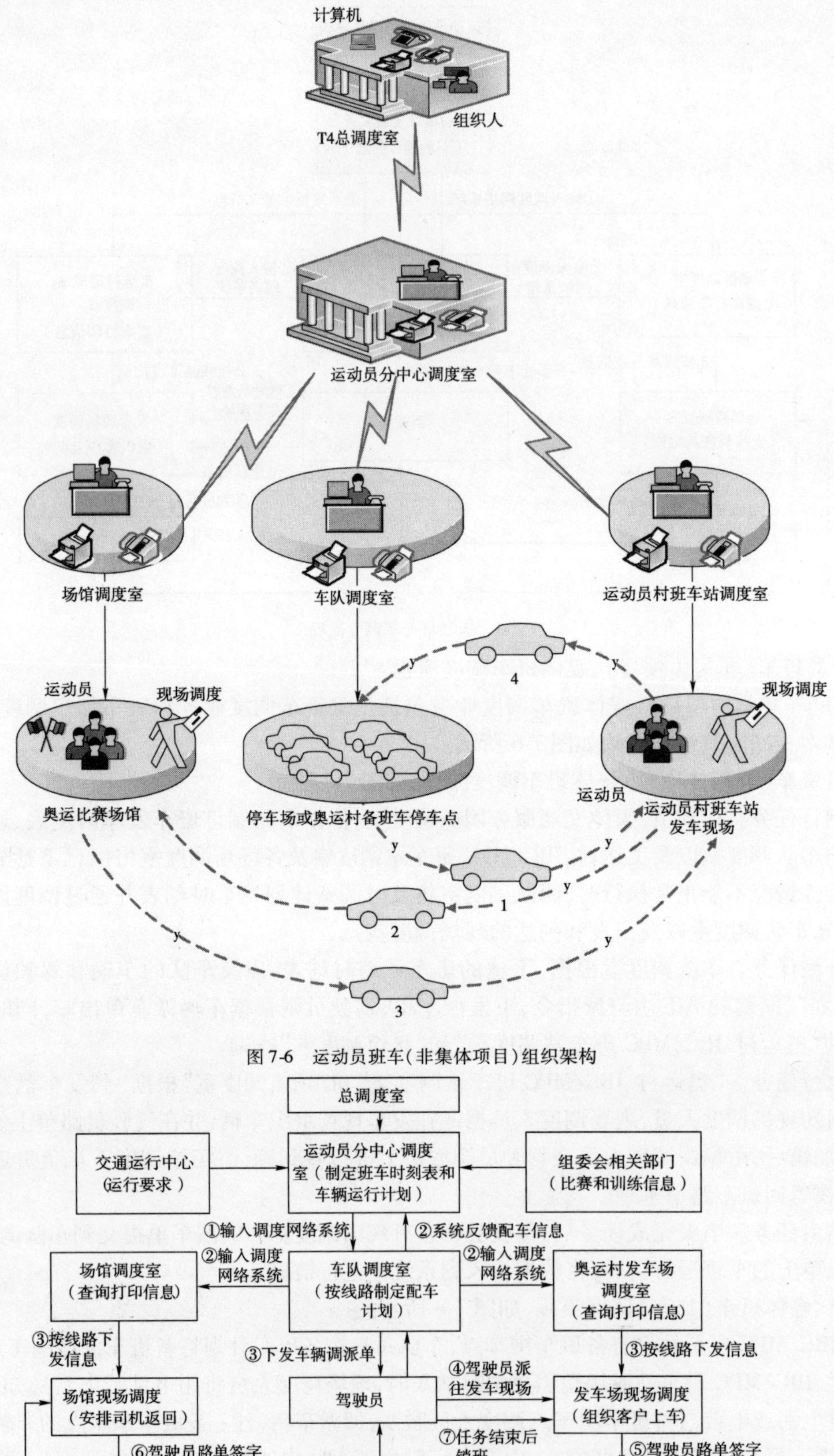


图 7-6　运动员班车（非集体项目）组织架构



图 7-7　运动员班车（非集体项目）调度流程

按照每个单项体育组织配备不同数量的技术官员班车,原则上按照与竞赛部门和该单项体育组织共同确定的班车时刻表运行。在赛时,技术官员交通团队班车运行除依照班车时刻表外,如有调整,服从该单项体育组织指定的联络人员的安排。

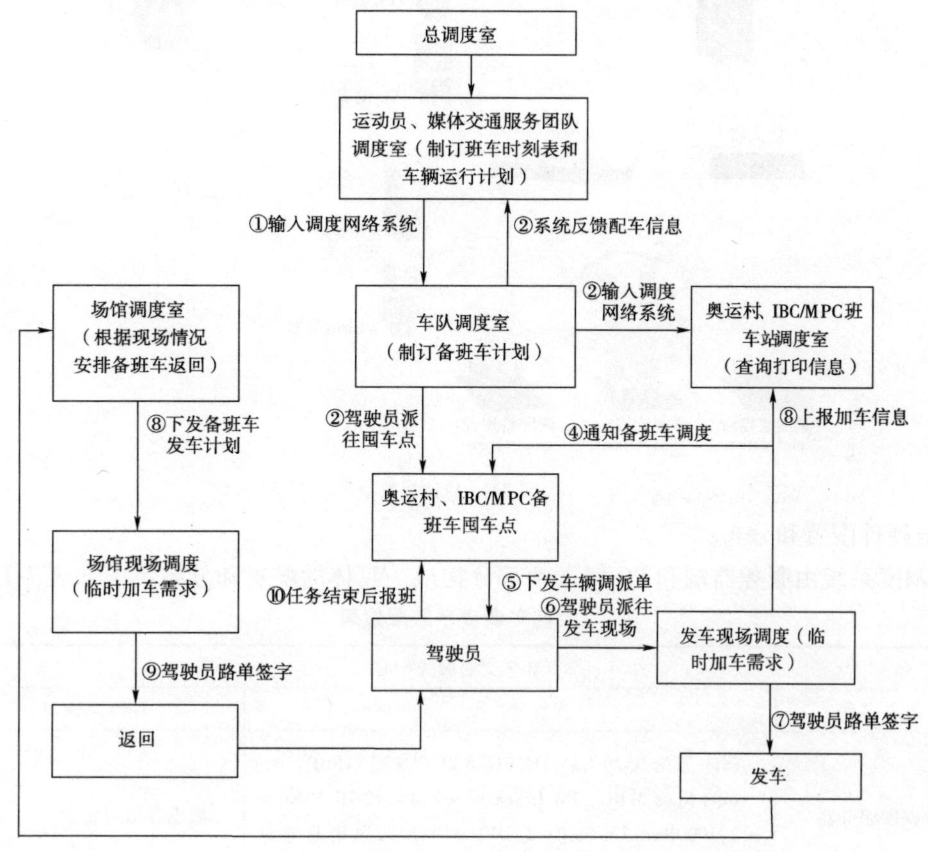


图 7-8　运动员班车(加车)调度流程

**3. 系统技术方案**

(1)系统整体设计思路。

根据奥运会班车运行调度系统的实际需求,保证在系统使用期间能 24 小时不间断运行,在系统的 WEB 服务器设计中采用了网络负载均衡技术,保证调度系统的处理能力,即使在一台服务器出现障碍时另外一台服务器也能保证系统正常运行、业务不中断。Web 服务器的负载均衡由操作系统 Windows Server 2003 来完成,考虑到奥运会交通服务运行的重要性以及对系统服务中断的容忍程度,在数据库服务器上采用了双机热备份。双机热备时,系统会有一个切换过程,这个切换过程在 10 秒钟以内。在切换过程中,服务有可能瞬间中断,而当切换完成后,系统服务将恢复正常。因此,尽管双机热备不是无缝、不中断的,但它能够保证在出现系统故障时,很快恢复正常的服务,使业务不会受到影响。除此之外,为了保证数据的存储安全、存取速度和海量数据存储,使用简单的无需数据管理的磁盘阵列(RAID)实现数据的存储,即此磁盘阵列将同时作为两台数据库服务器的一个存储盘,由 Windows Server 2003 来完成数据库服务器的双机热备份操作,不需要第三方软件。在数据备份及系统与其他系统的数据交换上,系统服务器群中使用了一个接口服务器,接口服务器使用与数据库服务器相同的数据库,通过虚拟数据库与当前正在使用的数据库服务器建立同步机制,从而实现系统重要数据的备份和系统业务处理与其他系统交互的隔离。

系统容量:系统并发用户峰值为 50 个,用户总数为 120 人。系统数据处理量将在每天做出 12000 次的统计运算或资料查询。

(2)总体框架。

大客车调度系统的总体框架如图 7-9 所示。

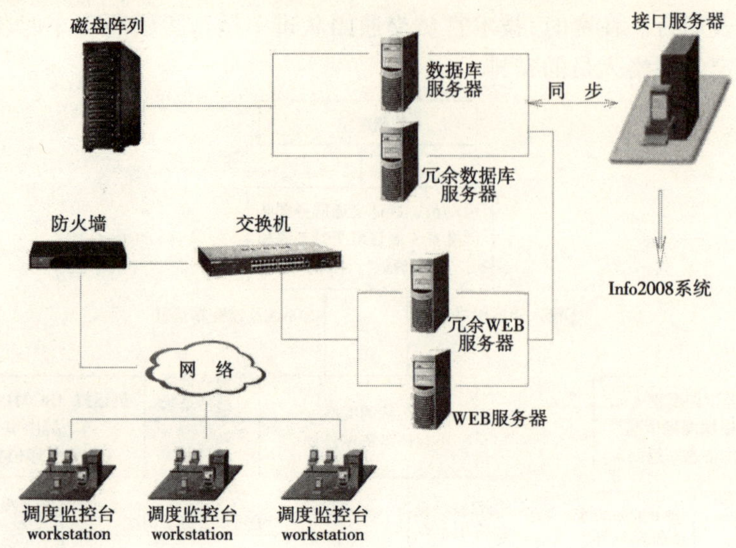


图 7-9 总体框架

(3)系统硬件配置和分布。

大客车调度系统由服务器端和 PC 终端两部分构成。具体的配置和分布情况如表 7-7、表 7-8 所示。

**大客车调度系统配置表** 表 7-7

| 赛事交通服务中心 | | | | | |
|---|---|---|---|---|---|
| 硬件设备 | 赛事交通服务中心 | 设备名称 | 型号 | 用途 | 数量(台) |
| | | 数据库服务器 | IST1 万全 R520 G4Y D3.0GX8 2G/2 * 73N4R0P Intel Xoen 3.0G, 2M L2 cache * 2,4G,72GB/10Krpm * 2,1000Base-TX Port * 2, DVD + R/RW, 风扇及电源冗余 | 数据存取与备份 | 2 |
| | | 磁盘阵列 | 146GB/10krpm * 4 | 数据存储与备份 | 1 |
| | | WEB 应用服务器 | IST1 万全 R520 G4Y D3.0GX8 2G/2 * 73N4R0P Intel Xoen 3.0G, 2M L2 cache, 2G, 72GB/10Krpm * 2, 1000Base-TX Port * 2, DVD + R/RW, 风扇及电源冗余 | WEB 应用服务器与备份 | 2 |
| | | 监控及管理坐席 | Intel CPU;2.0G,512M,40G | 系统管理调度用坐席 | 10 |
| 支撑软件 | | 数据库软件 | Sql Server2000 | 数据存储与备份软件 | 1 |
| | | 服务器操作系统 | Windows Server2003 | 操作系统软件 | 自带 |
| | | 监控坐席操作系统 | Windos Xp Pro | 操作系统软件 | 自带 |
| | | WEB 服务器 | 微软 IIS | web 应用服务器与中间件 | 1 |

**4. 系统建设**

(1)系统开发阶段。

①系统需求调研。奥组委交通部组织系统开发人员就系统需求进行调研。重点针对系统的功能，特别是业务流程组织了多次需求交流会,最终确定了“好运北京”测试赛期间大客车调度系统的功能需求和业务流程。

②开发“好运北京”测试赛的原型系统。根据需求调研确定的系统功能和业务流程组织开发了“好运北京”测试赛的原型系统。原型开发期间,不间断的对已经开发出的部分成果进行评审和确认。大客车调度系统原型系统开发完成后,组织本市客运企业业务人员进行操作培训和征集意见。经过上述工作,确保了在“好运北京”测试赛前完成原型系统开发。

**各竞赛场馆/非竞赛场馆/交通场站安装客户端PC分布**　　表7-8

| 类型 | | | | PC |
|---|---|---|---|---|
| 赛事交通服务分中心 | 交通服务分中心办公室 | | 奥运大厦308室 | 2 |
| | 总调度室(注释1) | | 待定 | 5 |
| 分中心配置合计 | | | | 7 |
| 运行团队 | T1、T2交通服务团队 | 团队办公室 | 总部饭店-北京饭店内 | 3 |
| | | IOC1车队 | 总部饭店-E5 | 1 |
| | | IOC2车队 | 总部饭店-E5 | 1 |
| | | IOC3车队 | 总部饭店-E5 | 1 |
| | | IF主席秘书长及赞助商车队 | 总部饭店-E5 | 1 |
| | | 国际贵宾车队 | 总部饭店-E5 | 1 |
| | | 体育部长车队 | 总部饭店-E5 | 1 |
| | | NOC1车队 | 总部饭店-E5 | 1 |
| | | T1机动车车队 | 总部饭店-E5 | 1 |
| | | NOC2车队 | 总部饭店-E5 | 1 |
| | | T2专用及机动车车队 | 总部饭店-E5 | 1 |
| | 小计 | | | 13 |
| | 机场抵离交通服务团队 | 团队办公室 | 首都机场5-206 | 2 |
| | | 车队管理办公室1 | 首都机场5-204 | 1 |
| | | 车队管理办公室2 | 首都机场5-203 | 1 |
| | | 车队管理调度室 | 首都机场5-205 | 2 |
| | | 行李车队管理办公室1 | 首都机场5-202 | 1 |
| | | 行李车队管理调度室1 | 首都机场5-201 | 1 |
| | 小计 | | | 8 |
| | 运动员和随队官员交通服务团队 | 团队办公室1 | A1-109 | 3 |
| | | 团队办公室2 | A1-211 | 1 |
| | | 1车队办公室2 | A1-103 | 1 |
| | | 2车队办公室2 | A1-106 | 1 |
| | | 3车队办公室2 | A1-203 | 1 |
| | | 4车队办公室2 | A1-206 | 1 |
| | | 5车队办公室2 | A2-203 | 1 |
| | | 6车队办公室2 | A2-206 | 1 |
| | 小计 | | | 10 |
| | NOC交通服务团队 | 团队办公室 | 奥运村 | 3 |
| | | 迎送中心NOC调度室1 | | 1 |
| | | 西NOC车队调度室1-2 | | 2 |
| | | 东NOC车队调度室1-6 | | 6 |
| | 小计 | | | 12 |
| | 媒体交通服务团队 | 团队办公室 | 奥体中心南18号103 | 2 |
| | | 团队调度室 | 奥体中心南18号104 | 1 |
| | | 车队管理调度室1 | 奥体中心南18号101 | 1 |
| | | 车队管理调度室 | 公园场站1-101 | 5 |
| | | 车队调度室 | | 2 |
| | | 车队管理调度室1 | 海淀场站2-111 | 1 |
| | 小计 | | | 12 |

续上表

| 类型 | | | | PC |
|---|---|---|---|---|
| 运行团队 | 技术官员交通服务团队 | 团队办公室 | 奥体中心南场站18号123 | 1 |
| | | 团队调度室 | 奥体中心南场站18号122 | 1 |
| | | 车队管理调度室1 | 奥体中心南场站18号120 | 1 |
| | | 车队管理调度室2 | 石景山场站4号-103 | 1 |
| | | 车队管理调度室3 | 海淀场站4-1 | 1 |
| | | 车队管理办公室4 | 奥体公园N1区C1-06 | 1 |
| | | 车队管理调度室4 | 奥体公园N1区C1-07 | 1 |
| | 小计 | | | 7 |
| | T3交通服务团队 | 团队办公室/调度室 | 总部饭店北区停车场 | 3 |
| | | 总部饭店车队办公室/调度室 | 总部饭店北区停车场 | 2 |
| | | 总部饭店车队分调室 | 总部饭店E3 | 1 |
| | | 奥体中心车队/办公室 | 奥体中心场站 | 2 |
| | | 奥克公园车队办公室/调度室 | 奥克公园场站 | 1 |
| | | 石景山车队办公室/调度室 | 石景山场站 | 1 |
| | | 海淀车队办公室/调度室 | 海淀场站 | 1 |
| | 小计 | | | 11 |
| 服务团队配置合计 | | | | 80 |
| 交通场站 | | 场站运行保障团队 | 总部饭店 | 2 |
| | | 场站运行保障团队 | 首都机场 | 2 |
| | | 场站运行保障团队 | 奥林匹克公园场站 | 2 |
| | | 公交总队办公室 | | 1 |
| | | 场站运行保障团队 | 石景山场站 | 2 |
| | | 公交总队办公室 | 石景山场站1-102 | 1 |
| | | 场站运行保障团队 | 海淀场站 | 2 |
| | | 公交总队办公室 | 海淀场站1-115 | 1 |
| | | 场站运行保障团队 | 奥体中心南场站 | 2 |
| | | 警车带路车队指挥室 | | 2 |
| | | 公交总队办公室 | | 1 |
| 交通场站运行团队配置合计 | | | | 18 |
| 场馆团队 | 比赛场馆 | 31个比赛场馆 | | 55 |
| | 小计 | | | 55 |
| | 非竞赛场馆 | IBC/MPC | 值班调度室1-2 | 4 |
| | | | 经理办公室1-2 | 2 |
| | | | 外部运行调度室1-2 | 2 |
| | | | 交通指挥监控室 | 1 |
| | | 媒体村-绿色家园 | 值班调度室 | 1 |
| | | | 经理办公室 | 1 |
| | | | 交通指挥监控室 | 1 |

续上表

<table>
<tr><th colspan="4">类　　型</th><th>PC</th></tr>
<tr><td rowspan="23">场馆团队</td><td rowspan="15">非竞赛场馆</td><td rowspan="3">媒体村-汇园公寓</td><td>值班调度室</td><td>1</td></tr>
<tr><td>经理办公室</td><td>1</td></tr>
<tr><td>交通指挥监控室</td><td>1</td></tr>
<tr><td rowspan="3">总部饭店</td><td>服务经理办公室</td><td>1</td></tr>
<tr><td>交通指挥监控室</td><td>1</td></tr>
<tr><td>经理办公室</td><td>1</td></tr>
<tr><td rowspan="2">机场</td><td>交通指挥监控室</td><td>1</td></tr>
<tr><td>经理办公室</td><td>1</td></tr>
<tr><td rowspan="6">奥运村</td><td>迎送中心</td><td>1</td></tr>
<tr><td>访客中心</td><td>1</td></tr>
<tr><td>运动员班车站调度室</td><td>2</td></tr>
<tr><td>经理办公室 1-3</td><td>3</td></tr>
<tr><td>村内班车调度室</td><td>1</td></tr>
<tr><td>交通指挥监控室</td><td>1</td></tr>
<tr><td>奥林匹克公园公共区</td><td>交通指挥监控室</td><td>1</td></tr>
<tr><td rowspan="7">赞助商和收费卡交通服务运行团队办公室</td><td rowspan="7">赞助商和收费卡交通服务运行团队办公室</td><td></td><td>1</td></tr>
<tr><td></td><td>1</td></tr>
<tr><td></td><td>1</td></tr>
<tr><td></td><td>1</td></tr>
<tr><td></td><td>1</td></tr>
<tr><td></td><td>1</td></tr>
<tr><td></td><td>1</td></tr>
<tr><td colspan="3">小计</td><td>37</td></tr>
<tr><td colspan="4">场馆团队配置合计</td><td>85</td></tr>
<tr><td colspan="4">交通团队技术物资需求合计</td><td>190</td></tr>
</table>

(2)测试赛试用阶段。

①确定测试目标地。根据“好运北京”测试赛的总体计划进行赛前部署。测试赛期间共使用大客车300辆;现场安装大客车系统软件8处,分别为:奥运大厦308室(赛事交通服务分中心),北京交管局交通指挥中心,沙滩排球车辆调度室,奥林匹克公园北区场馆群(射箭场)车辆调度室,奥林匹克公园北区场馆群(曲棍球场)车辆调度室,顺义水上公园车辆调度室,奥体中心场馆群车辆调度室,北京理工大学车辆调度室。测试赛期间,系统开发人员到各比赛场馆指导现场工作人员进行系统操作和数据录入,确保了系统在测试赛期间的正常运行和使用。

②测试赛结束后进行用户回访。奥组委交通部组织大客车调度系统的开发单位的相关人员对测试赛实战情况进行总结,并且及时走访了参加测试赛的本市专业客运企业相关业务人员。通过走访座谈了解测试赛期间在使用系统过程中发现的问题和对系统改进的建议。

③系统正式版开发。根据测试赛的系统使用情况和后期走访调研汇总的意见,大客车调度系统在原有系统的基础上进行了改进,对奥运会期间使用的正式软件版本进行二次开发。系统按计划要求在奥运会前完成了最终开发。

④上线测评。在奥运大客车调度系统正式版软件开发完成后,为了确保系统功能和性能达到赛时要求,奥组委交通部组织实施了系统测试。通过国家应用软件产品质量监督检验中心对系统软件进行

了第三方测试，系统最终顺利通过了测试，达到了赛时上线的技术要求。

(3)赛前系统部署阶段。

奥运会赛前，组织大客车调度系统的开发方对系统的软硬件进行了最终部署，确保系统的全部硬件(服务器等)在赛前落实到位，各类软件全部安装到系统服务器上并且调试完毕。通过上述工作，保证了系统在奥运会前全部准备就绪。

大客车调度系统在赛时的正常运行离不开系统基础信息。由于各交通服务团队赛时大部分工作人员7月底才到岗，奥运赛时用车也都是7月底、8月初才陆续投入使用，提前将相关信息录入系统十分重要。为了保证系统在7月20日交通服务开始后能够发挥作用，经过反复协调从各团队获取到第一手车辆、驾驶员等基础信息，为系统正常运行提供了保证。

为了让各竞赛场馆、非竞赛场馆、交通场站的现场调度和交通调度助理在赛时能够熟练的操作系统软件，赛前专门组织了大客车调度系统的系统操作培训。培训分为大礼堂讲解和系统上机操作两部分。通过培训，使得各交通调度和交通调度助理都能够掌握系统操作。

(4)赛时实战阶段。

奥运赛时，在总调度室设置中心技术组，负责对大客车调度系统进行现场技术支持；对各类技术问题进行响应；对各类问题进行解答和处理。同时，针对各类交通服务运行需求的变化，如更改驾驶员、车辆信息等，及时进行处理。大客车调度系统在赛时运行平稳，未发生任何系统级故障。

**5. 系统赛时运行情况**

大客车调度系统在奥运会和残奥会期间24小时运行，为各竞赛场馆、非竞赛场馆、交通场站等处提供了现场技术支持、各场站、各竞赛和非竞赛场馆电话技术支持、系统后台运营以及北京奥组委INFO2008系统上传班车时刻表和交通公告服务。交通服务总调度室每日根据实际情况对班车计划进行调整。调整后的新班车信息通过大客车调度系统发布到INFO2008信息平台上。运动员、媒体、技术官员通过INFO2008系统获知最新的班车服务信息。各团队、车队每日将配车信息录入系统后，各场馆现场调度可以通过大客车调度系统清楚的获得车队的车辆排班情况，方便了现场调度的工作。

在奥运会期间：录入专车和班车线路信息326条，其中包括：运动员线路99条，技术官员线路88条，媒体线路139条；录入驾驶员信息3038条，其中包括：运动员团队驾驶员信息871条，技术官员团队驾驶员信息134条，媒体团队驾驶员信息2033条；录入车辆信息3038条，其中包括：媒体团队车辆信息981条，技术官员车辆信息279条，运动员车辆信息958条；录入时刻表总计2289张，其中包括：运动员团队时刻表480张，技术官员团队时刻表749张，媒体团队时刻表1063张；录入派车记录45211条，其中包括运动员团队派车记录149条，技术官员团队派车记录3277条，媒体团队派车记录41785条；向INFO2008系统发布班车时刻表和交通公告48个。

在残奥会期间：录入专车和班车线路信息92条，其中包括：运动员线路37条，技术官员线路26条，媒体线路29条；录入驾驶员信息1318条，其中包括：运动员团队驾驶员信息659条，技术官员团队驾驶员信息56条，媒体团队驾驶员信息603条；录入车辆信息1048条，其中包括：媒体团队车辆信息298条，技术官员车辆信息51条，运动员车辆信息699条；录入时刻表总计464张，其中包括：运动员团队时刻表174张，技术官员团队时刻表103张，媒体团队时刻表186张；录入媒体团队派车记录14437条；向INFO2008系统发布班车时刻表和交通公告15个。

大客车调度系统经过开发、建设和赛时应用，形成了一整套的成果包括：用户使用报告、需求分析说明书、系统概要设计说明书、系统详细设计说明书、系统数据库设计、系统安装手册、系统用户手册、系统项目开发总结报告、系统试运行使用报告、系统用户培训手册、系统测试报告、系统监理报告等文件为今后大型活动和日常客运运营管理留下了宝贵的经验。

## 二、小客车调度系统

北京奥运会小客车调度系统由国际奥委会全作伙伴西班牙源讯公司设计制作，是雅典奥运会的遗产系统,在雅典奥运会上曾得到一定程度的使用。鉴于北京奥运会交通运行实际情况与雅典奥运会有很大不同,北京奥组委交通部对该系统进行了较大的调整,调整后的系统主要用于T3小客车预订,因此,该系统又被称为“T3预订系统”。该系统自2005年10月启动到2008年9月残奥会闭幕,共历时48个月,经历了系统选型阶段、系统修改试用阶段、赛前系统培训部署阶段、奥运会赛时实战阶段共四个阶段。

**1. 系统建设**

(1)系统选型阶段。

该系统虽然是遗产项目,由雅典奥运会嫁移过来,但由于北京奥运会与雅典奥运会在地域情况、组织情况、管理情况等各方面均有所不同,导致系统大多数功能不符合北京奥运会的使用需求。为此,奥组委交通部组织有关技术人员,遵循原系统设计思路,在听取了交通服务运行团队人员意见的基础上,对原系统模块进行规划、修改、整合。修改后的系统,主要保留了T3车辆预订模块,用于处理车辆预订信息。重新开发了车辆的即时用车模块。

(2)系统修改试用阶段。

①系统试用。2007年7月,源讯公司正式提供了系统使用环境,开始对原系统功能进行试用,探讨详细的修改需求。2007年8月,由奥组委交通部组织调度专家测试使用系统功能。测试赛后进行用户回访,根据回访意见开始对试用系统的修改意见进行整合、细化。

②系统修订。根据测试的系统使用情况和后期走访调研汇总的意见,将相关意见反馈给奥组委技术部及西班牙源讯公司负责人员,由位于西班牙巴塞罗那的源讯公司工程师们进行系统的修改。在2008年1月得到了源讯公司提供的修改版本后,开始进行较大范围的新版软件调试,并提出了进一步的修改方案。鉴于该系统为英文版本,经与源讯公司沟通,着手软件汉化工作。2008年4月,第二版软件修改完成,基本符合使用需求,但仍有部分细节需要修改,为此协同汉化需求一并交与源讯公司。在2008年6月,得到了源讯公司提供的最终版软件。

③系统功能。T3预定车辆的运行模式分为以下几个步骤:客人拨打预订电话预订车辆;T3服务运行团队根据预订信息选择适合的车队;车队根据预订信息选择适合的车辆;根据预订时间,车队将选定的车辆派出;车辆返回,记录车辆行驶数据。预订由T3呼叫中心完成,分配任务由T3交通服务运行团队完成,车辆运行及记录情况由T3团队下属车队完成。根据T3预订的3级运行模式,确定了系统功能模块,包括1个基础信息模块和3个运行模块。

基础信息模块主要是记录T3团队下属车辆、运行地点的基本信息、以便在运行阶段根据预订信息为订单配置车辆,包括记录车辆信息和服务地点信息。

运行模块为车辆预定模块、团队模块和车队模块。

车辆预定模块:主要用于接受客人订单,记录客人对车辆的各种需求信息;

团队模块:主要用于团队将接到的订单分配给下属的车队;

车队模块:主要用于车队为订单分配并派遣车辆,并在车辆运行结束后将相关行驶数据录入系统。相较前三个模块,车队模块所需负责的各类业务最多,因此该模块的功能也最复杂。操作界面也较多。

④系统测试。在小客车调度系统奥运会最终正式版本软件开发完成后,为了确保系统功能和性能达到赛时要求,联系奥组委技术部组织开发方国家应用软件产品质量监督检验中心对系统软件进行了第三方测试。该测试在软件环境上由奥组委技术部把关,在使用性能上则由奥组委交通部负责认证。连续2日在数字大厦同国家应用软件产品质量监督检验中心工作人员一起细致核对软件的各项性能,及时对软件的隐患进行排除。

(3)系统部署与运行。

根据T3车辆的管理运行模式以及系统的构架模式,为总调度室及T3团队工作地点配置了声讯电话、PC机、打印机等设备。

在总调度室的T3呼叫中心,共设定了16个话务座席,用于接听享有T3交通权限的客人订车电话。

为了能提供最好的服务，搭建了声讯系统，客人在拨通订车专用电话66691234后，可通过语音提示选择不同语种的服务。当有预订电话打入时，志愿者首先需根据客人提供的注册证号获取客人的详细信息，在确认客人的交通级别符合订车需求后，根据页面上的信息逐一与订车客人确认并录入系统。

T3呼叫中心将订车信息录入系统后10分钟内，T3团队即可在系统上看到该订单。考虑到在赛事高峰期间，订车需求较多，为T3团队配置了3部专用PC，用于将新订单分配给相应的车队。

在车队收到团队下发的订单后，需及时按定单分配车辆，根据各车队车数的多少，为各车队配置了数量不等的专用PC。其中总部饭店车队负责区域最大，车辆也最多，共有428部，相应的负责的订单数量也最多，因此为总部饭店车队配置了3部专用PC，用于处理订单业务。奥林匹克公园车队，共有车辆117部，配置2部专用PC；奥体中心车队，共有车辆240部，配置2部专用PC；石景山车队，共有车辆89部，配置1部专用PC；海淀车队，共有车辆80部，配置1部专用PC。

除以上专用于业务的PC外，为总调度配置了6部PC，用于对订车情况的查看及总体运行的监控。

**2. 系统赛时运行情况**

奥运会T3小客车预订系统自2008年7月25日上午8点正式启用，至8月28日下午18时停止使用，历时35天，共录入车辆数据1054条、录入服务地点数据157条、收到并处理车辆预订单3744个。残奥会T3小客车预订系统自9月1日上午8点正式启用，至9月20日下午18时停止使用，历时20天，共录入车辆数据417条、录入服务地点数据75条、收到并处理车辆预订单1600个。

系统运行期间为24小时不间断运转。在奥运赛时，在奥运大厦总调度室设置中心技术组，负责小客车调度系统的现场技术支持，对各类技术问题进行响应，对运行团队和场站打电话咨询的问题进行解答和处理，同时，还针对各类交通调度的需求，如更改车辆信息、服务地点信息等，进行系统维护。小客车调度系统在赛时的运行平稳，没有发生任何系统级故障。

## 三、交通服务车辆全球卫星定位监控系统（GPS系统）

历届奥运会的成功举办经验表明，奥运交通系统建设的核心任务之一是建设一个高效、适用的车辆监控与调度系统，改造和提升传统交通管理与运营模式，以此提高奥运交通系统的整体服务水平。北京奥运申办报告中明确承诺："利用全球卫星定位技术和监控服务为所有奥运大家庭及公共交通路线提供电子定位服务"。奥组委也在"科技奥运"理念中明确提出："紧密结合国内外科技最新进展，集成全国科技创新成果，举办一届高科技含量的体育盛会"。依据交通状况对在途车辆进行实时监控和智能调度，为决策者提供交通组织决策参考信息，是建设GPS系统的目的。而之前还没有一届奥运会通过GPS、GPRS、GIS以及计算机技术为奥运服务车辆提供进行监控和调度服务。这也是一次系统应用的创新。由北京奥组委交通部组织建设、中国卫星通信集团公司承建的GPS系统，从2006年10月启动，历经系统开发阶段、"好运北京"测试赛试用阶段、赛前系统部署阶段、奥运会赛时实战阶段共四个阶段，到2008年9月残奥会闭幕，历时24个月，在奥运会残奥会车辆、驾驶员指挥调度管理中发挥了有效的作用。

**1. 系统功能**

（1）系统监控台。

系统监控台的建立可以使同一台PC机同时建立多个账号登陆，对各账号进行管理。在总调度室及各交通运行服务团队使用该系统时，直接开启多个下属机构的账号，监控相关车辆的运行，避免通过上层账户登录时，显示车辆过多，影响监控效果。

（2）地图操作。

对GPS系统来说，地图功能的好坏直接影响GPS的使用效果，在本系统中，地图功能包括地图显示，地图放大、缩小、漫游、全图、距离测量、面积测量、图层管理功能等。

（3）定位监控。

监控台中对终端进行监控的指令，有"点名监控"、"增加监控"、"重点监控"、"停止监控"、"区域统计”、“取消报警”、“轨迹回放”。

(4)区域统计。

统计出在区域内的所有车辆。

(5)取消报警。

对监控台中正在上报报警的终端下发撤销报警指令。

(6)轨迹回放。

此功能普通监控台默认关闭,在系统上端有车辆“历史轨迹回放”窗口,用于事件备查。

**2. 系统技术方案**

(1)系统建设基本任务和要求。

①构建三级奥运车辆指挥调度综合管理系统。

根据奥运车辆运行服务方案中的要求,奥运交通服务车辆将按照赛事交通服务分中心、交通服务运行团队、各场站/场馆/媒体饭店等三级模式来组织运行,上级中心对下级中心进行控制和管理,下级中心能够及时上报运行信息,从而形成一个快速联动的有机整体,如图 7-10 所示。

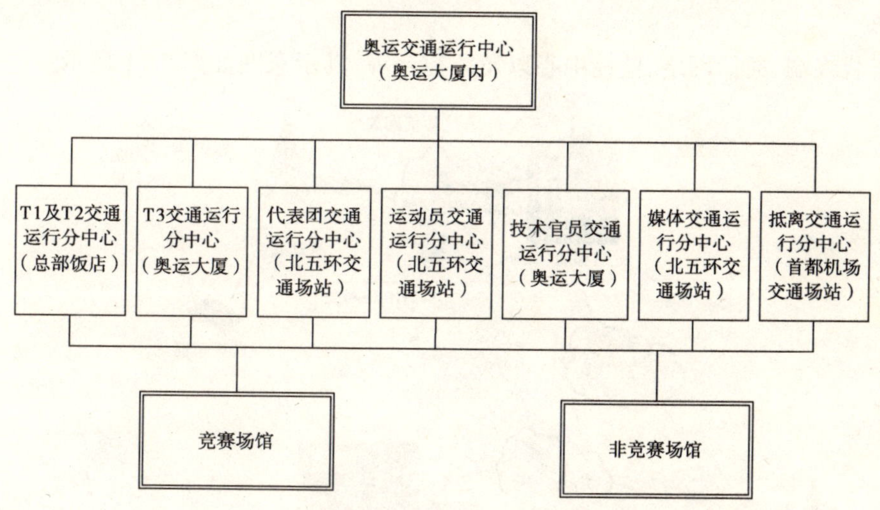


图 7-10 三级奥运车辆指挥调度组织架构

本项目首要任务即是根据交通运行服务方案,构建奥运车辆三级指挥调度体系,为确保交通运行服务方案的顺利实施,提供坚实基础。

②建立奥运交通服务基础地理信息数据库。

采集并建立相关奥运交通服务基础地理信息数据库,是实现车辆 GPS 系统的基础任务,包括以下几类基础地理信息:

a. 奥运竞赛场馆、训练馆;

b. 奥运饭店、机场、奥运村;

c. 交通服务场站、调度站;

d. 奥运专用车道;

e. 奥运班车行车路线;

f. 官方指定的旅游景点;

g. 车辆维修站;

h. 加油站;

i. 医院;

j. 购物点。

③实现奥运车辆动态实时监控、报警处理和运行数据统计分析。

利用 GPS 系统对奥运交通服务车辆运行状况进行全程监控,并在奥运交通服务电子地图中实时显示，自动比较运行状态与运行计划差异，对于异常情况自动报警，提示制订并执行应急运力调配预案。对所有车辆运行状况和行驶轨迹作为交通运行信息存储。

对奥运交通服务车辆的日常运行过程和数据进行采集、汇总和加工处理，通过进行分类和分析，从而寻找出相关规律，为运营指挥提供决策支持。运营分析主要指运营计划完成统计情况、及运营成果统计分析。应包括的汇总统计资料有运营里程、空载里程、载客里程、出车次数、运营速度、按线路满载率、出车率、准点率、车辆事故及故障汇总分析等。

④为奥运车辆便捷、可靠的调度提供实时监控等技术支持。

在进行奥运车辆调度指挥时，GPS 系统可以为交通管理者提供车辆的实时位置信息，辅助调度决策。

⑤构建车辆/驾驶员信息管理系统。

根据奥运交通服务指挥调度的需要，构建车辆/驾驶员信息管理系统。通过系统可以在任何时间获取被查询对象的相关属性，包括：车牌号、驾驶员姓名、联系电话、所属车队、所属团队、车型等信息。

（2）系统总体框架和组成。

①系统框架。

系统包括车载终端、通信网络、监控中心以及监控台等，其示意图如图 7-11 所示。

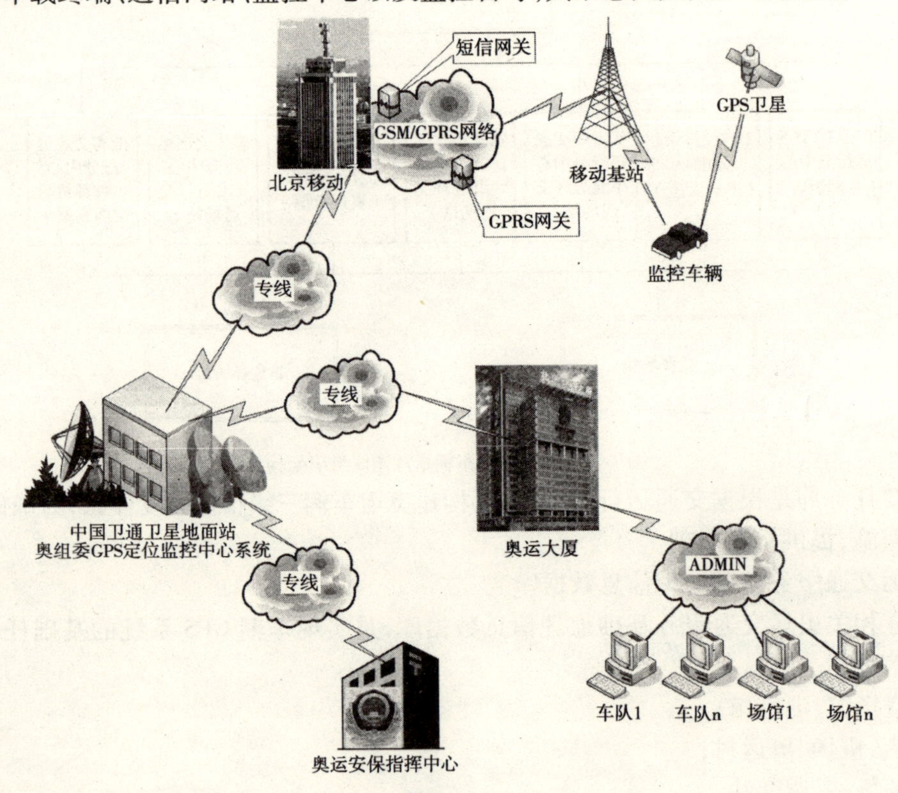


图 7-11　系统框架示意图

②系统分布。

如图 7-11 所示，本系统分别由以下几部分组成：

- 中国卫通—奥组委 GPS 定位监控中心

中国卫通—奥组委 GPS 定位监控中心，是中国卫通为奥运赛事交通服务中心 GPS 项目独立建设的 GPS 监控中心系统。整个系统负责对车辆的位置数据进行存储、处理、转发，以及车辆入网认证、权限分配等工作，为奥运交通服务车辆提供专网专线的 GPS 监控服务。

- 赛事交通服务分中心

赛事交通服务分中心与中国卫通—奥组委 GPS 定位监控中心通过专线连接，接入奥组委所有服务车辆的 GPS 数据，并通过奥组委 ADMIN 网络发送给各车队、场馆等监控终端。

- 移动网络接入

赛事交通服务分中心，与各服务团队车辆之间的通信链路，是由北京移动的 GSM/GPRS 网络来实现的。中国卫通—奥组委 GPS 定位监控中心与北京移动公司之间通过专线连接。

- 安保系统

奥运安保指挥中心与中国卫通—奥组委 GPS 定位监控中心之间通过专线连接，接入奥组委所有服务车辆的 GPS 数据。其中由中国卫通提供标准接口协议，由奥运安保指挥中心开发数据接收处理软件。

- 场站、车队、场馆

场站的各车队，场馆各调度室在其计算机上安装了监控台软件，对其所辖车辆进行实时监控。各车队、场馆的计算机，在北京奥组委 ADMIN 网内运行。

(3)系统硬件配置和分布。

①服务端系统配置。

系统服务端的硬件拓扑和配置情况如图 7-12 和表 7-9 所示。

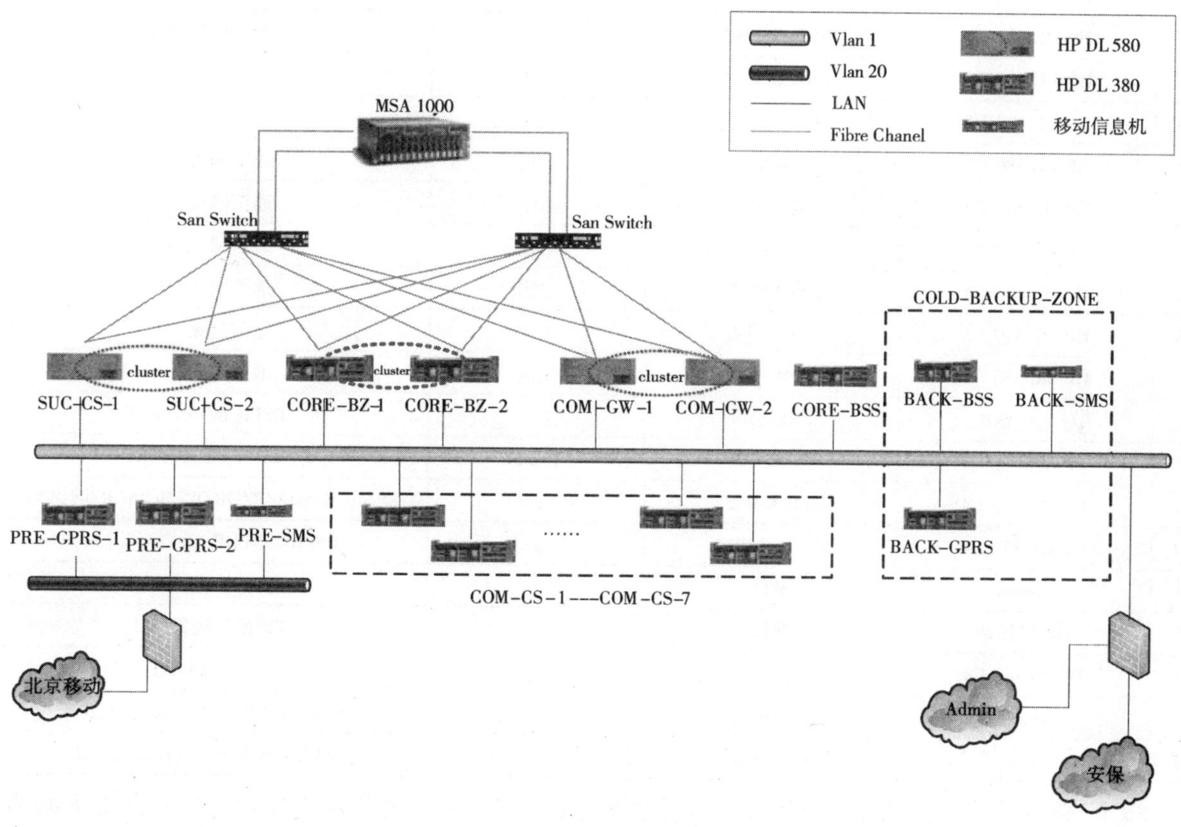


图 7-12　服务端硬件拓扑图

②各竞赛场馆/非竞赛场馆/交通场站安装客户端 PC 情况汇总。

与大客车调度系统终端分布相同，见表 7-8。

**3. 系统建设各阶段情况**

(1)系统开发阶段。

①组织专家论证。2006 年 9 月至 2007 年 2 月，北京奥组委主持召开了三次“北京奥运服务专用车辆 GPS 定位系统项目论证会”，就项目的背景、建设目标、技术方案、阶段计划、软硬件配置、经费预算和分摊原则等向专家组进行了汇报，由国内知名专家组成的专家组经过认真研究讨论，指出：第 29 届奥林匹克运动会申办报告中对“奥运会专用车辆装备全球卫星定位技术监控系统和地理信息系统”已有明

确承诺,因此,此项目作为北京奥运会交通保障服务和高水平组织的关键技术支撑项目,且车辆 GPS 系统在国内外的应用属于成熟技术应予实施;对实施方案提出了要进一步优化技术方案和实施方案;本着节俭办奥运并充分利用社会资源的原则,由卫通公司自筹资金开发“北京奥运服务专用车辆监控及调度指挥中心”软硬件系统;由奥运服务专用车辆提供商按奥组委的技术标准和功能要求配备 GPS 定位车载终端。通过三次专家论证会,为 GPS 系统的开发、建设奠定了基础。

服务器配置图　　表 7-9

| 序号 | 型号 | 服务器名 | 状态 | 应用服务 |
|---|---|---|---|---|
| 1 | HP DL 580 G5 | COM-GW-1 | 双机热备 | 通信网关(主) |
| 2 | HP DL 580 G5 | COM-GW-2 | 双机热备 | |
| 3 | HP DL 580 G5 | SUC-CS-1 | 双机热备 | 通信服务器 |
| 4 | HP DL 580 G5 | SUC-CS-2 | 双机热备 | SUC 数据库/历史数据补发服务 |
| 5 | HP DL 380 G5 | CORE-BSS | 主用 | Weblogic/BSSDB/BZDB/WEBGISDB/网络加密锁 |
| 6 | HP DL 380 G5 | CORE-BZ-1 | 双机热备 | IISPR-BZ |
| 7 | HP DL 380 G5 | CORE-BZ-2 | 双机热备 | OPENLDAP |
| 8 | HP DL 380 G5 | PRE-GPRS-1 | 主用 | IISPR-BZ-PRE |
| 9 | HP DL 380 G5 | PRE-GPRS-2 | 主用 | IISPR-BZ-PRE |
| 10 | HP DL 380 G5 | COM-CS-1 | 主用 | 通信网关(从) |
| 11 | HP DL 380 G5 | COM-CS-2 | 主用 | 通信网关(从) |
| 12 | HP DL 380 G5 | COM-CS-3 | 主用 | 通信网关(从) |
| 13 | HP DL 380 G5 | COM-CS-4 | 主用 | 通信网关(从) |
| 14 | HP DL 380 G5 | COM-CS-5 | 主用 | 通信网关(从) |
| 15 | HP DL 380 G5 | COM-CS-6 | 主用 | 通信网关(从) |
| 16 | HP DL 380 G5 | COM-CS-7 | 主用 | 通信网关(从) |
| 17 | 移动信息机 | PRE-SMS | 主用 | IISPR-BZ-MOBILE |
| 18 | 移动信息机 | BACK-SMS | 冷备份 | IISPR-BZ-MOBILE |
| 19 | HP DL 380 G4 | BACK-BSS | 冷备份 | Weblogic/BSSDB/BZDB/WEBGISDB/网络加密锁 |
| 20 | HP DL 380 G4 | BACK-GPRS | 冷备份 | IISPR-BZ-PRE/通信网关(从) |
| 21 | lenovo | MT1 | | 数据管理器/MT |
| 22 | HP 工作站 | MT2 | | 数据管理器/MT |
| 23 | HP DL360 G4 | FTP | | VSFTP(linux) |
| 24 | lenovo | Symantec | | Symantec 服务端/SUC 报表服务 |
| 25 | lenovo | Netmanager | | 网管系统程序/Tomcat 监控端 |

②GPS 终端选型。根据专家评审会确认的系统建设方案,由各供车企业自行选择并自费采购 GPS 终端。企业所选择的终端须满足北京奥组委 GPS 系统的要求。为此,组织召开了多次终端选型协调会,对终端选型的依据、标准和方法与各供车企业和终端供应商进行协商。同时汇总各供车企业提供的终端供应商相关技术资料,进行登记存档。

③终端技术标准制订。为了更好地完成 GPS 终端的选型和后期的终端入网,组织制订了《北京奥运服务车辆 GPS 定位监控系统车载终端入网要求》和《北京奥运服务车辆 GPS 定位监控系统车载终端技术规范》;制订了终端改造、测试和入网的工作进度计划,并组织协调各厂商按规定开展相关工作。通过上述工作,确保了各终端供应商对于终端的顺利改造。

(2)测试赛试用阶段。

①系统部署。根据“好运北京”测试赛的总体计划,对 GPS 系统的在测试赛时所需的系统软硬件进

行了赛前部署。测试赛期间共装车 300 辆；现场安装 GPS 系统软件共 8 处，分别为：奥运大厦 308 室（赛事交通服务分中心），北京交管局交通指挥中心，沙滩排球车辆调度室，奥林匹克公园北区场馆群（射箭场）车辆调度室，奥林匹克公园北区场馆群（曲棍球场）车辆调度室，顺义水上公园车辆调度室，奥体中心场馆群车辆调度室，北京理工大学车辆调度室。测试赛期间组织技术小组分别前往各比赛场馆，指导现场工作人员进行系统操作和数据录入，确保了系统在测试赛期间的正常运行和使用。

②终端测试。根据 GPS 终端入网计划，组织和协调了各终端厂家在“好运北京”测试赛之前完成了各单位的终端改造、自测和复测。各终端产品还在“好运北京”测试赛期间进行了装车试用。根据反复测试和试用的情况，把发现的各类终端技术问题反馈给终端厂商，促进其进行技术改进。同时，为了确保最后上会的各款终端都符合技术要求，奥组委交通部委托国家应用软件产品质量监督检验中心对各款终端进行了第三方测试。通过专业的第三方测试，对各终端的产品质量进行了科学的检测，剔除了不符合技术要求的终端产品。

③系统正式版开发。根据测试赛的系统使用情况和后期走访调研汇总的意见，组织 GPS 系统开发方在原有系统的基础上进行了改进，对奥运会期间使用的正式软件版本进行二次开发。系统按计划要求在奥运会前完成了最终开发。

④上线测评。在 GPS 系统奥运会最终正式版本软件开发完成后，为了确保系统功能和性能达到赛时要求，国家应用软件产品质量监督检验中心对系统软件进行了第三方测试，系统顺利通过了测试并且获得了测试报告，达到了赛时上线的技术要求。

（3）系统部署阶段。

①系统部署。奥运会赛前部署阶段，组织 GPS 系统的开发方对系统的软硬件进行了最终部署。确保了系统的全部硬件（服务器等）在赛前落实到位，各类软件全部安装到系统服务器上并且调试完毕。通过上述工作，保证了系统在奥运会前全部准备就绪。

终端设备生产和安装。GPS 系统涉及到 3000 多辆小客车，2000 多辆大客车。而车辆有些来自大众公司提供的新车，有些来自本市客运企业在用的车辆。全部设备均按时安装到位，需要大量的协调工作。在各供车企业的大力支持和共同努力下，奥运服务用车和赞助商客车都按时安装了 GPS 系统设备。

②基础信息采集。综合管理平台是基于 GPS 系统的开发、建设，该平台和 GPS 系统在赛时的正常运行离不开系统基础信息。经过各团队前期工作人员的努力将相关基础信息汇总。为系统正常运行提供了保证。

③监控台安装。奥运期间，GPS 系统应用分别十分广泛。各竞赛场馆、非竞赛场馆、交通场站、奥运大厦、安保指挥中心等处都需要安装客户端软件（监控台）。涉及到 100 多个电脑，五、六十个地点。为此，在赛前不到十天的时间内组织 GPS 系统工作人员前往各处安装系统软件，保证了全部电脑在赛前完成软件安装。

④用户培训。为了让各竞赛场馆、非竞赛场馆、交通场站的现场调度和交通调度助理在赛时能够熟练的操作系统软件，在赛前组织了 GPS 系统的系统操作培训。培训分为大礼堂讲解和系统上机操作两部分。通过培训，使得各交通调度和交通调度助理能够基本掌握系统操作。

（4）奥运会实战阶段。

在奥运赛时，在奥运大厦总调度室设置中心技术组，负责 GPS 系统的现场技术支持。对各类技术问题进行响应，对各场馆和场站打电话咨询的问题进行解答和处理，对发现的 GPS 终端技术问题通知终端厂商进行维修。同时，还针对各类交通调度的需求，如查找车辆位置，调取历史轨迹等，进行及时的处理，确保了 GPS 系统在赛时的平稳运行，没有发生任何系统级故障。

**4. 系统运行保障**

为保障 GPS 系统安全稳定的运行，为奥运提供优质的车辆监控调度服务，GPB 开发方组建了奥运 GPS 项目保障团队。保障团队在业务层面直接与奥组委业务小组接口。

(1)GPS 保障团队职责。

保障团队共分为:指挥团队、运维团队、客服团队、技术支持团队和研发团队;

- 指挥团队负责所有团队的总指挥和调度工作;
- 运维团队负责系统赛时的系统运维保障工作;负责日常的巡检记录工作;
- 客服团队负责赛时用户的业务处理和报警服务处理工作;负责赛时用户的业务咨询、故障申告受理和投诉处理服务,向用户提供基于位置信息的各类增值服务;
- 技术支持团队负责客户端软件的安装和维护工作;负责赛时车辆调度助理的培训工作;根据实际情况进行电话技术支持和现场支持;
- 研发团队负责软件方面的问题处理;配合技术支持进行电话和现场支持。

(2)服务保障。

赛期 GPS 系统的安全稳定运行和响应支持由各个团队负责提供相应的服务保障。

- 指挥团队服务保障:赛期指挥团队两位总指挥轮流值守,直接监督和指导各团队工作,同时对各个团队资源进行总体调度,检查每日问题记录和处理重要问题;
- 运维团队服务保障:运维团队具体负责中国卫通-奥组委 GPS 系统的运行维护工作,执行 7 * 24 小时值班制度,通过实时监控、系统巡检、例行维护、数据备份等策略保障系统的稳定运行并确保对系统故障的及时响应。人员安排:赛期运维白班 3 人,夜间值班 1 人,运维团队所有人员 24 小时开机随时待命;

**5. 系统赛时运行情况**

各交通服务运行团队通过 GPS 系统的实施,掌握所辖车辆的位置、行驶轨迹、车速等情况,掌握了车辆的运行状况。对发现的出现超速行驶、计划外行驶的情况的驾驶员进行了说服教育。对于发生的几起严重事故调取了车辆的行驶轨迹,掌握了车辆事故前的行驶路线和车速,对于判断事故发生原因和事故定性提供了有力的依据。对于赛时个别贵宾需要前往安保范围外的场所,通过 GPS 系统对车辆进行实时跟踪,掌握车辆的情况,确保乘客安全。

在奥运会期间:安装客户端软件(监控台)115 个;安装 GPS 车载终端 5818 台;上线通信终端共 5314 台;日均上线 1258 台;累计派发终端故障维修单 336 份。在残奥会期间:安装客户端软件(监控台)76 个;安装 GPS 车载终端 2069 台;上线通信终端共 1810 台;日均上线 864 台。

## 第二节　通信系统

从 2007 年 1 月开始进入通信调度系统规划建设阶段,中间经历了测试赛阶段、重新设定阶段、综合测试阶段、赛前系统培训部署阶段、奥运会赛时实战阶段共六个阶段,到 2008 年 9 月残奥会闭幕,历时 14 个月,在项目执行过程中,系统建设按时完成;在奥运赛时,系统运行稳定可靠,为赛事运行服务安全有序运行发挥了重大作用,赛事期间共计使用无线集群设备 4282 部;使用通信组 112 个,使用移动电话 2370 部。

集群设备的型号由组委会统一指定,交通部共使用 2 类设备,一类是手持无线集群设备(简称手台),一类是车载无线集群设备(简称基地台)。手台选用的是摩托罗拉公司生产的 MTP850,其主要特点小巧轻便、便于携带,安装电池即可使用,缺点在于信号稍差。基地台选用了摩托罗拉公司生产的 MTM800,该基地台其实是车载台的一种,原设计为安装在车辆上,由车载电瓶供电,经简单改装后可直接安装在固定位置。车载台主要供室内工作人员使用,它的主要特点为信号清晰,缺点在于需外接电源且体积较大无法随身携带。鉴于两种集群设备的特点,为各调度岗位及随车人员配置了手台,同时为每个调度室配置了基地台,该基地台在日常接收各团队的请示,传达赛事交通服务分中心或总调度室的指示。

## 一、通信设备配置

根据交通服务运行团队的管理模式,制订了交通集群通信系统分组方案。分组的基本原则是:上级机构可以与本团队任意下级机构通话,下级机构有部分集群可与直属上级机构通话;各团队调度与车辆分组管理。根据以上基本原则,将4000多部手台、基地台按功能划分条块结合,共设定通话组112个,其中总调度使用一组,T1/T2团队使用一组,NOC团队使用一组,6个交通场站团队各自使用一组,非竞赛场馆使用七组(奥运村、残奥村、绿色家园、汇园公寓、IBC/MPC、首都机场、总部饭店、其他非竞赛场馆),23个场馆群各使用一组,TM团队使用19组,TA团队使用9组,TF团队使用13组,T3团队使用30组。

**1. 总调度室配置**

根据总调度室工作性质和位置特点,总调度室共配置手台34部,基地台3部,所有集群设备均可与交通112个通话组通话。在日常工作中,有8部手台分别置于8个交通服务运行团队的通话频道,直接与各团队相互联系。1部基地台固定置于总调度频道,一旦团队有紧急情况发生,通过该频道呼叫总调度室。其余集群设备则根据每日运行重点的不同置于不同的通话组,掌握各类交通运行信息。

**2. 交通服务运行团队配置**

(1)T1/T2交通服务运行团队。

共配置手台31部,基地台11部。其中团队配置21部手台(用于团队之间以及与下属车队的联系),1部基地台(用于同交通总调度联系);车队(10个)配置10部手台,10部基地台(均用于与团队联系)。根据通话需求,将团队手台、车队手台、车队基地台设置一个通话组(T1/T2团队通话组);团队基地台设置一个通话组(总调度通话组)。

由于T1、T2车辆均为专车专用,因此为保证贵宾与本车当班驾驶员志愿者联系,为每车配置了一部随车移动电话及SIM卡。

(2)抵离交通服务运行团队。

该团队主要负责抵离信息的收集与分类传达,因此该团队需频繁与机场交通运行团队及T1\T2等交通服务运行团队联系,为此共配置手台20部,基地台3部。其中团队配置11部手台,设有7个通话组(机场交通团队通话组、T1/T2团队通话组、NOC团队通话组、TM团队通话组、TA团队通话组、TF团队通话组、T3团队通话组),1部基地台,设有一个通话组(总调度通话组);团队办公室配置9部手台,2部基地台,通话组均设为机场交通团队通话组。

此外,抵离团队下属的行李车队共配置手台5部,基地台1部。其中手台配置一个通话组(机场交通场站通话组),基地台配置一个通话组(总调度通话组)。

(3)NOC交通服务运行团队。

共配置手台20部,基地台10部。其中团队配置11部手台,1部基地台;车队(9个)配置9部手台,9部基地台。团队手台、车队手台、车队基地台设为一个通话组(NOC团队通话组),团队基地台设有一个通话组(总调度通话组)。NOC团队的情况基本与T1/T2团队相同,为每车配置了一部手机一张SIM卡,配置的集群设备主要是各管理人员之间通话。

(4)TM交通服务运行团队。

TM团队主要负责媒体的交通。该团队有下属9个车队,每个车队均有不同数量的车辆,在运行过程中,团队负责班车时刻表的制订与修改,车队负责具体班车时刻表的执行以及车辆的调度。简单来说,就是三级管理模式:团队——车队——车辆。相应的集群设备的配制方案以及通信方案也据此设定。此外,根据安保部的要求,要为每名随车安保信息员配置通信工具,为每部TM车辆配置了一部随车手台。具体情况如下:共配置手台929部,基地台10部,涉及通话组19个(TM团队通话组,TM一队车辆通话组,TM一队调度通话组,TM二队车辆通话组,TM二队调度通话组,TM三队车辆通话组,TM三队调度通话组,TM四队车辆通话组,TM四队调度通话组,TM五队车辆通话组,TM五队调度通话组,

TM 六队车辆通话组,TM 六队调度通话组,TM 七队车辆通话组,TM 七队调度通话组,TM 八队车辆通话组,TM 八队调度通话组,TM 九队车辆通话组,TM 九队调度通话组)。

(5)TA 交通服务运行团队。

TA 团队的运转模式同 TM 团队相同,基本配置原则也相同,即根据每车队岗位数量及车辆数量的不同配置的集群数量略有差别。共配置手台 629 部,基地台 8 部,涉及通话组 9 个(TA 团队通话组,TA 一队车辆通话组,TA 一队调度通话组,TA 二队车辆通话组,TA 二队调度通话组,TA 三队车辆通话组,TA 三队调度通话组,TA 四队车辆通话组,TA 四队调度通话组)。

(6)TF 交通服务运行团队。

TF 团队的运转模式同 TM 团队相同,基本配置原则也相同,即根据每车队岗位数量及车辆数量的不同配置的集群数量略有差别。共配置手台 188 部,基地台 7 部,涉及通话组 13 个(TF 团队通话组,TF 一队车辆通话组,TF 一队调度通话组,TF 二队车辆通话组,TF 二队调度通话组,TF 三队车辆通话组,TF 三队调度通话组,TF 四队车辆通话组,TF 四队调度通话组,TF 五队车辆通话组,TF 五队调度通话组,TF 六队车辆通话组,TF 六队调度通话组)。

(7)T3 交通服务运行团队。T3 服务分为即时服务和预订服务两种,由于服务的客户群与车辆资源比例为 5:1,资源调配任务复杂。由于北京奥运会的 T3 车辆的服务地点多,涉及的区域广,导致车辆行驶情况的估算尤为困难。因此,为能够及时调度车辆,保证运力的平衡分配,信息的及时通报显得尤为重要。此外,因 T3 驾驶员基本由志愿者组成,便利的通信也是对车队的管理的一个保障。鉴于以上情况,为每部 T3 车辆配置了一部随车手台作为车辆与车队的通信联络工具。同时,考虑到 T3 车辆的通话量较大,每个组的集群设备数量不宜过大,最终以 T3 分车队为单位,每个分队设为一个通话组,同时设定了一些上级通话组,对各分队进行管理。总的来说,T3 团队的结构为"团队——车队——分队——车辆",集群的分组也根据管理原则设定。T3 团队共配置手台 1030 部,基地台 6 部,涉及通话组 30 个(T3 团队通话组,T3 总部饭店交通团队通话组,T3 总部饭店 1 分队通话组,T3 总部饭店 2 分队通话组,T3 总部饭店 3 分队通话组,T3 总部饭店 4 分队通话组,T3 总部饭店 5 分队通话组,T3 总部饭店 6 分队通话组,T3 总部饭店 7 分队通话组,T3 总部饭店 8 分队通话组,T3 总部饭店 9 分队通话组,T3 总部饭店 10 分队通话组,T3 总部饭店 11 分队通话组,T3 奥体中心通话组,T3 奥体中心 1 分队通话组,T3 奥体中心 2 分队通话组,T3 奥体中心 3 分队通话组,T3 奥体中心 4 分队通话组,T3 奥体中心 5 分队通话组,T3 奥体中心 6 分队通话组,T3 奥克公园通话组,T3 奥克公园 1 分队通话组,T3 奥克公园 2 分队通话组,T3 奥克公园 3 分队通话组,T3 石景山通话组,T3 石景山通话组 1 分队,T3 石景山通话组 2 分队,T3 海淀通话组,T3 海淀 1 分队通话组,T3 海淀 2 分队通话组)。

(8)收费卡团队。

收费卡团队与其他团队的工作重点略有不同,其他团队的工作基本以管理本团队车辆的运行为主,而收费卡团队的工作重心在于车辆的租借与回收。由于车辆较多,停放面积很大,同时在高峰时段,每日会出租几百部车辆,在出租车辆时,引导人员需及时与收费卡调度室联系,为收费卡团队配置的集群设备主要即为车辆出租情况确认使用。共配置手台 15 部,均为一个通话组(收费卡团队通话组)。

**3. 交通场站运行团队**

为交通场站配置的集群设备主要用于场站后勤保障以及安全保卫工作,对于这些工作特别是安保工作,一旦发现紧急情况,需及时畅通的向上级通报十分重要,因此,根据各交通场站面积的大小配置了如下集群设备。

(1)大家庭饭店交通场站交通团队。共配置手台 20 基地台 1 部。其中手台配置一个通话组(大家庭饭店场站团队通话组),基地台配置一个通话组(总调度通话组)。

(2)首都机场交通场站交通团队。共配置手台 15,基地台 1 部。其中手台配置一个通话组(首都机场场站团队通话组),基地台配置一个通话组(总调度通话组)。

(3)海淀交通场站交通团队。共配置手台 10,基地台 1 部。其中手台配置一个通话组(海淀场站团队通话组)，基地台配置一个通话组(总调度通话组)。

(4)奥林匹克公园交通场站交通团队。共配置手台30，基地台1部。其中手台配置一个通话组(奥林匹克公园场站团队通话组)，基地台配置一个通话组(总调度通话组)。

(5)奥体中心交通场站交通团队。共配置手台30基地台1部。其中手台配置一个通话组(奥体中心场站团队通话组)，基地台配置一个通话组(总调度通话组)。

(6)石景山交通场站交通团队。共配置手台20基地台1部。其中手台配置一个通话组(石景山场站团队通话组)，基地台配置一个通话组(总调度通话组)。

**4. 赛事交通服务分中心运行保障组**

运行保障组的任务之一是救援在行驶途中出现故障或事故的车辆，工作性质十分重要，对通信的要求很高，及时的通信才能保证救援车辆尽快赶到车辆发生故障或事故的地点。因此，为每部救援车及部分管理岗配置了集群设备，共配置手台80部，一部设定总调度通话组，其余79部设定救援团队通话组。

**5. 竞赛场馆群交通团队**

每个竞赛场馆群均有一个交通运行团队，该团队主要负责本场馆各类车辆的运行。其中，TA车辆、TF车辆、TM车辆、非本项目观赛车辆均有班车行驶，相应的也配置了调度人员，该调度人员需掌握本岗位车辆的行驶情况，及时根据客流情况协调车辆运力。此外，由于在各场馆群比赛期间，T3车辆均为即时用车，这就需要调度人员时刻观察T3客流情况，确保本场馆的备用车辆满足客人需求，尽量避免滞留情况。

根据各团队的管理模式，各团队车辆是由下属车队调度人员直接管理，竞赛场馆群的现场调度作为辅助调度人员，除监控到达场馆的车辆运行之外，对本场馆的车辆资源不足或过剩时，需现场调度人员及时通知负责本场馆线路的车队调度，由车队调度统筹调派车辆。为保证调度人员之间的通话，根据各场馆群的调度岗位的数量，共配置手台524部，基地台31部。

(1)各场馆交通经理、交通服务经理、T5交通经理及值班室调度每人配置一部手台，该手台设有本场馆群通话组、本场馆相关TA车队通话组、本场馆相关TF车队通话组、本场馆相关TM车队通话组、本场馆相关T3车队通话组。

(2)调度室配置1部基地台，仅设置总调度一个组。

(3)T3调度配置2部手台，1部配置本场馆相关T3车队通话组，1部设定本场馆群通话组。

(4)TA调度配置1部手台，设置本场馆群通话组及本场馆相关TA车队通话组。

(5)TF调度配置1部手台，设置本场馆群通话组及本场馆相关TF车队通话组。

(6)TM调度配置1部手台，设置本场馆群通话组及本场馆相关TM车队通话组。

(7)非本项目观赛调度配置1部手台，设置本场馆群通话组及本场馆相关非本项目观赛车队通话组。

(8)其他地点根据各场馆实际情况不同配置10部左右手台，均只设置本场馆群通话组。

**6. 非竞赛场馆交通团队**

非竞赛场馆的通信需求基本与竞赛场馆群相同，仅在岗位数量上有所差别，最终配置集群设备如下：共配置手台195部，基地台12台。

(1)奥运村、残奥村：共配置手台49部，基地台2部，分别是：交通经理配置一部手台，设置交通团队通话组及TA团队通话组；交通服务经理(3人)每人配置1部手台，设置交通团队通话组、TA团队通话组、TA一队调度通话组、TA二队调度通话组、TA三队调度通话组、TA四队调度通话组；每个咨询台(3个)配置1部手台，设置交通团队通话组及TA团队通话组；迎送中心配置3部手台，设置交通团队通话组及TA团队通话组；访客中心配置2部手台，设置交通团队通话组、TA二队调度通话组、TA二队车辆通话组；村内班车调度配置1部基地台，设置交通团队通话组及TA团队通话组；1部手台，设置交通团队通话组、TA四队调度通话组、TA四队车辆通话组；运动员村班车站配置1部基地台，设置交通团队通话组及TA团队通话组。25部手台，其中4部手台设置TA一队调度通话组及TA一队车辆通话组；7

部手台设置TA二队调度通话组及TA二队车辆通话组;7部手台设置TA三队调度通话组及TA三队车辆通话组;7部手台设置TA四队调度通话组及TA四队车辆通话组;其他在停车场等地点也配置了部分手台,共计9部,仅设置奥运村交通团队通话组。

(2)汇园公寓媒体村:配置10部手台,设置TM一队通话组及汇园公寓交通团队通话组,1部基地台。

(3)绿色家园媒体村:配置25部手台,3部基地台,分别是:为媒体调度配置22部手台,其中C8村内电动车调度室配置3部,设置绿色家园交通团队通话组及TM八队通话组;媒体班车调度室配置5部,设置绿色家园交通团队通话组及TM三队通话组;DDS及顺义昌平线路发车配置2部,设置绿色家园交通团队通话组、TM一队通话组、TM七队通话组、TM九队通话组。其他调度配置12部,设置绿色家园交通团队通话组;交通经理、交通服务经理各配置1部手台,设置绿色家园交通团队通话组、TM一队通话组、TM七队通话组、TM八队通话组、TM九队通话组;咨询台配置1部手台,设置绿色家园交通团队通话组、TM一队通话组、TM七队通话组、TM八队通话组、TM九队通话组;3个调度室共配置3部基地台,其中2部基地台设置绿色家园交通团队通话组、TM一队通话组、TM七队通话组、TM八队通话组、TM九队通话组;1部基地台设置总调度通话组。

(4)IBC/MPC:配置48部手台,1部基地台。

IBC/MPC发车站配置31部手台,其中3部设置TM一队通话组及IBC/MPC交通团队通话组;5部设置TM二队通话组及IBC/MPC交通团队通话组;6部设置TM三队通话组及IBC/MPC交通团队通话组;5部设置TM四队通话组及IBC/MPC交通团队通话组;3部设置TM五队通话组及IBC/MPC交通团队通话组;3部设置TM六队通话组及IBC/MPC交通团队通话组;4部设置TM七队通话组及IBC/MPC交通团队通话组;2部设置TM八队通话组及IBC/MPC交通团队通话组。

值班室调度配置3个手台,设置IBC/MPC交通团队通话组、TM团队通话组、TM一队通话组、TM二队通话组、TM三队通话组、TM四队通话组、TM五队通话组、TM六队通话组、TM七队通话组、TM八队通话组。

落客区囤车区调度配置3个手台,设置IBC/MPC交通团队通话组、TM团队通话组、TM一队通话组、TM二队通话组、TM三队通话组、TM四队通话组、TM五队通话组、TM六队通话组、TM七队通话组、TM八队通话组。

安保线外调度配置1个手台,设置IBC/MPC交通团队通话组、首都机场交通团队通话组、TM七队通话组、TM九队通话组。

交通经理及服务经理配置4部手台,设置IBC/MPC交通团队通话组、TM团队通话组、TM一队通话组、TM二队通话组、TM三队通话组、TM四队通话组、TM五队通话组、TM六队通话组、TM七队通话组、TM八队通话组、TM九队通话组。

T3上下车区调度配置2部手台,其中一部设置IBC/MPC交通团队通话组;一部设置T3奥体中心车队通话组。

T3停车区调度配置一部手台,设置IBC/MPC交通团队通话组。

其他人员共配置4部手台,设置IBC/MPC交通团队通话组。班车调度室设置1部基地台,设置总调度通话组。

(5)首都机场交通团队:配置31部手台,3部基地台,分别是:5部手台(交通经理及调度队长配置)设置机场交通团队通话组、TA团队组、TF团队组、TM团队组、T1/T2团队组、T3团队组、NOC团队组;21部手台(调度使用)设置机场交通团队通话组;3部手台(咨询台用)仅设置机场交通团队通话组;1部基地台仅设置总调度组;2部基地台设置机场交通团队通话组、TA团队组、TF团队组、TM团队组、T1/T2团队组、T3团队组、NOC团队组。

(6)总部饭店交通团队:配置14部手台(原配置24部手台,后经T1/T2团队和总部饭店团队协商后,将配与总部饭店团队T1/T2调度的10部手台划归T1/T2团队使用),分别是:4部手台(T3调度使用)设置T3总部饭店车队组及总部饭店交通团队通话组;5部手台(咨询台使用)设置T3总部饭店车队组及总部饭店交通团队通话组;5部手台(交通经理使用)设置T3总部饭店车队组、T1/T2团队通话组、总部饭店交通团队通话组、总调度通话组。

(7)其他非竞赛场馆交通团队合用组。

①青年营:配置4部手台,设置非竞赛场馆合用组、总调度通话组。

②奥林匹克公共区:配置5部手台,设置非竞赛场馆合用组、总调度通话组。

③奥林匹克接待中心:配置9个手台,其中2个手台(交通经理使用),设置非竞赛场馆合用组、总调度组、T3奥体中心组;2个手台(T3调度使用),设置非竞赛场馆合用组及T3奥体中心组;1个手台(咨询台使用),设置非竞赛场馆合用组及T3奥体中心组;其他配置4个手台,仅设置非竞赛场馆合用组。

④制服发放和注册中心:配置4个手台,设置非竞赛场馆合用组和注册中心组。

**7. 服务场所及训练场馆**

服务场所设有交通调度,训练场馆设有交通经理,赛时为每个场所各配置1部手台(IF驻地2部),设置与本服务场所相关的通话组。

## 二、系统建设

**1. 规划建设阶段**

根据奥运交通服务初步运行计划中各管理调度岗位的工作职责以及车辆运行的特点,初步规划了通信设备的基本配置方案,即为部分调度岗位及T3小客车车辆配置了无线集群通信设备。经与奥组委技术部协商决定,共配置无线集群设备1850部。同时,为节约经费,计划不为小客车驾驶员配置专用通信工具,而是为每名驾驶员配置一张SIM卡,计划在赛时由驾驶员使用个人手机配合组委会配置的SIM卡,共计划配置SIM卡9120张。

**2. 测试赛阶段**

由于测试赛赛事规模较小,相应的交通服务运行范围较小、投入车辆及人员也较少、组织模式简单、管理结构单一,因此测试赛的集群设备配置方案、通话方案并未完全采用奥运赛事分级通话方案。而是根据各测试赛规模的不同,配置了数量不等的通信设备,将相关通信设备定为一个通话组,确保测试赛期间各管理层通信畅通。管理模式、赛事规模的不同导致了通话模式的不同,因此在测试赛期间没能对奥运通话方案进行很好的测试。

**3. 通信配置方案制订阶段**

(1)制订集群设备配置方案。

经过2007年测试赛的测试使用,进一步认识到了无线通信设备的重要性。T3交通服务由于客户的不确定性,驾驶员与客户沟通的需要,以及车辆资源调配的复杂性,需为所有T3车辆配备了手台,各级调度人员也配置了手台以方便通信联络。安保部门提出了由大客车随车语言助理在赛时担任班车随车安保信息员的需求,要求为安保信息员配置通信工具。随着交通部赛事组织结构的确定,对通信设备配置方案重新进行了研究。新的方案中,根据最新人力资源计划配置方案详细规划了各调度管理岗位集群设备配置,并为服务于班车系统(TA\TF\TM)的大客车随车配置了无线集群设备,确保随车安保信息员能够在发生安全状况时,第一时间将安全情况报告安保部门。

(2)制订移动电话设备配置方案。

除集群设备重新配置外,鉴于无法保证所有参与奥运会、残奥会的志愿者驾驶员均有个人移动电话,根据2008年1月IOC提出的意见,在新的通信设备配置方案中,为各类专用小客车配置了随车移动电话,该移动电话为每车一部,由当班驾驶员使用,以便客户可直接与驾驶员联系。根据规划中的车数,计划配置移动电话2371部,涉及到的客户群包括T1\T2团队、TF团队、NOC团队。

**4. 综合测试阶段**

(1)系统试用。

虽然测试赛中通信设备的运用非常有效,但奥运会的通信结构毕竟与测试赛不同,为测试奥运通信结构的合理性,稳定性,奥组委交通部决定在2008年6月底的综合演练期间加入了通信系统综合演练。在演练期间,模拟奥运分组通信模式制定了演练通信计划,演练期间,共使用无线集群设备650部,涉及通信组34个。经过系统试用整体演练圆满完成,通信效果良好,通信组网方案得到了个交通服务运行团队的一致认可。

(2)需求统计。

经过了系统测试,项目团队立刻开始了最终的集群数量需求核对,以及各团队的最终使用需求,并根据统计数据制订了细致的需求分析表。

(3)配备运行。

按照拟定的通信设备需求方案为各级交通服务人员进行了集群和移动电话的配备,确保了在综合测试赛中交通工作人员的有效通信,顺利保证了综合测试赛交通服务的正常运行。

**5. 赛前系统部署阶段**

因交通服务集群设备使用量很大,无法由设备供应商一次性提供,为保证所有设备均能及时到位,奥组委交通部为供应商提供了设备发放表,表内详细的注明了各交通服务团队所需设备的数量、分组情况以及需运送的时间、地点、接收人等情况,保证了供应商能够按照需求表规划其人力物力资源,及时准确的将相关通信设备配送到相关地点。

**6. 系统赛时运行情况**

奥运赛时,总调度室负责通信系统的现场技术支持。对各类技术问题进行响应,对各级运行团队和场馆、场站咨询的问题进行解答和处理,同时,针对各类交通调度的需求,对集群通话编组变化等,进行及时的处理。各团队通过通信系统有效的调配车辆,处置突发情况,及时沟通相关信息,使通信系统在赛时交通服务运行中发挥了突出的作用。由于通话组整体设计合理,在赛事各服务团队、场馆、交通场站运行中避免了相互干扰,有效地发挥了无线集群通信的作用,有力地保障了赛时交通服务运行。

# 第八章　赛事交通服务运行指挥调度

## 第一节　概　　述

交通服务运行是赛事交通服务工作的核心。按照北京奥运会、残奥会交通运行组织架构，赛事交通服务分中心负责对奥林匹克大家庭等注册客户群的交通服务进行组织与管理。赛事交通服务分中心中设置交通服务总调度室和宣传协调组，统筹管理各注册客户群交通服务团队的运行工作和与客户群的沟通、协调。

赛事交通服务分中心根据奥运会、残奥会各类客户群相关服务标准和赛时交通运力组织相关方案，从2008年7月1日收费卡交通服务正式运行，到2008年9月22日残奥会送机结束，在累计长达近3个月的交通服务过程中，经过精心筹划、周密部署，在赛时客户群需求不断变化、运输保障任务不断加重的情况下，通过强化各类运行指挥调度、运行监控，妥善处置突发应急事件，以及精心组织开幕式、闭幕式交通组织等重大活动，组织各交通服务团队出色完成了交通服务运行任务。

奥运会期间，各交通服务团队为各注册客户群提供交通服务的车辆共计5045辆，其中大客车1690辆，小客车3275辆，货运车80辆。另外，向各客户群如约交付收费卡车辆1531辆，赞助商大客车1054辆。赛时各注册客户群交通服务车辆共运行52.1万车次，运送客人187.82万人次，运送行李货物13.35万件，行驶里程1218.3万公里。除各国际体育单项组织（IF）外，各客户群的奥运会交通服务运行分为赛前服务期（2008年7月7日~7月26日）、赛时服务期（2008年7月27日~8月27日）和赛后服务期（2008年7月28日~8月30日）；而IF的赛时服务期为2008年8月5日~8月26日。

残奥会交通服务运行分为转换期（2008年8月28日~8月29日）和赛时服务期（2008年8月30日~9月20日）。在此期间，为各注册客户群提供交通服务的车辆共计2476辆，其中大客车874辆（含664辆无障碍大客车），小客车1530辆（含172辆无障碍伊斯坦纳旅行车），货运车72辆。另外，向各客户群如约交付收费卡车辆99辆，赞助商大客车16辆。赛时各注册客户群交通服务的车辆运行共计12万车次（其中无障碍车辆运行逾3.8万车次），运送客人44.6万人次（其中运送轮椅客人近3.6万人次），行李货物7.3万件，行驶里程255.0万公里。

## 第二节　赛事交通服务运行指挥调度机构建制及职能

刘淇书记在北京奥组委第9次主席专题会上对交通服务总调度室提出了明确的工作要求，强调：“要强化交通服务总调度室的功能，加强通信功能和指挥调度功能，及时、可靠、高效率，要有备份系统，确保信息系统灵敏畅通，能够实现指挥到每辆车，提高指挥调度效率。”为贯彻这一指示精神，结合北京奥运会交通服务需求特点，借鉴历届大型活动交通组织经验，制订了交通服务总调度室构建及运行方案，并实施建设，在赛时发挥了指挥调度管理的重要职能。

### 一、交通服务总调度室功能与作用

为实现奥运会赛时交通“安全、准点、可靠、便利”的总体目标，交通服务总调度室在赛事交通服务分中心领导下，发挥了重要作用。一是发挥出统筹协调的职能作用，建立起“功能齐备、运转高效、信息灵敏、指挥有力”的运行机制，确保赛会车辆、驾驶员指挥调度“规范、高效、有序、顺畅”运转；二是发挥交通服务运力资源调配的职能作用，负责统筹协调奥运会（残奥会）赛事交通服务总体运行与指挥调度工作；三是发挥技术支持的职能作用，负责为交通服务人员通过通信系统提供语言支持；通过奥运交通服务综合信息化管理平台为整体调度系统的运转提供技术支持。

交通服务总调度室是赛时交通服务运行调度中枢，负责奥运会赛时交通服务总体运力平衡与调配，受理车辆运行客户服务相关需求，对注册客户群交通服务运行进行监控、指挥与综合协调。交通服务总调度室功能如图 8-1 所示。

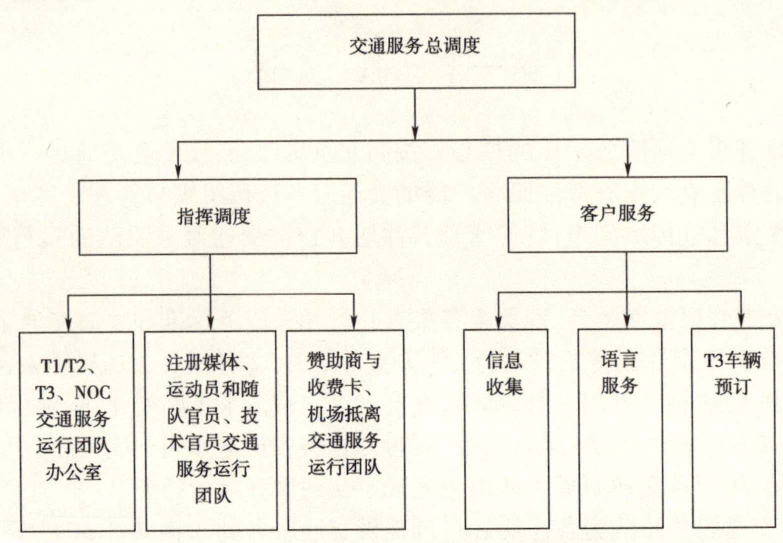


图 8-1　交通服务总调度室功能

**1. 指导各个交通运行团队编制赛时运行计划，履行赛时交通服务运行综合指挥协调功能**

交通服务总调度室负责指导各交通服务团队在细化注册客户群交通服务标准、编制交通服务指南的基础上，编制赛时运行计划；审定各交通服务团队赛时交通服务运行计划；组织各交通服务团队进行赛前交通服务运行整体测试，并在赛时监督运行计划的执行；负责编制总调度室赛时运行方案，编制赛时技术系统运行方案。

**2. 平衡赛时运力，履行交通服务总体调配功能**

交通服务总调度室要随时掌握各交通服务团队运行情况，及时受理各交通服务团队交通服务应急需求，为各交通服务团队运力部署提供指导，对各交通服务团队间运力进行平衡与调配，对总体运力需求进行综合平衡。

**3. 进行全面监控，履行赛时交通服务运行日常管理职能**

交通服务总调度室通过大客车调度系统、小客车调度系统（T3 预定系统）、车辆全球卫星定位系统（GPS）、通信系统和深入运行现场，对各交通服务团队工作进行全面监控、指挥；对运力配置及运行效率进行评估、分析，并提出调整意见；收集服务信息，汇总当日运行情况，及时向赛事交通服务分中心汇报。

**4. 在重大活动或遇有突发事件时，按照交通运行中心统筹部署，履行交通服务指挥调度功能**

对车辆故障、交通事故、竞赛日程临时变更、客流剧增、暴雨冰雹等突发情况，或可能造成重大影响的事件，交通服务总调度室按照赛事交通服务分中心整体部署，对各交通服务团队及所属车队、车辆进行直接指挥和调派。

**5. 为指挥调度系统提供技术支持和保证，履行赛时交通服务指挥调度技术保障功能**

交通服务总调度室与各交通服务团队及所属车队，与各竞赛场馆、独立训练场馆、非竞赛场馆、服务场所之间；交通服务团队之间；交通服务团队与场馆、场所之间的指挥调度、信息沟通将通过大客车调度系统、T3 预定系统、GPS 和通信系统实现，确保赛时交通服务指挥体系灵敏、高效、可靠、顺畅运行。

**6. 提供信息传递渠道，履行客户服务窗口功能**

交通服务总调度室受理交通服务咨询、投诉、建议、表扬、遗失物查询等；提供 T3 车辆预订服务；为驾驶员提供语言支持，成为客户交通服务的窗口。

## 二、交通服务总调度室岗位设置及人员配备

**1. 岗位设置及职责**

交通服务总调度室本着“精干高效、满足需求、按职定岗”的原则，设置 1 名总调度岗和 4 名副总调度岗，并设置 6 类工作岗位，即：应急调度岗、设备维护岗、运行监控岗、协调联络岗、信息收集与服务指导岗、语言服务与车辆预订岗，见图 8-2。

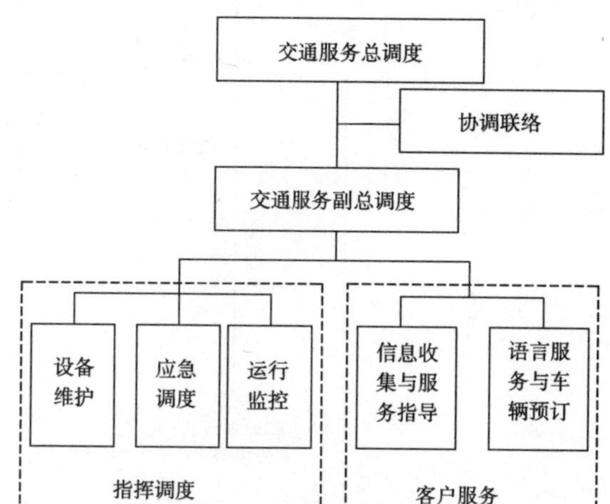

图 8-2　总调度室岗位设置

(1)总调度岗工作职责：平衡赛时总体运力，对赛时日常交通服务全面监控；对临时突发的重大事件直接调度指挥；向赛事交通服务分中心汇报工作。

(2)副总调度岗工作职责：协助总调度业务工作；负责奥运会(残奥会)开幕式、闭幕式交通服务运行总体安排；向总调度及赛事交通服务分中心汇报工作。

(3)应急调度岗工作职责：协助总调度与副总调度工作；负责在赛时重大事件发生时向各交通服务运行团队传达调度指令；向总调度、副总调度汇报工作。

(4)设备维护岗工作职责：对总调度室大客车、GPS、通信系统、办公设备进行维护；向副总调度汇报工作。

(5)运行监控岗工作职责：通过总调度室技术系统对各服务场所交通运行情况进行实时监控；向副总调度汇报工作。

(6)协调联络岗工作职责：接受总调度指令，负责与奥组委内各职能部门进行沟通。

(7)信息收集与服务指导岗工作职责：归集各客户群及交通服务运行团队赛时各类信息；对各交通服务运行团队运行情况进行指导；电话值守；向副总调度汇报工作。

(8)语言服务与车辆预订岗工作职责：对驾驶员提供语言支持；接受各客户群投诉、建议及意见信息；接受客户 T3 车辆预订；向副总调度汇报工作。

**2. 人员配备及来源**

交通服务总调度室团队全天在岗人员 124 人(单班 34 人)，其中人员分别来自：北京奥运会交通工作协调小组办公室(简称协调办)人员 2 人，奥组委交通部工作人员 21 人，合同商人员 13 人，志愿者人员 88 人。

总调度岗 1 人，来自交通部；副总调度岗 4 人，其中 2 人来自协调办，2 人来自交通部；应急调度岗 6 人，其中 2 人来自交通部，4 人来自交通服务合同商；设备维护岗 9 人，其中 3 人来自交通部，6 人来自技术支持合同商；运行监控岗 9 人，其中 3 人来自交通部，3 人来自交通服务合同商，3 人来自志愿者；协调联络岗 2 人，来自交通部；信息收集与服务指导岗 13 人，其中 8 人来自交通部，5 人来自志愿者；语言服务与车辆预订岗 80 人，提供中文及 6 种外文语言服务。其中英语 32 人，法语 16 人，西班牙语 8 人，德语 8 人，日语 8 人，俄语 8 人，上述人员全部为专业语言志愿者。

所有岗位的服务时间均为全天 24 小时，分 3 班。

**3. 交通服务总调度室工作联络机制**

交通服务总调度室接受赛事交通服务分中心指令并向其汇报，与赛事交通服务分中心办公室及 4 个职能组间保持密切联系。各交通服务团队接受交通服务总调度室指令并向其汇报工作。在重大或应急事件发生时，交通服务总调度室可直接向驾驶员、车队及各服务场所交通调度发出指令。交通服务总调度室联络机制见图 8-3。

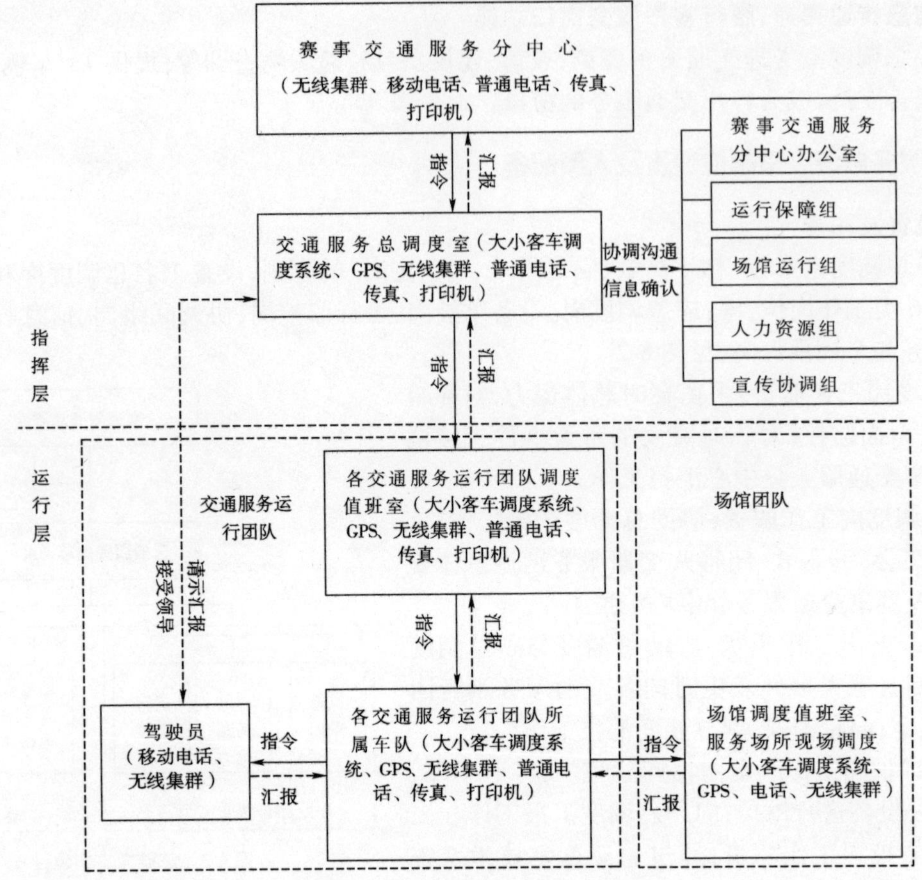


图 8-3　交通服务总调度室联络机制

## 第三节　交通服务总调度室指挥调度模式

通过指挥调度与客户服务两大主要功能的实现，交通服务总调度室发挥其日常情况与应急情况下总调度室各项功能。

### 一、指挥调度运行模式

交通服务总调度室指挥调度功能分为日常指挥调度与应急指挥调度。

**1. 日常指挥调度**

奥运会赛时期间，交通服务总调度室通过自上而下指令体系，发挥其交通服务运力平衡、全面监控的日常指挥调度功能。

（1）平衡运力。各交通服务团队之间车辆调配及运力需求，通过各交通服务团队，以电话、传真、无线集群方式将相关信息上报至副总调度，副总调度向总调度汇报并发出指令，通过对机动车辆的调配进行运力平衡。

（2）全面监控。交通服务总调度室通过大客车调度系统、T3 预定系统、GPS、通信系统对交通服务运行进行整体监控，并派人深入各主要竞赛场馆、非竞赛场馆，在第一时间了解掌握所发生的各种情况。

奥运赛时，通过大客车调度系统全面监控各客户群班车系统运行状况、车辆预订情况，随时掌握车辆运行相关数据（运行里程、载客人数、发车次数）；通过 T3 预定系统全面监控 T3 车辆预订情况；通过 GPS 获得车辆相关数据，对奥运交通服务车辆运行状况进行全程监控，并在奥运交通服务电子分层级的地图中实时显示，自动比较运行状态与运行计划差异，对于异常情况自动报警；通过运行报表，掌握各注册客户群出车任务分派情况及车辆运行（预订车次、运送人数）相关数据。

交通服务总调度室日常管理模式见图8-4。

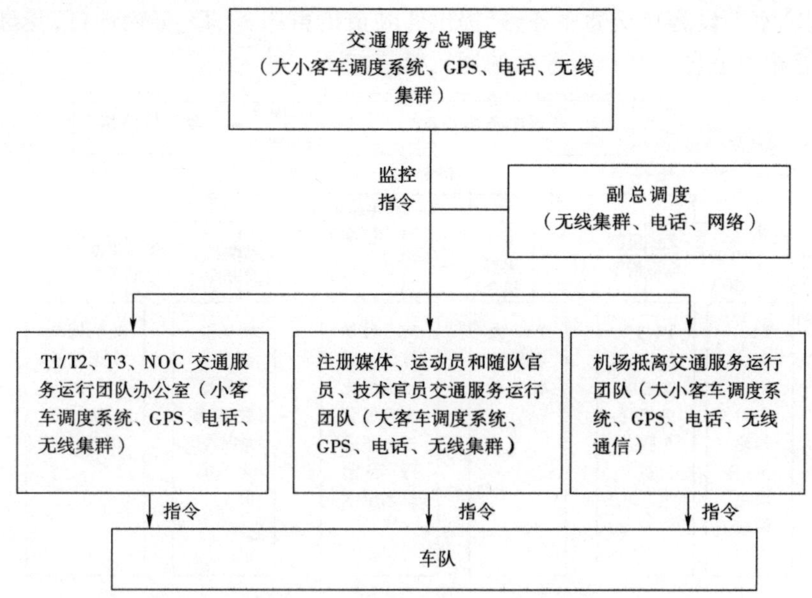


图8-4　交通服务总调度室日常管理模式

**2. 应急指挥调度**

遇有交通服务车辆发生机械故障、一般等级以上交通事故；竞赛日程临时变更；场馆或服务场所客流剧增；调度技术系统发生大面积瘫痪；暴雨冰雹等恶劣天气等重大、突发事件发生时，需进行应急、就近调配车辆处置的，交通服务总调度室按照预案，或按赛事交通服务分中心的统一部署执行。在紧急情况下，由北京奥运会、残奥会运行指挥部调度中心（MOC）或安保指挥中心直接向总调度室下达指令的，交通服务总调度室要将执行过程立即上报赛事交通服务分中心。

交通服务总调度室与下属各服务团队、场馆团队联系时，通过无线集群设备频道转换，可进入赛时无线集群系统中任何层级通话组（交通服务团队、车队）发出指令，也可通过电话或无线集群设备频道转换，直接联络各交通服务团队所属车队、车辆驾驶员发出指令，实现赛时应急指挥功能。应急指挥调度工作流程如下。

（1）对T1/T2、NOC/NPC（NOC）交通服务运行团队出现的紧急事件，交通服务总调度室通过无线集群设备、电话直接与交通服务团队取得联系，下达指令，或通过拨打组委会统一配置SIM卡的移动电话，直接对车辆或驾驶员发出指令。

（2）对T3、注册媒体、运动员和随队官员、技术官员、机场抵离交通服务团队出现的紧急事件，交通服务总调度室通过电话、无线集群设备与交通服务团队取得联系，或通过无线集群设备与驾驶员直接联系，发出指令。

（3）各交通服务团队在车辆运行中发生事故、故障等紧急情况，需交通服务总调度室进行协调的，由交通服务总调度室负责与赛事交通服务分中心运行保障组协调解决。

（4）奥运赛时一旦组委会无线集群系统出现故障时，交通服务总调度室将通过迅速启用备份通信系统实现其指挥调度功能。备份通信系统主要是指：一是固定电话、移动电话、网络系统；二是提前为T3车辆、运动员和随队官员班车、注册媒体班车、技术官员班车驾驶员提供手机充值卡。驾驶员个人手机号码均通过计算机网络在交通服务总调度室、交通服务团队及所属车队予以备案，以便备份通信系统启用时随时调用，确保总调度室指令能够自上而下及时传递。

交通服务总调度室应急指挥调度模式见图8-5。

## 二、客户服务运行模式

交通服务总调度室下设信息收集与服务指导岗、语言服务与车辆预订岗。客户服务信息通过电话、传真形式传递至客户服务台，值守人员根据副总调度指令履行客户服务功能。

交通服务总调度室下设客户交通服务台，提供驾驶员语言服务、T3 车辆预订，受理客户投诉、建议、咨询、遗失物查询等相关信息。客户服务台的运行模式如下。

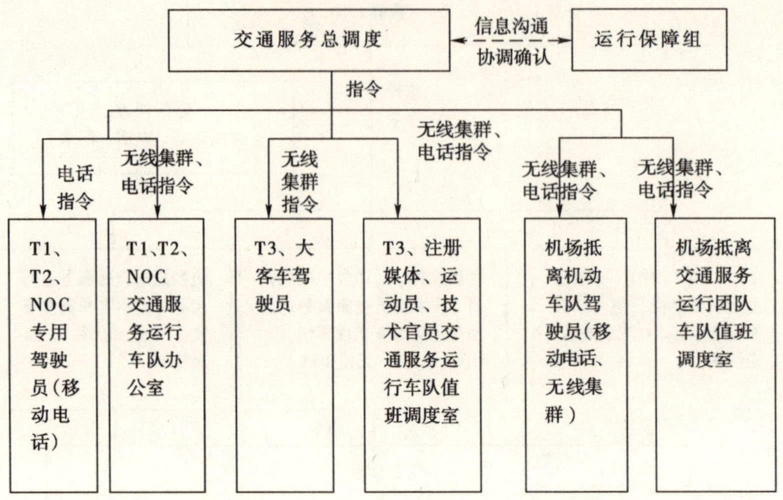


图 8-5　交通服务总调度室应急指挥调度模式

(1)在交通服务过程中，一旦驾驶员与客户出现语言交流障碍，驾驶员可通过拨打客户服务热线电话(66691234)或手持无线集群设备与客户服务台联系，客户服务台将提供 7 种语言服务(中、英、法、德、俄、日、西班牙语)及所需业务咨询的支持。

(2)T3 交通服务车辆预订。客户通过拨打客户服务热线电话(66691234)选择所需语言，进行车辆预订。

(3)信息收集。客户或驾驶员通过拨打客户服务热线电话选择所需语言，对交通服务车辆运行中出现的问题予以反映。交通服务总调度室客户服务运行模式见图 8-6。

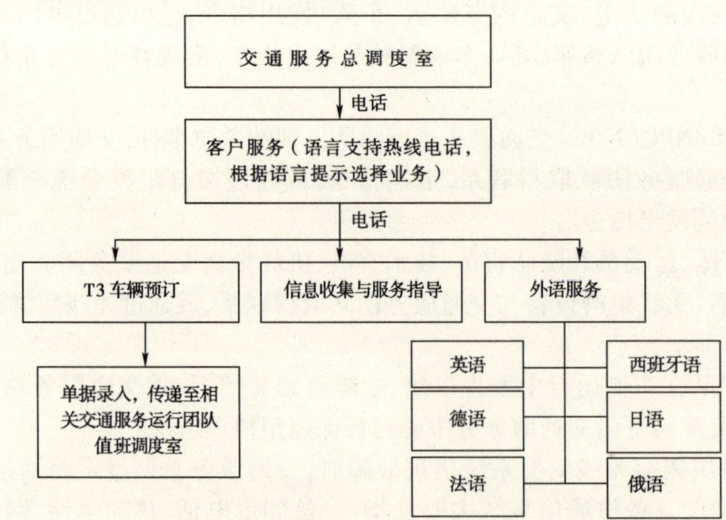


图 8-6　交通服务总调度室客户服务运行模式

## 第四节　总调度室指挥调度运行组织

赛事交通服务分中心总调度室紧密围绕奥运会交通服务中心工作，在运力调度水平要求高、客户群需求和服务标准不断变化、运输保障任务不断加重的环境条件下卓有成效地开展组织工作。

## 一、组建交通服务团队，开展培训、演练

**1. 组建交通服务团队**

根据各个客户群对奥运交通的不同需求，按照团队的服务功能，分别组建了运动员、媒体、技术官员、T1/T2、T3、NOC、收费卡和赞助商、机场抵离等共计8个交通服务团队。按照组委会场馆化的要求，团队实行主任负责制，赛时90%以上的问题由团队解决，以保证赛事运转的高效率。服务团队由组委会付薪人员、合同商和志愿者三类人员组成，其中合同商和志愿者均来源于不同的组织机构和单位，因此，在短时间内确保团队内部的协调是保证赛时团队运转的重要问题。为此，从2007年6月就开始了团队的组建工作；2008年3月团队的所有管理人员全部集中培训和办公。通过定岗定编和强化培训建立团队管理制度，实现了团队的运行高效，保障有力。

**2. 制订交通服务运行方案**

按照奥运会交通服务标准和赛时交通运行需求，在8个交通运行团队构建的基础上，总调度室（服务处）组织制订了8个团队对应4类客户群的运行方案，明确了服务对象、服务范围、服务时间、车辆配置、车辆囤放，确立了调度指挥体系、调度流程、驾驶员服务流程、车辆运行方式、突发应急事件处理方案等内容。为了全面满足奥运会运输服务需求以及客户和赛事的要求，总调度室本着"充分使用、合理调配、节俭高效"的原则，结合服务标准和赛事进程，缜密研究制定了人员和车辆运行计划，制定了各团队、场馆人员配置方案和车辆交接和退出方案，并督促合同商落实人员、车辆如期到位和按时运行，有力保证了奥运会交通服务正常开展。

**3. 筹集交通服务人员和车辆**

在政府有关部门的大力支持帮助下，向北京市运输企业招募了交通服务人员8000余人，其中，专业驾驶员6400人、调度员和服务人员1600人；筹集车辆7630部（含收费卡小客车1541部，赞助商大客车1054部），其中大客车2744部，小客车4806部，货运车80部。赛前，通过多种形式与合同商反复沟通，商议服务标准和价格标准，议定合同条款，签署了人员、车辆服务协议。为满足残奥会需求，还在奥运会车辆筹备的基础上，筹集改造了664部无障碍大客车，172部无障碍中型车和10部无障碍出租车。

**4. 建设交通服务技术系统和筹备服务设施**

针对奥运会赛时交通调度系统的覆盖范围广，各类客户群交通服务需求的多样化、交通服务要求的便捷化，参与交通服务工作的人数多且来自不同的单位等实际情况，总调度室按照奥运会赛时交通服务技术系统专题规划，在开发单位的协助下建立了奥运交通服务综合信息化管理平台（包括大客车调度系统、T3预定系统、GPS系统）和通信系统，并主持开展了系统测试、修改、评审、培训、试运行等先期工作，为正式运行奠定了基础。

**5. 规划设置交通服务专用设施**

遵循奥运会服务标准和运行方式，总调度室组织设计制作了各类班车的上下车站牌、班车车头上设置的班车线路识别标识，并在赛前将近1000块标识安装在各场馆和服务场所。

按照残奥会交通服务标准，组织设计制作并安装了盲人专用班车站牌85块、残疾人低位班车站牌144块，筹集轮椅35辆，建立上下车无障碍临时站台408块，组织研发并发放了适用盲人使用的交通服务语音解说器1000个。

**6. 制订开闭幕式运行工作方案**

总调度室承担了拟定和实施《奥运会、残奥会开幕式、闭幕式注册客户群交通服务运行方案》的工作，总调度室积极协调各方，汇集交通安保政策、客户和场馆服务标准及特殊需求，牵头制订、反复修改开幕式、闭幕式交通服务运行组织方案和实战演练方案，不断协调解决开幕式、闭幕式的客户群集结、疏散的重点和难点问题，为开幕式、闭幕式圆满成功起到了基础性作用。

## 二、赛时调度运力，指挥监控

奥运会、残奥会期间，总调度室统筹协调、指挥、调度各交通服务团队调整运行计划及调配运力173

次，为奥运会服务保障提供了有力支持，保障了注册客户群平安有序出行和各项赛事的如期进行。

**1. 先期做好客户群抵京运输工作，树立交通服务良好印象**

奥运会、残奥会注册客户群抵离时间不一，信息抵离信息不准确。针对此情况，总调度室协助团队与抵离信息中心、客户群主责部门反复核实确认信息，为调派运力提供准确依据；为有效解决抵京运输压力，按照交通服务标准，从2008年7月7日起开始24小时机场接送班车和T3小客车服务，调派媒体、运动员、技术官员、T3团队在机场储备足够运力，及时疏运，未发生客人滞留机场的现象。

**2. 及时调整运力和班车线路，有效应对服务需求变化和客户群关注的问题**

根据奥运会的运行规律和特点，总调度室会同各交通服务团队，科学安排运力资源，努力提高运能使用效率和运输保障能力，最大限度地满足客户群出行需求。赛时期间，总调度室适时根据各客户群需求变化，及时调整运能使用方案，共计下达调度运行命令173次，提高了运能使用效率和运输保障能力。

进入赛时，总调度室及时采取优化班车线路，将原有线路从172条拆分为387条，减少每条线路的行驶里程，更加符合赛事组织的需要，同时调整运行时间，协调交通管理部门加强了重点道路秩序疏导等措施，班车正点率显著提升，整个赛事期间未发生一起因交通影响比赛的事件，受到了国际奥委会和各国家代表团的高度赞扬。针对T3交通服务存在的问题，调整和增设了T3上下车指示牌、加强驾驶员在识路方面的培训、调整客人候车地点（即变客人在饭店外站牌等候驾驶员，为驾驶员在饭店大堂交通咨询台等候客人）、增强T3预定服务功能等措施，大幅度减少了客人等车、驾驶员找客人的时间，不断提高T3服务水平。为增加车辆舒适性，总调度室及时为顺义水上公园等线路增派了旅游大客车，受到代表团及运动员的好评，充分体现了交通服务“可靠”和“便利”。

**3. 全力提供车辆预定和语言支持服务**

赛时期间，总调度室为相关客户群提供了24小时不间断T3车预定、语言支持服务，受理各类业务近4000次。为最大程度满足需求，T3团队与总调度室共同研究和制订压缩预定时间的解决方案，将车辆预订由6小时压缩到2小时。奥运会期间，总调度室人员和语言志愿者辛勤工作，实现了服务质量“零投诉”。

**4. 及时处理应急、突发情况**

进入赛时以后，总调度室采取了一系列应急措施，启动应急预案应对天气变化和赛事调整的情况。建立了赛事、天气信息通报制度，定期与仰山交通指挥部、竞赛指挥部会商，确定班车运行调整方案；及时调整班车运行时间、线路，并通过信息发布系统告知各客户群，适时实行了车辆绕行、增发车次等措施。奥运会、残奥会期间未发生延误运动员训练和比赛的现象和客人滞留的现象。

**5. 完善赛时信息上报流程**

奥运会、残奥会期间，总调度室严格执行运行方案，制订实施了《总调度室工作人员行为规范》，不断完善运力调派、信息报送、变更服务范围申报等工作流程，与奥组委内相关部门、各交通服务团队、奥组委外各单位建立了马拉松、铁人三项、公路自行车赛事期间道路限行与日常交通服务有机衔接的工作机制，为完成各项交通服务任务提供了制度保障和组织保障。

奥运会、残奥会期间，总调度室高度重视信息工作，开展了一系列信息收集和分析工作。一方面，总调度室与各场馆、保障、协调办公室和交通服务团队始终保持24小时信息不断线，随时掌握和反映交通服务动态，及时解决有关问题，为分中心领导及时迅速做出调整运行计划、服务标准等决策提供了辅助依据；另一方面，及时建立信息报送制度，规范信息报送格式和内容，通过收集汇总各部门上报信息，累计编发信息100余期，上报信息300余条。

**6. 深入开展调研，调度指挥前移**

赛时期间，总调度室在处理和协调其他繁杂事务的同时，针对客户群关注的问题主动开展调研工作，总调度室负责人主动到现场开展调查工作，及时掌握运行情况，快速解决热点问题。总调度、副总调度或调派专人在重点时段、重点场所（首都机场、运动员班车站、IBC/MPC、竞赛和非竞赛场馆）检查指导客户群乘降组织、候车和比赛器械运输等方面的工作，现场调查了T3上下车标识设置、班车正点率的情况,及时提出了意见和解决措施。

**7. 充分发挥和利用系统功能,提高调度和管理水平**

进入赛时以后,总调度室积极应用大小客车系统和 GPS,充分发挥了其功能,具体体现在:一是对运动员班车(TA)、技术官员班车(TF)、注册媒体班车(TM)3 类班车 5000 余辆车进行调度指挥和统计分析每日班车、小客车运行数据;二是受理 T1、T2、T3 客人车辆预订业务的订单,累计受理各类预订 4000 余起;三是利用预定系统为各类客户群提供外语服务和交通咨询服务,每日多种语言咨询电话服务达 60 起;四是收集车辆运行信息,实现了赛时对重点客户群、重点时段的交通服务车辆的定位监控,为车辆安全运行提供了保证。另外,总调度室还为所有班车和 T3 车辆的驾驶员发放了 4000 多部先进的无线数字集群系统终端,设置了 112 个通话组,实现了从总调度到团队、车队和每一部车的通信、从总调度到各场馆的通信、从总调度到各交通场站的通信,为赛时应急调配和处置提供了技术保障,确保了高质量的交通服务运行。

## 第五节　多方式多渠道沟通协调,不断改善和提高服务水平

与国际奥委会(残奥委会)和各注册客户群关于赛事交通服务问题的沟通协调问题,主要由赛事交通服务分中心的交通服务宣传协调组(以下简称宣传协调组)负责。

### 一、加强沟通,掌握需求

为及时掌握各类注册客户对于交通服务和运行的需求,宣传协调组与 204 个国家(地区)奥委会、国际奥委会、国际单项体育联合会、注册媒体机构等建立直通车,并以例会的形式与委内各部门、各个客户群沟通联络,定期就重大活动和事项的交通安排及存在问题进行协调,通过代表团团长会议、转播商通气会和与北京奥林匹克广播公司(BOB)工作例会,收集代表团、转播商不同的、特殊的交通需求,并将各种需求尽快通报给各交通服务团队,以便各交通服务团队及时调整交通安排。据统计,2008 年 7 月 20 日到 9 月 22 日,同各类客户群共召开交通方面的工作会议 100 余次。

**1. 与奥林匹克大家庭沟通联络**

奥运会期间,北京饭店作为国际奥委会的总部饭店,是国际奥委会注册客人下榻和办公的主要场所。因此同奥林匹克大家庭成员的沟通和联络就主要利用总部饭店及其交通服务台进行,及时掌握国际奥委会对于交通服务的各种需求和意见,并建立了同国际奥委会赛时定期沟通的机制。奥运会期间,宣传协调组工作人员在总部饭店交通服务台值守,协调奥林匹克大家庭交通服务,并将相关的意见和建议及时反馈赛事交通服务分中心和总调度室。

**2. 与国际单项体育联合会沟通联络**

每一个国际单项体育联合会在北京都设有各自的官方饭店,因此增加了宣传协调组的工作难度。针对此种情况,选择部分重要的国际单项体育联合会下榻的饭店,并利用这些饭店进行辐射,积极主动同国际单项体育联合会进行联络,随时掌握交通服务的第一手资料。同时,与体育竞赛部门和交通服务运行团队保持紧密的联系,对于国际体育单项联合会的意见和建议进行收集,并及时改进。

**3. 与注册媒体沟通联络**

奥运会期间,国际奥林匹克转播有限公司建立了每隔 2 日的转播商例会制度。会上,转播商对交通服务提出各种问题、意见和建议。奥运会赛时,宣传协调组工作人员参加了全部的例会,及时就对方提出的问题进行解答。同时,充分利用设立在 IBC/MPC 的交通服务台,收集和掌握各类信息,为运行提供指导,为领导决策提供依据。

**4. 与国家(地区)奥委会沟通联络**

根据以往奥运会的惯例,在奥运村定期召开代表团团长会议。会议期间,代表团将就各种相关问题与奥组委各运行团队进行沟通和交流。宣传协调组工作人员参加了全部会议,并及时将相关的问题反

馈赛事交通服务分中心和总调度室。同时利用设置在奥运会 NOC 服务中心和体育信息中心的交通服务台，为各个国家地区代表团提供信息服务，以及协助办理车证和大客车短期租赁服务。

## 二、广泛宣传，加深了解

宣传北京奥运会的交通服务标准，使各类注册客户群提前知晓交通服务的内容、时间、方式等，是宣传协调组的一项重要任务。为此编制了运动员交通服务指南（中、英、法）、注册媒体交通服务指南（中、英）、赞助商交通服务指南（中英）、大家庭交通服务指南（中、英、法）、技术官员交通服务指南（中、英）向客户发放。奥运会、残奥会共编制 7 种交通宣传资料，印刷近 8 万册，分别在各个竞赛场馆、奥运村、IBC/MPC、奥林匹克大家庭/残奥大家庭总部饭店等地发放，使客人们随时了解交通服务内容，从容安排和选择出行方式。

## 三、收集意见，改进服务

为了解客户对交通服务工作的意见，宣传协调组准备了多种调查问卷，到交通服务台、交通班车站、上下车区等处进行现场询问，得到客户很好反响，一共回收各类表格 200 多份。对于客户的意见及时通报各交通服务团队研究改进，对于一些好的作法以内部简报、动态等形式予以宣传，在交通服务团队中推广。

# 第九章　运动员及随队官员交通服务运行

运动员及随队官员交通服务运行任务由赛事交通服务分中心下设的运动员及随队官员交通服务运行团队（以下简称运动员团队）负责执行，同时该团队还负责奥林匹克青年营交通服务工作。运动员交通服务团队共有管理及调度人员52名，设置团队主任1名，副主任9名，团队调度6名。运动员团队是以团队办公室为管理核心，下设1个集体比赛项目车队、3个非集体比赛项目车队以及1个村内循环班车车队，由车队、运动员村班车站、各场馆上下车区调度组成运行指挥调度组织机构。下设的5个车队，设有车队队长5名，车队副队长20名，车队调度11名。运动员团队共有驾驶员1382名、志愿者1234名。志愿者包括：团队和车队交通服务助理24名，随车志愿者1210名。

根据北京奥组委《运动员及随队官员交通服务标准》及制订的运动员及随队官员交通服务运行方案，运动员团队向参加此次奥运会、残奥会的运动员及随队官员提供了"安全、准点、可靠、便利"的交通服务，充分满足了运动员及随队官员的出行需求。运动员及随队官员交通服务类别为"TA"，即大客车班车服务，班车系统的运行原则有三点：一是严格按照班车时刻表发车；二是运动员乘车"即满即走"，即：如果车辆在没有到点的情况下已经上满乘客，车辆立即发出，并安排备班车辆保证正常班次；三是在繁忙线路高峰期同时发送多辆班车，即：如果某条线路在高峰期间乘客众多，即满即走也无法缓解，那么为保证运动员按既定时间到达场馆，则在该点同时发送多辆班车将等候运动员全部送走。

运动员团队奥运会、残奥会期间使用的大客车以公交车、旅游车作为服务车型。公交车为27座以上大客车；旅游车为42座以上大客车，配有行李舱及可调节座椅。每车均配备专业驾驶员。每车配备无线通信设备和GPS装置；车上均有中英文奥运交通地图，以供驾驶员和乘客使用。同时，每车均配备语言支持志愿者，以协助解决行程中的语言问题及负责随车安全信息工作。

## 第一节　运动员及随队官员服务运行基本情况

运动员团队为参加此次奥运会的运动员及随队官员提供了比赛、训练、观赛、购物、旅游、抵离京、开闭幕式、超编官员、村内循环班车及奥林匹克青年营等车辆服务。其中为集体比赛项目代表队提供专用大客车交通服务，为非集体比赛项目运动员、随队官员提供往返班车服务。

奥运会期间，运动员团队共运行大客车629辆（含25辆青年营大客车），2008年7月27日前，TA车辆大部分到位(25辆青年营服务用车于8月1日到位)。自2008年7月20日~8月29日，为运动员和随队官员提供交通服务实际运行41天，运送客人572359人次，运行65584车次，累计行驶里程129.4万公里。在赛时服务期间(7月27日~8月27日)的32天，TA的629辆车辆共运行64014车次，运送客人561412人次，累计行驶里程127.6万公里。每车平均运行101.8车次，运送客人893人次，行驶里程2028.6公里。每日平均出车2000次，运送客人17544人次，行驶里程3.99万公里。每车每日平均运行次数为3.2次，每车每次运送客人8.7人次，行驶里程19.7公里。运行最高峰的8月17日，单日合计出车3258次，运送客人29064人次，累计行驶里程61075.7公里；平均每车运行5.2次，运送客人46.2人，行驶里程97.1公里。

残奥会期间，运动员团队共运行大客车552辆（含432辆无障碍大客车），所有车辆8月30日全部到位(其中8月28日到位355辆)。自8月30日~9月25日，为运动员和随队官员提供了交通服务，实际运行27天，运行31024车次（其中无障碍车辆运行21819车次），运送客人228746人次（含轮椅客人28381人次），累计行驶里程46.6万公里。平均每车运行56.2次，运送客人414.4人次，运行里程845.1公里；平均单次出车运送7.4人次，运行里程15.0公里。赛时服务期(8月30日~9月20日)，TA车辆每日平均出车1410次（其中无障碍车辆运行992车次），运送客人10398人次（含轮椅客人1290人次），行驶里程2.1万公里；单车日均运行次数为2.6次，每次运送客人7.2人次，行驶里程14.8公里。运行最高峰是9月9日，单日合计出车1945次（其中无障碍车辆运行1945车次），一共运送客人14428人次（含轮椅客人2870人次），累计行驶里程29269公里，平均每车运行3.5次，运送客人26人，行驶里程53公里。

## 第二节　运动员及随队官员交通服务运行组织

奥运会期间，运动员交通团队共有大客车629辆，开行班车线路94条。其中，64条比赛、训练班车线路，22条观赛班车线路及8条购物、旅游、访客线路，而且在运动员村内设置环线班车3条。残奥会期间，运动员团队组织大客车552辆，其中无障碍大客车432辆（可乘坐6个轮椅）。开行班车线路61条，其中，31条比赛、训练班车线路，13条观赛班车线路及17条购物、旅游、交流、访客线路，在运动员村内设置环线班车3条。

### 一、集体比赛项目专用大客车运行

集体项目运动员在运动员村运动员班车站搭乘专用大客车，车辆到达场馆后通过免检通道进入场馆，在运动员专用上下车区域落客，专用大客车前往专用停车区等候返回。交通服务整体运行时间，奥运会为2008年7月27日~8月24日，残奥会为2008年8月30日~9月17日，集体项目活动安排见表9-1。

集体项目活动安排列表　　表9-1

| 项　目 | 参赛队 | 每队运动员 | 工作人员 | 赛前提前到达 | 赛后返回 |
|---|---|---|---|---|---|
| 棒球（男子） | 8 | 24 | 6 | 2小时45分钟 | 30分钟之后 |
| 篮球（男子） | 12 | 12 | 6 | 2小时 | 30分钟之后 |
| 篮球（女子） | 12 | 12 | 6 | 2小时 | 30分钟之后 |
| 足球（男子） | 6 | 18 | 8 | 1.5小时~3小时 | 30分钟之后 |
| 足球（女子） | 4 | 18 | 8 | 1.5小时~3小时 | 30分钟之后 |
| 手球（男子） | 12 | 15 | 7 | 1小时 | 30分钟之后 |
| 手球（女子） | 12 | 15 | 7 | 1小时 | 30分钟之后 |
| 曲棍球（男子） | 12 | 16 | 10 | 1.5小时 | 30分钟之后 |
| 曲棍球（女子） | 12 | 16 | 10 | 1.5小时 | 30分钟之后 |
| 垒球（女子） | 8 | 15 | 7 | 1小时45分钟 | 40分钟之后 |
| 排球（男子） | 12 | 12 | 6 | 1小时 | 30分钟之后 |
| 排球（女子） | 12 | 12 | 6 | 1小时 | 30分钟之后 |
| 水球（男子） | 12 | 13 | 7 | 2小时 | 30分钟之后 |
| 水球（女子） | 8 | 13 | 7 | 2小时 | 30分钟之后 |
| 总计 | 142 | 2072 | 1020 | | |

**1. 车辆分配情况**

运动员交通服务团队共为奥运会集体比赛项目运动队配备相对固定专用大客车142部，全部为旅游大客车；为残奥会集体比赛项目运动队配备相对固定专用大客车126部，其中旅游大客车34部，无障碍低底盘公交车92部。

(1)奥运会集体比赛项目专用大客车分配,见表9-2。

奥运会集体比赛项目专用大客车分配表　　表9-2

| 编号 | 项　目 | 参赛队数量 | 配车数量 |
|---|---|---|---|
| 1 | 棒球 | 8 | 8 |
| 2 | 篮球（男） | 12 | 12 |
| | 篮球（女） | 12 | 12 |
| 3 | 足球（男） | 6 | 6 |
| | 足球(女) | 4 | 4 |
| 4 | 手球（男） | 12 | 12 |
| | 手球（女） | 12 | 12 |
| 5 | 曲棍球(男) | 12 | 12 |
| | 曲棍球（女） | 12 | 12 |
| 6 | 垒球（女） | 8 | 8 |
| 7 | 排球（男） | 12 | 12 |
| | 排球（女） | 12 | 12 |
| 8 | 水球（男） | 12 | 12 |
| | 水球（女） | 8 | 8 |
| 合计 | | 142 | 142 |

(2)残奥会集体比赛项目专用大客车分配,见表9-3。

残奥会集体比赛项目专用大客车分配表　　表9-3

| 编号 | 项　目 | 参赛队数量 | 配车数量 |
|---|---|---|---|
| 1 | 轮椅篮球(男) | 12 | 24 |
| | 轮椅篮球(女) | 10 | 20 |
| 2 | 盲人门球(男) | 12 | 12 |
| | 盲人门球(女) | 8 | 8 |
| 3 | 坐式排球(男) | 8 | 16 |
| | 坐式排球(女) | 8 | 16 |
| 4 | 轮椅橄榄球 | 8 | 16 |
| 5 | 足球(五人制) | 6 | 6 |
| | 排球(七人制) | 8 | 8 |
| 合计 | | 80 | 126 |

**2. 集体比赛项目专用大客车调度**

奥运村/残奥村(运动员村)体育信息服务中心交通服务台将集体比赛项目车辆确认信息发至运动员团队调度室,团队调度室经审核后下发集体比赛项目车队;集体比赛项目车队将详细的排班计划录入大客车调度系统;运动员村班车站及场馆调度机构通过大客车调度系统查询到车辆运行计划;车队调度室将大客车调度系统中每辆车的详细排班计划打印出来随通信工具、路单等物品一并交给驾驶员,并让驾驶员签字确认;在驾驶员完成好发车准备工作后,车队调度将其按点派往运动员村班车站,并在路单上签写出场时刻;车辆在发车前10分钟进入指定站位,由运动员村班车站现场调度在路单上签写到达时刻。如车辆在规定时间内未到达,现场调度要及时与车队进行沟通;运动员代表队负责人确认运动员已全部登车后,运动员村班车站现场调度指挥车辆发车,并在路单上签写发车时刻。如车辆未能准点发车,现场调度应利用电台通知目的地场馆,并告知实际发车时间;车辆抵达场馆后,现场调度在路单上签写到达时刻。

如车辆在规定时间内未到达，现场调度应及时与班车站调度进行沟通；乘客全部下车后，如无特殊情况，现场调度应安排驾驶员进入休息室休息；场馆现场调度室收到运动队要返回运动员村的需求后，通知驾驶员立即登车，并做好发车准备；运动队负责人确认运动员已全部登车后，场馆现场调度指挥车辆发车，并在路单上签写发车时刻；车辆抵达运动员村班车站后，运动员村班车站现场调度在路单上签写到达时刻；如驾驶员已完成当日任务或1小时内没有其他任务，运动员村班车站现场调度应指挥车辆返回场站，并在路单上签写发车时刻；车辆抵达场站后，车队调度负责在路单上签写返场时刻；驾驶员如完成当日任务，车队调度应安排销班。如未完成当日任务，车队调度应指挥驾驶员到休息室休息，并详细告知下一班报到时刻。

**3. 交通服务运行组织**

(1)专用车辆使用。

根据运行方案，参加集体比赛项目的代表队在抵京后，将为其提供一部专用大客车，用于代表队参加比赛、训练，本项目观赛以及参加国际单项体育组织联合会官方会议，乘车地点为运动员村班车站。车辆到达场馆后，通过免检通道进入场馆运动员专用上下车区落客，车辆在指定停车区域等候返回。代表队使用所分配的大客车需于前日下午17点以前到运动员村体育信息服务中心确认。车辆较预定时间提前10分钟到达站位，由志愿者举牌到班车站入口等待。当比赛项目结束或代表队离京后，此项服务终止。

(2)专用车辆运行的调整。

①集体比赛项目专用车需要预定。第二天车辆预定按照服务标准应于前一天的17点前截止，为了方便代表队出行，车辆预定截止时间多次调整，分别调整到21点、23点。到了淘汰赛比赛日，预定时间无限延长，最晚第二天凌晨2:00才结束车辆预定。另外，对当日抵村就要训练的代表队、事先未预定车辆的代表队以及当日更改发车时间、去向的代表队所提出的需求在实际运行过程中也基本给予了满足。

②为了保证代表队准时参加训练、比赛，预定的车辆在班车站等待时间，由代表队预定时间往后顺延至20分钟后变更为长时间等候，直至代表队书面通知车辆取消后车辆才返回交通场站。

③根据总调度室的要求，服务区域由仅限京内场馆，增加到京外赛区。足球代表队抵京后，如有去往京外赛区比赛、训练，也调派车辆将他们安全送达。

④为了使运动员满意，服务时间有所延长。代表团被淘汰后如申请继续观看本项目比赛，仍可预定原代表队车辆。

⑤为给代表队提供良好的服务，每个代表队车辆、驾驶员及交通服务助理均为专职服务，即整个赛时每个代表队车辆为专用，驾驶员及交通服务助理不予调换。

上述服务运行措施均高于交通服务标准，得到了各代表团的一致好评。

(3)日常车辆派发。

各代表队的预定信息由代表队指定专人在运动员村体育信息中心交通服务台申请，交通服务台负责统计并通过传真的方式传到团队调度室，团队调度室再将预定信息分类汇总后派给车队，车队按照预定信息调度车辆，并安排好驾驶员及随车助理的上岗时间。为了防止漏单现象的发生，团队将每张《车辆预定单》和临时变更的预定单按接收时间顺序编号并加以区别，预定单的编号格式为“日期+接收顺序”，变更单的编号格式为“临时+接收顺序”。同时每一张预定单都要“四确认”，即有代表队负责人的签字，赛事信息台负责人的签字，交通服务台接收人员和团队调度的签字和接收时间。每天的预订工作结束后，交通服务台与赛事信息台的工作人员核对第二天的预订单确认无误后，再与团队调度核对第二天所有预订车辆信息，以保证预定信息不出纰漏。

车队调度根据团队调度室下发的预定总表做好排班计划，并填制路单等待驾驶员领取。根据竞赛项目的不同，集体项目车队共分为7个班组，分别为足球班组、篮球班组、排球班组、曲棍球班组、棒垒班组、手球班组和水球班组。对于热点项目或比赛、训练场馆较多的项目，班组长由副队长兼任，并安排驾驶技术熟练、路线熟悉的驾驶员进入该班组。对于热门的代表队，车队优中选优，安排最好的驾驶员执行任务。另外,车队每天都安排一定量的备班车在班车站门口缓冲区等待,遇突发情况及时调派。

从2008年7月27日提供奥运会车辆预定服务开始,至8月24日奥运会所有赛事结束,运动员交通团队共接受大客车预订3422次;从8月31日提供残奥会车辆预定服务开始,至9月17日残奥会所有赛事结束,运动员交通团队共接受大客车专车预订1808次。

## 二、非集体比赛项目班车运行

### 1. 班车运行方式

运行时间:除抵、离班车外,非集体项目班车整体服务时间:奥运会为2008年7月27日~8月24日,残奥会为2008年8月30日~9月20日。奥运会、残奥会抵、离班车服务时间为:2008年7月23日~9月25日。

(1)训练班车。

运动员在运动员村运动员班车站搭乘训练班车前往场馆,在乘车前须向班车站交通工作人员出示身份注册卡。训练班车通过免检通道进入场馆,在运动员专用上下车区域落客,班车返回运动员村。

训练结束后,运动员及随队官员在专用上下车区搭乘训练班车返回运动员村。班车抵达运动员村运动员班车站落客,运动员及随队官员经过安检后进入运动员村居住区。

在开幕式当天,训练班车服务在15:00结束,如运动员仍需训练,则使用各代表团专用车辆前往训练场馆。

(2)比赛。

运动员在运动员村运动员班车站搭乘比赛班车前往场馆,在乘车前须向班车站交通工作人员出示身份注册卡。比赛班车通过免检通道进入场馆,在运动员专用上下车区域落客,班车返回运动员村。

比赛结束后,运动员及随队官员在专用上下车区搭乘比赛班车返回运动员村。班车抵达运动员村运动员班车站落客,运动员及随队官员经过安检后进入运动员村居住区。

### 2. 线路分配与车辆配备

非集体项目班车是运动员交通服务系统中最为庞大的部分,奥运会赛时共有固定线路62条,残奥会赛时共有固定线路35条。为了方便运动员记忆,运动员交通团队为各线路做了编号,采用数字表示序号、字母表示含义的编号方式。各线路首字母都为"A",代表运动员班车,中间数字代表着线路序号,结尾字母代表线路类型,"C"为比赛班车,"T"为训练班车,"S"为观赛班车,"C&T"为比赛、训练合线班车。将这些线路的车辆整齐划分到车队中难度较大。这是因为既要考虑从运动员村到比赛场馆的方向大致一致,以方便车队运行;同时又不能把热点场馆过分积压于一个车队。为此一方面车队划分做到统筹兼顾,另一方面运动员村运动员班车站站位分配做到综合安排,即:尽量让同一车队的线路相对靠近,方便现场调度指挥,同时热点项目的线路要远离人员入口,尽量靠近车辆出口,方便车辆出站减少站位人员拥堵。

(1)奥运会非集体项目线路分配与车辆配备,见表9-4。

**奥运会非集体项目线路分配与车辆配备表** 表9-4

| 线路编号 | 队别 | 场馆名称 | 项目 | 配车数 |
|---|---|---|---|---|
| A01C&T | 二 | 国家体育场 | 田径 | 26 |
| | | 国家体育场1号热身场 | | |
| | | 国家体育场2号热身场 | | |
| | | 国家体育场热身场 | | |
| A02C&T | 三 | 国家体育馆 | 体操、蹦床 | 12 |
| A03C | 三 | 国家游泳中心 | 游泳、跳水、花样游泳 | 21 |
| A04C&T | 四 | 国家会议中心击剑馆 | 击剑 | 8 |

续上表

| 线路编号 | 队别 | 场馆名称 | 项目 | 配车数 |
|---|---|---|---|---|
| A05C&T | 四 | 奥林匹克公园射箭场 | 射箭 | 8 |
| A06C&T | 四 | 奥林匹克公园网球中心 | 网球 | 8 |
| | | 奥林匹克公园网球中心练习场 | | |
| A07C&T | 四 | 北京射击场(飞碟靶场) | 射击 | 12 |
| | | 北京射击馆 | | |
| A08C&T | 四 | 老山山地自行车场 | 山地车 | 12 |
| | | 老山自行车馆 | 场地自行车 | |
| | | 老山小轮车赛场 | 小轮车 | |
| A09C&T | 四 | 北京大学体育馆 | 乒乓球 | 10 |
| | | 海淀体育馆1号馆 | | |
| | | 海淀体育馆2号馆 | | |
| A10C | 三 | 中国农业大学体育馆 | 摔跤 | 8 |
| A11C | 三 | 北京科技大学体育馆 | 柔道、跆拳道 | 8 |
| A12C&T | 四 | 北京航空航天大学体育馆 | 举重 | 8 |
| | | 北京航空航天大学训练馆 | | |
| A13C&T | 三 | 北京工业大学体育馆 | 羽毛球、艺术体操 | 8 |
| A14C | 二 | 北京工人体育馆 | 拳击 | 6 |
| A15C&T | 二 | 朝阳公园沙滩排球场 | 沙滩排球 | 8 |
| | | 朝阳公园沙滩排球场训练场地 | | |
| A16C | 四 | 铁人三项赛场 | 铁人三项 | 8 |
| A17C&T | 二 | 顺义奥林匹克水上公园 | 马拉松游泳、皮划艇、赛艇 | 15 |
| A18C | 四 | 公路自行车赛场 | 自行车(公路) | 14 |
| A19C | 二 | 马拉松赛场 | 马拉松 | 16 |
| A20C | 一 | 现代五项比赛班车 | 现代五项 | 2 |
| A21T | 四 | 昌平区体育活动中心(田径场) | 铁人三项 | 6 |
| | | 昌平区体育活动中心(游泳池) | | |
| A22T | 四 | 十三陵水库周边公路 | 自行车(公路)、铁人三项 | 8 |
| A23T | 三 | 二十一世纪游泳馆 | 游泳、马拉松游泳 | 8 |
| A24T | 二 | 朝阳体育馆 | 羽毛球 | 6 |
| A25T | 二 | 朝阳体育中心投掷训练场 | 田径 | 10 |
| | | 朝阳体育中心主体育场 | | |
| | | 朝阳体育中心 | | |
| | | 朝阳体育中心准备活动场 | | |
| A26T | 二 | 地坛体育馆 | 拳击 | 8 |
| A27T | 三 | 北京八中体育馆 | 蹦床 | 8 |
| | | 北京八中游泳馆 | 游泳、马拉松游泳 | |
| A28T | 三 | 木樨园游泳馆跳水池 | 跳水 | 10 |
| | | 木樨园游泳馆游泳池 | 游泳、马拉松游泳 | |
| | | 木樨园游泳馆花样游泳池 | 花样游泳 | |
| | | 北京木樨园体育运动技术学校综合训练馆 | 摔跤 | |

续上表

| 线路编号 | 队别 | 场馆名称 | 项　目 | 配车数 |
|---|---|---|---|---|
| A29T | 三 | 首都体育学院训练馆 A | 柔道 | 8 |
| | | 首都体育学院训练馆 B | 跆拳道 | |
| | | 首都体育学院田径馆 | 体操 | |
| A30T | 三 | 中国人民大学世纪馆 | 艺术体操 | 8 |
| | | 中国人民大学游泳馆 | 游泳、马拉松游泳 | |
| A31T | 三 | 北京体育大学训练馆 A | 现代五项(射击) | 8 |
| | | 北京体育大学训练馆 B | 现代五项(击剑) | |
| | | 中国现代五项协会马术基地 | 现代五项(马术) | |
| | | 北京体育大学大鹏馆 | 艺术体操 | |
| | | 北京体育大学游泳馆 | 现代五项(游泳) | |
| | | 北京体育大学田径场 | 现代五项(跑步) | |
| A32T | 三 | 清华游泳跳水馆跳水池 | 跳水 | 8 |
| A33T | 二 | 月坛体育馆 | 羽毛球 | 4 |
| A34S | 二 | 国家体育场 | 足球、田径 | 4 |
| A35S | 三 | 国家体育馆 | 手球、体操、蹦床 | 4 |
| | | 国家游泳中心 | 游泳、跳水、花样游泳 | |
| | | 国家会议中心击剑馆 | 击剑、现代五项(射击、击剑) | |
| A36S | 四 | 奥林匹克公园射箭场 | 射箭 | 2 |
| | | 奥林匹克公园曲棍球场 | 曲棍球 | |
| | | 奥林匹克公园网球中心 | 网球 | |
| A37S | 二 | 奥体中心体育馆 | 手球 | 2 |
| | | 奥体中心体育场 | 现代五项(马术、田径) | |
| | | 奥体中心英东游泳馆 | 水球、现代五项(游泳) | |
| A38S | 四 | 首都体育馆 | 排球 | 3 |
| A39S | 四 | 北京射击场(飞碟靶场) | 射击 | 4 |
| | | 北京射击馆 | | |
| A40S | 四 | 老山山地自行车场 | 山地车 | 4 |
| | | 老山自行车馆 | 场地自行车 | |
| | | 老山小轮车赛场 | 小轮车 | |
| A41S | 四 | 北京大学体育馆 | 乒乓球 | 3 |
| A42S | 三 | 中国农业大学体育馆 | 摔跤 | 2 |
| A43S | 三 | 北京科技大学体育馆 | 柔道、跆拳道 | 2 |
| A44S | 四 | 北京航空航天大学体育馆 | 举重 | 2 |
| A45S | 三 | 北京理工大学体育馆 | 排球 | 3 |
| A46S | 二 | 北京工业大学体育馆 | 羽毛球、艺术体操 | 4 |
| A47S | 二 | 北京工人体育馆 | 拳击 | 4 |
| A48S | 二 | 北京工人体育场 | 足球 | 4 |
| A49S | 二 | 朝阳公园沙滩排球场 | 沙滩排球 | 4 |
| A50S | 三 | 北京奥林匹克篮球馆 | 篮球 | 6 |
| A51S | 三 | 北京五棵松体育中心棒球场 | 棒球 | 4 |

续上表

| 线路编号 | 队别 | 场馆名称 | 项目 | 配车数 |
|---|---|---|---|---|
| A52S | 三 | 丰台体育中心垒球场 | 垒球 | 4 |
| A53S | 四 | 铁人三项赛场 | 铁人三项 | 4 |
| A54S | 二 | 顺义奥林匹克水上公园 | 马拉松游泳、皮划艇、赛艇 | 4 |
| A55S | 四 | 公路自行车比赛终点 | 公路自行车 | 4 |
| A56 | 四 | 北京大学体育馆——海淀体育馆 | 乒乓球 | 3 |
| A57 | 四 | 昌平体育活动中心——十三陵水库周边公路 | 铁人三项 | 3 |
| A58 | 三 | 北京体育大学——枪库 | 现代五项(射击) | 2 |
| A59 | 二 | 胜利饭店 | 超编官员 | 6 |
| | | 塔里木石油饭店 | | |
| A60 | 一 | 八达岭 | 旅游班车 | 5 |
| A61 | 二 | 天安门广场(历史博物馆北门) | 购物班车 | 6 |
| A62 | 三 | 首都机场 | 抵离班车 | 20 |

(2)残奥会非集体项目线路分配与车辆配备,见表9-5。

**残奥会非集体项目线路分配与车辆配备表** 表9-5

| 线路编号 | 车队 | 场馆名称 | 项目 | 配车数 |
|---|---|---|---|---|
| A01C&T | 二 | 国家体育场 | 田径 | 20 |
| A02C&T | 三 | 国家游泳中心 | 游泳 | 15 |
| A03C&T | 四 | 国家会议中心击剑馆 | 硬地滚球(轮椅) | 12 |
| | | 国家会议中心击剑馆 | 轮椅击剑 | |
| A04C&T | 四 | 北京奥林匹克公园射箭场 | 射箭 | 8 |
| A05C&T | 四 | 北京奥林匹克公园网球中心 | 轮椅网球 | 10 |
| A06C&T | 四 | 北京射击馆 | 射击 | 16 |
| A07C&T | 四 | 老山自行车馆 | 自行车(场地) | 12 |
| A08C&T | 四 | 北京大学体育馆 | 乒乓球 | 12 |
| | | 海淀体育馆1号馆 | | |
| | | 海淀体育馆2号馆 | | |
| A09C&T | 四 | 北京航空航天大学体育馆 | 举重 | 12 |
| A10C | 一 | 北京工人体育馆 | 盲人柔道 | 12 |
| A11C&T | 二 | 顺义奥林匹克水上公园 | 赛艇 | 24 |
| A12C&T | 四 | 公路自行车赛场 | 自行车(公路) | 16 |
| A13C | 二 | 马拉松赛场 | 田径 | 18 |
| A14T | 二 | 朝阳体育中心 | 田径 | 12 |
| | | 朝阳体育中心投掷训练场 | | |
| | | 朝阳体育中心主体育场 | | |
| | | 朝阳体育中心准备活动场 | | |
| A15T | 三 | 奥体中心英东游泳馆 | 游泳 | 6 |
| A16T | 四 | 奥体中心体育馆4号附馆 | 轮椅击剑 | 6 |
| A17T | 一 | 首都体育学院训练馆 | 盲人柔道 | 6 |
| A18S | 二 | 国家体育场 | 田径 | 8 |
| A19S | 四 | 北京射击馆 | 射击 | 8 |

续上表

| 线路编号 | 车队 | 场馆名称 | 项目 | 配车数 |
|---|---|---|---|---|
| A20S | 四 | 老山自行车馆 | 自行车（场地） | 8 |
| A21S | 四 | 北京大学体育馆 | 乒乓球 | 6 |
| A22S | 三 | 中国农业大学体育馆 | 坐式排球 | 6 |
| A23S | 三 | 北京科技大学体育馆 | 轮椅篮球、轮椅橄榄球 | 6 |
| A24S | 四 | 北京航空航天大学体育馆 | 举重 | 6 |
| A25S | 三 | 北京理工大学体育馆 | 盲人门球 | 6 |
| A26S | 二 | 北京工人体育馆 | 盲人柔道 | 6 |
| A27S | 二 | 顺义奥林匹克水上公园 | 赛艇 | 8 |
| A28S | 四 | 公路自行车赛场 | 自行车（公路） | 8 |
| A29S | 三 | 国家体育馆 | 轮椅篮球 | 8 |
| | | 国家游泳中心 | 游泳 | |
| | | 国家会议中心击剑馆 | 硬地滚球、轮椅击剑 | |
| A30S | 四 | 北京奥林匹克公园射箭场 | 射箭 | 6 |
| | | 北京奥林匹克公园曲棍球场 | 足球 | |
| | | 北京奥林匹克公园网球中心 | 轮椅网球 | |
| A31 | 四 | 北京大学↔海淀体育馆 | 乒乓球 | 3 |
| A32 | 二 | 故宫 | 旅游 | 4 |
| A33 | 二 | 八达岭 | 旅游 | 4 |
| A34 | 三 | 首都国际机场 | 抵离班车 | 20 |
| A35 | 二 | 高碑店、国展线路 | 游览交流 | 22 |
| | 二 | 天坛线路 | 游览交流 | |
| | 二 | 红桥市场 | 购物 | |
| | 二 | 颐和园线路 | 游览交流 | |
| | 二 | 秀水街 | 购物 | |

**3. 非集体比赛项目班车调度**

运动员团队调度室根据各竞赛委员会的需求制订非集体比赛项目班车时刻表，并下发非集体比赛项目车队；非集体比赛项目车队将详细的排班计划录入大客车调度系统；运动员村班车站及场馆调度机构通过大客车调度系统查询到车辆运行计划；车队调度将大客车调度系统中每辆车的详细排班计划打印出来随通信工具、路单等物品一并交给驾驶员，并让驾驶员签字确认；在驾驶员完成好发车准备工作后，车队调度将其按点派往运动员村班车站，并在路单上签写出场时刻；车辆抵达运动员村班车站后，车辆先在缓冲区等候。班车站调度在发车前 10 分钟将车辆调入指定站位，并在路单上签写到达时刻。如车辆在规定时间内未到达，现场调度应及时与车队进行沟通；运动员村班车站现场调度根据“按点即发，即满即发”的原则指挥车辆发车，并在路单上签写发车时刻。

如车辆紧缺，现场调度应利用电台通知车队调度，请求加派车辆。如车辆晚点，现场调度应利用电台通知目的地场馆，并告知实际发车时间；车辆抵达场馆后，现场调度在路单上签写到达时刻。如车辆在规定时间内未到达，现场调度应及时与班车站调度进行沟通；乘客全部下车后，场馆现场调度根据运行计划决定驾驶员在车上待命或进入休息室休息；场馆现场调度按运行计划指挥车辆发车，并在路单上签写发车时刻。如车辆晚点，现场调度应利用电台通知班车站调度，并告知实际发车时间；车辆抵达运动员村班车站后，运动员村班车站现场调度在路单上签写到达时刻；如驾驶员已完成当日任务，运动员村班车站现场调度应指挥车辆返回场站，并在路单上签写发车时刻。如驾驶员未完成任务，应指挥车辆进入缓冲区等待；车辆抵达场站后，车队调度负责在路单上签写返场时刻，并安排驾驶员销班。

**4. 交通服务运行组织**

（1）日常场馆运行。

运动员及随队官员在运动员村运动员班车站搭乘班车前往场馆。车辆到达场馆后，比赛、训练及本项目观赛班车通过免检通道进入场馆，非本项目观赛班车停靠在安检口附近指定停车场。比赛、训练及本项目观赛班车进入场馆后，在运动员上下车区落客。如场馆既有比赛场馆又有训练场馆，且落客区不同，班车首先停靠比赛场馆落客区，然后再开往训练场馆落客区。运动员及随队官员全部下车后，车辆按计划继续运行。当某个场馆的比赛项目全部结束后，该线路班车终止服务。为了保证班车系统的顺利运行，制订详细工作流程，并且，每天都在运动员班车站安排团队值班主任，车队值班队长，遇突发情况及时解决。

（2）重要赛事班车组织。

比赛开始以后，各线路班车客流量明显上升，为了保证班车运行有序、顺畅，运动员团队在赛期做了大量的调整工作。

国家体育场和国家游泳中心是田径、游泳比赛的场地，这两个赛事分项目种类繁多，参加人数众多，在初定方案时就为运动员团队配足了班车数量。运行期间，运动员村班车站国家体育场、国际游泳中心班车所在的站台利用率是最高的。比赛正式开始后，按照竞赛团队提出的15分钟发一班车，车辆即满即发，高峰时期同时发多班车的原则运行。但是由于运动员数量较多，且距场馆较近，运动员往返次数多，站台积压运动员的情况时有发生。另外，经常同时发多辆班车对班车站造成了很大的压力。运动员团队发现这一问题后，一切以运动员为本，及时进行调整，提高服务标准，增加班车配车数量（国家体育场由原来的20部配车增加至30部，国家游泳中心由原来15部配车增加至25部），缩短发车间隔（由15分钟改为5分钟）。发车间隔改变以后，有效地缓解了班车站的拥挤。

奥林匹克顺义水上公园是皮划艇、赛艇、马拉松游泳的比赛训练场地，距离运动员村近一个小时的车程，按原定方案，是由公交车承担此项任务。但是在运行期间，由于该项目运动员有早集中去，晚集中回的特点。因此，车辆较为拥挤，在高速路上行驶时速度无法加快，实际运行时间大大延长，准点率仅为85%，另外，舒适程度也无法得到保证。在赛事开始发生此情况后，紧急新增旅游大客车代替现有公交车。由于旅游大客车驾驶员事先未参加过培训，人员培训、线路踏勘的难题接踵而来。更换车辆刻不容缓，路线又不能走错。为此团队对新调入的车辆驾驶员采取边踏勘边讲解业务特点的培训方式，沿途讲解路面情况及各个路口情况，介绍场馆内流线、上下车点与车辆调度签写路单流程等。另外，在这些车辆运行的前几天，均安排了原线路的驾驶员与随车语言助理随车一同运行。调换换车后，乘坐舒适度高了，准点率也达到98%以上。

乒乓球比赛、训练班车的路线，是非集体项目班车中最为特殊的一条。与其他线路相比，这条线路并不是往返班车，而是环形班车（运动员村——北京大学体育馆——海淀体育馆——运动员村）。此线路在北京大学体育馆——海淀体育馆之间还包含有一条摆渡班车线路，方便运动员转场。北京大学位于中关村核心地带，原路线中成府路道路情况混乱复杂，车流量大，红绿灯多，多种情况造成班车正点率偏低，很难保证在承诺的时间内到达场馆。团队马上在原路线周边进行勘查，寻找更为合理的路线。经多次踏勘、测算，确定了最为可行的北四环路线，由于选择了新路线，该线班车由经常晚点变为了“车车按时准点，人人满意到达”状况。

8月6日火炬传递、8月9日男子公路自行车、8月10日女子公路自行车、8月17日女子马拉松、8月24日男子马拉松等涉及道路赛事活动的项目，由于有临时交通管制，部分运动员班车受到影响。针对道路赛事的情况，团队对交通管制的禁行时段、禁行路段与各条线路的发车时间、运行间隔进行详细比对，找出了受到影响的68条线路，并分别与场馆交通经理进行联系，与赛事部门进行沟通，确认68条线路临时停发车辆的时刻，成功化解了这一矛盾。

(3)旅游和购物班车运行。

奥运会旅游和购物线路各一条,分别为八达岭和天安门广场(国家博物馆)。八达岭线路每日一班车,采用预定发票的形式。发车时间为早8:00~8:30之间,根据运动员上车情况而定,但最晚不超过8:30。中午11:00~11:30返回,同样根据运动员上车情况而定,但最晚不超过11:30。天安门广场线路每日5班,运动员村发车时间为9:00,11:00,13:00,15:00和17:00,天安门返回时间为11:30,13:30,15:30,17:30和19:30。

残奥会的旅游、购物线路在残奥会开幕前进行了大规模调整,与奥运会相比有了大幅度的增加,而且日期不同,时间不同,线路也不同,这给运行带来了较大的困难。由于运动员团队没有转型时间,各车队就利用驾驶员下班时间进行线路踏勘,与旅游、交流、购物场所的负责人进行对接。八达岭旅游线路自9月5日~9月13日期间运行,上午8:00发两辆班车、13:30发一辆班车,9月14日~9月18日期间,上午8:00发四辆班车,13:30发四辆班车。残奥会期间累计发出118车次,运送1301人次,其中运送轮椅254辆;故宫旅游线路自9月5日~9月12日期间,上午8:00、下午13:30各一班车,自9月13日~9月18日,上午8:00、下午13:30各发两班车。残奥期间累计发出66车次,运送人数546人次,运送轮椅136辆;颐和园、天坛两条旅游线路9月7日~9月18日间的单日13:30发一辆车。残奥期间累计发出14车次,运送100人次,其中轮椅23辆;秀水街、红桥市场9月7日~9月18日间的双日9:00、13:00各发一班车。残奥期间累计发出6车次,运送75人次,其中运送轮椅27辆;社区交流游览线路为11条,分别为东四街道温馨家园、中国残疾人康复中心、玉手缘按摩院、市残疾人活动中心、椿树街道温馨家园、西城残疾人活动中心、北下关街道温馨家园、老山东里温馨家园、花家地南里社区温馨家园、大井社区温馨家园、高碑店社区-国展中心,累计发出26车次,运送196人次,运送轮椅55辆。

团队在奥运会、残奥会期间,还收到总调度室临时任务通知书、场馆变更班车时刻通知书及各个竞赛团队技术会议交通需求236份。同时,依据场馆比赛实际情况,紧急加车或临时通知延长服务时间的情况也时有发生。以上计划外的交通服务,运动员团队均予顺利完成。

## 三、抵、离班车运行

抵、离班车虽然只是运动员班车线路中的一条(从首都国际机场至运动员村),但却有着十分重要的意义。奥运会期间从2008年7月27日(运动员村开村)~8月27日(运动员村闭村)、残奥会期间从2008年8月28日(残奥村预开村)~2008年9月20日(残奥村闭村)提供抵离班车运行。抵、离班车是运动员第一次和最后一次体验北京奥运会、残奥会交通服务。为了给运动员一个良好的第一印象,留给运动员一个美好的回忆,团队采取将抵、离班车交由一个车队负责,其他车队备份的方式,明确责任人,昼夜在现场轮班职守。尤其是抵、离京高峰期间,由团队主任级干部在现场昼夜轮班职守,协调工作,调派车辆。

**1. 到达交通服务**

为乘坐包机到达的代表团成员提供即时班车服务,为零散到达的代表团成员提供合乘班车服务,合乘班车实行"即满即发、到点即发"的原则。

飞机到达机场之后,运动员领取行李,由交通引导员引导至代表团专用上车区乘车,乘车前需出示预注册卡或其他有效证件,经核实后方可上车。每个代表团的负责人员确认所有人员和行李后告知现场调度,通知驾驶员发车。班车抵达运动员村欢迎中心落客。

代表团成员随身行李及器材将随班车同时运输;在车内空间不足或运输器材有特殊要求的情况下,将由货运人员搬运至专用行李车,随同运动员一同前往运动员村;如代表团提出将器材直接送往场馆,经相关部门认可后,可从首都国际机场直接运输至指定场馆。

机场内设有交通服务台,如有交通方面的问题可向交通服务台咨询。

到达信息将通过北京奥组委抵离信息系统获得,并根据从机场获得的班机时刻表动态调整,由此确定接机班车运行计划。到达时间若临时更改,则由机场内调度临时安排车辆(不保证即时服务)。

**2. 离开交通服务**

为集体离开的代表团成员提供即时班车服务，为零散离开的代表团成员提供合乘班车服务，并负责运输代表团随身行李及器材。代表团离京前需要提前48小时将离京信息告知交通服务台。

8月25日~8月27日，将提供值机柜台前移服务，即在机场外为代表团成员办理登机手续及行李托运手续。值机柜台前移固定服务点设在运动员村欢迎中心。

**3. 抵离交通服务运行**

根据交通服务标准，散客抵、离班车在抵、离高峰期间6:00~24:00每半小时一班，0:00~6:00每一小时一班，在比赛期间，0:00~24:00每一小时一班。代表团包机抵达的，提供专车服务。奥运会期间为20人以上同时离开的代表团提供送机专车服务。残奥会期间，为12人以上或5名轮椅人士以上同时离开的代表团提供送机专车服务。每辆接机、送机的大客车都配备车头纸，并由志愿者举牌引导。另外，抵、离班车的运行范围仅局限于运动员村欢迎中心~首都国际机场之间。

在实际运行过程中服务水平有了进一步提高。首先是在很多运动员抵达机场后已经疲惫不堪，急于到达运动员村休息，一辆大客车仅坐几名运动员，在没有到点的时刻便提前发车。其次是部分代表团、代表队并不住在运动员村内，但他们抵京后没有联系到自己的车辆，团队也安排了车辆也将他们送往了住地酒店。第三是预定车辆不局限在规定的20人以上，根据实际情况适时提供专车服务。

在抵、离班车运行过程中，由于抵离信息不准确给工作带来很大不便。特别是专车服务等候时间长，乘车人数不准确使得车辆资源、人力资源面临浪费的情况。有时计划内车辆长时间等待却没有乘客，有时突然来了大批计划外的乘客又要紧急调派车辆。例如，在残奥会期间，墨西哥代表团有30余部乘轮椅的人员，但在预订单上没有写明，现场临时加派7部无障碍大客车送机；澳大利亚代表团有300余人同时离开，但之前并未对此进行预定，在现场临时加派10余部无障碍大客车前往送机。

奥运会期间，共接受送机专车预订308次。残奥会期间，接受送机专车预订236次。在整个奥运会、残奥会期间，运动员抵、离班车未发生一起误点事件。

## 四、运动员村内循环班车

奥运会、残奥会期间，为了方便运动员出行，团队根据交通服务标准，为村内运动员及随队官员提供了村内循环班车的交通服务，在运动员村主餐厅、运动员班车站、NOC服务中心、体育信息中心、欢迎中心、东西NOC停车场等主要设施入口附近均设有上下车点。村内循环班车确定为3条线路，分别为A线、B线和E线。A、B两线围绕东、西居住区及各主要功能场所行驶，E线在科荟路循环行驶。A、B两线24小时运行，E线7:00~22:00运行。运动员村开村至运动员村闭村期间，为运动员村内的所有持证人员及客人提供村内循环班车服务。

运动员村预开村期间，村内循环班车每天6:00~23:00运行，每20分钟一班。运动员村开村至闭村期间，村内班车24小时运行，高峰时间每5~7分钟一班，平时每10~15分钟一班，夜间每20分钟一班。村内循环班车全部采用零排放、低噪声的电动大客车，如图9-1所示。

图9-1　运动员村环线班车

另外，在抵达高峰时，运动员可预定循环班车从运动员村欢迎中心到距离居住区最近的上下车点；在离开高峰时，运动员可预定循环班车从距离居住区最近的上下车点到运动员村班车站。

同时运动员村内还提供高尔夫球车服务，运动员村交通团队负责配备专职驾驶员及车辆。代表团可根据实际需求提前24小时通过运动员村NOC服务中心交通服务台预订。

## 五、交通枢纽—运动员村班车站运行组织

### 1. 班车站总体概况

运动员村班车站是运动员和随队官员从运动员村前往各比赛、训练场馆、超编官员住地和其他奥运会、残奥会设施的交通枢纽，每天有大量的运动员、随队官员和几百辆大客车在此活动和运输，交通十分繁忙。班车站内主要线路有：从运动员班车站至首都国际机场或其他抵离地点的班车服务；往返于运动员班车站与奥运比赛、训练场馆之间的运动员比赛、训练班车；往返于运动员班车站与奥运比赛场馆之间的观赛班车；往返于运动员班车站至市中心之间的班车。从运动员村班车站到比赛场馆和训练场馆实行"干净区"到"干净区"免检的政策。

运动员班车站将按照比赛、训练项目和观赛场馆群设置上车站牌并指定专门下车区域。在上下车点（区域）配备交通工作人员协助运动员和随队官员上下车。为避免人流、车流交叉，尽量避免大客车运行时倒车、反复调整车位对车辆流线带来的影响，运动员村运动员班车站采用凸起式站位（图 9-2）与港湾式站位（图 9-3）相结合的锯齿形车位设计。班车站长 270 米，宽 80 米，设 74 个班车站位（10 个下车站位，64 个上车站位）。班车站站位分配要考虑到尽量让同一车队的线路相对靠近，方便现场调度指挥。同时，又要考虑热点项目的线路要远离人员入口靠近车辆出口，方便车辆出站减少站位人员拥堵。凸式站位长 13 米，宽 3 米。港湾式站位长 23 米，宽 3 米。车辆掉头处直径为 25 米（图 9-4）。

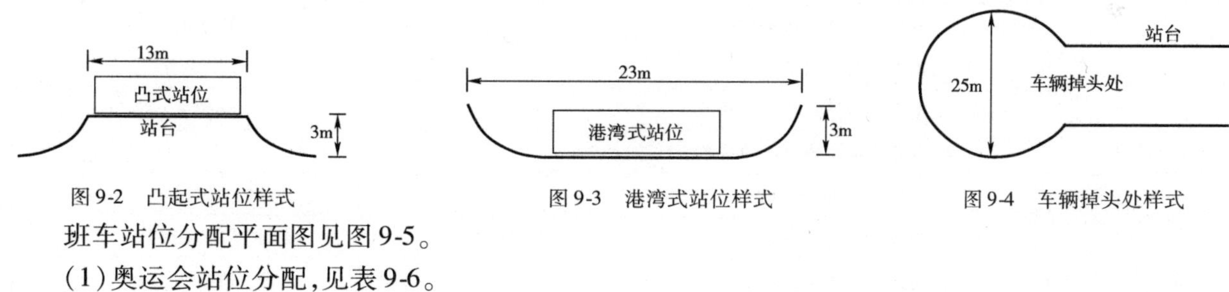


图 9-2　凸起式站位样式　　图 9-3　港湾式站位样式　　图 9-4　车辆掉头处样式

班车站位分配平面图见图 9-5。

（1）奥运会站位分配，见表 9-6。

表 9-6

| 站位号 | 线路编号 | 场馆名称 | 项目 |
|---|---|---|---|
| 1 | A01C&T | 国家体育场 | 田径 |
| | | 国家体育场 1 号热身场 | |
| | | 国家体育场 2 号热身场 | |
| | | 国家体育场热身场 | |
| 2 | A19C | 马拉松赛场 | 马拉松 |
| | | 田径备份站位 | 田径 |
| 3 | A25T | 朝阳体育中心投掷训练场 | 田径 |
| | | 朝阳体育中心主体育场 | |
| | | 朝阳体育中心 | |
| | | 朝阳体育中心准备活动场 | |
| 4 | A61 | 天安门广场（历博北门） | 购物班车 |
| 5 | A17C&T | 顺义奥林匹克水上公园 | 马拉松游泳、皮划艇、赛艇 |
| 6 | | 顺义奥林匹克水上公园 | 行李车 |
| 7 | A14C | 北京工人体育馆 | 拳击 |
| 8 | A26T | 地坛体育馆 | 拳击 |
| 9 | A15C&T | 朝阳公园沙滩排球场 | 沙滩排球 |
| | | 朝阳公园沙滩排球场训练场地 | |
| 10 | | 备份站位 | |

续上表

| 站位号 | 线路编号 | 场馆名称 | 项目 |
|---|---|---|---|
| 11 | | 备份站位 | |
| 12 | A24T | 朝阳体育馆 | 羽毛球 |
| 13 | A13C&T | 北京工业大学体育馆 | 羽毛球、艺术体操 |
| 14 | A33T | 月坛体育馆 | 羽毛球 |
| 15 | A29T | 首都体育学院训练馆 A | 柔道 |
| | | 首都体育学院训练馆 B | 跆拳道 |
| | | 首都体育学院田径馆 | 体操 |
| 16 | A27T | 北京八中体育馆 | 蹦床 |
| | | 北京八中游泳馆 | 游泳、马拉松游泳 |
| 17 | A11C | 北京科技大学体育馆 | 柔道、跆拳道 |
| 18 | A32T | 清华游泳跳水馆跳水池 | 跳水 |
| 19 | A03C | 国家游泳中心 | 游泳、跳水、花样游泳 |
| 20 | A23T | 二十一世纪游泳馆 | 游泳、马拉松游泳 |
| 21 | A28T | 木樨园游泳馆跳水池 | 跳水 |
| | | 木樨园游泳馆游泳池 | 游泳、马拉松游泳 |
| | | 木樨园游泳馆花样游泳池 | 花样游泳 |
| | | 北京木樨园体育运动技术学校综合训练馆 | 摔跤 |
| 22 | A30T | 中国人民大学世纪馆 | 艺术体操 |
| | | 中国人民大学游泳馆 | 游泳、马拉松游泳 |
| 23 | A10C | 中国农业大学体育馆 | 摔跤 |
| 24 | A31T | 北京体育大学训练馆 A | 现代五项(射击) |
| | | 北京体育大学训练馆 B | 现代五项(击剑) |
| | | 中国现代五项协会马术基地 | 现代五项(马术) |
| | | 北京体育大学大鹏馆 | 艺术体操 |
| | | 北京体育大学游泳馆 | 现代五项(游泳) |
| | | 北京体育大学田径场 | 现代五项(跑步) |
| 25 | A02C&T | 国家体育馆 | 体操、蹦床 |
| 26 | A60 | 八达岭 | 旅游班车 |
| 27 | A59 | 胜利饭店 | 超编官员 |
| | | 塔里木石油饭店 | |
| 28 | | 备份站位 | |
| 29 | | 备份站位 | |
| 30 | | 老山山地自行车场 | 行李车 |
| | | 老山自行车馆 | |
| | | 老山小轮车赛场 | |
| 31 | A08C&T | 老山山地自行车场 | 山地车 |
| | | 老山自行车馆 | 场地自行车 |
| | | 老山小轮车赛场 | 小轮车 |
| 32 | A04C&T | 国家会议中心击剑馆 | 击剑 |

续上表

<table>
<tr><th>站位号</th><th>线路编号</th><th>场馆名称</th><th>项　目</th></tr>
<tr><td rowspan="3">33</td><td rowspan="3">A09C&T</td><td>北京大学体育馆</td><td rowspan="3">乒乓球</td></tr>
<tr><td>海淀体育馆 1 号馆</td></tr>
<tr><td>海淀体育馆 2 号馆</td></tr>
<tr><td rowspan="2">34</td><td rowspan="2">A12C&T</td><td>北京航空航天大学体育馆</td><td>举重</td></tr>
<tr><td>北京航空航天大学训练馆</td><td>举重</td></tr>
<tr><td rowspan="2">35</td><td rowspan="2">A06C&T</td><td>奥林匹克公园网球中心</td><td>网球</td></tr>
<tr><td>奥林匹克公园网球中心练习场</td><td>网球</td></tr>
<tr><td rowspan="2">36</td><td rowspan="2">A21T</td><td>昌平区体育活动中心(田径场)</td><td>铁人三项</td></tr>
<tr><td>昌平区体育活动中心(游泳池)</td><td>铁人三项</td></tr>
<tr><td rowspan="2">37</td><td>A22T</td><td>十三陵水库周边公路</td><td>自行车(公路)、铁人三项</td></tr>
<tr><td>A16C</td><td>铁人三项赛场</td><td>铁人三项</td></tr>
<tr><td rowspan="2">38</td><td></td><td>十三陵水库周边公路</td><td>行李车</td></tr>
<tr><td></td><td>铁人三项赛场</td><td>行李车</td></tr>
<tr><td rowspan="2">39</td><td rowspan="2">A07C&T</td><td>北京射击场(飞碟靶场)</td><td>射击</td></tr>
<tr><td>北京射击馆</td><td>射击</td></tr>
<tr><td>40</td><td>A05C&T</td><td>奥林匹克公园射箭场</td><td>射箭</td></tr>
<tr><td>41</td><td>A41S</td><td>北京大学体育馆</td><td>乒乓球</td></tr>
<tr><td>42</td><td>A38S</td><td>首都体育馆</td><td>排球</td></tr>
<tr><td rowspan="4">43</td><td>A18C</td><td>公路自行车赛场</td><td>自行车(公路)</td></tr>
<tr><td rowspan="3">A40S</td><td>老山山地自行车场</td><td>山地车</td></tr>
<tr><td>老山自行车馆</td><td>场地自行车</td></tr>
<tr><td>老山小轮车赛场</td><td>小轮车</td></tr>
<tr><td rowspan="4">44</td><td></td><td>公路自行车赛场</td><td>行李车</td></tr>
<tr><td>A20C</td><td>现代五项比赛班车</td><td>现代五项</td></tr>
<tr><td>A53S</td><td>铁人三项赛场</td><td>铁人三项</td></tr>
<tr><td>A55S</td><td>公路自行车比赛终点</td><td>公路自行车</td></tr>
<tr><td>45</td><td></td><td>备份站位</td><td></td></tr>
<tr><td>46</td><td></td><td>备份站位</td><td></td></tr>
<tr><td rowspan="3">47</td><td rowspan="3">A36S</td><td>奥林匹克公园射箭场</td><td>射箭</td></tr>
<tr><td>奥林匹克公园曲棍球场</td><td>曲棍球</td></tr>
<tr><td>奥林匹克公园网球中心</td><td>网球</td></tr>
<tr><td rowspan="3">48</td><td rowspan="3">A35S</td><td>国家体育馆</td><td>手球、体操、蹦床</td></tr>
<tr><td>国家游泳中心</td><td>游泳、跳水、花样游泳</td></tr>
<tr><td>国家会议中心击剑馆</td><td>击剑、现代五项(射击、击剑)</td></tr>
<tr><td>49</td><td>A42S</td><td>中国农业大学体育馆</td><td>摔跤</td></tr>
<tr><td>50</td><td>A43S</td><td>北京科技大学体育馆</td><td>柔道、跆拳道</td></tr>
<tr><td>51</td><td>A34S</td><td>国家体育场</td><td>足球、田径</td></tr>
<tr><td rowspan="3">52</td><td rowspan="3">A37S</td><td>奥体中心体育馆</td><td>手球</td></tr>
<tr><td>奥体中心体育场</td><td>现代五项(马术、田径)</td></tr>
<tr><td>奥体中心英东游泳馆</td><td>水球、现代五项(游泳)</td></tr>
</table>

续上表

| 站位号 | 线路编号 | 场馆名称 | 项目 |
|---|---|---|---|
| 53 | A46S | 北京工业大学体育馆 | 羽毛球、艺术体操 |
| 54 | A47S | 北京工人体育馆 | 拳击 |
| 55 | A48S | 北京工人体育场 | 足球 |
| 56 | A49S | 朝阳公园沙滩排球场 | 沙滩排球 |
| 57 | A54S | 顺义奥林匹克水上公园 | 马拉松游泳、皮划艇、赛艇 |
| 58 | A52S | 丰台体育中心垒球场 | 垒球 |
| 59 | A51S | 北京五棵松体育中心棒球场 | 棒球 |
| 60 | A50S | 北京奥林匹克篮球馆 | 篮球 |
| 61 | A45S | 北京理工大学体育馆 | 排球 |
| 62 | A39S | 北京射击场(飞碟靶场) | 射击 |
|  |  | 北京射击馆 | 射击 |
| 63 | A44S | 北京航空航天大学体育馆 | 举重 |
| 64 |  | 备份站位 |  |
| 65 |  | 下车站位 |  |
| 66 |  | 下车站位 |  |
| 67 |  | 下车站位 |  |
| 68 |  | 下车站位 |  |
| 69 |  | 下车站位 |  |
| 70 |  | 下车站位 |  |
| 71 |  | 下车站位 |  |
| 72 |  | 下车站位 |  |
| 73 |  | 下车站位 |  |
| 74 |  | 下车站位 |  |

(2)残奥会站位分配,见表9-7。

表9-7

| 站位 | 线路编号 | 场馆名称 | 项目 |
|---|---|---|---|
| 1 | A01C&T | 国家体育场 | 田径 |
| 2 | A13C | 马拉松赛场 |  |
| 3 | A14T | 朝阳体育中心 |  |
|  |  | 朝阳体育中心投掷训练场 |  |
|  |  | 朝阳体育中心主体育场 |  |
|  |  | 朝阳体育中心准备活动场 |  |
| 4 | A11C&T | 顺义奥林匹克水上公园 | 赛艇 |
| 5 | 行李车 | 顺义奥林匹克水上公园 | 赛艇 |
| 6 |  | 备份 |  |
| 7 | A17T | 首都体育学院训练馆 | 盲人柔道 |
| 8 | A10C | 北京工人体育馆 | 盲人柔道 |
| 9 | A15T | 奥体中心英东游泳馆 | 游泳 |
| 10 | A02C&T | 国家游泳中心 | 游泳 |
| 11 |  | 备份 |  |

续上表

| 站位 | 线路编号 | 场馆名称 | 项目 |
|---|---|---|---|
| 12 | A04C&T | 北京奥林匹克公园射箭场 | 射箭 |
| 13 | A05C&T | 北京奥林匹克公园网球中心 | 轮椅网球 |
| 14 | A09C&T | 北京航空航天大学体育馆 | 举重 |
| 15 | A08C&T | 北京大学体育馆 | 乒乓球 |
| | | 海淀体育馆1号馆 | |
| | | 海淀体育馆2号馆 | |
| 16 | A03C&T | 国家会议中心击剑馆 | 硬地滚球(轮椅) |
| | | 国家会议中心击剑馆 | 轮椅击剑 |
| 17 | A16T | 奥体中心体育馆4号附馆 | 轮椅击剑 |
| 18 | A06C&T | 北京射击馆 | 射击 |
| 19 | A07C&T | 老山自行车馆 | 自行车(场地) |
| 20 | 行李车 | 老山自行车馆 | 自行车(场地) |
| 21 | A12C&T | 公路自行车赛场 | 自行车(公路) |
| 22 | 行李车 | 公路自行车赛场 | 自行车(公路) |
| 23 | | 高碑店、国展线路 | 游览交流 |
| 24 | | 天坛线路 | 游览交流 |
| | | 红桥市场 | 购物 |
| 25 | | 颐和园线路 | 游览交流 |
| | | 秀水街 | 购物 |
| 26 | A32 | 故宫 | 旅游 |
| 27 | A33 | 八达岭 | 旅游 |
| 28 | | 备份 | |
| 29 | | 备份 | |
| 30 | A18S | 国家体育场 | 田径 |
| 31 | A26S | 北京工人体育馆 | 盲人柔道 |
| 32 | A22S | 中国农业大学体育馆 | 坐式排球 |
| 33 | A23S | 北京科技大学体育馆 | 轮椅篮球、轮椅橄榄球 |
| 34 | A19S | 北京射击馆 | 射击 |
| 35 | A20S | 老山自行车馆 | 自行车(场地) |
| 36 | A21S | 北京大学体育馆 | 乒乓球 |
| 37 | A24S | 北京航空航天大学体育馆 | 举重 |
| 38 | A28S | 公路自行车赛场 | 自行车(公路) |
| 39 | A30S | 北京奥林匹克公园射箭场 | 射箭 |
| | | 北京奥林匹克公园曲棍球场 | 5人制足球(盲人)<br>7人制足球(脑瘫) |
| | | 北京奥林匹克公园网球中心 | 轮椅网球 |
| 40 | A25S | 北京理工大学体育馆 | 盲人门球 |
| 41 | A29S | 国家体育馆 | 轮椅篮球 |
| | | 国家游泳中心 | 游泳 |
| | | 国家会议中心击剑馆 | 硬地滚球、轮椅击剑 |

续上表

| 站位 | 线路编号 | 场馆名称 | 项　目 |
|---|---|---|---|
| 42 | A27S | 顺义奥林匹克水上公园 | 赛艇 |
| 43 | | 备份 | |
| 44 | | 备份 | |
| 45 | | 备份 | |

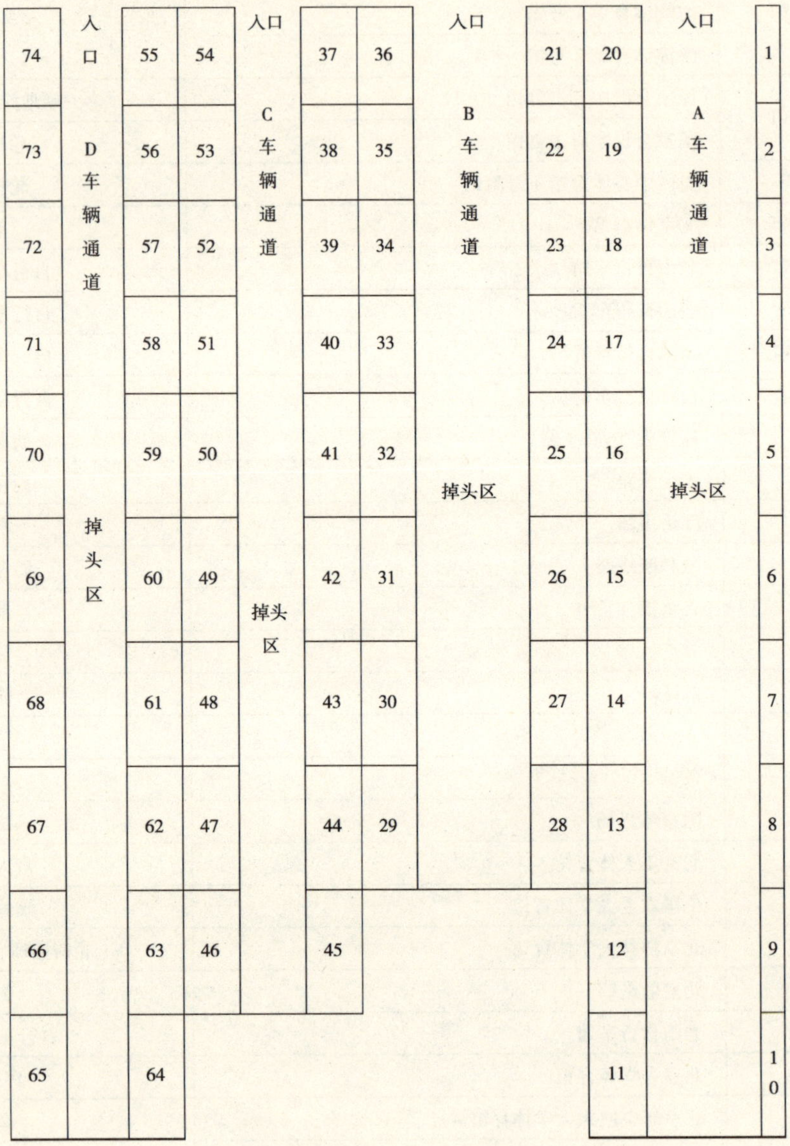

图 9-5　班车站位分配平面图

**2. 运行组织**

运动员村班车站是运动员及随队官员交通服务的枢纽站，担负了运动员团队 90% 以上的客运任务，如图 9-6 所示。在设计初期，运动员班车站采用直线型站位设计，经测试后发现该设计方案不符合运行需求，车辆入位十分困难，影响车道内正常行驶的车辆。如果加大车位长度，站位数量必将减少。对于 94 条线路的运动员交通服务系统来说，74 个站位已是底限。设计方案调整后，班车站改为锯齿形站位设计，在仅有的土地面积上该方案基本满足运行需求，经过多次测试不断得到改进。

赛时运行期间，为了解决班车站瞬时压力过大的难题，运动员团队多次对班车时刻表进行优化调整，减少单点时间的发车数量。为确保站内安全，要求在车辆进入港湾式站位时，随车志愿者需到车内尾部协助驾驶员看护车辆后方状况。同时，班车站每条通道都安排车队干部进行管理。另外，车队调度与班车站现场调度加强沟通，及时将暂无任务的车辆调至缓冲区或调回场站等待，减小班车站压力。高峰期间，运动员班车站单日进出的车辆近3000次，单点进出的车辆达37次，未发生一次车辆拥堵事件，未发生一起车辆刮蹭事故，安全、有序地完成了运行任务。

图9-6　运动员班车站图

## 六、运动员行李及器材运输

奥运会、残奥会期间，运动员如需运输行李，必须先行预定，否则行李只能随运动员班车前往目的地。行李车的预定信息由奥运村体育信息中心交通服务台负责统计。如运动员只预定了行李车运送行李，由交通服务台直接将预定信息通过传真的方式传到抵离交通团队，并由抵离交通团队直接调派车辆。如运动员在预定行李车的同时还需乘坐运动员班车，那么交通服务台将预定信息通过传真分别传到运动员团队和抵离团队。抵离交通团队根据预定时间安排车辆，运动员团队在排班计划上注明该班次有行李车。如自行车、皮划艇等行李运输量较大的非集体比赛项目班车线路，在运动员班车站位附近都安排有行李车站位，行李车现场调度根据预订信息将行李车调派至指定站位，运动员上车后，由运动员班车现场调度指挥发车，行李车跟随运动员班车一同前往目的地。集体项目运动员专用大客车、集中抵离班车没有固定站位，行李车先在班车站缓冲区等待，当大客车进入站位后，现场调度通知行李车现场调度行李车应进入的站位号。运动员上车后，由运动员班车现场调度指挥发车，行李车跟随运动员班车一同前往目的地。

残奥会期间共有22支轮椅篮球队，全部入住在残奥村。由于村内无法提供篮球竞赛轮椅的存放地点，经与奥运村部协商，交通部临时调配22部密封厢式行李车存放轮椅。白天作为竞赛轮椅的运输工具，夜间作为活动库房停放在首都机场交通场站。

## 七、奥林匹克青年营交通服务

自20世纪60年代起，历届奥运会均组织了奥林匹克青年营活动，目的是通过奥运会促进各国青年之间的交流和友谊，继承和发扬奥林匹克精神。参加北京奥运会青年营的人数有800多人，由来自于国际奥委会成员国和国内16～18岁的青年代表组成，并首次邀请了国内外50名残疾青年代表参加。奥林匹克青年营营地设在北京市海淀区101中学校园内。

在2008年8月3日～8月28日期间，运动员团队为各国参加奥林匹克青年营的营员提供了抵离京及营外活动专用车服务，共配备旅游大客车25部，运行476车次，运送8676人次，安全行驶11256公里。

## 八、制订应急预案，即时处置突发情况

依据先期制订的各种应急预案，及时有序地处置意外和突发情况的发生。应急预案有：交通事故应急预案；车辆故障应急预案；证件丢失（损坏）应急预案；调度指挥通信设备失灵或丢失应急预案；防爆应急预案；防火应急预案；乘车人员、驾驶员或志愿者突发疾病应急预案；车辆运行受阻应急预案等。

**1. 通过增派车辆，解决运动员乘坐班车问题**

在运行初期阶段，一些代表团和竞赛团队对运动员交通服务的标准、政策还不十分了解，特别是对班车发车变更的信息掌握不够，加之INFO2008信息系统上更新速度较慢，代表团根本无法在第一时间了解变更情况，对于那些没有登陆信息系统的代表团来说，更是无法了解情况。这就造成了，很多运动员仍按原先时刻表乘车，但班车实际运行已经发生改变。为了保证运动员正常训练和比赛，通过加派车

辆,解决信息不准确的问题。

**2. 克服后勤保障不到位的困难**

例如,奥林匹克公园交通场站的就餐环境有限,就餐时间也有限。很多驾驶员和志愿者不能进入餐厅就餐,只能换取简便的餐包。但餐包内只有面包、火腿、鸭蛋和奶,无法长期食用。为避免驾驶员、志愿者饿肚子的情况出现,运动员交通服务团队花费了大量精力协调解决,克服困难,保证了交通服务顺利进行。

**3. 处理奥运村公路自行车运动员集结场地不足问题**

2008 年 8 月 7 日,公路自行车团队突然提出公路自行车 8 月 9 日、10 日、13 日三天比赛日期间,运动员上午和下午需要在奥运村集结后集体出发(其中 9 日需要运动员班车 18 辆、运动员自行车运输车 15 辆、随队车辆 45 辆)的需求,要求在奥运村班车场或奥运村附近设置集结区。这一需求是竞赛部门在赛时提出的,未列入交通运行规划范畴,奥运村运动员班车场无法满足如此众多车辆集结的需求。

这一突发事件发现后,团队立即启动赛时应急计划,紧急召集奥运村部、安保部、公路自行车团队和奥林匹克公园公共区团队进行现场协调。与会人员在对奥运村班车场及附近区域进行现场勘察的基础上,商定在公路自行车比赛日临时利用奥运村南侧的运动员村路北侧辅路,作为公路自行车比赛车辆临时集结停靠区,由赛事交通服务分中心负责规划并设置临时交通隔离设施,由安保部负责对该区域进行临时封闭管理,由奥运村团队派出志愿者协助运动员集结和自行车运送,由公路自行车团队负责集结车辆、人员,并将这一处置方案报运行指挥部调度中心备案,使该突发事件得到妥善解决。

## 第三节　团队的建设与组织管理

没有规矩,不成方圆。运动员交通团队是一支有着 3000 多工作人员的庞大的队伍,人员来自四面八方。如果没有良好的管理和制度的约束,必将是一盘散沙。因此,运动员交通团队本着“有规可依,有规必依,守规必严,违规必究”的原则,加强团队建设,制订了许多工作制度、规范以及工作方案和预案,确保交通服务运行高效、顺畅。

### 一、确立指挥调度模式

运动员交通服务在运行过程中采用了三级的调度指挥模式。第一级为团队调度室,负责班车时刻表的制订、修改,以及线路的分配。第二级为车队调度,负责根据班车时刻表制订详细的排班计划。第三级为场馆调度,负责根据排班计划发车。在这三级的调度体系中,最重要也是最困难的就是车队调度与场馆调度的对接。运动员班车穿梭于运动员村与各场馆之间,场馆调度对业务的熟悉程度直接影响了服务质量。另外,各场馆分布在北京的各个地区,培训难度较大。运动员交通团队采用了集中与分散相结合的办法,由团队分批集中培训一次,主要介绍运动员交通服务运行方式与特点,再由各车队分别与各场馆对接,详细讲述运行方法。

在场馆调度层面中,运动员村是所有班车线路的起点和终点,处于核心位置。因此,运动员交通团队加大了对运动员村调度的培训力度,团队与运动员村交通经理多次对接,研讨管理模式与运行方法,车队对运动员村调度多次培训,加强业务熟练度。赛时运行期间,班车站现场调度划分到各个车队进行管理,一名车队调度对应一班现场调度小组,并在小组中选出一名调度组长进行现场管理。该名车队调度与该现场调度小组采用同时换班的模式,始终保持这种一对一的关系,方便沟通,便于管理,使得调度体系在赛时运行期间十分畅通。

### 二、建立工作制度,制定岗位工作流程

**1. 管理制度方面**

制订了团队管理及调度人员工作守则;团队驾驶员工作守则;团队志愿者工作守则;驾驶员安全行

车规范；驾驶员消防安全规范；运动员村班车站、场站行驶规范；遗失物管理办法；加油管理办法；电台使用管理办法。

**2. 岗位责任制方面**

落实工作流程，规范了驾驶员工作流程、交通服务志愿者服务流程等。

（1）驾驶员工作流程。

到车队行政部门领取当日工作安排、路单、通信工具等物品，并签字确认，完成报班；与志愿者完成对接工作，并参加班前会。完成发车前的准备工作，在得到发车指令后，将车辆驶往运动员村。到达运动员村后，按现场调度的要求等候发车；得到发车指令后，将车辆驶往目的地场馆；到达场馆后，进行车辆例行清理、检查，确认有无乘客遗失物后按要求等候发车。若发现乘客遗失物品，按照《运动员及随队官员交通服务团队遗失物处理办法》相关内容执行；得到发车指令后，将车辆驶往运动员村；到达运动员村后，进行车辆例行清理、检查，确认有无乘客遗失物后按要求等候发车。若发现乘客遗失物品，按照《运动员及随队官员交通服务团队遗失物处理办法》相关内容执行。如接到返场指令，将车辆驶往场站。如需继续运行，按现场调度要求等候发车；到达场站后，如完成当日任务，将路单、通信工具交回车队行政部门，签字确认，完成销班。如未完成当日任务，进入场站休息室等候发车。

（2）交通服务志愿者工作流程。

到车队行政部门签到，并与驾驶员完成对接工作；参加班前会；与驾驶员一起前往场站停车场，得到发车指令后，将路单交由车队调度签写出场时刻，并随车前往运动员村班车站；到达运动员村班车站后，将路单交由现场调度签写到达时刻，并按要求等候发车。运动员上车时，负责检验运动员证件，并告知运动员班车驶往的场馆名称，防止运动员上错车辆，验证中发生不同意见的，由班车站工作人员和安保人员协调解决，不得延误车辆行驶；得到发车指令后，将路单交由运动员村现场调度签写发车时刻，并随车前往场馆。途中回答运动员提出的关于班车时刻、路线等相关问题，并负责电台的应答；到达场馆后，提示乘客已经到达目的地，带好随身物品，将路单交由场馆现场调度签写到达时刻，并协助驾驶员完成例行清理、检查车辆，确认有无乘客遗失物后按要求等候发车。若发现乘客遗失物品，按照《运动员及随队官员交通服务团队遗失物处理办法》相关内容执行；得到发车指令后，将路单交由场馆现场调度签写出发时刻。途中回答运动员提出的关于班车时刻、路线等相关问题，并负责电台的应答；到达运动员村班车站后，提示乘客已经到达目的地，带好随身物品，将路单交由运动员村现场调度签写到达时刻，并协助驾驶员完成例行清理、检查车辆，确认有无乘客遗失物后按要求等候发车。若发现乘客遗失物品，按照《运动员及随队官员交通服务团队遗失物处理办法》相关内容执行。如接到返场指令，将路单交由现场调度签写发车时刻，并随车返回场站。如需继续运行，按现场调度要求等候发车；到达场站后，如完成当日工作任务，完成销班。如未完成当日任务，进入场站休息室等候发车。

## 三、加强队伍建设，发挥体制优势和党（团）支部的战斗堡垒作用

为便于组织和管理，根据团队车队建队模式及志愿者来源单位特性，成立6个临时党支部及8个临时团支部。团队考虑到有可能发生的服务时间拖延，接送机人数、时间等不确定性，赛时集中接送运动员，异常天气等复杂情况，要求各党（团）支部成立党（团）员突击队，有利地保障了交通服务任务的顺利完成。凡遇开（闭）幕式等大型活动，各车队、来源单位都在接到团队任务后召开党（团）支部扩大会，进一步细化工作，在关键线路、关键点、关键车位选派党（团）员干部、驾驶员和志愿者承担任务。平时运营中，党（团）员驾驶员、志愿者也都肩负急难险重的工作。党（团）支部的战斗力和凝聚力、党员的先锋模范作用及团员青年的生力军突击队作用潜移默化地影响着广大驾驶员和志愿者，大家团结一致、肯于争先、勤奋工作，确保了服务任务的顺利完成。

## 四、提高思想认识，增强队伍素质，以政治高度对待奥运会、残奥会交通服务工作

队伍素质的高低直接影响着工作水平、管理质量。进入场站后，团队首先召开由各位副主任、车队

长、团队办公室人员参加的"全力搞好奥运会、残奥会交通服务工作"动员会。团队主任着重阐述了做好团队交通服务工作的重要意义,强化了思想认识。为提高团队工作人员整体素质,对驾驶员和志愿者队伍进行了动态管理,根据运营服务要求不断提高和驾驶员、志愿者平时表现,在对他们加强教育和加大管理力度的基础上,适时进行人力资源调整。团队要求所有工作人员必须要精通业务、熟悉政策、作风过硬,一切工作的开展都要站在讲政治、顾大局的高度,不折不扣地完成上级领导交办的各项工作。

### 五、加强学习教育,促进团队融合,确保团队领导集体坚强有力

运动员交通团队组建以来,团队坚持每天碰头制度,总结情况,及时发现问题并解决问题;坚持文件传阅制度,了解上级政策,逐步建立适合运动员团队的管理体系模式。通过团队主任及车队长办公会、车队班子会、驾驶员会、调度协调会、志愿者工作协调会、宣传板报等形式,大力营造为奥运会、残奥会服务光荣,为奥运会、残奥会服务责任重大的氛围。在这种思想鞭策下,团队各来源单位不断融合,上下团结一心,众志成城,以祖国利益为重,克服了计划多变、服务标准逐步提高、服务时间超长、交通环境不理想、天气异常、生活保障不完善、身体疲劳等诸多不利因素,确保了奥运会、残奥会运动员交通服务工作的万无一失。

### 六、尊重个性,注重细节是出色完成服务任务的关键

运营工作中,驾驶员和志愿者真诚地对待每一名运动员,无论他们来自哪个国家,都一视同仁;无论他们是著名运动员还是普通运动员,都给予同样的尊重,都用同样的标准热情服务。有的运动员感情外露,在上车前、行进中、下车时,都要边唱边跳,交通服务人员都高度尊重他们的个性,耐心等待。如在运行中发现不安全的苗头,就让随车志愿者善意地提醒,避免发生安全事故。"尊重个性,注重细节"是做好服务工作的关键。

### 七、实行"首问负责制",确保工作环节无真空

为防止发生管理环节脱节,运动员交通团队实行了"首问负责制"的工作方式。事件第一接触人,就是工作负责人、实施人,即接受任务时,不能推托责任,不能把问题转给其他人和找其他人处理。严格的管理制度,高素质的团队、车队、志愿者管理人员队伍,使得运动员团队的调度、管理系统始终处在高水平的运转之中,即使遇有突发情况,由于系统完整、调度有方、管理人员处理能力强,同时制订切实可行的保障、应急方案,一切处于掌控之中,整个交通运行系统实现了准点、准时无延误。

### 八、召开例会是解决问题的捷径

运动员交通团队坚持每天召开晚例会。这看似平凡的例会,却把一切显现的问题、隐含的问题都摆在了桌面。一旦发现问题,团队会采取措施及时协调解决。若团队不能解决,需要上级主管部门协调,团队会立即写出信息快报请求解决。所有问题解决、汇报不过夜。另外,通过例会及时总结当日运行情况,并根据当日问题及次日运行特点布置工作。一切工作围绕运行,运行中以安全为核心,注重个性服务。正因为如此,保障了服务工作的顺利进行。

### 九、沟通是成功的保障

良好的思想沟通,是工作和谐的有利保证。沟通的到位,解决了许多无法用权力、金钱解决的问题。例如,在整个运行期间,由于缺乏经验和计划的不实际性,导致驾驶员报班、用餐安排不能满足实际运行的需要,从而导致运行不能顺利进行。为此将调度室前移至停车场,解决了报班问题。但解决驾驶员用餐问题的方法只能是提供面包。用以人为本的理解沟通加之从驾驶员角度出发的补救措施,解决了用行政手段和金钱所不能解决的实际问题。

# 第十章　合乘车(T3)交通服务运行

合乘车(T3)交通服务(以下简称T3服务)是奥运会中最灵活、运行组织最为复杂的一种交通服务方式。T3是一种交通服务权限,类似于乘坐出租汽车,供享有T3以及T1、T2交通权限(以下简称T3客人)的注册客户群免费乘坐。T3客人在目的地相同时可以合乘,通过对限定的目的地提供预订和即时2种交通服务方式,即:通过提前预定,车辆在指定地点等候,或即时叫车,15分钟之内车辆到达的方式为奥林匹克大家庭成员提供交通服务。在北京奥运会期间,5000名奥林匹克大家庭成员中有75%的成员注册为T3客人。T3交通服务是奥林匹克大家庭交通服务中所占比例最大的交通服务。

T3服务运行是由赛事交通服务分中心下设的T3交通服务团队(以下简称T3团队)具体组织。赛时T3团队共有3204名驾驶员、202名服务助理、332名团队管理人员。奥运会期间T3团队拥有小客车960辆,大客车30辆(含观察员大客车5辆);残奥会期间T3团队拥有小客车432辆(含42辆无障碍伊斯坦纳),大客车15辆(含5辆低地板无障碍大巴)。

T3服务在奥林匹克大家庭饭店/残奥大家庭饭店、各竞赛场馆、IBC/MPC、机场、奥运村(残奥村)访客中心、赞助商接待中心(IOC、IPC接待中心)等100多个地点,向奥林匹克大家庭客户提供即时服务。根据实际需求,相当规模的T3车辆被预置于上述地点。上车区的现场调度及其助理根据客户的目的地为客户分组,安排合乘车辆。T3预订服务是客户通过赛事交通服务分中心下设的呼叫中心或设在场馆、住地的交通服务台提前6小时预订T3车辆,并在限定的上车地点乘车。在赛事期间,除有些场所T3服务系统提供即时服务的时间是有限定的外,一般都是24小时不间断服务,预订服务时间没有限制,随时可提供预订。

## 第一节　T3服务运行

奥运会期间,T3交通服务团队共运行小客车960辆,大客车30辆(含观察员大客车5辆),T3小客车于2008年7月24日全部到位,其中7月20日到位837辆。自2008年7月12日~8月27日,为T3交通服务运行期,实际运行47天,运行96596车次,运送客人65305人次,累计行驶里程206.9万公里。在赛时服务32天的期间内(7月27日~8月27日),990辆T3车辆共运行95300车次,运送客人64829人次,累计行驶里程203.5万公里。平均每车运行96.3车次,运送客人65.5人次,行驶里程2055.6公里。每日平均出车2978车次,运送客人2026人次,行驶里程6.36万公里。每车平均每天运行次数为3.0车次,每车每次运送客人0.7人次,行驶里程21.4公里。运行最高峰为2008年8月16日,单日合计出车5446车次,运送客人4345人次,累计行驶里程119823公里;平均每车运行5.5次,运送4.4人次,行驶121公里。

第29届奥运会残奥会(T3)团队运行汇总示意图见图10-1。

T3服务从2008年8月8日~12日用车量骤然上升,给团队、车队、各个场馆现场都造成了很大压力。13日~22日的10天里,用车量始终在高位运行。但由于整个团队适应了压力与变化,并及时针对发现的问题做出了调整,团队进入了平稳运行期;23日以后,随着赛事纷纷结束,大批大家庭T3客人离京,用车量回落。

残奥会期间,T3交通服务团队共运行小客车432辆(含42辆无障碍伊斯坦纳),大客车15辆(含5辆低地板无障碍大巴),除5辆低地板无障碍大客车于8月29日到位外,其余T3车辆于8月28日全部到位。自9月1日~9月20日(赛时服务期),为有T3交通权限的客人提供了交通服务,实际运行20天,运行25790车次(其中无障碍车辆运行2018车次),运送客人22186人次(含轮椅客人674人次),累计行驶里程 52.6 万公里。447 部 T3 车辆，平均每日出车 1290 车次（其中无障碍车辆运行 101 车次），运送客人 1109 人次（含轮椅客人 34 人次），行驶里程 2.6 万公里。每车每日平均运行次数为 2.9 次，每车每次运送 0.9 人次，行驶 20.1 公里。运行最高峰 9 月 11 日，单日合计出车 2610 车次（其中无障碍车辆运行 172 车次），运送客人 1812 人次（含轮椅客人 124 人次），累计行驶里程 47862 公里。平均每车运行 5.8 车次，运送客人 4.1 人次，行驶里程 107 公里。

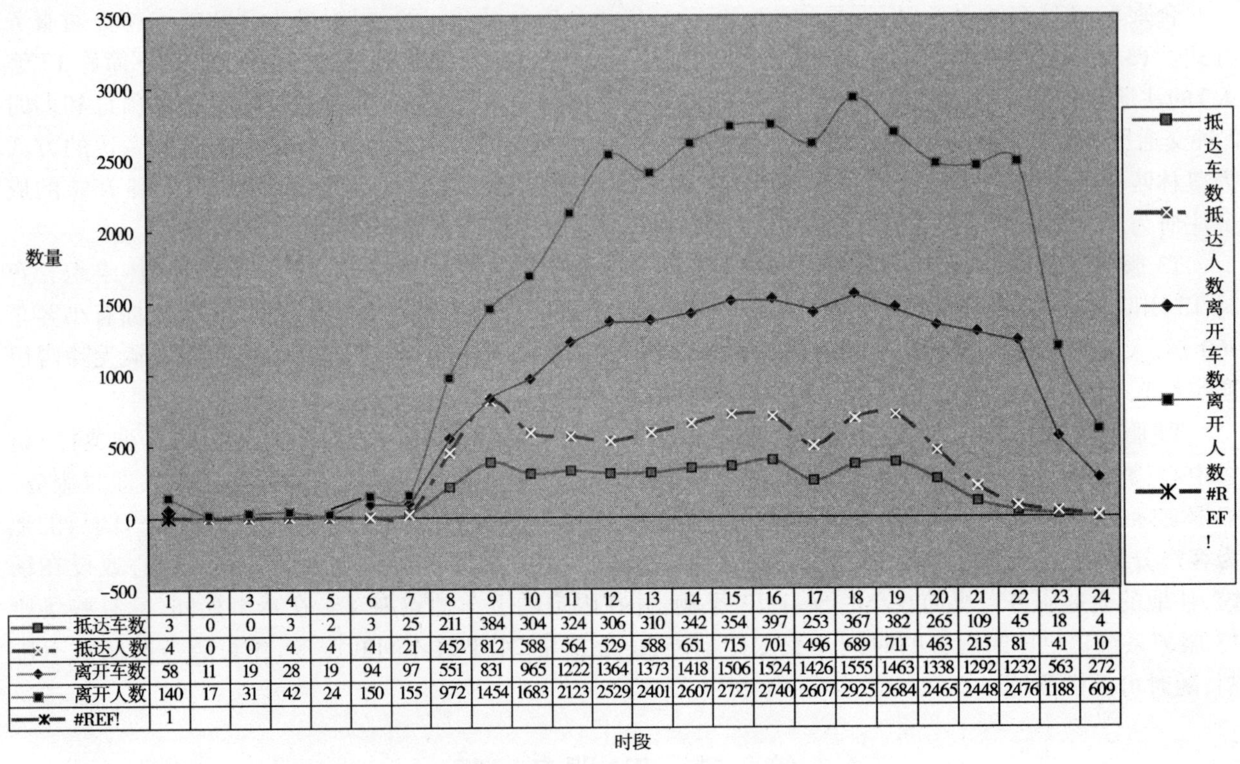


| | 1 | 2 | 3 | 4 | 5 | 6 | 7 | 8 | 9 | 10 | 11 | 12 | 13 | 14 | 15 | 16 | 17 | 18 | 19 | 20 | 21 | 22 | 23 | 24 |
|---|---|---|---|---|---|---|---|---|---|---|---|---|---|---|---|---|---|---|---|---|---|---|---|---|
| 抵达车数 | 3 | 0 | 0 | 3 | 2 | 3 | 25 | 211 | 384 | 304 | 324 | 306 | 310 | 342 | 354 | 397 | 253 | 367 | 382 | 265 | 109 | 45 | 18 | 4 |
| 抵达人数 | 4 | 0 | 0 | 4 | 4 | 4 | 21 | 452 | 812 | 588 | 564 | 529 | 588 | 651 | 715 | 701 | 496 | 689 | 711 | 463 | 215 | 81 | 41 | 10 |
| 离开车数 | 58 | 11 | 19 | 28 | 19 | 94 | 97 | 551 | 831 | 965 | 1222 | 1364 | 1373 | 1418 | 1506 | 1524 | 1426 | 1555 | 1463 | 1338 | 1292 | 1232 | 563 | 272 |
| 离开人数 | 140 | 17 | 31 | 42 | 24 | 150 | 155 | 972 | 1454 | 1683 | 2123 | 2529 | 2401 | 2607 | 2727 | 2740 | 2607 | 2925 | 2684 | 2465 | 2448 | 2476 | 1188 | 609 |
| #REF! | 1 | | | | | | | | | | | | | | | | | | | | | | | |

图 10-1　第 29 届奥运会残奥会（T3）团队 7.25～8.25 日运行汇总示意图

T3 预订系统在奥运会、残奥会期间共接受预订 4753 个，因各种原因取消的预订共 881 个，接受预订最短时间提前到 2 小时，大大高于交通服务标准。在预订服务中，所有车辆平均在预订上车时间前 30 分钟到达预订地点等候客人，而客人平均在预订上车时间后 35 分钟方到达预订地点上车。

奥运会、残奥会期间在 T3 即时服务场所，从客人向现场调度或助理提出用车需求，到客人坐上车出发，所需的平均时间为 2 分钟，基本无需等候。在实际运行中，T3 服务的服务水平高于服务标准。据国际奥委会反馈的意见，T3 服务在历届奥运会中其运行水平是最高的。

## 第二节　T3 服务运行的组织模式

### 一、三级运行指挥体系

以场站为依托，以场馆、服务场所为基本运行点，确立团队、车队、分队三级运行指挥体系，如图 10-2 所示。

### 二、T3 调度的模式及岗位职能

**1. T3 调度层级**

T3 运行调度系统共分三级，每级调度均设有专业调度岗和调度助理岗。各级调度之间通过集群通话系统、移动电话、座机电话、传真、奥运专网等方式进行沟通，合理分配、调派车辆资源，使车辆的利用

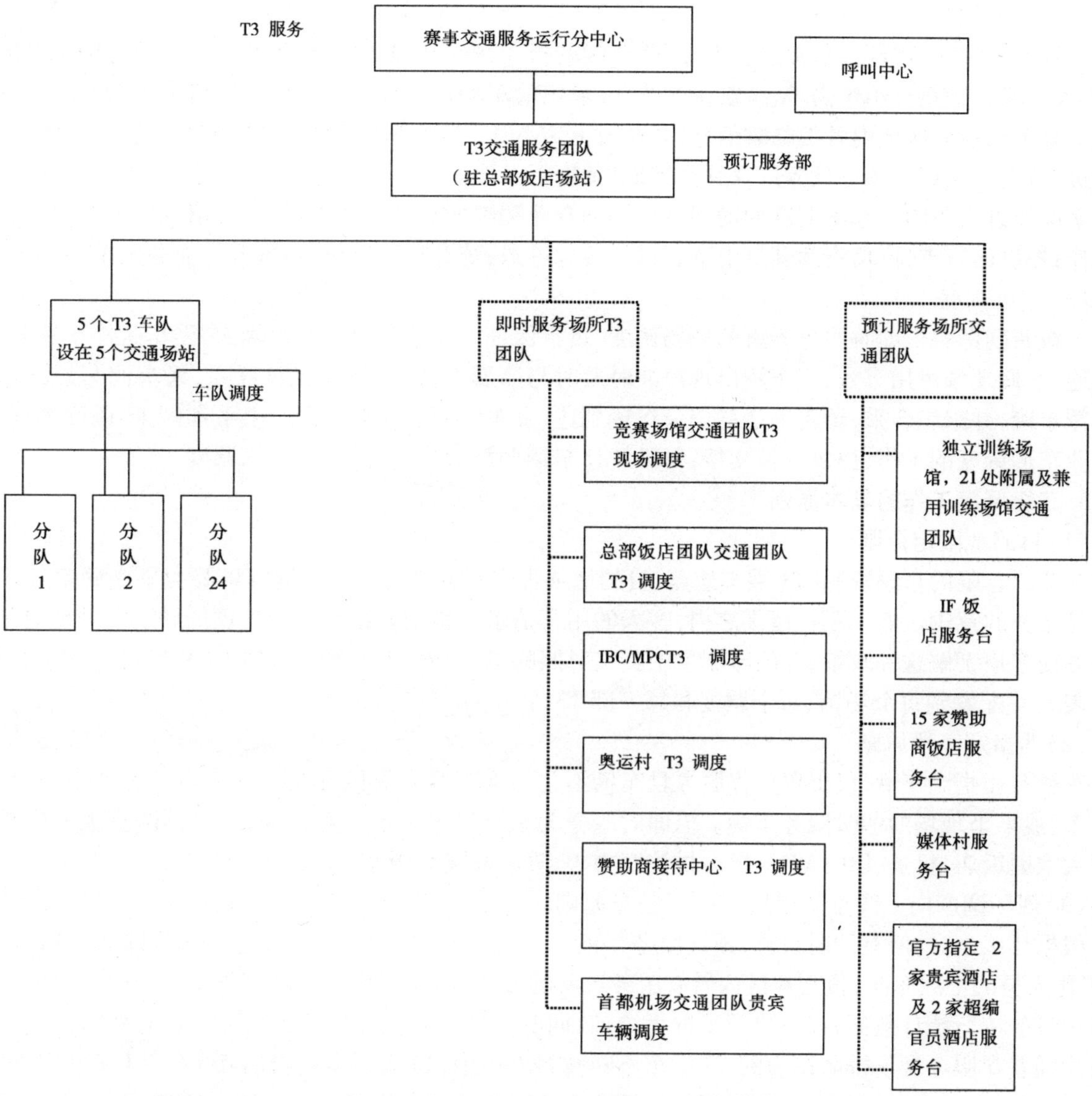

T3 服务
赛事交通服务运行分中心
呼叫中心
T3交通服务团队
（驻总部饭店场站）
预订服务部
5个T3车队
设在5个交通场站
车队调度
分
队
1
分
队
2
分
队
24
即时服务场所T3
团队
竞赛场馆交通团队T3
现场调度
总部饭店团队交通团队
T3 调度
IBC/MPCT3　调度
奥运村 T3 调度
赞助商接待中心　T3 调度
首都机场交通团队贵宾
车辆调度
预订服务场所交
通团队
独立训练场
馆，21处附属及兼
用训练场馆交通
团队
IF 饭
店服务台
15家赞助
商饭店服
务台
媒体村服
务台
官方指定 2
家贵宾酒店
及2家超编
官员酒店服
务台

图 10-2　T3 服务运行指挥体系

率达到最大化，如图 10-3 所示。

**2. 三级调度人员构成及工作职责**

(1)一级调度。

一级调度即团队核心调度，负责制订 T3 客户群的整体交通服务方案，编制整体运行计划；负责对所有 T3 车辆的统一调派，协调竞赛场馆、训练场馆及非竞赛场馆间的车辆使用；每日按时限要求对所有 T3 车辆的运营数据进行汇总，并根据比赛日和时间安排分析出每日车辆资源的需求在数量和结构上的差异，以及每日各竞赛/训练场馆、总部饭店、奥运村、IBC/MPC、官方驻地、机场等的用车需求变化；负责团队与呼叫中心的业务往来，分派预订任务。一级调度人员均来源于首汽集团。一级调度助理来自于外交学院(奥运)和北师大(残奥)，负责协助专业调度的日常工作，一部分助理负责各类信息的汇总、统计及报表工作；一部分助理负责客户预订平台，随时与呼叫中心保持沟通，分派预订任务、提示车队派车、消单等业务。

T3交通服务团队调度（一级调度）
T3车队调度（二级调度）
即时服务场所上下车区、屯车区T3现场调度
（三级调度）

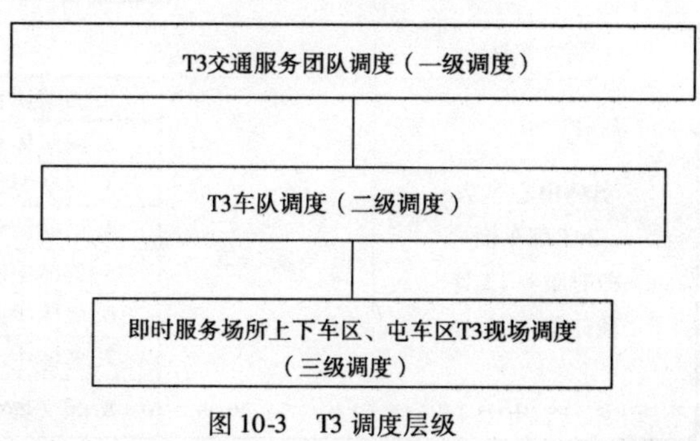

图 10-3　T3 调度层级

(2)二级调度。

二级调度即车队调度,负责接受T3团队调度的指令,接受团队预订服务部下达的预订用车需求,核对T3客户群车辆每日用车需求,编制所在车队、场馆的车辆运行计划,安排车辆;负责指派驾驶员出车;负责汇总车队控制区域内各类临时信息,并及时上传下达,当所负责区域车辆紧缺时,负责上报团队,请求支援;负责为执行完预订任务的驾驶员销班;负责汇总当日交通服务信息,并上报团队。二级调度大多数来源于首汽集团。车队调度的助理负责协助专业调度的日常工作,做好各类信息的汇总、统计及报表工作;提供语言支持;负责驾驶员上下班时的签到签退;统计行车路单;负责预订业务出单、销单工作。

(3)三级调度。

三级调度即各个即时服务场所的现场调度,负责保证上车区备有足够车辆,与囤车区停车场调度保持沟通,掌握现场可用车数,当车辆出现短缺时及时与所属上线T3车队调度联系,请求调车;及时为客户调派车辆,并组织合乘;负责确认并记录车辆到达、发车时间和大致去向。上下车区T3调度助理则协助专业车辆调度的工作,提供语言支持;每日统计车辆调派数据,汇总后报现场调度。

**3. 三级调度工作的基本原则**

(1)目的地限定原则。

为节约有限的车辆资源,T3乘车地点、目的地须限定在北京奥组委与国际奥委会事先确定的T3车辆预订服务的范围。如果不在范围之内,客人的用车请求会被婉言拒绝。为使现场调度及助理清楚,同时也方便客户了解这一政策,专门印制了中英文对照的奥运会《T3服务场所列表》和残奥会《T3服务场所列表》,并配发到每个场馆、每个调度和每一部T3车上。

(2)非指定车辆原则。

车辆并非指定车辆,仅提供单程服务且车辆不会为乘车客人提供等候。客户需要返回服务时需再预订车,或乘坐现场的即时服务车辆。但即时服务上车点仅限于各个竞赛场馆、奥林匹克大家庭饭店/残奥大家庭饭店、机场、IBC/MPC、奥运村访客中心、赞助商接待中心。

(3)现场调度向上线车队申报“保点”空车原则。

根据片区划分,所有即时服务、预订服务场所均有相应的T3车队负责,这些车队即成为服务场所T3工作人员的上线车队,负责片区内所有服务场所的T3“保点”工作。即时服务场所的T3现场调度根据前一日的运行统计数据,在客户用车发生之前,向其上线T3车队的调度申报需要前来“保点”的T3空车。随着在服务现场排队待命的T3空车不断被客人使用,T3现场调度再向其上线T3车队申报需要前来补充的T3空车。当那些在即时服务现场待命的驾驶员到了用餐、下班时间,T3现场调度往往根据驾驶员反映,向其上线T3车队申报需要前来替换他们的T3空车。

(4)“分片包干保点”原则。

确定依场馆的地理位置设置T3车队的原则,采用各即时、预订服务场所由设置在不同区位的T3车队“分片包干保点”的团队运行方式。先把车队设置在交通场站,以作为停车、驾驶员集散、交接班、用餐、休息、待命的基地,再根据交通场站所处的地理位置,确定该场站周边各个T3服务场所由设置在该场站的T3车队按相关服务标准负责“保点”。各个T3车队覆盖的区域如表10-1、表10-2所示。

**奥运会各T3车队覆盖“保点”服务场所** 表10-1

| 负责车队 | 辖区内所包含的竞赛、训练及非竞赛场馆 | |
|---|---|---|
| 奥体中心车队<br>243部车辆<br>即时服务12处<br>预订服务32处 | 竞赛场馆 | 1. 国家体育场 |
| | | 2. 国家体育馆 |
| | | 3. 国家游泳中心 |
| | | 4. 国家会议中心击剑馆 |
| | | 5. 奥体中心体育馆 |
| | | 6. 奥体中心体育场 |
| | | 7. 奥体中心英东游泳馆 |
| | | 8. 顺义奥林匹克水上公园 |

续上表

<table>
<tr><th>负责车队</th><th colspan="2">辖区内所包含的竞赛、训练及非竞赛场馆</th></tr>
<tr><td rowspan="37">奥体中心车队<br>243 部车辆<br>即时服务 12 处<br>预订服务 32 处</td><td rowspan="2">主媒体中心</td><td>1. 国际广播中心 IBC(08:00~24:00 为即时服务,其他时间为预订服务)</td></tr>
<tr><td>2. 主新闻中心 MPC(08:00~24:00 为即时服务,其他时间为预订服务)</td></tr>
<tr><td>奥运村</td><td>奥运村访客中心(08:30~21:30 为即时服务,其他时间为预订服务,即时服务上下车点在 1 号门内访客中心门口,预订服务上下车点在 2 号门门口)</td></tr>
<tr><td>奥林匹克<br>接待中心</td><td>奥林匹克接待中心(IOC 俱乐部)(10:30~次日凌晨 01:00 为即时服务,其他时间为预订服务)</td></tr>
<tr><td rowspan="19">训练场馆</td><td>1. 国家体育场 1 号热身场</td></tr>
<tr><td>2. 国家体育场 2 号热身场</td></tr>
<tr><td>3. 首都体育学院田径馆</td></tr>
<tr><td>4. 北京航空航天大学训练馆</td></tr>
<tr><td>5. 奥体中心体育馆 1 号附馆</td></tr>
<tr><td>6. 奥体中心体育馆 2 号附馆</td></tr>
<tr><td>7. 奥体中心体育馆 3 号附馆</td></tr>
<tr><td>8. 奥体中心曲棍球场</td></tr>
<tr><td>9. 首都体育学院训练场</td></tr>
<tr><td>10. 首都体育学院训练馆 A</td></tr>
<tr><td>11. 首都体育学院训练馆 B</td></tr>
<tr><td>12. 二十一世纪游泳馆</td></tr>
<tr><td>13. 首都体育学院游泳馆</td></tr>
<tr><td>14. 奥体中心体育场训练场</td></tr>
<tr><td>15. 北京联合大学训练场</td></tr>
<tr><td>16. 地坛体育馆</td></tr>
<tr><td>17. 奥体中心曲棍球 1 号训练场</td></tr>
<tr><td>18. 奥体中心曲棍球 2 号训练场</td></tr>
<tr><td>19. 国家体育场热身场</td></tr>
<tr><td>北京奥组委</td><td>北京奥运大厦</td></tr>
<tr><td rowspan="9">IF 住地</td><td>1. 亮马河大厦</td></tr>
<tr><td>2. 紫光国际交流中心</td></tr>
<tr><td>3. 丽亭华苑饭店</td></tr>
<tr><td>4. 北京鸿翔大厦</td></tr>
<tr><td>5. 北京市圆山大酒店</td></tr>
<tr><td>6. 北京西郊宾馆</td></tr>
<tr><td>7. 凯迪克格兰云天大酒店</td></tr>
<tr><td>8. 大唐科苑宾馆</td></tr>
<tr><td>9. 北京喜来登长城饭店</td></tr>
<tr><td rowspan="3">赞助商酒店</td><td>1. 北京国航万丽酒店</td></tr>
<tr><td>2. 北京昆仑饭店</td></tr>
<tr><td>3. 北京新世界酒店</td></tr>
</table>

续上表

| 负责车队 | 辖区内所包含的竞赛、训练及非竞赛场馆 | |
|---|---|---|
| 奥林匹克公园车队<br>117 部车辆<br>即时服务 7 处<br>预订服务 29 处 | 竞赛场馆 | 1. 北京奥林匹克公园射箭场 |
| | | 2. 北京奥林匹克公园曲棍球场 |
| | | 3. 北京奥林匹克公园网球中心 |
| | | 4. 铁人三项赛场 |
| | | 5. 中国农业大学体育馆 |
| | | 6. 北京工业大学体育馆 |
| | | 7. 朝阳公园沙滩排球场 |
| | 媒体村 | 北辰绿色家园媒体村 |
| | | 汇园公寓媒体村 |
| | 训练场馆<br>训练场馆 | 1. 北京体育大学大鹏馆 |
| | | 2. 北京体育大学训练馆 A |
| | | 3. 北京体育大学训练馆 B |
| | | 4. 中国现代五项协会马术基地 |
| | | 5. 北京体育大学田径场 |
| | | 6. 北京体育大学游泳馆 |
| | | 7. 奥林匹克公园网球中心练习场 |
| | | 8. 昌平区体育活动中心(田径场) |
| | | 9. 昌平区体育活动中心(游泳场) |
| | | 10. 北京体育大学综合馆 |
| | | 11. 朝阳体育中心准备活动场 |
| | | 12. 十三陵水库周边公路 |
| | | 13. 北京语言大学体育馆 |
| | | 14. 北京体育大学足球训练场 |
| | | 15. 朝阳体育中心 |
| | | 16. 朝阳公园沙滩排球训练场地 |
| | | 17. 朝阳体育中心主体育场 |
| | | 18. 朝阳体育馆 |
| | | 19. 朝阳体育中心投掷训练场 |
| | | 20. 奥林匹克公园曲棍球 A 场 |
| | | 21. 奥林匹克公园曲棍球 B 场 |
| | IF 住地 | 1. 军都旅游度假村 |
| | | 2. 北京顺义宾馆 |
| | | 3. 北京怡生园国际会议中心 |
| | | 4. 二十一世纪饭店 |
| | 超编官员酒店 | 1. 北京市塔里木石油宾馆 |
| | | 2. 北京胜利饭店 |

续上表

| 负责车队 | 辖区内所包含的竞赛、训练及非竞赛场馆 | |
|---|---|---|
| 海淀车队<br>80部车辆<br>即时服务5处<br>预订服务19处 | 竞赛场馆 | 1. 首都体育馆 |
| | | 2. 北京大学体育馆 |
| | | 3. 北京科技大学体育馆 |
| | | 4. 北京理工大学体育馆 |
| | | 5. 北京航空航天大学体育馆 |
| | 训练场馆 | 1. 中国人民大学世纪馆 |
| | | 2. 中国人民大学游泳馆 |
| | | 3. 清华游泳跳水馆游泳池 |
| | | 4. 清华游泳跳水馆跳水池 |
| | | 5. 海淀体育馆1号馆 |
| | | 6. 海淀体育馆2号馆 |
| | | 7. 北京交通大学体育馆 |
| | | 8. 首都师范大学体育馆 |
| | | 9. 北京广安体育馆 |
| | | 10. 清华大学体育馆 |
| | | 11. 海淀体育场 |
| | IF住地 | 1. 北京燕山大酒店 |
| | | 2. 北京苏源锦江大厦 |
| | | 3. 北京首体宾馆 |
| | | 4. 北京新世纪日航饭店 |
| | | 5. 中苑宾馆 |
| | | 6. 京都信苑饭店 |
| | 赞助商酒店 | 1. 北京香格里拉饭店 |
| | | 2. 北京世纪金源大饭店 |
| 石景山车队<br>89部车辆<br>即时服务8处<br>预订服务11处 | 竞赛场馆 | 1. 北京射击场(飞碟靶场) |
| | | 2. 北京射击馆 |
| | | 3. 老山山地自行车场 |
| | | 4. 老山自行车馆 |
| | | 5. 老山小轮车赛场 |
| | | 6. 北京奥林匹克篮球馆(五棵松) |
| | | 7. 北京五棵松体育中心棒球场 |
| | | 8. 丰台体育中心垒球场 |
| | 训练场馆 | 1. 丰台垒球场1号热身场地 |
| | | 2. 丰台垒球场2号热身场地 |
| | | 3. 首钢篮球中心体育馆 |
| | | 4. 石景山体育馆 |
| | | 5. 五棵松1号棒球场 |
| | | 6. 五棵松2号棒球场 |
| | IF住地 | 1. 北京万商美居酒店 |
| | | 2. 射击宾馆 |
| | | 3. 北京长峰假日酒店 |
| | 赞助商酒店 | 1. 钓鱼台大酒店 |
| | | 2. 中国职工之家 |

续上表

| 负责车队 | 辖区内所包含的竞赛、训练及非竞赛场馆 | |
|---|---|---|
| 总部饭店车队<br>425 部车辆<br>即时服务 10 处<br>预订服务 28 处 | 竞赛场馆 | 1. 工人体育馆 |
| | | 2. 工人体育场 |
| | | 3. 公路自行车赛场 |
| | | 4. 马拉松赛场 |
| | 奥林匹克<br>大家庭饭店 | 1. 北京饭店 |
| | | 2. 北京饭店莱佛士 |
| | | 3. 北京贵宾楼饭店 |
| | | 4. 北方佳苑饭店 |
| | | 5. 北京丽亭酒店 |
| | 机场 | 首都机场(24 小时即时服务,同时提供离京的预订服务) |
| | 训练场馆 | 1. 北京八中体育馆 |
| | | 2. 光彩体育馆 |
| | | 3. 月坛综合体育馆 |
| | | 4. 北京木樨园体育运动技术学校综合训练馆 |
| | | 5. 木樨园游泳馆游泳池 |
| | | 6. 北京八中游泳馆 |
| | | 7. 木樨园游泳馆跳水池 |
| | | 8. 木樨园游泳馆花样游泳池 |
| | | 9. 北京师范大学附属实验中学体育馆 |
| | | 10. 月坛体育馆 |
| | | 11. 工人体育场训练场 |
| | IF 住地 | 1. 北京亚洲大酒店 |
| | | 2. 丽晶国际酒店(FIFA) |
| | | 3. 北京河南大厦 |
| | | 4. 金融街威斯汀酒店 |
| | | 5. 北京市民族饭店 |
| | | 6. 京瑞大厦 |
| | | 7. 北京东方君悦大酒店 |
| | 赞助商酒店 | 1. 北京昆泰饭店 |
| | | 2. 王府半岛酒店 |
| | | 3. 香格里拉北京嘉里中心大酒店 |
| | | 4. 北京国贸饭店 |
| | | 5. 天伦王朝酒店 |
| | | 6. 长安戴斯大饭店 |
| | | 7. 北京市京伦酒店 |
| | | 8. 北京广州大厦 |
| | 贵宾酒店 | 1. 中国大饭店 |
| | | 2. 励骏酒店 |

残奥会各 T3 车队覆盖"保点"服务场所　　表 10-2

| 负责车队 | 辖区内所包含的竞赛、训练及非竞赛场馆 | |
|---|---|---|
| 总部饭店车队<br>共 151 部车,<br>其中小客车:127 部<br>无障碍旅行车:16 部<br>旅行车:8 部 | 竞赛场馆(2 个)<br>当日第一场比赛开赛前 1 小时到最后一场比赛结束后 1 小时提供即时服务,其他时间为预订服务 | 顺义奥林匹克水上公园 |
| | | 北京工人体育馆 |
| | 残奥总部饭店<br>(24 小时即时服务) | 港澳中心瑞士酒店 |
| | 机场<br>(24 小时即时服务) | 首都国际机场 |
| | 训练场馆<br>仅提供 24 小时预订服务 | 1. 朝阳体育中心主体育场 |
| | | 2. 朝阳体育中心准备活动场 |
| | | 3. 朝阳体育中心投掷训练场 |
| | | 4. 朝阳体育中心 |
| | 官方住地<br>仅提供 24 小时预订服务 | 1. 长城喜来登饭店 |
| | | 2. 昆仑饭店 |
| | | 3. 西单大悦成饭店 |
| | | 4. 王府半岛酒店 |
| | | 5. 希尔顿酒店 |
| | | 6. 人济万怡酒店 |
| | | 7. 保利大厦 |
| | | 8. 北京皇家大饭店 |
| | | 9. 凯宾斯基饭店 |
| | | 10. 中国大饭店 |
| | | 11. 好苑建国饭店 |
| | | 12. 北京怡生园国际会议中心 |
| 奥体中心车队<br>共 130 部车, 其中<br>小客车:115 部<br>无障碍旅行车:10 部<br>旅行车:5 部 | 竞赛场馆<br>当日第一场比赛开赛前 1 小时到最后一场比赛结束后 1 小时提供即时服务,其他时间为预订服务 | 1. 国家体育场 |
| | | 2. 国家会议中心击剑馆 |
| | | 3. 国家游泳中心 |
| | | 4. 国家体育馆 |
| | 残奥村<br>(8:30 ~ 21:30 提供即时服务,其他时间为预订服务) | 残奥村 |
| | IPC 接待中心<br>(9:30 ~ 次日凌晨 1:00 为即时服务,其他时间为预订服务) | IPC 接待中心(MPC 楼上) |
| | 媒体中心<br>(8:00 ~ 24:00 为即时服务,其他时间为预订服务) | 国际广播中心 |
| | | 主新闻中心 |
| | 北京奥组委<br>仅提供 24 小时预订服务 | 奥运大厦 |

续上表

<table>
<tr><th>负责车队</th><th colspan="2">辖区内所包含的竞赛、训练及非竞赛场馆</th></tr>
<tr><td rowspan="20">奥体中心车队<br>共 130 部车，其中<br>小客车:115 部<br>无障碍旅行车:10 部<br>旅行车:5 部</td><td rowspan="11">训练场馆<br>仅提供 24 小时预订服务</td><td>1. 国家体育场 1 号练习场</td></tr>
<tr><td>2. 国家体育场 2 号练习场</td></tr>
<tr><td>3. 奥体中心体育馆 1 号附馆</td></tr>
<tr><td>4. 奥体中心体育馆 2 号附馆</td></tr>
<tr><td>5. 奥体中心体育馆 3 号附馆</td></tr>
<tr><td>6. 奥体中心体育馆</td></tr>
<tr><td>7. 英东游泳馆</td></tr>
<tr><td>8. 奥体中心曲棍球 1 号训练场</td></tr>
<tr><td>9. 奥体中心曲棍球 2 号训练场</td></tr>
<tr><td>10. 首都体育学院训练馆</td></tr>
<tr><td>11. 北京语言文化大学体育馆</td></tr>
<tr><td rowspan="9">官方住地<br>仅提供 24 小时预订服务</td><td>1. 亚运村宾馆</td></tr>
<tr><td>2. 北京五洲皇冠假日酒店</td></tr>
<tr><td>3. 北京五洲大酒店</td></tr>
<tr><td>4. 元辰鑫国际酒店</td></tr>
<tr><td>5. 名人国际酒店</td></tr>
<tr><td>6. 北辰洲际酒店</td></tr>
<tr><td>7. 北京国家会议中心酒店</td></tr>
<tr><td>8. 西藏大厦</td></tr>
<tr><td>9. 凯迪克格蓝云天大酒店</td></tr>
<tr><td rowspan="21">奥林匹克公园车队<br>共 121 部车，其中<br>小客车:98 部<br>无障碍旅行车:16 部<br>旅行车:7 部</td><td rowspan="12">竞赛场馆<br>当日第一场比赛开赛前 1 小时到最后一场比赛结束后 1 小时提供即时服务，其他时间为预订服务</td><td>1. 昌平铁人三项赛场</td></tr>
<tr><td>2. 奥林匹克公园曲棍球 A 场</td></tr>
<tr><td>3. 奥林匹克公园曲棍球 B 场</td></tr>
<tr><td>4. 奥林匹克公园射箭场</td></tr>
<tr><td>5. 奥林匹克公园网球中心</td></tr>
<tr><td>6. 北京大学体育馆</td></tr>
<tr><td>7. 中国农业大学体育馆</td></tr>
<tr><td>8. 北京航空航天大学体育馆</td></tr>
<tr><td>9. 北京科技大学体育馆</td></tr>
<tr><td>10. 老山自行车馆</td></tr>
<tr><td>11. 北京理工大学体育馆</td></tr>
<tr><td>12. 北京射击馆</td></tr>
<tr><td>IPC 委员住地<br>（6:30 ~ 21:00 为即时服务，其他时间为预订服务）</td><td>北京会议中心 9 号楼</td></tr>
<tr><td rowspan="6">训练场馆<br>仅提供 24 小时预订服务</td><td>1. 奥林匹克公园网球中心练习场</td></tr>
<tr><td>2. 北航体育馆附馆</td></tr>
<tr><td>3. 海淀体育馆 1 号馆</td></tr>
<tr><td>4. 海淀体育馆 2 号馆</td></tr>
<tr><td>5. 北体大综合馆</td></tr>
<tr><td>6. 清华体育馆</td></tr>
<tr><td rowspan="2">官方住地<br>仅提供 24 小时预订服务</td><td>1. 胜利饭店</td></tr>
<tr><td>2. 海特酒店</td></tr>
</table>

## 三、T3交通服务点位设置及工作职责

**1. 服务点位**

(1)T3交通服务运行团队隶属于赛事交通服务分中心,奥运会时设置在总部饭店(北京饭店)交通场站,残奥会时设置在工人体育场交通场站。

(2)在5个市内的交通场站放置T3车队,每个场站组成一个车队和若干T3分队,根据无线等群通信分组的容量情况,每个分队的规模在40部车左右。车队与所有即时服务场所T3上下车区现场调度及其助理、预订服务场所服务台团队配合工作。

(3)在竞赛场馆、总部饭店、IBC/MPC、奥运村、赞助商接待中心、首都机场等即时服务场所的T3现场调度及其助理虽然在编制上隶属场馆交通团队,但在业务上则接受其直辖T3车队调度的管理。

(4)在总部饭店的大家庭信息台、竞赛场馆的大家庭成员休息室、训练场馆、IF饭店和赞助商饭店的前厅、IBC/MPC、奥运村访客中心、赞助商接待中心、媒体村、首都机场和官方指定场所的特定位置,均有各客户群共享的服务台,其中也接受交通服务的咨询。

(5)预订服务场所的T3交通组织由训练场馆、IF饭店、赞助商饭店、媒体村、官方指定场所等奥运服务台人员完成。他们负责T3客户在上述地点的T3车辆预订及预订车辆的驾驶员与客户的接洽。

(6)由设置在奥运大厦的T3呼叫中心向各车队提供T3车辆预订需求;提供T3业务的对内电话咨询、负责帮助查询和管理T3车的遗失物业务。

**2. T3各点位工作职责**

(1)T3团队工作职能。

制订T3客户群的交通服务方案;制订培训计划,并分期分批地组织对参与T3客户群交通服务运行人员(包括但不限于驾驶员、调度、车队管理人员、预订服务部、T3志愿者、交通服务台人员、场馆交通服务副经理)的;负责车队及驾驶员接收与退还车辆;负责车队、调度及其志愿者助理通讯工具的领取;制订团队、车队、场馆三级调度的管理方案;制订各个车队、分队的管理方案;接收和分派车辆预订订单;对非竞赛场馆、竞赛场馆、训练场馆、各车队交通运行情况进行监控;T3车辆、人力资源的配置;负责所属车辆在执行服务任务时,遇到的突发和应急交通运行事件做出响应,指挥场站、车队、驾驶员应对事件;对基础运营数据进行汇总、分析并上报赛事交通服务分中心。收集并分析每日各比赛场馆、总部饭店、奥运村、IBC/MPC、机场等即时服务场所的用车需求变化十分重要,为本团队的决策及优化车辆调派提供了数据支持;协调与其他团队的工作衔接。

(2)场馆交通团队的T3职能(包括竞赛、非竞赛、训练场馆)。

与T3服务团队制订的交通服务方案接口;设计本场馆的T3交通服务运行计划;由场馆交通服务副经理负责,确保奥运会赛时T3交通服务各项工作任务在本场馆的有效实施;负责本场馆T3交通服务信息/数据的汇总和上报;负责对场馆T3交通服务出现的紧急情况,按预案要求在第一时间做出应急处理,并及时上报其直辖车队;负责本场馆T3车辆的现场调派;于赛前制订并调整安排好在本场馆工作的T3团队成员(包括助理志愿者)的班次轮换(排班表);现场调度的后勤保障。

(3)T3车队的职能。

接受T3团队指挥,组建本场站分队,分解任务,布置分队工作;掌握所属驾驶员、车辆的相关信息,制驾驶员名单、车号表,负责驾驶员、调度制证,发放车证,发放服装;组织分队及驾驶员接还车辆;管理T3车队调度室;整合本车队所辖各个分队的班次轮换计划和制订考勤管理办法;发放、管理车辆钥匙、通讯器材、油卡、洗车卡;制作车辆排班牌、钥匙牌;负责本车队基础信息/数据的统计、汇总工作,并上报T3服务团队调度;负责对所属车辆发生紧急情况时,在第一时间做出应急处理,并及时上报T3交通服务团队;本队安全、服务、车辆卫生、驾驶员仪表仪容、车辆技术保障等工作。

(4)分队工作职能。

对所属车辆、驾驶员的安全、服务、技术管理;负责执行车队调度下达的任务,根据车辆排班牌按序

走车;掌握所属驾驶员的相关信息,于赛前制订本分队驾驶员排班表,并于赛时执行驾驶员班次轮换、驾驶员考勤,安排夜间值班驾驶员、车辆;安排本分队驾驶员的食宿、上下班交通。

(5)T3 团队运行管理的工作流程。

T3 团队运行管理工作流程如图 10-4 所示。

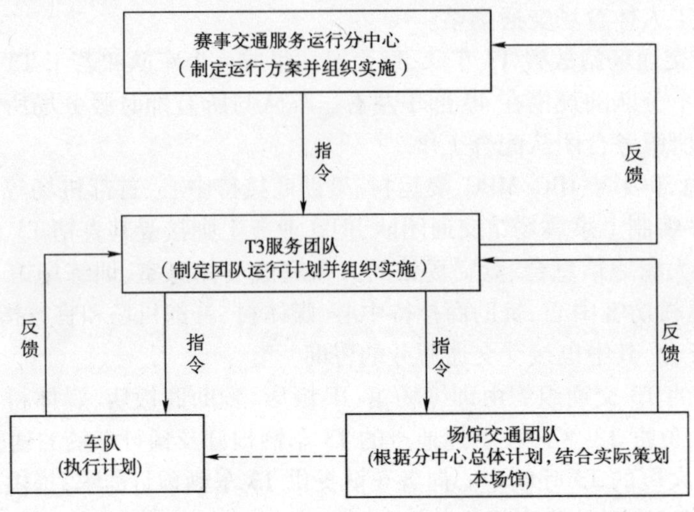


图 10-4　T3 团队工作流程

(6)服务台的 T3 职能。

负责为客户提供 T3 交通信息的咨询;负责帮助客人预订 T3 车辆(为客人提供预订电话或直接帮客人预订);负责挂图描述本地 T3 上下车区域,指示客人如何到达 T3 上车区;负责 T3 遗失物的登记、查找;能够熟练辨别客户类别,从而确定客户享有 T3 服务的权利;竞赛场馆的交通服务台与调度的衔接,服务台工作人员与上下车区调度保持高度沟通,服务台设置在场馆大家庭成员休息区,其工作人员可预估客人用车的需求量,并通过调度及时了解可用车辆数;在训练场馆、IF 饭店、赞助商饭店、媒体村、其他官方设施等没有 T3 现场调度的场所,由服务台负责 T3 驾驶员与客户的衔接,并为驾驶员提供语言支持。

**3. T3 服务点位人员配置**

(1)T3 交通服务运行团队车管及调度人员配备表(奥运会),见表 10-3。

**T3 团队车管及调度人员配备表**　　表 10-3

| T3 团队/车队 | 团队/车队管理人员 | 团队/车队调度 | 分队管理人员 | 合计 |
|---|---|---|---|---|
| T3 服务团队 | 24 人 +1(一班) | 10 人(共三班,白天两班,4 人/班,夜间一班,2 人/班) | | 34 人 |
| 总部饭店车队<br>共辖 11 个 T3 分队,10 个分队每个分队 40 部小车,1 个分队 25 部大车 | 5 人<br>队长 1 人(一班)<br>副队长 4 人(两班) | 10 +5 人<br>调度室白天两班,每班 4 人,夜间一班,2 人<br>分调室白天两班,每班 2 人,夜间一班,1 人 | 分队长 25 人<br>8 个分队为每天 2 班,3 个分队为每天 3 班 | 45 人 |
| 奥体中心车队<br>共辖 6 个 T3 分队 | 5 人<br>队长 1 人(一班)<br>副队长 4 人(两班) | 8 人<br>白天两班,每班 3 人,夜间一班,2 人 | 分队长 15 人<br>3 个分队为每天 2 班,3 个分队为每天 3 班 | 28 人 |
| 奥林匹克公园车队<br>共辖 3 个分队 | 5 人<br>队长 1 人(一班)<br>副队长 4 人(两班) | 4 人<br>每班 2 人,每天两班 | 分队长 6 人<br>每天两班 | 15 人 |

续上表

| T3 团队/车队 | 团队/车队管理人员 | 团队/车队调度 | 分队管理人员 | 合计 |
|---|---|---|---|---|
| 海淀车队<br>共辖 2 个分队 | 5 人<br>队长 1 人(一班)<br>副队长 4 人(两班) | 4 人<br>每班 2 人,每天两班 | 分队长 4 人<br>每天两班 | 13 人 |
| 石景山车队<br>共辖 2 个分队 | 5 人<br>队长 1 人(一班)<br>副队长 4 人(两班) | 4 人<br>每班 2 人,每天两班 | 分队长 4 人<br>每天两班 | 13 人 |
| 合计:1 个核心团队,5 个车队,24 个分队 | 49 人<br>(其中副主任 23 人) | 45 人 | 54 人<br>(其中小车分队分队长 52 人为志愿者来源单位出) | 148 人 |

(2)场馆 T3 团队调度人员配备表(奥运会),见表 10-4。

**场馆 T3 团队调度人员配备表** 表 10-4

| 场　馆 | T3 上下车区调度 | 围车区调度 | 场站停车场调度 | 合计 |
|---|---|---|---|---|
| 31 个竞赛场馆 | 68 人<br>分两班,每班 1 人 | 54 人<br>(与交通管理助理合岗) | 0 | 122 人 |
| 总部饭店 | 12 人<br>三班,北京饭店、贵宾楼每班每处 2 人,共两处上下车区 | | 12 人<br>(E3 地块和北区各 6 人)<br>三班,每班 2 人 | 24 人 |
| 奥运村 | 2 人<br>两班,每班 1 人 | 2 人<br>(与交通管理助理合岗) | 0 | 4 人 |
| IBC/MPC | 2 人<br>两班,每班 1 人 | 2 人<br>(与交通管理助理合岗) | 0 | 4 人 |
| 赞助商接待中心<br>(IOC 俱乐部) | 2 人<br>两班,每班 1 人 | 2 人<br>(与交通管理助理合岗) | | 4 人 |
| 机场 | 18 人<br>三班,每班 6 人 | 6 人<br>(与交通管理助理合岗) | | 24 人 |
| 奥体中心场站 | 0 | 0 | 3 人<br>三班,每班 1 人 | 3 人 |
| 奥林匹克公园场站 | 0 | 0 | 2 人<br>两班,每班 1 人 | 2 人 |
| 海淀场站 | 0 | 0 | 2 人<br>两班,每班 1 人 | 2 人 |
| 石景山场站 | 0 | 0 | 2 人<br>两班,每班 1 人 | 2 人 |
| 合计 | 104 人 | 66 人<br>(与交通管理助理合岗) | 21 人<br>(均为志愿者) | 191 人 |

(3)助理人员配备表(奥运会),见表10-5。

助理人员配备表　　表10-5

| 单位 | 服务团队主任助理 | 服务团队副主任助理 | 服务团队调度助理 | 车队调度助理 | 随车助理 | T3上下车区调度助理 | 合计 |
|---|---|---|---|---|---|---|---|
| T3交通服务团队 | 2人 | 4人 | 20人<br>分三班 | 0 | 0 | 0 | 26 |
| 总部饭店车队 | 0 | 0 | 0 | 15人<br>分三班,夜间一班3人 | 60人<br>分两班,<br>一班30人 | 0 | 75 |
| 奥体中心车队 | 0 | 0 | 0 | 8人<br>分三班,夜间一班2人 | 0 | 0 | 8 |
| 奥林匹克公园车队 | 0 | 0 | 0 | 4人<br>分两班,每班2人 | 0 | 0 | 4 |
| 海淀车队 | 0 | 0 | 0 | 4人<br>分两班,每班2人 | 0 | 0 | 4 |
| 石景山车队 | 0 | 0 | 0 | 4人<br>分两班,每班2人 | 0 | 0 | 4 |
| 31个竞赛场馆 | 0 | 0 | 0 | 0 | 0 | 68人 | 68 |
| 总部饭店 | 0 | 0 | 0 | 0 | 0 | 12人<br>三班,北京饭店、贵宾楼每班<br>每处2人,共两处 | 12 |
| 奥运村 | 0 | 0 | 0 | 0 | 0 | 2人<br>两班,每班1人 | 2 |
| IBC/MPC | 0 | 0 | 0 | 0 | 0 | 2人<br>两班,每班1人 | 2 |
| 赞助商接待中心(IOC俱乐部) | 0 | 0 | 0 | 0 | 0 | 2人<br>两班,每班1人 | 2 |
| 机场 | 0 | 0 | 0 | 0 | 0 | 18人<br>三班,每班6人 | 18 |
| 合计 | 2人<br>(均为志愿者) | 4人<br>(均为志愿者) | 20人<br>(均为志愿者) | 35人<br>(均为志愿者) | 60 | 104人<br>(均为志愿者) | 225人<br>(均为志愿者) |

(4)奥运会47处独立训练场馆、29家IF饭店、赞助商饭店、媒体村、奥运大厦和官方指定场所的T3上下车区调度与其他服务团队共用1人。21处附属及简用训练场馆上下车区调度由该处的竞赛场馆T3调度兼任(上述地点只提供预订服务,所以不需要在上下车区设置专门的T3调度)。

(5)T3交通服务运行团队在残奥会时,共设有主任1名,专业副主任2名,志愿者副主任11名,队长3名,副队长12名,团队调度6名,车队调度21名,专业分队长6名,志愿者分队长70名,交通服务助理86名,随车服务助理30名,助残助理10名,即时服务场所现场调度38名。

## 四、各交通场站T3车队建制

综合考量各个场站为T3车队提供的停车数量、客户集中程度和服务场所数量,确定各个场站的T3

车队规模和建制,见表10-6、表10-7。

**各交通场站T3车队建制情况表**　　表10-6

| T3车队及其分队 | 车辆规模 | 所在场站名称 | 场站停车数量 | 车队标识 |
|---|---|---|---|---|
| 奥林匹克大家庭饭店车队:<br>共辖11个分队,10个小车分队每个分队40部小车,1个大车分队25部大车 | 400小+30大<br>40/分队×10<br>30/分队×1<br>(奥迪3辆、途安80辆、速腾90辆、明锐227辆,大车30辆) | 总部饭店场站南区E3地块,及北区场站 | 123(E3)+277(北区)=400个小车位,30个大车位 | 以福娃"欢欢"颜色的自编号码标识本队车辆 |
| 奥体中心车队:<br>共辖6个分队 | 243小<br>33+40+45+40+40+45<br>(明锐143辆,速腾33辆、途安67辆) | 奥体中心场站T3区域 | 243 | 以福娃"迎迎"颜色的自编号码标识本队车辆 |
| 奥林匹克公园车队:<br>辖3个分队 | 117小<br>41+41+35<br>(明锐60辆、速腾57辆) | 奥林匹克公园场站T3区域 | 117 | 以福娃"妮妮"颜色的自编号码标识本队车辆 |
| 海淀车队:<br>辖2个分队 | 80小<br>40+40<br>(明锐64辆、速腾16辆) | 海淀场站T3区域 | 80 | 以福娃"晶晶"颜色的自编号码标识本队车辆 |
| 石景山车队:<br>辖2个分队 | 89小<br>45+44<br>(明锐79辆、速腾10辆) | 嘉年华场站T3区域 | 89 | 以福娃"贝贝"颜色的自编号码标识本队车辆 |
| 合计:5个车队,24个分队 | 929小车+30大 | 5个场站 | 929小+30大 | |

**相关交通场站T3车队停车数量表**　　表10-7

| 场站(车队) | 队　别 | 车数 | 车　型 |
|---|---|---|---|
| 奥林匹克大家庭饭店场站车队(途安80辆、明锐47辆、旅行车8辆、无障碍旅行车16辆、大车15辆,共计166辆) | 1分队(24小时) | 40 | 途安40 |
| | 2分队 | 44 | 途安40　明锐4 |
| | 3分队 | 43 | 明锐43 |
| | 4分队(24小时) | 24 | 8旅行车、16无障碍旅行车 |
| | 5分队(大车) | 15 | |
| 奥体中心场站车队(途安55辆、明锐60辆、旅行车5辆、无障碍旅行车10辆,共计130辆) | 6分队(24小时) | 37 | 途安37 |
| | 7分队 | 35 | 途安18　明锐17 |
| | 8分队 | 43 | 明锐43 |
| | 9分队(24小时) | 15 | 5旅行车、10无障碍旅行车 |
| 奥林匹克公园场站车队(途安5辆、明锐93辆、旅行车7辆、无障碍旅行车16辆,共计121辆) | 10分队 | 33 | 途安5　明锐28 |
| | 11分队 | 32 | 明锐32 |
| | 12分队 | 33 | 明锐33 |
| | 13分队(24小时) | 23 | 7旅行车、16无障碍旅行车 |
| 合计 | | 417 | |

## 五、三级调度工作流程

赛时，每个场站的T3车队调度集中在一个调度室内办公，负责统一安排、调派所属场站内各个分队的车辆。车队调度在调派车辆时直接将任务分派给分队队长。每个分队队长负责调派所属的驾驶员。

分队设调度牌，采取驾驶员大轮班的方式，驾驶员在出车后，分队长将其在调度牌上划入出车状态。驾驶员在执行完任务后，立即空车返回到所属场站，向所属分队长报告，等待分派下一个任务。同时，分队长将其在调度牌上划入等候出车状态，依次类推，循环往复。

即时服务场所上下车区现场调度一般只调派上车区的排队等待出车的车辆，而不调派送客人抵达下车区的车辆，任由送客抵达的车辆空车返回场站。即时服务场所上下车区现场调度，负责统计来此处的车数和人数，并预估出离开客人所需车数，并与所属车队调度联系要车。

车队内车辆统一调用，不分预订用车和即时用车，当预订用车任务由T3团队预订服务部下达到某个特定的T3车队调度室时，车队调度根据用车的时间、上车地点、人数、目的地等因素，合理配备车辆，顺序派车；驾驶员执行完任务后，立即返回场站销班，等待下一个任务。

除竞赛场馆调度工作时间是从首场比赛开始时间至最后一场比赛结束外，其他T3服务场所调度工作时间均为24小时，所以调度工作班次分为2班倒和3班倒。

调度范围是指T3交通服务团队、场站T3车队、各个服务场所的T3现场调度只能将车辆按照奥组委或客人的要求发至指定的服务地点（奥运会为161处、残奥会69处），如T3客人坚持提出特殊需求时，应逐级汇报审批，由总调度决定是否出车。

调度的交接班方式采取面对面的方式。交接过程中，前一班次的调度要将本班次内的简要情况向接班调度进行简要介绍，特别是对于未处理的订单、等待确认的订单，必须要在交接时做出明确说明，同时将有关工作文件一同转交给接班调度，并在交接班记录上签字确认。

## 六、T3团队与其他业务部门的沟通协调机制

### 1. 与总调度室的关系

T3团队受总调室的直接领导。赛时，T3团队每日按时将文字及数据信息上传总调度室，在遇到超标准、超范围的情况时，及时上报总调度室，并严格按照总调室的命令执行。在执行开、闭幕式等大活动时，听从总调度室的统筹安排。在遇到车辆紧张时，总调度室会根据情况调配其他团队车辆应急。

### 2. 与奥组委国联部、奥林匹克大家庭（残奥大家庭）总部饭店团队等部门的关系

T3团队在赛前，与国联部及奥林匹克大家庭（残奥大家庭）总部饭店团队等加强沟通与协调，主要是确认客户群的需求，并就T3的服务标准、运行模式与其进行沟通、完善。赛时，在观察员项目、机场抵离、开幕式、闭幕式等任务中，团队与国联部相关部门密切配合，根据情况，及时调整用车方案，做到让服务对象满意。

如在奥运会接机时，由于总部饭店中的北京饭店、北京莱佛士饭店、贵宾楼饭店安检非常严格，为使客人可以最便捷的入住酒店，团队与总部饭店国联、安保部门协调，根据实际运行情况及时修改用车方案，并报组委会领导同意，采用如下方案，即：机场接机分A、B两条线，A线为机场至北京饭店、北京莱佛士饭店、贵宾楼饭店，由团队提前将车号报给总部饭店团队安保部门，并在去机场前车辆提前安检，车辆接到客人返回酒店时，由于已提前通报过车号，车辆即可快速通过安检，将客人送到酒店门口。B线为机场至其他T3服务的酒店，由于这些酒店不需安检，车辆按照现场调度的指令直接将客人送到目的地。

### 3. 与赛事交通服务分中心运行保障组及场站保障团队的关系

运行保障组和6个场站保障团队给T3团队工作很大的支持与帮助。赛前，运行保障组与团队就每一个场站的功能用房的布局、数量、面积，办公、技术设备的数量配备，车位的划分都做了逐一确认，并且尽最大可能满足团队的需求。赛时，场站保障团队紧密配合团队工作，保障了团队驾驶员及管理干部的

用餐、喝水、洗澡、住宿，并帮助团队在场站车场内划分车位，编写车位编号，引导车辆按编号入位，维持车场秩序，确保车辆安全。

**4. 与场馆交通团队的关系**

赛前，T3 团队以车队为单位与各竞赛场馆团队和各即时服务的非竞赛场馆团队进行了多次对接，主要向他们说明 T3 的运行模式。赛时，场馆交通团队的交通经理、服务副经理、现场调度与上线车队密切配合，实现了赛前制订的运行计划，通过无线集群系统，合理调派车辆，做到了“车等人”，得到了客人的认可。

## 第三节　T3 服务运行组织

T3 是为奥林匹克大家庭 T3 级别以上的客人提供单独或合乘的交通服务的系统团队。服务模式按需求又分为即时和预订两种。在大家庭总部饭店和首都机场提供 24 小时不间断的即时服务；主新闻中心、奥运村访客中心、奥林匹克接待中心等场所则在每一天的多数时间提供即时服务，在其余时间提供预订服务；在 32 个竞赛场馆、提供从赛前 1 小时到赛后 1 小时的即时服务，在其他时间提供预订服务；而在 48 家指定酒店和 68 处训练场馆则要提供 24 小时的预订服务。不同的时间，不同的场所对应着不同的服务方式和不同的服务标准。各交通场站均为 T3 车划分出了专门的停车区域（安保线以外），停放不同数量的车辆以备不时之需。由于服务模式复杂多变，从国际奥委会的运行专家到北京奥组委外籍顾问都认为 T3 是奥运交通最大的挑战。

奥运会 T3 交通服务于 2008 年 7 月 25 日 07:30 正式开始至 8 月 27 日 24:00 结束，共计 34 天。但之前根据 IOC 与组委会领导会谈的精神，从 7 月 12 日 ~24 日，安排了一部分车辆开始接待 IOC 前期抵达人员；8 月 27 日以后到 9 月 1 日仍为部分 IOC 工作人员提供了送机服务。残奥会 T3 交通服务于 2008 年 8 月 30 日正式开始提供至 9 月 20 日结束，共计 22 天。

T3 交通服务在客人抵达北京的机场和火车站后即开始提供。每天的交通服务时间为 24 小时，夜间 T3 服务车辆大幅度减少，但仍保留了约 1/4 的 T3 车辆继续运行。

T3 把分散在各个奥运/残奥服务场所的客户串连起来。T3 团队的奥运运行场所涉及 161 处，其中竞赛场馆 32 个，非竞赛场馆 13 个，IF 酒店 29 家，赞助商酒店 15 家，国际贵宾酒店 2 家，超编官员酒店 2 家，训练场馆 68 个，服务场所遍布全市。残奥服务场所也有 69 处之多。T3 服务体系就如同串珠线一般，把散落在全北京的各个奥运服务场所串连起来，把客户安全、准点、便捷、可靠地从场馆运送到场馆。

### 一、以测试评估确定运行模式

T3 团队利用 2008 年 6 月 28 日赛事交通服务分中心组织的交通综合测试的机会，对 T3 运行方案进行了检测。在实际测试前进行了三次桌面推演：6 月 17 日全天，T3 团队在各车队范围进行了第一次推演，参加人员包括：团队各组、车队队长、专业副队长（首汽）、专业车队调度（首汽）。推演内容：布置测试任务；研究测试流程；明确职责及分工。6 月 23 日团队分时段分车队进行第二次桌面推演，参加范围扩大到：车队队长、车队专业副队长、车队专业调度、志愿者副队长、志愿者副分队长、各车队所辖场馆的交通服务副经理及 T3 现场调度。6 月 26 日，推翻原定方案，按照新的精神组织重新组织测试方案，进行第三次桌面推演，但此次推演仅限于团队内的首汽人员，并重新布置测试任务；重新研究测试流程；重新明确职责及分工。

测试当天共使用测试车辆小车 400 部，大车 10 部；测试市内竞赛场馆/群 20 处，非竞赛场馆 11 处，训练场馆 3 处，签约酒店 5 处，交通场站 5 个。确立 12 项测试指标。在总部饭店车队设置测试点 24 个；奥体中心车队设置测试点 18 个；奥林匹克公园车队设置测试点 14 个；石景山车队设置测试点 14 个；海淀车队设置测试点共 17 个。测试后及时进行了总结评估。通过 6 月 28 日对 T3 运行全方位的测试，最终将组织领导、责任分工明确下来，对运行方案进行了最后的完善。

## 二、即时服务与预订服务的运行组织

每部 T3 车辆的运行方式为:客人上车后只提供单程服务,不等候;送客人抵达后空车返回车队、驾驶员在本分队待命;车队根据任务情况重新派车。

团队从整体到个体均制订了清晰的运行模式,比较好地简化了 T3 运行的复杂程度。5 个 T3 车队还依福娃的颜色印制了车辆自编号,不仅方便车队管理,而且也便于现场调度识别。从 7 月 25 日正式开始运行,到 9 月 20 日服务终止,经过实践检验,设定的运行模式清晰、操作性极强。

**1. 即时服务**

在各个竞赛场馆、机场、奥林匹克大家庭饭店、IBC/MPC、奥运村访客中心、赞助商接待中心等提供 T3 即时服务,上下车区的现场调度及其语言助理根据客户目的地需求提供车辆服务。即:持 T3 证件客户到达上下车区时,由调度的语言助理问清客户目的地,调度安排车辆,并向驾驶员通报其目的地。根据服务标准,调度有权依据当时上下车区的空车数量决定是否让客人短暂等候。如果当时车辆紧张,上下车区现场没有车,则安排客人等候。但时间最长不应超过 15 分钟。在实际运行中,通过合理调配资源,即时服务的 T3 空车提前到达上下车区等候客人,基本做到"立等可取",所有即时服务场所均做到了"车等人"而非"人等车",没有客人等候车辆的情况。同时,为节约车辆资源,还合理安排前往相同目的地或者距离较近目的地的客户使用合乘车辆,坐满即发。

(1)T3 即时服务模式。

T3 即时服务的车辆将集中停放在 6 个奥运交通场站中(包括奥体中心交通场站,奥林匹克公园场站,首都机场交通场站,海淀交通场站,石景山交通场站、奥林匹克大家庭饭店交通场站)。根据各个即时服务地点的客人需求,由现场调度人员向 T3 运行中心和场站发出请求,由场站按照需求调派车辆前往各个即时服务地点,为客人提供服务。T3 车辆抵达场馆后,直接前往 T3 上下车区域等候。

奥林匹克大家庭休息室交通服务台工作人员将负责引导客人前往设置在比赛场馆、机场、官方驻地等地的比赛场馆的专用 T3 上下车点(区域)。上下车点(区域)交通工作人员将根据客人前往的目的地即时为客人安排车辆,坐满即发,顺序排队。

如果只有一名 T3 客人前往某一个目的地,上下车点(区域)的交通工作人员将会根据车辆资源情况确定是否需要 T3 客人等待。如果车辆资源充足,则客人无需等待,即可乘车。如车辆资源暂时不能够满足客人需要,则会要求客人等候 15 分钟。15 分钟后,安排客人乘车前往目的地。

鉴于 T3 车辆并非分配车辆,因此仅提供单程服务,同时车辆不等候客人返回。

根据确定的提供 T3 即时服务的地点,客人可以在 T3 即时服务的地点要求 T3 即时服务,而无需提前预定。各个 T3 即时服务地点运行的时间和期间如表 10-8 所示。

**T3 即时服务地点及时间** 表 10-8

| 场　馆 | 日　期 | 时　间 |
|---|---|---|
| 所有竞赛场馆 | 比赛日<br>2008.08.08～2008.08.27 | 从首场比赛开始时间<br>至最后一场比赛结束 |
| 奥林匹克大家庭饭店 | 2008.07.25～2008.08.27 | 24 小时 |
| 首都国际机场 | 2008.07.25～2008.08.27 | 24 小时 |
| IBC/MPC | 2008.08.08～2008.08.27 | 8:00～24:00 |
| 奥林匹克接待中心 | | |
| 奥运村 | 2008.07.27～2008.08.27 | 8:30～21:30 |

北京奥组委交通部负责为 T3 专车驾驶员制订培训计划,包括:奥运会交通知识培训、专业培训、岗位知识培训和场馆培训。通过一系列培训充分保障驾驶员熟悉场馆路线、出入口、T3 车辆停车场的位置等。

(2)即时服务的场所及设施。

即时服务场所中鉴于总部饭店、首都机场是提供24小时的即时服务,所以负责上述三处T3即时服务运行的奥林匹克公园车队、总部饭店车队须24小时保证在总部饭店和首都机场的T3上车区随时备有10部车辆待命,准备执行任务,缺车即由囤车区调车补充。机场主要由总部饭店车队负责,其囤车区位于机场交通场站内,白天该囤车区保证有40~120部T3车,夜间00:00~05:00之间,总部饭店车队派出15~20部车在机场值班。奥运村访客中心提供即时服务的时间是每日8:30~21:30,其他时间提供预订服务。由于访客中心21时关门后无法通行,故团队在2号门旁边设有一块站牌,方便执行预订任务的车辆在此处等候客人。赞助商接待中心提供即时服务的时间是每日09:30~次日凌晨01:00。IBC/MPC提供即时服务的时间为每日08:00~24:00,其他时间提供预订服务。上下车区设牌作说明。31个竞赛场馆提供即时服务的时间是每日第一场比赛开始后至当日最后一场比赛结束后1小时。以外的时间提供预订服务。

每一处即时服务场所均设有组委会配备的T3站牌,站牌有两种规格,一种是交通标识站牌,大牌面铸铁托,作为交通标识使用;另一种是现场指示牌,小牌面水泥托,作为T3上下车区的标志使用。每一处即时服务现场均在开放时间安排有调度和调度助理在那里工作,他们会为T3车辆保留一块区域作为上下车区使用,并防止其他车辆和人员占用。

(3)即时服务的工作流程。

①车队提供即时服务。总部饭店车队T3即时服务流程:总部饭店车队随时保证在总部饭店的两处T3上车区每处常备2~5部车辆待命,空缺即补(丽亭饭店门口不设T3上下车区,改为在丽亭饭店和北京饭店之间设置班车,班车为2部途安);在总部饭店即时服务的高峰时段,囤车区(总部饭店交通场站南区E3地块)的120部车待命,车辆根据总部饭店现场调度的指挥,按顺序从场站开往上车区;上车区现场调度及其助理根据客户方向决定合乘与否;随着车辆不断驶离上车区,场站E3地块上的T3空车也不断依次补充到上车区;E3地块内空出的车位由车队调度根据空车消耗的速率,从场站北区调入T3空车填补;当遇到客流过大情况时,北区场站的车辆则直接开到上下车区,听候现场调度的调派;比赛开始后,按需将空车发往本车队负责的竞赛场馆,如拳击和足球场馆等。

②场馆T3即时服务流程:场馆现场调度根据本场馆所需T3车数向本场馆上线T3车队调度要车,根据比赛进程(小组赛、淘汰赛、半决赛、决赛)和比赛热门程度逐步调增、调减车数;比赛开始后保留3~10部T3空车在本场馆上下区(视现场场地大小情况而定),其他空车安排在囤车区。根据客流随时与囤车区调度联络,从囤车区调车补充到上车区。

**2. 预订服务**

客户预订T3车辆,须在训练场馆、媒体村、IF官方住地、官方接待设施等提供T3预订服务的场所提前6小时先期预订。

客人预订时,须向预订中心工作人员或交通服务台工作人员提供详细的身份信息,供工作人员确认,包括姓名、注册证件号码等。信息得到确认后,须向工作人员提供详细的乘车信息,包括日期、乘车时间、乘车地点、目的地、乘车人数等,方便交通工作人员预先安排好车辆。预订结束以后,交通工作人员将会提供一个订单号码,以便客人随时查询订单处理情况。乘车地点、目的地必须符合北京奥组委事先确定的T3车辆预订服务的范围,如果不在范围之内,客人的用车请求将被拒绝。

T3客人预订成功后,可在约好的时间前往指定驻地或者其他奥运设施的交通服务台、或上下车点。相关的预订信息得到确认后,由上下车点(区域)交通工作人员,按照相同目的地的原则,安排客人乘车。如T3客人没有居住在官方驻地,乘车时,须前往T3服务地点乘车。预订的确认信息将通过网络传到车队场站。之后,场站内车队打印要车需求,为T3驾驶员分配工作。一旦此项任务完成,驾驶员联络场站,驶回场站待命或接受下一项指派工作。

但为了最大限度地满足预订需求,T3团队通过合理安排车辆资源,实际将预定服务提前6小时缩短到了提前2小时。最快的一次是客户从首都体育学院(训练场馆)提前40分钟才预订T3车辆,T3团队仅用时30分钟即完成了处理订单、派车、出车、到位、持单待客的流程，顺利接上了客人，获得好评。同时，延长等待时间，即：当车辆抵达预订场所后，如果客户没有如约出现，驾驶员则在预订上车时间的基础上再等候15分钟。如仍不能出现，则需经请示批准后方可离开。

T3预订服务要求客户提前6小时预订（赛时团队将预订的提前时间缩短为2小时），并且为24小时服务。经过赛时的运行发现，每日0:00~7:00使用T3预订服务的需求很少。同时预订服务上车区仅限于训练场馆、媒体村、IF饭店及官方指定场所。其他官方住地及设施也可以进行车辆预订，但乘车时须到上述地点上车。奥运村访客中心每日21:30后，赞助商接待中心每日凌晨1点后也只提供返程的预订服务。竞赛场馆在比赛结束后1小时提供返程的预订服务。5个T3车队分别根据所负责区域内提供预订服务场所的预订车需求，提前安排好车辆，车辆执行完任务后立即返回相应车队等待下一任务。流程示意如图10-5。

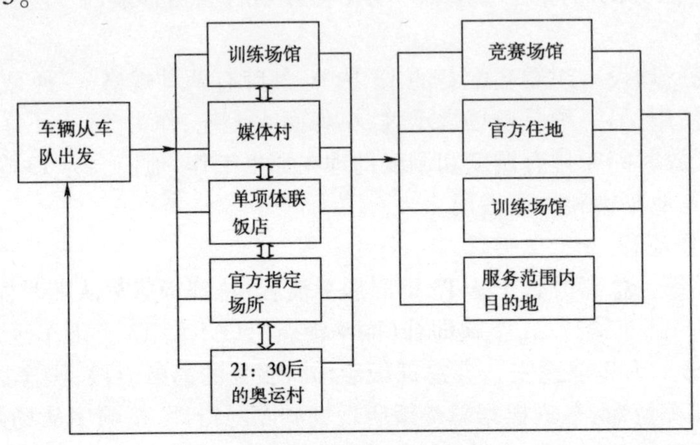


图10-5　预订服务流程

同时在预订服务中，对于大于等于2小时的预订，客人致电客户呼叫中心进行预订后即确认成功。呼叫中心将预订单录入预订系统，团队调度按区域将任务分配给相应车队，车队调度在接到预订任务后，分派车辆并将印有客人姓名和证件编号的预订单打印出来交给驾驶员，驾驶员在上车区候客时，手举预订单（预订单为A4纸大小），便于客人查找。同时，当车辆按预订时间到达指定地点后，驾驶员会按照“到位三报告”制度进行操作，即：执行预订任务的驾驶员抵达酒店先把车停好，向奥组委设在酒店的信息服务台、T3呼叫中心和本分队报告到位，并在大堂门口持预订单等候。

### 三、重要场所的T3服务

在竞赛场馆、训练场馆及非竞赛场馆设置T3上下车区及囤车区。首先设置上下车区。奥运会时T3车辆上下车区设在场馆、住地以及官方设施安保线外，交通控制区内，在安检口附近（10米左右）。残奥会时，T3上下车区设置在安保线内，在场馆大家庭休息室入口处，与T1/T2上下车区相邻。赛事期间，上下车区设置遮阳伞，以供现等车的客人和场调度遮阳挡雨、短暂休息。

其次设置上下车区停车位和缓冲区囤车位。T3车辆在不执行任务时均停在车队所在的场站。奥运村（残奥村）访客中心、赞助商接待中心、IBC/MPC、首都机场、竞赛场馆等其他提供即时服务的场所，在上下车区设置了一些停车位，T3车辆被预置在这里等候客户。由于多数场馆上下车区的停车位有限，在距离上下车区不远处，交通方便的地方设置车辆缓冲区，以临时囤放保点车辆，随时向上下车区调派。这些囤车区被标注为P11。所以T3车辆从场站流动到上下车区的空间流向是：场站 >>>> 缓冲区 >>>> 上下车区

（1）在奥运村、残奥村对外开放时间前30分钟起至结束时间后30分钟提供即时服务，即08:30~21:30，其他时间提供预订交通服务。

（2）在赞助商接待中心（IOC、IPC接待中心），奥运会赛时为10:30~次日凌晨01:00提供即时服

务,此外的时间提供预订交通服务。残奥赛时为09:30~次日凌晨01:00提供即时服务,此外的时间提供预订交通服务。

例:2008年8月10日从接待中心离开的客户人数及T3车辆统计。对整个团队来说,早上从8:00开始,用车量会陡然加大,而后全天保持高位运行,下午和晚上比赛结束的时候,是对各个车队、各个场馆T3运行的一种挑战,夜间用车量很少见图10-6。

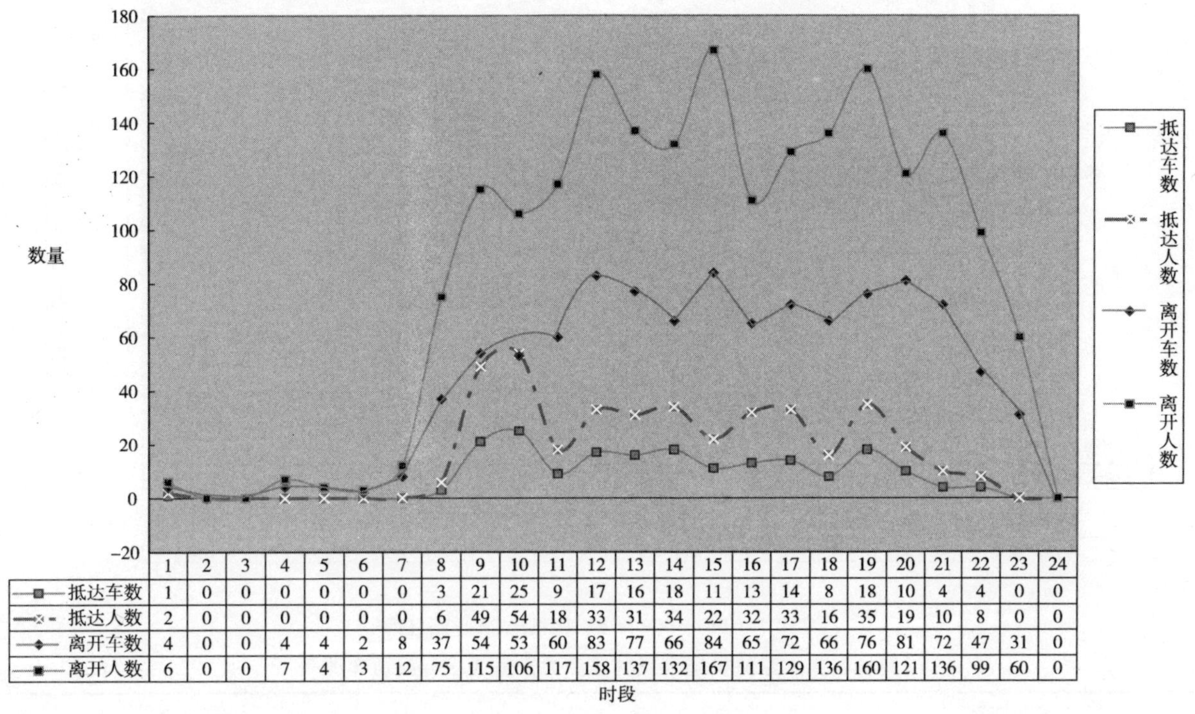


| 时段 | 1 | 2 | 3 | 4 | 5 | 6 | 7 | 8 | 9 | 10 | 11 | 12 | 13 | 14 | 15 | 16 | 17 | 18 | 19 | 20 | 21 | 22 | 23 | 24 |
|---|---|---|---|---|---|---|---|---|---|---|---|---|---|---|---|---|---|---|---|---|---|---|---|---|
| 抵达车数 | 1 | 0 | 0 | 0 | 0 | 0 | 0 | 3 | 21 | 25 | 9 | 17 | 16 | 18 | 11 | 13 | 14 | 8 | 18 | 10 | 4 | 4 | 0 | 0 |
| 抵达人数 | 2 | 0 | 0 | 0 | 0 | 0 | 0 | 6 | 49 | 54 | 18 | 33 | 31 | 34 | 22 | 32 | 33 | 16 | 35 | 19 | 10 | 8 | 0 | 0 |
| 离开车数 | 4 | 0 | 0 | 4 | 4 | 2 | 8 | 37 | 54 | 53 | 60 | 83 | 77 | 66 | 84 | 65 | 72 | 66 | 76 | 81 | 72 | 47 | 31 | 0 |
| 离开人数 | 6 | 0 | 0 | 7 | 4 | 3 | 12 | 75 | 115 | 106 | 117 | 158 | 137 | 132 | 167 | 111 | 129 | 136 | 160 | 121 | 136 | 99 | 60 | 0 |

图10-6　T3团队8月10日(抵达/离开)示意图

(3)在IBC/MPC,奥运会、残奥会赛时IBC/MPC 8:00~24:00提供即时服务,其他时间提供预订服务。

例:2008年8月10日在IBC/MPC,除晚间19:00~20:00时用车量激增外,其他时段高峰情况则有所不同,首先是T3的用车量较大。其次,除晚高峰外,其早晨和中午形成的高峰也不容忽视,见图10-7。

(4)在各竞赛场馆,在第一场比赛前1小时至最后一场比赛结束后1小时提供即时服务。其他时间提供预订交通服务。

(5)在首都机场,奥运会、残奥会结束后,客户前往机场时提供预订小客车的交通服务。T3大客车从8月25日~27日、9月18日~20日,每天从早05:00~20:00,每隔1小时从大家庭饭店向机场发班车。

机场抵达交通服务期间、时间和内容如表10-9所示。

表10-9

| 服务期间 | 服务内容 | 服务时间 |
|---|---|---|
| 7月25日~8月1日 | 合乘车服务 | 24小时 |
| 8月1日~8月8日 | 合乘车服务&班车服务 | 24小时 |
| 8月8日~8月24日 | 合乘车服务 | 24小时 |

对于不居住在奥林匹克大家庭饭店的T3客人,T3客人乘坐奥林匹克大家庭交通系统从机场抵达奥林匹克大家庭饭店后,再使用T3交通服务前往其居住的饭店。

8月8日~8月27日提供奥林匹克大家庭饭店到机场离京的交通服务。期间,享受T1交通服务的奥林匹克大家庭成员使用为其分配的专用车辆前往机场;享受T2/T3交通服务的奥林匹克大家庭成员使用 T3 合用车服务前往机场；在离京的高峰期和高峰时段，为奥林匹克大家庭提供从机场到奥林匹克大家庭饭店的专线班车服务。为奥林匹克大家庭成员提供满意、周到的服务，抵离服务一直延长至 9 月 1 日，见表 10-10。

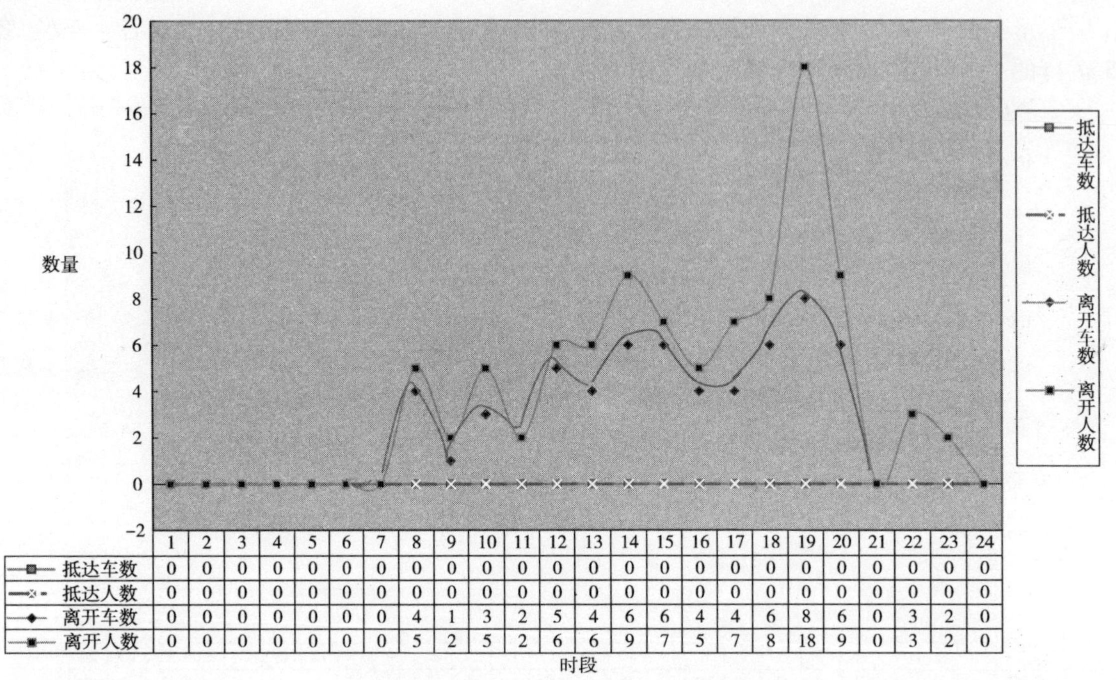


| 时段 | 1 | 2 | 3 | 4 | 5 | 6 | 7 | 8 | 9 | 10 | 11 | 12 | 13 | 14 | 15 | 16 | 17 | 18 | 19 | 20 | 21 | 22 | 23 | 24 |
|---|---|---|---|---|---|---|---|---|---|---|---|---|---|---|---|---|---|---|---|---|---|---|---|---|
| 抵达车数 | 0 | 0 | 0 | 0 | 0 | 0 | 0 | 0 | 0 | 0 | 0 | 0 | 0 | 0 | 0 | 0 | 0 | 0 | 0 | 0 | 0 | 0 | 0 | 0 |
| 抵达人数 | 0 | 0 | 0 | 0 | 0 | 0 | 0 | 0 | 0 | 0 | 0 | 0 | 0 | 0 | 0 | 0 | 0 | 0 | 0 | 0 | 0 | 0 | 0 | 0 |
| 离开车数 | 0 | 0 | 0 | 0 | 0 | 0 | 0 | 4 | 1 | 3 | 2 | 5 | 4 | 6 | 6 | 4 | 4 | 6 | 8 | 6 | 0 | 3 | 2 | 0 |
| 离开人数 | 0 | 0 | 0 | 0 | 0 | 0 | 0 | 5 | 2 | 5 | 2 | 6 | 6 | 9 | 7 | 5 | 7 | 8 | 18 | 9 | 0 | 3 | 2 | 0 |

图 10-7　IBC/MPC8 月 10 日（抵达/离开）示意图

**奥林匹克大家庭机场到奥林匹克大家庭饭店专线班车服务**　　表 10-10

| 服务期间 | 服务内容 | 服务时间 |
|---|---|---|
| 8 月 8 日 ~8 月 24 日 | T1 & T3 服务 | 24 小时 |
| 8 月 24 日 ~9 月 1 日 | T1 & T3 服务 & 大客车班车服务 | 24 小时 |

## 四、T3 服务的其他形式

### 1. T3 的夜间运行

T3 服务负责 T3 客人夜间出行，并为夜间完成尿检的运动员提供从场馆返回运动员村的服务。但由于夜间需求量小，每日在 0:00 后，团队安排奥林匹克公园、海淀、石景山三个车队停止运行，以节省人力，所有车辆停放在场站。总部饭店和奥体中心车队各保留 3 个分队共 240 部车做为夜班车运行，其余车辆停放在场站，即 0:00 后所有即时及预订业务均由总部饭店和奥体中心车队完成。

### 2. T3 的班车运行

在奥运会、残奥会期间，围绕大家庭客户最为集中的总部饭店，为机场接送、热点赛事、远郊场馆安排了大客车班车服务。使用 T3 大客车作为班车的线路有以下几条：奥运会时设置 5 条班车线路，即：首都机场往返总部饭店线路；总部饭店往返国家游泳中心的线路；总部饭店往返国家体育场的线路；总部饭店往返顺义水上公园线路；总部饭店往返昌平铁人三项赛场线路。残奥会时设置 3 条班车线路，即：首都机场往返总部饭店；总部饭店往返顺义水上公园；总部饭店往返昌平公路自行车赛场。

在奥运会、残奥会期间使用 T3 大客车班车共运送人员 6597 人次，出动大客车 552 车次，行驶里程 28323 公里。由于在奥运会、残奥会期间提高了 T3 服务标准，除总部饭店到首都机场使用 T3 小客车需要预订外，其余线路因目的地均是 T3 即时服务场所，所以不需预订小车，客人在这些线路即可以选择班车服务，也可乘坐 T3 即时服务的小车。而奥运会、残奥会结束后送机预订 T3 小客车的业务仅 91 次，动用小客车 113 部。

**3. T3 的观察员项目用车**

北京奥运会、残奥会观察员项目用车由 T3 团队所配备的大客车解决。团队指定大客车分队的分队长与观察员项目联系人接洽，按照事先排定的活动日程安排车辆和驾驶员。

奥运会时，由于 T3 的上下车区与观察员/青年营项目的指定上下车区均在安保线外，且 T3 的上下车区更加靠近人员安检出入口，故为观察员项目配备的大客车与其他 T3 大客车均申领了 T3 车证。残奥会时，团队按观察员项目的要求为观察员大客车专门领取了观察员车证，但在实际运行时发现，持 T3 车证的大客车可享受到进入安保线的待遇，而持观察员车证的车辆仍不能进入安保线。为方便观察员，应项目负责方要求，又将观察员车证重新换回了 T3 车证。

## 五、坚持原则，灵活处置

**1. 协调安保部门解决总部饭店车辆出入问题**

因 T1/T2 客户需要在激活身份注册卡之后才能激活车辆，所以奥林匹克大家庭成员从机场到酒店的接机任务基本上由 T3 团队承担。大批国际奥委会执委、委员，各个国际单项组织主席、秘书长，各国奥委会主席、秘书长，IOC 工作人员，甚至一些技术官员和运动员都是 T3 接机的客户。

按照场馆通行政策要求，T3 车辆应在场馆安保线外停车、通行，而总部饭店中的北京饭店、北京莱佛士饭店、贵宾楼饭店均在安保封闭线内。为使客人可以最便捷地入住酒店，T3 团队与总部饭店、安保部门等沟通协调，根据实际运行情况及时调整接待方案，采用机场接机分 A、B 两条线的方式，即：A 线为机场至总部饭店安保封闭线内，由团队提前将车号报给总部饭店团队安保部门，并在去机场前车辆提前安检，由总部饭店团队安保部门派安保人员押车，确保安全。车辆接到客人返回酒店时，由于已提前通报过车号，又有警察押车，车辆即可快速通过安检，将客人送到酒店门口，实行了“干净区～干净区”的政策。B 线为机场至其他 T3 服务的酒店，由于这些酒店不需安检，车辆按照现场调度的指令直接将客人送到目的地。此办法虽环节多，流程复杂，工作量成倍增加，但解决了不具备权限的 T3 车辆进入总部饭店的问题。尽管十分辛苦，但对于奥林匹克大家庭成员们来说却是非常方便、快捷。

**2. 克服车辆跨队跨区域调动频繁的困难**

赛时，团队顺利应对了热点赛事和集中客流高峰。在中心区、五棵松、首都体育馆、顺义水上公园、北京科技大学等场馆均形成了高度集中的客流。虽然这些场馆分别为不同的 T3 车队负责“保点”，但一旦某一点现场出现车辆紧张的征兆时，或某一车队出车强度过大时，车队之间会在团队指挥下，相互支援、平衡运力，确保了任何一点在整个奥运赛时均未发生断车情况。

例如，总部饭店车队承担着机场和总部饭店的 T3 保点任务，接机高峰时，车队任务量大、运转强度高，而其他几个车队则没有业务。按事先预案，团队适当安排驻奥体中心和奥林匹克公园的车队派车支援总部饭店车队的接机，以缓解其压力。

进入赛时，奥林匹克中心区又成为运行重点，奥体中心和奥林匹克公园的运行压力陡增，团队这时再安排总部饭店车队派出 1～2 个分队去支援负责为奥林匹克中心区保点的车队。

另外，在焦点赛事和偏远场馆的车辆安排上，团队始终把大客车作为一只机动队伍，团队安排的大客车在国家体育场、国家游泳中心、五棵松篮球馆、首都体育馆、北区场馆群网球项目等场馆的半决赛、决赛阶段都发挥出重大作用。往往是场馆礼宾通报给现场调度的客户数量大大超出保点小车的运力时，团队副主任会亲自带领大客车出现在现场，以解燃眉之急。

**3. 解决 T3 上下车区设在安保线外带来的不便**

对于奥运会期间 T3 车辆设在安保线外给客户群带来的不便，T3 团队积极配合场馆团队工作，协助场馆团队开展相关工作人员的培训，尤其是在大家庭休息室内工作的礼宾人员；建议在上下车区与大家庭休息室相距较远的场馆设置摆渡车，并加强人流引导标志标线的施划。

由于 T3 即时服务上下车点设在场馆安保线外，入检口附近，现场各类客户群的人流、车流混杂，且客人往往会集中涌出，形成瞬时高峰。为确保即时服务的安全优质，使每一位客人、每一位 T3 驾驶员都得到满意的安排,团队会同场馆 T3 调度研究制订了许多现场派车的优化方案。比如,在鸟巢、水立方等场所,客人非常集中,而且现场也混乱,T3 调度和助理就采用现场为客人发号的方式,保持客人的上车秩序。许多客人对这种在国内已经司空见惯的自制小号,按号服务的模式非常感兴趣,自发帮助团队调度助理维持秩序。一位俄罗斯客人甚至在等号过程中,还扯着大嗓门用英语帮助叫号。

**4. 预订服务"到位三报告"**

确保驾驶员能及时找到预订车辆的客人。由于设在酒店的 T3 站牌位置较为偏僻,且不让停车,使执行预订任务的驾驶员找客人、客人找驾驶员均十分困难。为了克服这个难题,团队所有执行预订任务的驾驶员抵达酒店都先把车停好,向设在酒店的信息台、T3 呼叫中心和本分队报告到位,并在大堂门口持预订单等候。由于向酒店信息台和 T3 呼叫中心作了报告,立即得到了现场和后台志愿者工作人员的大力支持。在奥运赛时,除非客人爽约,再无客人、驾驶员互相找不到的情况。

同时为驾驶员志愿者设置道路咨询员,尽全力克服团队先天不足带来的运行困难。由于驾驶员志愿者占到 T3 团队驾驶员总数的 93%,道路不熟的情况在所难免,而且许多场馆的现场情况又不允许驾驶员查阅地图,为此,团队专门在大家庭总部饭店设置了道路咨询员。每当现场调度向驾驶员志愿者下达了派车调令,驾驶员不认识路时,咨询员就主动过去用简单扼要的语言给志愿者指明方向和地标。此举极大地方便了驾驶员志愿者的工作,提高了运行效率。

**5. 妥善应对超服务范围的问题**

从容应对客人超服务范围要求,做到既灵活处置,又坚持原则。虽然 T3 服务范围涉及 160 余处场所,但仍不能涵盖京城一些著名的购物、消费娱乐场所。当大量 T3 客户提出前往此类场所时,团队及各 T3 现场调度点既坚持原则,也不失灵活。如客户提出去秀水市场,在征求客户同意后,将其送往京伦饭店;客户提出去什刹海,将其送到天伦王朝;客人提出去潘家园,将其送到长安戴斯等。

另外,许多 T3 客户的亲属甚至连身份注册卡都没有,团队没有硬性拒绝无卡客人,而是原则上在有 T3 级别客人陪同之下可以合乘 T3 车。

**6. 转换期中间接机任务采用小循环方式**

从奥运到残奥的转换期极其短暂,奥运服务 8 月 27 日结束,团队 8 月 28 日撤出奥运大家庭总部饭店场站。但残奥大家庭总部饭店场站还未准备好,车场、办公室、办公设备、网线、家具都不具备。团队根据奥运经验,预计残奥接机将从 9 月 1 日起渐入高潮,故安排执行残奥任务的各个驾驶员志愿者来源单位进入修整,从 30 日起小批量恢复运行,9 月 1 日全员上岗运行。

然而实际情况是,28 ~29 日已经陆续有许多客户抵达。从 28 日 ~31 日,每日抵达的客户人数都高达百人以上。这是由于残奥各代表团因运动员需要进行医学分级而抵达较早。而这种情况 T3 团队并不知悉,所以转换期当中三个残奥 T3 车队所留值班车较少,为应对紧迫的接机任务,T3 团队在转换期采取机场小循环的接机服务方式,即三个残奥车队均派出全部值班车前往机场接机,接到客人后,车辆不再返回车队场站等待下一次调派,而是直接返回机场场站等候任务。另外,投入一部分团队、车队和分队的管理人员驾驶车辆,执行凌晨和班次轮换衔接时的接机任务。直至 9 月 1 日,主力部队全员上岗后转入正常。

**7. 协调 T1/T2 车辆支援,缓解用车紧张状况**

为方便残奥会 T3 客户用车,同时由于残奥服务车辆大幅减少,T3 团队车辆规模缩减了 60%,对场馆车辆安检压力减小。组委会决定,残奥时 T3 车辆进入安保封闭区服务,确实极大地方便了这个客户群的用车,从场馆到场馆的穿梭也更加频繁。由于车数减少,致使奥林匹克公园车队和奥体中心车队在为各个竞赛场馆保点时车辆紧张,尤以奥林匹克公园车队为甚。

与此同时,T1/T2 团队中,一批 T2 车辆及其驾驶员却因没有激活而闲置。经总调度室协调,请 T1/T2 团队支援 T3 团队奥林匹克公园车队。9 月 8 日上午,第一批 29 部 T2 车及驾驶员到位支援,仍不能满足需求,9 月 10 日,第二批 10 部又投入,方基本满足,使用至残奥结束。

**8. 合理调配无障碍车辆**

残奥时T3团队配备了40部无障碍伊斯坦纳面包车和5部低地板无障碍公交车。在残奥会开、闭幕式的使用中，这些车辆均发挥了很大作用，投入的无障碍车辆许多都达到了核定轮椅人数。残奥闭幕时，由于有部分IPC客人参加招待酒会，其他客人要返回酒店，故无障碍伊斯坦纳面包车的满载率很高。

在赛时使用中，团队将无障碍伊斯坦纳面包车分散布置在各个场馆，按需使用。轮椅客户确有需要时，现场调度再呼唤在场馆周边保点的无障碍伊斯坦纳。这是因为，许多有残疾的客户并不愿意乘坐专用车辆。他们的自理能力很强，大多数人都可以自主上下普通小轿车。低地板无障碍公交车赛时则主要用于观察员集体参观项目。健全的观察员乘坐普通旅游车，肢体残疾观察员则使用低地板无障碍公交车。

## 第四节　团队建设、管理与保障

T3交通服务团队共3204名驾驶员、202名服务助理、332名团队管理人员，共涉及6大系统、10个区县、2所高校，共18个志愿者来源单位和首汽集团、银建出租汽车公司两家合同商企业，管理规模与跨度堪称奥运交通服务团队之最。自团队正式组建、与各来源单位对接后，始终坚持以为国争光的爱国精神统领团队政治思想工作；以艰苦奋斗的奉献精神，确保团队高效运转；以“众人合力”的指导思想，建设和运行团队。为了加强领导，团队建立了临时党支部，各个来源单位均成立了临时党小组。在日常工作中充分发挥了党员的先锋模范作用和党小组的战斗堡垒作用。

### 一、以培训奠定取胜的基石

T3团队中95%的成员是志愿者，是非专业人员，不熟悉奥运交通的服务模式，也没有其他活动的交通服务经验。团队认为只有通过严格的培训，才能锻造一支“招之即来、来之能战、战之能胜的奥运交通队伍”。

因此，团队于2008年4日即完成了专业培训，通过对服务对象、服务标准、团队运行、场馆流线、通行政策、标识证件、交通安全、反恐防暴等涉及奥运交通方方面面的讲解，使大家基本清楚了到奥运会上都应该干什么；5月，组织了岗位培训，通过对志愿者进行相关工作标准、岗位职责、工作流程、班次交接、器材使用、车辆保养、应急处置、规章制度等内容和要求的培训，使大家清楚团队到赛时应该怎么干。

从5月底到6月底，还分期分批组织对驾驶员进行自动挡车辆实操培训，主要是熟悉赛时所驾车辆、熟悉路面交通和场馆交通。

到了7月份，按照计划在20日前后开始组织接车，7月25日正式服务开始之前，还进行最后临战前的誓师动员。同时，各个来源单位在平常时间花大量的财力、物力加强驾驶员志愿者的日常培训，以消化、熟悉集中培训学习到的东西。

由各个来源单位按照赛时的车队建制，化整为零，群策群力，驾驶员培训重在交通地理和场馆流线；交通服务助理的培训重在与团队相关的语言支持。在正式服务前，每一名驾驶员志愿者，均要结合培训教材和地图，把所有场馆都跑一遍，熟悉了路线、场馆流线、不同客户群的专用上下车区域和专用的停车区域。每一名服务助理，都可以用英语对奥运比赛项目、奥运场馆、主要目的地倒背如流。

### 二、以现场调度为中心抓对接

充分的赛前对接，也为所有T3服务的参与者提供了极为清晰的操作原则。T3团队始终坚持认为，现场调度是T3即时服务能否顺畅运转的关键。所以每次培训均安排现场调度参加，并单独开小灶对接。团队运行开始前，又单独组织了5场T3现场调度培训对接会，专门解答了现场调度对即将开始的运行依然留存的问题。使他们顺利完成了赛时的工作。

### 三、坚持例会活动，提高队伍凝聚力

赛时，T3团队始终坚持开展多种活动，促进团队思想建设和作风建设，增强凝聚力。如，T3团队的例会活动制度，不论在赛前筹备准备阶段，还是在赛时运行阶段，T3团队核心领导、各来源单位领导、各个T3车队领导定期开会议事，且风雨无阻，无一缺勤。许多来源单位的领导克服了大量实际困难，风雨兼程，甚至星夜兼程地参加团队活动。再如，团队核心管理人员以亲历亲为、严于律己的努力，消除来源单位之间、驾驶员与管理人员之间的隔阂，从来源单位副主任到团队主任，大批志愿者的注册、培训、考核、排班……事无巨细，全部都是亲自上手做基础、基层工作；赛时，管理人员亲自忙前跑后地亲自安排驾驶员的后勤保障。正是这种众人合力、团结协作的团队精神，圆满完成了奥运会、残奥会的T3交通服务任务。

### 四、依靠组委会强有力的组织保障体系开展工作

T3团队充分发挥体制优势，在组委会驾驶员志愿者工作组的领导、支持下，有条不紊地开展工作。

一是共青团市委牵头组织各个志愿者来源单位汇集在T3团队旗下，自3月21日T3团队成立，团队各成员单位迅速磨合，很快进入工作状态。

二是驾驶员志愿者工作领导小组派出精干人员充实T3团队，使T3团队核心人员的构成即有业务骨干，也有组织骨干，众人合力推进团队各项工作。

三是各志愿者来源单位为T3团队工作做出了不可磨灭的贡献。

赛前，各来源单位克服了难以想象的各种困难，把像一盘散沙般分散的志愿者纳入了体系管理的渠道，开展了大量工作，包括组织日常培训、拓展、聚会充分磨合队伍，增强了凝聚力。中央国家机关、市直机关、市教育系统、市国资委系统、通州区、丰台区等16家单位都是主管领导亲自挂帅，日常工作亲自过问，困难问题亲自协调解决。

发挥体制优势，为T3团队在赛时的顺畅运行提供了大量人员、物资、经费支援，提供了强大的组织保障、思想保障，使T3团队在服务中无人力资源方面的后顾之忧。尤其是通州区，他们为使驾驶员志愿者能够充分休息，在奥体中心场站旁边租了宾馆，为保证人员健康安全，为本区驾驶员还配备了急救车；赛前建立了周密的组织领导体系，开展了充分的培训，赛时保障有力，区委书记、区长亲自到车队看望、视察。

以超强的组织观念和大局意识，勇挑重担，克服困难，完成团队交予的任务。市国资委系统不仅承担着3个24小时运行车队的重任，而且是最早进点服务的志愿者来源单位。他们从7月12日~9月20日，70多个日夜坚守过来。由于残奥大家庭总部饭店场站容量有限，必须将一个分队转移至奥林匹克公园交通场站，转场任务下达后，东城区、大兴区勇挑重任、毫无怨言，克服了上下班不方便、需另行租用班车等一系列困难，圆满完成了任务。

### 五、加强车队日常管理

#### 1. 驾驶员岗位设置与班次轮换

驾驶员岗位设置。T3运行分中心按照要求共配备大小车辆955部，其中小客车929部，大部为志愿者驾驶员，17小时运转的分队人车比例为24小时运转的分队人车比例为4:1；大客车25部，驾驶员为专业驾驶员38名，人车比为1.5:1。

(1)17小时运行分队的排班。驾驶员人车比3:1；每3个驾驶员为1组盯1部车；每名驾驶员上2天休1天，3天循环一次；驾驶员A为该组组长，见表10-11。

(2)24小时运行分队的排班。驾驶员人车比4:1；每4个驾驶员为1组专盯1部车。每天3人三班运营；每名驾驶员上3天休1天。4天一循环；驾驶员A为组长，见表10-12。

**17 小时运行分队排班**　　表 10-11

| 日　期 | 时　间 | 排班 |
|---|---|---|
| 8 月 1 日 | 07:00 ~ 15:30 | A |
| | 15:30 ~ 24:00 | B |
| 8 月 2 日 | 07:00 ~ 15:30 | C |
| | 15:30 ~ 24:00 | A |
| 8 月 3 日 | 07:00 ~ 15:30 | B |
| | 15:30 ~ 24:00 | C |
| 8 月 4 日 | 07:00 ~ 15:30 | A |
| | 15:30 ~ 24:00 | B |
| 8 月 5 日 | 07:00 ~ 15:30 | C |
| | 15:30 ~ 24:00 | A |

**24 小时运行分队排班**　　表 10-12

| 日　期 | 时　间 | 排班 |
|---|---|---|
| 8 月 1 日 | 08:00 ~ 16:00 | A |
| | 16:00 ~ 24:00 | B |
| | 24:00 ~ 08:00 | C |
| 8 月 2 日 | 08:00 ~ 16:00 | D |
| | 16:00 ~ 24:00 | A |
| | 24:00 ~ 08:00 | B |
| 8 月 3 日 | 08:00 ~ 16:00 | C |
| | 16:00 ~ 24:00 | D |
| | 24:00 ~ 08:00 | A |
| 8 月 4 日 | 08:00 ~ 16:00 | B |
| | 16:00 ~ 24:00 | C |
| | 24:00 ~ 08:00 | D |
| 8 月 5 日 | 08:00 ~ 16:00 | A |
| | 16:00 ~ 24:00 | B |
| | 24:00 ~ 08:00 | C |

**2. 交接班**

在每个场站，人力资源办公室与器材发放室在一起，驾驶员每日上下班的签到签退工作在此完成，并领取器材，器材包内的物品包括对讲机、车钥匙(钥匙坠上贴有车牌号)、洗车卡、加油卡、行驶证等，以上物品装在人保提供的腰包里，并在包上标有分队编号、车号(驾驶员个人信息及所对应的车辆、设备信息提前录入电脑，包括驾驶员姓名、单位、车队、分队、证件编号、所开车辆号牌、车辆对应的对讲机编号、洗车卡号码、加油卡号码等，并按分队制作打印“器材发放登记册”)。器材包按照分队建制全部码放在奥组委租赁的储物柜上。

**3. 驾驶员管理**

驾驶员必须保证手机 24 小时开通，并且联系通畅；按标准着统一服装上岗服务；每班提前 30 分钟到达场站的车队办公室签到，由值班分队长召开每日班前会，对当日工作和需注意的事项进行布置。不得无故迟到早退旷岗；每日发车前，需对车辆外观、车辆技术状况进行检查，确保车辆各部件灵敏有效，不开带病车上路。接班驾驶员需按照每日发车前车辆的检查程序，对车辆进行检查。

**4. 车队日常管理流程**

车队日常管理流程图见图 10-8。

**5. 遗失物管理流程**

遗失物管理流程见图 10-9。

团队奥运会期间共受理遗失物查询 75 件，其中归还物品 35 件，暂存物品 23 件，未找到物品 17 件。

**6. 接受投诉的管理流程**

接受投诉的管理流程见图 10-10。

团队奥运期间受理 T3 呼叫中心转来的投诉 15 件，其中，投诉成立的 4 件。团队均以《信息快报》的形式将处理结果及时上报总调度室。

T3 服务对于我国来说还是一种新型的运行模式，团队建设的思路和模式，为 T3 高效服务、有序运行提供了良好组织保障，并得到了国际奥委会和广大 T3 客人的充分认可，由此取得了大型活动合乘车交通运行的宝贵经验。

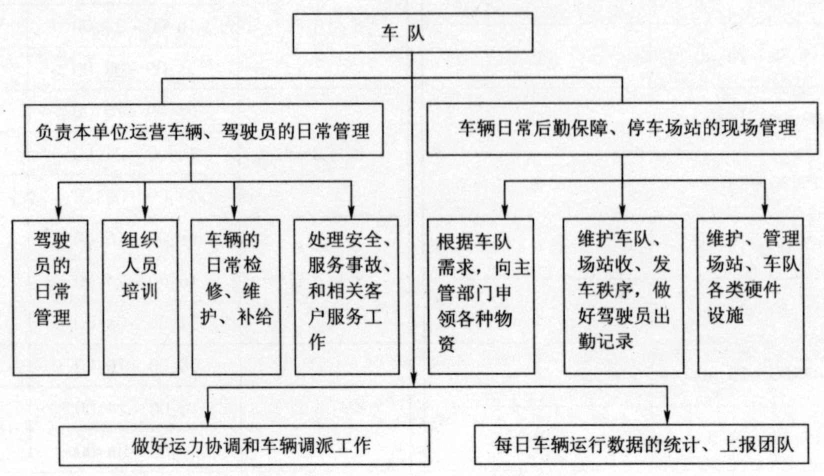


图 10-8 车辆日常管理流程

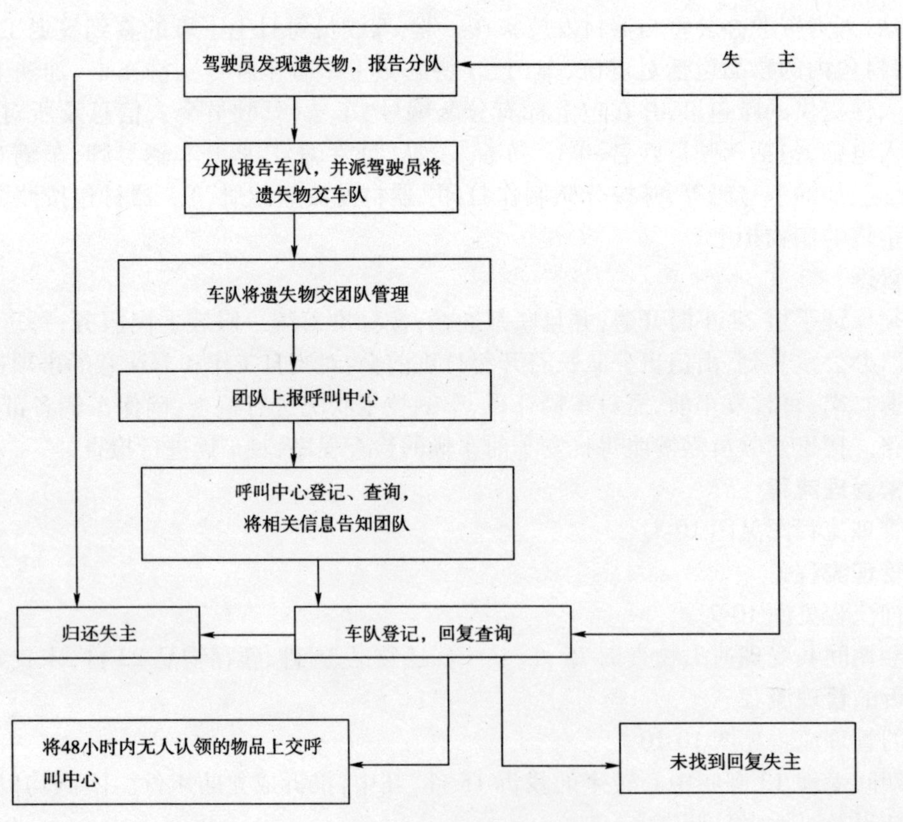


图 10-9 遗失物管理流程

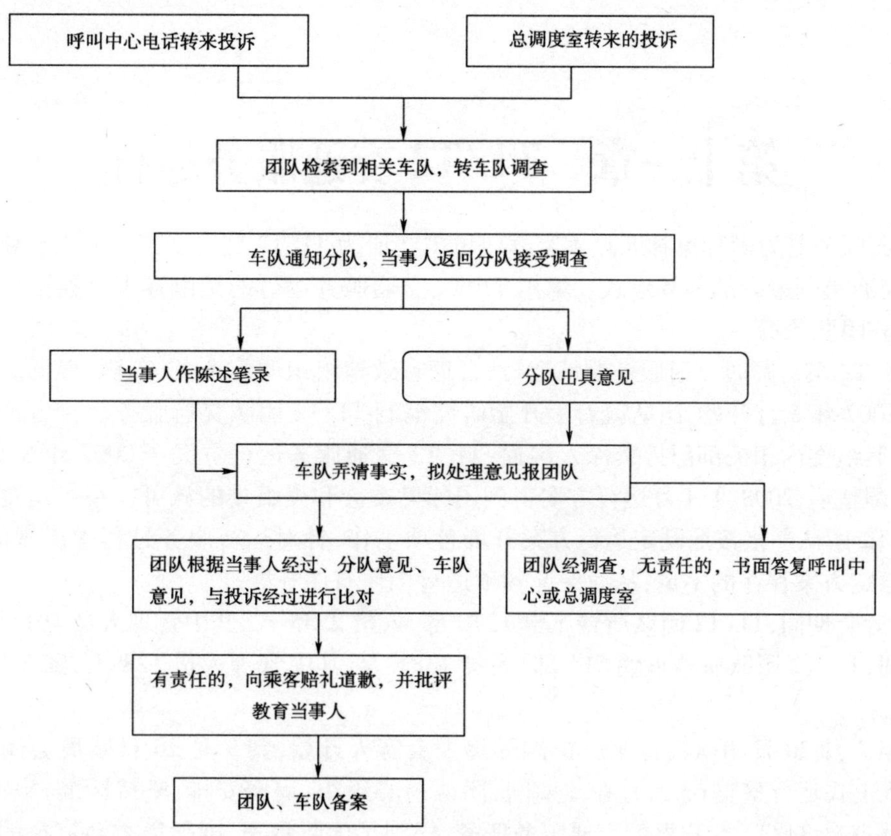


图 10-10　接受投诉的管理流程

# 第十一章　T1/T2 交通服务运行

T1/T2 交通服务是为国际奥林匹克大家庭成员中注册为 T1/T2 交通级别的客人提供专用小客车的交通服务，是交通类别最高的服务形式。承担 T1/T2 交通服务运行的是由赛事交通服务分中心下设的 T1/T2 交通服务团队负责。

为确保 T1/T2 奥运赛时交通服务顺畅运行，合理有效地组织调配人员、车辆，根据北京奥运会交通服务标准，从 2007 年 5 月开始，团队就着手开始研究编制 T1/T2 团队交通服务运行方案。通过不断与国际奥委会和奥组委内相关部门持续深入沟通，T1/T2 交通服务运行方案于 2007 年 8 月完成初稿，并经过 5 次修改调整后，2008 年 4 月运行方案得到国际奥委会和奥组委的认可。在奥运赛时交通服务运行过程中，T1/T2 团队严格按照既定运行方案开展各项工作，针对运行服务过程中出现的新情况、新问题，及时弥补原定方案存在的不足，从而保证各项运行工作有序开展。

在北京奥运会期间，T1/T2 团队所辖车辆 1270 部，人员 2535 人，其中管理人员 161 人，驾驶员 2374 人；残奥会期间，T1/T2 团队所辖车辆 514 部，人员 1381 人，其中管理人员 128 人，随车助理 243 人，驾驶员 1010 人。

从 2008 年 7 月 20 日团队接待第一位国际奥委会客人开始，到 9 月 20 日残奥会闭幕送机任务结束，T1/T2 团队正式运行整整 63 天。在此期间，团队精心组织，周密安排，坚持标准，狠抓落实，圆满完成了奥运会、残奥会 T1/T2 客户群的交通服务任务，得到了国际贵宾、国际奥委会官员的普遍赞誉。截至 9 月 20 日，团队共收到来自国际奥委会（IOC）委员、国家（地区）奥委会（NOC）主席/秘书长、国际单项体育组织（IF）主席/秘书长、TOP 赞助商、国际贵宾等客户群的表扬信 151 封，锦旗 2 面，收到来自国际残奥委会（IPC）委员、国家（地区）残奥委会（NPC）主席/秘书长、国际残疾人单项体育组织（IPSF）主席/秘书长、TOP 赞助商等客户群的表扬信 25 封。服务期间未接收一起交通方面的投诉。

## 第一节　T1/T2 赛事交通服务运行

奥运会期间，T1/T2 交通服务团队共运行小客车 1270 辆（含 10 辆无障碍旅行车），所有车辆于 7 月 30 日全部到位（其中 723 辆于 7 月 20 日到位）。自 7 月 22 日 ~8 月 27 日为 T1/T2 客人提供了交通服务，实际运行 37 天，运行 139604 车次，运送 231831 人次，累计行驶里程 283.6 万公里。在赛时服务期间 32 天（7 月 27 日 ~8 月 27 日），1270 部 T1/T2 车辆共运行 138162 车次，运送 229544 人次，累计行驶里程 272.6 万公里。每车平均运行 108.8 车次，运送 181 人次，行驶 2146.8 公里。每日平均出车 3290 次，运送 7173 人次，行驶 8.52 万公里。每车每天平均运行次数为 3 次，每车每次运送 1.9 人次，行驶 22.3 公里。运行最高峰为 8 月 21 日，单日合计出车 8408 次，运送 12850 人次，累计行驶 127636 公里。每车平均运行 6.6 次，运送 10.1 人次，行驶 100.5 公里。

残奥会期间，T1/T2 交通服务团队共运行小客车 516 辆（含 27 辆无障碍旅行车），所有车辆于 8 月 28 日全部到位。自 8 月 28 日 ~9 月 20 日为 T1/T2 客人提供了交通服务，实际运行 24 天，运行 7277 车次（其中无障碍车辆运行 318 车次），运送 10309 人次（含轮椅客人 466 人次），累计行驶里程 14.7 万公里。在赛时服务期（8 月 30 日 ~9 月 20 日）22 天时间里，T1/T2 的 516 车辆共运行 7203 车次（其中无障碍车辆运行 318 车次），运送 10209 人次（含轮椅客人 466 人次），累计行驶里程 14.4 万公里。每车平均运行 14 车次，运送 19.8 人次，行驶 279 公里。每日平均出车 327 次，运送 464 人次，行驶 6545.5 公里。每车每日平均运行次数为 0.6 次，每车每次运送 1.5 人次，行驶 21.2 公里。运行最高峰日 9 月 6 日，单日合计出车 573 次，运送了 1392 人次，累计行驶 16492.8 公里。平均每车运行 1.1 次，运送 2.7

人,行驶 32 公里。

## 第二节　T1/T2 交通运行组织

T1/T2 车辆运行的特点是专车专用、保证需求。T1/T2 客人在 7:00 ~ 24:00 之间自行或通过大家庭助理联系驾驶员调派车辆;其他时间通过大家庭助理或交通服务台联系总部饭店 T3 车队调派使用车辆。

### 一、客户群驻地分布情况

**1. 奥运会 T1/T2 服务对象驻地分布**

奥运会 T1/T2 服务对象的驻地情况依据客户群的不同而有所区别。

(1)IOC 主席、执委、委员、荣誉委员、名誉委员等全部住在莱佛士、贵宾楼、北京饭店三家饭店,总人数约为 250 人。

(2)IF 主席/秘书长主要住在莱佛士、贵宾楼、北京饭店三家饭店,人数约为 40 人;但也有个别住在其他酒店,例如国际足联住在励骏酒店、国际赛艇联合会住在顺义怡生园,人数不超过 20 人。

(3)NOC 主席主要住在北京饭店,人数约为 200 人;NOC 秘书长基本住在奥运村,人数约为 200 人;另有个别 NOC 主席/秘书长住在其他酒店,人数约为 10 余人。

(4)国际贵宾客户群包括 108 个国家的国家元首、政府首脑、王室代表和 160 余个国家的体育部长。国际贵宾前三类(国家元首、政府首脑、王室代表)驻地较为分散,涉及中国大饭店、励骏酒店、天下第一城、凯迪克、钓鱼台、希尔顿、凯宾斯基、人济万怡、华侨大厦、辉盛庭国际公寓、东方君悦、万丽富力、亚洲大酒店、万达索菲特、国航万丽、兆龙饭店、莱佛士、贵宾楼、瑞士大使官邸、澳大利亚驻华使馆、日本大使官邸、韩国大使官邸、金茂威斯汀等 30 余个驻地。其中中国大饭店 42 个代表团、励骏酒店 28 个代表团、天下第一城 2 个代表团、钓鱼台 5 个代表团、希尔顿 2 个代表团、东郊民巷 15 号、万达索菲特 2 个代表团、贵宾楼 2 个代表团、金茂威斯汀 2 个代表团,其他驻地各 1 个代表团。

(5)体育部长客户群的驻地较为集中,主要是中国大饭店和励骏酒店两家酒店,其中中国大饭店人数约为 110 人,励骏酒店人数约为 35 人;另有 8 位体育部长住在北京饭店,10 余位体育部长住在其他酒店。

(6)国际奥委会合作伙伴和北京 2008 年合作伙伴享有 T1 交通权限,其客人住地分散在各赞助商饭店。

(7)T2 服务对象(除 NOC 主席/秘书长外)大部分住在莱佛士、贵宾楼、北京饭店三家饭店,另有部分住北方佳苑酒店和丽亭酒店。

(8)T2 各组织(包括国际医疗委员会、世界反兴奋剂组织、国际摄影车队、IOC 市场开发部、IOC 行政部门)服务对象大部分住在北方佳苑酒店和丽亭酒店。另有部分 IOC 行政用车服务对象住在北京饭店,但数量很少。

**2. 残奥会 T1/T2 服务对象的驻地**

残奥会 T1/T2 服务对象的驻地高度集中,IPC 主席、委员,NPC 主席以及部分国际贵宾(前三类)都住在港澳中心酒店,人数约为 400 人。另有部分国际贵宾(前三类)住在中国大饭店、励骏酒店等驻地。NPC 秘书长基本住在残奥村。体育部长主要住在港澳中心酒店和五洲大酒店,其中港澳中心酒店人数约为 40 人,五洲大酒店约为 15 人,另有 10 余人住在其他酒店。赞助商驻地情况与奥运会相同。

### 二、服务对象活动区域

奥运会、残奥会 T1/T2 客户群活动区域完全相同。赛时 T1/T2 客户群活动区域为:北京市六环路以内的任何地点(包括奥运会比赛场馆、官方驻地以及其他非奥运会场所,例如:餐馆、商店等)及六环路以外的指定地点和场所（包括顺义奥林匹克水上公园比赛场馆、铁人三项赛场、公路自行车终点（居庸关）；顺义宾馆、怡生园国际会议中心、军都旅游度假村；昌平区体育活动中心（田径场），昌平区体育活动中心（游泳馆）。其活动区域是所有客户群中通行最大、限制最小的。

但由于T1/T2客户群的地位和特殊性，在奥运期间其活动区域不断扩大，例如去八达岭、慕田峪长城游览；到六环路以外的一些指定外场所参加活动；前往住在北京市外天下第一城酒店驻地拜访客人等。

## 三、T1/T2交通服务运行模式

### 1. T1交通服务

赛时，为持有T1证件的客人提供一人一辆专用车辆，并配备专车驾驶员，同时由奥组委国联部配备大家庭助理。T1专用车辆通行六环路内以及六环路以外的指定地点；服务时间为7:00～24:00；车辆配发的车辆证件可以通行所有奥运会比赛场馆、非比赛场馆的车辆证件服务。

T1车辆必须经过“激活”程序方可为客人提供服务。所谓“激活”就是在赛前分配给T1客人服务的车辆、驾驶员，在客人到京或为客人配备的助理人员到岗后，在规定的时间内与驾驶员取得联系，双方确认身份。车辆一经“激活”即开始提供服务。

奥运会时，所有T1服务对象均配备大家庭助理，服务对象出行时由大家庭助理与驾驶员取得联系，并安排用车。同时，也可由交通咨询台或服务对象自行与驾驶员取得联系，并安排用车。但赛时主要方式为大家庭助理直接联系驾驶员，并为T1客人安排用车。由于国际贵宾（前三类）是升级为T1的，加之地位重要、身份特殊，由北京奥运会国际贵宾协调接待中心配备联络员，并安排客人用车。

残奥会时，T1客户群的运行模式与奥运会完全一致。

### 2. T2交通服务

赛时，为持有T2证件的客人提供专用合用车辆和配备专车驾驶员，并为享受T2服务的各国际组织配备交通协调员，同时由奥组委国联部为享受T2服务的个人配备大家庭助理。T2专用车辆通行六环路内以及六环路以外的指定地点；服务时间为7:00～24:00；其车辆证件也可通行所有奥运会比赛场馆、非比赛场馆。其激活方式与T1完全相同。

奥运会时，对于享受T2交通服务的NOC主席/秘书长，即代表团中运动员参赛人数小于50人的国家奥委会主席、秘书长同样配备大家庭助理，其服务提供方式与T1客人完全相同。对于享受T2交通服务的国际医疗委员会、世界反兴奋剂组织、体育仲裁法庭、IOC行政部门、国家国际摄影车队，团队分别为其配备2名交通联络员，上述交通联络员应根据服务对象的用车需求及行程，为服务对象合理安排用车。

残奥会时，T2客户群的服务方式与奥运会不完全一致。由于国联部不再为残奥会的T2客人配备大家庭助理，该项工作转至团队执行。在团市委总体协调下，北京师范大学和首都师范大学及时向团队选派了随车助理。在经过9月3日的岗前培训后，所有随车助理9月5日全部到岗备班，确保了服务工作的顺利开展。

## 四、T1/T2运行组织

### 1.“激活”服务车辆

由于T1/T2服务对象需要在激活车辆后才能享受服务，因此在运行方案中，对服务对象可能使用的激活途径进行了预测，最终确定2种“激活”方式：一是T1客人通知大家庭助理，由大家庭助理通知驾驶员激活交通服务。二是T1客人通知交通咨询台，由交通咨询台通知驾驶员所属车队，进而由车队通知驾驶员激活交通服务。驾驶员在接到通知后即通知大家庭助理，以实现信息同步。根据“激活”途径制订了详细的服务激活流程。

自2008年7月25日启动服务以来，按上述方式对服务对象进行服务激活，且通过咨询台激活的比例占到总量的60%以上。赛时初期，由于咨询台业务不够熟练、信息量有限，加之语言能力相对较弱，造成了一些混乱，服务对象一度出现抱怨，也给团队激活服务工作造成了一定影响。为解决这一问题，团队一方面将业务口前移，请赛事交通服务分中心宣传协调组人员进驻咨询台对志愿者实施再培训，并直接参与咨询服务，同时与奥组委国联部沟通，及时掌握信息，做到工作主动。另一方面，强化团队后台调度，指派2名团队调度人员专门负责服务激活，与咨询台配合。通过上述调整，服务激活工作很快步入正轨，消除了客人抱怨，后期激活工作进展顺利。

依照赛前制订的运行方案，2008年7月25日服务正式启动。随着开幕式临近，7月31日～8月7日服务激活不断出现高峰，从最初每天20～30个激活服务猛增到8月7日的200余个，工作压力骤然增加。到8月8日开幕式当天，服务激活比例累计达到95%以上，团队进入全负荷运行状态。截止8月24日奥运会闭幕，150余个IOC委员/执委激活服务，200余个NOC主席/秘书长激活服务，56个IF主席/秘书长激活服务，23个TOP赞助商激活服务，108个国家的国际国宾激活服务，146个国家的体育部长激活服务。

2008年8月30日，残奥会服务工作正式启动。依据奥运会取得的"激活"经验，为应对"激活"高峰，9月3日在北京师范大学礼堂组织相关人员进行了大范围专项培训，志愿者参培率达到95%，培训工作得到了北京师范大学的大力支持，效果显著。但残奥会的激活服务比较平稳，平均每天20～30之间，并未出现预测的激活高峰，整个赛时服务激活总量不足60%。部分享受T1交通服务的客户在赛时转向T3交通服务。

**2. 服务车辆囤放场站**

T1/T2车辆共计1270部，其中T1小客车1074部、T2小客车196部，备份无障碍旅行车10部。按运行计划，团队只有778部车（包括582部T1车、196部T2车）停放在总部饭店场站北京宫地面E4、E5区及地下一层、二层，其他车辆停放位置不确定。特别是T1车中体育部长车队的180部车、国际贵宾车队的240部车不停放在总部饭店场站，这些车辆停放在哪里没有确定。而且在团队正式运行前国际贵宾出席情况仍未最终确定，对于体育部长为升级客人的特殊性也不甚了解。直到2008年7月初，国际贵宾协调接待中心提出了国际贵宾车队需要集中食宿的要求。此时距T1/T2服务启动不足10天，为了尽快解决车辆囤放问题，团队积极开展工作，选择与中国大酒店周边的学校、宾馆等有针对性地沟通联系，同时在市教委的大力协调下对通州的2所大学进行了实地考察，但情况均不理想。后经过多方努力，最终在开幕式前落实体育部长车队、国际贵宾车队的停车问题。体育部长车队的车辆分别停放在中国大饭店和励俊酒店，其中中国大饭店停放120部、励俊酒店停放45部；国际贵宾车队驻地设在远方饭店，停放车辆140部，黄胄艺术实验小学停车100部。

尽管如此，由于服务对象数量变化及驻地调整，体育部长的35部车和国际贵宾的60部车仍然无法解决停车问题，被迫停入总部饭店场站，使总部饭店场站停放数量达到930余部，严重超出设计容量，给团队的服务运行工作造成了一定困难。

总部饭店场站赛时负责T1/T2车辆所需运行的全部区域，并为发生故障或事故的T1/T2车辆提供应急车辆。场站停车位以车队为单位进行划分。以车辆性质为依据，划分为T1专用停车区、T2专用停车区，且由于T1/T2客户群所使用车辆主要为小车（含旅行车），因此在各自的专用停车区内没有设置大车停车位。实际运行中，除进行分区管理，还在相应区域内按车队进行划分，实现了各车队车辆集中停放、统一管理的目标。

**3. 在竞赛场馆、训练场馆及非竞赛场馆T1/T2运行组织**

（1）竞赛场馆、训练场馆及非竞赛场馆上下车区的设置及车辆停放。

T1/T2客人在竞赛场馆、训练场馆及非竞赛场馆的上下车区，均设置在场馆安保封闭区内的专用上、下车区，并且上、下车区尽可能靠近奥林匹大家庭专用通道的入口。同时，在上、下车区还专门配备了一名交通服务助理，引导T1/T2客户上下车，并协助T1/T2客户召唤驾驶员。如在各竞赛场馆T1/T2车辆停放在P6专用停车场，优先保证停车位数量，基本能满足赛时运行需求。

(2)按不同时间段划分 T1/T2 车辆在竞赛场馆、训练场馆、非竞赛场馆以及其他区域的运行流程。

由于 T1/T2 车辆属专用车辆，除六环路外的非奥组委指定地点和场所以外，其通行区域不受限制。因此其运行流程较为简单，但为了确保客人出行安全，根据不同的工作时间，团队还专门划分了以下几类运行流程。

在服务时间(7:00~24:00)、服务范围(六环路内任何地点和场所)内，运行流程为“非控制流程”，即驾驶员按照客人的要求运行于各个地点和场所，不需要向所属车队请示是否运行，只需填写《行车记录单》。

在服务时间内，超出服务范围的，采用“控制调派流程”，即驾驶员在客人提出运行于六环路外任何非奥组委指定地点和场所时，需要向所属车队请示是否运行，同时车队应将该任务上报团队调度，并由团队调度报赛事交通服务分中心批示，且驾驶员要详细地填写《行车记录单》。

在服务时间外，服务范围内的，改用 T3 车辆，采用“控制流程”，即 T1/T2 客户使用车辆时，需要将需求信息通知 T1/T2 车队调度助理，并由 T1/T2 车队调度助理转将该信息发到 T3 运行中心调度，由 T3 运行中心调度负责安排车辆。

在服务时间外，超出服务范围的，采用“严格控制流程”，即 T1/T2 客户使用车辆时，需要将需求信息上报赛事交通服务分中心批示，赛事交通服务分中心批示后将该信息转发至 T3 团队调度，由 T3 团队调度负责安排车辆。

**4. 抵离送机高峰的车辆组织**

抵达交通服务均由 T3 交通服务团队负责，有少部分大家庭成员其助理事先将车辆“激活”后，待客人抵达时专程到机场接机。离京送机交通服务则是按运行方案为 T1/T2 客户群提供送机服务。为了确保大家庭成员顺利离京，根据客人离京集中、任务量大、需求不确定等特点，团队创造性的成立了全部由专业人员组成的送机专项工作小组，从各车队协调车辆 75 部，并要求自 8 月 25 日零时起至 27 日 24 点，所有小组成员 24 小时保持工作状态，全力以赴为服务对象提供 T1/T2 专车专人服务，站好奥运会最后一班岗，尽职尽责的将奥运会交通服务任务画上圆满的句号。截止 8 月 27 日 24 点，共执行送机任务 160 余次，共运送客人 290 余人次。

**5. 国际奥委会专业机构的运行组织**

(1)国际奥委会医务委员会。

奥运会期间，国际奥委会医务委员会负责奥运会兴奋剂检测中心、医疗站(包括诊所)以及兴奋剂检查站的运行等工作，承担监督兴奋剂检查、监督运动员伤病状况、同奥组委医务卫生部门配合监督牙医服务和理疗服务、在奥运村和比赛场馆同各个参赛队建立紧密的联系关系，分析医务服务有关的数据和资料等。其工作人员包括兴奋剂检测中心专家、牙医、理疗师、治疗用药豁免管理官员、管理人员、诊所医生、医生，共 24 名工作人员。

国际奥委会医务委员会各类人员奥运会期间出行组织见表 11-1。

国际奥委会医务委员会成员居住在北京饭店，并在北京饭店设置医务委员会办公室。

自 2008 年 8 月 2 日起，为国际奥委会医务委员会提供 2 辆车用于赛前兴奋剂检查；8 月 4 日起，又增加 1 辆车；2008 年 8 月 5、6 日，国际奥委会医务委员会组织了相关人员及驾驶员进行场馆参观，目的是使医务委员会相关人员和驾驶员熟悉场馆进口、T2 上下车区域、奥运村诊所，场馆兴奋剂检查站等相关设施和地点；自 8 月 9 日起 20 辆专用分配车辆全部到位。

(2)世界反兴奋剂机构。

在赛时，世界反兴奋剂机构作为独立的第三方，与国际奥委会医务委员会合作，控制兴奋剂检查活动，并执行兴奋剂检查的相关规定。北京奥运会期间，北京奥组委交通部为世界反兴奋剂机构提供了 10 辆分配车辆。

奥运会期间，世界反兴奋剂机构的官员每天都要前往一个或者多个比赛场馆。有时，世界反兴奋剂机构的工作人员将同国际奥委会医务委员会共同工作。奥运会期间，世界反兴奋剂组织的工作人员居住在北方佳苑，并设置办公室、会议室等功能设施。

**国际奥委会医务委员会车辆分配情况表**

表 11-1

<table>
<tr><th>服务</th><th>成员</th><th>人数</th><th>工作描述</th><th>车数</th><th>备　注</th></tr>
<tr><td rowspan="7">T2</td><td>理疗师</td><td>1</td><td>一天内往返多个场馆和奥运村等地，协助处理和诊断运动员外伤、骨骼伤病等问题；协助做好运动员理疗工作</td><td>1</td><td rowspan="7">驾驶员相对固定，有语言要求</td></tr>
<tr><td>牙医</td><td>1</td><td>一天内往返多个场馆和奥运村等地，为运动员提供牙医咨询和相关服务</td><td>1</td></tr>
<tr><td>医生</td><td>13[1]</td><td>一天内前往多个场馆，监督和进行兴奋剂检测工作</td><td>12</td></tr>
<tr><td>检测中心专家</td><td>4</td><td>主要负责赛时兴奋剂检查等工作，提供往返奥林匹克大家庭饭店与奥运会兴奋剂检测中心之间</td><td>2</td></tr>
<tr><td>诊所医生和助理</td><td>3</td><td>提供奥林匹克大家庭饭店到奥运村运动员诊所的交通服务</td><td>1</td></tr>
<tr><td>TUE/ATUE<br>（治疗用药豁免委员会委员）</td><td>1</td><td>负责奥运会期间运动员服治疗用药豁免的管理。行程不固定，在奥林匹克大家庭饭店、场馆、指定的医院之间往返</td><td>1</td></tr>
<tr><td>管理人员</td><td>1</td><td>负责同国际体育单项联合会、各个国家代表团等联络；负责兴奋剂检查报告等相关文件的处理、递送；安排国际奥委会医务委员会等相关部门的会议。<br>往返于比赛、奥运村、奥林匹克大家庭饭店等场所</td><td>1</td></tr>
<tr><td></td><td>总人数</td><td>24</td><td>总车数</td><td>20</td><td></td></tr>
</table>

[1] 根据国际奥委会医务委员会要求，下届奥运会主办城市将有 1 名专家参加，人数由 12 升为 13。

由于世界反兴奋剂机构的工作人员需要在夜晚前往兴奋剂检查检测中心监控检测程序，因此对世界反兴奋剂机构 T2 专用车辆的服务时间给予了适当延长。世界反兴奋剂机构的主要工作内容见表11-2。

**世界反兴奋剂机构主要工作内容**

表 11-2

<table>
<tr><th>服务</th><th>成　员</th><th>工作描述</th><th>备注</th></tr>
<tr><td rowspan="4">T2</td><td>世界反兴奋剂机构办公室</td><td>组织新闻发布会等相关会议和活动</td><td rowspan="4">驾驶员语言要求</td></tr>
<tr><td>独立观察员</td><td>前往所有的与兴奋剂控制和检查有关的场所和地点，监督和观察兴奋剂检测</td></tr>
<tr><td>世界反兴奋剂教育（Outreach Program）</td><td>在比赛场馆和奥运村为运动员提供兴奋剂教育，并进行反兴奋剂的宣传</td></tr>
<tr><td>总计</td><td></td></tr>
</table>

（3）体育仲裁法庭交通服务。

体育仲裁法庭主要负责奥运会期间各项比赛的争议解决和处理。奥运会期间，体育仲裁法庭针对所有比赛产生的争议举行听证会，并对争议做出裁决。体育仲裁法庭主要功能设施位于丽亭饭店。团队为体育仲裁法庭提供 10 辆专车，并指定专门的协调工作人员同体育仲裁法庭的工作人员共同确定车辆使用需求，协助体育仲裁法庭进行车辆的分配。

（4）国际奥委会市场部。

国际奥委会市场部主要负责奥运会期间的相关资料拍摄、场馆品牌保护、赞助商接待、奥林匹克俱乐部管理等工作任务。团队为该组织提供小客车 10 辆。

**6. 各项重大活动车辆组织**

（1）奥运会期间：8 月 1 日 ~7 日，为宾客项目（即为 ICO 委员夫人提供旅游、参观专项服务项目）组织车辆8部;8月4日,为国际奥委会第120全会组织车辆20部;8月8日,为开幕式组织车辆159部,其中为IOC客户群出车42部,为国际贵宾客户群出车81部,为体育部长客户群出车11部,为开幕式提供备份车25部;8月24日,为闭幕式组织车辆136部,其中为IOC客户群出车45部,为国际贵宾客户群出车47部,为体育部长客户群出车4部(车辆来源为运动员团队),为开幕式提供备份车40部。

(2)残奥会期间:9月6日,为开幕式组织车辆81部,其中为IPC客户群出车8部,为国际贵宾客户群出车43部,为体育部长客户群出车7部,为开幕式提供备份车23部;9月17日,为闭幕式组织车辆73部,其中为IPC客户群出车6部,为国际贵宾客户群出车39部,为体育部长客户群出车3部,为开幕式提供备份车25部。

**7. 转换期运行组织**

奥运会赛时交通服务运行任务圆满完成后,在充分借鉴奥运会车辆交接成功经验的基础上,2008年8月28日,团队共分8个批次、组织1000余人次将940部大小车辆完好无缺地交还,并分别从T3团队接回车辆169部,从赛事交通服务分中心运行保障组接回车辆17部,团队残奥会所需的514部车在一天内全部交接完毕。与此同时,团队及车队工作人员亦全部到位,历时8小时,将残奥会所需514部车全部转移至工人体育场场站。当天奥运会提前"激活"服务的8位服务对象对应的残奥会交通服务也正式启动,转换过程中没有给服务对象带来任何影响。

综上所述,从团队服务运行整体情况来看,在运行方案的指导下,除国际贵宾服务外,其他各车队赛时运行基本按照既定的运行方案执行,且运行效果良好。赛时实践充分证明,运行方案切实符合实际运行需求,并且在服务对象、服务激活、调度方式、应急预案等核心问题的定位和预判上完全正确,流程制订的合理可行,展现了一个专业化管理团队所应具备的基本素质和强大的工作能力。

## 五、应急突发事件的处置

**1. 车辆技术故障应急预案的运用**

由于在前期培训中将该应急预案贯彻落实到了每位驾驶员和管理人员,在处理T1/T2专车故障时发挥了积极作用,保证T1/T2客人的顺利出行,未造成不良影响。例如:2008年8月10日晚,国际奥委会主席罗格先生的专车出现漏雨情况,10日晚11时50分,罗格主席专车主车驾驶员王庆海结束一天工作回队后,向团队调度室紧急报告专车天窗漏雨情况。面对突如其来的问题,在第一时间向赛事交通服务分中心汇报,并通知大众公司的维修技师前来抢修,经过2个多小时的检修,漏水原因仍未解决,因罗格主席11日的行程已定,早7点开始执行服务,为不影响第二天的工作,当即启动了备份车程序。但需要驾驶员开车前去大众公司换车。当王庆海将车接回来时已是凌晨四点,经清理车辆,落实车辆证件,到次日凌晨五点替换车辆的所有衔接工作基本到位,确保了罗格主席的正常出行。考虑到王庆海只短短的休息了一两个小时,团队打算安排替班驾驶员。但为消除罗格主席对换班可能产生的疑问,王庆海坚持出车,早7点准时等候在饭店门前。罗格主席当天的行程十分紧凑,有七八项内容之多,而且往返在多个场馆之间,为此团队决定在专车中午返回莱佛士饭店时更换替班驾驶员,以确保罗格主席乘车绝对安全。

**2. 启动超范围、超时间应急预案**

通过对所属客户群的分析,事先就预料到超范围运行情况发生的可能性极大,T1/T2的标准服务时间为7:00~24:00,但由于交通服务机动性强,工作时间难以准确把握,因此出现超时服务情况在所难免,为此专门制订了该方案。在赛时运行过程中,超范围运行需求发生数十次,驾驶员没有拈轻怕重,生硬拒绝,每次发生这种情况时,都按照既定方案执行,流程清晰、时效性强,加之总调度室的及时批复,应对起来游刃有余,既没有引起客人的反感,也没有私自跨越标准,从而为作为服务对象的客人和作为管理者的组委会交通部获得了双赢的效果。进入中期后,超时服务现象较为严重,且普遍存在。根据团队统计,各车队超时工作率在30%左右,高峰时曾达到50%以上。为了更好地应对超时服务,更是为了确保行车安全,根据各车队超时工作情况,成立规模不等的应急小组,由应急小组承担24:00~次日7:00

的服务任务。这一举措不仅解决了为客户群服务的连续性，而且杜绝了疲劳驾驶，确保行车安全，也得到了广大驾驶员的认同。自应急小组正式成立，累计执行超时服务任务 100 余次。

**3. 灵活掌握交通服务标准**

实际运行基本上是按服务标准执行，但个别服务标准也有所调整。为了更好地服务于大家庭成员，T1/T2 团队服务启动时间统一调整为 2008 年 7 月 25 日。为了确保统一启动，团队及时召开了全体车队长会，将有关政策调整进行传达，并要求各车队加快工作进度，积极落实人员和车辆，坚决确保 7 月 25 日顺利启动服务。各车队接到指令后，进一步细化自身工作，不仅对刚刚交接的车辆进行了全面检查，而且对驾驶员也进行了必要的筛选。为保证服务的顺利启动，7 月 24 日下午，团队调度室还与奥组委国联部有关人员召开了服务激活流程的专题会议，理顺了激活流程。通过以上工作，实现了 7 月 25 日服务工作的全面顺利启动，服务工作更是得到了总部饭店团队和奥组委国联部的认同。

按照服务标准中的车辆配备，团队始终坚持一人一车，除个别重要对象和经批示可以增配车辆的服务对象，从未突破过标准，即使是服务对象的换车需求，考虑到车辆资源有限等问题，我们也是在请示总调度室后才给予调换。奥运会期间，团队调整车辆配备 30 余次，而残奥会期间不足 10 次。

**4. 适时调整国际医疗委员会调度方式**

根据国际医疗委员会工作人员意见，在保留交通协调员调派车辆的基础上，将交通咨询台间接调度方式引入其专用分配车调度系统，既满足了国际医疗委员会工作人员的用车习惯，又增强了车辆调度的灵活性。但为了确保该调度方式的顺畅运行，团队调度和该组织交通协调员与交通咨询台进行了多次沟通，除将车辆和人员对接信息全部转发咨询台外，还为交通咨询台同步更新信息，并且明确了咨询台的调派流程以及团队的后备调度支持流程和联系人，最终确保了该组织用车的及时性和便利性。通过努力，这个历届奥运会中最难应对的客户群未发生一起投诉，最后还给团队赠送了一面锦旗，国际医疗委员会主席还亲自宴请了所有参与服务的工作人员。

**5. 合理使用车辆资源**

(1) 支援北部场馆群摆渡任务。

由于北部场馆群 T3 上下车区距离场馆入口较远，摆渡车使用需求很大，在接到总调度室的支援场馆的指令后，团队克服困难，积极调度所辖车辆，在 2008 年 8 月 11 日 ~8 月 13 日调派 9 部旅行车支援中心区北部场馆群摆渡车服务，极大的缓解了北部场馆群摆渡车服务的工作压力。

(2) 解决临时用车需求的问题。

由于服务对象均为 T1、T2 类别，级别高、身份重要，在赛时运行过程中，会提出临时需求。这种临时需求的特点往往是时间紧、服务对象特殊、超服务标准，有时一旦服务对象或主责部门提出需求，就需要立即提供服务，这就与内部流程和服务标准相矛盾。为了解决这一矛盾，更好地服务于客人，减少总调度室非关键事务性审批工作压力，经与总调度室协调，将临时用车需求的请示报告制度调整为备案制度。制度调整后，在坚持服务标准的基础上，通过大量的后台调度工作，100% 地满足了服务对象或主责部门提出的各种临时用车需求。截止 8 月 27 日，团队累计临时调派车辆 200 余次。

## 第三节　T1/T2 团队运行指挥体系及相关职能

### 一、赛时指挥体系

**1. 团队组织体系框架**

奥运会时，在赛事交通服务分中心的领导下，T1/T2 团队下辖 10 个车队，并与总部饭店交通咨询台和各场馆交通团队发生业务联系，相互配合完成运行服务工作，见图 11-1。

残奥会时，在赛事交通服务分中心的领导下，T1/T2 团队下辖 6 个车队，并与总部饭店交通咨询台和各场馆交通团队发生业务联系，相互配合完成运行服务工作，见图 11-2。

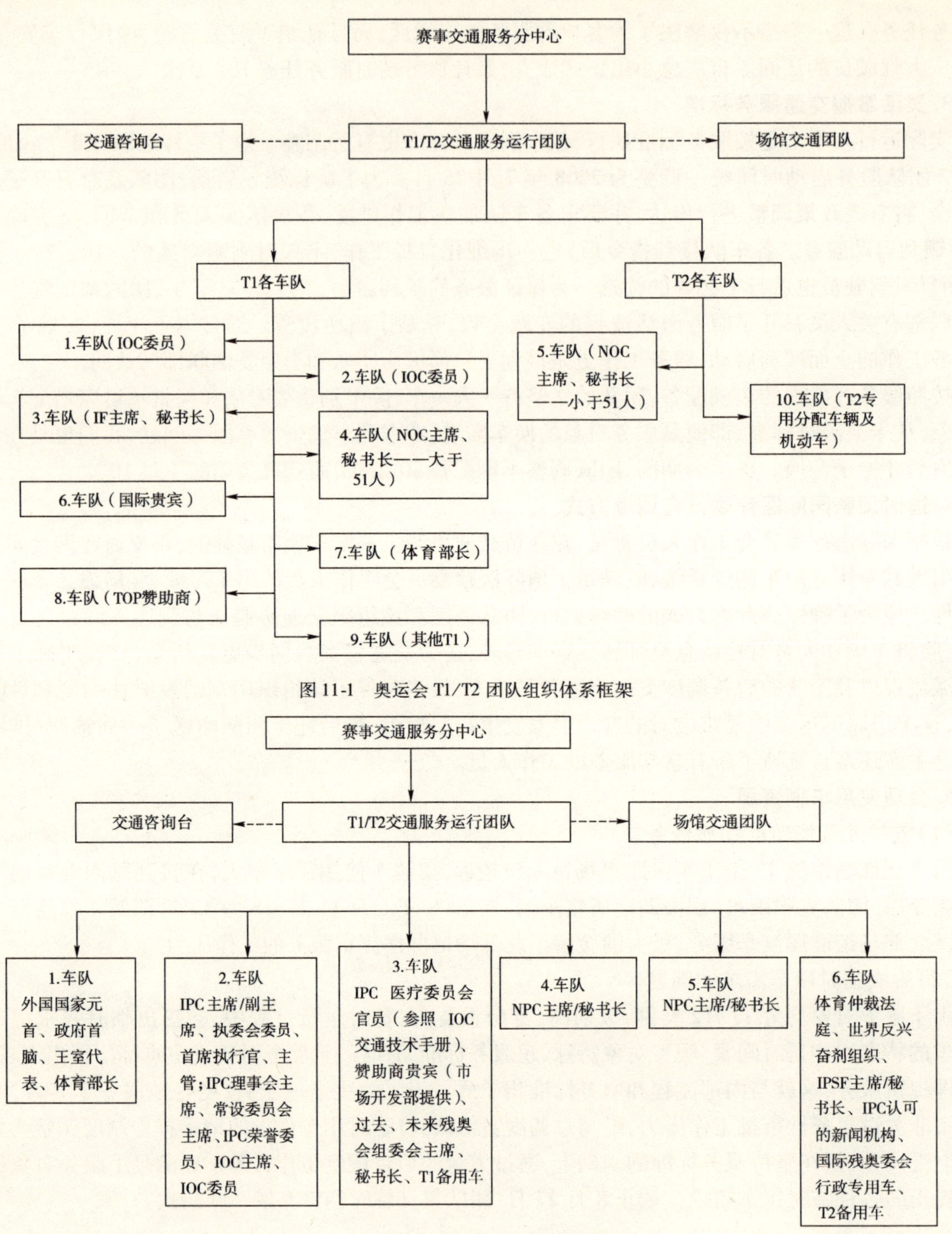


图 11-1　奥运会 T1/T2 团队组织体系框架

图 11-2　残奥会 T1/T2 团队组织体系框架

**2. 运行车队的划分**

运行方案中对于车队的划分，是基于服务对象类别实施的，体现了“级别一致、分类管理”的基本原则。

按照方案中的车队划分，奥运会赛时团队划编为 10 个车队，其中 T1 车队 8 个，包括负责 IOC 的第一车队、第二车队，负责 IF 主席/秘书长的第三车队，负责 NOC 主席/秘书长（51 人以上）的第四车队，负责国际贵宾的第六车队，负责各国体育部长的第七车队，负责赞助商的第八车队，以及负责其他 T1 服务对象的第九车队；T2 车 2 个，包括负责 NOC 主席/秘书长（50 人以下（含））的第五车队和负责其他 T2 服务对象的第十车队。

按照方案中的车队划分,残奥会赛时团队划编为6个车队,其中T1车队3个,包括负责国际贵宾的第一车队,负责IPC会主席、委员、名誉/荣誉委员的第二车队,负责医疗委员会、赞助商、过去未来组委会主席/秘书长的第三车队;T2车队3个,包括负责NPC主席/秘书长的第四车队、第五车队,负责世界反兴奋剂组织、国际体育仲裁法庭、新闻组织、IPSF主席/秘书长以及其他T2服务对象的第六车队。

赛时运行证明,车队划分清晰合理,既明确了各车队的服务对象,也有利于车队准确定位所辖服务对象,简化车队工作流程,实施统一的服务管理,极大的提高了团队特别是车队的服务效率。

(1)T1/T2客户群车辆配置,见表11-3,残奥会车辆配置见表11-4。

**奥运会车辆配置** 表11-3

| 客户类别 | 客户类别 | 车 型 | 车 数 |
|---|---|---|---|
| T1 | 国际奥委会主席 | 奥迪 | 1 |
| | | T5(奥迪) | 1 |
| T1 | 国际奥委会名誉主席 | 奥迪 | 1 |
| T1 | 协调委员会主席、皇室、国际奥委会委员、名誉委员 | 奥迪 | 130 |
| | | 奥迪 Avant | 1 |
| | | 伊斯坦纳 | 1 |
| | | 途安 | 7 |
| T1 | IOC部门主任 | 奥迪 | 13 |
| | | 途安 | 3 |
| T1 | 95个国家(地区)奥委会主席和秘书长(参赛运动员人数大于等于51)(参照雅典) | 奥迪 | 186 |
| | | 伊斯坦纳 | 1 |
| | | 途安 | 3 |
| T1 | 赞助商贵宾 | 奥迪 | 46 |
| T1 | 国际奥委会新闻委员会 | 奥迪 | 17 |
| 专用分配车辆 | IOC运动员委员会 | 奥迪 | 4 |
| 专用分配车辆 | 邀请的国际组织及其他重要客人 | 奥迪 | 40 |
| | | 伊斯坦纳 | 40 |
| T3 | 外国国家元首、政府首脑、王室成员及随员 | 奥迪 | 110 |
| | | 伊斯坦纳 | 110 |
| T3 | 各国体育部长 | 帕萨特 | 123 |
| | | | 57 |
| T1 | T1备用车 | 迈腾 | 16 |
| | | | 14 |
| | | 奥迪 | 16 |
| | | 7座途安 | 6 |
| 专用分配车辆 | IOC指定人员(罗格夫人/主席办公室,其他高层/IOC特别客人) | 奥迪 | 42 |
| | | 7座途安 | 12 |
| | | 伊斯坦纳 | 5 |
| 合计 | | | 1062 |
| T2 | 110个国家(地区)奥委会主席和秘书长(运动员人数小于51) | 奥迪 | 39 |
| | | | 69 |
| | | 7座途安 | 2 |
| 专用分配车辆 | 国际奥委会医疗委员会 | 速腾(白色) | 20 |

续上表

| 客户类别 | 客户类别 | 车　型 | 车　数 |
|---|---|---|---|
| 专用分配车辆 | 世界反兴奋剂组织 | 速腾 | 10 |
| 专用分配车辆 | 体育仲裁法庭 | 速腾 | 10 |
| 专用分配车辆 | 国际奥委会行政用车(IOC 赛时协调办公室,TMS 部门,接待服务,IOC 物流及技术) | 奥迪 | 5 |
| | | 速腾 | 6 |
| | | 途安 | 7 |
| T2 | 国际摄影车队 | 伊斯坦纳 | 8 |
| | 国家摄影车队 | | 2 |
| T2 | T2 备用车 | 速腾 | 10 |
| | | 奥迪 | 2 |
| | | 伊斯坦纳 | 6 |
| 合计 | | | 196 |

**残奥会车辆配置**

表 11-4

| 服务对象 | 车数 | 车　型 | |
|---|---|---|---|
| 外国国家元首、政府首脑、王室代表、体育部长 | 154 | 40 | 奥迪 A6LCVT2.0 |
| | | 40 | 15 座伊斯坦纳旅行 |
| | | 70 | 帕萨特领驭 |
| | | 4 | 伊斯坦纳无障碍旅行车 |
| IPC 主席/副主席、执委会委员、首席执行官、主管;IPC 理事会主席、常设委员会主席、IPC 荣誉委员、IOC 主席、IOC 委员 | 74 | 73 | 奥迪 A6LCVT2.0 |
| | | 1 | 伊斯坦纳无障碍旅行车 |
| IPC 医疗委员会官员(参照 IOC 交通技术手册)、赞助商贵宾(市场开发部提供)、过去、未来残奥会组委会主席、秘书长、T1 备用车 | 43 | 32 | 奥迪 A6LCVT2.0 |
| | | 2 | 伊斯坦纳无障碍旅行车 |
| | | 9 | 速腾 1.6 白色 |
| NPC 主席/秘书长 | 81 | 73 | 速腾 1.6 |
| | | 8 | 伊斯坦纳无障碍旅行车 |
| NPC 主席/秘书长 | 81 | 73 | 速腾 1.6 |
| | | 8 | 伊斯坦纳无障碍旅行车 |
| 体育仲裁法庭、世界反兴奋剂组织、IPSF 主席/秘书长、IPC 认可的新闻机构、国际残奥委会行政专用车、T2 备用车 | 81 | 70 | 速腾 1.6 |
| | | 7 | 15 座伊斯坦纳旅行车 |
| | | 4 | 伊斯坦纳无障碍旅行车 |
| 合计 | 516 | | |

(2)各车队车辆分配,见表 11-5、表 11-6。

**3. 赛时团队各组织机构主要工作职责**

由于奥运会、残奥会在组织机构设置上基本一致,因此相关工作职责可归结如下。

(1)T1/T2 交通服务运行团队工作职责。

负责制订 T1/T2 客户群的交通服务方案,编制运行计划;负责组织对 T1/T2 客户群交通服务运行的整体调度管理;负责对所辖场站、各车队交通运行情况进行监控;负责本团队内部车辆、人力资源的配置;负责所属车辆在执行服务任务时,遇到的突发和应急交通运行事件做出响应,以最优的解决方案指导场站、车队、驾驶员应对此类事件;负责对基础运营数据进行汇总并上报赛事交通服务运行中心等。

(2)T1/T2 车队工作职责。

接受 T1/T2 交通服务团队指挥，组织管理本车队；掌握所属驾驶员、车辆的相关信息，编制驾驶员名单、车号表，负责驾驶员、车队调度制证的相关工作，发放车证，发放服装；组织驾驶员交接车辆；管理 T1/T2 车队调度室；制定本车队所属人员的班次轮换计划和制订考勤管理办法；发放、管理车辆钥匙、通信器材、油卡、洗车卡；负责本车队基础信息/数据的统计、汇总工作，并上报 T1/T2 交通服务团队调度；负责对所属车辆发生紧急情况时，在第一时间做出应急处理，并及时上报 T1/T2 交通服务团队；负责本车队安全、服务、车辆卫生、驾驶员仪表仪容、车辆技术保障、监督管理等工作等。

**奥运会各车队车型、车数分配表**　　表 11-5

| 车　　型 | 合计 | 一队 | 二队 | 三队 | 四队 | 五队 | 六队 | 七队 | 八队 | 九队 | | 十队 | | 调度室 | 统计数字 |
|---|---|---|---|---|---|---|---|---|---|---|---|---|---|---|---|
| | | | | | | | | | | 车数 | 备份 | 车数 | 备份 | | |
| 奥迪 A6LCVT2.0 | 779 | 77 | 56 | 56 | 186 | 108 | 150 | | 54 | 63 | 16 | 5 | 2 | 6 | 779 |
| 奥迪 T5 | 1 | 1 | | | | | | | | | | | | | 1 |
| 伊斯坦纳 | 173 | 2 | | | 1 | | 149 | | | 5 | | 10 | 6 | | 173 |
| 7 座途安 | 40 | 3 | 7 | | 3 | 2 | | | | 12 | 6 | 7 | | | 40 |
| 帕萨特领驭 1.8T | 180 | | | | | | | 180 | | | | | | | 180 |
| 迈腾 1.8T AT | 30 | | | | | | | | | | 30 | | | | 30 |
| 速腾 1.6 | 56 | | | | | | | | | | | 46 | 5 | 5 | 56 |
| AVANT | 1 | 1 | | | | | | | | | | | | | 1 |
| 无障碍伊斯坦纳 | 10 | 1 | | | | | | | | | | | 8 | 1 | 10 |
| 总计 | 1270 | 85 | 63 | 56 | 190 | 110 | 299 | 180 | 54 | 80 | 52 | 68 | 21 | 12 | 1270 |

**残奥会各车队车型、车数分配表**　　表 11-6

| 车　型 | 合计 | 一队 | 二队 | 三队 | 四队 | 五队 | 六队 | 调度室 |
|---|---|---|---|---|---|---|---|---|
| 奥迪 A6LCVT2.0 | 145 | 40 | 73 | 32 | 0 | 0 | 0 | 0 |
| 伊斯坦纳 | 47 | 40 | 0 | 0 | 0 | 0 | 7 | 0 |
| 帕萨特领驭 1.8T | 70 | 70 | 0 | 0 | 0 | 0 | 0 | 0 |
| 速腾 1.6 | 225 | 0 | 0 | 9 | 73 | 73 | 70 | 0 |
| 无障碍伊斯坦纳 | 27 | 4 | 1 | 2 | 8 | 8 | 4 | 0 |
| 总计 | 514 | 154 | 74 | 43 | 81 | 81 | 81 | 0 |

（3）场馆交通团队所担负的 T1/T2 工作职责（指配合 T1/T2 团队应履行的职责）。

执行 T1/T2 交通服务团队制订的交通服务方案；设计本场馆的 T1/T2 交通服务运行计划；与场馆交通服务副经理协调，确保奥运会赛时 T1/T2 交通服务各项工作任务在本场馆的有效实施；负责本场馆 T1/T2 交通服务信息/数据的汇总和上报；负责对场馆 T1/T2 交通服务出现的紧急情况，按预案要求在第一时间做出应急处理，并及时上报其直辖车队；负责对本场馆 T1/T2 车辆的现场调派；于赛前制订并调整安排好在本场馆工作的 T1/T2 团队成员（包括助理志愿者）的班次轮换（排班表）；安排好在本场馆工作的 T1/T2 团队成员（包括助理志愿者）的交通、休息、用餐、饮水；

（4）交通咨询台的 T1/T2 工作职责（指配合 T1/T2 团队应履行的职责）。

识别客人的交通服务级别；为客人/上下车区调度/驾驶员提供语言支持；登记客人预计用车时间，并通过车场调度通知驾驶员，减少客人等候时间；与上下车区调度保持信息沟通，将专车等候位置告知客人/大家庭助理/交通服务助理，引导客人上车；在 07:00～24:00 期间，帮助客人/大家庭助理与专车驾驶员、T1/T2 分中心、呼叫中心联系，为客人安排车辆；在 00:00～07:00 期间，帮助客人/大家庭助理与 T3 分中心联系或呼叫中心联系，为客人安排车辆；将客户投诉、表扬、建议反馈给 T1/T2 交通服务团队。

**4. T1/T2 团队与相关职能部门的沟通联络机制**

（1）团队与赛事交通服务分中心的关系。

赛时运行过程中，团队直接接受赛事交通服务分中心的领导，按赛事交通服务分中心的指令开展运行工作。遇有超标准、超范围以及突发事件时，团队都会及时向赛事交通服务分中心汇报，并按赛事交通服务分中心发出的最终指令行事。

(2)团队与各职能组的关系。

作为赛事交通服务分中心的职能组，团队配合其开展工作。各职能组也为团队顺利开展运行工作提供了强有力的保障。例如与总调度室的相互配合，一方面，通过持续沟通，团队完成了200余车次的临时性任务，提高了团队整体的服务效率和服务质量；另一方面，通过实时的信息传递，总调度室基本掌握了团队各类信息，为其进行调度决策提供了信息支持。

(3)团队与场馆团队的关系。

团队和场馆交通团队是平级单位，相互独立，不存在隶属关系，但在业务上团队与场馆交通团队相互配合，特别是在场馆运行过程中，团队所属车辆及驾驶员服从场馆交通团队的指挥。特殊情况下，场馆团队也为驾驶员解决一定的后勤保障问题，比如就餐、饮水、停车等问题。同时，在场馆团队遇到管理问题时，团队也协助其解决了诸多问题，例如个别驾驶员不听从现场指挥、车辆乱停乱放、联络驾驶员等。

(4)加强与国际奥委会及各主责部门的沟通。

作为服务运行的基础层面，团队积极与国际奥委会及各主责部门进行沟通，特别是在国际奥委会第120次全会、开幕式、闭幕式、抵离、欢迎宴会等重大活动前，都会与国联部、国际奥委会召开专门会议就有关问题进行研究，明确上下车地点、行驶路线、集结时间、发车时间、服务要求等，确保了交通服务工作的万无一失，如：颁奖高峰时段的调度安排。随着赛事的全面展开，金牌不断产生，T1客人参加颁奖活动也逐步增多。本着高度负责的工作态度，不仅从服务角度出发，更是从政治角度出发，时刻关注颁奖高峰时段各车队的调度工作。一方面，积极与奥组委国联部沟通，提前一天获取颁奖嘉宾的出行信息，并将信息下发到各有关车队；另一方面，加大对各车队调度工作的监督指导，随时检查颁奖客人的车辆调度落实情况。通过工作，确保了颁奖交通工作的绝对准时。

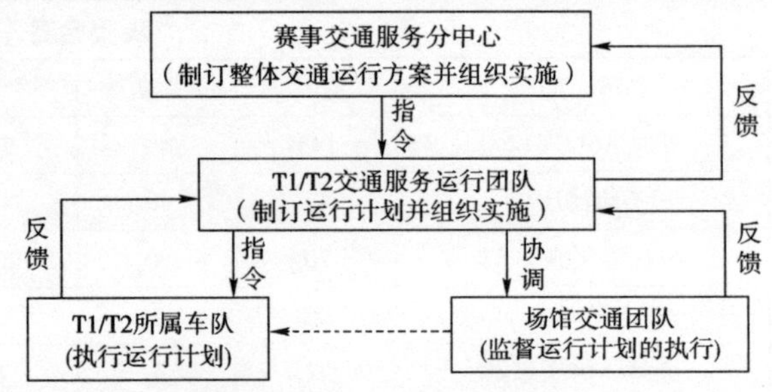

图11-3 指挥体系的信息衔接流程

(5)指挥体系的信息衔接流程，见图11-3。

## 二、T1/T2调度系统的构建及运用

根据T1/T2运行的特点，T1/T2调度系统分为交通服务团队调度、车队调度和现场调度三级调度。现场调度包括场馆上下车区交通服务助理、场馆停车场(P6)交通管理助理、场站停车场调度等。一级调度设置在T1/T2交通服务运行团队，二级调度设置在T1/T2所属各车队，三级调度设置在场站、场馆以及其他官方设施等处的停车场、上下车区。各级调度之间通过移动电话、座机电话、传真、奥运专网等方式进行沟通，合理分配、调派车辆资源，使车辆利用率达到最大化。

T1/T2调度系统岗位设置为：交通服务团队调度岗(一级调度)，交通服务团队调度助理岗(一级调度助理)；车队调度岗(二级调度)，车队调度助理岗(二级调度助理)；T1/T2场馆上下车区调度岗(三级调度)，T1/T2场馆上下车区交通服务助理岗(三级调度助理)；T1/T2场馆停车区交通管理助理岗(三级调度助理)和T1/T2场站停车区交通管理助理岗(三级调度)。

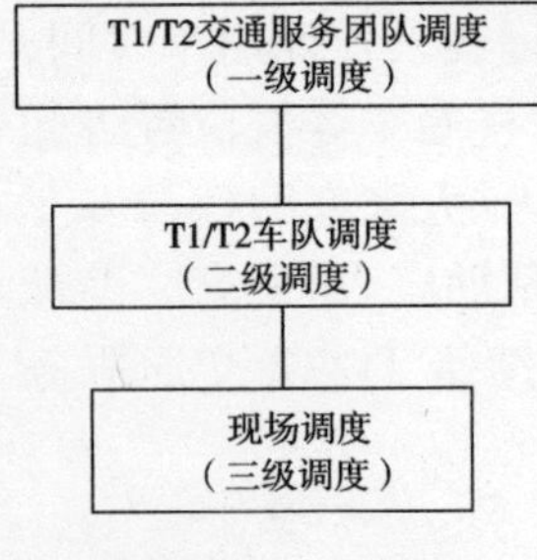

图11-4 三级调度

调度分级见图11-4。

### 1. 调度岗位职责

(1)一级调度下分专业调度和调度助理。

①专业调度职责：参与制订T1/T2客户群的交通服务方案，编制整体运行

计划；负责组织实施交通运行计划；负责对所有 T1/T2 车辆的统一调派，协调竞赛场馆、训练场馆及非竞赛场馆间的车辆运行；对所有 T1/T2 车辆的运营数据进行汇总，并根据汇总数据分析 T1/T2 客人的用车需求变化；为团队的决策及优化车辆调派提供数据支持。

②调度助理职责：负责协助专业调度的日常工作，做好各类信息的汇总、统计及报表工作；提供语言支持，向专业调度汇报工作。

（2）二级调度由专业调度和调度助理组成。

①专业调度职责：接受 T1/T2 交通服务团队的指令，编制所属车队车辆的运行计划，安排车辆；负责指派、督促驾驶员出车；负责受理各类临时信息，并及时上传下达；当所属车辆或驾驶员出现紧急事件时，负责及时上报 T1/T2 团队，请求协助；负责监督执行任务驾驶员的报班/销班；负责汇总当日交通服务信息，并上报 T1/T2 团队总调度；负责驾驶员在执行业务找不到客人时，协助驾驶员与客人或大家庭助理联系。

②调度助理职责：负责协助专业调度的日常工作，做好各类信息的汇总、统计及报表工作；提供语言支持，向专业调度汇报工作；负责驾驶员上下班时的签到签退；负责在一个班次驾驶员下班签退时，收取驾驶员在该班次的行车《行车记录单》；负责驾驶员在执行业务找不到客人时，协助专业调度与客人或大家庭助理联系。

（3）三级调度有上下车区专业调度、上下车区调度助理和停车场调度之分。

上下车区专业调度负责与有关部门协调 T1/T2 客人用车事宜；负责确认并记录车辆到达、发车时间；根据所属场馆交通服务台或大家庭助理提供的信息及时为 T1/T2 客户调派车辆；负责与停车场调度保持沟通，掌握停车场可用车位数，当出现停车位短缺时及时与所属场馆副经理联系，请求启动备用停车场。

上下车区调度助理协助专业车辆调度的工作；负责提供语言支持；负责将客人引导至 T1/T2 上下车区；向专业调度汇报工作；负责每日统计车辆调派数据，汇总后上报二级调度。

停车场调度负责 T1/T2 客户群驾驶员在停车场的停车引导与管理；提示驾驶员做好车辆整洁和发车准备；配合停车场指挥做好车辆的顺序停放工作；负责与上下车区调度及时沟通，保证车辆及时到达上下车区。

**2. 调度工作流程**

调度工作流程见图 11-5。

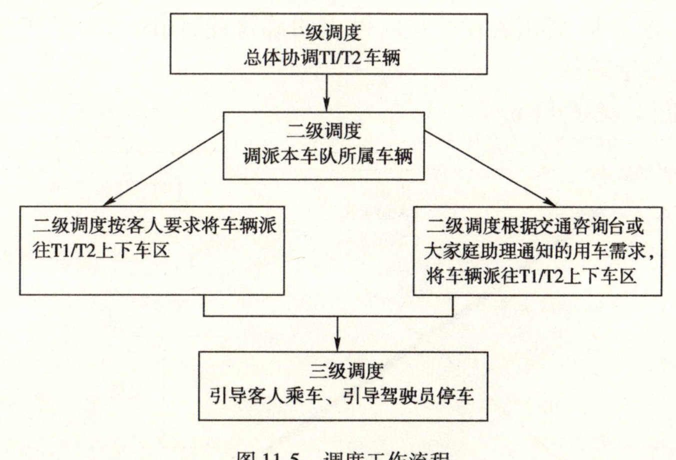


图 11-5 调度工作流程

**3. 调度工作方式**

根据 T1/T2 客户联络途径的不同，赛时调度方式分为直接式调度和间接式调度两大类。在运行方案中，通过对 T1/T2 服务对象联络途径的判断，将调度方式划分为直接式调度和间接式调度两大类。直接式调度是指 T1/T2 服务对象、大家庭助理或交通服务台不通过车队调度直接与驾驶员确定车辆的使用安排；间接式调度是指 T1/T2 服务对象、大家庭助理或交通服务台不与驾驶员直接联系，而是联系交通服务团队或车队，确定车辆的使用安排。服务对象在使用直接式调度方式时，若车辆调派不是由大家庭助理实施的，驾驶员应在第一时间通知大家庭助理，以实现信息共享。如客户采用间接方式，车队应采取电话的方式与驾驶员进行点对点的直接沟通。

与此同时，明确了大家庭IOC成员、各国体育部长、NOC主席/秘书长、IF主席/秘书长及赞助商等配备大家庭助理的服务对象，其车辆调派以大家庭助理直接调度为主；对于国际医疗委员会、世界反兴奋剂组织、体育仲裁法庭、IOC行政部门、国际/国家摄影团队等未配备大家庭助理的服务对象，配备1名交通协调员负责与其沟通联络，获取行程安排、调派车辆，其车辆调派以交通协调员间接调度为主。

在赛时运行过程中，两种调度方式全部得到运用，各类服务对象基本按照既定调度方式使用车辆，极大的提高了调度系统的效率。

(1)调度工作时间。

由于T1/T2交通服务规定的时间为7:00～24:00(每天17小时)，其他时间T1/T2客人使用T3交通服务。为此，T1/T2车辆调度的工作时间将与该时间保持一致，即7:00～24:00，并且划分为早晚两个班次，早班7:00～16:00，晚班16:00～24:00。但为了保证T1/T2客户服务的连续性，在规定服务时间之外，安排T1/T2夜间值班调度，其工作时间为0:00～7:00。T1/T2团队及所属各车队的值班工作均由团队管理人员和车队管理人员担任。

(2)调度工作范围。

奥林匹克大家庭T1人员、各国体育部长及T2级别中代表团人数50人(含)以下的国家奥委会主席秘书长所配车辆为专用车辆，且均配有大家庭助理，其车辆调派由大家庭助理直接联系驾驶员，调度负责每日统计相关数据、信息、驾驶员报班/销班、收发物品及协助大家庭助理调派车辆等。国际贵宾由国际贵宾协调接待中心统一安排，并未配备大家庭助理。

国际医疗委员会、世界反兴奋剂组织、体育仲裁法庭、IOC行政部门、国际/国家摄影团队的用车，为T2类别的合乘专用车。分配给他们的车辆由其自行管理、自由支配，届时组委会将分别为其配备1名交通联络员，负责与其沟通，获取行程安排、用车要求等信息。同时，相应车队将分别为其配备1名专职调度，该调度与联络员紧密合作，根据客户的行程及用车要求，安排所属车辆。

(3)调度交接班方式。

调度的交接班方式采取的是面对面方式，且交接时间与驾驶员的运行班制保持一致。交接过程中，前一班次的调度将本班次内的简要情况向接班调度进行简要介绍，特别是对于未处理的需求、等待确认的需求、紧急需求等非常态需求，必须要在交接时做出明确说明，同时将有关工作文件一同转交给接班调度，并在交接班记录上签字确认。

(4)调度业务受理流程，见图11-6。

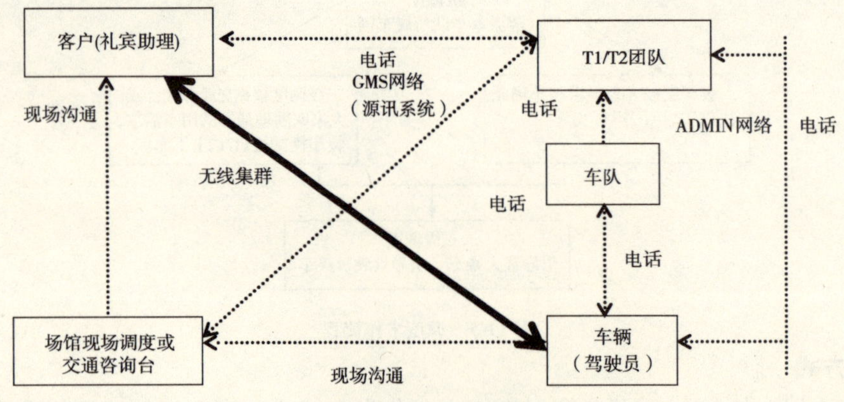


图11-6 调度业务受理流程

说明：实线为业务受理的主要方式，在实际运行过程中使用最为广泛；虚线为业务受理的辅助方式，但在一些特殊情况下可以帮助客户迅速的找到自己的车辆和驾驶员。

**4. 调度系统的技术支持**

由于调度工作的即时性和随机性，调度系统在技术上对通信系统有高度的依赖和较高的要求，赛时使用的技术设备包括：每部车辆配备一部移动电话；车辆卫星监控系统（GPS）；无限集群通话系统。特别是 GPS 监控系统的使用给管理工作带来了极大的工作便利。通过 GPS 系统，可以实时监控车辆运行情况，不仅可以发现车辆集中前往的热点赛区，还可以有效地监控车辆运行范围。同时，使用 GPS 系统，可监测超范围运行情况。赛时共监测到 5 次私自超范围运行事件，并及时纠正违规行为。

**5. 信息汇总渠道、信息分析**

T1/T2 团队通过驾驶员填写《行车记录单》的方式对车辆运行信息进行收集，所收集的信息包括行驶公里、工作时间、行驶路线等。工作结束后，驾驶员将《行车记录单》交至所属车队调度室，车队调度助理负责将《行车记录单》中的信息录入 PC 机，运用 T1/T2 调度管理系统对有关数据进行分析，并获得所需的信息。同时，T1/T2 团队通过即时手段对安全服务情况、典型服务事件等信息进行收集，见图 11-7。

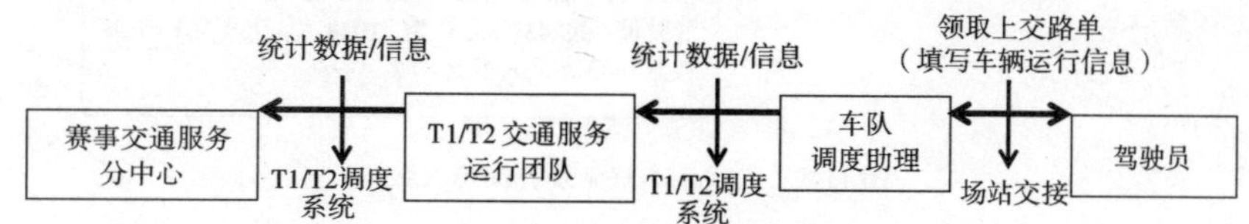


图 11-7 信息报送流程图

具体工作流程是：驾驶员上班前，到车队报告并领取当日《行车记录单》和钥匙；驾驶员下班后，将填写好的当日《行车记录单》和钥匙交回车队，并确认次日服务任务。车队调度助理将《行车记录单》内容、安全服务情况、典型服务事件及时输入 PC 机并提交系统汇总，并将汇总信息上传给 T1/T2 交通服务运行团队值班调度。T1/T2 交通服务运行团队值班调度助理在接到本团队各车队的运行信息后，对全部信息进行汇总和分析，并将信息上报给赛事交通服务分中心。

## 三、T1/T2 团队人力资源调配及岗位职责

**1. 团队管理结构及岗位设置**

T1/T2 交通服务运行团队管理结构依据两级组织构架划分为两级管理，一级为 T1/T2 交通服务运行团队管理层，二级为车队管理层。在团队管理层岗位设置：团队主任、团队副主任、团队主任助理、团队副主任助理、团队调度、团队调度助理；在车队管理层设置：车队队长、车队副队长、车队调度、车队调度助理。

奥运会期间，T1/T2 交通服务运行团队各类管理人员共计 152 人。团队主任来源于北京首汽（集团）股份有限公司，另外两名专业副主任分别来自北京首汽（集团）股份有限公司商务车分公司和北汽九龙股份有限公司。其他专业管理人员主要来源于北京市各运输企业，包括首汽集团、北汽集团、银建公司、北方租赁、长江出租、凤凰出租、金建公司、海洋出租、双环出租、海玉出租等 20 余家运输企业。团队交通服务助理人员全部来源于本市高等院校。

（1）人员基本框架和各岗位人数见图 11-8。

（2）赛时团队管理人员人力资源配备。

①奥运会专业车辆管理人员及调度人员配备，见表 11-7。

②残奥会专业车辆管理人员及调度人员配备，见表 11-8。

③奥运会/残奥会各场馆/场所专业调度人员配备，见表 11-9。

奥运会赛时运行中，31 个竞赛场馆的 62 名现场调度不是由 T1/T2 团队配备，而是由场馆团队配备，双方相互配合工作没有隶属关系。总部饭店、奥运村、IBC/MPC、接待中心的现场调度由团队挑选并实施培训，业务上受团队指导，但注册、后勤保障等工作由所对应的场馆团队负责。

残奥会情况与奥运会基本一致，未进行大范围调整，只是根据需要将残奥总部饭店上下车去调度调

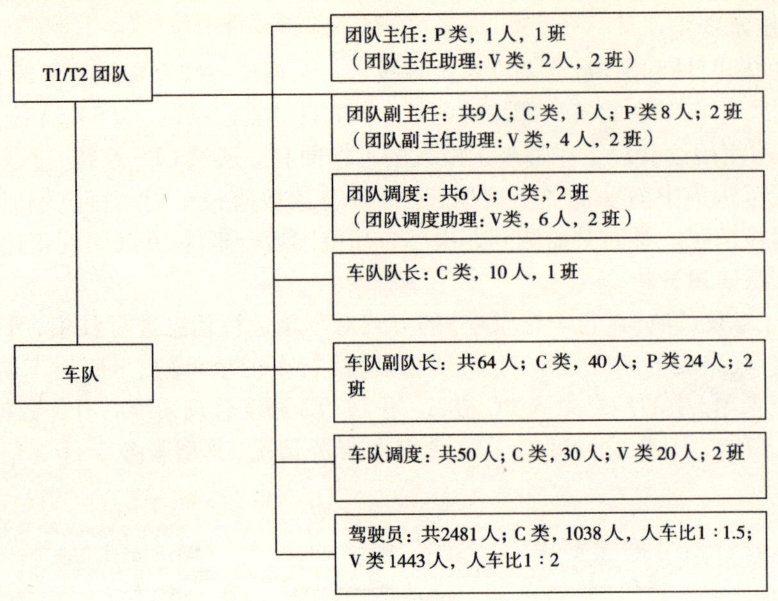


图 11-8　人员基本框架及各岗位人数

整为10人。

**奥运会专业车辆管理人员及调度人员配备**　　表 11-7

| T1/T2 运行团队/车队 | 团队/车队管理人员 | 团队/车队调度 | 合计 |
|---|---|---|---|
| T1/T2 团队 | 3人(1班) | 6人(2班) | 9人 |
| 1车队(IOC委员)(84部车) | 5人,队长1人(1班),副队长4人(2班) | 2人(2班) | 7人 |
| 2车队(IOC委员)(74部车) | 5人,队长1人(1班),副队长4人(2班) | 2人(2班) | 7人 |
| 3车队(IF主席及秘书长)(56部车) | 5人,队长1人(1班),副队长4人(2班) | 2人(2班) | 7人 |
| 4车队(NOC主席秘书长/大于51人)(190部车) | 5人,队长1人(1班),副队长4人(2班) | 2人(2班) | 7人 |
| 5车队(NOC主席秘书长/小于51人)(110部车) | 5人,队长1人(1班),副队长4人(2班) | 2人(2班) | 7人 |
| 6车队(国际贵宾)(300部车) | 5人,队长1人(1班),副队长4人(2班) | 2人(2班) | 7人 |
| 7车队(体育部长)(180部车) | 5人,队长1人(1班),副队长4人(2班) | 2人(2班) | 7人 |
| 8车队(TOP赞助商)(46部车) | 5人,队长1人(1班),副队长4人(2班) | 2人(2班) | 7人 |
| 9车队(其他T1)(137部车) | 5人,队长1人(1班),副队长4人(2班) | 2人(2班) | 7人 |
| 10车队(T2专用车辆及机动车)(86部车) | 5人,队长1人(1班),副队长4人(1班) | 12人(2班) | 17人 |
| 合计:1个核心团队,10个车队 | 53人 | 36人 | 89人 |

**残奥会专业车辆管理人员及调度人员配备**　　表 11-8

| T1/T2 运行团队/车队 | 团队/车队管理人员 | 团队/车队调度 | 合计 |
|---|---|---|---|
| T1/T2 团队 | 3人(一班) | 6人(2班) | 9人 |
| 1车队 | 5人,队长1人(1班),副队长4人(2班) | 2人(2班) | 7人 |
| 2车队 | 5人,队长1人(1班),副队长4人(2班) | 2人(2班) | 7人 |
| 3车队 | 5人,队长1人(1班),副队长4人(2班) | 2人(2班) | 7人 |
| 4车队 | 5人,队长1人(1班),副队长4人(2班) | 2人(2班) | 7人 |
| 5车队 | 5人,队长1人(1班),副队长4人(2班) | 2人(2班) | 7人 |
| 6车队 | 5人,队长1人(1班),副队长4人(2班) | 2人(2班) | 7人 |
| 合计:1个核心团队,6个车队 | 33人 | 18人 | 51人 |

奥运会/残奥会各场馆/场所专业调度人员配备表　　表 11-9

| 场馆/场所 | T1/T2 上下车区调度（交通服务助理） | T1/T2 停车区调度（交通管理助理） | T1/T2 场站停车场调度（专业） | 合计 |
|---|---|---|---|---|
| 31 个竞赛场馆 | 62 人<br>分 2 班，每班 1 人 | 62 人<br>分 2 班，每班 1 人 | 0 | 124 人 |
| 总部饭店 | 12 人<br>2 班，北京饭店、莱佛士、贵宾楼每班 2 人，共三处上下车区 | 0 | 17 人，2.5 班，（白天 2 班，地面 3 人/班，地下 3 人/班，夜间 0.5 班，地面 3 人，地下 2 人） | 29 人 |
| 奥运村 | 2 人<br>2 班，每班 1 人 | 2 人<br>2 班，每班 1 人 | 0 | 4 人 |
| IBC/MPC | 2 人<br>2 班，每班 1 人 | 2 人<br>2 班，每班 1 人 | 0 | 4 人 |
| 赞助商接待中心（IOC 俱乐部） | 2 人<br>2 班，每班 1 人 | 2 人<br>2 班，每班 1 人 | 0 | 4 人 |
| 合计 | 80 人 | 68 人 | 17 人 | 165 人 |

④奥运会交通服务助理人员配备，见表 11-10。

奥运会交通服务助理人员配备表　　表 11-10

| 单　位 | 运行团队主任助理 | 运行团队副主任助理 | 运行团队调度助理 | 车队调度助理 | T1/T2 上下车区调度助理 | 合计 |
|---|---|---|---|---|---|---|
| T1/T2 交通运行团队 | 2 人<br>分二班，<br>每班 1 人 | 4 人<br>分 2 班，<br>每班 2 人 | 6 人<br>分 2 班，<br>每班 3 人 | 0 | 0 | 12 |
| 1 车队（IOC 委员） | 0 | 0 | 0 | 2 人，分 2 班 | 0 | 2 |
| 2 车队（IOC 委员） | 0 | 0 | 0 | 2 人，分 2 班 | 0 | 2 |
| 3 车队（IF 主席及秘书长） | 0 | 0 | 0 | 2 人，分 2 班 | 0 | 2 |
| 4 车队（ NOC 主席秘书长/大于 51 人） | 0 | 0 | 0 | 2 人，分 2 班 | 0 | 2 |
| 5 车队（ NOC 主席秘书长/小于 51 人） | 0 | 0 | 0 | 2 人，分 2 班 | 0 | 2 |
| 6 车队（国际贵宾） | 0 | 0 | 0 | 2 人，分 2 班 | 0 | 2 |
| 7 车队（体育部长） | 0 | 0 | 0 | 2 人，分 2 班 | 0 | 2 |
| 8 车队（TOP 赞助商） | 0 | 0 | 0 | 2 人，分 2 班 | 0 | 2 |
| 9 车队（其他 T1） | 0 | 0 | 0 | 2 人，分 2 班 | 0 | 2 |
| 10 车队（T2 专用车辆及机动车） | 0 | 0 | 0 | 2 人，分 2 班 | 0 | 2 |
| 31 个竞赛场馆 | 0 | 0 | 0 | 0 | 0 | 0 |
| 总部饭店 | 0 | 0 | 0 | 0 | 12 人<br>分 2 班，北京饭店、莱佛士、贵宾楼每班 2 人，三个上下车区 | 12 |

续上表

| 单　位 | 运行团队主任助理 | 运行团队副主任助理 | 运行团队调度助理 | 车队调度助理 | T1/T2 上下车区调度助理 | 合计 |
|---|---|---|---|---|---|---|
| 奥运村 | 0 | 0 | 0 | 0 | 2 人<br>分 2 班，每班 1 人 | 2 |
| IBC/MPC | 0 | 0 | 0 | 0 | 2 人<br>分 2 班，每班 1 人 | 2 |
| 赞助商接待中心（IOC 俱乐部） | 0 | 0 | 0 | 0 | 2 人<br>分 2 班，每班 1 人 | 2 |
| 机场 | 0 | 0 | 0 | 0 | 0 | 0 |
| 合计 | 2 人 | 4 人 | 6 人 | 20 人 | 18 人<br>（场馆团队负责配备） | 50 人 |

奥运会赛时运行中，在团队内部配备了 32 名助理；31 个竞赛场馆、总部饭店、奥运村、IBC/MPC、接待中心等场馆并未配备助理。

另外，47 处独立训练场馆、29 家 IF 饭店、赞助商饭店、媒体村、奥运大厦和官方指定场所的 T1/T2 上下车区调度或助理与其他运行团队共用，没有单独配置。

⑤残奥会交通服务助理人员配备，见表 11-11。

**残奥会交通服务助理人员配备表**　　表 11-11

| 单　位 | 运行团队主任助理 | 运行团队副主任助理 | 运行团队调度助理 | 车队调度助理 | T1/T2 上下车区调度助理 | 合计 |
|---|---|---|---|---|---|---|
| T1/T2 交通运行团队 | 2 人<br>分 2 班，每班 1 人 | 4 人<br>分 2 班，每班 2 人 | 6 人<br>分 2 班，每班 3 人 | 0 | 0 | 12 |
| 1 车队 | 0 | 0 | 0 | 2 人，分 2 班 | 0 | 2 |
| 2 车队 | 0 | 0 | 0 | 2 人，分 2 班 | 0 | 2 |
| 3 车队 | 0 | 0 | 0 | 2 人，分 2 班 | 0 | 2 |
| 4 车队 | 0 | 0 | 0 | 2 人，分 2 班 | 0 | 2 |
| 5 车队 | 0 | 0 | 0 | 2 人，分 2 班 | 0 | 2 |
| 6 车队 | 0 | 0 | 0 | 2 人，分 2 班 | 0 | 2 |
| 各个竞赛场馆 | 0 | 0 | 0 | 0 | 0 | 0 |
| 总部饭店 | 0 | 0 | 0 | 0 | 10 人<br>分 2 班，港澳中心酒店，每班 1 人 | 10 |
| 奥运村 | 0 | 0 | 0 | 0 | 2 人<br>分 2 班，每班 1 人 | 2 |
| IBC/MPC | 0 | 0 | 0 | 0 | 2 人<br>分 2 班，每班 1 人 | 2 |
| 赞助商接待中心（IOC 俱乐部） | 0 | 0 | 0 | 0 | 2 人<br>分 2 班，每班 1 人 | 2 |
| 机场 | 0 | 0 | 0 | 0 | 0 | 0 |
| 合计 | 2 人 | 4 人 | 6 人 | 12 人 | 16 人<br>（场馆团队负责配备） | 40 人 |

残奥会赛时运行中，T1/T2 团队只在团队内部配备了 24 名助理；各竞赛场馆、总部饭店、奥运村、IBC/MPC、接待中心等场馆并未配备助理。另外，有关独立训练场馆、媒体村、奥运大厦和官方指定场所的 T1/T2 上下车区调度或助理与其他运行团队共用，没有单独配置。

**2. 团队管理岗位工作职责**

团队管理设置 10 大工作岗位，分别是团队主任、副主任、团队主任助理、团队副主任助理、团队调度、团队调度助理、车队队长、车队副队长、车队调度、车队调度助理。

(1)团队主任。

负责本团队整体交通服务运行计划制定；组织制订交通服务实施方案；负责培训和管理本团队所属工作人员及志愿者；协调本团队相关部门，确保奥运会赛时交通服务各项工作任务在本团队得到有效实施；执行赛事交通服务分中心的指令，负责交通服务运行信息的上报；负责本团队内各种交通服务设备、设施的配置与管理；负责对本团队交通服务出现的紧急情况，在第一时间做出应急处理，并及时上报赛事交通服务分中心。

(2)团队副主任。

①运行服务副主任：负责协助团队主任制订本团队交通服务运行计划；配合团队主任实施本团队交通服务运行计划；负责受理客户投诉，在规定时间内对投诉进行回复，根据情况对被投诉驾驶员、调度、志愿者进行相应处理；执行团队主任下达的指令，督促交通服务运行信息的收集；协助团队主任对本团队交通服务出现的紧急情况进行应急处理；完成团队主任交给的其他工作。

②安全副主任：负责协助团队主任制订本团队交通服务运行计划；配合团队主任实施本团队交通服务运行计划；负责指导车队对驾驶员进行日常安全教育，督促车队安全培训得到有效落实，确保行车安全；在第一时间内，对所属车辆发生的交通事故进行处理，并将事故情况和处理结果上报给团队主任；完成团队主任交给的其他工作。

③车辆技术副主任：负责协助团队主任制订本团队交通服务运行计划；配合团队主任实施本团队交通服务运行计划；负责指导车队对驾驶员进行驾驶技能培训，督促驾驶技能培训得到有效落实，确保行车安全；协助团队主任对本团队内各种交通服务设备、设施进行管理；在第一时间内，对所属车辆发生的技术故障进行处理，并将事故情况和处理结果上报给团队主任；完成团队主任交给的其他工作。

④后勤保障副主任：负责协助团队主任制定本团队交通服务运行计划；配合团队主任实施本团队交通服务运行计划；负责协调各相关部门，确保奥运会赛时交通服务各项后勤保障工作在本团队得到有效实施；完成团队主任交给的其他工作。

⑤驾驶员志愿者管理副主任：负责协助团队主任制定本团队交通服务运行计划；配合团队主任实施本团队交通服务运行计划；负责本团队驾驶员志愿者的日常管理和总体协调，确保驾驶员志愿者按时到岗，保质保量完成任务；完成团队主任交给的其他工作。

(3)团队主任助理：协助本团队主任开展工作；负责交通服务运行信息采集、汇总；负责电台、电话、电脑和传真机职守，并与本团队调度及时沟通有关信息；提供语言支持，并负责同本团队客户群及各车队间的协调沟通。

(4)团队副主任助理：协助团队副主任开展工作；负责交通服务运行信息的采集；负责电台、电话、电脑和传真机职守，并与值班室调度及时沟通有关信息；提供语言支持，并负责同本团队客户群及各车队间的协调沟通。

(5)团队调度：掌握所有 T1/T2 客户及礼宾助理的信息，并及时对信息进行更新；掌握所有 T1/T2 驾驶员和对应车辆信息，并及时对信息进行更新；接受赛时总调度室的派车指令，按照指令要求调派车辆；及时收集车队派车信息以及其他上级要求记录的相关数据，并按时将信息上报；督促所属车队及时上报车队派车信息以及其他上级要求记录的相关数据；完成团队主任、副主任分配的其他工作。

(6)团队调度助理：协助团队调度开展工作；负责协助专业调度的日常工作，做好各类信息的汇总、统计及报表工作；提供语言支持，向团队专业调度汇报工作；完成团队主任、副主任、团队调度分配的其他工作。

(7)车队队长:负责车队运行的全面工作;执行 T1/T2 交通服务运行团队下达的指令,根据上级要求,上报各项数据;负责所属驾驶员、车辆资源的调配,向客人提供安全、高效的交通服务;负责对驾驶员、调度、志愿者的日常培训工作;与场站管理部门协调车队各项后勤保障工作,确保本车队正常运行;本队驾驶员、调度、志愿者在交通服务工作遇到的紧急情况时,在第一时间做出应急处理,并及时上报T1/T2 交通服务运行团队。

(8)车队副队长。

①安全服务副队长:负责车队对驾驶员进行日常安全服务教育,确保安全服务;执行 T1/T2 交通服务运行团队及车队队长下达的指令; 协调与相关上级主管部门、其他车队之间的关系,确保本车队工作的顺利开展;负责受理客户投诉,在规定时间内对投诉进行回复,根据情况对被投诉驾驶员、调度、志愿者进行相应处理;在第一时间内,对所属车辆发生的交通事故进行处理,并将事故情况和处理结果上报给车队队长;完成车队队长交给的其他工作。

②技术副队长:负责整个车队的日常行政工作,包括办公设备的管理、领取,发放和相关文件的起草等;执行 T1/T2 交通服务运行团队、车队队长下达的指令;负责整个车队的后勤保障工作,为提供安全、优质、高效的交通服务工作提供车辆技术保障;负责所属本队车辆的维修、保养,确保本队车辆技术状况良好;完成车队队长交给的其他工作。

③后勤保障副队长:负责与团队后勤保障副主任协调本车队后勤保障工作,确保奥运会赛时交通服务各项后勤保障工作在本团队得到有效实施;负责与团队驾驶员志愿者管理副主任协调工作,对本车队驾驶员志愿者进行日常管理和总体协调,确保驾驶员志愿者按时到岗,保质保量完成任务;完成车队队长交给的其他工作。

(9)车队调度:掌握客户及礼宾助理的信息,并及时对信息进行更新;掌握对应的车辆和驾驶员信息,并及时对信息进行更新;接受客户礼宾助理、车队队长、车队副队长的派车指令,按照指令要求准备车辆;按照指令要求,将到达时间、地点、联系人等相关信息告知驾驶员,保证驾驶员准时到达;及时记录派车信息以及其他上级要求记录的相关数据,并按时将信息上报;完成车队队长、副队长分配的其他工作。

(10)车队调度助理:负责协助专业调度的日常工作,做好各类信息的统计、汇总、录入及报表工作;提供语言支持,向专业调度汇报工作;负责驾驶员上下班时的签到签退;负责在一个班次驾驶员下班签退时,收取驾驶员在该班次的《行车记录单》;负责驾驶员在执行业务找不到客人时,与客人联系;完成车队队长、副队长、调度分配的其他工作。

**3. 驾驶员配备及工作职责**

(1)驾驶员配备情况。

T1/T2 团队按照需求,总共配备车辆 1270 部,在赛时高峰时,驾驶员总量将达到 2481 人,其中专业驾驶员 1038 人,人车比例为 1:1.5,驾驶员志愿者 1443 人,人车比例为 1:2.4。

专业驾驶员的 1038 人分别来源于首汽集团和北汽集团,其中首汽集团 444 人、北汽集团 436 人以及祥龙公司 158 人;驾驶员志愿者 1443 人分别来源于中直机关、市直机关、市国资委、教育系统、西城区、东城区。

在奥运会正式投入运行前夕,由于国际贵宾车队人车比由 1:1.5 调整为 1:1,体育部长车队人车比由 1:1.5 调整为 1:2,再加之志愿者驾驶员的调整,团队对人力资源配备计划进行了大规模的调整。为了满足运行需求,从东城区增补了 101 名志愿者驾驶员,从西城区增补了 67 名志愿者驾驶员,并从祥龙公司选调了 158 名专业驾驶员。截止 7 月 24 日,所有人员调整落实到位,确保了 7 月 25 日服务工作正式启动。考虑到第一、二、三、六、七车队服务对象的重要性,本着稳健的工作原则,在原运行方案的基础上对驾驶员进行了再分配,除所有旅行车全部由专业驾驶员驾驶外,第二、三车队的驾驶员由志愿者驾驶员全部调整为专业驾驶员。

赛时运行证明，团队人力资源计划可行有效，尽管在筹备过程中出现了缺口，但通过及时调整，保证了运行服务工作的顺利开展。

(2)驾驶员工作职责。

按时到岗，遵守本团队各项规章制度和工作标准；负责为客人提供安全、优质、高效的乘车服务；服从车队队长、副队长、车队调度的管理；执行车队调度和礼宾助理下达的调派任务；遵守交通法律法规和赛会交通的各项规定，服从民警指挥，不开特权车；服务热情、周到，有礼有节、不卑不亢，遵守外事纪律和赛会保密规定，始终保持得体的言行举止，不索要小费；发现遗失物后应迅速寻找失主归还遗失物或向车队汇报，协助车队寻找失主，不藏匿客人遗失物；接到车队核实投诉、事故等问题的电话后，驾驶员应积极主动、实事求是的配合车队及有关部门核实情况，并出具书面材料写出经过；爱护车辆，熟悉车辆性能及操纵方式，爱护车辆，每日对所使用的车辆进行规定的例行保养，坚持一日三检。车辆出现机械故障和隐患要及时报修，不开带"病"车；随时保持整洁的车容车貌，不留泥土、水印，能够利用停车待命的时间主动清洁车辆。

## 第四节　团队的制度建设和工作规范

T1/T2 团队中涉及首汽集团、北汽集团等专业运输单位以及中央国家机关、市直机关、市国资委、市教育系统、东城区、西城区等 6 个驾驶员志愿者来源单位，成员来源广泛。为在短时间内尽快形成一个有序、高效的战斗集体，团队把队伍管理与制度建设放在重要位置。

### 一、建立健全团队管理制度

在运行方案中，车队运行包括驾驶员签到/签退、每日行车记录单收发、移动电话充电、车辆养护、行车安全、证件管理、运行服务等内容。为确保团队整体交通服务工作的顺利开展，根据团队运行管理内容，从宏观管理着手，立足微观事项建立各项管理制度，开始考虑各项统抓统管的工作，从安全到服务、从信息报送到证件管理，一系列工作都从团队层面给予统筹考虑。在此基础上，立足微观制定了交通安全责任制度、领导干部面谈制度、日报制度、突发事件报告制度、车场会制度、证件管理责任制度、岗位督察制度等多项制度。这些制度规范了团队的各项管理，切实为团队的正常运行提供了强有力的保证。

针对运行过程中可能发生的各类问题，在运行方案中制订了完善的应急预案，具体包括车辆事故、车辆技术故障、人员备班、突发疾病或公共卫生事件、突发事件、证件丢失或损毁、车辆火灾、车内物品被盗、超范围运行需求等 10 项应急预案。在实际运行过程中，除突发疾病或公共卫生事件、突发事件、车辆火灾、车内物品被盗 4 项应急预案未启用外，其他 6 项应急预案均被启用，对各类应急情况的处置给予了有力指导，保证了团队在各种应急情况下有条不紊的开展工作。特别是车辆技术故障应急预案，由于在前期培训中将该应急预案贯彻落实到了每位驾驶员和管理人员，在处理萨马兰奇专车故障时发挥了积极作用，保证了萨马兰奇的顺利出行，未造成不良影响。

### 二、明确分工、层层落实责任

在运行方案明确各项运行服务工作的基础上，从团队到车队进行合理分工，层层落实责任。在团队主任层面，划分为运行组、协调组、安全组、宣传组、保障组 5 个小组，分别由各来源单位主任牵头负责。在车队层面，设置了安全副队长、技术副队长、后勤保障副队长、志愿者协调副队长，并分别由专业运输单位的合同商和志愿者来源单位的人员担任。在分工的同时，明确了各自职责，为进一步开展工作理顺了相互之间的合作关系。按照既定分工，赛时团队各项工作进展顺利，团队及车队管理人员管理到位，认真落实各项工作预案，严格按流程开展工作，从而保证了车队有序运行，真正做到了"事事有人管、管则有落实"。

## 三、车队基础管理

### 1. 抓好车队管理“五个标准”

车队管理“五个标准”即驾驶员仪容标准、服务用语标准、服务质量标准、车辆清洁标准和安全行车标准。

(1)驾驶员仪容标准。

仪表仪容标准内容:驾驶员在工作时间内必须按要求统一着装,衣着要整洁、规范,下摆必须内扎;驾驶员在工作时间内必须按统一方式佩带相关工作证件;女驾驶员宜淡妆,不能在车内和公共场所补妆,不能着凉拖(无后帮的鞋),不涂指甲油。特别强调:上衣第二粒扣子扣好,长袖上衣不将衣袖卷起,不得将裤管卷起,发型大方,梳理整齐,无怪异发型及颜色,不留长发、不剃光头、不蓄胡须,不戴项链、手链及其他饰物,不光脚穿鞋、不挽裤腿;身体无异味,勤洗澡更衣,口气清新,不食带有刺激性异味食物;手部洁净,指甲修饰得体;营运中,不应饮食、接打移动电话,严禁在车内、车场吸烟;营运中,不应在乘客面前挖鼻孔、掏耳朵、剔牙、向车内外吐痰等,打喷嚏时应遮挡口鼻及回避乘客。

(2)服务用语标准。

服务用语标准内容:语气和蔼,声量适度,语速适中,回答问题时,要简明扼要;根据不同的对象用好服务敬语、问候语,准确使用各种称谓;用对讲机与分队、总调呼叫中心通话时,语言简练、规范,表述清楚,通俗易懂,不应使用俚语、生僻语言;不要主动与客人聊天;不要随便答复自己不太清楚或不知道的事情,对服务范围以外和自己无把握办到的事情不要向客人作出任何许诺;如客人主动聊天,只可进行有关天气、旅游风光、体育运动为话题的交谈,不能问及乘客的经济收入、政治观点、婚姻状况、宗教信仰、年龄等问题;但对于在服务过程中所听到的一些客户谈话内容,应该注意保密,不能外传。

(3)服务质量标准。

服务质量标准内容:要保持好车辆卫生,坚持做到随时清洁车身,随时清洁车内座套、脚垫、烟缸,每次客人上车前确保车厢内外、座套、脚垫整洁如新。车身不留浮土,车窗玻璃、车身上不留水印;要规范摆放车证和各车队标志、序号。车辆的后背厢、行李厢必须收拾得干净利索,车内、行李箱、后备箱不放多余的个人物品;不论在车场、上下车区,不论何种场合、有没有任务,都要保持得体的仪表仪容和行为举止。着短袖装要把第二粒领扣扣好,着袜子,不得光脚穿鞋。穿着要体现出精神风貌。要尊重车场、宿舍和餐厅服务人员的劳动,保持车场、宿舍的整洁,注重内务卫生,注意防火,烟蒂不随意乱丢,要体现出首都人的文明礼仪和素质;候客时,要保持规范的站立服务姿态,禁止在车内、车场吸烟、扎堆聊天;小车驾驶员看到客人走来,要主动站出来迎候,要主动开关车门;每次迎送客人都要敬语问候,对客人主动善意的话题,回答要有礼有节、谈吐大方,既表现得热情好客又要掌握说话的尺度,以体现综合素养;停车时保持车正轮直,车头向外并与左右车辆平齐,横看、竖看都是一条线;左右保持均衡的间距。不论在场馆还是饭店,遇到拥堵或人多情况,遇到有参会人员或车辆挡在前面要耐心等候,不可用喇叭催促;大客车严禁使用汽笛;接送机场、车站期间,团队各级调度要提前了解要接送的人员及行李状况,合理安排车辆,保证充足的行李空间。驾驶员在装卸行李物品时应守候在行李员左右,合理码放,并在客人离车后仔细检查车内座位、行李架、行李舱,防止发生遗失物;驾驶员要随叫随到,主动热情,不争吃喝、不争待遇,讲求组织观念、大局意识和奉献精神。严禁私自开车出行、擅离职守、消极怠工、聚众赌博。因故缺勤必须提前1天请假。

(4)车辆清洁标准。

车辆清洁标准内容:车身(含玻璃、牌照):车身无尘土、泥点,翼子板无挂泥,车顶无锈蚀、积垢,牌照无遮盖物、显示清晰;发动机舱:发动机外部无油污,电瓶装头紧固无绿锈,舱室内杂物;轮胎:胎侧无沾泥,轮胎盖齐全光亮、无油污;车厢内:无烟头、无异味;脚垫干净平整,地板无尘土,烟缸无烟蒂;座套(含头枕):无油渍、汗渍、无污损;仪表板:皮面无破损,无凌乱张贴物,无杂物;后操作台:干净整洁、无杂物;后背厢:无尘土、无油污、车厢清洁,用品摆放稳固有序,无其他杂物;

(5)安全行车标准。

安全行车标准内容:必须严格遵守交通规则,遵守赛会行车路线的规定,服从民警指挥,保持中速行驶、严禁超速;在驾驶中严禁接打移动电话;严禁开特权车,严禁挂着车证发生违章闯灯、压线、闯单行、禁行、乱按喇叭乱并线、走紧急停车带、公交车道等违交通违法行为。因为发生事故的主要诱因,就是乱走、抢行、来回换道。进出场馆、其他官方设施要观察、礼让,尤其要避让其他大会车辆;严禁饮酒。强调交通服务意识,一进场站就随时处于待命状态,要在整个奥运期间禁酒;严禁疲劳驾驶和带病开车。参与奥运交通服务既光荣同时也很辛苦,加之奥运赛时气候炎热,很容易发生中暑、肠胃不适、热伤风、红眼病、食物中毒等疾病。因此强调要注意身体,要学会调整好与会期的生活节奏,出现身体不适的情况要主动向车队反映。严禁拼体力,或简单认为忍一忍就过去了,从而造成疲劳驾驶或带病驾驶,这些都对行车安全构成威胁;单独出车、夜间出车时,驾驶员必须熟悉业务流程、熟悉赛会所有场馆、住地、所有路线,做到心中有数,这样才能不紧张,不手忙脚乱;要时刻关注天气变化,如遇下雨,要根据客人需求提前制订好道路湿滑情况下的出车方案,调整好时间,提前做好出车准备,在路上把车速降下来。遇强雷阵雨夹杂大风冰雹等短时间特殊恶劣天气,应避免使用对讲机、移动电话;因雨大造成视线不清时要打开前照灯、双闪灯、雾灯示警,或暂时停车躲避;道路积水严重时,不得冒险强行驾车涉水。

**2. 车队整体行动的规范要求**

不论单车出行还是随车队行驶都要始终集中精力;赛事散场后载客返回时绝不可追赶抢速,因为散场时现场的官员、记者人流和车队疏散的车流可能会有交叉,如果速度快,很容易因顾及不周而出事故;走专用车道时,虽然有两条道,但也要随时保持其他奥运车辆、社会车辆突然挤入的警惕意识。行时中如果有其他车辆想强行并入要让不要抢、不要别,一定要防范因此发生刮蹭而影响整个团队的工作。

车队行进时不怕发生间断或掉队,后车、尾车要时刻注意,放松心态,绝对不能贪图跟车队行进就全速追赶前面车辆,牢记:只要能够按时到,散场后能安全返回,就是完成任务。因为追赶而抢灯、抢行、超速极易发生交通事故,一旦发生交通事故,责任要自己承担。在行驶中要防止特殊情况的发生,要掌握适当的跟车距离,对突然有人窜出阻拦车辆,撒发传单、拉标语甚至扔东西留出足够的处置时间和空间。

根据应急预案,车辆行进中如果突发紧急情况,首先要确保车上客人的安全和自身安全,也要确保不能与上访人员、拦车人员接触,对各种干扰要尽力避让。驾驶员遇到特殊情况要保持镇定,果断处置。如果发现不明身份人员蓄意拦阻车辆的,措施一定要果断,该站住要站住,交由治安警力处置;如果发现对方蓄意袭击车辆,要沉着冷静,迅速驾车脱离现场,即便车辆受损也在所不惜。

**3. 建立车队工作流程**

驾驶员一日工作流程,见图 11-9。

**4. 明确工作交接班流程**

根据 T1/T2 客户群的交通服务标准,T1/T2 专车驾驶员的工作时间是每天 7:00 ~ 24:00。

驾驶员志愿者人车比 1:2.4,即每 2 名驾驶员为 1 组,负责 1 部车,每天 2 人 2 班服务,且每工作 6 天、休息 1 天,见表 11-12。

**志愿者驾驶员排班表**　　表 11-12

| 日　期 | 时　间 | 排　班 |
|---|---|---|
| 7 月 25 日 | 07:00 ~ 16:00 | A |
| | 16:00 ~ 24:00 | B |
| 7 月 26 日 | 07:00 ~ 16:00 | B |
| | 16:00 ~ 24:00 | A |
| 依次类推 | 07:00 ~ 16:00 | A |
| | 16:00 ~ 24:00 | B |

专业驾驶员人车比 1:1.5,即每 3 名驾驶员为 1 组,负责 2 部车,每天 1 人 1 班服务,见表 11-13。

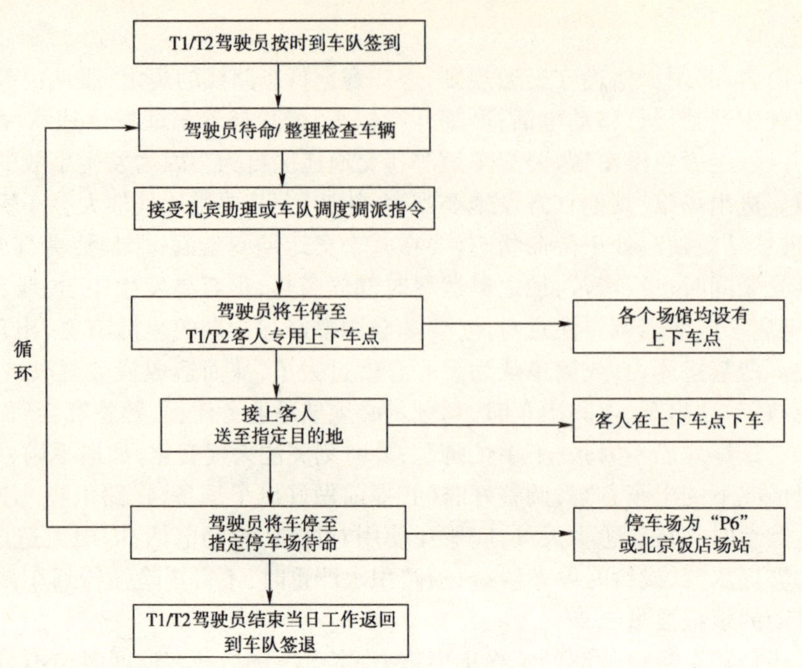


图 11-9　车队一日工作流程

**专业驾驶员排班表**　　表 11-13

| 日　期 | 车　辆 | 时　间 | 排　班 |
|---|---|---|---|
| 7月25日 | 甲 | 07:00～24:00 | A |
| 7月25日 | 乙 | 07:00～24:00 | B |
| 7月26日 | 甲 | 07:00～24:00 | A |
| 7月26日 | 乙 | 07:00～24:00 | C |
| 7月27日 | 甲 | 07:00～24:00 | B |
| 7月27日 | 乙 | 07:00～24:00 | C |
| 依次类推 | 甲 | 07:00～16:00 | A |
| | 乙 | 16:00～24:00 | B |

建立交接班程序：驾驶员每日上下班的签到签退工作在车队办公室完成，负责为驾驶员报销班的工作人员由车队调度担当，驾驶员个人信息及所对应的车辆、设备信息提前录入电脑（包括驾驶员姓名、单位、车队、分队、证件编号、所开车辆号牌、车辆对应的移动电话号码、洗车卡号码、加油卡号码等），驾驶员在上班时调度根据证件编号或姓名为其签到；签到后，驾驶员领取车钥匙（钥匙上贴有所开车辆的车牌号）、对讲机、洗车卡、加油卡一并交给驾驶员（建议将随车物品与车钥匙放置在一个口袋中，并在口袋上写有编号，口袋在墙上按号摆挂，并将口袋编号录入电脑与车辆号牌一一对应）。驾驶员在下班时须将《行车记录单》、车钥匙及上述随车物品交给所在车队调度，车队工作人员（调度助理）须清点所有物品是否完好齐全，最后，驾驶员到车队办公室进行签退。

**5. 车队日常业务工作流程**

根据车队工作特点，车队业务管理主要集中在日常管理、遗失物查询、服务投诉和车辆事故等四项内容。针对上述内容，团队专门制订以下业务管理流程。

（1）车队日常管理流程，见图 11-10。

（2）遗失物处理流程，见图 11-11。

（3）投诉处理流程，见图 11-12。

（4）车辆事故处理流程，见图 11-13。

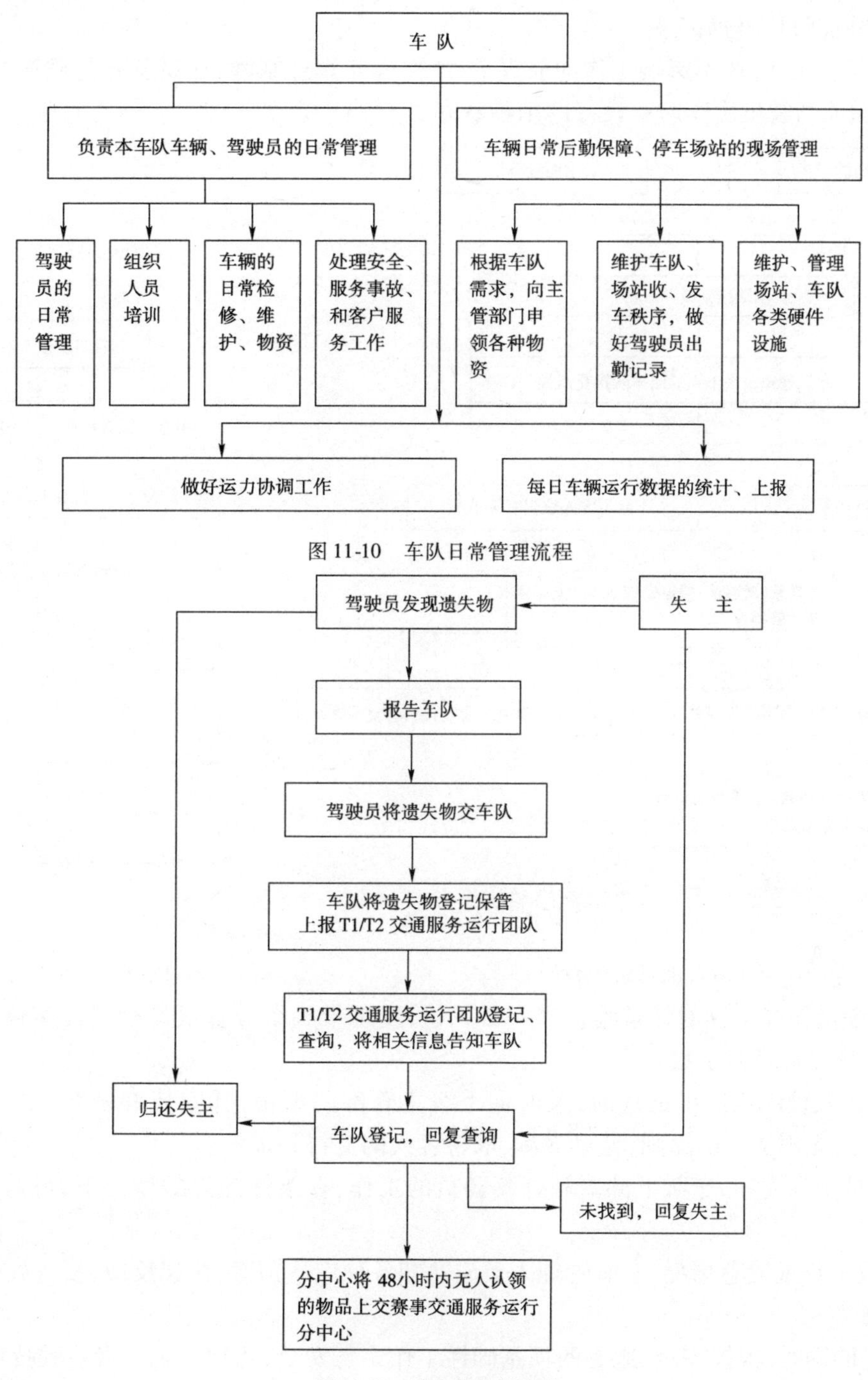


图 11-10 车队日常管理流程



图 11-11 遗失物处理流程

## 四、团队干部管理

**1. 制度要求**

为保证车队的正常运行，团队对管理干部提出以下明确要求：

(1)车队管理人员应具有较强的管理能力和经验，要服从团队命令听指挥，保证政令畅通，做到令行禁止。

(2)坚持班前会、定期队务会制度，及时总结和布置好工作，做到安全、服务天天讲。

(3)实行 24 小时值班制度，要做到电话铃响三声有人接，电台呼叫三遍有人答，确保通信畅通。

(4)在出车前要对驾驶员提出安全服务要求。

(5)要做驾驶员每日出勤记录。

(6)要关心职工生活,在不影响工作的前提下,严格遵守作息制度,尽量安排好驾驶员休息,解决驾驶员实际困难,保证驾驶员出车时有良好的精神状态。

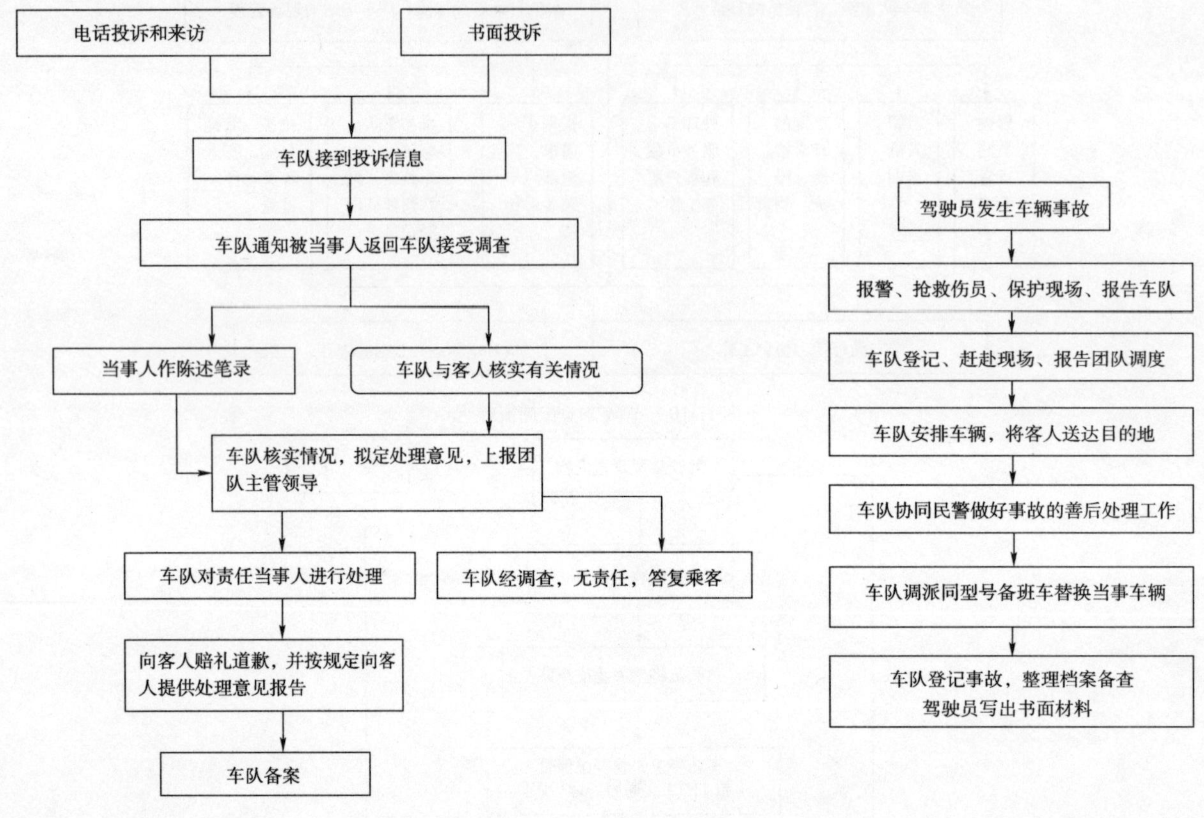


图 11-12　投诉处理流程　　　　图 11-13　车辆事故处理流程

(7)组织驾驶员做好车辆的日常维护和一日三检,发现带病车应责成驾驶员停运修理。遇有车辆机件事故和重大修理应及时上报。

(8)如遇到客人投诉或提出批评时,及时向上级主管部门汇报,并安抚好乘客,主动走访,了解情况,本着有则改之,无则加勉的原则,诚恳道歉,取得客人的支持和谅解。

(9)如驾驶员受到委屈,车队干部要做好驾驶员的工作,在条件允许的情况下,可对驾驶员的工作进行调整。

(10)遇突发事件或紧急情况,车队管理人员应熟知各种应急预案,快速反应,妥善处理,及时上报。

**2. 业务管理**

在合理分工的同时,狠抓安全、服务两项基础性工作。与安全,驾驶员志愿者驾驶技术欠佳,安全意识略显淡薄,与服务,谁也没有服务奥运的经验,只能摸着石头过河。因此,围绕安全和服务这两大挑战,团队做了大量细致的工作。

(1)安全工作。

在安全工作上,首先提出了安全就是最大的政治,安全就是最大的服务,安全责任重于泰山的观点。在团队组建之初,就对奥运会日常交通安全工作进行了认真的分析,并一再强调日常交通安全工作必须要做到过严、过细,尤其是在执行细节和细节的执行之处,要坚决实施有效培训,安全管理必须说一不二,来不得半点含糊和犹豫。在每天的队长例会上,团队始终把安全工作作为例会的一项重要内容,及时传达各有关部门关于安全工作的指示精神。作为团队日常安全管理工作的重点,团队要求各车队坚决做好"五本安全台账",并随时备查。同时,团队还不定期地专门组织车队队长召开安全工作会,将前一阶段的工作情况进行小结,并就所发生的每起责任事故进行详细分析,以查找不足,及时改正。另外,针对各项大型活动,还特别强调了交通安全工作的重要性,目的是要让每名驾驶员必须从思想上高度重视,杜绝交通违法行为,杜绝特权思想,充分认识和理解确保各项大型活动的交通安全就是政治,是关乎大会能否顺利进行,关乎团队和个人荣辱的政治,确保交通安全不仅是团队和带队干部的职责,更是全体驾驶员的头等大事。针对奥运专用道避险空间有限、小事故频发的客观事实,团队在专用道启用不久就明确提出,在专用道行驶时,车速不得超过60公里/小时。这一举措,取得了良好效果,有效降低了交通事故发生的几率。

(2)服务工作。

在服务工作上,团队始终坚持以服务对象为关注焦点,以服务对象满意为最终目标。为了做好服务工作,在严格执行服务标准的基础上,克服了一个又一个困难,想出了各种有效解决问题的办法,不断提升交通服务水平。为了保证服务激活的顺利进行,将业务口前移,及时调整相关流程,组织再培训。为了掌握第一手信息,在伦敦奥委会实习生的协助下,设计建立了一个名为"大家庭成员服务激活信息系统"的小型信息系统。为了保证服务的连续性,专门成立了应对超时服务的应急小组,进一步提高了服务对象的满意度。为了确保大家庭成员顺利离京,不使他们在交通服务上存有遗憾,创造性地成立了送机专项工作小组,24小时运行。

**3. 加强信息管理**

根据赛时交通服务分中心的要求,也是团队自身管理工作的需要,团队始终将信息管理工作作为一项重要工作。首先,建立了团队信息管理制度,明确了信息报送流程和时间节点。其次,在团队内部明确了2名信息员,专门负责赛时各项信息的报送工作。最后,与分中心和总调度室紧密联系,及时上传下达有关信息。通过团队信息管理工作,既可以及时准确的得到上级指挥体系的指令,又可以将工作进展、运行信息和遇到的困难等一线信息及时的反馈到分中心和总调度室,实现了信息共享,提高了工作效率。

截止8月27日,奥运会期间团队上报信息228次,其中数据信息81次;文字运行信息43次;信息快报104次。截止9月20日,残奥会期间团队上报信息69次,其中数据信息44次;文字运行信息13次;信息快报12次。

## 五、发挥体制优势、促进团队融合

**1. 加强组织建设**

加强组织建设,充分发挥党组织政治核心作用,各来源单位按系统成立了临时党组织,发挥战斗堡垒作用,开展深入细致的思想工作,增强使命感。作为T1/T2团队主责单位,首汽集团率先在团队成立了临时党支部,并号召每位党员要进一步增强使命感。尽管场站工作条件艰苦,一些基本的后勤保障设施还不完全尽如人意,但没有退缩,并将圆满完成奥运任务上升到政治高度,这不仅是人民的嘱托,更是党组织的信任,必须不辱使命的坚决完成任务。同时,还要求每位党员充分发扬模范带头作用,将这种使命感潜移默化的延展到每个人,进而在团队内部形成了服务奥运、人人有责、从我做起、精益求精的积极正向的工作作风。

**2. 推进团队融合**

在合作中寻找相互融合的切入点,要求各车队利用美化自己办公环境同时,实现车队管理层的融合。为此,团队专门召开队长会,要求各车队组织已到岗的来自不同单位的管理人员积极配合布置办公场所,并且要突出特色。各车队积极响应,相互借鉴成功经验,不到3天的时间,不同的宣传版块,醒目的横幅、标语、口号跃然墙上,生机勃勃,烘托了浓厚的奥运工作气氛。短短的3天里,大家相互了解,求同存异,车队管理层的融合也基本实现。

**3. 发挥体制优势**

发挥体制优势,充分调动各来源单位积极性,解决实际问题。为了使团队尽快形成一个团结战斗的大家庭,增加团队成员的归属感,充分调动各来源单位的积极性,发挥各自优势,帮助团队解决一些实际问题。例如,市直机关为团队解决了驾驶员的读书看报问题;中央国家机关出资为团队制作了多条大型标语;东城区则利用属地优势帮助团队解决了有线电视、办公家具和临时厕所等诸多实际问题;首汽集团也自费为每个车队配备了一套音响设备。在整个过程中,大家不计得失,争先恐后推进各项工作,形成了和谐向上的团队氛围。

## 六、完善应急预案,提高处置能力

针对运行过程中可能发生的各类问题,在运行方案中制订了完善的应急预案,具体包括车辆事故、车辆技术故障、车辆备份、人员备班、突发疾病或公共卫生事件、突发事件、证件丢失或损毁、车辆火灾、车内物品被盗、超范围运行需求等10项应急预案。在实际运行过程中,除突发疾病或公共卫生事件、突发事件、车辆火灾、车内物品被盗5项应急预案未启用外,其他5项应急预案均被启用,对各类应急情况的处置给予了有力指导,保证了团队在各种应急情况下有条不紊的开展工作。应急预案主要内容有以下几个方面。

**1. 车辆发生事故的预案**

车辆一旦发生问题,将根据不同的事故类型使用不同的应急方案进行处理。为此,根据事故中事故方的数量、有无人员伤亡等情况,将事故划分为单方无伤亡事故、单方有伤亡事故、双(多)方无伤亡事故和双(多)方有伤亡事故四大类(注:有伤亡事故指的是乘客的伤亡,不包括驾驶员的伤亡)。

(1)单方无伤亡事故。

此类事故只涉及车辆损失,不存在人员伤亡问题,因此处理流程较为简单。具体流程是:驾驶员发生此类事故后,应立即上报至车队安全副队长,讲明事故发生的时间、地点和车辆损失情况;随后拨打122事故报警电话,由交警勘察现场并开据事故责任认定书;如果可以继续运行,且不影响车辆整体外观,则在完成当次服务任务后,在征得礼宾助理同意的前提下,返回车队更换备份车辆;如果可以继续运行,但已影响车辆整体外观,则在征得礼宾助理同意的前提下,立即返回车队更换备份车辆;如果已不能继续运行,则应告知礼宾助理,并在原地等待车队调派的备份车辆。事后,驾驶员要写出本次事故发生的详细经过,上交至车队安全副队长。车队安全副队长应在第一时间将事故上报给车队队长,车队队长负责及时将该事故上报到运行中心。车队安全副队长负责事故处理的全过程,包括联系保险公司、修理厂等事宜。驾驶员不参与后继流程。

(2)单方有伤亡事故。

此类事故既涉及车辆损失,又存在人员伤亡问题,因此处理流程相对复杂。具体流程是:驾驶员发生此类事故后,应立即上报至车队安全副队长,讲明事故发生的时间、地点、车辆损失情况和人员伤亡情况;随后拨打120、999急救电话,对伤员进行救治;同时拨打122事故报警电话,由交警勘察现场并开据事故责任认定书;如驾驶员未出现伤亡,应在原地等待车队调派的备份车辆;如驾驶员出现伤亡,车队还应调派备份驾驶员。事后,驾驶员要写出本次事故发生的详细经过,上交至车队安全副队长。车队安全副队长应在第一时间将事故上报给车队队长,车队队长负责及时将该事故上报到运行中心,运行中心负责及时将该事故上报到奥组委交通运行中心。车队队长、车队安全副队长和运行中心主任在接到事故通知时,要立即赶往事故现场,处理有关问题。车队安全副队长负责事故处理的全过程,包括联系保险公司、修理厂等事宜,涉及人员伤亡赔偿的问题,协助奥组委有关部门进行处理。驾驶员在必要时参与相关的后继流程。

(3)双(多)方无伤亡事故。

此类事故尽管涉及双(多)方车辆损失,但不存在人员伤亡问题,因此处理流程相对简单。具体流程是:驾驶员发生此类事故后,应立即上报至车队安全副队长,讲明事故发生的时间、地点和车辆损失情况;随后拨打122事故报警电话,由交警勘察现场并开据事故责任认定书;如果可以继续运行,且不影响车辆整体外观,则在完成当次服务任务后,在征得礼宾助理同意的前提下,返回车队更换备份车辆;如果可以继续运行,但已影响车辆整体外观,则在征得礼宾助理同意的前提下,立即返回车队更换备份车辆;

如果已不能继续运行，则应告知礼宾助理，并在原地等待车队调派的备份车辆。事后，驾驶员要写出本次事故发生的详细经过，上交至车队安全副队长。车队安全副队长应在第一时间将事故上报给车队队长，车队队长负责及时将该事故上报到运行中心。车队安全副队长在接到事故通知时，要立即赶往事故现场，处理有关问题。车队安全副队长负责事故处理的全过程，包括联系保险公司、修理厂等事宜。驾驶员不参与后继流程。

(4)双(多)方有伤亡事故。

此类事故既涉及双(多)方车辆损失，又存在双(多)方人员伤亡问题，因此处理流程最为复杂。具体流程是：驾驶员发生此类事故后，应立即上报至车队安全副队长，讲明事故发生的时间、地点、车辆损失情况和人员伤亡情况；随后拨打 120、999 急救电话，对伤员进行救治，特别是对对方伤员的救治，一定要及时有效；同时拨打 122 事故报警电话，由交警勘察现场并开据事故责任认定书；如驾驶员未出现伤亡，应在原地等待车队调派的备份车辆；如驾驶员出现伤亡，车队还应调派备份驾驶员。事后，驾驶员要写出本次事故发生的详细经过，上交至车队安全副队长。车队安全副队长应在第一时间将事故上报给车队队长，车队队长负责及时将该事故上报到运行中心，运行中心负责及时将该事故上报到奥组委交通运行中心。车队队长、车队安全副队长和运行中心主任在接到事故通知时，要立即赶往事故现场，处理有关问题。车队安全副队长负责事故处理的全过程，包括联系保险公司、修理厂等事宜，涉及人员伤亡赔偿的问题，协助奥组委有关部门进行处理。驾驶员在必要时参与相关的后继流程。

**2. 车辆技术故障预案**

一旦车辆发生技术故障，驾驶员应及时通知车队技术副队长；经确认可以继续行驶的，完成任务后回场站或指定修理厂进行修理；经确认不能继续行驶的，驾驶员应原地等待救援；车队将调派备份车辆到达现场，驾驶员使用备份车辆继续为客人提供服务。

**3. 车辆备份预案**

安排一定数量的备份车辆，以便应急情况下使用。奥运会 T1/T2 交通服务备份车辆的数量，应要按照 T1/T2 交通服务所需车辆总数的 10% 进行储备，从而一旦出现车辆故障或事故的情况时，可以作到备份车辆立刻投入工作。

**4. 人员备份预案**

为了避免工作人员的短缺，应充分做好工作人员的备份工作，并且备份人员要通过奥组委的政审和有关驾驶技术的评定。奥运会 T1/T2 交通服务的备份人员数量，应要按照 T1/T2 交通服务所需驾驶员总数的 15% 储备，从而一旦发生换人、病假、事假等的情况，可以作到备份驾驶员立刻投入工作。

**5. 突发疾病预案**

客人突发疾病。当 T1/T2 客人外出时，若突发疾病，驾驶员须立即靠边停车，由礼宾主力询问病情；经大家庭助理确认客人发病后，驾驶员应立即将病人送往就近医院或拨打 120、999 急救电话，同时上报车队队长，车队队长第一时间上报团队调度，并立即赶往现场；团队调度同时上报奥组委赛事交通服务分中心及奥组委医疗部门。特别要注意：驾驶员在接触患者过程中要始终保持防范境外流行性传染病的警惕意识。

团队所属人员突发疾病或发生公共卫生事件。团队领导、车队干部、来源单位干部是本服务团队保健工作的第一责任人，遇有突发性公共卫生事件时，必须采取紧急措施，对染病人员及周围接触人进行及时隔离，并立即换人。同时要防止热伤风、肠胃疾病、红眼病等夏季常见传染病的发生与传播。凡驾驶员、管理干部、服务助理中发现传染性疾病征兆的，要立刻安排换人，并对车辆、工作场所进行消毒。

**6. 突发事件预案**

突发事件按事件的危害程度不同，分为一般事件和严重事件两类。

(1)一般事件的应对。

在车辆行时过程中，若遇有拦车、撒传单等情况发生，驾驶员要提前绕开障碍，按照既定路线继续行驶，保证 T1/T2 客人准时到达指定场所。如无法避让，要连续鸣笛并缓缓减速停车，紧闭车门、车窗（驾驶员要立刻锁住车门、升起所有打开的车窗玻璃），并立即联络奥组委安保部门，随后等待警力支援。到达指定场所或安全地段后要立即向车队汇报，车队要将有关情况上报至运行中心。如需书面材料的，驾驶员要在事后进行补充。

（2）严重事件的应对。

在车辆行驶过程中，若遇有破坏分子进行恐怖活动，驾驶员切记要保持冷静，首先要绝对保证 T1/T2 客人的安全，尽快脱离现场，坚决不能停车，即使车辆受损也尽全力驾车车辆脱离现场。到达指定场所或安全地段后立即查看车辆损伤情况，并迅速向车队报告，配合救援工作。若车辆未发现损伤，则驾驶员可继续运行；若车辆出现损伤，则驾驶员应原地等待车队调派的备份车，及时更换受损车辆。车队接到严重事件发生的报告时，应根据车辆有无损伤情况确定是否需要安排备份车辆，并立即将有关情况上报至运行中心，由运行中心向奥组委安保部门汇报。

**7. 证件丢失（包括损坏）预案**

（1）驾驶员发生证件损坏的情况。

驾驶员发现自己的工作证件损坏，不能继续使用时，应在第一时间将有关情况上报给所属车队队长，并写出证件损坏原因的书面材料，连同损坏的证件一并上交车队队长；车队队长接到相关书面材料和损坏的证件后，应转交给运行中心的有关人员，再由运行中心的有关人员及时到奥组委证件管理部门予以更换，并尽快将更换好的证件发放给车队队长，最后车队队长通知驾驶员领取新证件。

（2）驾驶员发生证件丢失（包括车辆证件）的情况。

驾驶员发现自己的工作证件或车辆证件丢失时，应在第一时间将有关情况上报给所属车队队长，并写出证件丢失原因和经过的书面材料上交车队队长；车队队长接到相关书面材料后，应转交给运行中心的有关人员，再由运行中心的有关人员及时到奥组委证件管理部门予以重新办理，并尽快将新办理的证件发放给车队队长，最后车队队长通知驾驶员领取新证件。

特别需要说明的是，车队队长在接到驾驶员证件丢失信息的第一时间应向运行中心立即汇报情况，不得拖延；运行中心在接到车队汇报后予以记录并立即向奥组委证件管理部门和安保部门报告，按规定进行妥善处理，消除安全隐患。

其他工作人员发生证件损坏或丢失的情况参照驾驶员证件的办理流程执行。

**8. 车辆失火预案**

驾驶员所驾车辆发生火灾时，应保持冷静，立即打开车门，及时将大家庭助理和客人疏散至安全地带，确保客人、大家庭助理及自身安全；驾驶员要使用随车配备的灭火器及时灭火；火势较大或无法控制时，应立即拨打 119 报警，并等待消防救援；发生火灾后驾驶员要立即报告所属车队，说明现场位置以及现场情况，原地等待车队调派的替换车辆。车队接到报告后，安排备份车辆前往现场，车队安全副队长要立即赶赴现场，处理后继事宜。

驾驶员使用替换车辆继续为客户提供服务。必要时，驾驶员要写出事件经过的书面材料。

**9. 车内物品被盗预案**

车内物品（特别是客人的物品）被盗后，驾驶员要保护好现场，并通知现场警卫人员或 110 报警电话；经现场警卫人员或 110 民警同意后，驾驶员应认真清理物品，并说明被盗物品情况；驾驶员应及时向所属车队报告，由车队队长向团队报告，并由团队向组委会交通服务分中心报告。

必要时，驾驶员应写出事件经过的书面材料。

**10. 超范围运行需求的预案**

尽管 T1/T2 客人可以通行的区域已经相当广泛，但他们可能还是会提出超范围运行的需求。为了保证客人的安全，按照服务标准的规定，绝对不能超范围运行。为解决这一矛盾，T1/T2 团队提出应对预案。

当客人提出超范围运行需求时，不得生硬拒绝。驾驶员应立即与礼宾助理明确，告知礼宾助理该客人将超出组委会规定运行范围,并请礼宾助理转告客人。若客人坚持,驾驶员应及时报告至所属车队,并等待车队指令(此时应将车辆停放在便道的安全地带)。车队队长接到报告后应将相关情况报告至团队,并等待团队指令。团队接到报告后向赛事交通服务分中心请示,以确认是否可以执行该任务。接到赛事交通服务分中心的指令后,团队应立即通知相关车队,车队应立即通知相关驾驶员。驾驶员按车队指令行事。

以上预案对团队应对突发事件提供了有力指导。

# 第十二章　代表团分配车辆运行

根据国际奥委会《交通技术手册》和历届奥运会惯例，北京奥组委将根据各代表团人数规模，为代表团提供数量不等的车辆供代表团使用。代表团分配车辆的管理与运行由赛事交通服务分中心下设的代表团专用车团队[以下简称为NOC团队(奥运会)、NPC团队(残奥会)]负责。NOC团队和NPC团队在北京奥组委的领导下，在赛事交通服务分中心的直接指挥下，在运动员村交通团队、奥组委国际联络部和各交通场站的支持下，从2008年7月20日正式开始为参加奥运会的代表团提供交通服务，到9月20日残奥会代表团撤离，共计提供交通服务63天。由于团队工作认真细致，驾驶员服务热情周到，为各国(地区)参赛代表团提供了安全、准时、舒适、便利的专用车交通服务，得到了代表团的普遍赞誉，期间共收到代表团表扬电话105次，表扬信和锦旗32件。

## 第一节　代表团交通服务运行统计

奥运会期间，NOC团队共运行小客车890辆，所有车辆于2008年7月20日全部到位。7月20日～8月27日，NOC团队共为204个代表团的客人提供了交通服务，实际运行39天，运行84093车次，运送214045人次，累计行驶里程253.5万公里。在赛时服务期间32天内(7月27日～8月27日)，890部NOC车辆共运行82547车次，运送209627人次，累计行驶里程248.6万公里；每车平均运行93车次，运送236人次，行驶2793.0公里。每日平均出车2580次，运送6551人次，行驶7.77万公里；每车每天平均运行次数为3次，每车每次运送2.5人次，行驶29.1公里。运行最高峰为8月23日，单日合计出车3712次，运送了10160人次，累计行驶119859公里；每车平均运行4.2次，运送11.4人，行驶134.7公里。

残奥会期间，NPC团队共运行小客车537辆(含102辆无障碍旅行车)，所有车辆于2008年8月28日全部到位。8月28日～9月20日，NPC团队为147个代表团的客人提供了交通服务，实际运行24天，运行33490车次(其中无障碍车辆运行2646车次)，运送91658人次(含轮椅客人5896人次)，累计行驶里程95.4万公里；其中单车平均运行62.4车次，运送170.7人次，运行1776.3公里；平均单次出车运送2.7人，运行28.5公里。在赛时服务期22天内(8月30日～9月20日)，国家(地区)残奥委会(NPC)的537部车辆共运行33318车次(其中无障碍车辆运行2646车次)，运送91210人次(含轮椅客人5896人次)，累计行驶里程95.0万公里；每日平均出车1514次(其中无障碍车辆运行120车次)，运送4146人次(含轮椅客人268人次)，行驶4.3万公里；每车平均运行62车次，运送169.9人次，行驶1769公里；每车每日平均运行次数为2.8次，每车每次运送2.8人次，行驶28.6公里。运行最高峰是9月16日，单日合计出车2260次(其中无障碍车辆运行320车次)，一共运送了7720人次(含轮椅客人886人次)，累计行驶65283公里；平均每车运行4.2次，运送14.4人，行驶122公里。

## 第二节　代表团交通服务运行组织

代表团是代表本国家或本地区奥林匹克委员会参加本届奥运会、残奥会比赛和各项活动，是本届奥运会、残奥会的主体之一。代表团的组成人员主要有：参赛运动员、代表团团长及副团长、教练员、技术人员、医疗人员、行政管理人员、超编官员、新闻专员、兽医、马匹主人、马夫、私人教练、陪练人员、替补运动员等。

代表团团队的服务期是以运动员入住奥运村(残奥村)为标志的，分成2个运行时段。奥运会预开村日期为2008年7月20日~2008年7月26日，正式开村到闭村为2008年7月27日~2008年8月27日；残奥会服务日期预开村2008年8月28日~2008年8月29日，正式开村到闭村为2008年8月30日~2008年9月20日。

## 一、代表团服务运行模式

按代表团人数配发相应车辆，主要是提供给代表团自由支配使用，驾驶员由NOC团队提供并管理。服务内容：一是为代表团的行政事务、后勤保障出行活动提供用车服务；二是为运动员的训练、比赛的出行提供交通服务。分配的车辆中有团长、副团长使用的专用车，也有代表团工作人员用车。

### 1. 车辆使用和调度工作方式

代表团专用车辆的主要运行方式为：代表团专用车的使用权和车辆调度权归代表团；代表团指定本团1~2人负责车辆调度，保证车辆调度工作安全有序；代表团可安排专用车驾驶员在代表团办公室或车队休息室待命。

（1）车辆调度方式

全部或部分驾驶员按代表团要求在代表团工作间休息待命，随时听从代表团调派；驾驶员在车队休息室待命，代表团可通过专用车配备的手机直接与驾驶员联系调派车辆；也可通过拨打车队电话与车队调度联系调派车辆。代表团调派外出执行任务的车辆时，可通过拨打专用车手机直接与驾驶员联系调派车辆；如驾驶员驾驶车辆不能接听电话时，可通过发短信的方式，请驾驶员在方便时给代表团回电话；代表团0:00~6:00之间需要用车时，可给车队打电话要车。

（2）派车程序

按运行方案派车有3种方式，一是通过电话向车队派车，用车人向代表团指定车辆调度要车；二是通过专用车工作手机直接向驾驶员派车；三是让驾驶员到代表团工作间待命，直接向驾驶员派车。代表团车辆调度填写派车单交给在办公室待命的驾驶员；驾驶员在车位等候客人；如驾驶员在车队休息待命，代表团车辆调度可将派车单交用车人并打电话通知驾驶员，或给车队调度打电话派车。

### 2. 代表团车辆“激活”

代表团专用车必须经过“激活”程序方可为代表团提供服务。所谓“激活”就是在代表团参加代表团团长注册会议（DEM）后，持车辆激活文件到运动员村交通咨询台进行车辆激活。咨询台接到代表团车辆激活申请文件后，对照组委会的车辆分配标准进行核对，核对无误后交与相关车队，代表团联络人到车队核对车辆和停车位，并由车队介绍车辆使用的有关规定。

### 3. NOC/NPC团队车辆停放

（1）代表团车辆专用停车场

奥运会期间，NOC团队服务车辆共计890部，其中速腾小客车340部、途安旅行车550部。为代表团服务的车辆分别停放在奥运村东、西2个停车场。东停车场有30000平方米，停车位720个；西停车场有10000平方米，300个停车位。NOC停车场示意图见图12-1。

残奥会期间，NPC团队服务车辆共计537部，其中速腾小客车335部、途安旅行车100部、无障碍旅行车102部。车辆也是分别停放在残奥村东、西2个停车场。

（2）停车位的分配

为了方便代表团用车，代表团车位分配一直是代表团关注的重点问题。因此，团队在先期工作中，将代表团住宿分配方案的摸底工作作为一项重点工作，在奥组委国联部和奥运村团队等相关部门的支持下，及时掌握了代表团住宿分配方案，在此基础上合理分配车位，尽可能保证客人就近上车。对个别代表团住宿地到停车场较远的，采取了在就近停车场设立专用上车位的方法，解决了代表团上车远的问题。

每个停车位都编有唯一的固定号码，方便乘客查找车辆。代表团专用车待命时应停放在分配的固定车位，同时采用按住宿楼就近分配车位的原则。奥运会原计划西停车场3个车队，东停车场6个车队，但因西停车场只有2个车队办公用房，只能改为西停车场安排2个车队187部车，东停车场安排7个车队703部车。

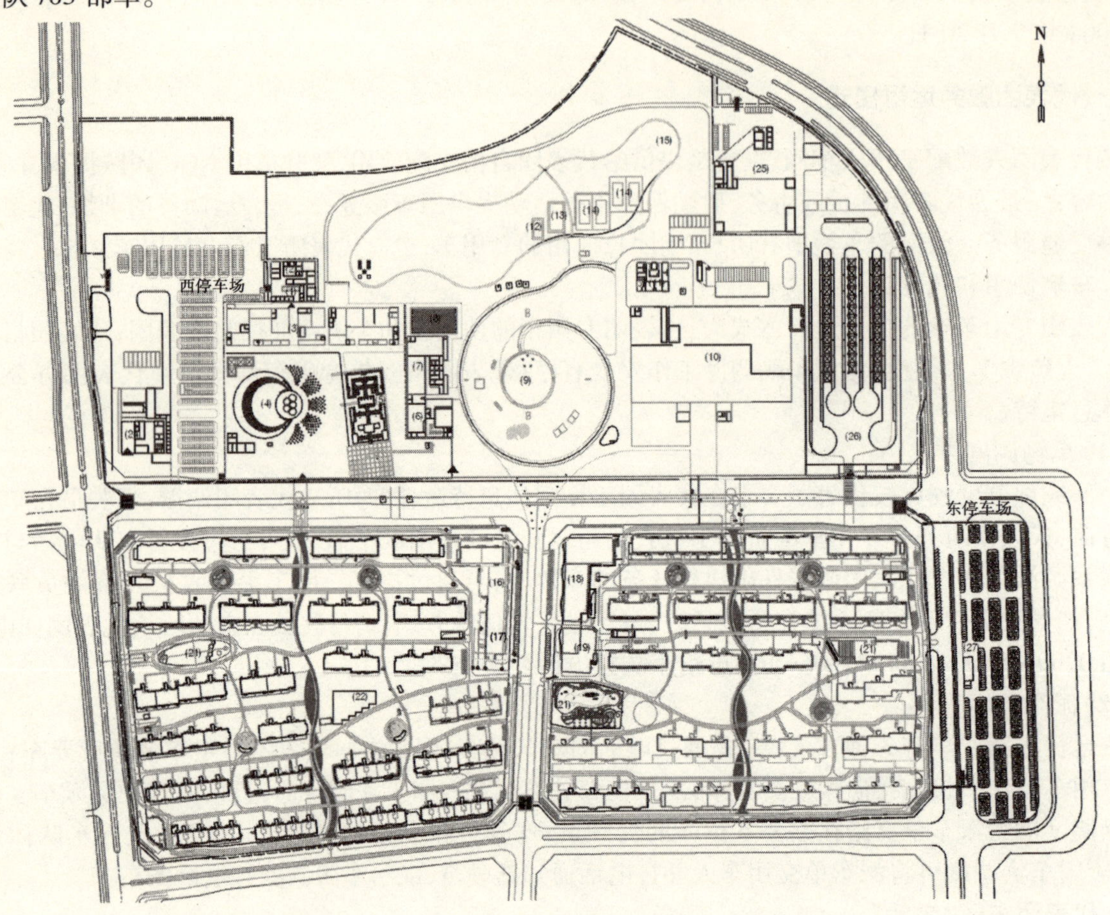


图12-1　NOC停车场示意图

为了方便代表团辨认车辆，车队给专用车印制了车辆标识，车标上印有“NOC”或“NPC”团队缩写，代表团中英文简称，本团专用车顺序号和车位号。NOC车辆停车标识示意图见图12-2。车辆标识在运行中发挥了很好的作用。

(3)车队与代表团停车位对应设置

车队和代表团车辆对应原则有两个，一是方便代表团就近上车；二是方便车队管理，加大车队管理幅度和控制力度。团队事先得到了奥组委国联部提供的代表团住宿分配方案，根据代表团住宿位置对代表团进行了东、西停车场的划分。然后按驾驶员来源单位整建制进行划分，每个车队原则上安排100部车左右，最多不超过110部车。实际运行与分配方案相比，误差不超过5%。对于住宿楼与停车位距离相对较远的，则采用调车到就近停车场上车的方法。

图12-2　NOC车辆停车标识示意

**4. 代表团车辆类型及代表团车辆分配**

由于服务车辆是根据代表团的规模配备的，而代表团规模的准确信息只能在首次DRM会后才能最后确定。为了不影响车队的组建、车辆分配以及驾驶员配车等工作，团队多次与奥组委国联部进行沟通，先期了解、逐个核对各国代表团可能参加的人数，并参考雅典、悉尼的数据，在6月下旬初步制订了代表团车辆分配方案，并通过实际运行检验，车辆分配的准确率达到95%以上，保证了交通服务有序运行。

(1)车辆类型

北京奥组委为参加奥运会的各代表团准备了890部专用车,其中速腾340部,途安550部;为残奥会各代表团准备了专用车537部,其中速腾车335部,途安车100部,无障碍旅行车102部。车型如图12-3所示。

a)速腾1.6L自动时尚型

注:标准变速器:手自一体6档

标准排量:1595 cc

外形尺寸(长/宽/高):4544/1760/1461mm

标准座位数:4+1

行李舱容积:527 L

b)途安1.8T自动豪华型

注:标准变速器:手自一体6档

标准排量:1781 cc

外形尺寸(长/宽/高):4391/1794/1670 mm

标准座位数:6+1

行李舱容积:560 L

c)伊斯坦纳无障碍旅行车

注:该车可以乘3辆轮椅车和1名随行人员

图12-3　NOC车辆类型

(2)各代表团车辆配置

由于车辆准备充足,并严格按照车辆分配标准进行配置,通过实际运行证明,各代表团车辆分配合理,各类车型搭配有序,完全能够满足代表团的需要。代表团专用车配备参见表12-1、表12-2。

**奥运会代表团专用车辆配置**　　表12-1

| 车队 | 国　家 | 代表人数 | 配备车辆(辆) | | 车辆合计(辆) |
|---|---|---|---|---|---|
| | | | 速腾 | 途安 | |
| 第一车队 | 波黑 | 13 | 1 | 2 | 3 |
| | 智利 | 56 | 2 | 3 | 5 |
| | 多米尼加 | 44 | 1 | 2 | 3 |
| | 乌拉圭 | 25 | 1 | 2 | 3 |
| | 巴拉圭 | 16 | 1 | 2 | 3 |
| | 斯洛文尼亚 | 97 | 2 | 3 | 5 |
| | 比利时 | 118 | 3 | 4 | 7 |

续上表

| 车队 | 国家 | 代表人数 | 配备车辆(辆) | | 车辆合计(辆) |
|---|---|---|---|---|---|
| | | | 速腾 | 途安 | |
| 第一车队 | 牙买加 | 81 | 2 | 3 | 5 |
| | 埃塞俄比亚 | 48 | 1 | 2 | 3 |
| | 卢旺达 | 10 | 1 | 1 | 2 |
| | 利比里亚 | 7 | 1 | 1 | 2 |
| | 阿联酋 | 15 | 1 | 2 | 3 |
| | 巴基斯坦 | 38 | 1 | 2 | 3 |
| | 蒙古 | 52 | 2 | 3 | 5 |
| | 刚果(布) | 14 | 1 | 2 | 3 |
| | 肯尼亚 | 73 | 2 | 3 | 5 |
| | 印度尼西亚 | 44 | 1 | 2 | 3 |
| | 塞尔维亚 | 123 | 3 | 4 | 7 |
| | 科威特 | 17 | 1 | 2 | 3 |
| | 马来西亚 | 61 | 2 | 3 | 5 |
| | 加纳 | 16 | 1 | 2 | 3 |
| | 冈比亚 | 8 | 1 | 1 | 2 |
| | 乌干达 | 23 | 1 | 2 | 3 |
| | 沙特 | 26 | 1 | 2 | 3 |
| | 圣马力诺 | 9 | 1 | 1 | 2 |
| 合计 | 25 | 1025 | 35 | 56 | 91 |
| 第二车队 | 捷克 | 207 | 3 | 5 | 8 |
| | 斯威士兰 | 9 | 1 | 1 | 2 |
| | 莱索托 | 12 | 1 | 2 | 3 |
| | 博茨瓦纳 | 23 | 1 | 2 | 3 |
| | 塞舌尔 | 17 | 1 | 2 | 3 |
| | 纳米比亚 | 22 | 1 | 2 | 3 |
| | 马达加斯加 | 16 | 1 | 2 | 3 |
| | 坦桑尼亚 | 17 | 1 | 2 | 3 |
| | 卡塔尔 | 40 | 1 | 2 | 3 |
| | 埃及 | 161 | 3 | 4 | 7 |
| | 南非 | 207 | 3 | 5 | 8 |
| | 立陶宛 | 115 | 3 | 4 | 7 |
| | 波多黎各 | 44 | 1 | 2 | 3 |
| | 新西兰 | 189 | 3 | 4 | 7 |
| | 瑞典 | 144 | 3 | 4 | 7 |
| | 瑞士 | 135 | 3 | 4 | 7 |
| | 列支敦士登 | 6 | 1 | 2 | 3 |
| | 希腊 | 264 | 3 | 5 | 8 |
| | 塞浦路斯 | 30 | 1 | 2 | 3 |
| 合计 | 19 | 1658 | 35 | 56 | 91 |

续上表

| 车队 | 国家 | 代表人数 | 配备车辆(辆) | | 车辆合计(辆) |
|---|---|---|---|---|---|
| | | | 速腾 | 途安 | |
| 第三车队 | 俄罗斯 | 613 | 5 | 8 | 13 |
| | 阿塞拜疆 | 74 | 2 | 3 | 5 |
| | 哈萨克斯坦 | 200 | 3 | 4 | 7 |
| | 匈牙利 | 249 | 3 | 5 | 8 |
| | 喀麦隆 | 34 | 1 | 2 | 3 |
| | 越南 | 31 | 1 | 2 | 3 |
| | 菲律宾 | 36 | 1 | 2 | 3 |
| | 格鲁吉亚 | 66 | 2 | 3 | 5 |
| | 摩尔多瓦 | 58 | 2 | 3 | 5 |
| | 津巴布韦 | 26 | 1 | 2 | 3 |
| | 土耳其 | 106 | 3 | 4 | 7 |
| | 缅甸 | 16 | 1 | 2 | 3 |
| | 以色列 | 73 | 2 | 3 | 5 |
| | 葡萄牙 | 118 | 3 | 4 | 7 |
| | 波兰 | 363 | 3 | 6 | 9 |
| 合计 | 15 | 2063 | 33 | 53 | 86 |
| 第四车队 | 巴拿马 | 12 | 1 | 2 | 3 |
| | 萨尔瓦多 | 28 | 1 | 2 | 3 |
| | 海地 | 15 | 1 | 2 | 3 |
| | 塞拉利昂 | 6 | 1 | 1 | 2 |
| | 苏里南 | 10 | 1 | 1 | 2 |
| | 圭亚那 | 9 | 1 | 1 | 2 |
| | 塞内加尔 | 37 | 1 | 2 | 3 |
| | 白俄罗斯 | 264 | 3 | 5 | 8 |
| | 马其顿 | 18 | 1 | 2 | 3 |
| | 荷兰 | 300 | 3 | 5 | 8 |
| | 拉脱维亚 | 84 | 2 | 3 | 5 |
| | 罗马尼亚 | 165 | 3 | 4 | 7 |
| | 乌兹别克斯坦 | 101 | 3 | 4 | 7 |
| | 亚美尼亚 | 47 | 1 | 2 | 3 |
| | 保加利亚 | 119 | 3 | 4 | 7 |
| | 阿富汗 | 9 | 1 | 1 | 2 |
| | 尼日尔 | 14 | 1 | 2 | 3 |
| | 几内亚 | 14 | 1 | 2 | 3 |
| | 刚果(金) | 14 | 1 | 2 | 3 |
| | 厄立特里亚 | 18 | 1 | 2 | 3 |
| | 苏丹 | 16 | 1 | 2 | 3 |
| | 阿曼 | 13 | 1 | 2 | 3 |
| | 索马里 | 6 | 1 | 1 | 2 |
| | 巴林 | 30 | 1 | 2 | 3 |
| 合计 | 24 | 1349 | 35 | 56 | 91 |

续上表

| 车队 | 国家 | 代表人数 | 配备车辆(辆) | | 车辆合计(辆) |
|---|---|---|---|---|---|
| | | | 速腾 | 途安 | |
| 第五车队 | 韩国 | 356 | 3 | 6 | 9 |
| | 西班牙 | 393 | 3 | 6 | 9 |
| | 法国 | 423 | 4 | 7 | 11 |
| | 安道尔 | 12 | 1 | 2 | 3 |
| | 摩纳哥 | 14 | 1 | 2 | 3 |
| | 意大利 | 443 | 4 | 7 | 11 |
| | 马耳他 | 16 | 1 | 2 | 3 |
| | 澳大利亚 | 535 | 5 | 8 | 13 |
| | 香港 | 62 | 2 | 3 | 5 |
| | 新加坡 | 40 | 1 | 2 | 3 |
| | 日本 | 411 | 4 | 7 | 11 |
| | 美国 | 714 | 5 | 8 | 13 |
| | 特立尼达和多巴哥 | 51 | 2 | 3 | 5 |
| | 英国 | 401 | 4 | 7 | 11 |
| 合计 | 14 | 3871 | 40 | 70 | 110 |
| 第六车队 | 中国 | 980 | 5 | 8 | 13 |
| | 爱沙尼亚 | 78 | 2 | 3 | 5 |
| | 斯洛伐克 | 99 | 2 | 3 | 5 |
| | 中华台北 | 131 | 3 | 4 | 7 |
| | 奥地利 | 109 | 3 | 4 | 7 |
| | 乌克兰 | 352 | 3 | 6 | 9 |
| | 巴西 | 306 | 3 | 6 | 9 |
| | 莫桑比克 | 14 | 1 | 2 | 3 |
| | 几内亚比绍 | 8 | 1 | 1 | 2 |
| | 安哥拉 | 54 | 2 | 3 | 5 |
| | 佛得角 | 8 | 1 | 1 | 2 |
| | 圣多美和普林西比 | 8 | 1 | 1 | 2 |
| | 东帝汶 | 22 | 1 | 2 | 3 |
| | 阿鲁巴 | 6 | 1 | 1 | 2 |
| | 丹麦 | 123 | 3 | 4 | 7 |
| | 芬兰 | 94 | 2 | 3 | 5 |
| | 挪威 | 94 | 2 | 3 | 5 |
| | 冰岛 | 47 | 1 | 2 | 3 |
| | 卢森堡 | 31 | 1 | 2 | 3 |
| | 德国 | 543 | 5 | 8 | 13 |
| 合计 | 20 | 3107 | 43 | 67 | 110 |

续上表

| 车队 | 国　家 | 代表人数 | 配备车辆(辆) | | 车辆合计(辆) |
|---|---|---|---|---|---|
| | | | 速腾 | 途安 | |
| 第七车队 | 所罗门群岛 | 8 | 1 | 1 | 2 |
| | 巴布亚新几内亚 | 18 | 1 | 2 | 3 |
| | 汤加 | 8 | 1 | 1 | 2 |
| | 美属萨摩亚 | 10 | 1 | 1 | 2 |
| | 瑙鲁 | 4 | 1 | 1 | 2 |
| | 关岛 | 16 | 1 | 2 | 3 |
| | 马绍尔群岛 | 14 | 1 | 2 | 3 |
| | 百慕大 | 13 | 1 | 2 | 3 |
| | 斐济 | 16 | 1 | 2 | 3 |
| | 瓦努阿图 | 8 | 1 | 1 | 2 |
| | 库克群岛 | 10 | 1 | 1 | 2 |
| | 萨摩亚 | 13 | 1 | 2 | 3 |
| | 图瓦卢 | 8 | 1 | 1 | 2 |
| | 密克罗尼西亚 | 16 | 1 | 2 | 3 |
| | 基里巴斯 | 8 | 1 | 1 | 2 |
| | 帕劳 | 13 | 1 | 2 | 3 |
| | 爱尔兰 | 79 | 2 | 3 | 5 |
| | 黑山 | 35 | 1 | 2 | 3 |
| | 朝鲜 | 80 | 2 | 3 | 5 |
| | 开曼群岛 | 9 | 1 | 1 | 2 |
| | 安提瓜和巴布达 | 12 | 1 | 2 | 3 |
| | 英属维尔京群岛 | 6 | 1 | 1 | 2 |
| | 圣基茨和尼维斯 | 7 | 1 | 1 | 2 |
| | 多米尼克 | 5 | 1 | 1 | 2 |
| | 委内瑞拉 | 170 | 3 | 4 | 7 |
| | 圣卢西亚 | 9 | 1 | 1 | 2 |
| | 格林纳达 | 16 | 1 | 2 | 3 |
| | 巴哈马 | 42 | 1 | 2 | 3 |
| | 荷属安的列斯 | 8 | 1 | 1 | 2 |
| | 圣文森特和格林纳丁斯 | 6 | 1 | 1 | 2 |
| | 加拿大 | 414 | 4 | 7 | 11 |
| | 墨西哥 | 137 | 3 | 4 | 7 |
| 合计 | 32 | 1218 | 41 | 60 | 101 |

续上表

| 车队 | 国家 | 代表人数 | 配备车辆(辆) | | 车辆合计(辆) |
|---|---|---|---|---|---|
| | | | 速腾 | 途安 | |
| 第八车队 | 玻利维亚 | 18 | 1 | 2 | 3 |
| | 危地马拉 | 23 | 1 | 2 | 3 |
| | 哥斯达黎加 | 19 | 1 | 2 | 3 |
| | 尼加拉瓜 | 16 | 1 | 2 | 3 |
| | 洪都拉斯 | 15 | 1 | 2 | 3 |
| | 伯利兹 | 9 | 1 | 1 | 2 |
| | 古巴 | 236 | 3 | 5 | 8 |
| | 克罗地亚 | 147 | 3 | 4 | 7 |
| | 摩洛哥 | 75 | 2 | 3 | 5 |
| | 马拉维 | 10 | 1 | 1 | 2 |
| | 中非 | 8 | 1 | 1 | 2 |
| | 巴巴多斯 | 14 | 1 | 2 | 3 |
| | 阿尔巴尼亚 | 25 | 1 | 2 | 3 |
| | 土库曼斯坦 | 25 | 1 | 2 | 3 |
| | 马尔代夫 | 10 | 1 | 1 | 2 |
| | 印度 | 93 | 2 | 3 | 5 |
| | 孟加拉 | 14 | 1 | 2 | 3 |
| | 斯里兰卡 | 19 | 1 | 2 | 3 |
| | 科摩罗 | 8 | 1 | 1 | 2 |
| | 多哥 | 10 | 0 | 2 | 2 |
| | 塔吉克斯坦 | 29 | 1 | 2 | 3 |
| | 布基纳法索 | 16 | 1 | 2 | 3 |
| | 贝宁 | 14 | 1 | 2 | 3 |
| | 马里 | 52 | 2 | 3 | 5 |
| | 布隆迪 | 8 | 1 | 1 | 2 |
| | 科特迪瓦 | 15 | 1 | 2 | 3 |
| | 乍得 | 6 | 1 | 1 | 2 |
| 合计 | 27 | 934 | 33 | 55 | 88 |
| 第九车队 | 毛里求斯 | 27 | 1 | 2 | 3 |
| | 加蓬 | 10 | 1 | 1 | 2 |
| | 毛里塔尼亚 | 6 | 1 | 1 | 2 |
| | 巴勒斯坦 | 7 | 1 | 1 | 2 |
| | 吉布提 | 6 | 1 | 1 | 2 |
| | 赤道几内亚 | 8 | 1 | 1 | 2 |
| | 赞比亚 | 18 | 1 | 2 | 3 |
| | 哥伦比亚 | 116 | 3 | 4 | 7 |
| | 利比亚 | 18 | 1 | 2 | 3 |
| | 伊拉克 | 9 | 1 | 1 | 2 |
| | 叙利亚 | 19 | 1 | 2 | 3 |

续上表

| 车队 | 国　　家 | 代表人数 | 配备车辆(辆) | | 车辆合计(辆) |
|---|---|---|---|---|---|
| | | | 速腾 | 途安 | |
| 第九车队 | 黎巴嫩 | 16 | 1 | 2 | 3 |
| | 阿根廷 | 143 | 3 | 4 | 7 |
| | 尼日利亚 | 90 | 2 | 3 | 5 |
| | 吉尔吉斯斯坦 | 42 | 1 | 2 | 3 |
| | 不丹 | 6 | 1 | 1 | 2 |
| | 也门 | 14 | 1 | 2 | 3 |
| | 约旦 | 14 | 1 | 2 | 3 |
| | 厄瓜多尔 | 51 | 2 | 3 | 5 |
| | 伊朗 | 93 | 2 | 3 | 5 |
| | 泰国 | 87 | 3 | 4 | 7 |
| | 尼泊尔 | 20 | 1 | 2 | 3 |
| | 老挝 | 10 | 1 | 1 | 2 |
| | 柬埔寨 | 10 | 1 | 1 | 2 |
| | 突尼斯 | 55 | 2 | 3 | 5 |
| | 秘鲁 | 27 | 1 | 2 | 3 |
| | 美属维尔京群岛 | 15 | 1 | 2 | 3 |
| | 阿尔及利亚 | 101 | 3 | 4 | 7 |
| 合计 | 28 | 1038 | 40 | 59 | 99 |
| 总计 | 204 | 16263 | 335 | 532 | 867 |

**残奥会代表团专用车配置**　　表 12-2

| 车队 | 国　　家 | 代表人数 | 配备车辆(辆) | | | 车辆合计(辆) |
|---|---|---|---|---|---|---|
| | | | 速腾 | 途安 | 无障碍车 | |
| 第一车队 | 波黑 | 24 | 1 | 1 | 1 | 3 |
| | 智利 | 11 | 1 | 1 | 1 | 3 |
| | 多米尼加 | 5 | 2 | | | 2 |
| | 乌拉圭 | 8 | 2 | | | 2 |
| | 斯洛文尼亚 | 52 | 1 | 2 | 2 | 5 |
| | 比利时 | 38 | 1 | 1 | 1 | 3 |
| | 牙买加 | 8 | 1 | | 1 | 2 |
| | 埃塞俄比亚 | 5 | 2 | | | 2 |
| | 卢旺达 | 4 | 2 | | | 2 |
| | 阿联酋 | 14 | 1 | 1 | 1 | 3 |
| | 巴基斯坦 | 9 | 2 | | | 2 |
| | 蒙古 | 10 | 2 | | | 2 |
| | 肯尼亚 | 27 | 1 | 1 | 1 | 3 |
| | 印度尼西亚 | 8 | 2 | | | 2 |
| | 塞尔维亚 | 23 | 1 | 1 | 1 | 3 |
| | 科威特 | 14 | 1 | 1 | 1 | 3 |
| | 马来西亚 | 23 | 1 | 1 | 1 | 3 |

续上表

| 车队 | 国　家 | 代表人数 | 配备车辆(辆) | | | 车辆合计(辆) |
|---|---|---|---|---|---|---|
| | | | 速腾 | 途安 | 无障碍车 | |
| 第一车队 | 乌干达 | 4 | 2 | | | 2 |
| | 沙特 | 8 | 2 | | | 2 |
| | 韩国 | 133 | 3 | 2 | 2 | 7 |
| | 西班牙 | 229 | 5 | 2 | 1 | 8 |
| | 法国 | 200 | 3 | 2 | 2 | 7 |
| | 意大利 | 143 | 3 | 2 | 2 | 7 |
| | 澳大利亚 | 244 | 4 | 2 | 2 | 8 |
| | 日本 | 268 | 4 | 2 | 2 | 8 |
| | 美国 | 349 | 5 | 2 | 2 | 9 |
| | 英国 | 343 | 5 | 2 | 2 | 9 |
| 合计 | 27 | 2204 | 60 | 26 | 26 | 112 |
| 第二车队 | 捷克 | 91 | 3 | 1 | 1 | 5 |
| | 莱索托 | 4 | 2 | | | 2 |
| | 博茨瓦纳 | 4 | 2 | | | 2 |
| | 纳米比亚 | 4 | 2 | | | 2 |
| | 马达加斯加 | 4 | 2 | | | 2 |
| | 坦桑尼亚 | 4 | 2 | | | 2 |
| | 卡塔尔 | 7 | 2 | | | 2 |
| | 埃及 | 61 | 3 | 1 | 1 | 5 |
| | 南非 | 102 | 3 | 2 | 2 | 7 |
| | 立陶宛 | 43 | 1 | 1 | 1 | 3 |
| | 波多黎各 | 10 | 1 | | 1 | 2 |
| | 瑞典 | 106 | 3 | 2 | 2 | 7 |
| | 瑞士 | 46 | 1 | 1 | 1 | 3 |
| | 希腊 | 117 | 3 | 2 | 2 | 7 |
| | 塞浦路斯 | 10 | 2 | | | 2 |
| | 中国 | 551 | 4 | 5 | 2 | 11 |
| | 爱沙尼亚 | 7 | 2 | | | 2 |
| | 斯洛伐克 | 62 | 3 | 1 | 1 | 5 |
| | 中华台北 | 27 | 1 | 2 | 0 | 3 |
| | 奥地利 | 63 | 3 | 1 | 1 | 5 |
| | 乌克兰 | 200 | 3 | 2 | 2 | 7 |
| | 巴西 | 318 | 5 | 2 | 2 | 9 |
| | 安哥拉 | 16 | 1 | 2 | 0 | 3 |
| | 佛得角 | 4 | 2 | | | 2 |
| | 东帝汶 | 4 | 2 | | | 2 |
| | 丹麦 | 69 | 3 | 1 | 1 | 5 |
| | 香港 | 43 | 2 | 1 | 0 | 3 |
| 合计 | 27 | 1977 | 63 | 27 | 20 | 110 |

续上表

| 车队 | 国　　家 | 代表人数 | 配备车辆(辆) | | | 车辆合计(辆) |
|---|---|---|---|---|---|---|
| | | | 速腾 | 途安 | 无障碍车 | |
| 第三车队 | 俄罗斯 | 237 | 4 | 2 | 2 | 8 |
| | 阿塞拜疆 | 30 | 1 | 1 | 1 | 3 |
| | 哈萨克斯坦 | 9 | 2 | | | 2 |
| | 匈牙利 | 54 | 3 | 1 | 1 | 5 |
| | 越南 | 17 | 1 | 1 | 1 | 3 |
| | 菲律宾 | 10 | 2 | | | 2 |
| | 格鲁吉亚 | 4 | 2 | | | 2 |
| | 摩尔多瓦 | 4 | 2 | | | 2 |
| | 津巴布韦 | 6 | 2 | | | 2 |
| | 土耳其 | 27 | 1 | 1 | 1 | 3 |
| | 缅甸 | 7 | 2 | | | 2 |
| | 以色列 | 75 | 3 | 1 | 1 | 5 |
| | 葡萄牙 | 73 | 3 | 1 | 1 | 5 |
| | 波兰 | 150 | 3 | 2 | 2 | 7 |
| | 斐济 | 4 | 2 | | | 2 |
| | 瓦努阿图 | 2 | 2 | | | 2 |
| | 萨摩亚 | 4 | 2 | | | 2 |
| | 爱尔兰 | 78 | 3 | 1 | 1 | 5 |
| | 黑山 | 4 | 2 | | | 2 |
| | 委内瑞拉 | 51 | 3 | 1 | 1 | 5 |
| | 加拿大 | 250 | 4 | 2 | 2 | 8 |
| | 墨西哥 | 114 | 3 | 2 | 2 | 7 |
| | 法罗群岛 | 4 | 2 | | | 2 |
| | 中国澳门 | 7 | 2 | | | 2 |
| | 泰国 | 71 | 3 | 1 | 1 | 5 |
| | 尼泊尔 | 4 | 2 | | | 2 |
| | 柬埔寨 | 4 | 1 | | 1 | 2 |
| | 突尼斯 | 54 | 3 | 1 | 1 | 5 |
| 合计 | 28 | 1354 | 65 | 18 | 19 | 102 |
| 第四车队 | 巴拿马 | 6 | 1 | | 1 | 2 |
| | 萨尔瓦多 | 5 | 2 | | | 2 |
| | 海地 | 4 | 2 | | | 2 |
| | 苏里南 | 4 | 2 | | | 2 |
| | 塞内加尔 | 4 | 2 | | | 2 |
| | 白俄罗斯 | 56 | 3 | 1 | 1 | 5 |
| | 马其顿 | 6 | 2 | | | 2 |
| | 荷兰 | 133 | 3 | 2 | 2 | 7 |
| | 拉脱维亚 | 29 | 1 | 1 | 1 | 3 |
| | 罗马尼亚 | 10 | 2 | | | 2 |

续上表

| 车队 | 国　　家 | 代表人数 | 配备车辆(辆) | | | 车辆合计(辆) |
|---|---|---|---|---|---|---|
| | | | 速腾 | 途安 | 无障碍车 | |
| 第四车队 | 乌兹别克斯坦 | 2 | 2 | | | 2 |
| | 亚美尼亚 | 4 | 2 | | | 2 |
| | 保加利亚 | 17 | 1 | 1 | 1 | 3 |
| | 阿富汗 | 4 | 2 | | | 2 |
| | 尼日尔 | 4 | 2 | | | 2 |
| | 几内亚 | 4 | 2 | | | 2 |
| | 阿曼 | 4 | 2 | | | 2 |
| | 巴林 | 9 | 2 | | | 2 |
| | 芬兰 | 61 | 3 | 1 | 1 | 5 |
| | 挪威 | 54 | 3 | 1 | 1 | 5 |
| | 冰岛 | 11 | 1 | 1 | 1 | 3 |
| | 卢森堡 | 4 | 2 | | | 2 |
| | 德国 | 281 | 4 | 2 | 2 | 8 |
| | 巴布亚新几内亚 | 6 | 2 | | | 2 |
| | 汤加 | 4 | 2 | | | 2 |
| | 百慕大 | 8 | 2 | | | 2 |
| | 伊朗 | 119 | 3 | 2 | 2 | 7 |
| | 新西兰 | 57 | 3 | 1 | 1 | 5 |
| | 秘鲁 | 8 | 2 | | | 2 |
| | 阿尔及利亚 | 57 | 3 | 1 | 1 | 5 |
| | 马耳他 | 4 | 1 | | | 1 |
| | 新加坡 | 21 | 1 | 1 | 1 | 3 |
| | 加纳 | 6 | 2 | | | 2 |
| 合计 | 33 | 1006 | 69 | 15 | 16 | 100 |
| 第五车队 | 危地马拉 | 4 | 2 | | | 2 |
| | 哥斯达黎加 | 5 | 2 | | | 2 |
| | 洪都拉斯 | 5 | 2 | | | 2 |
| | 古巴 | 48 | 1 | 1 | 1 | 3 |
| | 克罗地亚 | 43 | 1 | 1 | 1 | 3 |
| | 摩洛哥 | 29 | 1 | 1 | 1 | 3 |
| | 中非 | 5 | 2 | | | 2 |
| | 巴巴多斯 | 4 | 1 | | 1 | 2 |
| | 土库曼斯坦 | 5 | 2 | | | 2 |
| | 印度 | 10 | 2 | | | 2 |
| | 孟加拉 | 4 | 2 | | | 2 |
| | 斯里兰卡 | 10 | 2 | | | 2 |
| | 塔吉克斯坦 | 5 | 2 | | | 2 |
| | 布基纳法索 | 4 | 2 | | | 2 |
| | 贝宁 | 4 | 2 | | | 2 |

续上表

| 车队 | 国　　家 | 代表人数 | 配备车辆(辆) | | | 车辆合计(辆) |
|---|---|---|---|---|---|---|
| | | | 速腾 | 途安 | 无障碍车 | |
| 第五车队 | 马里 | 4 | 2 | | | 2 |
| | 布隆迪 | 8 | 2 | | | 2 |
| | 科特迪瓦 | 7 | 2 | | | 2 |
| | 毛里求斯 | 6 | 2 | | | 2 |
| | 加蓬 | 4 | 2 | | | 2 |
| | 巴勒斯坦 | 5 | 2 | | | 2 |
| | 赞比亚 | 5 | 2 | | | 2 |
| | 哥伦比亚 | 23 | 2 | 1 | 0 | 3 |
| | 利比亚 | 9 | 2 | | | 2 |
| | 伊拉克 | 32 | 1 | 1 | 1 | 3 |
| | 叙利亚 | 10 | 2 | | | 2 |
| | 黎巴嫩 | 5 | 2 | | | 2 |
| | 阿根廷 | 80 | 3 | 1 | 1 | 5 |
| | 尼日利亚 | 43 | 1 | 1 | 1 | 3 |
| | 吉尔吉斯斯坦 | 9 | 2 | | | 2 |
| | 约旦 | 20 | 1 | 1 | 1 | 3 |
| | 厄瓜多尔 | 6 | 1 | | 1 | 2 |
| 合计 | 32 | 461 | 57 | 8 | 9 | 74 |
| 总计 | 147 | 7002 | 314 | 94 | 90 | 498 |

**5. 代表团车辆场馆通行**

代表团车辆在竞赛场馆、训练场馆及非竞赛场馆的上、下车区和停车位均设置在场馆安保封闭区内,上、下车区与代表团人员专用入口距离非常近,通行方便。同时,上、下车区专门有场馆交通团队的人员负责引导代表团客户上、下车和召唤驾驶员。NOC 车辆专用停车场代号为 P3,优先保证停车位数量,基本能满足赛时运行需求。

## 二、重点阶段运行

**1. 先期筹备工作**

2008 年 3 月 20 日组建 NOC 团队,团队进入筹备工作阶段。先期主要工作人员为团队领导、管理人员、车队队长和副队长等。主要工作:一是组织 251 名管理人员进行专业和岗位培训,使他们了解奥运基础知识,掌握团队人员车辆结构和运行特点;二是组织 2448 名志愿者驾驶员进行专业和岗位培训,了解奥运基础知识和 NOC 代表团的基本情况,以及团队的运行规律和特点;三是组织 2448 名志愿者驾驶员进行识路踏勘,掌握比赛场馆的地理位置和行车路线;四是组织 2634 名志愿者驾驶员和管理人员进行实操培训,共计出车 5400 车次,20520 人次,驾驶员熟悉自动档车辆的操作性能,团队了解掌握驾驶员的驾驶技术状况;五是落实团队和停车场的工作设施及物资,为团队进入场站运行提供物质支持;六是团队模拟演练。

演练以模拟一个车队的日常工作流程为形式,重点演练车队报班、交接班和承接业务,同时对加油站、洗车场和餐厅进行定量测算。通过模拟演练找出和暴露运行方案中的漏洞和不足。演练组织了 251 名管理人员和 100 名驾驶员,全体人员分成导演组、测评组、演练组、车辆组和观摩组。通过演练,团队管理人员初步了解和掌握了团队和车队运行的基本程序、车队"一日工作"的基本内容和车队管理的关键点和难点,基本掌握了日常工作中经常出现的情况的处理程序和方法。

**2. 预开村运行**

2008 年 7 月 20 日 ~2008 年 7 月 26 日 7 天为奥运村预开村,各国代表团团长率先遣人员来京参加奥运会 DRM 会,安排代表团的衣食住行等事务。按交通服务标准,各代表团开完 DRM 会议后持交通服务协议书到 NOC 交通咨询台激活分配车辆,并可获得分配给本团的 1 部车辆的交通服务。

预开村期间,团队严格按照承诺的服务标准提供交通服务。但因运行情况的变化,团队围绕运行任务作了如下工作:一是增加了参加 DRM 会议代表的接机任务。由于机场抵离交通团队还没有正式启动,团队临时承接了接机任务,从 2008 年 7 月 20 日 ~7 月 23 日 4 天共接机 36 车次。接机用车的申请方为国联部,由奥组委国联部派人跟车到机场接代表团先遣人员。二是增加了欢迎中心摆渡车。由于参加 DRM 会议的代表证件没有激活,先行到京代表团人员无法进入欢迎中心激活证件和参加会议,必须使用奥运会专用车辆摆渡进入欢迎中心。在请示有关部门同意后,团队每天准备 5 部车作为参加会议人员的摆渡车,从 7 月 20 日 ~7 月 30 日 11 天共摆渡 42 车次。三是增加首都机场值班车。在 T3 航站楼接机车辆启动前,从 7 月 24 日抵离团队提前开始运营后,到 7 月 27 日正式开村,NOC 团队每天为机场抵离团队提供 10 部机场值班车,供接机使用。四是增加预开村车辆服务。由于 400 人以上的大团在预开村期间活动较多,应国联部要求和总调度室同意,对提出增车的大团,每团服务车辆增加到 2 部。五是接送新闻发言人。应新闻中心要求和总调度室调派,为新闻中心的 2 次新闻发布会接送新闻发言人,出车 4 车次。预开村期间车辆运行情况见表 12-3。

预开村期间车辆运行情况　　表 12-3

| 项　目 | 数量 | 每天平均 | 平均每车每天 | 平均每次 | 占总数(%) |
|---|---|---|---|---|---|
| 车日 | 572 | 81.71 | | | 2.34 |
| 车次 | 1546 | 220.86 | 2.07 | | |
| 人次 | 4418 | 631.14 | 7.72 | 2.85 | |
| 行驶公里 | 49000 | 7000 | 85.66 | 31.69 | |
| 场馆次数 | 11 | 1.57 | | | 0.08 |
| 运行时间 | | | | 1 小时 40 分 | |

**3. 正式开村运行**

2008 年 7 月 27 日 ~2008 年 8 月 27 日为奥运村正式开村,共计 32 天。团队正式开村运行期间运行分三个阶段,第一阶段从 7 月 27 日 ~8 月 7 日 12 天,为代表团抵达和训练阶段;第二阶段从 8 月 8 日 ~8 月 24 日 17 天,为比赛阶段;第三阶段从 8 月 25 日 ~8 月 27 日共 3 天,为返程阶段。

(1)训练阶段是从正式开村到奥运会开幕期间,各代表团陆续抵达奥运村。运动员抵达后,代表团陆续安排运动员进行训练和熟悉场馆。同时,代表团还要安排运动员和官员生活、训练,有关事宜需要大量用车外出,车辆运行情况见表 12-4 和图 12-4。

训练阶段车辆运行情况　　表 12-4

| 项　目 | 数量 | 每天平均 | 平均每车每天 | 每次平均 | 占总数(%) |
|---|---|---|---|---|---|
| 车日 | 7553 | 629.42 | | | 30.88 |
| 车次 | 20376 | 1698 | 2.7 | | |
| 人次 | 50782 | 4231.83 | 6.72 | 2.49 | |
| 行驶公里 | 604247 | 503539.92 | 80.00 | 29.65 | |
| 场馆次数 | 1656 | 138.00 | | | 12.53 |
| 运行时间 | | | | 2 小时 10 分钟 | |

由于 DRM 会议没有更多的时间介绍交通服务的详细内容,开始时,代表团对专用车交通服务的相关规定不了解,给团队车辆调派工作带来一定的困难,部分代表团内部车辆调派秩序也一度出现了混

乱。为了便于代表团使用车辆，维护车辆调派和管理工作正常有序地开展，团队开展了以车队为单位的代表团走访活动，主动与代表团联系，介绍专用车使用的相关规定和服务内容，与代表团建立信息沟通渠道。同时，为了能够使代表团车辆调派合理有序，提议代表团指定1～2名助理人员作为车辆调派的联系人，代表团所有人员用车应通过联系人，以避免车辆误派，也使代表团内部使用车辆更加有序合理。走访行动和相关提议得到了代表团的欢迎和配合，在此期间，团队共到驻地走访了73个代表团，电话沟通了131个代表团。

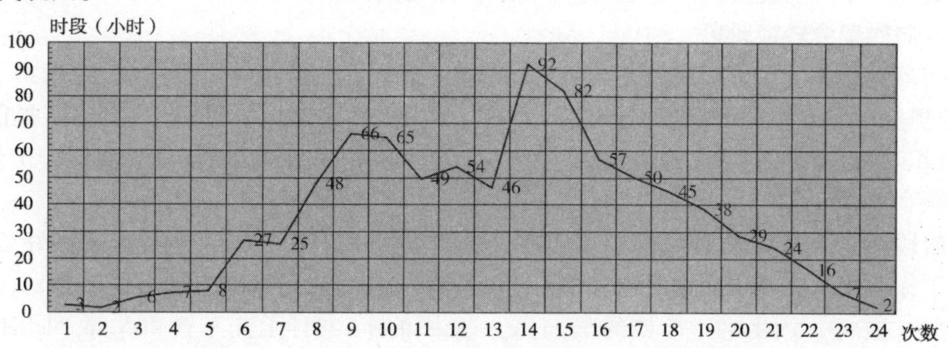


图 12-4　奥运会代表团专用车训练期间运行次数时段分析

（2）在奥运会开幕式后进入比赛阶段，代表团的主要工作是保证运动员的比赛，场馆的出车次数也有大幅度的提高，车辆运行情况见表12-5和图12-5。

**比赛期间车辆运行情况**　　表12-5

| 项　目 | 数量 | 每天平均 | 平均每车每天 | 每次平均 | 占总数(%) |
|---|---|---|---|---|---|
| 车日 | 14705 | 865.00 | | | 60.13 |
| 车次 | 57989 | 3411.12 | 3.94 | | |
| 人次 | 148395 | 8729.12 | 10.09 | 2.56 | |
| 行驶公里 | 1735535 | 102090.29 | 118.02 | 29.93 | |
| 场馆次数 | 11476 | 675 | | | 86.83 |
| 运行时间 | | | | 2小时55分钟 | |

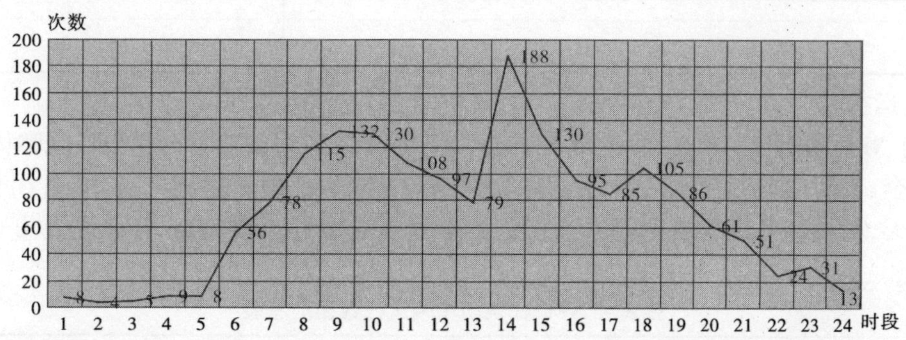


图 12-5　奥运会代表团专用车比赛期间运行次数时段分析

8月8日奥运会开幕，由于代表团专用车团队没有集中参加开幕式的任务，团队对开幕式当天车辆运行特点进行了认真的分析，估计车辆运行的高峰是上午和晚上开幕式以后，下午和开幕式期间用车量不大。根据这一运行特点，团队对人员、车辆进行了调整和有针对性的安排。要求团队和车队管理人员加强开幕式后的值班工作，增加夜班管理人员值班，夜班驾驶员增加100%，保证了代表团使用车辆。

由于代表团、车队和驾驶员之间经过开幕式前的磨合，在人员和工作流程上都有了充分的了解，彼此已经熟悉，运行工作比较平稳。

在比赛期间反映比较突出的问题是驾驶员就餐和交接班。在解决驾驶员就餐的问题时，首先，与代表团多次沟通，请他们在使用车辆中合理安排驾驶员的就餐和交接班时间；其次，通过赛事交通服务分中心与场馆团队协商，为去场馆的驾驶员在场馆解决用餐；再次，为在就餐时间出车的驾驶员准备了一些面包、香肠、鸡蛋、方便面等方便食品。解决驾驶员不能按时回车队交接班的问题时，使用代表团分配车辆送驾驶员到出车现场交接班的办法，尽可能地保证驾驶员按时下班。

**4. 奥运会向残奥会转换阶段**

奥运会闭幕到残奥会预开村只有三天时间，在这三天中团队要完成代表团旅游、送机、收车、接车、人员撤离、残奥会准备工作几项任务，时间紧、任务重。为了作好返程阶段的工作，团队提前策划、认真准备、精心组织、统筹安排，各项工作有组织、有方案，人员落实、职责明确，保证了奥运会工作圆满结束，残奥会工作顺利展开。

在返程阶段的三天时间里，团队除了要完成代表团旅游和送机任务外，重点是要做好奥运会和残奥会车辆转换工作。团队在赛事交通服务分中心运行保障组和交通场站的支持下提前策划，采取边撤、边收、边交的办法，撤离一个团，收一个团的车，上交一个团的车，共计上交车辆465部。同时组织已撤离代表团的驾驶员接残奥会无障碍旅行车102部，速腾小客车10部。团队在边送机边运行的同时，圆满完成了奥运会向残奥会的车辆转换，以及残奥会团队的组建和展开工作。

这段时期的工作非常繁重、紧张。由于残奥会规模比奥运会小许多，奥运会的志愿者驾驶员要减少1000多人，这1000多人的撤离工作也非常重要。团队在来源单位的大力支持下，撤离工作循序渐进、平稳有序。转换期期间车辆运行数据见表12-6。

**转换期期间车辆运行情况** 表12-6

| 项　目 | 数量 | 每天平均 | 平均每车每天 | 每次平均 | 占总数(%) |
|---|---|---|---|---|---|
| 车日 | 1627 | 542.33 | | | 6.65 |
| 车次 | 4182 | 1394 | 2.57 | | |
| 人次 | 10450 | 3483.33 | 6.42 | 2.50 | |
| 行驶公里 | 146218 | 48739.33 | 89.87 | 34.96 | |
| 场馆次数 | 73 | 24.33 | | | 0.55 |
| 运行时间 | | | | 2小时10分钟 | |

**5. 残奥会运行**

残奥会时NPC团队运行和组织管理工作汲取了奥运会的组织管理经验，团队整体运行非常平稳，达到了安全、准时、舒适、便利的目标。从2008年8月28日预开村到9月20日闭村，NPC团队共运行了24天，为参赛各国代表团提供了安全优质的交通服务。残奥会NPC代表团车辆运行数据见表12-7。

**残奥会NPC代表团车辆运行数据汇总表** 表12-7

| 分期 | 车日 | 运行车次 | 客运量 | 行驶公里 | 场馆次数 |
|---|---|---|---|---|---|
| 预开村 | 77 | 158 | 448 | 3972 | 2 |
| 训练 | 2884 | 7759 | 20384 | 214672 | 827 |
| 比赛 | 6434 | 22976 | 64306 | 650055 | 4794 |
| 返程 | 971 | 2597 | 6520 | 85302 | 40 |
| 合计 | 10366 | 33490 | 91658 | 954000 | 5663 |

## 三、积极解决运行中出现的问题和困难，确保交通服务顺利进行

**1. 针对代表团运行特点合理安排服务运行时间**

奥运会时，204个国家和地区代表团的交通服务需求的特点不同，大致有以下几种情况：对比赛重视和对比赛不太重视的，如美国、德国、韩国等国家进村后就用车进行认场馆，看路线，计算路程时间等工作；参加比赛和观看比赛多和旅游购物多的；用车量大和用车量小的；乘客文明程度高和文明程度低的；守时和不守时的，如德国代表团用车非常守时。

按照服务标准，每天7:00～24:00是比赛服务时间，每天0:00～7:00是非比赛服务时间。针对客户群及各国对交通服务的需求不同，严格执行服务标准，合理安排服务时间，对大国小国一视同仁，优先保证与竞赛有关的交通服务用车。对超出服务标准的需求，做到耐心解释、好言相劝、婉言拒绝，恪守服务标准。特别是在0:00～7:00，由于此时段绝大多数出行是去喝酒和娱乐，为了保证代表团使用车辆，团队只提供单程服务。客人出行到达目的地后车辆空车返回，客人需要返回时可向车队要车，由车队派车将客人接回奥运村。代表团提出超地理范围出行需求时，团队经请示赛事交通服务分中心总调度室批准后方可出车。

运行班次及上下班时间：一是团长和副团长专用车工作时间为7:00～24:00。安排早班：6:30报班，7:00上班，15:30下班；晚班：15:00报班，15:30上班，24:00下班。二是代表团专用车工作时间为6:00～24:00。安排早班：5:30报班，6:00上班，15:00下班；晚班：14:30报班，15:00上班，24:00下班。三是代表团专用车夜班工作时间为0:00～6:00。安排夜班：23:30报班，00:00上班，06:00下班。夜间团队按车辆数的15%配备驾驶员。

残奥会时针对奥运会的运行特点，对交通服务时间进行了适当调整，一是白天服务时间改为7:30～23:00；二是夜班改为单送单接。驾驶员工作时间也进行了调整，白班工作时间定为7:30～23:00，夜班工作时间为23:00～7:30。

**2. 采用了更为直接的车辆调派方式**

原运行方案派车有三种方式，一是通过电话向车队派车；二是通过专用车工作手机直接向驾驶员派车；三是让驾驶员到代表团工作间待命，直接向驾驶员派车。实际运行情况有80%的业务需要通过车队派车，但由于车队调度电话只有一部，经常出现电话打不通的现象。另外驾驶员外语水平有限，大部分工作人员不喜欢通过手机直接向驾驶员派车，因此通过手机直接向驾驶员派车只占全部业务的10%。加之由于乘客只能在停车场上、下车区上、下车，驾驶员在代表团工作间待命的作用不大，用车最高峰时也只有不到20个代表团的驾驶员在代表团工作间待命。因车队电话比较繁忙，用车高峰时经常打不通，有些大团为了调度车辆方便，让1～2名驾驶员在工作间充当调度员调度车辆。

**3. 为公路自行车赛提供赛事用车**

残奥会的公路自行车赛在顺义水上公园举行，与奥运会不同的是组委会没有为代表团准备赛场公务用车和赛场公务车驾驶员，最后决定赛事用车使用代表团的分配用车，驾驶员则是由代表团自行雇用经赛事组织部门认定的有赛场比赛资格的专业驾驶员。车辆由团队驾驶员送到赛场交给专业驾驶员，比赛完后交还团队驾驶员。

**4. 八达岭旅游交通组织**

奥运会赛事结束后，从2008年9月1日开始，各代表团的工作人员和运动员开始到八达岭旅游，9月10日旅游进入高峰期，用车数量大幅增加。为了有效组织和控制前往八达岭的车数，凡是去八达岭旅游的业务统一请示总调度室批准后再进行安排。前往八达岭旅游统计见表12-8。

**5. 克服团队后勤保障不足的困难**

由于先期对代表团专用车团队办公设施准备不足，只设计了充足的车辆停放车位，没有充分考虑驾驶员和管理人员的办公、休息和生活的需要。因此，水、电、上下水、厕所等基础设施的建设难以满足运行需要，对此团队采取了许多临时补救的措施，解决了困难。2008年7月15日团队进入停车

场开始办公，但是东停车场没电、没水、没厕所，停车场没有照明，房屋内没有空调，洗车没有水。一直到7月25日才陆续接通电源，安装了6个临时厕所，通电后才抽出地下水。由于地下水未经过卫生检验，只能用作洗车用水，饮用水全靠送瓶装水和桶装水。车队功能用房内空调受电量限制，120平方米的房间内只能安装2台2匹空调，在炎热的天气下基本起不到什么作用。另外团队就餐地远，驾驶员就餐时间长。由于村内职工餐厅容量有限，无法容纳代表团专用车团队2700人的就餐，只能到距离东停车场3300多米的奥林匹克公园场站就餐。开始驾驶员自己驾驶车去场站就餐，由于场站是“干净”区，而且停车位有限，车辆只能停在场站门外，经常造成场站门口交通堵塞，造成驾驶员每次就餐至少花费1个小时的时间。后来，奥组委交通部专门给团队调来5部大客车作为就餐班车，才基本解决了就餐的交通问题。

前往八达岭旅游统计表 表12-8

| 日期 | 小客车 | | | | | 无障碍车 | 小计 |
|---|---|---|---|---|---|---|---|
| | 一车队 | 二车队 | 三车队 | 四车队 | 五车队 | 六车队 | |
| 9月1日 | | | 1 | | | | 1 |
| 9月2日 | | | 3 | | | 1 | 4 |
| 9月3日 | | | | 2 | | | 2 |
| 9月4日 | | | 1 | 2 | | | 3 |
| 9月5日 | 1 | | | | | | 1 |
| 9月6日 | | | 1 | | | | 1 |
| 9月7日 | | | 1 | 2 | | | 3 |
| 9月8日 | | | | 1 | 2 | 1 | 4 |
| 9月9日 | 1 | | 2 | 1 | | | 4 |
| 9月10日 | | 2 | 9 | 6 | 1 | 3 | 21 |
| 9月11日 | 1 | 1 | 3 | 5 | 8 | | 18 |
| 9月12日 | 6 | 6 | 7 | 2 | 6 | 7 | 34 |
| 9月13日 | 3 | 4 | 6 | 15 | 10 | 3 | 41 |
| 9月14日 | 6 | 7 | 8 | 9 | 7 | 7 | 44 |
| 9月15日 | 4 | 10 | 5 | 7 | 10 | 8 | 44 |
| 合计 | 22 | 30 | 47 | 52 | 44 | 30 | 225 |

**6. 协调安保部门解决安检时间长的问题**

代表团专用车停车场是半“干净”区，只安检车辆，不安检人员。团队刚进驻停车场时，安检人员要检查进场车辆外观、底盘和行李箱，就连行李箱内的手提电脑也要开机检查。验车时间需要2～3分钟，时间较长。进场第二天，团队组织整备车辆，要求车辆到洗车站洗车、加油。当车辆陆续返回停车场时，由于车辆安检速度较慢，造成车场进口严重堵塞，进场车辆从车场入口往南，以横排4车一直堵到主新闻中心，车队长达800多米。890部车用时3小时才全部回场。此后，安保团队及时调整安检内容，只检查车辆外观，缩短了安检时间。从此车辆安检工作一直比较顺利。

**7. 设置收费卡车辆临时上下车地点**

原计划代表使用车辆时应到车位上、下车，但由于收费卡车辆不在东停车场停放，而是停放在安保线外，客户下车后步行距离较远。为了方便代表团用车，利用东停车场场地有一定的余量，经与奥运村交通团队协商，在奥运村东门安检口外设立了能够停放30部车辆的上、下车区，解决了乘客上车远的问题。

另外为应对紧急情况，团队准备了15部小车和15名驾驶员作为应急运力，一旦出现车辆故障、交通事故及其他特殊事件等突发情况时，由团队主任负责调度这些车辆进行应急处置。

## 第三节　团队建制及管理

### 一、团队部门构成及人力资源配置

团队在奥运会时共计2669人，残奥会时有1618人。团队下设办公室和9个运行车队。办公室设团队主任、副主任、团队核心调度、团队助理，职责分工为运行服务、交通安全、技术支持、后勤保障和人员管理五部分；车队设队长、副队长、调度员、调度助理、驾驶员。

**1. 团队架构**

NOC团队和车队办公地点分三处，团队办公室设在运动员村东办公区二层，第1~7车队在运动员村东停车场，第8~9车队在运动员村西停车场。残奥会时NPC团队共有7个车队，其中西停车场1个车队，东停车场6个车队。NOC团队构成见图12-6。

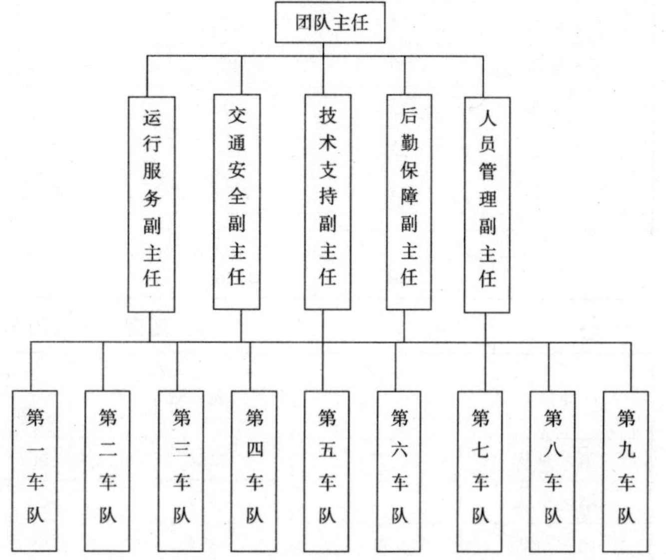


图12-6　NOC团队构成

**2. 团队人力资源配置**

（1）人员资质构成

团队主任应具有15年以上车辆运输管理经验和具有组织大型活动的运营管理经验；团队常务副主任应具有10年以上车辆运输管理经验，并参与过大型活动的车辆运输管理工作；团队副主任应具有5年以上管理经验，熟悉本系统抽调驾驶员志愿者的情况；核心调度（管理人员）一般具有3年以车辆运输管理经验，熟悉机关工作，具有一定的公文写作能力，熟练运用计算机处理公文和统计汇总数据；助理全部来自高等院校，具有较熟练的英语文字和语言能力，能够熟练使用计算机，具备一定的文字表达能力。

（2）团队人力配置（表12-9、表12-10）

**奥运会NOC团队人员配备表**　表12-9

| 岗　位 | 人数 | 来　源 |
|---|---|---|
| 主任 | 1 | 奥组委工作人员 |
| 副主任 | 13 | 奥组委工作人员 |
| 副主任（部队） | 2 | 志愿者 |
| 团队调度 | 4 | 合同商 |
| 车队长、副队长 | 45 | 合同商 |
| 副队长 | 112 | 志愿者 |
| 车队调度员 | 36 | 合同商 |
| 调度助理 | 38 | 大学生志愿者 |
| 驾驶员 | 2448 | 志愿者 |
| 合计 | 2699 | |

**残奥会NPC团队人员配备表**　表12-10

| 岗　位 | 人数 | 来　源 |
|---|---|---|
| 团队主任、副主任 | 7 | 奥组委工作人员 |
| 团队主任、副主任 | 2 | 志愿者 |
| 团队主任、副主任 | 2 | 合同商 |
| 团队调度 | 6 | 合同商 |
| 车队长、副队长 | 25 | 合同商 |
| 副队长 | 42 | 志愿者驾驶员来源单位 |
| 车队调度 | 43 | 合同商 |
| 车队调度助理 | 40 | 大学生志愿者 |
| 驾驶员 | 1196 | 志愿者 |
| 驾驶员 | 255 | 合同商 |
| 合计 | 1618 | |

**3. 车队车辆配置**(表 12-11、表 12-12)

**奥运会代表团车队配置表**

表 12-11

| 车队 | 代表团(个) | 代表人数 | 车辆数(辆) | 驾驶员人数 | 驾驶员来源 |
|---|---|---|---|---|---|
| 第一车队 | 25 | 1025 | 91 | 250 | 部队 |
| 第二车队 | 19 | 1658 | 91 | 250 | 部队 |
| 第三车队 | 15 | 2063 | 86 | 250 | 部队 |
| 第四车队 | 24 | 1349 | 91 | 250 | 部队 |
| 第五车队 | 14 | 3871 | 110 | 282 | 海淀区 |
| 第六车队 | 20 | 3107 | 110 | 300 | 朝阳区 |
| 第七车队 | 32 | 1218 | 101 | 288 | 宣武区、朝阳区、外企集团 |
| 第八车队 | 27 | 934 | 88 | 275 | 崇文区、西城区、密云县 |
| 第九车队 | 28 | 1038 | 99 | 303 | 昌平区、延庆区、外企集团 |
| 备份车 | | | 23 | | |
| 合计 | 204 | 16263 | 890 | 2448 | |

**残奥会代表团车队配置表**

表 12-12

| 车队 | 代表团(个) | 代表人数 | 车辆(辆) | | | 合计(辆) |
|---|---|---|---|---|---|---|
| | | | 速腾 | 途安 | 无障碍车 | |
| 第一车队 | 27 | 2204 | 60 | 26 | | 112 |
| 第二车队 | 27 | 1977 | 63 | 27 | | 110 |
| 第三车队 | 28 | 1354 | 65 | 18 | | 102 |
| 第四车队 | 33 | 1006 | 69 | 15 | | 100 |
| 第五车队 | 32 | 461 | 57 | 8 | | 74 |
| 第六车队 | 148 | | | | 100 | 102 |
| 备份车 | | | 21 | 6 | 2 | 27 |
| 合计 | 148 | 7002 | 335 | 100 | 102 | 537 |

## 二、岗位职责

**1. 团队岗位职责**

团队接受赛事交通服务分中心的领导,负责制订团队的交通运行方案,编制运行计划;负责团队的业务管理;负责运动员村东西停车场的管理;负责车队运行的监控;负责本团队车辆调配和车辆技术支持;负责人力资源的配置;负责团队交通安全教育和事故处理的总体工作;负责团队的后勤保障;负责对分中心的请示汇报工作;负责委内各部门的工作协调;负责应急和突发情况的处理。

团队主任负责团队全面工作;运行服务副主任负责车辆调派,应急情况处理,服务投诉等工作,由专业运输管理人员担任;交通安全副主任负责安全教育和事故处理,由交通安全管理专业人员担任;技术支持副主任负责车辆管理、故障维修,由专业运输管理人员担任;后勤保障副主任负责人员的衣、食、住、行等后勤保障,由专业运输管理人员担任;人员管理副主任负责志愿者驾驶员的思想工作、出勤,保障驾驶员的出勤率,由志愿者来源单位人员担任。

**2. 车队岗位职责**

车辆接受团队的指挥,做好车队基础管理工作,掌握驾驶员、车辆和物资信息,负责车辆和驾驶员的分配和组织管理;负责车辆证件、人员证件、服装、餐饮和工作手机等物资的发放管理工作;及时准确调派车辆;负责制订驾驶员轮班计划,负责驾驶员的交接班和考勤管理;负责驾驶员的安全服务教育和管理;负责运行数据的上报。

(1)队长职责:负责车队工作领导;贯彻落实赛事交通服务分中心的指令;定时向分中心汇报工作;监督业务调度工作的运行;监督和了解驾驶员报班情况;监督和了解车辆完好情况;参加驾驶员班前会,布置相关工作;负责突发事件的处理;负责重大服务投诉的处理。

(2)分队长职责:负责分队管理人员和驾驶员的班次安排;负责驾驶员的安全服务教育,组织驾驶员的班前会;负责业务调度工作;负责交通事故的处理;负责服务投诉的处理。

(3)副分队长职责:负责分队管理人员的班次安排;负责人力资源的管理工作;负责车辆的管理和发放工作;负责车辆的维护和保养工作;负责故障车辆的救援工作;负责车队的餐饮工作;负责车队的物资管理。

(4)代表团联系人:负责受理代表团的调派车业务;负责车辆调派;负责业务数据的收集、整理和汇总。

(5)助理职责:协助联系人受理代表团的调派车业务;受理代表团的用车申请、车辆调度派和业务数据的收集、整理和汇总。

**3. 与相关部门的沟通联系**

团队运行服务和出现应急突发情况时,接受赛事交通服务分中心总调度室的指挥、调度;交通安全和车辆技术保障工作在赛事交通服务分中心运行保障组统一领导下进行;与北五环场站和奥体中心场站加强协调和沟通解决后勤保障问题;运行服务需求方面与奥运村交通团队和奥组委国联部加强协调与沟通。

## 三、团队管理工作

**1. 加强人员管理**

代表团专用车团队驾驶员和管理人员来自 14 个大单位,近 200 多个小单位,管理难度大。为了对团队进行有效整合,形成整体优势,经过团队认真研究,制订出团队人员管理的整体运行方案。主要有以下几个原则:

(1)充分发挥体制优势。积极与来源单位沟通,充分发挥体制优势和来源单位的作用,通过来源单位的组织系统做好志愿者驾驶员的思想工作和外围后勤保障工作,起来了非常好的作用。志愿者早上来得早,晚上回去晚,上、下班交通是一个非常大的难题。早晚非主路没有公交车,许多志愿者来源单位给驾驶员发放交通补贴,让他们乘出租车作为公交补充的办法来解决上、下班的交通问题,为团队运行提供了有力的支持。

(2)团结一致,荣辱与共。搞好团队团结始终是团队管理的核心,是团队核心层的一个共识。大家充分认识到团结一致,荣辱与共,才能保证奥运会、残奥会任务的完成。团队形成了定期召开区县副主任会议,及时通报工作信息,集思广益,共谋方略,统一思想,形成了团队整体优势。

(3)明确职责,分工合作。团队人员虽然来自不同单位,但是为了保证团队的整体优势,保证团队管理有序,在团队管理上重点强调了明确职责,分工合作。专业运输单位的管理人员重点负责业务、安全管理和团队的整体管理工作,志愿者驾驶员来源单位的管理人员重点负责驾驶员的思想教育和人员管理。高校志愿者重点协助调度人员做好车辆调度工作,给予语言翻译方面的支持。由于团队分工明确,各负其责,管理工作始终高效、有序地进行,做到了忙而不乱,紧张有序。

(4)充分发挥小队的作用。各车队根据代表配车数的不同,每 8 ~ 13 部车成立一个小队,小队设小队长 1 人。大团每团设 1 个小队,小团 2 ~ 3 个代表团设立 1 个小队。

小队长负责了解本队驾驶员运行情况和思想动态,发现问题及时向车队及来源单位反映;负责检查小队安全服务工作的落实情况,如车辆卫生、物品分发等工作;负责与代表团的沟通,及时反馈代表团的意见。

小队长一般由驾驶员兼任,由来源单位任命,受来源单位副主任和车队长的双重领导。由于小队长在一线工作，对运行情况、驾驶员情况以及代表团的情况非常了解，能够及时掌握第一手情况，同时起到了行政管理与来源单位管理的协调作用，在车队管理中起到了非常大的作用。

**2. 交通安全为管理重点**

(1)抓思想教育，抓事故预防。根据不同阶段的运行特点和驾驶员思想情况有针对性地开展思想教育。一是开好班前会，二是做好驾驶员出车前安全叮嘱一句话，三是利用车队白板作好安全重点工作的提示，四是利用工作手机及时发布交通安全信息。

(2)抓一线，抓基层。团队主管领导经常下车队参加车队安全会，指导车队安全教育工作，经常组织车队管理人员检查上、下车区和停车场的运行秩序，及时纠正违纪行为，强化驾驶员安全意识和交通安全纪律，保证车场流线畅通。

(3)利用科技手段。一是利用 GPS 监控车辆行驶速度，及时发现驾驶员超速行驶等违纪现象，及时进行纠正；二是利用手机短信及时传达交通安全信息，及时叮嘱提醒驾驶员安全行驶注意事项。

**3. 利用高科技手段加强团队管理**

(1)利用 GPS 监控车辆运行状态，进行安全和业务管理。

(2)由于团队办公地点为较分散，停车场地域范围大，信息沟通困难。组委会为团队管理人员配备了对讲机，为车队配备了对讲基地台，大大方便了团队的信息沟通，方便赛事交通服务分中心与团队的沟通，从而大幅提高了运行指挥效率和办公效率。

(3)由于专用车团队驾驶员是独立作业，信息沟通是关键点，组委会为每部运行车辆配备了工作手机，大大方便了代表团与驾驶员、团队与驾驶员的沟通。

(4)团队和车队配备了计算机网络系统，提高了办公效率。

# 第十三章　注册媒体交通服务运行

根据历届奥运会惯例和北京奥运会交通服务标准,为注册媒体(以下简称媒体)提供的交通服务是以大客车班车为主要服务方式。参加北京奥运会的有来自世界各地的媒体2.5万人,参加残奥会的媒体有近6000人,主要是由文字媒体工作人员、摄影记者、国际摄影队和国家摄影队、电子信息采集人员、电视转播商等组成。他们需要对所有的竞赛及非竞赛场馆进行采访、报道,转播各类比赛及赛前赛后令人关注的事件,因此他们的交通行为方式非常复杂和敏感。为注册媒体提供交通服务的是赛事交通服务分中心下设的注册媒体交通服务团队(以下简称TM团队)。奥运会时TM团队有4023人,运行881辆大客车;残奥会时有1702人,运行257辆大客车(其中217辆为无障碍大客车)。TM团队从2008年7月7日提供交通服务开始,到9月20日运行任务全部结束,历时76天,为注册媒体提供了“安全、准点、可靠、便利”的交通服务,得到了各国媒体的广泛认同和高度评价。

## 第一节　注册媒体交通运行统计

奥运会期间,TM团队共运行大客车881辆,开辟123条班车线路。所有车辆于2008年8月1日全部到位(其中200辆于7月15日到位)。自7月7日~8月29日,共为2.47万名注册媒体客人提供了交通服务,实际运行54天,运行111637车次,运送706382人次,累计行驶里程286.7万公里。在赛时服务期的32天时间里(7月27日~8月27日),881部TM车辆共运行108046车次,运送701726人次,累计行驶里程276.0万公里;每车平均运行122.6车次,运送796.5人次,行驶3132.8公里;每日平均出车3376次,运送2.2万人次,行驶8.6万公里;每车每日平均运行次数为3.8次,每车每次运送6.6人次,行驶25.8公里。运行最高峰8月12日,单日合计出车4412次,运送了38069人次,累计行驶11.9万公里;平均每车运行5次,运送43.2人,行驶135.1公里。

残奥会期间,TM团队共运行大客车257辆(含6辆大容量无障碍大客车和211辆普通低地板无障碍公交车),开辟24条班车线路。所有车辆于2008年8月28日全部到位。自8月30日~9月20日,为注册媒体客人提供了交通服务,实际运行22天,运行13956车次(其中无障碍车辆运行11203车次),运送71489人次(含轮椅客人28人次),累计行驶里程29.2万公里;每车平均运行54.3次,运送278人次,运行1135.2公里;平均单次出车运送5.1人,运行20.9公里。赛时服务期间(8月30日~9月20日),TM车辆每日平均出车634次(其中无障碍车辆运行509车次),运送3250人次(含轮椅客人1.3人次),行驶1.33万公里;单车日均运行次数为2.5次,每次运送5.1人次,行驶20.6公里。运行最高峰9月17日,单日合计出车1188次(其中无障碍车辆运行416车次),一共运送了9341人次,累计行驶9684公里;平均每车运行4.6次,运送36人,行驶37.7公里。

## 第二节　注册媒体班车运行组织

### 一、班车运行模式

TM团队通过赛前多次现场踏勘,获得了运营所需的基础数据,按照北京奥运会交通服务标准,以“满足服务标准,遵循赛事规则,降低运行风险”为原则,制订了班车运行详细计划。计划中对停站点、高峰削尖(增加高峰运力)、吃饭、加油加气、交替出行、接班、应急调度、车辆运用等问题一一给予了解决,将班车运行模式固定下来。

**1. 构建媒体班车运行系统**

建立媒体交通系统目的是为了将北京全部的竞赛场馆、所有官方指定酒店、两个媒体村、主新闻中心(MPC)、国际广播中心(IBC)、首都国际机场全部连接起来。根据媒体运行的需要,媒体交通系统十分复杂。首先,设定了媒体班车交通枢纽,作为连接媒体住地到各场馆和其他奥运重要设施的交通中心。媒体人员从酒店、住地出发首先要乘班车前往 MPC/IBC,在 MPC/IBC 再换乘前往各竞赛场馆的班车,返回时回到 MPC/IBC 换乘,形成一个运行系统。其次,为了方便注册媒体从住地到达就近场馆,适当开辟了部分媒体住地到竞赛场馆的班车线路。第三,为了满足注册媒体工作需要,在就近场馆(群)之间开设班车线路。第四,为北京奥林匹克广播公司开设的从住地到就近比赛场馆直达班车,以满足转播商赛时工作需要。第五,对开闭幕式、重要会议等开设了专门的班车线路,这些线路构成了整个媒体交通系统。

**2. 运力整合模式**

(1)严格按照交通服务标准,保证每条线路 20 分钟间隔的基本配车数,确保按班车时刻表准点发车,以此作为班车运行的基础与骨架。骨架车(固定班车)是运行的基本构成单位,确保每个发车时刻正点运行。

(2)为了保障每个媒体住地或场馆全部注册媒体 2/3 的人员在 1 小时内集中出行在固定班车基础上配备高峰用车(削尖车),并确保“坐满即发”。高峰用车配置在线路运行中,高峰时用来补充运力(削尖),低峰用来替换其他车辆,补充加油、加气、充电、吃饭、接班的时间空当。削尖车在高峰时停在大客流发生的站点,当骨架车(固定班车)运力不足时作为一时点(同一地点同一发车时刻)多车的补充运力;低峰时作为骨架车的替换车轮换吃饭、加油、加气等作业,是媒体班车运行系统的重要组成部分。

(3)备用车辆作为机动运力,执行行车时刻表以外的临时任务;同时在 MPC/IBC 交通枢纽、车队驻地、主要的节点站(场馆酒店)屯放,作为应急运力。

**3. MPC/IBC 到注册媒体宾馆酒店线路运行**

媒体人员是随着竞赛场馆的比赛时间工作,因此媒体班车需要充分适应媒体人员的活动规律。在时刻表中除了有 24 小时按规定间隔发车的“骨架车”以外,还要按媒体记者活动高峰时间安排足够的“削尖”车以及必备的机动车。高峰时间主要集中在早上 8:00 ~ 11:00 和晚上 21:00 ~ 凌晨 2:00。24 小时按规定间隔发车的“骨架车”按照有编制的时刻表运行;“削尖车”以及机动车按客流需求发车。其运行模式为:

(1)“骨架车”严格按行车计划发车,不得随意更改。如果还没到发车时间就有 20 ~ 30 人等待时,使用“削尖车”解决。

(2)对于串线班车,如果首站发车时就已经满座,则在发车时同时发一辆空车到第二站去接运客人;如果两站相距较远,则通知第二站现场调度使用机动车。

(3)“削尖车”按“坐满即发”原则发车,在客流集中时间,充分利用“削尖车”解决运力。

(4)如果出现“骨架车”未到、“削尖车”也已进站的情况,则使用机动车。当班调度要立即通知机动车驾驶员准备发车,同时要询问有关情况并做好下一步准备。

**4. MPC/IBC 到场馆的串行线路运行**

一般上午的主要客流方向是从 IBC/MPC 到竞赛场馆,晚上主要客流方向是从竞赛场馆返回 IBC/MPC。媒体人员从酒店、宾馆到 IBC/MPC 之后,一部分进入 IBC/MPC 大厦,另一部分则到竞赛场馆去采访。IBC/MPC 往返竞赛场馆班车时刻表的运行时间从首场比赛前 3 小时至该场馆最后一场比赛结束后 3 小时。对于从 IBC/MPC 到 2 个或 2 个以上竞赛场馆串线班车运行制订了专门的计划:

(1)串线场馆班车中如出现其中一个场馆在某一时间段无服务的情况,此时班车可采取两种办法,带客不停车通过或绕道行驶。当班调度要按照要求记录到达车次。

(2)如果是首站出现无服务时间,当班调度在签注车辆到达后,可按第二站发车时间按点发车。

**5. 场馆间以及驻地到就近比赛场馆的线路组织**

这类线路车次少,客流少,只安排了点内“骨架车”或为 BOB 服务的 DDS 专车,以及部分机动车运力。实际运行中没有出现一点发多车的情况。

**6. 班车站牌**

在所有班车站均设置了班车站牌,班车站牌上不仅标有班车线路名称、班车起点、班车终点、途经站点、该线路班车运行时间,还附有中英文对照以方便媒体识认。

## 二、媒体交通系统运行组织

**1. 以车队为单位分片分线运行**

(1)汇园公寓媒体村及昌平居庸关地区的班车运行任务由第一车队承担。车队驻地在奥林匹克公园交通场站,在奥运会期间配车 60 部,先后开辟 17 条媒体班车线路,发车 9378 车次;残奥会期间配车 40 部,发车 2100 车次。

(2)第二车队驻地在奥林匹克公园交通场站,在奥运会期间配 110 部、残奥会期间配车 40 部,先后开辟 12 条媒体班车线路。奥运会期间,总计发车 2.4 万车次;残奥会期间,发车 2105 车次。

(3)第三车队驻地在奥林匹克公园交通场站,主要承担了绿色家园媒体村往返 MPC/IBC 线路,是客流最大、运力配置最高的线路。奥运会期间配车 130 部、残奥会期间配车 21 部,先后开辟 13 条媒体班车线路,并承担了部分 DDS 专线,机场集中接送机任务。奥运会期间,总计发车 2.5 万车次;残奥会期间发车 1128 车次。

(4)第四车队负责西部地区场馆、媒体酒店的班车任务。奥运会期间驻地在石景山交通场站,配车 125 部,残奥会期间驻地在奥林匹克公园交通场站,配车 45 部。先后开辟 16 条媒体班车线路,奥运会期间总计发车 1.4 万车次;残奥会期间 2156 车次。

(5)第五车队驻地在奥体中心交通场站,奥运会期间配车 95 部,先后开辟 8 条媒体班车线路,发车 1 万车次。残奥会时该队建制取消。

(6)第六车队负责大学区场馆、媒体酒店班车运行任务。奥运期间驻地在海淀交通场站,配车 120 部;残奥会期间驻地在奥林匹克公园场站,配车 45 部。在奥运会、残奥会期间,先后开辟 15 条媒体班车线路,同时负责电动车备车的任务和部分 DDS 专线任务。奥运会期间发车 1.1 万车次;残奥会期间发车 1456 车次。

(7)第七车队驻地在奥林匹克公园交通场站,配备 110 部车辆,负责机场往返市区 24 小时运行任务,并承担 10 条媒体班车线路运行任务。奥运会期间发车 1.6 万车次;残奥会时该车队建制取消。

(8)第八车队驻地在奥体中心交通场站,负责奥林匹克中心区和媒体村的班车运行任务。奥运会和残奥会期间均配备 26 部运营车,先后开辟 8 条媒体班车线路。奥运会期间发车 8733 车次;残奥会期间发车 2144 车次。

(9)第九车队驻地在奥林匹克公园交通场站,奥运会期间配备 105 部运营车,残奥会期间配车 40 部,负责 DDS 专线、外省市班车和负责机场抵离和顺义场馆班车任务,先后开辟 49 条媒体班车线路。奥运会期间总计发车 3400 车次;残奥会期间发车 1960 车次。

**2. 抵离班车运行**

(1)奥运会抵离班车线路。

奥运会时抵离班车运行的服务时间是 2008 年 7 月 7 日 ~8 月 29 日。7 月 7 日 ~7 月 24 日,先期开通 5 条接机线路,提供从机场到指定媒体酒店的单向服务,24 小时运行,其中 6:00 ~20:00,每 30 分钟一班;20:00 ~6:00,每 60 分钟一班。机场没有乘客则就地等待。

7 月 25 日 ~8 月 8 日是媒体抵达的高峰时段,共开通抵离线路 13 条,提供从机场到酒店的单向服务,24 小时运行。班车发车频率为 6:00 ~20:00,每 30 分钟一班;20:00 ~6:00,每 60 分钟一班。除 MPC/IBC 往返机场的线路外,在其他线路机场没有乘客就地等待。在 8 月 4 日 ~6 日高峰日时,最大配车量为201部。

赛时抵离班车服务时间为8月9日~8月24日，为首都机场往返MPC/IBC的班车特开通M800线，24小时运行。发车频率为每60分钟一班，由机场调度和MPC/IBC调度员发车。赛后送离班车服务日期为8月25日~8月27日，开始时间为8月25日6:00，结束时间为8月27日24:00，其中6:00~20:00为每30分钟一班，20:00~次日6:00为每60分钟一班，机场返回不待客。抵离班车线路一览表见表13-1。

**抵离班车线路一览表**

表13-1

| 线路号 | 首站 | 中途站 | | | | | | 末站 | 运行车队 |
|---|---|---|---|---|---|---|---|---|---|
| 抵达1 | 首都机场 | 北京学院路速8酒店 | 梦溪宾馆 | 翠宫饭店 | 北京友谊宾馆 | | | 湖北大厦 | 6 |
| 抵达2 | 首都机场 | 北京海特饭店 | | | | | | 北京大江南花园酒店 | 4 |
| 抵达3 | 首都机场 | 深圳大厦 | 梅地亚中心 | | | | | 北京长峰假日酒店 | 4 |
| 抵达4 | 首都机场 | 新大都饭店 | | | | | | 北京金域万豪酒店 | 6 |
| 抵达5 | 首都机场 | 北京龙强大酒店 | 北京吐哈宾馆 | | | | | 北京西藏大厦 | 2 |
| 抵达6 | 首都机场 | 森根国际大酒店 | 北苑宾馆 | | | | | 北京会议中心9号楼、北京会议中心 | 7 |
| 抵达7 | 首都机场 | 北京五洲大酒店 | 北京五洲皇冠假日酒店 | 汇园公寓媒体村 | | | | 名人国际大酒店 | 1 |
| 抵达8 | 首都机场 | 福建大厦 | 元辰鑫国际酒店 | 北京海淀花园饭店 | 北京外国专家大厦 | | | 京民大厦 | 2 |
| 抵达9 | 首都机场 | 凯莱大酒店 | 赛特饭店 | 台湾饭店 | | | | 国际艺苑皇冠假日酒店 | 5 |
| 抵达10 | 首都机场 | 北京丽都假日饭店 | 燕翔饭店 | 珀丽酒店 | 永安宾馆 | 保利大厦 | 港澳中心瑞士酒店 | 东方花园饭店 | 5 |
| 抵达11 | 首都机场 | 北京顺义宾馆 | | | | | | 北京怡生园国际会议中心 | 7 |
| 抵达12 | 首都机场 | | | | | | | 国家会议中心大酒店、北辰洲际酒店 | 7 |
| M800 | MPC/IBC | | | | | | | 首都机场 | 7 |
| 抵达13 | 首都机场 | | | | | | | 绿色家园媒体村 | 3 |

2008年8月28日0:00~8月29日24:00，根据实际需求又开通北辰绿色家园媒体村和汇园公寓媒体村到首都机场的送机服务，车辆到机场后返回不待客。送机情况一览表见表13-2。

(2)残奥会抵离交通服务。

残奥会抵离交通服务从2008年8月30日~9月20日，开通2条线路。其中2008年8月30日~9月17日提供机场到酒店的单向服务，24小时运行。2008年9月18日~9月20日，开通从媒体酒店或MPC/IBC到首都机场的单向服务。抵离班车线路见表13-3。

送机情况一览表　　表 13-2

| 车队 | 住地送机任务 | 8 月 25 日～8 月 27 日用车数（辆） | 备　注 |
| --- | --- | --- | --- |
| 1 | 北京五洲大酒店/北京五洲皇冠假日酒店 | 60 | 北辰国际/洲际酒店线路按照 M800 路运行。2008 年 8 月 25 日 1:00 起接，酒店调度就位 |
| | 名人国际大酒店 | | |
| | 汇园公寓媒体村 | | |
| | 北辰国际/洲际酒店 | | |
| 2 | 港澳中心瑞士酒店 | 80 | |
| | 东方花园饭店 | | |
| | 北京西藏大厦 | | |
| | 福建大厦 | | |
| | 保利大厦 | | |
| | 北京龙强大酒店/北京吐哈宾馆 | | |
| 3 | 元辰鑫国际酒店 | 94 | 8 月 24 日 22:00 陆续接 7 队的 2 条 MPC/IBC 到酒店的线路。8 月 25 日～8 月 27 日在绿色家园媒体村送机预备，8 月 28 日、29 日负责绿色家园媒体村送机 |
| | 北苑宾馆 | | |
| | 北京外国专家/大厦京民大厦 | | |
| | 梦溪宾馆/北京学院路速 8 酒店 | | |
| | 北京会议中心/9 号楼 | | |
| | 森根国际大酒店 | | |
| 4 | 深圳大厦 | 70 | 24 日搬到奥体中心场站 |
| | 梅地亚中心 | | |
| | 北京长峰假日酒店 | | |
| | 大江南花园饭店/北京海特饭店 | | |
| 5 | 国际艺苑皇冠假日饭店/台湾饭店 | 39 | 台湾饭店调度就位 |
| | 凯莱大酒店/赛特饭店 | | |
| 6 | 北京友谊宾馆 | 69 | 8 月 24 日 24:00 前，搬到奥林匹克公园场站 |
| | 湖北大厦/翠宫饭店 | | |
| | 北京海淀花园饭店 | | |
| | 北京金域万豪酒店/新大都饭店 | | |
| 7 | 北京丽都假日饭店 | 35 | |
| | 珀丽酒店/燕翔饭店 | | |
| | 北京顺义宾馆/怡生园 | | |
| 8 | 北辰绿色家园媒体村 | 90 | 其中 60 部车用于 8 月 25 日～27 日媒体村 1 的送机任务 |
| | 永安宾馆 | | |

**残奥会 TM 班车抵离线路表**　　表 13-3

| 线路号 | 行驶时间（分钟） | 平均路长（公里） | 平均运送速度 | 起始站点 | 中途站点 1 | 中途站点 2 | 中途站点 3 | 到达站点 | 运行车队 |
| --- | --- | --- | --- | --- | --- | --- | --- | --- | --- |
| M801 | 58 | 34 | 35 | 首都机场 | 西藏大厦 | | | MPC/IBC（北辰洲际酒店、国家会议中心大酒店） | 9 |
| M802 | 60 | 30 | 30 | 首都机场 | 名人国际大酒店 | 凯迪克格兰云天大酒店 | | 亚运村宾馆 | 9 |

(3)接送机任务运行流程。

①接机流程:每天17:00之前,由抵离团队将媒体抵达信息提供给TM团队,团队调度室于17:30之前将信息按照线路分拣后转给各车队。各车队参照抵达信息,安排线路运力。遇到临时包机和集体到达超过20人的,派专车执行任务。车辆以线路为单位停放在首都机场场站(T3航站楼)。在集中抵达高峰期,在T1/T2航站楼大车场临时屯车,机场在屯车场、T3航站楼、T1/T2航站楼分别设调度员。T3航站楼调度员是机场调度指挥核心,当T1/T2航站楼有零散乘客需要乘车时,向T3航站楼调度要车,T3航站楼调度派出车辆绕行T1/T2航站楼;当T1/T2航站楼有较多乘客需要乘车时,向T1/T2航站楼屯车场调度要车,再由机场场站的车辆向T1/T2航站楼停车场补充。机场场站调度员负责与媒体各车队调度联系,沟通车辆运行信息,组织车辆补充和车组交接班工作。

②首都机场送机的运行流程:每天20:00之前,由抵离交通团队将媒体离开信息提供给TM团队,团队调度室将于20:30之前将信息转给各车队。20人以上集体离开的注册媒体可以提前48小时通过抵离中心预定,团队调度室把任务(含时间人数和领队联系方式)派到相关车队。线路组织按驻地往返IBC/MPC线路的运行方式。此外,首都机场的M800线路,改为北辰洲际和北辰世纪酒店的送机线路,IBC/MPC上车地点不变。上车的现场组织由驻地团队负责落实,由现场调度负责发车。串线的线路两个住地的调度员到发车点前要沟通信息,决定是否发车,或者是否两点同时发车。送机到达机场后,要先到T3航站楼出发层,再到T2、T1航站楼出发层,经现场调度员签注路单后,返回市区。

**3. MPC/IBC和媒体驻地之间的班车运行**

2008年7月25日至8月27日开通从媒体饭店到MPC/IBC之间的班车线路,24小时运行。其中7月7日~7月24日提前开通北京吐哈宾馆、北京龙强大酒店和北京西藏大厦线路。运行时间自媒体住地出发7:30~21:30,自MPC/IBC出发8:00~22:00。从7月25日开始,一直到8月27日,班车保持24小时运行。媒体记者根据班车时刻表,在媒体住地安检后乘座班车到达MPC/IBC。班车运行分高峰、平峰和低峰时段运行,保证人满即走、到点发车。MPC/IBC和媒体驻地之间的班车运行表见表13-4。

**MPC/IBC和媒体驻地之间班车运行表** 表13-4

| 线路号 | 行驶时间(分钟) | 平均路长(公里) | 起始站点 | 中途站点 | 到达站点 | 运行车队 |
|---|---|---|---|---|---|---|
| MA01 | 30 | 21.5 | MPC/IBC | | 深圳大厦 | 4 |
| MA02 | 30 | 19 | MPC/IBC | | 梅地亚中心 | 4 |
| MA03 | 11 | 5.4 | MPC/IBC | | 元辰鑫国际酒店 | 3 |
| MA04 | 35 | 19.4 | MPC/IBC | | 国际艺苑皇冠假日饭店/台湾饭店 | 5 |
| MA05 | 19 | 9.8 | MPC/IBC | | 北京会议中心/北京会议中心9号楼 | 7 |
| MA06 | 17 | 9.8 | MPC/IBC | | 森根国际大酒店 | 7 |
| MA07 | 33 | 22.3 | MPC/IBC | | 北京长峰假日酒店 | 4 |
| MA08 | 45 | 30 | MPC/IBC | 北京海特饭店 | 大江南花园饭店 | 4 |
| MA09 | 30 | 17.8 | MPC/IBC | 新大都饭店 | 北京金域万豪酒店 | 4 |
| MA10 | 24 | 12 | MPC/IBC | | 北京友谊宾馆 | 6 |
| MA11 | 33 | 22 | MPC/IBC | | 永安宾馆 | 5 |
| MA12 | 29 | 14.7 | MPC/IBC | 翠宫饭店 | 湖北大厦 | 6 |
| MA13 | 20 | 8.6 | MPC/IBC | | 北苑宾馆 | 3 |
| MA14 | 30 | 18.2 | MPC/IBC | 赛特饭店 | 凯莱大酒店 | 5 |
| MA15 | 22 | 13.1 | MPC/IBC | | 港澳中心瑞士酒店 | 2 |
| MA16 | 21 | 12.5 | MPC/IBC | | 东方花园饭店 | 2 |
| MA17 | 21 | 12.4 | MPC/IBC | | 保利大厦 | 2 |

续上表

| 线路号 | 行驶时间（分钟） | 平均路长（公里） | 起始站点 | 中途站点 | 到达站点 | 运行车队 |
|---|---|---|---|---|---|---|
| MA18 | 24 | 16 | MPC/IBC | | 北京丽都假日饭店 | 7 |
| MA19 | 30 | 19.1 | MPC/IBC | 燕翔饭店 | 珀丽酒店 | 7 |
| MA20 | 67 | 50 | MPC/IBC | | 北京顺义宾馆 | 7 |
| MA21 | 17 | 8.05 | MPC/IBC | 北京吐哈宾馆 | 北京龙强大酒店 | 2 |
| MA22 | 15 | 8.05 | MPC/IBC | | 北京西藏大厦 | 2 |
| MA23 | 19 | 7.25 | MPC/IBC | 京民大厦 | 北京外国专家大厦 | 3 |
| MA24 | 10 | 5 | MPC/IBC | 北京五洲皇冠假日酒店 | 北京五洲大酒店 | 1 |
| MA25 | 11 | 5.75 | MPC/IBC | | 福建大厦 | 2 |
| MA26 | 10 | 4.9 | MPC/IBC | | 名人国际大酒店 | 1 |
| MA27 | 13 | 5.5 | MPC/IBC | 北京学院路速8酒店 | 梦溪宾馆 | 3 |
| MA28 | 11 | 5 | MPC/IBC | | 北京海淀花园饭店 | 6 |
| MA29 | 15 | 7.7 | MPC/IBC | | 绿色家园媒体村 | 3 |
| MA30 | 10 | 4.7 | MPC/IBC | | 汇园公寓媒体村 | 1 |

注：行驶时间为上下行行驶时间的平均值；平均路长为上下行路长的平均值。

残奥会时，媒体酒店往返残奥村以及 MPC/IBC 往返残奥村线路在赛前 2008 年 8 月 30 日 ~9 月 1 日开行，时间是 8:30 ~21:30；媒体酒店往返 MPC/IBC 的线路从 2008 年 9 月 2 日 ~9 月 20 日，24 小时运行，MPC/IBC 往返残奥村的线路也一直延续到 9 月 20 日。

**4. MPC/IBC 往返竞赛场馆的班车运行**

从 MPC/IBC 发往各比赛场馆之间的班车主要是为媒体采访赛时提供的班车服务，在场馆开赛前 5 天至最后的比赛日之间运行。在比赛日，从 MPC/IBC 第一班车于赛前 3 小时抵达竞赛场馆，最后一班车于赛后 3 小时离开场馆返回 MPC/IBC，期间按每 20 分钟或每 30 分钟间隔发放班车。在非比赛日，第一班车 8:00 抵达竞赛场馆，最后一班车 21:00 离开竞赛场馆返回 MPC/IBC。班车服务频率为每小时一班。MPC/IBC 往返竞赛场馆班车运行一览表见表 13-5。

**奥运会 MPC/IBC 往返竞赛场馆班车运行一览表** 表 13-5

| 线路名称 | 行驶时间（分钟） | 平均路长（公里） | 起始站点 | 中途站点1 | 中途站点2 | 中途站点3 | 到达站点 | 运行车队 |
|---|---|---|---|---|---|---|---|---|
| MB00 | 20 | 5 | MPC/IBC | 国家游泳中心 | 国家体育馆 | 击剑馆 | MPC/IBC | 8 |
| MB01 | 30 | 8.6 | MPC/IBC | 玲珑塔 | 国家体育场 | | MPC/IBC | 8 |
| MB02 | 30 | 10.9 | MPC/IBC | 奥体中心体育场 | 奥体中心体育馆 | 英东游泳馆 | MPC/IBC | 8 |
| MB03 | 24 | 7.4 | MPC/IBC | 奥林匹克公园网球中心 | 奥林匹克公园射箭场 | 奥林匹克公园曲棍球场 | MPC/IBC | 8 |
| MB04 | 38 | 22 | MPC/IBC | 五棵松棒球场 | | | 北京奥林匹克篮球馆 | 6 |
| MB05 | 43 | 29.65 | MPC/IBC | | | | 老山山地自行车场/老山自行车馆/老山小轮车赛场 | 4 |
| MB06 | 59 | 44 | MPC/IBC | | | | 铁人三项赛场 | 1 |
| MB07 | 37 | 26 | MPC/IBC | | | | 北京工业大学体育馆 | 5 |
| MB08 | 38 | 25 | MPC/IBC | | | | 丰台垒球场 | 6 |

续上表

| 线路名称 | 行驶时间（分钟） | 平均路长（公里） | 起始站点 | 中途站点1 | 中途站点2 | 中途站点3 | 到达站点 | 运行车队 |
|---|---|---|---|---|---|---|---|---|
| MB09 | 26 | 14 | MPC/IBC | | | | 北京理工大学体育馆 | 6 |
| MB10 | 26 | 15.25 | MPC/IBC | | | | 首都体育馆 | 6 |
| MB11 | 27 | 16 | MPC/IBC | | | | 朝阳公园沙滩排球场 | 5 |
| MB12 | 39 | 26 | MPC/IBC | 北京射击馆 | | | 北京射击场（飞碟靶场） | 4 |
| MB13 | 26 | 14.8 | MPC/IBC | 工人体育馆 | | | 工人体育场 | 2 |
| MB14 | 19 | 7 | MPC/IBC | | | | 北京大学体育馆 | 6 |
| MB15 | 65 | 48.4 | MPC/IBC | 顺义奥林匹克水上公园（皮划艇激流回旋） | | | 顺义奥林匹克水上公园（皮划艇静水） | 7 |
| MB16 | 16 | 7.75 | MPC/IBC | | | | 北京航空航天大学体育馆 | 2 |
| MB17 | 14 | 6 | MPC/IBC | | | | 北京科技大学体育馆 | 3 |
| MB18 | 18 | 4.3 | MPC/IBC | | | | 中国农业大学体育馆 | 1 |
| MB19 | | | MPC/IBC | | | | 公路自行车赛场起点（永定门） | 2 |
| MB19 | | | MPC/IBC | | | | 公路自行车赛场终点（居庸关） | 1 |
| MB20 | | | MPC/IBC | | | | 天津奥林匹克中心体育场 | 9 |
| MB21 | | | MPC/IBC | | | | 秦皇岛市奥体中心体育场 | 9 |
| MB22 | 35 | 20 | MPC/IBC | | | | 马拉松起点 | 6 |
| MB23 | 6 | 2.9 | MPC/IBC | | | | 奥运村 | 3 |

注：MB20 和 MB21 这两条线路是京外运行的线路，运行时间为从场馆首个比赛日前 5 天开始至该场馆最后一个比赛日。发车站点设在 MPC/IBC 枢纽外的北辰西路路侧，由媒体在 MPC/IBC 服务台预定座位。

残奥会时，MPC/IBC 往返竞赛场馆线路从每个场馆首个竞赛日前 3 天至该场馆最后一个竞赛日运行，每个场馆首个竞赛日前 3 天和非竞赛日班车抵达场馆的时间为每天 8:00 ~ 19:00，从场馆返回时间为 9:00 ~ 21:00。竞赛日：从每个场馆首场竞赛前 2 个小时抵达场馆至当日该场馆最后一场竞赛后 3 小时从场馆返回。残奥会 MPC/IBC 往返竞赛场馆班车运行一览表见表 13-6。

**残奥会 MPC/IBC 往返竞赛场馆班车运行一览表** 表 13-6

| 线路号 | 预计行驶时间（分钟） | 平均路长（公里） | 平均运送速度 | 起始站点 | 中途站点1 | 中途站点2 | 中途站点3 | 到达站点 | 运行车队 |
|---|---|---|---|---|---|---|---|---|---|
| MA22 | 20 | 7.2 | 21.6 | MPC/IBC | | | | 西藏大厦 | 2 |
| MA26 | 15 | 4.9 | 19.6 | MPC/IBC | | | | 名人国际大酒店（包括亚运村宾馆） | 1 |
| MA31 | 12 | 4.7 | 24 | MPC/IBC | | | | 凯迪克格兰云天大酒店 | 4 |
| MB01 | 35 | 8.6 | 15 | MPC/IBC | 玲珑塔 | 国家体育场 | | MPC/IBC | 8 |
| MB02 | 25 | 6 | 14 | MPC/IBC | 国家游泳中心 | 国家体育馆 | 国家会议中心击剑馆 | MPC/IBC | 8 |
| MB03 | 30 | 10.9 | 22 | MPC/IBC | 奥林匹克公园网球中心 | 奥林匹克公园射箭场 | 奥林匹克公园曲棍球场 | MPC/IBC | 8 |
| MB05 | 43 | 30 | 42 | MPC/IBC | | | | 老山自行车馆 | 4 |
| MB06 | 59 | 44 | 45 | MPC/IBC | | | | 公路自行车赛场 | 1 |

续上表

| 线路号 | 预计行驶时间（分钟） | 平均路长（公里） | 平均运送速度 | 起始站点 | 中途站点1 | 中途站点2 | 中途站点3 | 到达站点 | 运行车队 |
|---|---|---|---|---|---|---|---|---|---|
| MB09 | 28 | 14 | 30 | MPC/IBC | | | | 北京理工大学体育馆 | 6 |
| MB12 | 39 | 26 | 40 | MPC/IBC | | | | 北京射击馆 | 4 |
| MB13 | 28 | 14.3 | 31 | MPC/IBC | | | | 北京工人体育馆 | 2 |
| MB14 | 22 | 7 | 19 | MPC/IBC | | | | 北京大学体育馆 | 6 |
| MB15 | 65 | 49 | 45 | MPC/IBC | | | | 顺义奥林匹克水上公园 | 9 |
| MB16 | 20 | 7.8 | 23 | MPC/IBC | | | | 北京航空航天大学体育馆 | 2 |
| MB17 | 18 | 6 | 20 | MPC/IBC | | | | 北京科技大学体育馆 | 3 |
| MB18 | 15 | 4.3 | 17 | MPC/IBC | | | | 中国农业大学体育馆 | 1 |
| MB22 | 50 | 22 | 26 | MPC/IBC | | | | 马拉松起点（天安门） | 6 |
| MB23 | 8 | 2.9 | 22 | MPC/IBC | | | | 残奥村 | 3 |
| MD03 | 12 | 7 | 35 | 北京射击馆 | | | | 老山自行车馆 | 4 |
| MV32 | 20 | 8 | 24 | 西藏大厦 | | | | 残奥村 | 2 |
| MV33 | 15 | 5.7 | 23 | 名人国际大酒店（包括亚运村宾馆） | | | | 残奥村 | 1 |
| MV35 | 15 | 5.4 | 22 | 凯迪克格兰云天大酒店 | | | | 残奥村 | 4 |

**5. 从指定媒体住地到就近比赛场馆的班车运行**

由于部分媒体住地距离个别竞赛场馆较近，为方便媒体采访，开辟了5条从媒体住地到就近场馆的班车服务。班车服务时间为：比赛前3小时或2小时从媒体饭店发往竞赛场馆，比赛结束后1小时或2小时从竞赛场馆返回媒体住地。指定媒体驻地到就近比赛场馆的班车运行一览表见表13-7。

**指定媒体驻地到就近比赛场馆的班车运行一览表**　　表13-7

| 线路名称 | 行驶时间（分钟） | 平均路长（公里） | 起始站点 | 中途站点 | 到达站点 | 运行车队 |
|---|---|---|---|---|---|---|
| MC01 | 17 | 12 | 梅地亚中心 | 五棵松棒球场 | 北京奥林匹克篮球馆 | 4 |
| MC02 | 16 | 7.7 | 顺义宾馆 | 顺义奥林匹克水上公园（皮划艇激流回旋） | 顺义奥林匹克水上公园（皮划艇静水） | 7 |
| MC03 | 7 | 4 | 北京怡生园国际会议中心 | 顺义奥林匹克水上公园（皮划艇激流回旋） | 顺义奥林匹克水上公园（皮划艇静水） | 7 |
| MC04 | 57 | 43 | 绿色家园媒体村 | 顺义奥林匹克水上公园（皮划艇激流回旋） | 顺义奥林匹克水上公园（皮划艇静水） | 7 |
| MC05 | 59 | 44 | 绿色家园媒体村 | | 铁人三项赛场 | 1 |

**6. 相邻比赛场馆之间的班车运行**

为方便媒体串场的采访，开通了相邻竞赛场馆之间的班车线路5条，可以串接2个或多个竞赛场馆，每条线路每天运行2～3次。奥运会相邻比赛场馆之间的班车运行一览表见表13-8。

奥运会相邻比赛场馆之间的班车运行一览表 表 13-8

| 线路名称 | 行驶时间（分钟） | 平均路长（公里） | 起始站点 | 中途站点 | 到达站点 | 运行车队 |
|---|---|---|---|---|---|---|
| MD01 | 10 | 3.6 | 北京理工大学体育馆 | | 首都体育馆 | 6 |
| MD02 | 22 | 15 | 丰台垒球场 | 五棵松棒球场 | 北京奥林匹克篮球馆 | 4 |
| MD03 | 11 | 7 | 老山山地自行车场/老山自行车馆/老山小轮车赛场 | 北京射击馆 | 北京射击场 | 4 |
| MD04 | 17 | 40 | 工人体育馆 | 朝阳公园沙滩排球场 | 北京工业大学体育馆 | 5 |
| MD05 | 11 | 5 | 击剑馆 | | 奥体中心场馆群 | 8 |

**7. 北京奥林匹克转播有限公司专线班车（DDS）运行**

DDS 班车是专门为北京奥林匹克转播有限公司提供的从驻地到比赛场馆的直达专线班车，每天运行一班，DDS 班车在赛前 3.5 或 2.5 小时从驻地发往比赛场馆；在赛后 1.5 小时或 2.5 小时从比赛场馆返回。该类班车的运行和管理由北京奥林匹克转播有限公司负责。北京奥林匹克转播有限公司专线班车（DDS）运行情况一览表见表 13-9。

北京奥林匹克转播有限公司专线班车（DDS）运行情况一览表 表 13-9

| 线路号 | 行驶时间（分钟） | 平均路长（公里） | 起始站点 | 中途站点 | 到达站点 | 运行车队 |
|---|---|---|---|---|---|---|
| DDS01 | 10 | 3 | 梦溪宾馆 | | 北京航空航天大学体育馆 | 9 |
| DDS02 | 27 | 16 | 北京友谊宾馆 | | 北京射击馆 | 9 |
| DDS03A | 24 | 14 | 永安宾馆 | | 北京工业大学体育馆 | 9 |
| DDS03B | 39.5 | 23 | 北京会议中心 9 号楼 | | 北京工业大学体育馆 | 9 |
| DDS04 | 10 | 3 | 梦溪宾馆 | | 中国农业大学体育馆 | 9 |
| DDS05 | 21 | 12 | 北京海淀花园饭店 | | 首都体育馆 | 6 |
| DDS06 | 12 | 7.05 | 东方花园饭店 | | 朝阳公园沙滩排球场 | 9 |
| DDS07A | 32 | 18.5 | 北京长峰假日酒店 | | 公路自行车赛场 永定门 | 9 |
| DDS07B | 138 | 80.5 | 北京长峰假日酒店 | | 公路自行车赛场 八达岭 | 9 |
| DDS07C | 105 | 61 | 北京长峰假日酒店 | | 公路自行车赛场 居庸关 | 9 |
| DDS08A | 14 | 8 | 绿色家园媒体村 | | 国家会议中心击剑馆 | 3 |
| DDS08B | 24 | 14 | 永安宾馆 | 击剑馆 | 国家会议中心击剑馆 | 9 |
| DDS09 | 30 | 17.5 | 北京海特饭店 | | 丰台垒球体育中心 | 9 |
| DDS10 | 11 | 6.5 | 北京长峰假日酒店 | | 老山山地自行车场 | 9 |
| DDS11 | 123 | 72 | 北京顺义宾馆 | | 老山小轮车赛场 | 9 |
| DDS12A | 11 | 6.5 | 北京长峰假日酒店 | | 老山山地自行车馆 | 9 |
| DDS12B | 21 | 12 | 梅地亚中心 | | 老山山地自行车馆 | 9 |
| DDS13 | 13 | 7.5 | 绿色家园媒体村 | | 国家游泳中心（游泳） | 3 |
| DDS14 | 12.5 | 7.5 | 绿色家园媒体村 | | 国家游泳中心（游泳） | 3 |
| DDS15 | 15 | 8.75 | 北京会议中心 9 号楼 | | 国家体育馆 | 9 |
| DDS16 | 16 | 9.5 | 绿色家园媒体村 | | 国家体育场 | 3 |
| DDS17 | 11.5 | 6.5 | 北京会议中心 9 号楼 | | 奥林匹克公园射箭场 | 9 |
| DDS18 | 10 | 5 | 汇园公寓媒体村 | | 奥林匹克公园曲棍球场 1 | 9 |
| DDS19 | 10 | 5 | 汇园公寓媒体村 | | 奥林匹克公园曲棍球场 2 | 9 |
| DDS20 | 10.5 | 6 | 绿色家园媒体村 | | 奥林匹克公园网球中心（中心场） | 9 |

续上表

| 线路号 | 行驶时间（分钟） | 平均路长（公里） | 起始站点 | 中途站点 | 到达站点 | 运行车队 |
|---|---|---|---|---|---|---|
| DDS21 | 10.5 | 6 | 绿色家园媒体村 | | 奥林匹克公园网球中心 1 | 9 |
| DDS22 | 10 | 5.5 | 绿色家园媒体村 | | 奥林匹克公园网球中心 2 | 9 |
| DDS23 | 15 | 8.75 | 北京会议中心 9 号楼 | | 奥体中心体育馆 | 9 |
| DDS24 | 15 | 8.75 | 北京会议中心 9 号楼 | | 奥体中心体育馆 | 9 |
| DDS25 | 13 | 7.5 | 绿色家园媒体村 | | 英东游泳馆 | 9 |
| DDS25 | 13 | 7.5 | 北京海淀花园饭店 | | 北京大学体育馆 | 6 |
| DDS26 | 15 | 9 | 北京顺义宾馆 | | 顺义奥林匹克水上公园(静水) | 9 |
| DDS27 | 15 | 9 | 北京顺义宾馆 | | 顺义奥林匹克水上公园(激流) | 9 |
| DDS28 | 10 | 2.5 | 梦溪宾馆 | | 北京科技大学体育馆 | 9 |
| DDS29 | 14 | 8 | 北京海淀花园饭店 | | 北京理工大学体育馆 | 6 |
| DDS30 | 104 | 60.5 | 北京长峰假日酒店 | | 铁人三项赛场 | 9 |
| DDS31 | 10 | 3.5 | 东方花园饭店 | | 工人体育馆 | 9 |
| DDS32 | 21 | 12 | 北京大江南花园酒店 | | 五棵松篮球馆 | 9 |
| DDS33 | 10 | 5 | 梅地亚中心 | | 五棵松棒球场 1 | 9 |
| DDS34 | 10 | 5 | 梅地亚中心 | | 五棵松棒球场 2 | 9 |
| DDS35 | 10 | 5.25 | 永安宾馆 | | 工人体育场 | 9 |
| DDS36 | | | 绿色家园媒体村 | | 英东游泳馆 | 9 |
| DDS37 | 38.5 | 22.5 | 北京长峰假日酒店 | | 马拉松起点 | 9 |
| DDS38 | 38.5 | 22.5 | 北京长峰假日酒店 | | 马拉松、竞走转播区 | 9 |

## 三、媒体交通枢纽的运行组织

### 1. MPC/IBC 的运行

MPC/IBC 班车枢纽站是媒体班车系统中最大的始发站，也是媒体班车系统的交通枢纽，以 MPC/IBC 为中心形成放射状班车线网。绝大多数 TM 班车在 IBC/MPC 班车站内衔接，该班车站有几十个班车上车站点；IBC/MPC 北侧和西侧有十余个班车下车站站点，上、下车站点共同成为媒体交通系统的枢纽。

(1)MPC/IBC 班车枢纽站调度职责。

上车区调度在高峰时须到发车位现场发车，协助维护站台秩序；观察客流情况与线路另一端调度和下车区调度联系，灵活调度线路车辆，并提前预判站点车辆不足，随时调度运力。

下车区调度分布在大屯路路南侧 10 个落客点，观测上车客流，根据需求变化，向现场调度室汇报。

安保线外的班车站位的引导设置在北辰西路大屯路口南的东侧站位，负责安保线外的线路的调度指挥工作。

(2)班车枢纽站车辆运行流程。

车辆免检进入落客区(IBC/MPC 北侧大屯路 10 个停车位)，乘客下车后车辆驶入发车站或屯车停车场；车辆在大屯路北的发车场站每条跑道南端或景观西路南口、屯车场南侧再次落客，方便换乘的乘客；一般情况下，车辆按照行车计划驶入发车位，驾驶员和随车语言助理到调度室签注到达路单，并在休息室等候发车。车辆开门待客，由站台服务志愿者负责秩序维护。高峰时车辆直接进入发车站位；调度员签注发车路单后，驾驶员和随车语言助理在车上待命，待调度员发车命令后准点发车。早高峰时，一部分车辆由媒体驻地调度员签注往返路单，到 MPC/IBC 落客区后空驶返回驻地。机动车停在屯车场，以备调用。车辆运行流线见图13-1。

(3)班车站内运行管理。

①车辆落客在大屯路南侧MPC和IBC门前的两个落客站位,媒体班车只停车一次,原则上是尽可能靠东停车。二次落客的站位在MPC/IBC班车站东西侧道路的最南端。

②MPC/IBC班车站,南门为进站口,西北、东北两门为出站口。8条跑道内只准车辆从南向北行驶,其中最西侧的跑道为调车通道。可供车辆从南向北穿行。MPC/IBC班车站东侧道路可供媒体班车从北向南行驶,从而形成场站内循环,供调车、屯车使用。

③在同一时点多车同发时,要顺序行驶:自东向西3条跑道的车辆按照东向西的顺序从东北门出站,其余5条跑道车辆按照西向东的顺序从西北门出站。

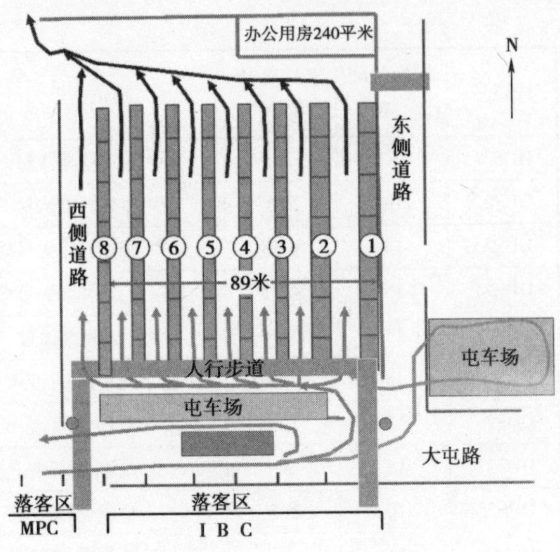

图13-1 MPC/IBC班车站内运行流线

④乘客站台为班车禁行区,严禁班车穿越站台行驶。车辆禁止在人行横道上顺向行驶。确保乘客安全。

⑤停车场内限速5公里/小时,车辆停车待客时车头前沿与站棚最北沿平齐。

⑥驾驶员和志愿者在站内要按照人员流线步行。

(4)MPC/IBC班车站站位安排,见表13-10、表13-11。

**奥运会时班车站站位安排** 表13-10

| 8 | | 7 | | 6 | | 5 | | 4 | | 3 | | 2 | | 1 | |
|---|---|---|---|---|---|---|---|---|---|---|---|---|---|---|---|
| 路号 | 目的地 | 路号 | 目的地 | 路号 | 目的地 | 路号 | 目的地 | 路号 | 目的地 | 路号 | 目的地 | 路号 | 目的地 | 路号 | 目的地 |
| MA24 | 北京五洲皇冠假日酒店—北京五洲大酒店 | MA25 | 福建大厦 | MA16 | 东方花园饭店 | MA02 | 梅地亚中心 | MA07 | 北京长峰假日酒店 | MB13 | 工人体育馆—工人体育馆 | MB17 | 北京科技大学体育馆 | MB23 | 奥运村 |
| MA26 | 名人国际大酒店 | MA22 | 西藏大厦 | MA15 | 港澳中心瑞士酒店 | MA01 | 深圳大厦 | MA08 | 北京海特饭店—大江南花园饭店 | MB16 | 北京航空航天大学体育馆 | MB07 | 北京工业大学体育馆 | MB06 | 铁人三项赛场 |
| MA30 | 汇园公寓媒体村 | MA21 | 北京吐哈宾馆—北京龙强大酒店 | MA17 | 保利大厦 | MA09 | 新大都饭店—北京金域万豪酒店 | MA20 | 北京顺义宾馆 | MB12 | 北京射击馆—北京射击场(飞碟靶场) | MB11 | 朝阳公园沙滩排球场 | MB18 | 中国农业大学体育馆 |
| | | MA13 | 北苑宾馆 | MA11 | 永安宾馆 | MA28 | 北京海淀花园饭店 | MA06 | 森根国际大酒店 | MB05 | 老山山地自行车场/老山自行车馆/老山小轮车赛场 | MB08 | 丰台垒球场 | MB03 | 奥林匹克公园网球中心—奥林匹克公园射箭场—奥林匹克公园曲棍球场 |

续上表

| 8 | | 7 | | 6 | | 5 | | 4 | | 3 | | 2 | | 1 | |
|---|---|---|---|---|---|---|---|---|---|---|---|---|---|---|---|
| 路号 | 目的地 | 路号 | 目的地 | 路号 | 目的地 | 路号 | 目的地 | 路号 | 目的地 | 路号 | 目的地 | 路号 | 目的地 | 路号 | 目的地 |
| MA29 | 绿色家园媒体村 | MA03 | 元辰鑫国际酒店 | MA04 | 国际艺苑皇冠假日饭店/台湾饭店 | MA12 | 翠宫饭店—湖北大厦 | MA05 | 北京会议中心/北京会议中心9号楼 | MB04 | 五棵松棒球场—北京奥林匹克篮球馆 | MB14 | 北京大学体育馆 | MB01 | 国家体育场—国家游泳中心—国家体育馆—击剑馆 |
| | | MA23 | 京民大厦—北京外国专家大厦 | MA14 | 赛特饭店—凯莱大酒店 | MA10 | 北京友谊宾馆 | MA18 | 北京丽都假日饭店 | MB15 | 顺义奥林匹克水上公园(皮划艇激流回旋)—顺义奥林匹克水上公园(皮划艇静水) | MB09 | 北京理工大学体育馆 | | |
| | | MA27 | 北京学院路速8酒店—梦溪宾馆 | | | | | MA19 | 燕翔饭店—珀丽酒店 | | | MB10 | 首都体育馆 | MB02 | 奥体中心体育场—奥体中心体育馆—英东游泳馆 |

**残奥会时班车站站位安排** 表13-11

| | 路号 | 目的地 | 路号 | 目的地 | 路号 | 目的地 | 路号 | 目的地 | 路号 | 目的地 | 路号 | 目的地 | 路号 | 目的地 | 路号 | 目的地 |
|---|---|---|---|---|---|---|---|---|---|---|---|---|---|---|---|---|
| D | MA22(2队) | 北京西藏大厦 | MA31(3队) | 凯迪克格兰云大酒店 | MB16(2队) | 北京航空航天大学 | MB09(6队) | 北京理工大学 | MB12(4队) | 北京射击馆 | MB14(1队) | 自行车赛场(十三陵水库周边公路) | MB03(8队) | 奥林匹克公园网球场、奥林匹克公园射箭场、奥林匹克公园曲棍球场 | MB02(8队) | 国家游泳中心、国家体育馆、国家会议中心击剑馆 |
| E | | | | | MB13(2队) | 工人体育馆 | MB14(6队) | 北京大学 | MB05(4队) | 老山自行车馆 | MB22(1队) | 中国农业大学 | | | | |
| F | MA26(1队) | 名人国际大酒店(含亚运村宾馆) | 机动 | | MB17(3队) | 北京科技大学 | MB22 | 马拉松比赛起点、沿途摄影点 | MB15(9队) | 顺义奥林匹克水上公园 | 机动 | | MB23(3队) | 残奥村 | MB01(8队) | 玲珑塔、国家体育场 |
| | 8 | | 7 | | 6 | | 5 | | 4 | | 3 | | 2 | | 1 | |

**2. 媒体村运行**

(1)北辰绿色家园媒体村。

奥运赛时,有6000名媒体人员入住北辰绿色家园媒体村,是最大的媒体住地。媒体班车主要是往返MPC/IBC,另有往返顺义水上公园和昌平铁人三项赛场的班车,以及开幕式前从机场来的抵达班车。同时还有DDS的8条线路。

媒体村的楼座分布狭长，使用电动车开通村内循环班车以方便媒体人员出行。在绿色家园媒体村北部安排了媒体班车屯车场和调度用房。班车运行安排如下：

①设置 DDS 组负责把 BOB 媒体记者安全送到相应场馆。

②设置机场抵离组，在抵离服务期运行。根据 TM 团队安排，及时准确地调动车辆，确保车辆准时准点发出。

③由 TM 线路用车组负责连接 MPC 为主体的班车运行任务，24 小时运行。

④媒体村记者众多，活动频繁，为满足记者出行需求，及时调整运营时间，由最初间隔 1.5 分钟发 1 班车，调整至每分钟发 2 班车。

⑤专门设置运行保障和秩序维护人员，负责收发各种证件（车标、志愿者及驾驶员的胸卡、升级卡、驾驶员工具包等），解决所有员工的喝水问题。用 30 名媒体村调度员将发车和场站两处串接起来，及时沟通来确保车辆的正常发出。北辰绿色家园媒体村运行组织流线见图 13-2。

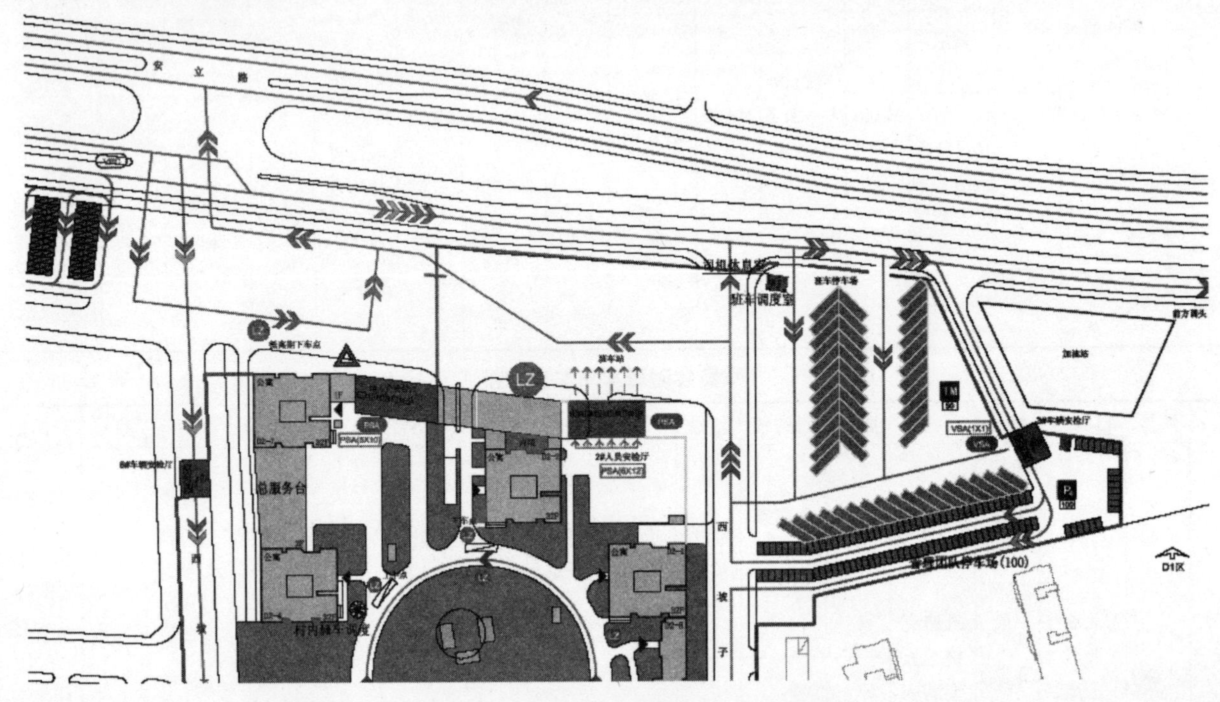


图 13-2　北辰绿色家园媒体村运行组织流线

(2)汇园公寓媒体村。

汇园公寓有 1000 人入住。媒体班车主要是往返 MPC/IBC，BOB 的专用直达班车有 2 条线路。汇园公寓媒体村交通运行组织流线见图 13-3。

## 四、班车运行的保障及应急处置

### 1. 班车运行的保障体系

注册媒体交通服务几乎覆盖奥运期间所有竞赛及非竞赛场馆。由于媒体这一特殊群体的工作性质特点，其交通服务系统一直被公认为是历届奥运最难组织、最为复杂的运行系统，同时也是受到外界及各级领导关注最多的部分。针对北京奥运会的新特点、新需求、新环境，媒体交通服务的组织采取多种措施不断适应。

(1)赛事交通服务组织体系为 TM 团队运转提供了组织保障。TM 团队建立以团队为协调中枢、以车队为运行主体的管理结构，使运行重心下移，调度指挥得力。特别是在各场馆和非竞赛场馆，团队将各场所的调度员日常管理纳入场馆团队，把使用管理纳入交通团队，通过前期磨合，解决了政出多门、协调困难，多个调度之间的联系不顺畅的问题。

(2)发挥体制优势,把团队组织、调度指挥、班车运行的任务相对集中地交给大型国有企业,充分发挥原有系统的组织优势和管理经验,是在较短时间内组织完成大型任务的捷径。

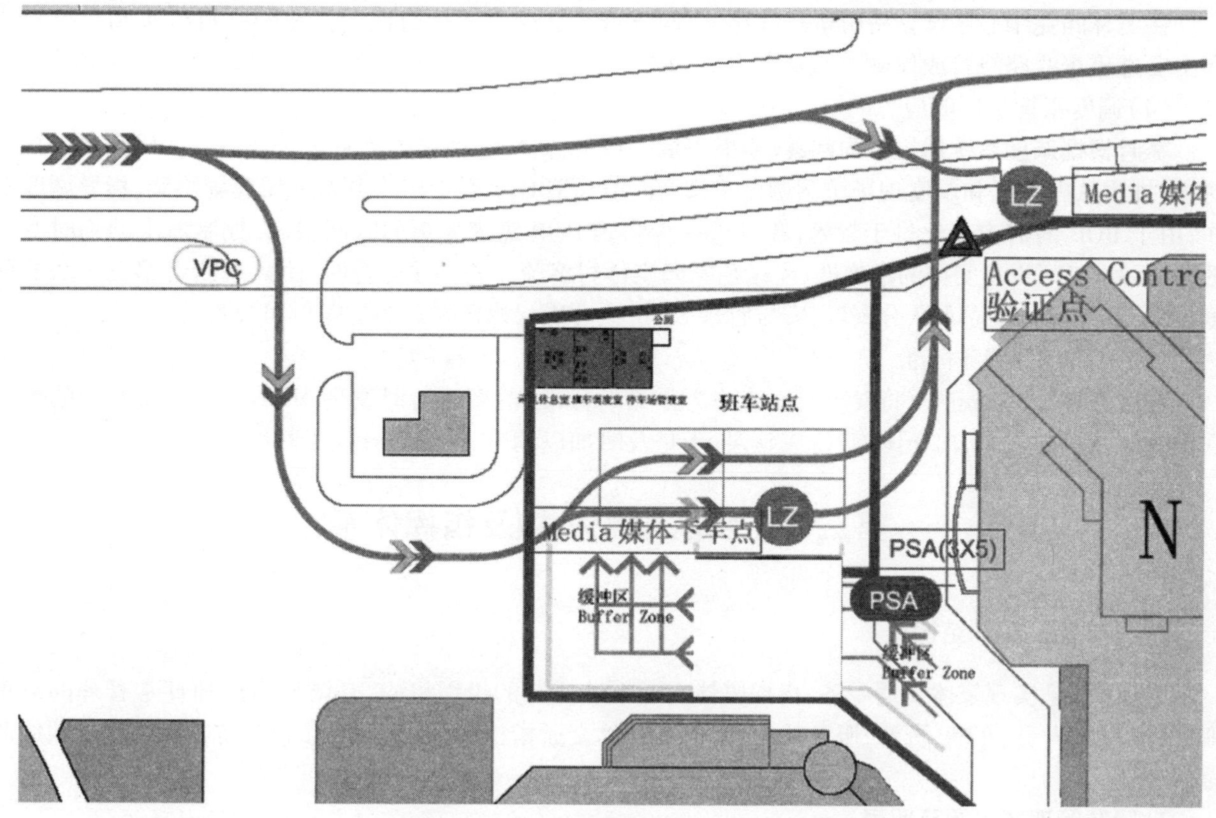


图 13-3　汇园公寓媒体村交通运行组织流线

(3)行车计划是班车组织的根本,团队组织专业人员编制媒体班车行车奥运会计划 386 份、残奥会行车计划 111 份。按照媒体班车特点确定的"点内框架、消尖补充、机动应急"三个层次的运力安排是班车运行的保障。

(4)实行"干净区～干净区"的政策,即场馆交通通行政策,线路设计上减少多个站点的串线,尽量实现点对点的班车线路是非常关键的。赛前多条酒店线路的拆分,北区环线与奥运村线路的拆分;赛时中区环线拆分成东西两条线的事实足以证实上述设计是正确。

(5)团队赛前对全体调度员做好培训,赛时做好全程的管理和现场指导,使 MPC/IBC 枢纽站服务到位、运行顺畅。

(6)在机场接机、送机的操作上,不拘泥于一致的运行模式,在不同阶段采取不同的运作方法:对于奥运会集中抵达的集中客流,团队总动员,车队各司其职,分工配合,全力应对;对于残奥会客流较小,任务时间较长的情况,以一个车队为主的运作方式,简化调度程序,减少管理层级。

(7)对于 BOB 特殊需求的客户群,建立 DDS 专线运行分中心,团队派驻调度员与车队调度一起统筹接收任务,向相关车队派发,使运行调度信息能够快速、顺畅地传递。

**2. 应急处置**

(1)各车队在场站配备应急车,在线路运行集中的节点处,利用媒体酒店、比赛场馆的屯车位停放应急车辆。如在京承高速入口附近的酒店屯车场放置应急车辆,执行天津秦皇岛任务的媒体班车配置一部应急备份车同行,随车配抢修工,遇到情况及时换车。

(2)运行中遇到部分媒体酒店的屯车、进出车的条件不能满足班车运行的要求时,及时协调安保、住宿、媒体运行等部门予以解决。如协调湖北大厦拆除了临时岗亭,东方花园酒店进出口加宽工程,永安宾馆院内拆除栏杆,梦溪宾馆、京民大厦 24 小时值班看护车辆进出,海淀花园、翠宫饭店等处增加车辆左转弯出口,在赛特、凯莱饭店之间的道路上修剪树枝等。

(3)备用线路与临时绕行

在奥林匹克中心区设立备份运行线路,供媒体班车在应急运行时使用。在公路自行车和马拉松比赛中安排班车线路绕行或停驶。

(4)调度指挥机制的应急

赛时根据调度系统运行中的问题,积极采取一些应急措施,使指挥体系更为顺畅。如机场集中抵达时,安排团队副主任和调度现场协调调度工作;在 MPC/IBC 全程安排一名副主任现场协调,指导调度工作;由于 BOB 的需求变化过于频繁,赛时进一步明确 BOB 需求变更的时间限制,控制需求的临时变更数量,提高 DDS 班车安排的准确性;当绿色家园媒体村客流一直高位运行时,团队果断将第三车队的调度拆分,在媒体村建立车队分调度,安排管理人员,全力确保媒体村班车运输的可靠性。

(5)灵活运行服务标准

在服务标准的制定中,将发车时间统一为整点的标准,前期运行时发现 MPC/IBC 枢纽站中的班车在同一时点同时发车,出车困难,造成延误,于是及时加以调整,适当错开发车时间。

## 第三节 团队组织机构及指挥体系

### 一、TM 团队组织结构

TM 团队是实现媒体交通服务、指挥媒体交通系统运行的组织机构,有调度指挥和日常管理的双重职能,通过对人员、车辆、资源、服务的管理,保障媒体交通指挥系统的运行。团队下辖车队,构成两级调度管理体系。

**1. 团队管理层设置及职责**

团队设主任 1 名:全面管理媒体交通服务运行团队,同时兼任团队交通安全委员会主任。

常务副主任若干名:协助主任工作,负责团队与组委会各部门的沟通协调工作。

协调副主任 2 名:一名负责媒体团队的调度指挥工作及运行控制工作,另一名负责车辆的保障协调和负责大客车调度系统和通信系统的使用管理。

安全副主任 1 名:负责安全行车管理、事故预防工作,协调各车队应急处理交通事故,同时兼任交通安全委员会副主任。

志愿者副主任 4 名:负责服务志愿者协调、管理,以及团队的物资管理。

运行副主任 5 名:负责运行监控、安全监督管理以及场站、驻地、场馆的后勤保障协调。

**2. 团队调度室职责**

媒体运行调度室设调度 12 人,24 小时值班完成调度指挥工作。其主要任务是:

(1)接受、执行赛事交通服务分中心的指令,负责汇总、上报各项信息和运行数据的汇总汇报。

(2)听取车队汇报、指挥监控车队的日常运行。

(3)审核、调整班车运行计划。

(4)组织集中抵离、开闭幕式等集中运输任务。

(5)组织对突发事件的处理,执行应急调度预案;协调各车队在运行中相互配合、运力互补、均衡运能;统筹管理媒体运行的机动运力,完成临时支援任务。

(6)接受媒体客户群团体用车预定,安排临时用车任务。

(7)负责大客车调度系统、GPS 车辆监控系统的使用和数据统筹工作,负责车辆加油卡数据上报工作。

**3. 团队调度助理志愿者职责**

在团队调度室配备调度助理志愿者,24 小时随班工作。其主要任务是:

(1)协助调度管理人员完成文件处理、数据统计、信息汇总、工作记录等日常办公的工作。

(2)负责调度室的语言支持,协助调度员做好遗失物查询和工作。

(3)协助调度管理人员使用GPS系统、无线通信系统使用,大客车调度系统数据录入工作,监督指导各车队大客车调度系统的使用。

(4)负责团队燃油卡使用的数据统计,并协助团队副主任做好油卡数据报送工作。

(5)负责机场抵离信息的接收、分拣、传达工作。

## 二、运行车队构成

运行车队是班车运行任务的执行层。TM团队奥运会时下设9个车队,残奥会时下设7个车队。每个车队设置调度室,车队长兼任调度负责人,各车队配置1正4副5名队长,3名车队调度,3名安全员,3名调度助理志愿者。

### 1.车队管理岗位

(1)队长:全面负责车队日常管理事务,兼任车队调度长,同时兼任团队交通安全委员会副主任,是车队交通安全第一责任人。

(2)安全副队长:负责驾驶员安全服务教育培训、安全行车及规范检查,协助交通事故处理等工作,同时是团队安全委员会成员。

(3)技术副队长:负责车辆防火安全、车辆碎修、抢修、保养的管理,负责车辆加油、加气,车辆退出与加入服务体系的协调工作,负责通信设备维护管理的协调。

(4)服务副队长:负责车厢服务、站台秩序,车辆清洁、咨询台管理。

(5)后勤副队长:负责协调车队各岗位人员就餐、住宿等后勤需求,负责与治安、安保工作、场站环境等协调,负责防暑降温工作。

(6)车队安全员:协助车队安全队长进行驾驶员教育培训、安全检查和控制,执行大型活动的现场带队和安全岗等工作。

### 2.车队调度职责

每车队配3名车队调度,24小时值班运行。其职责是:

(1)掌握车队所辖班车线路、车辆实时运行情况,协助队长现场指挥和应急调度指挥。

(2)协助队长进行调度管理工作,负责相关比赛、媒体需求变化信息收集,负责线路行车时刻表的编制,随时按照媒体工作出行需求制订和调整所辖线路行车计划、配车、配班计划。

(3)负责本车队机动车的调用。

(4)负责车队人力资源的调度实施,控制驾驶员交接班过程,调度车辆投入和退出待客运行。

(5)执行临时注册媒体团体用车任务。

(6)联系控制车辆回厂保养,负责协调接送班车的运行。

(7)运营生产数据统计和车队大客车调度系统终端和GPS终端通信设备的使用管理。

### 3.车队调度助理志愿者职责

每车队配3名车队调度助理志愿者,24小时与调度员随班运转。其职责是:

(1)协助调度管理人员完成文件处理、数据统计、信息汇总、工作记录等日常办公的工作。

(2)协助完成现场车辆调度、工作人员交接班报到监督等工作。

(3)负责调度室的语言支持。

(4)协助调度管理人员使用GPS系统、无线通信系统并负责大客车调度系统数据录入。

### 4.其他调度岗位

工作地点在媒体住地、场馆、机场,包括MPC/IBC线路发车调度员,隶属于相应的团队。其职责是:

(1)控制线路运行,督促执行行车计划,遇到临时变化时合理调整车辆。

(2)督促驾驶员、随车语言助理提前进站,准点发车。

(3)签注和填写调度报表,遵守汇报制度,真实反映运营情况,执行车队调度命令。

(4)收集驻地、场馆媒体出行信息,向车队调度汇报。

DDS 专线不设专职线路调度员,由班车系统调度员代为发车。车队驻地设调度员,团队派调度员进驻车队调度室成立 DDS 专线运行分中心。

## 三、TM 团队与各方面的沟通机制

**1. 与媒体运行部的关系**

作为客户主责部门,赛时媒体运行部不断提出需求变化,为此设置专门调度人员与赛事交通服务分中心宣传协调组媒体客户代表共同与媒体运行部、BOB 等主责部门沟通联系,掌握需求变化,调整运行计划。为了充分利用 MPC/IBC 内交通咨询台收集媒体交通需求的作用,协调媒体运行部派专人参加交通咨询台,进行现场协调工作。对于媒体微小的变化或信息,直接由媒体交通服务团队协调解决;对较大的需求或变动,上报总调度室予以确定。

**2. 与 MPC/IBC 场馆运行团队的关系**

赛前积极沟通,从枢纽规划、标识设计、运行方案、调度员培训、后勤保障、停车管理等多方面,媒体交通服务团队与 IBC/MPC 场馆交通团队密切协调配合;赛时建立日常联系机制,团队调度室与隶属 IBC/MPC 场馆交通团队内现场调度员电话随时沟通;强化现场控制,团队派驻一名运行协调副主任,现场协调指导工作,各车队管理人员运行高峰期派驻现场值班盯守。

**3. 与赛事交通服务分中心总调度室的关系**

接收总调度室的调度指令,每日汇总情况数据上报;遇到特殊天气等执行总调度室下达的应急或临时预案。

**4. 与交通场站的关系**

团队进驻 5 个大车交通场站,在场站进行车辆驻车、人事调配、吃饭和夜间临时休息、车队日常指挥运行。除首都机场外,各交通场站都安排了车队队部和车队调度室。其中石景山、海淀交通场站各 1 个车队,日常工作由该车队后勤队长与场站联系;奥体中心交通场站 2 个车队,团队指定第五车队负责联系场站工作;奥林匹克公园交通场站 5 个车队,团队派驻一名副主任统筹协调后勤工作;首都机场交通场站后勤保障通过抵离团队协调。车辆维护所需的物资、人员进入等,由赛事交通服务中心运行保障组与交通场站协调解决。

## 四、团队管理

**1. 驾驶员管理**

所有驾驶员均来自公交集团,团队发挥组织体系优势,沿用公交企业人力调度管理的方法,按照来源单位的不同分公司编制车队,将原单位的干部管理人员配到车队,依靠原体制管理驾驶员。

**2. 志愿者管理**

在团队中配团市委和来源高校老师组成的志愿者副主任队伍,赛时下到各场站配合车队管理志愿者。同时各学校有带队老师随志愿者进驻场站,各车队与来源高校对接。由车队按照时刻表提出岗位需求,由志愿者副主任协调各来源高校,将人员安排到岗位上。

**3. 调度员管理**

(1)团队调度员:团队调度由团队直接管理;各车队调度由车队管理。

(2)比赛场馆调度:比赛场馆调度由各比赛场馆团队交通服务经理负责管理。TM 团队负责业务沟通,将各比赛调度分配到各车队,由车队负责沟通信息和班车线路的协调。

(3)非竞赛场馆调度:MPC/IBC、两个媒体村的调度员,由各非比赛场馆团队交通服务经理负责管理。对于 MPC/IBC,团队直接进行业务培训和现场协调业务指导;对于两个媒体村,团队进行业务培训,派第三、第一车队负责现场协调业务指导。

(4)媒体酒店调度员:赛时媒体酒店的调度员划归媒体团队管理。针对这一变化团队安排7个车队(除电动车和DDS专线车队)负责分管酒店调度员,由车队调度组直管;同时负责该酒店的对接工作。加之在前期调度安排上,把各媒体酒店的调度员对应所来自媒体车队来源单位,使赛时管理比较到位,信息流畅。

## 五、驾驶员选拔及培训

注册媒体班车的驾驶员均为实际驾龄在3年以上,两年内没有不良记录的专业驾驶员。通过严格的背景审查后,进行全面的培训,先期经过通用知识培训、专业技能培训(服务水平、接待礼仪、常用语等);临近赛事又以车队为单位,对所属驾驶员进行了场馆培训(通行与停车、行驶流线、场馆设施等)和实际操作培训(通行及停车、安全驾驶、应急情况处置和熟悉路线及车辆等)。赛前扎实的培训,为赛事有序、顺畅地运行提供了保证。

# 第十四章　国际单项体育联合会/国际残疾人单项体育联合会交通运行

对国际单项体育联合会(IF)/国际残疾人单项体育联合会(IPSF)部分成员及技术官员的交通服务,是由赛事服务分中心下属的技术官员交通服务团队(TF 团队)具体承担的。IF/IPSF 成员包括:各单项体联的主席、秘书长、技术代表、执行委员会委员、工作人员;技术官员包括:国际技术官员、国内技术官员。IF/IPSF 的主席、秘书长由 T1、T2 交通服务团队负责;各单项体育组织的执委由 T3 交通服务团队负责。TF 团队负责为国内和国际技术官员、技术代表、分级师(残奥会)和单项组织工作人员提供交通服务,其中为 IF/IPSF 的国内和国际技术官员、分级师(残奥会负责对残疾运动员进行分级)以及工作人员提供大客车班车交通服务(TF);为 IF/IPSF 的技术代表(TD)提供 T2(奥运会)或 T1(残奥会)交通服务;为每个 IF/IPSF 提供2 辆(奥运会)或1 辆(残奥会)分配的工作车服务。根据交通服务标准,北京奥组委为 TF 和 TD 客户提供往返于首都国际机场、官方驻地、比赛场馆、训练场馆、开闭幕式和官方会议场所等地的交通服务。TF 团队经过充分准备、缜密策划,全面完成了各项运行任务,保证了赛时技术官员的出行。技术官员交通服务从 2008 年 7 月 25 日至 8 月 27 日,每日 7:00 ~ 24:00,共计配车 305 部,提供服务 34 天;残奥会服务从 2008 年 8 月 28 日至 9 月 20 日,每日 7:00 ~ 24:00,共计配车 95 部,提供服务 24 天。其间交通服务运行平稳有序,事故率为零,责任投诉为零。

## 一、交通服务总体情况

根据《主办城市合同》及相关文件、国际奥委会交通技术手册的要求,以及对 IF/IPSF 成员及技术官员实际交通需求的深入了解,北京奥组委交通部在奥运史上第一次实现了与 28 个 IF 签署了《谅解备忘录(MOU)》交通附件,明确了其交通服务标准。

### 1. 服务对象基本情况

奥运会期间为 26 个在京比赛项目的国内技术官员 1031 人、国际技术官员 1564 人、技术代表 71 人和 IF 工作人员提供交通服务。

各 IF 技术代表、国内和国际技术官员情况见表 14-1。

各“IF”技术代表、国内和国际技术官员情况(单位:人)　　表 14-1

<table>
<tr><th>体育项目</th><th>分项</th><th>技术代表</th><th>国际技术官员<br>(仲裁、国际裁判、医务官员)</th><th>国内技术官员</th><th>总计</th></tr>
<tr><td>田径</td><td></td><td>3</td><td>63</td><td>216</td><td>282</td></tr>
<tr><td>赛艇</td><td></td><td>2</td><td>50</td><td>50</td><td>102</td></tr>
<tr><td>羽毛球</td><td></td><td>2</td><td>32</td><td>81</td><td>115</td></tr>
<tr><td>棒球</td><td></td><td>2</td><td>35</td><td>8</td><td>45</td></tr>
<tr><td>篮球</td><td></td><td>2</td><td>45</td><td>48</td><td>95</td></tr>
<tr><td>拳击</td><td></td><td>2</td><td>57</td><td>6</td><td>65</td></tr>
<tr><td rowspan="2">皮划艇</td><td>静水</td><td>2</td><td rowspan="2">50</td><td>29</td><td rowspan="2">102</td></tr>
<tr><td>激流回旋</td><td>1</td><td>20</td></tr>
<tr><td rowspan="4">自行车</td><td>场地赛</td><td rowspan="4">5</td><td rowspan="4">20</td><td rowspan="4">20</td><td rowspan="4">45</td></tr>
<tr><td>公路赛</td></tr>
<tr><td>山地赛</td></tr>
<tr><td>小轮车</td></tr>
</table>

续上表

| 体育项目 | 分项 | 技术代表 | 国际技术官员（仲裁、国际裁判、医务官员） | 国内技术官员 | 总计 |
|---|---|---|---|---|---|
| 击剑 | | 2 | 39 | 29 | 70 |
| 足球 | | 5 | 105 | 18 | 128 |
| 体操 | 体操/男子 | 4 | 163 | 22 | 204 |
| | 体操/女子 | | | | |
| | 蹦床 | | | 2 | |
| | 艺术体操 | | | 13 | |
| 举重 | | 2 | 58 | 25 | 85 |
| 手球 | | 2 | 68 | 18 | 88 |
| 曲棍球 | | 2 | 67 | 10 | 79 |
| 柔道 | | 2 | 40 | 46 | 88 |
| 摔跤 | | 2 | 94 | 25 | 121 |
| 游泳 | 游泳 | 1 | 187 | 58 | 249 |
| | 花样游泳 | 1 | | | |
| | 跳水 | 1 | | | |
| | 水球 | 1 | | | |
| 现代五项 | （游泳—自行车—马拉松—射击—击剑） | 2 | 25 | 45 | 72 |
| 垒球 | | 2 | 17 | 8 | 27 |
| 跆拳道 | | 2 | 34 | 10 | 46 |
| 网球 | | 2 | 140 | 50 | 192 |
| 乒乓球 | | 2 | 42 | 33 | 77 |
| 射击 | | 2 | 24 | 50 | 76 |
| 射箭 | | 2 | 17 | 15 | 34 |
| 铁人三项 | | 2 | 26 | 10 | 38 |
| 排球 | 排球 | 2 | 66 | 40 | 136 |
| | 沙滩排球 | 2 | | 26 | |
| 总计 | | 71 | 1564 | 1031 | 2661 |

残奥会期间为在京比赛项目的国内技术官员575人、国际技术官员385人、技术代表29人、分级师67人和IPSF工作人员提供交通服务，相关情况见表14-2。

**各IPSF技术代表、国内和国际技术官员情况**（单位：人）　　表14-2

| 序号 | 项　目 | 技术代表 | | 国际技术官员 | 分级师 | | 国内技术官员 | 合计 |
|---|---|---|---|---|---|---|---|---|
| | | 技术代表 | 技术代表助理 | | 总分级师 | 分级师 | | |
| 1 | 射箭 | 1 | 1 | 13 | 1 | 2 | 15 | 33 |
| 2 | 田径 | 1 | 1 | 13 | 1 | 12 | 216 | 244 |
| 3 | 硬地滚球 | 1 | | 22 | | | 36 | 59 |
| 4 | 自行车 | 1 | | 6 | 1 | 2 | 20 | 30 |
| 5 | 5人足球 | 1 | | 8 | | | 4 | 13 |
| 6 | 7人足球 | 1 | | 3 | | | 8 | 12 |
| 7 | 盲人门球 | 1 | 1 | 34 | | | 16 | 52 |

续上表

<table>
<tr><th rowspan="2">序号</th><th rowspan="2">项　目</th><th colspan="2">技术代表</th><th rowspan="2">国际技术官员</th><th colspan="2">分级师</th><th rowspan="2">国内技术官员</th><th rowspan="2">合计</th></tr>
<tr><th>技术代表</th><th>技术代表助理</th><th>总分级师</th><th>分级师</th></tr>
<tr><td>8</td><td>柔道</td><td>1</td><td>1</td><td>18</td><td></td><td></td><td>30</td><td>50</td></tr>
<tr><td>9</td><td>举重</td><td>1</td><td>1</td><td>30</td><td>1</td><td>1</td><td>12</td><td>46</td></tr>
<tr><td>10</td><td>赛艇</td><td>1</td><td>1</td><td>32</td><td>1</td><td>3</td><td>26</td><td>64</td></tr>
<tr><td>11</td><td>射击</td><td>1</td><td></td><td>16</td><td>1</td><td>2</td><td>24</td><td>44</td></tr>
<tr><td>12</td><td>游泳</td><td>1</td><td>1</td><td>11</td><td>1</td><td>7</td><td>19</td><td>40</td></tr>
<tr><td>13</td><td>乒乓球</td><td>1</td><td>1</td><td>38</td><td>1</td><td>2</td><td>16</td><td>59</td></tr>
<tr><td>14</td><td>排球</td><td>1</td><td>1</td><td>26</td><td>1</td><td>2</td><td>30</td><td>61</td></tr>
<tr><td>15</td><td>轮椅篮球</td><td>1</td><td>1</td><td>40</td><td>1</td><td>5</td><td>30</td><td>78</td></tr>
<tr><td>16</td><td>轮椅击剑</td><td>1</td><td></td><td>21</td><td>1</td><td>1</td><td>14</td><td>38</td></tr>
<tr><td>17</td><td>轮椅橄榄球</td><td>1</td><td></td><td>12</td><td>1</td><td>6</td><td>9</td><td>29</td></tr>
<tr><td>18</td><td>轮椅网球</td><td>1</td><td>1</td><td>42</td><td></td><td></td><td>50</td><td>94</td></tr>
<tr><td>19</td><td>脑瘫协会</td><td></td><td></td><td></td><td></td><td>6</td><td></td><td>6</td></tr>
<tr><td>20</td><td>盲人协会</td><td></td><td></td><td></td><td></td><td>4</td><td></td><td>4</td></tr>
<tr><td colspan="2">合计</td><td>18</td><td>11</td><td>385</td><td>12</td><td>55</td><td>575</td><td>1056</td></tr>
</table>

**2. 服务场所的基本情况**

1 个签约酒店作为 IF 驻地的有 6 个;2 个签约酒店作为 IF 驻地的有 7 个;3 个(或以上)签约酒店作为 IF 驻地的有 13 个。

29 个酒店中,1 个酒店有 1 个 IF 的有 14 个;1 个酒店有 2 个 IF 的有 2 个;1 个酒店有 3 个(或以上)IF 的有 13 个。

IF 具体驻地及相应的比赛场馆见表 14-3。

**IF 具体驻地及相应的比赛场馆**　　表 14-3

<table>
<tr><th>序号</th><th>项　目</th><th>分　项</th><th>驻　地</th><th>场　馆</th></tr>
<tr><td>1</td><td>赛艇</td><td></td><td>顺义宾馆</td><td rowspan="3">顺义水上公园</td></tr>
<tr><td rowspan="2">2</td><td rowspan="2">皮划艇</td><td>静水</td><td rowspan="2">怡生园</td></tr>
<tr><td>激流</td></tr>
<tr><td rowspan="3">3</td><td rowspan="3">田径</td><td rowspan="3"></td><td>凯迪克</td><td rowspan="3">国家体育场<br>国家体育场、天安门</td></tr>
<tr><td>威斯汀</td></tr>
<tr><td>21 世纪</td></tr>
<tr><td>4</td><td>手球</td><td></td><td>凯迪克</td><td>奥体中心体育馆国家体育馆</td></tr>
<tr><td rowspan="3">5</td><td rowspan="3">射箭</td><td rowspan="3"></td><td>凯迪克</td><td rowspan="3">奥林匹克公园北区射箭场</td></tr>
<tr><td>长城饭店</td></tr>
<tr><td>圆山饭店</td></tr>
<tr><td rowspan="2">6</td><td rowspan="2">现代五项</td><td rowspan="2"></td><td>凯迪克</td><td rowspan="2">国家会议中心击剑馆英东游泳馆奥体中心体育场</td></tr>
<tr><td>大唐科苑</td></tr>
<tr><td rowspan="2">7</td><td rowspan="2">羽毛球</td><td rowspan="2"></td><td>河南大厦</td><td rowspan="2">北京工业大学</td></tr>
<tr><td>京瑞大厦</td></tr>
<tr><td rowspan="3">8</td><td rowspan="3">棒球</td><td rowspan="3"></td><td>苏源锦江</td><td rowspan="3">五棵松棒球场</td></tr>
<tr><td>威斯汀</td></tr>
<tr><td>万商花园</td></tr>
</table>

续上表

| 序号 | 项　目 | 分　项 | 驻　地 | 场　馆 |
| --- | --- | --- | --- | --- |
| 9 | 篮球 | | 苏源锦江 | 篮球馆 |
| | | | 万商花园 | |
| 10 | 自行车 | 公路场地<br>小轮山地 | 民族饭店 | 永定门、居庸关、老山场馆群 |
| | | | 万商花园 | |
| 11 | 足球 | | 丽晶饭店 | 北京工人体育场 |
| 12 | 垒球 | | 苏源锦江 | 垒球场 |
| | | | 长峰假日 | |
| 13 | 射击 | | 万商花园 | 北京射击场馆群 |
| | | | 苏源锦江 | |
| | | | 北京射击馆 | |
| 14 | 拳击 | | 亚洲大酒店 | 工人体育馆 |
| | | | 21 世纪 | |
| | | | 亮马河大厦 | |
| 15 | 体操 | 竞技 | 鸿翔大厦 | 国家体育馆 |
| | | 蹦床 | | |
| | | 竞技 | 长城饭店 | |
| | | 蹦床 | | |
| | | 艺术 | 长城饭店 | 北京工业大学体育馆 |
| | | | 河南大厦 | |
| 16 | 排球 | 排球 | 东方君悦 | 首都体育馆北京理工大学 |
| | | | 新世纪日航 | |
| | | | 首体宾馆 | |
| | | 沙滩排球 | 长城饭店 | 朝阳公园沙滩排球赛场 |
| | | | 21 世纪 | |
| | | | 东方君悦 | |
| 17 | 举重 | | 中苑宾馆 | 北京航空航天大学 |
| | | | 大唐科苑 | |
| | | | 长城饭店 | |
| 18 | 曲棍球 | | 燕山大酒店 | 奥林匹克公园曲棍球场 |
| 19 | 柔道 | | 中苑宾馆 | 北京科技大学体育馆 |
| | | | 长城饭店 | |
| | | | 大唐科苑 | |
| 20 | 摔跤 | | 西郊宾馆 | 中国农业大学 |
| | | | 长城饭店 | |
| | | | 大唐科苑 | |
| 21 | 跆拳道 | | 中苑宾馆 | 北京科技大学体育馆 |
| | | | 亮马河大厦 | |
| | | | 大唐科苑 | |
| 22 | 乒乓球 | | 丽亭华苑 | 北京大学 |
| 23 | 铁人三项 | | 军都度假村 | 十三陵水库 |

续上表

<table>
<tr><th>序号</th><th>项　目</th><th>分　项</th><th>驻　地</th><th>场　馆</th></tr>
<tr><td rowspan="2">24</td><td rowspan="2">击剑</td><td rowspan="2"></td><td>紫光交流中心</td><td rowspan="2">国家会议中心击剑馆</td></tr>
<tr><td>圆山饭店</td></tr>
<tr><td rowspan="3">25</td><td rowspan="3">网球</td><td rowspan="3"></td><td>紫光交流中心</td><td rowspan="3">奥林匹克网球中心</td></tr>
<tr><td>亮马河大厦</td></tr>
<tr><td>圆山饭店</td></tr>
<tr><td rowspan="9">26</td><td rowspan="9">游泳</td><td>水球</td><td rowspan="4">凯迪克</td><td>英东游泳馆</td></tr>
<tr><td>游泳</td><td rowspan="4">国家游泳中心</td></tr>
<tr><td>花样</td></tr>
<tr><td>跳水</td></tr>
<tr><td>游泳</td><td>威斯汀</td></tr>
<tr><td>马拉松</td><td>亮马河大厦</td><td>顺义水上公园</td></tr>
<tr><td>水球</td><td rowspan="3">圆山饭店</td><td>英东游泳馆</td></tr>
<tr><td>游泳</td><td>国家游泳中心</td></tr>
<tr><td>马拉松</td><td>顺义水上公园</td></tr>
</table>

残奥会期间，技术代表、国际技术官员、部分国内技术官员、分级师和 IF 工作人员均住在运动员村内；部分国内技术官员住在胜利饭店中；赛艇、射击和自行车单项体育组织驻地分别在怡生园和海特饭店。住在胜利饭店的国内技术官员从饭店乘坐班车前往运动员村班车站；所有国内、国际技术官员和工作人员，均在运动员村班车站内专门设置的技术官员班车站台乘车前往各自的比赛场馆。赛艇、自行车和射击项目的运营模式与奥运会相同，调度员入驻酒店调配车辆以满足赛时需求。

胜利酒店以班车的形式，运行时间 5:00～21:00，每趟间隔半小时；21:00～次日 1:00，每趟间隔一小时，发往残奥村。

运动员村有 16 条班车线路，按需发往各个比赛场馆，并且班车发出时刻还要与胜利酒店发来的班车相匹配。在运动员村班车站每 4 条路线配备 2 名调度员，实行双班，也就是说 1 名调度员要负责 4 条路线的班车运营。在运动员村还设有小客车专职调度员，主要是负责技术代表到各个比赛场馆的运输服务。

在运动员村设有技术官员交通咨询台，每天每班安排 2 名值班调度员，咨询台得到的信息与体育部工作人员确认后，告之各个单项负责的调度人员，按照需求安排和使用车辆。

在服务过程中，团队要求所有驾驶员在车辆停靠站台过程中，将车门对准盲道，助残人员或随车助理协助残疾朋友上、下车，解决他们行动不便的困难。特别是举重项目中有一名技术官员体重超过 500 斤，且身坐轮椅，行动不便，每次助残人员都要将客人推上无障碍车并将轮椅固定好，以保证其在运营过程中的人身安全，得到了客人肯定和表扬，并签名留念。

技术代表乘坐专车，分级师乘坐 IPSF 分配车或班车前往相应的比赛场馆。

**3. 服务车辆配置情况**

奥运会 IF 交通服务车辆配置见表 14-4。

残奥会 IPSF 交通服务车辆配置见表 14-5。

赛事服务前，团队与各单项体育组织联系，就交通服务运行建立了沟通协调机制，制订服务运行方案。通过研究确定：所有项目的小客车由团队组织、指挥、实施，各 IF/IPSF 根据奥组委所配车型车数提出用车时间和计划；奥组委配备给各 IF/IPSF 的工作用车由其根据需要自行安排使用；班车由团队按照各 IF/IPSF 确认后的行车时刻表配备大客车，其原则是以项目为基础，以驻地为依据确定车数和运行计划。为了落实运行方案，赛前专门组织了路线实地踏勘和综合演练，确保了实际运行顺利。

奥运会 IF 交通服务车辆配置

表 14-4

| 交通等级 | 客户群 | 车辆型号 | 数量 | 图 片 |
|---|---|---|---|---|
| T2 | 技术代表 | 速腾 | 70 | |
| TF | 技术官员 | 33 ~ 51 座大客车 | 150 | |
| TF/IF | 工作人员 | 伊斯坦纳、途安 | 80 + 5 | |

残奥会 IPSF 交通服务车辆配置

表 14-5

| 交通等级 | 客户群 | 车辆型号 | 数量 | 图 片 |
|---|---|---|---|---|
| T1 | 技术代表 | 奥迪 | 19 | |
| TF | 技术官员 | 33 ~ 51 座大客车 | 50 | |
| TF/IF | 工作人员★ | 伊斯坦纳 | 26 | |

针对比赛项目中的游泳、自行车、体操、田径、排球项目，存在技术代表人数增加、驻地及比赛场馆较为分散的情况，原计划配备的车辆不能满足客户群的需求，经总调度室批准，分别增加了专用车和分配车。

**4. 运行总体情况**

奥运期间团队共运行小客车 155 辆，大客车 150 辆，所有车辆于 8 月 5 日全部到位（其中 7 月 25 日到位 155 辆小客车和 15 辆大客车）。自 7 月 20 日至 8 月 28 日，为技术官员、客人提供了交通服务，实际运行 40 天，运行 17059 车次，运送 77505 人次，累计行驶里程 31.5 万公里。

在奥运会赛时服务期（8 月 5 日 ~ 8 月 27 日）的 23 天时间里，305 部 TF 车辆共运行 16698 车次，运送 76863 人次，累计行驶里程 29.9 万公里。每车平均运行 54.7 车次，运送 252 人次，行驶 980 公里。每日平均出车 726 次，运送 3342 人次，行驶 1.3 万公里；每车每日平均运行次数为 2.4 次，每车每次运送 4.6 人次，行驶 17.8 公里。运行最高峰 8 月 13 日，单日合计出车 1139 次，运送 6256 人次，累计行驶 15369 公里；平均每车运行 3.7 次，运送 20.5 人，行驶 50.4 公里。

残奥期间团队共运行45辆小客车(含1辆无障碍伊斯坦纳)和50辆大客车(含10辆低地板无障碍大巴),所有车辆于8月29日全部到位(其中8月28日到位45辆小客车和40辆大客车)。自9月1日至9月18日,为技术官员提供了交通服务,实际运行18天,运行4125车次(其中无障碍车辆运行445车次),运送19118人次(含轮椅客人436人次),累计行驶里程4.85万公里。每车平均运行43.4次,运送201.2人次,运行510.5公里;平均单次出车运送4.6人,运行11.8公里。

在残奥会赛时服务期(9月1日~9月18日),TF车辆每日平均出车229次(其中无障碍车辆运行25车次),运送1062人次(含轮椅客人24人次),行驶2694公里;单车日均运行次数为2.2次,每次运送4.6人次,行驶11.7公里。运行最高峰9月9日,单日合计出410车次(其中无障碍车辆运行48车次),一共运送了2374人次(含轮椅客人84人次),累计行驶4109.6公里;平均每车运行4.3次,运送25人,行驶43.3公里。

## 二、交通服务运行组织

### 1. 赛前准备

在奥运会筹办时期,团队在赛事交通服务中心的领导下搜集和阅读了大量奥运会交通技术相关资料,多次与各IF/IPSF沟通,制订了《技术官员客户群交通服务运行方案》,成为指导团队赛时各项工作运转的前提保障纲领性文件。

(1)交通场站测试。

为保证团队在赛时运行工作的顺利进行,针对车辆所属交通场站的位置(奥体中心交通场站67个大客车停车位、海淀交通场站46个大客车停车位、奥林匹克公园N1停车场200个小客车停车位、石景山交通场站54个大客车停车位),团队在奥组委交通部统一领导下,组织实施了交通综合测试工作和桌面演练(场站交付使用之前进行了桌面演练,场站交付使用之后进行了实地测试)。

从7月15日开始连续组织了3次场站实地测试,7月15日~16日实地测试车辆进出场站、调度员及驾驶员交接班工作流程;7月17日~19日实地测试车辆停车位置及交通流线、场站内各种标识标线、停车场照明、消防设施、功能用房的分配、房间内设施、网络、电话;7月20日模拟赛时运行高峰时段进行综合测试,所有岗位工作人员到岗,使用调度系统和通信系统,调派进驻场站车辆,按照班车时刻表由场站发往驻地、场馆,并检测了发生场站断电和调度系统瘫痪的应急处置能力。

(2)班车线路踏勘。

为了对赛时执行任务路线了然于胸,团队委派经验丰富的安全专业人员成立实地踏勘小组,从2008年6月至8月初,组织了对54条驻地至比赛场馆的班车走行线路进行踏勘。通过踏勘了解驻地交通流线、上下车点、驻地停车位置满足程度、限高标识、交通限行标识、最大车型的通行能力等。踏勘时按照规定平均时速的走行时间、距离,实地检查场馆交通流线,侧重车辆走向、停车(区)位置、道路情况、限高情况、转弯角度、坡路情况等,并且还专门组织了奥运车队的队长及相关人员共计125人次进行了实地演练。经过多方踏勘、研究,形成了详细、准确的流程线路图,为赛事的运行做好铺垫。击剑项目踏勘路线图如图14-1。

安排大客车对IF/IPSF驻地到竞赛、非竞赛场馆、机场的线路进行实地踏勘,中途对所有标志物都有详细记录,对有争议的路线多次进行讨论并修改,最终制订了驻地至场馆、驻地至机场的往返线路奥运会期间共计66条、残奥会期间共计23条,保证赛时车辆能够准时、快速、安全到达指定地点。由于技术官员与其他客户群的运行方式有所不同,基本每天都有变化,团队要求车队每天与所辖项目竞赛组织进行核对,确定次日班车时刻表及其他需求,保证及时、准确地安排车辆。并针对客户群的用车需求,考虑其可能发生的突发情况,相应制订了突发事件应急预案。在所有签约的酒店都停放了备用车辆,这样既能保证第二天早班车的准时出发,又可以防止夜间各竞赛组织的临时突发情况。在赛时期间,没有出现因团队调度及车辆原因影响技术官员正常工作的情况,合理解决了赛时正常班车运转、抵离接送机和开闭幕式的用车需求。

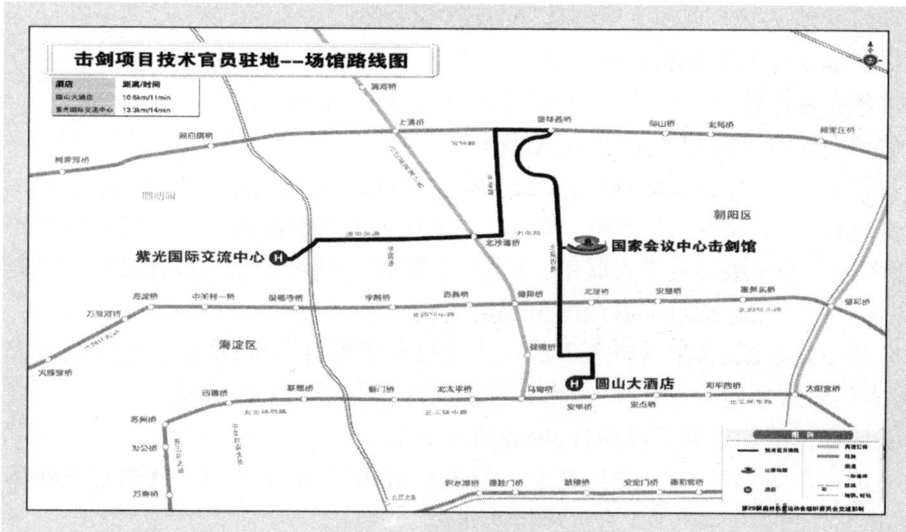

图 14-1　击剑项目踏勘路线图

(3)参加 2008 年 6 月 28 日交通综合演练。

团队根据奥组委交通部的统一布置,于 2008 年 6 月 28 日对技术官员所承担的任务进行了综合演练测试,共使用车辆 80 部、人员 430 名,在早 7:00 ~ 7:50 陆续到达指定地点——奥体中心交通场站。8:00 车辆及人员全部到位,实现了演练的第一个目标——统一集结。8:00 ~ 9:30 分 6 个车队对各自的任务及人员情况进行了细致、完整地对接,实施了临时调用车辆的部署和应急预案的响应,根据既定的测试目标和任务,分别对各酒店和比赛场馆按照测试的内容进行了较为周密的测试,对测试发现需要沟通和解决的问题及时采取措施加以落实。

(4)加强信息沟通,建立与各驻地、场馆的协调联络机制。

团队为了在赛时能够更好地为技术官员提供交通服务,主动与所有体育单项组织和各竞赛场馆团队进行沟通,了解各单项技术官员国际及国内人员、驻地、抵离、参加开闭幕式、会议及宴会、运行方式等相关信息。根据奥组委提供的材料,团队制订了 TF 行车时刻表,并按时刻表进行了合理、有效地配车。团队运营组织还与各竞赛场馆团队进行沟通,确定车辆停车位置、上下车点位置、驾驶员休息室以及协调解决驾驶员在场馆的就餐问题。赛时场馆调度员行政隶属于场馆交通团队,而与团队又有直接的业务联系,因此与场馆交通团队建立了工作协调机制,并了解场馆交通团队中 TF 调度员的来源、姓名、电话等相关信息,为赛时做好了充分的准备;2008 年 6 月 26 日,在北京科技活动中心举办了 208 名场馆 TF 调度员的理论培训,并与之一一对接。

**2. 赛时运行组织**

1)班车运行组织

(1)奥运会 TF 班车线路的车辆配置。

赛艇项目驻地在顺义宾馆和怡生园,配备班车 4 部。由于此项目距离交通场站较远,因此,团队安排负责此项目的车辆、驾驶员及调度人员全部住宿在顺义宾馆和怡生园,每日调度员与项目负责人确认次日班车时刻表,确保赛时的用车。

皮划艇项目驻地在怡生园,配备班车 5 部。此项目与赛艇项目有相同特点。

田径项目驻地在凯迪克、威斯汀和 21 世纪,配备班车 10 部。此项目中马拉松比赛地点涉及市区部分道路,并分男子和女子在两天内进行,赛前调度员多次与单项组织负责人联系和沟通,确定用车数量及时间。马拉松比赛时间较早,早 4 点左右就要到酒店接官员前往出发地点,随后将比赛沿途的官员送至各个地点,赛事结束后再全部接回酒店。

手球项目驻地在凯迪克,配备班车 4 部。

射箭项目驻地在凯迪克、长城饭店和圆山饭店,配备班车 3 部。

现代五项项目驻地在凯迪克和大唐科苑，配备班车4部。

羽毛球项目驻地在河南大厦和京瑞大厦，配备班车6部。

棒球项目驻地在苏源锦江、威斯汀和万商花园，配备班车4部。

篮球项目驻地在苏源锦江和万商花园，配备班车7部。

自行车项目驻地在民族饭店和万商花园，配备班车6部。此项目分为公路自行车、小轮自行车、场地自行车和山地自行车，除公路自行车外，其余三项都在老山场馆群进行。公路自行车比赛涉及范围较广，调度员提前多次与单项组织负责人联系，确定用车数量，赛事当天还为其配备了1部备份车，并且在永定门、居庸关和八达岭比赛地点都有调度员调配车辆。

足球项目驻地在丽晶饭店，配备班车7部。此项目在京外有赛事，赛前已组织相关人员对线路进行了踏勘，赛时技术代表乘坐速腾车前往，技术官员由大客车送至北京南站。

垒球项目驻地在苏源锦江和长峰假日，配备班车5部。

射击项目驻地在苏源锦江、万商花园和北京射击宾馆，配备班车3部。此项目比赛场馆在北京射击馆，因此北京射击宾馆无需配备班车，官员步行前往。

拳击项目驻地在亚洲大酒店、21世纪和亮马河大厦，配备班车4部。

体操项目驻地在鸿翔大厦、长城饭店和河南大厦，配备班车10部。

排球项目驻地在东方君悦、新世纪日航、首体宾馆、21世纪和长城饭店，配备班车10部。此项目分为排球和沙滩排球两项，分别去往两个比赛场馆。排球比赛场馆是首都体育馆，因此，首体宾馆无需配备班车，官员步行前往。

举重项目驻地在大唐科苑、中苑宾馆和长城饭店，配备班车8部。

曲棍球项目驻地在燕山大酒店，配备班车4部。

柔道项目驻地在大唐科苑和中苑宾馆，配备班车4部。

摔跤项目驻地在大唐科苑、长城饭店和西郊宾馆，配备班车5部。

跆拳道项目驻地在大唐科苑、中苑宾馆和亮马河大厦，配备班车3部。

乒乓球项目驻地在丽亭华苑，配备班车6部。

铁人三项项目驻地在军都度假村，配备班车4部。此项目在昌平，距离交通场站也较远，我团队安排负责此项目的车辆、驾驶员及调度人员全部住宿在军都度假村，每日调度员与项目负责人确认次日班车时刻表，确保赛时的用车。

击剑项目驻地在紫光交流中心和圆山酒店，配备班车4部。

网球项目驻地在紫光交流中心、圆山酒店和亮马河大厦，配备班车4部。

游泳项目驻地在凯迪克、威斯汀、圆山酒店和亮马河大厦，配备班车10部。此项目驻地分散、比赛场馆较多，团队选派了一名能力强的调度员负责整体的运营，每日晚与单项组织负责人进行确认，并将信息及时通报各驻地调度员，确保了次日赛事用车。特别是马拉松游泳，比赛地点在顺义水上公园，要将上述驻地的官员按照时刻表提前送到比赛地点，比赛结束后返回酒店。

技术官员班车的运行模式为：早上将官员从酒店送至比赛场馆，中午接回酒店用餐，下午或晚上再送至比赛场馆，赛事结束后返回。

(2)残奥会TF班车线路车辆配置。

残奥会共计设置了20条班车线路，共配车95部，包括无障碍大客车10部、1部无障碍伊斯坦纳，同时配备助残人员42名。

残奥会时国际技术官员和田径部分国内技术官员入驻残奥村，国内技术官员入驻胜利酒店，个别项目如赛艇项目入驻怡生园，射击和自行车项目入驻海特饭店，团队根据其IPSF官员入驻的情况安排调度员及使用的车辆。其中：赛艇项目配备大客车2部、小客车2部；自行车项目配备大客车2部、小客车2部；射击项目配备大客车2部、小客车2部；胜利饭店配备大客车12部、小客车2部；残奥村配备大客车32部、小客车37部。具体TF班车运行线路设置见表14-6。

**TF 班车运行线路设置**　　表 14-6

<table>
<tr><th>序号</th><th>项　目</th><th>发车地点</th><th>线　路</th><th>场　馆</th></tr>
<tr><td>1</td><td>赛艇</td><td>怡生园</td><td>滨河路、白马路</td><td>顺义水上公园</td></tr>
<tr><td>2</td><td>自行车</td><td rowspan="2">海特饭店</td><td>苹果园路、阜石路、晋元庄、四五环路、八角桥调头</td><td>老山自行车馆</td></tr>
<tr><td>3</td><td>射击</td><td>苹果园路、阜石路、西五环路、永引桥</td><td>北京射击馆</td></tr>
<tr><td rowspan="15">4</td><td>射箭(NTO)</td><td rowspan="15">胜利饭店</td><td rowspan="15">八达岭高速、北五环路</td><td rowspan="15">运动员村</td></tr>
<tr><td>田径(NTO)</td></tr>
<tr><td>硬地滚球(NTO)</td></tr>
<tr><td>5 人足球(NTO)</td></tr>
<tr><td>7 人足球(NTO)</td></tr>
<tr><td>盲人门球(NTO)</td></tr>
<tr><td>柔道(NTO)</td></tr>
<tr><td>举重(NTO)</td></tr>
<tr><td>游泳(NTO)</td></tr>
<tr><td>乒乓球(NTO)</td></tr>
<tr><td>排球(NTO)</td></tr>
<tr><td>轮椅篮球(NTO)</td></tr>
<tr><td>轮椅击剑(NTO)</td></tr>
<tr><td>轮椅橄榄球(NTO)</td></tr>
<tr><td>轮椅网球(NTO)</td></tr>
<tr><td>5</td><td>射箭(NTO)</td><td rowspan="16">运动员村</td><td>北辰西路、奥林西路</td><td>奥林匹克公园射箭场</td></tr>
<tr><td>6</td><td>田径(NTO)</td><td>北辰西路</td><td>国家体育场</td></tr>
<tr><td>7</td><td>硬地滚球(NTO)</td><td>北辰西路</td><td>国家会议中心击剑馆</td></tr>
<tr><td>8</td><td>5 人足球(NTO)</td><td>北辰西路、奥林西路</td><td>奥林匹克公园曲棍球场 B 场</td></tr>
<tr><td>9</td><td>7 人足球(NTO)</td><td>北辰西路、奥林西路</td><td>奥林匹克公园曲棍球场 A 场</td></tr>
<tr><td>10</td><td>盲人门球(NTO)</td><td>北辰西路、马甸桥、北三环路、联想桥</td><td>北京理工大学体育馆</td></tr>
<tr><td>11</td><td>柔道(NTO)</td><td>北辰西路、北四环路、学院桥</td><td>北京工人体育馆</td></tr>
<tr><td>12</td><td>举重(NTO)</td><td>北辰西路、北辰路、鼓楼外大街、北二环路、东四十条桥</td><td>北京航空航天大学体育馆</td></tr>
<tr><td>13</td><td>游泳(NTO)</td><td>北辰西路</td><td>国家游泳中心</td></tr>
<tr><td>14</td><td>乒乓球(NTO)</td><td>北辰西路、北四环路、中关村一桥</td><td>北京大学体育馆</td></tr>
<tr><td>15</td><td>排球(NTO)</td><td>北辰西路、北四环路、学院桥、志新路</td><td>中国农业大学体育馆</td></tr>
<tr><td>16</td><td rowspan="2">轮椅篮球(NTO)</td><td>北辰西路</td><td>国家体育馆</td></tr>
<tr><td>17</td><td>北辰西路、北四环路、学院桥</td><td>北京科技大学体育馆</td></tr>
<tr><td>18</td><td>轮椅击剑(NTO)</td><td>北辰西路</td><td>国家会议中心击剑馆</td></tr>
<tr><td>19</td><td>轮椅橄榄球(NTO)</td><td>北辰西路、北四环路、学院桥</td><td>北京科技大学体育馆</td></tr>
<tr><td>20</td><td>轮椅网球(NTO)</td><td>北辰西路、奥林西路</td><td>奥林匹克公园网球场</td></tr>
</table>

(3)班车运行线路。

根据班车实际运行情况，奥运会共计设置了 54 条班车线路，其中 9 个项目从驻地到场馆有 1 条线路、14 个项目从驻地到场馆有 2 条线路、3 个项目从驻地到场馆有 3 条(或以上)线路。具体 TF 班车运行线路设置见表 14-7。

(4)班车运行调度。

赛前由团队与各项目竞赛组织联系，制定各项目班车时刻表，并录入大客车调度系统；各车队根据

时刻表定出排班计划。赛时车队将排班计划发给场站和驻地调度调派车辆，每日车辆起点和终点都要

表 14-7

**TF 班车运行线路设置**

| 序号 | 比赛项目 | 发车地点 | 线　　路 | 线路号 | 到达地点 |
|---|---|---|---|---|---|
| 1 | 田径 | 凯迪克 | 北辰东路 | 1 | 国家体育场 |
| | | 21 世纪 | 亮马河路、东四环路、北四环路、安立路、慧忠路、北辰东路 | 2 | |
| | | 威斯汀 | 西二环路、北二环路、钟楼北桥、鼓楼外大街、北辰路 | 3 | |
| 2 | 赛艇 | 顺义宾馆 | 光明北街、顺安南路、奥林大道、白马路 | 4 | 顺义水上公园 |
| | | 怡生园 | 滨河路、白马路 | 5 | |
| 3 | 羽毛球 | 河南大厦 | 华威南路、松渝南路、双龙路 | 6 | 北京工业大学 |
| 4 | 棒球 | 苏源锦江 | 广外大街、西二环路、莲花池东路、莲花池西路、沙窝南桥、西四环路、五棵松桥、西四环东辅路 | 7 | 五棵松棒球场 |
| | | 万商花园 | 石景山路复兴路、五棵松桥、西四环东辅路 | 8 | |
| 5 | 篮球 | 万商花园 | 石景山路复兴路、五棵松桥、西四环东辅路 | 9 | 五棵松篮球馆 |
| | | 苏源锦江 | 广外大街、西二环路、莲花池东路、莲花池西路、沙窝南桥、西四环路、五棵松桥、西四环东辅路 | 10 | |
| 6 | 拳击 | 21 世纪 | 亮马河路、燕莎桥、东三环西辅路、东外大街、新东路、工体北路、新中街、工体馆西门 | 11 | 工人体育馆 |
| | | 亮马河大厦 | 北三环东辅路、西辅路、东直门外大街、新东路、工体北路、新中街、工体馆西门 | 12 | |
| 7 | 皮划艇 | 怡生园 | 滨河路、白马路 | 13 | 顺义水上公园 |
| 8 | 自行车 | 民族饭店 | 长安街、石景山路、老山路 | 14 | 老山场馆群 |
| | | 万商花园 | 银河大街、西长安街、八角桥 | 15 | |
| 9 | 击剑 | 圆山大酒店 | 鼓楼外大街、北土城西路、北辰西路 | 16 | 会议中心击剑馆 |
| 10 | 足球 | 丽晶饭店 | 东单大街、长安街、建国门桥、东二环、东四十条桥、工体北路、工体西路 | 17 | 工人体育场 |
| 11 | 体操 | 河南大厦 | 华威南路、松渝南路、双龙路 | 18 | 北京工业大学 |
| 12 | 举重 | 中苑宾馆 | 大柳树路、学院南路、学院路、知春路 | 19 | 北京航空航天大学 |
| | | 大唐科苑 | 学院路 | 20 | |
| 13 | 手球 | 凯迪克 | 北辰东路、安立路、安慧桥、北土城、北辰路、北四环辅路、奥体中心北门 | 21 | 奥体中心体育馆 |
| | | 凯迪克 | 北辰东路、北四环路、北辰西路 | 22 | 国家体育馆 |
| 14 | 曲棍球 | 燕山大酒店 | 中关村大街、北四环路、北辰东路、大屯路、林翠路、北五南辅路、奥林林西路 | 23 | 奥林匹克曲棍球场 |
| 15 | 柔道 | 中苑宾馆 | 大柳树路、学院南路、学院路、志新路、志新西路 | 24 | 北京科技大学 |
| | | 大唐科苑 | 学院路、志新路、志新西路 | 25 | |
| 16 | 摔跤 | 大唐科苑 | 学院路、清华东路 | 26 | 北京农业大学 |
| | | 西郊宾馆 | 王庄路、清华东路、小月河西路 | 27 | |

续上表

| 序号 | 比赛项目 | 发车地点 | 线路 | 线路号 | 到达地点 |
| --- | --- | --- | --- | --- | --- |
| 17 | 水球/游泳 | 圆山大酒店 | 北辰路、北四环南辅路、奥体北门 | 28 | 英东游泳馆 |
| | | 凯迪克饭店 | 北辰东路、北四环路、健翔桥、八达岭高速路、民族园路、奥体中心南路 | 29 | |
| | 游泳、跳水、花样游泳/游泳 | 圆山宾馆 | 鼓楼外大街、北土城西路、北辰西路 | 30 | 国家游泳中心 |
| | | 凯迪克饭店 | 北辰东路、北四环路、北辰西路 | 31 | |
| | 马拉松游泳/游泳 | 圆山宾馆 | 裕民路、八达岭高速路、健翔桥、北四环路、望和桥、京承高速路、白马路至场馆 | 32 | 顺义水上公园 |
| | | 凯迪克饭店 | 北辰东路、北五环路、来广营桥、京承高速路、白马路至场馆 | 33 | |
| 18 | 垒球 | 苏源锦江 | 广外大街、西二环路、莲花池东路、莲花池西路、沙窝南桥、西四环路、丰北桥、丰体南路 | 34 | 丰台垒球场 |
| | | 长峰假日 | 永定路、西长安街、五棵松 | 35 | |
| 19 | 射击 | 万商花园 | 石景山路、西五环路、香山南路 | 36 | 北京射击场(馆) |
| 20 | 现代五项 | 大唐科苑 | 学院路、北四环路、北辰西路 | 37 | 奥林匹克击剑馆 |
| | | 凯迪克 | 北辰东路、北四环路、北辰西路 | 38 | |
| 21 | 射箭 | 凯迪克 | 北辰东路、北四环路、北辰西路、林翠路、大屯路、北五环南辅路、奥林西路 | 39 | 奥林匹克射箭馆 |
| | | 圆山饭店 | 鼓楼外大街、北土城路、北辰西路、林翠路、北五环南辅路、奥林西路 | 40 | |
| 22 | 铁人三项 | 军都度假村 | 水库路 | 41 | 昌平铁人三项赛场 |
| 23 | 跆拳道 | 中苑宾馆 | 大柳树路、学院南路、学院路、志新路、志新西路 | 42 | 北京科技大学 |
| | | 大唐科苑 | 学院路、志新路、志新西路 | 43 | |
| 24 | 网球 | 紫光国际交流中心 | 清华东路、大屯路、林翠路、北五南辅路、奥林林西路 | 44 | 奥林匹克网球中心 |
| | | 圆山大酒店 | 鼓楼外大街、北土城路、北辰西路、林翠路、北五环南辅路、奥林西路 | 45 | |
| 25 | 乒乓球 | 丽亭华苑 | 知春路、学院路、成府路 | 46 | 北京大学 |
| 26 | 排球 | 首体宾馆 | 中关村南大街、魏公村路、 | 47 | 北京理工大学 |
| | | 新世纪日航 | 中关村南大街、魏公村、 | 48 | |
| | | 君悦饭店 | 长安街、西二环路、西外大街、中关村大街、魏公村路、理工大学 | 49 | |
| | | 新世纪日航 | 白石桥、中关村南大街、河边路 | 50 | 首都体育馆 |
| | | 君悦饭店 | 长安街、西二环路、西外大街、白石桥、中关村南大街、河边路 | 51 | |
| | 沙滩排球 | 长城饭店 | 三环辅路、亮马河路、东四环路、朝阳公园东门 | 52 | 朝阳公园沙滩排球场 |
| | | 21 世纪 | 东四环路、东风北桥 | 53 | |
| | | 君悦饭店 | 长安街、四慧桥、东四环、东风桥调头、朝阳公园东门 | 54 | |

有调度员签发，并通知相关对应的调度员。每日车辆完成任务后都要返回所属场站，并将路单交给车队调度。具体流程见图14-2。

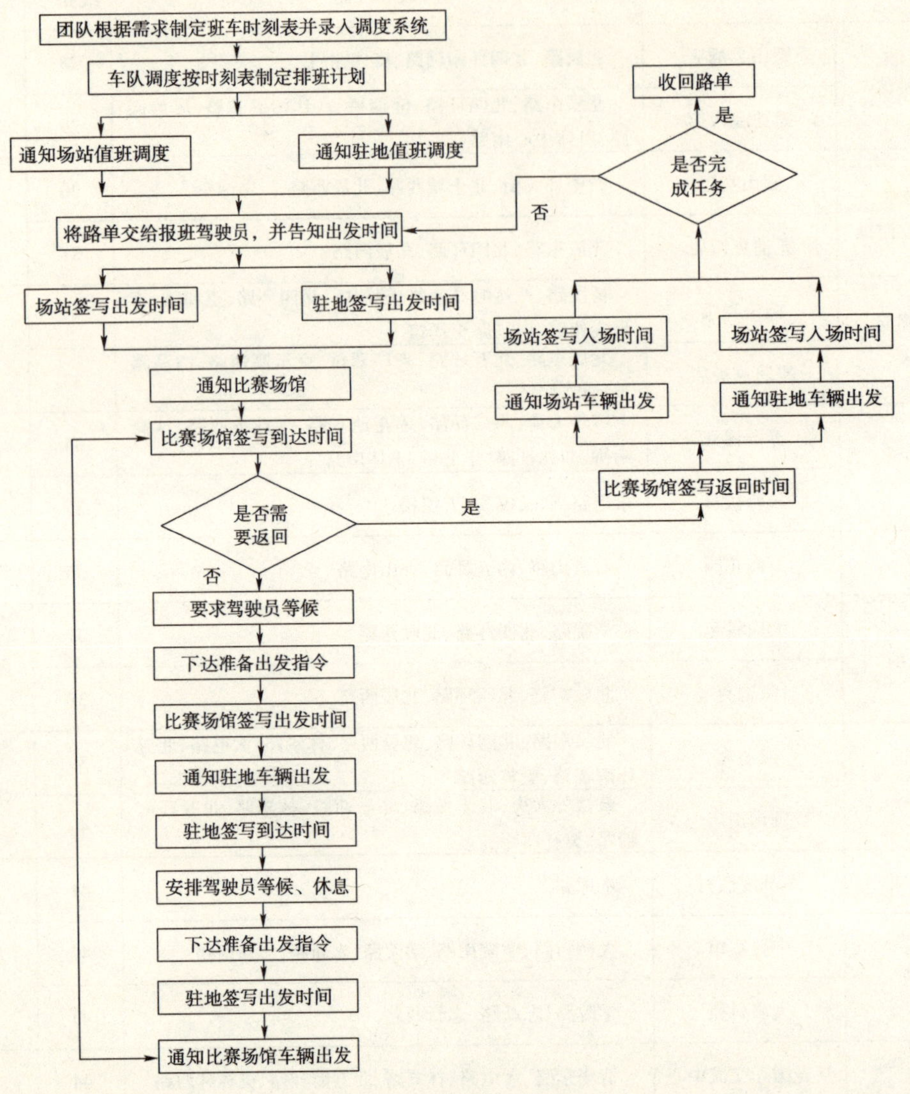

图14-2　班车服务流程图

2）抵离交通服务组织

奥运会抵离交通服务的时间是2008年7月25日~8月27日，残奥会为2008年8月28日~9月20日，其中8月3日~8月5日、9月3日~9月5日为抵达高峰时间。

奥运会为了确保IF/IPSF抵离交通服务即时、高效，抵离交通服务团队在每日20:00左右，将次日的信息反馈给IF/IPSF团队，团队根据抵离信息为所服务客户群安排车辆，并有3名调度员值班。

客人抵达后按照机场内设置的专门指示标识，自行前往专用的上、下车点（区域）。抵达上、下车点（区域）后，客人向上、下车点的交通调度人员出示已经激活或者未激活的身份注册卡，或由上、下车点交通调度人员核对国际技术官员的身份信息无误后，乘车前往技术官员驻地。国内技术官员若搭乘飞机抵达北京，交通服务方式与国际技术官员相同；若国内技术官员搭乘火车抵达北京，按照火车站内设置的专门指示标识，自行前往专用的上、下车点（区域），抵达上、下车点（区域）后，向上、下车点的交通调度人员出示已经激活或者未激活的身份注册卡后，搭乘火车站前往驻地的班车抵达驻地。客人的随身行李，随同客人一同运往驻地。离京时可由各驻地乘坐大客车或商务车前往机场或火车站，具体流程见图14-3，14-4。

3）专项交通服务运行组织

场地检查交通服务：技术官员前往比赛场馆检查场地，随时为其提供发往赛场的班车，技术官员在驻地指点上下车地点乘车，检查结束后乘原车返回驻地。

训练交通服务：技术官员前往训练场馆出席训练活动，也为其提供发往训练场地的班车，技术官员在驻地指点上下车地点乘车，训练活动结束后乘原车返回驻地。

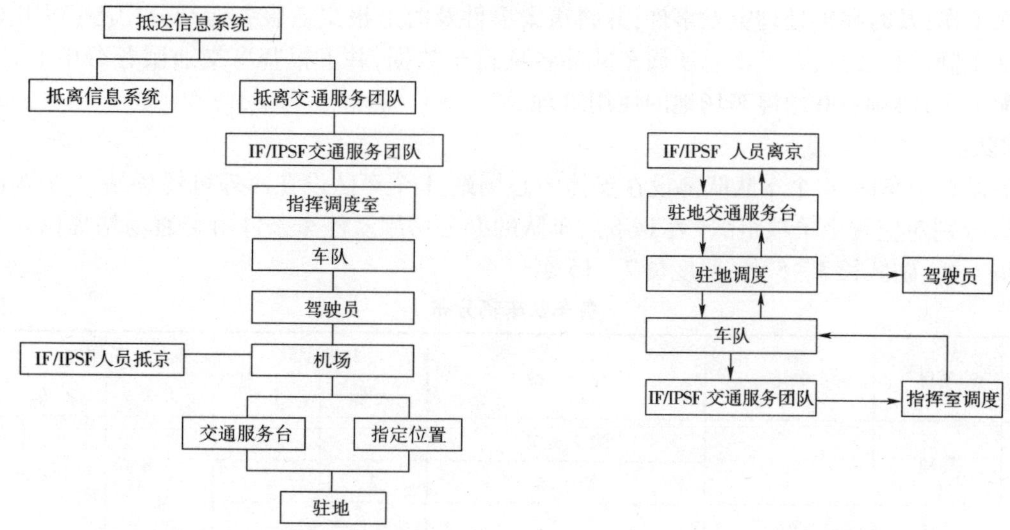


图 14-3　抵达交通服务流程图　　图 14-4　离开交通服务流程图

会议交通服务：对于召开的单项体育组织领队会议或技术会议，则为单项体育组织主席、秘书长、技术代表和执委委员提供分配小客车或者合乘小客车抵达、离开会场；技术官员则乘坐驻地前往比赛场馆或会场的班车前往、离开。技术官员在驻地指定上下车地点乘车，当工作结束后乘原车返回驻地。

制服和证件发放交通服务：对需前往制服及证件中心领取制服或激活证件的技术官员，提供从技术官员驻地前往制服证件中心的班车服务。由各单项体育组织在赛前确定日期，按需发班车，制服领取和证件激活后，技术官员在中心乘班车返回驻地。

京外赛区交通服务：为有前往京外赛区需求的比赛项目的国际单项体育联合会注册人员，提供前往北京当地机场、火车站的抵离交通服务。服务对象提前 24 小时向驻地交通咨询台提出符合服务范围的预定申请，预定者须提供日期、时间、上乘地点、抵达地点、返回时间、乘车人数、联络人的联系方式、预定单位。

## 三、技术官员交通服务团队建设与管理

团队是实现 IF/IPSF 交通服务的组织机构，是奥运会交通服务体系中的一个重要环节，负责指挥调度 IF/IPSF 交通系统运行和统筹管理，具有调度指挥和日常管理的双重职能。团队下设交通调度指挥室和 6 个车队。

**1. 团队构成与岗位职责**

(1)团队核心成员由 1 名主任、1 名主任助理和 10 名副主任组成。

主任助理：兼任运行总调度长，负责运行指挥工作。

服务副主任：负责服务志愿者协调及管理，驾驶员服务质量的管理，交通咨询台、车辆清洁的管理，由志愿者部门人员担任。

安全副主任：负责行车安全，下设安全管理人员。

技术副主任：负责维护车质车容、协调加油、抢修，下设安全及技术管理人员。

后勤保障副主任：负责餐饮、住宿、场站支持、消防、治安保卫、安保的协调工作，下设管理人员。

(2)交通调度指挥室。

技术官员交通服务团队调度指挥室由交通服务团队直接管理，设在奥体中心场站，是技术官员交通服务团队运行的一级调度，设调度主管 4 名，24 小时值班完成调度指挥工作。其职责是：

接受赛事交通服务分中心的领导和指挥；根据分中心的指令和要求及各技术官员交通服务团队提

出的合理需求，制定交通服务运行计划和班车运行时刻表；受理体育部门交通预定小组核准的交通预定，并将任务下达所辖车队；指导和审核车队的排班计划；根据实际情况宏观调配所辖车辆及人力资源，做好人力资源的组织、分配、调整工作；组织集中抵离、开闭幕式等集中运输任务；做好相关物资的查收、保管及分配工作；及时妥善处理突发事件，并将重大事件及时上报交通服务运行分中心；利用 GPS 监控系统对所辖车辆进行监控；每日汇总所属车队的各项行车数据，并上报赛事交通服务分中心；做好救援车辆的调配工作；协调各驻地停车场地的使用管理。

（3）车队。

团队下设 6 个车队（4 个车队队部设在奥体中心场站，1 个车队设在西郊机场场站，1 个车队设在石景山场站），分别对应每个单项组织（表 14-8），车队的办公房屋及停车条件由交通场站提供。车队设队长兼调度长 1 名、副队长 3 ~ 5 名、调度员 7 ~ 15 名。

**各车队车辆分布** 表 14-8

| 队别 | 项目 | 分项 | 驻　地 | 驻地车数 | | 备用 | | 总车数 |
|---|---|---|---|---|---|---|---|---|
| | | | | 大车 | 小车 | 大车 | 小车 | |
| 第一车队 | 赛艇 | | 顺义宾馆 | 2 | 3 | 4 | 24 | |
| | | | 怡生园 | 2 | | | | |
| | 皮划艇 | 静水 | 怡生园 | 5 | 4 | | | |
| | | 激流 | | | | | | |
| 第二车队 | 田径 | | 凯迪克 | 2 | | | 5 | 40 |
| | | | 威斯汀 | 3 | 4 | | | |
| | | | 21 世纪 | 5 | | | | |
| | 手球 | | 凯迪克 | 4 | 3 | | | |
| | 射箭 | | 凯迪克 | 1 | 1 | | | |
| | | | 长城饭店 | | 2 | | | |
| | | | 圆山酒店 | 2 | | | | |
| | 现代五项 | | 凯迪克 | 2 | 3 | | | |
| | | | 大唐科苑 | 2 | | | | |
| 第三车队 | 羽毛球 | | 河南大厦 | 6 | 1 | 1 | 6 | 82 |
| | | | 京瑞大厦 | | 2 | | | |
| | 棒球 | | 苏源锦江 | 2 | | | | |
| | | | 威斯汀 | | 3 | | | |
| | | | 万商花园 | 2 | | | | |
| | 篮球 | | 苏源锦江 | 4 | | | | |
| | | | 万商花园 | 3 | 3 | | | |
| | 自行车 | 公路 | 民族饭店 | 4 | 9 | | | |
| | | 场地 | | | | | | |
| | | 小轮 | 万商花园 | 2 | | | | |
| | | 山地 | | | | | | |
| | 足球 | | 丽晶饭店 | 7 | 7 | | | |
| | 垒球 | | 苏源锦江 | 3 | 3 | | | |
| | | | 长峰假日 | 2 | | | | |
| | 射击 | | 万商花园 | 3 | 1 | | | |
| | | | 苏源锦江 | | 3 | | | |
| | | | 北京射击馆 | | | | | |

续上表

| 队别 | 项目 | 分项 | 驻　　地 | 驻地车数 | | 备用 | | 总车数 |
|---|---|---|---|---|---|---|---|---|
| | | | | 大车 | 小车 | 大车 | 小车 | |
| 第四车队 | 拳击 | | 亚洲大酒店 | | 3 | 1 | 7 | 58 |
| | | | 21 世纪 | 2 | | | | |
| | | | 亮马河大厦 | 2 | 1 | | | |
| | 体操 | 竞技 | 鸿翔大厦 | 6 | | | | |
| | | 蹦床 | 长城饭店 | | 11 | | | |
| | | 艺术 | 河南大厦 | 4 | | | | |
| | 排球 | 排球 | 东方君悦 | 2 | 3 | | | |
| | | | 新世纪日航 | 2 | | | | |
| | | | 首体宾馆 | 2 | | | | |
| | | 沙滩排球 | 长城饭店 | 1 | | | | |
| | | | 21 世纪 | 2 | | | | |
| | | | 东方君悦 | 1 | 3 | | | |
| 第五车队 | 举重 | | 中苑宾馆 | 4 | 2 | 1 | 55 | 66 |
| | | | 大唐科苑宾馆 | 4 | | | | |
| | | | 长城饭店 | | 2 | | | |
| | 曲棍球 | | 燕山大酒店 | 4 | 4 | | | |
| | 柔道 | | 中苑宾馆 | 2 | 3 | | | |
| | | | 大唐科苑宾馆 | 2 | | | | |
| | 摔跤 | | 西郊宾馆 | 3 | | | | |
| | | | 长城饭店 | | 4 | | | |
| | | | 大唐科苑宾馆 | 2 | | | | |
| | 跆拳道 | | 中苑宾馆 | 2 | 1 | | | |
| | | | 亮马河大厦 | | 2 | | | |
| | | | 大唐科苑宾馆 | 1 | | | | |
| | 乒乓球 | | 丽亭华苑 | 6 | 3 | | | |
| | 铁人三项 | | 军都度假村 | 4 | 3 | | | |
| 第六车队 | 击剑 | | 紫光交流中心 | | 2 | 1 | 4 | 52 |
| | | | 圆山酒店 | 4 | 1 | | | |
| | 网球 | | 紫光交流中心 | 4 | 1 | | | |
| | | | 亮马河大厦 | | 2 | | | |
| | | | 圆山酒店 | | 1 | | | |
| | 游泳 | 水球 | 凯迪克 | 4 | | | | |
| | | 游泳 | 威斯汀 | | 10 | | | |
| | | 花样游泳 | 亮马河大厦 | | 7 | | | |
| | | 马拉松游泳 | 圆山酒店 | 6 | | | | |
| | 武术 | | 圆山酒店 | 2 | 1 | | | |
| | | | 紫光交流中心 | | 2 | | | |
| 合计 | | | | 146 | 124 | 4 | 31 | 305 |

车队职责：接受交通服务团队的领导和指挥；根据班车运行时刻表制订详细的排班计划，并组织好

驾驶员完成当日工作；做好所属驾驶员的管理和教育工作，做好所属车辆的检测、检修及车容车貌的清洁检查工作；执行交通服务团队下达的预定交通任务，并做好车辆人员的详细排班计划；做好随车物品发放与收回工作，并负责查收及保管所辖办公设施及通信设备；做好行车路单的发放及收回工作，并将相关数据汇总上报交通服务团队，利用 GPS 监控系统对所辖车辆运行情况进行监控；做好遗失物品的登记、保管及认领工作；对所辖车辆、人力资源进行调配；应对车辆运行过程中的突发事件，并及时向交通服务团队汇报情况；受理客户投诉及行车事故的处理。

队长职责：队长全面负责车队日常管理事务，并兼任车队调度长，侧重负责车队调度组织。

安全服务副队长职责：负责驾驶员安全服务教育培训，安全行车及规范检查，交通事故处理，车辆清洁，服务质量，交通咨询台，服务志愿者的管理、使用，调度志愿者的管理、使用等工作。同时设助理 2 名，协助做好上述工作，其中 1 名助理由志愿者组织选派人员担任。

技术后勤副队长职责：负责车辆防火安全，车辆小修、抢修、保养的管理，车辆加油，通信设备的维护管理的协调，协调车队各岗位人员就餐、住宿、安保、防暑降温等工作。同时设助理 2 名，协助做好上述工作，其中 1 名助理由志愿者组织选派人员担任。

调度职责：接受车队的指挥和领导；按照车队制订的详细排班计划及预定任务，做好车辆派发、乘客上、下车引导及路单的签写工作；掌握车队所辖班车线路、车辆实时运行情况，并利用 GPS 监控系统监控车辆的运行情况；每日将路单、遗失物及时上交车队；车辆不足及时向车队汇报；及时与场馆调度互通信息，并做好相应的协调工作；汇总运行数据，向调度指挥室汇报情况；负责本车队备用车的调用；负责车队人力资源的调度实施，控制驾驶员交接班过程。

**2. 驾驶员及调度配置**

（1）驾驶员来源。

团队驾驶员数量共计 425 人，其中：小客车 70 辆，按照 1∶2的比例为 140 人，由海淀区、宣武区、崇文区志愿者总队分别提供；15 座旅行车 80 辆，按照 1∶1.5 的比例为 120 人，由北汽集团、首汽集团分别提供 56 人、64 人；大客车 150 辆，按照 1∶1的比例并安排 10% 的备班人员合计 165 人，由首汽集团提供 46 人，巴士公司提供 119 人。

（2）调度人员。

车队调度人员共有 56 人，团队管理的专业调度员 78 人，包括团队指挥室调度员 5 人、车队调度员 73 人。场馆调度员隶属于场馆交通团队管理，业务上服从交通服务调度指挥体系中 IF/IPSF 团队管理。驻地调度员配有调度助理（志愿者）。

顺义宾馆负责赛艇项目，共配调度员 2 名；

怡生园负责赛艇、皮划艇项目，共配调度员 2 名；

凯迪克负责田径、手球、射箭、现代五项、水球项目，共配调度员 4 名；

威斯汀负责田径、棒球、游泳项目，共配调度员 3 名；

21 世纪负责田径、拳击、沙滩排球项目，共配调度员 3 名；

长城饭店负责射箭、蹦床、沙滩排球项目，共配调度员 3 名；

圆山酒店负责射箭、现代五项、击剑、网球、马拉松游泳、武术项目，共配调度员 3 名；

河南大厦负责羽毛球、艺术体操项目，共配调度员 3 名；

苏源锦江负责篮球、棒球、垒球项目，共配调度员 3 名；

万商花园负责棒球、篮球、自行车、射击项目，共配调度员 2 名；

民族饭店负责公路自行车、场地自行车项目，共配调度员 2 名；

丽晶饭店负责足球项目，共配调度员 1 名；

长峰假日负责垒球项目,共配调度员 1 名;

亚洲大酒店负责拳击项目,共配调度员 1 名;

亮马河大厦负责拳击、网球、花样游泳项目,共配调度员 3 名;

鸿翔大厦负责竞技体操项目,共配调度员 2 名;

东方君悦负责排球、沙滩排球项目,共配调度员 3 名;

新世纪日航负责排球项目,共配调度员 2 名;

首体宾馆负责排球项目,共配调度员 1 名;

中苑宾馆负责举重、柔道、跆拳道项目,共配调度员 2 名;

大唐科苑负责举重、柔道、摔跤、跆拳道项目,共配调度员 2 名;

西郊宾馆负责摔跤项目,共配调度员 2 名;

丽亭华苑负责乒乓球项目,共配调度员 1 名;

军都度假村负责铁人三项项目,共配调度员 1 名;

紫光交流中心负责击剑、网球、武术项目,共配调度员 2 名。

**3. 人员培训**

在奥组委交通部的直接领导下,团队、志愿者来源单位、企业共同组织负责,相关处、组及场馆交通团队协助,共同完成培训工作。

(1)根据奥组委总体安排,团队分别于三月、四月、五月对近 1500 人次(含驾驶员、调度员、管理)进行了奥运通用知识、专业知识、岗位知识三个阶段的培训。在每个阶段的培训中,团队主任、副主任每期都要进行培训动员,并由参加过奥组委统一强化培训的团队专业人员、红十字会、警察学院构成的师资队伍进行统一授课。参加培训的驾驶员全部签订了集团公司制订的奥运交通安全服务责任书,并参加了每个阶段的结业考试。

(2)团队在四月、五月对所属的海淀区、宣武区、崇文区三个区的 160 名驾驶员志愿者进行了奥运专业知识、岗位知识的培训。此次培训共分两期,每期两天,参加培训人员全部顺利通过了奥组委交通部组织的奥运专业知识的考试,收到了较好的效果。

(3)团队在五月份对所属华北电力大学交通服务志愿者 362 人进行了为期一天的奥运专业知识、岗位知识的培训。培训中,对高校志愿者进行了“奥运会交通运行场馆通行政策,准入标准、岗位职责、岗位技能、文明礼仪、服务标准、请示报告制度、工作流程、交接班方式、工作权限、应急突发事件处置”等相关内容的培训,全部志愿者通过了考试。

(4)根据奥组委志愿者部关于加强对志愿者进行日常培训工作的安排,团队制订了“技术官员交通服务团队日常培训安排”,各区制订了相应的实施计划,坚持每周集中学习半天与自学相结合的形式,同时专门制订驾驶员工作流程,细化每一个工作步骤,通过加强培训收到了较好的培训效果。

**4. 驾驶员工作流程**

(1)驾驶员到车队领取当日工作安排、通信工具等物品,并签字确认,完成报班;

(2)到调度室领取当日路单,做好发车准备工作;

(3)驾驶员得到发车指令后,将路单交由场站现场调度签写出场时刻,随后,将车辆驶往指定地点;

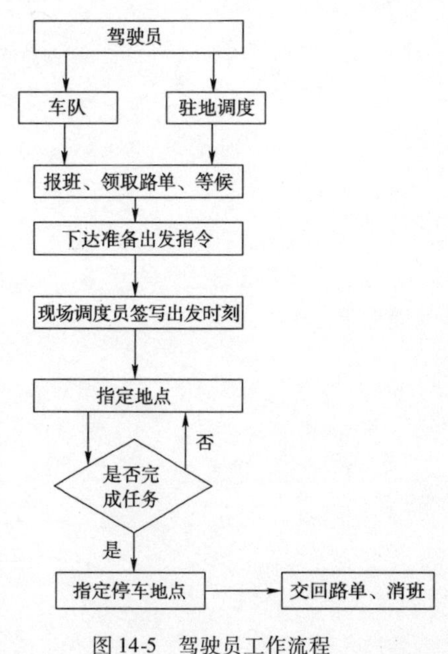


图 14-5　驾驶员工作流程

(4)驾驶员到达指定地点后，将路单交由现场调度员签写到达时刻并按要求等候发车；

(5)驾驶员在与调度员确认任务完成后，将车辆停放指定地点，随后完成交回领取物品、路单、消班等工作；

(6)如未完成当日任务按调度员要求等候发车。

具体流程见图14-5。

团队人员来自四面八方、各行各业，各有个性，对此团队反复强调要善待差异，尊重个性，优势互补，发挥综合整体效能。通过在工作中细心感受，耳濡目染，团队形成了“以人为本，追求卓越”为核心的团队价值观；还利用运行简报、好人好事宣传栏等形式，推动团队文化建设。奥运会期间，团队共出简报93期。此外，还通过为奥运期间过生日的同志购买生日蛋糕送到家中，或是集体举行party庆祝的方式，构造温暖和谐的氛围。

# 第十五章　抵离交通服务运行

抵离交通服务是指在奥运会、残奥会期间，为国际奥林匹克大家庭/残奥大家庭成员、运动员及随队官员、注册贵宾、注册媒体等提供接、送运行交通服务任务。抵离交通服务从2008年7月7日~2008年9月22日，历时78天，期间共提供接送机服务近9万车次。抵离交通服务任务是由首都机场交通团队与赛事交通服务分中心下设的抵离交通服务团队（以下简称抵离团队）和各客户群交通服务团队共同配合完成。

## 第一节　抵离交通服务运行组织体系构成及职责分工

首都机场交通团队隶属于首都机场场馆团队，在业务上接受赛事交通服务分中心指挥。抵离团队直属赛事交通服务分中心，其人员编制及物资配置均由赛事交通服务分中心安排。抵离团队与首都机场交通团队密切沟通，协调配合做好抵离交通服务。

### 一、抵离团队构成及职责

**1. 抵离交通团队的构成及任务分工**

抵离服务的组织模式以抵离团队为中心进行管理，团队下设行李车队与6个调度组（信息组、大家庭车辆调度组、运动员车辆调度组、媒体班车调度组、技术官员车辆调度组和包机组）。

行李车队由抵离团队直接管理，由80部封闭式行李货车及400余名交通服务人员组成。行李车队的服务范围涉及首都机场各航站楼、奥运村（残奥村）、媒体村以及各竞赛场馆等，行李服务面对奥林匹克大家庭成员、残奥大家庭成员、国际贵宾、运动员及随队官员、注册媒体等客户群。

信息组负责接收奥组委抵离中心提供的注册人员到达（离开）的航班信息及送往目的地信息，并负责将信息提供给各相关交通服务团队和内设的各调度组。

大家庭车辆调度组、运动员车辆调度组等5个调度组分别负责与相关交通团队进行业务协调，指挥调度相关团队按照抵离服务要求派遣车辆。

**2. 抵离团队工作职责**

抵离团队主要负责与各客户群交通服务团队密切合作，制订严谨的抵离交通服务运行计划，赛时负责向各注册客户群交通服务团队提供抵离信息，并在首都机场组织、调度各交通服务团队派到机场接送客人的车辆。同时抵离团队下设独立运营的行李车队，担负相关客户群行李物品及随身运动器械的运输等。

抵达接待任务主要有：负责收集、分析客户信息，制订开幕式前、赛时和转换期的抵达接待计划；负责对T1/T2团队、T3团队、运动员团队、媒体团队、技术官员团队派遣的车辆和人员进行管理；负责管理行李车队，制订随身行李和器材的抵达及离京运输用车计划，为代表团团队分配行李车辆，配合代表团团队完成赛时随身体育器材的运输。

送离服务任务主要有：负责收集、分析客户信息，制订赛时和闭幕式后的送离服务计划；负责向T1/T2团队、T3团队、代表团团队、媒体团队、技术官员团队部署用车计划；为以上团队配备相应的行李车完成随身行李的送离运输服务。

**3. 抵离交通团队人员配置及岗位职责**

抵离团队的人员由组委会工作人员、合同商及志愿者组成，共计803人。团队设置5个工作岗位，即：主任岗、信息岗、调度岗、驾驶员岗及行李员岗位，

(1)主任、副主任岗职责

团队主任1名,主要职责:负责团队整体工作,定期向赛事交通服务分中心汇报工作,日常工作与总调度室的沟通、联络;负责抵离交通运行整体方案的审核把关;负责组织、落实和监督赛时抵离交通服务工作;负责抵离交通团队所属人员的培训组织;负责与各相关机构与部门的协调与联络;对突发事件及时上报、按权限及时果断处理。

调度管理副主任1名,主要职责:负责汇总、制订各客户群抵离车辆的运行方案;负责核实各客户群次日抵离信息与车辆、驾驶员的配备,向总调度室通报相关情况;负责团队中除行李车外的指挥调度、监控和协调;按权限及时处理突发事件,并及时向主任汇报。

场站管理协调副主任1名,主要职责:负责落实各航站楼与服务场所现场调度工作任务;负责与"首都国际机场集团公司"的协调,落实专机或包机抵离交通服务;监督、指导各客户群抵离车辆的现场协调;负责各相关业务口的现场对接工作;负责监督、管理交通服务台;负责监督赞助商上下车点的服务并协调相关事宜。

志愿者副主任1名,主要职责:负责抵离团队人员的组织与培训;负责与场站保障工作的衔接与沟通;负责志愿者的排班、管理;负责工作人员的休息、餐饮等安排。

行李车队副主任1名,主要职责:负责协助行李车队制订运行方案;负责与各业务接口沟通有关行李车的运行计划;负责协调解决行李车队与场站、奥运村、媒体村、各场馆之间的保障工作的衔接;协助行李车队总调度做好车队的日常管理工作。

(2)信息岗职责

信息组主管1名,主要职责:负责各客户群抵离信息整理、预测和高峰情况分析;负责与抵离中心确认次日抵离信息;负责汇总即时抵离交通服务需求;对抵离信息进行汇总、分类、分发;负责交通服务台抵离交通服务咨询业务支持;受理抵离交通服务投诉、汇总服务数据、协助主任监督服务落实情况;向交通服务总调度室递交每日运行服务报告。

(3)调度岗职责

行李车队调度2名,主要职责:负责根据奥运会各注册客户群交通服务标准、抵离运行计划制订行李车运行方案;负责对行李服务人员进行培训;负责对行李车队进行日常管理,安排行李车队服务人员班次;监控行李车辆运行情况、行李员服务质量;负责解决行李异常情况;负责与相关团队、业务接口进行衔接。

交通调度18名和行李车现场调度11名,主要职责:负责与各客户群团队沟通与联络;根据抵离信息监督并审核次日抵离班车时刻表、抵离交通服务排班计划和行李车(行李员)排班计划;监督各车队的车辆、人员、现场调度排班计划;负责抵离交通服务车辆的监控;负责向相关主管部门(人员)通报异常情况并落实解决。

## 二、首都机场交通团队构成及职责

### 1. 机场交通团队人员配置及岗位职责

机场交通团队由组委会付薪工作人员、政府人员、合同商、志愿者组成,共有600余人,其中交通调度72名,交通服务志愿者396名,交通民警29名和交通协管志愿者54名。

交通服务经理1名,主要职责:负责场馆团队交通服务业务口整体工作;负责抵离交通政策制定并组织实施;负责奥组委相关部门与抵离团队的协调与沟通;负责与电瓶车企业、调度企业协调沟通。

交通服务副经理2名,主要职责:协助交通服务经理负责场馆团队的培训、激励和保障工作;负责工作人员考勤和每日运行管理工作;协助交通服务经理开展场馆交通团队相关工作;负责对交通服务岗位工作人员及志愿者进行专业培训;负责交通工作人员的后勤保障工作。

交通调度72名,主要职责:协助经理、副经理开展相关工作;负责交通工作人员餐饮票据管理、客户群意反馈卡及每日信息简报;协助副经理进行人员考勤管理,工作人员班次的编排计划等;编辑工作人员信息简报；完成对各类文件的保密、统计和管理工作。

交通服务志愿者396名、交通协管志愿者54名，主要职责：为注册客户提供语言支持；引导客人进入上、下车区；协助客人上、下车；协助调度开展工作；负责每日发车记录；负责记录每日工作日志。

另外，还有电瓶车车队，由8辆电瓶车、35名合同商人员组成，每班配置驾驶员10名，分三个班次24小时运行。

**2. 首都机场交通团队工作职责**

首都机场交通服务团队主要职责是为到达场馆的各客户群提供交通运行保障服务。负责机场交通规划、流线设计，航站楼内的引导标识和航站楼外指路指示标牌的设置，各航站楼前交通引导、咨询、车辆调派、站前秩序维护、组织客人上下车、特殊情况的处理及团队人员的日常管理。机场交通团队与抵离团队共同配合，完成机场范围内的接待服务任务。

团队的主要任务是根据各注册客户群接待计划，负责现场交通组织管理、接待服务和通行控制。各航站楼内行李提取区设置明显的上车区引导标识，分别引导客人到指定上、下车区；根据现场交通现状和条件，为各客户群合理设置上、下车区停车位；设计制作清晰醒目的上车区站牌，为各客户群提供清晰的指示标识；在T1、T2、T3和"T3国际要客出口"设置交通信息咨询服务台，为客人提供交通信息咨询和引导；客人到达相应上车区后，交通引导员对客人验证上车。

### 三、协调配合的工作机制

抵离团队主要负责抵离交通信息的采集与发布，负责与各客户群交通服务团队的协调、车辆的调派，对前往上下车区车辆和进入囤车区车辆进行总体协调等。机场交通团队主要负责与机场各职能部门沟通协调，随时掌控抵离客户的位置及服务状态，组织上、下车区调度人员做好车辆排布及人员上、下车服务。2个团队协调配合机制如下：

**1. 信息协调机制**

抵离团队根据奥组委抵离中心发布的客户预计到达（离开）信息与机场交通团队提供的航班信息进行核对，确定运力需求，然后将核实后的抵离信息发布至总调度室及各客户群交通团队。

**2. 车辆调派协调机制**

抵离团队根据抵离信息，负责与机场交通团队及相关客户群交通服务团队协调，指挥调派车辆进入场站囤车并按机场交通团队的指令，随时安排车辆到达指定航站楼前待命。

**3. 与交通场站的协调机制**

由抵离团队负责协调解决首都机场交通场站中的一切事务。

**4. 与机场职能部门的协调机制**

机场交通团队负责与机场内各职能业务口以及民航华北局、首都机场集团公司、首都机场股份有限公司、机场公共区管理部、机场公安分局、首都机场高速公路发展有限公司、首都高速公路公司等单位的配合，做好各航站楼内及站前的接送服务工作。

## 第二节　抵离交通服务组织调度

### 一、抵离信息

抵离团队每日17:00收集整理抵离信息系统的次日客户群抵离信息，经统计整理发布给各客户群交通服务团队。

各客户群交通服务团队根据各客户群抵离信息制订车辆服务计划，并向总调度室备案，每日20:00前将次日抵离交通服务的车辆人员信息报送抵离团队，如遇紧急情况请示总调度室协调。抵离团队负责将相应信息提供给机场交通团队。

机场交通团队收集航班信息后,经统计整理分配给航站楼前各客户群现场调度。遇到无抵离信息抵达的客户,核实身份后与抵离交通团队协调车辆,做好交通服务工作并向总调度室报告。

## 二、客运车辆的分配与调动

根据抵离信息,客运车辆由各交通服务团队按任务时段划拨派往机场,由抵离团队安排车辆在机场相关区域等候。主要工作流程:

(1)抵离团队与交通服务团队共同就各客户群抵离时间进行确定,核实各服务时间段相关任务与用车需求。

(2)各交通服务团队根据确认的各时段车辆需求,于前一天晚 20:00 前向抵离团队报送安排车辆和随队车队长及驾驶员人员名单;车辆、人员在航班抵港时间前半小时到首都机场交通场站报到。

(3)各客户群抵离交通服务车辆在进入机场交通场站时,接受安保检查,同时抵离团队根据交通服务团队提供的信息核对车辆信息,为符合信息的车辆提供机场交通场站的停放。

(4)各客户群抵离交通服务车辆一旦进入机场交通场站,将服从于抵离团队管理,进行现场编队,听从抵离团队调度安排。

(5)客户群到达后,机场交通团队现场调度,及时从机场场馆团队获得客户手续办理状态,及时通报抵离团队安排相关车辆在上、下车区等候。客人办理完入境等相关手续后,到上、下车区,机场交通团队现场调度根据“到点即发、人满即发”的原则,随时就上、下车区车辆及乘客、行李情况,通知交通场站中抵离团队车辆调度,安排车辆进入上、下车区。在上、下车区出现车辆不足时,抵离团队车辆调度将调派机场场站内备用车辆或机动车辆进行补充,同时根据场站内存车情况,与相关交通服务团队沟通增派车辆;对于乘客较少、运力过剩的情况,抵离团队则采用在几个航站楼间上、下车区串线服务。

(6)抵离团队根据抵离客户数量的变化,与机场交通团队调整上、下车区及囤车区的设置并适当调配接机车辆,根据客人目的地不同,组织交通服务工作。

(7)客户离开前,抵离团队与各户群驻地调度进行沟通,汇总、统计用车信息,进行车辆配置,并与机场交通团队进行沟通,合理安排机场下车区设置。抵离团队与客户群交通服务团队根据客户群服务标准制订出相关驻地到首都机场的班车计划,客户群交通服务团队提供的车辆由抵离交通团队统一管理,保证班车服务按计划执行。

(8)客户离开时,班车服务按既定计划进行,对于包机客户和预约车辆客户由抵离团队和相关交通服务团队协调配合;对于包机客户,机场交通团队负责进入包机楼办理相在手续;对于需要配备行李车的客户,由机场交通团队、抵离团队、相关交通服务团队共同办理行李交接手续。

## 三、行李车辆的运行调度

80 辆行李车由抵离团队直接管理,统一停放至机场交通场站,根据抵离信息及抵离交通团队站前调度指令,随时派遣行李车至各航站楼前。

行李车队设总调度、车队长及站前调度、驾驶员、行李员等岗位。服务期间,行李车队在各航站楼前及奥运村欢迎中心、班车站点等重点服务区域设行李车调度员,与机场交通团队及各客户群交通服务团队的调度进行对接,依据抵离团队提供的抵离信息及航班到达信息,对行李车辆进行现场调度。行李车队工作方式:

(1)每日 17:00 前接收抵离团队提供的抵离信息,与机场交通团队进行航班信息的核对,根据相关信息安排次日服务车次。

(2)行李车队调度在各航站楼前 24 小时值守,实时与机场交通团队调度进行联系协调,根据各客户群抵达情况随时调派行李车至站前。

(3)行李装车后,随班车共同前往目的地,由行李车站前调度向目的地行李车调度通报行李车运行情况,行李车目的地调度根据通报情况做好行李接收准备。

(4)送离服务方式基本相同。

### 四、车辆调派中交通服务系统的应用

为抵离交通提供服务的交通服务团队、行李车队及现场调度通过大客车、小客车系统及GPS,对车辆的运行状态进行实时监控,为调度、管理车辆提供参考。

抵离团队、机场交通团队和各交通服务团队车队与调度之间的沟通主要通过对讲机(手台)完成,对于运力的临时增减、行车计划的变更以及突发情况的上报与处理通过电话及传真进行确认。

车辆在运行过程中如遇突发事件,驾驶员都在第一时间使用手机向车队调度汇报,并说明事件地点及大概情况。一般情况下,车辆在运行过程中各级管理机构不对驾驶员下达调派指令,遇有特别紧急情况,与随车助理沟通。同时,驾驶员应拨打车队电话与车队调度核实情况。

## 第三节　抵离服务运行重点阶段

### 一、奥运会抵达交通服务

奥运会抵达交通服务从2008年7月7日注册媒体班车运行开始。根据抵达服务的密集程度,抵离交通又分为三个时段:前期抵达服务(7月7日~7月24日)、抵达高峰(7月25日~8月8日)及赛时抵达服务(8月9日~8月24日)。

在抵达高峰期间,发自T3航站楼与T1航站楼的车辆将不再绕行其他航站楼,直接开往目的地;发自T2航站楼的未满车辆在高峰时段串线至T1航站楼,低峰时段则根据T1航站楼客人情况决定是否需要串线。

赛时服务期,运动员、媒体、技术官员班车前往指定航站楼执行预定任务。T3车辆由T2航站楼或T3航站楼囤车区前往上、下车点,TA/TM/TF班车由机场场站按计划分别前往T3航站楼上车区。一般情况下,发自T3与T1航站楼的车辆将不再绕行其他航站楼,直接开往目的地;发自T2航站楼的未满车辆在高峰时段串线至T1航站楼,低峰时段则根据车队长指令前往T1航站楼指定上车点。

客户群抵达后,根据机场站前引导人员的引导,在相应区域内上车,行李由行李车队负责装载入封闭式行李货车,运至奥运村、媒体村等指定地点,见图15-1、图15-2。

图15-1　机场行李装运

图15-2　运动员及其行李抵达奥运村欢迎中心

### 二、奥运会送离交通服务

奥运会送离交通服务服务期为2008年8月9日~8月27日,其中离开高峰为8月25日~8月27日。抵离团队与奥运村制订了详细的送离计划与流程表。

机场停车区的准备:首都国际机场T1、T2、T3航站楼2层的出港门前,分别设立奥林匹克大家庭成

员车辆下车区。其中 8 月 25 日 ~8 月 27 日,下车区停车位数量将根据抵离信息中心提供的离开航班信息、人员类别信息、人员数量信息进行调整。

各驻地离开交通服务:抵离交通团队每日 20:00 前将确认后的离开信息发布给各客户群,同时确认安排车辆。

为给运动员提供便利,将机场行李托运手续前移至奥运村,称为值机柜台前移,见图 15-3。这样一方面缓解了送站高峰期机场运行的压力,另一方面也减轻了运动员离开时的行李负担。

行李车分配:根据预约的团体包车信息分配相应数量的行李车。根据值机柜台前移工作计划,所有行李办理手续装车后由值机柜台工作人员对行李舱进行确认铅封,代表团或媒体到达机场指定停车区域后,由 NOC 代表团指定人员与机场行李员进行交接,直接将行李装机,见图 15-4。

图 15-3　行李车在奥运村内提供值机前移服务

图 15-4　T3 航站楼送离服务

### 三、残奥会抵离交通服务

残奥会抵达交通服务从 2008 年 8 月 27 日注册媒体班车运行开始。客户群抵达后,根据站前引导人员的引导,在相应区域内上车,行李由行李车队负责装载入封闭式行李货车,运至残奥村、媒体村等指定地点。残奥抵达高峰自 8 月 28 日至 9 月 4 日,运行安排同奥运会。

残奥会送离交通服务时间自 9 月 18 日至 9 月 22 日,运行安排同奥运会。

## 第四节　各类注册客户群的抵离服务

### 一、运动员及随队官员交通服务

TA 接机班车于 2008 年 7 月 7 日 ~9 月 16 日;TA 送机班车于 2008 年 8 月 24 日 ~9 月 20 日。TA 班车提供如下服务:往返于首都国际机场运动员班车站(图 15-5)与奥运村的运动员班车;在上、下车点(区域)配备交通工作人员协助运动员和随队官员上下车。

### 二、代表团交通服务

首都国际机场共设有三个停车场供代表团车辆停放。一号航站楼停车场设有停车位 20 个,二号航站楼停车楼设有停车位 40 个,三号航站楼停车场设有停车位 100 个,机场交通场站大客车停车位 150 个、大货车停车位 80 个、小客车停车位 160 个。一、二、三号航站楼均设置专门代表团车辆的上、下车区,如图 15-6 所示。

代表团专用车辆的服务期限为 2008 年 7 月 7 日 ~9 月 20 日,工作时间为每天 0:00 ~24:00。

各国代表团成员抵达时,除乘座 TA 班车以外,在各停车场根据代表团规模为每个代表团分配一定数量的固定停车位，供代表团专用车辆、代表团租用的收费卡车辆停放。TA 班车只安排一条线路，原则上实行站上等待，坐满即发的原则。对于不坐 TA 班车的代表团人员，在领取行李并于机场航站楼指定区域集结后，由志愿者引导至专用上车区乘车，乘车前需出示预注册卡或其他有效证件，经核实后方可上车。每个代表团的负责人员确认所有人员和行李后告知现场调度，通知驾驶员发车，至奥运村欢迎中心落客。

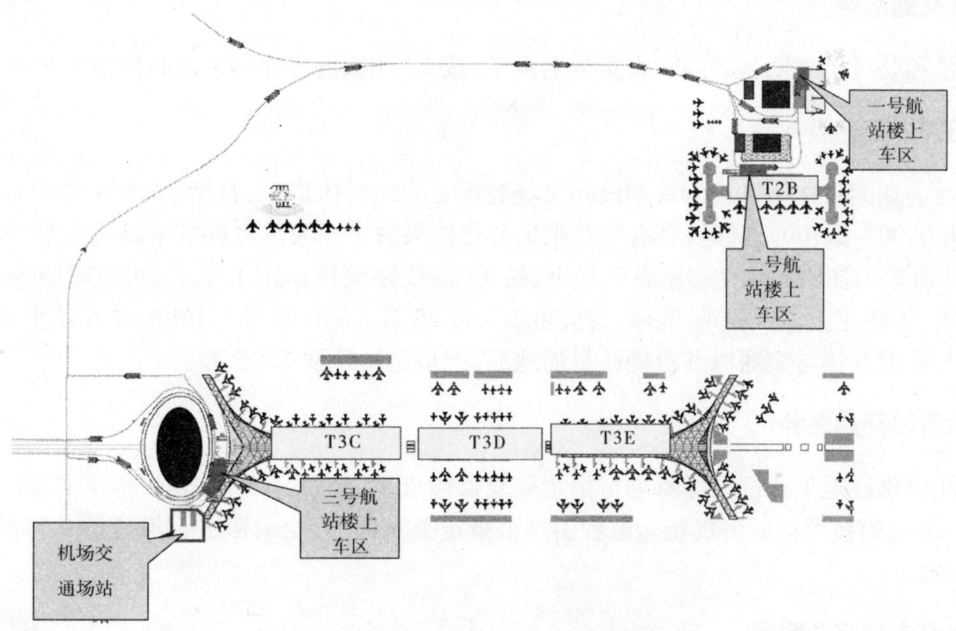


图 15-5　首都国际机场运动员班车站设置情况

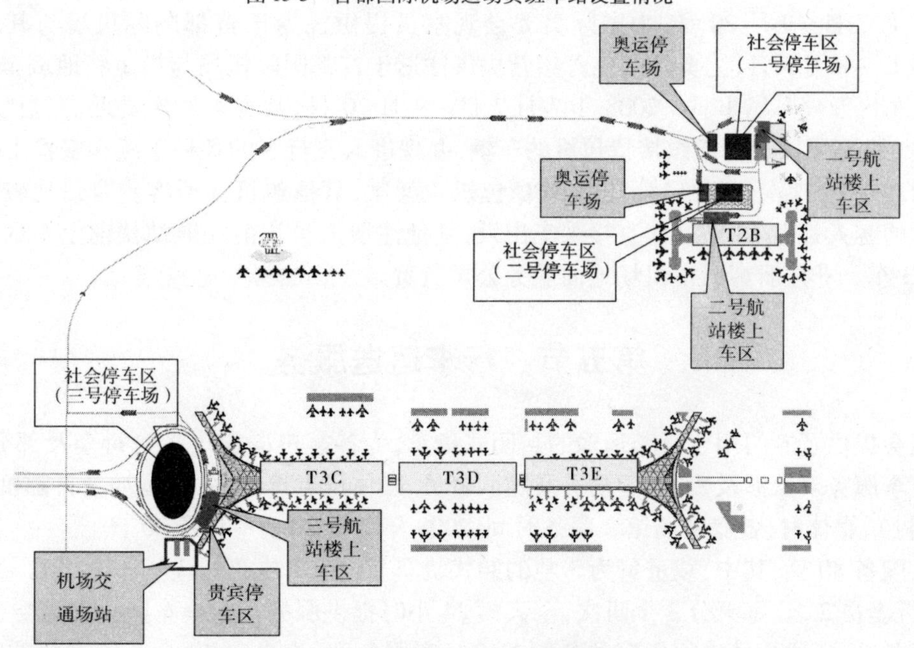


图 15-6　首都国际机场停车场设置情况

代表团成员随身行李及器材将随班车同时运输；在车内空间不足或运输器材有特殊要求的情况下，由现场调度安排随同运动员一同前往运动员村；如代表团提出将器材直接送往场馆，经赛事交通服务分中心总调度室认可后，可从首都国际机场直接运输至指定场馆。

## 三、奥林匹克大家庭成员交通服务

在一、二、三号航站楼设置 T1、T2、T3 上、下车区，为享有 T1、T2 和 T3 交通权限的客户群（不含国际贵宾)提供即时T3交通服务,即机场的抵离交通均使用合乘车;抵离服务级别高的客户群由礼宾引导至贵宾休息室等待行李,由贵宾休息室门前上车区上车。一般客户群由志愿者协助,自行前往奥林匹克大家庭上车区乘车。

### 四、贵宾交通服务

由专机楼和公务机楼抵达的国际贵宾分别由T1或T2团队的专车、T3的部分小客车负责接机。

### 五、注册媒体交通服务

北京奥运会期间将提供往返于首都国际机场与指定驻地媒体班车,日期为2008年7月7日~9月20日,时间为0:00~24:00。同时,享有免费乘坐公交权限的工作人员也可搭乘媒体班车。

乘坐TM班车的注册媒体在志愿者引导下,按13条线路前往指定上车区内,交通服务台调度人员确认目的地后,于指定上车点候车;高峰抵达期间(7月25日~8月8日),TM班车在站上等待,坐满即发;其余时间,注册媒体与交通服务台确认目的地后,于指定站位候车、发车。

### 六、技术官员交通服务

奥运期间提供往返于首都国际机场与指定驻地媒体班车,运行日期为2008年7月20日~9月20日。乘坐TF班车的技术官员由机场志愿者引导至指定上车区内,交通服务台调度确认目的地后,于指定站位候车、发车。

### 七、其他客户群交通服务

2008年7月7日~9月20日,为国际奥委会观察员提供往返于首都国际机场与其驻地的班车;2008年8月4日~8月5日,为奥林匹克青年营提供往返于首都国际机场与指定驻地班车;为赞助商客人落实机场上车区及停车场事宜。2008年7月7日~9月20日,共有4架次赞助商包机抵离,全部在T3包机楼停靠,抵离团队负责组织接待包机的车辆,办理进入飞行区的各种手续和安检工作。

奥运期间共有12架次包机抵达,其中NBC包机4架次,其他包机注册客户身份比较复杂,除大部分前往奥运村的客人是由T3航站楼直接乘车出发,其他注册人员均前往航站楼前上车区,分别乘坐目的地班车或T3车。非注册客人由机场地面服务公司负责。

## 第五节　行李运送服务

本届奥运会提供了专门用于行李运输的封闭式货车,为各客户群提供随身行李及部分比赛器械的运输服务。行李服务对象涉及贵宾、运动员及随队官员、媒体记者等,服务范围涉及首都机场各航站楼、奥运村(残奥村)、媒体村、各竞赛场馆。服务时间:2008年7月20日~9月20日。

行李车共配备80辆,其中,载重量为3吨的厢式货车70辆,8吨的厢式货车10辆。每车每班次备驾驶员1名、行李员2名,每天分3个班次,全天候24小时提供服务。行李车队除为组委会的注册客户提供了行李服务外,还成为外交部指定的各国首脑行李服务商,为来自40余个国家的首脑提供了240余车次的行李服务。在赛时阶段,行李车的服务范围超越了“抵离”的服务范围,为自行车、水上等项目提供了奥运村至相关场馆的器械运输服务。在服务中,行李车队根据各类器械的特性,对其采取了严密的封装措施,确保了器械安全运达。在服务期间,行李车队共提供20.6万件行李(含器械)的运输服务,运行8874车次,行程31万公里。图15-7为行李车对自行车的运输,每一辆自行车,都要用中密度海绵进行包裹,以确保运输途中运动器械的安全。图15-8为比赛转场前,行李员们在做装车的准备。图15-9为行李车队为公路自行车赛提供器械运输服务。

图　15-7

图　15-8

图　15-9

# 第十六章　赞助商及收费卡租赁车辆交通服务运行

根据国际奥委会的规定和惯例,北京奥组委除了向参加奥运会的各类注册客户群提供各种形式的免费车辆服务外,还需向客户群提供奥运收费卡项目的车辆(以下简称收费卡车辆)和向奥运会和残奥委会赞助商及其邀请的客人提供收费的大客车租赁服务。按照惯例,收费卡车辆和租赁大客车一般都要在奥运会开幕前几个月确定下来,以便组委会筹集车辆资源。为此北京奥运会、残奥会收费卡车辆的预订开始于2007年7月1日,到2008年1月15日截止,共收到各客户群奥运会预订车辆1531辆,残奥会预订车辆94辆;奥运会、残奥会租赁大客车预订开始于2007年9月1日,到2007年12月31日截止,共收到各客户群奥运会预订大客车1054辆,残奥会预订大客车16辆。为了做好赞助商和收费卡车辆租赁的预订、运行及运行保障服务,赛事交通服务分中心专门成立了赞助商及收费卡交通服务团队,由主任1名、副主任4名、工作人员24名组成。团队于2007年年底开始组建,通过前期制订交通服务运行计划,细化运行方案,与预订车辆的客户群签订供车合同,筹集车辆,赛时车辆交接和提供保障服务等,形成了一套完整的交通服务体系。团队人员按照职责分工,各负其责,抓好重点运行工作环节的落实,确保了收费卡及赞助商交通服务工作的实施。

## 第一节　赞助商大客车租赁服务运行

赞助商大客车租赁是为国际奥委会合作伙伴及北京奥组委赞助商提供的规定服务项目。为了保证北京奥运会期间赞助商能够便利、快捷、顺畅出行,北京奥组委交通部精心选择北京知名客运企业为赞助商提供包括大客车车型选择等客车租赁中介服务。交通服务团队在2008年2月1日~2008年3月30日对赞助商客户用车信息进行整合汇总,制订车辆分配方案,最终完成了为奥运会53家赞助商提供1054辆大客车以及为残奥会赞助商提供16辆大客车的租赁车辆业务服务,满足了赞助商在赛时组织其商业、宣传等活动及服务于客人等用车需求。

赞助商通过预订方式确认其所需的车型、车数,奥组委交通部将车型、车数分配到供车企业(以下简称合同商),并组织赞助商与合同商在确定的价格内进行商务谈判。一经确定,奥组委交通部将负责全程监督合同商的交通服务,并协调解决赞助商提出的相关问题。合同商按照赞助商每日用车行程计划,完成交通服务工作。

奥运会赞助商大客车租赁服务时间为2008年7月1日~2008年8月31日,残奥运服务时间为2008年9月1日~9月28日。

### 一、赞助商大客车车辆分配

结合各个赞助商的预订情况和合同商车辆资源的筹集状况,确定由首汽集团负责为可口可乐公司、Jetset公司、中国石油、国家电网和国誉等赞助商提供总计266辆车,包括81辆10~15座的车辆、63辆30~45座的车辆和122辆45座以上的车辆;由北汽集团负责为联想、中国银行、威士(国际)、威士(亚太)、大众、强生、青岛啤酒、中国移动、NBC等赞助商提供总计262辆车,包括57辆10~15座的车辆、17辆30~45座的车辆和188辆45座以上的车辆;由巴士公司负责Manulife、松下、GE、GE(单独2辆订单)、柯达(国际)、柯达(国内)、中国石化、阿迪达斯、华帝、AGGREKO、金龙鱼、盟多、中国国航、中国人保、必和必拓、恒源祥(巴士)、中国石油(巴士)、中国网通等赞助商提供总计210辆车,包括33辆10~15座的车辆、44辆30~45座的车辆和133辆45座以上的车辆;由新月公司负责为UPS、史泰博、欧米茄、海尔、爱国者、普华永道、思念等赞助商提供总计105辆车,包括20辆10~15座的车辆、13辆30~

45 座的车辆和 72 辆 45 座以上的车辆；由银建公司负责为搜狐、燕京啤酒、麦当劳等赞助商提供总计 115 辆车，包括 36 辆 10 ~ 15 座的车辆、47 辆 30 ~ 45 座的车辆和 32 辆 45 座以上的车辆；由中青旅公司负责为百威啤酒、恒源祥（巴士）、源讯、统一方便面、中粮酒业、玛氏食品等赞助商提供总计 38 辆车，包括 17 辆 30 ~ 45 座的车辆和 21 辆 45 座以上的车辆；由天马公司负责为 SCHENKER、梦娜、贝发、英孚、奥康、三星、泰诺健、伊利、微软、大运摩托等赞助商提供总计 57 辆车，包括 22 辆 10 ~ 15 座的车辆、25 辆 30 ~ 45 座的车辆和 10 辆 45 座以上的车辆。

## 二、赞助商大客车租赁服务内容

### 1. 客车租赁服务

客车租赁服务将以套餐的形式提供，同时为赞助商租赁客车配发车辆证件，凭此证件赞助商租赁客车可以通行奥林匹克专用车道及在场馆外围赞助商专用停车区域停车或上下车。

### 2. 客车租赁预订

《赞助商客车租赁预订单》被视为最终订单。北京奥组委接受订单的截止日期为 2007 年 10 月 31 日。在收到订单后一个月之内，北京奥组委将与赞助商签署具有法律效力的《赞助商客车租赁合同》，该合同包括客车租赁的细节、付款进度以及其他与客车租赁有关的条款。

### 3. 付款进度

赞助商须在签署《赞助商客车租赁合同》当日，支付全部合同款项的 50%；2008 年 2 月 29 日之前，支付全部合同款项的 25%；2008 年 5 月 30 日之前，支付全部合同款项的 15%，租赁结束、北京奥组委正式发出账单后 30 天内，支付剩余的全部合同款项的 10%、延期租赁费用以及在租赁过程中发生的超时、超公里费用。

### 4. 付款币种

所有客车租赁服务以人民币计价。在中国境内付款的赞助商以人民币支付；在中国境外付款的赞助商，按汇款当日中国银行网站公布的现汇买入价，将人民币价款折算为相应外币后支付。

### 5. 支付方式

所有款项支付到北京奥组委指定的账户，有关账户信息在《赞助商客车租赁合同》中公布。

### 6. 客车租赁套餐

北京奥组委设计了三种客车租赁标准套餐供赞助商选择。为保障行驶安全，每名驾驶员每次连续驾驶时间不得超过 4 小时，每次连续驾驶总里程数不得超过 400 公里。

标准套餐一：最短租赁期 10 天，标准行驶里程 150 公里/天，驾驶员标准工作时间为 10 小时/天（1 名驾驶员，含吃饭和休息时间），大型客车（45 座以上）收费 40100 元，带有空调、行李舱、保温箱、VCD/DVD 播放机等；中型客车（30 ~ 45 座）收费 34850 元，带有空调、行李舱、保温箱、音响等；旅行车（10 ~ 15 座）收费 31100 元，带有空调、音响等。

标准套餐二：最短租赁期 10 天，标准行驶里程 300 公里/天，驾驶员标准工作时间为 12 小时/天（1 名驾驶员，含吃饭和休息时间）。大型客车（45 座以上）收费 70200 元，带有空调、行李舱、保温箱、VCD/DVD 播放机等；中型客车（30 ~ 45 座）收费 59700 元，带有空调、行李舱、保温箱、音响等；旅行车（10 ~ 15 座）收费 52200 元，带有空调、音响等。

标准套餐三：最短租赁期 10 天，标准行驶里程 600 公里/天，驾驶员标准工作时间为 20 小时/天（2 名驾驶员，含吃饭和休息时间）。大型客车（45 座以上）收费 158600 元，带有空调、行李舱、保温箱、VCD/DVD 播放机等；中型客车（30 ~ 45 座）收费 137600 元，带有空调、行李舱、保温箱、音响等；旅行车（10 ~ 15 座）收费 122600 元，带有空调、音响等 。

如在超出标准套餐租赁期后仍需继续租用车辆，可按天延长租期，每天租赁价格为标准套餐价格的 1/10。在租赁期间，若驾驶员工作时间超出每日标准工作时间，则须按每小时 80 元人民币支付超时费。在租赁期间，若租赁车辆的行驶里程超过标准行驶里程，则须支付超公里费用，每公里大型客车（45 座以上)15 元,中型客车(30~45 座)12 元,旅行车(10 ~15 座)10 元。

车辆的租赁价格都包含车辆基本租费、车辆通行及停车许可证、车辆日常清洗维护保养费用、税费、燃油、过路过桥费、停车费、车辆及乘车人保险、GPS、驾驶员工资及食宿、驾驶员通用知识培训费用、通信费、备用车费用。

北京奥组委为每家赞助商服务的车辆均来自同一家企业,该企业须为每家赞助商安排一名固定的联络人,配合赞助商接待团队的工作。所有车辆每天都进行清洁和维护。北京奥组委对所有驾驶员均进行了背景审查,所有车辆及驾驶员都来自北京本地。而且为赞助商服务的驾驶员是相对固定的,如果驾驶员由于某些原因不能服务于整个租赁期,则由备班驾驶员接替他的工作。北京奥组委与各提供服务的客运企业对所有为赞助商服务的驾驶员进行奥运会通用知识培训以及专业技能培训,提供中英文地图和手机来帮助驾驶员与赞助商的交流。在租赁期内,赞助商可对驾驶员进行额外培训,驾驶员接受培训时间将计入套餐服务时间。驾驶员利用停车或客人休息时间在停车地点进行换班,不会影响客人正常的日程安排。

每个竞赛场馆(包括奥林匹克中心区)均设有赞助商专用停车场或上下车区,所有赞助商租赁客车都配有停车通行许可证,可通行奥林匹克专用车道,并可在相应的停车区停车,在专用上下车区上下车。

## 三、赞助商大客车租赁确认程序

由赞助商、北京奥组委、车辆合同商三方依照《赞助商客车租赁合同》(以下简称《合同》)、依据《赞助商租赁车辆企业标志装饰规范》和《赞助商租赁客车赞助企业标志车身装饰协议》,签订车辆租赁合同。

(1)赞助商根椐《赞助商客车租赁指南》的内容,填写《赞助商客车租赁预定单》。

(2)奥组委交通部确认赞助商《赞助商客车租赁预定单》。

(3)按照赞助商预定的车型、车数分配到车辆提供合同商,确认合同商提供的车辆车型、车数与赞助商预定车型、车数相匹配。

(4)奥组委交通部及合同商与赞助商签订《赞助商客车租赁合同》。

(5)奥组委交通部会同赞助商、合同商,商定客车租赁运行过程中的具体事宜。

(6)协调合同商与赞助商的其他事宜,如赞助商对合同商提供车辆的查看,赞助商组织驾驶员进行运行路线的勘察等。

(7)赞助商根据各自用车需要,依照在网上公布的《赞助商客车租赁指南》预订用车数量。此外,赞助商可对所租赁的车辆车身进行装饰,合同期结束后按照赞助商与合同商签订的《车辆企业标志装饰意向书》相关条款恢复车辆初始状态。

(8)合同期结束后,车辆合同商向赞助商正式发出账单,赞助商接到账单确认后 30 日内,向合同商付清余额款项。

## 四、赞助商大客车服务运行

### 1. 车辆准备

合同商提供车辆的车型、车数和具体配置应符合《合同》所约定之具体要求,如:合同商提供的车辆均应于 2005 年以后投入使用的,租用期开始前的行驶公里不得超过 10 万公里;合同商提供的车辆技术等级为一级,均应符合国家对运营车辆上路行驶的相关规定;合同商按提供车辆车数的 10% 配备替换车辆;合同商与赞助商协商,按赞助商需求双方约定进行客车包装及复原,相关的费用由赞助商负责(包装材料、占用工作车日等费用)。

2008 年 3 月底,向赞助商接待团队确认语言支持人员,并取得通信方法,同时确认合同商固定联络人,保持通信畅通。合同商将上述信息报赞助商及收费卡运行团队备案。

**2. 驾驶员准备**

合同商提供的车辆驾驶员为本市居民，年龄不得超过60周岁，都应持有中华人民共和国机动车驾驶证，并与所驾车辆驾驶资格相符。车辆驾驶员还应有相应的从业资格证，并应具有良好的驾驶记录，同时合同商提供的车辆驾驶员已通过北京奥委会背景审查，获得注册。

合同商根据提供车辆的车数，按10%配备各班驾驶员，并提前1天向驾驶员下达调度客车运行表（路单）。驾驶员需确认签字，还应对所注明的行车路线、场馆、酒店、活动场所熟知无误。驾驶员需穿着赞助商提供的服装或合同商统一制服，驾驶客车提前20分钟到达赞助商用车起点。到达后驾驶员通知合同商固定联络人。

**3. 客车运行**

驾驶员每天必须按照赞助商用车需求的时间、地点和路线行驶，如赞助商临时变更行驶路线、目的地，在立即上报合同商固定联络人，并在路单上作好记录。

驾驶员应每天在路单上填写客车实际运行起止时间，路线起点、终点，运行时间、公里数。

赞助商到达的场馆、酒店、活动场所设停车位无法满足时，可自主选择其他已在奥组委备案的停车场停放，但车程距离小于30分钟，保证赞助商用车的即时到位。

赞助商每日用车发生超时、超公里时，驾驶员应在路单相应栏内填写超时、超公里数额，由赞助商签字确认。

**4. 客车运行相关保障**

运行中赞助商需变更客车租赁套餐内容时，需提前三天向奥组委提交变更告知信函，与合同商达成协议；客车运行中发生故障（事故）时，通知合同商固定联络人，由合同商采取有效措施实施救援或替换同档次车型，满足客户用车，并处理善后工作。客车运行中车辆驾驶员因故不能继续完成驾驶任务时，合同商负责替换同等资质的驾驶员。

**5. 驾驶员工作流程**

（1）驾驶员交回调度客车运行表（路单），内容（日期、起止时间、起点、终点、运行公里等）填写无误。

（2）驾驶员完成一日运行任务后为车辆加满油，个别客户要求每日加满油箱。

（3）合同商对客车（车容、车况）进行检验，发现客车有故障的，应即时修复；不能即时修复的，应准备同等档次备用车辆替换。

（4）客车检验无误的停放在指定站点待命。

（5）驾驶员明确次日运行任务，待命。

北京第29届奥运会赞助商付费客车运行流程图如图16-1所示。

## 五、运行团队工作职责

在赞助商及收费卡运行团队中设置主任1名，副主任1名、工作人员6名作为赞助商客车租赁交通服务主要工作人员。同时，确定赞助商企业固定联络人、赞助商接待团队固定联络人、车辆提供合同商固定联络人。

将赞助商赛时到达竞赛场馆、非竞赛场馆的活动接待工作纳入各竞赛场馆、非竞赛场馆团队运行计划。

**1. 岗位职责**

交通服务运行团队主任职责：在赛事交通服务分中心的领导下开展工作；负责制订交通服务运行的计划、方案；负责组织实施交通服务运行方案；负责与各相关部门、车辆提供合同商、赞助商的工作协调；负责组织、实施对交通服务运行团队工作人员、志愿者的上岗培训；时时掌握交通服务运行的计划、方案实施情况，做好全面管理工作。

交通服务运行团队副主任职责：管理、协调交通服务运行团队各岗位工作；根据赞助商预定的车型、车数、使用起始时间，向合同商发出通知，并要求合同商按照通知内容，在指定的时间将提供车辆车型、车数上报交通服务运行团队；根据车辆分配方案，向合同商索取电子版和纸版的车辆信息资料，并入微机存档；时时掌握车辆运行全程动态，进行集合、整理、汇总、处理、存档。

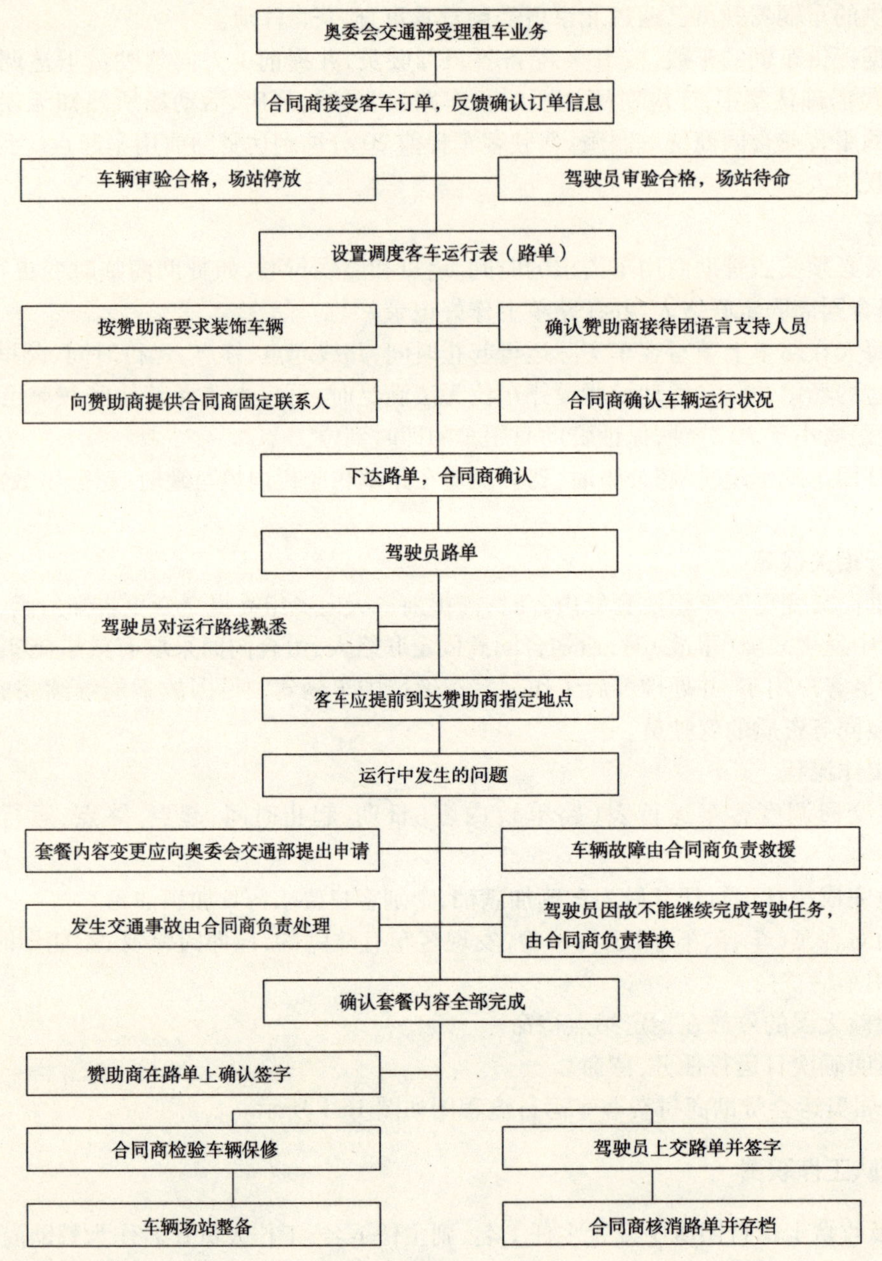

图 16-1

合同商职责：合同商向运行团队提供审检合格驾驶员明细表、审检合格客车明细表（含备班、替换车辆）、审检合格客车，驾驶员配备明细表（含备班、替换驾驶员）、夜间具体停车位置、停车数量。（需选择正规停车场或本企业停车场）、备用、替换车辆、驾驶员配备明细表。合同商向奥组委交通部提交关于维修、保养、夜间停车、救援、车辆替换等的工作承诺书。

**2. 人员培训及车辆交接**

由合同商对驾驶员实施具体培训，培训材料由交通部编制，培训时间、地点、人数报奥组委交通部服务处备案；赞助商如需对驾驶员进行培训应与合同商协商实施，培训时间、地点、人数报奥组委交通部服务处备案。

赞助商如需对所租赁车辆进行企业标志的装饰，应按照《赞助商租赁车辆企业标志装饰规范》，在

2008 年 6 月 30 日前确认装饰方案,上报奥组委审核,并取得许可。赞助商与合同商需签订车辆企业标志装饰意向书,确认车辆企业标志装饰的时间和车数,明确双方的责任、权利和义务。

交通服务团队利用 GPS 对车辆运行过程实施运行全程监管。

## 第二节　收费卡交通服务运行

收费卡客户分为 5 个客户群:IOC(IPC)、NOC(NPC)、IF(IPSF)、媒体、赞助商。收费卡客户用车信息来源于北京奥组委财务部,收费卡各客户群根据各自用车需要,依照在网上公布的收费卡车辆租赁指南预订用车数量。赞助商和收费卡交通服务团队自 2008 年 3 月 1 日 ~6 月 30 日对收费卡客户用车信息进行整合汇总,制订车辆分配方案,向供车企业发出车辆分配任务书。

收费卡车辆在预订过程中一直有所变动,直到 2008 年 6 月中旬才基本确定。6 月下旬完成了合同商的车辆与收费卡客户用车需求的对接,明确了车辆发放以及回收的高、低峰日,使团队的工作日程安排有了准确依据。团队据此制订了详细的发放、回收车辆的工作计划,使团队在收费卡车辆运行管理方面的工作有条不紊地进行。在 2008 年北京奥运会期间,团队负责为奥林匹克大家庭成员提供了 1531 辆收费卡车辆的租赁业务服务;北京残奥会期间,团队为残奥会提供了 94 辆收费卡车辆租赁业务服务。

奥运会服务时间为 2008 年 7 月 1 日 ~8 月 31 日,残奥运服务时间为 2008 年 9 月 1 日 ~9 月 28 日。

### 一、收费卡车辆标准

**1. 车辆状况**

为了保证收费卡车辆性能安全、可靠,特制订了收费卡车辆标准。标准限定车辆为 2006 年以后投入使用的,行驶公里在 5 万公里之内;车辆状况达到国家一级技术等级;车辆各主要的组成基础件和主要零件坚固可靠,性能良好;发动机运转稳定,无异响;动力性能良好;各项装备完整、功能齐全;随车灭火器、车辆防盗器安全有效,灵敏可靠;车辆保养完毕,并处于当年车辆年检的有效期内。由于大众汽车公司是北京奥运会、残奥会小客车赞助商,因而收费卡车辆(均为小客车)只提供大众或奥迪品牌车辆。

**2. 车辆外观及内饰**

要求车辆外观无明显损伤、缺陷和污物;原配设施齐全完好,附加设施装配完好;车内整洁、无异味、无污渍,进行了消毒处理;行李箱内物件有序就位、无杂物。

**3. 随车物件**

随车工具、备胎、灭火器、故障警示牌、防盗装置等附属物件齐备、完好;行车牌证、检验标志、服务电话齐全;必须按照《车辆交接单》内容逐项进行点验,经检验有问题的车辆,必须在《车辆交接单》上注明情况,产生费用的车辆要在《其他费用单》上写明发生损失的具体情况和所需要的费用;在发车和收车时,双方都必须在《车辆交接单》上确认,双方各持一份;将当日收、发车信息整理、汇总、上报收费卡交通服务团队室存档。

### 二、收费卡车辆预订及车辆来源情况

在北京市政府、北京市运输管理局等政府部门的组织协调下,北京奥组委交通部为注册客户群筹集和提供收费卡车辆总计 1531 辆,其中由大众公司提供 836 辆,北京市 15 家汽车租赁企业提供 695 辆。

### 三、赞助商及收费卡交通服务团队构成及主要工作职责

**1. 团队机构设置**(图 16-2):

交通服务团队以石景山交通场站为工作基地(残奥会转至奥体中心交通场站)。办公总面积为 300 $m^2$,服务大厅内设置 5 个服务窗口,收、发车区设置 5 个发车组,管理办公室和协调办公室各 1 间,保险业务办公室 1 间,保险业务服务台 1 个。收费卡车辆的提取和归还以石景山交通场站为主,交通场站提供客

户休息区 300 $m^2$，停车场设置停车泊位 1200 个，有专门的提车区、还车区和囤车区。在赛事期间对期间提取或交还车辆的石景山交通提供少量发车、收车、替换车辆工作环境（100$m^2$ 办公区，200 个车位）。

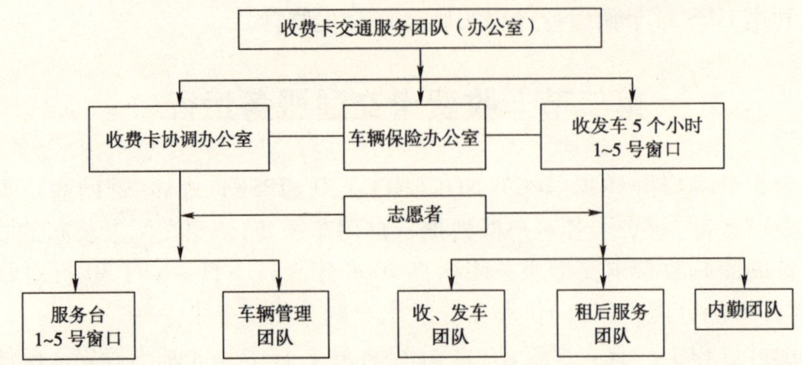


图 16-2　机构设置示意图

**2. 交通服务团队职责**

交通服务团队由主任 1 人、副主任 2 人组成。主要职责：在奥组委交通部的领导下，负责全面管理收费卡车辆运行各项工作；负责制订实施收费卡车辆运行工作方案；负责制订收费卡车辆分配原则；负责协调各岗位工作；负责制订收费卡车辆“专用车证”（含替换车车证）管理办法；负责工作场地和停车场地的安排和管理工作；负责检查、落实各岗位职责，并做好协调工作；负责组织、实施对收费卡车辆运行团队工作人员及志愿者的上岗培训工作；负责对收费卡车辆运行团队工作人员和志愿者的人员安排、班次安排及定岗、定责。

**3. 协调办公室职责**

协调办公室由副主任 1 人、调度 1 人、调助理 1 人组成。主要职责：在运行管理办公室领导下开展工作；负责组织、实施收费卡车辆运行工作方案；根据车辆分配原则和客户用车需求情况制订详细、具体的用车计划和车辆分配方案；负责客户服务台、收车、发车小组的组织领导工作；负责车辆信息、动态、资料的发布；负责供车企业与各职能小组的协调工作；负责协调租赁企业收车、发车工作和租后服务的各项工作；负责检查租赁企业车辆落实工作；负责落实停车场地的具体使用工作；负责客户用车信息的统计和存档工作；负责收费卡车辆的各种信息档案管理工作；负责用车客户各种信息档案管理工作；负责制订各种报表与汇总工作；负责收费卡车辆“专用车证”的管理与发放工作；监督、检查供车企业车辆落实情况；指导服务台验证分配车辆，并指导收、发车各小组按时收发车辆；随时掌握车辆发出、运行、租后服务、接收等全过程动态信息，进行整理、汇总、存档；完成运行管理办公室交办的其他工作。

**4. 服务台职责**

熟悉收费卡车辆租赁服务的全过程；熟知当日收、发车信息；熟悉收费卡车辆租赁服务的相关政策和法律法规；熟知客户提车文件、文本式样和文件、文本内容；认真审验客户提车文件，核准车型、车数；负责热线电话的接听、记录、转达、上报、存档；做好值班记录和交接记录；完成领导交办的其他工作。服务台工作流程：

（1）资质审验：审验客户提车文件。

包括：①注册机构授权书原件（留存服务台）。②奥组委财务处《临时电子发票》。③中华人民共和国机动车驾驶证（原件）或临时机动车驾驶许可证（原件）。④准驾车型必须与租用车型相符。⑤驾驶员必须是在北京奥组委备案人员（驾驶员证明、信息、通讯方式、年龄在 18 周岁至 70 周岁之间）。

（2）审验程序：严格审验客户提车文件是否齐全有效。

包括：①收取客户《注册机构授权书》原件，存档保存。②复印驾驶员驾驶证（原件）或临时机动车驾驶许可证（原件）和本人身份证明留存。③认真核准客户提车文件中的车型、车数。④打印《派车单》交给客户，指导客户提车。⑤客户还车后，将《注册机构授权书》原件交还客户。

（3）审验职责。

包括:①热情接待客户,有问必答,认真详细介绍收费卡车辆提车手续,所需证件等。②熟知每日客户提车信息,并提前制成派车单。熟知提车文件、文本式样、内容等。③严格按照审验程序,认真细致审验提车文件、证件,复印存档。④经核准后打印《派车单》,热情指导客户到指定地点提车。

**5. 服务台业务员职责**

每日将客户提车信息,制成派车单;审验客户提车文件、证件是否齐全有效;核准客户提车文件中的车型、车数;按核准的车型、车数发出《派车单》;收回客户方的《注册机构授权书》原件,进行存档;指导客户按派车单上注明的窗口号,前往相应的窗口提车;收车时核准《车辆交接单》,双方签字后,发还《注册机构授权书》原件;负责热线电话的接听、记录、转达、上报、存档;负责热线电话24小时服务,将客户需求情况填写《报告单》,立即通知供车企业负责人或主管部门,反馈后存档;对重要事项,必须进行详细记录,来电人姓名、联系电话、时间、地点、事因、主要问题、要求等,按事项类别立即上报有关部门;对重大事件直接上报收费卡车辆运行团队主任。

服务台业务员工作要求:统一着装、仪表端庄、整洁;文明礼貌待客,涉外接待服务应遵循涉外礼仪;接听电话要做到"礼貌、准确、高效",语言通俗易懂、要点明确、语序清晰;电话响起在三声铃内必须接听,态度和蔼,首先使用礼貌用语;认真听取客户要求,做到有问必答,热情服务,耐心解答客户提出的各种问题;在自己职责范围内不能解决的,要立即向主管部门领导汇报;做好电话接听记录和交接班记录。

**6. 语言支持志愿者工作职责**

在收费卡车辆运行团队主任的领导下,开展语言支持工作;负责客户的接待工作和引导工作;负责服务台工作的语言支持,协助业务员做好客户的资质审验工作;负责收、发车工作的语言支持,配合收、发车员做好收、发车工作;负责服务台24小时热线电话的接听工作,协助业务员做好详细记录,保证准确无误,并做好值班记录和交接记录;负责各工作环节的引导工作,指导客户提车和还车;完成领导交办的其他语言支持工作。

**7. 收、发车小组职责**

各收、发车小组接受总调度发出的《收车、发车通知单》,并按照《收车、发车通知单》的内容要求,将车辆停到场站指定停车位;车辆技术状况为一级标准,所有车辆证件、设备齐全有效,使车辆处于待租状态;熟知当日收、发车情况,合理安排收、发车人员;按《派车单》的车型、车数发放车辆,按客户具体还车时间收回车辆;负责本小组车辆交接工作,负责签署《车辆交接单》;负责接收客户服务组《派车单》,按照客户名称、车型、车数进行发车工作,签署相关交接单据;负责本小组车辆档案、客户信息汇总、保管、上报工作。

组长职责:根据客户使用车辆期限,安排本小组车辆收、发车工作;负责本小组车辆租后服务的各项工作;负责本小组与其他小组协调工作;负责协调供车企业车辆接送工作;负责本小组成员工作安排、调配;合理调配小组成员、语言支持志愿者与企业车辆移动员工作,以最快速度完成车辆收发工作;对本小组阶段性密集工作做事先安排,突发情况及时上报主管领导。

## 四、收费卡车辆提车程序

收费卡车辆客户提取车辆,按下列程序办理:需持受权书原件、电子发票和驾驶证等文件前往北京奥组委指定场站提车;到达场站后,前往场站内服务台1~5号窗口提交相关的文件,并领取派车单;按照派车单注明的窗口号前往1~14窗口办理提车手续;提车手续办理完毕,由工作人员带领前往停车场验车提车;如需增加保险保额、保险项目,由工作人员引导到保险业务室办理相关手续。

## 五、赞助商、收费卡交通服务团队工作岗位培训

2008年6月24日全部工作人员到位培训。收费卡团队2008年6月24日正式入驻石景山场站,共有39人。

**1. 岗位培训内容**

岗位名称确定、定义；岗位工作的共性、个性、交点；岗位工作人员的素质、工作水平；岗位工作上级主管、本岗位工作范围、管理权限；明确团队各主要工作岗位的责任、权力、工作范畴。

**2. 岗位培训要点**

各岗位工作人员明确自己的工作范围，共性、个性、交点，明确自己需要具备的素质、工作水平。一是服务台工作人员上机演练出单流程；二是分组进行模拟提车、发车演练。

**3. 模拟测试演练**

收费卡车辆收、发演练于2008年6月28日上午在石景山交通场站进行。6月28日上午9:30～10:20于运行保障处接车，共114辆。11:10～11:30按要求完成演练，模拟发车50辆。

## 六、收费卡车辆赛时运行情况

收费卡项目的特殊性致使团队的工作服务时间不同于其他团队。按原计划需在开幕式前70天进入场站开展各项准备工作，但是由于石景山交通场站竣工时间相对较晚，无法按原计划实施，直至2008年6月24日团队所有人员才进入交通场站。由于7月1日就要开始进行收费卡车辆的发车工作，留给准备的时间只有短短的一周。针对这种情况团队面临着巨大压力，对上岗前的培训计划进行了重新布置。在一周时间里，全体人员全面进行了岗前课程的培训，对各个岗位的工作内容和责任进行反复学习，对发车工作流程进行反复演练，使团队每个人都熟练掌握了工作内容。

**1. 奥运会交通服务**

2008年7月1日奥运会收费卡车辆发车工作开始，进入赛时服务阶段，具体从7月1日收费卡车辆发车开始至8月7日收费卡车辆发车结束。收费卡车辆预订1531辆，实际发出1500辆，其中31辆因客户原因未提车。根据收费卡车辆预订的具体情况，制订发车高峰日应对措施，7月25日预订843辆，7月28日预订139辆，8月4日预订79辆。

仅高峰日(7月25日)的预订发车量就比悉尼奥运会发车总数还多100余部，这给发车工作带来了很大的难度。如何分流客户群，保证客户正常、快速的办理相关手续，就成为发车工作的难点。团队紧急将此情况与财务部收费卡处协调，除了分时段通知客户提车外，在征得上级主管部门和车辆提供企业同意的前提下，提前1～2天(7月23日、24日)为大客户办理了车辆交接手续。7月23日、24日两天共发放车辆247辆，从而很好地缓解了高峰日(7月25日)的发车工作，保证了车辆发放工作的有序进行。

7月28日～8月4日为各国代表团抵京的高峰时段，团队还根据需要以满足客户需求为前提，将每天正常10小时的发车服务时间调整为24小时发车服务，从而很好地保证了各国代表团用车的需要。7月28日～8月4日每天18:00以后办理提车手续5个客户群38家客户，发放车辆118辆。团队全体工作人员的辛勤工作，赢得了客户的高度认可。

8月21日收费卡车辆收车工作开始。根据收费卡车辆预订具体情况，8月25日全天预计收车1023辆，8月26日全天预计收车151辆，8月27日全天预计收车84辆，8月28日全天预计收车113辆，对此团队有针对性地制订收车高峰日收车方案。

8月21日团队工作人员和志愿者全部到岗，供车租赁企业配备的车辆移动人员全部到达现场，协助做好收车工作。具体工作包括：职能窗口提前做好各项准备工作；成立临时现场总指挥；回收车通道增设至8个，以保障通道畅通；设置5种编号标记，张贴在车辆前风挡玻璃左上角；在大门入口处安排疏导员，根据车辆编号标记指导客户有序还车。

收车员在客户还车后，经检验无问题的车辆，车主是租赁企业的，由租赁企业接车受权人与奥组委车辆交接组办理车辆交接手续，车辆移动人员将车开出场站，接回本公司；大众公司车辆停放在指定停车场；经检验有问题的车辆，经双方签字后，停放至质损区。团队领导深入现场，随时解决还车中所遇到的特殊问题。9月1日奥运会收费卡车辆收车工作全部完成，共收回收费卡车辆1458辆。另有42辆车客户续租到残奥会。

**2. 残奥会交通服务**

2008 年 9 月 2 日残奥会收费卡车辆发车工作开始，进入赛时服务阶段，具体从 9 月 2 日收费卡车辆发车开始至 9 月 5 日收费卡车辆发车结束。收费卡车辆预订 94 辆，实际发出 52 辆，有 42 辆车是客户从奥运会续租到残奥会。

根据收费卡处提供的车辆预订信息，团队应在 9 月 2 日前将 52 辆残奥会用车发放完毕，但在实际工作中由于客户的原因，在转场（奥运会期间，使用石景山交通场站作为收费卡场站，由于残奥会石景山交通场站退出，运行团队故前往奥体中心交通场站）的最后时限 9 月 2 日下午 15 时，团队还有 46 辆车未被客户领取，另外还有 5 辆替换备用车辆、5 辆团队工作用车。因车数过多，从而给团队转场工作造成了很大难度。在最终确定客户提车名单后，团队开始了残奥会收费卡车辆的转场工作。由于受残奥会工作人员配备的限制，团队共有 4 名主任、15 名合同商人员和 10 名志愿者，能够符合收费卡车辆驾驶要求的只有合同商人员和团队主任共 19 人。除了转场途中的安全问题，驾驶员的短缺也成为了难点。为此，除 1 名团队主任和 2 位合同商人员及志愿者留下外，其他工作人员全部参加转场工作，经过 5 个小时，往返 4 次车辆转场，所有收费卡车辆均从石景山交通场站安全转移至奥体中心交通场站。与此同时还为客户办理了 2 辆车的发放手续，做到了转场、发车同时进行。本次顺利转场也标志着收费卡团队残奥会服务的正式开始，团队将用更大的工作热情及高品质的服务，完成残奥会的交通服务工作。

9 月 17 日收费卡车辆收车工作开始。根据收费卡车辆预订具体情况，收车工作需要在 9 月 28 日才能全部完成。按计划团队合同商人员的服务期截止到 9 月 20 日，9 月 21 日将全部撤离，届时仅留下 4 名工作人员，很难完成剩余 49 辆收费卡车辆的收车工作。经团队与合同商企业领导协商，留下 5 名工作人员无偿为团队工作至 9 月 28 日，圆满完成了剩余 49 辆收费卡车辆的收车工作。

9 月 28 日残奥会收费卡车辆收车工作全部完成，共收回收费卡车辆 94 辆。

**3. 收费卡车辆运行保障服务**

收费卡车辆在北京市行政区域内享受全天 24 小时免费救援服务。

奥运会期间，共接听各类车辆信息咨询、交通事故处理、车辆故障申报等电话 529 次，其中，交通事故报案电话 148 次，经核实上报交通事故 130 起，因车辆事故维修发生车辆替换 16 车次，车辆故障申报电话 143 次。

残奥会期间，共接听各类车辆信息咨询、交通事故处理、车辆故障申报等电话 29 次，其中，交通事故报案电话 4 次，经核实上报交通事故 4 起，因车辆事故维修发生车辆替换 1 车次，车辆故障申报电话 7 次。

收费卡交通服务团队将相关信息及时上报赛事交通服务分中心运行保障组，并加强救援团队与客户的沟通和协调，提供了高效优质的服务，得到了各客户群的一致好评。

# 第十七章　车 辆 证 件

奥运会、残奥会车辆证件使用，是北京奥组委为保证奥运会、残奥会各项活动顺利进行，对在城市道路和高速公路上行驶、进入奥运场馆和相关设施的车辆所采取的有效管理手段。第29届运动会（以下简称奥运会）、第13届残疾人奥林匹克运动会（以下简称残奥会），是客户群数量最大、运行车辆最多的运动会。为保证赛事的顺利进行，在赛事期间，对城市道路和比赛场馆均实行了必要的交通管理措施。奥运会、残奥会车辆证件是交通管理措施的重要组成部分。车证从实质上看，是一项安保措施，自始至终纳入奥运安保总体框架下运行；从其内容上看，是赛事交通组织的一项重要工作，是为“安全、准点、可靠、便利”的赛事交通目标服务的；从其作用上看，所具备的通行和停车功能，充分保证了不同客户群的交通出行需求和交通权限，为奥运会和残奥会的顺利进行，提供了重要的保障。车辆证件的设计和审核发放除香港赛区外，北京主赛区和其他协办城市均遵照经奥运安保指挥中心审核、北京奥组委交通部制定的方案实施。

## 第一节　车辆证件政策制定和设计理念

本届奥运会、残奥会车辆证件的政策，是在满足国际奥委会的要求和借鉴其他奥运举办城市经验的基础上，结合中国特色制订的。国际奥委会的要求，主要是指要按照国际奥委会相关规定，保证各注册客户群在奥运期间应享受的交通权限。其他奥运举办城市的经验是指近几届奥运会举办城市在车辆证件设计、制作中所采用的一些原则和标准，如版面设计、客户群代码模式等，这些规定及模式，已经被各国家和地区奥委会、运动员、技术官员及媒体所熟悉。中国特色是指按照我国国情和历次大型活动的经验以及惯例，以此作为设计的重要条件。

### 一、车辆证件政策的制定依据

本届奥运会、残奥会车辆证件的制订依据是：国际奥委会《交通技术手册》（2007年6月版）、《奥运会注册和报名用户指南》（2007年2月版）、北京奥运会《主办城市合同》、《国际奥委会与国际残奥委会签订的协议》、《残奥会技术手册》、《残奥会注册和报名用户指南》（2007年6月版）及北京市政府“关于奥运会、残奥会期间交通管理措施的规定”等相关文件。在政策制定中，遵循了“标准统一，权限对应，尊重个性”的原则。

### 二、车辆证件设计理念

“有特色、高水平”和“平安奥运”是车辆证件设计的指导思想。设计理念突出了针对性、可控性、识认性、安全性四个特点，并贯穿于车证印刷、制作和发放管理的始终。

**1. 针对性**

针对性是指奥运会、残奥会车辆证件，要满足不同客户群的交通需求，但发放对象和范围必须严格界定，做到“权限对应”。

参加本届奥运会、残奥会的有国家和地区代表团、国际体育单项组织、国际贵宾，注册媒体、奥林匹克大家庭成员等8.3万注册人员，以及约20万人组成的技术保障、场馆服务团队及政府相关部门，是车辆证件的重点发放对象和服务保障范围；另外还有近万名赞助商、合同商、供应商的代表，也是奥运会、残奥会车证的服务对象。

**2. 可控性**

可控性是指车辆证件要与场馆通行权限和社会交通宏观政策保持紧密联系，做到“标准统一，总量控制”。

一是北京主赛区根据场馆规划车位确定停车位车证的发放数量。本届奥运会建有31个比赛场馆、17个非竞赛场馆和44个训练场馆，但能够提供公共停车位的，只有23个场馆群(31个比赛场馆)和10个非竞赛场馆(训练场馆的车位可凭竞赛场馆车证停放)，总数为13973个停车位。按照场馆安保封闭线内车位与车证的分配比例1:1.9，场馆安保封闭线外车位与车证的分配比例1:2.3的标准，确定停车位车证发放数量为2.6万张(实际发放2.4万张)。停车位证重点保证奥林匹克大家庭成员和国际奥委会、北京奥组委及高级贵宾的停车需求。

二是对技术保障和场馆服务车辆，按照驾驶员注册身份和承担任务量的一定比重进行计划性分配。即驾驶人(含乘车人)不是注册人员的，不享受办证资格；享受办证资质的车辆也要根据所承担的任务比重进行严格审批。由于实行按注册身份申请的办证原则，从而排除了大量非奥运车辆申请车证的现象，使奥运会(残奥会)车证做到了“专证专用”。计划发放各类保障、服务车证(不含已申请停车位的车证)1万张，实际发放了0.87万张。

三是发放了部分辅助性车证。所谓的辅助性车证，是指不受赛事期间车辆尾号“单双号”通行限制和不得通行奥林匹克专用车道的外围车证。发放对象是场馆交通管控区范围内的单位和居民自有车辆，拉运志愿者、拉拉队的班车，承担场馆保点任务的出租车和临时进入场馆装卸货物的车辆(临时证)。奥运会期间，发放外围辅助车证近2.53万张；残奥会发放了1万张(场馆外围单位、居民车证延用)。从实践情况看，启用辅助性外围车证，有利于管理，对整体交通没有压力。

**3. 识认性**

识认性是指车辆证件不仅信息量全，而且要让持证人和管理者，均可快速简捷地通过识认证件信息，掌握通行和停放权限，在指定区域或范围内正确行驶。

(1)将车证设计为大型班车证、小型客车证、摩托车证三种规格，有停车权限证和通行权限证两种式样。具体划分为8个类别，即奥林匹克大家庭分配车辆(T类)，媒体工作车辆(M类)，收费卡车辆(R类)，安全保卫车辆(S类)，场馆工作保障车辆(V类)，公路赛事车辆(Z类)，场馆移入、移出期车辆(Y类)，临时一日卡车辆(D类)，细分为44个品种(残奥会更是汲取奥运会车证设计的经验，类别减少至7大类35种)，较雅典奥运会车证品种减少了15种(较雅典残奥会车证品种减少了近20种)。

(2)在车证版面设计了通行权限代码、停车区域代码、客户群代码三个模块，并通过这三个模块向车证持有者和管理者传递车辆证件所要表达的通行信息、停车信息和客户群信息。

①交通通行权限代码模块位于车证的左侧。

标有“∞ +非竞赛场馆(NCV)”名称代码符号的车证，通行权限范围为：全部竞赛场馆、训练场馆和主要的非竞赛场馆(不能通行的非竞赛场馆，如奥运安保指挥中心、主物流中心等均在车证背面予以注明)。

标有“∞ +指定非竞赛场馆”名称代码符号的车证，通行权限范围为：全部竞赛场馆、训练场馆和指定的非竞赛场馆(允许通行的非竞赛场馆名称在车证正面标明)。

标有“∞”代码符号的车证，通行权限范围为：奥运会全部竞赛场馆和训练场馆(含独立训练场馆)。

标有“具体场馆(群)”名称的车证，通行权限范围为：仅该车证标明的场馆(群)(收费卡车证除外)。

标有位于奥林匹克公园内的任一场馆名称的车证，均可通行奥林匹克公园范围内的相关区域。

②停车权限代码模块位于车证的中间(不含只有通行权限的车证)。它是根据相关客户群所享有的停车权限而确定的停车场编号的代码，编号在所有场馆统一，车辆需按车证标明的停车场停放。只有通行权限的车证(没有停车区域代码)，只准在指定的地点落客，即停即走，不得长时停放。

③客户群代码模块(含车证特殊功能代码)位于车证的右侧。客户群代码表明持证人的身份；车证特殊功能代码分别代表车证的有效期(如移入、移出、临时)和使用范围(如场馆外围、物流配送等)，如图17-1所示。

(3)在车辆证件正面的中心腰条部位根据国际奥委会所确定的8种客户群代表颜色去对应20个

不同客户群，并与场馆停车场标注的颜色、班车站牌等交通辅助设施的颜色相一致，使持证车辆通过车证腰条的颜色便可迅速找到对应的停车场位和停车站牌。

图 17-1　车证版面模块功能示意

其中，紫色为国际奥委会重要官员的配用车辆；浅蓝色为国际体育单项组织和技术官员的班车；蓝色为运动员班车；天蓝色为各国代表团班车；浅绿色为文字媒体和国际、国家摄影车队的车辆；绿色为注册媒体班车和转播商、持权转播商车辆；橙色为赞助商、青年营、观察员班车和场馆运行保障、场馆团队及场馆周边单位、居民车辆；灰色为收费卡车辆。

(4)为便于识认，车证底色分为红、绿、黄三种颜色，车证底色为红色的，可以通行安保封闭线内区域，在安保线内指定车场停放；车证底色为绿色的，可以通行安保封闭线外区域，在安保线外指定车场停放；车证底色为黄色的，可以通行场馆安保封闭线外的场馆区域，不享受单、双号通行权限，不得行驶奥林匹克专用道，场馆周边单位、居民使用的车证（“场馆外围2”车证）不得停放在奥运会指定车场。

(5)车证背面印制有使用说明，对通行权限、停放规定及注意事项均作了详细说明，媒体车证、收费卡车证还使用了中英文对照说明。

**4. 安全性**

安全性是指通过科技防伪手段，以确保车辆证件不易伪造、涂改、复印；发生车证丢失的，可以迅速查找和弥补损失的安保技术。

一是北京主赛区车证具备八项防伪功能：

①使用异性纸印刷（大于A3、A4复印纸），规格分别为：大车证317mm×440mm，小车证317mm×230mm，摩托车证230mm×160mm。

②使用特制的专用1508/m² 正度印钞纸。

③印刷纸正面有“2008字样”的水印图案。

④印刷纸背面有荧光暗记图案，可借助荧光验钞灯识别。

⑤使用同注册身份卡同一规格的防伪标，使用偏振片可识别出“OK”字样。

⑥使用不同颜色组成车证编号的彩虹码技术。

⑦使用字高小于0.3mm的缩微文字技术，须借助高倍放大镜进行识别。

⑧字体使用电化铝烫银印刷工艺（限可进入安保线内车证）。

为便于民警（管理人员）识别，为执勤民警、场馆安保岗位配发了偏振片3000套；为各交通值勤队、场馆交通经理配发了25倍放大镜和紫外线荧光照射仪各500套。

二是在北京主赛区，与北京市公安局公安交通管理局共同研制开发了车辆证件信息查询系统，凡需办证的车辆，一律进入公安交通信息网，进行车况查询，未年检、黄标车、盗抢等可疑车辆一律不予办证并通知办证单位严查处理；对可进入场馆安保封闭线内的车辆，一律通过计算机打印车号；所有申请办证的车辆，其车辆牌号和驾驶员信息要在车证信息查询系统中进行备案。据不完全统计，截止到残奥会闭幕，车辆证件信息查询系统已备案奥运会、残奥会各类办证车辆信息27.97万条(单一车辆信息14万辆)，驾驶员信息近40万条(单一驾驶员信息20万条)。

三是在《车辆证件发放管理办法》中明确提出车证遗失不补；车证丢失盗窃的，必须立即报告车证使用者单位的主管人员，并通过主管人员向车证办证处和安保部门进行报告，由车证办证处迅速启动车证查询备案系统中的黑名单库，部署路面民警和各场馆安保单位查获。整个奥运会、残奥会期间，只发生了一例五棵松场馆安保封闭线外车证因保管不慎、被大风刮失的车证丢失事件，由于及时启动了黑名单系统，同时由于车证备案了车号，拾到车证者也无法使用，因此，没有发生因车证丢失而造成的场馆安全问题。

## 第二节　车证类别及通行、停车权限

### 一、奥运会车证

第29届奥林匹克运动会车辆证件共分为8大类别、44种车证。

**1.第一类车证**(“T”类车证)

第一类车证为奥林匹克大家庭分配用车车辆证件，共分为12种，主要是供奥林匹克大家庭成员、运动员及随队官员、技术官员和注册媒体车辆使用。

(1)“T1”车证

“T1”车证用于国际奥委会委员、列入本届奥运会项目的国际单项体育联合会主席、秘书长、参赛国家(地区)奥委会主席和秘书长、体育部长等的车辆，如图17-2所示，该车证属全通型车证。持“T1”车证的车辆，可进入首都机场各航站楼前指定的上、下车区落客和停放；可通行于奥运会全部的竞赛场馆、训练场馆(含独立训练场馆)、奥林匹克公园公共区、奥运大厦、国际广播中心、主新闻中心、奥林匹克大家庭饭店，经安检后进入安保封闭线内“P6”停车场停放；也可通行于奥运村的访客中心及奥林匹克接待中心，在指定的停车场停放。

图17-2　“T1”车证式样

(2)“T2”车证

为便于识别，根据其客户群的通行权限，“T2”车证的代码分为：“T2(A)”[参赛运动员人数小于51人(不含51人)的参赛国家(地区)奥委会主席和秘书长]；“T2(B)”(国际体育单项联合会技术代表、国际体育单项组织分配用车)；“T2(C)”(国际奥委会体育仲裁法庭、国际奥委会行政用车、奥林匹克博物馆)；"T2(D)"(世界反兴奋剂机构、国际奥委会医学委员会)。

持"T2"车证的车辆，可以进入首都机场各航站楼前指定的上、下车区落客和停放。持"T2(A)"车证的车辆通行权限，与持"T1"车证的、参赛运动员人数大于51人(含51人)的参赛国家(地区)奥委会主席和秘书长的车辆一致，如图17-3a)所示。持"T2(B)"车证的车辆可通行于全部竞赛场馆、训练场馆(含独立训练场馆)、奥林匹克公园公共区、奥林匹克大家庭饭店、该项目国际体育单项联合会和技术代表住地，经安检后进入安保封闭线内"P2"停车场停放，如图17-3b)所示。持"T2(C)"车证的车辆可通行于奥运会全部的竞赛场馆、训练场馆(含独立训练场馆)、奥林匹克大家庭饭店，经安检后在安保封闭线内"P6"停车场停放；也可通行于奥运村、奥林匹克接待中心，在指定的停车场停放。持"T2(D)"车证的车辆可通行于奥运会全部的竞赛场馆、训练场馆(含独立训练场馆)、奥林匹克大家庭饭店、主新闻中心、兴奋剂检测中心，经安检后在安保封闭线内"P6"停车场停放；也可通行于奥运村、奥林匹克接待中心，在指定的停车场停放。

a)

b)

图17-3 "T2"车证式样

a)"T2(A)"车证；b)"T2(B)"车证

(3)"T3"车证

"T3"车证用于国际奥委会高级官员，部分T1注册群体的随员，国际奥委会运动员委员会委员，国际单项体育联合会总会主席、董事长或秘书长，持权转播商高级执行人员等人员的车辆，如图17-4所示。

持"T3"车证的车辆，可进入首都机场各航站楼的奥运专用车场停放，在各航站楼前的上、下车区落客；也可通行于奥运会全部的竞赛场馆、训练场馆(含独立训练场馆)、国际广播中心、主新闻中心、奥林匹克大家庭饭店、奥林匹克接待中心、奥运村访客中心、兴奋剂检测中心安保封闭线外的区域，在安保封闭线外"P11"停车场停放。

(4)"代表团(TN)"车证

"代表团(TN)"车证用于各代表团分配车辆，如图17-5所示，车证的客户群类别代码为"代表团

图17-4 "T3"车证式样

图17-5 "代表团(TN)"车证式样

(TN)”。

持“代表团(TN)”车证的车辆,可进入首都机场各航站楼指定车场停放,送站时在各航站楼前的下车区落客;也可通行于奥运会全部的竞赛场馆、训练场馆(含独立训练场馆)、奥林匹克大家庭饭店、奥运村、官方指定驻地,经安检后进入安保封闭线内的“P3”停车场或奥运村代表团停车场停放。

(5)“运动员(TA)”、“运动员(TA1)”车证

“运动员(TA)”、“运动员(TA1)”车证用于运动员、随队官员班车及随行的行李、器械车辆,如图17-6所示,车证的客户群类别代码为“运动员(TA)”、“运动员(TA1)”。

a)　　b)

图17-6　“运动员(TA)”、“运动员(TA1)”车证式样

a)“TA”车证;b)“TA1”车证

持“运动员(TA)”车证的车辆可通行于奥运会全部的竞赛场馆、训练场馆(含独立训练场馆)、奥运村访客中心、运动员村,车辆免检进入安保封闭线内的“TA”停车场停放。“运动员(TA1)”车证,用于机场接送、前来观看非本项目比赛和游览观光的运动员、随队官员的班车,持“运动员(TA1)”车证的车辆,可进入首都机场各航站楼的奥运专用停车场,在各航站楼前的“TA”班车站牌处落客;在观看非本项目比赛的场馆,可在安保封闭线外的“P10”停车场或其他指定地点停放;也可通行于奥运村班车站外区域,在指定地点停放。

(6)“技术官员(TF)”车证

“技术官员(TF)”车证用于国际单项体育联合会技术官员、国际单项体育联合会职员的班车,如图17-7所示,车证的客户群类别代码为“技术官员(TF)”。

持“技术官员(TF)”车证的车辆,可进入首都机场各航站楼的奥运专用停车场,在各航站楼前的“TF”班车站牌处落客;也可通行于奥运会全部的竞赛场馆、训练场馆(含独立训练场馆),经安检后进入安保封闭线内的“TF”停车场停放;也可通行于国际体育单项组织驻地,在专用的停车场停放。

(7)“媒体(TM)”、“媒体(TM1)”车证

“媒体(TM)”、“媒体(TM1)”车证分别用于注册媒体人员的班车,如图17-8所示,车证的客户群类别代码为“媒体(TM)”、“媒体(TM1)”。

图17-7　“技术官员(TF)”车证

持“媒体(TM)”车证的车辆可通行于奥运会全部的竞赛场馆、训练场馆(含独立训练场馆)、国际广播中心、主新闻中心、奥运村访客中心、两个媒体村、注册媒体驻地,车辆免检进入安保封闭线内“TM”停车场停放。持“媒体(TM1)”车证的车辆可通行于奥林匹克大家庭饭店、国际广播中心、主新闻中心,在安保封闭线外的指定区域落客;也可用于机场接送的媒体班车,进入首都机场各航站楼前的奥运专用停车场停放,在航站楼前的指定

地点上、下乘客。

a)　　　　b)

图 17-8　注册媒体车证式样

a)"媒体(TM)"车证;b)"媒体(TM1)"车证

(8)"观察员(TOBS)"车证

"观察员(TOBS)"车证用于国际奥委会奥林匹克观察员项目车辆,如图 17-9 所示。

持"观察员(TOBS)"车证的车辆可通行于奥运会全部的竞赛场馆安保封闭线外的区域,在安保封闭线外"P10"停车场停放;也可通行于各非竞赛场馆安保封闭线外的区域,在安保封闭线外指定的停车场停放。

(9)"青年营(TOYC)"车证

"青年营(TOYC)"车证用于奥林匹克青年营项目车辆,如图 17-10 所示。

图 17-9　"观察员(TOBS)"车证式样

图 17-10　"青年营(TOYC)"车证式样

持"青年营(TOYC)"车证的车辆可停放在首都机场奥运专用车场,在航站楼前的指定区域落客;可通行于奥运会全部的竞赛场馆安保封闭线外的区域,在安保封闭线外"P10"停车场停放;也可通行于青年营住地、奥运村访客中心,在指定的区域停放。

(10)"赞助商(TSPO)"车证

"赞助商(TSPO)"车证用于奥运会赞助商接待人员(非注册人员)租赁的大客车和赞助企业自备的大客车,如图 17-11 所示。

持"赞助商(TSPO)"车证的车辆,可进入首都机场赞助商客人专用停车场停放,在航站楼前指定区域落客;可通行于奥运会全部的竞赛场馆安保封闭线外的区域,在安保封闭线外"P10"停车场停放;也可通行于奥林匹克接待中心安保封闭线外的区域,在安保封闭线外指定的区域停放。

(11)"TG"车证

"TG"车证用于国际贵宾中的国家元首、政府首脑、王室代表以及国内达到警卫级别注册要人的车辆，如图 17-12 所示，其车证客户群类别的代码为“ TG ”。

持“TG”车证的车辆，可直接进入首都机场专机坪或在贵宾休息室车场停放；也可通行于奥运会全部场馆，车辆免检进入安保封闭线内“P1”停车场停放。

图 17-11　“赞助商(TSPO)”车证式样

图 17-12　“TG”车证式样

(12)“城际间(TC)”车证

“城际间(TC)”车证为通行北京、天津、秦皇岛、沈阳足球赛区的城际间专用车证，如图 17-13 所示，分为两种：小车证和大车证。小车证用于国际足联官员、北京奥组委、奥运相关工作协调小组的车辆；大车证用于奥林匹克大家庭成员、注册媒体、运动员班车和承担行李、器材等物流运输的车辆。持此车证的车辆，允许通行四个赛区任意的本竞赛项目的比赛场馆，在场馆安保封闭线外落客，车辆经安检后进入比赛场馆内，于本客户群对应的停车场停放。

**2. 第二类车证(“M”类车证)**

第二类车证为媒体工作用车车辆证件。按照持权转播商、电子信息采集人员、摄影车队、胶卷磁卡传递车辆 4 种客户的区分，通行证的种类分为：“转播商(M－RHB)”车证、“电子信息采集(M－ENG)”车证、“国际广播中心(M－IBC)”车证、“摄影(M－PHP)”车证、“胶卷磁卡传递(M－FILM)”车证、“非竞赛场馆(M－OLV、M－MEV1、M－MEV2)”车证 6 种。

(1)“转播商(M－RHB)”车证(图 17-14)

图 17-13　“城际间(TC)”车证式样

图 17-14　“转播商(M－RHB)”车证式样

持“转播商(M－RHB)”车证的车辆，可通行于奥运会全部竞赛场馆、训练场馆(含独立训练场馆)，车辆经安检后，可分别在场馆安保封闭线内的广播电视综合区(BRC)、国家体育场(NST)的玲珑塔(LLP)和“P5”停车场停放；也可通行于国际广播中心(IBC)安保封闭线外区域，在媒体入口或访客中心处落客。

(2)“电子信息采集(M－ENG)”车证(图 17-15)

持“电子信息采集(M－ENG)”车证的车辆,可通行奥运会全部竞赛场馆、训练场馆(含独立训练场馆),车辆经安检后在场馆安保封闭线内“ENG”落客点落客,在“P5”停车场停放,若场馆安保封闭线内“P5”停车场已停满,须停到安保封闭线外的“P5”停车场;也可以通行国际广播中心(IBC)安保封闭线外区域,在媒体入口或访客中心处落客。

(3)“国际广播中心(M－IBC)”车证

①“国际广播中心1(M－IBC1)”车证,为进入国际广播中心安保封闭线内停车场的车证。持“国际广播中心1(M－IBC1)”车证的车辆,经安检后可通行于国际广播中心安保封闭线内区域,其中高管车辆停放在“P5A”停车场;其他车辆停放在卫星上行区“SAT”专用车场。

②“国际广播中心2(M－IBC2)”车证,为进入国际广播中心安保封闭线外停车场的车证。持“国际广播中心2(M－IBC2)”车证的车辆,可通行于国际广播中心安保封闭线外区域,在安保封闭线外的“P5”停车场停放。

(4)“摄影(M－PHP)”车证(图17-16)

图17-15 “电子信息采集(M－ENG)”车证式样

图17-16 “摄影(M－PHP)”车证式样

“摄影(M－PHP)”车证用于国际摄影车队、盖蒂图片社和国家摄影车队的工作车辆。

持有该车证的车辆可通行于奥运会全部的竞赛场馆、训练场馆(含独立训练场馆)、主新闻中心、奥林匹克大家庭饭店,车辆经安检后可进入安保封闭线内“POOL”停车区停放;也可通行于奥运村,在靠近访客中心主入口“POOL”停车场停放。

(5)“胶卷、磁卡传递(M－FILM)”车证(图17-17)

“胶卷、磁卡传递(M－FILM)”车证用于传递拍照、摄影胶片和录音磁卡的车辆。

持有该车证的车辆可经安检后可通行于奥运会全部竞赛场馆(含训练场馆)、主新闻中心,在安保封闭线内媒体入口处落客,在主新闻中心安保封闭线外P4停车场停放。

图17-17 “胶卷、磁带传递(M－FILM)”车证式样

(6)“非竞赛场馆(M－OLV、M－MEV1、M－MEV2)”车证

“非竞赛场馆(M－OLV、M－MEV1、M－MEV2)”车证为转播商进入奥运村访客中心和媒体村的专用车证。

①持“奥运村(M－OLV)”车证的车辆,可通行于奥运村的访客中心,在安保线外主入口的“P5”停车场停放。

②“绿色家园(M－MEV1)”车证为媒体村“绿色家园”专用车证,持有该车证的车辆可在安保封闭

线外“P5”停车场停放。

③“汇园公寓(M－MEV2)”车证为媒体村“汇园公寓”专用车证,持有该车证的车辆可在安保封闭线外“P5”停车场停放。

**3. 第三类车证(“R”类车证)**

第三类车证为收费卡车证,共分为4种。收费卡车证是指按照国际奥委会的相关规定和历届奥运会的惯例,为注册人员通过奥运会收费卡项目提供的车辆证件。

(1)“收费卡(R－NOC)”车证

“收费卡(R－NOC)”车证为各代表团通过奥运会收费卡项目购买的车证,如图17-18所示,车证的客户群类别代码为“收费卡(R—NOC)”。

持单一场馆“收费卡(R－NOC)”车证的车辆,可以通行奥运会全部竞赛场馆、训练场馆(含独立训练场馆),在“P9”停车场入口处落客;在所购买的收费卡车证指定场馆,经安检后可以进入安保封闭线内上、下车,仍须到安保封闭线外“P9”停车场停放。

持奥运村“收费卡(R－NOC)”车证的车辆,可在奥运村专用的“NOC”收费卡停车场停放。

(2)“文字摄影(M－PRS)”车证

“文字摄影(M－PRS)”车证为文字媒体、摄影记者通过奥运会收费卡项目购买的车证,或按相关规定分配给盖蒂图片社的车证,如图17-19所示。

图17-18 “收费卡(R－NOC)”车证式样

图17-19 “文字摄影(M－PRS)”车证式样

持“文字摄影(M－PRS)”全通停车证的车辆,可通行于奥运会全部竞赛场馆、训练场馆(含独立训练场馆)及主新闻中心、奥运村访客中心、媒体村安保封闭线外区域,在安保封闭线外的“P4”停车场停放;持“文字摄影(M－PRS)”单一场馆(群)车证的车辆,可通行于奥运会全部竞赛场馆、训练场馆(含独立训练场馆)及主新闻中心、奥运村访客中心、媒体村安保封闭线外区域并在指定地点落客,到所购买收费卡车证的指定场馆安保封闭线外的“P4”停车场停放。

(3)“收费卡(RC)”车证

“收费卡(RC)”车证为国际体育单项组织等注册人员通过奥运会收费卡项目购买的车证,车证的客户群类别代码为“收费卡(RC)”。

持单一场馆“收费卡(RC)”车证的车辆,可通行于奥运会全部竞赛场馆安保封闭线外区域,在“P9”停车场入口处落客;到所购买的收费卡车证的指定场馆安保封闭线外的“P9”停车场停放。

(4)“收费通行卡(RA)”车证

“收费通行卡(RA)”车证用于各代表团、国际体育单项组织、赞助商等注册客户群未取得“收费卡(R－NOC)”车证和“收费卡(RC)”车证的奥运会收费卡租赁车辆,或通过奥运会收费卡项目购买的车证,如图17-20所示,其车证客户群类别的代码为“收费通行卡(RA)”。

持“收费通行卡(RA)”车证的车辆,可以在奥运会全部竞赛场馆安保封闭线外“P9”停车场入口处落客,但不享有停车权。

**4. 第四类车证**(“S”类车证)

(1)“安保(S1)”车证

“安保(S1)”车证用于安保车辆,车证的客户群类别代码为“安保(S1)”。

持“安保(S1)”车证的车辆,可进入首都机场国内贵宾停车场或其他指定地点停放;可通行于奥运会全部的场馆,经安检后进入安保封闭线内“P1”停车场或指定地点停放(分局以上领导)。

(2)“安保(S2)”车证、“安保(S3)”车证

“安保(S2)”车证、“安保(S3)”车证用于指定或区域性场馆的安保车辆,车证的客户群类别代码分别为“安保(S2)”和“安保(S3)”。

图 17-20 “收费通行卡(RA)”车证式样

持“安保(S2)”车证的车辆,可通行于奥运会单一场馆或区域性场馆,经安检后进入安保封闭线内“P7”停车场停放。持“安保(S3)”车证的车辆,可通行于奥运会单一场馆或区域性场馆安保封闭线外的区域,在安保封闭线外“P8”停车场停放。

“安保”车证式样如图 17-21 所示。

a)

b)

图 17-21 “安保”车证式样

a)“安保(S1)”车证;b)“安保(S3)”车证

**5. 第五类车证**(“V”类车证)

第五类车证用于场馆工作、保障车辆,共分为 9 种。

(1)“场馆(VEN)”车证

“场馆(VEN)”车证用于北京奥组委、各协调工作小组的官员车辆,如图 17-22 所示,车证的客户群类别代码为“场馆(VEN)”。

持“场馆(VEN)”车证的车辆,可进入首都机场航站楼前的指定上、下车区落客;也可通行于奥运会全部场馆,车辆经安检后在安保封闭线内“P12”停车场或指定地点停放。

(2)“运行保障 (VTS)”车证

“运行保障 (VTS)”车证用于为场馆计时、计分、网络、通信、电力、颁奖等提供技术支持的车辆,如图 17-23 所示,车证的客户群类别代码分别为“运行保障 1(VTS1)”和“运行保障 2(VTS2)”。

持“运行保障 1(VTS1)”车证的车辆,可通行于奥运会全部的竞赛场馆、训练场馆(含独立训练场馆)和部分非竞赛场馆,经安检后进入安保封闭线内“P7”停车场或指定地点停放。

持“运行保障 2(VTS2)”车证的车辆,可通行于奥运会指定的场馆或场馆群,经安检后进入安保封

闭线内“P7”停车场或指定地点停放。

图 17-22　“场馆(VEN)”车证式样

图 17-23　“运行保障（VTS)”车证式样

(3)“场馆服务(VS)”车证

“场馆服务(VS)”车证用于为场馆医疗急救、公共卫生、工程保障、抢险、秩序维护、物流、清废、餐饮等提供后勤支持和服务保障的各类车辆，如图 17-24 所示，车证的客户群类别代码分别为“场馆服务 1(VS1)”、“场馆服务 2(VS2)”和“场馆服务 3(VS3)”。

持“场馆服务 1(VS1)”车证的车辆，可通行于奥运会全部的竞赛场馆、训练场馆(含独立训练场馆)和部分非竞赛场馆，经安检后进入安保封闭线内指定地点、物流区停放或临时停靠。

持“场馆服务 2(VS2)”车证的车辆，可通行于奥运会指定的场馆或场馆群，经安检后进入安保封闭线内指定地点、物流区停放或临时停靠。

持“场馆服务 3(VS3)”车证的车辆，可通行于奥运会指定场馆或场馆群安保封闭线外的区域，在安保封闭线外指定的停车场停放。

(4)“检测(V－DOP)”车证

“检测(V－DOP)”车证用于赛事兴奋剂检测专用车辆，如图 17-25 所示，车证的客户群类别代码为“检测(V－DOP)”。

图 17-24　“场馆服务(VS1)”车证式样

图 17-25　“检测(V－DOP)”车证式样

持“检测(V－DOP)”车证的车辆，可通行于奥运会全部的竞赛场馆、奥运会兴奋剂检测中心和首都国际机场上、下车区，经安检后可进入竞赛场馆安保封闭线靠近运动员出入口的位置停放。

(5)“场馆外围 1(V－SPE)”车证、“场馆外围 2(V－RES)”车证

“场馆外围 1(V－SPE)”车证用于指定场馆的有组织观众、集体乘车的志愿者的车辆和指定的出租车。“场馆外围 2(V－RES)”车证用于在指定场馆的场馆区内、安保封闭区外的单位、居民车辆。

持“场馆外围 1（V－SPE）”车证、“场馆外围 2（V－RES）”车证的车辆，可通行于指定的场馆安保封闭线外的区域。持“场馆外围 1（V－SPE）”车证的车辆，在安保封闭线外落客或在指定的停车场停放；持“场馆外围 2（V－RES）”车证的车辆，不能在奥运会指定以外的停车场停放。

上述 2 种车证不受单、双号通行限制和不得行驶奥林匹克专用道，如图 17-26 所示。

图 17-26 “场馆外围 2（V－RES）”车证式样

**6. 第六类车证**（“D”类车证）

（1）“临时准入（D－A）”车证

持有“临时准入（D－A）”车证的车辆，经安检后可进入奥运会指定场馆安保封闭线内的 P12 停车场停放，一次性使用有效。

（2）“场馆临时 1（D－V1）”车证

持“场馆临时 1（D－V1）”车证的车辆，可进入奥运会指定场馆安保封闭线内即停即走，不得长时停放。

（3）“场馆临时 2（D－V2）”车证

“场馆临时 2（D－V2）”车证，主要用于持包厢贵宾票和持请柬观众观赛的车辆。持有该车证的车辆可进入奥运会指定场馆安保封闭线外，在非注册贵宾停车场停放。

上述 3 种车证只限当日使用有效，其中后两者不受单、双号通行限制和不得行驶奥林匹克专用道，如图 17-27 所示。

a)



b)

图 17-27 “场馆临时”车证式样

a）“场馆临时 1（D－V1）”车证；b）“场馆临时 2（D－V2）”车证

**7. 第七类车证**（“Z”类车证）

第七类车证又称作“单项公路赛事”车证，共分为“场地”证（“起、终点”）、“路线”证、“保障”证 3 种，用于奥运会公路赛事项目：田径马拉松、城区公路自行车、铁人三项。这三项赛事车证只限本赛事项目举办期间和指定区域或路线使用，如图 17-28 所示，车证的客户群代码分别为：马拉松起点“Z－NM”、终点“Z－NST”、路线“Z－ROUTE”、保障“Z－OPS”；城区公路自行车起点“Z－YDM”、终点“Z－JYG”、路线“Z－ROUTE”、保障“Z－ OPS”；铁人三项起、终点“Z－S、E”、路线“Z－ROUTE”、保障“Z－ OPS”。

“起、终点”车证和“路线”车证，须与原持有的奥运会场馆车证共同使用。持“起、终点”车证的车辆，比赛开始前按场馆车证标注的停车场代码，到起、终点所对应的安保封闭线内或安保封闭线外的停车场停放，除铁人三项赛事外，“起、终点”车证不能互通使用；比赛开始后，持“起、终点”车证的车辆不得进入比赛路线。持“路线”车证的车辆，可分别进入起、终点，按对应的客户群分配车场或按指定地点停放；比赛开始后，按顺序进入比赛路线。持保障车证的车辆，在正式比赛前，可进入竞赛路线，正式比赛开始后不得进入竞赛路线。

**8. 第八类车证（“Y”类车证）**

第八类车证用于场馆成品保护期间，为场馆进行物资运输、设备安装、巡查维护、服务保障和场馆运行的车辆上路通行及出入场馆。车证的客户群类别代码分别为：“移入期 1（Y－IN1）”、“移入期 2（Y－IN2）”、“移出期 1（Y－OUT1）”、“移出期 2（Y－OUT2）”。

持“移入期 1（Y－IN1）”车证、“移出期 1（Y－OUT1）”车证的车辆，可通行于奥运会全部竞赛场馆、训练场馆和部分非竞赛场馆，在指定的地点停放，如图 17-29 所示。持“移入期 2（Y－IN2）”车证、“移出期 2（Y－OUT2）”车证的车辆，可通行于奥运会指定的场馆，在指定的地点停放。

图 17-28　“单项公路赛事”车证式样

图 17-29　“移入期”车证式样

## 二、残奥会车证

第 13 届残疾人奥林匹克运动会车辆证件共分为 7 大类别、35 种车证。车证版面模块功能如图 17-30 所示。

**1.“T”类车证**

“T”类车证为残疾人奥林匹克大家庭分配用车车辆证件，共 10 种。包括：“T1”车证；“T2”车证（A、B、C、D）；“T3”车证；“代表团（TN）”车证；“运动员（TA）、（TA1）”车证；“技术官员（TF）”车证；“媒体（TM）”（减少了“媒体（TM1）”）车证；“观察员（TOBS）”车证；“赞助商（TSPO）”车证；“TG”车证。［与奥运“T”类车证相比，减少了“青年营（TOYC）”车证、“城际间（TC）”车证］

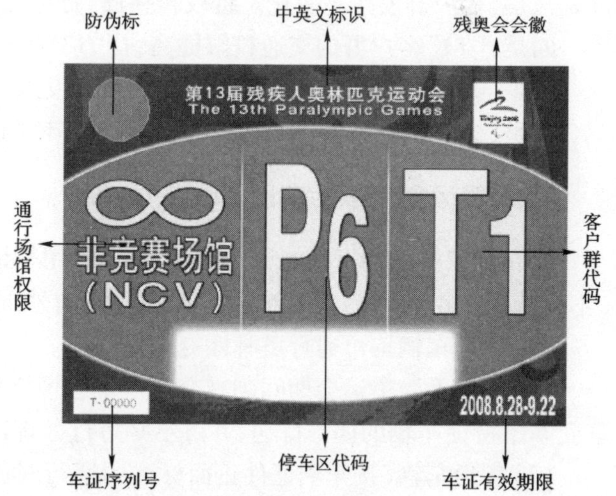


图 17-30　车证版面模块功能示意

**2.“M”类车证**

“M”类车证为媒体工作用车车辆证件，共 5 种。包括：“转播商（M－RHB）”车证；“电子信息采集（M－ENG）”车证；“国际广播中心（M－IBC1、M－IBC2）”车证；“摄影（M－PHP）”车证。［与奥运会“M”类车证相比，减少了“胶卷、磁卡传递（M－FILM）”车证和非竞赛场馆中的“媒体村”车证］

**3.“R”类车证**

“R”类车证为收费卡车辆证件，共 4 种。包括：“收费卡（R－NPC）”车证；“文字摄影（M－PRS）”车证；“收费卡（RC）”车证；“收费通行（RA）”车证。［与奥运会“R”类车证相比，奥运会代表团用证“收

费卡(R－NOC)”车证变更为“收费卡(R－NPC)车证]

**4."S"类车证**

"S"类车证为安全保卫车辆证件,共2种。包括:"安保(S1)"车证;"安保(S2)"车证。[与奥运会"S"类车证相比,减少了"安保(S3)"车证]

**5."V"类车证**

"V"类车证为场馆工作、保障车辆证件,共11种。包括:"场馆(VEN)"车证;"运行保障(VTS1、VTS2)"车证;"场馆服务(VS1、VS2)"车证;"检测(V－DOP)"车证;"物流配送"车证;"餐饮服务"车证;"场馆外围1"车证、"场馆外围2"车证。(与奥运会"V"类车证相比,增加了"物流配送"车证和"餐饮服务"车证2个品种)

**6."D"类车证**

"D"类车证为临时车证,共1种,即"临时准入(D－V)"车证。(与奥运"D"类车证相比,减少了"场馆临时1"车证、"场馆临时2"车证2个品种)

**7."Z"类车证**

"Z"类车证为单项公路赛事车证,共2种,即"田径马拉松"车证和"公路自行车"车证(与奥运会"Z"类车证相比,减少了"铁人三项"车证),其车证客户群代码分别为:马拉松起点(国家博物馆)"Z－NM"、终点(国家体育场)"Z－NST"、路线"Z－ROUTE"、保障"Z－OPS";公路自行车起终点"Z－SE"、路线"Z－ROUTE"、保障"Z－ OPS"。

## 三、残奥会车证与奥运会车证的比较

残奥会车证与奥运会车证相比较,有以下6种变化:

一是,种类由8种减至7种;品种由44种减至35种。

二是,车证式样作了微调。车证中心腰条由正方形变为椭圆形;会徽由右侧调整至左侧;中英文标题头改为"第13届残疾人奥林匹克运动会"。

三是,客户群发生了变化。持权转播商、赞助商人员减少,青年营取消。

四是,"T3"客户群的交通权限提高,持"T3"车证的车辆可进入场馆安保封闭线内落客。

五是,收费卡车证由计划发放变更为按需发放。

六是,提高单一场馆间通行权限,区域性车证的比例增大。

## 四、持奥运会/残奥会车证车辆的通行权

持有北京奥组委发放的奥运会/残奥会专用车证的车辆,在其证件有效期间,具有下述道路通行权(不含持车证正面底色为黄色的临时车证、场馆外围车证的车辆)。

(1)客运车辆均可通行奥林匹克专用车道。

(2)车辆不受奥运会期间削减交通流量管理措施的限制(开闭幕式另有规定);外埠号牌持证车辆享受本市持证车辆的同等待遇,并可不必另行办理进京通行证。

(3)货运车辆(按车辆证件正面标注的通行时间)可以进入本市市区(六环路以内)道路。为奥林匹克大家庭成员/残奥大家庭成员运送行李、器材设备的车辆和执行场馆运行保障专项作业车辆及承担比赛转播任务的卫星转播车,可以通行奥林匹克专用车道;执行物流配送、餐饮服务和清废的货运车辆,核载质量4吨(不含)以上的,不得通行奥林匹克专用车道;核载质量4吨(含)以下的,不得通行长安街和二、四、五环主路设置的奥运专用车道。

根据奥运安保工作协调小组的意见,用于奥运会开、闭幕式,国际奥委会全会,奥运文化节活动,火炬接力活动等专项活动的车证,将分别由奥运安保要人指挥部和奥运安保指挥中心大型活动部负责制订、印刷和发放。

## 第三节　车辆证件的发放、管理

### 一、组织机构

第29届奥林匹克运动会组委会交通部（以下简称交通部）下设车辆证件管理处（以下简称车证处），车证处向北京奥运安保指挥中心负责。

车证处主要职责是具体负责奥运会场馆车辆证件的制作、印刷；汇总各车证用户单位需求；根据用证单位的资质条件、奥运场馆车位设置的情况、申请单位的车证用途、通行场馆的车证权限、单位用证数量与承担任务的关系等，提出审核意见上报审批，并根据审批意见组织车证的发放工作。

各场馆团队由安保副主任负责组织，分别在场馆区外围的验证岗和车辆安检口对进入场馆的持证车辆和驾驶人员分别进行安全查验。同时，对停车场的停放车辆进行车证的流动检查，及时发现并严肃处理盗用、冒用、伪造（复印）、转借、涂改车辆证件的现象。对申请临时进入场馆安保封闭线内访客、送货的车辆，向办证窗口提出具体审核意见。

### 二、发放范围

奥运会场馆车辆证件只向需进入（通行或停放）奥运会场馆参加体育赛事活动或为场馆运行保障及赛事提供直接服务的单位、组织或注册的人员的车辆发放。

奥组委注册人员中的一般工作人员（含赞助商、合同商、供应商的注册人员）、志愿者和主责部门聘请的顾问人员（含非注册人员），均可凭注册卡（或乘车证）免费乘坐公共交通工具出行，原则上不提供奥运赛时车证。

场馆安保封闭线内的车辆通行证件只向持有奥运会身份注册卡或组合卡（身份和通行卡）的人员的车辆发放。未取得奥运会身份注册卡或组合卡的人员的车辆，经批准的只能办理场馆外围车证或可进入场馆安保封线外的临时准入车证。

本“办法”所涉及的车辆证件不能通行奥运会开、闭幕式管制区。

### 三、有效期限

（1）移入期车证：自奥运会开幕前70天（2008年6月1日）开始启用至场馆实行场馆锁闭日止（到2008年7月19日）。

（2）移出期车证：自该场馆赛事或与奥运会相关活动结束至残奥会转换期或交由业主单位管理日止。

（3）赛时车证：自奥运会注册卡激活日（2008年7月8日）陆续启用，至场馆赛事或与奥运会相关活动结束日止（最长有效期至2008年8月27日止）；场馆继续承担残奥会赛事活动的，转换期间将使用移出期车证。

### 四、申报（统计）的原则

根据下述原则对车证用户的办证需求进行统计、把关。

（1）大型载重货运车辆（不含从事技术支持、服务保障的定位车和专项作业车辆）和场馆团队人员的车辆，原则上不办理安保封闭线内占用停车位的车辆证件。

（2）申请办理进入场馆安保封闭线内车辆证件的驾驶员及乘车人必须是注册人员，所办理的场馆车辆证件的通行权限要与驾驶员及乘车人的身份注册卡通行权限对应。不具备通行全部场馆安保封闭区内身份注册的人员，不得申请办理通行全部场馆安保封闭线内的车辆证件［确需进入申请车证通行权限以外场馆的，可先办理人员身份应急一日升级卡，再行到车证办证窗口办理场馆临时准入（当日有效)车证]。

(3)只办理通行场馆安保封线外车辆证件的,驾驶人员也须提前备案;车辆证件将按照"权限对应,合理适度"的原则,结合用证单证实际工作需要、参考团队意见予以总量控制。

(4)只负责登记须进入奥运会场馆参与奥运会赛事活动的,或直接为场馆赛事活动服务的工作车辆用证(不需进入奥运场馆的和为城市运行、社会保障服务的车辆通行证件,由市公安交通管理机关负责办理)。

(5)使用奥运会车辆证件的车辆必须符合国家和北京市的有关环保标准(持绿色环保标志)及车辆安全上路条件的规定(在车辆安全检测有效期内)。

(6)占用场馆(不含训练场馆和服务场所)安保封闭区内和安保封闭线外规划车位停车的车辆证件,将实行配给方式,即根据场馆规划车位实际数量,按下述比例进行分配:

①占用安保封闭线内车位的车证(不含"T"类、"M"类车证)发放比例为1:1.9,即按规划车位数×1.9=发证数,再将可办证数分配到各主责部门并严格按车证分配数进行审批。

②占用安保封闭线外车位的车证(不含"T"类、"M"类车证)发放比例为1:2.3,即按规划车位数×2.3=发证数,再将可办证数分配到各主责部门并严格按车证分配数进行审批。

### 五、奥运车辆证件申报(统计)的主责部门

(1)奥组委分配车辆证件("T"类)、注册媒体车辆证件("M"类)和收费卡车证("R"类)、各奥运工作协调小组及奥组委车辆证件,由奥组委相关部门按照相关规定进行申报统计。

(2)安保用证:北京奥运安保指挥中心所属各部门的车辆证件,由奥运安保指挥中心负责统计;奥运安保工作协调小组各成员单位由奥运安保协调小组办公室负责统计。

(3)场馆团队只负责登记本场馆团队(不含一般工作人员)所使用的工作车辆(含负责场馆安保任务的车辆);区属单位为场馆运行提供直接服务、保障的车辆和场馆团队自行签约的物流等保障车辆用证。

(4)申请场馆运行保障车证的单位(含计时、计分、网络、票务、注册中心、通信、电力、工程保障、抢险、颁奖、兴奋剂检测等)和申请场馆服务车证的单位(含医疗救护、卫生防疫、金融、邮品、物流配送、餐饮供应、清废、文艺演出),必须是北京奥组委或市、区政府确定的奥运会服务、保障部门或组织,或与奥组委签约的合作伙伴、赞助商、独家供应商、供应商、合同商。这些单位或组织所需的车证,将由奥组委主责部门或场馆团队按照车辆证件申请(统计)的原则,根据各单位或组织在奥运会赛时所承担任务的工作量和作用,提出车证数量的具体分配意见。

(5)场馆外围车证:属于场馆周边单位、居民通行场馆控制区的车辆通行证件,由周边单位和居、家委会向场馆所在地的交通支队进行申报。保点出租车、志愿者(为高校、军队志愿者将提供700辆大客车)的用证由市运输管理局进行统一安排,并向车证管理处提出需求。有组织观众的车辆用证,属于奥组委主责部门组织的,由主责部门提出用证需求(注明场次或场馆);由场馆所在区、县组织的,由场馆团队提出用证需求。

(6)注册媒体的车证("M"类),属于文字、摄影记者的和通过收费卡项目购买的车辆用证,向奥组委媒体运行部进行申报;持权转播商(含电子信息采集)的车辆用证向BOB进行申报。

(7)"场馆临时(D-V)"车证的申领:进入竞赛场馆安保封闭线内送货的车辆(驾驶人员和乘车人须是注册人员),须提前12个小时向奥组委主责部门或竞赛场馆团队业务部门经理进行申请,报安保副主任或场馆主任批准后,再到车辆证件管理处所属的办证窗口办理"场馆临时(D-V1)"车证;进入非竞赛场馆访客的,可向非竞赛场馆团队提出申请,驾驶人员及乘车人须办理访客一日卡,车辆不得进入非竞赛场馆安保封闭线内,只能在访客中心外的指定地点停放。持包厢票和请柬观赛的人员,将按包厢和入场券的场次配发"场馆临时(D-V2)"车证(由奥组委票务中心、秘书行政和国际联络部提出需求),限在包厢票和请柬(入场券)的比赛场次时间内使用有效。

(8)“临时准入(D-A)”车证的办理:“临时准入(D-A)”车证的发放对象为持贵宾注册卡的人员的车辆,将与注册应急一日卡(身份卡通行权限的升级)配合使用。

## 六、审核批准原则

(1)人员身份注册卡的通行权限、车辆场馆的通行权限及客户群通行场馆的安保等级是审核优先的参考依据。

(2)场馆规划车位的数量配额和车证办理标准是客户群申报车证类别和数量的确定标准。

(3)用户单位在场馆运行中所承担的任务和作用是审核的限定条件。

## 七、审核批准程序

(1)各业务主责部门(含政府有关部门)要确定专人对各自负责的客户提出的用证申请(数量),按照移入期、赛时、移出期三个阶段并参照车证分配计划进行初审,分类填写进由车证处发放的统一规格的车证登记表后,报主责部门领导(或场馆团队负责人)审核并加盖部门公章后转车证处。

(2)车证处在汇总各部门申请需求的基础上,结合场馆规划车位的数量和安保运行政策,严格把关审核后,上报奥运安保指挥中心进行审批。

(3)进入特殊的非竞赛场馆:奥林匹克公园公共区、IBC、MPC、总部饭店、奥运大厦、奥运村中心区等特殊非竞赛场馆的物流配送、餐饮服务、邮政等货运车辆的用证申请,除须向主责部门申报登记外,还须经场馆团队签署批准意见;对进入特殊的非竞赛场馆的车证,车证处对用证申请进行审核后,报奥运安保指挥中心审批。

## 八、奥运会车辆证件使用要求

(1)各注册客户群车辆所属单位或归口部门要对车辆安全进行把关,对车辆驾驶员要经过严格审查并与之签订交通安全责任书。驾驶员的相关信息(姓名、年龄、驾档编号,外籍驾驶员信息中还要注明国籍或临时入境的驾档编号)要填入车辆证件申请登记表(正式报表时附电子版表格),由车证处集中录入车辆证件管理系统。

(2)需进入奥运会场馆安保封闭线内执行运输任务(含临时车证)的驾驶人员必须经过身份注册,所持的身份注册卡要与所使用的车辆证件通行权限对应。

(3)拉运易燃、易爆、枪支、弹药等危险品物资的车辆,上路前须取得本市危险品运输通行证后,方可申请办理奥运会车证。(审批或办理易燃、易爆危险品运输通行证的到北京市公安局公安交通管理局,外省、市号牌车辆需拉运危险品物资进入本市的,还须由使用单位向北京市安监局提出申请报批;审批或办理枪支、弹药危险品运输许可证的,到北京市公安局治安总队申请报批,并由治安总队组织武装押运。)

(4)所有奥运会车证均须填写车牌号码。可进入安保封闭线内的车辆,其备案车号打印在车证正面下方明显位置;“T”类车证、“转播商”车证、“临时”车证为一车一证,每张车证只允许填写一个车辆的牌号;其他类型的车证,每张车证可填写2个车辆的牌号,但每次只限备案车中的1辆车使用。只准通行于安保封闭线外的车辆,须将车号填入车证背面“车号备案登记栏”中(按项目填写),每张车证可供使用单位的1~4辆车轮流共用。

(5)持奥运会收费卡车证的车辆(含通过收费卡项目租赁的车辆),也须将车号填入收费卡车证正面的“车号备案登记栏”中,每张车证可填写2辆车的车牌号,但每次只准其中1辆车使用。备案驾驶员(2~3人)的姓名要填入车证背面的“驾驶员信息”栏中。

(6)未填写车号和未加盖公章的车证使用无效。

(7)车证在使用过程中,如果出现丢失、被盗等情况时,车证的使用客户必须先向申领证件的主责部门或代表进行申报,收到申报的主责部门要迅速告知车证处。车证处接到告知后,要与数据库信息进行比对、标注,并及时向奥运安保指挥中心进行报告。安保部门接到报告后,要向各场馆安检、交管及奥运场馆运行团队通报部署,以便在工作中及时发现。丢失和被盗的证件,将采取应急措施,宣布失效并纳入车证管理数据库黑名单系统。

## 第四节　奥运会、残奥会车辆证件发放统计表

北京主赛区奥运会、残奥会车辆证件发放统计表见表17-1。

表17-1

| 序号 | 车证种类 | 客户群类别 | 奥运会期间(张) | 残奥会期间(张) |
|---|---|---|---|---|
| 1 | T1 | IOC/IPC高级官员及贵宾等车辆 | 1200 | 305 |
| 2 | T2(A) | 代表团人数大于51的NOC主席、秘书长车辆/NPC主席、秘书长、团长车辆 | 445 | 155 |
|  | T2(B) | IF车辆/IPSF车辆 | 155 | 74 |
|  | T2(C) | IOC行政用车/IPC行政用车 | 35 | 8 |
|  | T2(D) | IOC医学委员会车辆/IPC医学委员会车辆 | 35 | 4 |
| 3 | T3 | IOC官员等车辆/IPC官员等车辆 | 970 | 452 |
| 4 | TN | 代表团分配车辆 | 950 | 393 |
| 5 | TA | 运动员车辆 | 860 | 742 |
| 6 | TF | 技术官员车辆 | 150 | 50 |
| 7 | TM | 媒体班车 | 897 | 276 |
| 8 | TOBS | 观察员车辆 | 5 | 5 |
| 9 | TOYC | 青年营车辆 | 10 |  |
| 10 | TSPO | 赞助商车辆 | 1060 | 129 |
| 11 | 奥林匹克接待中心 | 赞助商等车辆 | 200 |  |
| 12 | TC | 京外赛区车辆 | 100 |  |
| 13 | M—RHB | 转播商车辆 | 2600 | 500 |
| 14 | M—ENG | 电子信息采集车辆 | 600 | 250 |
| 15 | M—IBC1(安保线内) | 国际广播中心车辆 | 95 | 62 |
|  | M—IBC2(安保线外) | 国际广播中心车辆 | 1405 | 500 |
| 16 | M—PHP | 国际、国家摄影车队 | 11 | 0 |
| 17 | M—FILM | 图片采集车辆 | 3 |  |
| 18 | 转播商RHB ENG(残奥村PLV) | 转播商车辆 |  | 10 |
| 19 | M—OLV | 奥运村媒体车辆 | 10 |  |
| 20 | M—MEV1 | 绿色家园媒体车辆 | 220 |  |
| 21 | M—MEV2 | 汇园公寓媒体车辆 | 50 |  |
| 22 | M—PRS | 媒体收费卡(全通、单场馆有车位) | 680 | 285 |
| 23 | R—NOC(R—NPC) | 代表团收费卡(单场馆有车位) | 2306 | 705 |
| 24 | RC | 国际单项体育组织/赞助商收费卡(单场馆有车位) | 0 | 471 |
| 25 | RA | 收费卡场馆全通无车位 | 2550 | 603 |
| 26 | VEN | 组委会及政府部门指挥人员车辆 | 513 | 503 |
| 27 | VTS1(安保线内) | 全通场馆服务、技术保障车辆 | 2187 | 1456 |

续上表

| 序号 | 车证种类 | 客户群类别 | 奥运会期间（张） | 残奥会期间（张） |
|---|---|---|---|---|
| 28 | VTS2（安保线外） | 单一/区域场馆服务、技术保障车辆 | 428 | 400 |
| 29 | VS（安保线内） | 组委会及政府部门工作车辆 | 2942 | 2520 |
| 30 | VS1（安保线内） | 区域场馆工作人员 | | 436 |
| 31 | VS2（安保线内） | 单一竞赛场馆、独立训练场馆团队车辆 | 4618 | 3868 |
| 32 | VS3（安保线外） | 单一竞赛场馆、独立训练场馆团队车辆 | 3160 | |
| 33 | 定位 | 场馆定位车 | | 287 |
| 34 | 餐饮服务 | 场馆餐饮服务 | 842 | 729 |
| 35 | 物流配送 | 场馆物流保障 | 1135 | 1092 |
| 36 | V—DOP | 兴奋剂检测车辆 | 49 | 21 |
| 37 | 交通场站 | 交通场站 | 1056 | 955 |
| 38 | V—SPE | 场馆周边保点出租车、有组织观众班车 | 7120 | 5645 |
| 39 | 铁人三项 | 专项赛事车辆 | 24 | |
| 40 | 马拉松 | 专项赛事车辆 | 918 | 1220 |
| 41 | 公路自行车 | 专项赛事车辆 | 1562 | 568 |
| 42 | 摩托车证 | 专项赛事摩托护卫 | 30 | 45 |
| 43 | D—V（D—A） | 场馆临时车辆 | 1789 | 570 |
| 44 | 临时包厢 | 持包厢票车辆 | 3711 | 1640 |
| 45 | S | 安保车辆 | — | — |
| 46 | Y | 移入、移出期物资运输车辆 | 8330 | |
| | | 合计 | 58016 | 27934 |

## 第五节　精心组织、个性化服务

本届奥运会在车辆证件的设计、发放、管理方面做了精心组织，为客户群提供了更多的个性化服务，具体表现在以下几方面。

**1. 组织培训的范围最大**

奥组委交通部先后利用多媒体的教学方式对不同的客户群和不同的车证使用单位进行了上百次的车证类别和正确使用的培训，近万名人员通过培训，了解了车证的类别、用途和使用方法。组织培训的次数之多、参加培训的人员范围之广、培训的内容之全，是历次大型活动所没有的。

**2. 提供的车证样本和使用手册的数量最多**

奥运会、残奥会期间，共印制了安保人员车辆证件使用手册5000套，样本册5000套，收费卡车证使用手册5000套，媒体车证使用手册5000套，共计2万套，分别发放到车证使用者和场馆、路面安保人员及京外协办城市有关部门（不含香港赛区）人员手中，使这些人员随时掌握车辆证件内容，正确使用车证和对车证使用者进行严格管理。

**3. 为国外车证使用者和媒体提供的服务最到位**

除了在所有车证的背面均印制了使用说明外，对国外人员使用车证种类较大的收费卡车证和媒体车证的使用说明还加注了中英文对照。根据BOB（持权转播和电子信息采集商）工作的特点，我们专门在IBC（国际广播中心）设立了车证办证点，派出两名有外语听说能力、有一定办证经验基础的同志全天开展工作，保证了BOB用证的需求。

**4. 满足特殊需求最及时**

由于本届奥运会参加的国家、地区代表团的人数最多，特殊需求也随时存在。如：国际奥委会提出有部分国家的代表团住在奥运村外，需要租用大型客车到场馆参加训练和比赛，但在设计方案中，代表团所使用的“TN”车证和“收费卡（R－NOC）”车证均没有大班车证，为了便于这些代表团到场馆参加训练和比赛，我们及时设计、印刷了一种大型“收费卡（R－NOC）”班车车证，并通过计算机打印车号和场馆名称的方式，满足了这些代表团进入场馆封闭线内落客、场馆外“P9”停车场停车的要求。又如：部分“IOC”代表团提出增加全通“收费卡（RA）”车证，但是从整体交通考虑，全通“收费卡（RA）”车证是有规定数额限量发放的，为了解决这些代表团、特别是这些代表团所在国家的使馆使用收费卡“RA”车证的需求，采取将增加的车牌号集中塑封到车证背面的做法，使一张车证可供多辆车使用，不仅“收费卡”车证总量没有增加，而且还受到了代表团的好评。

**5. 提供车辆证件识别标识最齐全**

为了便于车辆证件持有者准确、快捷地到达出行目的地，除了印制车证样本和使用手册外，还分别在31个竞赛场馆、17个非竞赛场馆和44个训练场馆安保封闭线外的控制路口和安检控制岗位，按照安保封闭线内、外可通行的车证种类，设置了近千块车辆证件识别牌，使持证者和安保管理岗位通过识别牌对照车证种类按图索骥、有的放矢地通行或禁行。这一做法是在国内大型活动中首次使用，取得了非常好的效果。

**6. 自觉奉献，办公环境、条件最节俭**

本着“节俭办奥运”的方针，车证办公室积极克服办公条件的不足，在临时租用的待拆迁的两间普通平房中办公，高峰期间每天接待多达上百位办证人员，通过微笑服务、耐心解释，用真诚感动了办证人员，得到了他们的理解和支持，在最廉价的办公环境下提供了最优质的服务热情。

**7. 为各客户群通行场馆提供个性服务最周到**

虽然奥运会车辆证件分为8大类11种，残奥会车证为7大类35种，但每个客户群通行的场馆不同，通行和停车权限也不尽相同，笼统地套用设计的车证种类不能满足不同的客户群通行场馆的不同需求。根据各客户群所要达到的出行目的，将发放的车证种类进一步细化到具体场馆、具体停车场位，从而使各客户群前往不同的场馆、场所十分简捷、有效，所提供的车证种类个性化服务既是历届奥运会最为周全，也是建国以来大型活动考虑最为周到的。

# 第十八章　奥运交通指路标识

奥运交通指路标识是指为奥运会、残奥会交通设计并使用的一套有别于普通城市道路交通指路标识的专用标识，是奥运交通设施的一个重要组成部分。奥运交通指路标识为奥运专用车辆提供准确、清晰、快捷、方便的交通引导服务，是保障奥运会、残奥会赛时车流、人流、物流有序、安全运行的基础，也是国际奥委会监控项目之一。

根据"人文奥运"的设计理念，北京奥运交通指路标识简洁、醒目，结合北京城市交通的特点，既反映了中国文化特色，也满足了奥运会、残奥会赛时复杂交通的需求。

奥运交通指路标识包括奥运会、残奥会城市道路奥运交通指路标识、场馆周边及场馆安保线内交通指路标识、奥运专用车道标识和奥运班车站牌标识。北京主赛区奥运交通各类标识共计 1 万余面。京外赛区交通指路标识参照北京主赛区设计、制作。

## 第一节　工作回顾

奥运交通指路标识设计准备工作始于2006 年9 月。2006 年11 月，受北京奥组委交通部委托，北京市政府采购中心进行公开招标，招标文件中要求奥运交通指路标识应实现以下几个交通系统的指引，包括：抵、离京系统，开、闭幕式主会场标识系统，比赛场馆指路标识，奥运专用车道标识系统，场馆内及周边车辆行驶引导标识系统，比赛场馆及非竞赛设施停车场引导标识系统。通过对 3 家竞标单位资质审查，最后经过现场答辩和专家评审，由交通部公路科学研究院中标并承担设计任务。

奥运会、残奥会首次在中国举办，这种特大型国际活动交通标识设计在中国也是首次，奥运交通指路标识设计存在着缺乏大型国际活动标识设计资料、客户需求多样、场馆与设施数量众多、交通流线复杂、设计与施工周期紧等种种技术难题和困难。为确保高质量按期完成这一高水平、高要求的设计任务，在北京奥组委交通部统一组织下，在北京市公安局公安交通管理局(以下简称市交管局)的指导、支持、配合下，交通部公路科学研究院抽调骨干力量与奥组委交通部相关人员共同组织了专门设计团队进行攻关。

为了积累摸索奥运会、残奥会指路标识设计经验，设计团队承担了"好运北京"体育赛事的交通指路标识设计工作。"好运北京"体育赛事是北京奥组委承诺国际奥委会，在奥运会正式比赛前测试比赛场馆及赛事运行的一系列测试赛。

从 2007 年年初起，设计团队结合奥组委文化活动部编制的"好运北京系列赛事指示系统设计应用指南"开始进行"好运北京"体育赛事标识设计工作，与场馆管理部、文化活动部等部门多次沟通论证，优化设计方案，于 6 月底确定了"好运北京"体育赛事场馆内、场馆外指路标识设计方案。

从 2007 年 8 月开始至 2008 年 6 月，设计团队共为"好运北京"的 40 项体育赛事设计了交通指路标识，其中涉及了 31 个奥运场馆，为完成奥运交通指路标识的设计奠定了坚实的基础，并积累了丰富的经验。

在为"好运北京"测试赛服务的同时，设计团队紧张地进行着奥运交通指路标识的初步设计工作，包括由各场馆团队提供奥运场馆交通运行组织方案、交通指路标识设计需求，以及多次组织进行现场踏勘。

2007 年 11 月 21 日，奥组委交通部在奥运大厦主持召开了"北京奥运会及残奥会城市道路交通指路标识设计方案"专家评审会，来自奥组委各有关部门、北京市交通委员会、市交管局、北京市路政局、北京工业大学等单位的专家和领导听取了项目组的技术汇报，认为根据北京奥运会及残奥会交通需求及城市道路交通特点所提出的设计方案，思路清晰、技术要点准确、可操作性较强。这次评审会有利地推动了该项目的顺利进行。

2007 年 12 月 5 日上午，北京奥组委交通部主持召开了"奥运赛时交通指路标识设计工作专题研讨会”，包括国际奥委会交通运行专家在内的专家组听取了设计团队关于“奥运会及残奥会城市道路及场馆周边交通指路标识设计方案”的报告。从奥运交通指路标识设计的基本原则、技术模式、技术要点、存在难题等几个部分，以首都国际机场、奥林匹克公园公共区和五棵松场馆为例，使用图片、动画、三维场景模拟等形式，向与会专家进行了详细讲述。专家组给予了“设计思路清晰，整体技术卓越”的高度评价。

2008 年 1 月底，设计团队完成第一稿设计图纸。奥组委交通部会同市交管局组织各场馆团队和相关部门经过 5 个月的现场调研，反复修改，设计图纸于 6 月底最终完成，交付市交管局等有关部门进行制作安装。

在“好运北京”体育赛事、奥运会交通指路标识设计的经验基础上，残奥会交通指路标识设计工作于 2008 年 7 月正式展开。设计人员针对残奥会交通运行和交通组织流线特点，经过现场踏勘、精心设计，于 8 月中旬报出设计图纸，交付施工。

北京残奥会正式闭幕后，奥运交通指路标识在 2008 年 10 月 1 日前全部由市交管局拆除回收。至此，2008 年北京奥运交通指路标识工作取得了圆满成功，并获得了国际上的高度评价。

北京奥运会、残奥会作为历史上规模最大的体育盛会，场馆与设施数量已远远超越了往届，交通指路标识的需求也同样如此。根据奥运交通流线和各部门实际技术需求，设计标识具体数量参见表 18-1：

奥运交通指路标识设计需求统计表

表 18-1

| 类别 | 序号 | 服 务 对 象 | 数量(面) |
|---|---|---|---|
| 测试赛 | 1.1 | 城市道路及周边 | 1563 |
| | 1.2 | 场馆内 | 1342 |
| | 1.3 | 观众服务 | 1324 |
| | 小计 | | 4229 |
| 奥运赛时 | 2.1 | 开闭幕式 | 63 |
| | 2.2 | 城市道路部分 | 1189 |
| | 2.3 | 通往京外赛区道路 | 66 |
| | 2.4 | 签约酒店、定点医院等 | 315 |
| | 2.5 | 比赛场馆、独立训练场馆和非竞赛场馆 | 2202 |
| | 2.6 | 交通场站 | 228 |
| | 2.7 | 班车站牌 | 764 |
| | 小计 | | 4827 |
| | 3 | 奥运专用车道标志 | 3203 |
| | 4.1 | 残奥会城市道路专用指路标志 | 862 |
| | 4.2 | 残奥会场馆专用指路标志 | 405 |
| | 4.3 | 残奥会班车站牌 | 260 |
| | 小计 | | 1527 |
| 合计 | | | 13822 |

## 第二节 职 责 分 工

北京奥运会、残奥会交通指路标识的设计、制作、安装、回收工作是一项非常复杂的工程，在北京奥组委交通部统一组织下，由交通部公路科学研究院进行设计工作，根据各场馆提出的设计需求并结合实地调研的情况进行设计；指路标识由市交管局负责制作、安装、验收和回收；班车站牌由公交集团负责制作、安装。同时在整个设计、施工过程中得到了奥组委场馆管理部、文化活动部、工程环境部、国际联络部、奥运村部、志愿者部、运动服务部、开闭幕式工作组、票务中心、各场馆团队等部门的大力支持和配合。

奥运交通指路标识工作各部门责任具体分工如下：

(1)奥组委文化活动部：负责奥运会、残奥会交通指路标识模板设计及成品样式的审核工作。

(2)奥组委场馆管理部：负责奥运会、残奥会比赛场馆列表及场馆位置分布图。对比赛场馆和训练场馆要明确比赛项目和训练项目，并注明场馆功能，对分布图提供彩色电子文档。

(3)奥组委交通部：根据文化活动部交通标识运用设计规范标准，负责协调设计单位——交通部公路科学研究院，根据市交管局和奥组委开闭幕式工作组、各场馆团队提供的奥运会、残奥会交通标识流线图，对各比赛场馆、非竞赛场馆交通运行方案进行设计。

(4)奥组委工程环境部：负责审核各场馆团队提供的奥运会、残奥会各场馆安保封闭线内的布局图以及图中需要指路标识指引的永久性建筑、临时建筑，以及其他功能区域的列表，对布局图提供的AutoCAD格式电子文档进行审核。

(5)奥组委国际联络部：负责对奥运会、残奥会各比赛场馆团队和设计单位提供的交通指路标识上的中文名称进行英文、法文的翻译。同时，负责对各场馆团队提供的场馆安保封闭线内客户群列表中文名称进行英文、法文翻译。

(6)奥组委奥运村部：负责提供运动员村和媒体村平面图及交通组织方案。

(7)奥组委志愿者部：负责提供各比赛场馆、独立训练馆和非竞赛场馆观众须知类的标识布设图、布设一览表、版面效果图、结构设计图和电子文件。

(8)奥组委票务中心：负责提供各比赛场馆的入口编号方案。

(9)奥组委运动会服务部：负责奥运会、残奥会各类驻地的中、英、法文名称、位置和功能。

(10)奥组委各场馆团队：负责奥运会、残奥会各场馆安保封闭线内的布局图和图中需要指路标识指引的永久性建筑、临时建筑，以及其他功能区域的列表，对布局图要提供AutoCAD格式电子文档。提供安保封闭线内各客户群人流、车流和物流详细交通组织方案(交通流线图及班车站牌的位置)并提出各类交通指路标识设置位置的具体意见。提供AutoCAD格式和PPT格式电子文档。同时，对场馆安保封闭线内客户群列表，列出各客户群名称、编号和简要说明。对流线所代表的客户群应有明确说明，车辆和人员流线应清晰、完整、连续。

(11)市交管局：负责提供奥运会、残奥会各场馆周边及城市道路平面图和交通组织方案(交通流线图)，并提供AutoCAD格式和PPT格式电子文档。

## 第三节　设计需求及特点

北京奥运交通指路标识设计需求分为三种类型："好运北京"体育赛事、奥运会和残奥会、残奥会特殊需求。

### 一、"好运北京"体育赛事

"好运北京"体育赛事交通指路标识设计需求分两部分，场馆安保线内指路标识设计和城市道路交通指路标识设计。场馆安保线内指路标识系统的功能是要满足运动员、技术官员、贵宾及媒体等客户群车辆顺利进入安保线内，并根据交通指路标识的指引，按照场馆预定的流线，到达相应的落客点、停车位落客、停车；在赛事结束后按照交通指路标识引导离场。测试赛城市道路交通特点是交通需求量并不大，仅限于场馆与驻地之间往返的指引和场馆周边的指引，由于同时进行的赛事较少，比赛场馆比较分散，城市道路交通流线交叉的情况也比较少，因此测试赛时主要进行点对点的交通指引。

### 二、奥运会、残奥会

奥运会、残奥会交通指路标识分4个主要部分：场馆周边及安保线内交通指路标识、城市道路交通指路标识、奥运专用车道标识和奥运班车站牌标识。

**1. 场馆周边及安保线内交通指路标识**

场馆周边及安保线内交通指路标识的设计需求是在车辆进入场馆区域内（场馆周边）后，按照交通指路标识的指引到达相应的停车场或安检、免检通道；进入安检、免检通道后，根据交通指路标识的指引，按照场馆预定的流线到达各客户群相应的落客点、停车位落客、停车，在赛事结束后按照交通指路标识引导离场。

**2. 城市道路交通指路标识**

在设计布局的需求上，城市道路交通指路标识要根据事先预定的交通组织流线进行设计。城市道路交通指路标识所设计指引的奥运相关设施主要包括：比赛场馆 31 处（场馆群 23 处）、独立训练馆 45 处、非竞赛场馆 17 处、签约酒店 120 家、定点医院 25 家、交通场站 6 个。奥运设施遍布全市，交通指路标识任务量非常大；另外奥运专用车道共计 287.5km。由于奥运交通组织流线非常复杂，并且对于奥运专用车道交通流量大的路段，对交通指路标识功能性要求非常高，奥运城市道路交通指路标识需要对每一个场馆设施、每一条路、每一个交叉口、每一个布设点、每一个杆柱、每一块版面等，进行数次的调研与踏勘，反复修改、优化设计，以实现科学准确、和谐美观、资源节约、环境友好的设计理念。

在设计功能的需要上，城市道路交通指路标识要满足奥运各类车辆往返各场馆与奥运村、国际广播中心（IBC）、主新闻中心（MPC）、媒体驻地、技术官员驻地；往返各媒体酒店与 IBC/MPC 以及相关奥运设施间的交通指路需求。同时也要考虑奥运定点医院、奥运媒体酒店周边的指路需求，以及开、闭幕式时的特殊交通需求。

在设计版面的需求上，城市道路交通指路标识要满足标识的识认性、美观性和实用性等原则，同时要符合北京奥运会的整体形象，贴近人们日常所使用的交通指路标识形式，同时考虑不同客户群的特殊需求，保证交通指路标识系统的科学性、连续性和一致性，最大限度地发挥其指引作用。

在上述需求的基础上，提出了“点模式”、“线模式”和“点线结合模式”的设计模式。

“点模式”是指以出发地开始，以目的地名称为内容的连续指路方式。这种模式的特点是能够提供连续指路信息，符合定向交通特点，但是对于奥运交通这种信息量大的指路系统，需要新设标识数量巨大。

“线模式”是指充分借助奥运专用车道系统，只在奥运专用车道出口设置预告和指路信息，在场馆与驻地周边设置指路标识。其特点是指引比较准确，工程量少，但是指路信息不连续，要求驾驶员对场馆位置和行驶路线非常熟悉。由于城市道路出入口信息量过大，奥运专用车道上标识内容与现有标识重复较多，奥运气氛显得不够浓厚。

“点线结合模式”是对上述两种模式的整合，又分为以下两种模式：“从点到线”或“从线到点”。“从点到线”模式是基于“点对点”的设计模式，尽可能点对点指引，信息量过载时采用分版面、删减信息、借助奥运专用车道名称、环线或高速提前预告等方式处理。“从线到点”是以奥运专用车道为骨架进行信息整合，先合流后分流，在有条件且不影响景观的情况下，在奥运专用车道中间段上、出口处和场馆周边尽可能提供更多到达目的地的信息。

根据北京奥运会、残奥会复杂的指路系统和庞大的需求量，最终采用了“点线结合模式”进行设计。

**3. 奥运专用车道标识**

奥运专用车道标识是沿奥运专用车道并与奥运专用车道标记、标线配套布设的，每 500 ~ 1000m 布设一面，要求醒目、连续，以保证奥运车辆的使用。

**4. 奥运班车站牌标识**

奥运班车站牌标识是在各奥运班车站点布设，提供班车路线等信息。

### 三、残奥会特殊需求

残奥会交通指路标识在设计中更多考虑了为残疾人提供便利，满足残疾人的特殊交通需求。如采取合理设置标识的高度、尺寸，在班车站牌上增加盲文等措施。

## 第四节　设计依据

### 一、奥运交通指路标识的设计依据

奥运交通指路标识(不含奥运专用车道标识)设计的主要依据是国家标准《道路交通标志和标线》(GB 5768—1999)中有关标识的规定，具体包括：

(1)指路标识的颜色，一般为蓝底白图案，高速公路为绿底白图案。

(2)指路标识的形状，除地点识别标志、里程牌、分合流标识外，均为长方形和正方形。

(3)指路标识的汉字采用标准黑体(简体)，汉字高度应符合表18-2规定，字宽与字高相等。

**汉字高度与计算行车速度关系**　　表18-2

| 行车速度(km/h) | 100~120 | 71~99 | 40~70 | <40 |
|---|---|---|---|---|
| 汉字高度(cm) | 60~70 | 50~60 | 40~50 | 25~30 |

(4)指路标识的阿拉伯数字和拼音字、拉丁字或少数民族文字的高度应依据汉字高度规定，他们与汉字高度的关系应符合表18-3规定：

**汉字高度与其他文字高度关系**　　表18-3

| 其他文字 | | 与汉字高度($h$)的关系 |
|---|---|---|
| 拼音字、拉丁字或少数民族文字高 | 大写 | $1/2h$ |
| | 小写 | $1/3h$ |
| 阿拉伯数字 | 字高 | $h$ |
| | 字宽 | $0.6h$ |
| | 笔划粗 | $1/6h$ |
| 公里符号高 | k | $1/2h$ |
| | m | $1/3h$ |

(5)指路标识的汉字或其他文字的间隔、行距等应符合表18-4规定：

**文字间隔与行距**　　表18-4

| 文字设置 | 与汉字高度($h$)的关系 | 文字设置 | 与汉字高度($h$)的关系 |
|---|---|---|---|
| 字间隔 | $1/10h$以上 | 字行距 | $1/3h$ |
| 笔划粗 | $1/10h$ | 距标识边缘最小距离 | $2/5h$ |

(6)指路标识外边框和衬边的尺寸为$0.1h$。

(7)指路标识按用于一般道路和高速公路分类。但有的指路标志既可用于一般道路，也可用于高速公路，因此，可根据道路等级选择其颜色和尺寸。

### 二、奥运专用车道标识

依据国家标准《奥林匹克专用车道标志和标线》(GB 21253—2007 )。主要规定如下：

奥林匹克专用车道是赛时在通往比赛、训练场馆、奥林匹克大家庭成员住地、媒体酒店、机场、主新闻中心、广播电视中心等非竞赛场馆及奥运相关设施的道路，供持有奥运会专用车证车辆通行的专用车道。

该标准规定了以下6个方面的内容：

(1)规定了奥林匹克专用车道的标志和标线的使用范围和规定；

(2)说明了什么是奥林匹克专用车道。是指持有专用车证的车辆才可以使用的专用车道；

(3)奥林匹克专用车道的标识图案及颜色;

(4)奥林匹克专用车道的标线边缘线、路面标识尺寸;

(5)奥林匹克专用车道的标志及尺寸;

(6)奥林匹克专用车道标志和标线的设置。

### 三、其他设计依据

奥运交通指路标识还依据以下文件或资料中相应条款进行设计:

(1)《北京2008年奥运会指示系统功能标志和应用模板设计指南》;

(2)《奥运会及残奥会城市道路交通指路标志设计方案》专家评审意见;

(3)北京奥组委提供的城市道路交通组织方案等设计资料;

(4)《北京市公路交通标志指路系统设置指南》。

## 第五节　设计原则与技术要点

### 一、设计原则

**1. 场馆周边及安保线内**

(1)交通指路标识按照车辆行驶流线和驾驶员心理需求进行设计。

(2)根据《道路交通标志和标线》(GB 5768—1999)进行设计,与城市道路交通指路标识形式统一,但与行人指路标识有明显区别。

(3)交通指路标识信息分区域、分层次选取,信息按重要性分级,版面信息按级别取舍。

(4)交通指路标识是整体指路系统的一部分,还需要工作人员、地图等其他系统的辅助。

**2. 城市道路**

(1)基于奥运交通特性,满足对指路标识的需求。

(2)冲突的情况下按理解准确性、信息重要性、信息连续性原则依次取舍。

(3)版面形式服务于功能需要。

### 二、技术要点

**1. 场馆周边及安保线内**

(1)车辆进入场馆后按下车点——停车场的顺序进行指示,比赛结束后按上车点——出口的顺序进行指示。

(2)远距离时以指示方向为主并提示距离,选择标志性建筑物或设施,减少中间接力标识数量,接近目的地时再继续指示,如"沙滩排球赛场1km"。

(3)如停车场和场馆出入口有编号,则车辆指示以停车场、场馆出入口编号为主,不再细分客户群单独指引标识。

(4)对于路口,当某方向信息点太多、版面难以容纳时,在指路信息级别相同的情况下,采取对整体行进方向进行指示,即选取标志性地点或设施,如统一指"赛场方向"或"比赛项目方向"。

(5)对于路口,在没有歧义的情况下,为节省版面,在进入路口前设置指示左转和右转信息的指路标识,在直行通过路口后再设置指示直行信息的指路标识。

**2. 城市道路**

(1)以奥运专用车道为骨架联系所有奥运设施(以下简称信息点)。车辆从始发地出发后第一信息点应是最近的奥运专用车道所有路段,在进入奥运专用车道后,如果该方向只有1~3个目的地,或虽有多个目的地但可以分版面显示,将直接指引下一级信息点。

(2)所有信息点按重要程度和交通需求量大小分级,见表18-5。

信息点分级列表　　表18-5

| 区　域 | 信 息 级 别 | 信 息 内 容 |
| --- | --- | --- |
| 城市道路 | 0级 | 奥林匹克专用车道 |
| | 1级 | 奥运村、媒体村、IBC/MPC |
| | 2级 | 比赛场馆、独立训练馆 |
| | 3级 | 媒体和技术官员签约酒店 |
| | 4级 | 指定医院等其他设施 |
| 管控区内 | 1级 | 车辆安检通道、车辆免检通道 |
| | 2级 | 安保封闭线外停车场 |

(3)奥运专用车道上只对1、2级信息点进行远距离预告。在出口位置如果版面空间有富余,增补下一级信息出口提示。

(4)在有出口编号的奥运专用车道(环线和高速公路)上,通过出口编号来提示前方的场馆或其他目的地信息,高速公路间隔5km左右一组,环线2km左右一组。在没有出口编号的奥运专用车道上,通过地点距离标识来提示前方场馆或其他目的地信息,2km左右一组。

(5)采用合适的出口预告方式。在有主辅隔离的道路上,出口前500m进行预告信息点,提示车辆驶出;在支路上不再单独预告。车辆进入主路的入口直接指示,不再预告。

(6)经过一个有车辆分流的出口后,继续通过后续出口编号或地点距离形式的标志对未分流的车辆行驶方向或目的地进行确认提示。通过平面交叉口进行分流的情况下,方向优先,即先告知左转、右转能去往目的地信息,直行方向上同级别的多个信息可让位于左右转弯方向上即将分流的低级别的目的地信息。

(7)同一前进方向上同级别信息就近选取,依次滚动提示。远距离信息点预告版面应保证点线信息(目的地和道路名称信息)不混合发布,其他情况下同级别信息数量不够或版面有富余,可降级选取。

(8)需要发布信息量较大的情况下,在有条件且不会遮挡时,可以把信息点拆分到2~3块标志上来提示。版面大小受限时,可将直行信息分离出来,调整放到过路口后的标志上进行确认。道路设施有条件时,可将远距离预告信息与地点指路信息分别采用单悬和附杆形式空间进行分离,便于单独快速识认。

(9)为保证视认有效性和行车安全,一个版面显示信息点以3个以内为宜,一般不应超过4个。

(10)停车场和出入口信息可单独指引。

(11)对于有指定路线的签约饭店,一般离开奥运专用车道后开始进行预告和指示。其他签约饭店和定点医院在场馆周边以1~2个路口范围内进行指引。离京主要针对奥林匹克公园和大家庭饭店,其他情况不再设置指向机场和火车站的指路标志。对于京外赛区,在临近出京高速主干道出口和高速上指示。

(12)采用国家标准和给定形象景观要求进行版面样式和规格设计。对每块标识所在区域、道路、朝向等用汉语拼音缩写进行编号。为保证版面视认性效果,中、英、法文名称以奥组委批复的简化方案为准。

## 第六节　各类标识示例

### 一、各类标识样式与规格

交通指路标识的版面尺寸分为4种,包括3.4m×5.6m(横置)、2.4m× 4m(横置)、1.5m×3m(竖置,横置)、1m×2m(竖置)、0.8m×1m(竖置)。标识的颜色、字体、字高等要素应符合(GB 5768)的相关要求。

为突出奥运会和残奥会指路标识特色,增加视认效果,烘托奥运气氛,在奥运交通指路标识上放置"Beijing2008"标头。

**1. 奥运城市道路指路标识**(图 18-1 ~图 18-7)

图 18-1　指向奥运专用车道标识

注:版面尺寸:2.4m×4m。

安装位置:交通流比较集中的专用车道如北辰西路,指示奥运专用车道。

图 18-2　指向奥运比赛场馆标识

注:版面尺寸:2.4m×4m;1.5m×3m。

安装位置:奥运专用车道或环路上,指示方向、预告地点距离及出口编号。

图 18-3　指向奥运训练场馆标识

注:版面尺寸:1.5m×3m;2.4m×4m。

安装位置:一般城市道路或奥运专用车道指示训练场馆、地点距离及出口预告。

图 18-4　指向奥运非竞赛场馆标识

注：版面尺寸：1.5m×3m。

安装位置：一般城市道路或奥运专用车道指示非竞赛场馆。

图 18-5　指向注册媒体签约酒店标识

注：版面尺寸：1.5m×3m。

安装位置：一般城市道路或奥运专用车道主路出口位置，指示注册媒体酒店。

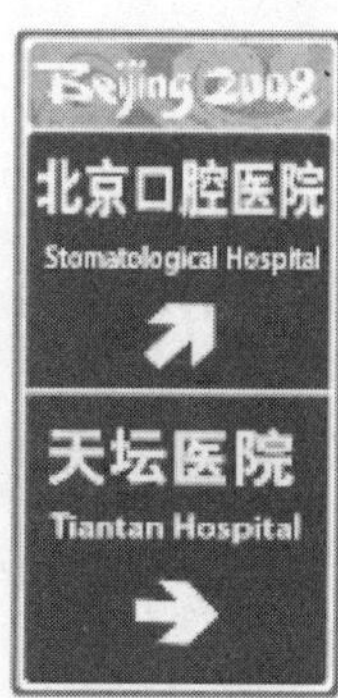

图 18-6　指向奥运定点医院标识

注：版面尺寸：1.5m×3m。

安装位置：一般城市道路或奥运专用车道主路出口位置，指示定点医院。

图 18-7　高速公路上的指路标识

注：版面尺寸：3.4m×5.6mm；1.5m×3m。

安装位置：五环主路、高速公路主路，指示地点、距离，预告出口编号或指示出口位置。

**2. 奥运场馆周边及安保线内交通指路标识示例(图 18-8 ~ 图 18-13)**

图 18-8　指向免检车辆入口和车辆安检入口标识

注:版面尺寸:1m×2m。

安装位置:场馆周边道路,指示场馆安检、免检通道。

图 18-9　指向上下车点标识

注:版面尺寸:1m×2m。

安装位置:场馆周边道路,指示场馆安检、免检通道。

图 18-10　指向上下车点标识

注:版面尺寸:0.8m×1m。

安装位置:场馆安保封闭线内,各客户群落客点,TA、T3 为客户群代码。

图 18-11　指向停车场标识

注:版面尺寸:1m×2m。

安装位置:场馆周边道路或场馆安保封闭线内,指示停车场位置。

图 18-12　指向车辆出口标识

注:版面尺寸: 1m×2m。

安装位置:场馆周边道路或场馆安保封闭线内,指示出口位置。

图 18-13　残疾人标识

注:版面尺寸:0.8m×1m。

安装位置:残疾人停车位、无障碍设施。

**3. 奥运专用车道标识**(图 18-14)

图 18-14　奥运专用车道标识

注:版面尺寸:0.8m×1m。

安装位置:奥运专用车道。

**4. 奥运班车站牌标识**(图 18-15)

图 18-15　奥运班车站牌标识

注:版面尺寸:0.8m×1.2m。

安装位置:奥运村、媒体酒店等奥运班车站、场馆内落客点。

## 二、城市道路指路标识布设示例

以奥林匹克公园公共区北辰西路和北四环为例:

北辰西路的特点是交通流量比较大,对奥运交通指路标识的需求也比较高。北辰西路是运动员班车、媒体班车的必经之路,沿途还有北四环、安翔北路、大屯路等重要奥运专用车道合流点和分流点,标识指引模式主要采用"点线结合模式"。南向北(合流方向)的交通指路标识主要指引包括奥林匹克公园公共区各场馆、IBC/MPC 和奥运村等重要信息点;北向南(分流方向)的指路标识主要是指引北四环、大屯路、安翔北路等有奥运专用车道的道路。见图 18-16。

北四环路段有奥运专用车道,西半段主要是前往西部比赛场馆、训练场馆和返回奥运村、IBC/MPC的重要路段,交通指路标识系统主要由地点距离预告、出口预告、出口标识组成。这种交通指路模式也是在环路上通用的一种交通指路模式,见图 18-17。

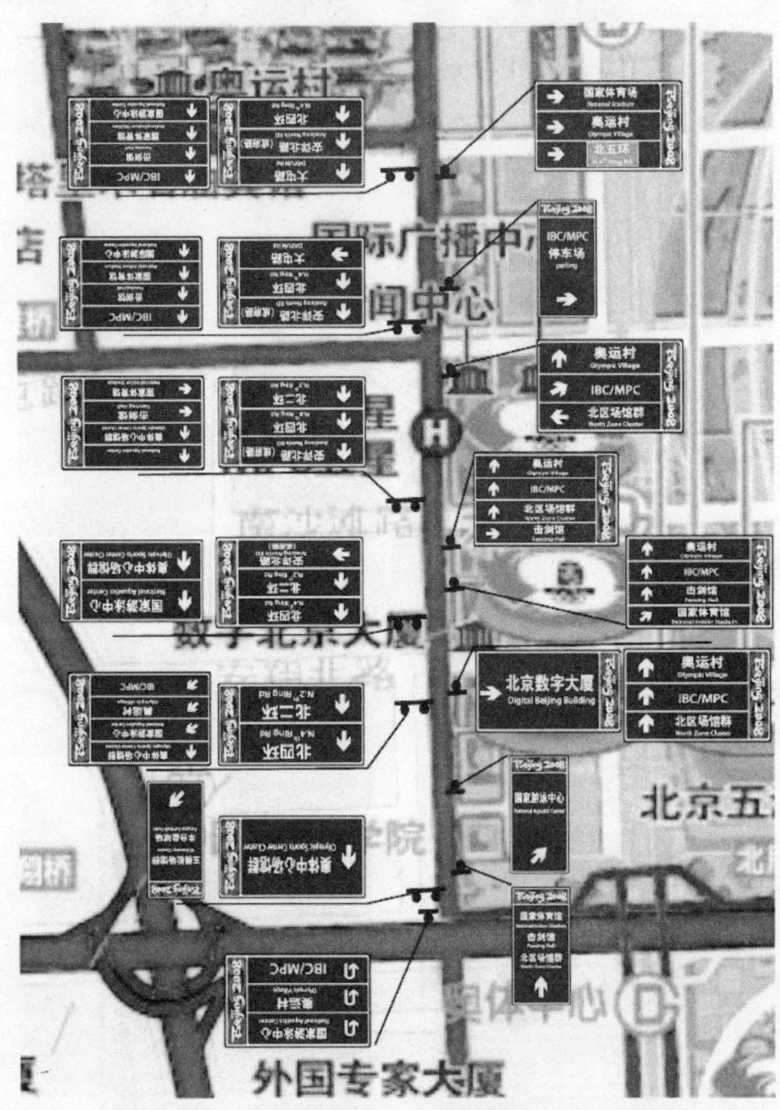


图 18-16　奥运中心区北辰西路指路标识布设示意图

## 三、场馆及周边交通指路标识示例

以老山自行车场馆群为例:

老山自行车场馆群位于北五环八角桥东北角,共包括了老山自行车馆、老山小轮车赛场和老山山地自行车赛场 3 个奥运比赛场馆。3 个比赛场馆使用同一个安保封闭线,所以老山场馆群交通指路标识设计具有复杂性、综合性等特点。

由于安保封闭线内有 3 个不同的场馆,所以进入场馆安保封闭线后首先需要对车辆按目的地分流,即根据不同场馆的方向进行指引,到达场馆周边后再指引客户群车辆到达落客点、停车位,见图 18-18 和图 18-19。

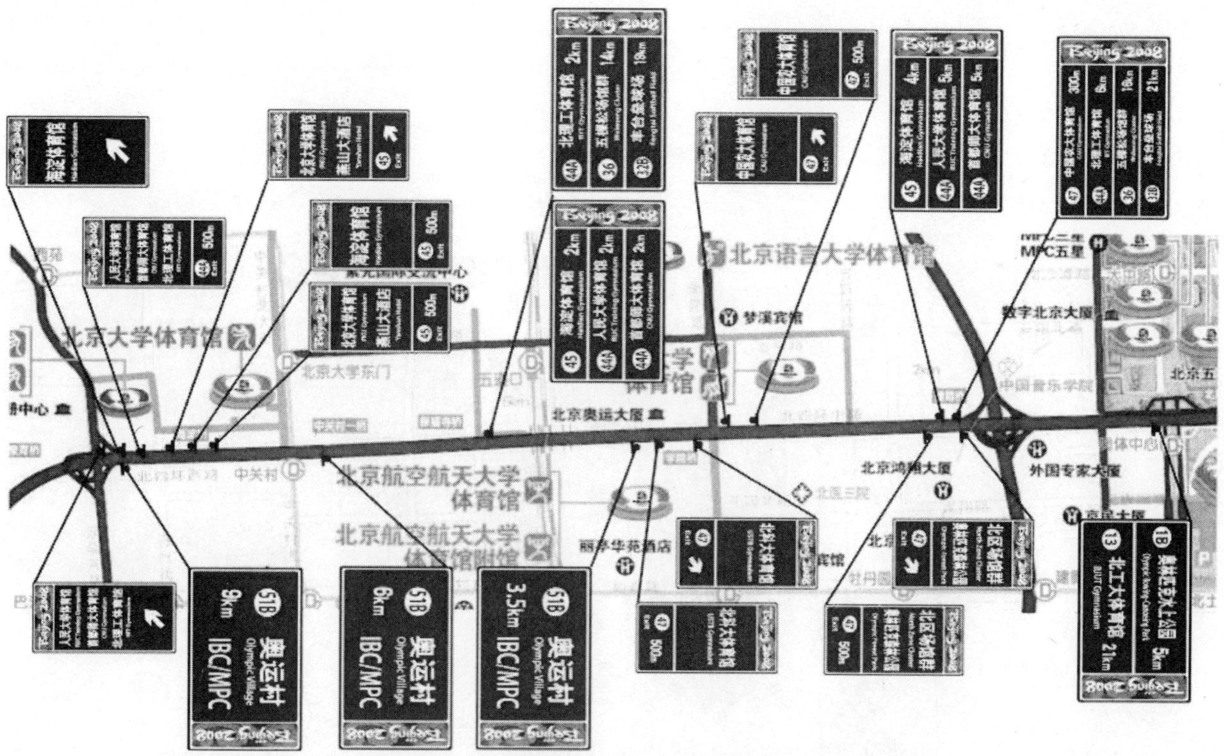


图 18-17　北四环指路标识布设示意图(万泉河桥至北辰桥)

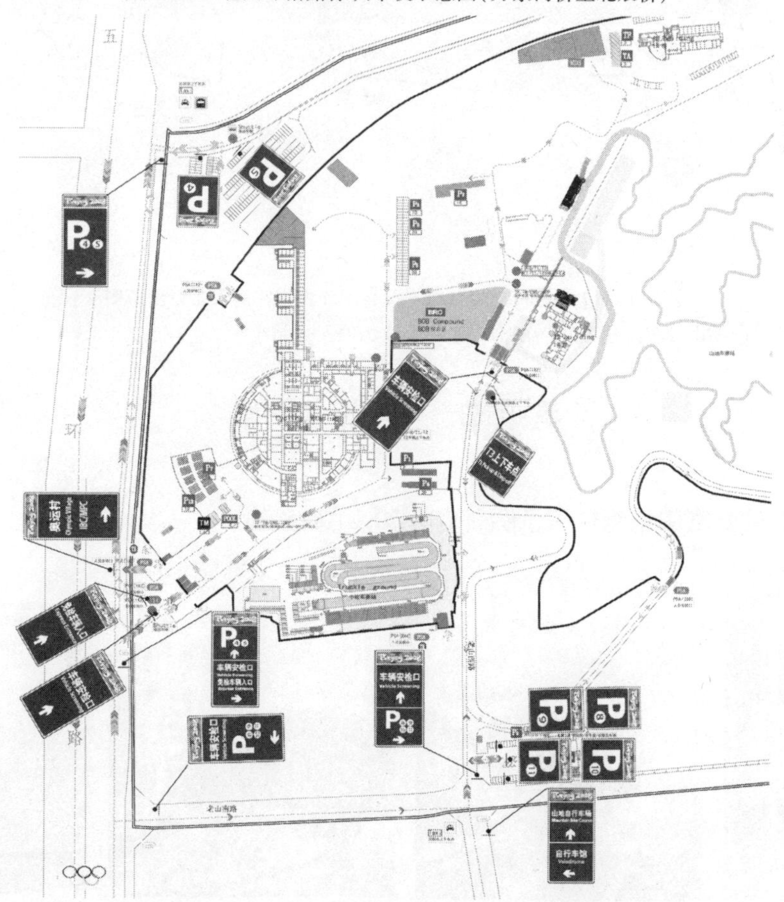


图 18-18　老山自行车场馆群周边道路指路标识布设示意图

注:图中双实线范围内为场馆区域,粗实线为安保封闭线。

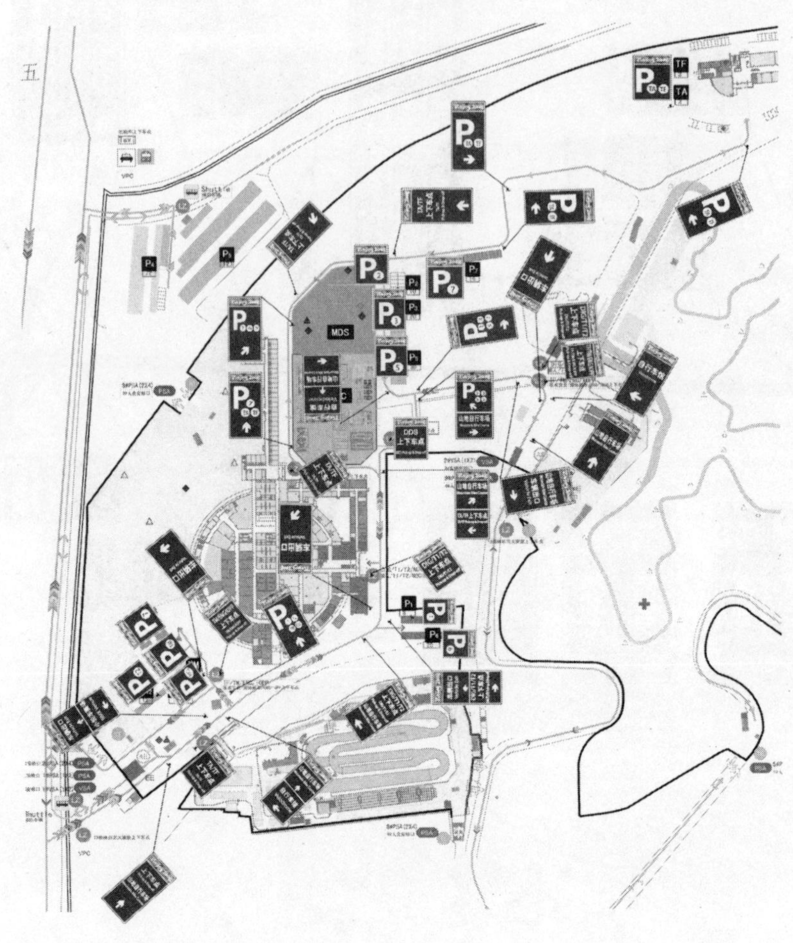


图 18-19　老山自行车场馆群安保封闭线内指路标识布设示意图

注：图中双实线范围内为场馆区域，粗实线为安保封闭线。

# 第七节　实 施 效 果

## 一、“好运北京”体育赛事指路标识示例（图 18-20 ~ 图 18-23）

a)

b)

c)

d)

图 18-20　一般城市道路标识

a) b)

图 18-21 高速公路标识

a) b) c) d)

图 18-22 网球中心安保线内交通指路标识

a) b)

图 18-23 指示驻地酒店的标识

## 二、奥运城市道路交通指路标识实施效果示例(图 18-24 ~ 图 18-25)

a) b) c) d)

图 18-24 城市道路标识

a)

b)

c)

d)

图 18-25　高速公路上的标识

## 三、奥运场馆周边及安保线内交通指路标识实施效果示例(图 18-26 ~ 图 18-27)

a)

b)

图 18-26　场馆内标识

a)

b)

c)

d)

图 18-27　场馆周边标识

## 四、奥运专用车道标识实施效果示例(图 18-28)

a)

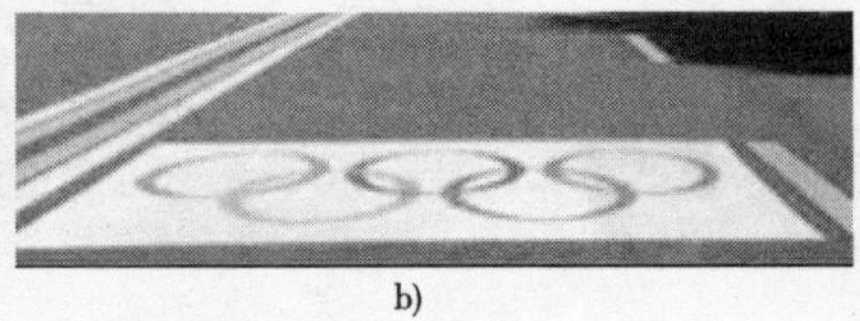

b)

图 18-28　奥运专用车道标识

## 五、奥运班车站牌标识实施效果示例(图 18-29)

图 18-29　奥运班车站牌标识

## 六、残奥会设施标识实施效果示例(图 18-30)

a)

b)

c)

d)

图 18-30　场馆内标识

# 第十九章　场馆交通通行政策

## 第一节　概　　述

北京奥运会共在7个城市举行，残奥会在3个城市举行。北京作为主办城市，共使用竞赛场馆31处、非竞赛场馆17处、独立训练场馆45处；香港使用竞赛场馆2处；上海、天津、沈阳、秦皇岛、青岛各使用竞赛场馆1处。场馆交通运行是奥运赛时场馆整体运行的重要组成部分，是确保各类注册客户群交通“安全、准点、可靠、便利”的基础。它包含着奥运场馆交通通行政策、场馆交通组织运行规划设计、场馆交通运行计划、场馆交通模型仿真、场馆交通运行测试等内容。

为奥运会、残奥会服务的各类场地、设施，都称之为场馆。从使用功能上，可以将场馆分为竞赛场馆、训练场馆、非竞赛场馆、服务场所。竞赛场馆承接奥运会、残奥会正式比赛；训练场馆为奥运会、残奥会各参赛运动员提供赛前训练场地和相关服务；非竞赛场馆为奥运会、残奥会提供赛事专项服务；服务场所是虽未纳入竞赛场馆、训练场馆、非竞赛场馆，但却是保障奥运会、残奥会运行所必须的场所。

场馆交通组织运行必须遵循六大原则。即：遵守惯例原则、标准统一原则、尊重个性原则、安全第一原则、和谐运转原则、注重效益原则。“遵守惯例”的原则就是奥运会交通运行必须严格执行国际奥委会交通指南各项标准，按照国际惯例实施。“标准统一”的原则就是场馆交通运行必须坚持统一的标准，即城际间场馆的交通组织运行标准要统一，场馆间交通组织运行标准要统一，同一类客户群交通的服务标准也要统一。“尊重个性”的原则是指具体到每个城市、每个场馆其建设特点不一、交通状况不尽相同，各类客户群体的交通需求也有各自的特点，因此场馆交通运行还要充分尊重场馆实际和各类客户群体交通需求。“安全第一”的原则强调了没有安全就没有奥运的成功举办，场馆交通运行必须紧紧围绕“安全第一”进行组织管理，必须与安保政策紧密联系，保持高度的一致。“和谐运转”的原则是指场馆交通组织运行既要充分考虑各类客户群体交通的和谐运转减少交叉、避免相互干扰，又要充分考虑社会交通的正常运行，尽可能地做到在确保奥运交通安全畅通的前提下，最大限度地满足社会交通运行需求，力求做到“两个和谐”运转。“注重效益”的原则就是在场馆交通运行中始终要坚持“节俭办奥运”的方针，尽可能的“少花钱、多办事”，既要注重高标准，又要追求节俭高效。

场馆交通通行政策是场馆交通运行的标准，必须与安保政策、车辆证件通用政策相协调，是场馆交通规划设计的重要依据。北京奥运场馆交通政策是在统一客户群停车场设置，对运动员、媒体等客户群采用“干净区到干净区”运行政策，以及对部分场馆客户群步行距离超过国际奥委会标准的采用“场馆内部接泊车”措施的基础上制订的。所谓的“干净区到干净区”运行，即车辆运行的起始两个端点均为安保封闭区（即干净区），运行的路线均为警卫路线，运行的车辆有安保人员押运，并沿线不停车，车辆从一个端点到另一个端点免检运行。这一政策既提供了更加便捷的交通服务，提高了相关客户群的交通服务水平，又减少了安检口的安检压力。这是北京奥运会创新的场馆交通运行政策，取得了良好的效果。奥运筹备期间，根据国际奥委会相关规定，我们借鉴了历届奥运会竞赛场馆运行成功经验，沿用了一些奥运交通的惯例做法，同时，结合北京奥运场馆实际和交通组织运行经验与规律，在政策的制定上进行了大胆实践创新，并在赛时达到了良好的效果。

北京残奥会场馆交通通行政策根据残疾人员交通需求特点，较北京奥运会场馆交通通行政策作了三项调整。一是残奥大家庭T3车辆通行政策将北京奥运会的场馆外围停车，调整为车辆安检进入场馆安保封闭区内停车落客。二是根据技术官员住地变化实际，将北京奥运会技术官员班车（TF）安检进入场馆，调整为“干净区”到“干净区”的运行，免检进入场馆。三是在场馆安保封闭区内外均设置残疾人专用车辆停车位，尽可能为残疾人提供更加便捷的交通服务。

北京奥组委制定的场馆交通通行政策是场馆运行的重要政策，除北京主赛区外，各协办城市均依据此政策制定相应的工作措施。

## 第二节　奥运会场馆交通通行政策

### 一、比赛场馆交通运行区域划分及运行政策

场馆周边由外向内划分为交通控制区、场馆区、安保封闭区三个区域，不同区域执行相应通行政策和交通管理措施。

交通控制区：区域内的主要路口进行疏导控制，适时分流社会交通，确保交通秩序良好。

场馆区：比赛期间实施区域性临时交通管制，对进入该区域的机动车实行证件管理，除公共汽车外，准许持有奥运会有效车辆证件的机动车辆和载有奥运会注册人员的出租车（落客即走，不准揽客）通行。

安保封闭区：比赛期间实施全封闭控制，需进入该区域的人员、车辆均需凭有效证件，接受安全检查后进入。

### 二、场馆车辆通行和停车政策

#### 1. 场馆停车场设置

北京奥运会根据国际惯例和北京场馆特点，为便于各类客户群的交通运行，采用了场馆停车场统一设置、统一编号、统一政策运行模式。各竞赛场馆均设置各类客户群停车场 15 处、车辆停靠区 4 处。

停车场 15 处：

P1 停车场，主要停放要人及其护卫车辆；

P2 停车场，主要停放国际单项体联（IF）车辆；

P3 停车场，主要停放国家（地区）奥委会（NOC）车辆；

P4 停车场，主要停放文字/摄影媒体车辆；

P5 停车场，主要停放转播商（BOB/RHB 和 ENG）车辆；

P6 停车场，主要停放奥林匹克大家庭 T1/T2 车辆；

P7 停车场，主要停放场馆运行技术支持车辆；

P8 停车场，主要停放场馆运行团队车辆；

P9 停车场，主要停放其他收费卡车辆；

P10 停车场，主要停放赞助商、青年营、观察员车辆；

P11 停车场，主要停放奥林匹克大家庭 T3 车辆；

P12 停车场，主要停放临时准入车辆；

P13 停车场，主要停放包厢及非注册贵宾；

P14 停车场，主要停放赞助商超编车辆；

P15 停车场，主要停放有组织观众车辆。

停靠区 4 处：

TA 停靠区，主要停靠运动员班车（TA）；

TF 停靠区，主要停靠技术官员（TF）班车；

TM 停靠区，主要停靠媒体（TM）班车；

POOL 停靠区，主要停靠国际/国内奥林匹克摄影车队车辆。

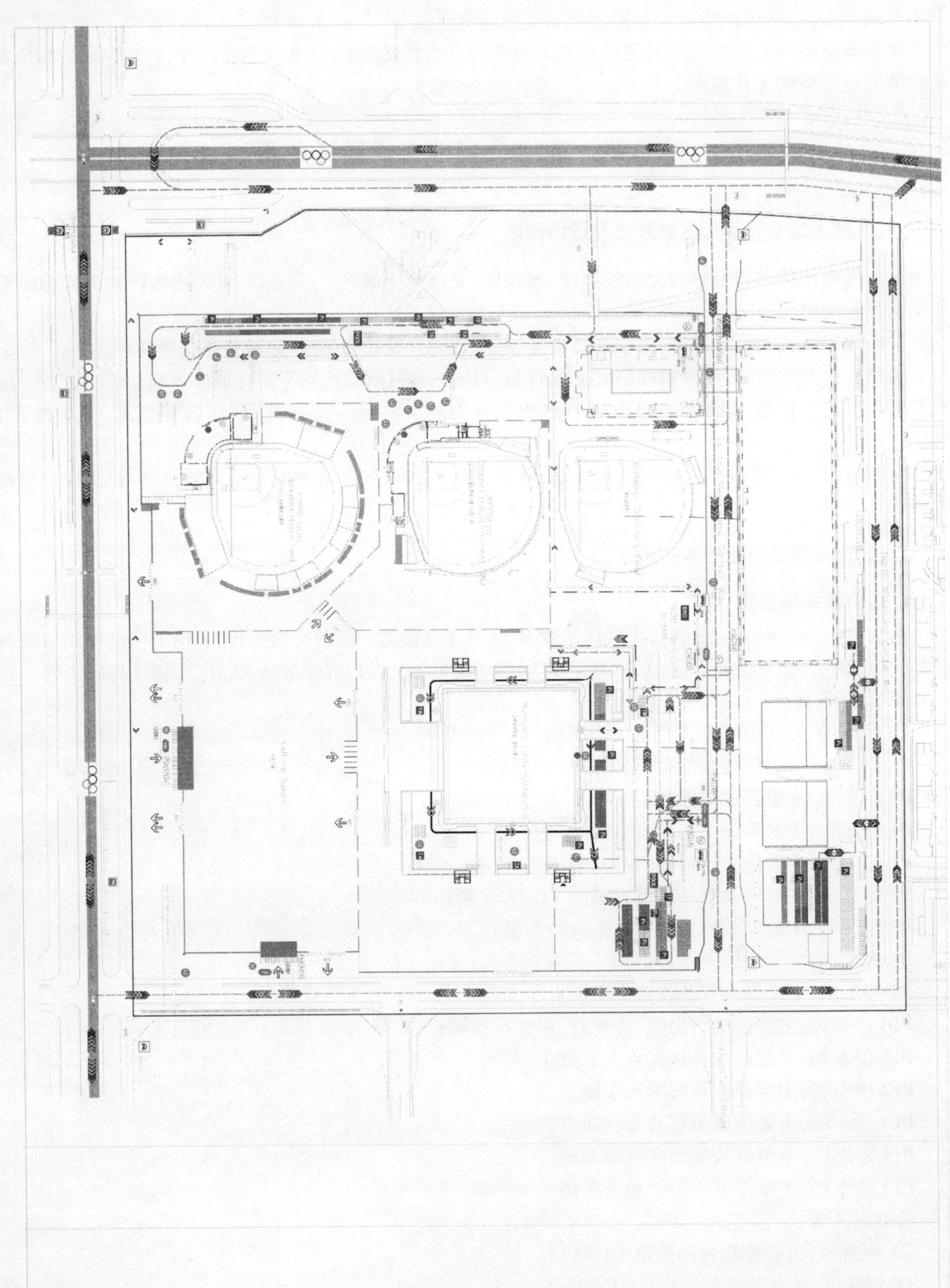

图 19-1　五棵松场馆群交通区域划分图

**2. 场馆通行政策**

(1)通用政策

持底色为红色车辆证件的车辆,可以通行于安保封闭区内,在指定的停车场停放;

持底色为绿色车辆证件的车辆,可以通行安保封闭线外(场馆区),在指定的停车场停放;

持底色为黄色车辆证件的车辆,可以进入场馆区,在指定的区域通行或按指定的地点停放。

各竞赛场馆、非竞赛场馆规划停车场所设置的停车位,均实行先到先停的原则;当场馆本客户群指定的停车场无空位时,持有该客户群停车位车证的车辆需驶离或按交通管理人员的指挥在备用停车场停放。

(2)单项通行政策

持“T1/T2(A)”、“T2(C)”、“T2(D)”车证车辆(车证底色为红色):通过场馆车辆安检口经安检后进入场馆后院区;在安保封闭区内“T1”/“T2”上、下车区落客;车辆停放在“P6”停车场。

持“T2(B)”车证车辆(车证底色为红色):通过场馆车辆安检口经安检后进入场馆后院区;在安保封闭区内“T1”/“T2”上、下车区落客;车辆停放在“P2”停车场。

持“T3”车证车辆(车证底色为绿色):在场馆安保封闭区外安检口附近的“T3”上、下车区落客、乘车,人员安检进入场馆后院区;若安检口距离场馆入口处较远,人员将由场馆接泊车辆运送;车辆停放在安保封闭区外“P11”停车场或驶离。

持“TN”车证的代表团车辆(车证底色为红色):通过场馆车辆安检口经安检后进入场馆后院区;在安保封闭区内 NOC 上、下车区落客;车辆停放在“P3”停车场。

持“TA”车证运动员班车(车证底色为红色):参赛运动员及观看本比赛项目的运动员和随队官员班车,通过竞赛场馆车辆免检口免检进入场馆后院区;在安保封闭区内 TA 上、下车区落客、乘车;车辆停放在“TA”停车场。

持“TA1”车证运动员班车(车证底色为红色):观看非本比赛项目的运动员和随队官员班车在观众入口附近指定上、下车区落客;人员从观众入口处经安检后进入场馆;车辆停放在“P10”停车场。

持“TF”车证技术官员班车(车证底色为红色):通过竞赛场馆车辆安检口经安检后进入场馆后院区;在安保封闭区内“TF”上、下车区落客、乘车;车辆停放在“TF”停车场。

持“TM”车证媒体班车(车证底色为红色):通过场馆车辆免检口免检进入场馆后院区;在安保封闭区内 TM 上、下车区落客、乘车;车辆停放在“TM”停车场。

持“M-RHB”车证持权转播商车辆(车证底色为红色):通过场馆车辆安检口经安检后进入场馆后院区;在安保封闭区内“RHB”上、下车区落客、乘车;车辆停放在“P5”停车场(安保线内“P5”停车场停满后,车辆停放至安保线外“P5”停车场)。

持“M-ENG”车证电子新闻采集车辆(车证底色为红色):通过场馆车辆安检口经安检后进入场馆后院区;在安保封闭区内 ENG 上、下车区落客、乘车;车辆停放在“P5”停车场(安保封闭区内“P5”停车场停满后,停放在安保封闭区外“P5”停车场)。

持“M-PHP”车证国际/国家摄影车队车辆(车证底色为红色):通过场馆车辆安检口经安检后进入场馆后院区;在安保封闭区内 POOL 上、下车区落客、乘车;车辆停放在“POOL”停车场。

持“M-FILM”车证胶卷、磁卡传递车辆(车证底色为红色):通过场馆车辆安检口经安检后进入场馆后院区;在场馆媒体入口附近指定地点临时停放。

持“TOBS”、“TOYC”车证赞助商、青年营车辆(车证底色为绿色):在观众入口附近指定上、下车区落客、乘车;人员从观众入口处经安检后进入场馆;车辆停放在“P10”停车场。

持“TSPO”车证观察员车辆(车证底色为绿色):在场馆安检口附近指定上、下车区落客;人员经安检后进入场馆;车辆停放在“P10”停车场;人员在指定地点乘车。

持“TG”车证要人车辆(车证底色为红色):免检进入场馆后院区;在安保封闭区内指定 TG 上、下车区落客；车辆停放在“P1”停车场。

持“TC”车证城际间车辆(只限本竞赛项目场馆使用，车证底色为红色)：通过场馆车辆安检口经安检后进入场馆后院区；车辆停放到各自客户群对应的停车场。

持“M－PRS”车证文字媒体收费卡车辆(车证底色为绿色)：持全通停车证的车辆，可以通行竞赛场馆安保封闭线外的区域，在安检口附近的指定上、下车区落客；车辆停放到安保封闭线外的“P4”停车场。人员经安检口安检进入，如安检口距离场馆入口处距离较远，由场馆安排接泊车辆接送；持单一场馆车证的车辆，可以通行全部竞赛场馆安保封闭线外的区域，在安检口附近的指定上、下车区落客；到指定场馆的“P4”停车场停放。

持“R－NOC”车证收费卡车辆(车证底色为红色)：持“R－NOC”指定场馆车辆证件的车辆，可以通行竞赛场馆安保封闭线外，在“P9”停车场入口处落客；在车证的指定场馆，可以进入安保封闭区内 NOC 上、下车区落客，到安保封闭线外的“P9”停车场停放。

持“RC”车证收费卡车辆(车证底色为绿色)：可以通行竞赛场馆，在安保封闭区外“P9”停车场入口处落客；在指定场馆的“P9”停车场停放。

持“RA”车证收费卡车辆(车证底色为绿色)：通行竞赛场馆安保封闭区外的区域；在安保封闭区外“P9”停车场入口处落客；没有停车权限。

持“安保 S1”车证车辆(车证底色为红色)：通过场馆车辆安检口经安检后进入场馆后院区；在安保封闭区内指定上、下车区落客；在安保封闭区内“P1”停车场或指定地点停放。

持“安保 S2”车证车辆(车证底色为红色)：通过场馆车辆安检口经安检后进入(指定或区域性)场馆后院区；车辆在“P7”停车场落客、停车。

持“安保 S3”车证车辆(车证底色为绿色)：在(指定或区域性)场馆安保封闭区外“P8”停车场落客、停车。

持“场馆 VEN”车证车辆(车证底色为红色)：通过场馆车辆安检口经安检后进入场馆后院区；车辆在安保封闭区内“P12”停车场落客、停车。

持“运行保障 1(VTS1)”和“运行保障 2(VTS2)”车证车辆(车证底色为红色)：通过场馆车辆安检口经安检后进入指定场馆或场馆群后院区；在安保封闭区内“P7”停车场或指定地点停放。

持“检测(V－DOP)”车证车辆(车证底色为红色)：通过场馆车辆安检口经安检后进入场馆安保封闭区内；在靠近运动员通道入口处指定地点停放。

持“场馆服务 1(VS1)”和“指定场馆服务 2(VS2)”车证的车辆(车证底色为红色)：通过场馆车辆安检口经安检后进入场馆安保封闭区内，在 P7 停车场、物流区、指定地点停放或临时停靠。

持“指定场馆服务 3(VS3)”车证的车辆(车证底色为绿色)：在安保封闭区外的 P8 停车场停放，人员经安检后进入场馆。

持“场馆外围 1(V－SPE)”车证的车辆(运送有组织观众车辆或定点出租车)：在安保封闭区外落客或指定地点停放。

持“场馆外围 2(V－RES)”车证的车辆(在指定场馆区内、安保封闭区外的单位、居民车辆)：只可通行于场馆区，无停车权限。

持“临时准入(D－A)”车证的车辆(车证底色为红色)：经安检后可进入指定场馆安保封闭区内的“P12”停车场落客停车，一次性使用有效。

持“场馆临时 1(D－V1)”车证的车辆(车证底色为红色)：经安检后可进入指定场馆安保封闭区内指定地点落客或临时卸货，即停即走，一次性使用有效。

持“场馆临时 2(D－V2)”车证的车辆(车证底色为绿色)：在安保封闭区外指定地点落客驶离，一次性使用有效。

持“Z”类车证车辆：用于奥运会公路赛事项目(马拉松、城区公路自行车、铁人三项)。每项赛事均设置“场地(起、终点)”证、“路线”证、“保障”车证。持“场地(起、终点)”车证的车辆，需与已持有的场馆车证同时使用,按场馆车证标注的车场编号,分别在安保封闭区内或安保封闭区外对应的停车场停放;比赛发令枪响后,持“起、终点”车证的车辆不得进入比赛路线;起点和终点车证不能互通使用(铁人三项赛事除外)。持“路线”车证的车辆,可分别进入起、终点,按对应的客户群停车场或按指定地点停放;比赛开始后,按顺序进入比赛路线。持“保障”车证的车辆,在正式比赛前,可进入比赛路线,正式比赛开始后不得进入比赛路线。

(3)观众通行政策

观众可持当日比赛门票免费乘坐公交车辆前往场馆;在观众入口处经安检进入场馆;驾驶非机动车辆前往场馆的持票观众,须将非机动车存放在安保封闭区外指定地点。

### 三、场馆交通服务政策

(1)在奥林匹克大家庭休息室内或附近设置交通服务台,负责为奥林匹克大家庭成员提供相关的交通信息服务。

(2)在场馆各客户群上、下车点(含安保线外定点出租车上、下车点),停车场均配置交通服务人员为各客户群提供交通服务。

(3)在各场馆安保线外设立定点出租车上、下车点。

(4)各场馆设置统一标准的交通指路标识,为各客户群提供交通指引服务。

(5)专用和分配车车辆到达场馆后,驾驶员将在场馆停车场或休息室等候客人。

(6)比赛期间,场馆外设有 T3 车辆候车区,为 T3 客户群服务。

(7)场馆安检口距客户群入口较远时,场馆内设有电瓶车接送。

## 第三节　残奥会场馆交通通行政策

### 一、场馆车辆通行政策

**1. 通用政策**

持底色为红色车辆证件的车辆,可以通行于安保封闭区内,在指定的停车场停放;

持底色为绿色车辆证件的车辆,可以通行安保封闭线外(场馆区),在指定的停车场停放;

持底色为黄色车辆证件的车辆,可以进入场馆区,在指定的区域通行或按指定的地点停放。

各竞赛场馆规划停车场所设置的停车位,均实行先到先停的原则;当场馆本客户群指定的停车场无空位时,持有该客户群停车位车证的车辆需驶离或按交通管理人员的指挥在备用停车场停放。

各竞赛场馆在媒体人员安检口距场馆出入口步行距离较远的,将设置场馆内部接驳电瓶车,负责媒体人员的接送。

**2. 单项通行政策**

持“T1/T2(A)”、“T2(C)”、“T2(D)”车证车辆(车证底色为红色):通过场馆车辆安检通道进入场馆后院区;在安保封闭区内 T1/T2/T3 上、下车区落客;车辆停放在“P6”停车场。

持“T2(B)”车证车辆(车证底色为红色):通过场馆车辆安检通道进入场馆后院区;在安保封闭区内 T1/T2/T3 上、下车区落客;车辆停放在“P2”停车场。

持“T3”车证车辆(车证底色为红色):通过场馆车辆安检通道进入场馆后院区;在安保封闭区内 T1/T2/T3 上、下车区落客;车辆停放在安保封闭区内“P11”停车场(安保封闭区“P11”停车场停满后,车辆停放在安保封闭区外“P11”停车场)。

持“TN”车证的代表团车辆(车证底色为红色):通过场馆车辆安检通道进入场馆后院区;在安保封闭区内 NPC 上、下车区落客;车辆停放在“P3”停车场。

持“TA”车证参赛运动员及观看本比赛项目的运动员和随队官员以及运输竞赛轮椅、投掷凳等比赛器材车辆(车证底色为红色):通过竞赛场馆车辆免检通道进入场馆后院区;人员在安保封闭区内 TA 上、下车区落客、乘车;车辆停放在“TA”停车场。

持“TA1”车证观看非本比赛项目的运动员和随队官员班车(车证底色为绿色):在观众入口附近指定上、下车区落客;人员从观众安检通道进入场馆;车辆停放在“P10”停车场。

持“TF”车证技术官员班车(车证底色为红色):通过禁赛场馆车辆免检通道进入场馆后院区;在安保封闭区内 TF 上、下车区落客、乘车;车辆停放在“TF”停车场。

持“TM”车证媒体班车(车证底色为红色):通过场馆车辆免检通道进入场馆后院区;在安保封闭区内 TM 上、下车区落客、乘车;车辆停放在“TM”停车场。

持“M - RHB”车证持权转播商车辆(车证底色为红色):通过场馆车辆安检通道进入场馆后院区;在安保封闭区内 RHB 上、下车区落客、乘车;车辆停放在“P5”停车场(安保线内“P5”停车场停满后,车辆停放至安保线外“P5”停车场)。

持“M - ENG”车证电子新闻采集车辆(车证底色为红色):通过场馆车辆安检通道进入场馆后院区;在安保封闭区内 ENG 上、下车区落客、乘车;车辆停放在“P5”停车场(安保封闭区内“P5”停车场停满后,停放在安保封闭区外“P5”停车场)。

持“M - PHP”车证国际/国家摄影车队车辆(车证底色为红色):通过场馆车辆安检通道进入场馆后院区;在安保封闭区内 POOL 上、下车区落客、乘车;车辆停放在“POOL”停车场。

持“TSPO”车证赞助商车辆(车证底色为绿色):在观众入口附近指定上、下车区落客、乘车;人员从指定的安检通道进入场馆;车辆停放在“P10”停车场。

持“TOBS”车证观察员车辆(车证底色为绿色):在场馆安检口附近指定上、下车区落客;人员经指定的安检通道进入场馆;车辆停放在“P10”停车场;人员在指定地点乘车。

持“TG”车证要人车辆(车证底色为红色):车辆通过场馆免检通道进入场馆后院区;在安保封闭区内指定 TG 上、下车区落客;车辆停放在“P1”停车场。

持“M - PRS”车证文字媒体收费卡车辆(车证底色为绿色):持全通停车证的车辆,可以通行竞赛场馆安保封闭线外的区域,在安检口附近的指定上、下车区落客;车辆停放到安保封闭线外的“P4”停车场。人员经人员安检通道进入场馆,如安检口距离场馆入口处距离较远,由场馆安排接泊车辆接送; 持单一场馆车证的车辆,可以通行竞赛场馆安保封闭线外的区域,在安检口附近的指定上、下车区落客;到指定场馆的“P4”停车场停放。

持“R - NPC”车证收费卡车辆(车证底色为红色):持 R - NPC 指定场馆车辆证件的车辆,可以通行竞赛场馆安保封闭线外,在“P9”停车场入口处落客;在车证的指定场馆,可以进入安保封闭区内 NPC 上、下车区落客,在安保封闭线外的“P9”停车场停放。

持“RC”车证收费卡车辆(车证底色为绿色):可以通行竞赛场馆,在安保封闭区外“P9”停车场入口处落客; 在指定场馆的“P9”停车场停放。

持“RA”车证车辆(车证底色为绿色):通行竞赛场馆安保封闭区外的区域;在安保封闭区外“P9”停车场入口处落客,赞助商收费通卡车辆在赞助商班车上、下车区落客;没有停车权限。

持“安保 S1”车证车辆(车证底色为红色):通过场馆车辆安检通道进入场馆后院区;在安保封闭区内指定上、下车区落客;在安保封闭区内“P1”停车场或指定地点停放。

持“安保 S2”车证车辆(车证底色为红色):通过场馆车辆安检通道进入(指定或区域性)场馆后院区;车辆在“P7”停车场落客、停车。

持“安保 S3”车证车辆(车证底色为绿色):在(指定或区域性)场馆安保封闭区外“P8”停车场落客、停车。

持“场馆 VEN”车证车辆(车证底色为红色):通过场馆车辆安检通道进入场馆后院区;车辆在安保封闭区内“P12”停车场落客、停车。

持“运行保障 1(VTS1)”和“运行保障 2(VTS2)”车证车辆(车证底色为红色):通过场馆车辆安检

通道进入指定场馆或场馆群后院区；在安保封闭区内“P7”停车场或指定地点停放。

持“检测（V－DOP）”车证车辆（车证底色为红色）：通过场馆车辆安检通道进入场馆安保封闭区内；在靠近运动员通道入口处指定地点停放。

持“场馆服务1（VS1）”和“指定场馆服务2（VS2）”车证车辆（车证底色为红色）：通过场馆车辆安检通道进入场馆安保封闭区内，在“P7”停车场、物流区、指定地点停放或临时停靠。

持“指定场馆服务3（VS3）”车证的车辆（车证底色为绿色）：在安保封闭区外的“P8”停车场停放，人员经安检后进入场馆。

持“场馆外围1（V－SPE）”车证的车辆（运送有组织观众、志愿者集体乘坐车辆和定点出租车）（车证底色为黄色）：在指定场馆安保封闭区外落客或指定地点停放；

持“场馆外围2（V－RES）”车证的车辆（在指定场馆区内、安保封闭区外的单位、居民车辆）（车证底色为黄色）：只可通行于场馆区，无停车权限。

持“临时准入（D－A）”车证的车辆（车证底色为红色）：经车辆安检通道进入指定场馆安保封闭区内的“P12”停车场落客、停车，一次性使用有效。

持“场馆临时1（D－V1）”车证的车辆（车证底色为红色）：经车辆安检通道进入指定场馆安保封闭区内指定地点落客或临时卸货，即停即走，一次性使用有效。

持“场馆临时2（D－V2）”车证的车辆（车证底色为绿色）：在安保封闭区外指定地点落客驶离，一次性使用有效。

持“Z”类车证车辆：用于残奥会公路赛事项目（马拉松、公路自行车）。每项赛事均设置“场地（起、终点）”证、“路线”证、“保障”车证。这两项赛事车证只限本赛事项目举办期间和指定区域或路线使用。持“场地（起、终点）”车证的车辆，需与已持有的场馆车证同时使用，按场馆车证标注的车场编号，分别在安保封闭区内或安保封闭区外对应的停车场停放；比赛发令枪响后，持“起、终点”车证的车辆不得进入比赛路线；起点和终点车证不能互通使用。持“路线”车证的车辆，可分别进入起、终点，按对应的客户群停车场或按指定地点停放；比赛开始后，按顺序进入比赛路线。持“保障”车证的车辆，在正式比赛前，可进入比赛路线，正式比赛开始后不得进入比赛路线。

**3. 持临时车证车辆通行政策**

要按照奥组委主物流配送计划进入场馆。临时物流车辆进入场馆，需事先经过场馆团队批准，并取得临时车辆证件。

**4. 观众通行政策**

观众可持当日比赛门票免费乘坐公交车辆前往场馆；在观众入口处经安检通道进入场馆；驾驶非机动车辆前往场馆的持票观众，须将非机动车存放在安保封闭区外指定地点。

## 二、场馆交通服务政策

（1）在残奥大家庭休息室内或附近设置交通服务台，负责为残奥大家庭成员提供相关的交通信息服务。

（2）在场馆各客户群上、下车点（含安保线外定点出租车上、下车点），停车场均配置交通服务人为各客户群提供交通服务。

（3）在各场馆安保线外设立定点出租车上、下车点。

（4）各场馆设置统一标准的交通指路标识，为各客户群提供交通指引服务。

（5）专用和分配车车辆到达场馆后，驾驶员将在场馆停车场或休息室等候客人。

（6）比赛期间，场馆内设有T3车辆候车区，为T3客户群服务。

（7）场馆安检口距客户群入口较远时，场馆内设有电瓶车接送。

# 第二十章　奥运场馆交通组织运行设计与测试

## 第一节　概　　述

奥运场馆交通组织运行设计是根据国际奥委会交通技术手册等相关规定和北京奥运场馆交通实际，对场馆赛时交通组织运行进行的科学的规划、合理的设计。

### 一、场馆交通运行设计重要意义

场馆是奥运运行的基础和第一线，因此做好场馆交通组织运行设计工作，是确保奥运交通组织运行"安全、准点、可靠、便利"的牢固基石和重要保证。

奥运场馆交通组织运行设计主要经历了以下两个阶段：

第一阶段：2006 年 5 月至 2007 年 7 月，为场馆交通组织运行初步设计阶段。北京奥运场馆包括新建场馆、临建场馆和改扩建场馆，在此期间，主要根据场馆工程设计图纸，参考往届奥运会场馆交通运行，合理规划，科学设计。主要目的是通过对赛时场馆交通运行进行宏观的组织规划，从赛时交通组织运行的角度对场馆建设提出意见。

第二阶段：2007 年 4 月至 2008 年 8 月，为场馆交通组织运行详细设计阶段。随着奥运场馆和各类设施建设基本完成后，在场馆交通组织运行初步设计基础上，对场馆逐一进行现场踏勘，结合场馆硬件设施的条件和赛时交通具体需求，以及场馆交通运行政策，对场馆每一处停车场和场馆每条道路进行了逐一比对，对不符合交通运行条件的设施，积极协调相关建设单位进行整改，以达到奥运交通组织运行所需的水平。其间共协调停车场建设工程 42 项，提出道路工程建设建议 19 项，完成奥运场馆开口工程 150 项，配合相关部门进行道路建设项目 78 个。对交通硬件设施很难改造的场馆，根据实际情况，会同相关业务部门，重新调整方案，达到了很好的效果。

### 二、探索与创新

针对北京奥运场馆特点和城市交通实际情况，在场馆交通组织运行设计中，提出了奥运场馆交通组织运行设计"六大特点"，为赛时交通的顺利运行打下了坚实的基础。

**1. 系统性**

奥运会是集体育、文化为一体的大型庆典盛会，因此，交通组织运行设计方案必须分层次、分类别、分条块地制订。既要有指导性的政策原则，明确任务和职责，又要突出"工作线条"，强调工作规格、工作规范。同时还要根据场馆、住地、路线和各类活动现场分布情况制订以场馆为单位的、突出"工作点块"的、点计划性质的场馆工作方案。各场馆交通组织运行应以奥运交通服务标准和场馆交通运行政策为依据，分层、分类地加以制定，形成一个有机的整体。

**2. 整合性**

经过历届奥运会实践，场馆交通组织运行已经形成了一些国际惯例的做法。北京奥运会在交通组织运行方面，必须按照国际奥委会的要求，必须遵循国际惯例。同时，我们在北京举办的众多大型文体活动中摸索出了一套适合中国国情的交通组织运行模式，取得了许多成功的经验，也需要正确运用和坚持。因此，北京奥运会要将国际惯例与中国国情有机地结合，创造性地开展场馆交通组织运行设计。

**3. 可操作性**

场馆交通组织运行设计的目的在于指导工作，如果仅是理论上的高谈阔论或者是不切实际的"纸上谈兵”将会失去其存在的价值和意义。奥运会在北京乃至中国是第一次举办，既要遵循国际奥委会的要求和国际惯例，更要注重理论联系实际，强调其具体的运用和操作指导性，只有这样才能经得住实战的检验。制订场馆交通组织运行设计过程中，既要满足各客户群交通需求，也兼顾场馆周边企事业单位和居民的日常交通出行需求；既要考虑奥运交通的安全畅通，又要充分兼顾社会交通，尽可能的方便市民的出行，从而使场馆交通组织运行设计具有赛时可操作性。

**4. 严密性**

场馆交通组织运行设计在严密性上要注重四个环节。一是设计方案本身的严密性，要特别注重每一个环节，做到环环相扣、百密无一疏；二是工作措施的严密性，确保工作措施横到边、竖到底，既有力度又能到位；三是方案与方案之间要衔接严密，奥运交通组织运行方案要制订几十个甚至上百个，有按系统分类的，也有按条块点计划分类的，必须保证互相链接顺畅，彼此之间不允许存在任何疏漏和缝隙；四是与各部门之间的方案紧密衔接。奥运会交通组织运行必须依托市政府相关部门的支持，依靠场馆团队各职能口的互相协调配合。对京外赛区城市间的交通组织运行，还要在足球赛事方案基础上，与奥运安保指挥中心和上海、天津、沈阳、秦皇岛赛区交通组织运行方案紧密联系，只有这样，才能保证交通组织运行方案科学严谨。

**5. 标准化**

国际奥委会在历届奥运会交通组织运行中，提炼了一个较为成型的模版，要求奥运会举办城市交通组织运行设计都要以这个模版为基础进行制作和进一步完善。在交通组织运行设计过程中，一是设计方案格式相对固定化，便于执行者学习、理解和掌握。如综合性方案在内容格式上应该明确基本情况、组织领导、工作目标和标准、工作任务及分工、工作措施及工作要求等。二是同一类型的设计方案模版化，既利于制订者更好的掌握工作要领，启发思路，又使方案更加规范。如场馆交通组织运行设计均按照以下几个方面进行：场馆基本情况场馆交通团队构成情况及工作机制；场馆交通组织（场馆交通区域划分、安检口及各客户群车场上下车点和相应交通流线等）；场馆交通标识分布情况；场馆内各客户群交通服务流程；场馆交通运行保障；赛时场馆交通运行总体进度及每日运行流程；场馆交通应急处置预案。

**6. 统一性**

场馆交通组织运行设计的统一性应从两个层面表述。一是奥运会京内、京外的交通组织运行方案应该具有统一性。北京奥运会涉及的京外赛区就有6个城市之多，虽然相隔几百公里甚至上千公里，且各城市的交通状况也不尽相同，但要按照国际奥委会的要求，在交通服务组织标准、场馆交通运行的通用政策、场馆区域化管理原则上坚持统一的标准和要求。二是京内各场馆交通组织运行设计各个方面力求达到标准统一。

对场馆交通组织运行设计“六大特点”的提出，使整个奥运交通组织运行规划在设计思路上有了突破。按照这一思路，规划设计出的远端安检、场馆内部接泊、统一车场代码等重大设计原则，有效解决了赛时场站交通组织运行中的一些难点问题，为赛时场馆交通顺利组织进行创造了条件。

## 第二节　场馆交通组织运行需求

### 一、场馆交通需求特点

奥运会作为世界上规模最大的体育盛会，场馆交通需求有如下特点：一是交通需求短时间内剧增。根据各场馆赛程分布，比赛前后场馆周边交通需求突然增大，尤其是一些重点场馆和热门场次。二是具有集中单向性特点。奥运会场馆交通具有集中到达和集中离开的特征，一般情况下散场阶段车流和人流量比入场阶段更为集中，交通压力更大。三是人流车流混杂，比赛诱增的交通量大。包括数量众多的注册客户群车辆、公共交通车辆和大量的观众行人。四是影响波及范围大。比赛期间以场馆为中心，车辆来自城市各个方向，交通需求具有向心性。五是注册客户群种类多，具有明显的优先层次性。例如比赛运动员和技术官员等客户群必须优先考虑，要求准时、可靠，另外贵宾交通要求绝对安全、绝对快捷。

### 二、场馆交通组织运行原则

场馆交通运行组织在场馆整体规划基础和已有交通设施条件下，科学组织，统筹安排，保障奥运车辆运行安全、准点、可靠和便利，尽可能减少对社会交通的影响，努力实现赛事交通与社会交通的和谐运转。具体原则为：

**1. 外围疏导，分层控制**

在场馆外分别设置交通控制区、场馆区和安保封闭区，从外围逐层开始分时分段对社会车辆进行疏导和控制，以减少周边道路交通压力。

**2. 分类设计，竞赛优先**

对奥林匹克（残奥）大家庭各类客户群分别进行流线设计，按照“运动员→技术官员→奥林匹克大家庭、残奥大家庭成员→媒体→工作人员”的优先顺序依次满足各类客户群流线需求。

**3. 设置专线，公交优先**

为大量的比赛观众、工作人员和志愿者设置奥运专线公交，专线公交场站或上、下车点尽可能靠近观众入口，减少步行距离。不鼓励观众自驾车前往比赛场馆。

**4. 人车分离，减少交织**

在场馆安保封闭区内划分前后院，其中前院为观众步行活动空间，后院为奥林匹克（残奥）大家庭车辆运行和人员步行空间，从空间上实现大部分的人车分离。进入场馆后院的奥林匹克（残奥）大家庭车辆尽量与其步行流线分开，尽量缩短各类人群下车点到场馆入口的步行距离。

## 第三节　场馆交通运行的主要内容

场馆交通运行设计涵盖了场馆中交通管理、交通服务、交通标识、交通保障等各项内容，主要包括：场馆基本情况，场馆交通团队构成情况及其工作机制，场馆交通组织（场馆交通区域划分、安检口及出入口、各客户群车场和上、下车点分布和相应交通流线设计等），场馆及周边道路交标识设计，场馆内各客户群交通服务运行流程，公共交通和出租车交通服务，场馆交通运行保障，赛时场馆交通运行进度及每日交通运行流程，场馆交通应急处置预案和场馆交通组织设计图十个方面。具体是：

**1. 场馆基本情况**

主要涵盖了场馆具体位置、比赛项目信息、场馆内坐席分配情况、场馆各项目竞赛日程和场馆赛事筹备及运行的各关键时间点等基本信息，使赛时场馆内交通组织者、参与者都对场馆运行规律有充分的认识，同时详细说明场馆周边奥林匹克专用道分布情况、场馆内外主要路网设置情况，确保交通组织者与交通参与者对场馆周边道路及各类交通基础设施清晰明确。这是场馆交通组织运行的基础。

**2. 场馆交通团队构成情况及其工作机制**

主要设计内容为场馆交通团队的运行机制、构成情况及团队人员各工作点计划的制订情况。这是场馆交通组织运行的组织保证。

（1）场馆交通团队运行机制

场馆交通运行中，场馆各客户群交通服务工作向赛事交通服务分中心报告，并接受其业务指导和运行指令；场馆交通管理工作向交通组织安全保障分中心报告，并接受其业务指导和指令；观众和工作人员交通服务工作向城市交通设施保障与运输服务分中心报告，并接受其业务指导和指令。

同时交通团队在场馆主任领导下，接受服务副主任和安保副主任的直接领导，与竞赛、贵宾、媒体以及外围保障等团队保持密切联系，进行信息沟通（图 20-1）。

（2）场馆交通团队构成情况

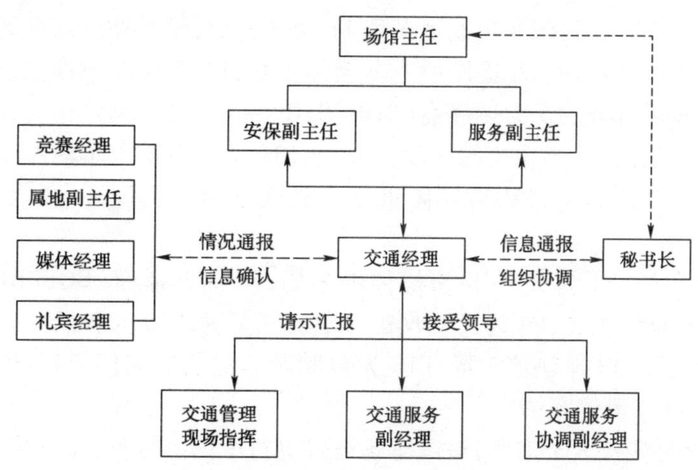


图 20-1　场馆交通团队运行机制

场馆交通团队是场馆交通运行的实体，担负着场馆交通管理、服务、后勤保障等具体工作的落实和实施。团队内共设置了交通经理、交通管理现场指挥、交通服务副经理、交通服务协调副经理、交通管理、交通服务、交通管理助理、交通服务助理、电瓶车驾驶员 9 个岗位。场馆交通经理作为场馆交通运行第一责任人，负责场馆交通组织、交通服务及后勤保障各项工作（图 20-2）。

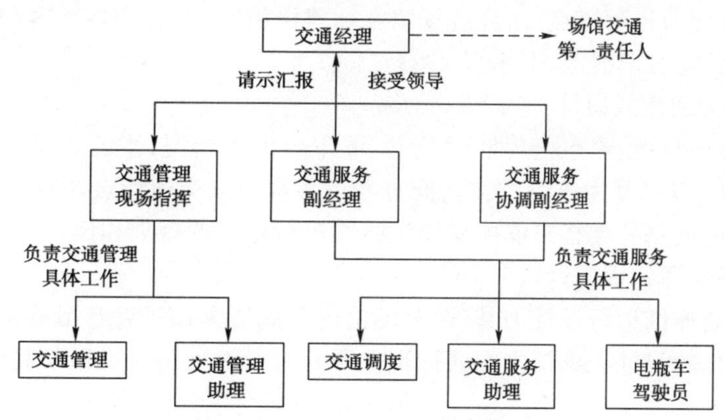


图 20-2　场馆交通团队内人员构成图

（3）场馆内各岗位人员工作点计划

本着分清权限、明确责任的原则，将场馆交通团队中每个岗位具体位置落到点上，落到图上，明确岗位分工、明确岗位职责。

**3. 场馆交通组织**

主要设计内容为场馆内交通管控区域划分，安检口及出入口设计，各客户群车场设置及停车位分配，场馆内各客户群上、下车点设置，场馆内各客户群交通流线设计等。

（1）场馆交通管控区域划分

各场馆均按照场馆交通通行政策规定要求，对本场馆安保封闭区、场馆区、交通控制区进行详细划定，并制订具体的管控措施。

（2）场馆安检口及出入口的设计

在场馆安保障处规划设计总体要求下，根据场馆各客户群交通需求和场馆周边交通现状，会同场馆安保部门，对各场馆车辆安检口、车辆验证点车辆、人员出入口进行逐一设计，以确保赛时车辆、人员进出场馆“安全、有序”。

（3）场馆车场设置及规划

按照国际奥委会惯例，充分考虑我国场馆交通设施现状，同时根据场馆实际情况，对奥运会（残奥会）各比赛场馆各客户群车场位置及停车位数量进行了统一的规划设计。按照客户群停车分布情况，

规划设计20种停车场,其中安保封闭区内规划车场11处、安保封闭区外规划车场9处。具体为:

①安保封闭区内停车场:P1为要人及其护卫车辆停车场;P2为国际单项体联(IF)车辆停车场;P3为国家(地区)奥委会车辆停车场;P5为转播商(BOB/RHB和ENG)车辆停车场;P6为奥林匹克大家庭T1/T2车辆停车场;P7为场馆运行技术支持车辆停车场;P12为临时准入车辆停车场;TA为运动员班车停靠区;TF为技术官员班车停靠区;TM为媒体班车停靠区;POOL为国际/国内奥林匹克摄影车队停靠区。

②安保封闭区外停车场:P4为文字/摄影媒体停车场;P5为转播商(BOB/RHB和ENG)车辆停车场;P8为场馆运行团队车辆停车场;P9为其他收费卡车辆停车场;P10为赞助商、青年营、观察员车辆停车场;P11为奥林匹克大家庭T3车辆停车场;P13为包厢及非注册贵宾停车场;P14为赞助商超编车辆停车场;P15为有组织观众车辆停车场。

③残奥会期间,为满足残疾人员需要,对停车场设置进行了两点调整:一是将奥林匹克大家庭T3车辆停车场(P13)由安保封闭区外调整至安保封闭区内。二是在安保封闭区内外分别设置了残疾人员专用车辆停车场。

④主要非竞赛场馆,如奥林匹克大家庭/残奥大家庭总部饭店(OFH/PFH)、奥运村/残奥村等,依据比赛场馆设计思路并参照其具体运行特点分别对各客户群位置及车位数量进行了详细的规划。

(4)场馆各客户群上、下车点设置情况

根据各客户群赛时交通运行特点、结合各场馆实际建设情况,本着为各类客户群提供“优质、高效”交通服务的宗旨,设置各类客户群上、下车点。

(5)场馆各客户群交通流线设计

根据各场馆交通通行政策、停车场规划以及上、下车点设置情况,本着各客户群交通流线“互相独立、互不交叉”的原则和“以竞赛为核心”要求,充分考虑各客户群交通特点和赛时交通需求,科学规划、合理设计,对场馆及周边道路各类客户群体交通流线均进行逐一的规划和设计。

**4. 场馆及周边道路交通标识设计**

根据场馆安保、交通详细运行设计为基础,对场馆内及周边奥林匹克专用道和主要道路各项交通标识进行了系统化、标准化的设计。场馆内交通标识主要分为行人指路标识和车辆指路标识两大类。

(1)行人指路标识

①主要服务对象为奥林匹克大家庭各类客户群体和观看奥运会各项比赛及活动的观众。

②设计位置主要分布在场馆内各类客户群体入口、场馆内各类客户群体上、下车点处以及场馆前院人员安检口(观众入口)。

(2)车辆指路标识

①主要服务对象为场馆内与会车辆驾驶员。

②设计位置主要分布在场馆各安检口免检口、场馆内各类客户群体停车场以及场馆内各类客户群体上、下车点。

各场馆均根据交通组织运行设计情况,对交通标识进行了“规范化、人性化”的设计。

**5. 场馆内各客户群体交通服务运行流程**

根据北京奥运交通服务标准,以各类客户群体在场馆交通运行规律为依据,制订赛时场馆各类客户群从进入场馆开始到离开场馆,服务各环节交通运行流程,以规范交通服务工作。其中包括了车辆调度、交通服务台咨询服务、交通服务助理语言服务与各职能协调配合等。

**6. 公共交通和出租车交通服务**

按照国际奥委会相关规定和市委、市政府、北京奥组委赛时相关政策,持身份注册卡人员和持当天比赛票的观众均免费乘坐公共交通。同时,所有场馆不允许无车证(不含公共交通和出租车)的车辆进入场馆管控区。为此场馆交通组织运行设计要与政府交通主管部门共同研究,确定场馆周边公共交通线路、站点、地铁站的位置、运行时间以及出租车服务点的运行。赛前通知各注册客户群和广大观众,以方便出行。因此，场馆周边公共交通(含地铁交通)、出租车运行是交通组织运行设计中的一项重要内容。

**7. 场馆交通运行保障**

(1)交通功能用房及相应交通专项物资的配备

为了保证场馆交通组织运行安全、准点、可靠、便利，场馆内将设有各类交通功能用房及设施6处。具体是：

①交通监控指挥室：主要设置在场馆建筑内指定区域；

②车辆调度室：主要设置在场馆建筑内指定区域；

③驾驶员休息室：主要设置在场馆后院临时设施内；

④交通管理人员休息室：主要设置在场馆后院临时设施内；

⑤交通设施存放室：主要设置在场馆后院临时设施内；

⑥交通信息咨询台：主要设置在场馆前院指定区域。

各交通功能用房均根据其自身需要，配有办公必备的通用物资及为交通组织、调度服务的各类交通专项物资。如：公安网、奥运会专用网络接口、显示大屏等。

(2)交通技术支持系统

为确保奥运会(残奥会)场馆交通运行“安全、准点、可靠便利”，由奥组委交通部为各场馆配设了相关交通服务技术系统，场馆交通组织运行设计要充分利用科技交通手段，对交通服务车辆定位系统(GPS)、大客车调度系统、小客车调度系统、电视监控系统、通信系统这五大类技术支持系统进行统筹规划。

**8. 场馆赛时交通运行进度及每日交通运行流程设计**

各场馆根据自身运行特点详细制订筹备阶段场馆交通运行进度，具体说明关键时间点任务及完成要求。同时，根据赛时运行特点，制订一日交通运行流程，规范各岗位的工作要求。

**9. 场馆交通运行应急处置预案**

参照往届奥运会惯例，结合北京奥运会(残奥会)场馆交通组织运行特点和北京城市交通运行规律，制订指挥系统、场馆设施、交通秩序、交通事故、恶劣天气、交通服务等六类交通应急处置预案。

(1)指挥系统类

①指挥系统设备突然发生故障，应立即向上级指挥部门汇报情况，并使用其他通讯方式保持沟通联系，同时迅速维修或更换设备。场馆指挥要迅速到达场馆关键点(如贵宾、运动员出入口，落客区)指挥调度，并向指挥室通报情况。

②场馆突然停电，指挥系统监控系统无法使用，应立即向上级指挥部门汇报情况，并使用其他通讯方式保持沟通联系，同时迅速维修或更换设备。场馆指挥要迅速到达场馆关键点(如贵宾、运动员出入口，落客区)指挥调度，并向指挥室通报情况。

(2)场地硬件设施系统类

①车辆安检口压力过大，造成车辆拥堵：立即协调安保部门，提高安检速度；维护安检缓冲区交通秩序，保障重要客户群交通通道畅通；协调相关客户群业务口，落客人检，人员先由交通引导员和客户群代表业务口人员引导进入场馆，车辆待安检后进入安保封闭区。

②场馆停车场不足：启用备用停车场(可利用外围道路或外围停车场)。

(3)交通秩序类

①因人群聚集造成交通堵塞。比赛结束后因观众集中离散造成人群瞬间聚集堵塞道路交通，造成大家庭成员车辆疏散受阻。即报告上级指挥部门，请上级协调增派警力。场馆交通经理协调相关业务口，加大宣传疏导力度，迅速腾清路面，根据情况指挥车辆利用备用行车路线疏散。

②发生交通拥堵，影响客户群车辆行驶时，应立即向安全组织保障分中心汇报，增派警力，维护秩序，疏导社会车辆，确保客户群出入口畅通；同时，在现场周边采取交通管制措施，保证应急通道的畅通。

如场馆周边路线确实无法通行，由奥运交通勤务指挥中心下达车队使用备用路线命令，带路警车（如无带路警车，可由现场执勤警车）带领车队进入备用路线。

（4）交通事故类

①在场馆附近发生交通事故：按照事先制定的事故救援机制，迅速与医疗、交通事故处理等保障团队取得联系，确保伤者得到及时治疗。疏散围观人群，减少事故对周边交通以及步行人员的影响。

②奥林匹克大家庭成员车辆在场馆内发生交通事故：立即参与人员救助，通知120救护车和救援车辆前往事故发生地，同时向奥运勤务交通指挥中心汇报，调派警力、采取临时交通管制，疏导场馆内交通，保障救援通道畅通；人员救助后，由清障车拖走事故车辆，清理事故现场，争取快速腾清现场。

（5）恶劣天气、气候导致场馆周边路政设施受损

如遇路面积水，造成车辆无法通过或行驶不畅，立即报告城市交通设施保障与运输服务分中心，同时启动交通应急预案。如确有必要，经请示上级后调整重要客户群路线和车辆、人员进出口，并由各客户群上下车区通知驾驶员改道行驶。

（6）交通服务类

①运营车辆出现故障：运送人员的车辆如果在场馆中出现故障，导致任务无法继续完成时，要确保备份车辆迅速进入场馆替换故障车。上、下车区交通服务人员在乘客等候时，给予乘客热情服务，经请求场馆安保主任同意，可暂时将客人带回场馆休息。

②车辆发生自燃：当车辆在场馆上、下车区或停车场突然发生自燃时，驾驶员应首先应将乘客疏散到安全地带，场馆附近交通团队员应立即向交通指挥室报告，请求消防车辆与清障车辆赴现场救援。

③乘客使用不当语言或提出不当要求：若客户对交通团队人员使用不当语言或提出不当要求，交通团队人员应本着以人为本、服务至上的原则，避免与客户发生直接冲突，同时立即报告交通经理或交通服务副经理，予以处理。

④语言不通怎么办：若客户对交通团队人员用英语交流，交通团队人员可通过团队内交通服务或管理助理人员与其交流；若客户使用小语种，则可通过场馆礼宾经理或通过赛事交通服务分中心客户交通服务台解决语言沟通问题。

**10. 场馆交通组织设计图**

场馆交通组织运行中，无论是场馆的停车规划，还是车辆上、下车点、交通流线等诸多要素，均需要通过地图来辅助展现。因此，制图对于交通组织运行设计而言，是至关重要的。

在场馆交通组织运行设计中，奥组委交通部与北京市政研究设计总院和北京奇志通数据科技有限公司合作，共同完成了奥运交通地图的绘制工作。

根据地图制作的技术特点和交通地图的主要用途，共制作了以下几类地图：

（1）场馆交通详细运行设计图（CAD图）

①CAD软件平台：计算机辅助设计指利用计算机及其图形设备帮助设计人员进行设计工作，简称CAD。在工程和产品设计中，计算机可以帮助设计人员担负计算、信息存储和制图等项工作。在设计中通常要用计算机对不同方案进行大量的计算、分析和比较，以决定最优方案；各种设计信息，不论是数字的、文字的或图形的，都能存放在计算机的内存或外存里，并能快速地检索；设计人员通常用草图开始设计，将草图变为工作图的繁重工作可以交给计算机完成；由计算机自动产生的设计结果，可以快速作出图形显示出来，使设计人员及时对设计作出判断和修改；利用计算机可以进行与图形的编辑、放大、缩小、平移和旋转等有关的图形数据加工工作。CAD能够减轻设计人员的劳动，缩短设计周期和提高设计质量。奥组委规定各阶段统一使用场馆CAD图，以在统一图上整合各职能部门的信息、综合协调、信息共享。

②场馆交通组织运行图（CAD）图：在奥运会（残奥会）场馆交通运行设计中，奥组委交通部采用CAD计算机辅助设计技术，在等比例的工程设计图上，对场馆内的停车位、上下车点、交通流线等诸多要素进行绘制，从而形象直观的展现出场馆内各客户群的交通规划。

该类地图主要具备以下特点:a. 设计图纸精度高,这是最主要特点;b. 设计方便,图面清洁、直观,易于修改;c. 运场馆交通设计图纸内容丰富,技术质量高;d. 设计成果可利用性高,便于各相关部门使用;e. 设计图纸直观,线条清晰、易识;f. CAD 技术应用广泛,便于国内外奥运专家进行审核;g. 设计图纸、资料易于保管。

该类地图主要用于场馆的交通运行设计,同时该图纸与其他相关业务口的详细设计图整合,成为业务工作的必备图纸。

(2)奥运交通组织运行图

该类地图以北京市城市地图为主要蓝本,突出了奥林匹克专用车道,比赛场馆、非竞赛场馆及训练场馆的位置,各签约酒店及相关服务设施的位置。此图作为驾驶员培训和识路的主要用图。

(3)各客户群指南用图

该类地图是在场馆交通组织运行图(CAD)图的基础上,淡化其他要素,强调突出本客户群场馆进出口,车场位置,上、下车点位置等交通要素,主要用于各客户群的交通指南之中。

## 第四节　场馆交通组织运行测试

按照国际奥委会的指导意见,场馆交通组织运行测试是奥运会筹办过程中十分重要、必不可少的一个环节,目的是通过测试,全面检验奥运场馆运行、组织保障、计划方案、运行规范、技术系统、保障能力等,使各场馆在实际赛事运行中达到最佳状态。场馆交通组织运行测试是场馆测试的一个重要组成部分,历经“好运北京”体育赛事、交通专项测试等系列活动的磨合和检验,为各类客户群出入场馆的交通行为、交通流线进行了周密、细致的安排,为场馆交通团队与各客户群交通服务团队清晰工作界面、整合工作机制,分工负责、整体运行奠定了良好基础。

### 一、“好运北京”体育赛事检验场馆交通团队的内部运行

按照国际奥委会要求和北京申办承诺,2007 年 7 月 ~2008 年 5 月利用奥运会场馆陆续举办了 42 项体育赛事,统称“好运北京”体育赛事(测试赛)。其中 2007 年 8 月份到年底进行了 26 项测试赛,2008 年 1 月到 2008 年 5 月又进行了 16 项测试赛。

**1. 场馆交通测试主要内容**

场馆交通测试主要以测试场馆内部交通运行为主,包括场馆交通团队与客户群交通需求的了解与落实的工作协调机制;各客户群出入场馆的交通流线、交通标识设置;客户群上、下车点及停车区的交通运行;场馆交通服务人员岗位设置、工作流程、人力资源配置;交通工作人员之间的沟通联系机制;场馆交通团队与场馆其他团队的协调、配合等。

采取的主要方式为:由奥组委交通部统一制定测试赛交通服务标准和场馆交通通行政策,由场馆交通团队按政策执行,并负责各项赛事交通运行的具体组织实施。

**2. 测试赛实际效果**

(1)组成竞赛场馆交通团队核心人员。为了迎接 2007 年 8 月份开始的“好运北京”体育赛事,在奥运会交通工作协调小组统一组织下,2007 年 5 月 16 日 23 个场馆(群)交通团队相继成立,骨干人员分别来自政府机关、企事业单位,到岗后迅速投入开展各项准备工作。各场馆交通团队核心人员通过最早进行的奥林匹克公园北区曲棍球场、五棵松场馆等测试赛现场观摩学习,加深了对场馆交通运行规律和特点的了解,积累了一定的实战经验,并在本场馆中加以运用和调整,使场馆交通运行基本成型。场馆交通核心团队在人员少、任务重的情况下,有效地管理着上百名从不同部门和系统临时协调组成的交通团队,发挥了核心作用。通过实践表明,场馆交通核心团队在赛事中得到锻炼,积累了丰富的经验,完全有能力胜任奥运会交通服务工作。

(2)通过实战学习交通服务标准和场馆交通通行政策。特别是对交通运行区域的划分、各客户群

的运行政策、停车场设置及交通流线、交通标识设置等有了深入地了解，为改进和完善奥运会场馆交通运行计划，制订工作方案打下基础。

(3)以干带训，巩固培训成果。按照“先培训、后上岗”的工作要求，为交通管理志愿者、交通服务志愿者、住地交通志愿者、驾驶员志愿者讲授了岗位职责、业务流程、外事礼仪、交通安全等内容。在测试赛中以各场馆交通团队为单位，分别对参加各项赛事的驾驶员志愿者、场馆交通工作人员进行了岗位技能实操培训，使他们迅速熟悉岗位职责和工作环境。各场馆交通团队结合场馆实际环境，始终把确保交通安全和提供优质服务为目标，严格、细致、系统地开展了有针对性、实效性、可操作性的岗位培训和实操培训，使每一名参加交通服务工作的志愿者既增强了工作责任感，又提高了专业技能。

(4)场馆交通团队后勤保障等物资逐步到位。通过测试赛落实了交通指挥监控室、车辆调度室、驾驶员休息室、民警休息室等功能用房，交通调度技术系统综合测试的计算机、网络、通信设备等办公设备，交通标识、标线、护栏、网伞、反光背心等物资。

(5)提高应急处置能力。如2007年8月6日因城北地区突降暴雨，安华桥积水严重，造成交通拥堵，场馆交通团队经请示赛事交通服务分中心，并协调市交管局后，按照事先制订的应急预案，选择备用路线，安全、准时将接送阿根廷曲棍球国家队的车辆送达燕山大酒店住地。2007年8月18日13:30，公路自行车赛一媒体班车行驶到东四环姚家园桥时发生电路故障，场馆交通团队立即启动了应急预案，调度备用车辆前往现场，将媒体人员送往目的地。

## 二、交通专项测试磨合场馆交通团队与客户群交通服务团队的工作机制

交通专项测试一共进行了3次，分别是在2008年1月进行的运动员、技术官员、注册媒体班车线路的运行距离和运行时间的测试，2008年4～5月进行的各客户群交通服务车辆出入场馆的场馆交通流线测试，以及2008年6月28日进行的交通综合测试。3次交通专项测试，由赛事交通服务分中心组织，以各客户群交通服务团队为主体，各相关场馆交通团队进行配合。通过连续的测试，使场馆交通团队与客户群交通服务团队工作界面进一步清晰，职责划分进一步明确，保证了赛时场馆交通运行安全、有序。以交通综合测试为例：

**1. 测试规模**

2008年6月28日，在交通和环境保障组的领导和交通运行中心指导下，赛事交通服务分中心组织实施了一次较大规模、较大范围的奥运会注册客户群交通服务运行交通专项测试演练，对场馆、场站、团队交通服务运行工作进行了全方位测试。全天共组织约5000名赛时交通服务人员，包括专业驾驶员、驾驶员志愿者、专业调度、交通服务志愿者等，租用大客车310辆，小客车600辆参加测试。测试范围涉及31个竞赛场馆、7个主要非竞赛场馆、29家技术官员签约酒店、20家注册媒体签约酒店和6个奥林匹克大家庭交通场站。晚上又组织了300部大客车配合开闭幕式工作组进行了开幕式运动员集散演练。

**2. 场馆交通运行测试重点**

(1)竞赛场馆的测试点主要为：场馆交通流线测试；场馆各客户群上、下车区设置；各客户群场馆内外停车区划分；交通标识系统设置；场馆交通岗位设置；服务车队与现场调度的呼应，并在同一时段进行场馆交通压力测试等。

(2)非竞赛场馆测试的重点区域为：总部饭店、奥运村运动员班车站、IBC/MPC注册媒体班车站、两个媒体村班车站、奥林匹克公园班车环线、首都国际机场、制服发放中心。

(3)签约酒店运行测试要点为：29家技术官员签约酒店交通服务与交通组织；20家注册媒体签约酒店交通组织流线测试。

**3. 场馆测试安排**

(1)非竞赛场馆

①总部饭店

8:00~11:30,进行交通运行组织测试,使用小客车100辆。

8:00~8:30,进行交通运行组织测试,使用小客车230辆,大客车10辆。

②IBC/MPC班车站

9:50~11:30,进行班车站发车测试,使用大客车110辆。

③奥运村班车站

9:45~11:30,进行班车站运行测试,使用大客车100辆。

④东NOC停车场

8:00~9:40,进行停车场测试,使用小客车100辆。

⑤北辰绿色家园媒体村

10:30~11:30,进行班车站运行测试,使用大客车6辆。

⑥奥林匹克公园公共区

13:30~15:00,进行流线测试,使用小客车230辆,大客车93辆。

⑦首都机场

15:00~17:00,进行T1~T3航站楼停车区交通流线测试,使用大客车60辆、小客车30辆。

15:30运动员班车按3条路线抵达奥运村欢迎中心,即:从首都机场经北二环、中轴路到达;从首都机场经北四环路到达;从首都机场经北五环路到达。

⑧赞助商接待中心、奥运村访客中心、制服发放中心、IBC/MPC。

9:00~11:30,进行交通流线测试,使用小客车200辆。

(2)酒店及其他服务场所

①媒体酒店

10:00~11:30,进行流线测试,使用大客车49辆,从IBC/MPC分别发往20家注册媒体酒店。

②技术官员酒店

9:30~11:30,进行班车线及流线测试,使用大客车80辆,从奥体中心交通场站分别发往29家技术官员酒店。

③北京站

9:40~11:30,进行交通流线测试,使用TN小客车42辆。

④北京南站

9:40~11:30,进行交通流线测试,使用TN小客车42辆。

(3)竞赛场馆

①国家体育场

13:30~15:00,进行压力及流线测试,使用80辆小客车、25辆大客车。

②奥林匹克公园西部场馆群(国家体育馆、游泳中心、击剑馆)

13:30~15:00,进行压力及流线测试,使用95辆小客车、25辆大客车。

③奥林匹克公园北部场馆群

13:30~15:00,进行压力及流线测试,使用85辆小客车、25辆大客车。

④奥体中心场馆群

13:30~15:00,进行压力及流线测试,使用70辆小客车、25辆大客车。

⑤北京大学体育场、五棵松篮球馆

13:30~15:00,模拟T1/T2、NOC团队进行压力及流线测试,分两批使用小客车80辆。

⑥工人体育场、工人体育馆

9:00~11:30,进行交通流线测试,使用小客车30辆。

⑦除上述场馆外的其他竞赛场馆

15:00~17:00,各交通运行团队同时向各场馆发车,进行场馆交通流线测试,每个场馆平均到大客车2~4辆、小客车3~4辆。

14:00~17:00,进行流线测试,从技术官员酒店发往相关竞赛场馆,每个场馆平均到车2~3辆。

**4. 测试效果**

(1)此次较大规模的交通专项测试得到了市委、市政府和北京奥组委领导的高度重视和关注,交通和环境保障组的领导多次听取方案汇报,指导方案研究,并对测试涉及的各个部门、单位提供配合给予了大力统筹协调,为测试顺利进行提供了组织保证。

(2)检验了交通系统整体运行机制。参加专项测试的各个交通服务团队、交通场站保障团队和场馆交通团队进行了精心准备,团结一致,相互配合,互相补台;驾驶员志愿者来源单位,志愿者高校、提供车辆、驾驶员和调度的企业和单位都给予了大力支持和帮助,使交通系统的各个单位、部门完成了一次实战对接和融合。

(3)通过测试进一步加强了各部门之间的沟通协调。此次测试涉及范围大、部门多,需要协调的事项多,各部门给予了积极的配合,提供了许多便利,在短时间内达成了工作目标的一致性。奥运安保指挥中心专门将安保测试时间调整到6月28日与交通测试同步进行;奥运村、IBC/MPC等对大客车班车进入测试提供了很大便利。大范围、多部门、多岗位一致行动,在北京奥组委尚属首次,为7月份全面综合演练进行了有益的尝试。

(4)各个场馆和相关服务场所为达到测试效果提供必要的测试条件,提高了基本工程建设速度和采取了相应的工作措施,通过交通的测试为场馆加快基建工程进展起到了积极地促进作用。

(5)对交通服务运行计划、流程进行了全方位的测试。在此次交通专项测试过程中,交通筹备工作阶段所形成的各种交通运行计划、工作方案,通过实践得到了检验,证明了赛事交通运行体系及工作模式基本可行并取得了宝贵的经验,对发现的一些环节和细节上的问题,进一步改进和完善,确保赛时不留任何遗憾和漏洞。

## 第五节　场馆交通仿真

场馆交通仿真是检验场馆交通运行规划设计的重要手段。北京奥运会和残奥会期间,各比赛场馆需要对服务于贵宾、技术官员、运动员和注册媒体等奥林匹克(残奥)大家庭成员的车辆进行有效地组织和管理。借鉴历届奥运会经验,奥组委交通部在2005年着手立项,开展对各场馆交通组织运行进行计算机仿真系统的研究。通过招标的方式,组织合同商——柏诚集团(中国)公司开发了奥运车辆交通仿真模型,用来分析评价奥运场馆交通运行方案的合理性,为北京奥运赛时交通规划提供了科学依据和决策支持。根据北京奥运交通需求,以场馆交通组织运行设计为蓝本,通过计算机仿真模型,测试了不同社会背景交通量条件和流线组织方案,从中推荐最优方案,对场馆规划设计和原交通组织设计的不足和缺陷,提出建设性意见。该系统在奥运期间得到实际应用,切实发现并解决了奥运场馆交通运行规划中的问题,为奥运会交通组织运行"安全、准点、可靠、便利"奠定了基础。

### 一、场馆交通仿真软件的选取

北京奥运会、残奥会采用了VISSIM仿真模拟软件建立奥运场馆交通及奥林匹克专用车道(以下简称专用道)运行系统模型。VISSIM仿真模拟软件是德国PTV公司开发的一种微观、基于驾驶行为的仿真软件,用以建模和分析各种交通条件下(车道设置、交通组成、交通信号、公交站点等)的车辆运行状况,是评价交通组织、交通控制和城市交通规划方案的一种强有力的工具,在国内外广泛应用,是被交通工程、管理人员一致认可的一种仿真软件。

利用VISSIM仿真模拟软件建立的仿真模型,可以详尽地模拟奥运车辆在专用道上行驶,模拟车辆的换车道行为,分析奥运车辆总的通行时间延误和在交叉口、立交匝道处的延误,分析奥运比赛场馆入口处的排队长度、排队延误等信息。发现容易发生拥堵的瓶颈点和对奥运车辆通行时间、服务水平有重大影响的路段、路口和立交桥。VISSIM 模型能够直观地对比和评价各种运行组织方案的效果，辅助决策者作决策，如图 20-3 所示。

a)

b)

图 20-3　VISSIM 仿真软件

## 二、场馆交通仿真的思路和步骤

奥运场馆交通仿真分析思路见图 20-4，具体分为四个步骤：

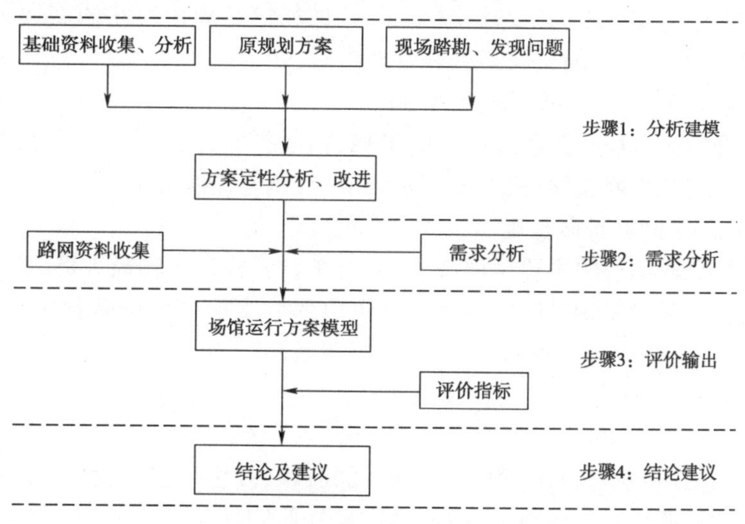


图 20-4　奥运场馆交通仿真分析思路

分析建模：对奥运场馆交通运行方案进行初步定性分析，综合考虑奥运交通的影响、要求和周边道路设施的实际情况，建立场馆仿真模型。

需求分析：根据场馆竞赛日程，预测赛时高峰时段奥林匹克（残奥）大家庭车辆的交通需求，同时加载背景交通量。

评价输出：运行模型，输出评价数据，参考奥运会赛时客户群的服务标准，评价运行方案。

结论建议：从工程和管理两个方面，提出改善建议，并与原方案进行对比，评价改善后的效果。

## 三、场馆交通仿真需求分析

奥运场馆交通需求分析的主要依据和假设包括以下 3 点。

场馆比赛单元赛程：奥林匹克大家庭成员和观众根据比赛单元进出场馆，比赛前陆续到达，比赛后相继离开。

各客户群停车位数量：考虑可能出现的最不利情况，假设所有场次比赛各客户群停车位使用率为 100%。

各客户群到离时间分布规律：根据往届奥运会和其他大型活动的规律，总结出奥林匹克大家庭各类客户群以及观众每场次比赛前后到达和离开场馆的时间分布。例如一般情况下电视转播媒体车辆赛前需要提前3小时到达,赛后2小时离开,观众在赛前2~0小时陆续到达,赛后0~0.5小时内离开。

基于以上条件和假设,可以分析出奥运场馆每个比赛日以及各个时段的进、出交通需求,仿真模型一般选取高峰日高峰时段作为仿真分析时段。对于多个场馆组成的场馆群,一般分析的高峰时段也是赛程安排最密集的时段,多个场馆同时有车辆进出。

### 四、奥运场馆交通模型评价指标

在对奥运场馆交通运行方案进行多方案对比分析,检验能否满足奥林匹克大家庭各客户群需求时,需要建立相应的评价指标体系,以便对各方案进行综合比较,从中找出最优方案。根据微观交通仿真模型输出指标,结合奥运场馆交通运行特点,选取评价指标包括:

(1)奥运场馆及周边进出口道路的负荷度

通过统计场馆及周边主要道路的交通负荷度,分析预测各道路的使用率和拥挤程度。对于部分负荷度较大的道路,可以对车流进行组织和引导,分流到其他车道上去;如果路网的平均负荷度超过一定程度,应采取相应的交通管制,限制社会车辆和其他车辆进入场馆周边道路。

(2)奥运场馆及周边进出口道路的平均路段车速

通过统计场馆及周边主要道路的平均路段车速,评估场馆及周边道路的交通服务水平。对于导致车速过低的路段或节点,采取相应的交通组织和管理措施。

(3)各客户群车辆入场和散场的平均行程时间

通过统计各客户群车辆入场和散场过程中的平均行程时间,评估车辆入场和散场时的效率。对于行程时间超过服务标准的客户群流线,找出关键延误节点,调整流线方案。

(4)安检口最大延误时间和排队长度

车辆安检口是场馆交通运行的主要延误节点,通过统计安检口车辆最大延误时间和排队长度,可以评估安检口的服务水平。同时车辆排队的最大长度可以作为安检口处排队预留空间设计的依据,避免对主路车辆造成干扰。

### 五、实例分析

以五棵松场馆群的交通模型仿真为例,对该项目的流程、方法和实际效用予以说明。

五棵松场馆群是北京西部重要的奥运比赛区域,地处西四环与长安街沿线交汇处,西临西四环路,南临复兴路,东临西翠路,北临五棵松北路。场馆群包括五棵松体育馆、1号棒球场和2号棒球场。2008年8月9日至24日分别举行了第29届奥林匹克运动会篮球和棒球比赛项目,场馆和周边道路分布见图20-5。

(1)奥运赛时车辆需求预测

根据五棵松场馆群单元竞赛日程、各客户群停车位数量以及奥运专线公交运营方案,预测赛事交通需求高峰日为8月13日~16日,每日共有7场次比赛,其中五棵松体育馆有3场次篮球比赛,1号和2号棒球场各有2场次棒球比赛,全天吸引交通量为1852车次。考虑到8月15日(周五)社会背景交通量较大,选取该日作为分析高峰日。

确定赛事交通需求高峰日后,根据单元竞赛日程和各客户群到离时间分布,进一步预测高峰日每半个小时的交通需求,分析全天车辆进出场馆高峰时段为18:30~19:30,总需求为397辆/小时。

为了充分反映赛时高峰五棵松场馆群交通运行状况,选取8月15日17:00~20:00为仿真分析时段,包括1场次退场和3场次入场,见图20-6,此时段与社会晚高峰重叠。

(2)场馆交通运行模型的建立

VISSIM仿真模拟软件是一种微观、基于驾驶行为的仿真软件,利用该软件对五棵松场馆交通运行建模。

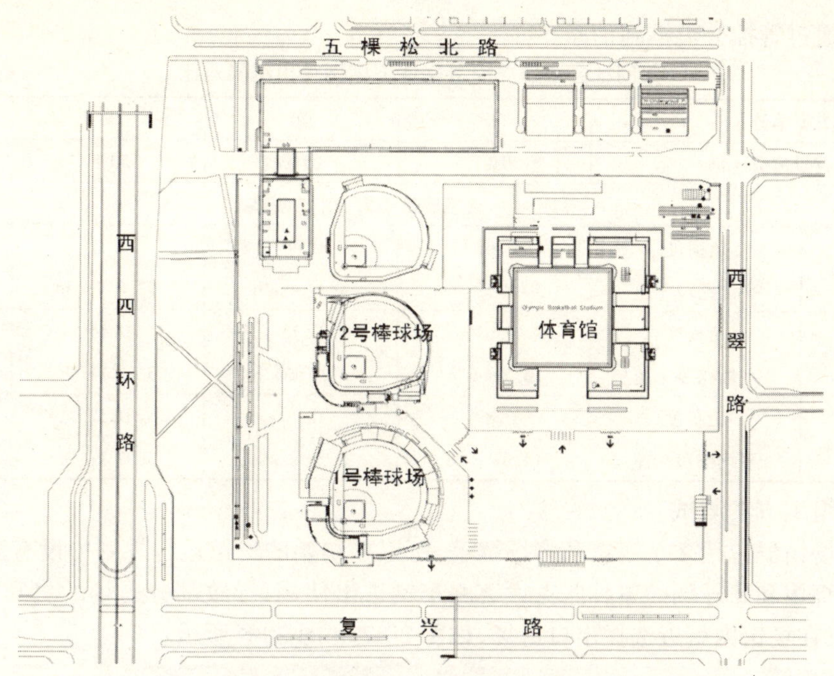


图 20-5　五棵松场馆群周边道路分布示意图

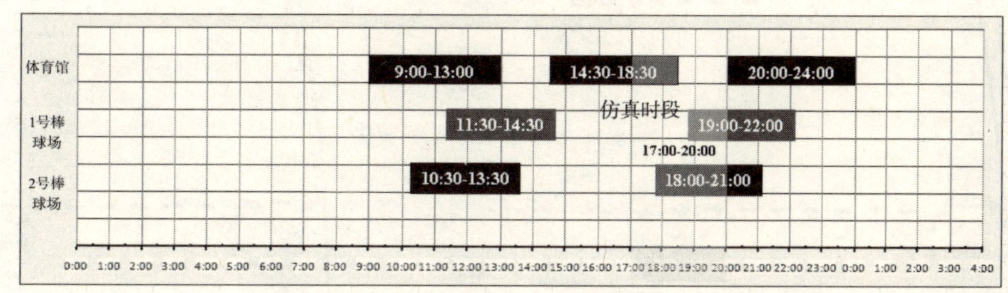


图 20-6　五棵松场馆群仿真时段示意图

利用该仿真软件，模型仿真区域为东到西翠路，西到西四环西侧辅路，南到复兴路，北到五棵松北路的地理范围，根据现场实地踏勘周边道路条件和场馆运行规划方案，搭建场馆交通路网模型。仿真对象为高峰时段所有进出场馆的奥林匹克大家庭车辆、观众专线公交车辆和社会背景交通流量。模型中车辆行驶期望车速和安检延误时间等参数根据奥运测试赛期间观测数据确定，社会背景交通量根据现场调研周五晚高峰周边路段和交叉口流量预测。

根据以上信息和条件建立 VISSIM 仿真模型之后，可以直观地对比和评价各种运行组织方案的效果，辅助决策者作决策。

（3）场馆交通运行方案仿真分析

通过建立的场馆交通仿真模型平台，分别测试不同社会背景交通量条件和流线组织方案下的赛时高峰交通运行模型，并根据测试结果选出最优方案，同时可以测试车辆安检口的服务水平，提出相关改善建议。

①社会背景交通量测试

根据五棵松场馆群周边道路周五晚高峰交通流量调查，各路段社会交通流量基本饱和，尤其是五棵松桥下（西四环—复兴路）交叉口和西翠路—复兴路交叉口，信号交叉口延误严重。利用 VISSIM 仿真模型分别测试在消减不同比例社会背景交通量条件下的输出结果见表 20-1。

输出结果为不同方案下五棵松场馆群周边道路主要方向的负荷度和平均路段车速。从表中可以看出当社会背景交通量消减 25% 和 50% 时，各路段平均车速明显增加；当社会背景交通量消减 75% 时，由于交叉口影响，平均车速提升不大。为了保障奥运交通和社会交通的和谐运转，建议赛时在原始背景交通量的基础上通过管控分流措施消减50%。

不同社会背景交通量条件下模型输出结果对比　　表20-1

| 测试方案编号 | | ① | ② | ③ | ④ |
|---|---|---|---|---|---|
| 消减社会背景流量比例 | | 0% | 25% | 50% | 75% |
| 模型输出结果 | | | | | |
| 西翠路（南向北方向） | 负荷度 | 0.61 | 0.49 | 0.37 | 0.24 |
| | 平均路段车速 | 30.4 km/h | 38.7 km/h | 42.0 km/h | 44.2km/h |
| 复兴路（东向西方向） | 负荷度 | 0.91 | 0.73 | 0.55 | 0.36 |
| | 平均路段车速 | 13.8 km/h | 24.6 km/h | 35.4 km/h | 39.6 km/h |
| 西四环东侧辅路 | 负荷度 | 0.87 | 0.70 | 0.52 | 0.35 |
| | 平均路段车速 | 14.3 km/h | 25.1 km/h | 36.3 km/h | 40.5 km/h |

②交通流线组织方案测试

由于五棵松场馆群包括多个场馆和多场赛事，所以在初始的场馆运行规划中设有东西两侧出入口，分别供五棵松体育馆和棒球场的奥林匹克大家庭车辆进出使用，导致部分退场的贵宾和运动员流线绕行距离过远，建议在场馆内就近选择出口退场，如图20-7和图20-8所示。

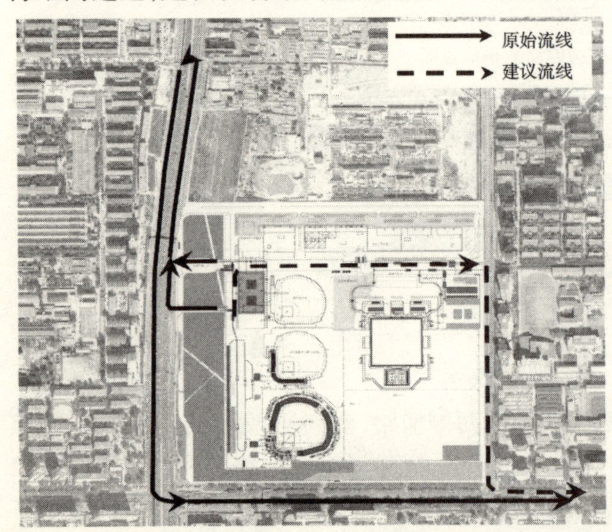

图20-7　棒球场贵宾车辆退场流线示意图

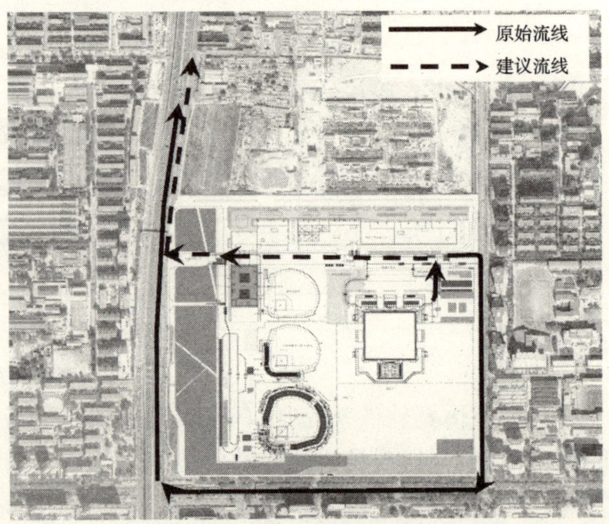

图20-8　体育馆运动员车辆退场流线示意图

但由于体育馆和棒球场有比赛场次时间重叠，建议方案可能会造成不同场次进出车辆流线相互干扰，利用VISIIM仿真模型测试两种流线组织方案结果见表20-2。

不同交通流线组织方案模型输出结果对比　　表20-2

| 模型输出结果 | | 原始流线方案 | 建议流线方案 |
|---|---|---|---|
| 棒球场贵宾车辆退场 | 行程距离 | 2.9 km | 1.3 km |
| | 平均行程时间 | 8.2 min | 3.1 min |
| 体育馆运动员车辆退场 | 行程距离 | 2.6 km | 1.2 km |
| | 平均行程时间 | 7.8 min | 3.6 min |

表20-12输出结果为两场流线方案下部分退场客户群在模型仿真区域内的平均行程距离和时间。从表中可以看出原始流线方案行驶距离比建议方案多1.4～1.6 km，而且由于需要经过五棵松桥下交叉口，行程时间多4.2～5.1min，而建议方案中流线之间相互干扰影响较小，方案可行。

③车辆安检口服务水平测试

根据五棵松场馆赛时高峰需求预测和场馆安保政策，对车辆安检口进行仿真测试。仿真结果见表

20-3。

车辆安检口仿真输出结果　　表 20-3

| 车辆安检口 | 车辆最大延误时间 | 车辆最大排队长度 | 出现时刻 |
|---|---|---|---|
| 1、2 号棒球场共用安检口 | 4.6 min | 21 m | 17:30 |
| 体育馆安检口 | 22 min | 105 m | 18:45 |

表 20-3 结果显示 1、2 号棒球场共用安检口排队情况可接受，而体育馆最大排队长度和延误时间过长，不能满足奥运赛时运行服务要求，同时由于体育馆安检口距离西翠路路口仅 90 米，安检排队车辆影响西翠路其他车辆通行，仿真效果图见图 20-9。

图 20-9　五棵松体育馆最大安检排队情况

④结论和建议

根据以上五棵松场馆群赛时高峰交通仿真测试，提出以下结论和建议：

一是五棵松场馆群周边道路现状社会背景交通量已经趋于饱和，建议赛时通过管控分流措施消减 50% 的背景交通量，可满足奥林匹克大家庭车辆的顺畅通行。

二是在初始交通运行规划方案基础上，对部分客户群流线局部调整，建议退场阶段各客户群就近选择出口，减少绕行距离和延误时间。

三是体育馆安检口高峰排队长度过长，影响西翠路其他车辆通行，建议安检口向西移 20 ~ 30m，同时增加该安检口安检设备数量，或者减少发放车辆通行证数量，缓解安检压力。

北京奥运会赛时期间，五棵松场馆群采用以上建议，交通运行组织和管理效果良好。

奥运场馆交通模型与仿真项目，通过对奥运场馆交通需求特点的研究，提出了场馆交通组织原则，并介绍了奥运场馆交通仿真分析方法，对奥运会、残奥会各比赛场馆及主要非竞赛场馆，多种车流组织管理方案进行分析和评价，为奥运期间场馆的车辆组织和管理方案提供了决策支持和选择依据。奥运会场馆交通的运行组织和管理是一个因素众多的复杂系统，交通仿真模型的建立和使用不是为了取代运行和管理人员的指挥，而是为运行和管理人员提供一个分析工具和人机界面，协助运行人员更有效地进行场馆交通组织管理，为各客户群提供更有效的交通服务，并制订应对紧急情况的措施；同时，也为今后国内其他重大赛事、会展和各届奥运会的交通组织提供了参考和经验，为奥林匹克事业留下了宝贵的遗产。

# 第二十一章　竞赛场馆交通运行

竞赛场馆，是指承接奥运会、残奥会正式比赛的体育设施。北京奥运会共有竞赛场馆 37 个，其中京内 31 个，京外赛区 6 个。残奥会共有竞赛场馆 20 个，其中京内 18 个，京外赛区 2 个。奥运会、残奥会竞赛场馆见表 21-1、表 21-2。

**奥运会北京竞赛场馆一览表**　　表 21-1

| 序号 | 场馆 | 项目 | 比赛时间 | 场馆地址 |
|---|---|---|---|---|
| 1 | 国家游泳中心 | 跳水 | 8 月 17 日 ~24 日 | 奥林匹克公园 B 区 |
| | | 游泳 | 8 月 9 日 ~16 日 | 奥林匹克公园 B 区 |
| | | 花样游泳 | 8 月 17 日 ~22 日 | 奥林匹克公园 B 区 |
| | | 水球 | 8 月 9 日 ~23 日 | 奥林匹克公园 B 区 |
| 2 | 射箭赛场 | 射箭 | 8 月 9 日 ~15 日 | 奥林匹克森林公园内 |
| 3 | 国家体育场 | 田径 | 8 月 15 日 ~24 日 | 奥林匹克公园 B 区 |
| 4 | 北京工业大学体育馆 | 羽毛球 | 8 月 9 日 ~17 号 | 北京工业大学校园内 |
| 5 | 五棵松体育中心 | 棒球 | 8 月 13 日 ~23 日 | 五棵松桥西北角 |
| 6 | 五棵松篮球馆 | 篮球 | 8 月 9 日 ~24 日 | 五棵松桥东北角 |
| 7 | 首都体育馆 | 排球 | 8 月 9 日 ~24 日 | 海淀区中关村南大街 56 号 |
| | 沙滩排球赛场 | 沙滩排球 | 8 月 9 日 ~20 日 | 朝阳公园内 |
| 8 | 工人体育馆 | 拳击 | 8 月 9 日 ~24 日 | 朝阳门外工体路 |
| 9 | 奥林匹克水上公园 | 皮划艇（激流） | 8 月 11 日 ~14 日 | 顺义区北小营镇潮白河向阳闸东北侧 |
| | | 皮划艇（静水） | 8 月 18 日 ~23 日 | 顺义区北小营镇潮白河向阳闸东北侧 |
| 10 | 老山山地自行车场 | 自行车（山地） | 8 月 22、23 日 | 石景山区老山 |
| | 城市公路赛场 | 自行车（公路） | 8 月 9、10、13 日 | |
| | 老山自行车馆 | 自行车（场地） | 8 月 14 日 ~19 日 | 石景山区老山 |
| | 小轮车赛场 | 自行车（小轮） | 8 月 20 日、21 日 | 老山公园内 |
| 11 | | 马术 | 8 月 9 日 ~23 日 | 香港 |
| 12 | 会议中心击剑馆 | 击剑 | 8 月 9 日 ~17 日 | 奥林匹克公园 B 区 |

续上表

| 序号 | 场馆 | 项目 | 比赛时间 | 场馆地址 |
|---|---|---|---|---|
| 13 | 工人体育场 | 足球 | 8月6日～23日 | 朝阳门外工体路 |
|  | 上海体育场、天津奥体中心、沈阳奥体中心、秦皇岛奥体中心 |  |  | 上海、天津、沈阳、秦皇岛 |
| 14 | 国家体育馆 | 体操（团体、单项） | 8月9日～19日 | 奥林匹克公园B区 |
|  | 北京工业大学体育馆 | 体操（艺术体操） | 8月20日～23日 | 北京工业大学校园内 |
| 15 | 国家体育馆 | 手球 | 8月23日～24日 | 奥林匹克公园B区 |
|  | 奥体中心 | 手球 | 8月9日～22日 | 奥体中心体育馆 |
| 16 | 森林公园区曲棍球场 | 曲棍球 | 8月10日～23日 | 奥林匹克森林公园内 |
| 17 | 北京科技大学体育馆 | 柔道 | 8月9日～15日 | 北京科技大学内 |
| 18 | 英东游泳馆 | 现代五项 | 8月21、22日 | 奥体中心 |
| 19 | 奥林匹克水上公园 | 赛艇 | 8月9日～17日 | 顺义区北小营镇潮白河向阳闸东北侧 |
| 20 | 北京射击馆 | 射击 | 8月9日～17日 | 石景山区福田寺甲3号 |
| 21 | 丰台区体育中心 | 垒球 | 8月12～21日 | 丰台区西四南路55号 |
| 22 | 北京大学体育馆 | 乒乓球 | 8月13日～23日 | 北京大学校园内东南角 |
| 23 | 北京科技大学体育馆 | 跆拳道 | 8月20日～23日 | 北京科技大学内 |
| 24 | 奥林匹克公园网球中心 | 网球 | 8月10日～17日 | 奥林匹克公园内 |
| 25 |  | 铁人三项 | 8月18、19日 | 昌平区十三陵水库 |
| 26 | 北航体育馆 | 举重 | 8月9日～19日 | 北京航空航天大学内 |
| 27 | 中国农业大学体育馆 | 摔跤 | 8月12～21日 | 中国农业大学内 |
| 28 | 青岛奥帆中心 | 帆船 |  | 青岛 |

场馆运行是有效保障场馆组织竞赛活动的管理服务过程，是奥运会、残奥会及其测试赛赛时运行的基本形式。场馆交通运行指赛事期间围绕竞赛开展的交通服务和交通组织管理的全过程，是场馆运行中不可或缺的重要组成部分。场馆交通团队由北京奥组委交通部、北京市公安局公安交通管理局、合同

商、志愿者、交通协管员共同组成，负责本场馆赛时交通运行规划设计并组织实施，是场馆团队的职能业务口之一。赛事期间，场馆交通团队在赛事交通服务分中心和场馆团队的领导下，依靠属地政府相关部门，成功地完成了场馆交通运行工作，保证了赛事顺利进行，无一事故，无一投诉，得到了各客户群的好评。

残奥会竞赛场馆一览表

表 21-2

| 序号 | 比赛场馆 | 残奥会项目 |
|---|---|---|
| 1 | 奥林匹克公园射箭场 | 射箭 |
| 2 | 国家体育场 马拉松路线 | 田径 |
| 3 | 击剑馆 | 硬地滚球 |
| 4 | 老山自行车馆 | 自行车(场地) |
| | 十三陵铁人三项赛场 | 自行车(公路) |
| 5 | 香港马术比赛场地(沙田) | 马术 |
| 6 | 奥林匹克公园曲棍球 B 场 | 5 人制足球 |
| 7 | 奥林匹克公园曲棍球 A 场 | 7 人制足球 |
| 8 | 北京理工大学体育馆 | 盲人门球 |
| 9 | 工人体育馆 | 柔道 |
| 10 | 北京航空航天大学体育馆 | 举重 |
| 11 | 顺义奥林匹克水上公园 | 赛艇 |
| 12 | 青岛奥林匹克帆船中心 | 帆船 |
| 13 | 北京射击馆 | 射击 |
| 14 | 国家游泳中心 | 游泳 |
| 15 | 北京大学体育馆 | 乒乓球 |
| 16 | 中国农业大学体育馆 | 坐式排球 |
| 17 | 国家体育馆 | 轮椅篮球 |
| | 北京科技大学体育馆 | 轮椅篮球(第二场馆) |
| 18 | 击剑馆 | 轮椅击剑 |
| 19 | 北京科技大学体育馆 | 轮椅橄榄球 |
| 20 | 奥林匹克公园网球中心练习场 | 轮椅网球 |

以奥运会朝阳公园沙滩排球赛场为例，对竞赛场馆交通运行进行详细说明。

## 第一节　概　　述

第 29 届奥林匹克运动会沙滩排球比赛项目于 2008 年 8 月 9 日 ~22 日在北京朝阳公园沙滩排球场举行，历时 14 天。按照奥组委统一部署要求，朝阳公园沙滩排球场馆交通团队根据国际奥委会相关规定和《交通技术手册》，依据北京奥运会沙滩排球场馆交通运行计划，结合赛时运行实际，本着安全第一、以人为本的原则，狠抓各项保障措施的落实，狠抓交通运行服务质量，狠抓团队自身建设，以优异的交通组织，最优的服务水平，实现了交通运行安全、准点、可靠、便利的目标。

**1. 赛事基本情况**

赛事期间，共有来自 23 个国家和地区的 48 支运动队参赛，运动员 96 人，技术官员 54 人。共进行了 23 个单元的 108 场比赛，到场观众达到 21.8 万多人次。接待各类政要及贵宾 3956 人次、新闻媒体

125 家、记者 2923 人次。共计出动志愿者 1320 人次、协管员 432 人次、交通民警 936 人次，现场指挥机动车 13623 辆，其中大车 4670 辆，小车 7496 辆。交通服务共接送各类客户群 13202 人次，出车 2086 辆次。两条奥运公交专线投入运营大客车 35 辆，应急备份车 20 辆，出动运营车辆 11503 车次，运送乘客 78300 人次；保点出租车运行 528 车次，运送注册客户群 1172 人次。接驳电瓶车每天运送各种客人近千余人。

**2. 场馆基本情况**

本场馆座落在北京市朝阳公园内东北角。场馆的占地面积为 18 公顷，设置主比赛场地 1 块，热身场地 2 块，训练场地 6 块，总座席数 12000 个。朝阳公园东临东四环北路、北临亮马桥路、西临朝阳公园西路、南临朝阳公园南路，见图 21-1。

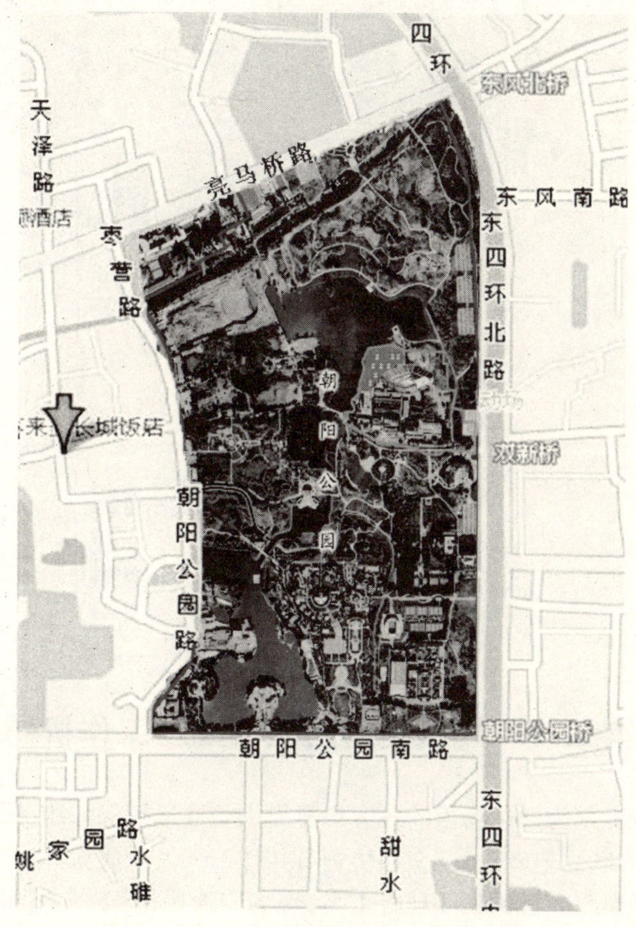


图 21-1　沙滩排球场地理位置图

场馆区内共设置 7 个停车区域，安保封闭区内设置 A、B、C 三个停车区域，有小客车停车位 201 个，大客车停车位 29 个。安保封闭区外设置 D、E、F 以及公交场站 4 个停车区域，除公交场站外，有小客车停车位 657 个，全场馆区内（不包括公交场站）共有小客车停车位 858 个、大客车停车位 29 个，见图 21-2。

本场馆举办奥运会沙滩排球比赛，正式比赛从 2008 年 8 月 9 日开始，至 8 月 22 日结束，历时 14 天。运动员训练使用本场馆训练场地。本场馆没有残奥会项目。

**3. 场馆运行日期**

场馆移入期：2008 年 6 月 1 日 ~7 月 22 日。

场馆锁闭期：2008 年 7 月 22 日 ~8 月 24 日（含安检搜爆）。

场馆运行期：2008 年 7 月 27 日 ~8 月 22 日。

场馆移出期：2008 年 8 月 23 日 ~31 日。

图 21-2　沙滩排球场停车场分布图

## 第二节　场馆交通团队构成及工作机制

场馆交通团队主要职责是为到达场馆的各客户群提供交通运行保障服务。场馆交通团队由奥组委工作人员、交通民警、合同商、志愿者，以及交通协管员共计 153 人组成。其中包括：交通经理 1 名，现场指挥、交通服务副经理、交通服务协调副经理各 1 名，现场交通民警 15 人，合同商 23 人，志愿者 78 人，交通协管员 33 人。

赛时，交通团队在场馆主任领导下，接受场馆团队服务副主任和安保副主任的直接领导，与竞赛、贵宾、媒体以及外围保障等团队保持密切联系，进行信息沟通。客户群交通服务业务向赛事交通服务分中心汇报并接受其业务指导和运行指令；场馆交通管理业务向交通组织安全保障分中心汇报并接受其业务指导和指令；观众和工作人员交通服务向城市交通运输服务分中心汇报并接受其业务指导和指令。

交通运行团队工作进度安排如下。

2008 年 1 月 ~2 月底：模拟运赛时对交通运行进行桌面演练，在此基础上对详细方案进行调整。

2008 年 3 月底：全部和交通运行有关的关键性工程完成，且符合场馆详细运行方案上明确的运行需求。

2008 年 4 月 ~7 月底：奥运赛时运行的交通标志、标识、标线全部施划完毕。

2008 年 5 月中旬 ~7 月中旬：筹备交通专项演练并组织模拟奥运赛时实战专项演练。根据演练，对方案最终进行调整。

2008 年 7 月 20 日：临时设施全部到位，各项准备工作就绪。交通团队人员陆续到位，逐步开展岗位知识及岗位技能培训。

2008 年 7 月底：公交专线站杆、站牌安装完毕。

**1. 交通团队岗位设置**

交通团队共设置 9 个岗位，包括交通经理、现场指挥、交通服务经理、交通服务协调经理、交通管理、交通调度、交通管理助理、交通服务助理、电瓶车驾驶员。工作职责及人员配置见表 21-3。

**交通团队岗位设置、工作职责及人员配置表**　　表 21-3

| 序号 | 岗位名称 | 岗 位 职 责 | 人员岗位及来源 |
| --- | --- | --- | --- |
| 1 | 交通经理 | (1)负责组织场馆交通运行规划和交通运行方案的制订；<br>(2)在交通运行中心指挥中心领导下，组织开展场馆交通服务与管理工作；<br>(3)负责场馆交通团队工作人员培训和管理工作；<br>(4)对发生的突发事件及时报告，按权限及时果断处理；<br>(5)落实和监督赛时交通工作任务的具体执行；<br>(6)在场馆安保和服务副主任领导下，协调场馆团队相关部门和场馆外围保障部门开展工作 | 1<br>(P2) |
| 2 | 现场指挥 | (1)协助交通经理确保交通管理达到预定目标；<br>(2)负责向交通经理汇报交通管理组织运行的状况，同时执行交通经理下达的指令；<br>(3)负责交通指挥室日常管理和场馆交通管理运行指挥；<br>(4)负责交通管理人员的管理 | 1<br>(P2) |
| 3 | 交通服务经理 | (1)负责场馆交通服务运行设计；<br>(2)组织制订交通服务实施方案；<br>(3)负责培训和管理场馆交通服务团队工作人员及志愿者；<br>(4)协调场馆团队相关部门，确保奥运会赛时交通服务各项工作任务在场馆的有效实施；<br>(5)执行交通运行服务团队、场馆团队的指令，负责交通服务信息的汇总和上报；<br>(6)负责场馆内各种交通服务设备、设施的配置与管理；<br>(7)负责对场馆交通服务出现的紧急情况，在第一时间做出应急处理，并及时上报交通服务运行团队、场馆交通经理 | 1<br>(P2) |
| 4 | 交通服务协调经理 | (1)协助经理负责场馆观众及工作人员交通计划编制和交通组织工作；<br>(2)负责场馆有组织观众和购票观众群体的公共交通协调工作 | 1<br>(P2) |
| 5 | 交通管理 | 负责查验车辆证件，指挥疏导场馆内车辆有序行驶和停放 | 15(V) |
| 6 | 交通调度 | 接受各客户群交通运行团队的指令，负责调度各客户群上下车区车辆 | 12(C) |
| 7 | 交通管理助理 | 协助交通管理人员工作，并负责停车场车辆排放 | 不含社会<br>志愿者 58 人(V) |
| 8 | 交通服务助理 | 协助交通调度工作，并向客户群提供咨询和引导服务 | 20 *(V) |
| 9 | 电瓶车驾驶员 | 负责按服务标准为服务对象提供交通运输服务 | 11(C) |

**2. 赛时场馆交通团队人员点计划及任务**

交通管理岗位、交通调度岗位、交通管理助理岗位、交通服务助理岗位、电瓶车驾驶员岗位工作地点、职责任务、联络机制及人员配置如下。

(1)交通管理岗位设置 15 处，见表 21-4。

**交通管理岗位设置统计表** 表21-4

| 岗位序号 | 工作地点 | 岗位任务 | 联络机制 | 通讯方式 | 单班人数 |
|---|---|---|---|---|---|
| 1 | 交通指挥监控室 | 负责情况汇总,交通管理信息向仰山交保指挥部报告,并接受指令;负责设备管理等 | 向奥运安保指挥中心交保部和赛事交通服务分中心分别报告 | 手台2部 | 1 |
| 2 | 公交场站入口 | 查验车证,按车证类型进行车辆分流,维护管制区内的交通秩序和场站进出秩序 | 向现场指挥报告 | 手台1部 | 1 |
| 3 | D区(9、10号)停车场入口 | 查验车证,进入该停车场并按车证类型进行车辆分流。维护进出口秩序 | 向现场指挥报告 | 手台1部 | 1 |
| 4 | D区(9、10号)停车场内 | 组织编排车辆,确保消防通道的畅通 | 向现场指挥报告 | 手台1部 | 1 |
| 5 | E区(4、5、11号)车场入口(车辆安检入口) | 查验车证,进入该停车场以及需安检进入封闭区的车辆并按车证类型进行车辆分流。维护进出口秩序 | 向现场指挥报告 | 手台1部 | 1 |
| 6 | E区(4、5、11号)车场入口内 | 查验车证,将持需安检进入封闭区内车证的车辆引导进入安检专用通道,并将持有4、5、11车证的车辆引导进入停车场内 | 向现场指挥报告 | 手台1部 | 1 |
| 7 | E区(4、5、11)车场内及安检通道 | 组织编排车辆,确保安检通道、消防通道的畅通 | 向现场指挥报告 | 手台1部 | 1 |
| 8 | 免检入口 | 查验车证,将需免检进入的车辆指引进入,同时按车证类型进行车辆分流,维护管制区内道路的秩序 | 向现场指挥报告 | 手台1部 | 1 |
| 9 | F区(8号停车场)入口 | 查验车证,将持有8号车场证件的车辆引导进入该停车场内 | 向现场指挥报告 | 手台1部 | 1 |
| 10 | 南人检口处 | 引导进入封闭区内的车辆顺序进入,同时指导志愿者解决人车交叉问题 | 向现场指挥报告 | 手台1部 | 1 |
| 11 | 运动员、技术官员、媒体下车点 | 引导客户群上下车,维护上下车点场馆道路秩序 | 向现场指挥报告 | 手台1部 | 1 |
| 12 | B停车区 | 组织编排车辆 | 向现场指挥报告 | 手台1部 | 1 |
| 13 | 物流区南侧路口 | 查验车证,按车证类型进行车辆分流 | 向现场指挥报告 | 手台1部 | 1 |
| 14 | 贵宾上下车点 | 照顾引导需到贵宾下车点的客户群车辆上下车 | 向现场指挥报告 | 手台1部 | 1 |
| 15 | 贵宾停车场内 | 组织编排贵宾车辆 | 向现场指挥报告 | 手台1部 | 1 |

(2)交通调度岗位设置6处,见表21-5。

交通调度岗位设置统计表　　表21-5

| 岗位序号 | 工作地点 | 岗位任务 | 联络机制 | 通讯方式 | 单班人数 |
|---|---|---|---|---|---|
| 1 | 交通调度值班室 | 监督各类客户群车辆运行计划实行;汇总当日交通信息,向交通服务运行团队、场馆团队汇报 | 接受场馆各业务口临时需求,向相应交通运行团队汇报 | 手台2部(场馆信道)(专业信道) | 1 |
| 2 | A停车区及贵宾上下车区 | 负责与有关部门确认用车事宜;负责确认车辆到达、发车时间,并向调度室值班员汇报;根据客户需求及时调度车辆;向场馆交通服务经理汇报工作 | 接受交通服务团队所属车队指令;向场馆交通服务经理汇报 | 手台1部(专业信道) | 1 |
| 3 | TF、上下车区 | 负责与有关部门确认用车事宜;负责确认车辆到达、发车时间,并向调度室值班员汇报;根据客户需求及时调度车辆;向场馆交通服务经理汇报工作 | 接受交通服务团队所属车队指令;向场馆交通服务经理汇报 | 手台1部(专业信道) | 1 |
| 4 | B停车区TM上下车区 | 负责与有关部门确认用车事宜;负责确认车辆到达、发车时间,并向调度室值班员汇报;根据客户需求及时调度车辆;向场馆交通服务经理汇报工作 | 接受交通服务团队所属车队指令;向场馆交通服务经理汇报 | 手台1部(专业信道) | 1 |
| 5 | P11停车场及上下车区 | 根据客户需求及时调度车辆;向场馆交通服务经理汇报工作;车辆不足时向T3呼叫中心提出需求,组织合乘 | 接受T3呼叫中心指令;向场馆交通服务经理汇报 | 手台1部(专业信道) | 1 |
| 6 | 观赛运动员上下车区 | 负责与有关部门确认用车事宜;负责确认车辆到达、发车时间,并向调度室汇报;根据客户需求及时调度车辆;向场馆交通服务经理汇报工作 | 接受交通服务团队所属车队指令;向场馆交通服务经理汇报 | 手台1部(专业信道) | 1 |

(3)交通管理助理岗位共设置15处,见表21-6。

交通管理助理岗位设置统计表　　表21-6

| 岗位序号 | 工作地点 | 岗位任务 | 联络机制 | 通讯方式 | 单班人数 |
|---|---|---|---|---|---|
| 1 | 交通指挥室内 | 交通指挥助理 | 接受交通经理的指令 | | 2 |
| 2 | 贵宾上下车点 | 引导贵宾上下车维护贵宾休息室门前秩序 | 向附近民警汇报工作,接受民警指令 | | 2 |
| 3 | A停车区停车场入口 | 引导车流顺序进入车场,车辆禁止驶入后院步行区内 | 向附近民警汇报工作,接受民警指令 | 手台1部 | 1 |
| 4 | A停车区停车场内 | 组织安排车辆,并引导大罐停车区的车辆按流线返回 | 向附近民警汇报工作,接受民警指令 | 手台1部 | 4 |
| 5 | C区停车场内 | 引导车辆停放维护车场秩序 | 向附近民警汇报工作,接受民警指令 | 手台1部 | 1 |
| 6 | 场馆南侧路(应急车场) | 引导车辆按流线行进,控制乱停车(紧急时编排组织车辆) | 向附近民警汇报工作,接受民警指令 | 手台1部 | 1 |

续上表

| 岗位序号 | 工作地点 | 岗位任务 | 联络机制 | 通讯方式 | 单班人数 |
|---|---|---|---|---|---|
| 7 | B停车区 | 组织安排各类客户群车辆 | 向附近民警汇报工作,接受民警指令 | 手台1部 | 4 |
| 8 | 技术官员、IF下车点 | 引导需在媒体下车点下车的客户群顺序下车进入各自工作区域并引导车辆进入各自停车区 | 向附近民警汇报工作,接受民警指令 | 手台1部 | 2 |
| 9 | 媒体下车点 | 引导需在媒体下车点下车的客户群顺序下车进入各自工作区域并引导车辆进入各自停车区 | 向附近民警汇报工作,接受民警指令 | 手台1部 | 2 |
| 10 | 南人检口处 | 引导观众按流线顺序行进,解决人车交叉的问题 | 向附近民警汇报工作,接受民警指令 | 手台1部 | 6 |
| 11 | 安检大棚内摆渡车上下车点 | 引导观众和各客户群进入安检门后顺序乘坐摆渡车进入 | 向附近民警汇报工作,接受民警指令 | 手台1部 | 2 |
| 12 | 安免检交叉点 | 引导观众和各客户群按流线顺序行进,确保交叉点的绝对安全 | 向附近民警汇报工作,接受民警指令 | | 2 |
| 场馆封闭线外,场馆区内(D区、E区、公交站及自行车存放处)(交通协管员) | | | | | |
| 1 | 公交场站内 | 引导观众沿专用通道进入和自行车管理 | 向附近民警汇报工作,接受民警指令 | | 2 |
| 2 | D\停车区(9、10停车场) | 引导本停车区和乘坐公交的观众和各客户群下车后按人流线顺序行进,并协助安排车辆 | 向附近民警汇报工作,接受民警指令 | 手台1部 | 4 |
| 3 | E\停车区(4、5、11停车场) | 引导观众和各客户群下车后按人流线顺序进入各自的安检门行进,并协助安排车辆 | 向附近民警汇报工作,接受民警指令 | 手台1部 | 5 |
| 备注 | 上述安保封闭线外的3处引导岗位,由交通协管员承担,每班11,每天共安排3班人员,共计全天33人 | | | | |

(4)交通服务助理岗位设置10处,见表21-7。

**交通服务助理岗位设置统计表** 表21-7

| 岗位序号 | 工作地点 | 岗位任务 | 联络机制 | 通讯方式 | 单班人数 |
|---|---|---|---|---|---|
| 1 | 贵宾休息室交通咨询员 | 解答交通问题;协助T1/T2客户电话联系P6停车场驾驶员或通过手台联系停车场交通管理助理,协调预定车辆等事宜;提供语言支持 | 与场馆停车场交通管理助理联系,向交通服务经理汇报工作 | 手台1部 | 1 |
| 2 | TA上下车区 | 登记TA\(TA)客户车辆信息(车号,驾驶员联系方式);将客户车辆信息及时汇总给交通调度指挥室。并协助A停车区现场调度工作并提供语言支持 | 与交通咨询台、现场调度联系,向交通服务经理汇报工作 | 手台1部 | 1 |
| 3 | 贵宾上下车区 | 登记T1\T2\客户车辆信息(车号,驾驶员联系方式);将客户车辆信息及时汇总给交通调度指挥室。并协助A停车区现场调度工作并提供语言支持 | 与交通咨询台现场调度联系,向交通服务经理汇报工作 | 手台1部 | 1 |

续上表

| 岗位序号 | 工作地点 | 岗位任务 | 联络机制 | 通讯方式 | 单班人数 |
|---|---|---|---|---|---|
| 4 | P10 停车场及上下车区 | 解决客户交通问题咨询;登记客户群车辆信息指引该客户群客人至场馆入口处;协助现场调度的工作并提供语言支持 | 与交通咨询台、现场调度联系,向交通服务经理汇报工作 | 手台1部 | 1 |
| 5 | P11、停车场及上下车区 | 解决客户交通问题咨询;登记客户群车辆信息指引T3客人至场馆入口处;协助T3现场调度工作并提供语言支持 | 与交通咨询台、现场调度联系,向交通服务经理汇报工作 | 手台各1部 | 1 |
| 6 | TM 下车区 | 登记TM专用分配小客车车辆信息(车号,驾驶员联系方式);解决客户交通问题咨询;利用B停车区调度手台联系停车场交通管理助理,引导至上车点上车 | 与交通咨询台、现场调度联系,向交通服务经理汇报工作 | 手台1部 | 1 |
| 7 | TF、下车区 | 登记TF专用分配小客车车辆信息(车号,驾驶员联系方式);解决客户交通问题咨询;利用B停车区调度手台联系停车场交通管理助理,引导至上车点上车 | 与交通咨询台现场调度联系,向交通服务经理汇报工作 | 手台1部 | 1 |
| 8 | 车辆调度指挥室 | 协助值班室调度工作;电话值守,提供语言支持;协助值班室调度进行相关数据录入、汇总 | 向值班室调度负责并接受其指令 | | 1 |
| 9 | 服务协调经理助理 | 咨询引导乘坐公交专线的观众按行人流线行进。协助服务协调经理工作 | 向服务协调经理汇报工作 | 手台1部 | 1 |
| 10 | 驾驶员休息室 | 接受现场调度或停车场交通管理助理指令,通知驾驶员返回停车场 | 接受现场调度指令 | 手台1部 | 1 |

(5)电瓶车驾驶员设置见表21-8。

**电瓶车驾驶员设置表** 表21-8

| 岗位序号 | 工作地点 | 岗位任务 | 联络机制 | 通讯方式 | 单班人数 |
|---|---|---|---|---|---|
| 1 | 场馆 | 提供场馆内交通服务运输工作 | 接受交通经理或交通服务副经理指令 | 手台3部 | 11 |

**3. 场馆交通服团队工作时间**

本场馆交通服务团队在沙滩排球项目训练及正式比赛期间提供交通运行服务。

场馆交通服务运行团队全部工作人员到达场馆时间:训练项目开始前60分钟到达场馆,提前15分钟到岗位,训练结束后10分钟撤岗。比赛项目开始前4小时全体工作人员到达场馆,各客户群工作人员按本客户交通服务时间要求,提前20分钟到岗。撤岗时间按各客户群交通服务时间要求确定,全部工作人员于比赛结束后3.5小时结束工作。

**4. 场馆交通团队培训**

赛前场馆交通团队按照奥组委交通部和场馆团队的部署要求,对所属各类人员进行了严格的培训。具体培训情况见表21-9。

场馆交通团队培训情况表 表21-9

| 内容 | 项目 | 时间 | 方式 | 对象 | 负责人 | 培训地点 |
|---|---|---|---|---|---|---|
| 通用培训（2项） | 北京奥运会、残奥会通用知识培训 | 2008年3月5日～4月30日 | 面授 | 场馆交通团队工作人员 | 王琴 | 朝阳公园沙滩排球场 |
| | 赛事团队领导力培训 | 2008年3月5日～4月30日 | 面授 | 交通团队经理、副经理以上工作人员 | 王琴 | 朝阳公园沙滩排球场 |
| 专业培训（5项） | 场馆运行培训 | 2008年5月4日～6月20 | 面授 | 场馆交通团队人员 | 朱志亮 | 朝阳公园沙滩排球场 |
| | 奥运交通运行专项业务培训 | 2008年5月4日～6月20 | 面授 | 交通经理、副经理 | 朱志亮 | 朝阳公园沙滩排球场 |
| | 奥运交通服务专项业务培训 | 2008年5月4日～6月20 | 面授、实战演练 | 合同商人员 | 朱志亮 | 朝阳公园沙滩排球场 |
| | 奥运交通管理专项业务培训 | 2008年6月22日～7月20日 | 面授、实战演练 | 场馆团队交通民警 | 朱志亮 | 朝阳公园沙滩排球场 |
| | 奥运会交通志愿者专项业务培训 | 2008年6月22日～7月20日 | 面授 | 所有奥运会交通团队志愿者 | 朱志亮 | 朝阳公园沙滩排球场 |
| 岗位培训（8项） | 车辆运行管理岗位工作细则培训 | 2008年6月22日～7月20日 | 面授、实地演练 | 场馆及交通场站内运行管理人员 | 朱志亮 | 朝阳公园沙滩排球场 |
| | 车辆调度岗位工作细则培训 | 2008年6月22日～7月20日 | 面授、实地演练 | 所有专业调度人员及志愿者调度人员 | 朱志亮 | |
| | 大客车驾驶员岗位工作细则培训 | 2008年6月22日～7月20日 | 面授、实地演练 | 所有大客车班车驾驶员 | 朱志亮 | 朝阳公园沙滩排球场 |
| | 小客车驾驶员岗位工作细则培训 | 2008年6月22日～7月20日 | 面授、实地演练 | 所有小客车班车驾驶员 | 朱志亮 | 朝阳公园沙滩排球场 |
| | 交通信息咨询服务岗位工作细则培训 | 2008年6月22日～7月20日 | 面授、实地演练 | 为客户提供交通信息咨询服务的交通志愿者 | 朱志亮 | 朝阳公园沙滩排球场 |
| | 场馆交通秩序维护与引导岗位工作细则培训 | 2008年6月22日～7月20日 | 面授、实地演练 | 场馆内交通秩序维护人员、引导人员（志愿者） | 朱志亮 | 朝阳公园沙滩排球场 |
| | 场馆交通经理及指挥岗位工作细则培训 | 2008年6月22日～7月20日 | 面授、实地演练 | 场馆交通经理及交通指挥所人员 | 朱志亮 | 朝阳公园沙滩排球场 |
| | 场馆交通管理流动团队岗位工作细则培训 | 2008年6月22日～7月20日 | 面授、实地演练 | 交通管制区卡口岗，场馆内上下车、停车场管理岗、场馆区域内秩序维护岗位的交通民警 | 朱志亮 | 朝阳公园沙滩排球场 |
| 实际操作培训 | 现场指挥技能培训 | 2008年7月23日～2008年8月7日 | 实地演练 | 场馆内 | 朱志亮 | 朝阳公园沙滩排球场 |

## 第三节 场馆区域划分及安检口、车辆验证点设置、停车位分配

**1. 场馆交通区域划分**

为确保场馆周边区域以及场馆院内的交通畅通，安全有序，根据场馆交通运行政策的要求，紧密结合本场馆周边路网实际情况，由外向内分规划设置交通控制区、场馆区、安保封闭区三个区域，分区域执行相应通行政策和管理措施。

(1)交通控制区：由东四环北路的东风北桥向南经东四环东西辅路至朝阳公园桥(含)，向西经朝阳公园南路至画院路口(含)，向北经朝阳公园西路至21世纪饭店路口(含)，向东经亮马桥路至东风北桥(含)。区域内的主要路口设立疏导岗，适时分流交通，确保交通顺畅、秩序良好。

(2)场馆区：北侧为公园北护栏以南区域，东侧为东风北桥、东四环西侧辅路(含)至朝阳公园桥以西区域，南侧为公园南护栏以北区域，西侧为朝阳公园2号桥以东区域。该区域的东风北桥向南经东四环东西辅路至朝阳公园桥(含)实施交通管制，车辆凭车辆证件进入该区域(不含公共汽车)。

(3)安保封闭区：在场馆内划定安保封闭区。该区域实施全封闭控制，人员、车辆均需凭有效证件，接受安全检查后方可进入。

**2. 场馆安检口及车辆验证点设置**

(1)车辆安检口：在沙滩排球场东门外设1处车辆安检点(2条车道，4套设备)，所有需安检进入安保封闭区的车辆均要经过此安检点进行安检。车辆安全检查工作由安保人员负责，交通人员负责对车辆进行二次验证，再次确认车辆通行和停放权限，对安检口区域交通秩序进行维护，保证车辆安检有序进行。

(2)人员安检口：分别设在场馆东北门(4机8门，为持票观众提供)、场馆南门(4机8门，为持票观众提供)、车检口旁边(2机4门，为注册人员提供)。

(3)场馆区车辆验证点：分别设在东四环北路东风北桥下、公交场站入口、D停车区入口、E停车区入口、免检入口、F停车区入口、朝阳公园桥下。对前往场馆的车辆所持车证进行查验，按不同通行和停放权限引导车辆至不同的进口和停车场地。

**3. 各类客户群停车场车位分配**

根据北京奥运会交通服务标准和竞赛场馆交通通行政策，对各类客户群的停车区域进行了合理划分，具体见表21-10。

**各客户群停车位需求数量表** 表21-10

| 客户名称 | 停车场代码 | 需求数量 | 客户名称 | 停车场代码 | 需求数量 |
|---|---|---|---|---|---|
| 要人 | P1 | 10 | 赞助商/青年营/观察员 | P10 | 20 |
| IF | P2 | 10 | T3 | P11 | 30 |
| NOC | P3 | 25 | 临时准入客户 | P12 | 25 |
| 文字媒体 | P4 | 100 | 运动员及随队官员 | TA | 7 |
| BOB/RHB | P5 | 70 | 观看本项目运动员及随队官员 | (TA) | 2 |
| T1/T2 | P6 | 30 | 国际/国家摄影队 | POOL | 6 |
| 场馆技术运行团队 | P7 | 26 | 技术官员 | TF | 4 |
| 场馆运行团队 | P8 | 210 | 注册媒体 | TM/DDS | 4 |
| 其他收费卡 | P9 | 50 | | | |

## 第四节　各客户群交通服务运行流程

### 一、奥林匹克大家庭客户群

持“T1”车证：车辆经沙滩排球场车辆安检口安检进入；在T1上、下车区落客，贵宾进入奥林匹克大家庭休息室，车辆停放在“P6”停车场。驾驶员在车内或驾驶员休息室等候；如车位已满，“P6”停车场交通管理助理通知T1上、下车区交通服务助理，驾驶员按照交通服务助理或交通管理助理指引将车辆停放在安保封闭线内或外的备用停车场，客户离开场馆时，由奥林匹克大家庭助理（礼宾助理）与驾驶员联系，或与交通咨询台联系，通知停车场交通管理助理或驾驶员休息室交通服务助理，贵宾出贵宾休息室后，将车调至上、下车区。或交通管理人员可根据上下车区域内的实际情况告知车场内交通管理助理，引导客人至停车区域内（就近）上车，客人乘车沿流线出场馆免检口离开。

持“T2”车证（不含国际体育单项组织）：车辆经沙滩排球场车辆安检口安检进入；在贵宾上、下车区落客，贵宾进入奥林匹克大家庭休息室，车辆停放在“P6”停车场。驾驶员在车内或驾驶员休息室等候；如车位已满，“P6”停车场交通管理助理通知贵宾上、下车区交通服务助理，驾驶员按照交通管理助理指引将车辆停放在安保封闭线内或外备用停车场，客户离开场馆时，通过交通咨询台与驾驶员联系，或通知停车场的交通管理助理或驾驶员休息室交通服务助理，告知驾驶员，贵宾出贵宾室后将车调至贵宾上、下车区。或交通管理人员可根据上、下车区域内的实际情况告知车场内交通管理助理，引导客人至停车区域内（就近）上车，客人乘车沿流线出场馆免检口离开。

持“T3”车证：车辆经东四环的东风北桥沿西辅路向南进入控制区，在安检口附近T3上、下车区落客，人员经安检乘坐摆渡车进入场馆后院区，车辆根据车队指令，驶离场馆。客人离开时，步行或乘摆渡车至T3上、下车区等候车辆，T3上、下车区现场调度根据客户前往的目的地组织安排客人合乘车辆。乘客上车后，通过东四环西侧辅路离开。

根据比赛场馆内奥林匹克大家庭成员座席数量，每场比赛开始后在“P11”停车场囤放5部T3车辆，由交通服务副经理在T3上、下车区现场确定是否通过T3上、下车区现场调度向T3交通服务团队申请增加或减少T3车辆。

T1、T2交通通行权限的客人离开场馆时，如需使用T3交通服务，通过贵宾上、下车区交通服务助理及交通管理助理指引乘坐摆渡车或步行至T3上、下车区乘坐车辆。

T3在场馆的交通服务时间，截止到每日最后一场比赛结束后3小时，调度负责调配使用。交通服务副经理根据各比赛场次T3客户数量调配车辆。

### 二、NOC代表团

持“TN”车证（含超编官员）：车辆经沙滩排球场车辆安检口安检进入，人员在（NOC）上、下车区落客，车辆在安保封闭线内“P3”停车场停放。驾驶员在车内或驾驶员休息室等候；如“P3”停车场车位已满，“P3”停车场交通管理助理通知NOC上、下车区交通服务助理，驾驶员按照交通服务助理和交通管理助理指引将车辆停放在安保封闭线内或外备用停车场。客户离开时，由NOC客户助理或客户直接联系驾驶员，或通过联系NOC上、下车区交通服务助理，通知“P3”停车场或备用停车场交通管理助理，或通知驾驶员休息室交通服务助理，告知驾驶员，贵宾出贵宾室后同时将车辆开至NOC上、下车区，或根据区域内的实际和现场的实际情况可临时停放于应急待客车位内（A停车区西侧树档内）。客人乘车沿流线出场馆免检口离开。

持“收费卡（R-NOC）”车证：车辆经沙滩排球场车辆安检口安检进入，人员在NOC上、下车区落客，落客后车辆出场馆免检口经朝阳公园桥、东风北桥停至安保封闭线外“P9”停车场。NOC客户离开场馆时，可由NOC客户直接联系驾驶员，或通过交通咨询台联系NOC上、下车区交通调度及交通服务助理,告知驾驶员将车辆开至安检口安检进入,至 NOC 或(贵宾)上车区,或根据区域内的实际和现场的实际情况可临时停放于应急待客车位内(A 停车区西侧树档内)客户离开时出场馆免检口经东四环西辅路离开。

## 三、运动员及随队官员

比赛/观赛运动员班车持"TA"车证:车辆经沙滩排球场车辆免检口进入,人员在 TA 上、下车区落客。训练期间,训练班车停放在 TA 停车场等候,驾驶员在车内或驾驶员休息室等候。运动员结束训练项目后,TA 上、下车区现场调度通知驾驶员休息室交通服务助理,告知驾驶员返回停车场。比赛期间,比赛班车按班车时刻表运行。每天最后一场比赛结束前,运动员班车在安保封闭线内 TA 停车场等候。最后一趟班车经交通服务副经理通过竞赛主任确认场馆内无运动员和随队官员滞留后发车,运动员乘车沿流线出场馆免检口离开。

遇有兴奋剂检测、接受媒体采访等特殊需求,不能乘坐最后一趟班车驶离的,将由交通服务副经理安排 T3 车辆。

如班车未能按时抵达场馆,TA 上、下车区现场调度需向运动员和随队官员交通服务运行团队所属相应车队联系沟通,并向场馆交通服务副经理汇报。如有特殊情况,场馆交通经理或交通服务副经理需立即向场馆服务副主任汇报。

观看非本比赛项目运动员班车持"TA1"车证:车辆经东四环的东风北桥沿西辅路向南进入控制区,抵达指定 P10 停车场落客,客户沿流线步行至观众入口处安检进入。观赛运动员离开前,班车在 TA1 上、下车区等候,载客离开。遇有比赛提前结束,场馆交通服务副经理通知 TA1 上、下车区现场调度,由 TA1 上、下车区现场调度通知"P10"停车场交通管理助理现场照顾,告知驾驶员将车辆调至 TA1 上、下车区。返回时经东四环西辅路离开。

遇有比赛提前结束时,交通服务经理与上、下车区调度联系,并联系"P10"停车场交通管理助理,确保车辆及时到达上、下车区;观看非本比赛项目运动员未能乘坐班车离开场馆时,TA1 上、下车区交通服务助理协助指引公共交通乘车点位置。

## 四、世界排球联合会

作为国际单项体育组织之一的世界排球联合会,其官员在奥运期间享受相应的交通服务,所乘车辆持"TF"车证:车辆经沙滩排球场车辆安检口安检进入,人员在技术官员下车区落客,车辆在安保封闭线内 TF 停车场停放。驾驶员在车内或驾驶员休息室休息。技术官员离开场馆时,到达 TF 停车区上车,B 停车区现场调度通知驾驶员休息室交通服务助理,告知驾驶员返回停车场。技术官员班车按班车时刻表准时发出,出场馆免检口离开。最后一趟班车由交通服务副经理通过竞赛主任确认场馆内无技术官员滞留后发车。

未能乘坐当日最后一趟班车的技术官员,由 B 停车区的现场调度及服务助理协助指引公共交通乘车点。

如班车未能按时抵达场馆,B 停车区的现场调度需向技术官员交通服务运行团队所属相应车队联系沟通,并向场馆交通服务副经理汇报。如有特殊情况,场馆交通经理或交通服务副经理需立即向场馆服务副主任汇报。

世界排联分配车辆持"T2(IF)"车证和"T2(TD)"车证:车辆经北京朝阳公园沙滩排球场车辆安检口安检进入,在贵宾上、下车区落客,车辆停放在"P2"车场。驾驶员在车内或驾驶员休息室等候;如"P2"停车场车位已满,"P2"停车场交通管理助理通知贵宾上、下车区现场调度,驾驶员按照贵宾上、下车区现场调度及交通管理助理指引,将车辆停放在安保封闭线内或外备用停车场。客户离开场馆时,由贵宾上、下车区现场调度通知"P2"停车场或备用停车场交通管理助理,通知驾驶员休息室交通服务助理,告知驾驶员,贵宾出贵宾室后将车调至贵宾上、下车区,或根据区域内的实际和现场的实际情况可临时停放于应急待客车位内(A 停车区西侧树档内),客人乘车沿流线出场馆免检口离开。

IF 收费卡车辆:车辆经东四环的东风北桥沿西辅路向南进入控制区,车辆行至保封闭区外 E 停车区内的人员安检入口附近,停车、落客。落客后人员安检进入封闭区,步行或乘摆渡车辆进入场馆后院区,车辆返回停放于“P9”停车场内。客户离开时,人员步行或在摆渡车上车点乘摆渡车至 E 停车区后步行至“P9”停车场上车,上车后经东四环西辅路离开。

## 五、观察员、青年营、赞助商

持“观察员(TOBS)”车证、“青年营(TOYC)”车证、“赞助商(TSPO)”车证:车辆经东四环的东风北桥沿西辅路向南进入控制区,在场馆东门观众安检口东侧 D 停车区“P10”停车场停放,人员原地落客后,步行至观众入口处安检进入。客户离开时步行至“P10”停车场上车,车辆经东四环西辅路离开。

进入后院的观察员客户,车辆经东四环的东风北桥沿西辅路向南进入控制区,车辆行至保封闭区外 E 停车区内的人员安检入口附近,停车、落客。落客后人员安检进入封闭区,步行或乘摆渡车辆进入场馆后院区,车辆返回停放于“P10”停车场内。客户离开时,人员步行或在摆渡车上车点乘摆渡车至 E 停车区后步行至“P10”停车场上车,上车后经东四环西辅路离开。

赞助商收费卡(RC)车辆:在沙滩排球场“P9”停车场落客并停车;持其他场馆赞助商收费卡(RC)车辆在 D 停车区内观众安检口附近青年营/观察员/赞助商上、下车区落客后,车辆驶离。

## 六、注册媒体

持“TM”车证:车辆经沙滩排球场车辆免检口进入,人员在 TM 媒体下车区落客,车辆停放于 TM 车场,人员离开时在停车场内上车,班车按班车时刻表运行。最后一趟班车经交通服务副经理通过媒体经理确认场馆内媒体运行中心无注册媒体滞留后发车,客人乘车沿流线出场馆免检口离开。

如班车未能按时抵达场馆,TM 上、下车区现场调度需向媒体服务运行团队所属相应车队联系沟通,并向场馆交通服务副经理汇报。如有特殊情况,场馆交通经理或交通服务副经理需立即向场馆服务副主任汇报。

如有特殊情况,注册媒体不能乘坐最后一趟班车时,由交通服务副经理通过媒体经理统计留在场馆媒体运行中心人员,由交通服务副经理安排车辆离开。

持“M－PRS”车证(文字摄影):车辆经东四环的东风北桥沿西辅路向南进入控制区,至“P4”停车场停放,落客后人员安检进入封闭区,步行或乘摆渡车辆进入场馆后院区。客户离开时,人员步行或在摆渡车上车点乘摆渡车至“P4”停车场上车,上车后经东四环西辅路离开。

持“摄影(M－PHP)”车证:车辆经沙滩排球场车辆安检口安检进入,人员在 POOL 媒体下车点落客,车辆在安保封闭线内 POOL 停车场停放。人员离开场馆时,到停车场乘车沿流线出场馆免检口离开。

## 七、转播商

持“TM－DDS”车证:与 TM 班车的行驶路线相同,车辆可停放到 TM 停车区内。

持“M－RHB”车证:车辆经沙滩排球场车辆安检口安检进入,车辆在电视转播综合区(BRC)落客停放或在媒体下车点落客,车停“P5”停车场内(大多数情况下,“P5”停车场设在场馆安保封闭线内和安保线外,按照“先来先得”的原则,当安保封闭区内“P5”停车场停满时,由安保封闭区内“P5”停车场交通管理助理报告现场交通民警,现场交通民警通知安检口查验车辆证件的交通民警,由交通民警将车辆引导至安保封闭区外“P5”停车场落客停放)

持“M－ENG”(转播商)车证:车辆经沙滩排球场车辆安检口安检进入,人员在媒体下车区落客,车辆在安保封闭线内“P5”停车场停放,车辆停满时在安保封闭区外“P5”停车场停放。人员离开场馆时,在“P5”车场内上车,车辆出场馆免检口离开。(多数情况下,“P5”停车场设在场馆安保封闭线内和安保线外,车辆可根据需要,停放在安保封闭线内或外的“P5”停车场。当安保封闭线内“P5”停车场车辆停满时,"P5"停车场交通管理助理指引驾驶员在安保封闭区外"P5"停车场停放车辆)。

## 八、警卫要人

持"TG"车证:车辆免检进入场馆安保封闭区后院区,在贵宾上、下区落客后,车停"P1"停车场。离开时,在贵宾上、下车区上车后出场馆免检口离开。

## 九、场馆运行技术支持团队

场馆计时、计分、网络、通信等提供技术支持的车辆持"运行保障1(VTS1)"和"运行保障2(VTS2)"字样车证:应在比赛前5小时到达场馆,车辆经安检可进入沙滩排球场安保封闭区内,在安保封闭区内"P7"和"P7A"停车场停放,如停车场车位已满,车辆需停放在安保封闭线外备用停车场。

持"检测(V-DOP)"车证用于赛事兴奋剂检测专用车辆:安检进入北京朝阳公园沙滩排球场安保封闭区内,在"P7"停车场停放,如停车场车位已满,则车辆需停放在安保封闭线外备用停车场。

## 十、场馆(VEN)部门工作用车

车辆从东风北桥下进入场馆区,经车辆安检口安检进入,车辆在"P12"停车场停放。

## 十一、场馆服务车辆

持"VS"车证,共3种:用于场馆医疗急救、公共卫生、工程保障、抢险、秩序维护、物流、清废、餐饮等提供后勤支持和服务保障的各类车辆。其车证客户群类别的代码分别为"场馆服务1(VS1)"、"场馆服务2(VS2)"停放在"P7"车场或各自工作区域内。"场馆服务3(VS3)"停放在"P8"停车场内。持"场馆服务1(VS1)"和"场馆服务2(VS2)"车证的车辆于赛前3.5小时进入场馆,经安检进入安保封闭线内"P7"或各自的工作区域内定点停放。如停车场车位已满,车辆需停放在安保封闭线外备用停车场。持"场馆服务3(VS3)"车证的车辆通行于安保封闭线外的区域,在安保封闭线外"P8"停车场停放。

物流接泊车、物流叉车、餐饮配送、垃圾清运等车辆使用"VS"车证,其流线为车辆自场馆车辆安检口安检进入场馆安保封闭区内,返回时出免检入口经东四环西辅路离开。

## 十二、场馆内交通服务接泊车辆

场馆内接泊车辆起终点设在车辆安检大棚内侧,沿设计流线行进至媒体下车点及贵宾下车点东侧下车,返回在此设置上车点沿设计流线行进至起终点。

## 十三、持"移入期1(Y-VEN1)"和"移入期2(Y-VEN2)"车证的车辆和"沙滩排球场移出期1(Y-VEN1)"和"移出期2(Y-VEN2)"车证的车辆,可通行沙滩排球场,在指定的停车场停放,可停放于B停车区以及C停车区内。

## 十四、场馆外围保障团队

"场馆外围1(V-SPE)"用于指定场馆的有组织观众的车辆和指定的出租车。持"场馆外围1(V-SPE)"车证的车辆停在安保封闭线外。有组织观众的车辆停放在D停车区内。出租车停放于公园新东门内。

"场馆外围2(V-RES)"用于在指定场馆区内、安保封闭区外的单位、居民车辆。持"场馆外围2(V-RES)"证的车辆可进入场馆区,但不能在场馆区内奥运会指定的停车场停放。

## 十五、场馆安保用车

持"场馆安保1(S1)"和"场馆安保2(S2)"车证的车辆,经安检进入沙滩排球场安保封闭线内,"场馆安保1(S1)"按照指定的停车位定点停放。"场馆安保2(S2)"在安保停车区内停放。

持“场馆安保3(S3)”车证的车辆,通行于安保封闭线外的区域,在安保封闭线外“P8”停车场停放。

## 十六、临时准入客户:

临时准入车辆证件的领取按《北京奥运会车辆证件管理办法》执行。

持“临时准入(D-A)”车证的车辆,可在安保封闭线内“P12”停车场停放。

持“临时准入1(D-V1)”车证的车辆,可在安保封闭线外指定的停车场停放。

持“临时准入2(D-V2)”的车辆,通行于沙滩排球场安保封闭线外,即停即走。

在安保封闭线内、外设置应急停车场各1处。

## 十七、场馆一日运行流程描述

当日比赛第一单元开始前4小时,场馆交通团队管理人员签到领取场馆内部手台,场馆主任召开场馆晨会。

比赛开始前3小时45分,交通指挥监控室开始运行,交通经理召开核心团队人员会议分配工作。交通团队各岗位人员到设备室领取、检查相应装备(手台、登记表、岗伞等);值班室人员对场馆指挥监控设备和各项设施进行检查,调整到位。

当日比赛第一单元开始前3.5小时,场馆区控制岗位、车辆验证岗位、安检口岗位、上下车区岗位、停车场指挥岗位等关键岗位到位(包括岗位上的志愿者)。

第一单元比赛开始前3小时,第一班客户群班车到达,交通经理、交通服务副经理与客户群代表核实抵达信息,如有变化及时通报赛时交通服务分中心和交通组织安全保障分中心。

当日比赛第一单元开始前2小时,外围及场馆内全部岗位到位。

赛事结束前20分钟,将各客户群车辆开始运行准备。

赛事结束后半小时,交通服务副经理和现场指挥向岗位了解当天情况;赛后45分钟交通团队核心人员开会汇总情况,赛后1小时由交通服务副经理负责上报当日交通信息。汇总后向赛时交通服务分中心和交通组织安全保障分中心进行汇报。

当天最后一个单元结束后1.5小时,保留关键岗位,做好收尾工作;交通服务协调副经理做到保证最后一辆公交专线末班车准时发出。

当天最后一个单元结束后2小时,岗位撤离,设备返还。当确定媒体注册人员全部离开时,通知出租保点工作人员撤离并统计汇总当天出租车的出车情况。工作人员和志愿者可以离开场馆。

各岗位负责人对场馆内各交通设施进行巡视检查,确认。交通经理参加场馆主任召开的晚例会。

## 十八、应急情况处置

实际运行工作当中,针对每日的工作实际情况并结合先前所制订的应急方案,及时进行调整和组织。

8月21日:沙滩排球项目进行到女子决赛阶段,对阵双方是中国队和美国队,获胜者将为冠军,前期针对这场比赛交通团队进行了充分的准备,结合应急预案制订出了比赛当天的工作方案。当日比赛中由于有中国队参加,且当日又突降中雨,当日凸显的几个特点是,持有效车辆证件的车辆多,开私家车的观众多,到场馆的时间集中,下车的时间长等。

为此按先前所制订的工作方案立即启动应急工作机制,及时引导无证的自驾车辆在朝阳公园周边由外向内进行疏导停放。在场馆区内停车场基本饱和的情况下,立即启用备用停车场,以满足持证车辆的停车需要,最终圆满完成了当日比赛的交通运行组织工作,得到了场馆领导的认可。

8月9日:比赛第一天上午10时30分左右,美国总统布什到沙排场馆,在接到此交通警卫勤务较突然的情况下,立即启动场馆交通应急预案,在贵宾停车区域车位爆满的情况下,启用备用停车场,并按照应急岗位要求对岗位进行及时调整和组织,圆满完成了现场交通警卫任务。

## 第五节 外围保障

### 一、公共交通系统

为场馆外围交通提供公交与地铁服务。持当日比赛门票观众可免费乘坐当日公交车辆抵达场馆。场馆周边常规公交线路42条，服务站位12个，并设有2条奥运公交专线，见图21-3。

朝阳沙滩排球场周边公交线路示意图

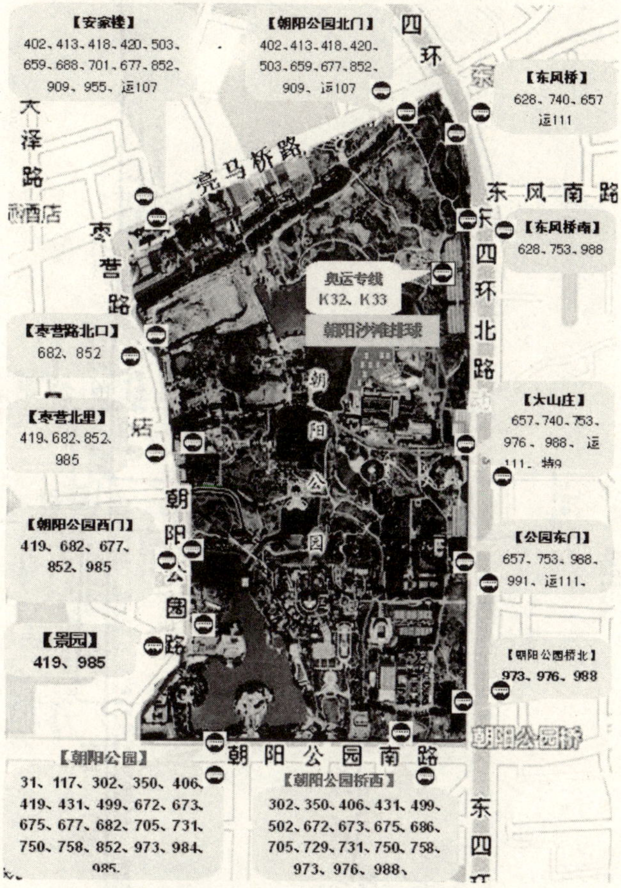

场馆周边公交线路42条，站位13个，奥运专线2条

图21-3 朝阳沙滩排球场周边公交线路示意图

### 二、地铁轨道交通系统

场馆附近连接最近的轨道交通为北京地铁一号线及八通线，以及地铁二号线，见图21-4。

### 三、出租车

保点出租车屯车点设在免检入口南侧的公园新东门内，上车点设在新东门内，下车点设在新东门外以及D停车区的“P9”、“P10”停车场入口处，E停车区的“P4”、“P5”、“P11”停车场入口处。公园北门外设置非保点出租车落客点，见图21-5。

### 四、自行车

自行车存放处设在公交场站与D停车区相邻处，见图21-6。

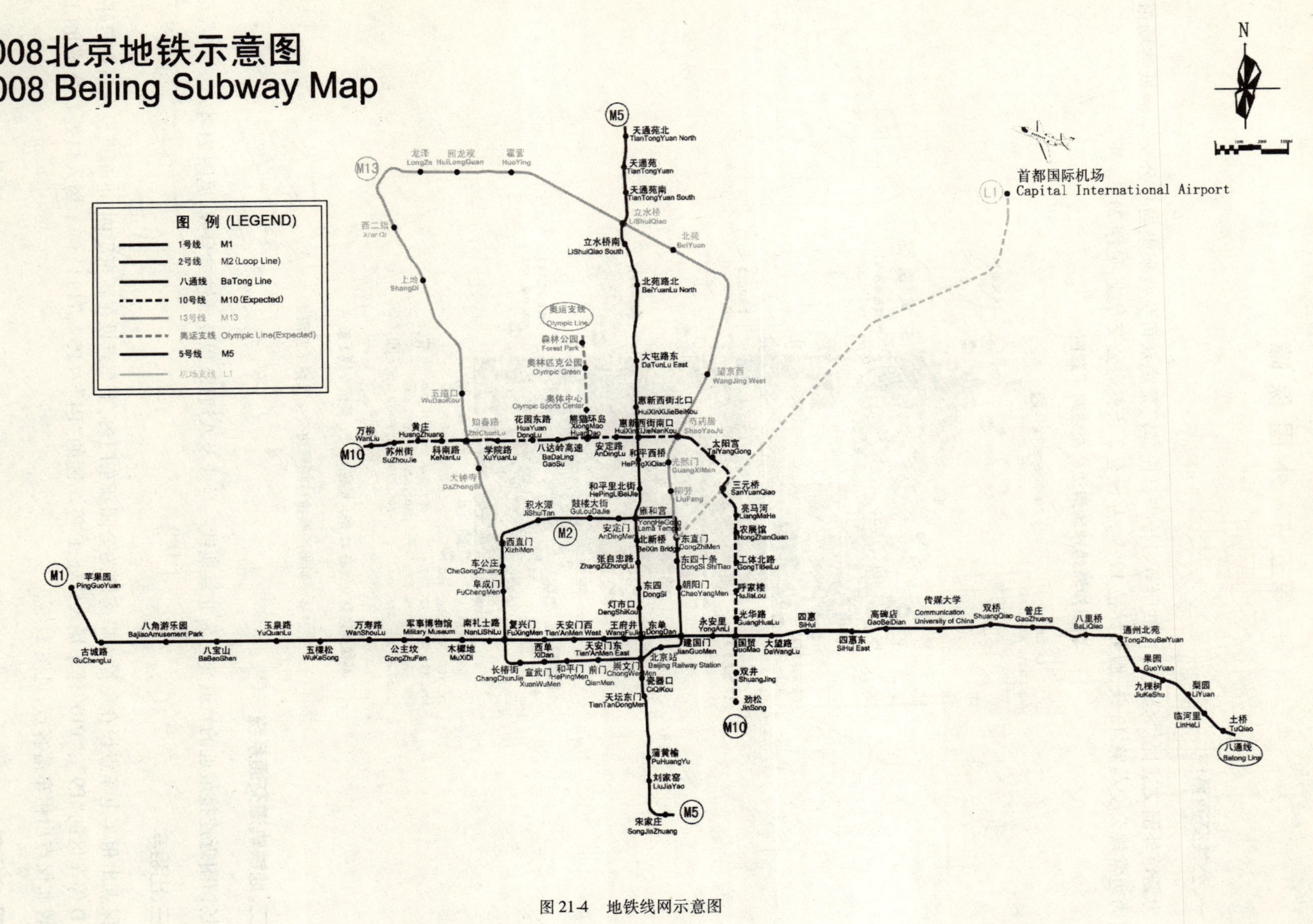


图 21-4　地铁线网示意图

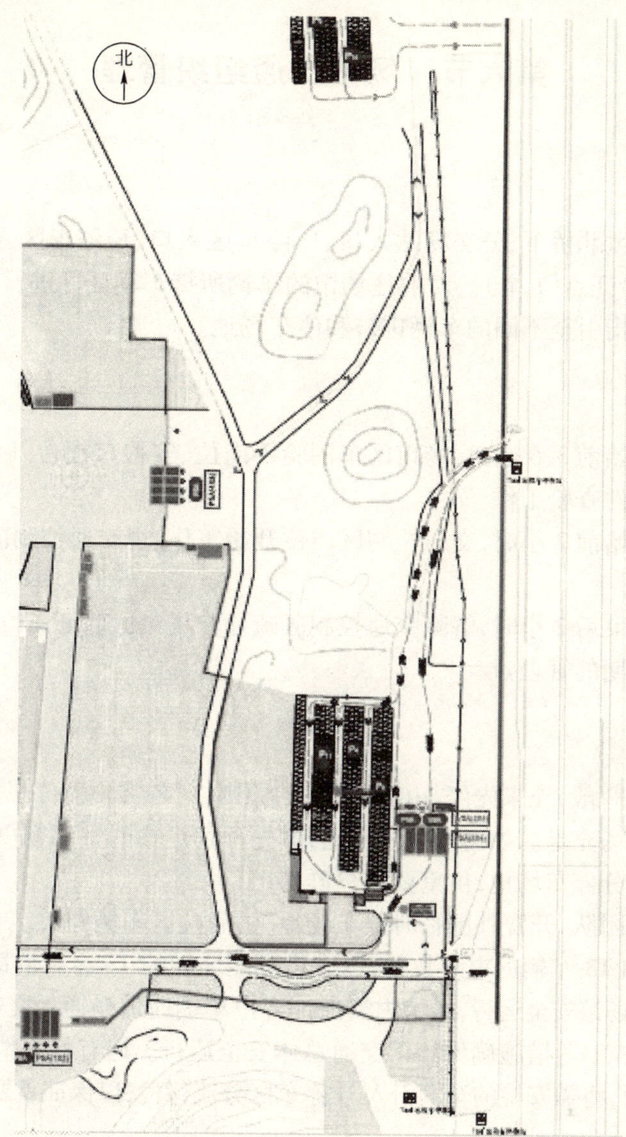


图 21-5　出租车站点示意图

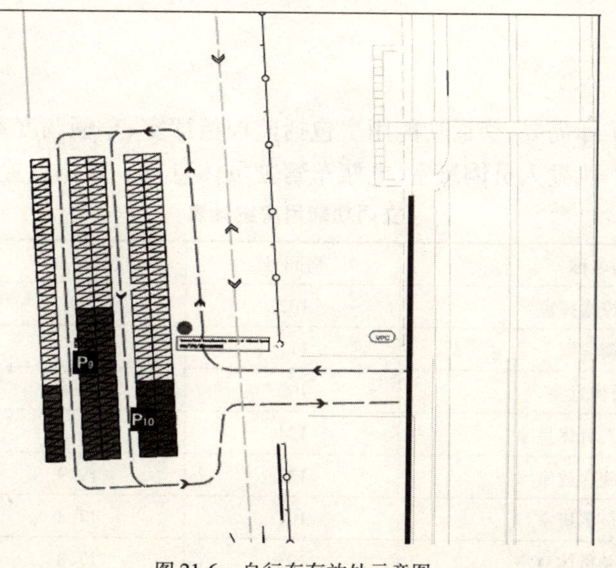


图 21-6　自行车存放处示意图

## 第六节　场馆交通组织管理

### 一、车辆验证点

分别在东四环北路东风北桥下、公交场站入口、D停车区入口、E停车区入口、免检入口、F停车区入口、朝阳公园桥下各设验证点(1个)。对前往场馆的车辆所持车辆证件进行查验,分别将持有不同通行和停放权限车证的车辆指引至不同的车辆进口和停车场地。

### 二、管控时段

当日比赛第一单元开始前3.5小时,场馆区车辆验证岗位、安检口岗位开始工作,对进入场馆区和安保封闭区的车辆进行证件查验工作。

当日比赛第一单元开始前2小时,交通控制区岗位开始工作,视交通控制区内车辆流量对车辆进行疏导。

当天最后一个单元结束后2小时,解除交通控制区疏导和场馆区验证岗位。视安保需求,配合安保部门做好安保封闭区锁闭期的管理。

### 三、停车及安全

按照“保证重点,兼顾一般,先来先停,由近至远”的原则,对各客户群停车进行管理。

保证重要客户群停车场充足。如遇停车场不足,事先预留足够的重要客户群停车场地,协调有关业务口腾出安保封闭区内部分停车场地,供重要客户群使用。

协调业主和外围保障团队,开辟外围临时停车场地,供后院区车辆停放。

在“P11”停车场,增加T3车辆的屯车数量,以满足可能增加的T3客户群即时用车需求。

为确保客户群与整体场馆安全运行,场馆内需保证客户车辆通道畅通。交通服务团队通过车辆证件查验、安保政策、交通流量控制等措施确保场馆交通总体安全运行。遇有特殊情况,如安检车辆排队等候压力过大,为保证通道畅通,将需安检的车辆引入D停车区分流待检,以保证重要客户群通道畅通。

## 第七节　场馆交通运行保障

### 一、交通功能用房

根据赛时交通运行实际需要,交通功能用房包括监控指挥室、车辆调度室、驾驶员休息室、交通管理备勤室、交通设施存放室、执勤人员倒班室、电瓶车驾驶员休息室。具体位置及面积见表21-11。

交通功能用房统计表　　表21-11

| 序号 | 房间名称 | 房间号 | 面积($m^2$) | 位　置 |
|---|---|---|---|---|
| 1 | 交通监控指挥室 | 102 | 34 | 场馆内1号楼内 |
| 2 | 车辆调度室 | 111 | 17 | 场馆内2号楼内 |
| 3 | 驾驶员休息室 | 102 | 17.8 | 场馆内4号楼内 |
| 4 | 交通管理人员休息室 | 124 | 23.4 | 场馆内4号楼内 |
| 5 | 交通设施存放室 | 123 | 19.9 | 场馆后院4号楼内 |
| 6 | 执勤人员倒班室 | 101 | 17.8 | 场馆后院4号楼内 |
| 7 | 电瓶车驾驶员休息室 | 103 | 17.8 | 场馆后院4号楼内 |

## 二、交通专用物资配备

交通专用物资主要包括交通管理和交通服务技术物资、交通通用物资、交通专用物资。具体种类分别见表21-12～表21-15。

**交通管理指挥室技术物资配备表** 表21-12

| 序号 | 技术物资名称 | C级 | 备注 | 序号 | 技术物资名称 | C级 | 备注 |
|---|---|---|---|---|---|---|---|
| 1 | 等离子电视 | 1 | 市交管局负责 | 12 | 电台7部，其中： | 6 | 数量未定 |
| 2 | 监视屏（计算机） | 4 | 市交管局负责 | 13 | 模拟基地台 | 2 | 市交管局负责 |
| 3 | 公安网络接口 | 1 | 市交通局负责 | 14 | 数字基地台 | 4 | 市交管局负责 |
| 4 | 奥运专网接口 | 1 | 组委会负责 | 15 | 电话5部，其中： | | |
| 6 | 奥运信息用计算机 | 1 | 组委会负责 | 16 | 5位CENTREX电话（普通话机） | 1 | 组委会负责 |
| 7 | 传真机 | 1 | 组委会负责 | 17 | 5位CENTREX电话（高级话机） | X | 组委会负责 |
| 8 | 打印机 | 1 | 组委会负责 | 18 | 局专电 | 2 | 市交管局负责 |
| 9 | UPS电源 | 1 | 市交管局负责 | 19 | 市局专电 | 1 | 市交管局负责 |
| 10 | 机柜 | 1 | 市交管局负责 | | | | |

**交通服务技术物资配备表** 表21-13

| 房间名称 | 技术物资名称 | 数　量 | 备　注 |
|---|---|---|---|
| 车辆调度室 | 奥运Admin网接口 | | 组委会技术部负责 |
| | | | 组委会技术部负责 |
| | 办公电脑 | 1 | 组委会技术部负责 |
| | 复印机 | | 组委会技术部负责 |
| | 打印机 | | 组委会技术部负责 |
| | 传真机 | | 组委会技术部负责 |
| 驾驶员休息室 | 5位CENTREX电话（普通话机） | 1 | 组委会技术部负责 |
| | 手持对讲电台 | 数量未定 | 组委会技术部负责 |
| 民警备勤室 | 5位CENTREX电话（普通话机） | 1 | 组委会技术部负责 |
| | 21寸电视 | 1 | 组委会技术部负责 |
| | 5位CENTREX电话（普通话机） | 1 | 组委会技术部负责 |

**交通通用物资配备表** 表21-14

| | | | | | | |
|---|---|---|---|---|---|---|
| 交通指挥监控室 | FFETBLA017 | 中型折叠条桌 | W160×D70×H75 | 8 | 家具白电 | 组委会物流部 |
| | FFETBLA002 | 办公桌 | W140×D70×H75 | X | 家具白电 | 组委会物流部 |
| | FFECHRA003 | 带软垫椅 | W45×D54×H83 | 2 | 家具白电 | 组委会物流部 |
| | FFECHRA010 | 软垫折叠椅 | W45×D50×H83 | 15 | 家具白电 | 组委会物流部 |
| | FFECLSA008 | 双门铁文件柜 | W80×D50×H180 | 3 | 家具白电 | 组委会物流部 |
| | FFEB&MA006 | 折叠床 | 0 | X | 家具白电 | 组委会物流部 |
| | FFEEAPA005 | 冷热饮水机 | 0 | X | 家具白电 | 组委会物流部 |
| | | 记事板 | | 1 | | |
| | | 挂衣架 | | X | | |
| | FFEOTHA133 | 挂钟 | 0 | X | 家具白电 | 组委会物流部 |

续上表

| | | | | | | |
|---|---|---|---|---|---|---|
| 车辆调度室 | FFETBLA017 | 中型折叠条桌 | W160×D70×H75 | 3 | 家具白电 | 组委会物流部 |
| | FFECHRA010 | 软垫折叠椅 | W45×D50×H83 | 8 | 家具白电 | 组委会物流部 |
| | FFECLSA008 | 双门铁文件柜 | W80×D50×H180 | 2 | 家具白电 | 组委会物流部 |
| | FFEOTHA133 | 挂钟 | 0 | 1 | 家具白电 | 组委会物流部 |
| | FFECHRA003 | 带软垫椅 | W45×D54×H83 | X | 家具白电 | 组委会物流部 |
| | FFETBLA002 | 办公桌 | W140×D70×H75 | X | 家具白电 | 组委会物流部 |
| | FFEEAPA005 | 冷热饮水机 | 0 | X | 家具白电 | 组委会物流部 |
| | FFEB&MA006 | 折叠床 | 0 | X | 家具白电 | 组委会物流部 |
| | ENV0113 | 纸篓 | | 2 | | |
| | | 记事白板 | | X | | |
| 交通管理人员休息室 | FFETBLA017 | 中型折叠条桌 | W160×D70×H75 | 2 | 家具白电 | 组委会物流部 |
| | FFECHRA010 | 软垫折叠椅 | W45×D50×H83 | 15 | 家具白电 | 组委会物流部 |
| | FFEOTHA133 | 挂钟 | 0 | 1 | 家具白电 | 组委会物流部 |
| | | 衣架 | | 2 | | |
| | FFEEAPA005 | 冷热饮水机 | 0 | 1 | 家具白电 | 组委会物流部 |
| 驾驶员休息室 | FFETBLA017 | 中型折叠条桌 | W160×D70×H75 | 22 | 家具白电 | 组委会物流部 |
| | FFECHRA010 | 软垫折叠椅 | W45×D50×H83 | 15 | 家具白电 | 组委会物流部 |
| | FFEEAPA005 | 冷热饮水机 | 0 | 11 | 家具白电 | 组委会物流部 |
| | | 电视柜 | | 11 | | |
| | FFEOTHA133 | 挂钟 | 0 | X | 家具白电 | 组委会物流部 |
| 交通路障设施存放间 | FFETBLA017 | 中型折叠条桌 | W160×D70×H75 | 1 | 家具白电 | 组委会物流部 |
| 停车场 | FFEOTHA130 | 遮阳伞 | W190×D190×H220 | 30 | 家具白电 | 组委会物流部 |

**交通专用物资配备表** 表21-15

| 物资名称 | 数量 | 物资分类 | 主责部门 |
|---|---|---|---|
| 雨伞 | 40 | 交通专用物资 | 交通部 |
| 岗伞 | 37 | 交通专用物资 | 交通部 |
| 反光背心 | 40 | 交通专用物资 | 交通部 |
| 反光手套 | 78×4 | 交通专用物资 | 交通部 |
| 手持照明灯 | 4 | 交通专用物资 | 交通部 |
| 锥桶 | 300个 | 交通专用物资 | 交通部 |
| 警戒带 | 1000米 | 交通专用物资 | 交通部 |

## 第八节　交通技术支持系统

场馆技术支持系统包括大客车调度系统、全球卫星定位系统（GPS）、电视监控系统、通信系统，设置在交通管理指挥室和车辆调度室。

大客车调度系统与GPS系统共用同一部机器，由中国卫通公司开发建设，赛时安装在ADMIN网路中。通过大客车调度系统可了解有哪些车辆将到达本场馆，GPS系统用于定位监控奥运赛时交通服务运行车辆，便于各场馆及时了解相关车辆所处位置，同时具有防盗报警功能，增加车辆运行的安全系数。

上述系统均由值班调度及相应志愿者操作。

鉴于赛事交通工作的复杂性，为交通经理、交通服务副经理、交通服务协调副经理、场馆交通调度、部分交通服务助理、部分交通管理助理配备无线集群设备，以便交通工作人员之间及时沟通信息，确保为客户提供优质的交通服务。

在车辆调度值班室配置一套大客车调度系统（包括 GPS 系统），配备 1 部电话，1 部传真打印复印一体机。

## 第九节　场馆交通团队后勤保障

### 一、餐饮

交通团队中的注册人员餐饮由场馆运行团队解决；驾驶员根据工作需要分别在场站和场馆就餐，在场馆就餐的由驾驶员提前申请，场馆团队负责协调解决，其费用按组委会有关规定一律由奥组委交通部统一解决。

### 二、住宿

场馆团队根据工作需要解决部分交通团队注册人员（早晚班和值守人员）住宿问题。

### 三、交通

场馆周边的公交系统，为交通工作人员和志愿者提供了免费的交通服务。

# 第二十二章　非竞赛场馆交通运行

非竞赛场馆是指为奥运会、残奥会提供赛事各方面支持和专项服务的场所，不承担竞赛和训练任务。奥运会期间北京主赛区共使用非竞赛场馆15处，见表22-1。

奥运会北京主赛区奥运会非竞赛场馆一览表　　表22-1

<table>
<tr><th>编号</th><th>代码</th><th colspan="2">场馆名称</th><th>场馆地点</th><th>运行时段</th></tr>
<tr><td>1</td><td>OCD</td><td colspan="2">奥林匹克公园公共区<br>Olympic Green Common Domain</td><td>朝阳区</td><td>2008年8月8日～9月17日</td></tr>
<tr><td rowspan="3">2</td><td rowspan="3">OLV</td><td rowspan="3">奥运村</td><td>运动员村<br>Olympic Village</td><td>朝阳区</td><td>2008年7月27日～9月20日</td></tr>
<tr><td>媒体村1<br>Media Village 1</td><td>朝阳区</td><td>2008年7月25日～8月27日</td></tr>
<tr><td>媒体村2<br>Media Village 2</td><td>朝阳区</td><td>2008年7月25日～8月27日</td></tr>
<tr><td>3</td><td>AIR</td><td colspan="2">首都国际机场<br>Beijing Capital International Airport</td><td>朝阳区</td><td>2008年7月1日～9月30日</td></tr>
<tr><td>4</td><td>OFH</td><td colspan="2">奥林匹克大家庭饭店<br>Olympic Family Hotel</td><td>东城区</td><td>2008年8月1日～8月26日</td></tr>
<tr><td>5</td><td>MPC</td><td colspan="2">主新闻中心<br>Main Press Centre</td><td>朝阳区</td><td>2008年7月8日～9月20日</td></tr>
<tr><td>6</td><td>IBC</td><td colspan="2">国际广播中心<br>International Broadcast Centre</td><td>朝阳区</td><td>2008年7月8日～9月30日</td></tr>
<tr><td>7</td><td>PFH</td><td colspan="2">残奥大家庭饭店<br>Paralympic Family Hotel</td><td>东城区</td><td>2008年9月6日～9月17日</td></tr>
<tr><td>8</td><td>UAC</td><td colspan="2">工作人员注册和制服发放中心<br>Uniform Distribution and Accreditation Centre</td><td>海淀区</td><td>2007年9月1日～2008年9月30日</td></tr>
<tr><td>9</td><td>DHQ</td><td colspan="2">数字北京大厦<br>Digital Beijing Building</td><td>朝阳区</td><td>2008年7月2日～9月30日</td></tr>
<tr><td>10</td><td>SHC</td><td colspan="2">赞助商接待中心<br>Sponsor Hospitality Centre</td><td>朝阳区</td><td>2008年8月8日～8月26日</td></tr>
<tr><td>11</td><td>OLC</td><td colspan="2">物流中心<br>Olympic Logistics Centre</td><td>顺义区</td><td>2007年3月8日～2008年12月31日</td></tr>
<tr><td>12</td><td>BHQ</td><td colspan="2">北京奥运大厦<br>BOCOG Headquarters</td><td>海淀区</td><td>2006年1月19日～2009年6月30日</td></tr>
<tr><td>13</td><td>OYC</td><td colspan="2">青年营营地<br>Olympic Youth Camp</td><td>朝阳区</td><td>2008年8月6日～8月26日</td></tr>
<tr><td>14</td><td>SCC</td><td colspan="2">安保指挥中心<br>Olympic Security Command Centre</td><td>朝阳区</td><td>2008年6月1日～9月30日</td></tr>
<tr><td>15</td><td>OAL</td><td colspan="2">兴奋剂检测中心<br>Olympic Anti-doping Laboratory</td><td>朝阳区</td><td>2008年7月20日～9月20日</td></tr>
</table>

残奥会北京主赛区共使用非竞赛场馆12处，见表22-2。

残奥会北京主赛区残奥会非竞赛场馆列表　表 22-2

| 序号 | 代码 | 场馆名称 | 地址 |
|---|---|---|---|
| 1 | OCD | 奥林匹克公共区 | 奥林匹克公园 |
| 2 | PLV | 残奥村 | 朝阳区林萃东路 |
| 3 | AIR | 首都国际机场 | 首都国际机场 |
| 4 | MPC | 主新闻中心 | 奥林匹克公园中心区 |
| 5 | IBC | 国际广播中心 | 奥林匹克公园中心区 |
| 6 | PFH | 残奥大家庭饭店 | 东城区朝阳门北大街 2 号 |
| 7 | UAC | 注册和制服发放中心 | 奥运大厦配楼 |
| 8 | DHQ | 数字北京大厦 | 奥林匹克公园内 |
| 9 | OLC | 奥运物流中心 | 北京空港物流基地顺畅大道 15 号 |
| 10 | BHQ | 奥运大厦 | 海淀区北四环中路 267 号 |
| 11 | SCC | 安保指挥中心 | 北五环仰山桥东北角 |
| 12 | OAL | 兴奋剂检测中心 | 安定路 1 号 |

交通运行较为复杂的有奥运村/残奥村(以下简称运动员村)、奥林匹克大家庭/残奥大家庭总部饭店、国际广播中心(IBC)/主新闻中心(MPC)、奥林匹克公园公共区等。这些非竞赛场馆的性质、用途和功能不尽相同、各具特色。赛时在赛事交通服务分中心和非竞赛场馆团队的领导下,非竞赛场馆交通团队(以下简称交通团队)依据场馆通行政策和各自场馆运行设计,在各相关部门的支持下,全体工作人员无私奉献,团结协作,创造性地完成了交通服务运行组织工作。

## 第一节　运动员村场馆交通运行

### 一、运动员村基本情况

**1. 地理位置**

位于奥林匹克公园西北部,东至北辰西路、南至运动员村路、西至林萃路、北至森林公园园区路。

科荟路以南为城市住宅的永久用地,赛时作为运动员公寓区;其余为赛时临时设施规划用地,赛后恢复为城市道路及森林公园用地。

**2. 周边道路情况**

如图 22-1 所示,运动员村周边道路主要有 5 条,分别是北辰西路、科荟路、景观西路、运动员村路、林萃路。

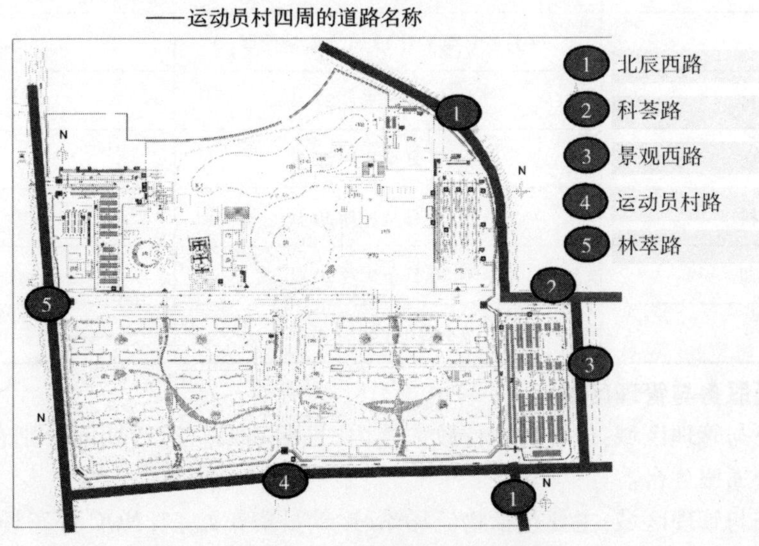


图 22-1　运动员村周边道路示意图

运动员村外围共设置5处交通信号灯,分别位于运动员班车站出入口、运动员村路东西两个路口、科荟路西路口、奥运村主入口,见图22-2。

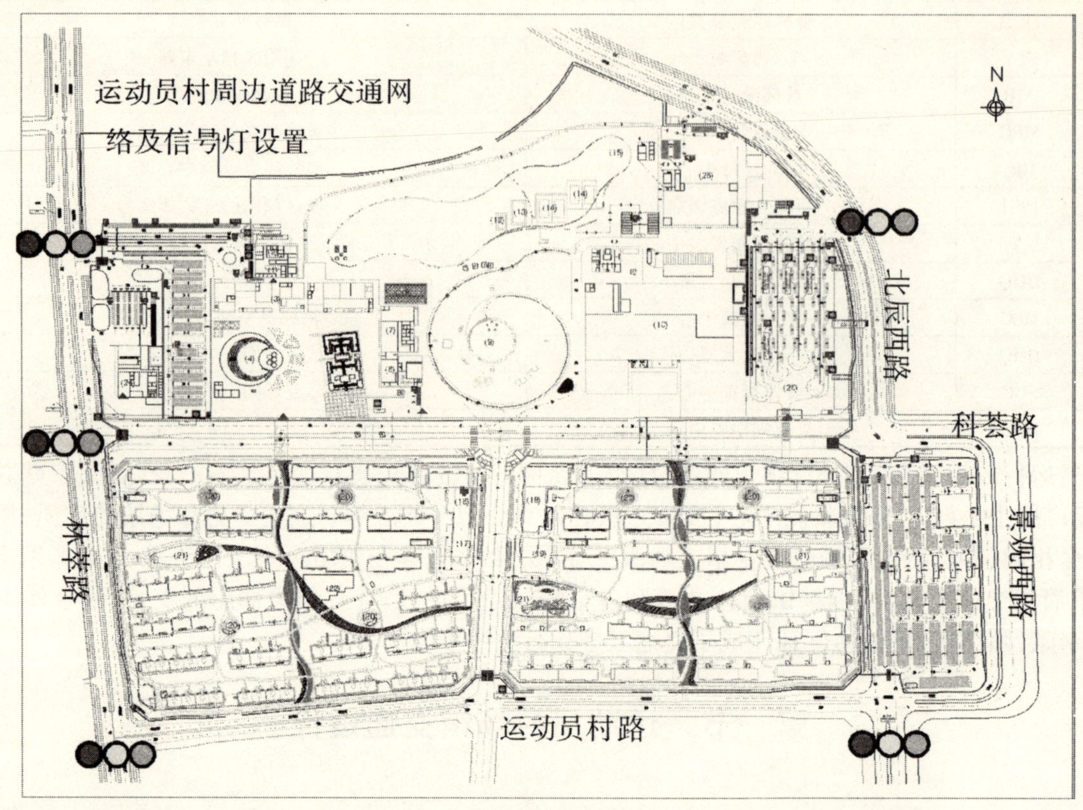


图22-2　运动员村外围交通信号灯设置示意图

**3. 运动员村运行时间**

奥运会运动员村于2008年7月20日预开村,7月27日正式开村(香港奥运村于7月26日开村),8月27日闭村。残奥会运动员村于8月28日开村,9月20日闭村。具体运行时间见表22-3。

运动员村运行时间列表　　表22-3

| 场馆运行阶段 | 运　行　日　期 | 备　　注 |
|---|---|---|
| 移入期 | 2008年3月18日至7月7日 | |
| 锁闭期 | 7月8日至7月19日含安检搜爆 | 车辆需持证 |
| 奥运村预开村 | 7月20日至7月27日 | |
| 奥运村运行期 | 7月27日至8月27日 | |
| 残奥村预开村 | 8月28日至8月30日 | |
| 残奥村运行期 | 8月30日至9月20日 | |
| 移出期 | 9月21日至31日 | |

**4. 运动员村交通服务与管理区域**

居住区交通服务与管理区域:位于村内行政大楼内,见图22-3。运行期间分别在NOC服务中心和体育信息中心设置交通服务台。

运行区交通服务与管理区域:主要包括物流场站、运动员班车站、东NOC停车场、村内班车站、要人停车场、访客和媒体中心停车场、西NOC停车场和欢迎中心停车场,见图22-4。

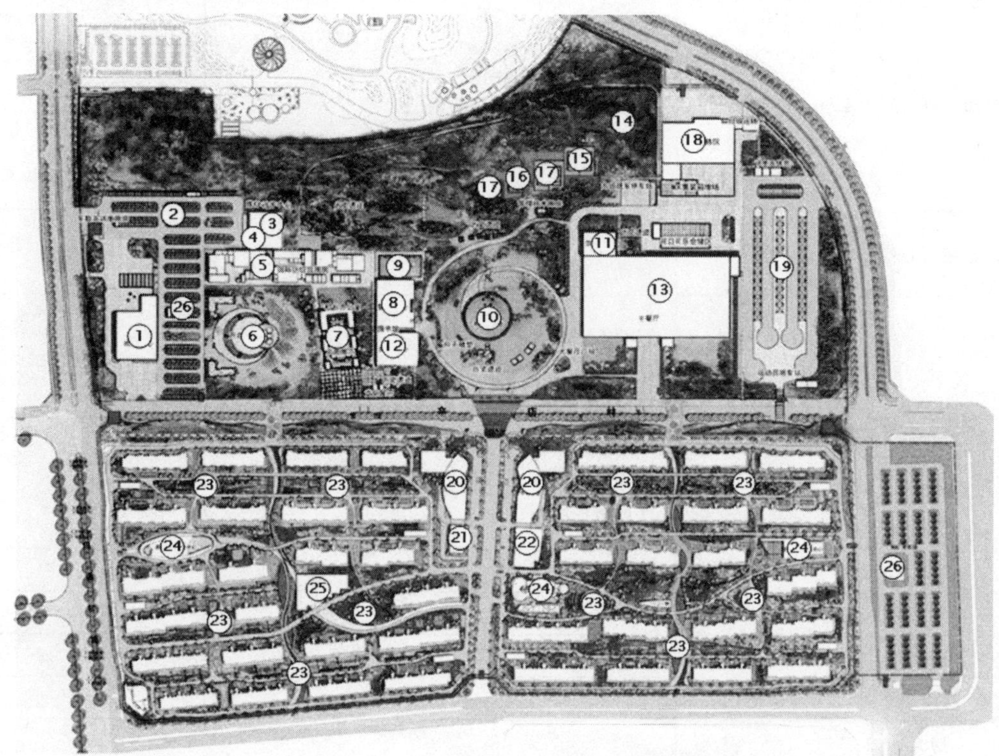


图 22-3　居住区交通服务位置示意图

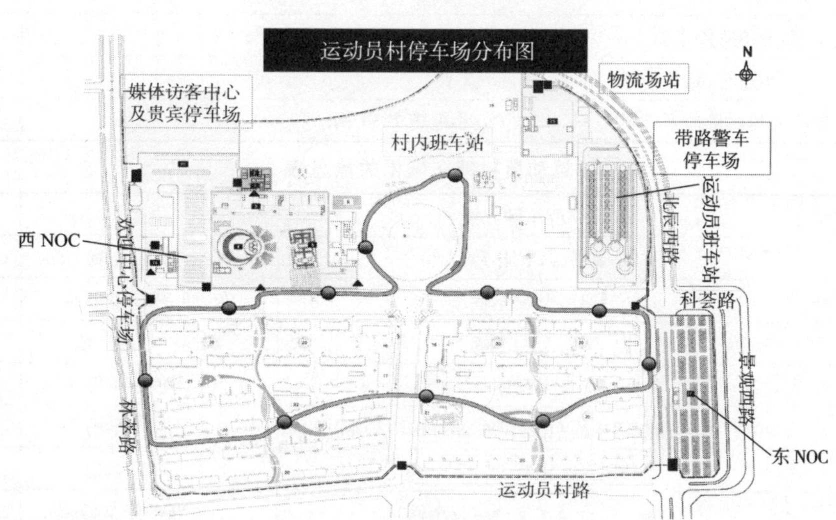


图 22-4　运行区交通服务区域示意图

**5. 各停车场车位情况**

运动员村内部共有 12 处停车场，可同时停放大客车 127 辆、小客车 1112 辆、摩托车 30 辆。村外有 1 处停车场，可停放大客车 400 辆。具体分布情况见表 22-4、表 22-5。

**6. 运动员村上下车区域分布情况**

运动员村内 20 个上下车区分布如图 22-5、图 22-6 所示。

**7. 运动员村村内环线班车**

村内环线班车配置 20 辆大客车，24 小时循环运行，整个环线共设有 11 个站点，见图 22-7。

**运动员村内停车场分布表** 表22-4

| 序号 | 车场名称 | 车位分配 | 车位数 |
|---|---|---|---|
| 1 | 运动员班车站停车场 | 下车区:10辆<br>集体项目运动员:9辆<br>非集体项目运动员:51辆<br>旅游购物车:1辆<br>超编官员:1辆 | 74 |
| 2 | 欢迎中心停车场 | 运动员机场大巴:9<br>运动员行李大巴:9 | 18 |
| 3 | 访客中心停车场 | T1/T2:30<br>T3:10<br>BOB/文字媒体:20<br>POOL:5小1大<br>媒体访客班车:1<br>O F 访客班车:1 | 68 |
| 4 | 西NOC停车场 | | 318 |
| 5 | 东NOC停车场 | | 749 |
| 6 | 要人停车场 | | 10 |
| 7 | 村内班车站 | | 20 |
| 8 | 物流场站 | | 26 |
| 9 | 带路警车停车场 | 小车位:19辆<br>摩托车:30辆 | 49 |
| 10 | 服务团队停车场 | | 44 |
| 11 | 出租车站点 | 2处 | 20 |
| 12 | 中心公建西楼地下一层 | 小电瓶车30辆 | 30 |

**运动员村停车场相关信息表** 表22-5

| 停车场代码 | 车位数(个) | 客户群车辆分类 | 位置 | 备　注 |
|---|---|---|---|---|
| P1 | 10 | 达到警卫级别的要人 | 主入口停车场 | |
| | 318+749 | NOC分配车辆 | 东、西NOC停车场 | 含大车17 |
| | 6 | NOC分配车辆 | 欢迎中心北广场 | |
| P4 | 12 | 文字媒体 | 主入口停车场 | |
| P5 | 8 | BOB/RHB(持权转播商)(含ENG非持权转播商)车辆 | 主入口停车场 | |
| P6 | 20 | 奥林匹克大家庭T1/T2车辆 | 主入口停车场 | |
| P7 | 4 | 场馆运行技术支持应急车辆 | 西NOC停车场 | |
| P8 | 44 | 场馆运行团队车辆 | 东NOC停车场(西) | |
| P11 | 10 | 奥林匹克大家庭T3车辆 | 主入口停车场 | |
| P13 | 1 | 访客班车 | 主入口 | 奥运村专有 |
| P14 | 19小+30摩 | 带队警车 | 运动员班车站北侧 | 奥运村专有 |
| | 64 | 运动员班车 | 运动员班车站 | |
| | 9 | 运动员班车 | 欢迎中心北广场 | |
| TA1 | 8 | 旅游购物班车及观看非本项目运动员班车 | 运动员班车站 | 奥运村专有 |
| TA2 | 20 | 村内班车 | 村内班车场站 | 奥运村专有 |

续上表

| 停车场代码 | 车位数(个) | 客户群车辆分类 | 位置 | 备　注 |
|---|---|---|---|---|
| TA3 | 2 | 超编官员饭店班车 | 运动员班车站 | 奥运村专有 |
| TA4 | 9 | 运动员行李车 | 欢迎中心北广场 | |
| TM | 1 | 媒体班车 | 主入口 | |
| S2 | 3 | 消防车 | | |
| BRC | 无 | BOB 综合区车辆 | | |
| POOL | 5 小 1 大 | IOPP(国际摄影车队)车辆 | 主入口停车场 | |
| MDS | 26 | 物流区车辆 | 物流混合区 | |
| LZ. | | 上下车区 | | |

注:1. 主入口停车场(65 +1)个;东 NOC 停车场 749 个;西 NOC 停车场 318 个;运动员班车站 74 个;欢迎中心北广场(18 +6)个;物流混合区 26 个;村内班车场站 20 个;运行团队 44 个;技术应急 4 个。

2. 交通功能用房面积:西 NOC 停车场为 $270m^2$;东 NOC 停车场为 $840 + 107.8 = 947.8m^2$。

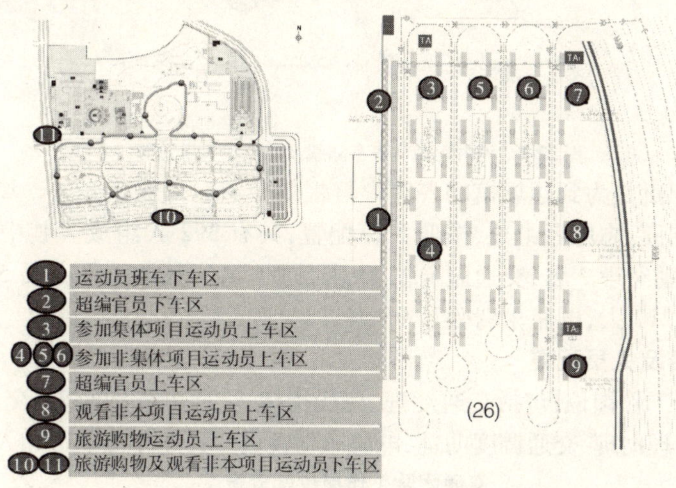


图 22-5　运动员及超编官员上、下车区示意图

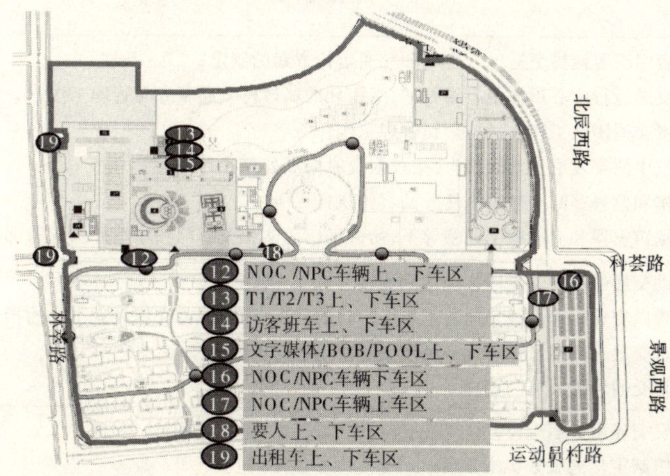


图 22-6　相关客户群上、下车区示意图

## 二、场馆交通团队工作机制及构成

交通团队在场馆主任领导下，接受主管交通的副主任领导，与安保、综合服务、住宿、NOC/IOC 关系、媒体/文化活动以及后勤等团队保持密切联系，进行信息沟通，在客户群交通服务业务上接受赛事交

通服务分中心的业务指导与运行指令；在交通管理上接受奥运安保指挥中心交保部仰山桥赛事交通勤务指挥中心的业务指导和指令。

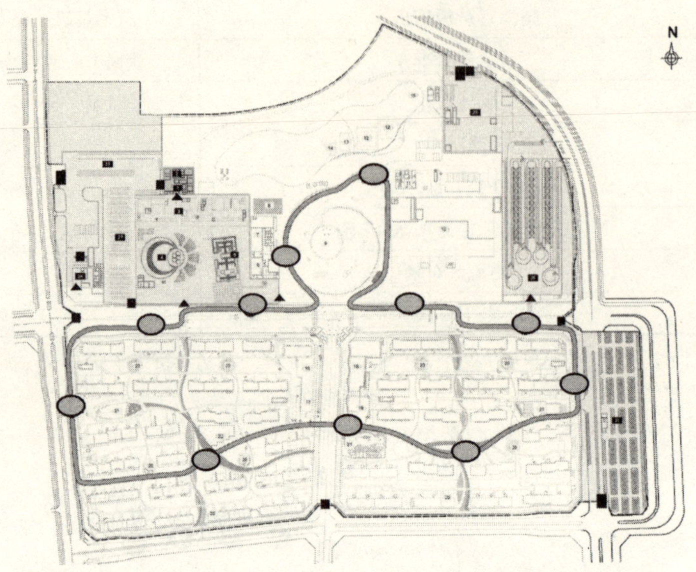


图 22-7　村内运动员班车路线及站点设置示意图

场馆交通团队主要职责是为到达场馆的各客户群提供交通运行保障服务。场馆交通团队由组委会工作人员、安保人员、合同商、志愿者组成，按照 3 班配置，共有 392 人组成。其中包括：交通经理 1 名，现场指挥 1 名，交通服务副经理 2 名，交通服务协调副经理 1 名。其中工作人员 5 人，交通管理人员 28 人，合同商 75 人，志愿者 217 人，电瓶车驾驶员 95 人。

**1. 交通团队岗位职责及人员配置**

交通团队共设置 9 个工作岗位，包括交通经理、现场指挥、交通服务副经理、交通服务协调副经理、交通管理、交通调度、交通管理助理、交通调度助理、电瓶车驾驶员。具体岗位职责和人员配置见表 22-6。

**交通团队工作岗位配置表**　　表 22-6

| 序号 | 岗位名称 | 岗位职责 | 人员岗位及来源 |
|---|---|---|---|
| 1 | 交通经理 | (1)负责组织奥运村交通运行规划和交通运行方案的制定；<br>(2)在交通运行中心指挥中心领导下，组织开展奥运村交通服务与管理工作；<br>(3)负责交通团队工作人员培训和管理工作；<br>(4)对发生的突发事件及时报告，按权限及时果断处理；<br>(5)落实和监督赛时交通工作任务的具体执行；<br>(6)在场馆安保和交通副主任领导下，协调场馆团队相关部门和场馆外围保障部门开展工作 | 1<br>(P2) |
| 2 | 现场指挥 | (1)协助交通经理确保交通管理达到预定目标；<br>(2)负责向交通经理汇报交通管理组织运行的状况，同时执行交通经理下达的指令；<br>(3)负责交通指挥室日常管理和场馆交通管理运行指挥；<br>(4)负责交通管理人员的管理 | 1<br>(P2) |
| 3 | 交通服务副经理 | (1)负责交通服务运行设计；<br>(2)组织制定交通服务实施方案；<br>(3)负责培训和管理场馆交通服务团队工作人员及志愿者；<br>(4)协调运行团队相关部门，确保赛时交通服务各项工作任务在场馆的有效实施；<br>(5)执行交通运行服务团队、场馆团队的指令，负责交通服务信息的汇总和上报；<br>(6)负责场馆内各种交通服务设备、设施的配置与管理；<br>(7)负责对交通服务出现的紧急情况，在第一时间做出应急处理，并及时上报交通服务运行团队、场馆交通经理 | 2<br>(P2) |

续上表

| 序号 | 岗位名称 | 岗位职责 | 人员岗位及来源 |
|---|---|---|---|
| 4 | 交通服务协调副经理 | (1)负责欢迎中心、访客中心、T3下车区交通服务运行设计；<br>(2)组织制定交通服务实施方案；<br>(3)负责培训和管理各运行区交通服务团队工作人员及志愿者；<br>(4)协调与各运行区交通服务相关的部门,确保与奥运会赛时交通服务各项工作任务在运动员村的有效实施；<br>(5)执行媒体交通服务运行团队、T3交通服务运行团队的指令,负责交通服务信息的汇总和上报；<br>(6)负责各运行区内各种交通服务设备、设施的配置与管理；<br>(7)负责各运行区交通服务出现的紧急情况,在第一时间做出应急处理,并及时上报媒体交通服务运行团队、T3交通服务运行团队；<br>(8)接受来自奥运村团队的访客信息,并安排访客中心调度提前安排车位 | 1<br>(P2) |
| 5 | 交通管理 | 负责运动员村主入口、NOC、运动员班车站的车辆证件查验,指挥疏导运动员村周围道路及村内各个停车场车辆有序停放,维护和管理运动员村内交通秩序 | 37<br>(S) |
| 6 | 交通调度 | 接受各客户群交通运行团队的指令,负责调度各客户群上下车区车辆 | 75<br>(C) |
| 7 | 交通管理助理 | 协助交通管理人员工作,并负责停车场车辆排放 | 91<br>(V) |
| 8 | 交通服务助理 | 协助交通调度工作,并向客户群提供咨询和引导服务 | 138<br>(V) |
| 9 | 电瓶车驾驶员 | 负责按服务标准为服务对象提供交通运输服务 | 95<br>(C) |

**2.赛时场馆交通团队人员点计划及任务**

(1)交通管理岗位设置10处,包括主入口、媒体访客中心、NOC/NPC(东)停车场、NOC/NPC(西)停车场、欢迎中心、运动员班车站、物流场站、村长办公室、运动员村南门、运动员村西门。各岗位职责、联络机制、通讯方式、人员配置见表22-7。

**交通管理岗位设置表** 表22-7

| 岗位序号 | 工作地点 | 岗位任务 | 联络机制 | 通讯方式 | 单班人数 |
|---|---|---|---|---|---|
| 1 | 主入口 | 负责车辆出入、验证、分车、出租车站点维护,班车停靠的指挥及周边秩序维护 | 向现场指挥报告 | 手台1部 | 1 |
| 2 | 媒体访客中心 | 负责上、下车区、停车场指挥 | 向现场指挥报告 | 手台1部 | 1 |
| 3 | NOC/NPC(西)停车场 | 负责上、下车区、停车场指挥 | 向现场指挥报告 | 手台3部 | 1 |
| 4 | 欢迎中心 | 负责车场出口,上、下车点指挥及日常车辆停放 | 向现场指挥报告 | 手台1部 | 1 |
| 5 | 运动员班车站 | 负责场站外出入,场站内车辆调度、指挥、协调警车带路及信息通报 | 向现场指挥报告 | 手台1部 | 1 |
| 6 | NOC/NPC(东)停车场 | 负责场站外出入、验证、分车,上、下车区及停车场指挥 | 向现场指挥报告 | 手台1部 | 1 |
| 7 | 物流场站 | 负责场站出入、验证指挥及场站内车辆秩序维护 | 向现场指挥报告 | 手台1部 | 1 |

续上表

| 岗位序号 | 工作地点 | 岗位任务 | 联络机制 | 通讯方式 | 单班人数 |
| --- | --- | --- | --- | --- | --- |
| 8 | 龙王庙（村长办） | 负责特勤和日常勤务活动及组织指挥。维护村内日常交通秩序管理，应急突发事件及交通设备维护工作 | 向现场指挥报告 | 手台2部 | 1 |
| 9 | 运动员村南门 | 负责其他客户群车辆上下车区及出租车落客，维护和疏导运动员村路周边交通秩序 | 向现场指挥报告 | 手台1部 | 1 |
| 10 | 运动员村西门 | 负责其他客户群车辆上下车区及出租车站点秩序维护，疏导和管理运动员村西门周边道路交通秩序 | 向现场指挥报告 | 手台1部 | 1 |

（2）交通调度岗位设置7处，包括运动员班车站上下车区、T3下车区、欢迎中心下车区、内部班车停车场、NOC/NPC（东）停车场、NOC/NPC（西）停车场、运动员班车站值班室。各岗位职责、联络机制、通讯方式及人员配置见表22-8。

**交通调度岗位设置表**

表22-8

| 岗位序号 | 工作地点 | 岗位任务 | 联络机制 | 通讯方式 | 单班人数 |
| --- | --- | --- | --- | --- | --- |
| 1 | 运动员班车站上下车区调度 | （1）负责与有关部门确认用车事宜；（2）负责在驾驶员路单上签字；（3）负责确认车辆到达、发车时间，并向调度室值班员汇报；（4）根据客户用车需求将用车信息上报值班室调度；（5）向相应运行区交通服务经理汇报工作 | 接受场馆各业务口临时需求，向相应交通运行团队汇报 | 手台2部 | 18 |
| 2 | T3下车区调度 | （1）负责与有关部门确认用车事宜；（2）负责在驾驶员路单上签字；（3）负责确认车辆到达、发车时间，并向调度室值班员汇报；（4）根据客户用车需求将用车信息上报值班室调度；（5）向相应运行区交通服务经理汇报工作 | 接受交通服务团队所属车队指令；向场馆交通服务经理汇报 | 手台2部 | 3 |
| 3 | 欢迎中心下车区/值班室调度 | （1）负责与有关部门确认用车事宜；（2）负责在驾驶员路单上签字；（2）负责确认车辆到达、发车时间，并向调度室值班员汇报；（3）根据客户用车需求将用车信息上报值班室调度；（4）向相应运行区交通服务经理汇报工作。（5）欢迎中心下车区车辆调度同时承担媒体调度、值班室调度工作 | 接受交通服务团队所属车队指令；向场馆交通服务经理汇报 | 手台2部 | 3 |
| 4 | 内部班车现场调度（值班室＋停车场） | （1）接受交通服务运行团队的指令，根据客户群车队总调度值班室安排，核对各客户群车辆运行计划，并向交通服务经理汇报；（2）获取用车单并以书面形式将用车单交上、下车区调度；（3）将上、下车区突发事件及各类临时信息及时上报交通运行服务团队；（4）汇总当日交通服务信息，并向交通服务运行团队汇报 | 接受交通服务团队所属车队指令；向场馆交通服务经理汇报 | 手台2部 | 1 |

续上表

| 岗位序号 | 工作地点 | 岗位任务 | 联络机制 | 通讯方式 | 单班人数 |
|---|---|---|---|---|---|
| 5 | 东 NOC/NPC 停车场值班室调度 | (1)接受交通服务运行团队的指令,根据客户群车队总调度值班室安排,核对各客户群车辆运行计划,并向交通服务经理汇报;(2)获取用车单并以书面形式将用车单交上、下车区调度;(3)将上、下车区突发事件及各类临时信息及时上报交通运行服务团队;(4)汇总当日交通服务信息,并向交通服务运行团队汇报。(5)NOC/NPC 停车场调度接受车队指令安排车辆 | 接受 T3 呼叫中心指令;向场馆交通服务经理汇报 | 手台 2 部 | 1 |
| 6 | 西 NOC/NPC 停车场值班室调度 | (1)接受交通服务运行团队的指令,根据客户群车队总调度值班室安排,核对各客户群车辆运行计划,并向交通服务经理汇报;(2)获取用车单并以书面形式将用车单交上下车区调度;(3)将上、下车区突发事件及各类临时信息及时上报交通运行服务团队;(4)汇总当日交通服务信息,并向交通服务运行团队汇报。(5)NOC/NPC 停车场调度接受车队指令安排车辆 | | | 1 |
| 7 | 运动员班车站值班室调度 | (1)接受交通服务运行团队的指令,根据客户群车队总调度值班室安排,核对各客户群车辆运行计划,并向交通服务经理汇报;(2)获取用车单并以书面形式将用车单交上、下车区调度;(3)将上、下车区突发事件及各类临时信息及时上报交通运行服务团队;(4)汇总当日交通服务信息,并向交通服务运行团队汇报 | 接受交通服务团队所属车队指令;向场馆交通服务经理汇报 | 手台 2 部 | 2 |

(3)交通管理助理岗位设置 10 处,包括主入口、媒体访客中心、NOC/NPC(东)停车场、NOC/NPC(西)停车场、欢迎中心、运动员班车站、物流场站、村长办公室、运动员村南门、运动员村西门。各岗位职责、联络机制、通讯方式及人员配置见表 22-9。

**交通管理助理岗位设置表**　　表 22-9

| 岗位序号 | 工作地点 | 岗位任务 | 联络机制 | 通讯方式 | 单班人数 |
|---|---|---|---|---|---|
| 1 | 主入口 | 协助交通管理人员管理车辆出入、验证、分车、出租车站点维护,班车停靠的指挥及周边秩序维护 | 向交通管理人员报告 | 手台 1 部 | 4 |
| 2 | 媒体访客中心 | 协助交通管理人员进行上、下车区、停车场指挥 | 向交通管理人员报告 | 手台 1 部 | 4 |
| 3 | NOC/NPC(西)停车场 | 协助交通管理人员进行上、下车区、停车场指挥 | 向交通管理人员报告 | 手台 3 部 | 4 |
| 4 | 欢迎中心 | 协助交通管理人员管理车场出口,上、下车点指挥及日常车辆停放 | 向交通管理人员报告 | 手台 1 部 | 4 |

续上表

| 岗位序号 | 工作地点 | 岗位任务 | 联络机制 | 通讯方式 | 单班人数 |
|---|---|---|---|---|---|
| 5 | 运动员班车站 | 协助交通管理人员管理场站外出入，场站内车辆调度、指挥、协调警车带路及信息通报 | 向交通管理人员报告 | 手台1部 | 3 |
| 6 | NOC/NPC(东)停车场 | 协助交通管理人员管理场站外出入、验证、分车，上、下车区及停车场指挥 | 向交通管理人员报告 | 手台1部 | 5 |
| 7 | 物流场站 | 协助交通管理人员管理场站出入、验证指挥及场站内车辆秩序维护调度 | 向交通管理人员报告 | 手台1部 | 3 |
| 8 | 龙王庙(村长办) | 协助交通管理人员进行特勤和日常勤务活动及组织指挥。维护村内日常交通秩序管理，应急突发事件及交通设备维护工作 | 向现场指挥报告 | 手台2部 | 2 |
| 9 | 运动员村南门 | 协助交通管理人员负责其他客户群车辆上、下车区及出租车落客，维护和疏导运动员村路周边交通秩序 | 向交通管理人员报告 | 手台1部 | 1 |
| 10 | 运动员村西门 | 协助交通管理人员负责其他客户群车辆上、下车区及出租车站点秩序维护，疏导和管理运动员村西门周边道路交通秩序 | 向交通管理人员报告 | 手台1部 | 1 |

(4)交通服务助理岗位设置15处，包括交通经理辅助、运动员班车站值班室调度辅助、运动员班车站上、下车区调度辅助、欢迎中心下车区/值班室调度辅助、T3下车区调度辅助、内部班车现场调度辅助、东NOC/NPC停车场值班室调度辅助、西NOC/NPC停车场值班室调度辅助、访客停车场上、下车区/值班室/停车场调度辅助、欢迎中心下车区引导员、访客停车场上、下车区引导员、运动员班车站交通引导员、NOC/NPC车辆交接管理员、体育信息中心交通信息咨询员、NOC/NPC服务中心交通信息咨询员。各岗位职责、联络机制、通讯方式及人员配置见表22-10。

**交通服务助理岗位设置表** 表22-10

| 岗位序号 | 工作地点 | 岗位任务 | 联络机制 | 通讯方式 | 单班人数 |
|---|---|---|---|---|---|
| 1 | 交通经理辅助 | (1)协助交通服务经理工作；(2)负责交通服务信息采集、汇总；(3)负责电台、电话、电脑和传真机职守；(4)提供语言支持，并负责同相应运行区内各客户群协调沟通 | 与场馆停车场交通管理助理联系，向交通服务经理汇报工作 | 手台1部 | 3 |
| 2 | 运动员班车站值班室调度辅助 | 协助运动员班车站调度的工作 | 向调度汇报工作 | | 2 |
| 3 | 运动员班车站上下车区调度辅助 | (1)协助上、下车区车辆调度的工作；(2)负责提供语言支持；(3)访客停车场车辆调度辅助协助停车场管理及计算机录入工作，欢迎中心下车区车辆调度辅助负责下车区车辆疏导及计算机录入工作；(4)向上、下车区车辆调度汇报工作 | 向调度汇报工作 | 手台1部 | 18 |

续上表

| 岗位序号 | 工作地点 | 岗位任务 | 联络机制 | 通讯方式 | 单班人数 |
|---|---|---|---|---|---|
| 4 | 欢迎中心下车区/值班室调度辅助 | (1)协助上、下车区车辆调度的工作;(2)负责提供语言支持;(3)访客停车场车辆调度辅助协助停车场管理及计算机录入工作,欢迎中心下车区车辆调度辅助负责下车区车辆疏导及计算机录入工作;(4)向上、下车区车辆调度汇报工作 | 向调度汇报工作 | | 3 |
| 5 | T3 下车区调度辅助 | (1)协助上、下车区车辆调度的工作;(2)负责提供语言支持;(3)访客停车场车辆调度辅助协助停车场管理及计算机录入工作,欢迎中心下车区车辆调度辅助负责下车区车辆疏导及计算机录入工作;(4)向上、下车区车辆调度汇报工作 | 向调度汇报工作 | | 3 |
| 6 | 内部班车现场调度辅助 | (1)协助调度室值班员的日常工作,做好各类信息的汇总、统计及报表、计算机录入工作;(2)提供语言支持;(3)访客停车场下车区车辆调度同时承担值班室及停车场调度工作 | 向调度汇报工作 | | 1 |
| 7 | 东 NOC/NPC 停车场值班室调度辅助 | (1)协助调度室值班员的日常工作,做好各类信息的汇总、统计及报表、计算机录入工作;(2)提供语言支持;(3)访客停车场下车区车辆调度同时承担值班室及停车场调度工作 | 向调度汇报工作 | | 1 |
| 8 | 西 NOC/NPC 停车场值班室调度辅助 | (1)协助调度室值班员的日常工作,做好各类信息的汇总、统计及报表、计算机录入工作;(2)提供语言支持;(3)访客停车场下车区车辆调度同时承担值班室及停车场调度工作 | 向调度汇报工作 | | 1 |
| 9 | 访客停车场上、下车区/值班室/停车场调度辅助 | (1)协助调度室值班员的日常工作,做好各类信息的汇总、统计及报表、计算机录入工作;(2)提供语言支持;(3)访客停车场下车区车辆调度同时承担值班室及停车场调度工作 | 向值班室调度负责并接受其指令 | 电台、电话 | 2 |
| 10 | 欢迎中心下车区引导员 | (1)引导客人往返于上、下车区至各自出入口;(2)负责提供语言支持 | 接受现场调度指令 | 手台1部 | 3 |
| 11 | 访客停车场上、下车区引导员 | (1)引导客人往返于上、下车区至各自出入口;(2)负责提供语言支持 | 接受现场调度指令 | 手台1部 | 3 |

续上表

| 岗位序号 | 工作地点 | 岗位任务 | 联络机制 | 通讯方式 | 单班人数 |
|---|---|---|---|---|---|
| 12 | 运动员班车站交通引导员 | (1)引导客人往返于上、下车区至各自出入口;(2)负责提供语言支持 | 接受现场调度指令 | 手台1部 | 6 |
| 13 | NOC/NPC车辆交接管理员 | (1)协助代表团代表现场查看代表团用车车辆情况;(2)提供NOC/NPC代表团用车交接单据,并联系交通服务经理在用车单据上签字,保存签字后的用车交接单据,进行计算机录入工作;(4)汇总当天信息并向交通服务经理汇报工作;(5)接受代表团客户群投诉并将不能解决的问题及时交通服务经理汇报;(6)提供语言支持 | 接受交通服务副经理的指挥 | 手台1部 | 6 |
| 14 | 体育信息中心交通信息咨询员 | (1)负责提供运动员班车信息查询及咨询服务;(2)负责接受运动员集体项目专车、运动员训练班车车辆服务的预定及预定成功后的告知工作;(3)负责解答运动员对交通问题的咨询,对于运动员交通求助及时给予帮助;(4)及时接听运动员运行分中心值班室调度书面提供的交通变更信息;(5)帮助客人通知现场调度,做好发车准备;(6)接受运动员客户群投诉并将不能解决的问题及时交通服务经理汇报;(7)提供语言支持 | 接受交通服务副经理的指挥 | 手台1部 | 3 |
| 15 | NOC/NPC服务中心交通信息咨询员 | (1)负责接收代表团团长开完DRM并指定代表至NOC/NPC服务中心激活分配车辆;(2)负责代表团对交通问题的咨询,对于代表团交通求助及时给予帮助;(3)及时接听NOC/NPC交通服务运行团队值班室调度书面提供的交通变更信息;(4)接受代表团客户群投诉并将不能解决的问题及时交通服务经理汇报;(5)提供语言支持 | 接受交通服务副经理的指挥 | 手台1部 | 3 |

(5)电瓶车驾驶员设置

电瓶车驾驶员在交通运行团队的指令下,以电瓶车服务运输团队模式运行,团队接受交通经理和交通服务经理的指令。按各运行团队需求和服务标准对象,只提供应急和特殊情况需求的服务,包括人员、小型货物的运输服务。运输团队采用提前预定、先定先得、一次性无偿服务的模式运行。

交通运行团队提供电瓶车共30辆,停车场设在运动员村居住区中心公建西楼地下一层,面积约160m$^2$,另设调度室、休息室,约80m$^2$。

电瓶车运输团队分三个班次24小时运行,每班配置驾驶员30名。

## 三、场馆区域划分及安检口、车辆验证点设置

### 1. 场馆区域划分

运动员村周边由外向内分为交通控制区、交通管制区、安保封闭区三个范围,分区域执行相应通行

政策和管理措施。

（1）交通控制区

由北五环路上清桥（不含）向东，经北五环路至仰山桥，由北五环路仰山桥（不含桥上）向南，经安立路至小关路口向西，经北土城路至八达岭高速公路健德桥（不含桥上）向北，经八达岭高速公路东侧辅路（不含）至上清桥（不含）。

（2）交通管制区

由北辰路奥体中心西门北侧向北至北辰桥（不含桥下）向西，经北四环路北侧辅路至北辰西桥（不含）向北，经北辰西路至运动员村路东口，经运动员村路向西至林萃路口向北，经林萃路至北五环路林萃桥（不含桥上）向东，经北五环路南、北辅路至北辰东路北口（奥林东桥）向南，经北辰东路至北四环路北辅路向西，经北四环北辅路至北辰桥向南，经北辰路至奥体中心西门北侧。

（3）安保封闭区

奥运村共设置两道安保线，红线为第一道安保线，线内为运行区，车辆需凭有效证件，接受安全检查后（仅外观检查）方可进入。黄线为第二道安保险，线内为国际区和居住区，该区域实施全封闭控制，人员、车辆均需凭有效证件，接受安全检查后方可进入。

**2. 安检口及验证点设置**

（1）车辆安检口3处：分别设在北辰西路物流出入口（该入口同时也是人检口，1道1套车检）、东NOC停车场入口（4道8套车检）和林萃路主出入口（2道4套车检）。

（2）人员安检口7处：分别设在北辰西路交科荟路入口（3机6门，为注册人员提供）、运动员村路入口（1机2门，为注册人员提供）、林萃路交科荟路入口（3机6门，为注册人员提供）、西NOC停车场进入居住区的入口（1机2门，为注册人员提供）、欢迎中心入口（6机12门，为注册人员提供）、媒体访客中心入口（2机4门，为注册人员提供）、北辰西路物流出入口（该入口同时也是车检点）。

（3）场馆区人员验证点6处：分别设在西侧运行区与居住区交汇验证点（1个），访客、媒体中心进入国际区验证点（1个），国际区与居住区交汇验证点（2个），东侧运行区物流进入居住区验证点（1个），东侧运行区停车场进入居住区验证点（1个）。

（4）场馆区车辆验证点3处：分别设在北辰西路物流出入口（该入口同时也是人检口，1道1套车检）、东NOC停车场入口（4道8套车检）和林萃路主出入口（2道4套车检）。

## 四、车辆通行

运动员村外围道路统一执行奥林匹克公园公共区交通管控政策，内部执行运动员村交通通行政策。

**1. 运动员班车通行政策**

（1）参赛及观看本比赛项目运动员班车，持“TA”车证，从运动员班车站发车，返回时免检进入运动员班车站在运动员班车站上、下车区落客乘车。

（2）超编官员班车，持“TA”车证，免检进入运动员班车站，在超编官员上下车区落客乘车。

（3）运动员抵离班车持“TA1”车证：抵京时，车辆安检进入欢迎中心在指定上下车区落客，行李车停放在货车停车区，人员、行李安检进入运动员村居住区。离京时，零散人员车辆由欢迎中心驶离运动员村，并在欢迎中心办理好行李出境手续（办理时间：2008年8月24日~8月27日）；集中人员车辆由运动员班车站驶离运动员村。

（4）旅游、观看非本比赛项目运动员班车持“TA1”车证，车辆由运动员班车站出发。返回时，车辆在运动员村南门指定地点落客后，运动员安检进入运动员村。

**2. 访客车辆通行政策**

（1）前往奥运村访客中心的奥林匹克大家庭T1/T2/T3车辆，持“T1”/“T2”/“T3”车证在奥运村访客中心贵宾上、下车区落客。其中，T1/T2车辆停放在“P6”停车场，T3车辆停放在“P11”停车场。

（2）前往奥运村访客中心的媒体班车，持“TM”车证，由IBC/MPC抵达奥运村访客中心，在TM上、下车区落客后，停放在 TM 停车场。

（3）前往奥运村访客中心的转播商、国际/国家摄影车队以及文字/摄影媒体车辆，持转播商专用车证"M－OLV"/"M－PHP"/"M－PRS"车证，车辆分别在奥运村访客中心 BOB/RHB、文字媒体、POOL 上、下车区落客后，停放在"P5"、POOL、"P4"停车场。

（4）前往访客中心的观察员车辆，持观察员（TOBS）车证，在奥运村访客中心外指定上、下车区落客、乘车，停放在指定地点。

（5）其他访客人员，在北土城路访客卡办公室乘坐班车抵达运动员村访客中心。

**3. 国家奥委会（NOC）/国家残奥委会（NPC）车辆通行政策**

（1）停放在西 NOC 车场的 NOC 车辆，持"TN"车证，车辆从西 NOC 停车场西入口进入，人员在停车场原地上、下车。

（2）停放在东 NOC 车场的 NOC 车辆，持"TN"车证，车辆从东 NOC 停车场南入口进入，人员在停车场原地上、下车。

（3）NOC 收费卡车辆，持"R－NOC"车证，在东 NOC 停车场南侧 NOC 收费卡停车场停放，人员在车场原地上、下车。

**4. 要人车辆通行政策**

要人车辆，持"TG"车证，通过运动员村西门车辆免检通道进入运动员村，在村长院要人上、下车区落客，车辆停放在村长院要人停车场。

**5. 物流车辆通行政策**

运动员村的物流车辆统一由运动员村东北物流口进出运动员村。

车辆按照主物流配送计划，配发进入运动员村的物流车辆车证。不在主物流配送计划内，应急进入运动员村的物流车辆需申请临时通行证。

**6. 其他车辆通行政策**

（1）代表团临时租赁大客车，随车配发"RA"车证（可以在奥运会全部竞赛场馆安保封闭线外"P9"停车场入口处落客，但不享有停车权），车辆在运动员村西门外指定地点落客、乘车。

（2）NOC/NPC 自行安排的车辆，第一次抵达运动员村持车辆证件，统一进入欢迎中心，落客后驶离。其中，车辆赛时延续使用的，需申领"收费卡（R－A）"车证。一次性使用的车辆需提前 48 小时，在 NOC 信息服务中心申领"临时（D－V1）"车证，该车证最迟将在使用前 8 小时提供。

（3）残奥会期间持"TF"车证的技术官员班车安检进入西 NPC 停车场，技术官员安检进入运动员村。其他通行政策与奥运会相同。

## 五、场馆各客户群交通服务

**1. 交通服务时间**（表 22-11、表 22-12）

各车场服务时间　　表 22-11

| 车　场 | 服务时间（小时） | 起止时间 |
| --- | --- | --- |
| 访客媒体中心停车场 | 16 | 07:00～23:00 |
| 欢迎中心停车场 | 24 | 00:00～24:00 |
| NOC/NPC（西）停车场 | 24 | 00:00～24:00 |
| 运动员班车站 | 18 | 07:00～01:00 |
| NOC/NPC（东）停车场 | 24 | 00:00～24:00 |
| 物流场站 | 24 | 00:00～24:00 |
| 贵宾停车场 | 24 | 00:00～24:00 |

各类交通台服务时间　　表22-12

| 服务台 | 服务时间(小时) | 起止时间 |
|---|---|---|
| 体育信息中心交通信息咨询员 | 15 | 07:00～23:00 |
| NOC/NPC服务中心交通服务台 | 15 | 07:00～22:00 |
| 交通安保指挥中心 | 24 | 07:00～24:00 |
| NOC/NPC车辆分配管理 | 24 | 00:00～24:00 |

**2. 各客户群交通通行及停车**

(1)持“T1/T2”车证

车辆由林萃路进入运动员村主入口北侧，经车辆安检口安检(只做外观检查)后，沿专用车道进入运动员村运行区，在访客中心门前上、下车区落客，贵宾经安检进入访客中心，车辆停放在“P6”停车场。贵宾离开时，由奥林匹克大家庭助理(礼宾助理)与驾驶员联系，同时通知访客停车场上、下车区引导员，将车辆调至上、下车区等候，贵宾乘车沿运动员村主入口北侧出口专用通道驶离。

(2)持“T3”车证

车辆从林萃路进入运动员村主入口北侧通道，经车辆安检口安检(只做外观检查)后进入运动员村运行区，沿专用车道至访客中心上、下车区落客，客户经人员安检口进入访客中心，车辆停放在第一道安保线内的“P11”停车场。客户离开时，人员步行至访客中心上、下车区，现场交通调度辅助员根据客户乘车数量需求与停车场交通管理助理确认屯车数量，并将车辆调至上、下车区，客户上车后，沿专用车行道从运动员村主入口北侧通道出安保封闭线驶离。

(3)持“TN”车证[“含收费卡(R－NOC)”车证]

车辆从林萃路进入运动员村主入口南侧通道安检(只做外观检查)后，进入运动员村运行区，沿专用车行道至西NOC停车场上、下车区落客，客户下车后经验证进入奥运村居住区。车辆在第一道安保线内“P3”停车场停放。客户离开时，从国际区或居住区步行至运行区，由NOC客户助理或客户直接联系驾驶员，或通过西NOC停车场上、下车区咨询引导员，通知“P3”停车场交通管理助理，让驾驶员将车开到上、下车区，客户等车后车辆沿专用车道从主入口南侧通道驶出运动员村安保线。

(4)持“TN”车证[“含收费卡(R－NOC)”车证]

车辆从北辰西路进入运动员村东NOC停车场入口，经安检后(仅做外观检查)进入运动员村运行区，沿专用行车道至东NOC停车场上、下车区落客。客户下车后经验证点验证后步行进入居住区。车辆在第一道安保线内“P3”停车场停放。客户离开时，从运动员村居住区步行至运行区，由NOC助理或客户直接联系驾驶员，或通过东NOC停车场上、下车区咨询引导员通知“P3”停车场交通管理助理，让驾驶员将车开到上、下车区，客户乘车按专用车行道出安保线驶离东NOC停车场。

(5)第一次抵达运动员和随队官员持“TA”车证，行李运输车持“TA4”车证

车辆从林萃路至运动员村主入口南侧专用安检通道安检后(仅做外观检查)进入运动员村运行区，沿专用车行道至欢迎中心北广场下车区落客，运动员和随队官员人力行李后，在物流团队的协助下经人员和行李安检进入欢迎中心。车辆从欢迎中心北广场西门出运动员村安保线驶回奥运村屯车场站。运动员和随队官员完成欢迎中心内部各项手续后，从欢迎中心南门经验证进入运动员村居住区，人员乘村内环线大巴车(即满即开)，沿村内环线道路在代表团团部所在公寓楼就近下车。行李由运动员村物流团队运至代表团团部所在公寓楼附近进行交接。

(6)运动员比赛、训练班车持“TA”车证

比赛、训练运动员从居住区至运动员班车站，由班车站交通引导员或NOC代表团客户助理引导运动员到上车区专设站台乘坐专线班车前往比赛、训练场馆，运动员班车按班车时刻表准时出发，出运动员村安保封闭线到北辰西路后，沿指定路线去往各比赛、训练场馆。

返回时，班车从北辰西路免检进入运动员村运行区运动员班车站到达专设下车区落客。运动员经验证点验证后进入运动员村居住区，班车返回村外屯车场站。

(7)观看非本项目比赛班车持"TA1"车证

观看非本项目的运动员和官员从运动员村居住区进入运行区的运动员班车站后,由运动员班车站交通服务引导员引导至观看非本项目比赛班车上车区乘车,班车按预定时刻表准时发车。运动员班车出运动员村安保封闭线至北辰西路,按指定路线前往各比赛场馆。班车返回时车辆从北辰西路分别至运动员村南门和西门安保封闭线外落客,人员经安检后进入运动员村居住区。

(8)旅游观光购物班车持"TA1"车证

前往市中心旅游观光和购物的运动员从居住区进入运动员班车站后,由运动员班车站交通服务引导员引导至专设站台上车区乘坐专线班车,班车按预定时刻表准时发车。班车出运动员村安保封闭线至北辰西路,按指定路线前往目的地。班车返回时,车辆分别从林萃路、北辰西路至运动员村南门和西门安保封闭线外落客,人员安检后进入运动员村居住区。

(9)超编官员饭店班车持"TA3"车证

超编官员饭店班车采用点对点运行方式,超编官员从超编官员酒店乘坐班车(按时刻表准时发车)从北辰西路免检进入运动员村运行区运动员班车站下车区落客,人员经验证进入运动员村居住区。超编官员离开时,从居住区进入运行区运动员班车场站专设超编官员饭店班车上车区乘车,班车按预定时刻表准时发车,从运动员班车站驶出运动员村安保封闭线至北辰西路后,沿指定路线抵达超编官员酒店。

(10)发往机场班车持"TA1"车证

离村运动员和代表团官员携行李从运动员村居住区至运动员班车站,由班车站交通引导员或NOC代表团客户助理引导运动员到上车区专设站台乘坐专线班车前往机场,运动员班车按班车时刻表准时出发或由代表团提前预订,出运动员村安保封闭线到北辰西路后,沿指定路线前往机场。

(11)值机柜台前移人员和行李班车持"TA1"车证

值机柜台行李班车,从运动员村居住区各行李收取点装满行李后,从运动员村东门(科荟路)出安保封闭线,沿指定路线前往机场。人员6~8小时后携带随身行李,从运动员班车站乘车前往机场。

(12)媒体访客班车持"TM"车证

媒体访客班车按预定时刻表,从林萃路运动员村主入口经安检(仅做外观检查)进入运行区,沿专用车道至访客媒体班车上、下车区落客,媒体访客进入访客中心不需进行安检。访客班车停放在第一道安保险内上、下车区等候,媒体人员离开时在上、下车区上车,媒体班车按预定时刻表准时发车,沿专用车道从奥运村主入口北侧驶出运动员村安保封闭线。

(13)持"M-PRS"车证

车辆从林萃路运动员村主入口经安检(仅做外观检查)进入运动员村运行区,沿专用车道行至媒体访客中心"P4"停车场停放,媒体人员下车后步行至媒体访客中心经安检后进入。媒体人员离开时步行至"P4"停车场乘车,经专用车行道从运动员村主入口北侧驶离。

(14)持"摄影(M-PHP)"车证

车辆从林萃路运动员村主入口经安检(仅做外观检查)后进入运行区到达媒体访客中心停车场,人员在POOL上、下车区落客,车辆停放在第一道安保封闭线内停车场。人员离开时步行至POOL停车场乘车,沿专用车道从主入口驶出运动员村。

(15)持"转播商(TM-DDS)"车证

车辆从运动员村林萃路主入口经安检(仅做外观检查)后进入运行区到达媒体访客中心,人员在上、下车区下车后,车辆停放在第一道安保封闭线内"P5"停车场。人员离开时,车辆从"P5"停车场行驶至上、下车区,人员等车后,车辆沿专用车道从主入口驶出运动员村。

(16)奥林匹克大家庭访客班车

访客班车按预定时刻表,从访客外围接待站沿指定路线从林萃路运动员村主入口经安检(仅做外观检查)后,沿专用车道进入运动员村运行区,在访客中心访客班车上、下车区落客,人员安检后进入访客中心，车辆停放在第一道安保线访客班车上、下车区等候。人员离开时在访客班车上、下车区上车，访客班车按预订班车时刻表准时发车，沿北侧车行道从主入口驶出奥运村安保封闭线。

(17)持"观察员(TOBS)"车证和"赞助商(TSPO)"车证

车辆从林翠路奥运村主入口安检后(仅做外观检查)进入运动员村运行区，沿北侧专用车行道至访客中心上、下车区落客，人员进入访客中心。车辆从运动员村主入口北侧出口驶离安保线，经林翠路至奥林匹克公园公共区北场馆群停车场站停放等候或返回原发地。人员离开时，通过访客中心值班室和访客中心上、下车区引导员或北区场馆群停车场站调度辅助通知驾驶员，将车按原行车路线安检后调至访客中心上、下车区。人员乘车从专用车道经运动员村主入口北侧车行道出口出第一道安保线驶离。

(18)持"青年营(TORC)"车证

青年营车辆从林翠路经安检后(仅做外观检查)通过运动员村主入口进入运动员村运行区，沿南侧专用车行道至欢迎中心上、下车区落客。客人进入欢迎中心领取访客卡(访客卡由访客中心提供)。车辆在欢迎中心调度辅助员的引导下，出欢迎中心小西门驶离第一道安保线。经林翠路至奥林匹克公园中心区北区场馆群停车场站停放等候或返回原发地。客人离开时，由访客中心交通调度值班室和欢迎中心停车场调度辅助员通知驾驶员，将车辆按原行车路线安检后(仅做外观检查)调至欢迎中心上、下车区载客，客人在欢迎中心上、下车区引导员的引导下乘车。经欢迎中心小西门出第一道安保线驶离奥运村。

(19)警卫要人持"TC"车证

车辆从林翠路至运动员村主入口北侧专用车行道免检进入运动员村运行区。至访客中心上、下车区落客，要人免检进入访客中心。车辆停放在访客中心"P1"停车场。要人离开时，车辆在要人上、下车区上车载客后，沿专用车行道出第一道安保封线驶离运动员村。

(20)"检测(V－DOP)"车证

持"检测(V－DOP)"车证用于赛事兴奋剂检测专用的车辆从北辰西路至运动员村东北门(物流转运站)安检后，按指定的行驶路线至居住区，在指定地点停放。

(21)场馆服务团队

运动员村服务车辆持"VS"车证，共3种，用于为运动员及随队官员医疗急救、公共卫生、工程保障、抢险、秩序维护、物流、清废、餐饮等提供后勤支持和服务保障的各类车辆。其车证客户群类别的代码分别为"场馆服务1(VS1)"、"场馆服务2(VS2)"和"场馆服务3(VS3)"。

(22)持"场馆服务1(VS1)"和注有"奥运村居住区"车证

车辆安检进入运动员村第二道安保封线内按指定的路线行驶，并可以在居住区停放。

(23)持"场馆服务2(VS2)"和"奥运村国际区"车证

车辆安检后进入运动员村第二道安保封线内，按指定的路线行驶，可停放在国际区，但不得在奥运村居住区停放。

(24)持"场馆服务3(VS3)"和"奥运村运行区"车证

车辆安检后进入奥运村第一道安保封闭线内，按指定停车位停放，不得进入运动员村第二道安保线。

(25)村内环线班车持"TA2"车证

车辆在运动员村居住区内专设车行道路上行驶。环线全长2.7公里，设置11处上、下车站点，并在居住区内设有能停放20辆大巴车的交通场站。通过村内班车现场调度辅助员的指令，班车预计平均行驶速度5公里/小时，高峰时段为5分钟发车间隔，以满足村内交通需要。

(26)奥运村物流转运区内停放接泊车、物流叉车、餐饮餐食、配送布草、快件递送、医疗垃圾、NOC货物货运、干洗物流、报纸图书、花店、邮政、银行运钞、柯达洗相、综合商店、垃圾清运等车辆，使用VS类，持运行区、国际区车证。

(27)"场馆外围1(V－SPE)"用于指定的出租车。持"场馆外围1(V－SPE)"车证的车辆在安保封闭线外指定的停车场上、下乘客。

(28)“场馆外围2(V-RES)”用于在指定场馆区内、安保封闭区外的单位、居民车辆。持“场馆外围2(V-RES)”证的车辆可进行场馆区,但不能在场馆区内奥运会指定的停车场停放。

(29)临时准入客户

持“奥运村贵宾1(D-DIG1)”车证的车辆,按车证日期可在安保封闭线内指定的停车场停放。

持“奥运村贵宾2(D-DIG2)”车证的车辆,可在运动员村安保封闭线外指定的停车场停放。

持“奥运村临时(D-VEN)”车证的车辆,在安保封闭线外指定的停车场停放。

持“奥运村媒体临时(D-MED)”的车辆通行于运动员村安保封闭线外的区域,在安保封闭线外指定的停车场停放。

持“奥运村文化活动临时(D-CUL)”的车辆通行于运动员村第二道安保封闭线外的区域,在欢迎中心停车场停放。

(30)专项活动

持“开闭幕式专项活动(Z-OCC)”车证的车辆可进入运动员村第一道安保封闭线内,停放在欢迎中心,将参加入场仪式的运动员和官员、运动员村内的持票观众沿指定路线运送至国家体育场和国家体育馆。

## 六、外围保障

### 1. 公共交通系统

(1)奥林匹克中心区南部公交场站

设在奥体中心南门外公交场站内,主要停放运送南部观众的公交专线车辆,可停放公交车200辆。

(2)奥林匹克中心区东部公交场站

设在奥林匹克中心区东部公交场站内(大屯路南北两侧),主要停放运送东部观众的公交专线车辆。可停放公交车250辆。

(3)奥林匹克中心区西南部公交场站

设在奥林匹克中心区西南部公交场站内,主要停放运送西部观众的公交专线车辆,可停放公交车50辆。

(4)奥林匹克中心区北部公交场站

设在奥林匹克中心区北部场馆群西侧,主要停放由五环东西方向驶来公交专线车辆,可停放公交车200辆。

### 2. 地铁

运动员村周边设有地铁运行线路及站点。

### 3. 出租车

运动员村共设两处保点出租车站,分别位于运动员村主入口以北林翠路东侧和运动员村西门西北侧。

## 七、场馆外围交通组织管理

### 1. 车辆验证点设置

中心区周边道路共有车辆验证点33处,设置在与中心区周边道路相交道路纵深200米左右的路口或环路的匝道口上,车辆需持有效证件方可进入(含奥运公交专线车辆)。

### 2. 车辆安检点

安保封闭区周边共设置16处车辆安检口。赛时对该区域实施全封闭管理,人员、车辆均需持有效证件,安检后方可进入。

持有效证件车辆(含奥运公交专线车辆)在车辆验证点经查验后方可进入控制区。

持有效证件车辆经查验后方可进入交通管制区，安检后可进入安保封闭区。

### 八、场馆一日运行流程描述

当日比赛第一单元开始前4小时，场馆交通团队管理人员签到领取场馆内部手台，场馆主任召开场馆晨会。

比赛开始前3小时45分，交通指挥监控室开始运行，交通经理召开核心团队人员会议分配工作。交通团队各岗位人员到设备室领取、检查相应装备（手台、登记表、岗伞等）；值班室人员对场馆指挥监控设备和各项设施进行检查，调整到位。

当日比赛第一单元开始前3.5小时，场馆区控制岗位、车辆验证岗位、安检口岗位、上下车区岗位、停车场指挥岗位等关键岗位到位（包括岗位上的志愿者）。

第一单元比赛开始前3小时，第一班客户群班车到达，交通经理、服务经理与客户群代表核实抵达信息，如有变化及时通报交通运行中心和仰山桥赛事勤务指挥中心。

当日比赛第一单元开始前2小时，外围及场馆内全部岗位到位。

赛事结束前20分钟，各客户群交通服务车辆开始运行准备。

赛事结束后半小时，交通服务经理和现场指挥向岗位了解当天情况；赛后45分钟交通团队核心人员开会汇总情况，赛后1小时由服务经理负责上报当日交通信息。汇总后向交通运行中心、仰山桥赛事勤务指挥中心进行汇报。

当天最后一个单元结束后1.5小时，保留关键岗位，做好收尾工作；交通服务协调经理做到保证最后一辆公交专线末班车准时发出。

当天最后一个单元结束后2小时，岗位撤离，设备返还。当确定媒体注册人员全部离开时，通知出租保点工作人员撤离并统计汇总当天出租车的出车情况。工作人员和志愿者可以离开场馆。各岗位负责人对场馆内各交通设施进行巡视检查，确认。

## 第二节　国际广播中心/主新闻中心交通运行

### 一、概述

按照奥组委统一部署要求，国际广播中心（IBC）/主新闻中心（MPC）两个交通团队共同负责IBC/MPC场馆交通管理和交通服务工作。其中各停车场、班车站、车辆调度、志愿者管理等以MPC交通团队为主。

### 二、场馆基本情况

**1. 场馆地理位置**

IBC/MPC位于北京奥林匹克公园西侧，以北辰西路、大屯路、景观路和中一路为界；南临国家体育馆和国家水上中心，东南紧靠国家体育场，北方为奥林匹克森林公园，步行可达西北方向的运动员村。IBC在东侧，MPC在西侧，中间有景观西路相隔，具体位置见图22-8。

**2. 场馆运行任务及日期**

（1）赛时功能

IBC是奥运会和残奥会期间奥林匹克广播电视运行中心及世界各持权转播商的工作总部，为来自世界各国的1.6万名广播电视媒体人员提供24小时服务。MPC设有条件舒适、通讯便利的文字和摄影记者公共工作区，同时为世界各地120多家通讯社、新闻机构等提供租用办公空间，设立5间新闻发布会会场，每天有大量记者、运动员、来宾到此接受采访，发布新闻。在赛事期间能够容纳世界最大规模的转播运行。

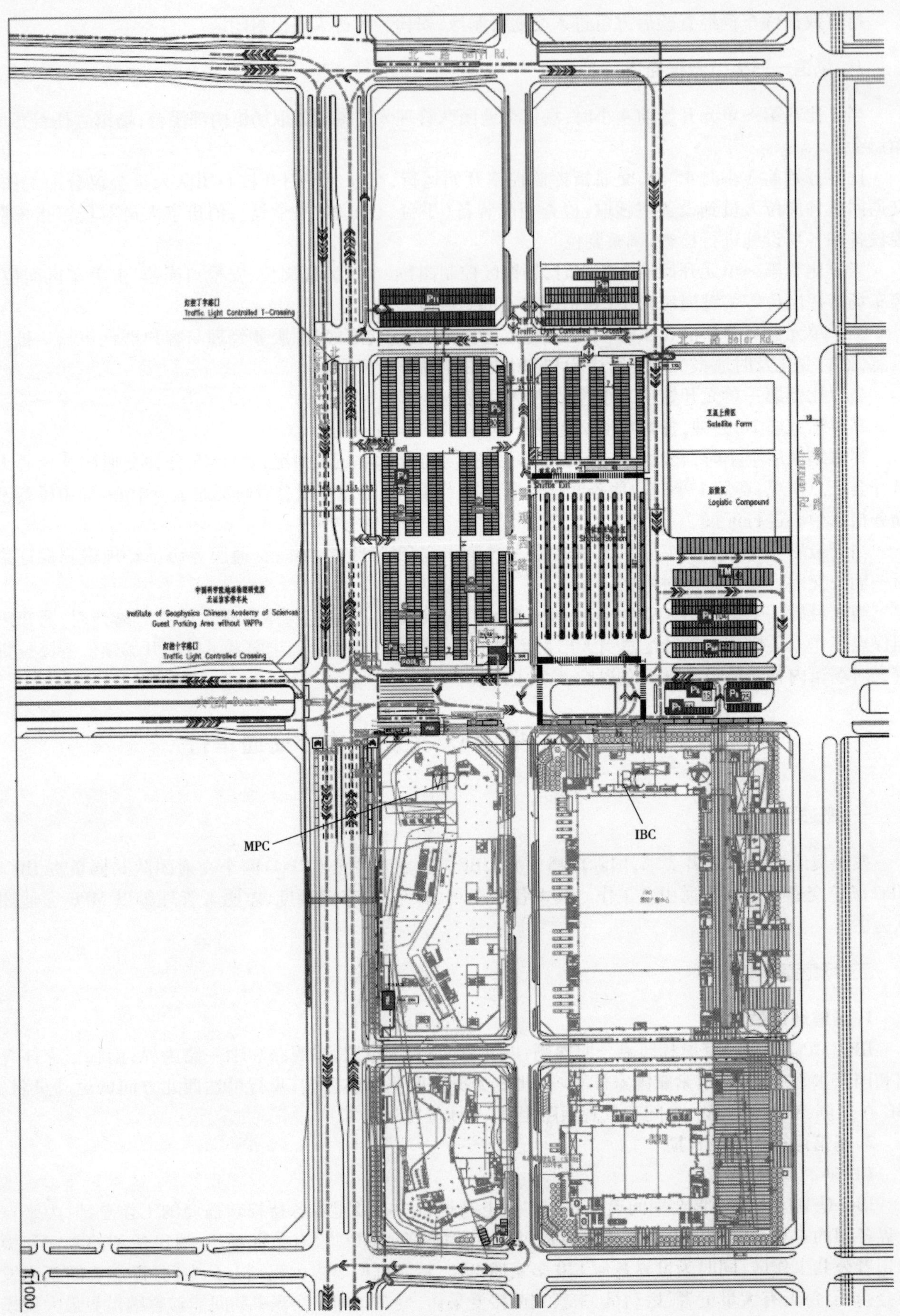


图 22-8　IBC/MPC 地理位置示意图

(2)运行日期

开放和试运行期:2008 年 7 月 8 日 ~7 月 23 日

封闭运行期:2008 年 7 月 24 日

24 小时运行期:2008 年 7 月 25 日 ~8 月 26 日

残奥会转换期:2008 年 8 月 28 日 ~9 月 1 日

残奥会试运行期:2008 年 9 月 2 日 ~9 月 3 日

残奥会 24 小时运行期:2008 年 9 月 4 日 ~9 月 18 日

## 三、场馆交通团队工作机制及构成

两个交通团队分别在场馆运行副主任领导下,与奥林匹克大家庭贵宾、媒体以及外围保障等团队保持密切联系,进行信息沟通。场馆交通团队交通经理直接对场馆运行副主任负责。

**1. 与赛事交通服务分中心工作联络机制(图 22-9)**

在客户群交通服务业务上向赛事交通服务分中心汇报工作并接受其业务指导和运行指令;在场馆交通管理上向交通组织安全保障分中心汇报工作并接受其业务指导和指令;在公共交通服务上向城市交通设施保障与运输服务分中心汇报工作并接受其业务指导和指令。

**2. 与场馆运行团队工作联络机制(图 22-10)**

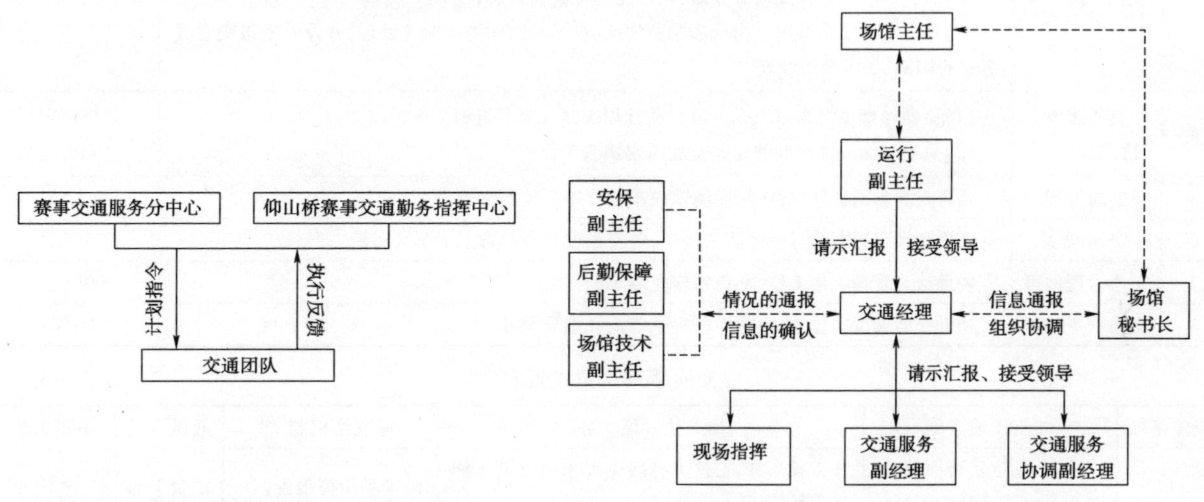


图 22-9　与赛事交通服务分中心联络机制示意图　　图 22-10　与场馆运行团队联络机制示意图

**3. 场馆交通团队构成**

场馆交通团队主要职责是为场馆的各客户群提供交通运行保障服务。IBC/MPC 场馆交通团队由组委会借用人员、政府安保人员、实习人员、合同商和志愿者组成。按照各类班次配置,共计 317 人,包括两场馆交通经理、现场指挥、交通服务副经理、交通服务协调副经理各 1 名,即奥组委工作人员 8 人,合同商 75 人,志愿者 234 人,另有交通管理人员 30 人。

(1)交通团队共设置 8 个工作岗位,包括交通经理、现场指挥、交通服务副经理、交通服务协调副经理、交通管理、交通调度、交通管理助理、交通服务助理。具体岗位职责和人员配置见表 22-13。

(2)交通管理岗位设置 9 处,包括大屯路与北辰西路交叉口、北二路东口、北辰西路与北二路交叉口、景观西路与北二路交叉口、班车停车场出口、媒体班车落客区、停车场南侧进出口、停车场北侧进出口、交通指挥监控室。具体职责、联络机制、通讯方式、人员配置见表 22-14。

(3)交通管理助理岗位 16 处,包括交通指挥监控室、停车场管理(8 处)、交叉路口秩序维护(6 处)、出租车落客点。具体任务、联络机制、通讯方式和人员配置见表 22-15。

(4)交通调度岗位设置 4 处,包括媒体班车调度室、媒体班车上车区调度员、媒体班车下车区调度员、安保线外班车站调度。具体任务、联络机制、通讯方式、人员配置见表 22-16。

**交通团队岗位设置表** 表22-13

| 序号 | 岗位名称 | 岗位职责 | 人员岗位及来源 |
|---|---|---|---|
| 1 | 交通经理 | (1)负责组织场馆交通运行规划和交通运行方案的制定;<br>(2)在交通运行中心指挥中心领导下,组织开展场馆交通服务与管理工作;<br>(3)负责场馆交通团队工作人员培训和管理工作;<br>(4)对发生的突发事件及时报告,按权限及时果断处理;<br>(5)落实和监督赛时交通工作任务的具体执行;<br>(6)在场馆安保副主任领导下,协调场馆团队相关部门和场馆外围保障部门开展工作 | 1<br>(P2) |
| 2 | 现场指挥 | (1)协助交通经理确保交通管理达到预定目标;<br>(2)负责向交通经理汇报交通管理组织运行的状况,同时执行交通经理下达的指令;<br>(3)负责交通指挥室日常管理和场馆交通管理运行指挥;<br>(4)负责交通管理人员的管理 | 1<br>(P2) |
| 3 | 交通服务副经理 | (1)负责场馆交通服务运行设计;<br>(2)组织制定交通服务实施方案;<br>(3)负责培训和管理场馆交通服务团队工作人员及志愿者;<br>(4)协调场馆团队相关部门,确保奥运会赛时交通服务各项工作任务在场馆的有效实施;<br>(5)执行交通运行服务团队、场馆团队的指令,负责交通服务信息的汇总和上报;<br>(6)负责场馆内各种交通服务设备、设施的配置与管理;<br>(7)负责对场馆交通服务出现的紧急情况,在第一时间做出应急处理,并及时上报交通服务运行团队、场馆交通经理 | 1<br>(P2) |
| 4 | 交通服务协调副经理 | (1)协助经理负责场馆工作人员交通计划编制和交通组织工作;<br>(2)负责场馆内客户群的公共交通需求协调工作 | 1<br>(P2) |
| 5 | 交通管理 | 负责查验车辆证件,指挥疏导场馆内车辆有序行驶和停放 | 30(S) |
| 6 | 交通调度 | 接受各客户群交通运行团队的指令,负责调度各客户群上下车区车辆 | 75(C) |
| 7 | 交通管理助理 | 协助交通管理人员工作,并负责停车场车辆排放 | 90(V) |
| 8 | 交通服务助理 | 协助交通调度工作,并向客户群提供咨询和引导服务 | 144(V) |

**交通管理岗位设置表** 表22-14

| 岗位序号 | 工作地点 | 岗位任务 | 联络机制 | 通讯方式 | 单班人数 |
|---|---|---|---|---|---|
| 1 | 大屯路与北辰西路交叉口 | 查验车证,指挥奥林匹克大家庭成员车辆进入场馆 | 向现场指挥报告 | 手台1部 | 2 |
| 2 | 北二路东口 | 查验进入安保封闭区车辆证件,按车证类型进行车辆分流,进行车辆安全检查 | 向现场指挥报告 | 手台1部 | 1 |
| 3 | 北辰西路与北二路交叉口 | 负责交通秩序维护,查验车证 | 向现场指挥报告 | 手台1部 | 1 |
| 4 | 景观西路与北二路交叉口 | 负责交通秩序维护,查验车证 | 向现场指挥报告 | 手台1部 | 1 |
| 5 | "P4"、"P5"及班车停车场、景观西路班车出口 | 负责从停车场离开车辆的疏导 | 向现场指挥报告 | 手台1部 | 1 |
| 6 | IBC、IBC媒体班车落客区 | 负责维护重点客户群上下车区交通秩序 | 向现场指挥报告 | 手台1部 | 2 |
| 7 | "P4"、"P5"停车场南侧进出口 | 负责从"P4"、"P5"停车场进入、驶离车辆的疏导 | 向现场指挥报告 | 手台1部 | 1 |
| 8 | "P4"、"P5"停车场北侧进出口 | 负责从"P4"、"P5"停车场进入、驶离车辆的疏导 | 向现场指挥报告 | 手台1部 | 1 |
| 9 | 交通指挥监控室 | 负责情况汇总,交通管理信息向仰山交保指挥部报告,并接受指令;负责设备管理等 | 向交保指挥部报告 | 手台2部 | 2 |

交通管理助理岗位设置表

表 22-15

| 岗位序号 | 岗位名称 | 工作地点 | 岗位任务 | 联络机制 | 通讯方式 | 单班人数 |
|---|---|---|---|---|---|---|
| 1 | 交通指挥监控室 | 交通指挥监控室 | 协助监控室交通管理人员工作,解决交通管理人员与外宾间的语言障碍 | 向附近交通管理人员汇报工作,接受交通管理人员指令 | 手台1部 | 2 |
| 2 | 停车场管理 | "P4"、"P5"停车场东区 | 协助交通管理人员进行车辆交通秩序维护;协助分导车流,做好交通安全宣传;停车场车辆排放,协助交通服务助理联系驾驶员 | 向附近交通管理人员汇报工作,接受交通管理人员指令 | 手台1部 | 2 |
| 3 | 停车场管理 | "P4"、"P5"停车场西区 | 协助交通管理人员进行车辆交通秩序维护;协助分导车流,做好交通安全宣传;停车场车辆排放,协助交通服务助理联系驾驶员 | 向附近交通管理人员汇报工作,接受交通管理人员指令 | 手台3部 | 6 |
| 4 | 停车场管理 | "P11"停车场 | 协助交通管理人员进行车辆交通秩序维护;协助分导车流,做好交通安全宣传;停车场车辆排放;解决交通管理人员与外宾间的语言障碍 | 向附近交通管理人员汇报工作,接受交通管理人员指令 | 手台1部 | 2 |
| 5 | 停车场管理 | "P5B"停车场 | 协助交通管理人员进行车辆交通秩序维护;协助分导车流,做好交通安全宣传;停车场车辆排放;解决交通管理人员与外宾间的语言障碍 | 向附近交通管理人员汇报工作,接受交通管理人员指令 | 手台1部 | 2 |
| 6 | 停车场管理 | "P1"、"P6"停车场 | 协助交通管理人员进行车辆交通秩序维护;协助分导车流,做好交通安全宣传;停车场车辆排放,接受T1、T2客户群上下车区调度或交通咨询台指令,将车辆调离停车区;解决交通管理人员与外宾间的语言障碍 | 向附近民警汇报工作,接受交通管理人员指令;受T1/T2客户群上下车区调度或交通咨询台指令 | 手台1部 | 2 |
| 7 | 停车场管理 | 管理团队停车场 | 协助交通管理人员进行车辆交通秩序维护;协助分导车流,做好交通安全宣传;停车场车辆排放;解决交通管理人员与外宾间的语言障碍 | 向附近交通管理人员汇报工作,接受交通管理人员指令 | 手台1部 | 2 |
| 8 | 停车场管理 | BOB高管停车场 | 协助交通管理人员进行车辆交通秩序维护;协助分导车流,做好交通安全宣传;停车场车辆排放;解决交通管理人员与外宾间的语言障碍 | 向附近交通管理人员汇报工作,接受交通管理人员指令 | 手台1部 | 1 |
| 9 | 停车场管理 | 发布厅访客停车场 | 验证,引导车辆,维护秩序 | 向附近交通管理人员汇报工作,接受交通管理人员指令 | 手台1部 | 1 |
| 10 | 交叉路口秩序维护 | 大屯路与北辰西路交叉口 | 协助交通管理人员进行车辆交通秩序维护;协助分导车流,做好交通安全宣传 | 向附近交通管理人员汇报工作,接受交通管理人员指令 | 手台2部 | 2 |
| 11 | 交叉路口秩序维护 | 北二路与北辰西路交叉口 | 协助交通管理人员进行车辆交通秩序维护;协助分导车流,做好交通安全宣传 | 向附近交通管理人员汇报工作,接受交通管理人员指令 | 手台1部 | 1 |
| 12 | 交叉路口秩序维护 | 北二路与景观西路交叉口 | 协助交通管理人员进行车辆交通秩序维护;协助分导车流,做好交通安全宣传 | 向附近交通管理人员汇报工作,接受交通管理人员指令 | 手台1部 | 1 |
| 13 | 交叉路口秩序维护 | 安检通道处 | 引导车辆,维护秩序 | 向附近交通管理人员汇报工作,接受交通管理人员指令 | 手台1部 | 1 |

续上表

| 岗位序号 | 岗位名称 | 工作地点 | 岗 位 任 务 | 联络机制 | 通讯方式 | 单班人数 |
|---|---|---|---|---|---|---|
| 14 | 交叉路口秩序维护 | 北一路与北辰西路交叉口 | 协助交通管理人员进行车辆交通秩序维护;协助分导车流,做好交通安全宣传 | 向附近交通管理人员汇报工作,接受交通管理人员指令 | 手台1部 | 1 |
| 15 | 交叉路口秩序维护 | 北一路与景观西路交叉口 | 协助交通管理人员进行车辆交通秩序维护;协助分导车流,做好交通安全宣传 | 向附近交通管理人员汇报工作,接受交通管理人员指令 | 手台1部 | 1 |
| 16 | 出租车落客点 | 出租车落客点 | 协助交通管理人员进行车辆交通秩序维护;协助分导车流 | 向附近交通管理人员汇报工作,接受交通管理人员指令 | 手台1部 | 1 |

**交通调度岗位设置表** 表22-16

| 岗位序号 | 工作地点 | 岗 位 任 务 | 联 络 机 制 | 通讯方式 | 单班人数 |
|---|---|---|---|---|---|
| 1 | 媒体班车值班室调度室 | 负责IBC/MPC调度室的日常管理;监督线路执行运行计划;协调班车上车区站内站台、站位、停车场地的使用管理 | 接受媒体运行团队调度室的调度命令,并汇报。接受IBC/MPC场馆交通团队客流信息并向其汇报。指挥协调IBC/MPC现场调度的工作 | 手台4部,基地台1部 | 4 |
| 2 | 媒体班车上车区调度员 | 负责控制线路发车、签注到达/出发路单;督促驾驶员和车上志愿者提前进站准点发车 | 与线路调度和车队调度联系,控制车辆运行 | 手台17部 | 17 |
| 3 | 媒体班车下车区调度员 | 负责高峰大屯路南侧落客点下车辆控制,协调落客站位的使用 | 接受媒体班车值班室调度室调度命令,并向其汇报 | 手台5部 | 5 |
| 4 | 安保线外班车站调度 | 负责在安保线外的前往机场、天津/皇岛的媒体班车的到发 | 接受媒体班车值班室调度室调度命令,与线路调度和车队调度联系,控制车辆运行 | 手台1部 | 1 |

(5)交通服务助理岗位设置7处,包括IBC交通信息咨询台、MPC交通信息咨询台、媒体班车屯车区、调度辅助兼站台秩序维护、站台入口引导员、下车区调度辅助、交通引导员、安保线外班车站。具体任务、联络机制、通讯方式、人员配置见表22-17。

**交通服务助理岗位设置表** 表22-17

| 岗位序号 | 工作地点 | 岗 位 任 务 | 联 络 机 制 | 通讯方式 | 单班人数 |
|---|---|---|---|---|---|
| 1 | IBC交通信息咨询台 | 解答交通问题;提供语言支持 | 与媒体班车值班室调度室联系,向交通服务经理汇报工作 | 手台1部 | 3 |
| 2 | IBC交通信息咨询台 | 解答交通问题;提供语言支持 | 与媒体班车值班室调度室联系,向交通服务经理汇报工作 | 手台1部 | 3 |
| 3 | 媒体班车屯车区调度助理 | 根据IBC/MPC调度室命令,随时调动屯车区车辆向发车去的补充 | 接受媒体班车值班室调度室调度命令,并向其汇报 | 手台1部 | 1 |
| 4 | 调度辅助兼站台秩序维护 | 协助发车区调度员工作、提供语言支持、引导上车、维护站台秩序 | 接受媒体班车值班室调度室或现场调度员指挥 | 手台9部 | 17 |
| 5 | 站台入口引导员 | 引导乘客进入站台;提供语言支持 | 接受媒体班车值班室调度室或现场调度员指挥 | | 8 |
| 6 | 下车区调度辅助 | 协助下车区调度工作;提供语言支持 | 接受媒体班车值班室调度室或现场调度员指挥 | | 3 |
| 7 | 交通引导员 | 引导乘客经过人行道进入上车区,提供语言支持 | 接受媒体班车值班室调度室或现场调度员指挥 | | 6 |
| 8 | 调度辅助兼安保线外人员 | 协助安保线外班车站调度工作;提供语言支持 | 接受媒体班车值班室调度室或现场调度员指挥 | 手台1部 | 3 |

(6)交通服务台,在IBC/MPC分别设置1处,主要职责是接受客户交通咨询,解答交通服务政策,协助客户查询班车时刻表,发放交通指南等。每个交通服务台每班配备奥组委工作人员1名、志愿者3名。

## 四、场馆区域划分及安检口、车辆验证点设置

### 1.场馆区域划分

场馆周边由外向内分为交通控制区、安保控制区、安保封闭区三个范围,分区域执行相应通行政策和管理措施。

(1)交通控制区及安保控制区

IBC/MPC座落在奥林匹克公园中心区西侧,统一纳入奥林匹克公园中心区安全管理,同时,单独设置安保封闭区以区别于公共区和中心区内其他场馆。

(2)安保封闭区

IBC/MPC位于奥林匹克公园中心区西侧,安保封闭线自南向北呈阶梯状连接,北辰西路东便道以东,大屯路北便道以南;景观西路东便道以东,媒体班车停车场北侧以南;自建路以东,北一路以北。

### 2.安检口设置

(1)车辆安检口1处:设在自建路与北二路路口(该入口同时也是人检口,1道2套车检)。

(2)人员安检口4处:分别设在北辰西路东侧国际广播中心C栋入口处(2机4门,为员工提供)、大屯路南侧国际广播中心主入口处(2机4门,为访客提供);大屯路与景观西路交叉口西北角(3机6门,为注册人员提供);北二路与自建路交叉口南侧路口(该入口同时也是车检点)。

(3)场馆区共设验证点7处:分别设在大屯路路口,媒体自驾车停车场西侧南入口,媒体自驾车停车场西侧北入口,北二路与北辰西路交叉口,北二路与景观西路交叉口,北二路与自建路交叉口,北辰西路与中一路交叉口。

## 五、车辆流线

(1)媒体班车车辆,分别从南北西三个方向,经北辰西路、大屯路免检进IBC/MPC,人员在IBC/MPC门前落客,空车驶入班车场站或屯车场。返回时,车辆经景观西路向北、北二路向西,在北辰西路左右转弯,驶离IBC/MPC。

(2)免检要人车辆,分别从南北西三个方向,经北辰西路、大屯路免检进入IBC/MPC,人员在IBC/MPC门前落客,车辆在要人停车场停放。返回时,车辆经大屯路、北辰西路,从南北西三个方向驶离IBC/MPC。

(3)贵宾车辆(T1/T2),分别从西、南两个方向经运动员村路、北辰西路、北一路、自建路安检进入IBC/MPC,人员在IBC/MPC门前落客,车辆在贵宾停车场停放。

(4)BOB高管车辆,经北辰西路、北一路、自建路安检后进入P5A停车场落客并停放,

(5)场馆运行团队车辆,经北辰西路、北一路、自建路安检后进入P8停车场落客并停放。

(6)参加新闻发布会的部分人员车辆经北辰西路与中一路交叉口安检后进入安保封闭区,停放在P12车场,原路返回。

(7)媒体自驾车:P4和P5停车场西区车辆经北辰西路两处进出口直接进入IBC/MPC安保封闭区外P4停车场和P5停车场西区,原地上下车。返回经景观西路、北二路,在北辰西路左右转弯,驶离IBC/MPC。P5停车场东区车辆经北辰西路、北一路、自建路、北二路进入停放,返回时经北二路、北辰西路左右转离开。

(8) T3车辆由北辰西路进出,在大屯路东南侧落客,停放在北辰西路与北二路交叉口东北角P11车场停放。返回经北二路离开。

(9)BOB车队车辆经北一路、自建路、北二路,在路口右转进入P5B车场,返回经北二路离开。

(10)有注册身份卡的访客车辆在大屯路路口南北两侧落客,车辆停放在 P12 车场。经北辰西路驶离。

(11)前往媒体访客中心的无证车辆,经大屯路在北辰西路大屯路交叉口西侧落客,空车在地球物理研究所院内停放。

(12)抵离班车在大屯路路口南北两侧落客,不进入安保封闭线。

(13)出租车在大屯路路口南侧落客,原路离开,不进入安保封闭线。

## 六、场馆各客户群交通服务运行流程

**1. 要人**

国际奥委会主席,终身名誉主席和北京奥运会协调委员会主席车辆持“TG”车证,车辆免检。其车辆流线为大屯路路口车辆免检通道进入,在大屯路南侧 IBC/MPC 门前上下车,车辆停放在 P1 车场。返回时,经大屯路路口车辆免检通道驶离。

**2. 持“T1”车证**

车辆从北侧车辆安检口安检后进入封闭区,经自建路在大屯路南侧 IBC/MPC 门前上下车,车辆停放在“P6”车场,驾驶员在驾驶员休息室或车内等候。客人离开国际广播中心时,由客人与驾驶员联系,或与国际广播中心交通咨询台联系,通过“P6”停车区交通管理助理或驾驶员休息室交通服务助理,通知驾驶员将车调至 T1/T2 上下车区等候,客人乘车经大屯路路口车辆免检通道驶离。

**3. 持“T2”车证**

车辆从北侧车辆安检口安检后进入封闭区,经自建路在大屯路南侧 IBC/MPC 门前上下车,车辆停放在“P6”车场,驾驶员在驾驶员休息室或车内等候。客人离开国际广播中心时,由客人与驾驶员联系,或与国际广播中心交通咨询台联系,通过“P6”停车区交通管理助理或驾驶员休息室交通服务助理,通知驾驶员将车调至 T1/T2 上下车区等候,客人乘车经大屯路路口车辆免检通道驶离。

**4. 持“T3”车证**

乘坐 T3 车辆的客人在大屯路路口人员安检点附近 T3 上下车区落客,人员经安检进入国际广播中心安保封闭区,车辆停放在“P11”停车场。

**5. 持“媒体(TM)”车证**

媒体班车经北辰西路免检通道进入,在大屯路南侧 IBC/MPC 门前上下车,停放在 TM 停车场(部分车辆驶入屯车区),客人在停车场上车。班车须经现场调度确认后经北二路驶离。

**6. 持“转播商(TM－DDS)”车证**

DDS 班车经北辰西路免检通道进入,在大屯路南侧 IBC/MPC 门前上下车,停放在 TM 停车场,客人在停车场上车。班车须经现场调度确认后经北二路驶离。

**7. 持“转播商 4(M－RHB4)”车证**

持“转播商 4(M－RHB4)”车证的车辆,按照车证指定的停车场,分别停放在“P5”、“P5A”停车区域。

停放在“P5”停车场西区的车辆经北辰西路两处进出口进入停车场,原地上下车,车辆原路返回,或经景观西路、北二路、北辰西路驶离;停放在“P5”停车场东区的车辆经北一路、自建路、北二路进入车场,返回时沿北二路单向车道向西进入北辰西路。

停放在“P5A”停车场的 BOB 高管车辆,经北辰西路、北一路、自建路安检后进入车场落客,经大屯路免检通道驶离。

**8. 持“转播商(M－ENG2)”车证**

车辆在安保封闭线外、大屯路南侧 ENG 落客点落客,停放在“P5”停车场,客人在停车场上车。“P5”停车场西区的车辆可经北辰西路东侧南北两处进出,或经景观西路、北二路、北辰西路驶离;停放在“P5”停车场东区的车辆经北一路、自建路、北二路进入车场,返回时沿北二路单项车道向西进入北辰西路。

**9. 持“文字摄影(M－PRS)”车证**

持“文字摄影(M－PRS)”车证的车辆通行于国际广播中心安保封闭线外的区域,经北辰西路进入“P4”停车场停放,客人在车场上、下车,原路返回。

**10. 持“摄影(M－PHP)”车证**

车辆经北辰西路进入“P4”停车场,原地上、下车,原路离开。

**11. 特种车辆、技术支持团队**

国际广播中心服务车辆持“VS”车证,共3种,用于为大家庭饭店医疗急救、公共卫生、工程保障、抢险、秩序维护、物流、清废、餐饮等提供后勤支持和服务保障的各类车辆。其车证客户群类别的代码分别为“场馆服务1(VS1)”、“场馆服务2(VS2)”和“场馆服务3(VS3)”。

持“场馆服务1(VS1)”和“场馆服务2(VS2)”车证的车辆经安检进入场馆安保封闭线内指定的停车位定点停放。

持“场馆服务3(VS3)”车证的车辆通行于安保封闭线外的区域,在安保封闭线外指定的停车场停放。

**12. 场馆保障团队**

物流综合区内停放物流接泊车、物流叉车、餐饮餐食配送、垃圾清运等车辆,使用“VS”车证。

持“移入期1(Y－VEN1)”车证的车辆和“移入期2(Y－VEN2)”车证的车辆可在安保封闭线内指定的停车场停放。

**13. 临时准入客户**

临时准入车辆证件的领取按《北京奥运会车辆证件管理办法》执行。

### 七、外围保障

**1. 公共交通系统**

遵循奥林匹克公园中心区交通外围保障的设置及措施。

**2. 场馆周边地铁运行线路及站点设置**

遵循奥林匹克公园中心区交通外围保障的设置及措施。

**3. 出租车**

在北辰西路与大屯路交叉口南端道路东西两侧设置出租车落客点。

**4. 场馆外围交通组织管理**

遵循奥林匹克公园中心区交通外围保障的设置及措施。

**5. 重要活动车辆相关措施**

按照“保证重点,兼顾一般;先来先停,由近至远”的原则保证重要活动的顺利进行。

保证重要客户群停车场充足。如遇停车场不足,事先预留足够的重要客户群停车场地,供重要客户群使用。

## 第三节　奥林匹克大家庭饭店交通运行

### 一、概述

第29届奥林匹克运动会大家庭饭店由北京饭店、贵宾楼饭店、莱佛士饭店、北方佳苑饭店和北京丽亭酒店组成。北京饭店、贵宾楼饭店、莱佛士饭店作为国际奥委会委员,国家奥委会主席和秘书长,国际单项体育联合会主席和秘书长等奥运官员的住所,是国际奥委会办公和举行会议的场所——赛时指挥中心,国际奥委会第120次全会、国际奥委会执委会、北京奥组委与国际奥委会每日例会、国际奥委会专业委员会会议、医疗委员会会议以及其他会议等都在这里成功的举行。同时，赛时奥林匹克大家庭饭店还是北京奥组委与国际奥委会、其他奥运会组委会和申办城市联络的重要场所，是奥林匹克大家庭信息沟通与协调的枢纽。

北方佳苑饭店赛时，为国际反兴奋剂组织和观察员项目提供办公场所及住宿服务。

北京丽亭酒店赛时，为国际奥委会工作人员、国际仲裁法庭的驻地。

**1. 场馆地理位置**

奥林匹克大家庭饭店由北京饭店、北京莱佛士饭店、北京贵宾楼饭店、北方佳苑饭店和丽亭酒店五家酒店组成。

北京饭店、北京莱佛士饭店、北京贵宾楼饭店坐落于东城区东长安街35号，位处北京市中心商业区，东侧为王府井南大街、南临东长安街、西侧为南河沿大街、北侧为大纱帽胡同，见图22-11。

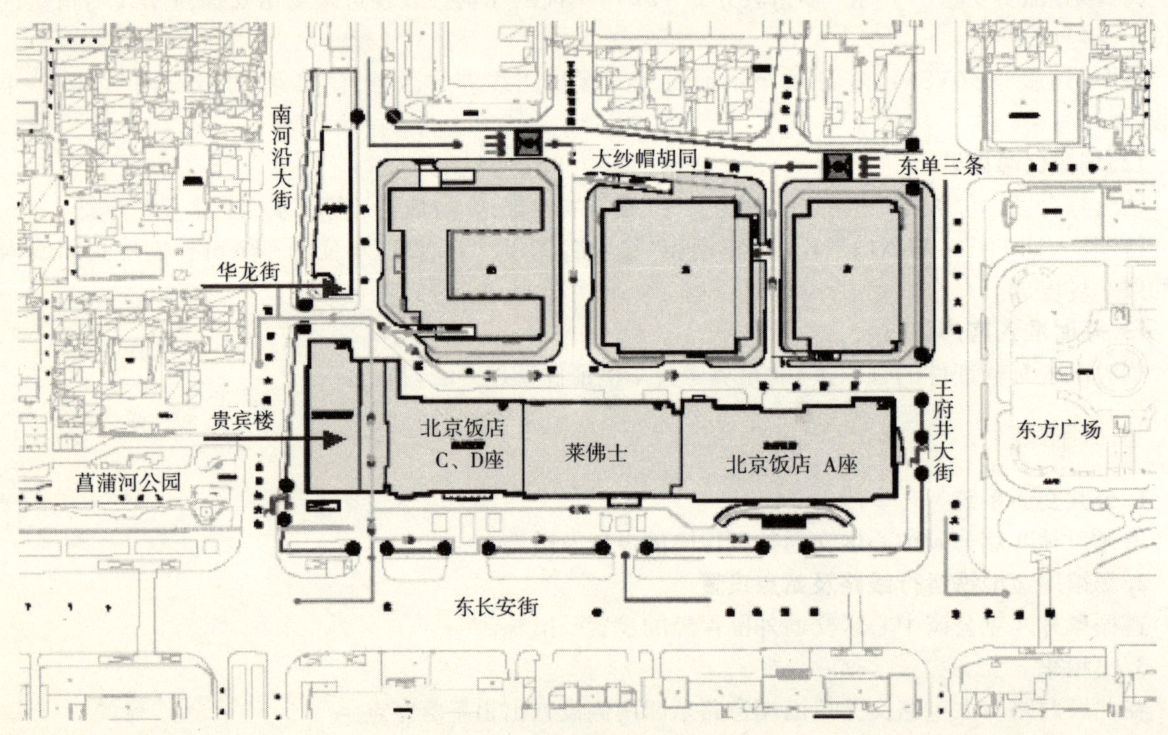


图 22-11

北方佳苑饭店坐落于北京东长安街，毗邻天安门广场，位于东方广场西北角，西傍王府井，东依CBD。

北京丽亭酒店位于北京市东城区金宝街97号，东侧为东城区干面社区西石槽胡同，南侧为金宝大厦、金宝街，西侧为丽晶酒店、东单北大街，北侧为干面胡同。

**2. 奥林匹克大家庭饭店运行日期**

运行准备期：2008年7月23日中午12点起至8月1日中午12点止。

封闭运行期：2008年8月1日中午12点起至8月27日中午12点止。

收尾期：2008年8月27日中午12点起至8月31日中午12点止。

## 二、场馆交通团队构成及工作机制

**1. 场馆交通团队与场馆运行团队工作机制**

交通团队由场馆安保副主任直接领导，与奥林匹克大家庭贵宾、媒体以及外围保障等团队保持密切联系，进行信息沟通。

场馆安保副主任负责场馆交通团队的组织领导工作，交通经理直接对场馆安保副主任负责。

**2. 场馆交通团队与赛事交通服务分中心工作机制**

场馆交通团队在客户群交通服务业务上向赛事交通服务分中心汇报工作并接受其业务指导和运行指令；在场馆交通管理上向交通组织安全保障分中心汇报工作并接受其业务指导和指令；在交通服务上向城市交通运输服务分中心汇报工作并接受其业务指导和指令。

**3. 场馆交通团队构成**

场馆交通团队主要职责是为场馆的各客户群提供交通运行保障服务。场馆交通团队由组委会借用人员、政府安保人员、实习人员、合同商和志愿者组成。按照各类班次配置，共计 233 人，包括交通经理 1 名，现场指挥、交通服务副经理、交通服务协调副经理共 9 名，其中奥组委工作人员 10 人。志愿者 152 人（其中交通服务助理 70 人，交通管理助理 82 人），合同商 51 人，交通管理人员 20 人。

（1）交通团队共设置 8 个工作岗位，包括交通经理、现场指挥、交通服务副经理、交通服务协调副经理、交通管理、交通调度、交通管理助理、交通服务助理。岗位职责、人员配置见表 22-18。

**交通团队岗位设置表**

表 22-18

| 序号 | 岗位名称 | 岗 位 职 责 | 人员岗位及来源 |
|---|---|---|---|
| 1 | 交通经理 | （1）负责组织场馆交通运行规划和交通运行方案的制定；<br>（2）在交通运行中心指挥中心领导下，组织开展场馆交通服务与管理工作；<br>（3）负责场馆交通团队工作人员培训和管理工作；<br>（4）对发生的突发事件及时报告，按权限及时果断处理；<br>（5）落实和监督赛时交通工作任务的具体执行；<br>（6）在场馆安保副主任领导下，协调场馆团队相关部门和场馆外围保障部门开展工作 | 1<br>（P2） |
| 2 | 现场指挥 | （1）协助交通经理确保交通管理达到预定目标；<br>（2）负责向交通经理汇报交通管理组织运行的状况，同时执行交通经理下达的指令；<br>（3）负责交通指挥所日常管理和场馆交通管理运行指挥；<br>（4）负责交通管理人员的管理 | 1<br>（P2） |
| 3 | 交通服务副经理 | （1）负责场馆交通服务运行设计；<br>（2）组织制定交通服务实施方案；<br>（3）负责培训和管理场馆交通服务团队工作人员及志愿者；<br>（4）协调场馆团队相关部门，确保奥运会赛时交通服务各项工作任务在场馆的有效实施；<br>（5）执行交通运行服务团队、场馆团队的指令，负责交通服务信息的汇总和上报；<br>（6）负责场馆内各种交通服务设备、设施的配置与管理；<br>（7）负责对场馆交通服务出现的紧急情况，在第一时间做出应急处理，并及时上报交通服务运行团队、场馆交通经理 | 1<br>（P2） |
| 4 | 交通服务协调副经理 | （1）协助经理负责场馆工作人员交通计划编制和交通组织工作；<br>（2）负责场馆内客户群的公共交通需求协调工作 | 1<br>（P2） |
| 5 | 交通管理 | 负责查验车辆证件，指挥疏导场馆内车辆有序行驶和停放 | 18（S 类注册人员） |
| 6 | 交通调度 | 接受各客户群交通运行团队的指令，负责调度各客户群上下车区车辆 | 41（C） |
| 7 | 交通管理助理 | 协助交通管理人员工作并提供语言支持；负责停车场车辆安排 | 82（V） |
| 8 | 交通服务助理 | 协助交通调度工作，并向客户群提供咨询和引导服务 | 70（V） |

（2）交通管理岗位设置 13 处，包括长安街主入口、大纱帽胡同东口、大纱帽胡同西口、南河沿南口、王府井大街南口、校尉胡同南口、望恩桥路口、北京宫停车场、莱佛士上下车区、北京饭店 Cz 座长安街出口、交通指挥监控室、北方佳苑门前、丽亭酒店门前。岗位任务、联络机制、通讯方式、人员配置见表 22-19。

表 22-19

| 岗位序号 | 工作地点 | 岗位任务 | 联络机制 | 通讯方式 | 单班人数 |
|---|---|---|---|---|---|
| 1 | 长安街主入口 | 查验车证，指挥奥林匹克大家庭成员车辆进入场馆 | 向现场指挥报告 | 手台 1 部 | 1 |
| 2 | 大纱帽胡同东口 | 查验进入安保封闭区车辆证件，按车证类型进行车辆分流，进行车辆安全检查 | 向现场指挥报告 | 手台 1 部 | 1 |
| 3 | 大纱帽胡同西口 | 查验进入安保封闭区车辆证件，按车证类型进行车辆分流，进行车辆安全检查 | 向现场指挥报告 | 手台 1 部 | 1 |
| 4 | 南河沿南口 | 负责外围验证卡口 | 向现场指挥报告 | 手台 1 部 | 1 |
| 5 | 王府井大街南口 | 负责外围验证卡口 | 向现场指挥报告 | 手台 1 部 | 1 |
| 6 | 校尉胡同南口 | 负责外围验证卡口 | 向现场指挥报告 | 手台 1 部 | 1 |
| 7 | 望恩桥路口 | 负责外围验证卡口 | 向现场指挥报告 | 手台 1 部 | 1 |
| 8 | 北京宫停车场 | 负责交通秩序维护 | 向现场指挥报告 | 手台 1 部 | 1 |
| 9 | 莱佛士上下车区 | 负责维护重点客户群上下车区交通秩序 | 向现场指挥报告 | 手台 1 部 | 1 |
| 10 | 北京饭店 C 座长安街出口 | 负责从场馆北门离场车辆的疏导 | 向现场指挥报告 | 手台 1 部 | 1 |
| 11 | 交通指挥监控室 | 负责情况汇总，交通管理信息向仰山交保指挥部报告，并接受指令；负责设备管理等 | 向交保指挥部报告 | 手台 2 部 | 2 |
| 12 | 北方佳苑门前 | 负责酒店门前车辆疏导 | 向现场指挥报告 | 手台 1 部 | 1 |
| 13 | 丽亭酒店门前 | 负责酒店门前车辆疏导 | 向现场指挥报告 | 手台 1 部 | 1 |

交通管理人员岗位分布见图 22-12。

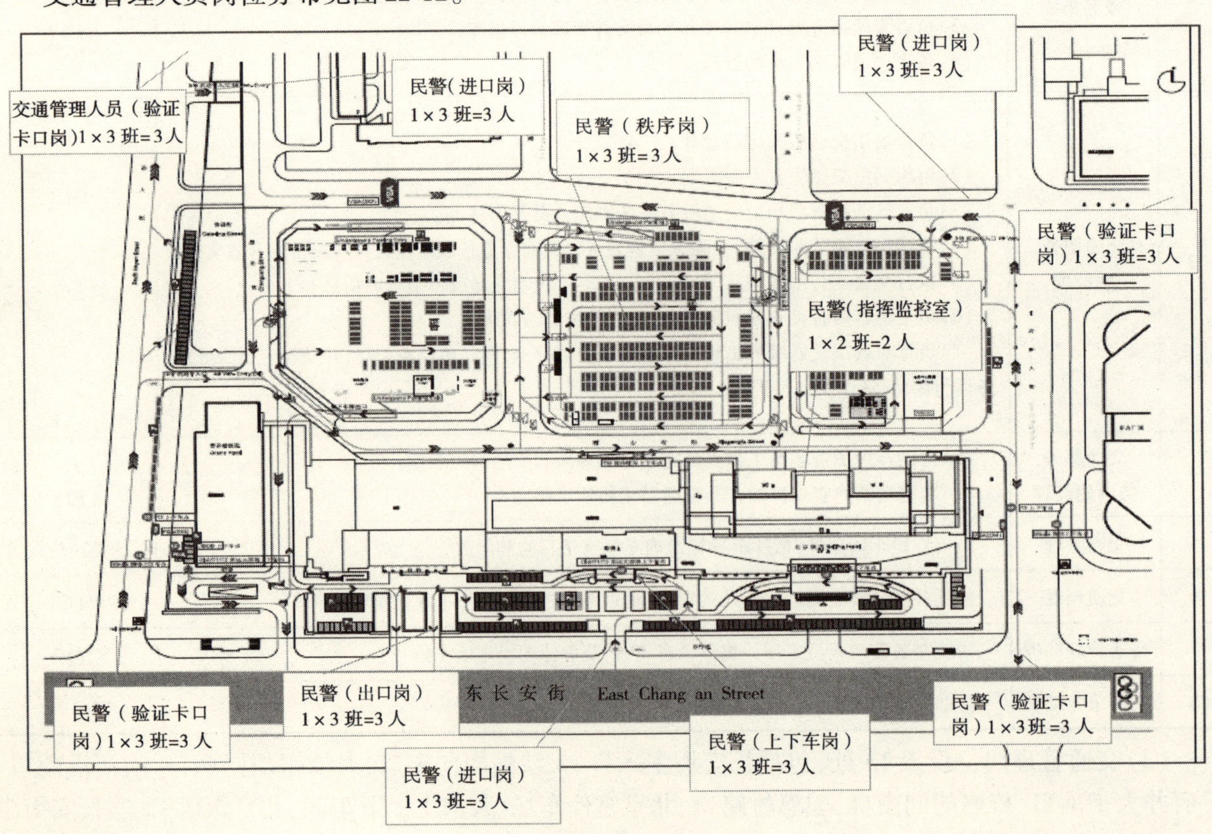


图 22-12

（3）交通管理助理岗位设置15处，包括北京宫停车场、饭店前停车场（4处）、P11停车场（2处）、贵宾楼通道南北口（2处）、POOL停车位、安检通道（2处）、交通指挥监控室、管理团队停车场、晨光街交叉口、霞公府街东口、贵宾楼长安街出口。岗位任务、联络机制、通讯方式、人员配置见表22-20。

表22-20

| 岗位序号 | 工作地点 | 岗位任务 | 联络机制 | 通讯方式 | 单班人数 |
|---|---|---|---|---|---|
| 1 | 北京宫停车场 | 协助交通管理人员进行车辆交通秩序维护；协助分导车流，做好交通安全宣传；停车场车辆排放，协助交通服务助理联系驾驶员 | 向附近交通管理人员汇报工作，接受交通管理人员指令 | 手台3部 | 7 |
| 2 | 饭店前停车区（4处） | 协助交通管理人员进行车辆交通秩序维护；协助分导车流，做好交通安全宣传；停车场车辆排放，接受T1、T2客户群上下车区调度或交通咨询台指令，将车辆调离停车区；解决交通管理人员与外宾间的语言障碍 | 向附近交通管理人员汇报工作，接受民警指令；受T1/T2客户群上下车区调度或交通咨询台指令 | 手台6部 | 9 |
| 3 | P11停车场（2处） | 协助交通管理人员进行车辆交通秩序维护；协助分导车流，做好交通安全宣传；停车场车辆排放；解决交通管理人员与外宾间的语言障碍 | 向附近民警汇报工作，接受交通管理人员指令 |  | 2 |
| 4 | 贵宾楼通道南北口（2处） | 协助交通管理人员进行车辆交通秩序维护；协助分导车流，做好交通安全宣传 | 向附近交通管理人员汇报工作，接受交通管理人员指令 |  | 2 |
| 5 | POOL停车位 | 协助交通管理人员进行车辆交通秩序维护；协助分导车流，做好交通安全宣传；停车场车辆排放；解决交通管理人员与外宾间的语言障碍 | 向附近交通管理人员汇报工作，接受交通管理人员指令 |  | 1 |
| 6 | 安检通道处（2处） | 引导车辆，维护秩序 | 向附近交通管理人员汇报工作，接受交通管理人员指令 |  | 2 |
| 7 | 交通指挥监控室 | 协助监控室交通管理人员工作，解决交通管理人员与外宾间的语言障碍 |  |  | 2 |
| 8 | 管理团队停车场 | 引导车辆，维护秩序 | 向附近交通管理人员汇报工作，接受交通管理人员指令 |  | 1 |
| 9 | 晨光街交叉口 | 引导车辆，维护秩序 | 向附近交通管理人员汇报工作，接受交通管理人员指令 |  | 1 |
| 10 | 霞公府街东口 | 引导车辆，维护秩序 | 向附近交通管理人员汇报工作，接受交通管理人员指令 |  | 1 |
| 11 | 贵宾楼长安街出口 | 引导车辆，维护秩序 | 向附近交通管理人员汇报工作，接受民警指令 |  | 1 |

（4）交通调度岗位设置7处，包括T3停车场调度值班室、T3停车场调度主管、北京饭店T3上、下车区、贵宾楼饭店T3上、下车区、T1/T2上、下车区（3处）。岗位任务、联络机制、通讯方式、人员配置见表22-21。

交通调度岗位设置表　　　　表 22-21

| 岗位序号 | 工作地点 | 岗位任务 | 联络机制 | 通讯方式 | 单班人数 |
|---|---|---|---|---|---|
| 1 | T3 停车场调度值班室 | 监督 T3 客户群车辆运行计划实行；汇总当日交通信息，向 T3 交通服务运行团队、大家庭饭店团队汇报 | 接受大家庭总部饭店各业务口临时需求，向 T3 交通服务运行团队汇报 | 手台 2 部 | 1 |
| 2 | T3 停车场调度主管 | 负责 T3 停车场车辆调度与管理工作；根据客户需求及时调度车辆；车辆不足时，向 T3 交通服务运行团队申请调派车辆并汇报工作 | 接受 T3 交通服务团队指令；向奥林匹克大家庭总部饭店交通服务副经理汇报 | 手台 2 部 | 1 |
| 3 | 北京饭店 T3 上、下车区 | 记录 T3 客户群流量；车辆不足时向 T3 停车场调度主管提出需求；向 T3 停车场调度主管汇报工作；组织合乘 | 接受 T3 停车场调度主管指令 | 手台 1 部 | 1 |
| 4 | 贵宾楼饭店 T3 上、下车区 | 记录 T3 客户群流量；车辆不足时向 T3 停车场调度主管提出需求；向 T3 停车场调度主管汇报工作；组织合乘 | 接受 T3 停车场调度主管指令 | 手台 1 部 | 1 |
| 5 | T1/T2 上、下车区（3 处） | 负责与有关部门确认用车事宜；负责确认车辆到达、发车时间；根据客户需求及时调度车辆；向场馆交通服务副经理汇报工作 | 接受 T1/T2 交通服务团队所属车队指令；向场馆交通服务副经理汇报 | 手台 2 部 | 每处 2 人 |

交通调度人员岗位分布见图 22-13。

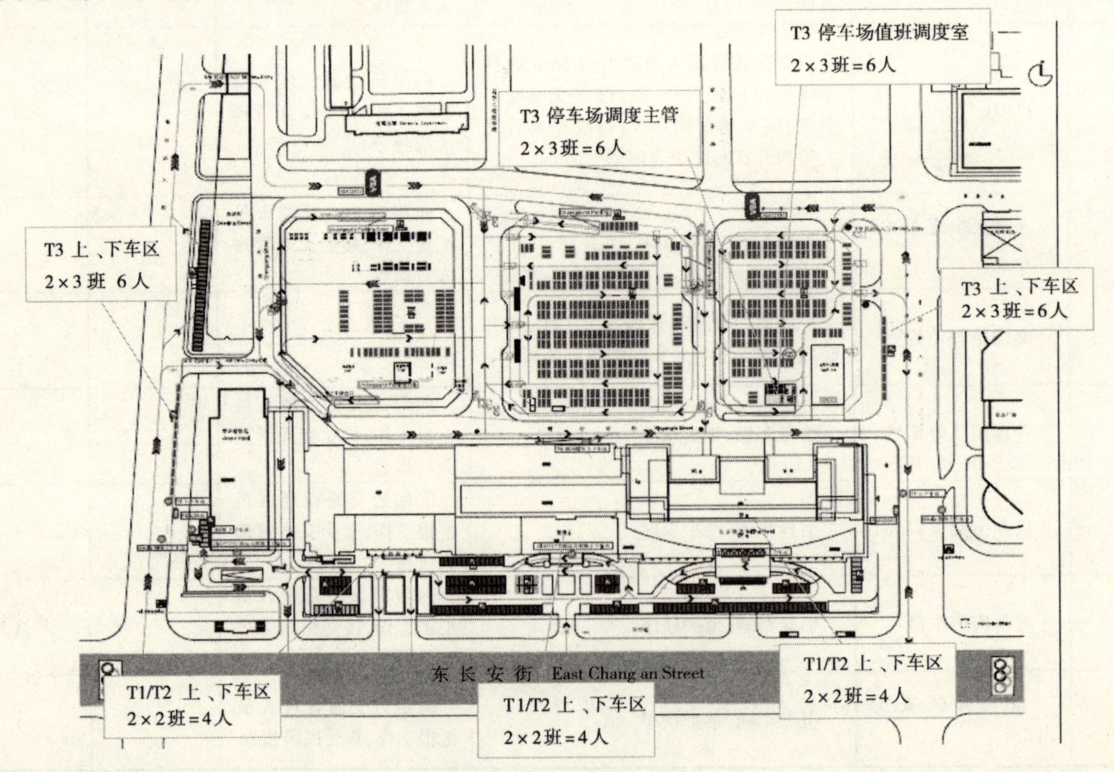


图　22-13

（5）交通服务助理岗位设置 14 处，包括交通信息咨询台（5 处）、T1/T2 上下车区（3 处）、T3 上下车区（2 处）、TM 上下车区、T3 停车场调度值班室、T3 停车场入口、T3 停车场出口、驾驶员休息室（2 处）。

岗位任务、联络机制、通讯方式、人员配置见表22-22。

交通服务助理岗位设置表　　表22-22

| 岗位序号 | 工作地点 | 岗位任务 | 联络机制 | 通讯方式 | 单班人数 |
| --- | --- | --- | --- | --- | --- |
| 1 | 交通信息咨询台(5处) | 解答交通问题;协助T1/T2客户电话联系停车场驾驶员或通过手台联系停车场交通管理助理;提供语言支持 | 与停车场交通管理助理联系,向交通服务经理汇报工作 | 手台5部 | 共8人 |
| 2 | T1/T2上下车区(3处) | 指引客人自上下车区至宾馆入口处;协助客户联系T1/T2或P1/P2停车场交通管理助理,或联系驾驶员休息室交通服务助理,请T1/T2驾驶员将车辆开至上下车区等候客户 | 与停车场交通管理助理联系,向交通服务经理汇报工作 | 手台3部 | 每处2人,共6人 |
| 3 | T3上下车区(2处) | 解决客户交通问题咨询;指引T3客人至饭店入口处;协助T3现场调度工作并提供语言支持 | 向T3现场调度负责,接受其指令 |  | 每处2人,共4人 |
| 4 | TM上下车区 | 负责与有关部门确认用车事宜;负责确认车辆到达、发车时间;解决客户交通问题咨询;指引客人至饭店入口处;根据客户需求及时调度车辆;向交通服务副经理汇报工作;提供语言支持 | 接受交通服务团队所属车队指令,向交通服务副经理汇报工作 | 手台1部 | 1 |
| 5 | T3停车场车辆调度值班室 | 协助值班室调度工作;提供语言支持;协助值班室调度进行相关数据录入 | 向值班室调度负责并接受其指令 | 电台、电话 | 1 |
| 6 | T3停车场入口 | 协助T3停车场调度主管工作,确认车辆到达时间,统计进入停车场车辆数量,提供语言支持 | 向T3停车场调度主管负责并接受其指令 | 手台1部 | 1 |
| 7 | T3停车场出口 | 协助T3停车场调度主管工作,确认车辆发车时间,统计离开停车场车辆数量,提供语言支持 | 向T3停车场调度主管负责并接受其指令 | 手台1部 | 1 |
| 8 | 驾驶员休息室(2处) | 接受现场调度、上下车区或交通咨询台交通服务助理、停车场交通管理助理指令,通知驾驶员返回停车场 | 接受现场调度指令 | 手台2部 | 每处1人,共2人 |

(6)电瓶车驾驶员设置

电瓶车驾驶员严格按照服务标准为服务对象提供交通运输服务。接受交通经理和交通服务协调经理的指令,赛时运行期间共安排电瓶车4辆,驾驶员10名。

(7)场馆交通服务团队工作时间

本场馆交通服务团队在奥运会赛时期间提供24小时交通运行服务。场馆交通服务运行团队工作人员于2008年7月23日12时,全部到达岗位为客户群提供相应交通服务。

## 三、场馆区域划分及安检口、车辆验证点设置

### 1. 场馆区域划分

场馆周边由外向内分为交通疏导区、交通控制区、交通管制区三个范围,分区域执行相应通行政策

和管理措施。

(1)交通疏导区

由建国门桥经东、西长安街至复兴门桥;由东四路口经东单北大街、崇文门内大街至崇文门路口;由崇文门路口经前门东大街至前门东站;广场东侧路;南、北池子大街;由北池子北口经五四大街、朝阳门内大街至东四路口;由正义路南口经南、北河沿大街至沙滩路口;由东华门路口经东华门大街、东安门大街、金鱼胡同至丽亭饭店东侧路口;王府井大街北口至美术馆路口;校尉胡同;东单三条;台基厂大街,见图 22-14。

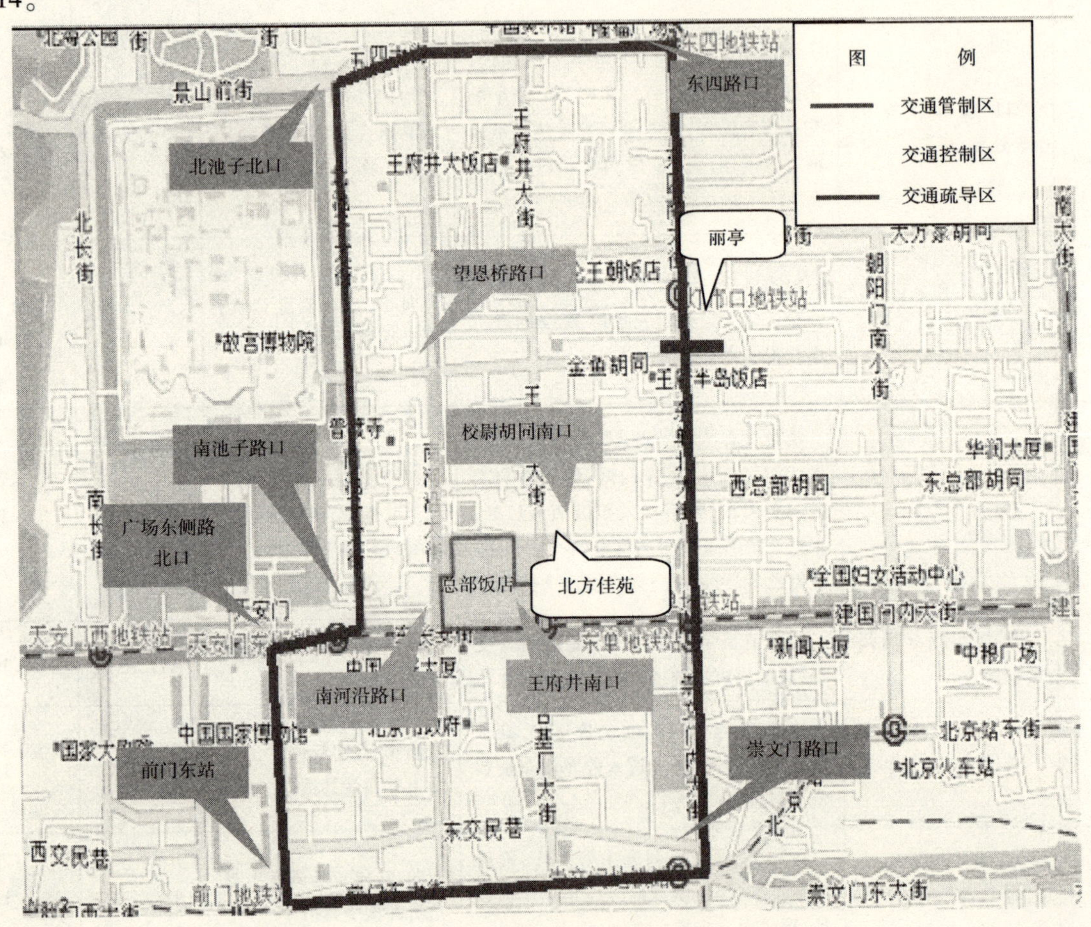


图 22-14

(2)交通控制区

由校尉胡同南口(不含)向西经东单三条、王府井大街向南至王府井南口(不含);由南河沿大街南口(不含)向北经南河沿大街至望恩桥路口(不含);上述道路除公共汽车和持有车证的车辆外,禁止机动车、非机动车通行。由大纱帽胡同西口(含)向东经大纱帽胡同(含)至大纱帽胡同东口(含),除持有奥运车证的车辆外,禁止机动车、非机动车和行人通行。由王府井南口(不含)向西经东长安街至南河沿大街南口(不含)北侧便道(含),禁止行人通行,见图 22-15。

(3)交通管制区

由王府井大街南口(不含)向西经东长安街至南河沿大街南口(不含)北侧便道(含);由南河沿大街南口(不含)向北经南河沿大街至霞公府街西口(含)东侧便道(含);由霞公府街西口(含)向北经晨光街(含)至大纱帽胡同西口(含);由大纱帽胡同西口(含)向东经大纱帽胡同(含)至北京宫 E3 区与 E4 区夹道北口(含);由 E3 区与 E4 区夹道北口(含)向南经 E3 与 E4 区夹道(含)、霞公府街(含)向东至霞公府街东口(不含);由霞公府街东口(不含)向南经王府井大街至王府井大街南口(不含)西侧便道(含)以内区域,为安保封闭区并实施交通管制,见图 22-16。

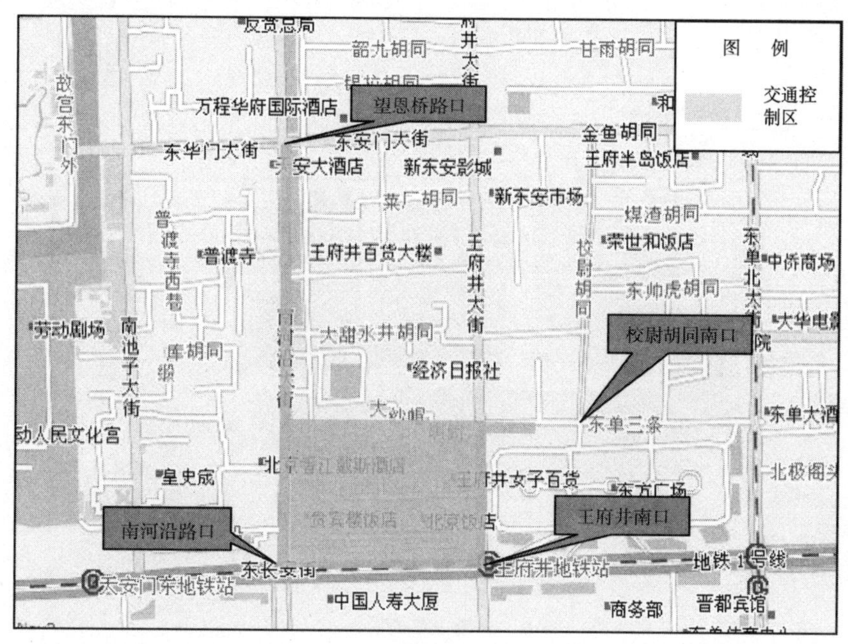


图　22-15

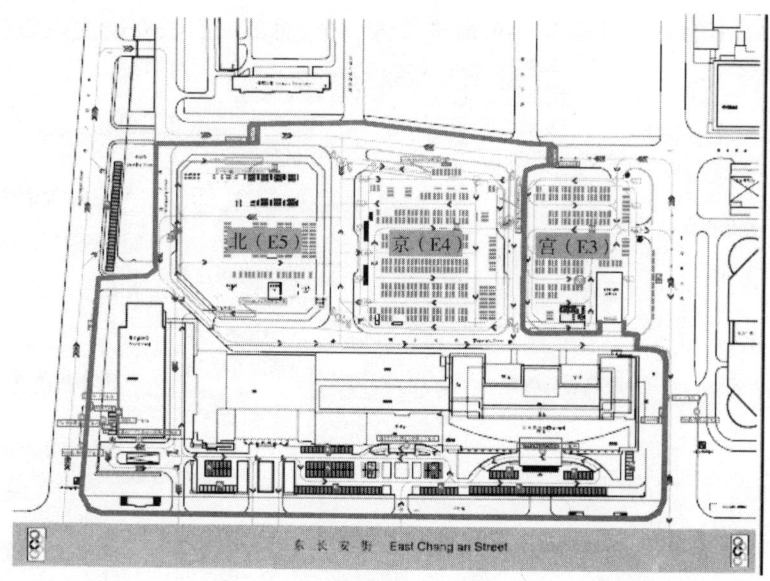


图　22-16

**2. 安检口**

在大纱帽胡同东侧、西侧分别设置车辆安检大棚。每个车辆安检大棚设置3个车检通道，包括6组车辆安检和6套车检设备；在大纱帽胡同东西两侧、北京饭店东侧和贵宾楼饭店西侧、霞公府街西口分别设置人身安检大棚，每个大棚使用2台X光机、4个安检门。所有人员、物品和车辆都必须经过全面的安全检查后方可进入封闭区域，见图22-17。

赛时，进入大家庭饭店封闭区域的车辆及随车人员主要由大纱帽胡同东、西两侧车检大棚经过安检后进入封闭区，通过贵宾楼饭店通道抵达各饭店。

在北京饭店南侧（长安街）设2个出入口（东进西出），供免检车辆进出。

离开大家庭饭店的其他车辆可由晨光街南口、霞公府街东口以及饭店南侧车辆出口离开封闭控制区域。

T3车辆经大纱帽胡同东口进入停车区域，并由停车区东侧出口到达待客区等候。

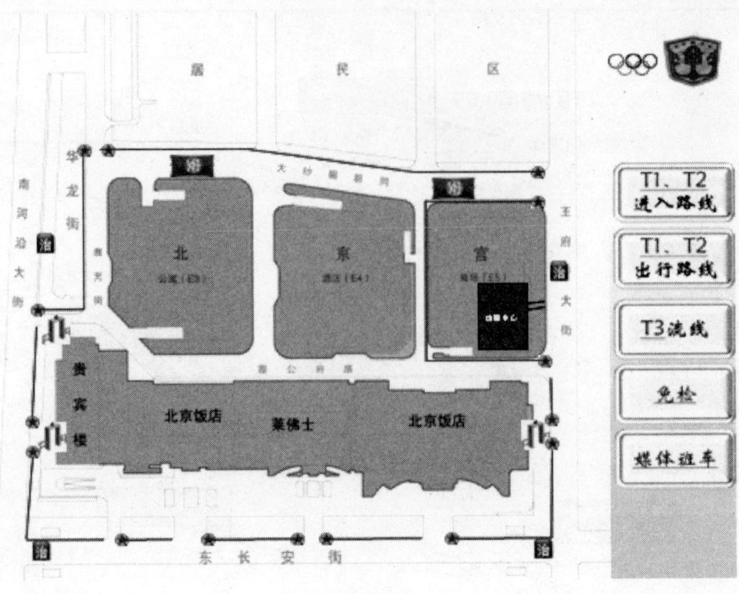


图 22-17

**3. 车辆验证点**

共设车辆验证点 7 处，分别是：南河沿大街南口（1 个），望恩桥路口（1 个），王府井大街南口（1 个），校尉胡同南口（1 个），大纱帽胡同东西进口各一个，总部饭店长安街主入口（1 个），见图 22-18。

图 22-18

## 四、车辆通行

（1）持 T1、T2 车证车辆（车证底色为红色）：通过场馆车辆安检通道进入场馆安保封闭区；在安保封闭区内 T1/T2 上下车区落客；车辆停放在 T1、T2 专用停车场或交通场站。

（2）持 T3 车证车辆（车证底色为绿色）：在场馆安保封闭区外安检口附近的 T3 上下车区落客、乘车,人员通过人员安检通道进入场馆安保封闭区;车辆停放在安保封闭区外T3专用停车场或交通场站。

(3)注册媒体车辆

媒体班车(持TM车证,车证底色为红色):通过媒体班车专门入口(免检通道)进入场馆安保封闭区;在安保线内媒体班车上下车点乘车、落客。

国际摄影车队车辆(持M-POOL车证):通过场馆安检通道进入场馆,在安保封闭区内POOL停车场落客、乘车;车辆停放在POOL停车场。

(4)观察员车辆(持TOBS车证,车证底色为绿色):在安保封闭区外指定地点落客、乘车;人员通过安检通道进入场馆。

(5)要人车辆(持TG车证,车证底色为红色):车辆通过场馆免检通道进入场馆安保封闭区;在安保封闭区内指定地点上下车区落客;车辆停放在指定停车场。

(6)其他车辆

持安保S1、总部饭店安保S2、总部饭店安保S3、场馆VEN、运行保障1(VTS1)、总部饭店运行保障2(VTS2)、场馆服务1(VS1)、总部饭店服务2(VS2)、总部饭店(VS3)车证车辆,根据现场民警指挥在指定地点停放。

(7)持"D"类车证车辆

持"总部饭店临时准入(D-A)"车证的车辆(车证底色为红色),在安保封闭区内的P12停车场落客停车,一次性使用有效。

持"总部饭店场馆临时1(D-V1)"车证的车辆(车证底色为红色),经车辆安检通道进入指定场馆安保封闭区内指定地点落客或临时卸货,即停即走,一次性使用有效。

持"总部饭店场馆临时2(D-V2)"车证的车辆(车证底色为绿色),在安保封闭区外指定地点落客驶离,一次性使用有效。

(8)残奥会期间,持残奥总部饭店T3车证车辆可以安检进入安保封闭区内落客,并设有临时停车位。其他通行政策与奥运会相同。

## 五、各客户群交通服务运行流程

**1. 交通服务日期**

2008年7月25日12:00时~8月27日12:00时。专用车服务时间为每天7:00~24:00;合乘车服务时间为每天7:00~24:00;预订车为24小时服务。

**2. 各客户群交通运行**

(1)要人

国际奥委会主席,终身名誉主席和北京奥运会协调委员会主席车辆持"TG"车证,车辆免检。其车辆流线为从莱佛士入口进入,正门落客,从北京饭店C座前东侧第一出口出。

(2)持"T1"车证

车辆由东长安街进入王府井大街至北京饭店东门,或经南河沿大街至贵宾楼饭店西门落客后,空车由大纱帽胡同东、西两侧车检大棚经过安检后进入封闭区,车辆停放T1车场或经北京宫停车场内部路、贵宾楼饭店通道,停放在"P1"/"P2"停车区。

客人随车进行安检的车辆由东长安街进入王府井大街或南河沿大街分别至大纱帽胡同东西两侧车检大棚经过安检后进入封闭区,经北京宫停车场内部路、贵宾楼饭店通道分别至相应饭店T1上、下车区落客。车辆返回T1车场或在"P1"/"P2"停放区停放。

驾驶员在指定休息场所或车内等候。客人离开饭店时,由大家庭助理(礼宾助理)与驾驶员联系,或与大家庭饭店交通咨询台联系,通过"P1"/"P2"停车区交通管理助理或驾驶员休息室交通服务助理,通知驾驶员将车调至T1上、下车区等候,客人乘车驶离。

(3)持"T2"车证

车辆由东长安街进入王府井大街至北京饭店东门，或经南河沿大街至贵宾楼饭店西门落客后，空车由大纱帽胡同东、西两侧车检大棚经过安检后进入封闭区，车辆停放T2车场或经北京宫停车场内部路、贵宾楼饭店通道，停放在“P1”/“P2”停车区。

客人随车进行安检的车辆由东长安街进入王府井大街或南河沿大街分别至大纱帽胡同东西两侧车检大棚经过安检后进入封闭区，经北京宫停车场内部路、贵宾楼饭店通道分别至相应饭店T2上、下车区落客。车辆返回T2车场或在“P1”/“P2”停放区停放。

驾驶员在指定休息场所或车内等候。客人离开饭店时，由大家庭助理（礼宾助理）与驾驶员联系，或与大家庭饭店交通咨询台联系，通过“P1”/“P2”停车区交通管理助理或驾驶员休息室交通服务助理，通知驾驶员将车调至T2上、下车区等候，客人乘车驶离。

（4）持“T3”车证

乘坐T3车辆的客人在人员安检口附近T3上、下车区落客，人员经安检进入饭店安保封闭区，空车根据车队指令执行下一个任务。

客人离开时，步行至T3上、下车区等候车辆。T3上、下车区现场调度根据客户前往的目的地组织安排客人合乘车辆。乘客上车后离开。

根据奥林匹克大家庭成员入住数量，饭店东西两侧待客区分别停放T3车辆，由T3停车场交通调度主管通过T3上、下车区现场调度负责调配使用。T3停车场交通调度主管根据T3客户数量确定是否通过T3上、下车区现场调度向T3交通服务团队申请增加或减少T3车辆。

T1、T2交通通行权限的客人离开饭店时，如需使用T3交通服务，通过T1、T2上、下车区交通服务助理指引至T3上、下车区乘坐车辆。

（5）持“TM”车证

在IOC120全会期间，车辆在南河沿大街贵宾楼西侧人检口附近停车，人员落客，车辆停放在原地等候。驾驶员在车内等候。客人离开时，班车须经媒体运行经理确认后才可驶离。

如班车未能按时抵达场馆，TM上、下车区交通服务助理需向媒体服务运行团队所属相应车队联系沟通，并向交通服务副经理汇报。如有特殊情况，交通经理或交通服务副经理需立即向奥林匹克大家庭饭店服务副主任汇报。

如有特殊情况，注册媒体不能乘坐最后一趟班车时，由交通服务副经理通过媒体运行经理统计留在饭店的人员，由交通服务副经理安排车辆离开。

（6）持“摄影（M－PHP）”车证

车辆由大纱帽胡同东、西两侧车检大棚经过安检后进入封闭区，经北京宫停车场内部路、贵宾楼饭店通道至贵宾楼饭店前POOL上、下车区落客。车辆在安保封闭线内POOL停车场停放。人员离开饭店时，到停车场乘车离开。

（7）特种车辆技术支持团队

奥林匹克大家庭饭店服务车辆持“VS”车证，共3种，用于为大家庭饭店医疗急救、公共卫生、工程保障、抢险、秩序维护、物流、清废、餐饮等提供后勤支持和服务保障的各类车辆。其车证客户群类别的代码分别为“场馆服务1（VS1）”、“场馆服务2（VS2）”和“场馆服务3（VS3）”。

持“场馆服务1（VS1）”和场馆服务2（VS2）“车证的车辆经安检进入场馆安保封闭线内指定的停车位定点停放。

持场馆服务3（VS3）”车证的车辆通行于安保封闭线外的区域，在安保封闭线外指定的停车场停放。

（8）场馆保障团队

物流综合区内停放物流接泊车、物流叉车、餐饮餐食配送、垃圾清运等车辆，使用“VS”车证，其流线为车辆经安检进入场馆安保封闭区内，经霞公府街东口离开。

持“移入期1（Y－VEN1）”车证的车辆和“移入期2（Y－VEN2）”车证的车辆可在安保封闭线内指

定的停车场停放。

(9)临时准入客户

持“贵宾1(D－DIG1)”车证的车辆按车证日期可在安保封闭线内指定的停车场停放。

持“贵宾2(D－DIG2)”车证的车辆可在安保封闭线外指定的停车场停放。

持“临时(D－VEN)”车证的车辆可在安保封闭线外指定的停车场停放。

## 六、外围保障

**1. 公共交通系统**(表22-23、图22-19)

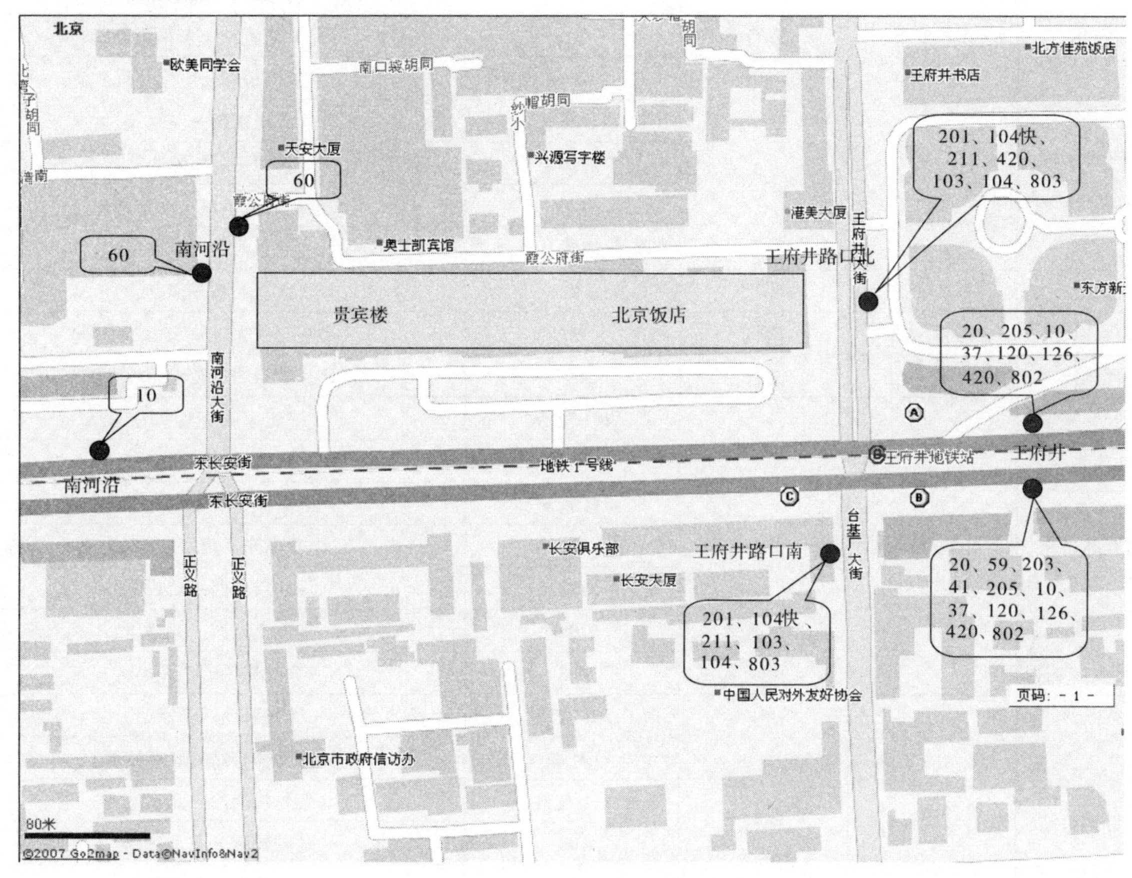


图　22-19

表22-23

| 北京饭店(贵宾楼)周边公交情况 | | | | |
|---|---|---|---|---|
| 站名 | 所在道路 | 站位方向 | 线路 | 行车方向 |
| 王府井 | 东长安街 | 西行 | 20 | (北京站东—北京南站) |
| | | | 205夜班 | (四惠站—七里庄) |
| | | | 10 | (北京站东—南菜园) |
| | | | 37 | (方庄北口—航天桥东) |
| | | | 120 | (左家庄—天坛南门) |
| | | | 126 | (青年路小区—前门) |
| | | | 420 | (北京站东—望京北路东口) |
| | | | 802 | (左安路—北京西站) |

续上表

| 北京饭店(贵宾楼)周边公交情况 | | | | |
|---|---|---|---|---|
| 站名 | 所在道路 | 站位方向 | 线路 | 行车方向 |
| 王府井 | 东长安街 | 东行 | 20 | (北京南站—北京站东) |
| | | | 59 | (大观园—北京站东) |
| | | | 203 夜班 | (北京南站—北京站东) |
| | | | 205 夜班 | (七里庄—四惠站) |
| | | | 10 | (南菜园—北京站东) |
| | | | 41 | (北京华侨城—东单路口南) |
| | | | 37 | (航天桥东—方庄北口) |
| | | | 120 | (天坛南门—左家庄) |
| | | | 126 | (前门—青年路小区) |
| | | | 420 | (望京北路东口—北京站东) |
| | | | 802 | (北京西站—左安路) |
| 南河沿 | 东长安街 | 西行 | 10 | (北京站东—南菜园) |
| 南河沿 | 南河沿大街 | 南行 | 60 | (黄寺总政大院—北京游乐园) |
| 南河沿 | 南河沿大街 | 北行 | 60 | (北京游乐园—黄寺总政大院) |
| 王府井路口北 | 王府井大街 | 北行 | 201 夜班 | (纪家庙—左家庄) |
| | | | 104 快 | (北京站西—城铁柳芳站) |
| | | | 211 夜班 | (北京站西—紫竹院南门) |
| | | | 420 | (北京站东—望京北路东口) |
| | | | 103 | (北京站西—动物园) |
| | | | 104 | (北京站西—五路居) |
| | | | 803 | (彩虹城—宏福苑小区) |
| 王府井路口南 | 台基厂大街 | 南行 | 201 夜班 | (左家庄—纪家庙) |
| | | | 104 快 | (城铁柳芳站—北京站西) |
| | | | 211 夜班 | (紫竹院南门—北京站西) |
| | | | 103 | (动物园—北京站西) |
| | | | 104 | (五路居—北京站西) |
| | | | 803 | (宏福苑小区—彩虹城) |
| 王府井 | 王府井路口 | 双向 | 地铁 1 号线 | (苹果园—四惠东) |

**2. 场馆周边地铁运行线路及站点设置**(图 22-20)

场馆附近连接最近的轨道交通为北京地铁一号线。

**3. 出租车**

在王府井大街南口和南河沿大街南口附近设置非保点出租车落客点。

**4. 京外、远郊竞赛场馆班车**

编制前往京外赛区和远郊区县竞赛场馆的班车时刻表,并提前公布在《交通服务指南》、各交通咨询台告示牌等处。

交通服务运行团队根据预订安排抽调相应车辆。

(1)京外赛区

去往天津、秦皇岛的班车一天只开一班,根据预订安排相应车辆。抵达后车辆在原地等待,待比赛结束后再将客人送回。去往天津的班车当天返回,去往秦皇岛的班车次日返回。

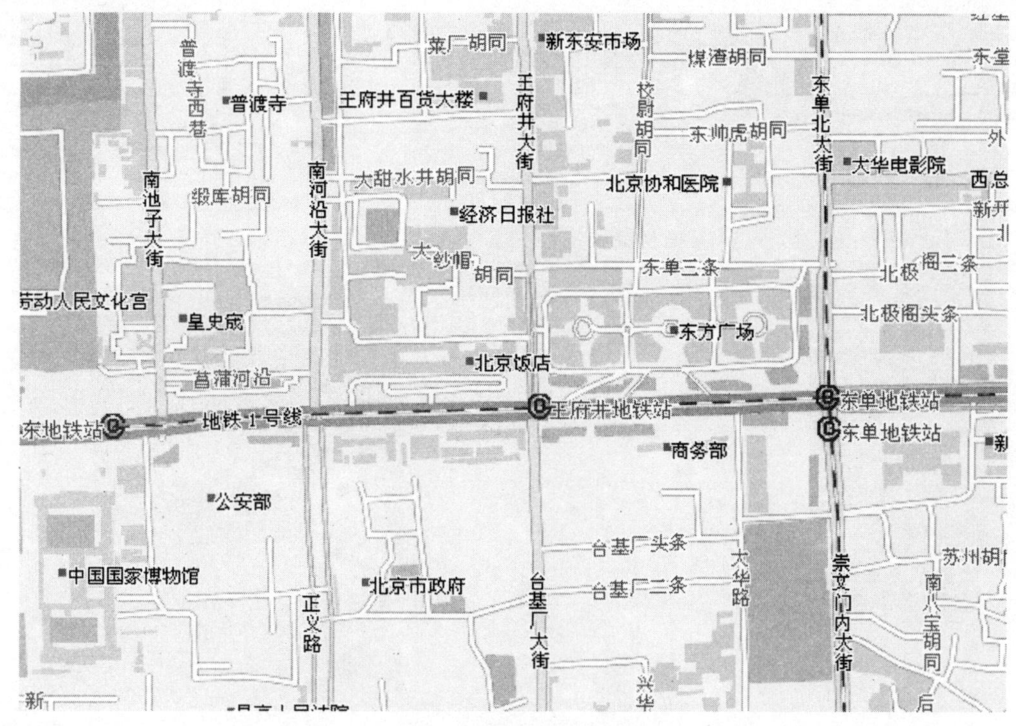


图　22-20

(2)远郊区县

去往顺义、昌平的竞赛场馆班车在每场比赛前设置班次,根据预订安排相应车辆。车辆抵达后原地不动,待比赛结束后再将客人送回大家庭饭店。

住在大家庭饭店以外的奥林匹克大家庭成员客人提前到大家庭饭店统一乘车前往。

## 第四节　奥林匹克公园公共区交通运行

### 一、概述

按照奥组委统一部署要求,奥林匹克公园公共区交通团队认真贯彻落实“绿色奥运、科技奥运、人文奥运”三大理念和“有特色、高水平”、“两个奥运同样精彩”的总体要求,根据国际奥委会相关规定和北京奥组委《交通技术手册》,依据奥林匹克公园公共区交通运行计划,结合赛时运行实际,本着安全第一、以人为本的原则,狠抓各项保障措施的落实,狠抓交通运行服务质量,狠抓团队自身建设,以优异的交通组织,最优的服务水平,实现交通运行“安全、准点、可靠、便利”的目标。

### 二、场馆基本情况介绍

奥林匹克公园公共区(以下简称公共区)是指奥林匹克公园安保封闭线以内、各竞赛和非竞赛场馆安保围栏以外的公共区域,是大批观众聚集的场所。奥林匹克公园赛时运行总体规划范围:北至北五环路,南至民族园路和北土城路,东至安立路及北辰东路,西至林萃路和北辰西路。总用地面积约900公顷(不含北四环、北五环主路)。从面积上看,北京奥林匹克公园是奥运会历史上最大的场馆群,占地面积是悉尼奥林匹克公园公共区(255公顷)的三倍多。奥林匹克公园范围见下图(图22-21)黄色区域所示:

**1. 面积情况**

(1)奥林匹克公园总规划面积12平方公里。

(2)中心区面积2.91平方公里;其中观众活动区域面积0.45平方公里。

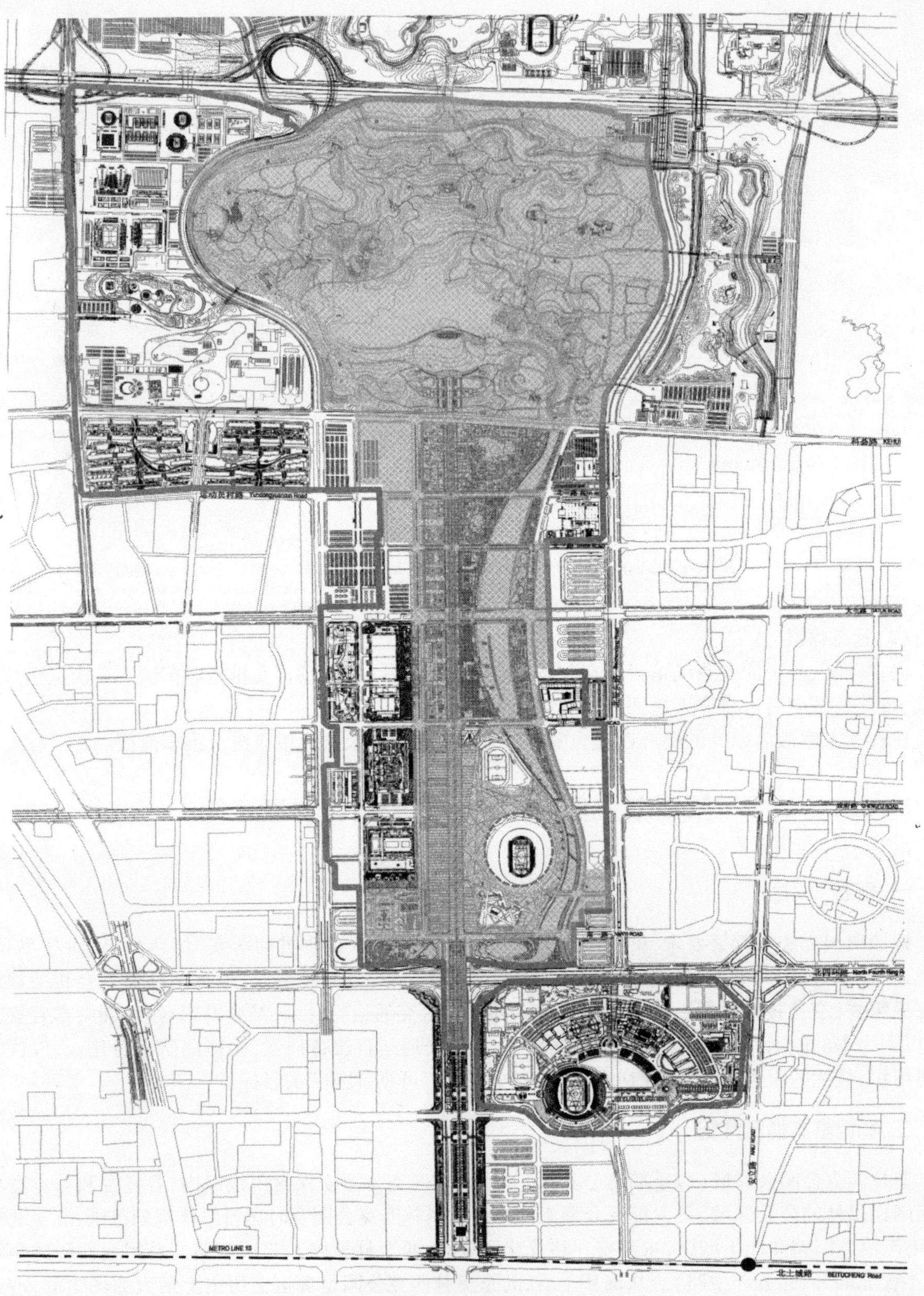


图 22-21　奥林匹克公园示意图

(3)北区面积 0.38 平方公里;其中观众活动区域面积 0.03 平方公里。

(4)南区面积 0.7 平方公里;其中观众活动区域面积 0.04 平方公里。

(5)奥运村面积 0.66 平方公里;其中国际区面积 0.33 平方公里。

(6)森林公园面积 6.8 平方公里;其中五环以北森林公园面积 3.8 平方公里,五环以南森林公园面积3平方公里；五环以南森林公园安保封闭线内面积2.1平方公里；森林公园（北辰东路至安立路之间面积）0.65平方公里。

**2. 奥林匹克公园道路情况**

（1）奥林匹克公园周边道路情况

奥林匹克公园北起北五环路，南至北土城路，东起北辰东路，西至林萃路、北辰西路。与周边34条道路相交，其中：施划专用道道路9条；未施划专用道、封闭道路15条；未施划专用道、未封闭道路10条。如下图（图22-22）所示：

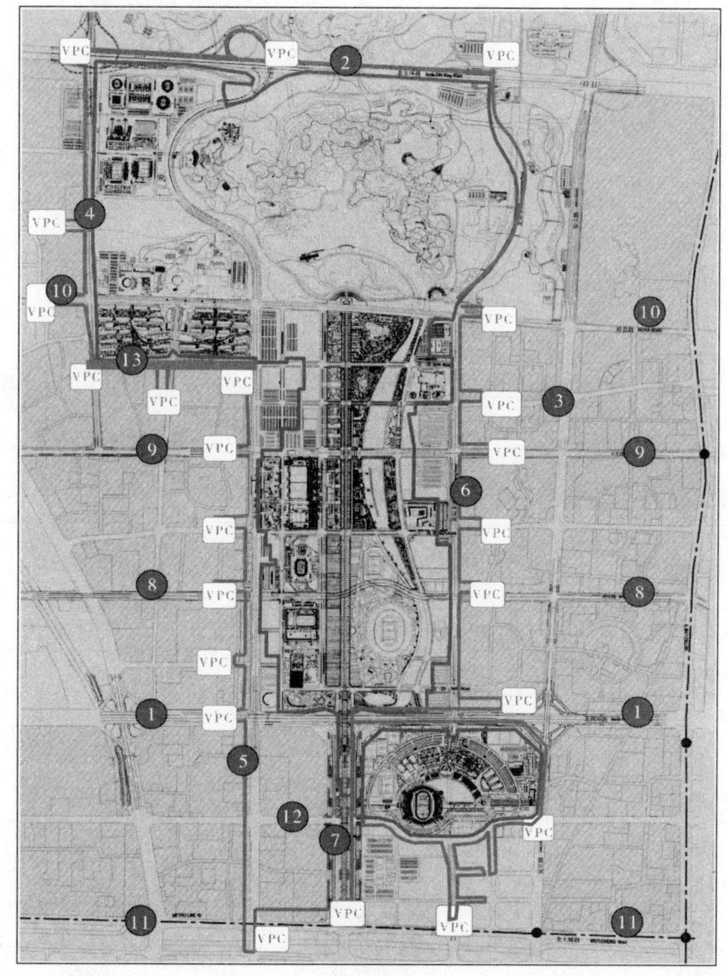


图22-22　奥林匹克中心区周边道路

（2）奥林匹克公园内部道路情况

奥林匹克公园共有17条内部道路，具体包括：景观西路、景观路、湖边西路、湖边东路、科荟路、北一路、北二路、大屯路、中一路、成府路、规划一路、规划二路、规划三路、规划四路、规划五路、规划六路、南一路，如图22-23所示。

（3）场馆情况

奥林匹克公园内分布有10个竞赛场馆和7个非竞赛场馆，其中北区场馆群包括奥林匹克公园射箭场、奥林匹克公园网球中心、奥林匹克公园曲棍球场；中心区场馆群包括会议中心击剑馆、国家体育馆、国家游泳中心、国家体育场；南区场馆群包括奥体中心体育场、奥体中心体育馆、英东游泳馆。各场馆奥运会、残奥会的竞赛项目及座席容量分别如下（见表22-24）。

（4）各区域情况

①中心区情况

奥林匹克公园中心区总面积2.91平方公里，南北跨度2.4公里，东西跨度1.3公里，公共区前院

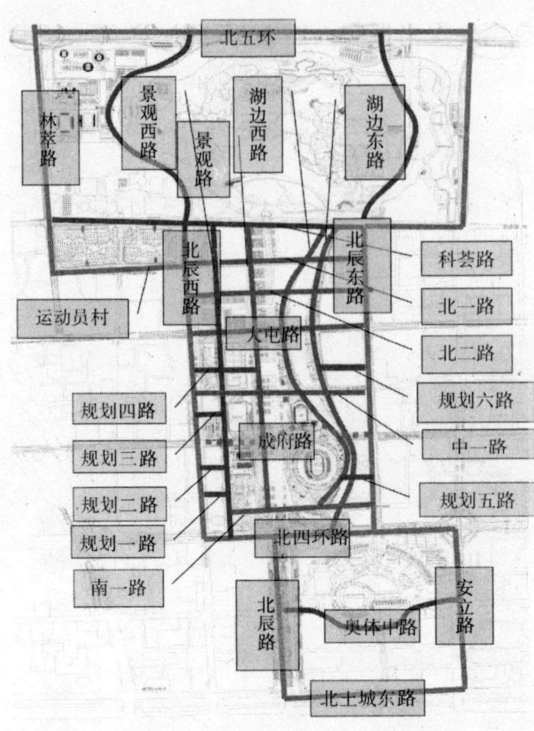


图 22-23　奥林匹克公园内部道路

**各场馆奥运会、残奥会的竞赛项目及座席容量**　　表 22-24

| 场馆类型 | 场馆名称 | 奥运会竞赛项目 | 残奥会竞赛项目 | 座席容量 |
|---|---|---|---|---|
| 竞赛场馆 | 国家体育场 | 田径(马拉松、竞走)、足球 | 田径 | 91000 |
| | 国家体育馆 | 体操(竞技体操、蹦床)手球 | 轮椅篮球 | 18000 |
| | 国家游泳中心 | 游泳、跳水、花样游泳 | 游泳 | 17000 |
| | 击剑馆 | 击剑、现代五项 | 轮椅击剑 | 6000/2000 |
| | 奥体中心体育场 | 足球、现代五项 | | 40000 |
| | 奥体中心体育馆 | 手球 | | 7000 |
| | 英东游泳馆 | 游泳、手球、现代五项 | | 6000 |
| | 奥林匹克公园射箭场 | 射箭 | 射箭 | 5000 |
| | 奥林匹克公园网球中心 | 网球 | 轮椅网球 | 16200 |
| | 奥林匹克公园曲棍球场 | 曲棍球 | 7 人制足球,5 人制足球 | 12000;5000 |
| 非竞赛场馆 | 主新闻中心 | | | |
| | 国际广播中心 | | | |
| | 奥林匹克接待中心 | | | |
| | 技术运行中心 | | | |
| | 运动员村 | | | |
| | 奥林匹克公园公共区 | | | |
| | 兴奋剂检测中心 | | | |
| 区域 | 北区 | | | 总座位数 38000 个 |
| | 南区 | | | 总座位数 53000 个 |
| | 中心区 | | | 总座位数 132000 个 |
| | 森林公园 | | | |

（观众活动区域）面积约 0.45 平方公里，是场馆和比赛集中的区域（有 4 个竞赛场馆，总座位数 132000 个；4 个非竞赛场馆），高峰日（第 11 日）中心区最大观众人数 20.9 万人。中心区人员安检口 13 个，车辆安检口 7 个。

②奥体中心场馆群情况

奥体中心场馆群包括奥体中心体育场、奥体中心体育馆、英东游泳馆、奥体中心体育场附属足球训练场、奥体中心体育馆附属手球训练馆，占地面积 0.7 平方公里，其中观众活动区域 0.04 平方公里；赛时总座位数 53000 个。根据目前的赛程安排，南区观众需求高峰在第 14 比赛日，高峰日进入南区观众总人数约 4.5 万人次；赛时高峰日南区公共区域内最大观众人数发生在 14:00 左右，约为 3.54 万人。奥体中心场馆群人员安检口 4 个，车辆安检口 3 个。

③北区场馆群情况

北区场馆群位于奥林匹克公园北区，包括网球中心、射箭场、曲棍秋场，占地面积 0.38 平方公里，其中观众活动区域 0.03 平方公里；赛时总座位数 38000 个占奥运公园竞赛场馆总座位数的 17%。根据目前的赛程安排，北区观众需求高峰在第 2－4 比赛日，高峰日进入北区观众总人数约 4.9 万人次。北区公共区域最大观众人数约 2.2 万人，发生在 16:30 进出交叉高峰时段。北区场馆群人员安检口 3 个，车辆安检口 1 个。

④森林公园情况

森林公园总面积约 6.8 平方公里；按照赛时运行规划，其南部区域约 2 平方公里（北五环以南，科荟路以北，北辰东路以西，北辰西路以东的区域）已划入奥林匹克公园安保封闭线内。此区域规划出入口四处，分别位于安立路出入口 1 处，科荟路出入口 2 处，北五环出入口 1 处；北部区域约 3.8 平方公里。南区高峰日接待量为 34000 人次。北区高峰日接待量为 6600 人次。森林公园总的高峰日接待游客量约为 40600 人次。

## 三、场馆交通团队构成及工作机制

### 1. 与场馆运行团队工作机制

交通团队在场馆主任领导下，接受服务副主任和安保副主任的直接领导，与中心区各场馆团队、属地关系副主任、文化活动代表以及外围保障等团队保持密切联系，进行信息沟通，在客户群交通服务业务上接受赛事交通服务分中心的业务指导和赛时交通运行指令；在交通管理上接受奥运安保指挥中心交保部仰山桥赛事交通勤务指挥中心的业务指导和指令。

（1）场馆交通团队在场馆运行团队中的工作机制（图 22-24）

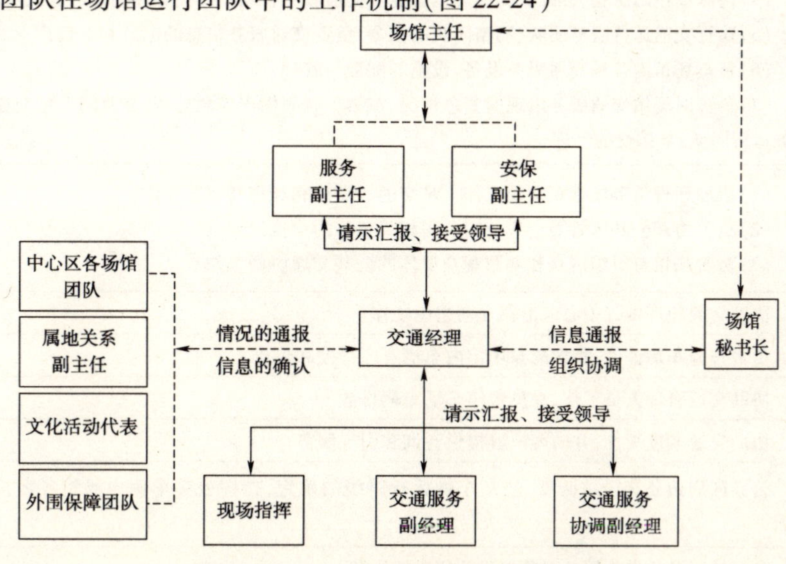


图 22-24　场馆团队中交通团队的工作示意图

（2）与赛事交通服务分中心和安保指挥中心的工作机制（图22-25）

**2. 场馆交通团队**

（1）场馆交通团队构成

场馆交通团队主要职责是为到达场馆的各客户群提供交通运行保障服务。场馆交通团队由组委会付薪人员、政府安保人员、合同商、志愿者组成，按照3班配置，共有110人组成。其中包括：交通经理1名，现场指挥、交通服务副经理、交通服务协调副经理各1名。其中付薪人员7人，合同商69人，志愿者205人。

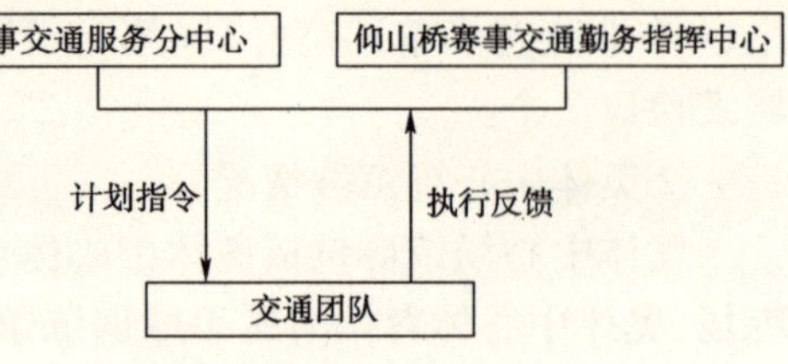


图22-25 场馆交通团队与赛事交通服务分中心和安保指挥中心的工作机制示意图

（2）交通团队岗位职责及人员配置

交通团队共设置10个工作岗位，分别为交通经理、现场指挥、交通服务副经理、交通服务协调副经理、交通管理、交通疏导、交通管理助理、交通服务助理、公交调度和电瓶车驾驶员。岗位职责及人力资源配置见表22-25。

场馆交通团队岗位职责及人力资源配置　　表22-25

| 序号 | 岗位名称 | 岗位职责 | 人员岗位及来源 |
|---|---|---|---|
| 1 | 交通经理 | （1）负责组织场馆交通运行规划和交通运行方案的制定；<br>（2）在交通运行中心指挥中心领导下，组织开展场馆交通服务与管理工作；<br>（3）负责场馆交通团队工作人员培训和管理工作；<br>（4）对发生的突发事件及时报告，按权限及时果断处理；<br>（5）落实和监督赛时交通工作任务的具体执行；<br>（6）在场馆安保和服务副主任领导下，协调场馆团队相关部门和场馆外围保障部门开展工作 | 1<br>（P2） |
| 2 | 现场指挥 | （1）协助交通经理确保交通管理达到预定目标；<br>（2）负责向交通经理汇报交通管理组织运行的状况，同时执行交通经理下达的指令；<br>（3）负责交通指挥室日常管理和场馆交通管理运行指挥；<br>（4）负责交通管理人员的管理 | 1<br>（P2） |
| 3 | 交通服务副经理 | （1）负责场馆交通服务运行设计；<br>（2）组织制定交通服务实施方案；<br>（3）负责培训和管理场馆交通服务团队工作人员及志愿者；<br>（4）协调场馆团队相关部门，确保奥运会赛时交通服务各项工作任务在场馆的有效实施；<br>（5）执行交通运行服务团队、场馆团队的指令，负责交通服务信息的汇总和上报；<br>（6）负责场馆内各种交通服务设备、设施的配置与管理；<br>（7）负责对场馆交通服务出现的紧急情况，在第一时间做出应急处理，并及时上报交通服务运行团队、场馆交通经理 | 1<br>（P2） |
| 4 | 交通服务协调副经理 | （1）协助经理负责场馆观众及工作人员交通计划编制和交通组织工作；<br>（2）负责协调公共区管委会和公交公司相关工作的对接；<br>（3）负责场馆有组织观众和购票观众群体的公共交通协调工作 | 1<br>（P2） |
| 5 | 交通管理 | 协助交通经理做好中心区道路交通组织工作 | S |
| 6 | 交通疏导 | 负责查验车辆证件，指挥疏导场馆内车辆有序行驶和停放 | S |
| 7 | 交通管理助理 | 协助交通管理人员工作，并负责停车场车辆排放 | 193（V） |
| 8 | 交通服务助理 | 协助交通调度工作，并向客户群提供咨询和引导服务 | 12（V） |
| 9 | 公交调度 | 公共区周边公交场站调度，公交车辆运行路线的确定，指挥公交车辆为场馆各客户群服务 | 1（P2） |
| 10 | 电瓶车驾驶员 | 负责按服务标准为服务对象提供交通运输服务 | 63（C） |

**3. 赛时场馆交通团队人员点计划及任务**

（1）交通管理岗位（P2）设置

奥林匹克公园公共区的交通管理岗位（P2）设置在公共区交通指挥所内，奥林匹克公园中心区内的交通管理岗位（民警）设置 13 处，安保封闭区的交通管理岗位（民警）设置 35 处，场馆区的交通管理岗位（民警）设置 41 处。详见图 22-26、图 22-27 和图 22-28。

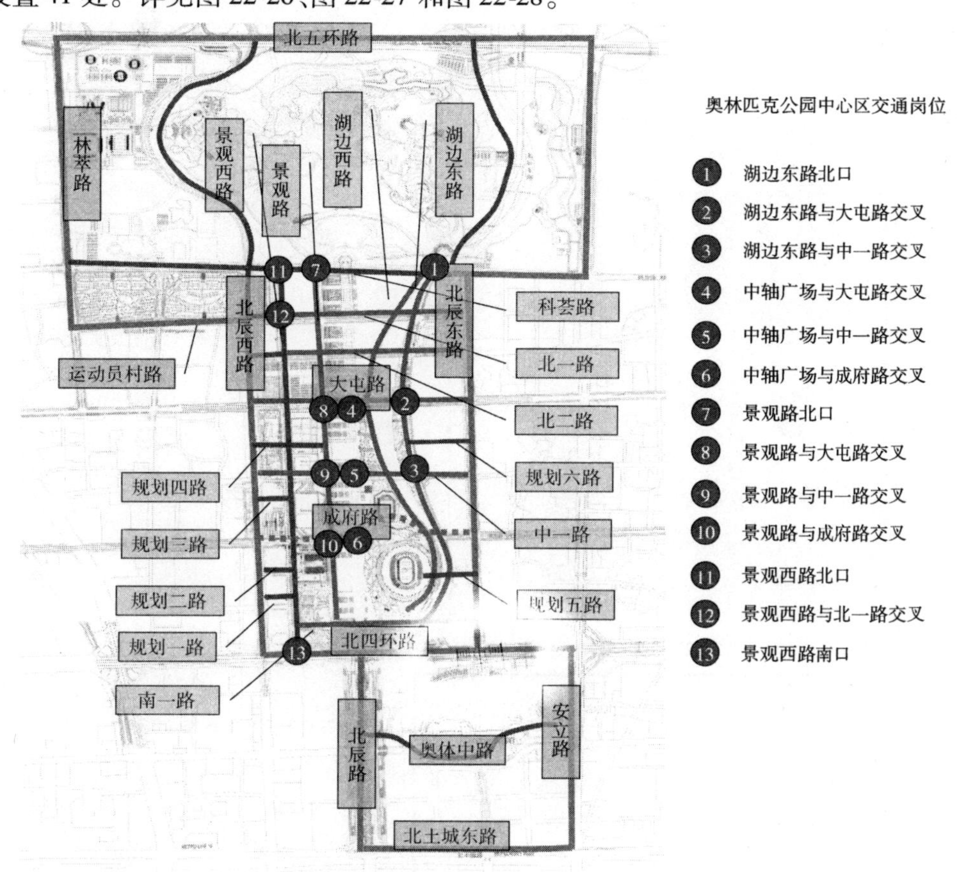


图 22-26　奥林匹克中心区交通岗位示意图

（2）交通调度岗位（C）设置 4 处

奥林匹克公园公共区周边的 4 个公交场站设交通调度岗位 4 处，见表 22-26。交通场站交通调度人员岗位分布示意图见图 22-29。

**公交场站交通调度岗位设置表**　　表 22-26

| 岗位序号 | 工作地点 | 岗位任务 | 联络机制 | 通讯方式 | 单班人数 |
|---|---|---|---|---|---|
| 1 | 东部公交场站 | 监督车辆运行计划实行；汇总当日交通信息，向交通服务运行团队、场馆团队汇报 | 接受场馆各业务口临时需求，向相应交通运行团队汇报 | 手台 2 部 | 1 |
| 2 | 南部公交场站 | 负责确认车辆到达、发车时间，并向调度室值班员汇报；根据需求及时调度车辆；向场馆交通服务经理汇报工作 | 接受交通服务团队所属车队指令；向场馆交通服务经理汇报 | 手台 2 部 | 1 |
| 3 | 西部公交场站 | 负责确认车辆到达、发车时间，并向调度室值班员汇报；根据需求及时调度车辆；向场馆交通服务经理汇报工作 | 接受交通服务团队所属车队指令；向场馆交通服务经理汇报 | 手台 2 部 | 1 |
| 4 | 北部公交场站 | 负责确认车辆到达、发车时间，并向调度室值班员汇报；根据需求及时调度车辆；向场馆交通服务经理汇报工作 | 接受交通服务团队所属车队指令；向场馆交通服务经理汇报 | 手台 2 部 | 1 |

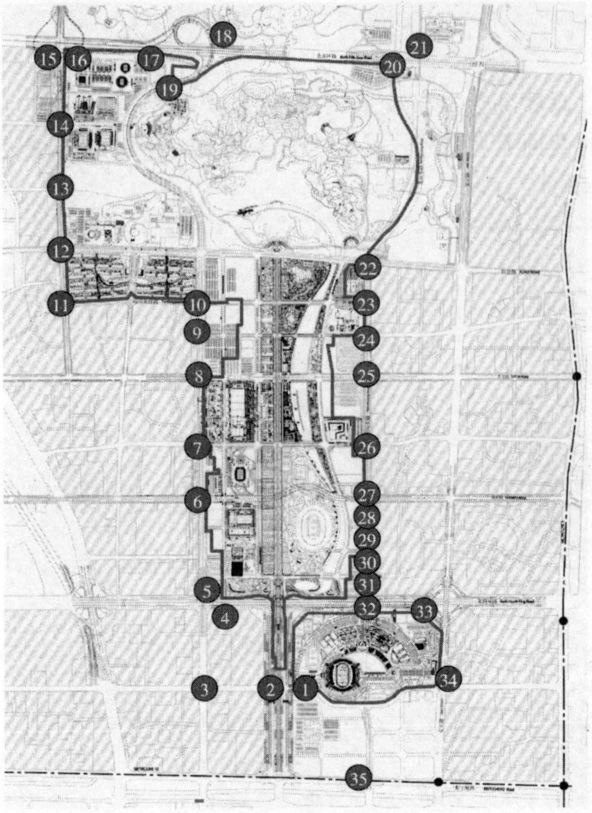

奥林匹克公园安保封闭区

—— 交通管理岗位

1 奥体西门东侧
2 奥体西门西侧
3 民族园路口
4 北辰西桥东北下
5 北辰西桥下调头处
6 安翔北里口
7 中一路西口
8 风林绿洲口
9 北二路西口
10 北一路西口
11 运动员村路西口
12 林萃路口
13 倚林家园口
14 城清街东口
15 林萃桥西南下
16 林萃桥东南下
17 奥林西桥西向东出口
18 奥林西桥东向西出口
19 奥林西桥西南角
20 奥林东桥下南侧
21 奥林东桥东向西出口
22 北辰东路北口
23 北一路东口
24 北二路东口
25 豹房路口
26 中一路西口
27 慧忠西口
28 首创期货口
29 汇园公寓口
30 亚运村西门
31 北辰东路南口
32 奥体北门
33 安慧桥转盘西南角
34 奥体东门
35 曹八里口

图 22-27 奥林匹克公园安保封闭区交通管理岗位示意图

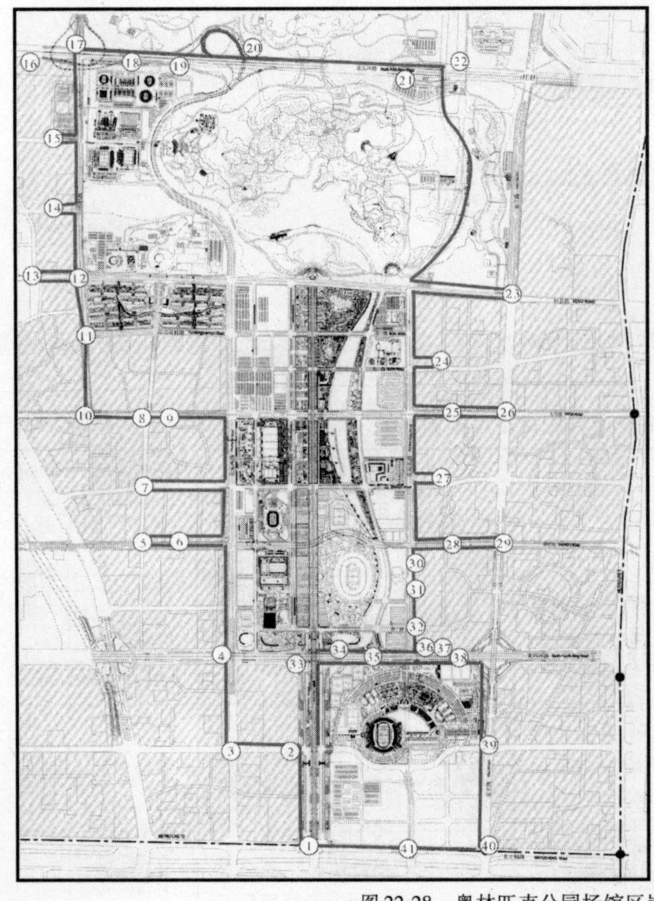

奥林匹克公园场馆区岗位设置

1．北土城路口
2．奥体西门西侧
3．民族园路口
4．北辰西桥下北侧
5．安翔北路306医院路口
6．安翔北路地下通道口
7．科学园南里中街百富湘味楼路口
8．林萃东路南口
9．大屯路地下通道西口
10．林萃路南口
11．运动员村路西口
12．林萃路口
13．科荟桥
14．林萃西里北路55号楼路口
15．城清街中口
16．上清桥东西向东入口
17．林萃桥北
18．奥林西桥西西向东入口
19．奥林西桥西西向东出口
20．奥林西桥东东向西出口
21．奥林东桥西南下
22．奥林东桥东北下
23．安立路口
24．大屯北路慧忠北里111号楼路口
25．大屯路地下通道东口
26．安大路口
27．慧忠北路大屯医院路口
28．慧忠路地下通道口
29．慧忠路口
30．首创期货路口
31．汇园公寓西门
32．亚运村西门
33．北辰桥西南下
34．北辰桥东东向西出口
35．北辰东桥（四环主路）西向北入口
36．安慧桥西东向西入口
37．安慧桥西东向西出口
38．北辰东桥 （四环主路） 东向北入口
39．奥体东门
40．小关路口
41．曹八里路口

图 22-28 奥林匹克公园场馆区岗位设置示意图

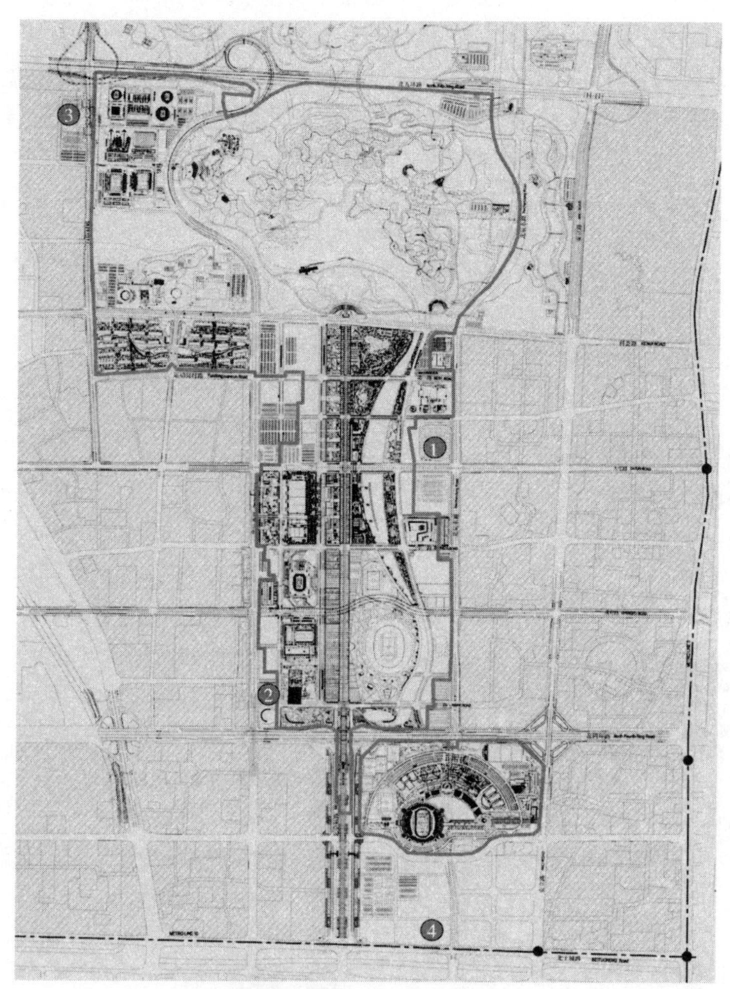

图 22-29　奥林匹克公园交通场站交通调度人员岗位分布示意图

(3)交通管理助理岗位(V)设置 36 处

奥林匹克公园中心区内设置交通管理助理岗位(V)设置 21 处(21×2 班=42 人),安保封闭区的交通管理助理岗位(V)设置 35 处(35×2 班=70 人),场馆区的交通管理助理岗位(V)设置 41 处(41×2 班=82 人)。详见图 22-30、图 22-31 和图 22-32。

(4)交通服务助理岗位(V)设置 6 处

交通服务助理岗位(V)共设置 4 处,共 12 名志愿者(共三班,每班 4 人),工作地点为奥林匹克公园公共区交通指挥所各功能用房。

(5)电瓶车驾驶员(C)设置

电瓶车驾驶员负责按服务标准为服务对象提供交通运输服务。接受交通经理和交通服务经理的指令,每班配置 25 人。

## 四、场馆区域划分及安检口、车辆验证点设置

### 1. 场馆区域划分

场馆周边由外向内分为交通控制区、场馆区、安保封闭区三个范围,分区域执行相应通行政策和管理措施。

(1)交通控制区

由马甸桥向北经八达岭高速东侧辅路至上清桥;由上清桥向东,经北五环路至北苑桥;由北苑桥向南,经北苑路、惠新西街、樱花西街至和平西桥;由和平西桥向西,经北三环北辅路至马甸桥;五环路北辅

路上清桥至仰山桥段。详见图 22-33(绿色区域)。

在交通疏导区周边的主要路口设疏导岗和巡逻岗,加强对疏导区域内道路的巡控工作,根据指挥部指令,采取交通分流、劝绕、净化车种等措施,削减社会交通流量,缓解交通管控区交通压力,确保道路畅通、秩序良好。

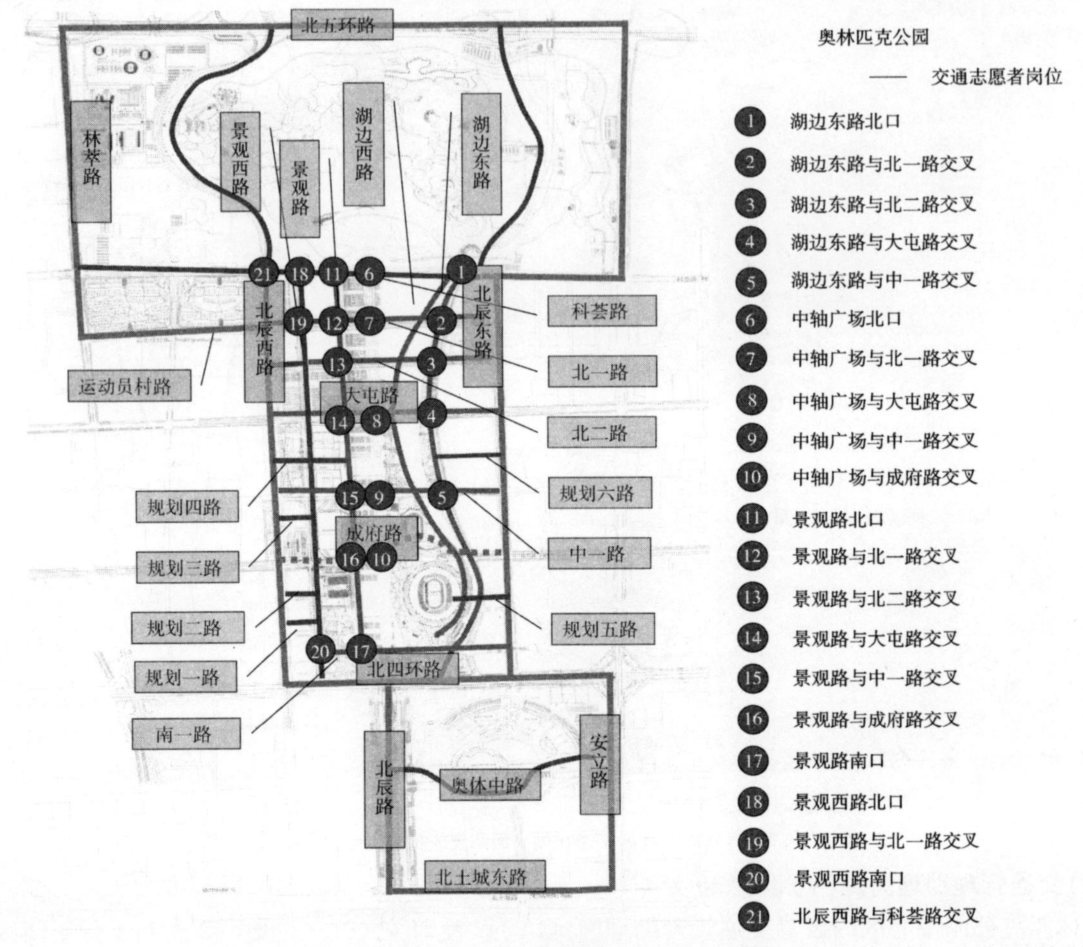


图 22-30 奥林匹克公园交通管理助理人员岗位分布

(2)场馆区

在场馆区内进入管制区的各相关路口,安排卡口岗,设置车辆限行标志,视情况分时、分段采取限行、绕行等分流措施,缓解交通管制区内交通压力。具体范围见图 22-34。

(3)安保封闭区

奥体中心南路东口(含)向西,经奥体南路、民族园路至北辰西路民族园路路口向北,经北辰西路至大屯路向西至林萃路南口向北,经林萃路至五环路林萃桥向东,经北五环路南、北辅路至奥林东桥;由奥林东桥经北辰东路至北辰东路南口;北辰东路南口经北四环南、北辅路至北辰西桥;北辰东路东侧相交道路,向东延伸一个路口;北辰西路民族园路口向北至大屯路口段西侧相交道路,向西延伸一个路口;林萃路西侧相交道路,向西延伸一个路口。中轴路北土城路口向北至北辰桥。安保封闭区范围见图 22-35。

交通管制区内的道路,除持有奥运会专用车证、奥运公交专线证及为交通管制区内居民、单位核发的临时通行证的车辆外,禁止其他车辆通行。大屯路地下通道允许持证车辆和公交车辆,不停车穿行。

**2. 安检口**

(1)车辆安检口

车辆安检口共设置 16 处,具体位置见图 22-36。

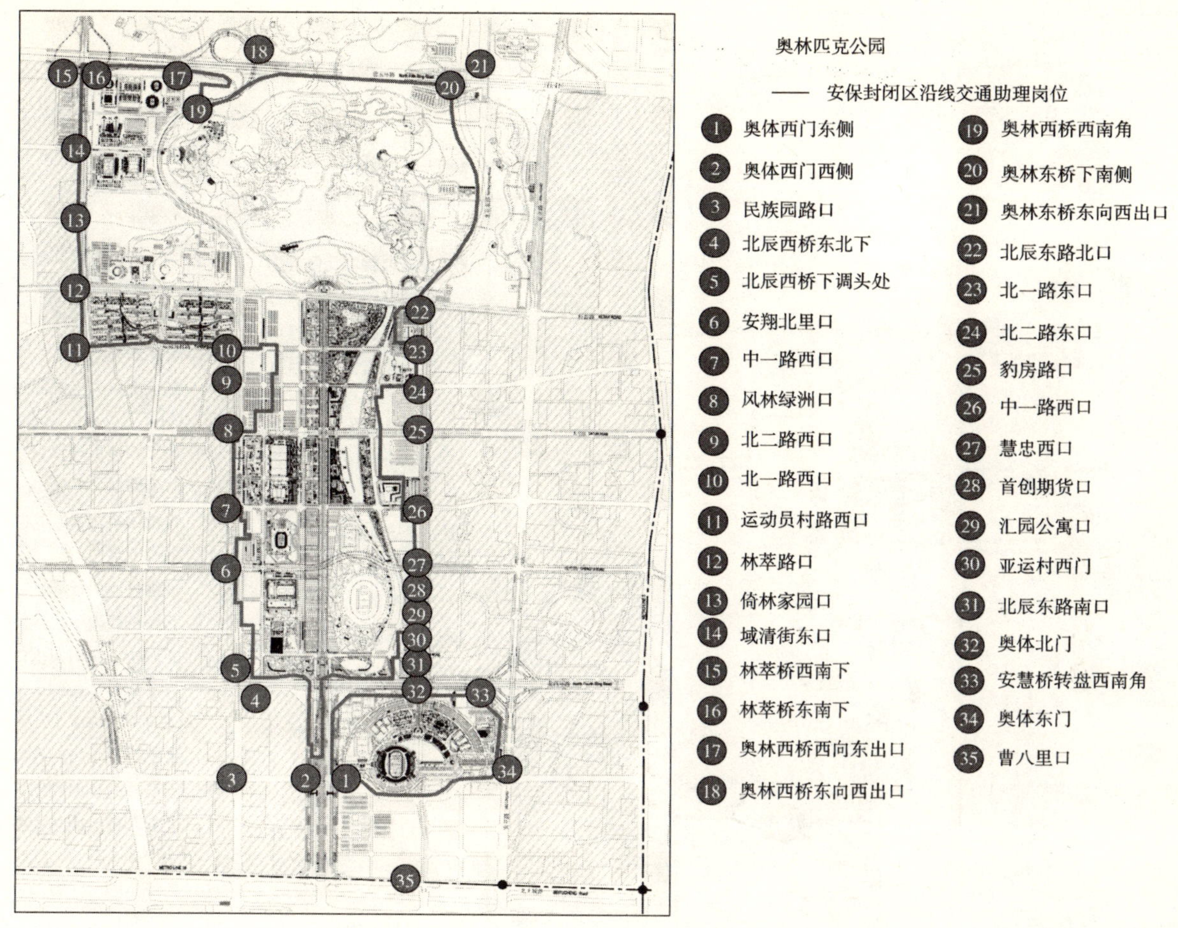


图 22-31　奥林匹克公园安保封闭区沿线交通管理助理人员岗位分布示意图

(2)人员安检口

人员安检口共设置 30 处，具体位置见图 22-37。

**3. 场馆区车辆验证点**

场馆区内共设验证点 41 处，对前往场馆的车辆所持车辆证件进行查验，分别将持有不同通行和停放权限车证的车辆指引至不同的车辆进口和停车场地。详细见图 22-38。

## 五、奥林匹克公共区车辆通行

**1. 公共区内部车辆通行**

(1)进入奥林匹克公园公共区的车辆必须持有奥组委核发的、具有通行该区域权限的有效车辆证件，并经过车辆和人员安检后方可进入(安保政策准予免检的车辆除外)。

进入奥林匹克公园公共区的各场馆车辆必须按照交通运行详设规定的路线行驶。

(2)公共区运行团队的车辆，必须持有公共区通行权限的有效车辆证件，并经如下两条指定路线进入，停放在警用停车场。一是经北辰西路、科荟南路，由 8 号车检点安检进入后，直接进入警用停车场停放。二是经北辰东路，由 3 号车检点进入，经科荟南路、湖景东路、科荟路、天辰东路到达警用停车场停放。

(3)奥林匹克公园公共区定位车，包括安保、消防、医疗、技术保障、环保监测车辆，必须在规定时间内进入，并按指定地点停放。

(4)物流车辆按照 MDS(主配送计划)，经指定路线、在指定时间段内、经指定车检口进入；其他补货车辆，包括赞助商展示、餐饮、文化活动道具车、邮政、超级商店补货车、清机补钞车等，都必须坚持夜运原则(即在 0:00 - 5:00 抵离)，根据各类车辆作业时间需求，错峰抵离。

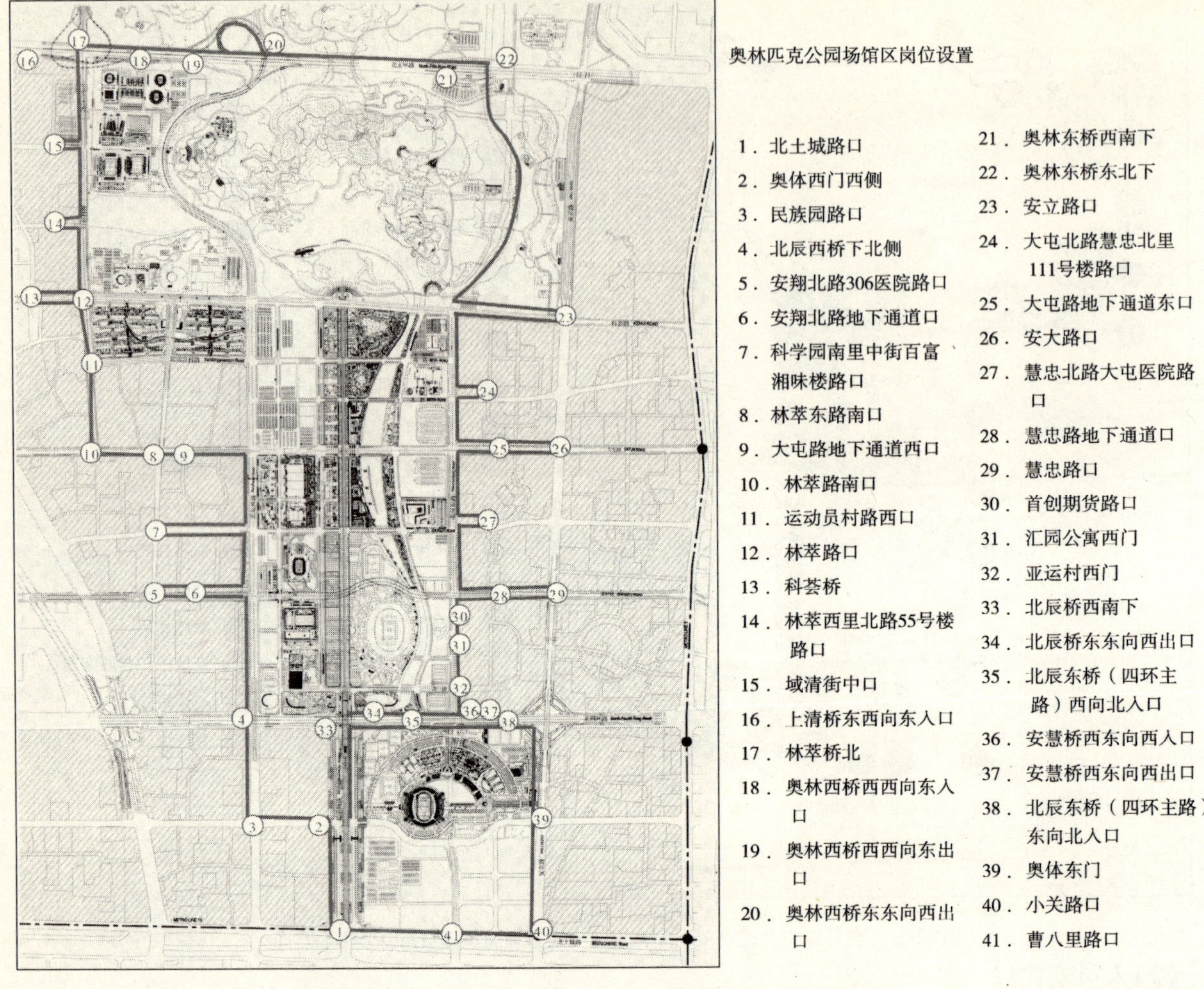


图 22-32　奥林匹克公园场馆区交通管理助理人员岗位分布示意图

(5)夜间作业车辆(即在 0:00 - 5:00 抵离)，包括清废、绿化、工程、技术巡检车辆，在指定时间段内按指定路线进入和驶离，根据各类车辆作业时间需求，错峰抵离。

(6)白天在公共区内行驶作业的车辆，包括送餐车、紧急补货电瓶车、公共区所辖电瓶车，必须按照指定的路线行驶。其中保洁清废电瓶车可以按照作业需求在指定区域道路上通行。但在公园内人流密度临界预警时，任何作业车辆必须停止行驶。

(7)奥体中心因为单独封闭，其内部道路只准许持有奥体中心安保封闭线内通行权限证件的机动车辆通行。

(8)因主配送计划外紧急补货、紧急抢险，进入奥林匹克公园的车辆，经安保副主任批准，可不用再行办理车辆通行证件。

(9)公共区电瓶车通行政策

奥林匹克公园公共区设置 3 条为老、弱、病、残、孕等观众服务的电瓶车路线，分别为景观路流线、湖边东路流线、民族大道。

天辰东路流线全长 1878 米，沿线设置 5 个站点，从南到北依次为天辰东路南口、国家游泳中心、国家体育馆、击剑馆、超级商店。

湖景东路流线全长 1164 米，沿线设置 5 个站点，从南到北依次为国家体育场南、国家体育场、国家体育场北、奥林匹克接待中心、大屯路南。

民族大道(国家场南路以南)路线单程 800 米，主要用于运送经过南端人检口进入奥林匹克公园的观众。

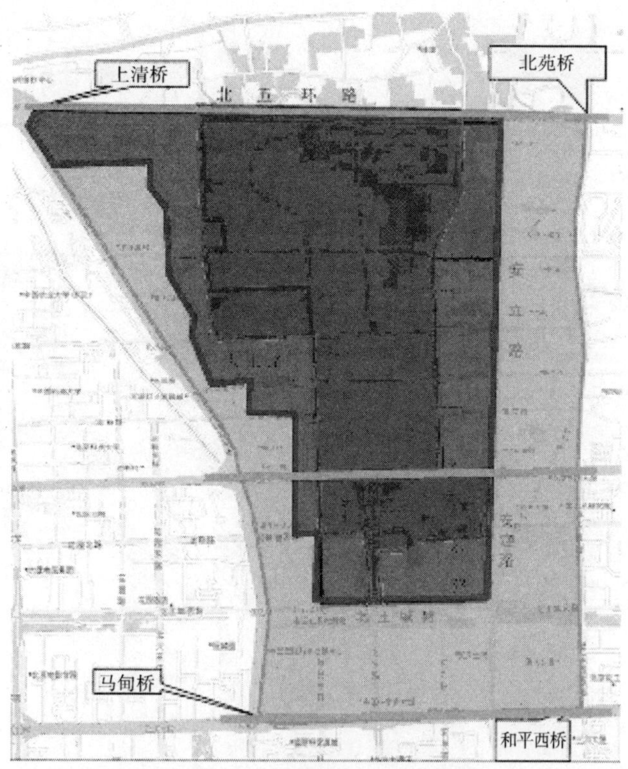


图 22-33　交通控制区范围及交通岗位

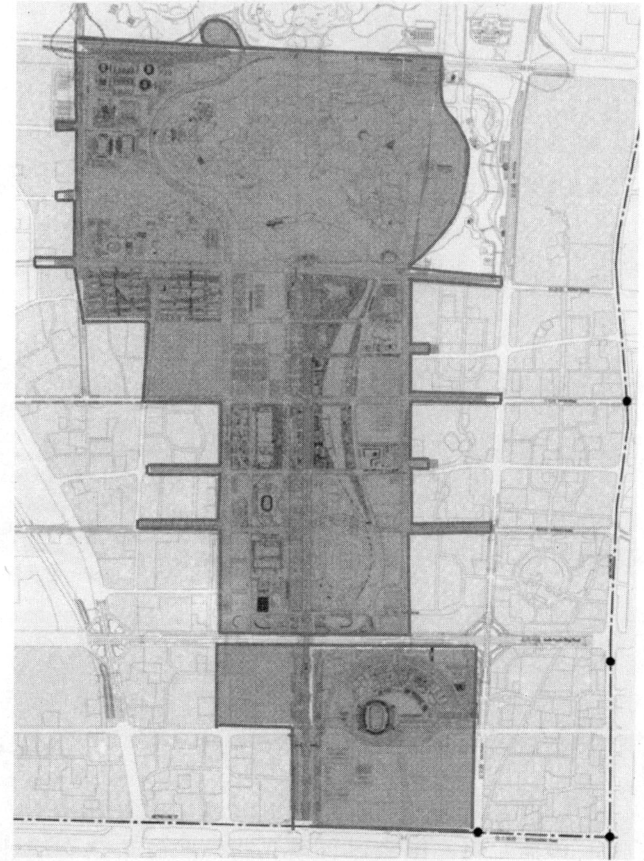

图 22-34　场馆区范围

奥林匹克公园内其他场馆的电瓶车不允许随意进入公共区道路上行驶，以下两种情况除外：一是在

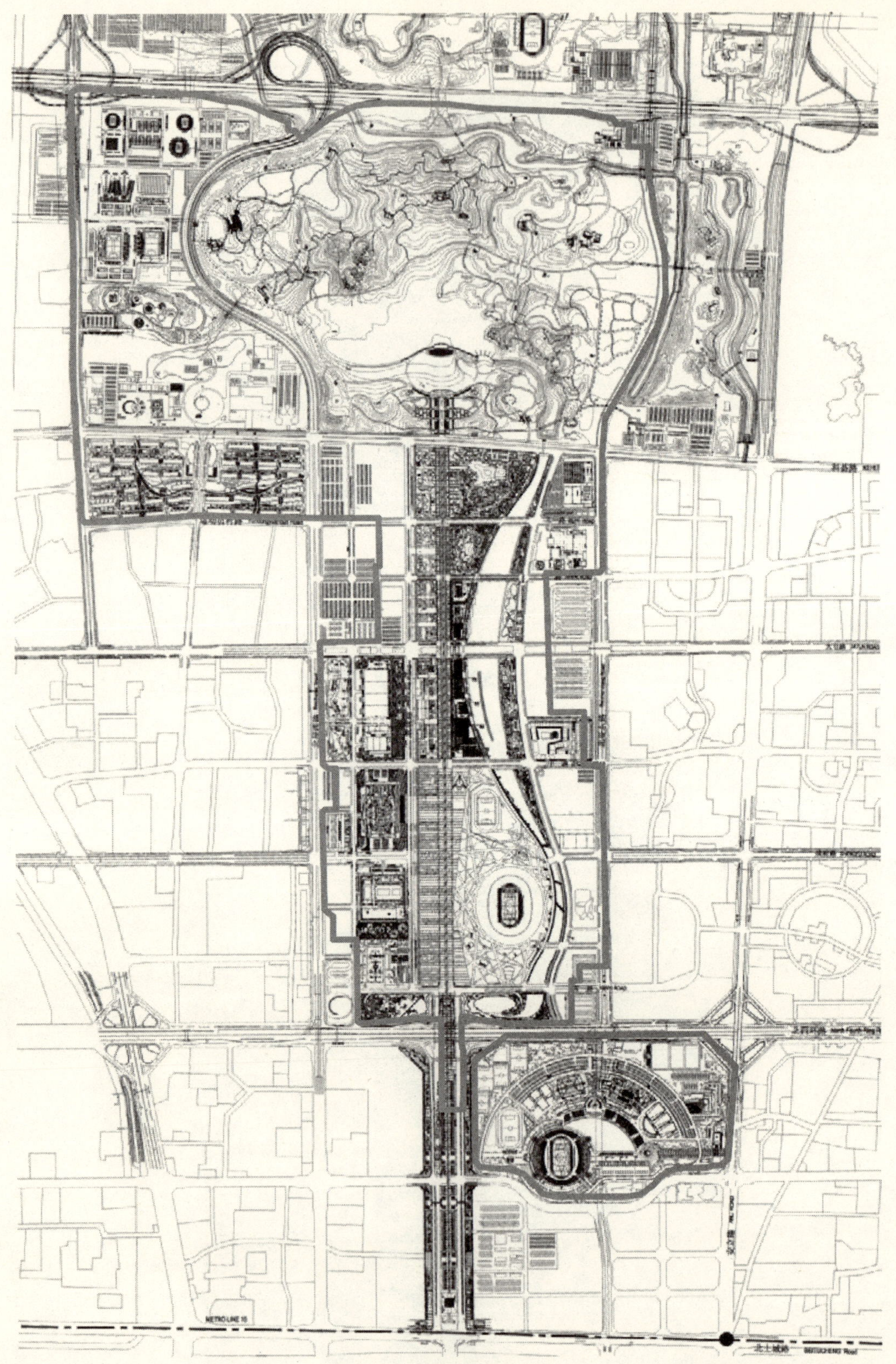

图 22-35　安保封闭区范围

不影响观众疏散的情况下，IBC 电瓶车可在国家体育场北路与北辰东路交汇处沿国家体育场北路进入多功能演播塔；二是在不影响观众疏散的情况下，国家体育场接泊电瓶车可沿国家体育场南路北侧非机动车道进入。

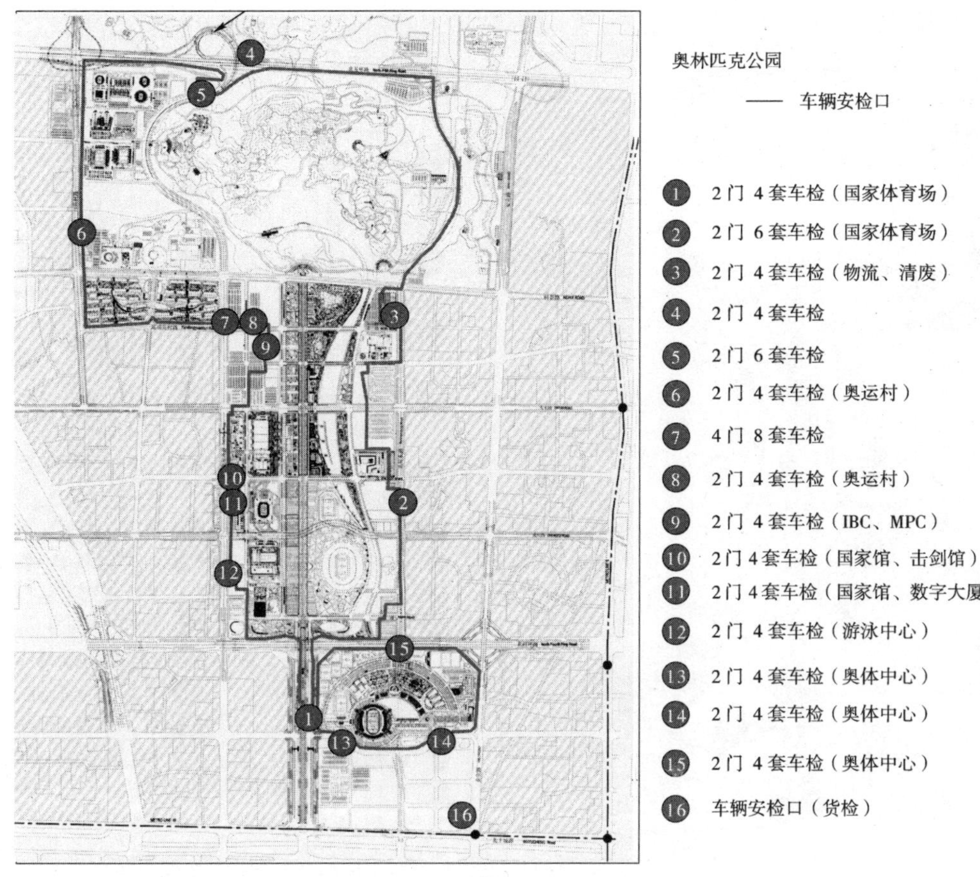


图 22-36　奥林匹克公园车辆安检口

**2. 外围客户群车辆出入公共区管控政策**

为确保公共区及外围交通安全有序，各类客户群出入中心区必须按以下路线行驶：

(1)运动员班车行驶路线

运动员抵离京：抵京时由首都机场经机场高速路、五元桥、北五环路、林萃桥、林萃路至奥运村迎送中心。离京时由奥运村班车站经北辰西路、奥林西桥、北五环路、五元桥、机场高速路至首都机场。

往返国家体育场：前往时由奥运村经奥林西路、科荟路、北辰东路、国家体育场东侧北桥至国家体育场。返回时由国家体育场经湖景东路、慧忠路、北辰东路、科荟路、奥林西路返回奥运村。

往返会议中心击剑馆、国家体育馆、国家游泳中心：前往时由奥运村经奥林西路、北辰西路分别至会议中心击剑馆、国家体育馆、国家游泳中心。返回时分别由会议中心击剑馆、国家体育馆、国家游泳中心至北辰西路、奥林西路返回奥运村。

往返奥林匹克公园网球中心、射箭场、曲棍球场：前往时由奥运村经奥林西路分别至奥林匹克公园网球中心、射箭场、曲棍球场。返回时分别由奥林匹克公园网球中心、射箭场、曲棍球场经奥林西路至奥运村。

往返石景山赛区各场馆：前往时由奥运村经奥林西路、奥林西桥、北五环路至石景山赛区（北京射击场馆群、老山自行车赛场馆群）。返回时分别由北京射击场馆群、老山自行车赛场馆群经北五环路、奥林西桥、奥林西路至奥运村。

往返西部赛区各场馆：前往时由奥运村经奥林西路、北辰西路、北四环路前往西部赛区各场馆（丰体、五棵松体育中心、理工大学）。返回时由各场馆经北四环路、北辰东桥、北辰东路、科荟路、奥林西路至奥运村。

往返大学区各场馆：前往时由奥运村经奥林西路、北辰西路、安翔北路、志新路前往大学区赛区（北京大学、中国科技大学、北京航空航天大学），经奥林西路、运动员村路、林萃路、科荟路前往农业大学。

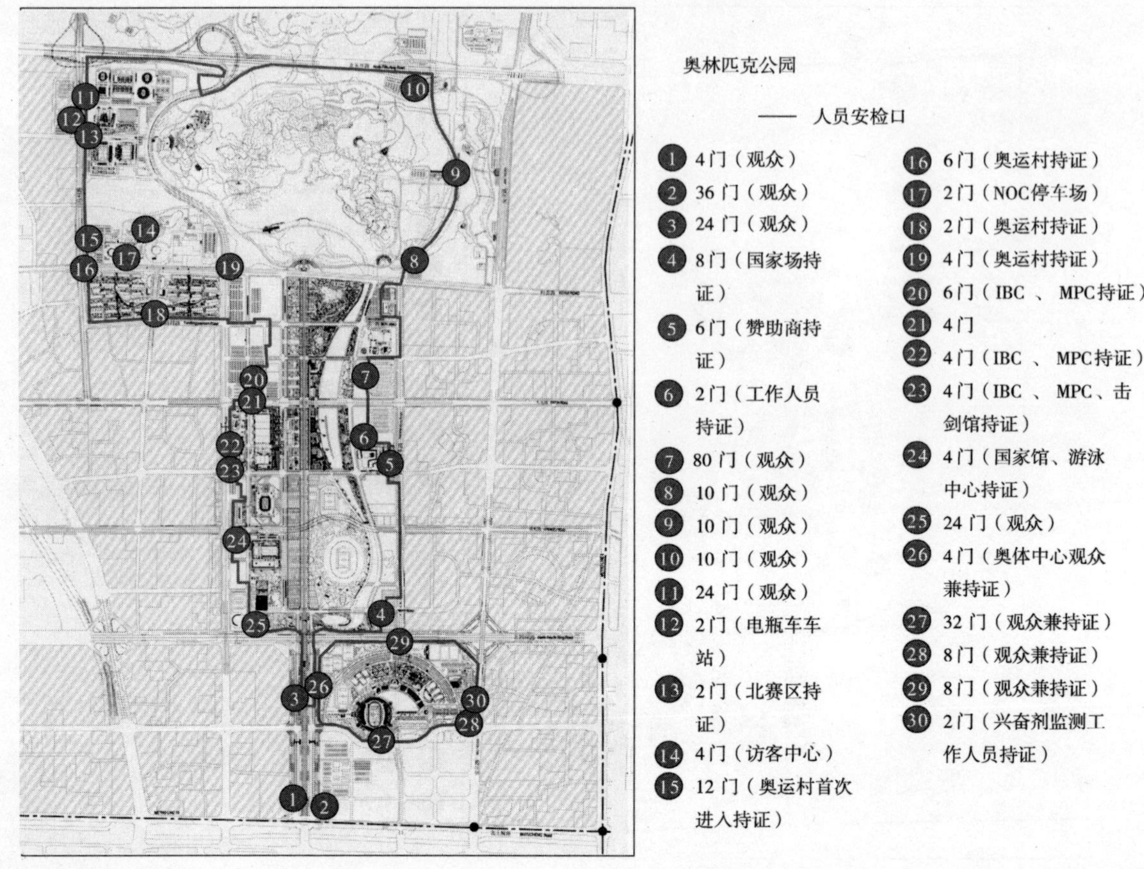


图 22-37　奥林匹克公园人员安检口

返回时由大学区赛区（北京大学、中国科技大学、北京航空航天大学）经学院路、志新路、安翔北路、北辰西路至奥运村。农业大学返回时经大屯路、北辰西路、奥林西路至奥运村。

往返东部赛区各场馆：前往时由奥运村经奥林西路、奥林西桥、北五环路、来广营桥、京承高速公路、望和桥、东四环路至东部赛区（朝阳公园、北京工业大学）。返回时由东部赛区（朝阳公园、北京工业大学）经东四环路、北四环路、北辰西路、奥林西路至奥运村。

往返城区赛区各场馆：前往时由奥运村经北辰西路、北土城路、北辰路、鼓楼外大街、北二环路至工人体育场、工人体育馆、首都体育馆。返回时，由工人体育场、工人体育馆、首都体育馆经北二环路、鼓楼外大街、北辰路、北土城路、北辰西路至奥运村。

（2）注册媒体车辆行驶路线

媒体村班车至国际广播中心（IBC）/主新闻中心（MPC）：绿色家园媒体班车经安立路、北五环路、奥林西桥、北辰西路至 IBC/MPC（原路返回）。汇园公寓媒体班车经北辰东路、科荟路、北辰西路至 IBC/MPC（原路返回）。

媒体饭店班车至 IBC/MPC：由各媒体饭店出发，经连接线并入奥运专用道，分别通过北四环路、北五环路、北辰东路、北辰西路至 IBC/MPC。

IBC/MPC 至各场馆：由 IBC/MPC 出发，经北辰西路至各比赛场馆。其行驶路线与运动员班车行驶路线相同。

媒体自备车：由媒体村和各媒体饭店出发，经连接线并入奥运专用道，分别通过北四环路、北五环路、北辰东路、北辰西路至 IBC/MPC。返回时由 IBC/MPC 出发，经北辰西路、北五环路、北四环路、大屯路、成府路并入奥运专用道至媒体村和各媒体饭店。

媒体环路班车：为了满足媒体人员在奥林匹克中心区内集中乘车的交通需求，奥林匹克中心区内设计班车环路四条，分别为：奥运村媒体交通环线、北区场馆群交通环线、中区媒体交通环线、南区媒体交

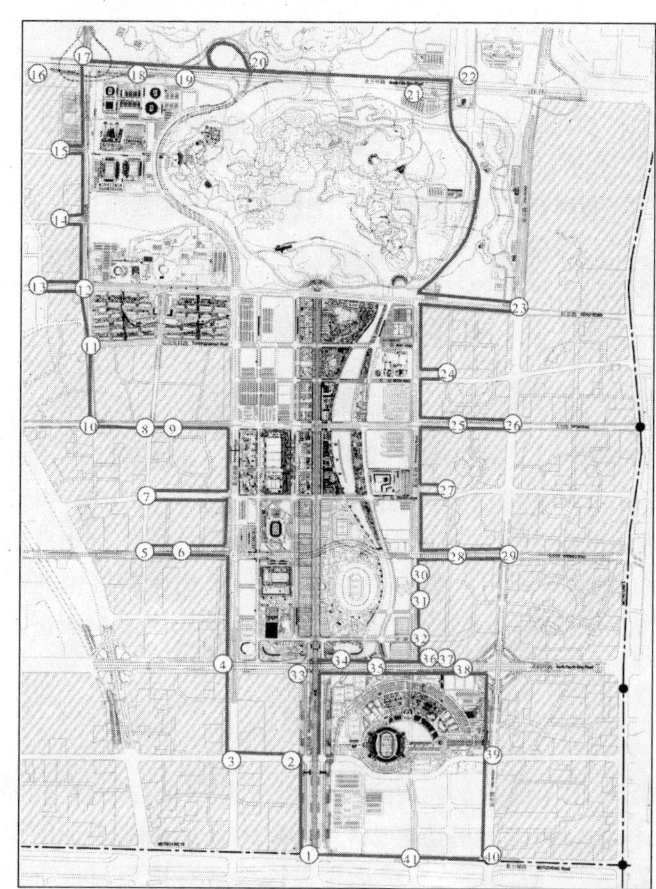

二、奥林匹克公园场馆区车辆验证点

—— 名称及分布情况（2008.2）

1．北土城路口
2．奥体西门西侧
3．民族园路口
4．北辰西桥下北侧
5．安翔北路306医院路口
6．安翔北路地下通道口
7．科学园南里中街百富湘味楼路口
8．林萃东路南口
9．大屯路地下通道西口
10．林萃路南口
11．运动员村路西口
12．林萃路口
13．科荟桥
14．林萃西里北路　55号楼路口
15．域清街中口
16．上清桥东西向东入口
17．林萃桥北
18．奥林西桥西西向东入口
19．奥林西桥西西向东出口
20．奥林西桥东东向西出口
21．奥林东桥西南下
22．奥林东桥东北下
23．安立路口
24．大屯北路慧忠北里111号楼路口
25．大屯路地下通道东口
26．安大路口
27．慧忠北路大屯医院路口
28．慧忠路地下通道口
29．慧忠路口
30．首创期货路口
31．汇园公寓西门
32．亚运村西门
33．北辰桥西南下
34．北辰桥东东向西出口
35．北辰东桥（四环主路）西向北入口
36．安慧桥西东向西入口
37．安慧桥西东向西出口
38．北辰东桥（四环主路）东向北入口
39．奥体东门
40．小关路口
41．曹八里路口

图 22-38　奥林匹克公园场馆区车辆验证点公布

通环线。环路站点在各场馆后院区媒体上下车点区设置。行驶路线为：奥运村媒体交通环线由 IBC/MPC 经大屯北路、北辰西路、运动员村路、林萃路、奥运村访客中心，出访客中心经林萃路、北五环南辅路、奥林西路、北辰西路、大屯路返回 IBC/MPC；北区场馆群交通环线由 IBC/MPC 经天辰西路、奥林西路、场馆内部路至北区三个场馆，出北区场馆群经奥林西路、北辰西路、大屯路返回 IBC/MPC；中区媒体交通环线由 IBC/MPC 经天辰西路、科荟路、北辰东路、慧忠路至国家体育场，由国家体育场经湖景东路、北四环北辅路、北辰西路、慧忠路至国家游泳中心，出国家游泳中心经天辰西路至国家体育馆，出国家体育馆经天辰西路至会议中心击剑馆，出会议中心击剑馆经国家体育场北路、北辰西路、大屯路返回 MPC/IBC；南区媒体交通环线由 IBC/MPC 经大屯北路、北辰西路、民族园路、奥体中路、奥体中心西门至奥体中心体育场，经内部环路至英东游泳馆，经内部环路至奥体中心体育馆，经内部环路、奥体中心西门、奥体中路、民族园路、北辰西路、大屯路返回 IBC/MPC。

（3）奥林匹克大家庭国际国内贵宾车辆行驶路线

奥林匹克大家庭国际国内贵宾车辆由驻地出发，并入奥运专用道，经北辰路、北辰西路分别进入奥林匹克中心区（原路返回）。

（4）技术官员车辆行驶路线

技术官员班车行驶路线：技术官员班车由技术官员饭店出发，经连接线并入奥运专用道，分别通过北辰路、北四环路、北五环路、北辰东路、北辰西路至奥林匹克中心区，分别在各场馆车辆安检点安检后进入各场馆。返回时由奥林匹克中心区内各场馆出发，经北辰西路、北五环路、北四环路、大屯路、北辰路并入奥运专用道至各技术官员饭店。

技术代表车辆行驶路线：技术代表车辆由技术代表饭店出发，经连接线并入奥运专用道，分别通过北辰路、北四环路、北五环路、北辰东路、北辰西路至奥林匹克中心区各场馆。返回时由奥林匹克中心区内各场馆出发，经北辰西路、北五环路、北四环路、大屯路、北辰路并入奥运专用道至各技术代表饭店。

(5)赞助商车辆行驶路线

前往奥林匹克接待中心:赞助商车辆由赞助商饭店出发,经连接线并入奥运专用道,分别通过安立路、北四环路、北五环路、北辰东路至奥林匹克接待中心。返回时由奥林匹克接待中心出发,经北辰西路、北五环路、北四环路、大屯路并入奥运专用道至赞助商饭店。

前往奥林匹克中心区各场馆:赞助商车辆由赞助商饭店出发,经奥运支线并入奥运专用道,分别通过大屯路、成府路、北辰路、北四环路、北五环路、北辰东路、北辰西路至奥林匹克公园各场馆。返回时由奥林匹克中心区各场馆出发,经北辰西路、北五环路、北四环路、大屯路、北辰路、成府路并入奥运专用道至赞助商饭店。

(6)物流后勤保障车辆行驶路线

奥林匹克公园中心区物流环卫集散区域将按北赛区、奥运村、主新闻中心、南赛区、文化休闲区5个区域设置物流安检通道。物流、环卫、后勤保障车辆分别通过以下流线进入中心区:北区场馆群由北五环路、奥林西路出入北赛区网球场东口;奥运村由北五环路、奥林西路出入奥运村东北口;IBC/MPC由北五环路、林萃桥、林萃路、大屯路、北辰西路、大屯北路出入主新闻中心北口;奥体中心场馆群由北五环路、林萃桥、林萃路、大屯路、北辰西路、民族园路、奥体中路出入奥体中心西南门;文化休闲区由北五环路、奥林东路、北辰东路、大屯北路出入。白天物流保障车辆将分别通过中心区10个车辆安检点进入奥林匹克公园中心区。

(7)访客前往奥林匹克公园中心区通行政策

前往奥运村的访客车辆通行政策:

持奥运相关注册证件的人员乘坐有或无奥运专用车证的车辆,在验证点出示注册证件后,车辆经北辰西路、大屯路、林萃路或经北五环路、林萃桥、林萃路至奥运村访客中心落客,无奥运相关车证的车辆落客后车辆经林萃路、域清街立即驶离奥林匹克公园中心区。持有奥运相关证件并有奥运村停车权限的车辆停放在访客停车场。

未持有奥运相关注册证件的人员需提前向访客办公室预约,后到北土城东路访客办公室领取访客卡并换乘访客班车,车辆经北辰路、民族园路、北辰西路、运动员村路、林萃路前往奥运村访客中心。返回时,经林萃路、北五环路、仰山桥、安立路返回访客办公室。

前往IBC/MPC的访客车辆通行政策:

持有奥运专用车证的访客车辆,经北辰西路或大屯路至IBC/MPC访客中心,车辆停放在访客停车场。

持奥运相关证件或访客卡的人员乘坐无奥运专用车证的访客车辆,在验证点出示证件或访客卡后,车辆经北辰西路或大屯路至IBC/MPC访客中心外落客,落客后车辆经大屯路立即驶离奥林匹克公园中心区。

未持有奥运相关证件或访客卡的人员乘坐无奥运专用车证的访客车辆,经大屯路至车辆验证点外落客,落客后车辆掉头驶离。

(8)工作人员、志愿者、观众通行政策

赛时,工作人员、志愿者、观众将通过公交专线和地铁前往奥林匹克公园中心区。具体公共交通方式和线路为:

奥林匹克公园中心区周边,除保留正常的37条公共交通线路外,将开通18条奥运公交专线,由全市往返奥林匹克公园中心区周边4处公交场站。具体是:北部赛区场站、公园公共区场站、西部赛区场站和南部赛区场站,4处公交场站可容纳公交车辆700辆。

奥运赛时将开通奥林匹克公园中心区环线(行使路线为:北土城东路、北土城西路、北辰西路、奥运村路、林萃路、北五环路、北辰东路、北四环路、安立路、北土城东路)。工作人员、志愿者、观众将乘坐环线公交车辆前往各自目的地。

另外,还将有地铁5、8、10号线分别往返奥林匹克公园中心区及周边地区。

## 六、奥林匹克公园公共区交通通行

### 1. 运动员班车交通流线

抵京时由首都机场经机场高速路、五元桥、北五环路、林萃桥、林萃路至奥运村迎送中心。

离京时由奥运村班车站经北辰西路、奥林西桥、北五环路、五元桥、机场高速路至首都机场。

往返国家体育场：

由奥运村经科荟路、北辰东路、国家体育场东侧北桥至国家体育场。

由国家体育场至北辰东路、经科荟路返回奥运村。

往返会议中心击剑馆、国家体育馆、国家游泳中心：

由奥运村经北辰西路分别至会议中心击剑馆、国家体育馆、国家游泳中心。

分别由会议中心击剑馆、国家体育馆、国家游泳中心至北辰西路返回奥运村。

往返奥林匹克公园网球中心、射箭场、曲棍球场：

由奥运村经北辰西路、分别至奥林匹克公园网球中心、射箭场、曲棍球场。

返回时分别由奥林匹克公园网球中心、射箭场、曲棍球场经北辰西路至奥运村。

往返石景山赛区各场馆：

由奥运村经北辰西路、奥林西桥、北五环路至石景山赛区（北京射击场馆群、老山自行车赛场馆群）。

返回时，分别由北京射击场馆群、老山自行车赛场馆群经北五环路、奥林西桥、北辰西路至奥运村。

西部赛区各场馆：

由奥运村经北辰西路、北四环路前往西部赛区各场馆（丰体、五棵松体育中心、理工大学）。

返回时由各场馆经北四环路、北辰东桥、北辰东路、科荟路至奥运村。

往返大学区各场馆：

由奥运村经北辰西路、大屯路前往大学区赛区（北京大学、农业大学、中国科技大学、北京航空航天大学）。

返回时由大学区赛区（北京大学、农业大学、中国科技大学、北京航空航天大学）经学院路、大屯路、北辰西路至奥运村。

往返东部赛区各场馆：

由奥运村经北辰西路、奥林西桥、北五环路、来广营桥、京承高速公路、望和桥、东四环路至东部赛区（朝阳公园、北京工业大学）。

返回时由东部赛区（朝阳公园、北京工业大学）经东四环路、北四环路、北辰西路至奥运村。

往返城区赛区各场馆：

由奥运村经北辰西路、北土城路、北辰路、鼓楼外大街、北二环路至工人体育场、工人体育馆、首都体育馆。

返回时，由工人体育场、工人体育馆、首都体育馆经北二环路、鼓楼外大街、北辰路、北土城路、北辰西路至奥运村。

### 2. 媒体交通流线

媒体村班车至 MPC/IBC 交通流线：

绿色家园媒体班车经安立路、北五环路、奥林西桥、北辰西路至 MPC/IBC。（往返）

汇园公寓媒体班车经北辰东路、科荟路、北辰西路至 IBC/MPC。

返回时由 MPC/IBC 出发经北辰西路、科荟路、北辰东路进入汇园公寓。

媒体饭店班车至 MPC/IBC 交通流线：

由各媒体饭店出发，经奥运支线并入奥运专用道，分别通过北四环路、北五环路、北辰东路、北辰西路至 MPC/IBC。

MPC/IBC 至各场馆交通流线

由 MPC/IBC 出发，经北辰西路至各比赛场馆。其行驶路线与运动员班车行驶路线相同。

媒体自备车交通流线：

由媒体村和各媒体饭店出发，经奥运支线并入奥运专用道，分别通过北四环路、北五环路、北辰东路、北辰西路至 IBC/MPC。

返回时由 IBC/MPC 出发，经北辰西路、北五环路、北四环路、大屯路、成府路并入奥运专用道至媒体村和各媒体饭店。

媒体环路交通规划

为了满足各类客户群在奥林匹克中心区内集中乘车的交通需求，奥林匹克中心区内拟设计班车环路三条，分别为：中环、北环、南环。

环路站点在各场馆后院区媒体上下车点区设置。

具体路线为：

北环：由 MPC/IBC 经北辰西路、运动员村路、林萃路至奥运村访客中心，出奥运村访客中心经林萃路、北五环南辅路、奥林西路至奥林匹克网球场、射箭场、曲棍球场，出曲棍球场经北辰西路返回 MPC/IBC。

中环：由 MPC/IBC 经北辰西路、科荟路、北辰东路、成府路至国家体育场，由国家体育场经湖滨东路、北四环北辅路、北辰西路、成府路至国家游泳中心，出国家游泳中心经成府路、北辰西路、规划三路至国家体育馆，出国家体育馆经中一路至会议中心击剑馆，出会议中心击剑馆经中一路、北辰西路返回 MPC/IBC。

南区环路：由 MPC/IBC 经北辰西路、民族园路、奥体中心南路、奥体中心西门至奥体中心体育场，经内部路至英东游泳馆，经内部路至奥体中心体育馆，经内部路、奥体中心西门、奥体中心南路、民族园路、北辰西路返回 MPC/IBC。

**3. 奥林匹克大家庭国际国内贵宾交通流线**

奥林匹克大家庭国际国内贵宾车辆由驻地出发，并入奥运专用道，经北辰路、北辰西路分别进入奥林匹克中心区。（原返）

**4. 技术官员交通流线**

技术官员班车交通流线：

技术官员班车由技术官员饭店出发，经奥运支线并入奥运专用道，分别通过北辰路、北四环路、北五环路、北辰东路、北辰西路至奥林匹克中心区，分别在各场馆车辆安检点安检后进入各场馆。

返回时由奥林匹克中心区内各场馆出发，经北辰西路、北五环路、北四环路、大屯路、北辰路、成府路并入奥运专用道至各技术官员饭店。

技术代表车辆交通流线：

技术代表车辆由技术代表饭店出发，经奥运支线并入奥运专用道，分别通过北辰路、北四环路、北五环路、北辰东路、北辰西路至奥林匹克中心区各场馆。

返回时由奥林匹克中心区内各场馆出发，经北辰西路、北五环路、北四环路、大屯路、北辰路、成府路并入奥运专用道至各技术代表饭店。

**5. 赞助商交通流线**

前往奥林匹克接待中心交通流线：

赞助商车辆由赞助商饭店出发，经奥运支线并入奥运专用道，分别通过安立路、北四环路、北五环路、北辰东路至奥林匹克接待中心。

返回时由奥林匹克接待中心出发，经北辰西路、北五环路、北四环路、大屯路、成府路并入奥运专用道至赞助商饭店。

前往奥林匹克中心区各场馆交通流线：

赞助商车辆由赞助商饭店出发，经奥运支线并入奥运专用道，分别通过大屯路、成府路、北辰路、北四环路、北五环路、北辰东路、北辰西路至奥林匹克公园各场馆。

返回时由奥林匹克中心区各场馆出发，经北辰西路、北五环路、北四环路、大屯路、北辰路、成府路并入奥运专用道至赞助商饭店。

**6. 物流后勤保障车辆交通流线**

奥林匹克中心区物流、后勤保障车辆，要严格执行夜运原则。必须白天运输的应急体育器械、餐饮、赛后清废车辆，严格控制车辆数量。通行时段应避开场馆赛事交通高峰。

奥林匹克中心区物流环卫集散区域将按北赛区、奥运村、主新闻中心、南赛区、文化休闲区5个区域设置物流安检通道。物流、环卫、后勤保障车辆分别通过以下流线进入中心区：

北赛区：由北五环路、北辰西路出入北赛区网球场东口；

奥运村：由北五环路、北辰西路出入奥运村东北口；

主新闻中心（MPC/IBC）：由北五环路、北辰西路出入主新闻中心北口；

南赛区：由北四环路、北辰路、奥体南路出入奥体中心西南门；

文化休闲区：由北五环路、北辰东路科荟路口出入。

白天物流保障车辆出入口，将分别通过中心区10个车辆安检点进入中心区。

**7. 工作人员、志愿者、观众前往奥林匹克中心区交通组织**

赛时，工作人员、志愿者、观众将通过公交专线和地铁前往奥林匹克中心区。奥林匹克中心区周边，除保留正常的37条公共交通线路外，将开通18条奥运公交专线，由全市往返中心区周边4处场站，具体是：北部赛区场站、公园公共区场站、西部赛区场站和南部赛区场站，可容公交车辆700辆。

届时，将有地铁5、8、10号线分别往返奥林匹克中心区及周边地区。另外，还将开辟奥林匹克中心区环线（行驶路线为：北土城东路、北土城西路、北辰西路、运动员村路、林萃路、北五环路、北辰东路、北四环路、安立路、北土城东路）。工作人员、志愿者、观众将乘坐公共环线前往各自目的地。

奥运公交场站设置及交通流线

奥林匹克中心区南部公交场站：设在奥体中心南门外公交场站内，主要停放运送南部观众的公交专线车辆。可停放公交车200辆。具体流线是：持票观众由南部外围公交专线站点乘车，经北二环路（北三环路）汇入安外大街，经安定路、北土城路至奥体中心公交场站。返回时，由北土城路经安外大街返回。

奥林匹克中心区东部公交场站：设在奥林匹克中心区东部公交场站内（大屯路南北两侧），主要停放运送东部观众的公交专线车辆。可停放公交车250辆。具体流线是：持票观众由西部外围公交专线站点乘车，分别由北四环路（北五环路）汇入安立路，经大屯路、北辰东路至奥林匹克中心区东部公交场站。返回时，由北辰东路分别汇入北四环路（北五环路）返回。

奥林匹克中心区西南部公交场站：设在奥林匹克中心区西南部公交场站内，主要停放运送西部观众的公交专线车辆。可停放公交车50辆。具体流线是：持票观众由东部外围公交专线站点乘车，经北五环路、安立路汇入北四环路，经北辰西桥、北辰西路至奥林匹克中心区西南部公交场站。返回时，经北辰西路、北四环路北侧辅路至健翔桥掉头，由北四环路南侧辅路返回；或经北辰西路、北四环路北侧辅路、健翔桥、八达岭高速公路、北五环路返回。

奥林匹克中心区北部公交场站：设在奥林匹克中心区北部场馆群西侧，主要停放由五环东西方向驶来公交专线车辆。可停放公交车200辆。具体流线是：由林翠桥向南，经科荟西桥、沙滩桥向北，进入场站。原线返回。

乘坐地铁的观众由北土城环岛站安检后换乘奥林匹克专线，由奥林匹克公园站下车经景观路至国家体育场北侧进入场馆。

## 七、外围保障

### 1. 公共交通系统

北京公共交通系统非常密集，为场馆外围交通提供公共汽车与地铁服务。赛时持当日票观众将免

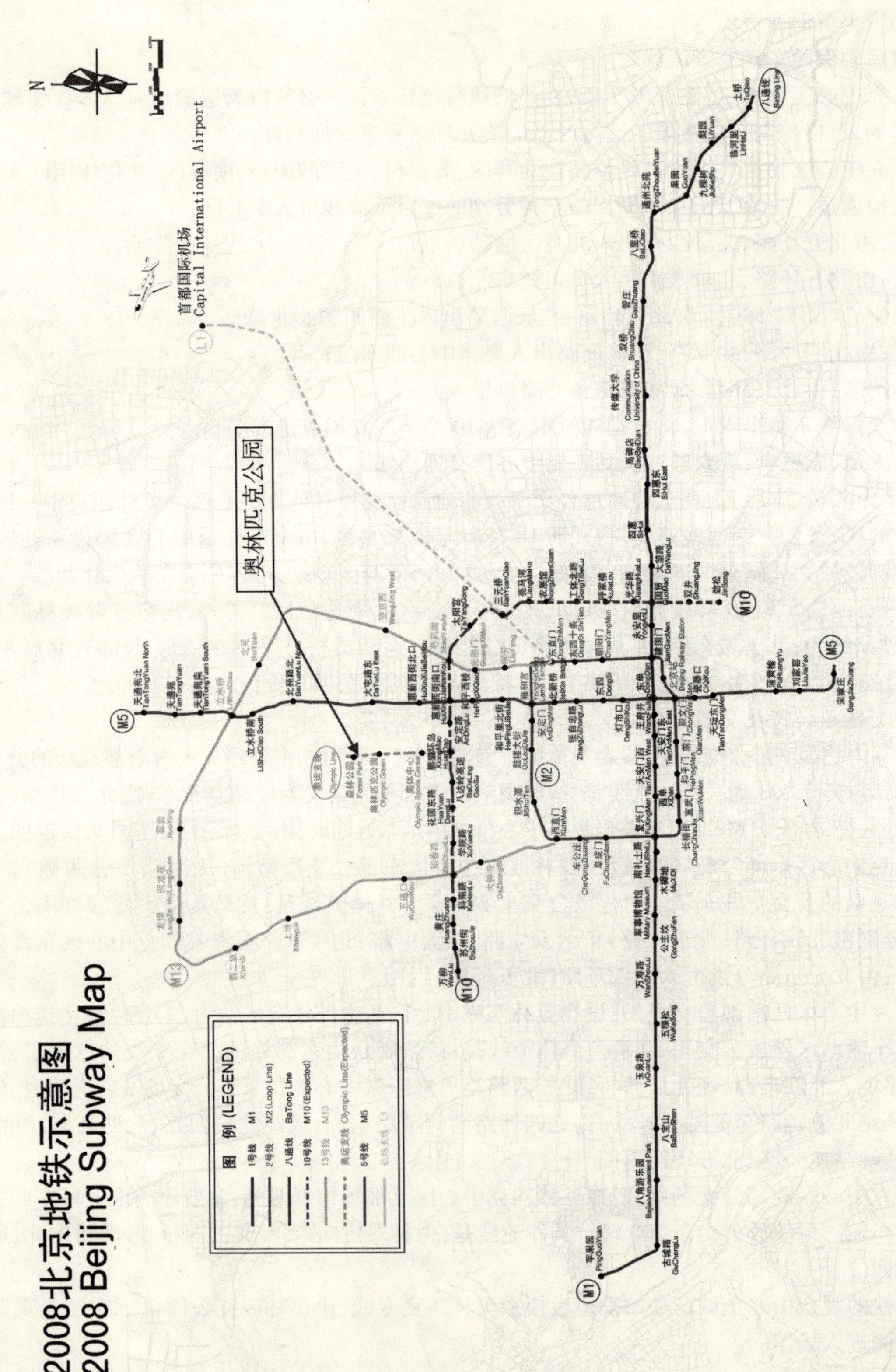


图 22-39 地铁奥运专线及地铁 10 号线

费乘坐当日公交。

**2. 场馆周边公交运行线路及站点设置**

奥林匹克公园周边常规公交线路17条，服务站位59个，并设有3条奥运公交专线。

**3. 地铁轨道交通系统**

奥林匹克公园连接的轨道交通为地铁奥运专线及地铁10号线(图22-39)。

**4. 出租车**

保点出租车上下车点设在奥林匹克公园周边，数量为7处。只有持奥运相关证件证的人员才能乘坐出租车在此下车，具体位置分布见图22-40。

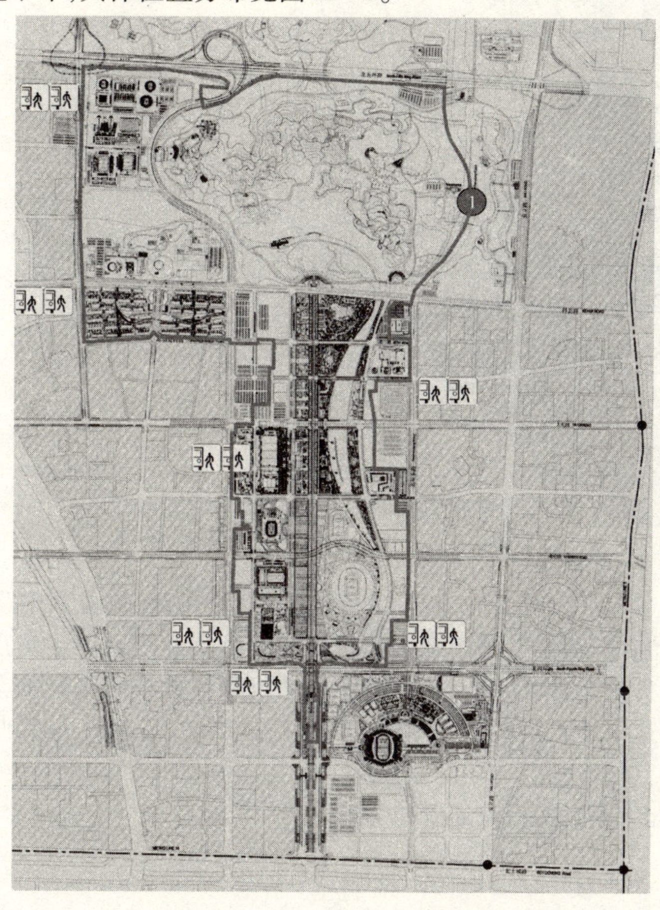


图22-40　保点出租车站位公布

**5. 自行车**

奥林匹克公园安保线外设置3处自行车停放处，见图22-41。

## 八、场馆交通组织管理

**1. 车辆验证点**

赛时奥林匹克公园场馆区外围共设置车辆验证点41处，具体是：北土城路口、奥体西门西侧、民族园路口、北辰西桥下北侧、安翔北路306医院口、安翔北路地下通道口、科学园南里中街百富湘味楼路口、林萃东路南口、大屯路地下通道西口、林萃东路北口、林萃路口、运动员村西口、科荟桥、林萃西里北路55号楼路口、域清街中口、上清桥东西向东入口、林萃桥北、奥林西桥西西向东出口、奥林西桥东东向西出口、奥林东桥西南下、奥林东桥东北下、安立路口、大屯北路慧忠北里111楼口、大屯路地下通道东口、安大路口、慧忠北路大屯医院路口、慧忠路地下通道口、慧忠路口、首创期货路口、汇园公寓西门、亚运村西门、北辰桥西南下、北辰桥东东向西出口、北辰东桥(四环主路)西向北入口、安慧桥西东向西入

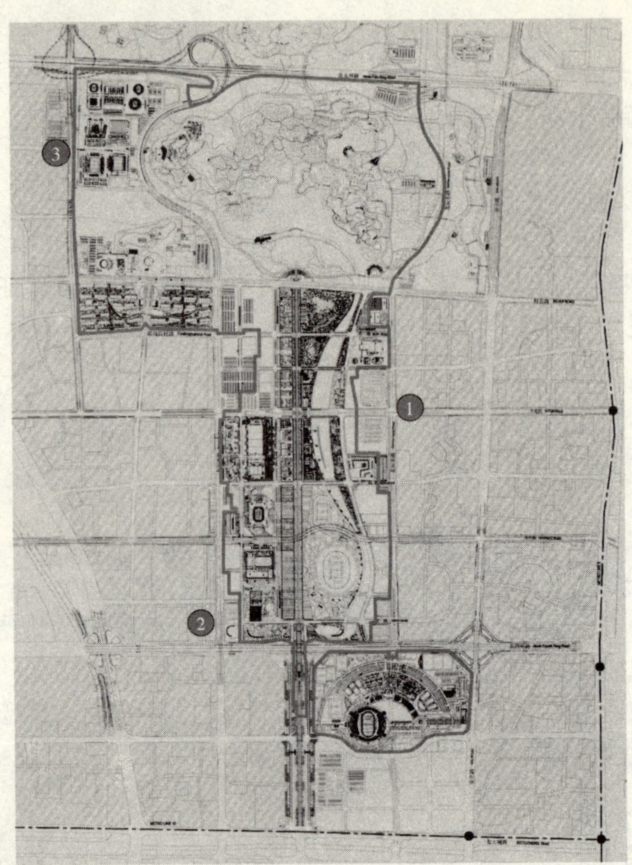


图 22-41　自行车停放点示意图

口、安慧桥西东向西出口、北辰东桥(四环主路)东向北入口、奥体东门、小关路口、曹八里路口。

场馆区内安保封闭区外,准许持有奥运会专用车证的车辆和奥运公交专线及奥运定点出租车辆通行。对前往场馆的车辆所持车辆证件进行查验,分别将持有不同通行和停放权限车证的车辆指引至不同的车辆进口和停车场地。载有奥运持证人员的出租车辆允许通行该区域,落客后迅速驶离该区域。

**2. 管控时段**

赛时奥林匹克公园场馆区外围 24 小时实行交通管控。

# 第二十三章　赛事交通服务交通安全管理

奥运会、残奥会交通服务运行的总目标是:"安全、准点、可靠、便利"。"安全"无疑是能否实现这一总目标的关键所在,也是全面实现"平安奥运"的极为重要的因素。因此,北京奥组委交通部从组建之初,就把交通安全列入了筹备工作的重要环节,下大力气,从基础工作抓起,把交通安全工作落到了实处。

在奥运会、残奥会交通运行筹备工作中的人、车、场、证、物、组织、政策七要素中,人是第一位的,而人——驾驶员和各级管理人员在保障交通安全的诸因素中无疑更是核心要素。从这一核心要素入手,遵循严格审查、严格培训、严格考核、严格管理的原则,重点抓住了驾驶员志愿者的招募、筛选、培训和赛时的交通安全管理这两个关键环节,从根本上保证了奥运会、残奥会赛时的交通安全,为实现"平安奥运"作出了贡献。

## 第一节　组建一支确保交通安全的高素质驾驶员队伍

驾驶员志愿者是奥运会、残奥会志愿者第一个启动项目,也是专业志愿者培训项目中涉及人数、单位和管理层级最多,培训时间跨度最长,培训内容最多,培训要求最严,涉及部门最广,协调难度最大的一个项目。根据北京奥运会、残奥会工作总体部署,在北京奥运会志愿者工作协调小组,和北京奥运会交通工作协调小组的领导下,在驾驶员志愿者工作组各成员单位群策群力、通力配合、大力支持下,奥运会、残奥会驾驶员志愿者各项工作圆满完成,并取得了丰硕的工作成果,实现了既定的目标,为赛时交通服务、交通安全奠定了重要基础,提供了有效保障。在奥运会、残奥会交通服务期间,驾驶员志愿者未发生一起重大交通责任事故,未出现一起严重交通违法行为,未收到一次客户群的投诉(图 23-1)。

图 23-1　市政府、奥组委领导部署驾驶员志愿者交通安全管理工作

### 一、建立奥运会、残奥会驾驶员志愿者招募、培训组织机构

**1. 建立奥运会、残奥会驾驶员志愿者项目工作组**

为了给奥运会、残奥会赛时交通服务提供优秀的驾驶员志愿者,北京奥组委专门成立了奥运会、残奥会驾驶员志愿者工作组,由团市委、市交通委、市交管局、市运输管理局、奥组委交通部、志愿者部、安保部等相关部门和承担具体任务的中直机关、中央企业、市直机关、市国资委、教育系统、外资企业等七个系统及东城、西城、崇文、宣武、朝阳、海淀、丰台、石景山、通州、昌平、顺义、延庆、密云、房山、怀柔、平谷、门头沟、大兴十八区县,军队支奥办主管领导组成的驾驶员志愿者工作组,奥组委交通部部长、团市委副书记任组长,军队支奥办主管驾驶员志愿者工作的领导任副组长,驾驶员志愿者工作组下设办公室,由奥组委交通部相关人员负责制定驾驶员志愿者需求方案、招募条件、培训计划、培训方案、培训教材、培训经费预算,编制教学大纲,指导培训教案,负责培训车辆的筹集,落实培训场地及相关师资,组织实施培训工作;团市委、志愿者部及各成员单位负责驾驶员志愿者的招募和选调;驾驶员志愿者来源单位负责本单位相关培训计划的编制和人员管理,奥运通用知识培训、通用培训教材的落实,及赛时驾驶

员志愿者组织管理和驾驶员志愿者保障工作。驾驶员志愿者组织体系的落实，为实现驾驶员志愿者交通安全的万无一失提供了组织保证。

**2. 确定了驾驶员志愿者招募条件及来源单位**

为了确保奥运会、残奥会驾驶员志愿者服务质量和交通安全，把好招募第一关，选好志愿服务人员，驾驶员志愿者工作组针对驾驶员志愿者招募、选调的不同标准和要求，先后编制了各类驾驶员志愿者招募条件。在招募条件中把诸如实际驾龄、驾驶技能、交通安全资质等列为了重要的条件。如：

熟练掌握驾驶技能，未发生过交通肇事逃逸和负同等以上责任致人死亡事故。自2004年1月以来没有交通违法行为满12分记录。没有酒后驾车等严重交通违法记录。

2003年7月31日以前取得C1(含)以上准驾资格。

身体健康，无传染性疾病或妨碍安全行车的疾病。

对东城、西城、延庆等十八区县驾驶员志愿者选调条件中还增加了：实际驾龄6年以上的专职驾驶员或曾经担任过专职驾驶员。

在对军队1000名驾驶员志愿者招募过程中，考虑到其实际情况，专门提出要驾驶技能熟练，安全意识强，未发生过一般以上责任交通事故。具备2005年3月31日前正式驾驶执照等条件。

在此基础上，驾驶员志愿者工作组专门编制了《奥运会驾驶员志愿者招募、选调工作实施方案》，明确了招募和选调的组织领导、工作日期、工作方法和工作步骤。驾驶员志愿者各来源单位主要负责人亲自过问、把关，严格掌握标准，从而确保了驾驶员志愿者招募、选调工作的顺利进行，为驾驶员志愿者培训提供了良好的人员保障。

**3. 严格进行奥运会、残奥会驾驶员志愿者交通安全资质审查**

在驾驶员志愿者招募、选调的基础上，驾驶员志愿者工作组对参与奥运会、残奥会交通服务的七个系统、十八区县驾驶员志愿者陆续进行了严格的交通安全资质审查。审查内容主要包括：

(1)未发生过交通肇事逃逸和负同等以上责任致人死亡事故的。

(2)2004年11月以来，没有交通违法行为满12分记录的。

(3)2004年11月以来，没有酒后驾车等严重交通违法行为记录的。

(4)2003年7月31日以前取得C1(含)以上准驾资格的。

(5)无逾期未年审的。

(6)北京市颁发驾驶执照的。

通过交通安全资质审查，凡不符合审查条件的，均不能做为驾驶员志愿者，如：在对中央企业、教育系统、市国资委等七个系统驾驶员志愿者交通安全资质审查中，因酒后驾车，交通违法行为满12分，准驾车型不满足及驾龄不足等原因，就有21人被淘汰。

## 二、强化奥运会、残奥会驾驶员志愿者交通安全意识和驾驶技能培训

**1. 认真组织实施驾驶员志愿者测试评估工作**

为全面了解驾驶员志愿者驾驶技能、英语交流水平和奥运通用知识的现状，为选拔驾驶员志愿者骨干和有针对性的开展培训工作提供科学依据，驾驶员志愿者工作组针对驾驶员志愿者招募、选调工作进度和驾驶员志愿者赛时需求数量的增加，陆续组织驾驶员志愿者开展了驾驶技能、英语交流水平和奥运通用知识的测试评估。先后编制了《北京奥运会、残奥会驾驶员志愿者测试评估工作组织实施方案》、《驾驶员志愿者驾驶技能测试评估说明》、《驾驶员志愿者英语测试评估等级说明》、《驾驶员志愿者测试评估注意事项》、《驾驶员志愿者测试评估单位对接联系表》《驾驶员志愿者测试评估批次安排表》《驾驶员志愿者测试评估批次登记汇总表》。为确保测试评估工作的科学性和权威性，选择了4家市劳动和社会保障局确认的职业技能鉴定机构，作为驾驶员志愿者测试评估基地，并参照奥运会赛时交通服务车辆情况，使用自动档小轿车对驾驶员志愿者驾驶技能进行测试评估。

驾驶员志愿者驾驶技能测试评估主要内容(表23-1)：

(1)场地:为平整硬实长 50 米、宽 35 米的场地一块。

(2)以国家规定的“S”弯进行进车和倒车测试。

(3)测试内容:测试人驾驶指定车辆,由“S”弯入口,延“S”形路线倒出。

**驾驶员志愿者测试记录表**　　表 23-1

测试编号:　　　　姓　名:　　　　测试成绩:

测试项目:场地倒车驾驶　　　测试车型:小客车(自动档或手动档)

| 序　号 | 扣分点 | 扣分值(分) | 得　分 |
|---|---|---|---|
| 1 | 起步冲动、起步停火 | 5 | |
| 2 | 车速不稳 | 5 | |
| 3 | 方向使用不合理 | 10 | |
| 4 | 中途使用制动减速 | 10 | |
| 5 | 中途熄火(手动档)中途停车(自动档) | 10 | |
| 6 | 压线每次 | 5 | |
| 7 | 出线每次 | 5 | |
| 8 | 未按规定路线行驶 | 10 | |
| 9 | 停车急、停车入位轮、车身不正 | 25 | |
| 10 | 超过规定时间 | 15 | |
| 备注 | 1. 规定时间 50s;<br>2. 扣完分值为止,不出现负分;<br>3. 测试等级:91 ~ 100 分,81 ~ 90 分,60 ~ 80 分,0 ~ 59 分;<br>4. 测试成绩:根据得分填写 A、B、C、D 四个等级。 | | |

评分人:　　年　　月　　日　　　　　　核分人:　　年　　月　　日

通过进行驾驶员志愿者测试评估,使驾驶员志愿者工作组逐一了解了驾驶员志愿者驾驶技能的熟练程度和安全驾驶特点,而且还初步掌握了哪些驾驶员志愿者驾驶技术为 AB 级,哪些为 CD 级,如:七个系统、十一区 8000 多名驾驶员志愿者,通过技能测试评估,有 1109 名驾驶员志愿者驾驶技能为 CD 级。对 CD 级驾驶员志愿者作为安全重点,需进一步强化驾驶技术培训。为此,专门编制了《奥运会、残奥会驾驶员志愿者 CD 级驾驶技能强化实施培训方案》,依托专业技能鉴定所组织实施,2007 年 10 月 27 日 ~ 11 月 4 日,七个系统、十一区实际参加驾驶技能强化培训的 920 名驾驶员志愿者进行了侧方停车、贴库、倒库、道路实际驾驶培训等(图 23-2)。经过 6 天的强化培训和严格考核,共有 540 人达到考核标准(AB 级),有 380 名驾驶员志愿者因驾驶技能不熟练,未能通过专业技能鉴定考核。本着“安全第一”的原则,对未能通过考核的不再作为赛会驾驶员志愿者使用,由奥组委志愿者部安排其他岗位服务。

图 23-2　对驾驶员志愿者进行强化培训和严格考核

军队驾驶员志愿者,由于来源的特殊性,既有北京招募的,又有外地招募的,加之大多数人员没有驾驶过自动挡小轿车,对车辆性能、操作方法不熟悉,如何通过培训使他们熟悉了解自动档小客车的性能和操作方法,提高驾驶技能,达到驾驶技能测试评估的标准呢?经与军队支奥办慎重研究,决定专门租用 50 辆自动档小客车,委托职业技能鉴定所,对军队 1000 名驾驶员志愿者开展场地驾驶培训和测试评估。场地驾驶培训主要是在军队的培训基地，由职业技能鉴定所的教练指导军队每名驾驶员志愿者熟悉自动档小客车车辆性能，操作方法，进行驾驶技术培训（贴库、倒库、侧方停车等），在此基础上，对军队驾驶员志愿者驾驶技能进行了测试评估。

**2. 认真组织实施驾驶员志愿者识路踏勘和交通安全培训**

为了提高驾驶员志愿者岗位安全驾驶技能和服务水平，驾驶员志愿者工作组从 2007 年 11 月上旬开始，委托本市有资质的专业培训机构，对驾驶员志愿者集中开展了奥运专业基础知识培训，并将交通安全、相关法律法规、识路踏勘作为重要内容，纳入培训课程。培训期间，专门邀请市交管局的相关同志担任交通安全、法律法规授课老师。从当前北京的交通形势、事故预防、安全驾驶、赛时服务、注意事项等方面对驾驶员志愿者进行了系统规范的交通安全培训。同时，还由专业培训机构，就北京的道路特点、基本概况和行车中应注意的问题，在课堂面授的基础上，专门租用大轿车，配备相关师资，分期分批组织驾驶员志愿者熟悉了解奥运会、残奥会场馆、驻地、路线，为驾驶员志愿者赛时安全服务奠定基础。

## 三、强化驾驶员志愿者实操培训和安全行车培训

根据奥运会、残奥会驾驶员志愿者培训工作总体部署，为提高驾驶员志愿者岗位技能和服务水平，进一步熟悉了解奥运会、残奥会场馆、驻地、路线，增强安全行车意识，确保赛时交通安全万无一失。2008 年 5 月 12 日 ~7 月上旬，在驾驶员志愿者工作组的具体组织下，以驾驶员志愿者赛时服务的 T1/T2、T3、NOC、IF 交通服务运行团队和军队驾驶员志愿者总队为单位，组织驾驶员志愿者开展了实操和安全行车培训。培训内容为熟悉自动档车辆性能和操作方法，场馆、驻地、路线、机场上下车区、交通标识、应急情况处置等。其目的就是落实奥组委领导强调的“驾驶员志愿者赛时服务，交通安全是第一位的，没有安全就没有优质服务，要抓好驾驶员志愿者实操培训，确保赛时交通服务万无一失。”

驾驶员志愿者工作组，对驾驶员志愿者实操培训高度重视，相关具体工作人员，按照领导的要求，就培训内容、培训形式、人员组织、时间安排、车辆租赁、经费预算等工作细节，与交通服务运行团队，军队驾驶员志愿者总队协调研究，专门编制了《奥运会、残奥会驾驶员志愿者实操培训实施方案》、《奥运会、残奥会军队驾驶员志愿者实操培训实施方案及实操培训日程安排》、《奥运会、残奥会交通服务运行团队驾驶员志愿者实操培训日程安排》，使驾驶员志愿者实操培训工作有组织、有计划、有保障地顺利进行。

各系统、各区县、军队驾驶员志愿者主管领导积极协调，认真落实驾驶员志愿者的组织工作，确保驾驶员志愿者参培率，使驾驶员志愿者实操培训工作有了可靠的人员保障。培训中，针对军队驾驶员志愿者人员结构，驾驶技能，以及部分外地驾驶员志愿者对奥运会、残奥会场馆、驻地、路线不了解、不熟悉等问题，驾驶员志愿者工作组专门制订了《奥运会、残奥会军队驾驶员志愿者交通运行测试工作方案》、《奥运会、残奥会军队驾驶员志愿者交通运行测试日程安排》。从 2008 年 6 月 23 日 ~7 月 3 日，租用 50 辆自动挡小客车，专门对军队驾驶员志愿者进行交通运行测试，就奥运会、残奥会竞赛场馆，非竞赛场馆，训练场馆，服务场所，行车路线，交通场站进出，首都机场交通抵离，车辆交接等项目，组织军队驾驶员志愿者进行了全面测试，为赛时安全优质交通服务提供了重要保障；T1/T2 交通服务运行团队在组织驾驶员志愿者实操培训过程中，为了做到高标准、严要求，专门从国宾队请来实操培训教练，坚持上车前为驾驶员志愿者辅导驾驶要领、操作事项、安全行车等。对于驾驶自动挡小客车不熟练的驾驶员志愿者，随车教练要求志愿者用套绳将左腿固定，反复操练，避免由于操作不当，造成安全事故。

总之，驾驶员志愿者实操培训，经奥运会、残奥会赛时交通服务的检验，确实收到了良好的效果，对于驾驶员志愿者了解掌握赛时服务车辆性能、操作方法，以及场馆、驻地、路线都奠定了重要基础。

## 四、强化驾驶员志愿者实际道路驾驶技能考核

为确保驾驶员志愿者达到最佳的精神状态，掌握过硬的驾驶技能，驾驶员志愿者工作组协助市交管局，在驾驶员志愿者进行前期培训的基础上，对七个系统、十八区县及军队 7000 余名服务奥运会、残奥

会的驾驶员志愿者进行实际道路驾驶技能考核,进一步掌握驾驶员志愿者驾驶技能、反应能力、安全意识、守法意识,为加强驾驶员志愿者安全监管,确定调整驾驶员志愿者工作岗位提供依据。为了落实好这项工作,工作组专门编制了《奥运会驾驶员志愿者实际道路驾驶技能考核工作组织实施方案》、《奥运会驾驶员志愿者实际道路驾驶技能考核日程安排》。考核内容主要包括:上车准备、车辆起步、变更车道、通过路口、靠边停车、通过人行横道、通过公共汽车站、会车、超车、调头10项内容。确定了考核标准和考核地点,并全部使用带有副制动装置的考核专用车。

在考核过程中,市交管局车辆管理所派出考核人员,对驾驶员志愿者按考核标准分期分批逐一进行了道路实际驾驶技能、安全意识的考核。通过考核,96%的驾驶员志愿者成绩优良,只有286名考核成绩一般。成绩为一般的驾驶员志愿者,被安排到奥运会、残奥会其他服务岗位上工作。

### 五、严格合同商专业驾驶员和管理人员的选派和培训

参加奥运会、残奥会交通服务的5000余名专业驾驶员,绝大多数承担着为赛事服务的大客车驾驶任务,1500余名管理人员承担车队和驾驶员的管理工作,对奥运交通安全更是一个不可忽视的重点。对此,奥组委交通部也以确保安全和优质服务的高标准,对各合同商企业提出了严格的要求。

**1. 严把人员选派关**

驾驶员和管理人员的选派,各合同商企业主要负责人要负责,严格选拔标准,确保万无一失。各合同商企业从严入手,各部门共同把关,确定了严格的选拔条件,如对入选人员要求"四清楚",即:政治立场清楚、家庭背景清楚、工作表现清楚、执行奥运会任务的态度清楚。有外语特长,经常参加重大会议、活动交通服务任务的优先选拔。对驾驶技术标准要求:在本企业驾龄一年以上、本年度内未发生过一般责任事故、未发生过酒后驾车、闯红灯、超速行驶等严重交通违法情况、未发生过车辆机件事故、驾驶技能娴熟。对服务标准要求:未发生过乘客投诉、未受过行业通报批评。对身体状况要求:年度体检合格、健康状况良好、无影响行车安全的慢性疾病、外貌无明显瑕疵等。

**2. 严格培训考核**

对入选人员要进行严格系统的奥运知识、业务知识、交通安全等的培训和测试,并经过市交管局的严格考核,对考核不合格的必须撤换。

奥运会、残奥会驾驶员志愿者和合同商企业专业驾驶员和管理人员的选拔、培训、考核工作的圆满完成,体现了北京奥组委对交通服务工作人员以交通安全为核心的"先培训,后上岗"的要求,是赛时交通服务的基础和保障。从2006年11月~2008年7月,在历时21个月的驾驶员志愿者、专业驾驶员和管理人员的选拔、培训、考核工作中,驾驶员志愿者来源单位各级领导和每一名具体工作人员,付出大量的心血和辛勤的劳动,始终贯穿了"安全第一,优质服务"的指导思想,从奥运交通服务人员的入口为奥运会、残奥会的交通安全牢牢地把住了第一关。

## 第二节 严把交通服务车辆安全关

车辆作为交通服务的工具,是确保奥运会、残奥会交通服务安全的重要基础条件之一。奥组委交通部从交通服务车辆性能的选择到车辆的筹集、赛时管理始终给予了高度的重视,并采取了一系列措施,对所有奥运会服务车辆进行了严格的安全检验,确保万无一失。

### 一、严格奥运车辆安全资质准入

奥运车辆主要来自赞助商大众公司(一汽大众、上海大众、上海汇众)、北京公交集团、北京首汽集团、北汽集团、北京巴士旅游公司、北京祥龙公司及20余家汽车租赁公司,来源十分分散,车型、品牌、种类较多。如何整齐划一,安全标准统一,确保万无一失,是奥组委交通部赛前面临的十分重要的问题。在奥运会车辆筹集之前,奥组委交通部协调市交管局制订了《奥运交通服务机动车资质标准和安全技

术性能检验工作规范》，主要规定：

**1. 车辆资质标准**

(1)已取得机动车牌证。

(2)在定期检验合格有效期内。

(3)未发生过重、特大交通事故。

(4)没有未处理过的交通违法行为。

(5)第三者强制责任保险凭证在有效期内。

**2. 车辆安全技术标准**

(1)车辆无漏油、漏水、漏电、漏气现象。

(2)随车配备有效灭火器。

(3)轮胎花纹符合国际标准。

(4)灯光仪表齐全有效。

(5)制动液液面在规定的标线之间。

(6)刮水器能正常工作。

(7)喇叭具有连续发声功能。

(8)上线检验车辆制动性能、驻车制动力均符合《机动车安全运行技术条件》(GB7258－2004)；底盘检验符合《机动车安全技术检验项目和方法》有关项目要求。具有在2个月有效期内的安检机构检测合格报告单的奥运车辆，可不再上线检验制动和底盘。

**3. 车辆提供单位必须做到**(由车辆管理所负责监督)

(1)发电机点火、燃料供给、润滑和排气等系统的机件齐全、性能良好。

(2)轮胎气压为标准值。

(3)蓄电池能保持常态电压。

(4)空调、暖风工作正常。

(5)其他影响车辆安全性能的项目均符合要求。

## 二、严格奥运会车辆安全检验

在市交管局的具体指导下，临近赛时，交通服务车辆由车辆供应商按计划开始陆续送达交通场站，赛事交通服务分中心对几千辆交通服务车辆进行接收。接收的第一关就是按照奥组委制订的车辆安全资质和国家、北京市有关规定进行车辆检验。未经检验和检验不合格的车辆，一律不能投入交通服务运行。为此，赛事交通服务分中心成立了奥运服务车辆安全检验协调小组，小组成员包括赛事交通服务分中心运行保障组、大众公司、宏伟工贸集团和供车合同商企业，负责协调市交管局做好奥运服务车辆的安全检验工作。

运行保障组负责提出奥运会服务车辆检验工作需求及制订检验工作总体计划；市交管局车管所负责制订车辆安全检验标准，负责组织相关单位和人员对车辆进行安全检验；大众公司、宏伟工贸集团和供车合同商企业配合车管部门检验车辆。

**1. 奥运车辆检验范围**

包括赞助商大众公司和合同商企业提供的办理了奥运会、残奥会交通服务车辆证件的奥运会官方服务车辆，来源单位及数量表23-2。

**2. 奥运车辆安全技术检验的形式**

按照市交管局《奥运交通服务机动车资质标准和安全技术性能检验工作规范》对奥运车辆进行检验，检验分为人工安全检验和上车辆检测线安全检验两种。人工安全技术检验采用市交管局车管所工作人员到车辆的停放场站进行集中检验；上车辆检测线安全检验为到市交管局指定的车辆检测场进行相关的安全技术检验。

车辆的来源单位及数量(单位:辆)　　表 23-2

| 项目类别 | 车辆来源 | 小客车 | 中、大型客车 |
|---|---|---|---|
| 官方服务用车 | 大众 | 2624 | 238 |
| | 合同商 | 356 | 1675 |
| 收费卡车辆 | 大众 | 607 | 250 |
| | 合同商 | 619 | |
| 赞助商用车 | 大众 | | |
| | 合同商 | | 1024 |
| 合计 | | 4206 | 3187 |
| 总计 | | 7393 | |

**3. 奥运车辆安全技术检验的场所**

人工车辆安全技术检验的地点:设在奥林匹克公园交通场站、奥体中心交通场站、石景山交通场站。

上车辆检测线安全检验地点:设在北苑检测场、学院路检测场和石景山检测场。

## 三、奥运车辆安全检验的实施

2008 年 3 月 1 日,奥组委交通部与市交管局共同召开了奥运会及其筹备期间车辆安全检验工作会议,确定了交通服务车辆的检验方式和项目,确定了车辆的检验范围、检验地点等内容。

**1. 奥运会合同商车辆的安全检验**

2008 年 5 月 10 日,奥组委交通部、市交通委、市交管局和 27 家奥运会交通服务车辆合同商在市交管局召开了合同商企业奥运车辆检测工作专题会,会议确定了合同商企业车辆的检测时间、检测地点、检测项目、检测费用和车辆检测合格标志等具体内容,明确了合同商企业车辆由合同商自行组织上会前车辆检测,车辆检测合格后,市交管局负责核发上会车辆检测合格标志,并将检测合格后车辆的数据,通报奥组委交通部备案。

从 2008 年 5 月 11 日开始,27 家奥运会、残奥会汽车合同商企业提供的 3674 辆奥运车辆的上会前检测工作在全市各个车辆检测场全面展开。根据就近检测的原则,市交管局派专人到车辆检测场严格把关,直至奥运会开幕,所有的合同商企业奥运车辆均完成了上会前检测程序,确保了上会服务车辆的安全可靠。

**2. 赞助商大众公司车辆的安全检验**

2008 年 5 月 15 日,奥组委交通部在市交管局召开了大众公司赞助车辆检测工作培训会,会上对所有参与大众公司车辆检测的工作人员进行了培训,并明确了各参与单位及人员的职责分工,强调了各部门之间的协调配合。

从 2008 年 6 月 28 日开始,大众公司赞助的 3700 余辆官方服务用车陆续在石景山交通场站、奥林匹克公园交通场站、奥体中心交通场站、北苑车辆检测场、学院路车辆检测场和石景山车辆检测场进行了上会前的安全检验工作。通过检测,对部分存在安全隐患的车辆,由大众公司予以更换,确保了上会服务车辆安全达标。

## 四、车辆安全检测效果

经过奥组委交通部和各相关单位的努力,北京奥运会、残奥会期间,全部奥运车辆的各项技术安全性能良好,未发生一起因车辆技术安全性能问题造成的车辆延误、损坏和交通事故。实践证明了奥运交通服务车辆安全检验达到了非常好的预期效果,为奥运会、残奥会交通安全工作、为"平安奥运"奠定了良好的基础。

## 第三节　严格的赛时交通安全管理

为切实加强赛时交通安全管理，确保奥运会、残奥会交通服务运行全面实现“平安奥运”的目标，奥组委交通部自2007年开始，重点围绕奥运会、残奥会赛时交通服务车辆驾驶员的交通安全管理工作全面策划，深入研究，多次向市交管局等相关部门征求意见和建议，在赛前分别出台了《奥运会（残奥会）交通服务运行期间驾驶员交通安全管理工作方案》、《奥运会（残奥会）赛事期间交通服务车辆交通事故协调处置工作方案》和《奥运会（残奥会）赛事期间交通服务车辆驾驶员交通违法行为处置工作方案》，并将相关工作方案印刷15000册，发至各个交通服务团队及每名驾驶员志愿者。在整个奥运会、残奥会赛事期间，以三个“工作方案”为依托，认真组织抓好各项工作的具体落实，切实将赛事期间的交通安全管理工作落到实处，并取得了实效。

### 一、严密的管理体系是确保交通安全的组织保障

根据各个层级、各个单位的工作职责和特点的不同，严格确定了从奥组委交通部领导、8个交通服务团队、各个车队到驾驶员的交通安全管理工作目标和组织架构，确保了交通安全管理工作真正有人抓、有人管、一级抓一级、层层抓落实。

**1. 工作目标**

以“平安奥运”为总目标，赛事交通服务车辆驾驶员，在奥运会（残奥会）交通服务运行期间，必须做到“三杜绝，三确保”。

“三杜绝”，即杜绝严重交通违法行为（如：酒后驾车、闯红灯、疲劳驾驶等），杜绝责任交通事故，杜绝重大交通事故；“三确保”，即确保承担交通服务驾驶员的交通安全培训率达到100%，确保《奥运会（残奥会）赛事期间交通服务驾驶员交通安全责任书》签订率达到100%，确保交通服务车辆交通安全及各项比赛活动的顺利进行。

**2. 组织领导**

在奥运会（残奥会）赛事交通服务分中心领导下：

（1）成立交通服务驾驶员交通安全管理工作领导小组（以下简称：交通安全领导小组），由赛事交通服务分中心主任任组长，赛事交通服务分中心副主任任副组长。

（2）交通安全领导小组下设办公室，由赛事交通服务分中心2名副主任任主任，相关职能组负责人任副主任。

（3）在交通安全领导小组领导下，各交通服务团队成立交通安全组织，团队主任为本团队驾驶员交通安全管理工作第一责任人，由赛事交通服务分中心委派的主管交通安全的专职副主任协助团队主任全面做好交通安全管理工作。

（4）各团队所属车队队长为车队驾驶员交通安全管理工作第一责任人，交通安全副队长协助队长全面做好车队驾驶员的交通安全管理工作。

### 二、完善的工作制度是确保交通安全的关键

针对不同的层级，确定了奥运会、残奥会交通服务运行期间驾驶员交通安全管理工作的职责分工，完善了相关的交通安全管理制度，以确保各项交通安全管理工作落到实处。

**1. 交通安全领导小组职责**

（1）领导分工

组长：为交通安全管理工作第一责任人，负责全面工作。

几名副组长分工负责以下工作：①协助组长负责交通安全管理工作和办公室日常工作，负责场馆内安保线内的交通安全工作（含电瓶车、电动自行车），并负责协调市交管局处置驾驶员的交通违法行为

和交通事故；②负责各交通服务团队驾驶员的交通安全培训、教育和管理工作，负责交通服务保障团队的交通安全管理；③负责交通安全办公室工作，并负责各交通服务团队中驾驶员志愿者（含军队驾驶员、志愿者驾驶员）来源单位的协调联络和对驾驶员志愿者交通安全管理和检查、督导工作；④负责各交通场站的交通安全管理工作；⑤负责各交通服务团队中专业驾驶员来源单位的协调联络和对专业驾驶员的交通安全管理和检查、督导工作。

（2）工作职责

①认真贯彻落实国家和北京市交通安全法律法规及相关规定，围绕“平安奥运”的总目标，部署实施对驾驶员的严格管理。

②坚持“安全第一、预防为主、综合治理”的方针，遵循“谁主管、谁负责，谁使用、谁负责，谁派出、谁负责”的原则，认真督导各交通服务团队及所属车队进行多种形式的交通安全教育与培训，并督导逐级签订交通安全责任书。

③适时召开交通安全例会，部署专人深入一线，对交通安全教育培训、制度措施落实等情况进行全方位多种形式的协调、督办和指导。

④赛事期间，一旦发生重大意外突发情况，领导小组的领导要及时赶赴现场进行调度指挥，协调组织相关部门全面做好善后工作。

**2. 交通安全领导小组办公室职责**

（1）领导分工

办公室主任：负责赛事交通服务分中心交通安全管理日常工作，统筹协调交通安全各项工作，按照交通安全领导小组的工作决定，认真组织落实。

各分管副主任分工负责以下工作：①协助主任负责交通安全办公室日常工作及交通安全情况的分析、统计和上报工作，并负责交通服务保障团队的交通安全管理工作；②负责交通事故信息上报和车辆调度应急处置的工作；③负责各场馆内的交通安全管理，重点负责场馆安保线内的交通安全管理（含电瓶车、电动自行车）；④负责驾驶员志愿者的交通安全管理工作；⑤负责交通场站的交通安全管理工作；⑥交通部运行保障处一名工作人员负责办公室日常管理工作。

（2）工作职责

①指导团队制订驾驶员交通安全管理工作方案，对8个交通服务团队及所属车队的交通安全管理工作进行抽查、检查和协调指导。

②指导团队适时组织人员使用测酒仪等设备对驾驶员进行酒精含量测试，发现问题及时处理。

③指导存在安全隐患的团队或车队及时采取针对性管理措施。

④指导团队协调市交管局及时将与会车辆的交通违法行为（含与会车辆及驾驶员发生的非现场交通违法行为及民警现场对其交通违法行为的处理情况）和交通事故情况及时汇总、分析、通报各团队，并做好善后处置工作。

⑤指导团队及时赶赴重大事故及突发情况现场，协调相关部门组织处理，并督导做好善后处置工作。

**3. 交通安全领导小组办公室工作流程**

交通安全领导小组办公室工作流程如图23-3所示。

**4. 交通服务团队职责**

（1）交通服务团队交通安全组织

团队主任为本团队驾驶员交通安全管理工作第一责任人，按照“谁使用、谁负责”的原则，全面负责认真贯彻执行国家有关交通安全法律、法规及赛事交通服务分中心的各项规定，适时组织部署交通安全宣传教育和交通安全检查，及时消除安全隐患，制订防范措施，对严重交通违法行为或事故责任人及时做出处理决定，对有突出贡献的驾驶员给予表扬。

团队主管交通安全副主任协助团队主任全面做好交通安全管理工作，负责认真贯彻执行有关交通安全法律、法规及相关规定，适时组织并参加交通安全宣传教育和交通安全大检查，及时排查消除交通安全隐患、制订控制措施，对严重交通违法行为或事故责任人提出处理意见，注重先进经验的推广和对有突出贡献者的表彰。

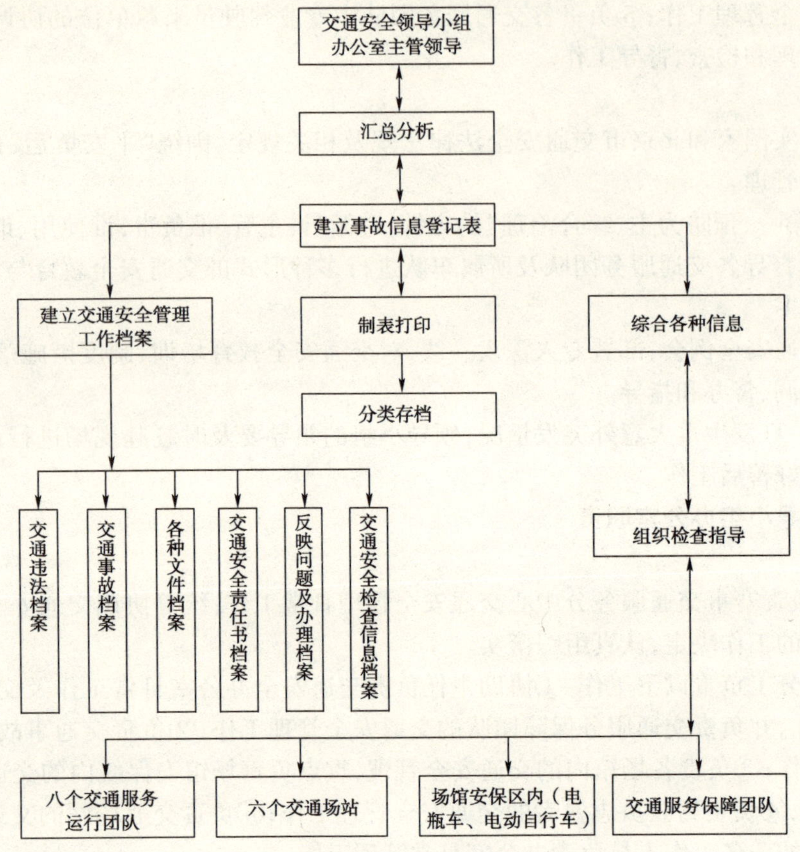


图 23-3　交通安全管理工作领导小组办公室工作流程图

（2）工作职责

①定期向交通安全领导小组汇报交通安全工作落实情况，指导车队和所属驾驶员签订交通安全责任书。

②定期组织召开（每周至少一次）交通安全工作例会，分析赛时驾驶员交通安全现状，查找交通安全隐患，研究交通安全防范措施，有针对性地强化交通安全管理。

③定期组织人员深入到交通服务运行车队，进行交通安全工作监督、检查、指导，发现问题及时解决。

④确定团队的交通安全日常管理工作机制，明确各车队交通安全工作负责人。

⑤建立团队驾驶员交通安全管理档案（含车辆、驾驶员交通违法行为及交通事故处置工作档案），完善交通安全日检、日查、例会、交通违法行为及交通事故信息查询制度，及时发现解决交通安全隐患和交通事故苗头。

⑥驾驶员发生意外突发情况，团队领导要及时赶赴现场，切实做好善后协调处置工作。

**5. 交通服务车队职责**

（1）交通服务车队队长为本车队驾驶员交通安全管理工作第一责任人，认真贯彻执行上级有关交通安全和车辆管理的各项规定，有针对性地组织驾驶员认真学习交通安全方面的法律规定和相关知识，并对执行情况进行检查，负责驾驶员交通违法行为的处理及交通事故的登记、统计、分析、善后处置和上报。

（2）交通安全副队长协助队长全面做好车队驾驶员的交通安全管理工作，认真贯彻执行上级有关交通安全的指示，带头遵守交通安全各项规定安全规程，组织召开交通安全工作会议，根据任务、环境和驾驶员思想状况，提出具体要求，并对执行情况进行检查，对交通违法行为和交通事故情况有详细记录、及时上报，并组织驾驶员分析、讨论、汲取教训，提出防范措施，严格组织驾驶员切实做好“三检、四勤”工作（三检即出车前、行驶中、收车后检查车辆；四勤即勤检查、勤擦洗、勤紧固、勤维护，消除事故隐患）。

（3）加强驾驶员的日常交通安全教育。一是交通安全方面的法律、法规及有关规定；二是交通安全常识；三是安全驾驶技术；四是车辆机械常识；五是职业道德规范；六是交通事故案例；七是结合北京交通安全形势，适时开展交通安全教育。

（4）制定完善交通安全管理制度。一是落实交通安全每日例会制度，实行早点名、晚讲评，每晚23:00前向团队汇报交通安全情况（有事报事、无事报平安）；二是落实交通安全台账制度，分别建立车辆、驾驶员档案，妥善保存驾驶员教育记录、交通违法行为和交通事故记录、车辆检查记录和隐患排查记录。

（5）通过实操演练、驾驶技术、安全意识、职业道德等知识的岗位培训，严把驾驶员上车关，切实做到人有问题不上车；通过落实“三检、四勤”制度，严把车辆出场关，切实做到车有问题不出场。

（6）定期进行交通安全状况全面分析，查找安全隐患，发现问题及时采取针对性措施。

（7）对发生交通违法行为或交通事故（不论责任大小）的驾驶员，坚持“三不放过，三公布”的原则（“三不放过”即责任追查不清不放过、本人和其他人没受到教育不放过、没定出防范措施不放过；“三公布”即公布当事人姓名、公布事故经过、公布处理意见）进行处置，情节严重的取消驾驶员服务资格。

（8）与驾驶员签订交通安全责任书，一式两份，一份给驾驶员，一份由车队妥善保存。

（9）驾驶员发生意外突发情况，所属车队队长、副队长应立即赶至现场了解情况，认真做好善后协调处置工作。

**6. 驾驶员来源单位职责**

（1）驾驶员（含军队驾驶员、志愿者驾驶员和专业驾驶员）所属的驾驶员志愿者总队总队长或合同商（企业）主要负责人为本单位派出驾驶员交通安全管理工作第一责任人。按照“谁派出、谁负责”的原则，有针对性地加强所属人员交通安全管理工作的组织领导，设置专职或兼职交通安全管理人员。

（2）接受交通服务运行团队的领导，加强与团队等有关单位的密切联系，切实做好本单位派出驾驶员的交通安全教育与管理。

（3）建立驾驶员基础档案，对本单位派出驾驶员进行登记造册、建档，并与所属驾驶员签订交通安全责任书，全面加强交通安全情况的监督、检查、指导，发现问题及时解决。

（4）认真贯彻落实北京市道路交通安全防范责任制，确保单位派出驾驶员杜绝严重交通违法行为（如酒后驾车、闯红灯、疲劳驾驶、超速行驶等）、杜绝责任交通事故、杜绝重大交通事故。

（5）本单位派出驾驶员发生意外突发情况，所属单位领导要立即赶至现场了解情况，切实做好善后协调处置工作。

**7. 赛事交通服务车辆驾驶员职责**

（1）严格遵守《中华人民共和国道路交通安全法》和《北京市实施〈中华人民共和国道路交通安全法〉办法》，服从交通管理人员指挥和各级交通安全组织的管理，提高道路交通安全意识，做遵纪守法的模范。

（2）执行任务时必须做到“六清”，即时间清、去向清、路线清、地点清、联系人员清、工作要求清。

（3）车辆行驶时必须做到“六忌”（即忌随意鸣笛、忌随意压线、忌随意停车、忌随意调头、忌随意超车、忌随意倒车）、“三先”（即先慢、先让、先停）和“五不超”（即不让不超、路窄不超、弯路不超、陡坡不超、雨天不超）。

(4)发生交通违法行为、交通事故和突发事件应及时上报领导，严禁隐瞒或擅自处理，以免造成不良后果。

(5)牢固树立“安全第一、预防为主”的思想，在行车中切实做到“八坚持、八不准”。

“八坚持”：①坚持安全第一，不开冒险车；②坚持文明礼让，不开斗气车；③坚持预防为主，不开侥幸车；④坚持严于律己，不开违法车；⑤坚持劳逸结合，不开疲劳车；⑥坚持“三检四勤”，不开带病车(“三检”即出车前、行驶中、收车后检查车辆；“四勤”即勤检查、勤擦洗、勤紧固、勤维护，消除事故隐患)；⑦坚持中速行驶，不开英雄车；⑧坚持各行其道，不开霸王车。

“八不准”：①不准酒后驾车；②不准赤脚、穿高跟鞋或穿拖鞋驾车；③不准疲劳和带病驾车；④不准驾驶车辆时吸烟、饮食、接打手机和聊天；⑤不准超速、超载、闯红灯和违法并线；⑥不准驾驶公车办私事或擅自借车给他人或其他单位；⑦不准私自变更行驶路线、乱停乱放；⑧不准发生责任交通事故。

**8. 逐级签订交通安全责任书**

按照“统一管理，逐级负责”、“谁主管、谁负责，谁使用、谁负责，谁派出、谁负责”的原则，在奥运会、残奥会前夕赛事交通服务分中心组织逐级签订交通安全责任书，切实抓好交通安全管理工作的落实。

(1)驾驶员志愿者工作组与驾驶员志愿者派出单位签订交通安全责任书(图23-4)。

(2)奥组委交通部与8个交通服务团队签订交通安全责任书(图23-5)。

(3)奥组委交通部与合同商单位签订交通安全责任书(图23-6)。

(4)奥组委交通部与交通服务保障车辆单位签订交通安全责任书(图23-7)。

(5)8个交通服务团队与所属车队签订交通安全责任书(图23-8)。

(6)交通服务车队与所属驾驶员签订交通安全责任书(图23-9)。

**奥运会、残奥会赛事期间交通服务交通安全责任书**

为强化承担奥运会(残奥会)交通服务驾驶员志愿者(含军队驾驶员、志愿者驾驶员)的交通安全管理，最大限度地 避免和减少交通违法行为及道路交通事故，为奥林匹克大家庭成员提供安全、准点、可靠、便利的交通服务，根据《中华人民共和国道路交通安全法》、《北京市实施〈中华人民共和国道路交通安全法〉办法》和《北京市道路交通安全防范责任制管理办法》有关规定，按照“统一管理，逐级负责”、“谁主管、谁负责，谁使用、谁负责，谁派出、谁负责”的原则，制订交通安全责任书。

一、认真贯彻落实北京市道路交通安全防范责任制，确定交通安全管理责任人。

二、建立健全交通安全管理制度，实行逐级负责，责任到人，做到一级抓一级，层层抓落实。

三、结合实际，有针对地宣传道路交通安全法律法规和交通安全有关规定，教育驾驶员志愿者认真遵守道路交通安全法律法规。

四、组织驾驶员志愿者参加各项培训，做到不迟到、不早退、不留死角。

五、建立驾驶员志愿者基础档案，对单位派出的驾驶员志愿者进行登记造册、建档。

六、对单位派出驾驶员志愿者的交通安全情况，加强监督、检查、指导，发现问题及时解决。

七、驾驶员志愿者须杜绝严重交通违法行为(如酒后驾车、闯红灯、疲劳驾驶、超速行驶等)、杜绝责任交通事故、杜绝重大交通事故。

八、驾驶员志愿者交通安全法律法规教育、培训率达到100%。

九、逐级签订奥运会(残奥会)交通安全责任书达到100%。

十、切实做好驾驶员志愿者交通事故善后处置工作。

十一、对落实交通安全责任制成绩突出的，给予表彰；对交通安全责任制落实不力的，将予以责任追究或通报批评。

此责任书一式两份，驾驶员志愿者工作组、驾驶员志愿者派出单位各执一份。

| 驾驶员志愿者工作组 | 驾驶员志愿者派出单位 |
|---|---|
| 签字 | 签字 |
| 年 月 日 | 年 月 日 |

图23-4 驾驶员志愿者工作组与驾驶员志愿者派出单位交通安全责任书

## 奥运会、残奥会赛事期间交通服务交通安全责任书

为强化承担奥运会(残奥会)交通服务驾驶员志愿者(含军队驾驶员、志愿者驾驶员)、专业驾驶员的交通安全管理,最大限度地避免和减少交通违法行为及道路交通事故,为奥林匹克大家庭成员提供安全、准点、可靠、便利的交通服务,根据《中华人民共和国道路交通安全法》、《北京市实施〈中华人民共和国道路交通安全法〉办法》和《北京市道路交通安全防范责任制管理办法》有关规定,按照"统一管理,逐级负责"、"谁主管、谁负责,谁使用、谁负责,谁派出、谁负责"的原则,制订交通安全责任书。

一、各交通服务运行团队主任为交通安全管理工作第一责任人,要高度重视交通安全管理工作,确保团队及所属车队成立交通安全组织,与车队及驾驶员逐级签订交通安全责任书,认真完成上级交给的各项工作和任务。

二、制定完善和严格落实各项交通安全管理制度。坚持每日交通安全例会制度,每周不少于一次的交通安全教育制度。

三、严格所属车队的抽查与检查,确保驾驶员做到"八坚持、八不准"。及时收集派出车辆的交通违法信息,准确掌握安全动态,及时督促协助驾驶员处理交通违法行为,及时对有严重违法行为或发生责任交通事故的驾驶员进行处理。

四、杜绝严重交通违法行为(如酒后驾车、闯红灯、疲劳驾驶、超速行驶等)、杜绝责任交通事故、杜绝重大交通事故。

五、服从奥运会(残奥会)交通安全管理组织对相关交通违法行为和交通事故的处理。

六、认真做好上传下达工作,确保信息沟通准确及时。

七、切实做好奥运会(残奥会)交通服务驾驶员交通事故的善后处置工作。

八、对落实交通安全责任制成绩突出的,给予表彰奖励;对交通安全责任制落实不力的,将予以责任追究或通报批评。

此责任书一式两份,奥组委交通部、交通服务运行团队各执一份。

奥组委交通部　　　　　　　　　　交通服务团队
签字　　　　　　　　　　　　　　签字
年　月　日　　　　　　　　　　　年　月　日

图 23-5　奥组委交通部与交通服务团队交通安全责任书

## 奥运会、残奥会赛事期间交通服务交通安全责任书

为强化承担奥运会(残奥会)交通服务驾驶员的交通安全管理,最大限度地避免和减少交通违法行为及道路交通事故,为奥林匹克大家庭成员提供安全、准点、可靠、便利的交通服务,根据《中华人民共和国道路交通安全法》、《北京市实施〈中华人民共和国道路交通安全法〉办法》和《北京市道路交通安全防范责任制管理办法》有关规定,按照"统一管理,逐级负责"、"谁主管、谁负责、谁使用、谁负责,谁派出、谁负责"的原则,制订交通安全责任书。

一、合同商单位主要领导系所属驾驶员交通安全管理工作第一责任人,要高度重视交通安全管理工作,及时成立交通安全组织,确保与所属驾驶员逐一签订交通安全责任书,认真完成上级交给的各项工作和任务。

二、制定完善和严格落实各项交通安全管理制度。

三、严格所属驾驶员的抽查与检查,确保驾驶员做到"八坚持、八不准"。及时查询派出车辆的交通违法信息,准确掌握安全动态,及时督促协助驾驶员处理交通违法行为,及时对有严重违法行为或发生责任交通事故的驾驶员进行处理。

四、杜绝严重交通违法行为(如酒后驾车、闯红灯、疲劳驾驶、超速行驶等)、杜绝责任交通事故、杜绝重大交通事故。

五、服从奥运会(残奥会)交通安全管理组织对相关交通违法行为和交通事故的处理。

六、认真做好上传下达工作,确保信息沟通准确及时。

七、切实做好所属驾驶员的交通事故善后处置工作。

八、对落实交通安全责任制成绩突出的,给予表彰奖励;对交通安全责任制落实不力的,将予以责任追究或通报批评。

此责任书一式两份,奥组委交通部、合同商各执一份。

奥组委交通部　　　　　　　　　　合同商
签字　　　　　　　　　　　　　　签字
年　月　日　　　　　　　　　　　年　月　日

图 23-6　奥组委交通部与合同商交通安全责任书

## 奥运会、残奥会赛事期间交通服务交通安全责任书

为强化承担奥运会（残奥会）交通服务保障车辆驾驶员的交通安全管理，最大限度地避免和减少交通违法行为及道路交通事故，为奥林匹克大家庭成员提供安全、准点、可靠、便利的交通服务，根据《中华人民共和国道路交通安全法》、《北京市实施〈中华人民共和国道路交通安全法〉办法》和《北京市道路交通安全防范责任制管理办法》有关规定，按照"统一管理，逐级负责"、"谁主管、谁负责、谁使用、谁负责，谁派出、谁负责"的原则，制订交通安全责任书。

一、各交通服务保障车辆单位主管交通安全领导为交通安全管理工作第一责任人，要高度重视交通安全管理工作，确保本单位成立交通安全组织，与驾驶员逐级签订交通安全责任书，认真完成上级交给的各项工作和任务。

二、制定完善和严格落实各项交通安全管理制度。坚持每日交通安全例会制度，每周不少于一次的交通安全教育制度。

三、严格所属驾驶员的抽查与检查，确保驾驶员做到"八坚持、八不准"。及时收集派出车辆的交通违法信息，准确掌握安全动态，及时督促协助驾驶员处理交通违法行为，及时对有严重违法行为或发生责任交通事故的驾驶员进行处理。

四、杜绝严重交通违法行为（如酒后驾车、闯红灯、疲劳驾驶、超速行驶等）、杜绝责任交通事故、杜绝重大交通事故。

五、服从奥运会（残奥会）交通安全管理组织对相关交通违法行为和交通事故的处理。

六、认真做好上传下达工作，确保信息沟通准确及时。

七、切实做好奥运会（残奥会）交通服务保障车辆驾驶员交通事故的善后处置工作。

八、对落实交通安全责任制成绩突出的，给予表彰；对交通安全责任制落实不力的，将予以责任追究或通报批评。

此责任书一式两份，奥组委交通部、交通服务保障车辆单位各执一份。

奥组委交通部　　　　　　　　　　交通服务保障车辆单位

签字　　　　　　　　　　　　　　签字

年　月　日　　　　　　　　　　　年　月　日

图 23-7　奥组委交通部与交通服务保障车辆单位交通安全责任书

## 奥运会、残奥会赛事期间交通服务交通安全责任书

为强化承担奥运会（残奥会）交通服务驾驶员的交通安全管理，最大限度地避免和减少交通违法行为及道路交通事故，为奥林匹克大家庭成员提供安全、准点、可靠、便利的交通服务，根据《中华人民共和国道路交通安全法》、《北京市实施〈中华人民共和国道路交通安全法〉办法》和《北京市道路交通安全防范责任制管理办法》有关规定，按照"统一管理，逐级负责"、"谁主管、谁负责，谁使用、谁负责，谁派出、谁负责"的原则，制订交通安全责任书。

一、认真贯彻落实北京市道路交通安全防范责任制，确定交通安全管理责任人，设置专职或兼职交通安全管理人员。

二、制定完善交通安全管理制度，实行逐级负责，责任到人，做到一级抓一级，层层抓落实。

三、结合实际，有针对的宣传道路交通安全法律法规和交通安全有关规定，教育驾驶员认真遵守道路交通安全法律法规。

四、建立驾驶员档案，对车队所属驾驶员进行登记造册、建档。

五、加强所属驾驶员交通安全情况的监督、检查和指导，发现问题及时解决。

六、杜绝严重交通违法行为（如酒后驾车、闯红灯、疲劳驾驶、超速行驶等）、杜绝责任交通事故、杜绝重大交通事故。

七、确保驾驶员交通安全法律法规教育、培训率达到100%。

八、确保逐级签订奥运会（残奥会）交通安全责任书达到100%。

九、切实做好所属车辆、人员交通事故的现场和善后处置工作。

十、对落实交通安全责任制成绩突出的，给予表彰奖励；对交通安全责任制落实不力的，将给予责任追究或通报批评。

此责任书一式两份，驾驶员志愿者工作组、驾驶员志愿者派出单位各执一份。

交通服务团队　　　　　　　　　　车队

签字　　　　　　　　　　　　　　签字

年　月　日　　　　　　　　　　　年　月

日

图 23-8　交通服务团队与交通服务团队的交通安全责任书

**奥运会、残奥会赛事期间交通服务交通安全责任书**

为强化承担奥运会（残奥会）交通服务驾驶员的交通安全管理，最大限度地避免和减少交通违法行为及道路交通事故，为奥林匹克大家庭成员提供安全、准点、可靠、便利的交通服务，根据《中华人民共和国道路交通安全法》、《北京市实施〈中华人民共和国道路交通安全法〉办法》和《北京市道路交通安全防范责任制管理办法》有关规定，按照"统一管理，逐级负责"、"谁主管、谁负责，谁使用、谁负责，谁派出、谁负责"的原则，制订交通安全责任书。

一、增强使命感、责任感和光荣感，自觉遵守交通安全法律法规，文明行车，安全驾驶，严格遵守"八坚持、八不准"。

二、驾驶员须杜绝严重交通违法行为（如酒后驾车、闯红灯、疲劳驾驶、超速行驶等）、杜绝责任交通事故、杜绝重大交通事故。

三、不驾驶交通服务车辆办私事，不将车辆交给他人驾驶，不驾驶车辆到指定地点以外的地方过夜。

四、服从交通民警和交通调度人员的指挥、管理和调派，按规定停放车辆。

五、按指定路线行驶，与前车保持安全距离；中速行驶，安全礼让，避免急刹车，急转向、急掉头，急靠边；遇有特殊情况，要不急、不躁、不追、不抢，确保交通安全。

六、保持车辆安全状况良好，发现车辆安全隐患及时请示汇报，杜绝带"病"车上路行驶。

七、发生交通违法行为、交通事故和突发事件，要及时汇报，不准隐瞒不报或擅自处理。

八、妥善保管车辆通行证件，不得遗失、转借、损毁。如有遗失，及时上报。

九、对落实交通安全责任制成绩突出的，给予表彰奖励；对交通安全责任制落实不力的，将给予责任追究或通报批评。

此责任书一式两份，交通服务运行车队、驾驶员各执一份。

交通服务车队　　　　　　　　　　　　驾驶员
签字　　　　　　　　　　　　　　　　签字
年　月　日　　　　　　　　　　　　　年　月　日

图 23-9　交通服务车队与驾驶员交通安全责任书

**9. 交通安全责任追究与激励表彰**

（1）交通安全管理工作领导小组、各交通服务运行团队及所属车队，对参加交通服务运行任务的驾驶员要定期进行交通安全分析，对有严重交通违法行为或发生责任交通事故（含同等责任以上）的驾驶员，要及时进行追查和处置，并追究部门领导责任。

（2）驾驶员有下列行为之一的，取消驾驶员交通服务资格。

①发生交通违法行为满 12 分记录的；

②发生酒后驾车、疲劳驾车、闯红灯等严重交通违法行为的；

③发生交通事故，隐瞒不报或私自处理造成影响的；

④发生责任交通事故（含同等责任以上）或重大交通事故的。

（3）驾驶员发生一般责任交通事故（含同等责任以上）或重大交通事故，除追究驾驶员责任外，还要追究车队安全副队长、队长、团队主管安全副主任、主任、派出单位领导、主管招募的领导、主管培训的领导及交通安全管理工作领导小组主管领导责任。负有领导责任的进行检查、通报，情节严重的按相关规定处理。

（4）奥运会（残奥会）结束后，各服务运行团队、服务运行车队对每名驾驶员进行交通安全考核、评比并上报，成绩突出的予以激励表彰。

## 三、多策并举，确保交通安全管理工作有效运行

2008 年 7 月 1 日，赛事交通服务分中心全面启动实施《奥运会（残奥会）交通服务运行期间驾驶员交通安全管理工作方案》，交通安全办公室及各级交通安全组织机构正式成立，各交通服务团队及人保公司、车险调度等部门通过网络日报交通安全信息、交通事故信息正式开通，赛事交通服务交通安全管理工作正式运转。

**1. 全面部署，层层动员，认真落实安全责任**

2008 年 7 月下旬，赛事交通服务分中心交通安全领导小组召开奥运会交通安全管理工作动员大会，专题部署交通安全管理工作。奥组委交通部领导分别与各交通服务团队、交通服务保障团队签订了交通安全责任书；各团队、各驾驶员派出单位和车队的领导高度重视，立即着手，分别召开会议进行动员部署，逐级签订交通安全责任书；采取多种形式相互交流交通安全管理工作经验，及时通报交通安全情况，重点就善始善终做好奥运交通安全工作进行部署，反复强调交通安全工作的重要性，全面提高每名驾驶员的交通安全意识，狠抓各项工作的具体落实。图 23-10 为奥组委交通部领导支持研究奥运会交通安全管理工作。

**2. 深入一线检查指导**

赛事期间，交通安全领导小组及相关职能部门，坚持每天深入到各交通场站、各场馆、各交通服务团队，采取走、看、听、查等方式，重点就团队落实交通安全制度规定等情况进行检查指导，就团队落实交通安全管理档案、安全例会会议记录、开展《安全百分评比活动》等情况进行抽查，就如何有针对性的做好交通安全管理工作提出具体要求，将检查中好的经验和方法及时通报各个团队，对发现的新情况、新问题都及时采取了有针对性的工作措施。各团队适时组织使用测酒仪等设备对驾驶员进行了酒精含量测试，做到了有问题的车辆及时送修，保证不派带病车，不出带病车。图 23-11 为交通安全管理工作领导小组办公室领导到场馆检查交通安全管理工作。

图 23-10　奥组委交通部领导主持研究奥运会交通安全管理工作

图 23-11　交通安全管理工作领导小组办公室领导到场馆检查交通安全管理工作

**3. 针对交通违法行为及交通事故苗头，及时采取预防措施**

针对赛前、赛时个别交通服务车辆在场站内发生刮擦事故、无责交通事故及意外事故的情况，交通安全领导小组积极开展工作，先后下发了《关于加强各交通场站交通安全管理工作的通知》、《汲取教训、查隐患、找漏洞，确保奥运会交通安全情况通报》、《关于进一步加强交通安全的紧急通知》、《关于进一步加强各交通服务团队交通安全管理工作的通知》。各团队高度重视，立即着手，分别召开交通安全工作会议，认真分析事故案情，及时采取针对性措施，强化驾驶员的交通安全意识，确保奥运交通安全。

**4. 根据道路交通、天气等特殊情况，及时采取防控措施**

赛事期间正值多雨季节，要密切注意气象部门天气预报，及时部署各团队、场馆、交通场站，主动采取应对措施，提前做好交通事故预防工作，先后下发了《关于今晚有大到暴雨天气提醒全体驾驶员谨慎驾驶确保交通安全的通知》及《关于减少交通违法行为杜绝交通事故的通知》，要求各团队加强对驾驶员的安全教育。

**5. 针对残奥会特点，认真开展专项检查指导**

针对残奥会使用无障碍用车的特点，交通安全领导小组及相关职能部门高度重视，先后多次深入到团队，重点就伊斯坦纳无障碍用车使用及各项工作筹备情况进行了专项检查指导。对于在公路自行车赛道发生的一起意外事故，交通安全领导小组亲临现场了解情况，并向各交通服务团队下发了《关于进一步加强各交通服务运行团队交通安全管理工作的通知》。结合残奥会结束，人心容易浮躁的特点，及时召开交通安全工作会议，重点就做好残奥会后的交通安全工作进行全面部署，并进行了专项检查。

**6. 基层交通安全工作落到实处**

车队是组织驾驶员开展交通安全工作的主体，也是交通安全管理的基层单位，交通安全工作能否取得成效，基层车队最为关键。赛事过程中，各车队在团队的领导下卓有成效地开展交通安全管理工作，切实把交通安全落实到每名驾驶员、每个岗位和每个工作环节，创造并严格落实了一批行之有效的工作制度。

(1)建立完善了四本台账

①车队召开交通安全会议记录(台账)。

②本车队机动车、驾驶员档案：车辆品牌、型号，牌照号码，驾驶人员档案资料(按团队相关格式记载)。

③本车队安全工作检查记录。检查维护保养情况，检查遵章守纪情况，检查安全操作情况。

④本车队人员交通违法行为及交通事故记录。

(2)严格落实六项制度

①一句话提醒制度：以车队及分队为单位，坚持在驾驶员出车前，由车队干部负责对驾驶员进行一句话安全行车提示教育。

②交通安全日例会制度：实行早点名、晚讲评，根据当天驾驶任务、行驶路线和驾驶员思想状况，提出具体要求，对完成任务情况进行分析、讨论，查找安全隐患，发现问题及时采取针对性措施。

③“三检、四勤”制度：“三检”即出车前、行驶中、收车后检查车辆；“四勤”即勤检查、勤擦洗、勤紧固、勤维护，消除事故隐患。

④日常教育培训制度：设置交通安全宣传栏。通过研讨会、现场会、技术交流会等形式，有针对地进行交通安全法律、法规及有关规定、交通安全常识、安全驾驶技术、职业道德规范等内容的交通安全教育。

⑤“三不放过”制度：即出现交通隐患及交通事故后，责任追查不清不放过、本人和其他人没受到教育不放过、没定出防范措施不放过。

⑥缓解心理压力制度：有针对地及时进行心理疏导，克服紧张情绪，缓解心理压力，预防疲劳驾驶等问题。

正是由于各车队的精心组织，交通安全安全工作到岗、到人、到位，才确保了赛事交通服务交通安全各项措施的具体落实。

**7. 实行科学、严谨、有效的特色管理**

从交通安全领导小组到各车队高度重视，精心组织，周密部署，在切实做好交通安全宣传教育、检查、考核、管理“四到位”的同时，重点实行了有特色的管理措施。

(1)信息化管理。坚持日报工作信息、及时上报交通事故信息、认真做好会议记录和各种信息存档工作，确保各级领导及时、准确了解掌握赛事交通服务交通安全管理工作状况，及时进行工作部署和具体指导。

(2)科技化管理。从总调度室到各团队及所属车队充分发挥车辆安装 GPS 系统的功能作用，随时掌控车辆动态；为各团队配装了测酒仪等设备，通过设备的使用，更加及时的发现问题，切实把问题苗头消灭在萌芽状态。

(3)应对措施及时有效。

①发现险情，及时应对。由于在奥运专用车道行驶，赛事交通服务车辆速度较快，而社会车辆有时突然借道造成险情的实际情况，及时部署下发了《关于加强交通安全管理工作的紧急通知》。各团队立即着手，特别强调在道路上要规范行车，控制车速，密切注意突然并线车辆，狠抓在车身后风档处立即粘贴“奥运专用车”标识的具体落实，起到了很好的提示和警示作用，减少了险情的发生，取得了较好的实

际效果。

②极端天气，沉着应对。针对极端的天气状况，按照预案要求，各团队及时做好全体驾驶员的思想工作，通过手机短信提示，稳定情绪，并提前有针对性地进行极端天气下安全驾驶的知识培训，使得不论是在烈日炎炎还是倾盆暴雨的情况下，都能确保运行安全。

③特殊情况，灵活应对。赛时交通服务的标准时间为7:00～24:00，但由于交通服务机动性强，工作时间难以准确把握，进入中后期超时服务现象比较严重，且普遍存在。根据团队统计，各车队超时工作率在30%左右，高峰时曾达到50%以上。为了更好地应对超时服务，确保行车安全，各交通服务团队成立规模不等的应急小组，承担24:00～次日7:00的交通服务任务。这一举措不仅解决了为客户服务的连续性，而且杜绝了疲劳驾驶的问题，确保了行车安全。

④薄弱环节，果断应对。针对个别驾驶员驾驶技术不能正常发挥的薄弱环节，各团队狠抓针对性的教育培训，并进行考核，使之发挥正常。对于难以胜任驾驶员岗位工作的人员，要严格纪律，果断给予停驶及辞退处理，保证交通安全管理工作的具体落实。

## 第四节　交通服务车辆交通事故、交通违法行为的协调处置

面对几千辆交通服务车辆、上万名驾驶员，在近三个月的赛事交通服务以及赛前两年的培训演练、测试活动中，奥组委交通部（赛事交通服务分中心）除严格交通安全管理工作外，对交通服务车辆驾驶员可能发生的交通事故、交通违法行为的具体处置制定了相应的工作预案，以确保在严格管理的基础上不影响交通服务的正常运行。

### 一、快速、高效、妥善地处置交通事故

快速、高效、妥善地处置交通服务车辆驾驶员发生的交通事故是赛事交通服务应急预案的一个重要组成部分。对此，奥组委交通部与市交管局、中国人保北京分公司等部门积极协调，成立了交通事故协调处置领导小组，设置在交通安全领导小组办公室内（以下简称协调小组），确定了职责分工、交通事故协调处置程序、各类交通事故现场处置要求等工作内容。

**1. 确定工作职责**

（1）协调小组全面负责交通服务车辆交通事故的协调处置工作；对人员伤亡或车物损坏严重的重大交通事故，小组成员领导及时赶赴现场进行调度指挥，负责协调组织相关部门做好善后处置工作；负责与市交管局沟通交通事故信息。

（2）中国人保北京分公司负责办理交通服务车辆投保、交通事故定损理赔及伤亡人员的理赔善后工作。

（3）各交通服务运行团队负责本团队和所属车队的交通安全管理及交通事故的协调处置，负责所属团队、车队的交通事故处置专用车辆、备用车辆的配置，并填写《奥运会（残奥会）与会车辆交通事故信息登记表》，按时限、要求上报赛事交通服务分中心交通服务总调度室。

**2. 交通事故协调处置程序**

赛事交通服务车辆发生交通事故后，各部门必须做到：

（1）驾驶员或随车助理立即报告所属交通服务运行车队，车队立即上报所属交通服务运行团队，团队立即上报赛事交通服务分中心交通服务总调度室，由交通服务总调度室上报奥组委并通报交通事故协调处置小组办公室。

（2）交通事故协调处置小组办公室立即将事故情况通报中国人民财产保险股份有限公司，并督促交通服务运行团队人员立即赶赴事故现场，协助政府相关部门处置交通事故。

（3）中国人民财产保险股份有限公司接报案后，对于需要调派理赔、查勘人员现场查勘的，立即调派理赔、查勘人员赶至现场和救治医院，负责协助填写《索赔申请单》，在事故现场或指定的修理厂对车

损情况进行查勘和定损，对受伤人员提供医疗担保服务，并做好伤亡人员的理赔善后工作。

(4)所属车队主管交通安全的领导立即赶至现场了解情况，协助驾驶员处置交通事故。

(5)驾驶员和随车助理须按交通法律法规要求严禁乘车人下车(不含车辆着火等情况)，确保乘车人安全，避免二次事故的发生。

**3. 各类交通事故的现场处置要求**

赛事交通服务车辆发生交通事故后，按以下要求进行现场处置：

(1)车物损坏轻微、车辆可以正常行驶的交通事故。

①按照《机动车快速处理办法》，由驾驶员自行协商解决或报122事故报警台处理。

②交通事故处理完毕后，车辆继续运行。

(2)车物损坏较重、人员受伤或车辆不能正常行驶的交通事故。

①驾驶员或随车助理立即报122事故报警台。如有人员受伤，当事人应保护好现场，协助相关部门迅速抢救伤者，并立即报120或999急救中心。

②当事人需记清办案民警的姓名、单位和接受事故处理的时间、地点，并立即上报交通服务运行团队，由团队报交通事故协调处置小组办公室。

③所属交通服务运行团队立即调派备用车辆赶至现场，将事故车上人员移至备用车辆后正常运行。

④所属交通服务运行车队队长、副队长立即赶至现场和救治医院，协助当事人处置交通事故和善后工作。

(3)人员伤亡或车物损坏严重的重大交通事故。

①驾驶员或随车助理立即报122事故报警台、120或999急救中心。

②交通事故协调小组成员领导按各自分工迅速赶赴现场调度指挥，协调组织相关部门做好事故处置工作。

③交通服务运行团队立即调派备用车辆赶至现场，将事故车上人员移至备用车辆后正常运行。

④所属交通服务运行车队队长、副队长立即赶至现场和救治医院，协助当事人处置交通事故及善后工作。

**4. 各类交通事故的善后处置要求**

赛事交通服务车辆发生交通事故后，按以下要求进行善后处置：

(1)车物损坏轻微、车辆可以正常行驶的交通事故。

①驾驶员完成车辆运行任务后，及时将车驶入就近车辆修理厂。

②中国人民财产保险股份有限公司理赔人员对车辆进行拍照、定损后，直接实施保险理赔。

③事故车辆维修后，继续投入使用。

(2)人员受轻微伤、车物损坏较重车辆不能正常行驶的交通事故。

①交通事故协调处置小组办公室及时与市交管局奥运办、事故处沟通交通事故信息，并及时通报相关部门，进行工作协调督导。

②所属团队和车队立即协助督促作好事故笔录、各种取证、医疗、稳定当事人情绪等方面的善后工作。

③人保公司理赔人员及时进行车损勘察、定损及对受伤人员提供医疗跟踪担保服务，切实做好理赔善后工作。

(3)人员伤亡或车物损坏严重的重大交通事故

①交通事故协调处置小组办公室及时与市交管局奥运办、事故处沟通交通事故信息，并及时通报相关部门，进行工作协调督导。

②所属团队及车队立即协助、督促作好事故笔录、各种取证、医疗、稳定当事人情绪等方面的善后工作。

③中国人民财产保险股份有限公司理赔人员及时进行车损勘察、定损及对受伤人员提供医疗跟踪

担保服务，切实做好理赔善后工作。

**5. 赛事交通服务车辆交通事故协调处置工作流程图**（图 23-12）

由于交通事故协调处置方案的具体、明确、可操作性强，赛事期间所涉及的交通事故现场处置及善后处置等问题，均按照交通事故协调处置工作流程进行了妥善处置，并侧重在预防的角度采取了针对性措施，确保了奥林匹克大家庭成员的交通安全运行。

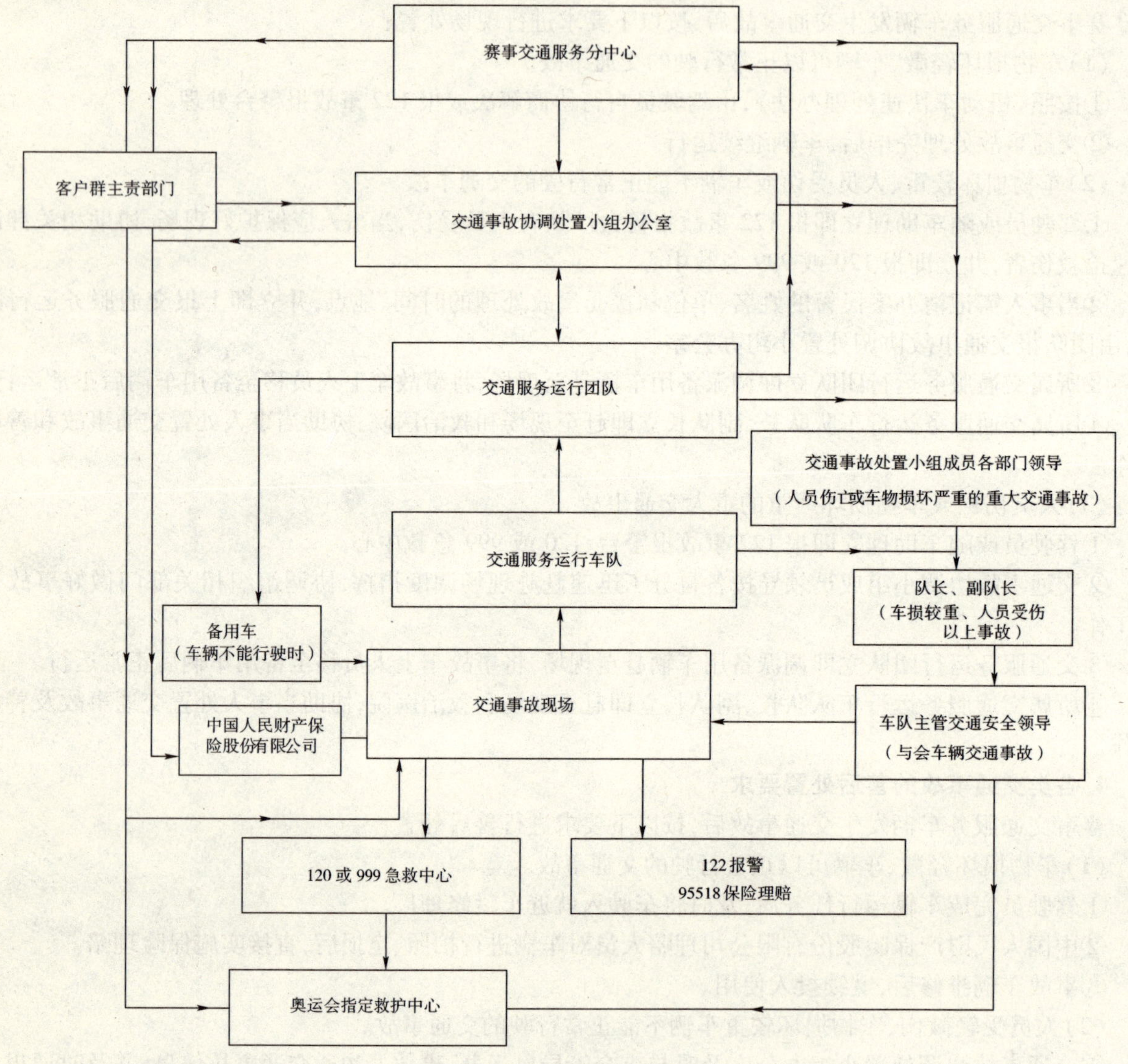

图 23-12　赛事交通服务车辆交通事故协调处置工作流程图

## 二、加强对交通服务车辆驾驶员的监督管理

对于交通服务车辆驾驶员发生的交通违法行为，本着依法、及时、妥善处置的原则，奥组委交通部（赛事交通服务分中心）从组织领导、职责分工、交通违法行为的处置对象和范围、交通违法行为的处置原则、交通违法行为的处置程序等方面制定了详细的工作预案，并认真组织进行了实施。

**1. 确定工作职责**

交通服务车辆驾驶员交通违法行为的处置工作由交通安全领导小组办公室负责，各交通服务团队交通安全组织负责具体组织实施。

**2. 交通违法行为处置原则**

（1）严格依照《中华人民共和国道路交通安全法》、《北京市实施（中华人民共和国道路交通安全法）办法》、《北京市道路交通安全防范责任制》等法律、法规和市交管局的政策规定对交通违法行为进行处置。

（2）民警当场对交通服务车辆驾驶员进行处罚的，要求驾驶员服从管理，有异议的可依法申请行政复议或提起行政诉讼。

（3）执行有警车带道任务出现的交通违法行为，由交通服务运行团队提供执行任务证明后，按规定程序报市交管局处理。

（4）执行非警车带道任务被记录交通违法行为的，由交通服务车辆驾驶员自行到区、县交通支（大）队执法站接受处理。

**3. 赛事交通服务驾驶员交通违法行为处置程序图**（图23-13）

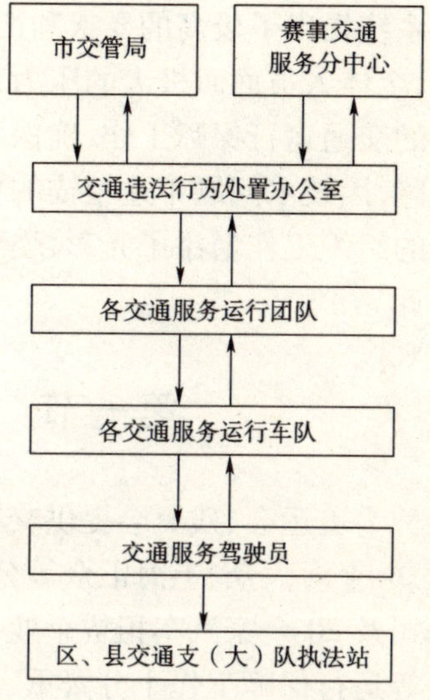

图23-13　赛事交通服务驾驶员交通违法行为处置程序图

**4. 交通违法行为的处置程序**

（1）交通安全领导小组办公室与市交管局及时沟通交通违法行为信息，并负责每周或适时向各交通服务运行团队通报交通服务车辆交通违法行为查询信息；

（2）交通服务运行团队及时将交通违法行为信息通报所属车队，并督导所属车队按时限、要求进行办理。

（3）接到交通违法行为信息后，所属车队及时登记造册，立即部署所属驾驶员到区、县交通支（大）队执法站接受处理；按时限、要求将所属驾驶员交通违法行为处理情况（交通违法行为已处理数、未处理数、未处理原因等）进行汇总报所属团队；对执行有警车带道任务发生的交通违法行为进行核实汇总并提供相关证明（如时间、地点、姓名、当天执行什么任务、多少号警车带路、什么交通违法行为等）报所属团队。

（4）交通服务运行团队按时限、要求将所属车队交通违法行为处理情况（已处理数、未处理数、未处理原因等）进行汇总报交通违法行为处置办公室；对执行有警车带道任务发生的交通违法行为情况进行核实汇总并报团队责任人审批后，报交通违法行为处置办公室。

正是由于奥组委交通部（赛事交通服务分中心）、各团队、车队和全体驾驶员的共同努力，始终严格交通违法行为的处置和管理，在整个赛事总计运行里程超过1400万公里、运送230万人次的交通服务任务中，广大驾驶员做到了自觉遵守交通法规，安全谨慎驾驶，将交通违法行为减到了最低限度，确保了交通安全万无一失。

# 第二十四章　赛时交通服务运行保障

从2008年7月1日收费卡交通服务正式运行，到9月22日残奥会送机结束累计长达近3个月。在此期间，7000多辆服务车辆、2.2万名交通服务人员投入到赛事交通服务之中。如何保障这样庞大的奥运会、残奥会交通服务车辆的顺畅运行，确保“安全、准点、可靠、便利”目标的实现，这对赛事交通服务系统提出了极高的要求和严峻的挑战。对此，奥组委交通部从奥运会筹备之初，就给予了高度的关注，全体人员面对极大的压力，迎难而上，协调有关单位，进行了坚苦卓绝的努力，以科学、务实、迅捷、高效的交通运行保障工作，确保了所有车辆全部运转正常，创造了赛会期间无一辆车因质量问题中途发生故障、因技术问题中途抛锚的奥运史上的新记录，保证了赛会交通服务工作的顺利进行，为奥运会、残奥会的组织工作增添了光彩，受到各交通服务运行团队和各级领导及国际奥委会、国际残奥委会的一致好评。

## 第一节　建立高效、可靠的交通运行保障组织机构

为奥运会、残奥会提供交通运行服务的7000余辆车，来自赞助商大众（中国）公司麾下的中国一汽大众、上海大众、上海汇众等公司，来自合同商北京公交集团、首汽集团、北汽集团、巴士旅游公司、祥龙公司及20余家汽车租赁企业公司。赛时车辆燃料的供应、高速公路通行、车辆停车的管理、车辆保洁服务等运行保障工作十分繁重。涉及相关交通运行保障的有大众公司所属各品牌公司及在北京的47家4S店、中国人保北京分公司、承担车辆救援维护的宏伟工贸集团、公交集团总公司、新通救援公司；承担燃料供应的中石油公司、中石化公司、北京公交集团公司燃料公司；北京市内及城际间高速公路管理部门；城市社会停车场管理和经营单位等诸多的单位。因此，赛时交通运行保障工作，必须要建立一个强有力的交通运行保障体系，形成合力，以便实现科学、务实、迅捷、高效的交通运行保障工作。

### 一、设立交通运行保障组织机构

在赛事交通服务分中心领导下，由交通运行保障组牵头，相关部门、单位和8个交通服务团队的主管领导参加组成了交通运行保障领导小组（以下简称保障小组），统一协调指导奥运会、残奥会的交通运行保障工作。保障小组下设车辆救援组、车辆维修组、保险理赔组、运行服务组等车辆运行保障机构。保障小组下设办公室，24小时运行，承担协调、调度、管理等日常工作（图24-1）。

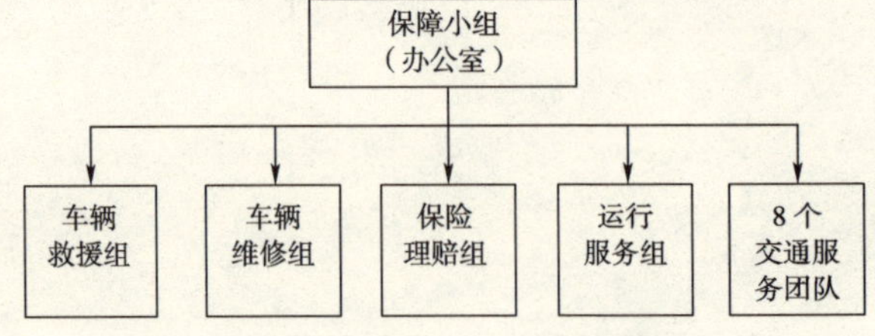


图24-1　车辆运行保障组织结构图

### 二、责任分工

（1）办公室：负责统筹交通运行保障的全盘工作，协调、调度、管理各组的日常工作，并对赛事交通服务分中心领导负责。

（2）车辆救援组：在赛时期间，对北京市范围内的事故车辆、故障车辆实施24小时拖救及简单故障

排除；保障救援车辆15分钟内到达车辆服务现场，争取15分钟之内进行车辆损坏鉴定、车辆故障排除、备用轮胎的替换；对于损坏严重的赞助商车辆，拖至4S店或维修中心；辅助为服务车辆的合同商提供拖车服务。另外，车辆救援组还将协助因交通事故造成的人员伤亡、车辆损坏等突发事件的处理工作。

(3)车辆维修组：在赛时期间，为北京市范围内的六大交通场站（奥林匹克公园交通场站、海淀交通场站、石景山交通场站、首都国际机场交通场站、奥体中心交通场站、奥林匹克大家庭饭店交通场站）内的赞助商车辆和合同商车辆，提供24小时车辆维修技术支持；同时负责交通场站内车辆维修设备的管理和维护。

(4)保险理赔组：赛前，根据交通运行分中心事先制订的进车计划，包括各场站车辆进场时间、车型、数量、车辆来源、用途，将用车计划表交给保险公司，协助保险公司根据用车计划制订承保计划，并印制保险凭证，保障赛时车辆交付运行之前获得保险。赛事期间，对奥林匹克大家庭服务的车辆在交通服务及交接车服务过程中因交通事故，造成车辆损毁、碰撞、刮蹭及人员伤亡的，提供保险理赔的支持服务。赛后车辆交还时，协助车辆交接组人员进行现场验车（拍照），确定保险责任及金额，同时对保险终止期进行确定。

(5)运行服务组：负责赛事交通服务车辆燃料供应等保障；协调政府相关部门对交通服务车辆在高速公路通行和城市停车场予以简便、快捷的服务管理；组织相关企业对赛事交通服务车辆予以保洁和绿色环保服务。

(6)8个交通服务团队：负责本团队车辆运行保障的管理和日常维护工作；及时向保障小组上报车辆运行保障信息；及时、妥善处置本团队车辆突发情况。

奥运会、残奥会期间，车险理赔服务团队共处理车险报案1044件，所有报案全部得到及时处理。

## 第二节 交通服务车辆维修保障

交通服务车辆维修保障是赛时交通服务车辆保障十分重要的组成部分，7000多辆交通服务和收费卡车辆，在长达三个月的时间中，要确保运行安全、可靠，车辆维修保障至关重要。为此，在车辆维修组和保险理赔组的统筹组织下制订了严密的车辆维修保障责任分工和维修程序。

### 一、合同商责任分工

**1. 大众公司**

大众公司负责成立由大众各合资企业售后服务品牌经理组成的赛时24小时服务调度中心，负责所有交通服务小客车的维修。

抽调200名专业技师派驻各交通场站，提供24小时维修技术服务。

确定47家大众品牌的4S店，与奥组委签定“服务承诺书”，提供快速的车辆故障排除服务。

**2. 宏伟工贸集团、新通救援公司**

宏伟工贸集团、新通救援公司承担奥运会、残奥会交通服务车辆的应急救援拖移服务。

**3. 公交集团总公司**

公交集团总公司负责所提供的赛时交通服务大客车的维修、保养、紧急救援服务。

在各相关交通场站设立维保小组，执行车辆例行保养、强制检查等任务。

**4. 中国人保北京分公司**

中国人保北京分公司抽调精干人员组成奥运车险理赔服务团队，设立赛时理赔服务调度中心，提供24小时服务。

提出系列配套的流程简化措施，采用简便、快捷的保险理赔手续，保证查勘定损及时。

对奥运会交通服务车辆实行代位追偿，即：对交通服务车辆，无论在事故中有无责任，均由该公司先行定损赔付，之后再在行业内各公司之间实行代位追偿。

## 二、交通场站内维修步骤及流程

停泊在交通场站内的各交通服务团队车辆在每日例检中发现故障，不得带病出车，必须立即报修，进入交通场站内维修程序（图 24-2）。

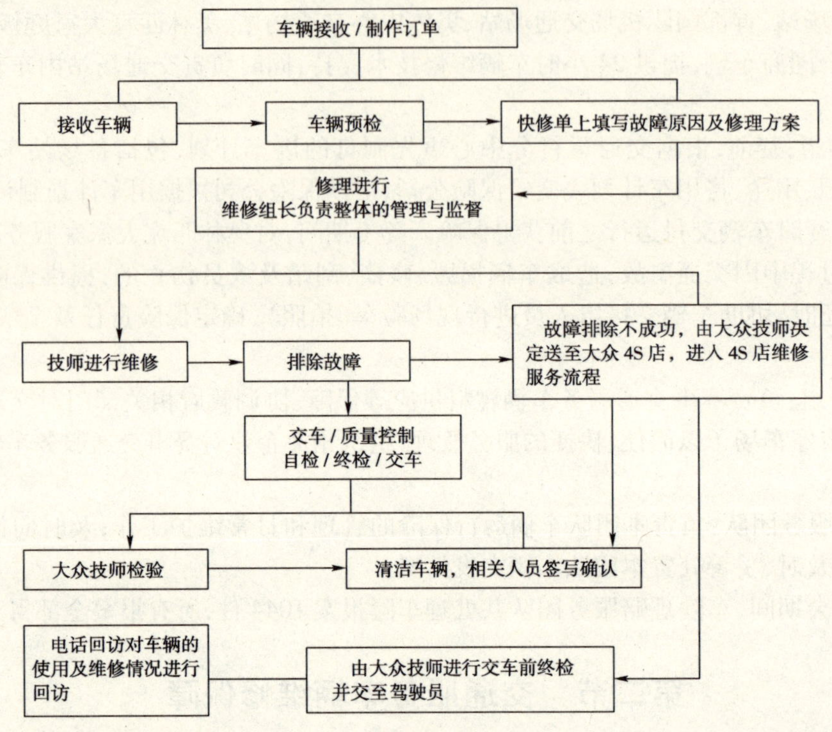


图 24-2　交通场站内维修步骤及流程图

**1. 维修准备**

（1）大众赞助商应提供技术熟练、综合素质过硬的维修技师，以及各种诊断电子设备及专用工具，并保证维修配件的供应；与各 4S 店保持密切的联络，确保故障车辆进店维修的效率。

（2）合同商应保证相应车辆的维修技师，维修专用工具及配件的及时供给。

（3）以上单位技师的提供应满足奥组委赛时的排班要求。

**2. 车辆接收／制作订单**

由大众技师负责在车辆进入场站维修点时的车旁接待工作，维修车辆停在指定区域后，大众接待技师应做到主动迎接并将进场车辆安装“车用三件套”（纸脚垫、方向盘套、座椅套）做好车辆防护工作，检查车辆外观，记录舒适装备位置。如车辆为第一次进厂维修时，大众技师要主动上前与驾驶员打招呼并使用欢迎语，友好地向客户进行自我介绍，递交上服务名片。

（1）大众技师认真听取驾驶员对车辆使用的故障描述，并按《快修单》上的内容进行初步检查和诊断，并将顾客的描述在车辆《快修单》上予以详细记录。

（2）由大众技师鉴定，在 30 分钟内能够完成的维修项目，即在场站内进行维修；如果 30 分钟内完成不了的维修项目，即由大众技师决定送至大众 4S 店进行维修（见场站外维修）。

（3）确定故障车辆在场站内维修时，大众技师应把服务车辆的信息正确、迅速的录入到《快修单》中，在《快修单》上明确注明应检查、维修的项目、修理类型，经驾驶员和大众技师共同签字确认后生效。《快修单》一式三份，驾驶员留一份，作为接车的依据。

（4）对于在场站中初步诊断，发现为索赔问题的车辆，由大众技师决定送至指定经销商 4S 店，按照索赔质量担保条例进行修理。

**3. 实施维修**

由上海大众技师检测实施，由宏伟维修技师协助排除故障。

（1）由大众技师对车辆进行全面检测，并开具《快修单》后，开始对《快修单》所填项目进行维修。

（2）由宏伟维修技工协助大众技师利用大众专用仪器或工具等排除故障，大众技师对整个工艺过程、工期维修质量进行负责。

（3）作业区域保持干净、整洁，对维修车辆做好防护措施，维修人员准确、全面地按《快修单》及相关的作业文件的要求实施维修。

（4）大众技师及维修技工应严格按照维修技术手册的要求，对《快修单》上规定的修理或保养项目实施维修或保养，正确地使用专用工具和技术指导资料。

（5）修理过程中如需更换配件、辅料的，由大众技师持《快修单》到其配套配件库房领取配件或辅料。

（6）在拆卸过程中，如发现与故障部位相关的其他配件有损坏时，大众技师应及时做好标识，在第一时间内通知车队，以免耽误车辆的使用，并杜绝隐患发生。

（7）车辆维修过程中维修工应对维修车辆妥善保护，除使用车辆防护三件套外，还应使用翼子板防护罩，防止车体漆面被划伤。上述防护设施应定期清洗，确保其干净、整洁。

（8）大众技师对拆下来的故障配件或部位进行检测和修理，通过目测检查配件外观有无破损或裂纹；对拆卸件、备胎、自带件及其他携带物品进行专门管理，放在指定区域，并做好标识，保持清洁、完整；拆卸件应使用专用小车或木板/纸箱等进行托垫，严禁拆卸件落地、脚踏，更不许私自拆卸非维修项目零配件试用；注明车牌号以避免混淆；在有可追溯性要求时，以《任务委托书》号作为维修检查车辆的唯一性标识。对涉及到安全件的维修项目，应对维修部位实施可追溯性标识。

（9）车辆在维修期间由大众技师妥善保管好车钥匙，做好顾客车辆的储存和防护工作。

（10）维修过程中的移车工作，由大众技师完成，其他人员不得擅自移动车辆。

（11）故障排除成功后转到交车流程，如果故障排除不成功，由大众技师决定送至大众4S店进行维修（见4S店维修流程）。

**4. 质量控制/交车准备**

（1）车辆维修完毕后，由大众技师进行检验，不合格的进行返工，直至检验合格后方能转入下道工序。

（2）对于《快修单》中仅有单个项目，在此项目维修完成后，即为最终检验。涉及多个项目的维修，应在每个过程检验全部结束且检验合格后，进行最终检验。

（3）多项目维修在每一个项目经过检验合格后，由大众技师根据《快修单》上的修理项目，进行最终检验，涉及到安全项目或驾驶员有相应要求的要安排路试 并填写《路试记录》，合格的由其在《车辆竣工交付单》上签字或盖章确认。需要进行首次保养的车辆由大众技师进行统计，报车队负责人后由大众公司决定车辆到指定的经销商处进行首次保养。

（4）车辆故障排除后，维修工将玻璃水、冷却液、制动液、转向液、机油加至液面最高位，并执行大众车辆手册的相关检查内容。

（5）经大众技师检验合格的车辆，对车辆进行内外清洗，同时应保证车身外观清洁、车窗明亮、内部座椅无污染，脚垫吸尘、烟灰缸无杂物并喷洒车内香水，保证车内无异味。检查车身标志标识完整程度，恢复调节车辆的舒适装备后将车辆移入竣工区，由大众技师填写《车辆竣工交付单》，通知驾驶员在《车辆竣工交付单》上签字确认，并告知驾驶员维修后的使用注意事项；车辆进入运行程序。

（6）场站服务人员引领驾驶员到车辆停放位置，将驾驶员送到店外，使用结束语。

**5. 电话回访**

大众回访人员负责在车辆交付24小时内对车辆维修及使用情况进行电话跟踪回访，并将车辆状况报告给车队修复后运营。了解驾驶员对维修质量和服务质量的满意度，确保车辆的正常运营。

### 三、交通场站外维修步骤及流程

各交通服务团队车辆在执行交通服务运行路途中出现故障，必须立即向交通服务团队报告，由交通服务团队向车辆救援组或车辆维修组报告，进入交通场站外维修程序。另外，进入交通场站维修的车辆如维修不了的，也需进入交通场站外维修程序（图 24-3）。

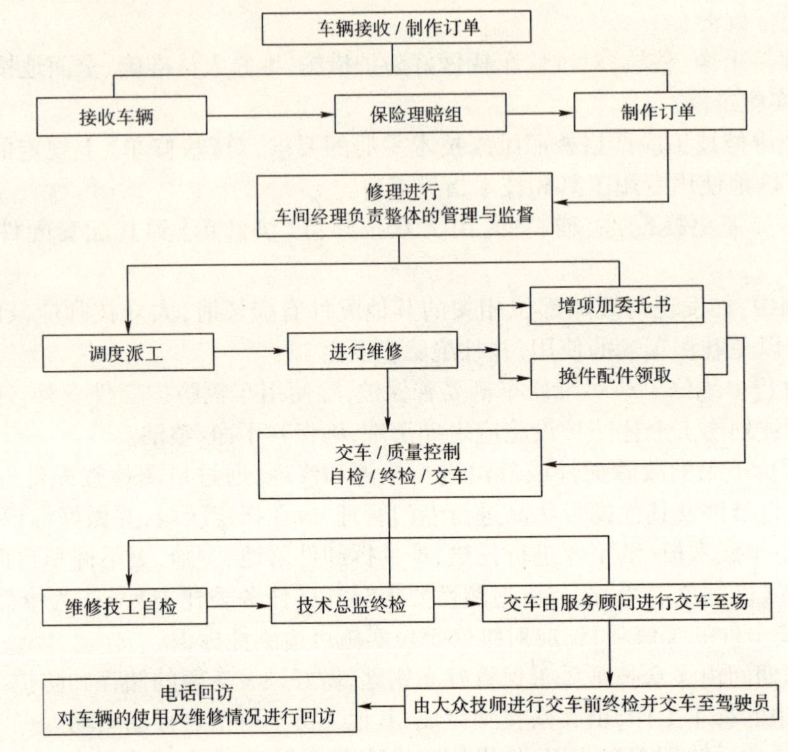


图 24-3　交通场站外维修步骤及流程图

**1. 车辆接收/制作订单**

(1)大众技师决定送至4S店进行维修的车辆，由大众相关工作人员把故障车辆送至4S店内进行维修，办理相关手续，约定维修时间、取车时间及结算方式，并且取回车辆单证，交回车队，并报车队确认该车退出服务与可以恢复使用的时间。

(2)4S店服务顾问到场站后需按照《接车单》规定内容作项目的填写并安装车辆防护用品（三件套），在场站内按照《接车单》内容与驾驶员和大众技师做好车辆的交接工作并确认修理项目，提醒驾驶员把贵重物品带走，其他物品进行登记，交接双方确认后，车辆交至4S店服务顾问，并到4S店进行修理。

(3)车辆到4S店后由4S店服务顾问进行预检，预检中暂不能确定故障项目的车辆，服务顾问将车辆移入预检工位，做进一步检查、诊断，技术总监或检验员给予技术支持。必要时进行路试，确定最终维修项目，并将预检的结果记录在接车单上，由服务顾问打印委托书确定维修项目，约定交车时间、并将委托书及维修车辆交至车间调度。

**2. 实施维修**

(1)车间调度接收到任务委托书后，根据车间修理能力、修理人员的技术水平及难易程度、约定的交车时间等因素进行合理派工，并对整个工艺过程、工期进行全程监控。

(2)维修车间确保员工作业区域干净、整洁，维修人员准确、全面地按《任务委托书》及相关作业文件的要求实施维修。

(3)维修工应严格按照《服务技术手册》(HST)、大众《维修手册》、《大众常规保养记录表》《快速保养流程》的要求，对《任务委托书》上规定的修理或保养项目实施维修或保养。

(4)修理过程中如需更换配件、辅料的，由维修人员持《任务委托书》到配件库房领取配件或辅料。

(5)维修过程中，维修人员一旦发现需增减或修改修理项目时，应通知服务顾问，在征得奥运场站大众技师同意后，由服务顾问在《任务委托书》上以手写方式增、减项目，并对维修价格及交车时间进行变更。如涉及安全维修项目或维修金额较大的项目,变更应经奥运场站大众技师确认后方能实施维修。

(6)维修人员对从维修车辆上拆卸下来的部件要作好标识,并放在指定区域内。标识可采用标签的形式,注明车牌号以避免混淆;在有可追溯性要求时,以《任务委托书》号作为公司维修车辆的唯一性标识。对涉及到安全件的维修项目,维修站应对维修部位实施可追溯性标识。

**3. 交车/质量控制**

(1)自检:维修工在修理完毕后,负责对本人完成的工作进行自检;对于比较复杂的维修项目,检验员/技术总监要安排相关工序负责人进行互检;下道工序负责人对上道工序转来的维修车辆/部件进行接收检验,合格的接收并进入下道工序,不合格的进行返工,直至检验合格后方能转入下道工序。

(2)终检/路试:在每一个项目经过检验合格后,由检验员根据《任务委托书》上的修理项目,进行最终检验,涉及到安全项目或驾驶员有相应要求的要安排路试(如驾驶员参加路试,要签订安全承诺书或试车安全协议),并填写《路试记录》,合格的由其在《任务委托书》上签字或盖章确认。

(3)交车:经检验合格的车辆,服务顾问对舒适装备进行恢复调节,进行免费清洁,移入竣工区,由车间经理将车钥匙、《任务委托书》、材料清单及其他相关文件装入钥匙包,由服务顾问通知车辆所属奥运场站并解释费用及使用注意事项。维修车辆回场站后由大众技师进行最终交车前检查,检验合格后的车辆由大众技师交付驾驶员,并由驾驶员在《任务委托书》上签字确认,车辆进入运行程序。

**4. 电话回访**

电话回访人员负责在车辆交付24小时内,对车辆维修及使用情况进行电话跟踪回访,了解驾驶员对维修质量和服务质量的满意度,确保车辆的正常运营。

## 四、车辆维修工作要求

(1)作业区每天确保干净、整洁,维修人员准确、全面地按作业文件的要求实施维修。

(2)保证每名维修工都配备工具箱或工具车,并保持整洁、完整,所有工具处于完好状态。维修班长负责每天对技工使用的工具状态进行检查。

(3)维修人员应严格按照维修技术手册的要求,对《快修单》上规定的修理项目实施维修。执行大众技术专家的要求进行操作,正确地使用专用工具和技术指导资料。

(4)车辆维修过程中维修人员应对维修车辆妥善保护,除使用车辆防护四件套外,还应使用翼子板防护罩,防止车体漆面被划伤。上述防护设施应定期清洗,确保其干净、整洁。

(5)对拆下来的故障配件或部位进行检测和修理,通过目测检查配件外观有无破损或裂纹;对拆卸件、备胎及其他携带物品进行专门管理,放在指定区域,并作好标识,保持清洁、完整;拆卸件应使用专用小车或木板/纸箱等进行托垫,严禁拆卸件落地、脚踏,更不许私自拆卸非维修项目零配件试用;注明车牌号以避免混淆;在有可追溯性要求时,以《快修单》号作为维修检查车辆的唯一性标识。对涉及到安全件的维修项目,应对维修部位实施可追溯性标识。

(6)对所有车辆从报修到交付使用期间,应妥善保管好车钥匙,采取必要防护措施,防止车辆在交付前受到损坏。

(7)维修过程中的移车工作,由授权的人员完成,其他人员不得擅自移动车辆。

(8)维修的车辆应停放在指定维修区,应满足防火、防盗、防碰撞等条件,并做好防尘保护。

## 五、车辆维修质量控制

(1)维修技工负责对本人完成的工作进行自检;总检由大众技师进行安排。相关工序负责人进行互检;下道工序负责人对上道工序转来的维修车辆/部件进行接收检验,合格的接收,进入下道工序,不合格的进行返工,直至检验合格后方能转入下道工序。

(2)对于《快修单》中仅有单个项目,在此项目维修完成后,即为最终检验;涉及多个项目的维修,应在每个过程检验全部结束且检验合格后,进行最终检验,由大众技师负责。

(3)普通修理项目的最终检验由大众技师根据维修技术手册的要求进行。并根据车辆实际状况，由大众技师决定是否到大众经销商处做进一步处理。

(4)多项目维修在每一个项目经过检验合格后，由大众技师根据《快修单》上的修理项目，进行最终检验，涉及到安全项目或驾驶员有相应要求的要安排路试(如驾驶员参加路试，要签订安全承诺书或试车安全协议)；并填写《路试记录》，合格的由其在《车辆竣工单》上签字或盖章确认。需要进行首次保养的车辆，由大众技师决定车辆是否到指定的4S店进行首次保养。

(5)经大众技师检验合格的车辆，对车辆进行清洗，检查车身标志标识完成程度，将车移入竣工区，由技工将车钥匙、《车辆竣工单》及其他相关文件交该车的维修班长。竣工车辆的《车辆竣工单》上，修理工应在修理项目完成后，划勾并有修理工签名，注明修理方法并由大众技师检验员签名。

(6)如驾驶员对修竣后车辆的质量有异议时，大众技师负责车辆的判定，属修理或车辆交付后发现不合格的，大众技师采取针对性的改进措施。

奥运会、残奥会期间，赛事交通服务分中心采取了严密的车辆运行维修保障措施，如交通场站内每日例检、强检，即：出车前检查，不让车带病出场；收车后强检，不让车带病过夜。整个赛会期间共例检、强检车辆约90万辆次，付出了艰辛的劳动。各场站维修保养团队、47家大众4S店及时保障了车辆交通场站内、外的维修，共完成报修260余辆次。所有这些工作，极大地保障了7000余辆交通服务车辆的完好率，保证了奥运会、残奥会交通服务的顺畅和“安全准点、可靠、便利”总目标的实现。

## 第三节　交通服务车辆救援保障

奥运会、残奥会期间为保障赛事交通服务车辆的救援服务，83辆各种类型的救援车承担紧急救援任务，其中重型救援车(38吨，用于救援大客车)23辆，轻型救援车(一拖二折板，用于救援离地间隙小的小客车)20辆，轻型救援车(一拖二直板)30辆，轻型救援车背叉10辆。

### 一、紧急救援指挥调度系统

在奥体中心交通场站设立了24小时运行的紧急救援调度值班室，各交通场站设立了紧急救援组，配置了相应数量的紧急救援车辆，由紧急救援调度值班室直接指挥，每辆救援车配备了数字集群手持电台(共80余部)，充分保证了赛时紧急救援的灵敏、迅捷、高效。

### 二、设立紧急救援服务点

为了确保奥运会交通服务车辆救援能够迅速有效地进行，根据奥运会场馆、设施的分布及奥林匹克专用道的设置状况，以交通场站为支撑，确定将全市涉及所用奥运设施的范围划分为6个责任区，即奥林匹克公园交通场站救援责任区、海淀交通场站救援责任区、石景山交通场站救援责任区、首都机场交通场站救援责任区、奥体中心交通场站救援责任区、奥林匹克大家庭饭店交通场站救援责任区。针对北京地理的现状及每个责任区的实际情况，设置了19处相对固定的救援服务点，并根据奥运会、残奥会的重大活动(如开幕式、闭幕式)和各项重大赛事竞赛日程安排，在主会场国家体育场及相关竞赛场馆周边停泊应急流动救援车(图24-4、图24-5)，24小时待命，以确保在最短的时间内，对任意地点的故障事故车辆作出最快的反应和最佳的处理。

图24-4　随时待命出动的奥运会交通服务车辆救援车队

### 三、紧急救援实施步骤

(1)赛时车辆救援组调度值班室接到交通运行保障中心的救援指令后，应对求救车辆的地点、所属客户群、车型、颜色、牌号、联系人、联系电话记录清楚。

(2)车辆救援调度值班室将求救车辆的信息下传给求救车所属的交通运行团队，该团队应立即派出备用车辆赶往救援地点。

(3)救援调度值班室将信息迅速准确下传到交通场站救援组和离事故/故障地点最近的救援点。

(4)救援车接到指令后，迅速前往救援的地点，同时，再需准确确认求救信息的内容。

(5)15分钟之内救援车赶到救援地点，由技师判断15分钟内可以处理的故障，排除故障后将信息反馈给救援调度室，如无新的救援任务，返回原救援点待命并登记事故/故障车资料(车型、颜色、车牌号、发动机号、底盘号、行使里程、联系人、联系电话)。

(6)15分钟之内救援车赶到救援地点，由技师判断15分钟内无法排除的故障，将信息反馈给救援调度室，按照调度室的指令，将故障车送往最近的指定维修厂(图24-6)，并与维修厂办理车辆交接手续，并填写交接单，救援车返回原救援点命。

图24-5　在奥运会开幕式主会场外待命的紧急救援车辆

图24-6　实施车辆紧急救援

为保证奥运会、残奥会赛时交通服务车辆的紧急救援的灵敏、迅捷、高效，奥组委交通部高度重视紧急救援机构的建立，精心选择了规模、信誉、服务好的专业救援合同商企业宏伟工贸集团、新通救援公司、北京公交集团，组建了救援队伍，赛时严密设防、高度戒备，不曾有半点懈怠。为了保证这支队伍赛时做到叫得通(灵敏)、出动快(迅捷)、救援有效(高效)，赛前组织进行了多次多种情况的实战模拟演练，大大提高了实施紧急救援的水平。由于奥组委交通部在赛前奥运车辆交接检验、赛时车辆维修保养等项工作中严把细扣，措施到位，车辆完好率高，大大减少了赛时车辆运行中紧急情况的发生，赛时共完成紧急救援26辆/次。经过全体车辆救援保障工作人员兢兢业业、日以继夜的不懈努力，圆满地完成了奥运会、残奥会交通服务车辆的救援保障护航任务。

## 第四节　交通服务车辆的燃料供给保障

奥运会、残奥会交通服务车辆(不含收费卡车辆和赞助商大客车)由奥组委交通部负责燃料(汽油、柴油、液化天然气)供应的，总数达5000余辆，燃料供给保障工作十分复杂繁重。首先，要按照交通服务车辆的各种车型、油品种类、油品单价、单车百公里耗油量，对奥运会、残奥会赛时的整体用油(气)量进行估算，作出赛时交通服务车辆燃料需求的总体计划；其次，结合交通服务团队车辆的分布、行车路线和“好运北京”体育赛事测试的经验，制订出包括加油、加气站设置等在内的保障方案。为此，赛前北京奥组委交通部、中国石油天然气集团公司(以下简称“中石油公司”)、中国石油化工总公司(以下简称“中石化公司”)、北京公交集团燃料公司相关负责人，专门建立了奥运会、残奥会供油、供气组织机构，抽调专人开展调研，制订了详细的工作方案。

## 一、奥运车辆燃料供应计划

奥运车辆中燃油车辆约为4600余辆，根据奥运会、残奥会各交通服务团队的交通服务运行计划，考虑到夏季车辆空调油耗等因素，综合赛时按照小客车每天约行驶150公里，柴油大客车、行李货车每天约行驶180公里，测算出了各类油料的总体需求供应计划。

燃气车辆约为380余辆(均为大客车)，每日行驶里程同上，确定了燃气需求供应计划。

## 二、奥运车辆燃料供应保障

### 1. 奥运车辆供油保障

(1)设立奥运定点加油站

为保障和方便奥运车辆加油，依据燃料供应总体计划，奥组委交通部协调中石化公司北京分公司，根据6个交通场站奥运车辆分布情况及周边加油站资源情况，共设置了24座奥运定点加油站，各交通场站停放的车辆可以就近选择到场站周边定点加油站加油。每座定点加油站设立奥运会(残奥会)赛时交通服务车辆专用通道。为便利奥运服务车辆加油，分散单站加油压力，提高加油速度，所有奥运车辆也可到中石化公司北京分公司所属任何可使用IC卡的加油站加油。加油站员工优先引导持有奥运交通服务车证的车辆加油。部分交通场站周边加油站分布图见图24-7～图24-11。

奥林匹克大家庭饭店交通场站

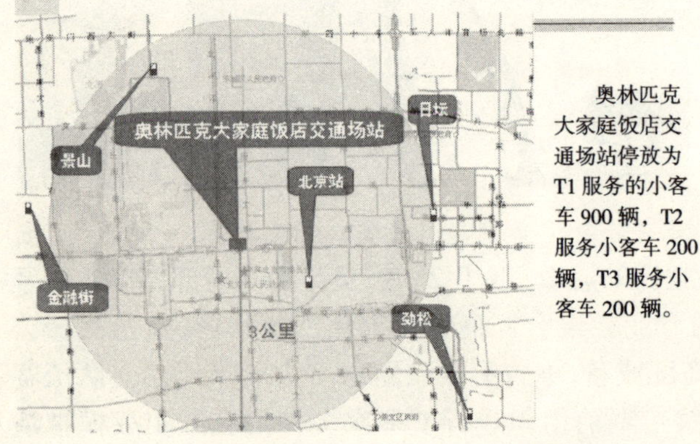


图24-7　奥林匹克大家庭饭店交通场站周边加油站分布图及概况

注:1. 距该场站东南侧2.5公里有一座中石化加油站(北京站)，供应97号汽油，2条油枪。

2. 距该场站东侧4公里建国门外日坛路有一座中石化加油站(日坛站)，供应97号汽油，2条油枪。

奥体中心交通场站

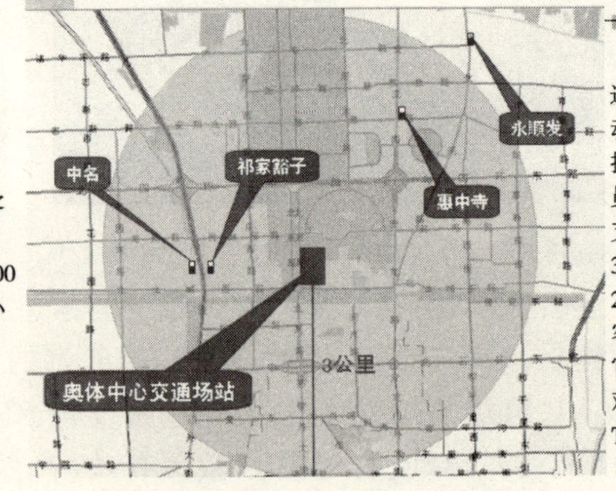


奥体中心交通场站停放为运动员、随队官员、持证媒体、技术官员和BOB提供应急支持服务的大客车30辆，应急抢修车20辆，注册媒体大客车154辆，技术官员大客车60辆，观察员大客车5辆，T3小客车380辆。

图24-8　奥体中心交通场站周边加油站分布图及概况

注:1. 距该场站西侧1.5公里有一座中石化加油站(祁家豁子站)，该站供应97号汽油，4条油枪。

2. 距该场站东北侧3.5公里有一座中石化加油站(永顺发站)，该站供应97号汽油，4条油枪。

3. 距该场站西侧1.8公里有一座中石化加油站(中名站)，该站供应97号汽油，3条油枪。

4. 距该场站东北侧2公里有一座中石化加油站(惠忠寺站)，该站供应97号汽油，2条油枪。

(2)实行IC卡加油

奥运会、残奥会交通服务车辆油料供给采用中国石化公司加油卡(IC卡)管理，主卡由赛事交通服务分中心运行保障组管理，用于增减副卡数量、资料变更、资金分配划转及查询加油信息。副卡由8个交通服务团队专人负责管理。加油卡限车号、油品，便于对车辆加油的监督和管理。

奥林匹克公园交通场站

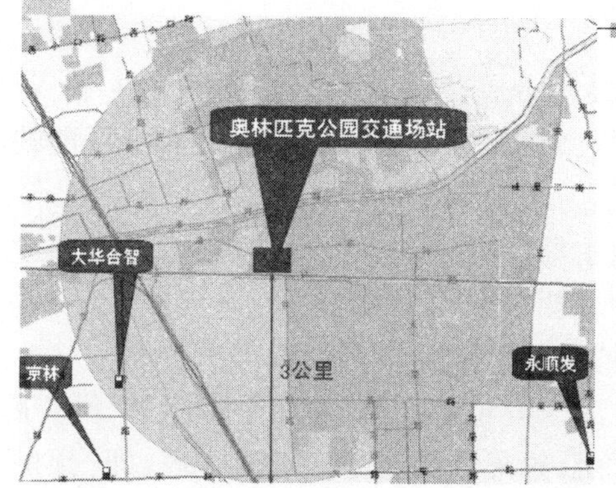


奥林区克公园交通场站停放为运动员、随从官员服务的大客车500辆，持证媒体大客车400辆，T3小客车100辆，警用车200辆，费率卡小客车200辆，备份大客车50辆。

图24-9　奥林匹克公园交通场站周边加油站分布图及概况

注：1. 距该场站西南侧2.5公里有一座中石化加油站（大华合智站），供应97号汽油，2条油枪。

2. 距该场站西南侧4公里有一座中石化加油站（京林站站），供应97号汽油，2条油枪。

3. 距该场站西南侧2.5公里有一座中石化加油站（大华合智站），供应97号汽油，2条油枪。

4. 距该场站西南侧4公里有一座中石化加油站（京林站），供应97号汽油，2条油枪。

海淀交通场站

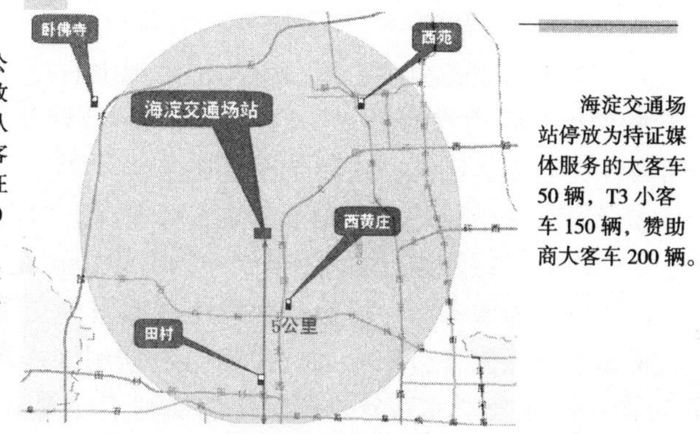


图24-10　海淀交通场站周边加油站分布图及概况

注：1. 距该场站西北侧5.5公里有一座中石化加油站（卧佛寺站），

2. 距该场站西北侧5.5公里有一座中石化加油站（卧佛寺站），供应97号汽油，1条油枪。

3. 距该场站南侧偏东2公里有一座中石化加油站（西黄庄站），供应97号汽油，3条油枪。

4. 距该场站东北侧4公里有一座中石化加油站（西苑站），供应97号汽油，2条油枪。

5. 距该场站南侧4公里有一座中石化加油站（田村站），供应97号汽油，2条油枪。

赛时，交通服务车辆由赛事交通服务分中心运行保障组负责油料供给和管理工作，负责向中国石化公司提出加油卡总体需求和日常需求计划，负责VIK供油计划落实与账目核对工作，负责与中国石化公司指定的奥运加油卡管理专人的联系与协作。各交通服务团队专人负责本团队车辆用油管理、加油卡管理，负责上报油料需求计划（包括品种、数量）。交通服务团队负责人要合理分配车辆加油时间。驾驶员负责加油卡的正常使用、加油、交接，以及填写记录和向所在团队上报加油卡余额。

运行保障组负责协调中石化公司北京分公司，督办加油卡的制作、资金分配、加油服务以及加油卡业务办理工作。

**2. 奥运车辆供气保障**

奥运会、残奥会赛时，奥运车辆中以天然气（CNG）为燃料的大客车共380余辆。车辆具体分布为：奥林匹克公园交通场站250余辆；石景山交通场站50余辆；奥体中心交通场站40余辆。

为保障和方便奥运车辆加气，依据燃料供应总体计划，奥组委交通部协调中石油公司、北京公交集团总公司燃料公司，根据上述交通场站奥运车辆分布情况及加气站资源情况，共设置了4座奥运定点加气站，分别为：永泰加气站、北苑家园加气站、马官营1号加气站、北郊（天然气）母站加气站。

石景山交通场站

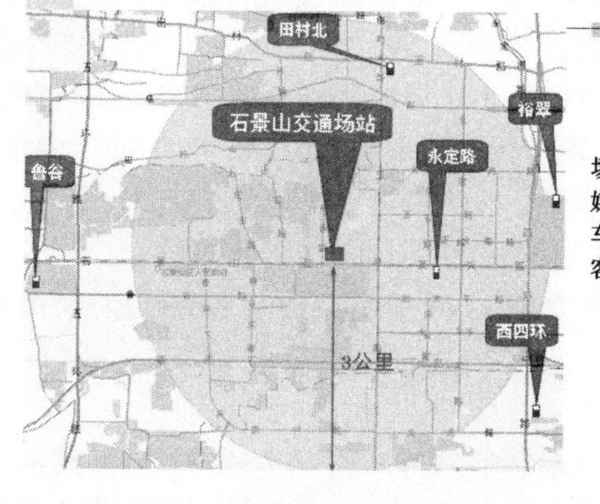


石景山交通场站停放为持证媒体服务的大客车40辆，T3小客车300辆。

图24-11　石景山交通场站周边加油站分布图及概况

注：1. 距该场站西侧4.5公里有一座中石化加油站（鲁谷站），供应97号汽油，2条油枪。

2. 距该场站东侧1.5公里有一座中石化加油站（永定路站），供应97号汽油，2条油枪。

3. 距该场站东南侧3.5公里有一座中石化加油站（西四环站），供应97号汽油，2条油枪。

4. 距该场站东侧3.5公里有一座中石化加油站（裕翠站），供应该站97号汽油，2条油枪。

## 三、奥运车辆燃料供应管理

### 1. 奥运车辆燃油管理

(1)加油卡的办理

①赛事交通服务分中心运行保障组协调中石化公司北京分公司为奥运会赛事办理 2 张主卡(1 张为柴油主卡,1 张为汽油主卡),根据燃料供应计划及时为加油卡主卡办理资金入账,并按主卡所管理的车辆为各交通服务团队办理每辆车的副卡。

②交通服务团队加油卡副卡变更车号时,需交通服务团队副主任以上领导签字确认后,报赛事交通服务分中心运行保障组,由保障组到中国石化公司北京分公司办理相关变更手续。

③赛事交通服务分中心运行保障组根据服务交通团队车辆情况拟订加油卡及油料需求计划。

④赛事交通服务分中心运行保障组根据用油需求,填写"加油卡充值单",由运行保障组领导签字后,协调中石化公司北京分公司制作加油副卡。副卡数量按交通服务车辆数量的 105% 办理,即:预留 5% 的加油卡备用。备用卡主要用于临时性车辆用油管理、加油卡丢失、损坏等的处理(备用卡为无信息的空卡,由运行保障组管理)。

⑤赛事交通服务分中心运行保障组负责将加油卡分配到交通服务团队,交通服务团队负责将加油卡发放到每辆车。

⑥加油卡发生损坏,驾驶员要立即将坏卡交回给交通服务团队,交通服务团队将坏卡交运行保障组进行更换。加油卡丢失,驾驶员立即报告交通服务团队,并由交通服务团队做好记录上报运行保障组,运行保障组负责挂失并提交中国石油公司北京分公司办理补卡。

(2)加油卡的管理

①交通服务团队负责填写相关信息并进行登记,掌握的主要信息为卡号、驾驶员姓名、车牌号码、车辆型号,监控公里数及耗油量等。

②赛时,交通服务团队负责随时监控加油卡使用情况,当加油卡余额无法满足该车辆加油需求时,需提前两天提出超出计划外油料供给追加的申请,团队副主任以上领导签字确认后,报赛事交通服务分中心运行保障组。

③运行保障组确认服务运行团队的需求后,填写加油卡充值单交中国石化公司北京分公司进行加油卡追加充值。

④驾驶员每日工作结束回到交通场站后,应将油料信息记入车辆运行相关记录本,主要内容为当日行驶公里数、累计行驶公里数、加油数量、加油卡内余额等。交通服务团队负责人必须掌握本团队车辆加油卡使用情况。

(3)严格加油管理

交通服务车辆到 24 座定点加油站进行加油,加油站应严格核实车卡对应的数据,发生下列情况,加油站按照以下规定处理:

①加油卡没有余额,加油站拒绝加油。

②加油卡限制信息与车辆、车牌号等不符,加油站拒绝加油。

③不符合赛事交通服务分中心与中国石化公司制定的有关规定的,不得加油。

④持卡人不按规定加油、使用加油卡购买其他物品,加油站应拒绝。

### 2. 奥运车辆燃气供应管理

(1)由奥组委赛事交通服务分中心保障组向公交集团燃料供应分公司提供奥运会需加注天然气服务车辆的车牌号。

(2)在定点加气站加气按《奥运 T4 车加气表》内容做加注天然气记录。加气站的加气员填写车号和数量。加气数量以加气机显示数量为准,保留两位小数。驾驶员在确认车号、数量无误后,在签字栏中签上姓名。

(3)加气数量统计时段以当日0:00～24:00为准。

(4)北京公交集团公司天然气供应站负责奥运会、残奥会380余辆天然气服务车辆当日加气数量的统计汇总工作,于每周一,将上一周的加气量汇总表传真给中国石油公司北京分公司,由其负责人签字确认后,传真给奥组委赛事交通服务分中心保障组。保障组负责人签字后,作为"三方确认"的依据。

(5)北京公交集团公司天然气供应站负责原始加气表的保存、汇总工作,以备结算和奥组委查验。

经过奥组委交通部的精心策划、认真组织,在中石油公司、中石化公司及各相关单位的积极支持配合下,非常圆满地完成了庞大的奥运会、残奥会燃料供应保障任务。

奥运会、残奥会期间,共办理加油卡4600余张,为交通服务车辆加注柴油160余万公升,汽油150余万公升,加注天然气63万立方米,燃气费共计160万元。

## 第五节　交通服务车辆运行服务保障

### 一、实行了赛事交通服务车辆高速公路快速通行办法

奥运会、残奥会期间,每天数千辆赛事交通服务车辆频繁往返于竞赛场馆和京郊的顺义奥林匹克水上公园、昌平十三陵水库铁人三项赛场、昌平居庸关公路自行车赛场,以及足球竞赛项目的天津、秦皇岛等京外赛区之间,能否快速安全地通行北京市和京外赛区之间的高速公路,直接关系到赛事交通服务的顺畅与否。为解决这一问题,北京奥组委交通部在北京奥运交通协调小组统筹协调下,在在国家交通运输部、北京市路政局的大力支持协调,分别召开了有各京外赛区省际高速公路公司、北京市属各高速公路公司负责人参加的专门会议,协调部署此项工作,确定了快速通行的解决方案。奥组委交通部经与委内各相关部门协调,确定了专项经费预算,并委托北京市首都公路发展集团公司印制了专用《奥运赛事车辆专用通行券》。

北京奥组委分别与北京市首都公路发展集团公司、首创股份有限公司京通快速路管理分公司、华北高速公路股份有限公司、天津市高速公路投资建设发展公司、天津天昂高速公路有限公司、河北省京秦高速公路管理处、河北省京秦高速公路廊坊段管理处等京内外七家高速公路公司签定了《奥运会、残奥会期间高速公路快速通行协议书》,实行了奥运会、残奥会交通服务车辆凭《奥运赛事车辆专用通行券》快速通行,赛后由奥组委交通部统一与京内外各家高速公路公司结算的办法。为此,奥组委交通部专门拟定下发了《奥运会(残奥会)赛时奥组委车辆通行高速公路实施办法》、《北京奥运会省际高速路快速通行实施办法》。各高速公路收费站为保证通行效率,统一设置了"奥运车辆专用通道",避免了与社会车辆的混行,大大便捷了赛事交通服务车辆的通行,提高了交通服务运行效率。

奥运会、残奥会赛后,经各高速公路公司汇总统计,各高速公路通行情况如下:

北京市首都公路发展集团有限公司所属机场高速公路、京承高速公路等共通行奥运交通服务车辆约11万辆次。

北京首创股份有限公司京通快速路管理分公司所属京通快速路共通行奥运交通服务车辆约2000辆次。

华北高速公路股份有限公司所属京津塘高速公路共通行奥运交通服务车辆约200余辆次。

天津市所属高速公路所属高速公路共通行奥运交通服务车辆约70余辆次。

河北省京秦高速公路共通行奥运交通服务车辆270余辆次。

奥运会、残奥会期间奥运交通服务车辆总共通行京内外各高速公路约11万余辆次。

**1. 高速公路通行券通行高速公路的车辆类别**

(1)奥组委交通部:交通服务车辆、体育竞赛用车、应急拖移车、保障用车。

(2)奥组委秘书行政部:奥组委委内部门工作用车。

**2. 高速公路通行券通行高速公路的范围**

(1)北京市辖区内的所有高速公路。

(2)北京至京外赛区的高速公路。

①京津塘、京蓟高速公路至天津市。

②京沈高速公路至秦皇岛市。

**3. 高速公路通行券通行高速公路的时间和方式**

(1)通行券通行高速公路的有效时间为2008年7月20日至2008年9月20日。

(2)车辆驶入高速公路收费站专用通道时,驾驶员出示"高速公路通行券",收费站在高速公路通行券加盖章后即可通行。车辆驶出高速公路收费站时,由高速公路收费站将加盖章后的通行券收回。

**4. 高速公路通行券的使用**

(1)高速公路通行券分为A、B、C三种,12座以下为小型车(A);29座以下,12座以上为中型车(B);29座以上为大型车(C)。使用时车型与通行券面的A、B、C必须相匹配,如图24-12所示。

装订线

---

奥运赛事车辆专用通行券

车号__________　　小型车(A)　　NO. 0000001

驶入站__________　　驶出站__________

---

a) A通行券

---

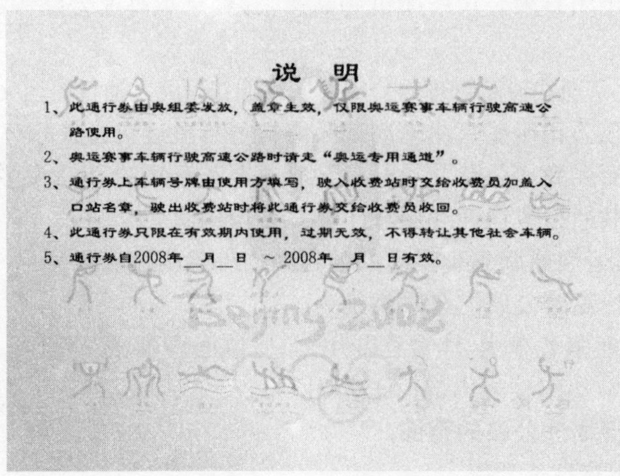

说　明

1、此通行券由奥组委发放,盖章生效,仅限奥运赛事车辆行驶高速公路使用。

2、奥运赛事车辆行驶高速公路时请走"奥运专用通道"。

3、通行券上车辆号牌由使用方填写,驶入收费站时交给收费员加盖入口站名章,驶出收费站时将此通行券交给收费员收回。

4、此通行券只限在有效期内使用,过期无效,不得转让其他社会车辆。

5、通行券自2008年__月__日 ~ 2008年__月__日有效。

装订线

## 奥运赛事车辆专用通行券

车号________　　　　　　中型车（B）　　NO. 0000001

驶入站__________　　　　　　　　驶出站__________

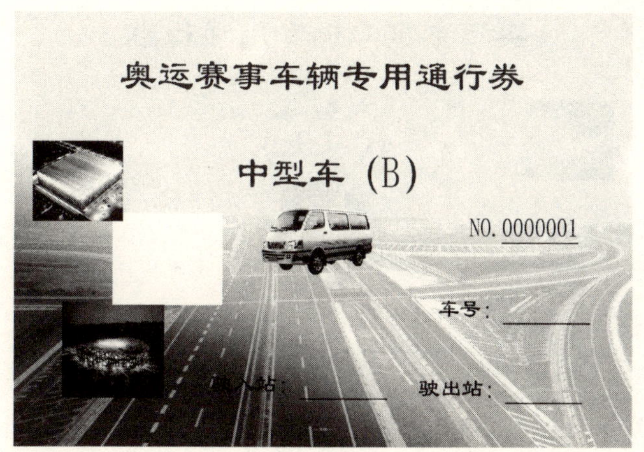


b）B 通行券

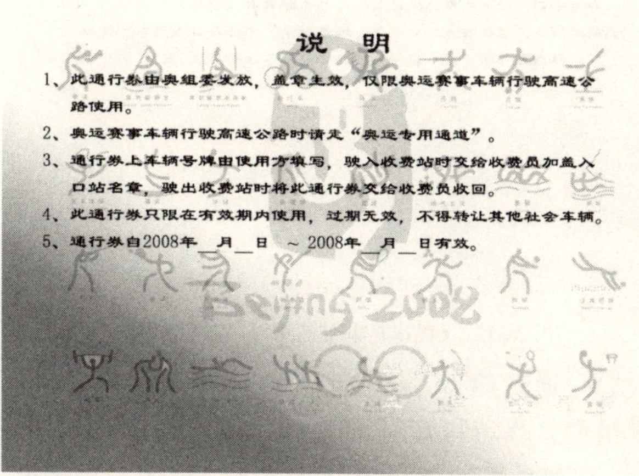

说　明

1、此通行券由奥组委发放，盖章生效，仅限奥运赛事车辆行驶高速公路使用。

2、奥运赛事车辆行驶高速公路时请走“奥运专用通道”。

3、通行券上车辆号牌由使用方填写，驶入收费站时交给收费员加盖入口站名章，驶出收费站时将此通行券交给收费员收回。

4、此通行券只限在有效期内使用，过期无效，不得转让其他社会车辆。

5、通行券自2008年__月__日 ～ 2008年__月__日有效。

装订线

奥运赛事车辆专用通行券

车号________ 大型车(C 以上) NO.0000001

驶入站__________ 驶出站__________

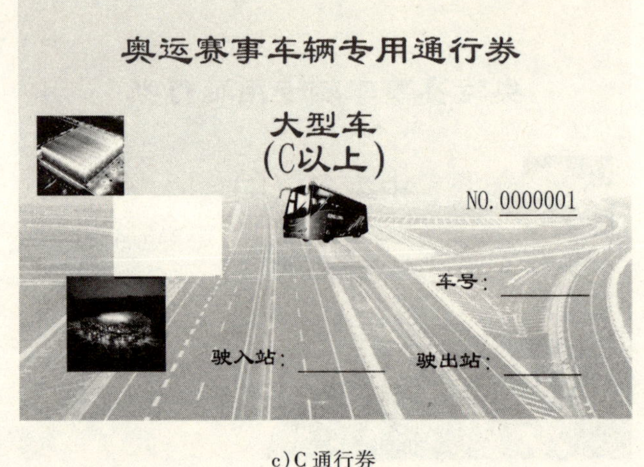


c)C 通行券

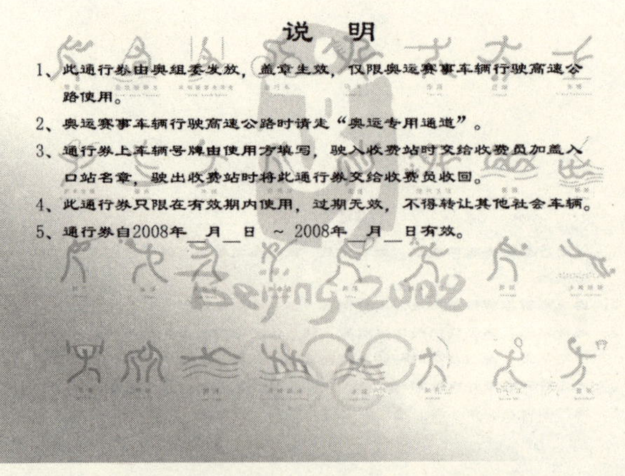

说 明

1、此通行券由奥组委发放，盖章生效，仅限奥运赛事车辆行驶高速公路使用。

2、奥运赛事车辆行驶高速公路时请走“奥运专用通道”。

3、通行券上车辆号牌由使用方填写，驶入收费站时交给收费员加盖入口站名章，驶出收费站时将此通行券交给收费员收回。

4、此通行券只限在有效期内使用，过期无效，不得转让其他社会车辆。

5、通行券自2008年__月__日 ～ 2008年__月__日有效。

图 24-12 《奥运赛事车辆专用通行券》样式

(2)为便于发放、使用和结算、通行券 20 张为一本。

(3)通行高速公路的驾驶员要认真填写好往、返程的“奥运赛事车辆专用通行券”，驾驶员将正券撕下放置在本车奥运会车证旁边，可不停车通过高速公路驶入站奥运专用通道，至驶出站奥运专用通道时将正券交给该站收费员后通过。

(4)京沈高速、津蓟高速是分段结算。

①北京去往秦皇岛的车辆，需填写 2 张北京—秦皇岛的“奥运赛事车辆专用通行券”，分别交给河北“香河”、“秦皇岛”收费站各 1 张；返程同样需填写两张秦皇岛—北京的“奥运赛事车辆专用通行券”，

分别交给河北“香河”、北京“白鹿”收费站各1张。

②北京去往天津的车辆，需填写3张北京—天津的“奥运赛事车辆专用通行券”，分别交给河北“香河”、“宝坻北”、“天津”收费站各1张。返程则同样填写3张，分别交各站。

**5. 高速公路通行券的发放**

(1)奥组委内部工作用车所需高速公路通行券由奥组委秘书行政部发放。

(2)奥组委交通部负责的注册客户群交通服务车辆所需高速公路通行券由奥组委交通部发放。

(3)奥组委交通部负责的行李车所需高速公路通行券由奥组委交通部发放。

(4)竞赛用车所需高速公路通行券由奥组委交通部发放。

(5)奥组委交通部负责的应急拖移保障车所需高速公路通行券由奥组委交通部发放。

**6. 高速公路通行券的结算**

使用高速公路通行券的车辆按小型车、中型车、大型车分类和车辆实际行驶距离计价。

(1)奥组委委内部门工作用车所需高速公路通行券由奥组委秘书行政部负责结算。

(2)奥组委交通部负责的注册客户群交通服务车辆所需高速公路通行费用，由奥组委交通部负责结算。

(3)奥组委交通部负责的行李车所需高速公路通行费用由奥组委交通部负责结算。

(4)体育竞赛用车所需高速公路通行费用，由奥组委交通部负责结算。

(5)奥组委交通部负责的应急拖移保障车所需通行高速公路通行费用，由奥组委交通部负责结算。

高速公路通行券的费用，以实际使用数额结算。

## 二、实行了赛事交通服务车辆在社会停车场停车的统一结算

随着奥运会、残奥会赛事的进程，奥运大家庭成员客人的外出公务、游览、购物等活动日趋频繁，足迹踏遍北京的各宾馆饭店、公园景点及秀水、雅秀、虹桥、王府井、前门等商业区，活动范围遍及北京市的城区和郊区。北京市仅备案经营的停车场就有一万余家，如不能妥善解决赛事交通服务车辆在社会停车场的停车缴费问题，也将影响交通服务的顺畅，并将产生后续烦琐的财务结算等问题。

**1. 协调政府部门，确定解决方案**

在北京市政府部门和北京市运输管理局的大力支持协调下，确定了实行赛事交通服务车辆在社会停车场停车的统一结算，即：赛事交通服务车辆凭《北京奥运会(残奥会)专用停车券》在社会停车场停车，赛后由奥组委交通部统一与相关停车场经营企业结算。

**2. 落实专项预算，印制专用票据**

奥组委交通部经与委内各相关部门协调，测算并提出了该项经费预算，经财务部专项评审和奥组委领导批准，确定了专项经费预算，并委托市运输管理局印制了专用的《北京奥运会(残奥会)专用停车券》。

**3. 召开专门会议，部署落实工作**

为此，北京市运输管理局与北京奥组委交通部，联合召开了有北京市各区、县市政管委、各大停车场经营企业负责人参加的专门会议部署了这项工作。奥组委交通部也召开了各交通服务运行团队负责人的专项会议部署，提出了管理办法，按计划需求发放了《北京奥运会(残奥会)专用停车券》。

**4. 确定结算方法，签定结算协议**

在北京市运输管理局的支持协调下，北京奥组委与北京公联顺达智能停车管理有限公司签定了《专用停车券结算协议》，委托其负责全市所有各停车场经营企业所收《北京奥运会(残奥会)专用停车券》的收兑及与奥组委的统一结算工作。

**5. 下发专门文件，促进工作落实**

北京市运输管理局向各区县市政管委、西站、亦庄地区管委、各城近郊区管理处、各停车场经营企业下发了《北京市运输管理局关于奥运会期间本市备案经营停车场对奥组委指定车辆提供凭专用券停车

服务的通知》,设立了专门的服务监督电话,并组织人员深入各停车场检查监督。

奥组委交通部向各交通服务运行团队下发了《关于启用北京奥运会、残奥会交通服务车辆专用停车券的通知》。规定:

(1)停车券使用范围

①赛事交通服务分中心所辖的赛事服务车辆使用此停车券。

②此停车券适用北京市辖区范围内的备案经营性停车场(不含居民区停车场)。

(2)停车券使用时间

停车券有效期自2008年8月5日~9月20日。

(3)停车券使用方法

①停车券由交通服务运行团队根据需求,指定专人持团队主任签字的便函领取,发给执行相应任务的驾驶员使用。

②使用停车券的服务车辆,必须同时持有奥运专用车证。

③驾驶员根据停车时间和收费标准,将同等金额的停车券交给停车收费员,不再支付现金。

(4)停车券使用注意事项

①各交通服务运行团队应有专人负责此项工作,要严格领发手续和使用规定,按车辆执行任务的需求发放使用,不得发给无关人员、车辆使用。剩余停车券要及时收回,赛后交回运行保障组。

②驾驶员在使用停车券停放车辆时,应遵守本市停车场有关管理规定,服从停车管理人员引导,有序停车。

③如遇个别停车场不允许凭专用停车券停车时,可直接拨打市运输局举报电话:839797309(工作日)、83560833(夜间、节假日)。

④停车券使用中遇到的问题,请及时向赛事交通服务分中心运行保障组反映。

这一问题的成功解决,大大方便了交通服务车辆的服务运行。据统计奥运会、残奥会期间,交通服务车辆共在城市道路停车场停车10余万辆/次,均提供了简易、快捷的服务。

## 三、为交通服务车辆提供优质的清洗保洁服务

为贯彻、落实北京奥组委对奥运会赛时交通服务工作的部署,践行"绿色奥运"的理念,2006年12月13日,奥组委交通部与北京月福汽车装饰有限公司签订了捐赠协议,为奥运会、残奥会无偿提供清洗、美容及装饰等相关配套服务。自好运北京体育赛事开始便为赛会交通服务车辆提供车辆清洗服务。共为"好运北京"体育赛事提供洗车卡800张,清洗车辆12000辆次。"好运北京"体育赛事之后,北京月福汽车装饰有限公司与奥组委交通部联系,愿继续为奥运会、残奥会无偿提供清洗、美容及装饰等相关配套服务。

根据奥运会、残奥会赛时情况,为保证服务车辆安全、顺利、快速地进行车辆清洁的相关要求,该公司对下属经营网点进行了重新装修和升级改造,新建了燕莎、石景山两个经营网点,又分别在奥林匹克公园交通场站和奥体中心交通场站新建了2个临时洗车站点。该公司内部设立了奥运服务临时机构,确定了各门店的专项奥运服务负责人,确定了赛时各网点及新建场站配备服务人员的数量,并在所有门店专门设立奥运车辆服务专用通道,提供24小时服务。

奥运会、残奥会期间共为赛事交通服务车辆提供汽车洗车卡6500张。

为保证为奥运交通服务车辆提供优质服务,北京月福汽车装饰有限公司还专门制定了一系列为奥运服务的专项措施。

**1. 保障措施**

(1)建立赛时奥运车辆专用通道,减少排队的时间。

(2)派专人负责赛时奥运车辆的日常维护及清洗。

(3)建立赛时奥运车辆投诉热线,并派专人进行负责。

**2. 小客车洗车流程**

(1)赛时奥运车辆从专用通道进行排队进入洗车机。

(2)引车入位,绕车一周检查洗车机未洗到部位,快速用海绵沾水刷洗掉。

(3)擦拭车辆外观。

(4)擦拭内室。

(5)吸尘。

(6)清洗脚垫。

(7)清洗全车不少于15分钟。

**3. 大客车洗车流程**

(1)检查车辆能否进入洗车机。

(2)赛时奥运车辆从专用通道进行排队进入洗车机。

(3)引车入位,绕车一周检查洗车机未洗到部位,快速用海绵沾水刷洗掉。

(4)擦拭车辆外观。

(5)擦拭内室。

(6)吸尘。

(7)清洗脚垫。

(8)清洗全车不少于30分钟。

**4. 配套设施**

该公司11家门店,共有19条洗车线。分别为:清河店2条、民族园店2条、燕莎店2条、定慧寺店2条、北洼店1条、西苑店1条、大屯店1条、潘家园店2条、甘露园店2条、通州店2条、太阳宫店2条。

**5. 应急措施**

赛时出现洗车机故障、停水、停电等现象,公司将组织员工用高压水枪进行手工洗车后,再进行人工擦车。

洗车站点出现人员缺失等意外情况,公司将以最快的速度从各个分公司抽调人员进行支援。

奥运会、残奥会期间,恰逢北京的雨季,车辆脏污十分频繁,但经过奥组委交通部与北京月福汽车装饰有限公司广大员工数十天的艰苦奋斗,用辛勤的汗水保证了奥运会、残奥会数千辆交通服务车辆的清洁,为奥运会、残奥会增添了一道靓丽的景观。

## 四、为奥运交通服务车辆提供绿色保护服务

奥运会、残奥会赛时交通服务的小客车,绝大多数是刚刚下线的新车,为保证赛事交通服务车辆的健康清洁,2007年9月广东中山市翔通实业发展有限公司提出为奥运会、残奥会交通服务用车提供绿色除味护理服务,该服务包括提供产品以及人员技术支持。为此,奥组委交通部对该公司提交的有关部门的检测标准[验收标准达到中华人民共和国国家市内空气控制标准(GB/T 18883—2002)的要求]进行了审核,并经过有关部门批准,于2008年1月与该公司签定了《奥运会交通服务车辆绿色保护服务合同》。合同规定了提供车辆绿色保护服务、规范服务的内容,奥组委交通部制定了《交通运行服务车辆绿色保护方案》。

根据奥运交通场站的布局,结合相关工作要求和现实情况,奥组委交通部将实施绿色保护工作的地点设在了5个奥运交通场站内,即奥林匹克大家庭饭店交通场站、石景山交通场站、海淀交通场站、奥体中心交通场站、奥林匹克公园交通场站,确定了8个交通运行服务团队的车辆为服务对象,确定了赛时绿色保护服务组织结构。在赛事交通服务分中心的统一领导下,由运行保障组和中山市翔通实业发展有限公司共同组建车辆绿色保护服务团队,确定了服务流程,规范了服务内容。

合同商广东中山市翔通实业发展有限公司,制订了奥运服务计划,安排奥运产品生产,服务奥运人员的招聘选拔,人员培训,成立北京奥运服务项目部等工作,于2008年6月全部准备就绪,确定了一只由28人组成的奥运交通服务车辆绿色保护团队,并于2008年7月份开始陆续到各场站施工服务。在奥运会、残奥会期间共提供车辆消毒除味护理服务1万余辆次,向世界展示了绿色服务车辆的形象。

# 第二十五章　开、闭幕式交通服务

第29届奥林匹克运动会于2008年8月8日开幕，8月24日闭幕。第13届残疾人运动会于2008年9月6日开幕，9月17日闭幕。开、闭幕式均在国家体育场举行。做好奥运会、残奥会开、闭幕式交通服务运行组织工作，是确保“有特色，高水平”和“两个赛事，同样精彩”的重中之重。参加开、闭幕式的各注册客户群安全、准点、快捷、有序集结疏散是保证仪式成功的关键环节。历届奥运会开、闭幕式交通组织都曾出现过这样或那样的纰漏，为整个仪式的圆满成功留下了遗憾。北京奥运会、残奥会开、闭幕式在北京奥运会、残奥会运行指挥部的统筹领导下，各注册客户群交通服务运行组织认真吸取历届经验教训，充分依靠和发挥体制优势，主动了解掌握相关信息，积极协调相关部门，注重工作环节衔接和细节落实，通过实地演练完善运行方案，明确主责和配合部门职责分工，任务分解到队、到场、到点、到岗、到车、到人，各级领导骨干亲临一线指挥把关，实现了注册客户群参加开、闭幕式集结安全、有序、准点，疏散顺畅、快速、省时，仅用45分钟即从主会场疏散完毕，达到了历届开、闭幕式最佳交通服务运行组织水平。

## 第一节　交通服务对象

### 一、奥运会

开幕式为4万名注册和非注册客户群集结疏散提供交通服务。其中注册客户群2.6万人，包括：奥林匹克大家庭成员、技术官员8000人；参加仪式的运动员及随队官员1.2万人；观看开幕式的持票运动员1000人；注册媒体5050人。非注册客户群1.5万人，包括：非注册国际贵宾900人；赞助商及其客人1.4万人。

闭幕式为3.4万名注册和非注册客户群集结疏散提供交通服务。其中注册客户群2万人，包括：奥林匹克大家庭成员、技术官员6000人；参加仪式的运动员及随队官员8000人；观看闭幕式的持票运动员1000人；注册媒体4750人。非注册客户群1.4万人，包括：非注册国际贵宾150人；赞助商及其客人1.4万人。

### 二、残奥会

开幕式为2.1万名注册和非注册客户群集结疏散提供交通服务。其中注册客户群1.3万人，包括：残奥会大家庭成员1200人（有100余名轮椅使用者）；技术代表、技术官员、分级师等1300人（有20名轮椅使用者）；赞助商高层人员320人；国家元首、政府首脑、王室代表及其陪客100人；体育部长及其陪客约230人（有1名轮椅使用者）；运动员及随队官员6500人（有1700名轮椅使用者）；注册媒体3400人（有40名轮椅使用者）。非注册客户群即持票赞助商及其客人8700人。

闭幕式为1.5万名注册和非注册客户群集结疏散提供交通服务。其中注册客户群1.1万人，包括：残奥会大家庭成员约1000人（有50余名轮椅使用者）；技术代表、技术官员、分级师等800人（有20名轮椅使用者）；赞助商高层人员约320人；国家元首、政府首脑、王室代表及其陪客50人；体育部长及其陪客100人（有1名轮椅使用者）；运动员及随队官员5800人（有1500名轮椅使用者）；注册媒体3200人（有40名轮椅使用者）。非注册客户群即持票赞助商及其客人4300人。

## 第二节　运行组织机制

根据北京奥运会、残奥会运行指挥部交通与环境保障组部署要求，开、闭幕式前，由赛事交通服务分中心牵头，协调组织奥组委各客户群主责部门、政府相关部门进行了客户群集结实地运行模拟演练。在运行指挥部召开的专题会上，对开、闭幕式注册客户群交通服务运行方案进行了审定。由交通与环境保障组领导主持召开专题会议，对开、闭幕式注册客户群交通服务运行方案进行通报部署，明确相关部门职责分工。

开、闭幕式当天，赛事交通服务分中心在国家体育场西侧"P2"停车场设立现场指挥部，由主任总负责，各位副主任分工负责。奥组委各客户群主责部门派人参加现场指挥部值班。各相关客户群交通服务运行团队根据任务分工，由团队主任负责具体组织指挥，各位副主任、车队长、调度管理人员分别到停车场、集结点、上下车点指挥把关。各客户群集结后，在现场召开碰头会，通报交通服务运行情况，对疏散交通服务运行组织工作进行强调部署。

开、闭幕式每次活动前，赛事交通服务分中心专门制订了交通服务无线集群通信方案。抽调200部无线通信手持电台，设置现场指挥调度、T1/T2团队、T3团队、技术官员团队、运动员团队、媒体团队、赞助商/收费卡团队、媒体团队集结点调度、运动员团队集结点调度、技术官员集结点调度十个通话组。同时为各客户群主责部门、相关集结点场馆团队、运动会服务部、奥运村团队、总部饭店团队、市交管局现场指挥、分中心场馆保障组配发无线通信手持电台。按照自下而上、层级分工、按时间节点逐级报告的原则，建立通信联络及汇报机制。

(1)各交通服务运行团队各线路(批次)负责人在车辆驶离场站、抵达驻地、驶离驻地、抵达场馆集结点、驶离集结点、到达国家体育场指定停车场时，向各交通服务运行团队主责人报告车辆到达及驶离的时间、运行车辆数量及运载人员数量。

(2)各客户群主责部门驻地联络人负责在客户群自驻地上车、驶离、抵达集结点、驶离集结点、到达国家体育场指定停车场时，向各自主责人报告客户群人员验证验票情况、登车情况、人员驶离及抵达数量。

(3)各集结点场馆团队在各线路车辆抵达、驶离集结点时，向现场指挥调度组汇报人员安检情况、车辆安检情况、人员抵达及驶离时间。

(4)各交通服务运行团队主责人、各客户群主责部门负责人向现场指挥调度组汇报车辆及人员情况。

(5)散场后，各交通服务运行团队主责人、各客户群主责部门在收集各类客户群返回住地情况信息后，向现场指挥调度组汇报各串行线路到达住地情况。

(6)遇有突发事件或特殊事件，不能按照指定时间节点运行时，各交通服务运行团队、各客户群主责部门负责人、各集结点场馆团队须于第一时间向现场指挥调度组汇报。

## 第三节　各客户群交通集结疏散

### 一、奥林匹克(残奥会)大家庭成员、技术官员、高级赞助商交通集结疏散

参加奥运会(残奥会)开、闭幕式的奥林匹克(残奥会)大家庭成员、技术官员、高级赞助商的交通需求特点是：

①参加开、闭幕式的大家庭成员具体人数和乘坐轮椅人数不确定，开、闭幕式当天还在核准确认中。

②所有参加开、闭幕式的大家庭成员需要提前进行安全检查，由集结点前往国际体育场采取"干净区"到"干净区"的运行方式。

③住地在奥林匹克大家庭饭店/残奥大家庭饭店(简称总部饭店)以外的大家庭成员需要以二次集结方式集体前往国家体育场。

④总部饭店和二次集结点场馆要满足运送大家庭成员大客车临时屯车场地、上下车点和接待、安保需求。

⑤残奥会大部分代表团团长、技术官员与运动员共同住在残奥村。

⑥个别大家庭成员有提前离开国家体育场返回住地的交通需求。

⑦散场时客户群需要及时准确地找到来时所乘车辆,有效缩短疏散时间,这也是历届奥运会开幕式散场交通组织都没能很好解决的共性难题。

**1. 奥运会开、闭幕式交通集结**

根据开、闭幕式总体安排和大家庭成员住地分布及交通需求特点,为便于交通服务运行组织,减少集结换乘车辆次数,准点有序抵达国家体育场,将各客户群合理划分归类为总部饭店线路、非总部饭店线路、国际贵宾线路等三条线路进行集中组织和统一调度。

(1)总部饭店线路

住地为总部饭店的奥林匹克大家庭成员从总部饭店出发前往国家体育场。住地不在总部饭店的奥林匹克大家庭成员按照其交通权限,分别乘坐 T1、T2 或 T3 车辆前往总部饭店集结,乘坐总部饭店线路车辆前往国家体育场。

总部饭店前往国家体育场的大客车前风挡玻璃处放置明显标识,表示该车辆为奥运会开幕式往返于国家体育场与总部饭店的车辆,见图 25-1。

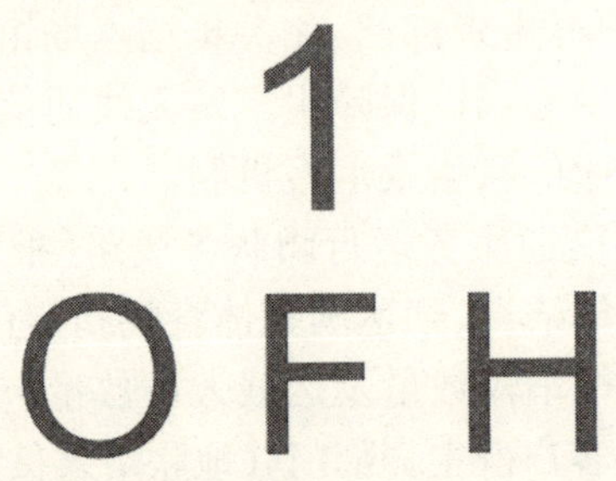

图 25-1　总部饭店班车标识

总部饭店线路用车 108 辆,由专用车、合乘车交通服务运行团队负责组织运行,除先导车、收尾车、工作车外,派发班车 4 批。所有车辆在交通场站安检后分批抵达总部饭店。由总部饭店团队开辟临时专用停车区域,供运送参加开幕式的奥林匹克大家庭成员的大客车停放。

发车流程:先导车主要运送前期进场准备的国际奥委会工作人员。第一批车辆主要运送国际奥委会工作人员等。第二批车辆主要运送国际单项体育组织和各国奥委会主席、秘书长等。第三批车辆主要运送国际奥委会客人等。第四批车辆主要运送国际奥委会委员。

收尾车主要运送没能按时乘车的奥林匹克大家庭成员。奥运会开幕式集结时,收尾车及时将因乘坐飞机航班晚点而错过发车时间的科威特代表团主席送达国家体育场。

工作车主要运送散场引导工作人员。

根据奥运会开幕式期间接待工作整体流程,第一批车辆于 17:00(闭幕式 17:20)从总部饭店发车前往国家体育场西侧"P1"、"P2"停车场,最后一批车辆于 18:00(闭幕式 18:20)发车,所有批次车辆均为"到点发车"。参加开幕式的人员经验票、验证后登车,从总部饭店至国家体育场的运行时间约为 20 分钟。具体运行时间见表 25-1。

**开、闭幕式集结大家庭饭店线路运行时间表**　　表 25-1

| | 抵达总部饭店时间 | 总部饭店发车时间 | 抵达国家体育场时间 |
|---|---|---|---|
| 先导车 | 13:40 | 14:00 | 14:20 |
| 第一批 | 16:40 | 17:00 | 17:20 |
| 第二批 | 17:10 | 17:20 | 17:40 |
| 第三批 | 17:30 | 17:40 | 18:00 |
| 第四批 | 17:50 | 18:00 | 18:20 |
| 收尾车 | | 18:05 | 18:25 |
| 罗格 | | 18:45 | 19:10 |
| 现场引导工作车 | | 21:30 | 22:00 |

(2)非总部饭店(技术官员)各线路

技术官员住地饭店线路服务对象为国际单项体育组织执委、技术代表、技术官员、裁判员,高级赞助商。具体情况见表25-2。

**非大家庭饭店技术官员各线路服务对象情况表**　　表25-2

| 序号 | 服务对象 | 住地 | 交通权限 | 人数 |
|---|---|---|---|---|
| 1 | 国际单项体育组织的客人 | 29家技术官员饭店 | TF | 336 |
| 2 | 国际单项体育组织执委及陪同 | 29家技术官员饭店 | T3 | 900 |
| 3 | 国际单项体育组织技术代表及陪同 | 29家技术官员饭店 | T2 | 142 |
| 4 | 国际单项体育组织的高级职员 | 29家技术官员饭店 | T3 | 58 |
| 5 | 国际单项体育组织技术官员、裁判员、仲裁委员会成员等 | 29家技术官员饭店 | TF | 2889 |
| 6 | 奥组委合作伙伴、赞助商和供应商 | 35家赞助商饭店 | T3 | 364 |
| 7 | 国际奥委会合作伙伴高级官员和客人 | 35家赞助商饭店 | T3 | |
| 8 | 国际奥委会合作伙伴奥运项目负责人 | 35家赞助商饭店 | T3 | |
| 合计 | | | | 4691 |

针对非总部饭店客户群住地较为分散的特点，为缩短集结时间，采用二次集结方式，即开幕式选定8个（闭幕式7个）竞赛场馆作为集结点，分别集结附近相关住地客户群。车辆在交通场站进行安检后，到各住地接送客户群前往各集结点场馆进行人员安检、车辆简易安检，集中前往国家体育场。车辆分别停放在国家体育场西侧"P2"停车场和南侧"P6"停车场。

集结点选定的基本原则为：住地附近竞赛场馆（以减少安检设备和安保人员）；在位置上较适合，周边饭店集中，可以最大缩短集结时间。具体集结点和住地饭店情况见表25-3。

**非总部饭店技术官员集结点分配表**　　表25-3

| 线路编号 | 集结点 | 住 地 名 称 |
|---|---|---|
| A | 工人体育场 | 亚洲大酒店、丽晶酒店、东方君悦、国际饭店 |
| B | 朝阳公园沙滩排球场 | 长城喜来登、亮马河大厦、21世纪、昆仑饭店、嘉里中心 |
| C | 北科大体育馆 | 紫光交流中心、军都度假村、西郊宾馆、鸿翔大厦、大唐科苑、圆山大酒店 |
| D | 首都体育馆 | 威斯汀、民族饭店、苏源锦江、新世纪日航、首体宾馆、国宾饭店 |
| E | 北航体育馆 | 丽亭华苑、中苑宾馆、燕山大酒店、香格里拉 |
| F | 北工大体育馆 | 京瑞大厦、河南大厦 |
| G | 五棵松场馆 | 长峰假日、万商美居、射击宾馆（闭幕式没有此集结点） |
| H | 顺义水上公园 | 顺义宾馆、金宝花园 |
| 合计 | 8个集结点 | 27家技术官员饭店，5家赞助商饭店 |

因凯迪克饭店紧邻国家体育场，住在此饭店参加开、闭幕式的技术官员步行前往国家体育场，不再安排车辆。

上述集结饭店中的国际饭店、昆仑饭店、嘉里中心、国宾饭店（闭幕式没有）、香格里拉5个饭店（闭幕式4个）作为高级赞助商的初始集合饭店。参加开、闭幕式的高级赞助商从上述饭店乘坐大客车前往集结点。住地不在集结点饭店的高级赞助商，使用其他方式前往上述饭店。

非总部饭店前往国家体育场各线路的车辆前风挡玻璃处放置明显标识，表示该车辆为奥运会开、闭幕式专线车辆，标识的主要内容为：线路编号、所集结的饭店，见图25-2。

非总部饭店线路开幕式集结共使用138辆大客车（闭幕式90辆大客车），此外安排15辆备份车，由技术官员交通服务团队负责组织运行。

根据各个饭店距离集结场馆的路程、集结场馆距离国家体育场的路程及人员安检所需时间，非总部饭店各线路运行时间见表25-4。

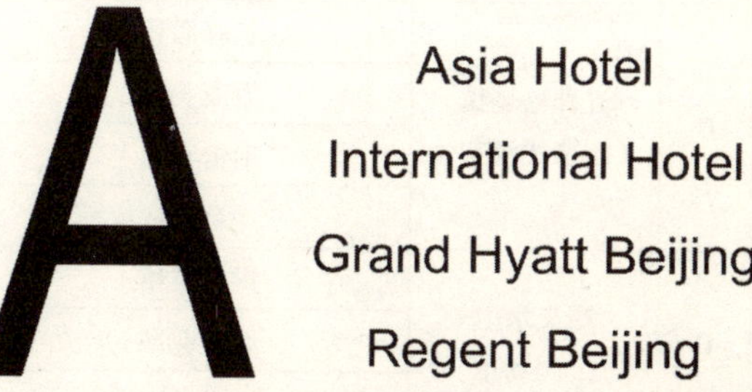

图25-2　开、闭幕式非总部饭店线路班车标识

**非总部饭店各线路明细及运行时间表** 表 25-4

| 序号 | 线路编号 | 集结地点 | 饭店名称 | 预计车数 | 抵达饭店时间 | 饭店发车时间 | 抵达集结点时间 | 集中（安检）后发车时间 | 抵达国家场时间 |
|---|---|---|---|---|---|---|---|---|---|
| 1 | A | 工人体育场 | 亚洲大酒店 | 3 | 16:02 | 16:32 | 16:47 | 17:22 | 17:40 |
| 2 | | | 丽晶酒店 | 8 | 15:17 | 15:47 | 16:07 | | |
| 3 | | | 东方君悦 | 4 | 16:02 | 16:32 | 16:52 | | |
| 4 | | | 国际饭店 | 4 | 16:02 | 16:32 | 16:42 | | |
| | | | 合计 | 19 | — | — | — | | |
| 5 | B | 朝阳公园沙滩排球场 | 长城喜来登 | 12 | 15:35 | 16:05 | 16:35 | 17:50 | 18:10 |
| 6 | | | 亮马河大厦 | 8 | 16:15 | 16:45 | 17:00 | | |
| 7 | | | 二十一世纪 | 2 | 16:35 | 17:05 | 17:15 | | |
| 8 | | | 昆仑饭店 | 3 | 16:40 | 17:10 | 17:20 | | |
| 9 | | | 嘉里中心 | 4 | 16:40 | 17:10 | 17:30 | | |
| | | | 合计 | 29 | | — | — | | |
| 10 | C | 北京科技大学体育馆 | 紫光交流中心 | 6 | 16:00 | 16:30 | 16:45 | 17:50 | 18:00 |
| 11 | | | 军都度假村 | 3 | 16:00 | 16:30 | 17:20 | | |
| 12 | | | 西郊宾馆 | 4 | 16:10 | 16:40 | 16:55 | | |
| 13 | | | 鸿翔大厦 | 4 | 16:00 | 16:30 | 17:05 | | |
| 14 | | | 大唐科苑 | 5 | 16:25 | 16:55 | 17:10 | | |
| 15 | | | 圆山大酒店 | 8 | 16:25 | 16:55 | 17:25 | | |
| | | | 合计 | 30 | | — | — | | |
| 16 | D | 首都体育馆 | 威斯汀 | 11 | 15:55 | 16:25 | 16:45 | 17:35 | 17:55 |
| 17 | | | 民族饭店 | 2 | 16:05 | 16:35 | 17:05 | | |
| 18 | | | 苏源锦江 | 4 | 16:10 | 16:40 | 17:10 | | |
| 19 | | | 首体宾馆 | 2 | 16:55 | 17:25 | 17:30 | | |
| 20 | | | 新世界日航 | 2 | 16:40 | 17:10 | 17:20 | | |
| 21 | | | 国宾酒店 | 3 | 16:35 | 17:05 | 17:25 | | |
| | | | 合计 | 24 | | | | | |
| 22 | E | 北京航空航天大学体育馆 | 丽亭华苑 | 6 | 16:30 | 17:00 | 17:05 | 17:55 | 18:05 |
| 23 | | | 中苑宾馆 | 5 | 16:45 | 17:15 | 17:25 | | |
| 24 | | | 燕山大酒店 | 5 | 16:45 | 17:05 | 17:15 | | |
| 25 | | | 香格里拉 | 3 | 16:50 | 17:20 | 17:40 | | |
| | | | 合计 | 19 | | — | — | | |
| 26 | F | 北京工业大学体育馆 | 京瑞大厦 | 3 | 16:13 | 16:43 | 16:53 | 17:13 | 17:45 |
| 27 | | | 河南大厦 | 7 | 15:53 | 16:23 | 16:33 | | |
| | | | 合计 | 10 | | | | | |
| 29 | G | 五棵松场馆（闭幕式没有） | 长峰假日 | 3 | 16:17 | 16:47 | 16:52 | 17:27 | 17:50 |
| 30 | | | 万商美居 | 4 | 16:22 | 16:52 | 17:02 | | |
| 31 | | | 射击宾馆 | 3 | 16:12 | 16:42 | 17:12 | | |
| | | | 合计 | 10 | | | | | |
| 32 | H | 顺义水上公园场馆 | 顺义宾馆 | 3 | 16:17 | 16:47 | 16:57 | 17:17 | 18:15 |
| 33 | | | 金宝花园 | 6 | 15:57 | 16:27 | 16:32 | | |
| | | | 合计 | 9 | | — | | | |
| | | 不提供车辆 | 凯迪克 | 0 | | | | | |
| | | | 机动调用 | 3 | | | | | |
| 总计 | | | | 153 | | | | | |

**2. 奥运会开、闭幕式交通疏散**

(1)为确保开、闭幕式结束后各客户群安全、顺畅、快速地从国家体育场疏散,采取了以下交通服务运行组织原则和措施。

①"哪里下车、哪里上车"原则。即车辆在国家体育场"P1"、"P2"停车场停放,车辆抵达时在哪个停车场下车,散场时在哪个停车场乘车返回。

②"按线路乘车、车满即走"原则。即客户群无需找寻自己来时所乘具体车辆,只需找到该线路车辆即可登车,车满即走。

③"串线行车,依次送达"原则。即客户群集结时无论是从饭店直接前往国家体育场,还是通过集结场馆前往国家体育场,返回时都分别将参加开、闭幕式人员送回住地(高级赞助商除外)。奥林匹克大家庭成员乘坐总部饭店线路返回时,住地不在总部饭店的客人将在总部饭店乘 T1、T2 或 T3 车辆返回各自住地;非总部饭店各线路将按线路串行本线路集结的住地分别送达。

(2)车辆停放及找寻

开(闭)幕式时,大多数车辆停放在"P2"停车场,部分车辆停放在"P1"停车场,共需使用约 230 个大客车车位(闭幕式 160 个)、31 个旅行车车位(闭幕式 45 个)以及部分残疾注册贵宾乘坐小客车车位。为方便散场后寻找到应乘坐线路的车辆,采取如下辅助方式。

①将国家体育场开、闭幕式时"P2"、"P1"停车场使用分配情况绘制示意图,交由各主责部门发放给每一位参加开、闭幕式的客户。

②同一线路车辆在抵达国家体育场时,由交通民警指挥在"P2"、"P1"停车场按区域集中停放。

③在每个线路的停车区域前安排专人举指示牌引导,指示牌中除包括线路号外,还包括串线送达的饭店名称。

④由交通服务运行团队组织随车助理(志愿者)排成人墙,将客户群由体育场出口引导至停车位上车,缩短客户群找寻车辆时间。

(3)总部饭店线路

住地为总部饭店的客户从国家体育场"P1"、"P2"停车场验证后乘车直接返回总部饭店。开幕式首辆返回总部饭店的车辆 23:40(闭幕式 22:10)离开国家体育场;收尾车辆次日 0:40(闭幕式 23:00)离开国家体育场。

(4)非总部饭店各线路

乘坐非总部饭店线路车辆的客户在开、闭幕式结束后疏散时,经查验证件后乘坐来时线路车辆,各个线路车辆车满即发,依次串行本线路的各个住地。开幕式首批返回集结点的车辆 23:40(闭幕式 22:10)离开国家体育场,收尾车辆于次日 0:40(闭幕式当日 23:00)离开国家体育场。

(5)应急事件储备车辆

为应对奥林匹克大家庭成员等客户可能出现的提前离场等情况,在场馆安保封闭区内储备 5 辆小客车,控制区内储备 45 辆小客车,由设在"P2"停车场内的赛事交通服务分中心现场指挥部视情况指挥调用。奥运会开幕式结束前共运送 19 位提前离场的大家庭成员返回住地,结束后 50 分钟各客户群由国家体育场各停车场疏散完毕。

**3. 残奥会开、闭幕式集结**

在奥运会成功经验的基础上,采取以下 5 种集结方式:

(1)住地为总部饭店(港澳中心)、保利大厦的残奥大家庭成员,统一在总部饭店乘车分批前往国家体育场。车辆提前安检后在总部饭店待客,由残奥会总部饭店团队负责验票、验证上车,免检进入国家体育场"P2"、"P1"北停车场。大客车(含无障碍大客车)停放在国家体育场"P2"停车场;旅行车(含无障碍旅行车)、小客车停放在国家体育场"P1"北停车场。车辆分别由专用车、合乘车交通服务团队组织运行。

总部饭店线路无障碍大客车使用的无障碍站台(1.8m×3.6m),需占用"P2"停车场 1 行停车空间,作为无障碍车辆站台摆放区域。

(2)住地为北京五洲皇冠大酒店的残奥大家庭成员，在本住地乘坐大客车前往国家体育场。车辆提前安检后在五洲皇冠大酒店待客，由主责部门、住地团队负责验票、验证上车，免检进入国家体育场“P2”停车场。车辆由合乘车交通服务团队组织运行。

(3)住地为残奥村的残奥大家庭成员通常兼任代表团团长，随本代表团运动员一同乘车前往国家体育场。

(4)由于国际会议中心、北辰洲际酒店、凯迪克酒店在奥林匹克公园公共区内，不再安排车辆，上述住地的残奥大家庭成员步行前往国家体育场。

(5)住地为皇家大饭店、五洲大酒店、北京会议中心 9 号楼、元辰鑫国际酒店、西藏大厦、名人国际大酒店的残奥大家庭成员，车辆提前安检后在上述饭店门前待客，由主责部门、住地团队负责验票、验证上车，前往远端集结点(北航体育馆)，经人员安检、车辆简易安检后，前往国家体育场“P2”停车场。住地不在上述饭店的残奥大家庭成员，可按照其交通权限乘坐 T1、T2、T3 车辆前往上述 6 家饭店集结，集中乘坐前往国家体育场的大客车。车辆由合乘车交通服务团队负责组织运行。

各住地团队负责提供停车区域，供运送参加开、闭幕式的残奥大家庭成员的车辆停放。具体运行安排见表 25-5、表 25-6。

**残奥会开幕式各线路运行安排**

表 25-5

| 集结地点 | 线路编号 | 住地名称 | 预计人数(轮椅数) | 预计车数(无障碍) | 抵达住地时间 | 住地出发时间 | 抵达集结点时间 | 集结点出发时间 | 抵达国家场时间 |
|---|---|---|---|---|---|---|---|---|---|
| — | PFH | 大家庭饭店(第一批) | 427(18) | 13 辆大客车(含 5 辆无障碍大客车) | 15:00 | 17:30 | — | — | 17:50 |
| | | 体育部长 | | 3 辆大客车 | | | | | |
| | | 大家庭饭店(第二批) | 185(14) | 5 辆无障碍旅行车<br>4 辆小客车 | 18:00 | 18:10 | — | — | 18:30 |
| | | | | 20 辆旅行车 | 18:00 | 18:30 | — | — | 18:50 |
| | | | | 1 辆小客车 | 18:00 | 18:40 | — | — | 19:00 |
| | | | | 6 辆大客车 | 18:00 | 18:40 | — | — | 19:00 |
| | | 大家庭饭店(第三批) | 克雷文 | 1 辆小客车<br>1 辆商务仓 | 18:00 | 18:50 | — | — | 19:10 |
| | | 小计 | 600 | 22 辆大客车(含 5 辆无障碍大客车)、25 辆旅行车(含 5 辆无障碍旅行车)、7 辆小客车 | | | | | |
| — | A | 五洲皇冠 | | 2 辆大客车<br>2 辆无障碍旅行车 | 17:35 | 18:05 | — | — | 18:10 |
| | | 五洲皇冠(体育部长) | 70(2) | 2 辆大客车<br>2 辆无障碍旅行车 | | | — | — | |
| | | 小计 | | | 4 辆大客车、4 辆无障碍旅行车 | | | | |
| 北航体育馆 | B | 北京会议中心 9 号楼 | | 3 辆大客车<br>3 辆无障碍旅行车 | 15:00 | 15:30 | 16:00 | 17:30 | 17:40 |
| | C | 五洲大酒店 | | 3 辆大客车<br>4 辆无障碍旅行车 | 15:10 | 15:40 | 16:00 | | |
| | | 名人国际(亚运村宾馆) | | 3 辆大客车<br>4 辆无障碍旅行车 | 15:20 | 15:50 | 16:10 | | |
| | | 小计 | | 6 辆大客车、8 辆无障碍旅行车 | | | | | |

续上表

| 集结地点 | 线路编号 | 住地名称 | 预计人数（轮椅数） | 预计车数（无障碍） | 抵达住地时间 | 住地出发时间 | 抵达集结点时间 | 集结点出发时间 | 抵达国家场时间 |
|---|---|---|---|---|---|---|---|---|---|
| 北航体育馆 | D | 元辰鑫 | | 2 辆大客车<br>2 辆无障碍旅行车 | 15:40 | 16:10 | 16:30 | 18:00 | 18:10 |
| | | 皇家大饭店 | | 5 辆大客车<br>7 辆无障碍旅行车 | 15:30 | 16:00 | 16:30 | | |
| | | 小计 | | 7 辆大客车、<br>9 辆无障碍旅行车 | | | | | |
| | E | 西藏大厦 | | 1 辆大客车<br>3 辆无障碍旅行车 | 15:50 | 16:20 | 16:40 | | |
| | | 嘉里中心 | | 1 辆大客车 | 15:30 | 16:00 | 16:40 | | |
| | | 小计 | | 2 辆大客车、<br>3 辆无障碍旅行车 | | | | | |
| 北航集结点合计 | | | 700<br>（72） | 18 辆大客车<br>24 辆无障碍旅行车 | | | | | |
| 北科大场馆 | F | 胜利酒店 | 272 | 7 辆大客车<br>1 辆无障碍大客车 | 16:20 | 16:50 | 17:00 | 17:50 | 18:00 |
| | G | 海特酒店 | 90<br>（2） | 2 辆大客车<br>1 辆无障碍大客车 | 16:10 | 16:40 | 17:20 | | |
| | H | 怡生园 | 90<br>（2） | 2 辆大客车<br>1 辆无障碍大客车 | 15:50 | 16:20 | 17:20 | | |
| | 小计 | | 452(2) | 14 辆大客车(含 3 辆无障碍大客车) | | | | | |
| — | PLV | 残奥村<br>（班车站） | 641<br>（17） | 18 辆大客车<br>（含 3 辆无障碍大客车） | 17:00 | 17:50 | — | — | 18:00 |
| | | 合计 | | 76 辆大客车(含 11 辆无障碍大客车)、51 辆旅行车(含 31 辆无障碍旅行车)7 辆小客车 | | | | | |

高级赞助商交通集结：高级赞助商以嘉里中心为初始集合酒店，住地不在嘉里中心的高级赞助商，使用其他方式前往嘉里中心。高级赞助商采用远端集结方式，即车辆在交通场站进行安检后到嘉里中心集合点接乘客人，前往集结点（北航体育馆）进行人员安检、车辆简易安检后，前往国家体育场。具体行车路线为：交通场站——嘉里中心——集结点（北航体育馆）——国家体育场“P2”停车场。车辆由合乘车交通服务团队负责组织运行。

**4. 残奥会开、闭幕式疏散**

（1）住地为大家庭饭店、保利大厦的残奥大家庭成员乘坐来时车辆直接返回大家庭饭店，保利大厦的客人步行返回本住地。

（2）住地为五洲皇冠的残奥大家庭成员乘坐来时车辆直接返回本住地。

（3）住地为残奥村的残奥大家庭成员随运动员返回残奥村。

（4）住地为皇家大饭店、五洲大酒店、北京会议中心 9 号楼、元辰鑫国际酒店、西藏大厦、名人国际大酒店（亚运村宾馆）6 家集结饭店的残奥大家庭成员，乘坐串线班车直接返回住地，不再经过集结点（北航体育馆）。住地在 6 家集结饭店之外的残奥大家庭成员，乘坐来时线路车辆返回集结饭店，再按照各自交通权限换乘车辆返回各自住地。安排 4 条串行线路，分别依次串行前述 6 家饭店。

（5）开幕式首辆返回车辆 23:00（闭幕式 21:40）离开国家体育场，收尾车辆于次日 0:00（闭幕式当日 22:40）离开国家体育场。

（6）在“P2”停车场储备20辆小客车、5辆无障碍旅行车，以满足提前离场的各类客户群交通需求。

**残奥会闭幕式各线路运行安排** 表25-6

| 集结地点 | 线路编号 | 住地名称 | 抵达住地时间 | 住地出发时间 | 抵达集结点时间 | 集结点出发时间 | 抵达国家场时间 | 抵达停车场 |
|---|---|---|---|---|---|---|---|---|
| — | PFH | 大家庭饭店（第一批） | 16:00 | 17:30 | — | — | 17:50 | P2 |
| | | 体育部长 | | | | | | |
| | | 大家庭饭店（第二批） | 17:40 | 18:00 | — | — | 18:20 | P1北 |
| | | | 17:40 | 18:30 | — | — | 18:50 | P1北 |
| | | | 17:40 | 18:40 | — | — | 19:00 | P1北 |
| | | | 17:40 | 18:40 | — | — | 19:00 | P2 |
| | | 大家庭饭店（第三批） | 18:30 | 18:50 | — | — | 19:10 | P1北 |
| — | A | 五洲皇冠 | 17:35 | 18:05 | — | — | 18:10 | P2 |
| | | 五洲皇冠（体育部长） | | | — | — | | |
| 北航体育馆1 | B | 北京会议中心9号楼 | 16:00 | 16:30 | 17:00 | 18:00 | 18:10 | P2 |
| | C | 五洲大酒店 | 16:10 | 16:40 | 17:00 | | | P2 |
| | | 名人国际（亚运村宾馆） | 16:20 | 16:50 | 17:10 | | | P2 |
| | D | 元辰鑫 | 16:30 | 17:00 | 17:20 | | | P2 |
| | | 皇家大饭店 | 16:20 | 16:50 | 17:20 | | | P2 |
| | E | 西藏大厦 | 16:40 | 17:10 | 17:30 | | | P2 |
| | | 嘉里中心 | 16:00 | 16:30 | 17:10 | | | P2 |
| 北航体育馆2 | F | 胜利酒店 | 16:10 | 16:40 | 16:50 | 17:30 | 17:40 | P2 |
| | G | 顺义宾馆（顺义水上3号口接） | 15:40 | 16:10 | 17:10 | | | P2 |
| — | PLV | 残奥村（班车站） | 17:00 | 17:50 | — | — | 18:00 | P2 |

散场时，高级赞助商车辆将按线路将客人直接送回嘉里中心，不再经过北航体育馆集结点。住地不在嘉里中心的客人可按照其交通权限乘坐小客车返回各自住地。开幕式首辆返回车辆23:00（闭幕式21:40）离开国家体育场，收尾车辆于24:00（闭幕式22:40）离开国家体育场。

闭幕式结束时，临时组织20辆小客车、40辆无障碍旅行车和5辆无障碍大客车，满足了国际残奥委会在国际广播中心举行答谢酒会的交通需求。

## 二、国际贵宾、体育部长交通集结疏散

参加奥运会（残奥会）开、闭幕式的国际贵宾、体育部长交通需求特点是：

出席北京奥运会开幕式的国际贵宾为历届最多，仅国家元首、政府首脑、王室代表就达一百余位，住地分散，安全风险大，安全警卫级别高。为此，由国家外交部、公安部、北京奥组委专门成立了国际贵宾协调接待中心，赛事交通服务分中心负责提供服务车辆，参与交通服务组织运行。

体育部长由于住地较为分散，需要采取二次集结方式，集体乘车前往国家体育场。

### 1. 奥运会开、闭幕式集结

参加奥运会开、闭幕式的国家元首、政府首脑、王室代表及其陪同客人，集结时由各住地饭店乘坐专用车直接前往国家体育场“P1”、“P1”北和“P9”停车场。车辆由国际贵宾协调接待中心负责组织运行。

参加奥运会开、闭幕式的外国体育部长及其陪同客人，在中国大饭店、励骏酒店集结，集体乘坐大客车前往国家体育场“P2”停车场。住地不在上述两个饭店的体育部长使用专用车或合乘车辆前往励骏酒店集结，集体乘坐大客车前往国家体育场“P2”停车场。车辆由专用车交通服务团队负责组织运行。

开幕式时，中国大饭店17:05开始验证、验票登车，17:35一次发车，17:55抵达国家体育场；励骏酒

店16:55开始验证、验票登车,17:25一次发车,预计17:50抵达国家体育场。

闭幕式时,中国大饭店17:20开始验证、验票登车,17:50一次发车,18:20抵达国家体育场;励骏酒店17:20开始验证、验票登车,17:50一次发车,18:15抵达国家体育场。

**2. 奥运会开、闭幕式疏散**

参加奥运会开、闭幕式的国家元首、政府首脑、王室代表及其陪同客人,散场时由各自停车场乘坐专用车直接返回各住地饭店。

参加奥运会开、闭幕式的体育部长及其陪同客人,散场时在国家体育场"P2"停车场经查验证件后,乘车返回中国大饭店和励骏酒店。住地不在中国大饭店和励骏酒店的体育部长,在励骏店换乘专用车或合乘车辆返回原住地。

**3. 残奥会开、闭幕式集结**

参加残奥会开、闭幕式的国家元首、政府首脑、王室代表及其陪同客人,集结时由各住地饭店乘坐专用车直接前往国家体育场。车辆由国际贵宾协调接待中心负责组织运行。

参加残奥会开、闭幕式的体育部长、高级政府官员及其陪同客人,以总部饭店、五洲皇冠假日酒店作为集结出发点。住地不在总部饭店、五洲皇冠假日酒店的体育部长,按照其交通权限乘坐专用车或合乘车辆前往总部饭店、五洲皇冠假日酒店集结,经安检后,集体乘坐大客车前往国家体育场"P2"停车场。车辆由专用车交通服务团队负责组织运行。

**4. 残奥会开、闭幕式疏散**

参加残奥会开、闭幕式的国家元首、政府首脑、王室代表及其陪同客人,散场时乘坐专用车直接返回各住地饭店。

参加残奥会开、闭幕式的体育部长、高级政府官员及其陪同客人,散场时按集结线路分别返回总部饭店、五洲皇冠酒店。集结时由五洲皇冠酒店步行前往国家体育场的客人,散场时步行返回五洲皇冠酒店。住地不在总部饭店、五洲皇冠酒店的体育部长,按照其交通权限乘坐小客车返回各自住地。

## 三、运动员交通集结疏散

参加奥运会(残奥会)开、闭幕式的运动员交通需求特点是:

①以各国家(地区)代表团为单位,由奥运村(残奥村)班车站集体乘车前往国家体育场集结点,由国家体育场集体返回奥运村(残奥村)。

②参加入场仪式和持票观看开、闭幕式的运动员分别乘车前往国家体育场。

③残奥会部分大家庭成员与运动员一起乘车前往国家体育场。

④残奥会轮椅运动员集体乘车抵达国家体育场上、下车点时,需要大批无障碍站台及时码放到位。

⑤开幕式前个别国家(地区)代表团运动员接受本国元首接见。

⑥闭幕式当天下午部分运动员仍有比赛项目。

⑦著名运动员参加入场仪式后,部分运动员提前离场返回奥运村(残奥村)。

**1. 奥运会开、闭幕式集结**

(1)参加开幕式入场仪式的运动员集结

为保证运动员乘车安全,避免因人车交叉发生意外,按照"相对分团、准点发车"的原则,出发时,每批车辆全部关门后统一发车;到达时,车辆在国家体育馆周边指定落客区域停稳后,有序开门落客。

运送运动员的车辆前风挡玻璃处放置明显的标识,标有车辆编码,表示该车辆为参加奥运会开、闭幕式往返于国家体育场与奥运村运送运动员的专用车辆,以方便相应的代表团识别。车辆由运动员及随队官员交通服务团队负责组织运行。

开幕式共计使用264辆大客车,闭幕式共计使用205辆大客车。为保证运送时间,以50辆车为一批次,18:00开始发车,每批车辆间隔20分钟。开幕式时共发车7批,21:00为中国代表团专门发车一批(约25辆);闭幕式时共发车4批。开幕式时准备24辆(闭幕式13辆)收尾车、备份车和提前返回奥运村的循环班车。

车辆在奥运村内的停放区域:科荟路、和平广场。

国家体育馆周边落客区域为东、西、南、北四侧,其中东、西两侧各能停放 40 辆(双排,每排 20 辆);南、北两侧各能停放 10 辆(单排),车辆落客后驶离。车辆集结和落客地点见图 25-3。

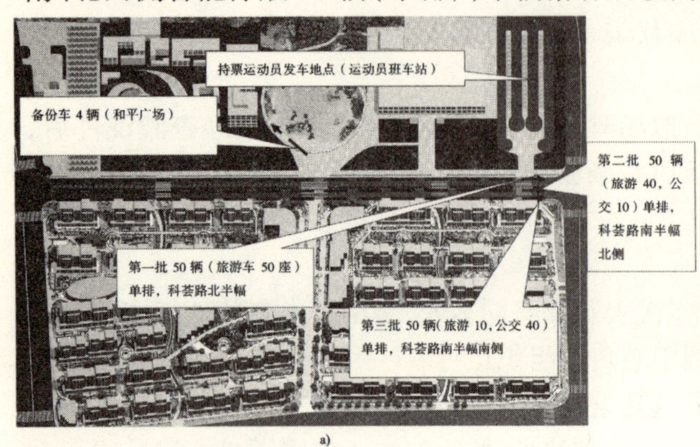

a)

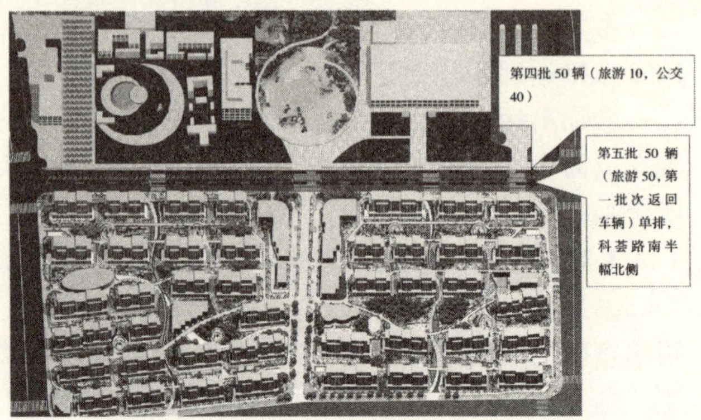

b)

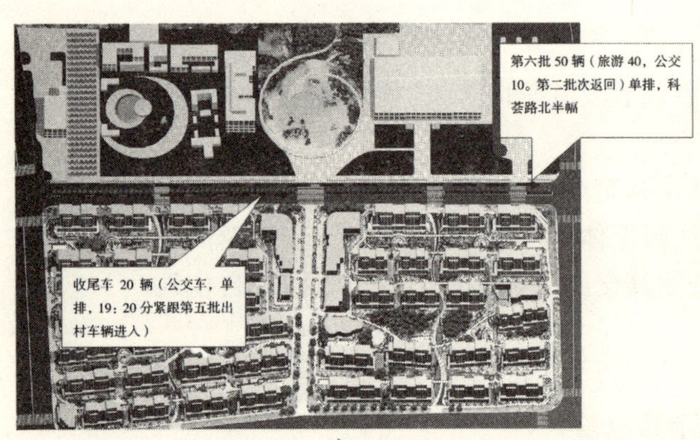

c)

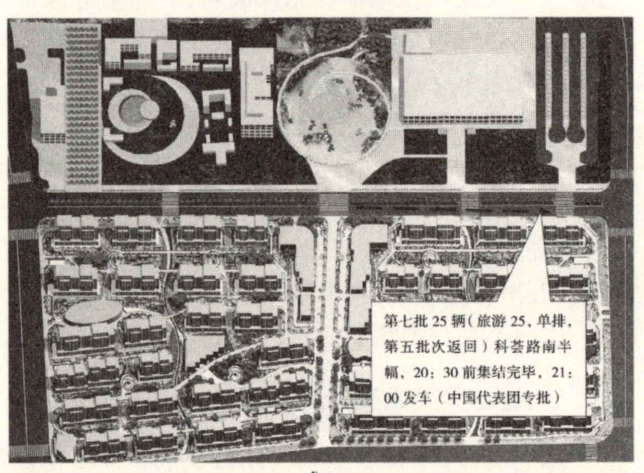

d)

图 25-3 运动员班车集结地点示意图

车辆集结流程及流线:

从奥林匹克公园交通场站至奥运村科荟路屯放:16:30 开始陆续驶离奥林匹克公园交通场站,在科荟路北半幅路、科荟路南半幅路、和平广场、运动员班车站屯放;16:45 开始进入奥运村;17:30 分集结完毕。

旗手专用 9 辆大客车 17:45 发车:路线为运动员班车站——科荟路——天辰西路——景观广场北半部分落客——空车返回奥林匹克交通场站。

第一批 50 辆大客车 18:00 发车:路线为科荟路北半幅——科荟路——天辰东路——国家体育馆西侧、北侧落客——空车返回科荟路集结。

第二批 50 辆大客车 18:20 发车:路线为科荟路南半幅路北侧——科荟路——天辰东路——国家体育馆南侧、东侧落客——空车返回奥林匹克公园交通场站。

第三批 50 辆大客车 18:40 发车:路线为科荟路南半幅路南侧——科荟路——天辰东路——国家体育馆西侧、北侧落客——空车返回奥林匹克公园交通场站。

第四批 50 辆大客车 19:00 发车:路线为科荟路北半幅——科荟路——天辰东路——国家体育馆东侧落客——空车返回奥林匹克公园交通场站。

第五批 50 辆大客车(第一批次返回车辆)19:20 发车:路线为科荟路南半幅——科荟路——天辰东路——国家体育馆西侧、北侧落客——落客后,25 辆返回奥运村准备接乘中国代表团运动员,剩余 25

辆空车返回奥林匹克公园交通场站。闭幕式共发五批班车。

第六批50辆大客车(第二批次返回车辆)19:40发车:路线为科荟路北半幅——科荟路——天辰东路——国家体育馆南侧、东侧落客——空车返回奥林匹克公园交通场站。

收尾车19:45发车:路线为科荟路南半幅路(视情况开门接乘运动员)——科荟路——天辰东路——国家体育馆西侧落客——空车返回奥林匹克公园交通场站。闭幕式落客后原地待命,20:00后执行提前返村运动员班车任务。

第七批25辆大客车(第五批次返回的车辆接中国代表团)21:00发车:路线为科荟路南半幅——科荟路——天辰东路——国家体育馆北侧、国家体育场北路、击剑馆东侧落客——待调用。

运动员班车集结交通流线见图25-4。

(2)持票观看开幕式运动员集结

按照"一次集体前往、不分团"的原则,使用40辆大客车,直接进入奥运村运动员班车站等候。17:20发车——科荟路——天辰东路——到达国家体育馆东侧(闭幕式在玲珑塔下中轴广场西侧)落客,落客后空车返回奥林匹克公园交通场站。

(3)闭幕式当天下午参加比赛的运动员前往国家体育场

闭幕式当天下午在国家体育馆(手球)、英东游泳馆(水球)、工人体育馆(拳击)、五棵松篮球馆(篮球)参加比赛的运动员,在本项目比赛结束后,乘坐运动员班车先行返回奥运村,从奥运村乘车前往国家体育场。运动员的组织、引导由奥运村团队负责。

**2. 奥运会开、闭幕式疏散**

采取"自由上车、三线齐发、车满即走"原则进行。

(1)疏散车辆停放地点

开幕式散场前380辆(闭幕式255辆)大客车在指定区域完成停放。其中:国家体育馆东侧景观广场上停放160辆(闭幕式140辆);玲珑塔下中轴路上停放40辆(闭幕式35辆);国家体育馆东侧天辰东路停放50辆(闭幕式相同);国家体育馆西侧天辰西路停放50辆(闭幕式在国家体育场北路停放10辆);击剑馆东侧天辰东路上停放80辆(待调用,闭幕式20辆)。

(2)疏散路线指引

除客户群主责部门作好宣传外,由奥林匹克公园公共区组织工作人员和志愿者,在运送运动员车辆停放完毕后尽快完成运动员疏散路线的隔离和标识工作,以便运动员找寻车辆。

(3)运动员提前返回奥运村

为方便提前离场的运动员返回奥运村,开、闭幕式时自20:00起,每隔30分钟发班车返回奥运村,发车地点为景观广场西北角,车辆由奥运村西门进入科荟路上停车落客,落客后由东门驶出返回景观广场循环发车。闭幕式时车辆进奥运村班车站落客,落客后返回国家体育场北路循环发车。专门安排小客车满足著名运动员提前离场返回的交通需求。

(4)散场后集中返回奥运村

开、闭幕式结束后,运动员集中通过1号门出场,通过工作人员和志愿者组成的临时通道及引导员将运动员分流至三个方向:景观广场、国家体育馆东侧天辰东路、国家体育馆西侧天辰西路(闭幕式时无此路)分别上车。运动员返回奥运村时登车不区分国别,验证上车,车满即走,23:30运动员班车陆续离开国家体育场(闭幕式22:10),次日凌晨01:00(闭幕式当日23:00)完成运送。返回车辆由奥运村西门进入科荟路上停车落客,落客后由东门驶出返回北五环交通场站。

**3. 残奥会开、闭幕式集结**

(1)集结

以"相对分团、准点发车"的原则完成集结。为避免出现人车交叉,出发时,每批车全部关门后统一发车。到达时,车辆在本侧车辆停靠后,有序开门落客。

运送运动员的车辆前风挡玻璃处放置明显的标识,标有车辆编码,表示该车辆为残奥会开、闭幕式

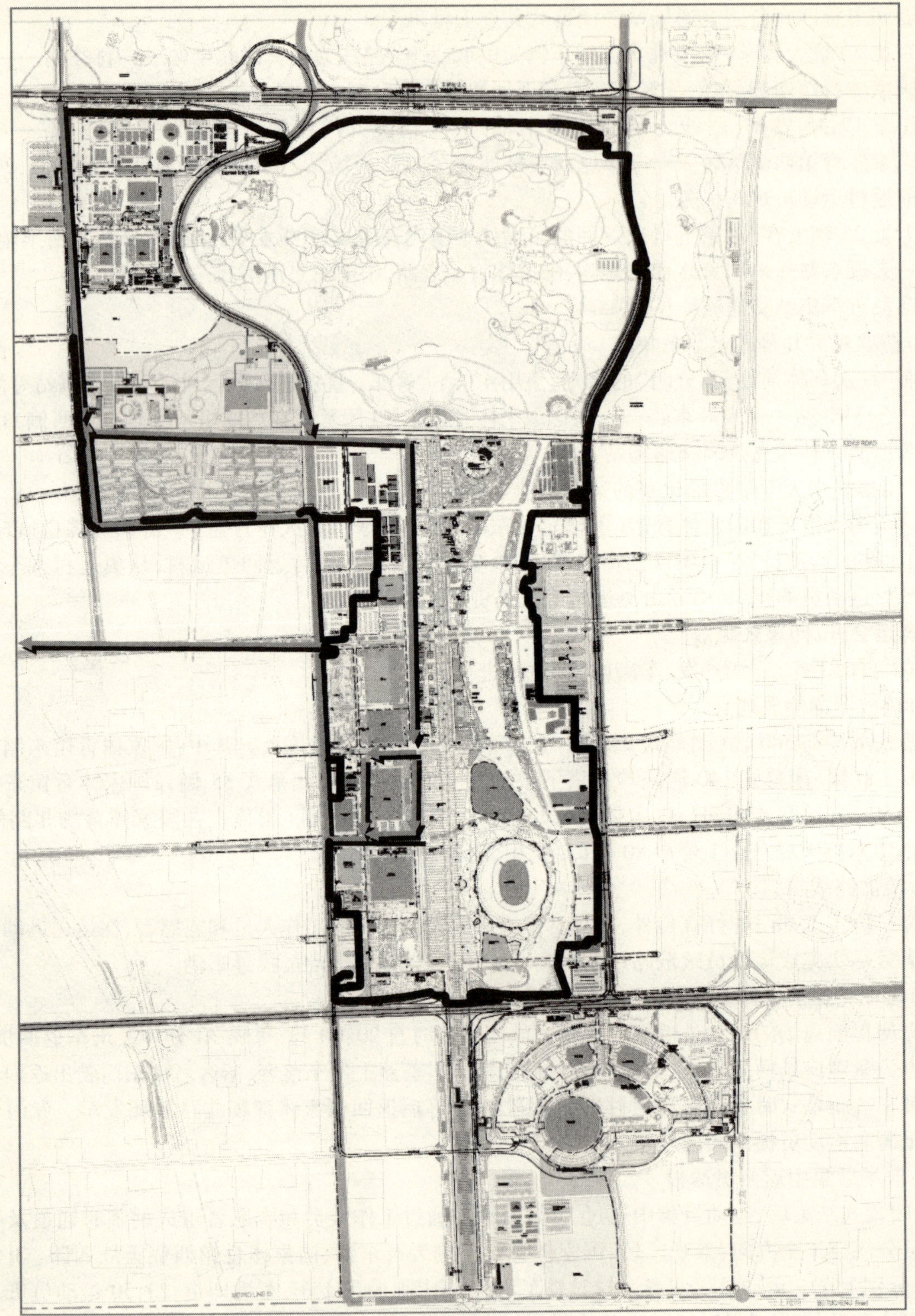

图 25-4　奥运会开幕式运动员班车流线示意图

往返于国家体育场与残奥村的运动员专用车辆，以供相应的代表团识别。

共使用 404 辆大客车（闭幕式 322 辆），包括无障碍低地板大客车约 314 辆（闭幕式 282 辆）。由运动员及随队官员交通服务团队负责组织运行。

车辆由残奥村出发时，集中停放在科荟路。开幕式发车 6 批（闭幕式发车 5 批），每批 50 辆，开幕式间隔 20 分钟（闭幕式间隔 15 分钟）。车辆运行时间为 10 分钟。开幕式第一批 18:10 发出（闭幕式 17:

55 发出);最后一批 19:50 发出(闭幕式 18:55 发出)。此外,开幕式准备 15 辆(闭幕式 20 辆)收尾、备份车。开幕式集结时共使用 315 辆(闭幕式 282 辆)无障碍大客车。

车辆抵达国家体育场时,在国家体育馆东侧天辰东路及景观广场北半部分、玲珑塔下中轴广场西侧落客。为节省时间,两个落客地点穿插批次落客。

(2)发车流程

车辆从奥林匹克公园交通场站至奥运村科荟路屯放:开幕式时车辆从 16:30(闭幕式 16:15)开始陆续驶离奥林匹克公园交通场站——林翠路——科荟路,在科荟路北半幅路、科荟路南半幅路、和平广场上屯放,17:30(闭幕式 17:00)集结完毕(奥运村团队将无障碍站台摆放完毕)。

第一批 50 辆大客车 18:10(闭幕式 17:55)发车:路线为科荟路北半幅——科荟路——天辰东路——到达玲珑塔下中轴广场西侧、国家体育馆东侧景观广场北半部分落客——空车返回奥林匹克公园交通场站。

第二批 50 辆大客车 18:30(闭幕式 18:10)发车:路线为科荟路南半幅路北侧——科荟路——天辰东路——到达国家体育馆东侧天辰东路落客[所需无障碍站台于 18:00(闭幕式 17:30)前在指定地点摆放完毕]——空车返回奥林匹克公园交通场站。

第三批 50 辆大客车 18:50(闭幕式 18:25)发车:路线为科荟路南半幅南侧——科荟路——天辰东路——到达玲珑塔下中轴广场西侧、国家体育馆东侧景观广场北半部分落客——空车返回奥林匹克公园交通场站。

第四批 50 辆大客车 19:10(闭幕式 18:40)发车:路线为科荟路——天辰东路——到达国家体育馆东侧天辰东路落客——空车返回奥林匹克公园交通场站。

第五批 50 辆大客车 19:30(闭幕式 18:55)发车:路线为科荟路——天辰东路——到达玲珑塔下中轴广场西侧、国家体育馆东侧景观广场北半部分落客——空车返回奥林匹克公园交通场站。

闭幕式收尾车连同备份车 20 辆 19:00 发车:路线为科荟路——天辰东路落客。19:30 开始运转提前返村运动员班车,间隔 30 分钟,循环发车。

第六批 50 辆大客车 19:50 发车(闭幕式没有):路线为科荟路——天辰东路——到达国家体育馆东侧天辰东路落客——落客后调至天辰西路停放。

开幕式收尾车连同备份车 14 辆(闭幕式 20 辆)19:55 发车(闭幕式 19:00):路线为科荟路北半幅路(视情况开门接乘运动员)——科荟路——天辰东路——到达国家体育馆东侧景观广场北半部分落客——落客后调至天辰东路东半幅。20:30 开始运转提前返村运动员班车,间隔 30 分钟,循环发放。

**4. 残奥会开、闭幕式疏散**

采取“轮椅和非轮椅运动员相对分流、自由上车、五线齐发、车满即走”原则进行。

21:00 起(闭幕式 20:00 起),470 辆大客车(闭幕式 310 辆)陆续在指定区域完成停放。其中:玲珑塔下中轴路上停放 87 辆(闭幕式停放 42 辆);国家体育馆东侧景观广场上停放 178 辆大客车(闭幕式停放 168 辆);国家体育馆东侧天辰东路西半幅停放 50 辆大客车(闭幕式相同);国家体育馆西侧天辰西路停放 75 辆无障碍大客车(闭幕式停放 50 辆);其余 80 辆停放在击剑馆东侧天辰东路上待调用。

疏散路线指引:疏散时可自由乘车,无需遵循“分团乘车”原则,除客户群主责部门做好宣传外,由相关部门(主要是开、闭幕式运营中心)在运送返回运动员车辆停放完毕后尽快完成运动员疏散路线的隔离和标识工作,以便运动员找寻车辆,特别是将非轮椅运动员及时引导至玲珑塔下、景观广场北半部分上乘车返回。

运动员提前返回奥运村:为方便提前离开的运动员返回奥运村,自 20:30 起(闭幕式 19:30 起),每隔 30 分钟发班车返回奥运村,发车地点为天辰东路东半幅路——天辰东路——科荟路——奥林西路——进入奥运村班车站停车落客,落客后返回循环发车。

散场后集中返回奥运村:开、闭幕式结束后,运动员集中通过 1 号门出场,通过人墙及引导员将运动员分流至四个方向:约 4600 名(闭幕式 2500 名)不使用轮椅的运动员及随队官员集中被引导、分流至玲珑塔下中轴广场西侧及景观广场北半部分乘坐旅游大客车；轮椅运动员分流至景观广场、国家体育馆东侧天辰东路、国家体育馆西侧天辰西路分别上车。中轴广场车辆东侧车辆先发；景观广场上车辆旅游车上满一排发一排（以最西侧头车为先）；景观广场上无障碍大客车上满一行发一行，其后将无障碍站台南移至下一行；天辰东路和天辰西路上车辆先发东侧车辆，上满一辆发一辆，最东侧一列发完后将无障碍站台移至下一列。

因停车空间有限，上述停放车辆发完后需要第二次续车。使用时间20分钟。

运动员返回奥运村时登车不区分国别，验证上车，车满即走，22:50（闭幕式21:40）运动员班车陆续开始离开国家体育场，2008年9月7日凌晨00:20（闭幕式当日23:00）完成运送。返回车辆由天辰东路——科荟路——奥运村东门进入科荟路上停车落客，落客后由西门驶出返回奥林匹克公园交通场站。

## 四、注册媒体交通集结疏散

参加奥运会、残奥会开、闭幕式的注册媒体交通需求特点是：

①自开、闭幕式当天国家体育场向媒体开放时间起，注册媒体开始陆续前往国家体育场；

②闭幕式当天下午部分媒体还在有竞赛项目的场馆进行采访；

③部分注册媒体步行或乘坐电瓶车前往国家体育场。

### 1.奥运会开、闭幕式交通集结

开幕式当天，国家体育场15:00（闭幕式当天16:00）开始向媒体开放。赛事交通服务分中心为注册媒体提供从国际广播中心（IBC）/主新闻中心（MPC）至国家体育场的往返班车服务。按照“人满即走，到点即发”的原则发车。车辆由注册媒体交通服务团队负责组织运行。

开幕式14:40～17:40（闭幕式15:40～17:40）从IBC/MPC发往国家体育场的班车间隔为20分钟；开幕式21:00～23:00从IBC/MPC发往国家体育场的班车间隔为30分钟。

（1）中心区班车

奥林匹克公园中心区环线班车从首车7:30～末车17:30按西线行驶，间隔30分钟。运行路线为IBC/MPC——国家游泳中心——国家体育馆——击剑馆。

国家体育场与IBC/MPC之间的班车分为入场和散场前两个时间段运行：

14:40～17:40从IBC/MPC往返国家体育场的班车间隔为20分钟；共40辆大客车执行运送任务。发车地点在大屯路西行路侧，屯车地点在IBC/MPC班车东场站，在湖景东路指定地点落客。运行线路为：IBC/MPC——北辰西路——民族园路——北辰路——北辰桥——国家体育场南路落客。往返车进入湖景东路上、下车点。

开幕式开始后，由IBC/MPC往返国家体育场的媒体班车服务在21:00～22:30间运行，每30分钟一班。在IBC/MPC指定上车点上车，在湖景东路指定地点落客。

（2）其他班车服务

驻地班车运行：媒体住地和MPC/IBC间班车服务时间及频率将进行相应调整。17:30～20:00间将暂停服务。

开幕式当天8:00～17:00间，除国家体育场、国家游泳中心、国家体育馆、击剑馆及公路赛事以外的竞赛场馆媒体班车按日常班次运行，每小时一班。20:00将从各竞赛场馆增发一趟班车返回MPC/IBC，以方便媒体返回。

闭幕式当天国家体育馆、英东游泳馆、工人体育馆、五棵松篮球馆比赛结束后，注册媒体须先返回IBC/MPC，乘坐班车前往国家体育场。如在最后一班班车以后去往国家体育场，将步行前往。

### 2.奥运会开、闭幕式交通疏散

开幕式从国家体育场返回IBC/MPC的班车22:40～次日2:40（闭幕式21:00～次日1:20）运行，间隔为20分钟（闭幕式30分钟）。

开幕式散场时，由国家体育场返回 MPC/IBC 的班车服务自 22:30（闭幕式 21:00）开始，间隔 20 分钟（闭幕式 30 分钟），至次日 2:40（闭幕式次日 1:20）结束。分别在湖景东路屯车 5 辆、国家体育场“P3”停车场屯车 40 辆（闭幕式 40 辆）、“P4”停车场屯车 25 辆（闭幕式 40 辆）、北四环辅路屯车 30 辆待客，共计 100 辆（闭幕式 80 辆）大客车执行返回班车运送任务。

散场流线：“P3”/“P4”停车场车辆沿国家体育场南路向东，经北辰东路、科荟路、天辰西路回 IBC/MPC。北四环辅路、湖景东路的屯车经北四环、北辰西桥、北辰西路返回 IBC/MPC。

**3. 残奥会开、闭幕式交通集结**

开幕式当天，国家体育场 15:00（闭幕式 16:00）开始向媒体开放。赛事交通服务分中心为注册媒体提供从 IBC/MPC 至国家体育场的往返班车服务。发车原则为“人满即走，到点即发”。车辆由注册媒体交通服务团队负责组织运行。

开幕式当天 14:40～17:40（闭幕式当天 15:40～17:40），由 IBC/MPC 至国家体育场派发往返班车，班车间隔为 20 分钟。

运行线路为 IBC——北辰西路——民族园路——中轴路——北辰桥——国家体育场南路上落客。

班车在国家体育场周边的屯放地点为：“P3”停车场 40 辆，“P4”停车场 40 辆，共计 80 辆。

轮椅使用者特殊安排：普通媒体班车可容纳 1 名轮椅使用者，零散乘坐的使用轮椅媒体人员可乘坐普通班车前往，对于相对集中出发的使用轮椅媒体人员，提供可容纳 7 个轮椅的无障碍大客车。

**4. 残奥会开、闭幕式交通疏散**

开幕式当天 21:00～次日 1:20（闭幕式当天 21:00～次日 0:20），国家体育场单向发往 IBC/MPC 返回班车，班车间隔为 20 分钟。

注册媒体返回 IBC/MPC 时，在车辆停放点乘坐班车。

轮椅使用者特殊安排：普通媒体班车可容纳 1 名轮椅使用者，零散乘坐的使用轮椅媒体人员可乘坐普通班车前往，对于相对集中出发的使用轮椅媒体人员，提供可容纳 7 个轮椅的无障碍大客车。

### 五、赞助商及其客人交通集结疏散

参加奥运会、残奥会开、闭幕式的赞助商使用租赁大客车集中前往国家体育场。

开、闭幕式当天在国家体育场周边为赞助商提供 350 个大客车停车位，其中 100 个停车位在奥林匹克接待中心“P6”停车场，250 个在奥体中心中路“P17”停车场。客户群分别在其住地集体乘坐奥组委提供的赞助商租赁大客车前往上述停车场落客，抵达时间为 17:00 左右。开、闭幕式散场后赞助商在对应停车场原地上车，原路返回。

### 六、非注册国际贵宾交通集结疏散

参加奥运会开、闭幕式的非注册国际贵宾主要包括前政要、驻华使节等客人，交通需求特点是住地分散，接待规格高，需要采取二次集结方式集中前往国家体育场。

交通服务大客车由专用车交通服务团队抽调，在国际贵宾接待协调中心的指导下运行。以工人体育馆作为远端集结点，非注册国际贵宾由各住地酒店前往工人体育馆集结，集体乘车前往国家体育馆“P2”停车场落客。散场时返回工人体育馆，由工人体育馆返回各住地酒店。

## 第四节　运行保障措施

奥运会、残奥会开、闭幕式各相关客户群交通集结和疏散是一个系统而庞大的工程，为了确保各客户群集结、疏散的交通安全、准点、顺畅、便利，需要各个相关部门和单位精心组织、周密策划、通力配合。

（1）政府部门负责提前发布交通管理措施通告，对国家体育场周边及相关主要行车路线适时采取交通管控，规划设置开、闭幕式专用停车场、专用交通指路标识，开辟奥运公交专线，提供交通运行保障。

(2)奥组委赛事交通服务分中心负责奥运会闭幕式注册客户群交通服务车辆的总体运行,对交通服务运行中出现的问题予以协调、报告,配合各客户群主责部门做好车辆运行线路及抵离时间咨询、到站提示等工作。

(3)奥组委各客户群主责部门和奥林匹克公园公共区管委会分别确定负责人和具体工作人员,根据闭幕式交通整体安排细化各自负责的客户群集结、疏散方案,落实向相关客户群提供闭幕式详细的交通服务信息,宣传奥运会闭幕式安检禁限带物品规定;组织、引导各自客户群验证、验票后,准时、有序上车等工作,并在每辆车上配备相应的助理人员;做好各类客户群散场后、上车前从国家体育场出口到相应停车场之间的组织、引导、宣传工作,以确保各类客户群能有条不紊地散场、上车。

(4)各官方指定住地酒店要确保闭幕式专用车辆的屯车需求,维护本饭店集结秩序,并在明显处张帖奥运会闭幕式安检禁限带物品规定,协助客户群主责部门指引客户登车等服务保障工作。

(5)各集结点(场馆)要在安检处张帖奥运会闭幕式安检禁限带物品规定,提供禁限带物品收容箱;根据集结客户数量情况配备安检力量,确保人员及车辆安检质量和整体计划时间要求;提供能够满足奥运会闭幕式本集结点集结客户休息的场所,场所内需提供空调、饮料;除做好安保和接待工作之外,确保集结客户群在集结场馆内的秩序与安全。

(6)奥组委相关部门具体分工如下:

在奥组委领导的直接指挥下,赛事交通服务分中心具体牵头负责统筹协调,相关部门按职责分工组织落实。

奥运村(残奥村)团队:负责运动员上车分团组织及时间保证,无障碍站台和车上助残,残奥会技术官员村内集结流线组织维护。

奥林匹克公园公共区:负责"P2"停车场无障碍站台设置,相关台下助残人员组织,公共区人员引导,媒体"P3"、"P4"停车场引导,运动员集结区域清废,媒体无障碍电瓶车运行组织。

总部饭店团队:负责总部饭店大家庭员分批组织引导,无障碍站台摆放,车辆排放,车上助残人员组织,公共区人员引导,交通信息告知。

开幕式运营中心:负责运动员集结和疏散,上下车点的无障碍站台摆放,站台处助残人员组织,运动员集结区域隔离带、座椅拆除,运动员散场组织引导(轮椅与非轮椅)。

场馆团队:负责对集结点来宾的安检、服务(北航、北科大)。

运动会服务部:负责集结时各住地用车需求确认,初始发车 8 个酒店的人员组织,上车验票、验证,运动员集结区域餐台、水台拆除。

体育部:负责对技术官员班车验票、验证,车上辅助人员组织。

市场开发部:负责对赞助商集结点人员组织,车上助残人员、散场引导人员组织,赞助商客人停车场分配及人员引导。

媒体运行部:负责对南一路下车点和"P3"、"P4"上车点人员引导。

国际联络部:负责对 IPC 大家庭成员提供信息及协调组织,场馆集结点安检。

工程环境部:负责提供"P2"停车场、南一路"P3"无障碍站台共 13 个。

火炬接力中心:负责开幕式火炬手交通服务。

在两个赛事开、闭幕式交通服务运行组织中,奥运会开幕式共用车 1025 辆,其中大客车 989 辆、小客车 36 辆,运送客户群 32800 人;闭幕式共用车 915 辆,其中大客车 831 辆、小客车 84 辆,运送客户群 24500 人。残奥会开幕式共用车 750 辆,其中无障碍大客车、旅行车 362 辆,运送客户群 11200 人(轮椅客户 705 人);闭幕式共用车 564 辆,其中无障碍大客车、旅行车 310 辆,运送客户群 8600 人(轮椅客户 1559 人)。两个赛事开、闭幕式当天,北京奥运会、残奥会运行指挥部交通与环境保障组领导亲临赛事交通服务分中心现场指挥部检查指导,对交通服务运行组织工作给予了肯定。各注册客户群和媒体对开、闭幕式交通服务运行组织也给予了高度评价。

# 第二十六章　赛事交通服务人员的风采

人文内涵是奥林匹克精神当中不朽的底蕴，它激励着全人类迈向更快、更高、更强的脚步。奥运是一个精彩舞台，展现着意志、力量、技巧和自然的美，歌颂着人类挑战自我极限的勇气。在奥林匹亚山下的熊熊圣火中，点燃了这样一种价值——参与比胜利更重要。全体交通工作人员作为本届奥运会和残奥会的参与者，用自己的热情与真诚、微笑和汗水，传递着奥林匹克之火所带来的心灵震撼与感动。

筹备阶段工作人员扎实的工作，为赛时交通顺畅运行打下了坚实基础；赛前人员、体系、机制的全面对接和磨合，政策的不断完善，为圆满完成赛会任务提供了保证；全方位保障机制，解决了交通工作人员的吃、穿、住、行；深入的思想政治工作，保证了交通工作人员队伍的思想愉悦，身心健康；强有力的团队建设，激励和凝聚了全体交通工作人员，打造了坚强的战斗集体。在赛事交通服务工作中，不论是工作人员、志愿者还是合同商人员，他们打破了职业、性别、年龄、教育背景的界限，服从大局、勇于奉献、服务奥运，以他们的实际行动赢得了国际奥委会和各国代表团的高度赞誉。每一名交通工作人员用实际行动，充分诠释了“奉献、友爱、互助、进步”的服务理念，展示了赛会交通服务人员的精神风采。

## 第一节　足　迹

有人说：“把一件伟大的事做得让人感动并不伟大，因为伟大的事情本身就有感人之处；而把平凡的事做得感人，却不容易。”在奥运会交通服务工作中，交通服务人员的足迹遍及所有涉奥场所，两万多名工作人员、志愿者、合同商人员都努力做到人人最佳状态、天天关键时刻、事事最高标准。在这里，任何褒奖的语言都难以反映他们无私奉献的精神风貌，就让我们用各个团队工作日志中记录的每一个工作细节再去现那一个个闪光的足迹吧！

➢ T1/T2 服务团队 9 车队驾驶员志愿者于大湧为国际奥委会主席罗格先生的夫人安妮·罗格提供专车服务。每天交接班或在等待客人时，于大湧都会仔细的擦拭车辆，车的后备厢中还准备了几个装满清水的矿泉水瓶，以备在没有水源的时候擦车使用。每天接车时，他都要检查汽油、机油、刹车、喇叭、灯、轮胎、雨刷等多个项目，确保万无一失。于大湧和对班相互约定，每天服务时穿不同颜色的衬衫，这样不仅保持个人清洁，也可以每天都给客人新鲜感。他说“虽然工作辛苦，但能参与奥运志愿服务，已经很满足、很自豪了。”

➢ 赛会驾驶员志愿者何慧莹是一名七岁小女孩的母亲，她的爱人在奥运会开幕前 9 个月刚去世。奥运会开幕之后整整十六天，她只跟孩子通过两回电话。有一天，女儿把同学请到了家里玩，一个小朋友说爸爸是总经理，另一个孩子说妈妈是大法官，而她女儿跑到书柜前拿着她的志愿者身份卡，高高举着，无比骄傲地说：“我妈妈是志愿者！”服务期间她每天工作超过 12 小时，无论怎样疲倦，只要一坐到自己的“坐骑”上，她就像打了强心针一样立刻精神焕发。2008 年 8 月 9 日，她服务的不丹代表团开始了射箭比赛的赛程，她在规定的车位待命，过了约定时间仍不见人影。不久不丹教练打来电话，用不熟练的英文焦急地告诉她把比赛用具落在房间了，时间快来不及了，怎么办？不丹代表团就只参加了射箭这一项比赛，如果错过了，北京之行不就白来了吗！想到这里，她当即决定把车开到奥运村外离客人住所最近的位置，以便运动员和教练员能以最短的时间上车。满脸是汗的教练终于出现了，何慧莹用最快的速度把教练送达射箭场，没有耽误比赛。比赛结束后，这位女教练飞奔而至，紧紧拥抱着何慧莹，用汉语连说了三声“谢谢”。

➢ T1/T2 服务团队 5 车队 2 小队的付楠同志负责接送马达加斯加奥委会主席和秘书长。2008 年 8 月 6 日，他从早上 7 点出车一直工作到下午 16 点，连中午饭都来不及吃，就在回场站交接班的时候，突然接到紧急任务，服务对象要求8月7日凌晨3点，出车去机场迎接该国总统。车队调度考虑到付楠同志长时间工作已经相当疲惫，准备安排其他车队驾驶员接替，但付楠主动接受了任务，凌晨3点准时来到北京饭店又开始了一天的服务工作。

➢ T1/T2服务团队志愿者左广义、杨睿、李建军、安宝华先后有亲人过世，但他们知道车队人员紧张，任务紧急，没有一人向车队提出困难，更没有一人提出请假，只是利用自己短短的休息时间，处理完亲人后事，又振作精神，回到了工作岗位。虽然心中承受了亲人离别的痛苦，但是在服务岗位上，志愿者的微笑始终挂在他们脸上。志愿者李新茂爱人怀有身孕，又突然身患重病，照顾家庭的压力一下子落在他的身上。车队特意安排他在家备班，但他始终放心不下工作，一直坚守在岗位上。

➢ 来自市贸促会的驾驶员志愿者程全在其所驾驶车辆的后排座椅和右后门的夹缝中发现钱包一个，钱包内共有现金1000多欧元和一万多塞内加尔元以及银行卡、名片、驾驶执照等物品，他立刻将此事上报分队长并上交钱包。而且，程全同志急客人所急，多方联系和寻找，终于在第一时间把失物送还到客人手中。在服务期间，T3团队的市直机关驾驶员志愿者拾到客人遗失物20余次，全部送还失主。

➢ 北京城市铁路股份有限公司行政管理部经理、总经理助理，T3交通服务团队一分队第14小队的队长刘哲，想起在T3交通服务团队那段辛苦工作的日子就很有成就感，“T3交通团队的客户最多、车辆最多、服务的场所最多、运行组织最复杂，我们4个班次轮流运转，连黑夜和白天都混淆了，天天倒时差，经常看表看日历，怕耽误上岗时间。”每次出车之前，刘哲都要与队员进行确认，身体和情绪不适都不能出车。“我们的服务对象较复杂，有时候后半夜还要送客人。工作中要对北京所有奥运场馆和酒店上下车点的位置要了如指掌。”由于工作责任大、安全要求高、服务标准严格，很多志愿者在为期1个月的服务工作中体力消耗极大，陆续出现感冒、急性肠炎等症状。“从7月12日至8月24日的44个日日夜夜的正式赛会服务过程中，我和同伴们克服了工作时间长、强度大和休息不好等困难，坚持按时上岗，热情周到服务，我所在的一分队第14小队，以零投诉、零事故的优异成绩出色完成了所有赛会服务任务。”

➢ 石景山区驾驶员志愿者邓宝亮同志，在离自己下班只剩下几分钟，并且总部饭店替换车辆已经到位的情况下，冒着大雨，主动承担由五棵松到军都山度假村的服务任务，并一直工作到凌晨2点才返回场站。

➢ 执行交通场站车辆安检任务的安检员经多方查找失主，将拾到的SONY牌数码相机、手机、钱包、护照、笔记本电脑等物品，分别送到欧洲广播联盟公司的法籍工作人员瑞克安、澳大利亚籍记者海德克等人手中，得到客人的高度赞许。赛时交通工作人员拾到的物品均及时送还给失主。

➢ 海淀区科委蔡志是本区为数不多的女驾驶员志愿者，也是一位10岁孩子的母亲。服务期间她的孩子连续5天高烧不退，可她依然每天坚持在岗位上，留给孩子的时间少之又少。她说：“我知道我不是一个好母亲，但作为一名志愿者，我应该和大家一起坚持到底，希望孩子能够理解妈妈。”

➢ 张学宁来自海淀区青龙桥街道办事处，妻子8月初生小孩，但他一直没有向车队请假，把妻子托付给家人，坚持为奥运会服务。

➢ 2008年9月10日12时10分，运动员交通服务运行团队二队AC2775号班车从朝阳体育馆返回到残奥村班车站时，班车驾驶员和随车志愿者发现一名波多黎各轮椅运动员身体不适，随即拨打120救护电话，并向团队汇报，后经运动员团队与残奥村团队联系请来村内医护人员对该名运动员进行了救治。

➢ 2008年8月9日晚11时，为斯洛伐克代表团服务的亚运村街道驾驶员志愿者杨宇，在完成任务返回单位途中救助了一位中暑晕倒的外国妇女，并谢绝了对方赠送的酬金。

➢ 媒体交通服务团队开展传递“激励祝福短信”等活动。“你们的出色行动践行着志愿服务的诺言，希望大家一起等待成功的那一刻”，这是由志愿者工作组给1780名志愿者发送的激励祝福短信。志愿者的工作性质不允许他们在现场观看比赛，听馆内一次次的欢呼，看一张张观众的笑脸，他们只能够在车上等待记者返回。为此，团队以短信的形式鼓励志愿者用实际行动践行着诺言。

➢ 高志君同志是丰台区建委的一名干部，奥运会期间也是一名驾驶员志愿者。他的全家住在朝阳区东部，但自从被确定为奥运会志愿者后，为了保证赛事服务时间，方便准时上下班，他在丰台通勤车站点附近租住了一套房子，举家老小搬到了丰台居住。其典型事迹受到了区领导的高度评价，“这是一种奥运精神，我们应当学习”。北京人民广播电台交通台对此作了专访。

➢ 姚宝强是来自北京戏曲艺术职业学院的一名驾驶员志愿者。2008 年 7 月 20 日姚宝强随队进驻场站开始执行任务，7 月 21 日收到了父亲去世的消息，队领导得知情况后及时做了调整，迅速安排其回家处理老人后事，姚宝强仅用了两天把父亲后事做了安排，就匆匆归队参加赛事服务。他说：“做好赛事服务任务，是对我父亲最好的报答。”

➢ 申树梅同志是一名街道办事处干部，赛时担任车队分队长，自 2008 年 7 月 15 日进驻场站以来，工作认真、兢兢业业，进入角色快。她每天不厌其烦地提醒驾驶员志愿者加强安全意识，即使嗓子哑了，依然任劳任怨。7 月 26 日，因过度劳累而身体不适，去医院检查，医生告之需要马上手术，但她把病历悄悄地揣进兜里，第二天依然准时到岗。她的事迹感动了周围所有的同事。

➢ 张利民同志是一名小学校长，他利用暑假休息的时间报名参加了奥运驾驶员志愿者队伍。学校放假之前，志愿者培训内容很多，学校工作也最忙，但是为了保证出勤，他克服了不少的困难。最感人的一件事，就是在妻子引产、孩子夭折的第二天，他依然参加了志愿者的实操培训，保证了 100% 的出勤率。

➢ 方伟同志父亲长期患病，四川地震后，从成都华西医院转院到北京治疗。作为驾驶员志愿者，方伟同志为了参加奥运培训和驾驶服务，无法照顾老人，只能让父亲回四川老家休养，定期来北京复查买药，来回奔波，路费远远高出药价。

➢ 黄鑫在得知自己将成为一名奥运驾驶员志愿者后，为了能够参加奥运交通服务，将自己原定 2008 年 9 月 6 日的婚礼推迟到 11 月 2 日举行，积极投入到驾驶员志愿者工作当中。因为更改婚期，损失了原预定酒店的定金，又要重新通知亲朋好友，但这种行为得到了未婚妻的支持！

➢ 交通服务助理高金金说：“自从调度让我每天都和注册客户打电话开始，我似乎终于找到了我自己的固定工作了。每天守在手机前，等着他的电话或短信，然后把他的要求告诉调度，再拿起电话，不厌其烦地一遍遍确认每一个地址和时间，就怕自己的一个小小的疏忽，让客户和驾驶员同时陷入麻烦中。有了压力，不仅会有动力，而且会收获满足感。没有比知道这一天的行程已经成功的定下来，晚上不会有驾驶员打电话来说时间不对更让人感到内心安宁了。”

➢ 奥运会开幕当天，有位外国官员意外受伤，无法走动，交通服务助理邵萌及其同学随即辗转数次地借来了轮椅，由于耽搁，他的同学回到场站已是凌晨 3 点。在错过校车的情况下，他又不想再打扰已含着疲惫入睡的老师和驾驶员师傅们，只身徒步一个多小时才回到学校，但他毫无怨言，第二日清晨又满怀微笑地出现在工作岗位上。

➢ 张严方副教授来自于中国青年政治学院，是一名少数民族志愿者。报名参加志愿者后的 2007 年 9 月，她作为“中组部、团中央第八批博士服务团成员”被派往西部省市挂职锻炼。在重庆工作期间，她的爱人因病住院，在北京做手术，为了不影响工作，她没有向领导请假回京。但当奥组委通知奥运会驾驶员志愿者进行专业基础培训时，她一无返顾地向挂职单位领导请假，回京参加培训。她的行动得到了家人的理解。四川汶川发生大地震后，身在重庆的她一面投身于抗震救灾工作，一面为成为一名合格的志愿者而奔忙。奥运期间，她经上级批准如愿参加了奥运会交通服务。期间，她的父亲病逝，将父亲的后事料理完后，张严方同志又匆匆从老家赶回北京，一直坚守在奥运服务的工作岗位上，用自己的奉献换来了梦想的实现、价值的体现。

➢ 来自北京航天航空大学的韩国军老师和来自北京服装学院的颜宁生老师，担任赛时 T1/T2 交通服务团队 8 车队的副队长。在车队管理过程中，他们看到车队简陋的工作环境，带领志愿者们自己动手，在空旷的场地上布置办公室的外围环境。他们一边在场站的通道内挂上“教工委总队”的队旗，一边用裁剪的纸箱子制作场站墙壁分区面，用尼龙绳索划分办公区域，用白色废弃的塑料泡沫制作交通运行分组展示方案，用签字笔描绘服务对象模型。两位老师经常是最早来，最晚走，放弃轮休时间，每天都主动在场站进行服务。

➢ 来自中国石油大学（北京）的陈崇河老师是在整个 T1/T2 交通团队中唯一参与车队运行的副队长。由于 9 车队服务人员客户群体最为复杂，他与来自首汽集团的队长一起，连续 3 天一共工作了 63 小时（每天只睡 3 小时），对近 300 名志愿者按其各方面的条件，综合制订排班计划，对教工委驾驶员总队实现零事故和零投诉起到了至关重要的作用。

➢ 来自天坛公园的张磊，刚刚办完婚礼，为保证奥运服务工作，新婚燕尔之际，他放弃蜜月休假计划，与新婚妻子一直“两地分居”。8 月 18 日，张磊的父亲突然不幸去世，在料理完父亲的后事后，他忍着失去亲人的巨大悲痛毅然再次投入到服务奥运的行列中。

➢ 驾驶员志愿者队伍中有一名来自北京第 179 中学的普通女教师，2007 年末，丈夫突发脑干出血去世，年轻的她带着七岁的女儿艰难度日，长期的奔波劳累，又令她患上了严重的胃病。忍受着丧失亲人的巨大痛苦和病痛的折磨，她依然全身心地投入到服务奥运的工作中，并出色地完成了任务。

➢ 崇文研修学院的林茂成老师，是崇文区志愿者中担当角色最多的一人，他每天除了正常的出车服务工作外，还负责队里 83 名志愿者的一分钟短片的拍摄任务，他不仅毫无怨言，还表示“乐在其中”。

➢ 罗宝林是崇文区志愿者中最年长的一位，服务期间他的爱人重病住院，儿女又不在身边，为不耽误奥运工作，他请来护工照顾爱人，自己却坚守在志愿者的岗位没有休息一天。

➢ 50 中学的史利荣老师是一名志愿者，爱人是警察，二人共同服务奥运。为了能够安心工作，她将孩子轮流寄养在亲戚家里，一干就是四十天……

➢ 2008 年 7 月 30 日凌晨 4 点，NOC 团队昌平区驾驶员志愿者张书发接到家人打来的紧急电话：父亲病危！7 点多当他回到家里才知道，父亲不是病危，而是在 30 号凌晨 3 点因心衰年老已经过世。30 号下午张书发料理完父亲的后事，安慰了家中其他年长的亲人后就直接回到工作驻地，时刻准备为 8 月 1 日进驻奥运村的斯里兰卡代表团服务。张书发这种“舍小家、为大家”的精神令人敬佩，我们的志愿者队伍中有这样的同志，使我们团队更加斗志昂扬。

➢ 2008 年 8 月 8 日晚，媒体团队第 8 车队 10 名待命在国家体育场和 5 名待命在奥体中心体育场、奥体中心体育馆、英东游泳馆的驾驶员，在志愿者的夜宵因交通管制不能按时进入 IBC 的情况下，不约而同将自己的夜宵让给志愿者，充分体现了公交员工乐于助人的精神。8 月 9 日凌晨，媒体团队第 8 车队驾驶员张亚文和志愿者刘洋在行车途中，发现一位美国记者遗失在车上的文件，他们立即交到 IBC 服务台，失主收到自己丢失的物品后，非常感激；同一天的下午，媒体团队第 8 车队驾驶员孟昭斌和志愿者卢天公驾驶车辆行驶到国家体育馆时，发现两位外国媒体记者下车后，落下一部手机和一台照相机，志愿者立即追赶记者并归还失物，两位记者对此表示感谢。

➢ 国家体育总局的郭燕和全家都是赛会志愿者，爱人是医疗志愿者、孩子是大学生志愿者，全家人每天各忙各的，一天三顿饭都在场馆和场站解决，家就是一个晚上回去睡觉的招待所，匆匆碰面时大家都互称为志愿者。

➢ T3 交通团队志愿者张海波说：“如果说运动员是奥运赛场上当之无愧的主角，那么志愿者就是赛场外保证赛时正常运行的无名英雄。活跃在各个岗位上的‘蓝色使者’形成了奥运赛场上的一道亮丽风景。他们用默默无闻，兢兢业业的工作态度，扎实过硬的专业本领为各国嘉宾提供周到过硬的服务，践行着奉献、友爱、互助、进步的志愿服务精神。我为能成为奥运志愿服务大军中的一员感到无上光荣和自豪。”

➢ 驾驶员志愿者刘丽说：“‘摆渡’一词在《现代汉语词典》里有两种意思，一是摆渡的船；二是用船运载过河或乘船过河。而我今天所从事的工种是‘摆渡工’，摆渡工具是车辆，任务是单程移送客人，路程是两点一线——丽亭酒店至北京饭店，然后再空车返回出发地点丽亭酒店，以此循环往复。这是我第一次当‘摆渡工’，和跑机场接送客人比起来，‘摆渡工’的工作就显得太不起眼了，但我没有因为距离近、路途熟而轻视它，反而倍加小心。大家都知道，丽亭酒店和北京饭店都地处市区繁华街道，自然少不了来来往往的车辆。在没有奥运专道的情况下，为了将客人安全准时地送到目的地北京饭店，肯定要周旋于人们所使用的各种交通工具中，而且还要穿梭于人流间。这样，看似简单的工种却有着复杂的工作流程，而且不只这些，还要再加上一条循环频率快的特点。我们一共 4 辆车去丽亭酒店，正好赶上客人出行的高峰期，于是我们 4 个人一辆接一辆地走，一辆接一辆地回，循环往复，像上了发条，从早上 8:00 到岗，一直到 12:00 接班的队友来，几乎是在连轴转。”

## 第二节　感　言

“百年期盼，七年准备，两年培训，八十天服务，一生的回忆，几辈子的财富。”在谈到奥运交通服务工作时，许多同志无比感触。奥运会结束了，交通团队解散了，为了同一个目标聚集在一起忙碌的人们又在不同的地方开始了新的生活。北京奥运留给我们的太多太多了，让我们从下面众多交通服务人员的感言中体会他们的奥运情结吧！

➢ 奥组委交通部副部长宋甘澍：奥运车轮渐行渐远，心中激情永远飞扬。在北京奥组委的挂职经历是短暂的，对奥运会的回味与思考将是长久的。作为世界上持续时间最长、参与范围最广的全球盛宴，奥运会的组织运行模式对于正处在激烈转型期的我国政府管理而言，具有很强的借鉴和启发意义。

➢ 奥运驾驶员志愿者市国资委总队总队长张俊明：奥运驾驶员志愿者工作具有涉及人数多、安全责任重、服务要求高、管理难度大等特点，市国资委党委提出要从讲政治的高度，发挥体制优势，“不讲条件、不讲困难、不讲得失”，把工作重点放在建立完善运行机制上，努力做到健全组织，确保责任到位；加强领导，确保人员到位；提高安全意识和驾驶技能，确保培训到位；制定政策措施，确保激励到位；建立工作机制，确保管理到位。实践证明：一个组织就是一面旗帜，组织优势是最大的优势，组织资源是最重要的优质资源，只有充分发挥组织优势才能保证赛时服务工作良性运行。70 天的奥运服务结束了，但志愿者的奉献精神和服务热情给我们留下了一笔宝贵的遗产，应作为推动各项工作的强大动力，在新的起点上书写新的辉煌。

➢ 中国青年政治学院驾驶员志愿者张严方：驾驶员志愿者这个岗位不能简单地理解为提供交通服务的驾驶员，还应当看作是来自世界各地的客人了解中国的第一道风景线，不仅是驾驶员、翻译、导游，还应当是国家、城市形象的品牌代言人。这就不仅需要有端庄的仪表形象、娴熟的驾驶技术、流利的外语，还要有丰富的历史文化知识和文明的举止、不卑不亢的民族气节。八月的北京，成功地举办了奥运会，我们所有的志愿者践行了志愿精神，传播了先进文化，为建设团结互助、平等友爱、共同前进的美好社会贡献了自己的绵薄之力！

➢ 服务于中国女排的交通服务助理岗位志愿者邵萌：在奉献中学会成长，在成长中孕育希望。作为千千万万志愿者中的一员，我不再仅仅代表个人，而是代表北京，代表中国！往日我们这些备受呵护、接受荫蔽的孩子们仿佛在一夜之间完成了蜕变和成长，懂得了责任和使命。我们用自己略显稚嫩却逐渐坚实的臂膀，撑起志愿服务中一片年轻的天空。奥运会让世人惊叹的看到，80 后不负历史使命，心中永远铭记着对祖国义不容辞的誓言，是勇于承担责任，勤于做出奉献，乐于扶助弱者的一代，是未来中国的希望与脊梁。当负责女排外事的戴老师拉着我的手跟宋世雄老师说：“如果有机会，请告诉全国观众，志愿者很让我们感动。他们的徽章、他们的祝福，我们会一直记得。”这些话使我感动得难以言表，更让我深刻体会到了作为一名交通志愿者的光荣和价值。

➢ 驾驶员志愿者管理人员李伯苑工作日记：我从来没想过能够与奥运零距离，参与驾驶员志愿者服务。身为管理人员，我时刻感受着自己肩负的重任，责无旁贷。奥运终于到来，工作的压力也越来越大,但是我相信只要我们坚定信念、齐心协力、真心实意地为奥运出力,任何问题都会迎刃而解。这些天,我所承受的心理上的煎熬远比身体上的大,每天为大家的吃饭喝水担忧,尽最大可能为大家争取正常的休息时间。作为管理人员,为大家做好后勤保障和安全稳定工作比什么都重要。看着同事们忘我的工作精神,我觉得我要更加努力地做好自身工作,为平安奥运多做些事情!

➢ 驾驶员志愿者常铁春工作日记:从正式接到奥运会志愿者录用通知,到开始全天的培训,越来越急切地盼望做些什么,希望为这个国家贡献自己的一点光和热。纵然我不能像普通百姓一样在电视机旁观看开幕式,纵然我看不到精彩的比赛,纵然为参加奥运会的国家首脑作驾驶员的工作枯燥而单调,纵然工作起来勤苦而劳累,没有时间的区分,但从穿上志愿者的制服, 拿到注册的卡片开始,我就真真切切地感觉到自己的付出。随着时间的推进,身心的状态由最初的紧张、兴奋、激动慢慢演变成了疲乏、困累,可是还不等我们因为这些小困难而降低工作热情的时候,领导们就率先了解到了我们的辛苦和疲惫,及时而准确地作了部署,让我们的心里感觉甜甜的,工作起来也格外带劲。我忘不了那些在安检口忙碌的志愿者,也忘不了在瓢泼大雨下仍然坚挺屹立的安保人员,也忘不了与整个团队拼搏的日日夜夜……当观众要求和你照相留念的时候,你会觉得穿上这身衣服真的很自豪;当外国人向你伸出大拇指的时候,你会觉得很满足,好像自己代表的就是中国!……北京奥运载入史册,其中也有我们微薄的力量,我已经很高兴很满足了。我曾经想过,等我白发苍苍、儿孙满堂的时候,我会再来这里看鸟巢、水立方;会再开着车走走曾经熟悉的奥运专线……因为在那里保留着我的热情、梦想和感动!从未曾想过自己可以和历史联系在一起,虽然默默无闻,但是真实存在……我喜欢2008年的夏天!我在这里出过力,我曾在这里感受着奥林匹克运动的魅力,感受着超越国界、超越语言、超越文化的微笑的力量,感受着这个国家的心跳……那种激动和自豪溢于言表。

➢ 中央企业驾驶员志愿者于希:在志愿者的微笑中,有的微笑笑得轻松,有的微笑需要付出坚强。一位志愿者在服务期间突发急性阑尾炎,他强忍剧痛,坚持不做手术,打了两天点滴后重新归队;一位志愿者患肾结石,7月中旬住院,7月下旬毅然跑出医院,迅速投身到志愿服务之中。他们在奉献出微笑的同时,也奉献出了更多的坚强。这让我想起汶川地震,一个东方巨人毅然擦干眼泪,忍着疼痛,举办了一届精彩绝伦的奥运盛会。她启示我们:一个恸哭一场之后还能挺直腰杆迎接宾朋的民族是一个坚强的民族,一个伟大的民族,是一个最有希望、也最有生命力的民族!我最大的快乐和幸福是此次奥运会的圆满成功,它让我深切地感受到了祖国的强大和民族的希望,它让我坚信,我们的民族有一种最优秀的基因,它会促使我们前所未有地团结,并创造出令人难以置信的奇迹。

➢ 2008年7月29日是T3车队正式运行的第9天,恰逢T3交通服务团队王志培副主任59岁的生日,王主任在原岗位即将退休,但他依然选择了驾驶员志愿者管理岗位的工作,丰台区驾驶员志愿者协调小组领导送来一套奥运福娃纪念品,为王志培庆祝生日,石景山交通场站车队领导代表全体工作人员送来鲜花,更增添了喜庆的气氛。生日庆典上王志培同志激动地说:"我非常高兴,非常开心,今天是我59岁的生日,能够和大家一起在奥运服务期间共同度过,我将终身难忘,这个生日也是我一生中最有意义的一次,我会珍惜这次为奥运服务的机会,我感到十分的荣幸。"

➢ 赛会驾驶员志愿者代表:对于"志愿者"这三个字,我有着这样简单的理解,"志"和"愿"都是心字底,志愿者就是做心里想做的事的人。从这个意义上来说,志愿者是世上真正幸福的人。晨曦微露,头天的辛劳还没有褪去,我们已经奔波在未醒的城市当中。看着车窗外这座古老而又年轻的城市,我不只一次产生了流泪的冲动。一个百年的梦想正在这座城市绚丽地展开,每当行进在中轴线上,我都会忆起开幕式上那29个绽放在夜空的巨大脚印,而我们也仿佛每天行进在中国连接世界,甚至穿越历史时空的桥梁之上。我们这样一群人,不正如那绚烂焰火中一粒粒微小的火花吗?能以志愿者的身份见证历史,亲历奥运,感觉自己的心跳和着城市的脉搏越来越有力,这就是激情的力量。

➢ 一名专业驾驶员感言:一次拉着客人从外侧车道并入奥运专用车道,中间车道上的车一辆接着一辆,连接起来好像形成了一堵"流动的墙"。我早早打开了转向灯,为了不妨碍直行车的行驶,我小心翼翼，透过反光镜观察着。这时，我感到，后面的车并没有紧紧跟上来，"啊，是他主动在让我，让我从他这里插并过去！"我没有犹豫，加油、提速，车驶入了奥运专用车道。我没有办法让那位驾驶员知道我对他的感谢，不过，他实实在在让我感到了一点：其实，真正的奥运专用车道是在人们喜迎奥运、奉献奥运的心里啊！

➢ 一名交通调度助理：志愿者这个光荣称号的背后往往是艰辛枯燥的工作。尽管如此，我们也要坚持把微笑绽放到最后一刻，因为我们知道是千千万万名志愿者默默的辛勤劳动，为奥运会的成功举办提供了坚实的保障。

➢ 一名随车服务助理：在奥运期间，我体会到了不一样的快乐。作为一名随车服务助理，没有固定的作息，没有进入场馆观看比赛的权限，工作很辛苦，但我们收获颇丰。我们用自己的行动参与了奥运、奉献了奥运，并在车上从运动员那里体会到了一块金牌背后所付出的巨大努力。我们的服务对象是媒体记者，当我们的工作真真切切帮助到他们的时候，当我们的工作得到了他们肯定的时候，当外国记者朋友盛赞北京奥运会是他"所经历过的最好的一届奥运会"的时候，就会发现交通志愿者所受的苦与累，一切都是值得的！

➢ 北京中医药大学志愿者：一个多月的工作，说不累是安慰自己，但是想到奥运会的顺利进行有自己贡献的一份力量，所有的辛苦就都不是什么重要的事情了！忙碌充实的志愿者工作，让我感受到了"予人玫瑰，手有余香"的幸福。

➢ 代表团第九车队志愿者：我们车队是由来自不同机构、不同年龄的志愿者组成的，看似彼此陌生，却又心心相印；看似互不相识，实是同心同德。就如相连相叠的奥运五环一样，为实现中华百年梦想走到了一起。在一起工作的日子里，我们看到了彼此身上的那么多创造力、那么多幽默感、那么多坚强与无私，闪闪发光。我们付出了辛苦、付出了真诚、也收获了友谊、收获了感动。我们的工作成绩并不闪耀，但是在志愿服务中坚守了执着，坚守了面对困难与劳累时的拼搏。再回首，我们慢慢咀嚼、思考、回味，没有失落，也没有笑傲，却被那种胜任职责的成就感塞得满满的！

➢ 技术官员团队志愿者：虽然我们总是早出晚归，忙忙碌碌，但我知道这正是对我们的考验。志愿者，平凡的字眼，却永葆青春的活力与火热的激情。平凡的岗位，平凡的付出，但背后是一种神圣的使命。累并快乐着便是志愿精神的最佳诠释，付出才有收获，这是梦想的舞台，因为我们的参与更精彩！

➢ 来自中国石油大学的志愿者：经常有人问我：你工作这么辛苦拿多少钱？我回答说我们志愿者是不拿钱的。有人又会问：那你图的是什么？对这个问题我一笑了之，不予回答。但我们所有志愿者心中都有一个自己的答案。记得一名驾驶员志愿者在拒绝贵宾临走执意要给她2000元酬谢时说："我是一名志愿者，我准备了两年，牺牲了整个暑假，难道就是为了这2000元钱吗？"她最终拒绝了酬谢，赢得了尊重。能为奥运志愿服务我深感自豪！我参与，我奉献，我快乐！

➢ T3团队一名志愿者这样写到：作为一名普通的志愿者，我深深感受到我们的国家是如此强大，中国人民是如此团结，我要献出自己的力量来支持中国奥运，让我们的奥运会举办得更加辉煌。

➢ 交通服务助理高金金工作日记：我们这些志愿者到了这个交通场站已经很多天了，从来之前的期待和对未知的不安，到慢慢熟悉这里，适应这里，找到自己作为志愿者的意义所在，发挥出自己的每一份光，每一份热，紧张而有序地工作，为奥运会增添微薄之力，为奥运会成功奉献力量。看着调度给一个一个驾驶员发着车上的包和钥匙，交代一下去处，然后驾驶员离开，调度等待下一个安排，下一个驾驶员。电脑的GPS系统成功启动之后，就再也没有关闭。这样可以看到每天车都在什么地方，干着什么虽然不能看到，但是还是可以从比如洗车的地方想到他们一定在排着长队，等着给自己的车加油，保养。有一天在帮忙打印收集到的志愿者的30字内的感言的时候，看到那些朴实的语言，每一句话后面都有志愿者的艰辛，他们的无怨无悔。一句简单的话就能传达所有志愿者对北京奥运会的深厚感情：我奉献！我快乐！

➢ T3交通服务团队驾驶员志愿者日记：一到场站，大家就被通知，T3车队夜班志愿者将在奥运开幕式后负责奥林匹克大家庭观众的疏散工作，这意味着今天要加班了。不知道是期盼已久的奥运会终于要开幕了，还是王府井大街聚集的人群传来的阵阵欢呼声、呐喊声感染了大家，不仅没有人抱怨，在确定加班人员的时候，大家你争我抢。无论是队里的女同志，还是50多岁的老同志；无论是家远夜班从来睡到办公室的同志，还是要连夜回郊区县看望孩子的同志；无论是患有高血压的同志，还是爱人生病的同志，都表示要留下来，把回家团聚的机会让给别人。最后的结果是，确定不加班的同志也没有走，跟大家一起加班到夜里2点。奥运圣火点燃的瞬间，中国沸腾了，北京沸腾了，我们的场站也沸腾了。在点点繁星下，大家共同祝愿奥运健儿勇夺金牌，祝愿我们的祖国更加繁荣富强。

➢ T3交通服务团队志愿者谷胜军工作日记：我无意中被08奥运大潮卷进了志愿者行列，便似一个小小的音符，日夜跳动在这宏伟的乐章中。作为一名奥运驾驶员志愿者，我亲身经历了接送宾客的过程，深深感到肩上有一种荣誉和责任感，必须把客人安全、平稳、顺利地送到目的地，为祖国增光，为北京添彩！开"特权车"的感觉真好，只是需格外小心谨慎，还需向车中的国外友人尽情展示世界语言的魅力。年龄不同，经历不同，专业不同，我们却为了共同的目标从萍水相逢到并肩协作，慰籍艰辛，分享快乐，一群默默奉献的高校教师志愿者。

➢ 媒体交通服务团队志愿者：赛程过半了，作为志愿者，大家的热情和能量似乎还没有得到充分的释放，言语间充满了对奥运和国家未来的期盼，盼望祖国健儿和各国运动员都取得好成绩，盼望奥运后祖国得到更大的飞跃。开幕式的精彩篇章常常在头脑中回荡，开幕前所有的不安和气恼一扫而光，我们做到了"给我16天，还你五千年"的承诺，看着往来穿行的各国友人脸上的笑容和惊喜表情，我高兴，我自豪，我是中国人。

➢ 运动员交通服务团队志愿者：做好奥运志愿服务，除了志愿者个人的热心、爱心、细心和耐心外，还需要志愿者管理团队的团结协作、科学调配和各方面的配合。只要大家朝着同一个目标分工负责、一起努力，北京奥运志愿服务工作一定会获得圆满成功的。

➢ 代表团交通服务团队志愿者：健儿们在赛场拼得很累，志愿者们则在场内外工作得很累，默默地挥洒汗水，不同的方式，同一个"梦想"。我们交通志愿者用最娴熟的驾驶技能，最真诚的微笑来迎接着四海宾朋，让他们感受中国人的热情，感受华夏雄风，感受志愿者蓝色海洋的澎湃。

➢ 抵离交通服务团队志愿者：我在奉献中收获着快乐和幸福！每一次热情周到的服务，让我收获到各国贵宾们的张张笑脸；工作中的汗水挥洒，让我感受到幸福就在于有益于人类的劳动中。将自己的力量汇集到世界和平的盛典中，让我感到奥林匹克志愿者的无尚荣光！

➢ 赞助商交通服务团队志愿者：我用热情与微笑迎接着每位乘车的外国朋友，让他们感受好客的北京是如此亲切，在志愿服务工作中，我了解了奥运精神与志愿者的内涵，在不断的体验过程中，把两者有机结合，我将会把不断积累的经验更好地融入服务之中，展现北京驾驶员志愿者的风采。

➢ 技术官员交通服务团队志愿者：奥运志愿活动已经运行1个月了。在这一个月的工作中，我感到驾驶员志愿者工作的光荣和重要。为了办好一届平安奥运，全中国人民都行动起来了。我能亲身服务奥运，服务国际友人，一方面感到很荣幸，另一方面感到了身上的责任。我决心，用热情周到的服务，熟练的技术，把每一个客人安全送到目的地，给国际友人留下良好的国人形象。

➢ 交通服务团队志愿者：志愿者的工作如此平凡、普通，我又如此的不平凡，因为我是如此的幸运。为了这一天，我全面熟悉城市的交通路线，要把最便捷的服务提供给你；为了这一天，我努力练习英语口语，把宾至如归的感受献给你。那一刻，能够帮助他人，实现自身的价值是一件多么幸福的事情！

➢ 交通场站志愿者：我们的工作简单，环境也并不优越，但是那种快乐却从心底油然而生，因为我们是在为需要帮助的人们服务，是在为奥运会尽自己的一份力量。在志愿者的岗位上，我用自己的微笑去感染他人，也将这种微笑传递下去。

➢ 我是一名在奥林匹克公园服务的交通志愿者，担任调度助理。志愿者的生活是繁忙而辛苦的，同时是快乐而充实的。志愿者的日子是伴随着118辆车路单的登记、销单、传真以及其他事情度过的，志愿者是伴随着忙到凌晨2点多而度过的;志愿者的日子是伴随着驾驶员们、队长们以及老师们的关心而度过的,志愿者是伴随着不断锻炼和成长而度过的。

➢ 奥运会也是志愿者的盛会,“No volunteers,No Games”这是对奥运志愿者的信任和肯定,也是对奥运志愿者的希望和重托!加入奥运志愿者的队伍,我们不再仅仅是一个个体,我们代表着国家的形象,这意味着严格要求自己,从细节开始,从现在开始!“在我心中,曾经有一个梦,让我忘了所有的痛,灿烂星空,谁是真的英雄,平凡的人们给我最多感动。”我们都是平凡的人,因为同一个梦想,相聚一起。有人曾经说过,真正的伟大寓于平凡之中。虽然我们的岗位平凡,虽然我们不能像运动健儿们一样,在赛场上为国家摘金夺银,但在赛场的后方,我们正以自己的实际行动展现着作为一名当代大学生,作为一名中国赛会志愿者特有的精神风貌,正在用自己的热情、真情,全力以赴,在这个平凡的岗位上谱写无悔的人生,正在用最诚最纯的微笑感动自己,感动别人,绘制一张“北京最好的名片”!

➢ 我们是奥体中心T3车队的志愿者,我们的工作场所是最为朴实的停车场,我们的服务对象是来自北京各方的驾驶员志愿者,我们的主要工作内容是签到和签退。虽然我们的工作看似简单、繁琐,也很普通,但它也在考验着我们的耐心、毅力和智慧。我们这个10人小组是这么的融洽和友爱,言语往往显得苍白,看几张我们工作的照片吧!

➢ 交通服务调度助理:从一开始的无事可做到每天调度几百辆车,随着开幕式的顺利完成、比赛的陆续开展,交通任务也逐渐增多。在调度室里,我们看见队长一次次出来进去地忙碌着,调度们的对讲机一次次传达车辆的需求、意见的沟通,志愿者驾驶员拿着派车单来注销一次又一次的任务,我们也知道现场调度在遮阳伞下的辛苦,驾驶员们也常常驱车到远方待命几个小时又空返回场站,作为大学生志愿者,我想说:“长辈们,你们辛苦了。”

➢ 交通场站志愿者:“志愿者的微笑是北京最好的名片。”对于这句话的真切体会,是在正式以志愿者的身份开始工作之后。一个人的微笑是个人的表情;千百万人一起微笑就是一座城市的表情。真诚地希望所有的人都来当快乐的志愿者,用发自内心的微笑和热情的服务,共同营造温馨和谐的社会环境。

## 第三节　荣　　誉

国际奥委会执行主任费利先生评价说:“历届奥运会交通都是困扰组织者的最大难题,也是一项艰巨的工作,交通组织非常复杂,不过没有听到(对北京交通)任何报怨,交通组织运行顺畅。”2008年11月,国际奥委会在伦敦召开北京奥运会总结大会,负责媒体运行的官员安东尼在《北京奥运会媒体运行评估报告》的第一页为北京奥运会交通工作题写了这样一句话:“感谢你们为媒体提供了前所未有的最佳交通服务”(图26-1)。据不完全统计,在服务期间,交通服务团队共收到国际奥委会、各国家(地区)奥委会、代表团、各国际单项体育组织等客户群致信致电表扬1500余次。

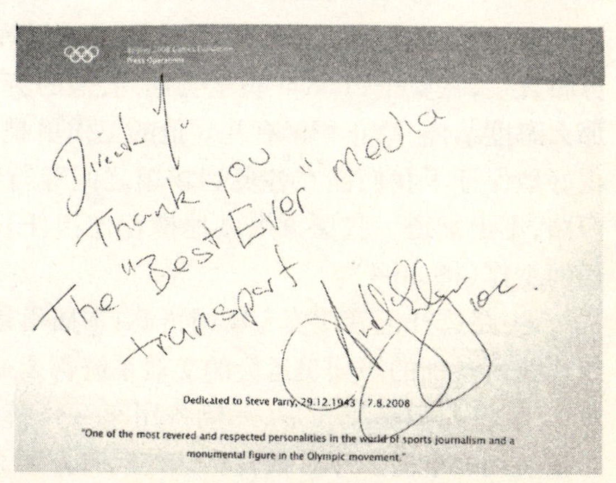

图26-1　IOC官员安东尼的题词

这不仅是对北京奥运会交通服务水平的评价,更是对两万余名交通服务人员辛勤工作的充分肯定。现将部分内容摘录如下:

➢ 8月24日北京奥运会闭幕式上,奥运会志愿者代表史无前例地出现在了闭幕式的舞台上。国际奥委会(IOC)运动员委员会新当选的委员,代表上万名参加北京奥运会的运动员,向12名优秀志愿者献花。其中,就有2名交通志愿者,他们分别是来自清华大学的国家游泳中心交通服务志愿者李杰和来自北京城市铁路股份有限公司的驾驶员志愿者刘哲。

➢ 前国际奥委会主席萨马兰奇：宋志军先生在我们客居北京的这些天里给予了我们莫大的帮助。我们目睹了贵国举办本届奥运会的辉煌成功！宋志军先生态度恭谨，热心工作，殷切周到，他任劳任怨地连续工作十几个小时。非常感谢！（图 26-2）

➢ 现任国际奥委会副主席林得伯格：陈富宝先生在北京 2008 年奥运会期间作为我的专车驾驶员进行服务。他是一个出色的驾驶员，非常专业，严守时间，很愿意帮助我。在和他相处几个星期后，我把他当成我的朋友，我永远都不会忘记他。我推荐他去服务任何一个短期停留的重要人物，在将来的日子，我祝福他好运。我真诚地希望还能有机会再次见到他。非常感谢陈先生，非常感谢美好的北京奥运会！

➢ 美国国家奥委会媒体部主任鲍勃·康德荣：如果回顾历届奥运会，北京奥运会在媒体服务方面提出的“从干净区到干净区”的创意要名列前茅。这一交通系统运转太好了，把媒体通常的牢骚声陡降到了最低点，未来的奥运会“必须”仿效。

➢ IOC 委员彼得·塔尔伯格：吴斌先生自我到北京之初就一直是我的专车驾驶员。他经验丰富，非常熟悉北京这座城市，并且驾车小心，寻路准确。我在北京期间，吴先生很准时，很配合我的步调。我可以推荐他接手任何难办的任务（图 26-3）。

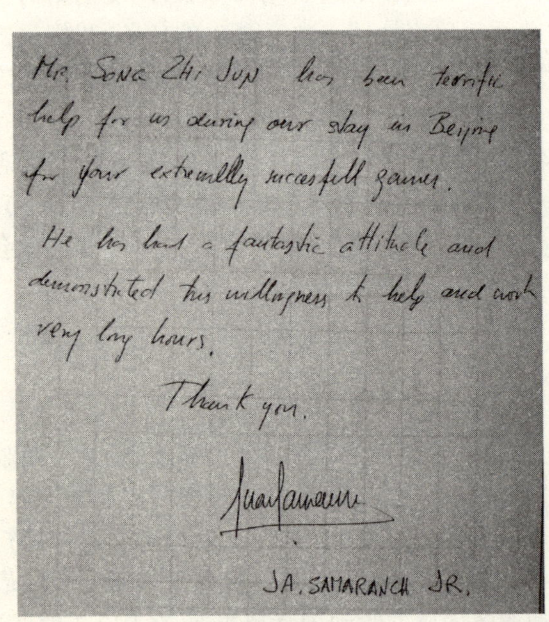

Mr. Song Zhi Jun has been terrific help for us during our stay in Beijing for your extremlly succesfull games.

He has had a fantastic attitude and demonstrated his willingness to help and work very long hours.

Thank you.

JA. SAMARANCH JR.

图 26-2　萨马兰奇写的表扬信

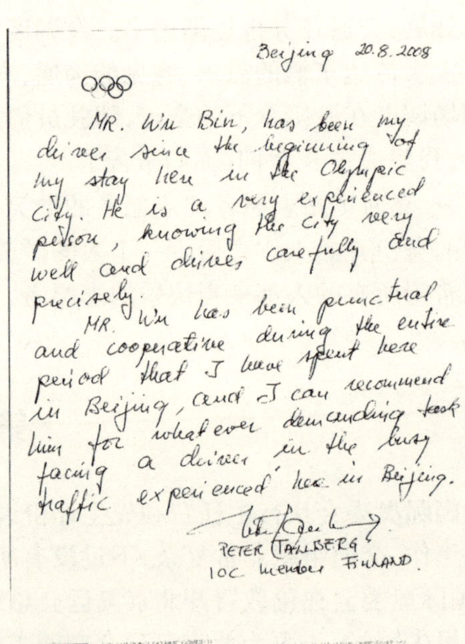

Beijing 20.8.2008

MR. Wu Bin, has been my driver since the beginning of my stay here in the Olympic City. He is a very experienced person, knowing the city very well and drives carefully and precisely.

MR. Wu has been punctual and cooperative during the entire period that I have spent here in Beijing, and I can recommend him for whatever demanding task facing a driver in the busy traffic experienced here in Beijing.

PETER TALLBERG
IOC Member FINLAND

图 26-3　彼得·塔尔伯格写的表扬信

➢ IOC 委员奥斯汀·西利：我愿意为赵辉先生所提供的 T1 专车服务给予毫无保留的肯定与嘉许。毋庸置疑，在整个 2008 年奥运会期间，他的劳动和努力为我和家人带来了巨大的便利和舒适。他总是那么态度恭谨、举止彬彬有礼。他的工作更是扎实有效，很好地保证了我们能在各奥运场馆之间穿行无碍，不走弯路，不走岔道。我愿意竭诚地推荐他担任其他类似的任何工作（图 26-4）。

I have no hesitation in confirming the first class chauffeur service provided by Mr. Hui to my family and myself during our visit to attend the Beijing 2008 Olympic Games.

He at all times displayed a polite, courteous and mannerly disposition and certainly ensured our movements in and around the Games' venues went without incident in any form and fashion.

I would have no hesitation in recommending his services be utilized for any such similar assignments.

Yours truly,

Austin L. Sealy
IOC Member, BARBADOS

2008. 8. 24.

图 26-4　奥斯汀·西利的表扬信

➢ 路透社记者比安·霍姆悟德：本届奥运会交通系统比我所参加的历届奥运会的交通系统都要好。虽然班车人满即发，但是发车后，一辆备用车又顶替上来，备用车按时刻表准时发车。我喜欢这种配时方案。

➢ 奥林匹克大家庭成员助理：受国际奥委会委员维

塔利·斯密尔诺夫先生委托，感谢王京山先生在北京奥运会期间为其提供的周到服务。王京山先生态度和蔼，专业知识丰富，驾驶技术过硬，对斯密尔诺夫先生在北京期间的工作提供了很大的帮助。

➢ IOC委员、医药委员会主席法赛尔给驾驶员的信：非常感谢你在奥运期间所提供的优质服务，高效、准时的交通对于奥运的成功举办是必要的。而你，更是保持了一贯的友善、优雅的礼仪，让我们很愉快！

➢ 国际贵宾阿里：盛宝珠师傅在整个奥运会期间尽心尽力，为我和我的家人做了许多事情，是位勤奋、热忱的好驾驶员！我们逐渐感受到他那勤奋不懈、恪尽职守、聪明敏捷的品质。在他的努力下，我们在北京过得非常舒适、惬意！

➢ 路透社科可·克斯彻鲍姆：总之，这是最好的，比雅典强。最佳创意就是干净班车系统，一旦你上了班车，就不必担心到下一个场馆时再安检。这种方案简单可靠，很容易估算出从一个地点到另一个地点用的时间。在雅典的行程中，必须打出经安检"令人讨厌"的额外的时间。例如在射击馆，摄影师一字长龙在安检设备前，等待摄像机通过安检。

➢ 乌克兰奥委会主席谢尔盖·布朗卡：李朋师傅在奥运会交通服务中热情周到，驾驶技能优秀，表现出色，不怕苦不怕累，每天收车都在晚上12点以后，有时连饭都吃不上，但任劳任怨，始终坚持为客户提供优质服务。我作为国际奥委会执行委员、乌克兰奥委会主席，对他的工作表示认可！

➢ 南非IOC成员萨姆·拉姆萨米：王雄安师傅是北京奥运会的杰出使节！他熟知城市的格局、场馆地点以及旅游景点，是一位优秀的导游。另外，他的英语在突飞猛进！（图26-5）

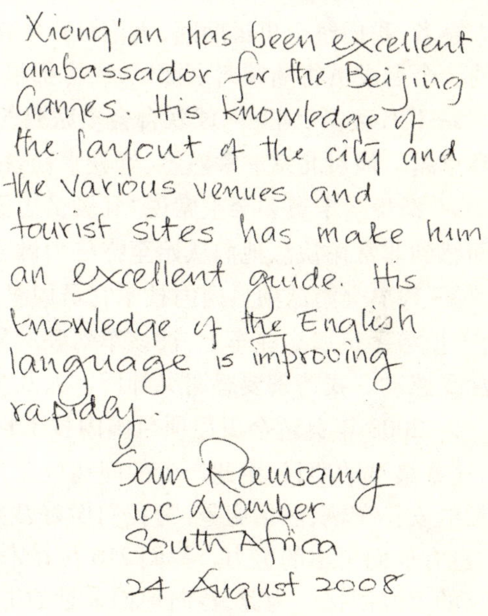

➢ IOC贵宾兰比斯·尼科蒂：北京奥运会所取得的巨大成功不用我更多描述，在此我想特别感谢在奥运会期间为我提供服务的志愿者和驾驶员们。陈俊杰先生和郭爱军先生在每次比赛结束很晚的时候，总是适时地出现在我的面前，北京奥运会成功，像他们这样的工作人员做出了无与伦比的贡献。感谢他们的笑容和无私的帮助！

➢ IOC委员辛奎塔：亲爱的李成杰师傅，在北京奥运会闭幕之时，我将携同妻子，告别您和这片土地，返回欧洲。此届奥运盛会将留存在我心中，成为一段美好的回忆。在整个奥运会期间，您作为专车驾驶员为我提供了运行服务。我希望向您致以深切的感激！您精湛的驾车、礼貌的举止，使我们此行非常愉快。我尤其敬佩您总是能准时到岗，并深为您对各场馆的谙熟而庆幸。这使我受益匪浅，确保我总能完成自己的事务。多谢，李先生！

Xiong'an has been excellent ambassador for the Beijing Games. His knowledge of the layout of the city and the various venues and tourist sites has make him an excellent guide. His knowledge of the English language is improving rapidly.

Sam Ramsamy
IOC Member
South Africa
24 August 2008

图26-5　萨姆·拉姆萨米的表扬信

➢ 法新社皮埃尔·博因特怡：我从未听到我的员工对交通有什么埋怨。

➢ IOC市场部委员会主席助手：尊敬的黄志军先生，我谨代表IOC市场部委员会主席杰哈德·海伯格先生，向您致以真诚的感激！在北京2008年奥运会期间，您杰出地完成了自己的工作，尽到了自己的职责，无愧为一位无私奉献的好驾驶员！您给予海伯格先生及他的客人以极大的帮助。我们对于您作为志愿者所做出的努力非常满意。这一切也为更多人所了解，使得您的信誉更广了。再次感谢您，并衷心祝愿您万事如意！

➢ 美国职业篮球赛组织比安·莫斯泰尔：谁想出从"干净区到干净区"的点子，提前安检。这应给予某种诺贝尔奖。我遇到的每个人都说太好了！未来的奥运会都要仿效。

➢ 国际奥委会官员猪谷千春：韩金福先生，在您尽心尽力的协助下，使我的工作圆满完成，没有出现任何差错。我衷心感谢你们。另外，中国和全世界人民一致团结，使 29 届奥运会圆满成功，这是世界人民共同的运动。我代表奥运会全体人员表示深深的谢意（图 26-6）。

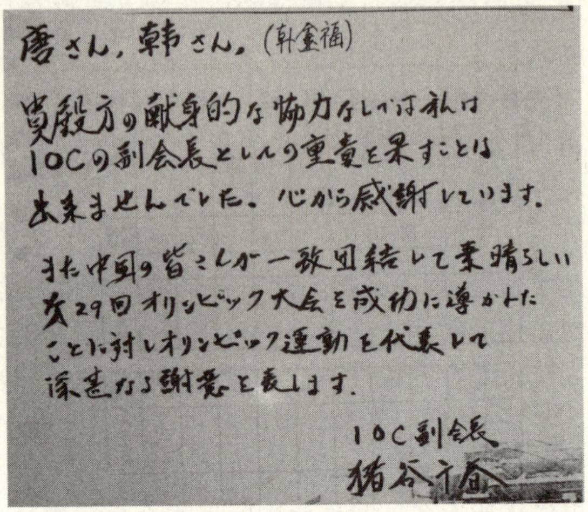

➢ 多哥奥委会主席在回国前，为了表示对志愿者王希明、王誉的感谢，特意委托助理送上了“辛苦费”。但两位志愿者明确表示提供优质的服务是他们的职责，这样的钱不能要，他们第一时间就把钱送到了团队办公室。

➢ 圭亚那奥委会主席在送给市直机关驾驶员志愿者的感谢信中说：“衷心感谢我的专职驾驶员高效的服务，无论他的驾驶技术还是礼仪，以及高标准的工作让我确信我有一位十分专心而又有责任心的驾驶员。”

➢ 2008 年 8 月 24 日下午，宣武区驾驶员志愿者赵红梅在 2 名随队志愿者的陪同下，与安提瓜和巴布达奥运代表团团长及教练、运动员一行 4 人在北京青年报报社接受采访时，该团团长 Cliff 特地对在奥运期间给予他们大量帮助的志愿者们表示了由衷的感谢，他说：“因为有志愿者，我们整个奥运期间，无论是在场馆、奥运村还是外出观光，从来没有遇到麻烦。下周二，代表团的十余名成员将陆续离京回国，大家都很恋恋不舍，因为这里有热情的志愿者，有善良的中国人民。”

唐さん，韓さん，(韩金福)

貴殿方の献身的な協力なしでは私は
IOCの副会長としての重責を果すことは
出来ませんでした。心から感謝しています。

また中国の皆さんが一致団結して素晴らしい
第29回オリンピック大会を成功に導かれた
ことに対しオリンピック運動を代表して
深甚なる謝意を表します。

IOC副会長
猪谷千春

图 26-6 猪谷千春的表扬信

➢ IOC 委员、国际网球联合会主席弗朗切斯科·里奇·比蒂：我的专车驾驶员宋铮先生绝对优秀，非常卓越。他对北京非常熟悉，驾驶平稳、技术娴熟。

➢ 斯里兰卡奥委会主席说“驾驶员志愿者为我和我的客人提供了最大的舒适，使我们在北京逗留期间感到非常愉快。他们从始至终尽力做了他们所能做到的一切，这太值得表扬了。”

➢ 残奥会游泳项目国内技术官员周凯：2008 年 9 月 9 日 21 时左右，我从水立方乘坐残奥会的班车，不慎将手机遗忘在车上，被该车驾驶员吴师傅在打扫卫生时捡到，及时与我联系并交到我手中，我为此深受感动。我特别要感谢吴师傅本人及其他的同事，还要感谢交通部门为我们提供的热情服务！

➢ 2008 年奥运会田径项目国内技术官员陈伟强等的感谢信：田径是奥运会参赛人员最多、时间最长、任务最重的项目，由此产生的问题也尤为复杂。经过驻 21 世纪饭店交通调度彦震、徐顺利两位师傅细致的安排车辆，热情服务，为我们做好裁判工作提供了坚强的后勤保障。奥运会田径比赛的顺利进行，也有他们付出的努力。我们 216 位技术官员非常留恋与他们朝夕相处的日日夜夜，也留下了对首都北京的美好回忆。为此，特向他们辛勤的工作表示衷心的感谢！

➢ 多米尼加代表团团长助理受团长的委托，向 NOC 交通运行服务团队致电，特表扬一车队中班驾驶员志愿者程立同志服务热情周到，驾驶技术娴熟，给予了高度评价。

➢ NOC 团队自 2008 年 7 月 20 日为各国代表团提供专用车服务以来，受到所服务国家和地区代表团的广泛好评，各国家和地区代表团多次致电致信向团队表示感谢。服务期间，团队先后接到了多米尼加、冈比亚、葡萄牙、喀麦隆、俄罗斯、科威特、印度尼西亚、加拿大、葡萄牙、格鲁吉亚等 11 个国家代表团的表扬致谢电话和来自拉脱维亚、安哥拉、爱沙尼亚等国家和地区代表团团长和助理的感谢信。来信来电表示，驾驶员志愿者服务热情周到，耐心细致，经常因为服务耽误了吃饭时间却毫无怨言，充分展现了志愿者的高水平和高素质。在车队回访调查中，来自列支敦士登、莱索托、卡塔尔、立陶宛、瑞典、捷克、塞浦路斯、博茨瓦纳等 8 个国家的代表团对驾驶员的优质服务表示“非常满意”，对驾驶员的付出表示衷心的感谢。

➢ 2008 年 7 月 26 日 23:40，来自国资委系统的 T3 交通服务团队驾驶员志愿者赵雪，承担了从 T3 航站楼接英国足联官员 MALCOLM JOHN GIBSON 入住丽晶酒店的紧急任务。客人下车后，将现金、护照及其他证件遗忘在车上，赵雪急客人所急，先后三次往返，将遗失物归还给失主。为了表达感激之情，27 日下午，MALCOLM JOHN GIBSON 在国际足联住宿咨询办公室热情地会见了赵雪。

➢ 2008 年 7 月 25 日下午，来自通州的 T3 交通服务团队驾驶员志愿者雷永刚，承担了接送国际奥委会官员安东尼 · 斯甘伦从奥运大厦到国家体育场的任务。为了准点接到客人，雷永刚提前来到奥运大厦门口，烈日下举着客人引导牌等候客人，热情、优质服务得到了安东尼 · 斯甘伦的称赞。

➢ 2008 年 7 月 27 日，国际奥委会礼宾部对设在奥运大厦 1508 房间的 T3 车辆预定中心的法语服务能力进行了测试，国际奥委会礼宾部负责人 Paul Foster 感谢 T3 预定中心交通志愿者的服务，并赠送了来自国际奥委会的纪念品。

➢ 2008 年 7 月 26 日下午，驾车熟悉路线的 3 名驾驶员志愿者在路上发现一部奥运服务车辆在路口徘徊，3 人立即察觉该车遇到了困难，便主动上前了解情况，得知车内的外国友人正急着前往奥运村注册中心进行身份激活，但由于该车驾驶员语言不通，路线不熟，无法准确了解乘车客户的需求。这 3 名驾驶员志愿者随即制订了前往奥运村注册中心的最佳方案，并作为引导车，带领对方车辆迅速达到目的地，得到了乘车客户的称赞。

➢ 2008 年 7 月 28 日下午，奥组委运动会服务部医疗卫生处致电 T3 呼叫中心，转达国际奥委会医疗委员会向为其服务的 T1/T2 交通服务团队第 10 车队的驾驶员志愿者以及两名交通协调人员表示感谢。由于国际奥委会医疗委员会工作性质特殊，为其服务的驾驶员志愿者和交通协调人员不辞辛苦，热情服务，充分体现了志愿者无私奉献的精神。

➢ 2008 年 7 月 31 日，国际奥委会医疗委员会热情赞扬了车队管理人员及驾驶员不辞辛苦，大力配合医疗委工作，严格按照每一个细节认真记录并积极提供各种有效措施和建议。8 月 12 日，国际奥委会委员博特罗 · 菲利普斯伯纳 · 安德鲁斯先生口头赞扬驾驶员王庆斌，称其熟悉场馆路线，专业技术娴熟，服务热情周到。

➢ 2008 年 8 月 1 日，T1/T2 交通服务团队的合同商驾驶员尚成旺在为国际贵宾瓦妮莎 · 珍妮佛 · 弗朗西斯女士的服务中，表现突出，服务周到，受到了瓦妮莎女士的表扬，称赞尚师傅为“五星级标准的驾驶员”。

➢ 2008 年 8 月 9 日，拉脱维亚代表团来信感谢车牌号为京 PQ1451 的驾驶员志愿者李俊平，感谢他在工作期间业务熟练、态度热情、与服务对象相处融洽，常因工作废寝忘食。

➢ 2008 年 8 月 10 日，塞尔维亚代表团来信感谢为代表团服务的所有驾驶员志愿者。信中，塞尔维亚代表团表扬了驾驶员志愿者的朴实、宽容，称赞了他们的无私奉献精神。

➢ 2008 年 8 月 14 日，国际奥委会委员弗洛尔 · 伊萨瓦 · 丰赛卡先生对驾驶员吴毅在京期间予以的帮助表示感谢。

➢ 来自东城区疾病预防控制中心的曾志刚师傅用自己的精心、细心、耐心，为来自阿富汗的奥组委官员提供的高效、优质服务赢来了他们的高度认可，曾师傅婉言谢绝对方多次所赠小费的精神，更是受到了团队领导的赞誉和同事的钦佩！

➢ 匈牙利、菲律宾、哈萨克斯坦、沙特、斯洛文尼亚代表团向 NOC 交通服务团队相继发来表扬信，信中表达了他们对 NOC 车队驾驶员的感谢，高度赞扬了驾驶员精湛的驾驶技术、认真的工作态度和无私的奉献精神。国际奥委会协调委员会官员 Jean - Claude（法国/让 · 克劳德 · 基利）乘飞机回国之际留下一封信，感谢驾驶员赵卫东在 8 天的服务时间里所给予的帮助和友善的态度。

➢ 奥运会期间，赞助商和收费卡交通服务团队为日本赞助商 jetsetsports 提供了 200 辆收费卡车辆，该赞助商总部管理人员玛雅女士对赞助商和收费卡交通服务团队的服务给予了高度肯定，并称赞志愿者的周到服务。玛雅女士离京时留下一封感谢信，信中写道“感谢收费卡团队为我们提供的出色服务，以及志愿者对工作所做的巨大努力，他们每个人在自己岗位上的表现都非常出色。最后对收费卡团队致以深深的谢意。”

➢ 国际残奥委会赛事协调办公室副主任阿波斯托洛斯·里加斯：我代表国际残奥委会对你们昨天精彩的开幕式交通运行工作表示祝贺。从我个人了解的情况和我从不同的客户群收集到的反馈信息来看，你们的工作非常出色。请转达我对于春全部长和全体工作人员的谢意。非常感谢！

➢ 2008 年 8 月 24 日，正值两大两小燃料电池汽车顺利完成服务男子马拉松赛返回基地之际，全国政协副主席、科技部部长万刚通过科技部工作人员向奥组委交通部发来感谢信，感谢各位领导及台前幕后的所有同志。信中万部长写到："祝贺新能源汽车车队圆满完成马拉松赛任务，在举国欢庆奥运胜利闭幕的今天，你们用辛勤的努力，创新的智慧和热情的服务也赢得了科技奥运的金牌，我代表科技部向你们表示衷心的感谢！向科技奥运车队全体同志问好，并向所有帮助和支持的人们表示感谢！"

据统计，在北京奥运会、残奥会闭幕后，共有 10 个集体、865 名个人受到表彰。

➢ 中共中央、国务院授予赛事交通服务分中心、运动员交通服务运行团队"北京奥运会、残奥会先进集体"荣誉称号。

➢ 北京市委、市政府、奥组委授予奥组委交通部、合乘车（T3）交通服务运行团队、运动员交通服务运行团队、媒体交通服务运行团队、代表团交通服务运行团队、奥体中心交通场站运行团队、奥林匹克公园交通场站运行团队、首都机场交通场站运行团队"五好团队"荣誉称号。

➢ 中共中央、国务院授予康冬生、金砚铭同志荣获"北京奥运会、残奥会先进个人"荣誉称号。

➢ 北京市委、市政府、北京奥组委授予于春全、张锁成、韩宪洲、初世敏、宋甘澍、于庆丰、张中原、路靖、张旗、王文斌、穆京民、曾虹霖、梁建伟、张晓东、罗连生、李坤、马斌、燕田、王震、赵克林、景冰峰、郭庆、李国瑞、绳同喜、李涛、孙鹏、孙进、李宝林、庞鸿生、蔡连齐、仉海朋、张跃、李彦田、那和利、陈玉和等 35 名同志"北京奥运会、残奥会先进个人"荣誉称号。

➢ 中华人民共和国科技部授予于春全同志"科技奥运先进个人"荣誉称号。

➢ 北京市总工会授予于春全、梁海晨、贾继红"奥运立功首都劳动奖章"。

➢ 北京市妇联授予张颖丽、贺康静、刘新美、景冰峰"奥运立功巾帼奉献奖章"。

➢ 共青团北京市委员会、北京奥运会志愿者工作协调小组办公室、北京奥组委志愿者部授予于春全、张锁成、韩宪洲、初世敏、宋甘澍、康冬生、王文斌、高克瑶、戎国栋、杜捷、李强、张建辉、赵建 13 名同志"北京奥运会残奥会志愿者工作先进个人"荣誉称号。

➢ 北京市委、市政府、北京奥组委授予李蒙等 75 人（名单略）"北京奥运会、残奥会优秀志愿者"荣誉称号。

➢ 北京奥组委、北京奥运会志愿者工作协调小组授予钱洁等 735 人（名单略）"北京奥运会、残奥会志愿者先进个人"荣誉称号。

奥组委交通部全体工作人员以安全、优质的赛事交通服务向国际社会、注册客户群兑现了交通服务"安全、准点、可靠、便利"的承诺，向党和人民交了一份满意的答卷，为一届"无以伦比"和一届"最伟大"的奥运会、残奥会增添了光彩。

# 结 束 语

胡锦涛总书记在北京奥运会、残奥会总结表彰大会上的讲话中指出:“成功举办北京奥运会、残奥会,我们得到了鲜花、奖牌、赞誉,更收获了丰厚的物质精神财富,特别是收获的精神财富弥足珍贵”。

本书以纪实的形式完整再现北京奥运会、残奥会赛事交通服务从筹备到运行组织工作的全过程,既是对支持和参与赛事交通服务的单位、部门及个人表示衷心的感谢,更重要的是以科学发展观为指导,深入总结奥运会、残奥会的成功经验,为今后北京和国内举办大型国际体育活动留下可以借鉴的经验,为建设“人文北京、科技北京、绿色北京”留下宝贵财富。

## 一、贯彻“绿色奥运、科技奥运、人文奥运”三大理念,推动经济社会又好又快发展

坚持贯彻奥运“三大理念”,这是北京奥运会、残奥会最鲜明的特色,是北京奥运会、残奥会成功举办的关键,也是贯彻落实科学发展观的具体体现。赛事交通服务工作在“绿色奥运”方面,严格执行北京机动车尾气排放标准,科学务实地确定了交通服务用车筹集使用标准,同时第一次在大型活动中成规模使用了绿色环保车辆,实现了零排放、无污染,使国家863计划科研成果得到了应用,为今后研究、开发、推广奠定了基础。在“科技奥运”方面,引进先进的计算机技术和软件技术,在奥运史上第一次成功地建立起场馆交通运行方案模型,据此分析赛前、赛中可能遇到的各种需求和问题,使运行方案在赛前得以完善,在赛时降低了风险。赛时建立了大客车调度系统、小客车调度系统、GPS监控系统和通信系统,以此为依托构建了赛事交通服务信息化管理平台,使交通运行达到了灵敏、畅通、高效。在“人文奥运”方面,围绕“遵守惯例,标准统一,尊重个性,注重细节”的原则,针对各客户群的实际需求,“以人为本”制定了切实可行的交通服务标准和场馆交通通行政策,既满足共性的交通需求,又最大限度地提供了个性化交通服务,北京奥运会第一次实现了交通服务标准分别得到各客户群的认可。特别是注册媒体班车“干净区到干净区”运行政策,在北京奥运会期间得到了首次应用和有益尝试,得到了国际奥委会和媒体记者的肯定。为满足残奥会特殊交通需求的无障碍大客车、旅行车,在赛后的城市公共交通运营和为残疾人事业服务中继续投入使用。“以人为本”的奥运交通服务达到了历届奥运会、残奥会的最高水平。

## 二、大力弘扬奥运筹办“五种精神”,推动首都精神文明建设

在历经几年的奥运筹办工作和几十天的赛时服务过程中,2万多名交通服务工作人员呈现出的爱国精神、奉献精神、敬业精神、创新精神、团队精神,形成了一个团结向上、人文关怀、充满战斗力的集体,以“祖国荣誉高于一切”为宗旨,用今生难求的激情,无私忘我的投入,追求卓越的标准,周到规范的服务,得到了各代表团和运动员的赞扬,为祖国赢得了荣誉,特别是驾驶员志愿者队伍经过了奥运会、残奥会的锤炼,无论是交通文明素质还是国际化水平都得到了显著提高,为“迎奥运、讲文明、树新风”活动做出了贡献,为北京创建文明首善之区培养造就了一批骨干力量。

## 三、坚持发挥体制优势,集中力量办大事

赛事交通服务从机制组建、车辆筹集检验、人员招募培训、交通场站规划建设、交通指路标识、奥林匹克专用车道到交通安全组织管理等各方面工作,都离不开政府部门的大力支持,社会单位的鼎力相助,方方面面都体现出举全市之力办大事的优势。属地政府、业主单位、供应商、合同商以大局为重,投入大量人力、物力、财力,解决了工作中遇到的大量难题。特别是交通服务工作人员的招募、培训、赛时组织管理等各项工作,得益于几千个来源单位同心携手,充分发挥组织动员能力和组织体系优势,为赛

时安全、优质的交通服务提供了最有成效的保障。赛时在北京奥运会、残奥会运行指挥部下设交通与环境保障组统筹全市奥运交通运行，有效地整合各种资源，实行了集中统一领导，为化解各种矛盾，加快决策进程，应对突发事件提供了强有力的组织保证，为新时期北京经济社会发展积累了宝贵的经验。

**四、坚持统筹兼顾的科学思想方法，使队伍骨干得到锻炼培养**

奥运交通服务是一项复杂的系统工程，不仅与各部门关系密切，而且本身涉及人员、车辆、场站、车证、物资、组织、政策等七方面运行要素，围绕这七个方面，在不同筹备阶段又分解成几百个工作项目，之间既相互关联，又相互促进。同时交通服务人员素质参差不齐，来源四面八方，为确保各项工作如期完成，始终坚持统筹兼顾的科学思想方法，以系统的方法谋划全局；全面推进，重点突破；兼顾各方，综合平衡。在实际工作中，采取了科学的项目管理方式，将“安全、准点、可靠、便利”的工作目标进行量化，明确分工，明确责任，明确重点，明确时限，节点控制，过程跟踪，充分发挥每一位交通服务人员的积极性和主观能动性，确保了各项工作按时保质完成，整体工作高效运转。奥运交通服务组织的成功不仅为今后大型活动提供了高贵经验，而且也为参与奥运交通组织的所有单位培养了骨干，锻炼了队伍。

鉴于参与本书编辑的人员水平有限，编辑时间较为仓促，记述内容和成功经验难免挂一漏万，敬请专家和读者给予批评指正。

附录

**奥运会、残奥会常用词语及英文缩写对照表**

| 英文缩写 | 英 文 全 称 | 译 文 |
|---|---|---|
| **BOCOG** | Beijing Organising Committee for the Olympic Games | 北京奥组委 |
| **C3** | Command Control and Communications | 赛时指挥体系 |
| **DDS** | Dedicated and Direct Shuttle | 直达班车 |
| **DRM** | Delegation Registration Meeting | 代表团注册会议 |
| **DoT** | Department of Transport | 交通部 |
| **ENG** | Electronic News Gathering | 电子新闻采集 |
| **EPA** | Environment Protection Authority | 环保局 |
| **GHQ** | Games Headquarters | 奥运会总部 |
| **GPS** | Global Positioning System | 全球卫星定位系统 |
| **IBC** | International Broadcast Centre | 国际广播公司 |
| **IF** | International Federation | 国际单项体育联合会 |
| **IOC** | International Olympic Committee | 国际奥委会 |
| **IPC** | International Paralympic Committee | 国际残奥委会 |
| **IPSF** | International Paralympic Sport Federation | 国际残疾人体育单项组织 |
| **MOC** | Main Operations Centre | 主运行中心 |
| **MOU** | Memorandum of Understanding | 备忘录 |
| **MPC** | Main Press Centre | 主新闻中心 |
| **NBC** | National Broadcasting Company | 美国国家广播公司 |
| **NOC** | National Olympic Committee | 国家(地区)奥委会 |
| **NPC** | National Paralympic Committee | 国家(地区)残奥委会 |
| **OCOG** | Organizing Committee for the Olympic Games | 奥运会组委会 |
| **OF** | Olympic Family | 奥林匹克大家庭 |
| **ORTA** | Olympic Roads & Transport Authority | 奥运道路交通局 |
| **OSCC** | Olympic Security Command Centre | 奥林匹克安保指挥中心 |
| **OSWC** | Olympic Security Working Committee | 奥林匹克安保工作委员会 |
| **OTWC** | Olympic Transport Working Committee | 奥运会交通工作委员会 |
| **OYC** | Olympic Youth Camp | 奥林匹克青年营 |
| **PF** | Paralympic Family | 残奥大家庭 |
| **TMC** | Traffic Management Centre | 交通控制中心 |
| **TMC** | Transport Management Centre | 交通管制中心 |
| **TOC** | Transport Operations Centre | 交通运行中心 |

场馆名称及英文缩写对照表

| 代码 | 英文全文 | 译文 |
| --- | --- | --- |
| AAG | Beijing University of Aeronautics & Astronautics Gymnasium | 北京航空航天大学体育馆 |
| BSF | Beijing Shooting Range | 北京射击场(飞碟靶场) |
| BSH | Beijing Shooting Range Hall | 北京射击馆 |
| BTG | Beijing University of Technology Gymnasium | 北京工业大学体育馆 |
| CAG | China Agriculture University Gymnasium | 中国农业大学体育馆 |
| CAS | Capital Indoor Stadium | 首都体育馆 |
| CBV | Chaoyang Park Beach Volleyball Ground | 朝阳公园沙滩排球场 |
| CRC | Urban Cycling Road Course | 城区自行车公路赛场 |
| FCH | Fencing Hall | 击剑馆 |
| FTS | Fengtai Softball Field | 丰台垒球场 |
| HKB | Hong Kong Equestrian Venue(Beas River) | 香港马术比赛场(双鱼河) |
| HKS | Hong Kong Equestrian Venue(Shatin) | 香港马术比赛场(沙田) |
| LSC | Laoshan Mountain Bike Course | 老山山地自行车场 |
| LSV | Laoshan Velodrome | 老山自行车馆 |
| LSX | Laoshan Bicycle Moto Cross(BMX) Venue | 老山小轮车赛场 |
| MEV | Media Village | 媒体村 |
| NAC | National Aquatics Center | 国家游泳中心 |
| NIS | National Indoor Stadium | 国家体育馆 |
| NST | National Stadium | 国家体育场 |
| OGA | Olympic Green Archery Field | 奥林匹克公园射箭场 |
| OGH | Olympic Green Hockey Field | 奥林匹克公园曲棍球场 |
| OGT | Olympic Green Tennis Center | 奥林匹克公园网球中心 |
| OLV | Olympic Village | 奥运村 |
| OSG | Olympic Sports Center Gymnasium | 奥体中心体育馆 |
| OSS | Olympic Sports Center Stadium | 奥体中心体育场 |
| PKG | Peking University Gymnasium | 北京大学体育馆 |
| QDM | Qingdao International Marina | 青岛国际帆船中心 |
| QHD | Qinhuangdao Olympic Sports Center Stadium | 秦皇岛市奥林匹克体育中心体育场 |
| SHS | Shanghai Stadium | 上海体育场 |

| 代码 | 英文全文 | 译文 |
| --- | --- | --- |
| **SRC** | Shunyi Olympic Rowing – Canoeing Park | 顺义奥林匹克水上公园 |
| **STG** | University of Science and Technology Beijing Gymnasium | 北京科技大学体育馆 |
| **TIG** | Beijing Institute of Technology Gymnasium | 北京理工大学体育馆 |
| **TJS** | Tianjin Olympic Center Stadium | 天津奥林匹克中心体育场 |
| **TRV** | Triathlon Venue | 铁人三项赛场 |
| **WIA** | Workers' Indoor Arena | 工人体育馆 |
| **WIS** | Wukesong Indoor Stadium | 五棵松篮球馆 |
| **WKB** | Wukesong Baseball Field | 五棵松棒球场 |
| **WLH** | Shenyang Wulihe Stadium | 沈阳五里河体育场 |
| **WST** | Workers' Stadium | 工人体育场 |
| **YTN** | Ying Tung Natatorium | 英东游泳馆 |